现代法学
试题系列

5

高校法学专业
核心课程配套测试

依民法核心课程教材
最新版本体例组编

第十一版

民法
配套测试

依据最新立法及学术动态修订升级
新增考试习题、2021～2023年考研真题

教学辅导中心 / 组编

中国法制出版社
CHINA LEGAL PUBLISHING HOUSE

第十一版出版说明

《高校法学专业核心课程配套测试丛书》是我社教学辅导中心组织编写的一套教辅丛书。该丛书专为法学院校学生掌握法律专业知识、培养法律思维能力而精心设计，分册设置涵盖法学专业核心课程，因考点全面、题量充足、解答详尽、应试性强等优点，受到广大师生的普遍欢迎，使得该丛书成为法学教辅图书中口碑相传的实力品牌。

《民法配套测试》为上述丛书中的一本，自2005年首次出版后，历经多次改版重印，很多读者还来电、来信向我们表达感谢和期待。正是基于这种信赖，为及时体现该领域法学研究成果，并与我国立法发展相适应，在承继该书原有优点的基础上，我们对其全面修订。特点如下：

一、配套教材

本书结构上与民法核心课程教材相配套，便于随学随练。

二、内容及时更新

1. 根据《民法典》（2020年发布）等法律文件进行全面修订。

2. 增加考试习题、部分高校2021~2023年考研真题等，并对陈旧题目进行替换。

三、加工精细考究

1. 章节前面设置“基础知识图解”，归纳每章的基本概念，帮助读者梳理知识点并检验学习成果。

2. 对重点题目的答案以脚注形式提醒注意要点，拓展解题思路。

3. 试题答案讲解细致，重点突出，为培养法律思维和提高应试能力提供有效指导。

4. 本书专门收录两套期末测试题，便于读者进行整体复习和预演自测。

四、附录全面实用

1. 收录全国部分高校民法专业历年研究生入学考试真题，为准备考研的读者提供更多帮助。

2. 附录参考书目，为读者完成学习任务、深度研究民法学，提供扩展阅读的指引。

3. 随书赠送课程相关法律单行本一册，方便读者随时查阅我国现行法律规定。

教学辅导中心

2023年7月

目　　录

第一编　总　　论

第二编　物　　权

第三编　合　　同

第六编　继　承

第七编　侵权责任

第一编 总　论

第一章 民法概述

基础知识图解

- 民法的概念：民法是调整平等主体的自然人、法人和非法人组织之间的财产关系和人身关系的法律规范的总称
- 民法的调整对象
  - 调整平等主体之间的财产关系
  - 调整人身关系
- 民法的性质
  - 民法是私法
  - 民法是调整市场经济的基本法
  - 民法是调整社会关系的基本法
- 民法的本位
- 民法的体系：主体制度、物权制度、债与合同制度、人格权制度、知识产权制度、侵权责任制度、婚姻家庭制度、财产继承制度
- 民法的渊源：制定法、习惯、判例、法理
- 民法的效力：时间上的效力、空间上的效力、对人的效力

配套测试

一、单项选择题

1. 下列社会关系中，应由民法调整的是（　　）。

A. 某市人民政府罢免该市某局副局长职务

B. 李某因非法印刷商标被罚款

C. 甲、乙两村因某块土地的所有权归属发生纠纷

D. 专利局对某发明专利予以宣告无效

2. 形式意义上的民法是指（　　）。

A. 经立法程序系统编纂的民法典

B. 由民法专家编写的著作

C. 最高司法机关关于民法的解释性文件

D. 中国法制出版社出版的民法百科

3. 甲、乙在火车上相识，甲怕自己到站时未醒，请求乙在A站唤醒自己下车，乙欣然同意。火车到达A站时，甲沉睡，乙也未醒。甲未能在A站及时下车，为此支出了额外费用。甲要求乙赔偿损失。对此，应如何处理？（　　）

A. 由乙承担违约责任

B. 由乙承担侵权责任

C. 由乙承担缔约过失责任

D. 由甲自己承担损失

4. 根据法律规定，下列哪一种社会关系应由民法调整？（　　）（2016年司考．卷三．

单1)①

A. 甲请求税务机关退还其多缴的个人所得税

B. 乙手机丢失后发布寻物启事称："拾得者送还手机，本人当面酬谢"

C. 丙对女友书面承诺："如我在上海找到工作，则陪你去欧洲旅游"

D. 丁作为青年志愿者，定期去福利院做帮工

二、多项选择题

1. 根据有关法律的规定，中华人民共和国民法调整的对象包括（　　）。

A. 平等主体的公民之间的财产关系和人身关系

B. 平等主体的法人之间的财产关系和人身关系

C. 平等主体的农村承包经营户和法人之间的财产关系和人身关系

D. 平等主体的个体工商户与法人之间的财产关系和人身关系

2. 下列选项中不可以作为我国民法渊源的有（　　）。

A. 习惯

B.《最高人民法院关于适用〈中华人民共和国民法典〉有关担保制度的解释》

C. 某大学教授关于人身损害赔偿的专著

D. 某市中级人民法院的判决

三、名词解释

1. 民法

2. 财产流转关系

3. 人身关系

4. 民法的渊源

四、简答题

1. 我国民法的适用范围包括哪些？

2. 民法与民法学有什么区别？

五、论述题

试论好意施惠关系与民事法律关系之区别。

参考答案

一、单项选择题

1. 答案： C。民法调整的是平等主体间的人身、财产关系，A、B、D为行政法所调整。

2. 答案： A。把握广义民法和狭义民法之间、形式民法和实质民法之间的区别。

3. 答案： D。根据《民法典》第471条的规定，"当事人订立合同，可以采取要约、承诺方式"以及第483条的规定，"承诺生效时合同成立"。本案中，甲请求乙在A站唤醒自己下车，乙虽欣然同意，但并没有受法律约束的意思，因此甲、乙之间并不成立合同。

4. 答案： B。《民法典》第2条规定，民法调整平等主体的自然人、法人和非法人组织之间的人身关系和财产关系。A项错误，行政法律关系，退税款，不是不当得利问题，涉及的不是平等主体之间。B项正确，单方允诺之悬赏广告系法律行为，是平等主体之间，特定人与不特定人之间的债。C项错误，民法不调整情谊行为。情谊行为，是指行为人以建立、维持或者增进与他人的相互关切、爱护的感情为目的，不具有受法律拘束意思的，后果直接无偿利他的行为。D项错误，丁和福利院之间的关系应属于社会法调整范围，不属于民法调整范围。当事人之间没有帮助的义务。②

---

① **编者注：** 部分题目在括号内标注了司法考试真题序号，以本题为例，表示本题为2016年司法考试卷三单项选择题第1题。以下不再特别注明。

② **编者注：** 编者已根据《民法典》修改司法考试真题答案。以下不再标注。

二、多项选择题

1. **答案**：ABCD。民法调整平等主体自然人、法人和非法人组织之间的财产和人身关系。
2. **答案**：CD。本题主要考查我国民法的渊源。我国民法的渊源包括制定法和习惯。其中制定法中又包括宪法中的民法规范，民事法律，国务院制定发布的民事法规，地方性法规中的民事规范，特别行政区的民事规范，国家机关对民法规范的解释，国际条约中的民法规范。经有权的国家机关认可的习惯也是民法的渊源。我国现行法律并没有明确规定法理和判例是我国民法的渊源，但其在司法实践中起着重要的作用。由此可以判断 C、D 项应选。

三、名词解释

1. **答案**：是调整平等主体的自然人、法人、其他组织之间的财产关系和人身关系的法律规范的总称。
2. **答案**：是指财产由一人（包括组织）向另一人转移而发生的关系。财产流转的主要内容是带有经济性质的商品交换关系，其典型表现是商品买卖关系。
3. **答案**：是与人身不可分离、以人身利益为内容、不直接体现财产利益的社会关系。人身关系包括人格关系和身份关系两类。人格关系是基于人格利益而发生的社会关系。身份关系是以特定的身份利益为内容的社会关系，如配偶关系、父母子女关系等。
4. **答案**：是指民法的效力渊源，即根据民法的效力来源而划分的民法的不同形式，包括制定法、判例、习惯以及法理等。我国现行民法的渊源为：（1）制定法：①宪法中的民法规范；②民事法律；③国务院制定发布的民事法规；④地方性法规、自治法规和经济特区法规中的民事规范；⑤特别行政区的民事规范；⑥国家机关对民法规范的解释；⑦国际条约中的民法规范。（2）习惯：从法理上讲，习惯必须由法律承认有法律效力后才能成为习惯法。在我国法律对习惯的效力未作一般规定而具体规定又少的情况下，经最高人民法院通过指导性文件形式认可的习惯，可视为习惯法。（3）判例：我国现行法律并未明文规定判例制，一般判例并无法律拘束力。

四、简答题

1. **答案**：民法的适用范围包括对人的适用范围、空间适用范围和时间适用范围。民法对人的适用范围，就是法律规范对于哪些人具有法律效力。根据《民法典》第 12 条规定，中华人民共和国领域内的民事活动，适用中华人民共和国法律。法律另有规定的，依照其规定。关于公民的规定，适用于在我国领域内的外国人、无国籍人，法律另有规定的除外。我国自然人、法人在国外发生的民事法律关系，一般适用所在地的法律规定，但法律另有规定的除外。

   民法在空间上的适用范围，就是民法在哪些地方发生法律效力。一般而言，我国民法适用于我国领土、领空、领海，包括我国驻外使馆，以及在我国领域外航行的我国船舶。

   民法在时间上的适用范围，是指民法生效时间和失效时间，以及民事法律规范对其生效前发生的民事法律关系有无溯及力。我国民事法律规范贯彻法律不溯及既往的原则，一般没有溯及力。但司法解释中另有规定的除外。
2. **答案**：民法有时指作为一门部门法的民法，有时指作为法学学科的民法学。民法学是研究民法规范及有关学理的一门法律科学。民法学有狭义与广义之分。狭义的民法学是以阐明现行民法规范为内容的民法学，称民法规范学，又称民法解释学。广义的民法学包括民法哲学、民法社会学、比较民法学等。民法学的表现形式包括教科书、专著、学术论文和演说等。

   民法与民法学是两个性质不同的概念。民法是指民法规范的总称，或是指作为一个部门法的民法，也可能是指某个单行民法规范，是由国家强制力保证实施的。民法学只是一种学说，不具国家强制力。民法与民法学互相联系、互相影响，民法学能影响民事立法，民事立法也会影响民法学；这种影响可能是积极的，也可能是消极的。总体来看，两者是相辅相成、相互促进的。

【参考资料】 魏振瀛主编：《民法》，北京大学出版社、高等教育出版社 2021 年版。

五、论述题

答案： 好意施惠关系与民事法律关系容易混淆。好意施惠关系指当事人之间无意设定法律上的权利义务关系，如代传口信、代接访客、好意领路等。好意施惠关系不是合同关系，无法律上的拘束力，当事人之间不产生债的关系，当然也就不发生给付请求权。好意施惠关系与民事法律关系的主要区别在于，好意施惠的行为人主观上仅有负担某种道义责任（义务）的意思，并无确立某种民事法律关系、使自己承担法律上的义务的意思，也不获得某种利益。因此，行为人的承诺没有法律拘束力，也不因为未践行其承诺而承担法律责任。而民事法律关系则是一种受法律强制力保障的权利义务关系，违反义务将产生民事责任。

第二章　民法的基本原则

基础知识图解

民法基本原则概述
平等原则：民事权利能力平等、民事主体地位平等、民事权益平等地受法律保护
自愿原则：民事主体根据自己的意愿自主行使民事权利，民事主体之间自主协商设立、变更或者终止民事关系，当事人的意愿优于任意性民事法律规范
公平原则：当事人权利、义务的平衡，当事人承担民事责任的平衡，风险负担的平衡
诚信原则：设立、变更民事法律关系时，诚实、不欺诈；民事法律关系建立后，当事人应为维护对方的利益进行一定行为或不作为；民事法律关系终止后，当事人应为维护对方的利益进行一定行为或不作为
公序良俗原则
绿色原则
禁止权利滥用原则

配套测试

一、单项选择题

1. 姜某有一处房屋，当他得知有一座工厂将要在附近建设，且工厂的噪声将会很大时，便将房屋卖给想得到一处环境安静的房屋的张某，姜某的行为违背了民法的哪一原则？（　　）

A. 自愿原则

B. 等价有偿原则

C. 保护公民、法人的合法民事权益原则

D. 诚信原则

2. 甲公司与乙公司签订了一份买卖玉米 850 吨的合同，约定甲公司在一年内分三批交货。不料合同签订后一个月，玉米价格下跌了 50%，乙公司向甲公司提出降低价格，被甲公司拒绝，双方诉至人民法院。人民法院经过审理，在判决中对合同约定的价格适当作了降低。法院这一判决依据的是民法的哪一项原则？（　　）

A. 自愿原则

B. 情势变更原则

C. 保护公民、法人的合法民事权益原则

D. 遵守法律和国家政策原则

3. 甲、乙二人同村，宅基地毗邻。甲的宅基地倚山、地势较低，乙的宅基地在上将其环绕。乙因琐事与甲多次争吵而郁闷难解，便沿二人宅基地的边界线靠己方一侧，建起 5 米高的围墙，使甲在自家院内却有身处监牢之感。乙的行为违背民法的下列哪一基本原则？（　　）（2017 年司考．卷三．单 1）

A. 自愿原则

B. 公平原则

C. 平等原则

D. 诚信原则

4. 蒋男与韩女在离婚协议中约定：为了专心抚育婚生幼女蒋小萍，韩女将来若与他人结婚，不得再生育。该约定因违反下列哪一原则无效？（　　）

A. 自愿原则

B. 公序良俗原则

C. 公平原则

D. 平等原则

二、多项选择题

甲以20万元从乙公司购得某小区地下停车位。乙公司经规划部门批准在该小区以200万元建设观光电梯。该梯入梯口占用了甲的停车位，乙公司同意为甲置换更好的车位。甲则要求拆除电梯，并赔偿损失。下列哪些表述是错误的？（　　）（2013年司考．卷三．多51）

A. 建电梯获得规划部门批准，符合小区业主利益，未侵犯甲的权利

B. 即使建电梯符合业主整体利益，也不能以损害个人权利为代价，故应将电梯拆除

C. 甲车位使用权固然应予保护，但置换车位更能兼顾个人利益与整体利益

D. 电梯建成后，小区尾房更加畅销，为平衡双方利益，乙公司应适当让利于甲

三、名词解释

1. 民法基本原则
2. 自愿原则
3. 平等原则
4. 诚信原则
5. 禁止权利滥用原则

四、简答题

根据《民法典》所规定的一项制度说明诚信原则的具体运用。

五、论述题

1. 试述民法基本原则的功能。
2. 论民法的意思自治原则。（西南政法大学2009年研究生入学考试题）

参考答案

一、单项选择题

1. **答案**：D。民事活动应当遵循自愿平等、公平、等价有偿、诚信原则。本题中姜某违背了诚信的原则，隐瞒事实，欺骗了张某。

2. **答案**：B。情势变更原则是指合同依法成立后，因不可归属于双方当事人的原因发生了不可预见的情势变更，致使合同的基础丧失或动摇，若继续维持合同原有效力则显失公平，因而允许当事人变更或解除合同的原则。

3. **答案**：D。自愿原则，是指当事人可以根据自己的判断从事民事活动，国家一般不干预当事人的自由意志，充分尊重当事人的选择，内容包括自己行为和自己责任两个方面。公平原则实质是在民事活动中以利益均衡作为价值判断标准，在民事主体之间发生利益关系摩擦时，以权利和义务是否均衡来平衡双方的利益。平等原则意味着当事人在民事活动中的地位平等。任何自然人、法人在民事法律关系中平等地享有权利、承担义务，其权利平等地受到保护。诚信原则，要求处于法律上特殊联系的民事主体应忠诚、守信，做到谨慎维护对方的利益、满足对方的正当期待、给对方提供必要的信息等，发挥行为指引功能、规范解释功能和法律漏洞的填补功能。其中，行为指引功能禁止滥用权利，要求当事人以善意方式行使权利、履行义务。如果当事人违背这种要求，即构成权利的滥用，违背了诚信原则。乙为报复甲，利用自己的宅基地，建起5米高的围墙，其行为违背了善意方式行使权利、履行义务的要求，构成权利滥用，所以违背了诚信原则。本题所述情况与自愿原则、公平原则、平等原则无关。

4. **答案**：B。公序良俗原则，是指民事主体从事民事活动不得违背公共秩序和善良风俗。公共秩序，是指政治、经济、文化等领域的基本秩序和根本理念，是与国家和社会整体利益相关的基本性原则、价值和秩序。善良风俗，是指基于社会主流道德观念的习俗，是全体社会成员普遍认可、遵循的道德准则。公序良俗原则要求民事主体不得跨越最基本的道德底线。《民法典》第153条第2款规定，违背公序良俗的民事法律行为无效。本题中，蒋男和韩女关于不得再生育孩子的约定属于“违反人格尊严的合意”，因违背道德的公序而无效。

二、多项选择题

答案：ABD。《民法典》第207条规定，国家、集体、私人的物权和其他权利人的物权受法律平等保护，任何组织或者个人不得侵犯。乙公司建造的电梯占用了甲的停车位，侵犯了甲对停车位享有的物权，故A项错误。物权的取得和行使，应当遵守法律，尊重社会公德，不得损害公共利益和他人合法权益。据此，甲的权利固然应当受到保护，但受保护是有限度的，受到社会公德和社会公共利益的限制。乙公司的确侵犯了甲对停车位的权利，考虑到乙公司建造电梯花费200万元，较甲的车位价值明显更大，且电梯已经修成，并符合更多人的利益。如果甲坚持对乙主张恢复原状、排除妨害等责任，则构成权利滥用，超出了受保护额限度。换言之，甲对乙不再享有这些权利，故B项错误。然而，乙的行为毕竟侵犯了甲之物权，考虑到禁止权利滥用，甲虽不能对乙主张恢复原状、排除妨害等责任，但甲可对乙主张损害赔偿之责任。置换车位属于代物清偿的一种，甲有权请求乙置换车位，并赔偿因此遭受的其他损失。故C项正确。民事责任从性质上说，通常是一种补偿性的责任。乙公司对甲置换车位并赔偿甲因此遭受的损失后，甲的损失已经得到了弥补，没有权利再获得额外的收益，所以，对于乙公司销售尾房获得的利益，甲公司无权主张，故D项错误。

三、名词解释

1. **答案**：是指民事立法、民事司法与民事活动的基本准则。(1) 民法基本原则是指导民事立法、民事司法和民事活动的基本准则；(2) 民法基本原则是贯穿于各种民事法律制度的基本准则；(3) 民法基本原则是民法调整的社会关系与民法观念的综合反映。

2. **答案**：根据《民法典》第5条规定，民事主体从事民事活动，应当遵循自愿原则，按照自己的意思设立、变更、终止民事法律关系。自愿原则也是由民法调整的社会关系性质决定的。我国通说认为，民法规范应体现当事人意思自治，对平等主体的财产关系和人身关系，国家不应过多干预，这符合社会主义市场经济规律的要求，也是社会主义民主在民事法律关系中的体现。自愿原则的含义包括：

   (1) 民法规范民事主体的行为方面，体现当事人意思自治。

   (2) 民事主体根据自己的意愿设立、变更或终止民事法律关系，他人不得非法干预。

   (3) 双方和多方的民事行为的内容及形式由当事人自愿协商。

3. **答案**：《民法典》第4条规定，民事主体在民事活动中的法律地位一律平等。第6条规定，民事主体从事民事活动，应当遵循公平原则，合理确定各方的权利和义务。平等原则是民法基本原则，其由民法所调整的财产关系的核心即商品关系这一特点决定的。民法上的平等原则，是指在民事活动中，民事主体的法律地位一律平等，所有具有民事主体资格的双方，在民事活动中的行为均应遵循这样的准则。平等原则主要体现在：(1) 民事权利能力平等；(2) 民事主体地位平等；(3) 民事权益平等地受法律保护。《民法典》第7条规定，民事主体从事民事活动，应当遵循诚信原则，秉持诚实，恪守承诺。

4. **答案**：诚信原则主要体现为：

   (1) 民事主体行使民事权利，与他人之间设立、变更或消灭民事法律关系，均应诚实、不作假、不欺诈、不损害他人利益和社会利益。

   (2) 民事主体应恪守信用，履行义务；不履行义务给他人造成损害时，应自觉承担责任。

   (3) 法官及仲裁员处理民事案件时贯彻诚实信用原则，主要体现在以事实为依据，保护各方当事人的权利，平衡当事人的利益。

   (4) 在立法上，不仅需要在民事基本法上确立诚信为基本原则，而且还应根据需要制定若干体现诚信原则的具体条款。

5. **答案**：权利人行使权利超过正当界限，有损他人利益或社会利益的，为权利的滥用。滥用权利不受法律保护。从学理上讲，构成权利滥用需具备三个条件：一是当事人有权利存在；二是权利人有行使权利的行为（包括不行为）；三是当事人的行为有滥用权利的违法性。

四、简答题

答案：诚信原则①是我国民法的基本原则之一，它是指当事人在订立和履行合同的过程中应诚实行事、讲求信用，不能有欺诈行为，而法官在平衡当事人之间的利益冲突、解释法律和合同的过程中亦应贯彻这一原则。诚信原则不仅可以各种形式贯彻到具体的法律关系中，还可用来解决立法所未预见的新情况、新问题，具有较大的包容性，因此在法学界又被冠以“透明条款”“帝王规则”之称。合同法作为民法的组成部分，亦有多处表现出这一原则的精神，如缔约过失制度即为鲜明的一例。

缔约过失责任是指在合同订立的过程中，一方因其违反诚信原则所产生的义务，给对方造成损失所应承担的损害赔偿责任。其性质介于“违约责任”和“侵权责任”之间。缔约过失责任的构成要件包括：(1) 当事人之间存在先合同义务。先合同义务是指合同成立之前，订立合同的当事人依据诚信原则所承担的忠实、照顾、告知等义务。(2) 当事人一方违反先合同义务。主要是指当事人违反诚信原则，包括我国合同法上规定的一方假借订立合同恶意进行磋商，以及违反及时通知义务、协助和照顾义务、提供必要条件的义务、保密义务等行为。(3) 对方因一方违反先合同义务而受有损害，即对方当事人受有损害且其损害与一方的缔约过失之间存在因果关系。(4) 违反先合同义务的一方有过错。可见，缔约过失责任发生在合同关系成立之前，本不属传统民事责任范畴，但确有可能存在一方不正当损害对方利益的情势，正是由于诚信原则的适用，才使当事人之间失衡的利益关系得以矫正。

五、论述题

1. **答案**：民法基本原则的功能，是指民法基本原则在民事立法、民事司法和民事活动中的作用。民法基本原则的功能是：(1) 指导功能：民法的基本原则是指导民事立法的基本准则；民法的基本原则是指导民事司法的基本准则；民法的基本原则是进行民事活动的基本准则。(2) 约束功能：民法的基本原则对民事立法、民事司法和民事活动都有约束力。我国《民法典》规定的民法基本原则对民事单行法、民事特别法均有约束力。民事司法和民事活动都不能违反民法的基本原则。(3) 补充功能：在具体民法规范缺乏规定，对某些民事关系用类推也不能解决的情况下，司法机关可以直接根据民法的基本原则处理民事纠纷，民事主体也可以直接依据民法的基本原则进行民事活动。

2. **答案**：意思自治也称为私法自治，是指民事主体依法享有在法定范围内的广泛的行为自由，并可以根据自己的意志产生、变更、消灭民事法律关系。尽管在民法的各部分中强度不同，但意思自治原则作为民法的一项基本原则，贯彻于整个民法之中，体现民法的最基本的精神。它具体体现为结社自由、所有权行使自由、合同自由、婚姻自由、家庭自由、遗嘱自由以及过错责任等民法的基本理念。该原则在民法中的重要作用和地位表现在：

第一，该原则奠定了民法作为社会基本法的基本地位。该原则强调私人相互间的法律关系应取决于个人的自由意思。在私法自治原则下，法律原则上承认当事人本于自由意思所为的意思表示具有法之约束力，并对基于此种表示所形成的私法上生活关系赋予法律上之保护。从而给民事主体提供了一种

① 编者注：诚信原则作为民法基本原则是各法学院校研究生入学考试中经常出现的命题点，应对此原则多留意复习。

受法律保护的自由，使民事主体获得自主决定的可能性。

第二，该原则最直接地反映了市场经济的本质需要。只有私法充分体现了意思自治原则，才能赋予市场主体享有在法定范围内的广泛的行为自由，并能依据自身的意志从事各种交易和创造财富的行为。同时，如何优化配给有限的自然资源是社会存在的经济基础，而通过意思自治在市场中分配资源是市场经济的基本运作规律，私法自治是民法调整市场经济关系的必然反映，也是民法作为社会的法律的本质要求。

第三，该原则体现了民事立法的认识论基础。即每个民事主体作为一个理性人，都是自己利益的最佳判断者，法律赋予其广泛的行为自由，他们可以在法定的范围内自主地安排好自己的事务，并维持社会的和谐稳定。

意思自治原则具体体现在民法的各项法律制度中，并具体演化为各个法律制度的原则。例如，意思自治原则在物权法领域中表现为所有权的享有与行使的自由；在合同法中表现为合同自由；在亲属法中表现为婚姻自由、遗嘱自由；在侵权法中表现为自己责任原则等。可见，意思自治原则是民法中的最高指导原则。意思自治原则也是民法其他制度构建的基础，民法的主体制度就是在意思自治的基础上形成的。因为法律制度赋予并确保每一个人都具有在一定范围内，通过法律行为特别是合同来调整相互之间关系的可能性。人们把这种可能性称为“私法自治”。意思自治与私法自治基本上是同义词。所谓私法自治，是指当事人可以依其自由意思创设、变更及消灭其私法上之生活关系。但两者有一定的区别。私法自治是私法领域中的最基本原则，而私法既包括民法、商法等实体法，也包括民事诉讼法、仲裁法等程序法。而意思自治是民事实体法中的基本原则。所以意思自治应包括在私法自治的内容之中。

意思自治原则的内涵主要体现在如下几方面：

首先，赋予民事主体在法律规定的范围内广泛的行为自由。意思自治的实质就是允许当事人在法律规定的范围内，自主决定自己的事务，自由从事各种民事行为，最充分地实现自己的利益。意思自治原则包括在当事人的意思形成过程中的自由，以及在意思的表达过程中的自由，也就是说当事人可以自由决定其行为，确定参与市民生活的方式，而不受任何非法的干涉。具体包括如下几个方面：(1) 当事人有权依法从事某种民事活动和不从事某种民事活动。(2) 当事人有权选择其行为的内容和相对人。(3) 民事主体有权选择其行为的方式。(4) 民事主体有权选择补救方式。

其次，允许当事人通过法律行为调整他们之间的关系。意思自治的一个重要的意义就在于，允许主体在从事民事行为，尤其在民事法律行为中，通过其自己的意志产生、变更、消灭民事法律关系。这就是民法中的任意性调整方法。该方法的特点在于，它并不是确立具体的行为准则，要求每一个民事主体都按照该准则行动，而只是划定了一个界限和范围，要求民事主体在该范围之内自主行为，同时法律承认当事人之间通过自主协商而达成的合意具有优先于法律任意性规范使用的效力。承认民事主体根据其意志自主形成法律关系，并对其通过表达意思产生或消灭法律关系的效果予以承认。私法自治的手段是法律行为，而法律行为制度充分体现了民法精神或私法精神，通过法律行为，民事主体可以自主塑造自身与他人之间的法律关系，法律行为所产生的法律效果，就是从事法律行为的民事主体希望发生的效果。民事法律行为制度作为观念的抽象，统辖了合同法、遗嘱法和收养法等具体的设权行为规则，形成了民法中不同于法定主义体系的独特的法律调整制度。

最后，确立了行政机关干预与民事主体行为自由的合理界限。根据意思自治原则，法无明文规定即为自由。因此，民事主体在法定的范围内享有广泛的自由，也就是说只要不违反法律、法规的强制性规定和公序良俗，国家就不得对其进行干预，则其享有的利益为法律保护。行政机关也不得限制和干预民事主体依据民事基本法律享有的财产自由和人身自由。所以，意思自治原则划定了民事主体和行政机关的权限，确定了二者之间的正确关系。

任何意思自治都不是绝对的自由，而是相对的、有限制的自由。在19世纪由于个人主义思潮的盛行，意思自治原则曾经被绝对化，但自20世纪以来，随着垄断的加强，国家加强了对经济领域的干预，私法自治原则受到了越来越多的限制。各国都在民法中扩大了对意思自治的限制，民法的三大原则都已经受到不同程度的限制。尤其是对合同自由和契约自由的限制表现得尤为突出。民法的社会化和团体本位的思想越来越明显，这一趋势，也是在我国民事立法中采纳意思自治原则时应当注意的。

第三章　民事法律关系

基础知识图解

- 民事法律关系概述
  - 概念：民法规范调整而形成的民事权利义务关系
  - 特征：调整平等主体之间的财产关系和人身关系、基于民事法律事实、以民事权利义务为内容
- 民事法律关系的要素
  - 主体：自然人、法人、非法人组织和国家
  - 客体：物、行为、智力成果、人身利益、某些权利、非物质利益
  - 内容：民事权利、民事义务、民事责任
- 民事法律事实
  - 概念：能够引起民事法律关系的发生、变更或消灭的客观现象
  - 分类
    - 非行为事实：事件、状态
    - 行为
      - 表示行为
        - 民事行为
        - 准民事行为
      - 非表示行为（事实行为）
- 民事权利分类
  - 财产权与人身权
  - 支配权、请求权、形成权、抗辩权
  - 绝对权与相对权
  - 主权利与从权利
  - 专属权与非专属权
  - 既得权与期待权
  - 原权与救济权
- 民事责任与债法、物权法和请求权的关系

配套测试

一、单项选择题

1. 依据民法原理可以推知，(　　)。

A. 婴儿享有民事权利和承担民事义务的资格不是从出生之时开始，而是从具有意思能力之时开始

B. 权利能力像人的视力和听觉一样，为人的自然属性

C. 如果一个人不从事经营活动，则从事经营活动的权利能力不产生，应该认为，人不仅有部分行为能力，还有部分权利能力

D. 自然人的身体状况不影响权利能力，行为能力经常因权利主体的身体状况而受到影响

2. A县人民政府为建宾馆，向该县B银行贷款500万元，届期未能偿还，B银行以人民政府为被告向人民法院提起诉讼。该案所涉及的法律关系：(　　)。

A. 不是平等主体之间的民事法律关系

B. 应属政府行政行为

C. 是管理者和被管理者之间的纵向经济关系

D. 是平等主体之间的民事法律关系，应由民法调整

3. 王某和张某签订了一份合同，约定同时履行，王某在自己还没有履行的情况下，请

求张某履行，张某予以拒绝，这时张某所行使的权利是：（　　）。

A. 请求权　　B. 绝对权

C. 形成权　　D. 抗辩权

4. 杨某因工厂锅炉爆炸死亡，该死亡在民法上是：（　　）。

A. 民事法律行为　　B. 民事法律事件

C. 生活事实　　D. 偶发事实

5. 下列哪一情形下，乙的请求依法应得到支持？（　　）（2010年司考．卷三．单1）

A. 甲应允乙同看演出，但迟到半小时。乙要求甲赔偿损失

B. 甲听说某公司股票可能大涨，便告诉乙，乙信以为真大量购进，事后该股票大跌。乙要求甲赔偿损失

C. 甲与其妻乙约定，如因甲出轨导致离婚，甲应补偿乙50万元，后二人果然因此离婚。乙要求甲依约赔偿

D. 甲对乙承诺，如乙比赛夺冠，乙出国旅游时甲将陪同，后乙果然夺冠，甲失约。乙要求甲承担赔偿责任

6. 关于民事法律关系，下列哪一选项是正确的？（　　）（2008年司考．卷三．单1）

A. 民事法律关系只能由当事人自主设立

B. 民事法律关系的主体即自然人和法人

C. 民事法律关系的客体包括不作为

D. 民事法律关系的内容均由法律规定

7. 民事法律关系的客体是民事权利和民事义务共同指向的对象。在货物运输合同关系中，其客体指（　　）。

A. 运送行为　　B. 运送的货物

C. 运输合同　　D. 运输费用

8. 行为作为民事法律关系产生、变更、消灭的法律事实（　　）。

A. 不能是违法行为

B. 只能是民事法律行为

C. 只能是表意行为

D. 既可以是合法行为，也可以是违法行为

9. 一住店客人未付房钱即要离开旅馆去车站，旅馆服务员见状揪住他不让走，并打报警电话。客人说："你不让我走还限制我自由，我要告你们旅馆，耽误了火车要你们赔偿。"问：旅馆这样做的性质应如何认定？（　　）

A. 属于侵权，系侵害人身自由权

B. 属于侵权，系积极侵害债权

C. 不属于侵权，是行使抗辩权之行为

D. 不属于侵权，是自助行为

10. 根据民事权利的分类，下列权利中，属于形成权的是（　　）。

A. 合同当事人请求对方履行合同义务

B. 受害人请求致害人赔偿损失

C. 继承人放弃继承权

D. 合同当事人请求违约方支付违约金

11. 甲被乙家的狗咬伤，要求乙赔偿医药费，乙认为甲被狗咬与自己无关拒绝赔偿。下列哪一选项是正确的？（　　）

A. 甲、乙之间的赔偿关系属于民法所调整的人身关系

B. 甲请求乙赔偿的权利属于绝对权

C. 甲请求乙赔偿的权利适用诉讼时效

D. 乙拒绝赔偿是行使抗辩权

12. 关于民事权利，下列哪一选项是正确的？（　　）（2008年司考．卷三．单1）

A. 抵销权属抗辩权

B. 权利的行使不都是事实行为

C. 支配权的客体只能是物

D. 请求权基于基础权利受侵害而发生

13. 兹有四个事例：①张某驾车违章发生交通事故致搭车的李某残疾；②唐某参加王某组织的自助登山活动因雪崩死亡；③吴某与人打赌举重物因用力过猛致残；④何某心情不好邀好友郑某喝酒，郑某畅饮后驾车撞树致死。根据公平正义的法治理念和民法有关规定，下列哪一观点可以成立？（　　）（2013年司考．卷三．单1）

A. ①张某与李某未形成民事法律关系合意，如让张某承担赔偿责任，显属不当

B. ②唐某应自担风险，如让王某承担赔偿责任，有违公平

C. ③吴某有完整意思能力，其自担损

失，是非清楚

D. ④何某虽有召集但未劝酒，无须承担责任，方能兼顾法理与情理

14. 张某得知某公司在公墓附近修路时，不慎触挖其舅舅李某的墓地，将李某骨灰盒轻微碰裂，张某遂向某公司索要精神损害赔偿 100 万元。某公司承认碰裂事实，但主张修路是为了公共利益，加之及时恢复，不应支付高额赔偿。张某遂向法院提起诉讼。请问法院应当如何处理？（　　）

A. 支持张某的全部诉讼请求

B. 驳回张某的诉讼请求

C. 酌情支持张某的部分诉讼请求

D. 不予受理

15. 下列关于民事法律关系的说法正确的是？（　　）

A. 甲承租了乙的门面房经营酒吧，月租金 30 万元，根据政府的要求，从 2022 年 2 月 3 日至 5 月 20 日不能营业，损失惨重，甲有权要求解除租赁合同法律关系

B. 已故评书艺术家单某的声音极具特色和吸引力，甲高度模仿单某的声音在某市无线广播电台给乙公司的产品做广告，收入颇丰，甲的模仿行为没有侵犯单某的肖像权

C. 甲、乙参加单位的足球比赛，甲踢飞的足球打在接球的乙鼻子上，造成乙鼻梁骨骨折，花去 700 元医疗费，应当由甲承担侵权责任

D. 民事责任是民事法律关系的内容之一

二、多项选择题

1. 形成权包括（　　）。

A. 因欺诈而为的民事行为中，权利人的撤销权

B. 赠与人的赠与权

C. 法定代理人的追认权

D. 受遗赠人放弃受遗赠的权利

2. 下列关于民事权利中的形成权的表述，哪些是正确的？（　　）

A. 形成权只能通过明示方式行使

B. 效力待定合同中相对人的催告权并非形成权

C. 债权人撤销权属形成权

D. 形成权不受诉讼时效期间的限制

3. 下列客观现象中，属于民事法律事实的事件有（　　）。

A. 试管婴儿的出生

B. 失踪人下落不明

C. 病人死亡

D. 克隆羊的出生

4. 关于民事权利，下列哪些选项是正确的？（　　）（2008 年司考．卷三．多 51）

A. 甲公司与乙银行签订借款合同，乙对甲享有的要求其还款的权利不具有排他性

B. 丙公司与丁公司协议，丙不在丁建筑的某楼前建造高于该楼的建筑，丁对丙享有的此项权利具有支配性

C. 债权人要求保证人履行，保证人以债权人未对主债务人提起诉讼或申请仲裁为由拒绝履行，保证人的此项权利是抗辩权

D. 债权人撤销债务人与第三人的赠与合同的权利不受诉讼时效的限制

5. 张某有玉雕一尊，委托德龙拍卖公司进行拍卖，最终被一家文化公司以 140 万元的价格买下。对此，下列表述不正确的是？（　　）

A. 这个事件中只有一种法律关系

B. 在拍卖过程中，拍卖公司和竞拍者的关系属于隶属性的法律关系

C. 在该案件涉及的法律关系中，法律关系的主体既有自然人也有法人

D. 在本案中，导致拍卖成交的客观情况是法律事件

三、不定项选择题

某地发洪水，甲为救助自家和邻居被突然到来的洪水所困的财物，未经乙同意，使用了乙的小船。事后，乙要求甲支付使用费，为预防甲逃脱，遂扣下甲的一辆摩托车。

(1) 乙的行为是（　　）。
A. 自助行为
B. 紧急避险行为
C. 正当防卫行为
D. 侵权行为
(2) 甲的行为是（　　）。
A. 自助行为
B. 紧急避险行为
C. 正当防卫行为
D. 侵权行为
(3) 下列说法中，正确的是（　　）。
A. 甲为救助邻居家的财物的行为属于紧急避险
B. 甲为救助自家财物的行为属于紧急避险，而救助邻居家的财物的行为则不是
C. 乙有权要求甲支付使用费，因为甲的使用侵犯了他对小船的所有权
D. 乙无权要求甲支付使用费，因为小船并未受到损害

四、名词解释

1. 民事法律关系的主体
2. 民事法律关系的客体
3. 民事法律关系的内容
4. 民事法律事实
5. 民事权利
6. 形成权
7. 相对权
8. 抗辩权

五、简答题

1. 《民法典》将合同定义为“协议”，但未给出“协议”的定义。问：如何解释上述“协议”与《民法典》所规定的法律行为的逻辑关系？
2. 简述民事法律行为的法律性质。
3. 简述民事责任的主要特征。
4. 民事法律关系的特征有哪些？
5. 以民事权利的内容为标准，谈谈民事权利的分类问题。
6. 形成权在我国法律上是怎么规定的？
7. 绝对权与相对权有什么区别？

六、论述题

1. 民事权利既可因法律行为取得，又可因法律行为之外的要件被充分而取得。问：权利取得与权利能力以及行为能力有何关系？
2. 试述民事法律行为与事实行为的区别。
3. 论述民事法律关系理论的意义。
4. 试论民事权利、义务、责任的相互关系。

参考答案

一、单项选择题

1. **答案**：D。自然人的民事权利能力自出生时取得至死亡时丧失，民事权利能力一旦取得都是完全的；而民事行为能力则分为完全民事行为能力、限制民事行为能力、无民事行为能力三种。因此，A、C 都是错误的。权利能力作为自然人享有权利、履行义务、承担责任的资格实际上是法律对自然人在社会中生存的行为自由与相应限制的反映，因此体现的是人的社会属性，而非自然属性，B 错误。权利能力的取得不受身体状况的影响，但行为能力的取得除要求自然人成年外，还要求自然人未患有精神疾病，能够完全辨认自己的行为，因此受权利主体的身体状况的影响，D 项正确。
2. **答案**：D。政府向银行贷款属于借贷合同法律关系，在这种法律关系中，政府机关与银行是平等的民事主体。因此，该法律关系应当由民法调整。
3. **答案**：D。张某行使的权利是同时履行抗辩权，同时履行抗辩权属于抗辩权的一种。
4. **答案**：B。民事法律事实分为行为和事件两类。其中行为又可以分为事实行为和民事行为。民事行为又可以分为民事法律行为、效力待定的民事行为、可撤销的民事行为和无效的民事行为。而事件主要有人的出生与死亡、诉讼时效、自然灾害等。杨某的死亡属于民事法律事实中的事件。生活事实、偶发事实不是民法上具有法律含义的概念，故不

当选。

5. **答案**：C。《民法典》第2条规定，民法调整平等主体的自然人、法人和非法人组织之间的人身关系和财产关系。据此可知，并不是所有的社会关系都属于民法调整的对象。选项A、D错误。“应允同看演出”与“承诺陪同旅游”都属于道德范畴，不属于民法的调整对象，受道德调整。选项B错误。甲只是向乙转述一下听闻，乙作为成年人应该自己判断该信息的真伪，自己承担擅自依照该信息行事而产生的风险，乙不享有对甲法律意义上的请求权。选项C正确。夫妻之间对出轨导致离婚的补偿协议，符合民法中意思自治的原则，该协议有效，乙依照协议约定主张的请求权能得到支持。

6. **答案**：C。民事法律关系是基于民事法律事实，由民法规范调整而形成的民事权利义务关系。因此A选项不正确，B选项中，根据我国《民法典》规定，民事法律关系的主体包括自然人、法人和非法人组织，因此该选项错误。民事法律关系的客体是指民事法律关系中的权利和义务共同指向的对象，包括物、行为、知识产权和人身利益，其中行为包括作为和不作为，因此C选项正确。D选项中，民事法律关系是平等主体之间的关系，一般是自愿设立的。只要当事人依其意思实施的行为不违反法律规定，所设立的法律关系就受法律保护。因此，选项D不正确。

7. **答案**：A。与买卖合同不同，货物运输合同的客体不是运送的货物，而是运送行为。物主要是物权关系的客体，而债权法律关系的客体是行为，货物运输合同是一个债权法律关系，因此，其客体为行为即运送行为。

8. **答案**：D。行为是人的有意识的活动，按不同的标准可以划分为合法行为和违法行为、表示行为和非表示行为、作为和不作为。

9. **答案**：D。权利救济的方式包括公力救济和私力救济两种。其中私力救济中又包括正当防卫、紧急避险和自助行为三种。本题的选项C，应当注意抗辩权行使的前提就是对方有请求权，但是本题中的“客人”没有请求权，因此也就无所谓抗辩权的问题。

10. **答案**：C。形成权是依权利人单方意思表示即可发生法律效果的权利，追认权系形成权的一种。需要把握形成权的两个构成条件：（1）单方行使；（2）引起民事法律关系产生、变更、消灭。据此本题答案可选C。

11. **答案**：C。选项A中，甲、乙之间的赔偿关系属于财产关系。因此，选项A错误。选项B中，绝对权是指无须通过义务人实施一定的行为即可实现并可对抗不特定人的权利。甲请求乙赔偿的权利显然不属于绝对权，而属于相对权，即通过义务人实施一定的行为才能实现并只能对抗特定人的权利。因此，选项B错误。选项C中，甲因遭乙饲养的狗咬伤而取得对乙的赔偿请求权，甲、乙双方形成侵权损害赔偿之债，甲的请求权适用诉讼时效，选项C正确。选项D中，抗辩权的作用在于对抗而非否认对方的权利，乙拒绝赔偿在性质上为行使否认权。因此选项D错误。正确答案应当是C。

12. **答案**：B。抗辩权是指能够阻止请求权效力的权利，抗辩权主要是针对请求权的。形成权是依权利人单方意思表示就能使权利发生、变更或者消灭的权利。撤销权、解除权、追认权、抵销权等都是形成权。因此，A项说法错误。权利的行使可以是事实行为，也可以是法律行为，因此，B项说法正确。支配权是对权利客体进行直接的排他性支配并享受其利益的权利，人身权、物权、知识产权中财产权等都属于支配权。人身权的客体是人身，而不是物。因此，支配权的客体不一定是物，C项说法错误。请求权是特定人得请求特定他人为一定行为或不为一定行为的权利。债权是典型的请求权。因此，D项说法错误。

13. **答案**：B。A项错误，尽管李某搭车的行为与张某之间并没有形成民法上合同之法律关系，属于好意施惠，但是，张某在李某搭车后，应尽到正常人之注意义务，否则就对李某遭受的损害存在过错，应当承担侵权责任，构成侵权之法律关系，张某违章驾驶，因此明显有过错，应承担侵权责任。B项正确，对于参与某项活动产生的因不可抗力造成自己的伤害，应当责任自负。C项错误，打赌举重物事件，正常人应当想到可能损害的发生，尽管吴某意思能力完整，对方对于吴某的伤害也存在一定过错，应当承担与过错相应的责任。D项错误，尽管何某召集后没有强行劝酒的行为，但在郑某畅饮后，依然让其驾车，何某存在一定的过错，应当承担与过错相应的责任。

14. 答案：D。自然人的民事权利能力始于出生，终于死亡。自然人死亡后，其特定的人格利益，即姓名、名誉、荣誉、遗体、遗骨依然受法律保护。自然人死亡后，行为人非法利用、损害遗体、遗骨，或以违反社会公共利益、社会公德的其他方式侵害遗体、遗骨的，其近亲属向法院起诉主张请求损害赔偿的，法院应当依法予以受理。本题中，张某非李某的近亲属，并非适格的原告。因此，法院依法应当不予受理。D项正确。

15. 答案：A。从认识论的角度看，民法学就是民法解释学；从方法论的角度看，民法学就是民事法律关系学。民法的功能就是确认民事权益的归属，规范民事权益的正当变动，保障民事权益得到充分的救济。这些功能得以实现的基本工具就是构建民事法律关系。民事法律关系理论就是民法学的核心理论。民事法律行为是民事主体通过意思表示设立、变更、终止民事法律关系的行为。民事法律关系的要素包括主体、客体、内容，可见民事责任不是民事法律关系的内容；民事法律关系产生的条件是民事法律规范和民事法律事实；对民事法律关系的动态认识和分析是关键（设立—变更—消灭）。为了实现民法“鼓励交易、增进财富，维护交易安全”的目的，《民法典》第136条规定：“民事法律行为自成立时生效，但是法律另有规定或者当事人另有约定的除外。行为人非依法律规定或者未经对方同意，不得擅自变更或者解除民事法律行为。”因此D项错误。《民法典》第563条第1款规定了合同当事人的法定解除权，有下列情形之一的，当事人可以解除合同：（1）因不可抗力致使不能实现合同目的；（2）在履行期限届满前，当事人一方明确表示或者以自己的行为表明不履行主要债务；（3）当事人一方迟延履行主要债务，经催告后在合理期限内仍未履行；（4）当事人一方迟延履行债务或者有其他违约行为致使不能实现合同目的；（5）法律规定的其他情形。A项中甲有权提出解除租赁合同，故A项正确。《民法典》第994条规定：“死者的姓名、肖像、名誉、荣誉、隐私、遗体等受到侵害的，其配偶、子女、父母有权依法请求行为人承担民事责任；死者没有配偶、子女且父母已经死亡的，其他近亲属有权依法请求行为人承担民事责任。”第1019条规定：“任何组织或者个人不得以丑化、污损，或者利用信息技术手段伪造等方式侵害他人的肖像权。未经肖像权人同意，不得制作、使用、公开肖像权人的肖像，但是法律另有规定的除外。未经肖像权人同意，肖像作品权利人不得以发表、复制、发行、出租、展览等方式使用或者公开肖像权人的肖像。”第1020条规定：“合理实施下列行为的，可以不经肖像权人同意：（一）为个人学习、艺术欣赏、课堂教学或者科学研究，在必要范围内使用肖像权人已经公开的肖像；（二）为实施新闻报道，不可避免地制作、使用、公开肖像权人的肖像；（三）为依法履行职责，国家机关在必要范围内制作、使用、公开肖像权人的肖像；（四）为展示特定公共环境，不可避免地制作、使用、公开肖像权人的肖像；（五）为维护公共利益或者肖像权人合法权益，制作、使用、公开肖像权人的肖像的其他行为。”同时《民法典》又规定了对自然人声音的保护，参照适用肖像权保护的有关规定。由此可知，高度模仿单某声音做广告牟利行为属于侵犯肖像的行为，甲依法应当承担侵权责任。因此B项错误。《民法典》第1176条对自甘冒险（自陷风险）行为的法律后果作出了规定，自愿参加具有一定风险的文体活动，因其他参加者的行为受到损害的，受害人不得请求其他参加者承担侵权责任，但是其他参加者对损害的发生有故意或者重大过失的除外。因此，C项中乙的鼻梁骨骨折的后果自负，甲不承担侵权责任，故C项错误。

二、多项选择题

1. **答案**：ACD。B中仅凭赠与人之单方意思并不足以成立赠与关系。
2. **答案**：BD。形成权是指当事人一方可以以自己的行为，使法律关系发生变化的权利。形成权能通过明示的方式或默示的方式行使。对于效力待定的合同中相对人的催告权不是形成权，因为形成权是可以以自己的行为使法律关系发生变化，而催告权只是催告法定代理人或被代理人对合同效力予以追认，所以，只是催告行为不能发生法律关系的变化，所以，催告权不是形成权。债权人的撤销权是指当债务人放弃对第三人的债权、实施无偿或低价处分财产的行为而有害于债权人的债权时，债权人依法请求法院撤销债务人该行为的一种权利。因此并非债权人只要行使撤销权就可以使得债务人处分财产的行为被撤销，还需法院审判。债权人形成权不受诉讼时效制度的限制，因为诉讼时效是适用于请求权的制度，不适用于形成权。由此可知，本题的答案为B、D。
3. **答案**：ABCD。民事法律事实包括事件和行为两大类。事件是指与人的意志无关的，能够引起民事法律后果的客观现象，又称自然事实；而行为是指人的有意识的活动。事件与人的意志无关，不以人的主观意志为转移；而行为是人的一种"有目的""有意识"的活动。
4. **答案**：ABCD。民事权利可分为绝对权和相对权，绝对权具有排他性，相对权不具有排他性。A选项中，乙对甲享有的权利为债权，债权为相对权，不具有排他性，因此A选项正确。以民事权利的作用为标准，可以将民事权利划分为支配权、请求权、抗辩权和形成权。支配权人可以直接支配权利客体，B选项中，根据《民法典》第373条、第374条规定，丁对丙享有的权利为地役权，地役权属于物权的一种，而物权为支配权，因此B选项正确。抗辩权为对抗对方请求权的权利，因此C选项中保证人享有对抗债权人请求履行的权利为抗辩权，C选项正确。形成权是指权利人依单方意思表示使民事法律关系发生、变更、消灭的权利，法律上规定的形成权的存续期间为除斥期间，不受诉讼时效的限制，D选项中债权人享有的撤销权为形成权，故D选项正确。
5. **答案**：ABD。本题中存在三个法律关系：（1）委托法律关系；（2）拍卖法律关系；（3）买卖法律关系。因此A项错误。隶属性法律关系，是指在不平等的法律主体之间建立的权力服从关系。拍卖公司和竞拍者之间的法律地位是平等的，因此不属于隶属性法律关系，而是横向法律关系。因此B项错误。本题中涉及的法律关系主体有张某、拍卖公司和竞买者文化公司，既有自然人，也有法人。因此C项正确。本题中导致成交的客观情况是文化公司的竞买行为，属于法律行为，而非法律事件。因此D项错误。

三、不定项选择题

答案：（1）D；（2）B；（3）AD。民事权利的保护措施分自我保护（又称私力救济）和国家保护（又称公力救济）两种。我国法律明文规定的自我保护措施，只有正当防卫和紧急避险两项。紧急避险是指为了使本人或他人的人身或财产免受正在发生的侵害，不得已而采取的损害他人权益的行为。本题中甲的行为属紧急避险，不构成侵权。并且并未给乙造成任何损失，乙不得索取任何费用，乙擅自扣车的行为当然属于侵权行为。

四、名词解释

1. **答案**：民事法律关系的主体，简称民事主体，是指参加民事法律关系，享有民事权利和承担民事义务的人。参加民事法律关系的人通常称为当事人。在我国民法上，当事人主要指自然人和法人，还包括不具有法人资格的非法人组织。另外，在一定的范围内，国家也是民事主体，可以成为民事法律关系的当事人。民事法律关系的当事人中，享有权利的一方为权利主体，又称权利人；负有义务的一方为义务主体，又称义务人。

2. **答案**：是指民事法律关系的主体享有的民事权利和承担的民事义务所指向的对象。确切地说，民事法律关系的客体是由民事权利和民事义务所产生的事物，如果没有民事法律关系的客体，民事权利和民事义务就无所依托。按照通说，民事法律关系的客体主要有四类，即物、行为、智力成果和人身利益。

3. **答案**：是指民事法律关系的主体所享有的民事权利和负有的民事义务。民事法律关系的内容，是民法所调整的社会关系的内容在法律上的反映。

4. **答案**：是指引起民事法律关系的发生、变更或消灭的事实或客观现象。民事法律事实可分为行为和自然事实两类：（1）行为是指由人的行为所构成的事实。（2）自然事实是指非人的行为所构成的事实，又可分为事件与状态。事件是指某种客观现象的发生，状态是指某种客观现象的持续。

5. **答案**：是指民事法律规范赋予民事主体满足其利益的法律手段。权利人可以在法定范围内享有某种利益或实施一定的行为。权利人可以请求义务人为一定行为或不为一定行为，以保证其享有或实现某种利益。权利人因他人的行为而使其利益受到侵害时，可以请求有关国家机关采取强制措施予以保护。

6. **答案**：是指权利人依自己单方的意思表示，就能够使民事法律关系发生、变更或消灭的权利。属于形成权的主要有承认权、选择权、撤销权、抵销权、解除权及继承权的抛弃权等。

7. **答案**：相对权是指请求特定人为一定行为或不为一定行为的权利，它是相对于绝对权而言的，是将民法上权利按其效力划分而得的权利之一种，其特征在于义务人是特定的，所以又叫作对人权。

【参考资料】郑玉波：《民法总则》，中国政法大学出版社2003年版。

8. **答案**：是指对抗他人行使权利的权利。根据抗辩权作用的不同，抗辩权又可分为永久性抗辩权和延期性抗辩权。永久性抗辩权，是指权利人有永久阻止他人行使请求权的权利。延期性抗辩权，是指权利人在一定时间一定条件下可以提出抗辩，而不是可以永久抗辩。

五、简答题

1. **答案**：《民法典》第464条规定："合同是民事主体之间设立、变更、终止民事法律关系的协议……"采用无立法定义、更接近于日常用语的"协议"来给合同下定义，而没有使用"法律行为"作为合同的种概念，导致立法混乱和重复等弊病。这反映出立法者对于法律行为在民法中的地位及其对实现意思自治的重要意义尚未有足够的认识。

2. **答案**：民事法律行为，简称法律行为，是指民事主体设立、变更、终止民事权利和民事义务的合法行为。民事法律行为是合法的民事行为，是最重要的民事法律事实。在经济生活领域，民事法律行为主要是各种商品交换行为在民法上所采取的法律形式，同时，它也是人们在伦理生活（包括婚姻、家庭生活等）中所实施的诸如子女收养、抚养及赡养等各种行为在民法上所采取的法律形式。因此，民事法律行为是各种民事权利义务产生、变更或消灭最为普遍、最为重要的依据。它不仅适用于商品经济，而且适用于一切民事活动领域。

民事法律行为的法律性质，可以从以下几个方面理解：

第一，民事法律行为是私行为。民事法律行为是由自然人、法人依意思表示作出的变动民事关系的行为，而不是利用公权力作出的行为。

第二，民事法律行为是合法行为。合法，就是说它所追求的效果"不违反法律或公共利益"。

第三，民事法律行为是表示行为。民事法律行为的核心，是意思表示。所谓意思表示，是当事人想要实现一定效果的意思对外表示。任何民事法律行为都必须具备意思表示这一要素。

第四，民事法律行为是由意思决定效果的行为。民法的基本理念是意思自治，它主张人们在民事生活中自己做主，自己负责。民事法律行为的效果，规定于它的要素即意思表示当中。

3. **答案**：(1) 民事责任是因违反民事义务，依法应承担的一种法律后果。(2) 民事责任主要是一种财产责任。(3) 民事责任是法律规定违法行为人对受害人承担的责任。(4) 民事责任的范围应与违法行为造成的权利损害的程度相适应。(5) 民事责任是对违法行为的一种民事法律制裁。

4. **答案**：民事法律关系是由民事法律规范所调整的社会关系，也就是由民事法律规范确认和保护的社会关系。其特征有：(1) 民事法律关系是平等主体之间的法律关系。民法调整的是平等主体之间的财产关系和人身关系。民法调整的社会关系的平等性决定了民事法律关系的平等性。(2) 民事法律关系主要是民事主体自主形成的法律关系。在通常情况下，民事法律关系主要是民事主体在自主自愿的基础上形成的。贯彻当事人意思自治的原则，这是民事法律关系区别于其他法律关系的又一特征。(3) 民事法律关系主体的权利义务通常是对等的、相互的。民事法律关系从整体和实质上讲，每个民事主体既作为权利主体享有权利，同时又作为义务主体负有义务。这种权利义务是对等的、相互的，如合同关系中当事人之间的权利义务，一般是对等的。当然，有些民事法律关系，权利主体只享有权利，义务主体只负有义务，不具有对等性，如人格权法律关系。

5. **答案**：根据内容，民事权利可以划分为财产权和人身权。

财产权以财产利益为内容，是通常可以以金钱衡量其价值的利益为内容的民事权利。财产权按照权利内容又可以分为物权、债权、知识产权、继承权。

人身权指与权利主体的人格、身份不可分离并不直接具有财产利益的民事权利。人身权一般不具有可让性，在受到侵害时首先应当以非财产的方式予以救济。人身权包括人格权与身份权。

6. **答案**：形成权是依权利人单方意思表示使既存法律关系发生变化的权利。其类型主要有：使法律关系发生效力的形成权，使法律关系效力变更的形成权，使法律关系效力消灭的形成权。

使法律关系发生效力的形成权，我国法律上的相关规定主要有，法定代理人对于被代理人（被监护人）行为的承认权，被他人无权处分之物的权利人对无权处分的承认权，本人对无权代理的承认权，以及债权人对债务人与第三人债务承担的同意权。

使法律关系效力变更的形成权，我国法律的相关规定主要是债权的选择权。

使法律关系效力消灭的形成权，我国法律上规定比较多，有善意相对人的撤销权，意思表示错误的撤销权，意思表示不自由的撤销权，债的保全的撤销权，解除权人的解除权，抵销权人的抵销权。

形成权除有权利人可直接行使的外，还有法律规定须依诉行使的。比如，《民法典》规定，对于重大误解或显失公平行为，得请求人民法院或仲裁机构予以变更或撤销。

【参考资料】王泽鉴：《民法总则》，中国政法大学出版社 2009 年版。

7. **答案**：两种权利是依民事权利的效力所及相对人的范围为标准而划分的。绝对权是权利效力所及相对人为不特定人的权利，义务人是权利人之外的一切人，故又称“对世权”。物权、人身权等均属绝对权。

相对权是权利效力所及相对人为特定的人的权利。相对权的效力仅及于特定的义务人，故又称“对人权”。债权就是典型的相对权。

两者的主要区别在于：(1) 权利实现的方式不同。绝对权，是指无须通过义务人实施一定的行为即可实现，并可以对抗不特定人的权利。相对权，是指必须通过义务人实施一定的行为才能实现，只能对抗特定的人的权利。(2) 权利内容之法律上所对抗的人范围不同。绝对权是对抗一般人之权利，而相对权是对抗特定人之权利。(3) 权利适用领域不同。绝对权指对于一般人请求不作为的权利，如人格权、身份权、物权等。相对权指对于特定人请求其为一定行为的权利，如债权。

六、论述题

1. 答案：所谓权利取得，是指某项权利归属于某个（或者某几个）当事人的情形。权利取得的样态包括两种：一种是原始取得，即不以他人既存权利为前提的权利取得样态。原始取得是权利的绝对发生。如依先占而取得物的所有权，以及依原物所有权而取得孳息的所有权。另一种是继受取得，即自前手权利人承受既存权利的权利取得样态。继受取得属于权利的相对发生。继受取得也称“传来取得”。

无论是何种取得权利的方式，都要求具有权利能力的主体。所谓民事权利能力，是指能够作为民事权利义务担当者的法律资格。具有民事权利能力，才能成为民事法律关系的主体，也才有可能取得民事权利。在现代民法国家，自然人的权利能力是与生俱来的，始于出生，终于死亡，而且是平等的，不得抛弃亦不得非法褫夺。而团体履行必要的手续取得法人资格时，便也具有了民事权利能力，可以作为法律主体取得权利。

在权利的继受取得中，当事人除具有权利能力外，还须具有民事行为能力，方可通过民事法律行为移转或者创设民事权利。所谓民事行为能力，是权利能力者能够独立实施依其意思表示内容发生法律效果的行为的能力。行为能力以权利能力为基础，以意思能力为前提，就其本质来说，行为能力正是民法关于理性人观念的表现。自然人的行为能力依其年龄和智力状态而确定，法人的行为能力受到自身性质、法律和经营范围的限制。但只有具备相应的民事行为能力，才可能有效地依照当事人的意愿进行权利的移转和设定，而使对方当事人取得权利。

综上，权利取得包括原始取得和继受取得两种样态。这两种样态中都需要当事人具有权利能力，具有担当法律权利与义务的主体资格。在权利的继受取得中，还需要当事人具备相应的行为能力方可通过民事法律行为移转或创设民事权利，使民事法律关系的相对人继受相应的权利。

2. 答案：民事法律行为与事实行为同属于民事法律事实。民事法律事实是指由民事法律规范规定的能够引起民事法律关系的产生、变更或消灭的客观情况。根据客观事实是否与人的意志有关，民事法律事实可分为行为和事件。行为是指受人的意志支配所进行的并能够引起一定民事法律后果的民事法律事实。再进一步，根据实施行为的行为人的意思状态，可将行为分为表示行为和非表示行为。表示行为是以意思表示为要素，旨在产生、变更或消灭民事法律关系的行为，它包括合法的表示行为和不合法的表示行为。其中的合法表示行为即为民事法律行为。我国《民法典》规定，民事法律行为是民事主体通过意思表示设立、变更、终止民事法律关系的行为。根据这一定义的要点，民事法律行为被界定为合法行为。但是按照西方民法中通行的理解，法律行为的目的在于设立法律关系的表意行为，其中不仅包括不道德或违反法律的无效行为，而且也包括行为人有权提出撤销的可撤销的法律行为。

非表示行为又称为事实行为，是指行为人主观上并没有产生、变更或消灭民事法律关系的意思，但客观上因法律的规定而产生一定的法律后果的行为，它亦有合法与不合法之分，前者如无因管理，后者如侵权行为。

由上可知，民事法律行为与事实行为都会引起民事法律关系的产生、变更或消灭。两者的主要区别在于行为人的主观状态不同。民事法律行为是行为人积极运用意思表示的手段主动地设立、变更或终止民事法律关系，而事实行为中，行为人并没有明确地产生法律效果的意思，或者说法律在规定这一行为的效果时并不考虑行为人的主观意思。正是由于这一根本性的区别，民事法律行为才是实现意思自治的根本工具和重要手段。从立法技术上看，法律行为制度之采用，表现了法律的抽象化趋势，是立法技术进步的结果。

【参考资料】 彭万林主编：《民法学》(第8版)，中国政法大学出版社2018年版；马俊驹、余延满：《民法原论》，法律出版社2016年版。

3. **答案：** 民事法律关系是基于民事法律事实，由民法规范调整而形成的民事权利义务关系。民事法律关系是民事法律规范调整财产和人身关系所形成的社会关系，是基于民事法律事实而形成的社会关系，是以民事权利义务为内容的社会关系。其与其他法律关系相比较，具有以下特征：其一，民事法律关系是平等主体之间的法律关系，调整的是社会关系的平等性质，决定了民事法律关系的平等性。平等的财产关系和人身关系的范围极为广泛，自然人、企业、事业单位、社会团体、国家机关甚至地方政府与国家最高权力机关，在民事法律关系中都以民事主体的身份出现，相互之间不是隶属关系，而是平等关系。其二，民事法律关系大多是民事主体自主形成的法律关系。有民法规范才能有民事法律关系，民事法律是国家制定的，因此民事法律规范反映的是国家意志。另外，民事法律关系在通常情况下大都是民事主体在自主自愿基础上形成的，因此也体现了当事人自己的意志，这是民事法律关系区别于其他法律关系的另一特征。其三，民事法律关系主体的权利义务通常是对等的、相互的。民事法律关系有物权法律关系、债权法律关系、知识产权法律关系、人身法律关系、婚姻家庭法律关系及继承法律关系等。从整体和实质上看，每个民事主体既作为权利人享有权利，同时又作为义务人负有义务，这种权利义务是对等的、相互的。

民事法律关系是民法学的重要概念，民事法律关系理论是民法学的重要理论。国家制定和颁布各种民事法律规范，目的是要求人们以其为根据设立各种民事法律关系，将人们的行为纳入民法调整的法律轨道。民法学研究的中心问题是民事法律关系，研究作为民事法律关系发生根据的各种民事法律规范，研究发生民事法律关系的各种原因，研究民事法律关系发生、变更与消灭。在一定意义上可以说民法学就是民事法律关系学。民事法律关系理论是民法学理论的基础，也是民法学理论的总纲，是研究民事立法和各种民事法律关系的主线。把握这个基础和主线，对正确理解和适用民事法律有指导意义。

4. **答案：** 民事法律关系是由民事法律规范调整所形成的以民事权利和民事义务为核心内容的社会关系，是民法所调整的平等主体之间的财产关系和人身关系在法律上的表现。

第一，民事权利，是指民事主体为实现某种利益而依法为某种行为或不为某种行为的自由。其具体内容为：

(1) 权利人依法直接享有某种利益，或者实施一定行为的利益；(2) 权利人可以请求义务人为一定行为或不为一定行为，以保证其享有实现某种利益的自由；(3) 这种自由是有保障的自由，它表现为在权利受到侵犯时，有权请求国家机关予以保护。

第二，民事义务是指义务人为满足权利人的利益而为一定行为或不为一定行为的必要性。其具体内容为：

(1) 义务人必须依法或依照合同为或不为一定的行为，以满足权利人的利益；(2) 义务人只承担法定的或约定的范围内的义务，除此之外的则不予承担；(3) 义务人必须履行其义务。

第三，民事责任，是指民事主体因违反合同或者不履行其他民事义务所应承担的民事法律后果。其特征为：

(1) 强制性，即它以国家强制力为保障，保证民事主体在违反义务时承担民事责任，履行民事义务；(2) 以财产性责任为主，非财产性责任为辅；(3) 以补偿性为主，惩罚性为辅。

第四，权利、义务、责任的关系。

民事权利和义务相互对立、相互联系，从不同的角度来表现民事法律关系的内容。在任何一个民事法律关系中，权利和义务都是一致的，权利的内容要通过相应的义务表现，而义务的内容则有相应的权利限定。当事人一方享有权利，必然有另一方负有相应的义务，并且权利和义务往往是同时产生、变更和消灭的。而民事责任则是权利实现的保证，也是违反义务的后果，责任制度将民事权利和民事义务联系到了一起，共同构成了完整的民事法律关系体系。

第四章 自 然 人

基础知识图解

- 自然人的民事权利能力
  - 自然人民事权利能力的概念
  - 自然人民事权利能力的开始（胎儿利益的保护）
  - 自然人民事权利能力的终止
- 自然人的民事行为能力
  - 自然人民事行为能力的概念
  - 自然人民事行为能力的种类
    - 完全民事行为能力
    - 限制民事行为能力
    - 无民事行为能力
- 监护
  - 监护的概念
  - 设立监护的目的
  - 监护人的消极资格
  - 监护人的职责
  - 监护的终止
- 自然人的住所
- 宣告失踪和宣告死亡
  - 条件
  - 法律效果

配套测试

一、单项选择题

1. 根据法律的有关规定，下列说法正确的是（　　）。

A. 十六周岁以上的公民是成年人，具有完全民事行为能力，可以独立进行民事活动，是完全民事行为能力人

B. 十四周岁以上不满十六周岁的公民，以自己的劳动收入为主要生活来源的，视为完全民事行为能力人

C. 十周岁以上的未成年人是限制民事行为能力人，进行民事活动应当征得他的法定代理人的同意

D. 无民事行为能力人、限制民事行为能力人的监护人是他的法定代理人

2. 王某的户籍所在地在四川省，外出到北京打工已经超过一年，根据法律的规定（　　）。

A. 四川为王某的住所

B. 北京为王某的住所

C. 四川为王某的住所，北京视为王某的住所

D. 北京为王某的住所，四川视为王某的住所

3. 甲下落不明满6年，其妻向人民法院申请宣告死亡，其父向人民法院申请宣告失踪，人民法院应当：（　　）。

A. 先宣告失踪，再宣告死亡

B. 只按其父的申请宣告失踪

C. 只按其妻的申请宣告死亡

D. 让其妻和其父商量，如协商不成，驳回申请

4. 张某失踪5年，经其妻周某的申请，人民法院宣告张某死亡，此后，周某与王某结婚。1年后，张某回家并向人民法院起诉，要求恢复与周某的婚姻关系，并判定周某与王某的

婚姻无效，人民法院应当：（　　）。

A. 恢复张某与周某的婚姻关系，并判定周某与王某的婚姻无效

B. 判定周某与王某的婚姻无效

C. 判定周某与王某的婚姻有效，驳回张某与周某恢复婚姻关系的请求

D. 撤销周某与王某的婚姻

5. 甲被法院宣告死亡，甲父乙、甲妻丙、甲子丁分割了其遗产。后乙病故，丁代位继承了乙的部分遗产。丙与戊再婚后因车祸遇难，丁、戊又分割了丙的遗产。现甲重新出现，法院撤销死亡宣告。下列哪种说法是正确的？（　　）

A. 丁应将其从甲、乙、丙处继承的全部财产返还给甲

B. 丁只应将其从甲、乙处继承的全部财产返还给甲

C. 戊从丙处继承的全部财产都应返还给甲

D. 丁、戊应将从丙处继承的和丙从甲处继承的财产返还给甲

6. 黄某，现年 19 周岁，就读于北京某大学，精神正常，但生活自理能力极差，完全依赖父母的汇款为其生活来源，则黄某是（　　）。

A. 完全民事行为能力人

B. 限制民事行为能力人

C. 无民事行为能力人

D. 可视为完全民事行为能力人

7. 甲婚后因夫妻关系不和患了精神病，一家人对甲的监护问题相互推诿，此时应由（　　）担任监护人。

A. 甲的妻子　　　　B. 甲的父母

C. 甲的兄弟　　　　D. 甲的叔叔

8. 乙因病需要换肾，其兄甲的肾脏刚好配型成功，甲、乙父母和甲均同意由甲捐肾。因甲是精神病人，医院拒绝办理。后甲意外死亡，甲、乙父母决定将甲的肾脏捐献给乙。下列哪一表述是正确的？（　　）（2011 年司考．卷三．单 2）

A. 甲决定将其肾脏捐献给乙的行为有效

B. 甲生前，其父母决定将甲的肾脏捐献给乙的行为有效

C. 甲死后，其父母决定将甲的肾脏捐献给乙的行为有效

D. 甲死后，其父母决定将甲的肾脏捐献给乙的行为无效

9. 关于监护，下列哪一表述是正确的？（　　）（2013 年司考．卷三．单 2）

A. 甲委托医院照料其患精神病的配偶乙，医院是委托监护人

B. 甲的幼子乙在寄宿制幼儿园期间，甲的监护职责全部转移给幼儿园

C. 甲丧夫后携幼子乙改嫁，乙的爷爷有权要求法院确定自己为乙的法定监护人

D. 市民甲、乙之子丙 5 周岁，甲、乙离婚后对谁担任丙的监护人发生争议，丙住所地的居民委员会有权指定

10. 甲公司与 15 周岁的网络奇才陈某签订委托合同，授权陈某为甲公司购买价值不超过 50 万元的软件。陈某的父母知道后，明确表示反对。关于委托合同和代理权授予的效力，下列哪一表述是正确的？（　　）（2015 年司考．卷三．单 4）

A. 均无效，因陈某的父母拒绝追认

B. 均有效，因委托合同仅需简单智力投入，不会损害陈某的利益，其父母是否追认并不重要

C. 是否有效，需确认陈某的真实意思，其父母拒绝追认，甲公司可向法院起诉请求确认委托合同的效力

D. 委托合同因陈某的父母不追认而无效，但代理权授予是单方法律行为，无须追认即有效

11. 甲的儿子乙（8 岁）因遗嘱继承了其祖父遗产 10 万元。某日，乙玩耍时将另一小朋友丙的眼睛划伤。丙的监护人要求甲承担赔偿责任 2 万元。后法院查明，甲已尽到监护职责。下列哪一说法是正确的？（　　）（2015 年司考．卷三．单 24）

A. 因乙的财产足以赔偿丙，故不需用甲的财产赔偿

B. 甲已尽到监护职责，无须承担侵权

责任

C. 用乙的财产向丙赔偿，乙赔偿后可在甲应承担的份额内向甲追偿

D. 应由甲直接赔偿，否则会损害被监护人乙的利益

12. 甲被法院宣告失踪，其妻乙被指定为甲的财产代管人。3个月后，乙将登记在自己名下的夫妻共有房屋出售给丙，交付并办理了过户登记。在此过程中，乙向丙出示了甲被宣告失踪的判决书，并将房屋属于夫妻二人共有的事实告知丙。1年后，甲重新出现，并经法院撤销了失踪宣告。现甲要求丙返还房屋。对此，下列哪一说法是正确的？（　　）（2016年司考．卷三．单6）

A. 丙善意取得房屋所有权，甲无权请求返还

B. 丙不能善意取得房屋所有权，甲有权请求返还

C. 乙出售夫妻共有房屋构成家事代理，丙继受取得房屋所有权

D. 乙出售夫妻共有房屋属于有权处分，丙继受取得房屋所有权

13. 肖特有音乐天赋，16岁便不再上学，以演出收入为主要生活来源。在肖特成长过程中，多有长辈馈赠：7岁时受赠口琴1个，9岁时受赠钢琴1架，15岁时受赠名贵小提琴1把。对肖特行为能力及其受赠行为效力的判断，根据《民法典》相关规定，下列哪一选项是正确的？（　　）

A. 肖特尚不具备完全的民事行为能力

B. 受赠口琴的行为无效，应由其法定代理人代理实施

C. 受赠钢琴的行为无效，因与其当时的年龄智力不相当

D. 受赠小提琴的行为无效，因与其当时的年龄智力不相当

14. 2022年韩某乘坐的飞机中途失事，其至今下落不明。韩某的妻子何某欲将儿子送养以便再嫁。韩某的父母不知如何处理，咨询律师。关于律师的答复，下列哪一说法是正确的？（　　）

A. 韩某的利害关系人申请宣告韩某死亡有顺序先后的限制

B. 韩某的父母申请宣告韩某死亡，其妻子何某申请宣告韩某失踪，法院应当根据父母的申请宣告韩某死亡

C. 如法院宣告韩某死亡，则判决作出之日视为韩某死亡的日期

D. 如法院宣告韩某死亡但是韩某并未死亡的，在被宣告死亡期间韩某所实施的民事法律行为效力待定

15. 2018年3月，张某出海捕鱼，因沉船事故而失去音信。2022年5月，张某的配偶刘某向法院申请宣告其为失踪人，张某的债权人孙某则申请宣告张某死亡。法院审查后发现张某符合宣告死亡的条件。对此，下列哪一说法是正确的？（　　）

A. 孙某无资格申请宣告张某死亡

B. 法院应当按照孙某申请判决宣告张某死亡

C. 法院应当按照刘某申请判决宣告张某失踪

D. 法院应当按照审查结果判决宣告张某死亡

二、多项选择题

1. 根据《民法典》规定，8周岁以上的未成年人的法定代理人（　　）。

A. 可以同意该未成年人进行与其年龄、智力相适应的民事活动

B. 应当同意该未成年人进行某项与其年龄、智力相适应的民事活动

C. 不可以同意该未成年人进行某项与其年龄、智力相适应的民事活动

D. 不可以概括地同意该未成年人进行任何种类的民事活动

2. 张某被人民法院宣告为失踪人，人民法院为其指定财产代管人，下面的说法哪些正确？（　　）

A. 人民法院可以指定他的配偶为张某的财产代管人，没有配偶或者配偶无行

为能力，可以指定张某的父母为其财产代管人

B. 如果张某只有一个儿子，15岁，人民法院可以指定他的儿子为财产代管人

C. 如果张某为无民事行为能力人、限制民事行为能力人，他的监护人即为财产代管人

D. 如果张某的母亲已经死亡，父亲又嗜酒好赌，人民法院可以指定张某母亲的一位好友为张某的财产代管人

3. 甲年满16周岁，已工作，月收入1000元，甲与其兄乙共同生活。在下列选项中有效的行为有（　　）。

A. 甲从自己的劳动收入中节省800元作为礼物赠送给丙的行为

B. 甲将其继承祖父的一辆价值30万元的汽车抛弃的行为

C. 甲将自己的自行车卖给丁的行为

D. 甲立遗嘱的行为

4. 甲为一儿童影星，片酬颇丰，乙为甲的监护人。问：乙的下列哪些行为在征得甲同意时，属于合法有效的民事行为？（　　）

A. 甲的侵权行为给他人造成损失，用其片酬予以支付的行为

B. 用甲的片酬赠与他人的行为

C. 用甲的片酬为甲购买人身保险的行为

D. 用甲的片酬为乙母购买房产的行为

5. 甲、乙为夫妻，长期感情不和。2015年5月1日甲乘火车去外地出差，在火车上失踪，没有发现其被害尸体，也没有发现其在何处下车。2021年6月5日法院依照法定程序宣告甲死亡。之后，乙向法院起诉要求铁路公司对甲的死亡进行赔偿。关于甲被宣告死亡，下列哪些说法是正确的？（　　）

A. 甲的继承人可以继承其财产

B. 甲、乙婚姻关系消灭，且不可能恢复

C. 2021年6月5日为甲的死亡日期

D. 铁路公司应当对甲的死亡进行赔偿

6. 甲8周岁，多次在国际钢琴大赛中获奖，并获得大量奖金。甲的父母乙、丙为了甲的利益，考虑到甲的奖金存放银行增值有限，遂将奖金全部购买了股票，但恰遇股市暴跌，甲的奖金损失过半。关于乙、丙的行为，下列哪些说法是正确的？（　　）（2016年司考．卷三．多52）

A. 乙、丙应对投资股票给甲造成的损失承担责任

B. 乙、丙不能随意处分甲的财产

C. 乙、丙的行为构成无因管理，无须承担责任

D. 如主张赔偿，甲对父母的诉讼时效期间在进行中的最后6个月内因自己系无行为能力人而中止，待成年后继续计算

7. 余某与其妻婚后不育，依法收养了孤儿小翠。不久后余某与妻子离婚，小翠由余某抚养。现余某身患重病，为自己和幼女小翠的未来担忧，欲作相应安排。下列哪些选项是正确的？（　　）（2017年司考．卷三．多51）

A. 余某可通过遗嘱指定其父亲在其身故后担任小翠的监护人

B. 余某可与前妻协议确定由前妻担任小翠的监护人

C. 余某可与其堂兄事先协商以书面形式确定堂兄为自己的监护人

D. 如余某病故，应由余某父母担任小翠的监护人

8. 甲（6周岁）系童星，演出收入颇丰。其父母为保值，在A城以甲的名义购买了一套商品房，价款850万元。后其他地区房价均上涨，唯独A城房价下跌，损失惨重。关于本案，下列哪些说法是错误的？（　　）

A. 甲向其父母追偿损失不受3年诉讼时效的限制

B. 甲的父母没有为甲财产保值的义务

C. 购房合同有效，但父母应负赔偿责任

D. 甲父母的行为构成无因管理

9. 2019年2月，家住W县的孙某（男，51周岁，有配偶）依法收养了孤儿小丽（女，11周岁）为养女，后孙某多次对小丽实施性侵害，造成小丽先后产下两名女婴。2021年5月，当地群众向公安机关匿

名举报。2021年8月，当地法院判决孙某构成强奸罪，判决有期徒刑3年。关于本案，下列哪些说法是错误的？（ ）

A. W县民政部门可以直接取消孙某的监护人资格

B. 孙某被法院取消监护资格后可以不再给付抚养费

C. 孙某出狱后，如确有悔改表现的，经其申请，人民法院可以恢复其监护人资格

D. 小丽对孙某的损害赔偿请求权的诉讼时效期间自法定代理终止之日起计算

10. 徐某和张某离婚，育有一子小徐9岁，由徐某抚养。徐某经常殴打小徐，且将祖父母赠送给小徐的一只玉佩用于赌博并将其输掉。关于本案，下列哪些说法是正确的？（ ）

A. 张某有权向法院提起诉讼撤销徐某的监护人资格

B. 徐某应对小徐进行赔偿

C. 小徐向徐某主张损害赔偿的诉讼时效期间自年满18周岁之日起计算

D. 小徐生活的抚养费，不适用诉讼时效规定

11. 甲常对独生子丙（8周岁）虐待、体罚。因丙考试成绩不理想，甲酒后暴打丙，致丙轻伤，甲因此被判有期徒刑1年，缓刑3年。下列选项正确的是？（ ）

A. 丙的祖父有权申请人民法院撤销甲的监护资格

B. 若甲的监护资格被撤销，丙仍有权请求甲支付抚养费

C. 若甲的监护资格被撤销后，丙的监护人确定前，人民法院可以指定丙住所地的居民委员会担任丙的临时监护人

D. 若甲的监护资格被撤销后，确有悔改表现，经甲申请，人民法院可以在尊重丙真实意愿的前提下，恢复甲的监护人资格

12. 甲为躲避债务离家出走，5年后妻子乙申请宣告甲死亡，乙和丙结婚1年后离婚，7年后甲归来。此时，关于婚姻关系表述，下列说法正确的是？（ ）

A. 法院宣告甲死亡时，甲、乙的婚姻关系消灭

B. 法院撤销死亡宣告后，甲、乙的婚姻关系自行恢复

C. 法院撤销死亡宣告后，甲、乙需要登记结婚方能确立婚姻关系

D. 甲下落不明时，甲、乙的婚姻关系消灭

三、不定项选择题

1. 60岁苏某丧偶，其成年子女均已成家，苏某独自生活。苏某与比其小20岁的蔡某相识，苏某和蔡某书面协议约定，待苏某丧失生活自理能力后由蔡某作为监护人履行监护职责，蔡某履行义务后，苏某死后名下的一半遗产由蔡某继承。关于本案，下列说法正确的是：（ ）

A. 苏某有子女作为监护人故监护协议无效

B. 监护协议有效

C. 约定财产继承部分无效

D. 苏某子女可以主张撤销监护协议

2. 关于宣告死亡，下列哪些选项是正确的？（ ）

A. 宣告死亡的申请人有顺序先后的限制

B. 有民事行为能力人在被宣告死亡期间实施的民事行为有效

C. 被宣告死亡的人与其配偶的婚姻关系因死亡宣告的撤销而自行恢复

D. 被撤销死亡宣告的人有权请求依《民法典》取得其财产者返还原物或给予适当补偿

四、名词解释

1. 民事权利能力

2. 自然人的行为能力与意思能力

3. 宣告失踪

4. 宣告死亡

5. 监护

五、简答题

简述监护权的概念和特征。（中国人民大学

2013 年研究生入学考试题）

六、案例分析题

16 岁少年甲向邻居乙借钱 1000 元购买自行车，在购车时不慎将钱丢失。乙要求甲还钱，甲不得已将事情告诉父母。甲的父母一方面对儿子进行批评教育，另一方面则认为乙不应当借钱给其未成年的儿子，而且钱已经丢失，因而拒绝还钱。

你认为，按照法律的规定，甲的父母是否应当向乙偿还 1000 元钱，为什么？（西南政法大学 2005 年研究生入学考试题）

参考答案

一、单项选择题

1. **答案**：D。见《民法典》第 17 条、第 18 条、第 19 条、第 23 条规定。
2. **答案**：C。根据《民法典》第 25 条的规定，自然人以户籍登记或者其他有效身份登记记载的居所为住所；经常居所与住所不一致的，经常居所视为住所。
3. **答案**：C。《民法典》第 47 条规定，对同一自然人，有的利害关系人申请宣告死亡，有的利害关系人申请宣告失踪，符合本法规定的宣告死亡条件的，人民法院应当宣告死亡。本题中配偶要求宣告死亡，故应当宣告死亡。
4. **答案**：C。根据《民法典》第 51 条的规定，被宣告死亡的人的婚姻关系，自死亡宣告之日起消除。死亡宣告被撤销的，婚姻关系自撤销死亡宣告之日起自行恢复。但是，其配偶再婚或者向婚姻登记机关书面声明不愿意恢复的除外。本题中，宣告死亡后周某与张某的婚姻关系已经消灭。因此，周某与王某的婚姻为有效婚姻。故当张某回来后，无权要求恢复婚姻关系。即使周某与后配偶离婚或者后配偶死亡，周某与张某的婚姻关系想要恢复，也必须办理复婚手续。
5. **答案**：D。《民法典》第 53 条第 1 款规定，被撤销死亡宣告的人有权请求依照继承法取得其财产的民事主体返还财产。无法返还的，应当给予适当补偿。因此本题中，丁从甲处继承的财产应当返还，丁、戊从丙处继承的而丙从甲处继承的财产返还给甲。另外，对于丁代位继承从乙处取得的财产，由于代位继承实际上是继承了甲应当继承的份额，所以在甲被撤销死亡宣告后理应返还给甲，故 A、B、C 项错误，D 项正确。所以本题选 D。
6. **答案**：A。判断是否具有行为能力的标准依赖于年龄及精神状态而不能仅依生活自理能力的高低。是成年人又无精神病的，应是完全民事行为能力人。
7. **答案**：B。根据《民法典》第 28 条的规定，无民事行为能力或者限制民事行为能力的成年人，由下列有监护能力的人按顺序担任监护人：（1）配偶；（2）父母、子女；（3）其他近亲属；（4）其他愿意担任监护人的个人或者组织，但是须经被监护人住所地的居民委员会、村民委员会或者民政部门同意。题中，甲是因夫妻关系不和而患了精神病，故由其妻子担任甲的监护人明显不利。
8. **答案**：D。在本案中，甲为无民事行为能力人，其所为的民事行为无效，所以 A 选项错误。根据《民法典》第 34 条规定，监护人的监护行为不得损害被监护人的利益，父母无权决定将甲的肾脏捐献给乙，所以 B 选项错误。甲意外死亡之后，其民事主体资格消灭，在甲没有有效遗嘱的情形下，父母没有处分甲的遗体的权利，所以其决定将甲的肾脏捐献给乙的行为无效，故 C 选项错误，D 选项正确。
9. **答案**：A。《民法典》第 1189 条规定，无民事行为能力人、限制民事行为能力人造成他人损害，监护人将监护职责委托给他人的，监护人应当承担侵权责任；受托人有过错的，承担相应的责任。A 项正确，甲委托医院照料其患有精神病的配偶乙，医院此时为委托监护人。B 项错误，未成年人到学校上学，在学校生活学习期间，监护人并没有发生变化，依然是原来的监护人，《民法典》

第1199条规定，无民事行为能力人在幼儿园、学校或者其他教育机构学习、生活期间受到人身损害的，幼儿园、学校或者其他教育机构应当承担侵权责任；但是，能够证明尽到教育、管理职责的，不承担侵权责任。可见，这些单位只是在过错的范围内承担责任，监护责任并没有完全转移给学校。C、D项错误，《民法典》第27条规定，父母是未成年子女的监护人。未成年人的父母已经死亡或者没有监护能力的，由下列有监护能力的人按顺序担任监护人：(1) 祖父母、外祖父母；(2) 兄、姐；(3) 其他愿意担任监护人的个人或者组织，但是须经未成年人住所地的居民委员会、村民委员会或者民政部门同意。第31条第1款规定，对监护人的确定有争议的，由被监护人住所地的居民委员会、村民委员会或者民政部门指定监护人，有关当事人对指定不服的，可以向人民法院申请指定监护人；有关当事人也可以直接向人民法院申请指定监护人。这意味着只要父母尚在，又没有不适合做监护人的情况，就不存在祖父母做监护人的可能，故C项错误。根据上述规定，只有当父母之外的人，对于监护的确定存在争议时，才需要经过基层组织指定，夫妻离婚后，双方对子女均有监护权。故D项错误。

10. **答案**：D。本题中，甲公司与15周岁的陈某签订的委托合同是双方法律行为，因陈某为限制民事行为能力人，故该委托合同效力待定，如陈某的父母不追认该委托合同则无效。甲公司授权陈某购买软件的行为是代理权的授予，属于纯获利益的行为，即使陈某为限制民事行为能力人，代理权的授予也无须追认即有效。故D项正确。

11. **答案**：A。《民法典》第1188条规定，无民事行为能力人、限制民事行为能力人造成他人损害的，由监护人承担侵权责任。监护人尽到监护职责的，可以减轻其侵权责任。有财产的无民事行为能力人、限制民事行为能力人造成他人损害的，从本人财产中支付赔偿费用；不足部分，由监护人赔偿。本题中，8岁的乙继承了祖父遗产10万元，乙本人财产足以支付赔偿费用，则监护人无须承担赔偿责任。故C、D项错误。法院查明甲已尽到监护职责，可以适当减轻其责任，而不是无须承担责任，故B项错误。

12. **答案**：B。房屋为夫妻共同财产，因此乙无处分权。《最高人民法院关于适用〈中华人民共和国民法典〉物权编的解释（一）》第15条第1款第4项规定，受让人知道登记簿上记载的权利主体错误的，应当认定不动产受让人知道转让人无处分权。乙向丙出示了甲被宣告失踪的判决书，并将房屋属于夫妻二人共有的事实告知丙，故丙是恶意的，不能善意取得房屋的所有权。故A、D项错误。夫妻因日常生活需要处理共同财产，任何一方均有决定权，但处分房屋显然不构成家事代理。故C项错误。

13. **答案**：B。《民法典》第18条第2款规定，16周岁以上的未成年人，以自己劳动为主要生活来源的，视为完全民事行为能力人。肖特16岁以演出收入为主要生活来源，符合视为完全民事行为能力人的要件，所以具备完全民事行为能力。A项错误。《民法典》第20条规定，不满8周岁的未成年人为无民事行为能力人，由其法定代理人代理实施民事法律行为。第144条规定，无民事行为能力人实施的民事法律行为无效。肖特在7岁时，因不满8周岁，属于无民事行为能力人，所以受赠口琴的行为无效，应由其法定代理人代理实施。B项正确。《民法典》第19条规定，8周岁以上的未成年人为限制民事行为能力人，实施民事法律行为由其法定代理人代理或者经其法定代理人同意、追认，但是，可以独立实施纯获利益的民事法律行为或者与其年龄、智力相适应的民事法律行为。肖特受赠钢琴时9岁、受赠小提琴时15岁，系限制民事行为能力人，受赠行为属于纯获利益的民事法律行为，行为有效。C、D错误。

14. **答案**：B。A项考查宣告死亡的申请人。根据《民法典》第46条第1款第2项规定，自然人因意外事件，下落不明满2年的，利害关系人可以向人民法院申请宣告该自然人死亡。本题中，韩某乘坐飞机中途失事属于意外事件，利害关系人依法有权申请宣告韩某死亡，且没有顺序先后的限制。故A项错误。B项考查宣告失踪和宣告死亡的关系。根据《民法典》第47条规定，对同一自然人，有的利害关系人申请宣告死亡，有的利害关系人申请宣告失踪，符合本法规定的宣告死亡条件的，人民法院应当宣告死亡。本题中，韩某因意外事件下落不明，依法满2年即可宣告死亡，至今已4年有余，符合宣告死亡的条件。因此，法院应当根据韩某父母的申请宣告韩某死亡。故B项正确。C项考查死亡时间的确定。根据《民法典》第48条规定，被宣告死亡的人，人民法院宣告死亡的判决作出之日视为其死亡日期；因意外事件下落不明宣告死亡的，意外事件发生之日视为其死亡日期。本题中，韩某因意外事件下落不明被法院宣告死亡，意外事件发生之日而非判决作出之日视为韩某死亡的日期。故C项错误。D项考查宣告死亡的法律效果。根据《民法典》第49条规定，自然人被宣告死亡但是并未死亡的，不影响该自然人在被宣告死亡期间实施的民事法律行为的效力。本题中，如韩某被法院宣告死亡而实际上并未死亡的，其在被宣告死亡期间所实施的民事法律行为应具体问题具体分析（可能有效、可能无效、可能效力待定，也可能可撤销）。因此，并非一定效力待定。故D项错误。

15. **答案**：C。《最高人民法院关于适用〈中华人民共和国民法典〉总则编若干问题的解释》第14条规定：“人民法院审理宣告失踪案件时，下列人员应当认定为民法典第四十条规定的利害关系人：（一）被申请人的近亲属；（二）依据民法典第一千一百二十八条、第一千一百二十九条规定对被申请人有继承权的亲属；（三）债权人、债务人、合伙人等与被申请人有民事权利义务关系的民事主体，但是不申请宣告失踪不影响其权利行使、义务履行的除外。”据此，刘某作为张某的配偶，属于其近亲属，有权申请宣告张某为失踪人。对于债权人孙某是否有申请资格，该解释第16条第3款规定：“被申请人的债权人、债务人、合伙人等民事主体不能认定为民法典第四十六条规定的利害关系人，但是不申请宣告死亡不能保护其相应合法权益的除外。”据此可知，被申请人的债权人原则上不是有权申请宣告死亡的利害关系人，仅在存在合法权益保护需要时才有资格进行申请，因此本题中孙某原则上没有申请资格。此时，法院应按照刘某申请判决宣告失踪。因此A、B、D项错误，C项正确。

二、多项选择题

1. **答案**：AD。见《民法典》第19条的规定，八周岁以上的未成年人是限制民事行为能力人，可以进行与他的年龄、智力相适应的民事活动；其他民事活动由他的法定代理人代理，或者征得他的法定代理人的同意。
2. **答案**：ACD。参考《民法典》第42条规定，人民法院指定失踪人的财产代管人，应当根据有利于保护失踪人财产的原则指定。没有《民法典》第42条规定的代管人，或者他们无能力作代管人，或者不宜作代管人的，人民法院可以指定公民或者有关组织为失踪人的财产代管人。无民事行为能力人、限制民事行为能力人失踪的，其监护人即为财产代管人。
3. **答案**：AC。A、C对，《民法典》第18条第2款规定：“十六周岁以上的未成年人，以自己的劳动收入为主要生活来源的，视为完全民事行为能力人。”B错，甲毕竟未满18周岁，是未成年人，其抛弃汽车的行为可能损害其利益，实践中一般认为是无效行为。D错，遗嘱行为属于重大行为，要求当事人必须年满18周岁，实践中认为是无效行为。
4. **答案**：AC。本题考查监护人对被监护人的财产的处分权限。掌握《民法典》第35条第1款的规定：“监护人应当按照最有利于被监护人的原则履行监护职责。监护人除为维护被监护人利益外，不得处分被监护人的财产。”对A选项的判断，则依据《民法典》第1188条第2款的规定。对C选项的判断，应当考虑为谁买人身保险，由于是为“甲购买的人身保险”，故属于为甲的利益，所以合法有效。

5. **答案**：AC。《最高人民法院关于适用〈中华人民共和国民法典〉继承编的解释（一）》第1条第1款规定，继承从被继承人生理死亡或被宣告死亡时开始。2021年6月5日法院依照法定程序宣告甲死亡，故甲的继承人可以继承其财产，A项正确。《民法典》第51条规定，被宣告死亡的人的婚姻关系，自死亡宣告之日起消灭。死亡宣告被撤销的，婚姻关系自撤销死亡宣告之日起自行恢复，但是，其配偶再婚或者向婚姻登记机关书面声明不愿意恢复的除外。B项认定婚姻关系不可能恢复，过于绝对，错误。《民法典》第48条规定，被宣告死亡的人，人民法院宣告死亡的判决作出之日视为其死亡的日期；因意外事件下落不明宣告死亡的，意外事件发生之日视为其死亡的日期。2021年6月5日法院依照法定程序宣告甲死亡，为判决作出之日，故C项正确。《民法典》第823条第1款规定，承运人应当对运输过程中旅客的伤亡承担赔偿责任；但是，伤亡是旅客自身健康原因造成的或者承运人证明伤亡是旅客故意、重大过失造成的除外。本题中，铁路公司并无侵权行为，铁路公司的行为和死亡的损害后果之间没有因果关系，故无须对甲的死亡承担赔偿责任，故D项错误。

6. **答案**：AB。《民法典》第35条第1款规定，监护人应当按照最有利于被监护人的原则履行监护职责。监护人除为维护被监护人的利益外，不得处分被监护人的财产。第34条第3款规定，监护人不履行监护职责或者侵害被监护人合法权益的，应当承担法律责任。乙、丙除为被监护人的利益外，不得处理被监护人的财产，乙、丙应对投资股票给甲造成的损失承担责任，故A、B项正确。《民法典》第121条规定，没有法定的或者约定的义务，为避免他人利益受损失而进行管理的人，有权请求受益人偿还由此支出的必要费用。第34条第1款、第2款规定，监护人的职责是代理被监护人的人身权利、财产权利以及其他合法权益等。监护人依法履行监护职责产生的权利，受法律保护。乙、丙履行监护职责，有法定义务，不构成无因管理，故C项错误。《民法典》第190条规定，无民事法律行为能力人或者限制民事法律行为能力人对其法定代理人的请求权的诉讼时效期间，自该法定代理终止之日起计算。这样就不存在时效中止的问题，因为直接从法定代理终止之日即甲成为完全民事行为能力人日起算，故D项错误。

7. **答案**：ABC。《民法典》第1111条第1款规定，自收养关系成立之日起，养父母与养子女间的权利义务关系，适用本法关于父母子女关系的规定。第1084条第1款、第2款规定，父母与子女间的关系，不因父母离婚而消除。离婚后，子女无论由父或母直接抚养，仍是父母双方的子女。离婚后，父母对于子女仍有抚养和教育的权利和义务。第27条第1款规定，父母是未成年子女的监护人。余某作为小翠的养父，其前妻作为小翠的养母，是小翠的父母，是小翠的法定监护人。《民法典》第29条规定，被监护人的父母担任监护人的，可以通过遗嘱指定监护人。余某作为小翠的监护人，可以通过遗嘱指定其父亲在自己死后担任小翠的监护人。A项正确。《民法典》第30条规定，依法具有监护资格的人之间可以协议确定监护人。协议确定监护人应当尊重被监护人的真实意愿。父母作为小翠的法定监护人，是具有监护资格的人。所以，余某作为小翠的父亲可以与其前妻，即小翠的母亲，协议确定由其前妻担任小翠的监护人，此处的监护人是指责任更重的监护人，比如由其母亲承担抚养、教育义务。因为即便父母离婚，父母子女之间的关系都不因离婚而消灭，无论孩子由谁抚养，父母都是孩子的法定监护人。B项正确。《民法典》第33条规定，具有完全民事行为能力的成年人，可以与其近亲属、其他愿意担任监护人的个人或者组织事先协商，以书面形式确定自己的监护人。协商确定的监护人在该成年人丧失或者部分丧失民事行为能力时，履行监护职责。余某作为具有完全民事行为能力的成年人，可以和他人，即其堂兄，事先协商以书面形式确定其堂兄作为自己的监护人。C 项正确。《民法典》第 27 条第 2 款规定，未成年人的父母已经死亡或者没有监护能力的，由下列有监护能力的人按顺序担任监护人：（1）祖父母、外祖父母；（2）兄、姐；（3）其他愿意担任监护人的个人或者组织，但是须经未成年人住所地的居民委员会、村民委员会或者民政部门同意。虽然小翠的父亲余某死亡，但小翠的母亲，即余某的前妻没有死亡且没有丧失监护能力，所以不符合第 27 条第 2 款规定的情况，在没有遗嘱监护、协议监护的情况下，轮不到余某父母担任小翠的监护人。D 项错误。

8. **答案**：ABD。A 项考查诉讼时效的基本原理。根据《民法典》第 190 条规定，无民事行为能力人或限制民事行为能力人对其法定代理人的请求权的诉讼时效期间，自该法定代理终止之日起计算。第 188 条第 1 款规定，向人民法院请求保护民事权利的诉讼时效期间为 3 年。法律另有规定的，依照其规定。据此可知，甲向其父母追偿损失受 3 年诉讼时效的限制，且自法定代理终止之日起计算。故 A 项错误。B 项考查监护人的职责。根据《民法典》第 34 条第 1 款规定，监护人的职责是代理被监护人实施民事法律行为，保护被监护人的人身权利、财产权利以及其他合法权益等。第 35 条第 1 款规定，监护人应当按照最有利于被监护人的原则履行监护职责。监护人除为维护被监护人利益外，不得处分被监护人的财产。据此可知，甲的父母履行监护人职责应使甲的利益最大化，使甲的财产保值增值。故 B 项错误。C 项考查民事法律行为的效力。根据《民法典》第 20 条规定，不满 8 周岁的未成年人为无民事行为能力人，由其法定代理人代理实施民事法律行为。第 34 条第 3 款规定，监护人不履行监护职责或者侵害被监护人合法权益的，应当承担法律责任。本题中，甲的父母系甲的法定监护人，其以甲的名义签订购房合同的行为属于有权代理，合同合法有效，但应对甲承担赔偿责任。故 C 项正确。D 项考查无因管理。根据《民法典》第 121 条规定，没有法定的或约定的义务，为避免他人利益受损失而进行管理的人，有权请求受益人偿还由此支出的必要费用。据此可知，无因管理的构成要件有 3 个：（1）没有法定或约定的义务；（2）主观上具有管理他人事务的意思（管理人可适当兼为自己利益）；（3）客观上实施了管理他人事务的行为（管理是否有效果在所不问）。本题中，甲的父母系甲的第一顺位的法定监护人，有法定的义务保护甲的民事权益。因此，甲父母的行为不构成无因管理。故 D 项错误。

9. **答案**：ABCD。A 项考查监护人资格撤销的主体。根据《民法典》第 36 条第 3 款规定，个人和民政部门以外的组织未及时向人民法院申请撤销监护人资格的，民政部门应当向人民法院申请。本题中，孙某作为养父对养女小丽实施性侵害，属于严重损害被监护人身心健康行为，依法可以取消监护人资格。但有权取消孙某监护人资格的机关是法院而非民政部门，民政部门只能作为申请人。故 A 项错误。B 项考查抚养费的负担。根据《民法典》第 37 条规定，依法负担被监护人抚养费、赡养费、扶养费的父母、子女、配偶等，被人民法院撤销监护人资格后，应当继续履行负担的义务。本题中，孙某虽然被取消监护人资格，但是抚养费应当继续履行。故 B 项错误。C 项考查监护人资格的恢复。根据《民法典》第 38 条规定，被监护人的父母或子女被人民法院撤销监护人资格后，除对被监护人实施故意犯罪的外，确有悔改表现的，经其申请，人民法院可以在尊重被监护人真实意愿的前提下，视情况恢复其监护人资格，人民法院指定的监护人与被监护人的监护关系同时终止。本题中，孙某对小丽实施性侵害，构成强奸罪，属于故意犯罪，不能恢复监护人资格。故 C 项错误。

D 项考查诉讼时效的起算。根据《民法典》第 191 条规定，未成年人遭受性侵害的损害赔偿请求权的诉讼时效期间，自受害人年满 18 周岁之日起计算。本题中，孙某对小丽实施性侵害，小丽对孙某的损害赔偿请求权依法自年满 18 周岁之日起计算而非法定代理终止之日。故 D 项错误。

10. **答案**：ABD。A 项考查监护人资格的撤销。《民法典》第 36 条规定，监护人实施严重损害被监护人身心健康的行为，人民法院根据有关个人或者组织的申请，撤销其监护人资格，安排必要的临时监护措施，并按照最有利于被监护人的原则依法指定监护人。本条规定的有关个人和组织包括：其他依法具有监护资格的人。徐某经常殴打小徐，系实施严重侵害被监护人身心健康的行为，张某作为小徐的监护人，依法有权向法院起诉撤销徐某的监护人资格。故 A 项正确。B 项考查监护人的职责。小徐 9 岁，系限制民事行为能力人，祖父母赠与玉佩系纯获利益的民事法律行为，合法有效。因此，玉佩的所有权属于小徐。徐某非为小徐的利益处分其财产，将玉佩用于赌博并输掉，依法应对小徐承担赔偿责任。故 B 项正确。C 项考查诉讼时效的起算。《民法典》第 190 条规定，无民事行为能力人或者限制民事行为能力人对其法定代理人的请求权的诉讼时效期间，自该法定代理终止之日起计算。本题为年满 18 周岁之日起计算，故 C 项错误。D 项考查诉讼时效的适用范围。《民法典》第 196 条第 3 项规定，请求支付抚养费、赡养费或者扶养费不适用诉讼时效的规定。因此本题中的小徐的抚养费不适用诉讼时效的规定。故 D 项正确。

11. **答案**：ABC。《民法典》第 36 条第 1 款第 1 项规定，监护人实施严重损害被监护人身心健康的行为的，人民法院根据有关个人或者组织的申请，撤销其监护人资格，安排必要的临时监护措施，并按照最有利于被监护人的原则依法指定监护人。本题中，甲对被监护人丙“实施严重损害被监护人身心健康的行为”，丙的祖父属于其他依法具有监护资格的人，有权申请法院撤销甲的监护资格，故 A 项正确。《民法典》第 37 条规定，依法负担被监护人抚养费、赡养费、扶养费的父母、子女、配偶等，被人民法院撤销监护人资格后，应当继续履行负担的义务。甲的监护资格被撤销后，丙仍有权请求甲支付抚养费，故 B 项正确。《民法典》第 31 条第 3 款规定，依据本条第 1 款规定指定监护人前，被监护人的人身权利、财产权利以及其他合法权益处于无人保护状态的，由被监护人住所地的居民委员会、村民委员会、法律规定的有关组织或者民政部门担任临时监护人。在甲的监护资格被撤销后，指定监护前，人民法院应当“安排必要的临时监护措施”，可以指定丙住所地的居民委员会、村民委员会，法律规定的有关组织或者民政部门担任临时监护人，故 C 项正确。《民法典》第 38 条规定，被监护人的父母或者子女被人民法院撤销监护人资格后，除对被监护人实施故意犯罪的外，确有悔改表现的，经其申请，人民法院可以在尊重被监护人真实意愿的前提下，视情况恢复其监护人资格，人民法院指定的监护人与被监护人的监护关系同时终止。甲因对丙“实施故意犯罪”被撤销监护资格，即使确有悔改表现，亦不得申请恢复被撤销的监护资格，故 D 项错误。

12. **答案**：AC。婚姻关系终止，是宣告死亡的后果之一，故 A 项正确。宣告死亡后，死亡宣告被撤销的，婚姻关系自撤销死亡宣告之日起自行恢复，但其配偶再婚或者向婚姻登记机关书面声明不愿意恢复的除外。本题中，乙再婚，故甲、乙的婚姻关系不能自行恢复，需要另行登记结婚才能确立婚姻关系，故 B 项错误，C 项正确。下落不明并非婚姻关系的终止事由，故 D 项错误。

三、不定项选择题

1. **答案**：B。A、B、D 项考查意定监护制度。

《民法典》第33条规定，具有完全民事行为能力的成年人，可以与其近亲属、其他愿意担任监护人的个人或者组织事先协商，以书面形式确定自己的监护人。协商确定的监护人在该成年人丧失或者部分丧失民事行为能力时，履行监护职责。本题中，苏某与蔡某签订的监护协议完全符合有效民事法律行为的构成要件。因此，协议合法有效。故A、D项错误，B项正确。C项考查附义务的遗赠。遗赠可以附义务，受遗赠人履行义务的，有权主张遗赠的财产。本题中，苏某和蔡某约定，蔡某履行义务的，苏某死后名下的一半遗产归蔡某继承。该约定合法有效。故C项错误。

2. **答案**：D。《民法典》第53条规定，被撤销死亡宣告的人有权请求依照本法第六编取得其财产的民事主体返还财产；无法返还的，应当给予适当补偿。利害关系人隐瞒真实情况，致使他人被宣告死亡而取得其财产的，除应当返还财产外，还应当对由此造成的损失承担赔偿责任。因此，D项正确。

四、名词解释

1. **答案**：是指民事主体依法享有民事权利和承担民事义务的资格。自然人的民事权利能力始于出生，终于死亡。
2. **答案**：所谓意思能力是指自然人可以判断自己的行为的法律后果的能力。自然人的民事行为能力是指自然人能通过意思表示享有民事权利、承担民事义务的能力（资格），包括设定、变更或者消灭民事权利或者民事义务的能力。至于具体行为则既可以自己进行，也可以请他人代理进行或者代理他人进行。民事行为能力以意思能力为基础。
3. **答案**：是指自然人离开自己的住所，下落不明达到法定期限，经利害关系人申请，由人民法院宣告其为失踪人的法律制度。宣告失踪是对一种确定的自然事实状态的法律确认，目的在于结束失踪人财产关系的不确定状态，保护失踪人和利害关系人的利益。
4. **答案**：是指自然人下落不明达到法定期限，经利害关系人申请，由人民法院宣告其死亡的法律制度。宣告死亡是生理死亡的对称，生理死亡是自然现实，宣告死亡是法律现实，它是一种推定，即从自然人下落不明达到法定期限的事实，推定出他已经死亡的事实。法律现实可能与自然现实不一致，被宣告死亡的自然人可能仍在某处生存着。
5. **答案**：是对未成年人和精神病人的人身、财产及其他合法权益进行监督和保护的一种民事法律制度。设置监护的目的是保护无民事行为能力人和限制民事行为能力人的合法权益，维护社会秩序的稳定。

五、简答题

答案：监护是指对未成年人和精神病人的人身、财产及其他合法权益进行监督和保护的一种民事法律制度。关于监护权的性质，主要有三种观点：一是权利说。即监护权是一种身份权。二是义务说。即监护权并未赋予监护人任何利益，而只是科以沉重的负担，因此，监护权是法律科加给监护人的片面义务。三是职责说。即监护权是纯粹为保护被监护人的利益而设置的，绝不允许监护人借监护以谋取自身利益。我国《民法典》将监护权规定为一种职责。监护权的主要内容有：一是保护被监护人的人身权利、财产权利及其他合法权益；二是代理被监护人实施民事法律行为；三是教育和照顾被监护人。

六、案例分析题

答案：此题涉及我国法律关于民事行为能力的规定，自然人的民事行为能力是自然人独立为民事行为的资格，是自然人在民事活动中的一种法律地位的确认。法律行为的生效，须当事人有行为能力。我国民事立法也依据年龄、精神状态双重标准，对自然人行为能力作了三级制的制度设计，《民法典》规定：①年满18周岁的自然人是成年人，具有完全民事行为能力；虽未满18周岁，但已满16周岁，以其劳动收入为主要生活来源者，也视为完全行为能力人。②8周岁以上未满18周岁的未成年人是限制民事行为能力人。③不满8周岁的人无行为能力。对于精神病人，则依其精神状况，个案审定其行为能力，或者无行为能力或者有部分行为能力，同时规定了利害关系人申请精神病人进行行为能力宣告制度。

题中情形要分两种情况进行判断：第一种情况，甲已年满16周岁，且以自己劳动收入为主要生活来源，此种情况下，甲为完全民事行为能力人，其与乙之间借款行为有效，所借款项应当返还，但应由甲自己承担还款责任。第二种情况，甲已满16周岁未满18周岁，为限制行为能力人，其所为行为为效力待定的民事行为，须法定代理人追认后方为有效。从题意可看出，甲的父母即其法定代理人，并无追认之意，此种情况下，甲与乙所为民事行为无效。我国《民法典》第157条规定："民事法律行为无效、被撤销或者确定不发生效力后，行为人因该行为取得的财产，应当予以返还；不能返还或者没有必要返还的，应当折价补偿。有过错的一方应当赔偿对方由此所受到的损失；各方都有过错的，应当各自承担相应的责任。法律另有规定的，依照其规定。"第1188条规定，无民事行为能力人、限制民事行为能力人造成他人损害的，由监护人承担侵权责任。监护人尽到监护职责的，可以减轻其侵权责任。有财产的无民事行为能力人、限制民事行为能力人造成他人损害的，从本人财产中支付赔偿费用；不足部分，由监护人赔偿。据此，甲的父母应当承担还款责任，如甲有财产，可从其财产中支付，不足部分，由父母适当赔偿。甲的父母未尽应有监护职责，故无减轻民事责任之情形。

第五章　法　　人

基础知识图解

- 法人概述
  - 法人的概念和特征
  - 法人应具备的条件
    - 依法成立
    - 有必要的财产或经费
    - 有自己的名称、组织机构和场所
- 法人的分类
  - 企业法人
  - 非企业法人
    - 机关法人
    - 事业单位法人
    - 社会团体法人
- 法人的民事能力
  - 法人的民事权利能力
  - 法人的民事行为能力
  - 法人的民事责任能力
- 法人的机关及法人分支机构
  - 法人机关的概念和种类
    - 决策机关
    - 执行机关
    - 代表机关
    - 监督机关
  - 法定代表人
  - 法人分支机构
- 法人的成立、变更和终止
  - 法人的成立
  - 法人的变更
    - 分立
    - 合并
  - 法人的终止

配套测试

一、单项选择题

1. 按照我国法律，法人以（　　）为住所。

A. 其主管机关所在地

B. 主要营业地

C. 主要办事机构所在地

D. 主要成员住所地

2. 无论企业法人还是非企业法人，因依法被撤销、解散、宣告破产或其他原因而进行清算时，法人（　　）。

A. 主体资格消灭，不能进行民事活动

B. 主体资格不消灭，仍然可以进行相关民事活动

C. 主体资格不消灭，但不能进行民事活动

D. 主体资格消灭，仍然可以进行民事活动

3. 下列有关法人民事行为能力的判断，正确的是：（　　）。

A. 法人民事行为能力范围与其民事权利能力范围不同

B. 法人一旦被申请宣告破产，民事行为能力即终止

C. 不同类型的法人，民事行为能力范围

不同

D. 法人民事行为能力起止时间与其民事权利能力起止时间不同

4. 企业法人的法定代表人和其他工作人员，以法人名义从事的经营活动时，由于自己的过错，给他人造成经济损失，(　　)。

A. 法定代表人和其他工作人员应当承担民事责任

B. 企业法人应当承担民事责任

C. 法定代表人和其他工作人员与企业法人共同承担民事责任

D. 法定代表人和其他工作人员应当首先承担民事责任；不足部分，由企业法人承担补充民事责任

5. 普通合伙企业 A 与王某各出资 20 万元成立一个具有法人资格的 B 有限责任公司，经营五金，聘请营销专家刘某担任经理。这里承担“有限责任”的情况有（　　）。

A. B 公司对公司所负债务

B. A 企业对合伙企业债务

C. 刘某对 B 公司债务

D. 王某和 A 企业对 B 公司的债务

6. 企业法人解散或者被撤销的，应当由（　　）组织清算小组进行清算。

A. 人民法院

B. 其主管机关

C. 人民法院与其主管机关

D. 人民法院组织有关机关和有关人员

7. 多华有限责任公司总部在兰州，在沈阳、北京、广州均设有办事处，该公司的住所为（　　）。

A. 北京　　　　B. 广州

C. 沈阳　　　　D. 兰州

8. 云南大华公司在北京设立一家办事处。2022 年 10 月，办事处主任甲在赶去一家业务单位签合同的路途中，因违章不慎将过路行人乙撞伤，花医疗费 9 万元，该 9 万元应（　　）。

A. 由甲承担，因为是他致人损害

B. 由办事处承担，因为甲是办事处的负责人，即法定代表人，其行为视同办事处的行为

C. 由办事处承担，因为办事处是独立的企业分支机构，具有独立的责任能力

D. 由大华公司承担，因为办事处是其分支机构，甲的行为视同公司的行为

9. 关于企业法人对其法定代表人行为承担民事责任的下列哪一表述是正确的？（　　）

A. 仅对其合法的经营行为承担民事责任

B. 仅对其符合法人章程的经营行为承担民事责任

C. 仅对其以法人名义从事的经营行为承担民事责任

D. 仅对其符合法人登记经营范围的经营行为承担民事责任

10. 德胜公司注册地在萨摩国并在该国设有总部和分支机构，但主要营业机构位于中国深圳，是一家由中国某集团全资设立的法人企业。由于决策失误，德胜公司在中国欠下 700 万元债务。对此，下列哪一选项是正确的？（　　）（2008 年司考．卷三．单 2）

A. 该债务应以深圳主营机构的全部财产清偿

B. 该债务应以深圳主营机构和萨摩国总部及分支机构的全部财产清偿

C. 无论德胜公司的全部财产能否清偿，凯旋公司都应承担连带责任

D. 当德胜公司的全部财产不足清偿时，由凯旋公司承担补充责任

11. 甲公司分立为乙、丙两公司，约定由乙公司承担甲公司全部债务的清偿责任，丙公司继受甲公司全部债权。关于该协议的效力，下列哪一选项是正确的？（　　）（2009 年司考．卷三．单 3）

A. 该协议仅对乙、丙两公司具有约束力，对甲公司的债权人并非当然有效

B. 该协议无效，应当由乙、丙两公司对甲公司的债务承担连带清偿责任

C. 该协议有效，甲公司的债权人只能请求乙公司对甲公司的债务承担清偿责任

D. 该协议效力待定，应当由甲公司的债权人选择分立后的公司清偿债务

12. 根据我国法律规定，关于法人成立，下列哪一说法是正确的？（　　）

A. 事业单位法人均从登记之日起具有法人资格

B. 社会团体法人均从成立之日起具有法人资格

C. 捐助法人均从登记之日起取得法人资格

D. 有独立经费的机关法人从登记之日起具有法人资格

二、多项选择题

1. 关于事业单位法人，下列哪些选项是错误的？（　　）

A. 所有事业单位法人的全部经费均来自国家财政拨款

B. 具备法人条件的事业单位从成立之日起取得法人资格

C. 国家举办的事业单位对其直接占有的动产享有所有权

D. 事业单位法人名誉权遭受侵害的，有权诉请精神损害赔偿

2. 下列情况应由法人承担责任的有（　　）。

A. 某公司的班车司机在运送公司员工下班时不慎撞倒路边房屋

B. 某公司业务员代表公司因重大误解签订合同，后又提出撤销，给对方造成损失

C. 某公司董事长开车下班时不慎与前车相撞，致一死二伤

D. 某公司执行董事以欺诈手段签订合同，致对方重大损失

3. 企业法人的清算活动包括（　　）。

A. 了结业务

B. 清理财产

C. 在法人章程规定的范围内继续从事法人之业务

D. 注销登记和公告

4. 法人机关（　　）。

A. 与法人同时产生

B. 可以是独任的也可以是集体的

C. 一般包括权力机关、执行机关和监督机关

D. 就是法人的法定代表人

5. 下列关于法人机关的表述哪些是正确的？（　　）

A. 法人机关无独立人格

B. 财团法人没有自己的意思机关

C. 法人的分支机构为法人机关的一种

D. 监督机关不是法人的必设机关

6. 在法定代表人和法人关系的问题上，下列哪些表述是正确的？（　　）

A. 法定代表人既是法人的代表人，又是法人机关的代表人

B. 法定代表人履行职务的行为是法人的行为

C. 法定代表人只能是法人单位的行政正职负责人

D. 法定代表人的代表权源于法律和章程，而不是源于法人的授权

7. 有关法人民事权利能力的下列说法中，正确的有（　　）。

A. 法人在清算阶段仍具有清理所必需的权利能力

B. 不同类型的法人，其民事权利能力的大小、范围各不相同，即使同类型的法人，其民事权利能力也有差异

C. 法人和自然人民事权利能力的范围不同

D. 法人权利能力的范围均由法律直接规定

8. 黄逢、黄现和金耘共同出资，拟设立名为“黄金黄研究会”的社会团体法人。设立过程中，黄逢等3人以黄金黄研究会名义与某科技园签署了为期3年的商铺租赁协议，月租金5万元，押3付1。此外，金耘为设立黄金黄研究会，以个人名义向某印刷厂租赁了一台高级印刷机。关于某科技园和某印刷厂的债权，下列哪些选项是正确的？（　　）（2017年司考．卷三．多53）

A. 如黄金黄研究会未成立，则某科技园的租赁债权消灭

B. 即便黄金黄研究会未成立，某科技园就租赁债权，仍可向黄逢等3人主张

C. 如黄金黄研究会未成立，则就某科技园的租赁债务，由黄逢等3人承担连带责任

D. 黄金黄研究会成立后，某印刷厂就租赁债权，既可向黄金黄研究会主张，也可向金耘主张

三、不定项选择题

甲校从乙电脑公司购进100台电脑，质量全部不合格。经双方协商，乙公司同意全部退货，但一直拖着不付退货款。于是甲校以乙公司为被告向法院起诉。但此时乙公司已被丙公司兼并，成为一个下属分公司。原乙公司经理以乙公司早已不存在为由，不归还欠款；而丙公司认为该债务属原乙公司，与丙公司无关。

（1）该货款（　　）。

A. 由乙公司承担，因为它是合同中违反合同一方

B. 由乙公司经理承担，因为合同是他同意签订的

C. 由丙公司承担，因为它承受了原乙公司的债权债务

D. 应该消灭，因为原合同一方已经不存在

（2）为追回退货款，甲校应该以（　　）为被告。

A. 乙公司

B. 丙公司

C. 丙公司的分公司（原乙公司）

D. 原乙公司经理

四、名词解释

1. 财团法人（中国人民大学2013年研究生入学考试题）

2. 法人清算

3. 法人拟制说

五、简答题

1. 法人的民事权利能力与自然人的民事权利能力有何异同？

2. 区分社团法人与财团法人的意义有哪些？

3. 法人的设立与法人的成立有何区别？

4. 谈谈对法人民事责任能力的理解。（清华大学2006年研究生入学考试题）

六、论述题

论述法人应具备的条件。

七、案例分析题

某县沙石厂与张某签订承包经营合同，合同约定由张某承包全厂的沙石销售业务，有权使用本厂的账号、介绍信，独立进行经营活动。年底不完成销售额不发奖金，还要扣发5个月工资，完成销售额奖励5000元。某年10月25日，张某以沙石厂名义与某大学签订了沙石购销合同，合同约定，由张某派车分多次送货上门。一天，张某在随车送货途中，因发生车祸，沙石全部滚入江中，张某和司机也身亡。张某死后，某大学见沙石厂未按合同约定送货，即要求沙石厂继续履行合同，并赔偿因沙石厂不按期履行合同给校方造成的停工损失，而沙石厂以“我厂已实行承包，张某与你方签订合同我不知道，不应承担任何责任”为由，把责任推给张某。于是某大学即向人民法院起诉，要求沙石厂承担违约责任并赔偿损失。

请依案情摘要回答下列问题：

（1）法人内部承包后，承包人以法人的名义实施的民事行为，法人是否应当承担民事责任？

（2）承包人以法人的名义对外签订的购销合同是否有效？为什么？

（3）如果张某病重，私下持盖有沙石厂公章的空白合同交给李某，李某以沙石厂的名义对外进行经营活动，给他人造成一定损失，该损失应由谁承担？为什么？

参考答案

一、单项选择题

1. 答案：C。根据《民法典》第63条规定，法人以其主要办事机构所在地为住所。

2. 答案：B。根据《民法典》第72条第1款

规定，清算期间法人存续，但是不得从事与清算无关的活动。第3款规定，清算结束并完成法人注销登记时，法人终止；依法不需要办理法人登记的，清算结束时，法人终止。

3. 答案：C。法人的民事行为能力和民事权利能力同时产生，同时消灭，D选项错误。法人的民事权利能力与民事行为能力总是一致的，A选项错误。法人是为实现一定的目的而设立的社会组织。法人的宗旨，是由法人的章程加以规定的。法人的活动应当符合法人组织章程的规定。特别重要的是，法人的活动不能超出其经过工商登记核准的经营范围，因此C选项正确。

4. 答案：B。见《民法典》第62条第1款的规定，法定代表人因执行职务造成他人损害的，由法人承担民事责任。

5. 答案：D。本题中的A企业属于合伙组织，对于合伙债务承担无限责任，但其对有限责任公司的投资，则与其他股东的投资一样，只以投资额为限承担责任，属于有限责任。营销专家刘某属于公司聘请的职员，只有公司内部的法律关系，而不涉及对外的责任问题。

6. 答案：B。见《民法典》第70条第1款的规定，法人解散的，除合并或者分立的情形外，清算义务人应当及时组成清算组进行清算。

7. 答案：D。《民法典》第63条规定："法人以其主要办事机构所在地为住所。依法需要办理法人登记的，应当将主要办事机构所在地登记为住所。"

8. 答案：D。《公司法》第14条第1款规定："公司可以设立分公司。设立分公司，应当向公司登记机关申请登记，领取营业执照。分公司不具有法人资格，其民事责任由公司承担。"

9. 答案：C。《民法典》第62条第1款规定，法定代表人因执行职务造成他人损害的，由法人承担民事责任。《民法典》第504条规定，法人或者其他组织的法定代表人、负责人超越权限订立的合同，除相对人知道或者应当知道其超越权限的外，该代表行为有效。因此，只要企业法人的法定代表人以法人名义从事经营活动，即使超越法人章程的规定，只要第三人为善意，也应认定企业法人对其法定代表人的越权行为承担责任。所以选C。对于A项，如果法定代表人在企业法人的授权下从事违法经营活动，企业法人应承担民事责任，故此项错误。

10. 答案：B。根据《民法典》有关法人的规定，法人应对其债务独立承担责任。《公司法》第3条第1款规定，公司是企业法人，有独立的法人财产，享有法人财产权。公司以其全部财产对公司的债务承担责任。第14条第2款规定，公司可以设立子公司，子公司具有法人资格，依法独立承担民事责任。本题中，德胜公司为凯旋公司全资设立的子公司，德胜公司的债务由其以全部财产清偿，凯旋公司不承担责任。因此，选项C、D错误。根据《公司法》第192条、第196条规定，德胜公司为外国公司，其在中国发生的债务应以其全部财产承担，因此选项A错误，选项B为正确答案。

11. 答案：A。《民法典》第67条第2款规定，法人分立的，其权利和义务由分立后的法人享有连带债权，承担连带债务，但是债权人和债务人另有约定的除外。据此可知，一般情况下，应该由分立后的法人对原债务承担连带责任。如果分立后的法人之间有约定的，该约定的分配方案对分立后的法人企业是有约束力的，即对内有效。但是不能以此对抗债权人，除非该债权人对上述约定知情且同意。针对本题来说，乙、丙公司之间的约定对乙、丙公司是有效的，但是不能当然地对债权人发生效力，除非债权人知情且同意。因此，本题的正确答案是A。

12. 答案：C。A项考查事业单位法人的成立。根据《民法典》第88条规定，具备法人条件，为适应经济社会发展需要，提供公益服务设立的事业单位，经依法登记成立，取得事业单位法人资格；依法不需要办理法人登记的，从成立之日起，具有事业单位法人资格。据此可知，基于历史原因，新旧区分，而非一律从登记之日起取得法人资格。故A项错误。B项考查社会团体法人的成立。根据《民法典》第90条规定，具备法人条件，基于会员共同意愿，为公益目的或会员共同利益等非营利目的设立的社会团体，经依法登记成立，取得社会团体法人资格；依法不需要办理法人登记的，从成立之日起，具有社会团体法人资格。据此可知，基于历史原因，新旧区分，而非一律从成立之日起具有法人资格。故B项错误。C项考查捐助法人的成立。根据《民法典》第92条第1款规定，具备法人条件，为公益目的以捐助财产设立的基金会、社会服务机构等，经依法登记成立，取得捐助法人资格。据此可知，捐助法人均从登记之日起取得法人资格。故C项正确。D项考查特别法人的成立。根据《民法典》第97条规定，有独立经费的机关和承担行政职能的法定机构从成立之日起，具有机关法人资格，可以从事为履行职能所需要的民事活动。据此可知，有独立经费的机关法人从成立之日起具有法人资格，无须登记。故D项错误。

二、多项选择题

1. **答案**：ABCD。现实中，很多事业单位已经不再享有国家的财政拨款，A项错误。《民法典》第88条规定，具备法人条件，为适应经济社会发展需要，提供公益服务设立的事业单位，经依法登记成立，取得事业单位法人资格；依法不需要办理法人登记的，从成立之日起，具有事业单位法人资格。可见并非所有具备法人条件的事业单位均可从成立之日起取得法人资格，B项错误。《民法典》第256条规定："国家举办的事业单位对其直接支配的不动产和动产，享有占有、使用以及依照法律和国务院的有关规定收益、处分的权利。"可见，国有事业单位对其直接占有的动产不能享有所有权，只有国家才享有所有权，C项错误。《最高人民法院关于确定民事侵权精神损害赔偿责任若干问题的解释》第4条规定："法人或者非法人组织以名誉权、荣誉权、名称权遭受侵害为由，向人民法院起诉请求精神损害赔偿的，人民法院不予支持。"因此D项错误。

2. **答案**：ABD。根据《民法典》第61条第3款规定，法人章程或者法人权力机构对法定代表人代表权的限制，不得对抗善意相对人。第62条第1款规定，法定代表人因执行职务造成他人损害的，由法人承担民事责任。

3. **答案**：ABD。根据《民法典》第72条的规定，清算期间法人存续，但是不得从事与清算无关的活动。法人清算后的剩余财产，按照法人章程的规定或者法人权力机构的决议处理。法律另有规定的，依照其规定。清算结束并完成法人注销登记时，法人终止；依法不需要办理法人登记的，清算结束时，法人终止。

4. **答案**：ABC。法人机关，是指根据法律、章程或条例的规定，于法人成立时产生，不需要特别委托授权就能够以法人的名义对内负责法人的生产经营或业务管理，对外代表法人进行民事活动的集体或个人。法人机关的特征：法人机关是根据法律、章程或条例的规定而设立；法人的机关是法人的有机组成部分；法人的机关是形成、表示和实现法人意志的机构；法人的机关是法人的领导或代表机关；法人机关由单个的个人或集体组成。法人机关一般由权力机关、执行机关和监督机关三部分构成：法人的权力机关，是法人自身意思的形成机关，有权决定法人的生产经营或业务管理的重大问题；法人的执行机关，是法人权力机关的执行机关，有权执行法人章程、条例或设立命令所规定的事项以及法人权力机关所决定的事项，其中主要负责人是法人的法定代表人，有权代表法人对外进行民事活动；法人的监督机关，是指对法人执行机关的行为进行监督检查的机关。D项错误，法人的法定代表人，是依照法律或法人的组织章程的规定，代表法人行使职权的负责人，法定代表人属于法人机关的一种。

5. **答案**：ABD。法人本身享有民事权利能力和民事行为能力，可以成为民法上的主体。而法人的机关仅是对内管理法人事务，对外代表法人从事民事活动的个人或集体，法人的机关不是民法上的独立主体，没有独立的人格。财团法人是财产的集合体，其成立的基础在于财产。财团法人并不设意思机关。法人的分支机构是法人的组成部分，是法人在某一区域设置的完成法人部分职能的业务活动机构。法人的分支机构不是法人机关。法人机关由权力机关、执行机关和监督机关三部分构成。监督机关不是法人的必设机关。比如，我国的国有企业就有很多没有监督机关。由此可知，本题的答案为A、B、D。
6. **答案**：BD。本题考查法定代表人的性质、法定代表人与法人的关系。法定代表人是法人机关的一种。(1) 法人的行为是由法人机关完成的，而法定代表人是法人机关的一种，因此，法定代表人的职务行为就是法人的行为。(2) 法定代表人的权力源于法律和章程，而非法人的授权。因此，法定代表人对外代表法人进行活动，不需要法人授权。
7. **答案**：ABC。法人的权利能力和行为能力受到法律限制，而非直接规定。
8. **答案**：BCD。《民法典》第75条第1款规定，设立人为设立法人从事的民事活动，其法律后果由法人承受；法人未成立的，其法律后果由设立人承受，设立人为二人以上的，享有连带债权，承担连带债务。黄逢等3人以设立中的“黄金黄研究会”这一社会团体法人的名义签订合同。若研究会未成立，法律后果由设立人即黄逢等3人承受。某科技园可向黄逢等3人主张，由黄逢等3人承担连带责任。A项错误，B、C项正确。《民法典》第75条第2款规定，设立人为设立法人以自己的名义从事民事活动产生的民事责任，第三人有权选择请求法人或者设立人承担。设立人金耘以个人名义，为设立研究会租赁印刷机。若设立成功，印刷厂作为第三人有权选择请求法人，即黄金黄研究会，或订立合同的设立人，即金耘承担。D项正确。

三、不定项选择题

答案：(1) C。《民法典》第67条第1款规定，法人合并的，其权利和义务由合并后的法人享有和承担。

(2) B。《民法典》第67条规定：“法人合并的，其权利和义务由合并后的法人享有和承担。法人分立的，其权利和义务由分立后的法人享有连带债权，承担连带债务，但是债权人和债务人另有约定的除外。”

四、名词解释

1. **答案**：财团法人是指为一定的目的财产作为成立基础的私法人。财团法人的形态是无成员的，表现为独立的特别财产。各种基金会组织、寺院、慈善组织等都是典型的财团法人。
2. **答案**：是指清理将终止的法人的财产，了结其作为当事人的法律关系，从而使法人归于消灭的必经程序。法人清算可分为破产清算和非破产清算两种。破产清算是指依破产法规定的清算程序进行清算。非破产清算则是不依破产法规定的程序进行的清算。
3. **答案**：法人拟制说，是关于法人本质的学说。该学说继承了罗马法的思想，为注释法学派倡导，其集大成者是德国历史法学派的萨维尼。拟制说认为，自然人才是权利义务的主体，法人只不过是出于需要，法律将其拟制为自然人以确定团体利益的归属。其只存在于法律世界，存在于人们的观念之中。由此可看出该学说遵循罗马法“非自然人者无人格”的观念。法人拟制说有其特殊的背景：其一，近代民法思想以对个人人格的尊重作为最高指导目标；其二，因对封建社会的痛恨，反对存在于国家和个人之间的团体。法人拟制说长期处于通说地位，并为德国民法典和日本民法典所接受。

五、简答题

1. **答案**：法人、自然人是两种不同的民事主体，其民事主体资格的享有均是法律赋予的。二者民事权利能力的主要区别如下：

(1) 享有的时间不同。自然人民事权利能力的享有始于出生终于死亡，自然人的生死是自然现象；法人则不一样，法人的成立与终止不是自然现象，而是行为的结果。因此，自然人民事权利能力享有的时间不由自然人自己所左右，而法人的成立、终止则是一系列行为的结果。(2) 享有的范围不同。自然人是生命体。因此依法享有的民事权利能力范围较广，既包括一般财产权，也包括与自然人生命密不可分的人身权，如生命健康权、肖像权；而法人是组织体，不享有与生命密切相关的生命健康权、肖像权等人身权内容。(3) 法人的民事权利能力具有差异性。自然人的民事权利能力一律平等，不因自然人的性别、年龄、智力、健康状况等不同而有所区别；法人的民事权利能力具有差异性，不同的法人，其民事权利能力的范围是不一样的，各类依法登记的法人应在核准登记的范围内从事活动，享有相应的民事权利能力，而非登记法人即依法不需办理法人登记的法人，则应严格按照法人成立的目的、活动范围等享有相应的民事权利能力。

2. **答案**：社团法人是以社员权为基础的人的集合体，也称为人的组合。财团法人是指为一定目的而设立的，并由专门委任的人按照规定的目的使用的各种财产，也称财产组合。二者区分的意义是：(1) 成立基础不同。社团法人以人为基础，有自己的组织成员或社员；财团法人以财产为基础，因而没有法人成员。(2) 设立人的地位不同。社团法人的设立人，在法人成立时成为其成员，并享有成员权；而财团法人的设立人，由于法人成立时与法人相脱离，故不为法人成员。(3) 设立行为不同。社团法人的设立行为属于共同的民事法律行为，且为生前行为；而财团法人的设立行为则为单方行为，有的为死后生效的行为。(4) 有无意思机关不同。社团法人有自己的意思机关，故又称自律法人；财团法人则没有该机关，故又称他律法人。(5) 目的不同。社团法人设立的目的可以是营利，也可以是公益，故社团法人可分营利法人、公营法人和中间法人；财团法人的设立目的只能是公益，所以财团法人只能是公益法人。

3. **答案**：(1) 两者的性质不同。法人的设立是一种准备行为，这种准备行为既有法律性质上的，也有非法律性质上的；而法人的成立则不同，它属于法人产生的形成阶段，其行为性质均属于法律意义上的法律行为。(2) 两者的要件不同。法人的设立一般要有合法的设立人，存在设立基础和设立行为本身合法等要件；而法人的成立一般应具备依法成立，有必要的财产或经费以及有自己的名称、组织机构和场所等要件。因此，法人的设立并不当然导致法人的成立，当设立无效时，法人就不能成立。(3) 两者的效力不同。法人在设立阶段，仍不具有民事主体资格，其行为是法人设立人的行为，所发生的债权和债务，由法人设立人享有和承担；而法人成立后，即享有民事主体资格，所发生的债权和债务，由法人享有和承担。

4. **答案**：法人的民事责任能力是指法人据以独立地承担民事责任的法律地位或法律资格。

民法上关于法人有无民事责任能力，根据对法人本质所持见解之不同，而有不同之学说。(1) 否定说，此说认为法人无民事责任能力，系法人拟制说的主张。(2) 肯定说，此说认为法人有民事责任能力，系法人实在说的主张。

我国民法是承认法人有民事责任能力的，因为：(1) 我国民法采纳的是法人实在说中的组织体说，《民法典》第62条第1款规定，法定代表人因执行职务造成他人损害的，由法人承担民事责任。肯定了法人有民事责任能力。(2) 法人的民事责任能力是以法人的民事权利能力为基础，目的、事业范围只是对法人民事行为能力的限制，而不是对民事权利能力的限制，所以不能以侵权行为不属于法人的目的、事业范围而否认法人民事责任能力的存在。(3) 法人机关所为的行为是法人自身的行为，该代表人在执行职务时所为的行为构成侵权行为时，即为法人自身的侵权行为，所以法人当然享有民事责任能力。

【参考资料】梁慧星：《民法总论》，法律出版社 2017 年版。

六、论述题

答案：法人是指具有民事权利能力和民事行为能力，依法独立享有民事权利和承担民事义务的组织。法人应具备的条件是指取得法人资格所必须具备的基本条件。根据《民法典》的规定，法人应具备的基本条件为：(1) 依法成立。包括设立宗旨、目的符合国家和社会公共利益的要求，其组织机构、设立方式、经营范围符合国家法律和政策的要求，其成立程序符合法律、法规的要求。(2) 有必要的财产和经费。必要财产是指法人财产、经费与法人的规模相适应。特别法、单行法有规定的，依照特别法、单行法的规定。(3) 有自己的名称、组织机构和场所。(4) 独立承担民事责任。依《民法典》为法人规定的条件，但学理上一般认为，它并非法人的条件，而为特征。

七、案例分析题

答案：(1) 法人应当承担民事责任。首先，张某是沙石厂工作人员，该沙石厂销售合同是以沙石厂的名义签订的。其次，经销该沙石是该沙石厂的经营范围。应该对该厂与某大学签订的购销合同承担违约责任并承担损失。

(2) 有效。承包是企业法人内部管理制度，不能影响企业法人的外部关系。见上题分析。

(3) 应当由沙石厂承担。根据有关司法解释，合同签订人用委托单位的合同专用章或者加盖公章的空白合同书签订合同的应视为委托单位授予合同签订人代理权。委托单位对合同签订人签订的合同，应承担责任。

第六章　非法人组织

基础知识图解

- 概述
  - 概念
  - 具备的条件
    - 须为有自己目的的社会组织体
    - 须有自己的名称
    - 须有自己能支配的财产或者经费
    - 应设有代表人或者管理人
- 合伙
  - 合伙概述
  - 普通合伙
    - 一般普通合伙
    - 特殊普通合伙
  - 有限合伙
  - 合伙的解散与清算
- 其他非法人组织
  - 个体工商户与农村承包经营户
  - 个人独资企业
  - 筹建中的法人
  - 其他

配套测试

一、单项选择题

甲、乙、丙、丁4人组成一个运输有限合伙企业，合伙协议规定甲、乙为普通合伙人，丙、丁为有限合伙人。某日，丁为合伙企业运送石材，路遇法院拍卖房屋，丁想替合伙企业竞买该房，于是以合伙企业的名义将石材质押给徐某，借得20万元，竞买了房子。徐某的债权若得不到实现，应当向谁主张权利？（　　）

A. 应当要求丁承担清偿责任

B. 应当要求甲、乙、丙、丁承担连带清偿责任

C. 应当要求甲、乙承担连带清偿责任

D. 应当要求甲、乙、丁承担连带清偿责任

二、多项选择题

下面是对个体工商户和农村承包经营户的表述，其中符合法律规定的有（　　）。

A. 个体工商户为在法律允许的范围内，依法经核准登记，从事工商业经营的公民；农村承包经营户是指在法律允许的范围内，按照承包合同规定从事商品经营的公民

B. 以公民个人名义申请登记的个体工商户和个人承包的农村承包经营户，用家庭共有财产投资，或者收益的主要部分供家庭成员享用的，其债务应以家庭共有财产清偿

C. 在夫妻关系存续期间，一方从事个体经营或者承包经营的，其收入为夫妻共有财产，债务亦应以夫妻共有财产清偿

D. 个体工商户、农村承包经营户的债务，如以其家庭共有财产承担责任时，应当保留家庭成员的生活必需品和必要的生产工具

三、名词解释

1. 非法人组织
2. 合伙
3. 个人合伙
4. 隐名合伙

四、简答题

1. 试述合伙人共同出资和合伙积累的财产关系。
2. 简述合伙企业的概念和设立条件。

五、案例分析题

1. 张某有临街住房两间，温州人谭某准备租借其中一间开一家“欢欢发廊”，张某表示拿出一间住房开发廊可以，但他不要租金，而是要从发廊盈利中分一部分。谭某苦于租不到更好的房屋作门面，于是同意了张某的要求。双方签订了书面合同，在合同中约定：张某出一间房并负责修理、安装，适合开店之后交谭某使用三年，从营业起，张某、谭某二人按三比七分配盈利，张某不干预谭某的经营，也不参加经营。在前两年，双方依合同分利，张某每年收入约 5000 元。一天，谭某在营业时因使用电器不当，引起电线走火，酿成火灾，发廊损失 5000 元，邻居家庭财产损失达 1 万元。邻居要求谭某赔偿损失，而谭某主张由两人来共同承担所有损失。双方发生纠纷，邻居诉至法院。请依案情简要回答下列问题：

   (1) 张某是否是该发廊的合伙人？

   (2) 因为火灾所引起的损失应由谁承担？

   (3) 假如火灾是因为张某使用电炉做饭而引起，那么发廊的损失、张某的损失、邻居的损失应由谁承担？

2. 甲、乙、丙三人组成一个采石组，签订了协议，约定共同出资，共同劳动，均分报酬，共担风险。后丁要求加入，经甲、乙、丙同意参加，但未在协议上签字。丁加入后与甲、乙、丙共同经营，并参加了两次分红。某日，丁在执行爆破任务时因装炸药失误，致使提前炸药爆炸，飞石将丁双臂炸伤。丁要求甲、乙、丙承担其医治费用及生活补助共 1 万元，被拒绝，丁于是诉诸法院。

   问：(1) 应如何认定丁与甲、乙、丙之间的法律关系？为什么？

   (2) 丁的损失应如何承担？为什么？

参考答案

一、单项选择题

答案： D。《合伙企业法》第 68 条第 1 款规定：“有限合伙人不执行合伙事务，不得对外代表有限合伙企业。”第 76 条规定：“第三人有理由相信有限合伙人为普通合伙人并与其交易的，该有限合伙人对该笔交易承担与普通合伙人同样的责任。有限合伙人未经授权以有限合伙企业名义与他人进行交易，给有限合伙企业或者其他合伙人造成损失的，该有限合伙人应当承担赔偿责任。”可见，在有限合伙人擅自对外代表合伙进行交易的情况下，该有限合伙人和普通合伙人应一并对外承担连带责任。

二、多项选择题

答案： BCD。见《民法典》第 54 条、第 55 条。A 错，在农村承包经营户必须是农村集体组织成员。

三、名词解释

1. **答案：** 是指不具有法人资格但可以自己的名义进行民事活动的组织，亦称非法人团体。非法人组织是民事主体。其特征是：(1) 非法人组织是组织体；(2) 非法人组织是具有相应的民事权利能力和民事行为能力的组织体；(3) 非法人组织是不能完全独立承担民事责任的组织体。
2. **答案：** 有广义和狭义之分。广义的合伙包括营利性合伙、非营利性合伙及临时性合伙。狭义的合伙专指营利性合伙。营利性合伙，是指由二人（包括自然人和法人）以上根据共同协议而组成的营利性非法人组织。

3. **答案**：是指两个以上的自然人订立合伙协议，共同经营、共享收益、共担风险，并对合伙企业债务承担连带无限责任的营利性组织。其特征是：(1) 个人合伙的合伙人是自然人；(2) 合伙人数必须是二人以上；(3) 合伙人之间应依法订立合伙协议。

4. **答案**：隐名合伙是大陆法系的特殊规定，是指以由两方以上当事人约定一方仅对他方的经营活动出资并分享由该项经营所生收益为内容的合伙。在这种合伙存续期间，一部分合伙人既出资又参加经营，其为出名营业人；另一部分合伙人则仅以实物或现金出资而不参加经营，其为隐名合伙人。隐名合伙人负责向企业提供一定数额的资金，并相应地参与企业的利润分配，分担企业的亏损。隐名合伙人不参与企业的经营管理，对企业的债权人不承担个人责任。在隐名合伙中，只有出名合伙人才具有经营者的身份，才是商事经营当事人。

【**参考资料**】王利明：《民法总则研究》，中国人民大学出版社 2018 年版。

四、简答题

1. **答案**：合伙人共同出资和合伙积累共同构成合伙财产，由合伙人统一管理和使用。但两者性质不尽相同：(1) 关于合伙人投入财产的性质。因现金是一种特殊的种类物，因此合伙人以现金形式出资的，应归合伙人共有；合伙人以实物出资的，如合伙人未明确约定以实物的他物权出资，而出资实物又是可消耗物或虽不可消耗但经估价，则出资实物可构成合伙人的共有财产；如合伙人约定以实物的他物权出资的，其出资实物本身并不构成合伙人的共有财产；合伙人以技术出资的，如系专有权，则该项技术为合伙人共有，如系使用权，则并不构成合伙人的共有财产；合伙人以信用、劳务出资的，不构成合伙人的共有财产；合伙人以国有土地使用权出资的，不构成合伙人的共有财产。(2) 关于合伙经营积累的财产。因该类财产是合伙人共同经营行为的结果，在分割以前，全体合伙人对该类财产享有平等的权利；而且每一个合伙人在按合伙协议分配合伙财产以前，无权单方面要求分割或转让其财产，因此合伙经营积累的财产属于合伙人共同共有的性质。

2. **答案**：合伙是指两人以上为共同经济目的，自愿签订合同，共同出资、共同经营、共负盈亏、共担风险，对外负无限责任的联合。设立合伙企业，应当具备如下条件：(1) 有两个以上合伙人，并且都是依法承担无限责任者；(2) 有书面合伙协议；(3) 有各合伙人实际缴付的出资；(4) 有合伙企业的名称；(5) 有经营场所和从事合伙经营的必要条件。

五、案例分析题

1. **答案**：(1) 张某是该发廊的合伙人。根据相关司法解释，张某虽未参加合伙的经营，但提供了门面并约定参与了合伙盈余的分配，应当视为合伙人。

   (2) 火灾所引起的损失由张某、谭某以各自的财产承担连带清偿责任。因为事故的发生是由谭某的过失行为造成的，谭某应对自己过失行为造成的损失 15000 元承担大部分的赔偿责任。

   (3) 应当由张某承担。合伙人只对合伙经营所产生的债务承担责任，对不是合伙经营而产生的债务不负民事责任。

2. **答案**：(1) 丁与甲、乙、丙之间已经形成事实上的合伙关系。因为尽管丁未在合伙协议上签字，但其入伙已经甲、乙、丙全体同意，且事实上已经参与合伙营业，分配红利。

   (2) 丁的损失应由甲、乙、丙、丁四人分担（或答由甲、乙、丙给予分担）。因为丁是在执行合伙事务中遭受损失；丁本人有过失，故亦应分担一部分损失。

第七章　民事法律行为

基础知识图解

- 概述
- 民事法律行为的分类
  - 单方行为、双方行为与多方行为
  - 财产行为与身份行为
  - 有偿行为与无偿行为
  - 诺成性行为与实践性行为
  - 要式行为与不要式行为
  - 主行为与从行为
  - 独立行为与辅助行为
  - 有因行为与无因行为
  - 负担行为与处分行为
- 民事法律行为的成立
  - 成立概述
  - 成立要件
    - 成立要件
    - 民事行为的特别成立要件
- 意思表示
  - 意思表示的构成要素
  - 意思表示的形式：口头形式、书面形式、推定形式、沉默形式
  - 意思表示的分类
  - 意思表示的解释
    - 意思表示的解释原则
    - 意思表示的解释方法
  - 意思与表示不一致
    - 重大误解
    - 欺诈
  - 意思表示的不自由
    - 胁迫、乘人之危、显失公平
- 民事法律行为的生效
  - 生效概述
  - 实质要件
    - 行为人具有相应的民事行为能力
    - 行为人的意思表示真实
    - 不违反法律或者行政法规
  - 形式要件
- 效力存在欠缺的民事法律行为
  - 无效的民事法律行为
    - 概念
    - 分类
    - 被确认无效的法律后果
  - 可撤销的民事法律行为
  - 效力未定的民事法律行为
    - 无权代理行为
    - 无权处分行为
    - 限制行为能力人实施不相适应的行为
- 附条件和附期限的民事法律行为

配套测试

一、单项选择题

1. 根据我国民法实践的一般做法，书面的意思表示在需要经过传达媒介才能到达对方当事人时，则该意思表示的生效时间为（　　）。
   A. 表意人完成其表意行为时
   B. 意思表示离开表意人时，如函件已邮寄的
   C. 意思表示到达相对人时
   D. 相对人了解意思表示的内容时
2. 下列民事行为中，属于效力待定民事行为的是：（　　）。
   A. 王某基于重大误解而与李某订立的买卖合同
   B. 12岁小学生小梅与当地商城签订的购买一台价值9000元电脑的合同
   C. 刘某以欺诈手段与马某订立的买卖钢材的合同
   D. 9岁小学生小张与某公司签订的接受5000元赠与的合同
3. "吃巧克力"与"扔掉吃剩的巧克力"，两者从民法意义上看（　　）。（中国政法大学2007年研究生入学考试题）
   A. 前者为负担行为；后者为处分行为
   B. 前者为事实行为；后者为法律行为
   C. 前者为有因行为；后者为物权行为
   D. 前者为法律行为；后者为事件
4. 甲常为乙制作手工制品，历来都是由乙按数量向甲支付一定的预付款。这次由于数量较大，乙提出要签订书面合同，并将预付款改为定金。由于甲是文盲，乙对甲讲合同内容与以往的做法完全一样，甲遂在合同上签字。该合同是一种什么性质的民事行为？（　　）
   A. 可撤销，因为甲是重大误解而作出意思表示
   B. 可撤销，因为甲是因受欺诈而为的意思表示
   C. 无效，因为甲所作出的是虚假意思表示
   D. 无效，因为甲是在乙乘人之危情况下而为的意思表示
5. 刘欢、陈平于1999年4月6日签订房屋租赁合同，租期3年。合同中双方约定：如陈平的儿子从外地调回本地工作并需居住该楼时，该项房屋租赁关系即行终止。2000年3月6日，陈平的儿子从外地调回本地工作，陈平称其子需居住该房，宣布房屋租赁合同终止。后刘欢查证，陈平之子的单位已为其分配楼房一处，陈平之所以安排其子入住该楼房，是因为有人愿以更高的价格租住该房。下列陈述错误的是：（　　）。
   A. 陈平可以对合同的效力约定附条件
   B. 本案中刘欢、陈平之间的租赁合同自条件成就时失效
   C. 本案中陈平之子居住该楼房不能导致租赁合同无效
   D. 刘欢、陈平之间的租赁合同效力在2000年3月6日终止
6. 甲公司租用乙公司的厂房，但乙方提出一个条件是若到年底自己的新厂房已经盖好，则将公司的旧厂房出租给甲。合同中的这一条件约定在民事法律行为理论上称为（　　）。
   A. 附否定的生效条件
   B. 附否定的解除条件
   C. 附肯定的生效条件
   D. 附肯定的解除条件
7. 甲公司与乙公司签订钢铁买卖合同，约定如果钢铁2000年7月市场价格高于3000元/吨，或低于2500元/吨，则合同不再履行；如果在2500元/吨至3000元/吨，则应于2000年8月交货。此合同为（　　）。
   A. 附生效条件的民事行为
   B. 附解除条件的民事行为
   C. 附期限的民事行为
   D. 无效民事行为
8. 甲与乙签订一份租赁合同，双方在合同中约定，如果甲的父亲在2008年去世，则将房屋租赁给乙。此条款属于（　　）。

A. 附生效条件的民事行为
B. 附解除条件的民事行为
C. 附期限的民事行为
D. 无效民事行为

9. 某宾馆夏季因使用空调而超额度用电，供电所遂以停电相威胁，要求宾馆每天为其员工以极其低廉的价格供应午餐，宾馆每天为供电所职员提供四菜一汤的午饭，收费2元。双方的这一行为是（　　）。
A. 因胁迫而成立的民事行为
B. 显失公平的民事行为
C. 损害公共利益的民事行为
D. 乘人之危的民事行为

10. 下列各项中属于民事法律行为的是（　）。
A. 10岁的学生李某独自到商场购买29英寸彩电一台
B. 作家章某立书面遗嘱捐赠所有藏书，但未经公证处公证
C. 某酒厂以散装白酒冒充茅台酒卖给某百货公司
D. 甲、乙签订买卖一张大熊猫皮的合同

11. 李某之子今年参加高考，报考某大学计算机专业，李某以为必考上无疑，遂出资7000元为其子购买奔腾Ⅲ多媒体计算机一台，以供其子学习之用，但李某之子却被该学校文科专业录取，则李某购买计算机的行为（　　）。
A. 因对购买计算机的目的存在重大误解，故可以请求撤销
B. 因购买动机未实现，合同目的落空，故行为无效
C. 因合同目的落空，行为不成立
D. 是有效行为

12. 甲手机专卖店门口立有一块木板，上书“假一罚十”四个醒目大字。乙从该店购买了一部手机，后经有关部门鉴定，该手机属于假冒产品，乙遂要求甲履行其“假一罚十”的承诺。关于本案，下列哪一选项是正确的？（　　）（2008年司考．卷三．单7）
A. “假一罚十”过分加重了甲的负担，属于无效的格式条款
B. “假一罚十”没有被订入合同之中，故对甲没有约束力
C. “假一罚十”显失公平，甲有权请求法院予以变更或者撤销
D. “假一罚十”是甲自愿作出的真实意思表示，应当认定为有效

13. 某商场为招揽顾客，承诺“假一赔十”，顾客王某遂购买假手机五部，价值1.5万元，并向商场索赔，商场认为其并非消费者，拒绝赔偿。但在王某声称要向法院起诉时，遂同意赔偿人民币1.5万元，则（　　）。
A. 商场有权以显失公平为由撤销其单方民事行为
B. 商场得以王某胁迫为由主张其单方民事行为无效
C. 商场得以王某乘人之危为由撤销其单方民事行为
D. 商场应予赔偿

14. 甲出版社误将乙校的订货当作丙校的订货发给了丙校，这一行为属于（　　）。
A. 乘人之危　　B. 显失公平
C. 重大误解　　D. 欺诈

15. 甲误以为苹果三级比一级好，于是以一级苹果的价格购买了100吨三级的苹果，则（　　）。
A. 甲可请求仲裁机构撤销此买卖行为
B. 甲无权向法院主张此买卖行为可变更
C. 甲可以自行主张该行为无效
D. 甲可以自行变更苹果价格

16. 大明电器城明知其销售的空调质量有问题却故意不向顾客说明，甲买了一台。该行为属于（　　）。
A. 受欺诈的行为
B. 显失公平的行为
C. 行为人对行为内容有重大误解的民事行为
D. 乘人之危的民事行为

17. 甲开一食品加工厂，因资金周转不灵，急需用钱，但又求借无门。乙趁机表示愿借给甲5万元，但3个月后甲须三倍返还，甲

同意。甲、乙之间的行为（　　）。

A. 因乙乘人之危而无效

B. 因乙乘人之危而可撤销

C. 因乙欺诈而可撤销

D. 因乙欺诈而无效

18. 附解除条件的民事法律行为，在条件不成就时，该民事法律行为（　　）。

A. 失效　　B. 继续有效

C. 开始生效　　D. 开始无效

19. 附延缓条件的民事法律行为在所附条件成就前（　　）。

A. 可单方解除，因民事法律行为未生效

B. 可协议解除

C. 可单方解除，因民事法律行为未成立

D. 可单方解除，因所附条件不成立

20. 杨某的单位今年又盖了一批房屋，杨某估计自己可以分到一套三居室，于是先按房屋面积购买了纯毛地毯，准备搬进新居时铺上。但后来杨某未能分到三居室房屋。杨某购买地毯的行为（　　）。

A. 是无效行为。因为杨某购买地毯的动机没有实现，其意思表示是不真实的

B. 是可撤销行为。因为杨某对于购买地毯的目的存在重大误解

C. 是有效行为。因为该行为虽有误解但不是重大的

D. 是有效行为。该行为的效力与单位分房之间没有内在联系

21. 甲17岁，以个人积蓄1000元在慈善拍卖会拍得明星乙表演用过的道具，市价约100元。事后，甲觉得道具价值与其价格很不相称，颇为后悔。关于这一买卖，下列哪一说法是正确的？（　　）（2010年司考．卷三．单2）

A. 买卖显失公平，甲有权要求撤销

B. 买卖存在重大误解，甲有权要求撤销

C. 买卖无效，甲为限制行为能力人

D. 买卖有效

22. 某校长甲欲将一套住房以50万元出售。某报记者乙找到甲，出价40万元，甲拒绝。乙对甲说："我有你贪污的材料，不答应我就举报你。"甲信以为真，以40万元将该房卖与乙。乙实际并无甲贪污的材料。关于该房屋买卖合同的效力，下列哪一说法是正确的？（　　）（2010年司考．卷三．单5）

A. 存在欺诈行为，属可撤销合同

B. 存在胁迫行为，属可撤销合同

C. 存在乘人之危的行为，属可撤销合同

D. 存在重大误解，属可撤销合同

23. 下列哪一情形下，甲对乙不构成胁迫？（　　）（2013年司考．卷三．单3）

A. 甲说，如不出借1万元，则举报乙犯罪。乙照办，后查实乙构成犯罪

B. 甲说，如不将藏獒卖给甲，则举报乙犯罪。乙照办，后查实乙不构成犯罪

C. 甲说，如乙不购甲即将报废的汽车，将公开乙的个人隐私。乙照办

D. 甲说，如不赔偿乙撞伤甲的医疗费，则举报乙醉酒驾车。乙照办，甲取得医疗费和慰问金

24. 甲单独邀请朋友乙到家中吃饭，乙爽快答应并表示一定赴约。甲为此精心准备，还因炒菜被热油烫伤。但当日乙因其他应酬而未赴约，也未及时告知甲，致使甲准备的饭菜浪费。关于乙对甲的责任，下列哪一说法是正确的？（　　）（2016年司考．卷三．单10）

A. 无须承担法律责任

B. 应承担违约责任

C. 应承担侵权责任

D. 应承担缔约过失责任

25. 齐某扮成建筑工人模样，在工地旁摆放一尊廉价购得的旧蟾蜍石雕，冒充新挖出文物等待买主。甲曾以5000元从齐某处买过一尊同款石雕，发现被骗后正在和齐某交涉时，乙过来询问。甲有意让乙也上当，以便要回被骗款项，未等齐某开口便对乙说："我之前从他这买了一个貔貅，转手就赚了，这个你不要我就要了。"乙信以为真，以5000元买下石雕。关于所涉民事法律行为的效力，下列哪一说法是正确的？（　　）（2017年司考．卷三．单3）

A. 乙可向甲主张撤销其购买行为
B. 乙可向齐某主张撤销其购买行为
C. 甲不得向齐某主张撤销其购买行为
D. 乙的撤销权自购买行为发生之日起2年内不行使则消灭

26. 金某家中有一块祖传玉佩。当地恶霸孟某甚是喜爱，多次上门求购，均被金某拒绝。2019年2月1日，孟某手下曹某带着20名小弟再次来到金某家中，扬言："三日内不将玉佩卖给孟某，小心金某在某高中上学的女儿。"金某心生恐惧，次日主动以5万元出售给不知情的孟某。2021年3月2日，女儿留学德国，金某再无后顾之忧，于3月10日向法院起诉要求撤销玉佩买卖合同。经查，玉佩实为赝品，市值仅300元，金某对此不知情。孟某此时方知自己购买的玉佩是赝品。关于本案，下列哪一说法是正确的？（　　）
A. 因孟某不知曹某胁迫金某一事，金某无权请求撤销与孟某的玉佩买卖合同
B. 孟某基于金某欺诈撤销玉佩买卖合同的，法院应予支持
C. 金某基于受胁迫撤销玉佩买卖合同的权利因超过1年除斥期间而不予支持
D. 孟某基于重大误解撤销玉佩买卖合同的权利至2021年6月10日届满

27. 某大师带着自己的三层镂空作品参加电视台节目，说没人能做出更高的。主持人问如果有人做出来了呢？大师说如果有人做出来，就把自己的作品赠送给他。大师与主持人击掌为誓，并邀请观众作见证。节目播出后，有人做出了五层镂空作品。关于某大师的行为应如何定性？（　　）
A. 显失公平的合同
B. 戏谑行为
C. 赠与合同，大师可随时撤销
D. 悬赏广告，大师应交付作品

28. 爷爷老张对孙子小张甚是喜爱，在小张6岁时，爷爷将家中祖传的一幅价值200万元的名画赠与小张。母亲刘某得知此事后，坚决表示反对。在小张8岁那年，爷爷又将自己价值27500元的手表赠与小张。母亲刘某亦明确表示反对。关于本案，下列哪一说法是正确的？（　　）
A. 爷爷将名画赠与小张的行为因纯获利益而有效
B. 爷爷将名画赠与小张的行为因母亲刘某反对而无效
C. 爷爷将手表赠与小张的行为因纯获利益而有效
D. 爷爷将手表赠与小张的行为因母亲刘某反对而无效

29. 湖蓝公司董事长胡某称，其与清河公司洽谈时被灌醉并趁机签订违背远期商业规划且明显不利于湖蓝公司的合作协议，故依法请求撤销协议。湖蓝公司可基于哪一请求主张撤销该合作协议？（　　）
A. 乘人之危
B. 显失公平
C. 恶意串通
D. 无权代理

30. 钱某有一幅祖传古画，市值100万元，高某为了低价收购该古画，伙同某艺术品鉴定家孟某欺骗钱某该画是赝品，价值不超过10万元，钱某信以为真。后钱某以15万元将古画卖给了不知情的陈某。关于本案，下列哪一选项是正确的？（　　）
A. 因陈某乘人之危，钱某可以撤销与陈某的买卖合同
B. 因遭受高某欺诈，钱某可以撤销与陈某的买卖合同
C. 属于重大误解，钱某可以撤销与陈某的买卖合同
D. 属于显失公平，钱某可以撤销与陈某的买卖合同

31. 甲、乙是大学室友，关系密切。乙遭遇金融危机导致生活潦倒，甲与其妻子商议后，决定赠与其一套房屋。但为了避免他人议论，于是与乙商定，对外宣称双方签订买卖合同，后甲、乙办理过户登记。对此，下列说法错误的

是？（　　）

A. 甲、乙之间的赠与合同有效，办理过户登记前甲享有任意撤销权

B. 甲、乙之间的买卖合同无效

C. 如果办理过户登记后，甲、乙发生口角，乙过失致甲死亡，甲的继承人可以自知道或者应当知道撤销原因之日起 6 个月内撤销赠与

D. 在 C 项情形下，如果乙已经将房屋转让给第三人，甲的继承人在撤销合同后，均可请求第三人返还房屋

二、多项选择题

1. 下列哪些情形构成意思表示？（　　）

A. 甲对乙说：我儿子如果考上重点大学，我一定请你喝酒

B. 潘某在寻物启事中称，愿向送还失物者付酬金 500 元

C. 孙某临终前在日记中写道：若离人世，愿将个人藏书赠与好友汪某

D. 何某向一台自动售货机投币购买饮料

2. 王某与张某签订了一份书面合同，约定由王某在签约后 3 日借给张某 2 万元，张某于半年后偿还该 2 万元并支付 10%的利息，该行为属于何种民事法律行为？（　　）

A. 有偿民事法律行为

B. 无偿民事法律行为

C. 单务民事法律行为

D. 双务民事法律行为

3. 胡某有一个儿子名小军，已 30 岁尚未结婚。胡某从前一个战友之女小慧，人亦贤惠，胡某希望其子能与战友之女结婚，于是在其临终前留下一份遗嘱，对自己的个人财产作了处理，其中一项为："有现金 2 万元，暂由小军母亲保管。如小军和小慧结婚，则该笔现金由小军继承。"胡某所立的这份遗嘱（　　）。

A. 涉及现金 2 万元的部分无效

B. 该部分无效是因为违反了遗嘱自由原则

C. 该部分无效是因为所附条件违法，侵犯了他人的婚姻自由

D. 该部分无效，不影响遗嘱其他部分的效力

4. 根据法律的规定，下面哪些行为可以认定为胁迫行为？（　　）

A. 以给公民的生命健康、荣誉、名誉、财产等造成损害相威胁，迫使对方作出违背真实的意思表示的

B. 以给其亲友的生命健康、荣誉、名誉等造成损害相威胁，迫使对方作出违背真实意思表示的

C. 以给其亲友的财产造成损害相威胁，迫使对方作出违背真实的意思表示的

D. 以给法人的荣誉、名誉、财产等造成损害为要挟迫使对方作出违背真实的意思表示的

5. 公司甲与工厂乙签订一份合同，在执行中，发现对主要条款（标的物的质量）有重大误解，双方当事人（　　）。

A. 都有权向对方宣告此合同无效

B. 都有权向对方宣告此主要条款无效

C. 都有权请求仲裁机关予以变更或者撤销

D. 都有权请求人民法院予以变更或者撤销

6. 民事行为被确认为无效或者被撤销后，将产生下面哪些法律效果？（　　）

A. 如果是部分无效，不影响其他部分的效力的，其他部分仍然有效

B. 当事人因该行为取得的财产，应当返还给受损失的一方

C. 有过错的一方应当赔偿对方因此所受的损失，双方都有过错的，应当各自承担相应的责任

D. 双方恶意串通，实施民事行为损害国家的、集体的或者第三人的利益的，应当追缴双方取得的财产，收归国家、集体所有或者返还第三人

7. 甲、乙在其父母健在时，预先签订了一份分割其父母财产的协议，并约定该协议在其父母均去世时生效。该协议的性质和效力（　　）。

A. 是一个附有延缓期限的民事行为

B. 是一个附有延续条件的民事行为
C. 无效，因为其内容违法
D. 无效，因为未得到其父母的认可

8. 下列民事行为中，哪些属于部分有效、部分无效的行为？（　　）
A. 甲将一从国外带回的照相机赠与乙，作为回报，乙将自己的玉佩赠与甲
B. 甲与乙签订了一份超过法律规定的最高利息限制的私人借款合同
C. 甲公民将自己私藏的手枪一把卖给乙公民
D. 甲、乙之间签订一份包含违反法律规定的免责条款的运输合同

9. 下列民事行为中，属于部分无效的民事行为的有（　　）。
A. 甲（18 周岁）将自己价值 1000 元的 MP3 播放器与乙（21 周岁）的一套价值 2100 元的丛书进行交换
B. 甲与乙签订了一份价值 20 万元的买卖合同，合同中规定定金为 5 万元
C. 甲公司与乙公司签订一份“明为联营，实为借贷”的协议
D. 甲公司与乙公司签订一份联营协议，但该联营协议有保底条款

10. 王瑞与妻子长期两地分居，为解决这个问题，王瑞欲调往甲地（妻子的工作地）工作。王瑞同事张某得知此事后，请求王瑞将其现在居住的私有房屋 4 间卖给他。王瑞告知张某，调动工作之事是否成功尚难以预料，如调动不成，他现住的房屋不能卖，如调动成功则可以卖给张某。二人遂达成房屋买卖协议一份，协议约定如果王瑞调往甲地工作，则将其目前居住的 4 间私有房屋转让给张某，价款为 4.8 万元。在协议订立后 3 个月，王瑞恰遇一机会将其妻调回自己工作的城市。王瑞便告知张某，现其妻调回本市，他的私有房屋要自用，不能出卖给张某。张某遂诉至市人民法院要求王瑞交付房屋。下列陈述中正确的有（　　）。
A. 王瑞与张某的合同属于附生效条件的合同
B. 王瑞与张某的合同属于附解除条件的合同
C. 王瑞的行为属于以不正当的手段阻止条件成就
D. 王瑞的行为不属于以不正当手段阻止条件成就，故合同没有生效。张某无权要求王瑞交付房屋

11. 下列选项中，（　　）是附条件的民事行为。
A. 甲与乙约定若甲父死亡，甲则将其房屋转让给乙
B. 甲与乙约定，若甲考上大学，乙就把自己的电脑送给甲
C. 甲与乙约定，若甲能把乙的班主任打一顿，乙就答应嫁给甲
D. 甲与乙约定，若今天下午天下雨，甲就把自己的雨伞送给乙

12. 李某为其外甥张某的监护人，李某与王某恶意串通，将张某已过世的父母留给他的楼房一栋以低于市价 30 万元的价格卖给王某，王某则在事后分给李某 20 万元，后张某发觉，该民事行为被宣告无效，则（　　）。
A. 该房屋应退还张某，王某应返还其价金
B. 张某有权要求二人赔偿其因此受到的损失
C. 李某与王某应承担连带责任
D. 李某与王某因此取得的财产，应依法追缴

13. 下列行为不得附条件的有（　　）。
A. 接受继承
B. 抵销
C. 结婚行为
D. 票据背书行为

14. 下列所附条件不符合民事法律行为要求的有（　　）。
A. 甲与乙签订一份房屋租赁合同，约定如果甲不结婚，则将房屋租给乙
B. 甲与乙签订一份借款合同，约定如果太阳从西边出来，就借款 5 万元给乙
C. 甲与乙签订一份种子买卖合同，约定

如果种子通过鉴定，则合同生效

D. 甲与乙签订一份打人合同，约定如果乙将丙打一顿，甲付款1万元给乙

15. 甲从乙处购买黄牛一头，作价500元。乙明知该牛有病而告知甲该牛没病，甲认为该牛可能有病，但因价格便宜而愿意购买。在交易过程中，乙对甲说："如果发生纠纷，你必须在3个月内（自交易之日起算）起诉，否则我概不负责。"甲表示允诺。甲买回该牛后第4个月该牛因病死亡，遂发生纠纷，（　　）。

A. 甲与乙之间构成民事欺诈

B. 甲与乙之间构成合同违约

C. 甲与乙之间约定起诉期限有效

D. 甲与乙之间约定起诉期限无效

三、不定项选择题

1. 甲将其在北京市海淀区的一套房屋出租给乙居住，租期2年。半年后，甲父母老家的房屋拆迁，欲前往北京与甲共同生活，甲以此为由与乙商量，提前终止了租房协议。不久甲接到父母的电话，说先去广州其姐家待上3个月再到北京，甲于是把该房屋以更高的租金租给了两位准备研究生入学考试的学生。现问：

（1）甲的行为性质应如何认定？（　　）

A. 甲的行为构成欺诈，因为他事实上隐瞒了真相

B. 甲的行为不构成欺诈，因为他并无欺诈的故意

C. 甲的行为构成重大误解，因为关于房屋的租赁与其自己的意思表示不一致，并且造成乙的损失

D. 甲的行为不构成重大误解，因为重大误解的构成以行为当时为决定标准

（2）假如本题中甲的行为构成欺诈，则乙（　　）。

A. 可以要求赔偿损失

B. 无权要求赔偿损失

C. 可以要求再次租用甲的房屋，直到甲的父母回来

D. 无权要求再次租用甲的房屋，但可以要求甲双倍赔偿其损失

2. 关羽和张飞系好友关系。某日，张飞来到关羽家中做客，看见关羽的妻子怀有身孕，便说："如果孩子出生，就送十万元给孩子。"关羽为感谢张飞，当即决定给孩子取名为"关小飞"。后孩子顺利出生，张飞并未履行诺言。关于本案，下列说法正确的有？（　　）

A. 赠与合同的受赠人为关小飞，而非关羽

B. 关小飞出生前，赠与合同成立但未生效

C. 关小飞出生后，赠与合同生效

D. 张飞有权行使任意撤销权

3. 甲公司欠乙公司和丙公司的债务均无法全部偿还。甲公司名下还剩下一辆汽车和一套房屋，乙公司让甲公司把房屋和汽车都抵押给其还债，不然也会被丙公司拿去，甲公司同意后签了抵押合同。到期后甲公司无法偿还所欠债务，乙公司申请实现抵押权。关于本案，下列说法正确的有？（　　）

A. 丙公司可以主张甲乙之间的抵押合同因未登记而不发生效力

B. 丙公司可以主张甲乙之间的抵押合同无效

C. 丙公司可以主张撤销甲乙公司之间的行为

D. 汽车和房屋的所有权依然归甲公司所有

4. 甲遗失一部手机，发布了1000元的悬赏广告。9岁的小赵偶然拾得该手机，因一时找不到失主，就带回家中，准备第二天继续寻找失主。不料当晚小赵父亲在泡脚时使用该手机玩游戏，不慎将手机掉落洗脚盆，手机进水受损。后小赵看到悬赏广告，找到了甲。甲向小赵认领手机时，正确的做法是？（　　）

A. 以小赵不知道悬赏为由，拒绝小赵的赏金请求

B. 以小赵欠缺行为能力为由，拒绝小赵的赏金请求

C. 以小赵侵占手机为由，拒绝小赵的赏金请求

D. 可以就手机的损害要求小赵家进行相应赔偿

四、名词解释

1. 民事法律行为（华东政法大学2010年研究生入学考试题）
2. 意思表示（中国人民大学2012年研究生入学考试题）
3. 表示行为（华东政法大学2011年研究生入学考试题）
4. 欺诈
5. 胁迫
6. 乘人之危
7. 无效民事行为

五、简答题

1. 简述可撤销民事行为的概念和特征。
2. 简述区分法律行为的成立与生效的意义。
3. 简述民事法律行为和事实行为的区别。

六、论述题

1. 试论有瑕疵意思表示及其法律效果。
2. 试论民事法律行为的意思表示要件。

七、案例分析题

1. 李红与姚小兰均生于1976年6月7日，1991年7月李红初中毕业后即参加工作，月收入200元，姚小兰继续上高中。1993年9月，李红与姚小兰谈到想购买一台高级收录机，第二天，姚小兰即拿出姨父送与她的高级收录机，问李红是否想买，李红看后很喜欢，愿以1400元购下，姚小兰表示同意。后李红先交给姚小兰1000元，并表示另400元三个月后再付，姚小兰收下1000元后即把高级收录机交给了李红。三个月后姚小兰找李红要400元，李红说高级收录机都给我了，说明你同意以1000元卖给我了。姚小兰无奈，只好将此事告诉了父母，其父母便要求李红归还高级收录机，或者另外再付800元，高级收录机便归她所有。李红不同意。为此，姚小兰向当地人民法院提起诉讼。请依案情回答问题：李红与姚小兰之间关于高级收录机的买卖行为是否有效？为什么？
2. 甲、乙在一起逛街时，甲捡到20元钱。两人约定，20元钱由两人均分。由于当时两人都没有零钱，说好回去再分。两人在回家的路上，看到一个体育彩票销售点在发售体育彩票。甲即用捡到的20元钱买了10注，乙没有阻止。开奖后，甲所买的体育彩票中了5000元的奖金，乙要求均分奖金，遭甲拒绝，两人发生争吵。体育彩票工作人员得知原委后，以购买彩票的20元钱是非法所得为由拒付奖金。甲便以体彩中心为被告，向人民法院起诉要求体彩中心给付奖金。乙则作为有独立请求权的第三人请求均分奖金。

   问：(1) 甲对捡到20元钱是否具有所有权？

   (2) 甲对乙许诺均分捡到的20元钱是一种什么行为？是否对甲产生约束力？

   (3) 甲和体彩中心之间是一种什么法律关系？体彩中心拒付奖金是否有理？

   (4) 法院应如何处理本案？

参考答案

一、单项选择题

1. **答案**：C。意思表示的生效根据是否有相对人而有所区别。无相对人的意思表示在作出意思表示时生效；有相对人的意思表示则在意思表示到达相对人时生效。这个知识点很重要，可以具体化为各种类型的题目，如要约、承诺、免除、撤销、抵销等意思表示何时生效的问题。简单的一个原则就是，一般在合同中的意思表示都是有相对人的意思表示，原则上都应当是意思表示到达相对人时生效。另外"意思表示到达相对人"中的"到达"不要求相对人了解意思表示的内容，只要该意思表示到达相对人可以控制的范围即可。
2. **答案**：B。本题涉及效力待定的合同的种类问题。效力待定的合同包括欠缺行为能力的合同、欠缺处分权的合同、欠缺代理权的合同、欠缺同意权的合同。本题A选项属于可撤销的合同，B选项属于欠缺行为能力的合同，C选项属于可撤销的合同，D选项属于有效合同，因为无民事行为能力人接受报酬和赠与的合同为有效合同。

3. **答案**：B。“吃巧克力”行为无须当事人表现内心意思即发生法律规定的效力，因此区别于属于表示行为的法律行为，为事实行为；“扔掉吃剩的巧克力”属于抛弃行为，是仅由当事人一方的意思表示即可成立的单方法律行为。

4. **答案**：B。因乙之行为虽为以欺诈手段而为，却未损害国家利益，其根据是《民法典》对于欺诈、重大误解和乘人之危的民事行为的规定。

5. **答案**：C。本题考查的是条件的分类。需要注意的是，“延缓条件”亦称“停止条件”，在合同法中则被称为“生效条件”。

6. **答案**：B。既然为“合同不再履行”，说明合同已经生效，条件成就时，合同解除。

7. **答案**：A。因为甲的父亲去世是个确定到来的事实，与条件的不确定性相违背。但在本题中，由于加了“2008年”的限制，则甲的父亲在这一年中是否死亡是个不确定的事实，故属于附条件的民事行为，所以正确答案为选项A。

8. **答案**：A。胁迫行为的具体表现形式有三种：一是手段违法，目的违法。如甲找到乙，威胁说，给我50元，否则烧你家的房。二是手段违法，目的合法。如甲欠乙5万元到期不还，乙就以绑架甲的女儿相威胁，要求还钱。三是手段合法，目的违法。如甲知道了乙的贪污行为，遂找到乙，以到检察院告发为要挟，要求乙给甲1万元。本题中的供电所的行为属于第三种类型的胁迫行为。

9. **答案**：B。民事法律行为必须符合《民法典》第143条规定的三个条件：(1) 行为人具有相应的民事行为能力；(2) 意思表示真实；(3) 不违反法律、行政法规的强制性规定，不违背公序良俗。选项A中李某的行为能力不合格，不符合条件 (1)；选项C中的行为属于假冒行为，选项D中的行为属于违法行为，都不符合条件 (3)。

10. **答案**：D。民事法律行为的动机，只在当事人约定其为合同成立或生效之条件时，才有法律意义。

11. **答案**：D。本题考查的是民事法律行为的生效。根据《民法典》第497条规定，有下列情形之一的，该格式条款无效：(1) 具有本法第一编第六章第三节和本法第506条规定的无效情形；(2) 提供格式条款一方不合理地免除或者减轻其责任、加重对方责任、限制对方主要权利；(3) 提供格式条款一方排除对方主要权利。选项A中，甲手机店作出的“假一罚十”的承诺并没有免除其主要责任，因此该条款有效。根据《民法典》第143条规定，甲手机店自愿作出“假一罚十”的承诺，是其真实意思表示，乙在该店购买了一部手机，甲手机店应受其允诺的约束。因此，选项B、C不正确。

12. **答案**：D。本案中商场所作出的单方民事行为主体合格，意思表示真实，且不违反法律行政法规的强制性规定，不违背公序良俗，理应自成立时生效。因惧怕对方以合法手段解决纠纷而作出的民事行为不是“因受胁迫而作出的民事行为”。

13. **答案**：C。重大误解的民事行为，是指行为人因对行为的性质、对方当事人、标的物的品种、质量、规格和数量等的错误认识，使行为的后果与自己的意思相反，并造成较大的损失的行为。本题中所述情形属于重大误解。

14. **答案**：A。因重大误解而主张撤销权的，当事人必须向法院、仲裁机构请求，而不得自行主张行为无效。

15. **答案**：A。欺诈，是指当事人一方故意编造虚假情况，或隐瞒真实情况，使对方陷入错误而为违背自己真实意思表示的行为。

16. **答案**：B。乘人之危，是指行为人利用对方当事人的急迫需要或危难处境，迫使其作出违背本意而接受于其非常不利的条件的意思表示。据此，本题中的情形属于乘人之危。根据《民法典》第151条规定，甲、乙之间的行为，因乙乘人之危而可以撤销。

17. **答案**：B。《民法典》第158条规定："民事法律行为可以附条件，但是根据其性质不得附条件的除外。附生效条件的民事法律行为，自条件成就时生效。附解除条件的民事法律行为，自条件成就时失效。"

18. **答案**：B。附延缓条件，是指民事法律行为中所确定的民事权利和民事义务要在所附条件成就时才能发生法律效力。附延缓条件的法律行为在条件成就之前已经成立，但效力处于停止状态。即在延缓条件成就以前，民事法律行为已经成立，行为人之间的权利关系已经确定，但是权利人尚不能主张权利，义务人还没有履行其承担义务的责任，双方的民事权利和民事义务的法律效力尚处于停止状态。据此，附延缓条件的民事行为在所附条件成就前，可以协议解除。

19. **答案**：D。本题考查重大误解。行为人因对行为的性质、对方当事人、标的物品种、质量、规格和数量等的错误认识，与自己的意思相悖，并造成较大损失的，可以认定其行为为重大误解，其依法得主张撤销该行为。动机的误解不构成重大误解，因而不得主张撤销该行为，行为的效力也不因此发生变化。

20. **答案**：D。《民法典》第19条规定，8周岁以上的未成年人为限制民事行为能力人，实施民事法律行为由其法定代理人代理或者经其法定代理人同意、追认；但是，可以独立实施纯获利益的民事法律行为或者与其年龄、智力相适应的民事法律行为。其中，"与其年龄、智力相适应"，是从行为与本人生活相关联的程度、本人的智力水平能否理解其行为，并能预见相应的行为后果，以及行为标的数额等方面认定。17岁的甲是限制民事行为能力人，在慈善拍卖会上以1000元的个人积蓄拍得价值100元的表演道具，是与其年龄、智力状况相适应的，因此该行为有效。

21. **答案**：B。选项A错误。本题当事人没有故意隐瞒真实情况，诱使或误导对方基于此作出错误的意思表示，所以不是欺诈行为。选项B正确。《民法典》第150条规定，一方或者第三人以胁迫手段，使对方在违背真实意思的情况下实施的民事法律行为，受胁迫方有权请求人民法院或者仲裁机构予以撤销。本题中乙以检举揭发甲贪污为由对甲进行威胁，应认定为存在胁迫行为，该房屋买卖合同属于可撤销合同。选项C错误。甲虽然是不得已而将自己的房屋卖予乙，但是因为受到了乙的胁迫，而不存在处于危难处境的情况，因此，不属于乘人之危的情况。选项D错误。重大误解是基于重大错误认识而实施的意思表示。本题中甲不存在重大错误认识，不属于重大误解的情况。

22. **答案**：D。A项中，举报犯罪，手段合法，但强制他人借款目的不合法，构成胁迫。B项中，手段合法、目的不合法，构成胁迫。C项中，公开他人隐私，手段非法，目的也不合法，构成胁迫。D项中，举报醉驾之违法行为，手段合法，同时是为了实现自己的合法权益，目的合法，故不成立胁迫。

23. **答案**：A。依学界通说，情谊行为是道德层面上的日常社会交往行为，它与法律行为和事实行为在法律意义上有显著区别。情谊行为与法律行为的本质区别主要在于，情谊行为原则上不具有受法律拘束的意思，不具有缔结法律关系的意图，因此情谊行为的行为人对自己的承诺原则上无须承担法律上的给付义务。事实行为是指民事主体主观上并不存在变动民事法律关系的意思，但客观上依民法的规定能够引起民事法律效果的行为。当然，情谊行为虽然其本身不具有法律上的拘束力，但有时可以引发对相对人信赖的保护以及适用侵权责任法律后果。本题中，甲单独邀请朋友乙到家中吃饭，乙爽快答应并表示一定赴约，但当日乙因其他应酬而未赴约，也未及时告知甲，致使甲准备的饭菜浪费，甲还因炒菜被热油烫伤。此为典型的情谊行为，根据题目交代情节也不会引发事实行为的法律后果产生，故乙对甲无须承担法律责任。由此可知，只有A选项正确。

24. 答案：B。（1）依《民法典》第149条的规定，第三人实施欺诈行为，使一方在违背真实意思的情况下实施的民事法律行为，对方知道或者应当知道该欺诈行为的，受欺诈方有权请求人民法院或者仲裁机构予以撤销。本题中，甲对乙实施欺诈，使得乙信以为真，以5000元买下齐某的石雕，故受欺诈方乙可向合同的另一方当事人齐某主张撤销其购买行为。故A选项说法错误，而B选项为正确选项。（2）依《民法典》第148条的规定，一方以欺诈手段，使对方在违背真实意思的情况下实施的民事法律行为，受欺诈方有权请求人民法院或者仲裁机构予以撤销。本题中，甲曾因为被齐某欺诈以5000元从齐某处买过一尊石雕，发现被骗后即和齐某交涉，故受欺诈方甲可与其合同的另一方当事人齐某主张撤销其购买行为。故C选项说法错误。（3）依《民法典》第152条第1款第1项的规定，当事人自知道或者应当知道受欺诈之日起1年内可以行使撤销权，故本题中D选项中“乙的撤销权自购买行为发生之日起2年内不行使则消灭”的说法错误。

25. 答案：D。A项考查第三人的胁迫。根据《民法典》第150条规定，一方或者第三人以胁迫手段，使对方在违背真实意思的情况下实施的民事法律行为，受胁迫方有权请求法院或仲裁机构予以撤销。据此可知，无论孟某是否知道曹某对金某实施胁迫一事，均不影响金某请求撤销与孟某的买卖合同。故A项错误。B项考查欺诈和重大误解的区别。欺诈与重大误解的区别用一句话来概括：知假卖假构成欺诈，不知假卖假构成重大误解。本题中，金某不知祖传玉佩为赝品，属于重大误解，而非欺诈。故B项错误。C项考查胁迫的除斥期间。根据《民法典》第152条第1款第2项规定，当事人受胁迫，自胁迫行为终止之日起1年内没有行使撤销权的，撤销权消灭。本题中，胁迫行为终止之日为2021年3月2日，从此时开始起算1年除斥期间，撤销权的行权除斥期间至2022年3月2日。因此，法院应支持金某的撤销权。故C项错误。D项考查重大误解的除斥期间。根据《民法典》第152条第1款第1项规定，重大误解的当事人自知道或应当知道撤销事由之日起3个月内没有行使撤销权的，撤销权消灭。本题中，孟某2021年3月10日方知玉佩为赝品，除斥期间为3个月，即至2021年6月10日届满。故D项正确。

26. 答案：B。意思表示由两部分三要素组成，两部分即内心意思（内部/主观）和表示行为（外部/客观）。其中，内心意思包括行为意思、表示意思和效果意思三个要素；而表示即表示行为一个要素。戏谑行为，又称单独虚伪表示或真意保留，是指行为人故意隐瞒其真意，而表示出其他意思的意思表示。戏谑行为人通常没有成立民事法律关系的意思，属于典型的内心意思缺乏，即不存在表示意思和效果意思。因此，戏谑行为因内心意思缺乏而不能成立民事法律关系。本题中，某大师的行为属于典型的戏谑行为，其内心并不存在将自己的三层镂空作品赠与他人的表示意思，亦不存在与他人形成赠与合同的效果意思。因此，因意思的缺乏而不能成立民事法律关系。故B项正确。因不存在意思表示，因此，显失公平的合同、赠与合同、悬赏广告等以意思表示为基础的民事法律关系则无从谈起。故A、C、D项错误。

27. 答案：C。A、B项考查无民事行为能力人所实施的民事法律行为的效力。《民法典》第20条规定，不满8周岁的未成年人为无民事行为能力人，由其法定代理人代理实施民事法律行为。第144条规定，无民事行为能力人所实施的民事法律行为无效。据此可知，小张6岁时作为无民事行为能力人，其所实施的受赠名画的民事法律行为无效，母亲刘某反对与否并不影响民事法律行为的无效。故A、B项均错误。C、D项考查限制民事行为能力人所实施的民事法律行为的效力。根据《民法典》第19条规定，8周岁以上的未成年人为限制民事行为能力人，实施民事法律行为由其法定代理人代理或经其法定代理人同意、追认，但是可以独立实施纯获利益的民事法律行为或与其年龄、智力相适应的民事法律行为。第145条规定，限制民事行为能力人实施的纯获利益的民事法律行为或与其年龄、智力、精神健康状况相适应的民事法律行为有效；实施的其他民事法律行为经法定代理人同意或追认后有效。本题中，小张8岁时属于限制民事行为能力人，其所实施的受赠手表的民事法律行为因纯获利益而有效。故C项正确，D项错误。

28. 答案：B。胡某系董事长，为湖蓝公司的法定代表人，为有权代理。故D项错误。湖蓝公司称胡某与清河公司洽谈时被灌醉，因此，不存在恶意串通的问题。故C项错误。《民法典》第151条规定，一方利用对方处于危困状态、缺乏判断能力等情形，致使民事法律行为成立时显失公平的，受损害方有权请求人民法院或者仲裁机构予以撤销。本题中，胡某作为法定代表人签订违背湖蓝公司远期商业规划且明显不利于公司的合作协议，致使民事法律行为成立时显失公平，湖蓝公司可以主张撤销。故B项正确。

29. 答案：C。A、D项考查显失公平。显失公平的核心有2个：（1）利用对方处于困境或缺乏判断能力；（2）民事法律行为成立时显失公平（主要体现于价格因素）。本题中，虽古画价值100万元却以15万元卖给陈某，符合民事法律行为成立时显失公平的要件。但是，基于合同相对性原理，作为买卖合同当事人的陈某（买方）并未利用钱某（卖方）处于困境或缺乏判断能力（因为陈某“不知情”）。因此，钱某不得基于显失公平主张撤销买卖合同。故A、D项均错误。注意：《民法典》已将乘人之危并入显失公平，不再是独立的导致民事法律行为可撤销的事由。B项考查第三人欺诈。《民法典》第149条规定，第三人实施欺诈行为，使一方在违背真实意思的情况下实施的民事法律行为，对方知道或者应当知道该欺诈行为的，受欺诈方有权请求人民法院或者仲裁机构予以撤销。本题中，陈某并不知高某对钱某实施了欺诈行为。因此，钱某无权基于高某对其实施欺诈而撤销与陈某的合同。故B项错误。C项考查重大误解。重大误解，是指行为人因对行为的性质、对方当事人、标的物的品种、规格、数量和质量等的错误认识，使行为的后果与自己的意思相悖，并造成较大损失。本题中，钱某将古画出卖给陈某时因受欺诈而陷入错误认识，对标的物认识错误，进而将100万元的古画以15万元出售给陈某，客观上造成了较大损失。因此，依法成立重大误解（对标的物认识错误），可以撤销买卖合同。故C项正确。

30. 答案：D。《民法典》第146条规定：“行为人与相对人以虚假的意思表示实施的民事法律行为无效。以虚假的意思表示隐藏的民事法律行为的效力，依照有关法律规定处理。”本题中，由于甲、乙之间真实的意思是赠与，且无不合法之处，故赠与合同有效，且根据《民法典》第658条第1款规定：“赠与人在赠与财产的权利转移之前可以撤销赠与。”因此A项正确。甲、乙之间的买卖合同是串通虚伪的意思，表示此合同无效，故B项正确。《民法典》第663条第1款规定：“受赠人有下列情形之一的，赠与人可以撤销赠与：（一）严重侵害赠与人或者赠与人近亲属的合法权益；（二）对赠与人有扶养义务而不履行；（三）不履行赠与合同约定的义务。”第664条规定：“因受赠人的违法行为致使赠与人死亡或者丧失民事行为能力的，赠与人的继承人或者法定代理人可以撤销赠与。赠与人的继承人或者法定代理人的撤销权，自知道或者应当知道撤销事由之日起六个月内行使。”本题中，如果受赠人乙致甲死亡，此时甲的继承人可以撤销赠与合同，自知道或者应当知道撤销原因之日起六个月内行使，故C项正确。在甲的继承人行使撤销权将赠与合同撤销后，如果房屋已经登记在乙名下，甲可请求乙将房屋返还，但是如果乙已经将房屋转让给第三人，则能够主张第三人返还。但要看第三人是否构成善意取得，如果构成善意取得，甲在撤销后，不能主张第三人返还，故D项错误。

二、多项选择题

1. **答案**：BCD。所谓意思表示是指民事主体将自己意欲实现某种私法效果的内心意思以一定方式表现于外的行为。意思表示所表现的，必须是私法上的效果意思，即产生、变更、消灭一定民事法律关系的意思。以此类推，B、C、D三项均符合意思表示的特征，而A项并未表达私法上的效果意思，而是日常生活中的情谊行为，故不属于意思表示。选B、C、D。
2. **答案**：AD。单务和双务法律行为的分类是以法律行为中当事人的权利义务是否相互对待为依据的。而有偿和无偿的法律行为则是以是否存在对价为标准的，一个借款的行为双方都存在权利义务，一方获取他方的利益。
3. **答案**：ACD。见《民法典》第143条、第156条。民事行为只有在具备相应条件才生效，民事行为部分无效，其他部分仍然有效。
4. **答案**：ABCD。见《民法典》第143条。
5. **答案**：CD。见《民法典》第147条规定。
6. **答案**：ABCD。见《民法典》第156条、第157条。
7. **答案**：AC。甲、乙的父母健在，对于父母的财产他们并无处分权，该法律行为无效。条件未必发生，期限必定到来。本题的协议是附期限的民事行为。
8. **答案**：BD。选项A中的行为属于合法有效的行为。选项C中的标的物在我国属于禁止流通物，整个合同属于无效合同，而非部分无效。选项B中借款合同有效，而且利息约定原则上亦为有效，只是超过最高利息限制部分的利息约定无效。选项D中的运输合同有效，但违反法律规定的免责条款无效。
9. **答案**：BD。选项A中甲的行为属于有效民事行为。选项B中定金不得超过合同总标价的20%，否则超过部分无效。
10. **答案**：AD。容易引起争议的答案为选项C和选项D。对于王瑞的行为是否属于以不正当手段阻止条件成就，应当考虑设定条件的目的。对于王瑞来说，其根本目的在于解决夫妻分居，故当其妻子可以调动到自己工作的城市时，不属于以不正当手段阻止买卖合同的成就。因此，应当选择选项D。
11. **答案**：BD。A为附不确定期限的法律行为；C中所附条件违背公序良俗，并非民法中所称的条件。
12. **答案**：ABCD。《民法典》规定监护人不得损害被监护人的利益，除非为了被监护人的利益，不能处分被监护人财产。李某、王某两人故意串通，损害被监护人的利益，应当负连带责任。
13. **答案**：ABCD。附条件民事法律行为，是指法律效力的开始或终止取决于将来不确定的客观事实的发生或不发生的法律行为。一般认为，除了法律明确规定不得附条件的民事法律行为以外，其他民事法律行为均可以由行为人设定条件，以此来限制民事法律行为的效力，从而满足行为人的各种不同需要。不得附条件的民事法律行为具体包括：如妨碍相对人利益的行为，主要是指形成权的行使。
14. **答案**：BCD。民事法律行为所附条件的设定要件：所附条件必须是将来发生的事实；所附条件必须是不确定的事实；所附条件必须是当事人约定而非法定的事实；所附条件必须合法；须不与合同的主要内容相矛盾。据此，本题中，A项表述中所附条件是将来发生的事实，所附条件有效。B项表述中所附条件根本不可能发生，视为未附任何条件；C项表述中所附条件为法定条件，视为未附条件；D项表述中所附条件为违法条件，当然无效。

15. 答案：AD。本题考查欺诈的构成条件、诉讼时效的性质。首先，判断是否构成欺诈，应当根据欺诈的具体构成条件判断。甲并不明知牛有病，仍然属于因欺诈而陷入错误认识。甲对陷入错误认识虽有过错，但不影响欺诈的成立。其次，判断诉讼时效的性质。诉讼时效的规定属于强行性规定，因此，不得由当事人自己约定。

在本案中，虽然“甲认为该牛可能有病”，但仍然因为相信乙的承诺而陷入错误认识，因此符合欺诈的构成条件。

三、不定项选择题

1. 答案：（1）B。欺诈的构成要件之一是须有欺诈人的欺诈行为，欺诈行为主要是指：捏造虚伪事实；隐匿真实事实；歪曲真实事实。欺诈的构成要件之二是欺诈人必须有欺诈的故意。本题中甲既无欺诈的行为也无欺诈的故意，因此不构成欺诈。

（2）AC。《民法典》第157条规定：“民事法律行为无效、被撤销或者确定不发生效力后，行为人因该行为取得的财产，应当予以返还；不能返还或者没有必要返还的，应当折价补偿。有过错的一方应当赔偿对方由此所受到的损失；各方都有过错的，应当各自承担相应的责任。法律另有规定的，依照其规定。”《民法典》第157条规定，民事法律行为无效、被撤销或者确定不发生效力后，行为人因该行为取得的财产，应当予以返还；不能返还或者没有必要返还的，应当折价补偿。有过错的一方应当赔偿对方由此所受到的损失；各方都有过错的，应当各自承担相应的责任。法律另有规定的，依照其规定。综上所述，如果本题中甲的行为构成欺诈，则乙可以要求甲赔偿损失，并可以要求再次租用甲的房屋，直到甲的父母回来。

2. 答案：ABCD。A项考查赠与合同的当事人。《民法典》第16条规定，涉及遗产继承、接受赠与等胎儿利益保护的，胎儿视为具有民事权利能力；但是，胎儿娩出时为死体的，其民事权利能力自始不存在。本题中，张飞作为赠与人系将10万元赠与即将出生的孩子（胎儿）。胎儿视为具有民事权利能力，享有接受赠与的权利。因此，可以作为赠与合同的受赠人。故A项正确。B、C项考查附生效条件的民事法律行为。本题中，当张飞赠与胎儿10万元时，胎儿能否活体娩出是不确定的事实（即发生与否不确定），该赠与合同系附生效条件的赠与合同，在胎儿娩出前，该赠与合同成立但未生效。故B项正确。后孩子顺利出生，即条件已成就，附生效条件的赠与合同成立并生效。故C项正确。D项考查赠与人的任意撤销权。因赠与合同系单务合同、无偿合同。因此，立法上赋予了赠与人在转移财产前的任意撤销权，但有三种法定情形不得行使任意撤销权。赠与人在赠与财产的权利转移之前可以撤销赠与。经过公证的赠与合同或者依法不得撤销的具有救灾、扶贫、助残等公益、道德义务性质的赠与合同，不适用前款规定。本题中，张飞对关小飞的赠与不存在行使任意撤销权的例外情形。因此，张飞当然可以通过行使任意撤销权的方式不履行赠与合同。故D项正确。

3. 答案：BCD。A、B项考查无效的民事法律行为。《民法典》第215条规定，当事人之间订立有关设立、变更、转让和消灭不动产物权的合同，除法律另有规定或者当事人另有约定外，自合同成立时生效；未办理物权登记的，不影响合同效力。第154条规定，行为人与相对人恶意串通，损害他人合法权益的民事法律行为无效。本案中，乙公司和甲公司间签订的合同效力不受抵押是否登记的影响，而甲、乙公司双方恶意串通进行事后抵押的行为损害了丙公司的利益，因此抵押合同无效，故A项错误，B项正确。C项考查债权人撤销权。《民法典》第539条规定，债务人以明显不合理的低价转让财产、以明显不合理的高价受让他人财产或者为他人的债务提供担保，影响债权人的债权实现，债务人的相对人知道或者应当知道该情形的，债权人可以请求人民法院撤销债务人的行为。本题中，债务人甲公司和乙公司恶意串通，使甲公司为乙公司提供抵押，丙公司作为债权人有权依法请求人民法院撤销债务人甲公司和第三人乙公司之间的行为，即行使“债权人撤销权”。故C项正确。D项考查物权变动。根据以上分析可知，无论债权人丙公司行使“债权人撤销权”还是主张抵押合同无效，均导致甲、乙公司之间的抵押合同自始不具有法律约束力，即自始无效。因此，汽车和房屋的所有权不发生物权变动，依然归甲公司所有。故D项正确。

4. **答案**：D。悬赏人以公开方式声明对完成一定行为的人支付报酬，完成特定行为的人请求悬赏人支付报酬的，人民法院依法予以支持。悬赏行为属于单方允诺行为，不管相对人是否知道存在悬赏额意思表示，只要相对人完成特定行为，便有权要求支付赏金。因此A项错误。遗失物拾得行为属于事实行为，不需要行为人具备行为能力，而且领取报酬、赏金属于纯获利益的行为，限制行为能力人也可独立实施。甲不得以欠缺行为能力为由拒绝小赵的请求。因此B项错误。权利人领取遗失物时，应当向拾得人或者有关部门支付保管遗失物等支出的必要费用。权利人悬赏寻找遗失物的，领取遗失物时应当按照承诺履行义务。拾得人侵占遗失物的，无权请求保管遗失物等支出的费用，也无权请求权利人按照承诺履行义务。拾得人侵占遗失物的，无权请求权利人按照承诺履行义务。小赵对手机的保管已尽到合理的注意义务，小赵将手机带回家中不存在侵占的主观意图，所以甲不得以此为由拒绝履行赏金支付义务。因此C项错误。拾得人在遗失物送交有关部门前，有关部门在遗失物被领取前，应当妥善保管遗失物。因故意或者重大过失致使遗失物毁损、灭失的，应当承担民事责任。小赵父亲明知是遗失物，在洗脚时却擅自使用他人手机并掉落水中致损，存在重大过失，小赵家应当承担赔偿责任。因此D项正确。

四、名词解释

1. **答案**：民事法律行为是指公民或法人设立、变更、终止民事权利和民事义务的合法行为。民事法律行为的上位概念是民事行为，具有表意性和目的性，排除了事实行为；同时，民事法律行为是合法行为，以适法性为特征，不包括无效的民事行为、可撤销或可变更的民事行为和效力未定的民事行为。

2. **答案**：是指行为人把进行某一民事法律行为的内心效果意思，以一定的方式表达于外部的行为。意思表示不仅表现表意人一定效果意思，而且通过一定表示行为，达成与人交换意见的目的。意思表示应由目的意思、效果意思两个主观要素和表示作为这一客观要素构成。

3. **答案**：它是指行为人将内心意思以一定方式表现于外部，并足以为外界客观理解的行为要素。没有表示行为，即使有了内心效果意思，也不能将其客观化，而无法取得法律效果。因此，表示行为是意思表示不可缺少的客观要素。

4. **答案**：欺诈，是指当事人一方故意编造虚假情况或隐瞒真实情况，使对方陷入错误而为违背自己真实意思表示的行为。

5. **答案**：包括威胁和强迫。威胁是指行为人一方以未来的不法损害相恐吓，使对方陷入恐惧，并因此作出有违自己真实意思的表示。强迫是指行为人一方以现时的身体强制，使对方处于无法反抗的境地而作出有违自己真实意思的表示。

6. **答案**：是指行为人利用对方当事人的急迫需要或危难处境，迫使其作出违背本意而接受于其非常不利的条件的意思表示。

7. **答案**：是指欠缺民事法律行为的有效要件，不发生行为人预期的法律效力的民事行为。无效的民事行为的含义是：（1）自始无效。（2）当然无效。（3）确定无效。（4）绝对无效。

五、简答题

1. **答案**：可撤销民事行为是因为法律行为欠缺合法性，根据法律享有撤销权的法律行为当事人，可依其自主意思使法律行为之效力归于消灭的法律行为。可撤销民事行为只是相对无效，有效与否取决于当事人的意志。

可撤销民事行为具有如下特征：其一，可撤销民事法律行为在被撤销前，已发生针对无撤销权的当事人的效力。在撤销权人行使撤销权之前，其效力继续保持。其二，是否行使撤销权以使可撤销的法律行为的效力归于消灭，取决于当事人的意志。撤销权以外的人不得主张撤销法律行为。其三，撤销权人可行使撤销权使法律行为的效力归于消灭，也可以通过承认的表示放弃撤销权。此时，可撤销的法律行为可转化为有效的法律行为。其四，可撤销民事行为效力的消灭，必须有撤销行为。仅有可撤销事由而无撤销行为的，法律行为的效力并不消灭。其五，撤销权一旦行使，可撤销的法律行为原则上溯及其成立之时，其效力归于消灭。

2. **答案**：法律行为的成立要件是指依法成立法律行为所必需的要素，分为一般要件和特殊要件。

法律行为的生效要件是指已成立的法律行为发生法律效力所应当具备的要素。法律行为的生效意味着当事人的意思得到了法律的认可，反映的是国家意志对个人意志的态度。通说认为法律行为的一般生效要件为：行为人有行为能力，意思表示真实、自愿，标的合法以及不违反公共利益和公序良俗。特别生效要件为法律规定或者当事人约定的法律行为生效的特别要素。

从民事法律行为成立和生效的分析可以看出，整个规则的设计紧紧围绕着私法自治和国家干预展开。众所周知，民法经历了义务本位、权利本位和社会本位三个阶段。法律行为制度也随着时代的要求，出现社会化趋势。

不可否认，现代各国对私法自治都做了修正：一是强行性法规的制定，如法律行为的数个生效要件，对事关民生的公益合同的强制缔约等。二是对不完全有效的法律行为，法律倾向于予以挽救。三是出于保护信赖利益、交易安全，出现表见代理、善意取得等制度，在一方当事人没有参与的情况下，给其设定权利义务。

对私法自治的修正，其目的在于：首先，平衡弱者和强者的利益。因为在现实生活中，个体之间地位存在差异，一方的自由等于另一方的不自由。其次，平衡善者和恶者的利益。由于恶者的恶意行为导致善者在为行为时意思不自由。所以，在决定行为效力时，理应把权力交给善者。最后，保护社会和公共利益。在对私法自治合理限制的前提条件下，社会的利益和自由总量非但没有减少，反而由于法律的技术性设计而增加，并且使私法自治朝着其本意发展实现实质正义。另外，对私法自治要求最高的是在财产关系领域，而在财产关系中，财产流转关系对私法自治的要求又更进一层。在当今社会，社会财富呈现前所未有的增长态势，人们的交易能力和交易需求也将得到前所未有的发展，交易也会愈加复杂化，这就要求更高的自治。所以，私法自治在民法领域中的地位非但不会动摇，反而会向其本意方向发展。

3. **答案**：（1）所谓法律行为是指以意思表示为要素，因意思表示而发生一定私法效果的法律事实。所谓事实行为是指不用表现内心的意思事实即可发生一定私法效果的行为。法律行为肯定是合法的，而事实行为既包括合法行为也包括非法行为。

（2）法律行为具有实现私法自治的功能，是维护个人自由与尊严的重要手段，而事实行为不具有此种功能。

（3）法律行为必须以意思表示为要素，必然包含实现某种私法效果的意思，事实行为并不要求行为人具有取得某种法律效果的意思。

（4）产生法律效果的根据不同，法律行为依据当事人的意思表示而产生一定私法上的效果，事实行为则依据法律规定而产生法律上的效果。

（5）对行为主体的要求不同，法律行为的生效要求行为人必须具备一定的行为能力，而事实行为不以意思表示为必要，从而不适用关于行为能力的规定。

（6）法律行为有有效、无效、可撤销、

效力未定之分，而事实行为不存在这个区别，只有存在与不存在的问题。

(7) 与意思表示有关的，适用于法律行为的代理、附条件、期限、民事行为能力的规定，不适用于事实行为。

【参考资料】［德］迪特尔·梅迪库斯：《德国民法总论》，邵建东译，法律出版社2013年版；王泽鉴：《民法总则》，中国政法大学出版社2009年版。

六、论述题

1. **答案**：有瑕疵的意思表示，也称非自愿的意思表示，是指一方以某种非常手段迫使对方作出违背真实意思的表示。具体而言，主要有以下几种：

第一，因欺诈而为的意思表示。欺诈，是指当事人一方故意编造虚假或歪曲的事实，或故意隐瞒事实真相，使表意人陷于错误而为意思表示的行为。构成欺诈必须具备以下要件：(1) 有欺诈人的欺诈行为。这种欺诈行为既可以是积极作为，也可以是消极的不作为。(2) 欺诈人必须有欺诈的故意。即行为人须有使表意人受欺诈而陷入错误，并因此为意思表示的目的，至于是否有取得财产上的不法利益的故意，在此不问。(3) 须表意人因相对人的欺诈而陷入错误。(4) 须表意人因陷入错误而为意思表示，即错误与意思表示之间有因果关系。(5) 欺诈行为必须达到有悖于诚信的程度。目的明显的善意欺诈和社会能接受的欺诈，不构成法律上的欺诈。只有能引起意思表示的瑕疵，为一般社会观念所不能容许的欺诈，才构成法律上的欺诈。

第二，因胁迫而为的意思表示。胁迫，包括威胁和强迫。构成胁迫应具备以下要件：(1) 胁迫人须有胁迫的行为。(2) 胁迫人须有胁迫的故意。即胁迫人有通过胁迫行为而使表意人产生恐惧，并因此而为一定意思表示的故意。(3) 胁迫的本意在于对表意人的自由意思加以不法干预，所以，用以胁迫的情况本身应该是违法的。(4) 须相对人因胁迫而实际上已陷入恐惧或无法反抗的境地。(5) 须相对人因胁迫而为意思表示，即表意人陷入恐惧或无法反抗的境地，与意思表示之间有因果关系。

第三，因乘人之危而为的意思表示。乘人之危，是指行为人利用对方当事人的急迫需要或危难处境，迫使其违背本意接受于其非常不利的条件的现象。构成乘人之危必须具备以下要件：(1) 须有表意人在客观上正处于急迫需要或紧急危难的境地。(2) 须有行为人乘人之危的故意，即行为人明知表意人正处于急迫需要或紧急危难的境地，却故意加以利用，使表意人因此而为意思表示。(3) 须有相对人实施了足以使表意人在上述情况下为意思表示的行为。(4) 相对人的行为与表意人的意思表示之间须有因果关系，即表意人的意思表示是由相对人的行为直接造成的。(5) 表意人因其意思表示而蒙受重大不利。

第四，根据我国立法的规定，还包括显失公平的意思表示。所谓显失公平，指内容明显违背公平和等价有偿原则，其构成要件为：(1) 须是有偿行为。(2) 须内容明显背离公平和等价有偿原则。(3) 该不公平是由于表意人无经验所致，即表示人是独立进行意思表示的，而不是受他人不当干涉的结果。(4) 无错误情事。

对上述有瑕疵的意思表示，我国《民法典》第148条规定，一方以欺诈手段，使对方在违背真实意思的情况下实施的民事法律行为，受欺诈方有权请求人民法院或者仲裁机构予以撤销。第149条规定，第三人实施欺诈行为，使一方在违背真实意思的情况下实施的民事法律行为，对方知道或者应当知道该欺诈行为的，受欺诈方有权请求人民法院或者仲裁机构予以撤销。第150条规定，一方或者第三人以胁迫手段，使对方在违背真实意思的情况下实施的民事法律行为，受胁迫方有权请求人民法院或者仲裁机构予以撤销。第151条规定，一方利用对方处于危困状态、缺乏判断能力等情形，致使民事法律行为成立时显失公平的，受损害方有权请求人民法院或者仲裁机构予以撤销。法律径直将欺诈、胁迫或乘人之危情势下的法律行为判定为无效不符合私法意思自治的理念，我国《民法典》规定因欺诈、胁迫的手段订立合同损害到国家利益的方为无效，若是侵犯到私人利益，则由其自己抉择变更抑或撤销，而乘人之危、显失公平都是合同可变更或撤销的原因，显然是比较科学的。

【参考资料】 马俊驹、余延满：《民法原论》，法律出版社2016年版；《民法典》的有关规定。

2. **答案**：民事法律行为是以意思表示为要素，并依该表示的内容发生法律效果的行为。而意思表示是行为能力适格者发表其自由形成的私法效果目的的行为。

意思表示的概念可从下面几个方面进行理解：(1) 意思表示是以语言、文字等信号表述追求特定目的的意思的行为。(2) 意思表示是发表私法效果意思的行为。(3) 意思表示是有意识地发表私法效果意思的行为。(4) 意思表示是真实表达私法效果意思的行为。(5) 表意人须行为能力适格。

意思表示与法律行为的关系是这样的：(1) 意思表示是法律行为的核心要素；(2) 在单方诺成行为方面，法律行为仅由一个意思表示构成；(3) 在双方或多方诺成行为方面，法律行为则由两个或者两个以上意思表示结合而成；(4) 在要物行为方面，除意思表示外，尚需践行一定的行为，方构成法律行为。

作为法律行为的一般成立要件，意思表示必须符合法律的要求，包括：(1) 标的须确定并且可能。标的确定，指关于标的表示须达到能被具体认定的程度。认定标的确定与否的时点，通常为行为成立时，但在若干场合，依行为的性质，也可延展至行为成立之后。标的可能是指标的在客观上须具有实现的现实性，排除客观不能、自始不能、全部不能和永远不能的情形。(2) 不存在诸如错误、内心保留、通谋虚伪、受欺诈、受胁迫等问题。存在上述任何问题的表示，在性质上均不属意思表示，其行为不能充分民事法律行为的全部要件，可称之为不真正法律行为。意思表示不健全的不真实民事法律行为，当属无效或可撤销。(3) 意思表示预设了行为能力适格以及标的的合法性。

综上，意思表示是法律行为的必备要件，围绕意思表示可以推出法律行为的其他要件，意思表示健全与否直接关系到法律行为的效力如何，因此，全面、准确地理解意思表示对于把握民事法律行为的概念和效力是非常重要的。

七、案例分析题

1. **答案**：李红与姚小兰之间关于高级收录机的买卖行为无效。姚小兰未满18岁，且在校学习，属限制行为能力人，她只能进行与她的年龄、智力相适应的民事活动。买卖高级收录机的行为超越了她能独立进行的民事活动范围。且事后未得到其父母的追认。因此，该项买卖行为属主体不适格的无效民事行为。

2. **答案**：(1) 甲捡到20元钱的行为是拾得遗失物的行为。拾得遗失物在《民法典》第314条中有规定，拾得遗失物，应当返还权利人。拾得人应当及时通知权利人领取，或者送交公安等有关部门。但是货币是特殊的物，其遵循的是谁占有谁所有的原则，因为货币具有一般等价物的属性，由此货币的占有人视为所有人。由此可知，甲对其占有的20元钱有所有权。

(2) 甲的许诺是一种赠与行为。该赠与行为对甲具有法律上的拘束力。但是，应当注意的是，甲可以行使其享有的撤销权，在赠与财产的权利转移之前撤销该赠与的意思表示。根据《民法典》第657条规定，赠与合同是赠与人将自己的财产无偿给予受赠人，受赠人表示接受赠与的合同。第658条规定，赠与人在赠与财产的权利转移之前可以撤销赠与。具有救灾、扶贫等社会公益、道德义务性质的赠与合同或者经过公证的赠与合同，不适用前款规定。由此可知，甲对乙的赠与合同已经成立并且生效，对甲具有拘束力，不过甲在实际交付10元钱之前可以撤销赠与。

(3) 甲和体彩中心的关系，应当是订立了一份有关彩票买卖的合同，是一种买卖合同关系。体彩中心拒付奖金没有法律上的依据，因为货币作为一般等价物，法律上遵循谁占有谁所有的原则，因此甲享有20元钱的所有权。根据《民法典》第502条第1款规定，依法成立的合同，自成立时生效。

由此可知，该买卖合同成立并生效，对于甲和体彩中心均具有法律上的拘束力。由此可知，体彩中心应当支付奖金。

(4) 法院应当判令：体彩中心支付甲5000元奖金；驳回乙的诉讼请求。

第八章　代　　理

基础知识图解

- 概述
  - 代理的概念和特征
    - 与传达之间的区分
    - 与代表之间的区分
    - 与代理商之间的区分
  - 代理与相关概念
  - 代理的分类
    - 委托代理、法定代理与指定代理
    - 单独代理与共同代理
    - 本代理与复代理
    - 直接代理与间接代理
    - 积极代理与消极代理
    - 显名代理与隐名代理
- 代理权
  - 代理权的性质
  - 代理权的发生
  - 代理权的行使
  - 滥用代理权的禁止
  - 代理权的消灭
    - 原因
      - 委托代理中
      - 法定代理、指定代理中
    - 后果
- 无权代理
  - 无权代理的概念和类型
  - 无权代理
    - 发生与有权代理同样的法律效果
    - 不发生与有权代理同样的法律效果
- 表见代理
  - 类别
  - 构成要件
    - 须行为人无代理权
    - 须有使相对人相信行为人具有代理权的事实或者理由
    - 须相对人为善意
    - 具备民事行为的有效要件
  - 类型
    - 表见授权的
    - 容忍的
    - 特殊关系中的

配套测试

一、单项选择题

1. 在委托代理中，代理人有代理权的依据是（　　）。

A. 委托合同

B. 委托授权

C. 委托合同和委托授权

D. 委托合同或委托授权

2. 委托授权行为与代理合同最本质的区别在

于（　　）。

A. 委托授权行为必须采用书面形式，出具委托书，而代理合同既可以是书面形式，也可以是口头形式

B. 委托授权行为可以事后以追认的方式实施，而代理合同只能是事前订立

C. 委托授权行为是单方法律行为，而代理合同是双方法律行为

D. 委托授权行为是诺成性法律行为，而代理合同是实践性法律行为

3. 某贸易公司职员肖某要去北京探亲，公司经理要求他为公司采购 5 台电脑，要求一定要买原装机，质量一定要好。肖某到北京后走亲访友，没有时间采购，于是找到其表弟杜某，请他代为购买并将公司经理的要求告诉杜某。杜某答应代为购买后找到自己做电脑生意的朋友刘某，对刘某说帮表哥买 5 台电脑。刘某给杜某组装了 5 台电脑，每台售价 2 万元，还给了杜某 5000 元好处费。刘某将电脑交给肖某，肖某未验货即将电脑运回贸易公司。公司使用后发现电脑并非原装机，质量低劣，市场价每台仅 1 万元左右。贸易公司的损失应由谁承担？（　　）

A. 肖某承担

B. 肖某和杜某连带承担

C. 刘某承担

D. 杜某和刘某连带承担

4. 甲委托乙将一批香烟运往 A 市，途中乙患急症被抢救，乙将香烟托付给司机丙看管，并请护士打电话将情况告知甲。甲当即表示丙不可靠，不能将货物（香烟）托付给丙。但此时丙已开车上路，结果途中遇雨，部分香烟被淋湿报废，乙对此（　　）。

A. 应负责赔偿，因为甲将香烟托付给丙

B. 应和甲共同承担损失

C. 没有责任，因为情况紧急，是为了保护甲的利益

D. 乙、丙共同承担损失

5. 北京某厂供销科科长甲受厂长乙的委托，前往四川成都市，追索该市某公司欠的一笔货款，协商未成，甲于是向成都某人民法院起诉。同时委托甲的朋友丙代理该厂进行诉讼。丙应该（　　）。

A. 要求甲写个委托书，写明按照乙的委托书授权范围，进行代理

B. 要求甲先征求乙的同意，请乙写个委托书，明确授权范围，进行代理

C. 要求甲出示乙给甲的委托书，按照乙给甲的委托书授权范围，进行代理

D. 要求甲写个委托书，并给付一定报酬，然后按照委托书授权范围进行代理

6. 甲委托乙购买某型号山地车一辆，乙到商场后发现山地车脱销，担心甲急需使用，遂为之购买普通自行车一辆，甲拒收，乙诉至法院。下列选项中正确的是（　　）。

A. 甲拒绝受领的行为合法，乙的行为属于越权代理

B. 甲、乙之间无书面委托书，委托关系不成立

C. 乙的行为属于有效行为，因为是为了甲的利益

D. 甲不得拒绝受领，因为乙有代理权

7. 下列各项行为中，不属于代理的是（　　）。

A. 张甲委托赵乙代理民事诉讼

B. 李四受王五委托，以王五的名义与张三签订买卖合同

C. 马某受陈某委托办理货物托运

D. 甲公司由法定代表人李某与乙公司签订购销合同

8. 下列各项行为中，不属于民事代理行为的有（　　）。

A. 甲委托乙代其接受捐款

B. 甲委托乙帮其办理纳税

C. 甲委托乙代理房屋抵押登记

D. 丙受甲之委托出席合同签字仪式

9. 甲公司为生产化肥的公司，张三为甲公司业务员，张三到乙公司采购编织袋，发现存在严重质量问题，但乙公司许以高额回扣，遂签订买卖合同，货运到甲公司，给甲公司造成重大损失，下列选项中正确的有（　　）。

A. 甲公司只能向乙公司主张违约责任

B. 甲公司可向乙公司主张违约责任，可

给予张三行政处分

C. 甲公司可向张三主张连带责任

D. 乙公司如果不能完全承担损失，则由张三负补充责任

10. 以委托书授予代理权，委托书授权不明的，则对第三人的民事责任应由（　　）。

A. 被代理人承担主要责任，代理人承担次要责任

B. 被代理人、代理人承担连带责任

C. 被代理人承担

D. 代理人承担

11. 甲出差到新疆，朋友乙请其代买丝巾一条，甲见丝巾特别漂亮，就给乙多买了一条。该行为属于（　　）的行为。

A. 没有代理权

B. 有权代理

C. 滥用代理权

D. 超越代理权

12. 张某是某企业的销售人员，随身携带盖有该企业公章的空白合同书，便于对外签约。后张某因收取回扣被企业除名，但空白合同书未被该企业收回。张某以此合同书与他人签订购销协议，问：该购销协议的性质应如何认定？（　　）

A. 不成立　　B. 无效

C. 可撤销　　D. 成立并生效

13. 被代理人对无权代理行为追认后，该代理关系则（　　）。

A. 从追认时起生效

B. 仍然无效

C. 经相对人同意后生效

D. 自始有效

14. A公司经销健身器材，规定每台售价为2000元，业务员按合同价的5%提取奖金。业务员王某在与B公司洽谈时提出，合同定价按公司规定办，但自己按每台50元补贴B公司。B公司表示同意，遂与王某签订了订货合同，并将获得的补贴款入账。对王某的行为应如何定性？（　　）

A. 属于无权代理

B. 属于滥用代理权

C. 属于不正当竞争

D. 属于合法行为

15. 能够代理的行为有（　　）。

A. 表现行为　　B. 法律行为

C. 事实行为　　D. 占有行为

16. 甲公司经常派业务员乙与丙公司订立合同。乙调离后，又持盖有甲公司公章的合同书与尚不知其已调离的丙公司订立一份合同，并按照通常做法提走货款，后逃匿。对此甲公司并不知情。丙公司要求甲公司履行合同，甲公司认为该合同与己无关，予以拒绝。下列选项哪一个是正确的？（　　）

A. 甲公司不承担责任

B. 甲公司应与丙公司分担损失

C. 甲公司应负主要责任

D. 甲公司应当承担签约后果

17. 下列哪一情形构成无权代理？（　　）（2009年司考．卷三．单4）

A. 甲冒用乙的姓名从某杂志社领取乙的论文稿酬据为已有

B. 某公司董事长超越权限以本公司名义为他人提供担保

C. 刘某受同学周某之托冒充丁某参加求职面试

D. 关某代收某推销员谎称关某的邻居李某订购的保健品并代为付款

18. 甲委托乙销售一批首饰并交付，乙经甲同意转委托给丙。丙以其名义与丁签订买卖合同，约定将这批首饰以高于市场价10%的价格卖给丁，并赠其一批箱包。丙因此与戊签订箱包买卖合同。丙依约向丁交付首饰，但因戊不能向丙交付箱包，导致丙无法向丁交付箱包。丁拒绝向丙支付首饰款。下列哪一表述是正确的？（　　）（2011年司考．卷三．单4）

A. 乙的转委托行为无效

B. 丙与丁签订的买卖合同直接约束甲和丁

C. 丙应向甲披露丁，甲可以行使丙对丁的权利

D. 丙应向丁披露戊，丁可以行使丙对戊的权利

19. 甲用伪造的乙公司公章，以乙公司名义与不知情的丙公司签订食用油买卖合同，以次充好，将劣质食用油卖给丙公司。合同没有约定仲裁条款。关于该合同，下列哪一表述是正确的？（ ）（2013年司考．卷三．单4）

A. 如乙公司追认，则丙公司有权通知乙公司撤销

B. 如乙公司追认，则丙公司有权请求法院撤销

C. 无论乙公司是否追认，丙公司均有权通知乙公司撤销

D. 无论乙公司是否追认，丙公司均有权要求乙公司履行

20. 甲去购买彩票，其友乙给甲10元钱让其顺便代购彩票，同时告知购买号码，并一再嘱咐甲不要改变。甲预测乙提供的号码不能中奖，便擅自更换号码为乙购买了彩票并替乙保管。开奖时，甲为乙购买的彩票中了奖，二人为奖项归属发生纠纷。下列哪一分析是正确的？（ ）（2015年司考．卷三．单9）

A. 甲应获得该奖项，因按乙的号码无法中奖，甲、乙之间应类推适用借贷关系，由甲偿还乙10元

B. 甲、乙应平分该奖项，因乙出了钱，而甲更换了号码

C. 甲的贡献大，应获得该奖项之大部，同时按比例承担彩票购买款

D. 乙应获得该奖项，因乙是委托人

21. 甲公司员工唐某受公司委托从乙公司订购一批空气净化机，甲公司对净化机单价未作明确限定。唐某与乙公司私下商定将净化机单价比正常售价提高200元，乙公司给唐某每台100元的回扣。商定后，唐某以甲公司名义与乙公司签订了买卖合同。对此，下列哪一选项是正确的？（ ）（2016年司考．卷三．单4）

A. 该买卖合同以合法形式掩盖非法目的，因而无效

B. 唐某的行为属无权代理，买卖合同效力待定

C. 乙公司行为构成对甲公司的欺诈，买卖合同属可变更、可撤销合同

D. 唐某与乙公司恶意串通损害甲公司的利益，应对甲公司承担连带责任

22. 甲欲出售一辆汽车，乙声称受丙委托购买该车，甲托人向丙核实，丙未予否认。甲遂将该车交给乙，乙将车开走后不知去向，甲向丙要求付款遭到拒绝。此案的正确处理方法是？（ ）

A. 由甲自行承担损失

B. 由乙支付车款

C. 由丙支付车款

D. 由乙、丙承担连带付款责任

二、多项选择题

1. 名流服装店将盖有服装店公章的空白合同和介绍信交给李文仲。介绍信上写明，“委托李文仲为服装店购买服装”。李文仲以名流服装店的名义向和记服装厂订购了总价款140万元的工作服。这批服装销售很不理想。名流服装店认为自己委托李文仲购买的是时装而不是工作服，而且自己店面很小，一次也不可能进货140万元，李文仲的行为是越权代理行为，据此拒绝支付货款。对此订购合同（ ）。

A. 名流服装店有权拒绝支付货款

B. 名流服装店应当支付货款

C. 李文仲应当支付货款

D. 李文仲应当负连带责任

2. 在民事代理过程中，代理人负有哪些义务？（ ）

A. 履行其代理职责

B. 不能同时代理双方当事人为同一法律行为

C. 不能与第三人恶意串通损害被代理人的利益

D. 在因故暂时无法履行代理职责时，应当转托他人代理

3. 下面是对代理中有关连带责任的表述，根据法律的规定，正确的有（ ）。

A. 委托书授权不明的，被代理人应当向第三人承担民事责任，代理人负连带

责任

B. 代理人和第三人串通，损害被代理人的利益的，由代理人和第三人负连带责任

C. 第三人知道行为人没有代理权、超越代理权或者代理权已终止还与行为人实施民事行为给他人造成损害的，由第三人和行为人负连带责任

D. 代理人知道被委托代理的事项违法仍然进行代理活动的，或者被代理人知道代理人的代理行为违法不表示反对的，由被代理人和代理人负连带责任

4. 有下列哪些情形之一的，委托代理终止？（　　）

A. 代理期间届满或者代理事务完成

B. 被代理人取消委托或者代理人辞去委托

C. 代理人死亡或者作为代理人的法人终止

D. 代理人丧失民事行为能力

5. 甲、乙、丙各交 2000 元给丁，委托购买彩电。丁又将款交李某请他代购。李某一去不知下落，甲、乙、丙向丁索赔，丁拒绝。甲、乙、丙起诉。法院应当（　　）。

A. 判决由丁偿还甲、乙、丙各 2000 元

B. 驳回甲、乙、丙的请求，李某系无偿服务，不应负责

C. 判决由丁偿还甲、乙、丙各 1000 元，另 3000 元应向李某追索

D. 判决由李某偿还甲、乙、丙各 2000 元

6. 南方公司委托夏律师向北方公司索债。代理合同约定，应收本金为 8 万元，利息为 2 万元，代理人可酌情免除部分利息，本金必须收回。并出具了全权委托夏律师处理与北方公司的债权债务纠纷的授权委托书。在与北方公司谈判的过程中，夏律师为求尽快解决问题，决定同意北方公司还款 7 万元，免除其余债务，并在还款协议上签字。关于此事的法律分析，正确的有：（　　）。

A. 还款协议有效

B. 还款协议无效

C. 南方公司可以向夏律师索赔

D. 南方公司不能向夏律师索赔

7. 张某既能干又热心，同事、邻居、朋友都对其非常信任，常委托其代做一些事情。请判断下列哪些行为属于民事代理行为？（　　）

A. 张某代理乙购买 29 英寸电视机一台

B. 张某代丙起草一份重要的购销合同的底稿

C. 张某代丁请丁的朋友吃饭

D. 张某代戊继承戊父的遗产

8. 在下列行为中，不能被代理的有（　　）。

A. 到婚姻登记机关登记结婚

B. 侵害他人的人身权利

C. 到公证处公证遗嘱

D. 购买电视机

9. 江某委托朱某购买 100 台奔腾Ⅲ电脑，适逢市场上电脑价格即将上涨，朱某在这时突然病倒，且无法与正在国外考察的江某联系，遂委托李某代其购买，但未讲明电脑型号，李某为省钱，买回 100 台奔腾Ⅱ电脑，江某拒绝接收，因退货使电脑公司损失 10 万元，则（　　）。

A. 电脑公司可直接要求江某赔偿损失

B. 应由朱某向电脑公司承担民事责任

C. 江某承担民事责任后，可以要求朱某赔偿因此受到的损失

D. 若李某也有过错，应承担连带责任

10. 陈平想购买几枚珍贵的邮票送给自己喜欢集邮的伯父作为生日礼物，因对邮票不了解便找到集邮爱好者赵某咨询，赵某告诉陈平“猴票”比较珍贵，建议陈平买“猴票”作为礼物。陈平便请赵某代为购买，赵某同意。赵某恰好有 4 枚“猴票”，几日后，赵某将自己的 4 枚“猴票”交给陈平说：已为你买了 4 枚猴票，每枚 500 元，共 2000 元。陈平表示感谢，收下邮票，付给陈平 2000 元。不久陈平在邮市上发现“猴票”售价每枚仅 300 元。陈平找到赵某质问，赵某告诉陈平实情，但以这 4 枚“猴票”保存完好，价格合理为由辩解。陈平诉至法

院。陈平的哪些诉讼请求可以得到法院的支持？（ ）

A. 陈平退还赵某 4 枚“猴票”，赵某退还陈平 2000 元

B. 赵某退还买价与市场价之间的差价 800 元

C. 确认赵某的代理行为无效

D. 撤销赵某的代理行为

11. 张某到王某家聊天，王某去厕所时张某帮其接听了刘某打来的电话。刘某欲向王某订购一批货物，请张某转告，张某应允。随后张某感到有利可图，没有向王某转告订购之事，而是自己低价购进了刘某所需货物，以王某名义交货并收取了刘某货款。关于张某将货物出卖给刘某的行为的性质，下列哪些说法是正确的？（ ）（2010 年司考．卷三．多 51）

A. 无权代理

B. 无因管理

C. 不当得利

D. 效力待定

12. 下列哪些情形属于代理？（ ）（2012 年司考．卷三．多 53）

A. 甲请乙从国外代购 1 套名牌饮具，乙自己要买 2 套，故乙共买 3 套一并结账

B. 甲请乙代购茶叶，乙将甲写好茶叶名称的纸条交给销售员，告知其是为自己朋友买茶叶

C. 甲律师接受法院指定担任被告人乙的辩护人

D. 甲介绍歌星乙参加某演唱会，并与主办方签订了三方协议

13. 下列哪些情形下，甲公司应承担民事责任？（ ）（2013 年司考．卷三．多 52）

A. 甲公司董事乙与丙公司签订保证合同，乙擅自在合同上加盖甲公司公章和法定代表人丁的印章

B. 甲公司与乙公司签订借款合同，甲公司未盖公章，但乙公司已付款，且该款用于甲公司项目建设

C. 甲公司法定代表人乙委托员工丙与丁签订合同，借用丁的存款单办理质押贷款用于经营

D. 甲公司与乙约定，乙向甲公司交纳保证金，甲公司为乙贷款购买设备提供担保。甲公司法定代表人丙以个人名义收取该保证金并转交甲公司出纳员入账

14. 吴某是甲公司员工，持有甲公司授权委托书。吴某与温某签订了借款合同，该合同由温某签字、吴某用甲公司合同专用章盖章。后温某要求甲公司还款。下列哪些情形有助于甲公司否定吴某的行为构成表见代理？（ ）（2014 年司考．卷三．多 52）

A. 温某明知借款合同上的盖章是甲公司合同专用章而非甲公司公章，未表示反对

B. 温某未与甲公司核实，即将借款交给吴某

C. 吴某出示的甲公司授权委托书载明甲公司仅授权吴某参加投标活动

D. 吴某出示的甲公司空白授权委托书已届期

15. 乔某是九环公司分公司负责人，因个人经商，欠郑某 1000 万元。郑某要求在欠条保证人一栏中，加盖九环公司分公司单位印章。乔某称，自己的授权范围不足如此，且出示了相关授权文件证明，但郑某坚持加盖印章，乔某最终答应。关于本案，下列说法正确的有？（ ）

A. 乔某的行为属于表见代理

B. 九环公司应承担保证责任

C. 乔某行为构成无权代理

D. 九环公司不承担保证责任

16. 甲出资委托乙帮忙购买一套古董茶具，乙以甲的名义与丙签订了买卖合同，付款后丙向乙交付了茶具。乙准备将茶具交付给甲时，因债务纠纷被丁起诉，丁获得胜诉判决后申请法院强制执行，法院扣押了该套茶具。关于本案，下列哪些表述是正确的？（ ）

A. 茶具所有权归甲
B. 茶具所有权归乙
C. 甲可以提起执行异议
D. 甲可以申请法院再审

17. 甲欲购买乙之二手车，乙因出国在外，便委托其好友丙全权负责该车出售事宜。丙为促成交易，替乙极力游说，并谎称该车从未发生过事故，甲信以为真，遂购买该车。后甲得知该车曾被雨水浸泡，发动机经过大修。对此，下列说法错误的是？（ ）

A. 甲可以乙实施欺诈为由主张撤销该合同
B. 甲可以第三人欺诈为由主张撤销该合同
C. 甲可以重大误解为由主张撤销该合同
D. 甲可以向乙主张瑕疵担保责任

三、不定项选择题

1. 味好厂是A市一家食品厂，其生产的辣椒酱销量非常好，本市的开心食品厂见味好厂的生意红火，干脆把厂名改为味好食品厂，并且与味好厂的业务科长刘某达成协议：在推销味好厂的产品时同时带上味好食品厂的产品，付给刘某双倍的报酬。此举致使味好厂遭受重大损失。问：

（1）开心食品厂与刘某之间的协议（ ）。

A. 可变更、可撤销
B. 效力未定
C. 有效
D. 无效

（2）味好厂的损失应（ ）。

A. 由刘某赔偿，因其滥用代理权
B. 由开心食品厂和刘某连带赔偿，因为两者恶意串通，损害味好厂的利益
C. 由开心食品厂赔偿，因为侵犯了味好厂的名称权
D. 先由刘某赔偿，在刘某无能力承担全部责任时，再由开心食品厂承担补充责任

2. 甲到某国学习半年，乙听说后委托甲代买一种助听器。甲回国将价值5000元的助听器送至乙家中。但乙妻告知甲，乙已于2月前病故，助听器是给乙用的，现在乙已死，只好请甲自行处理。如果甲在某国学习任务重，只好委托同学丙代买，同学丙买错了型号，问该代理行为的后果应由谁来承受？（ ）

A. 依然由乙承受
B. 如果甲转委托时取得乙的同意，则由乙承受，如果没有，则由甲承受
C. 由甲自己承受
D. 由丙承受

3. 果农赵平承包有100亩苹果园，2022年秋季获得了大丰收，但赵平不懂得销售的途径和方法，在农村的集市上销售量又很小，遂委托市里的远房亲戚李兴在市里代为销售，以及处理相关事宜，双方约定：苹果价格每斤0.8元，李兴按销售总额的15%提成，于每次李兴交还货款时结算；李兴根据市里苹果需求量的大小及时通知赵平，以便赵平准确向李兴送货。合同签订后，李兴即积极活动，先后以自己的名义与春风市场和盐井街市场签订了每天供应500公斤苹果的合同，每斤价格为0.85元；并与汤某等商贩口头约定可到自己家里随时提货，价格面议。请回答下列各题。

（1）对于李兴签订合同和每天向市场送货所花的费用，如果双方没有约定，那么：（ ）。

A. 赵平无须预付
B. 李兴可以垫付
C. 李兴可以要求赵平预付
D. 李兴垫付的费用，赵平应当偿还并支付利息

（2）对于李兴以自己的名义与春风市场和盐井街市场签订合同的行为，下列表述正确的是：（ ）。

A. 作为受托人李兴可以以自己的名义在代理权限内签订合同
B. 如果春风市场知道李兴与赵平之间的代理关系，则合同可以直接约束春风市场和赵平

C. 如果盐井街市场不知道李兴和赵平之间的代理关系，合同只约束盐井街市场和李兴

D. 经赵平同意，李兴才可以以自己的名义签订合同

（3）李兴见自己以每斤 0.85 元的价格与春风市场和盐井街市场签订了合同，超过了约定的最低价格，遂将多出的 0.05 元自己留下，以 0.80 元的价格向赵平交还货款。则以下表述正确的是：（　　）。

A. 李兴应将所有货款全数交还赵平

B. 李兴可以将多出的货款留下，但不得要求增加报酬

C. 李兴不得将多出的货款留下，但赵平应当对此增加报酬

D. 以上说法都不对

（4）假设某次李兴未向赵平报告苹果的需求量，赵平按约定依前日的需求量送来 2000 公斤，结果只售出 1500 公斤，剩下的 500 公斤堆积在储藏室里，因多日连降大雨全部发霉、腐烂，则此责任应如何承担？（　　）

A. 应由受托人李兴承担损害赔偿责任

B. 应由委托人赵平自己承担责任

C. 应由李兴承担大部分责任，赵平承担小部分责任

D. 应由李兴承担小部分责任，赵平承担大部分责任

（5）假设某次李兴病重不能起床，又未能与赵平电话取得联系，在盐井街市场多次催促下，遂委托自己驾车不熟的弟弟陈二向盐井街市场送货，结果车翻到水沟里，造成重大损失，则下列表述正确的是：（　　）。

A. 李兴对此损失不承担责任

B. 陈二应对此损失承担全部责任

C. 李兴应对转委托人陈二的选任承担责任

D. 由李兴和陈二共同承担责任

（6）商贩汤某经常到李兴处拉苹果贩卖，但总是赊欠。李兴知道汤某与赵平有仇，如告知汤某自己与赵平之间的代理关系，汤某就不会来买苹果了，所以一直未告知。当李兴向其索要欠款时，汤某拒不归还。则：（　　）。

A. 李兴应当向赵平披露汤某

B. 赵平可以行使李兴对汤某的权利

C. 李兴应自己行使其对汤某的权利，不应当向赵平披露

D. 该合同只约束李兴和汤某

（7）假设某次赵平未能按时送苹果给李兴，致使李兴不能履行其与春风市场之间的合同，则：（　　）。

A. 李兴应当向春风市场披露赵平

B. 春风市场可以选择李兴承担违约责任

C. 春风市场可以选择赵平承担违约责任

D. 春风市场可以同时选择李兴和赵平承担违约责任

4. 甲公司、乙公司签订的《合作开发协议》约定，合作开发的 A 区房屋归甲公司、B 区房屋归乙公司。乙公司与丙公司签订《委托书》，委托丙公司对外销售房屋。《委托书》中委托人签字盖章处有乙公司盖章和法定代表人王某签字，王某同时也是甲公司法定代表人。张某查看《合作开发协议》和《委托书》后，与丙公司签订《房屋预订合同》，约定："张某向丙公司预付房款 30 万元，购买 A 区房屋一套。待取得房屋预售许可证后，双方签订正式合同。"丙公司将房款用于项目投资，全部亏损。后王某向张某出具《承诺函》：如张某不闹事，将协调甲公司卖房给张某。但甲公司取得房屋预售许可后，将 A 区房屋全部卖与他人。张某要求甲公司、乙公司和丙公司退回房款。张某与李某签订《债权转让协议》，将该债权转让给李某，通知了甲、乙、丙三公司。因李某未按时支付债权转让款，张某又将债权转让给方某，也通知了甲、乙、丙三公司。关于《房屋预订合同》，下列说法正确的是：（　　）。（2015 年司考．卷三．不定项 87）

A. 无效

B. 对于甲公司而言，丙公司构成无权处分

C. 对于乙公司而言，丙公司构成有效代理

D. 对于张某而言，丙公司构成表见代理

四、名词解释

1. 表见代理（清华大学 2012 年研究生入学考试题）
2. 再代理（华东政法大学 2011 年研究生入学考试题）

五、简答题

1. 简述代理的法律特征。
2. 代理权滥用的法律后果。
3. 狭义无权代理与表见代理的区别。（华东政法大学 2013 年研究生入学考试题）
4. 简述代理权行使的原则。

六、论述题

1. 试述表见代理的构成要件和效力。（西南政法大学 2008 年、2009 年，中国政法大学 2009 年研究生入学考试题；清华大学 2009 年亦出过名词解释）
2. 狭义的无权代理与表见代理的联系与区别。（中南财经政法大学 2008 年研究生入学考试题）

七、案例分析题

1. 甲为某供销社的采购员，他经常持该供销社的介绍信和盖有公章的空白合同对外联系业务。1988 年 4 月，该供销社口头委托甲到某食品厂购买一批糖果，甲到食品厂后并未说明只购买糖果，在购买糖果后，发现该厂生产的花色蛋糕很好，便以供销社的名义购买花色蛋糕一箱。甲回厂结账时厂长拒不付蛋糕款项，因另一采购员已从其他食品厂采购蛋糕，只要他买糖果。某食品厂便向人民法院起诉，要求该供销社偿付蛋糕货款并承担违约责任。依案情简要分析回答下列问题：

   （1）甲以供销社的名义与某食品厂所订立关于蛋糕的购销合同是否有效？应如何处理？

   （2）假如某食品厂明知甲无权代理，而仍与其订立蛋糕购销合同，那么对该合同责任应该如何承担？

   （3）假如某供销社将蛋糕卖出一箱，后又以甲无权代理为由要求退货，能否得到支持？案件又应如何处理？

2. 2022 年 8 月大鹏饭店与著名画家甲签订了一份委托甲本人创作大型壁画一幅的合同。双方约定，甲在 2022 年 12 月以前交付该壁画，大鹏饭店支付甲 20 万元的报酬。2022 年 9 月，甲因出国讲学，遂委托儿子乙代为完成了该幅壁画，大鹏饭店支付了全部报酬。问：

   （1）甲能否委托他的儿子代理其创作？

   （2）乙的行为是否属于无权代理？

参考答案

一、单项选择题

1. **答案**：B。见《民法典》第 163 条第 2 款的规定，委托代理人按照被代理人的委托行使代理权。
2. **答案**：C。参看相关民法理论。代理与委托的主要区别在于：代理合同是双方法律行为，委托授权是单方法律行为。代理涉及三方当事人；委托不涉及第三人。代理解决代理后果的归属问题，而委托是产生一切委托事务的基础。
3. **答案**：A。本题考查的是转委托。依《民法典》第 169 条第 3 款规定，转委托代理未经被代理人同意或者追认的，代理人应当对转委托的第三人的行为承担责任；但是，在紧急情况下代理人为了维护被代理人的利益需要转委托第三人代理的除外。本案中不存在紧急情况，肖某擅自转委托的行为无效，肖某应对贸易公司的损失负赔偿责任。
4. **答案**：C。见《民法典》第 169 条。首先明确乙的行为属于转代理。其次考虑乙的转代理是否有效。根据《民法典》第 169 条第 3 款的规定，转代理有效的情形包括：或者是

紧急情况，或者被代理人同意，或者被代理人追认。本题中乙的行为符合紧急情况的条件，所以，转代理有效。最后需要明确的是，在转代理有效的情况下，代理人需要承担什么责任。在本题中，虽然第三人丙有问题，但乙事先不知，就第三人的选任并无过错，故乙不承担责任。

5. **答案**：B。本题考查的是转代理，《民法典》第 169 条对代理人需要转委托第三人代理的情形作出规定。再代理人是代理人以自己的名义选任的，再代理人以被代理人的名义进行代理权，法律后果直接归于被代理人。

6. **答案**：A。乙的行为属于超越代理权的行为，而超越代理权属于无权代理的一种，而无权代理的法律后果是被代理人有权拒绝接受无权代理的法律后果。故选项 A 正确。

7. **答案**：D。法定代表人的行为属于代表行为，而非代理行为。注意“代理”与“代表”的区别。

8. **答案**：D。A、B、C 错，代理，是指代理人在代理权范围内，以被代理人的名义，为被代理人的利益而独立地直接与第三人实施民事法律行为，由此所产生的法律效果直接或间接归属于被代理人的一种法律制度。代理是一种民事法律行为，只有代理人为被代理人实施的是能够产生民事权利义务的行为才是代理行为。据此，A、B、C 三项表述属于民事代理行为。D 对，因丙受甲之委托出席合同签字仪式，不在双方当事人之间产生权利义务关系，因此，D 项表述不属于民事代理行为。

9. **答案**：C。A、B 错，根据《民法典》第 154 条规定：“行为人与相对人恶意串通，损害他人合法权益的民事法律行为无效。”据此，本题中所述的合同无效。由于违约责任是针对合同有效而言的，因此 A、B 两项表述错误。C 对 D 错，根据《民法典》第 164 条第 2 款规定：“代理人和相对人恶意串通，损害被代理人合法权益的，代理人和相对人应当承担连带责任。”该连带责任为并行的连带责任，而不是补充的连带责任。①

10. **答案**：B。委托授权书不明的，被代理人应当向第三人承担民事责任，代理人负连带责任。

11. **答案**：D。超越代理权，是指代理人在代理权限范围以外进行代理。代理人只有在代理权限范围内进行的民事活动，才能被看作被代理人的行为，由被代理人承担代理行为的法律后果。滥用代理权，是指违背代理权的设定宗旨和代理行为的基本准则，代理人行使代理权时，损害被代理人利益的行为。构成滥用代理权应具备四个要件：代理人有代理权；代理人实施违反代理权的行为；代理人行使代理权的行为违背了诚实信用原则，违背了代理权的设定宗旨和基本行为准则；代理人的代理行为损害了被代理人的利益。滥用代理权有三种方式：自己代理、双方代理和与第三人串通。综上所述，本题中甲的行为构成超越代理权，而不是滥用代理权。

12. **答案**：D。本题考查表见代理的认定。张某本来有代理权限，相对人在不知其被开除的情形下，“空白合同书”足以使相对人相信其有代理权限。因此，根据《民法典》第 672 条的规定，构成表见代理。②

13. **答案**：D。无权代理因追认自始有效，而不是从追认时发生效力。

14. **答案**：D。《反不正当竞争法》第 7 条规定，经营者不得采用财物或者其他手段进行贿赂以销售或者购买商品。在账外暗中给予对方单位或者个人回扣的，以行贿论处；对方单位或者个人在账外暗中收受回扣的，以受贿论处。经营者销售或者购买商品，可以以明示方式给对方折扣，可以给中间人佣金。经营者给对方折扣、给中间人佣金的，必须如实入账。接受折扣、佣金的经营者必须如实入账。本题中王某

① 编者注：应当注意的是，本题中如果张三是因为经验不足而采购了质量不合格的编织袋，则甲公司可向乙公司主张违约责任，同时可给予张三行政处分。

② 编者注：每答题时主要把握是否“足以使相对人有理由相信”这一点，各校法学研究生入学考试中也时常会涉及。

是按照公司规定的合同价与对方签订订货合同，且其补贴的金额没有超过其可所获得的奖金提成，补贴款已入账，故不构成不正当竞争。故应选D。

15. 答案：B。《民法典》第161条规定："民事主体可以通过代理人实施民事法律行为。依照法律规定、当事人约定或者民事法律行为的性质，应当由本人亲自实施的民事法律行为，不得代理。"第162条规定："代理人在代理权限内，以被代理人名义实施的民事法律行为，对被代理人发生效力。"由此可见，A、C、D都是不能够代理的，只有选项B是正确的。

16. 答案：D。本案中构成表见代理。乙具有被甲公司授予代理权之外表或假象，丙公司有正当理由信赖乙是甲公司的业务员并享有与其订立合同的代理权。丙公司基于此种信赖而与乙订立的合同应当成立，并发生与有权代理同样的法律效果：由甲公司承担签约后果。至于甲公司因此受到的损失可以向乙追偿。当然丙公司也可以不主张表见代理，要求甲公司履行合同而追究无权代理人乙的责任，直接要求乙对其赔偿损失。

17. 答案：D。无权代理是非基于代理权而以本人名义实施的旨在将效果归属于本人的代理。D项中，从"推销员谎称"信息中可以判断出关某没有得到李某的授权，关某认为此保健品是邻居李某订购的，并代李某接收且付款的行为属于无权代理。因此，D项正确。

18. 答案：C。在本案中，甲与乙之间有委托合同，并基于委托合同形成代理关系，后乙经甲同意转委托于丙，丙以自己的名义与丁、戊签订合同。根据《民法典》第923条的规定，经委托人的同意，受托人可以转委托，所以A选项错误。《民法典》第925条规定，受托人以自己的名义，在委托人的授权范围内与第三人订立的合同，第三人在订立合同时知道受托人与委托人之间的代理关系的，该合同直接约束委托人和第三人，但有确切证据证明该合同只约束受托人和第三人的除外。第926条规定，受托人以自己的名义与第三人订立合同时，第三人不知道受托人与委托人之间的代理关系的，受托人因第三人的原因对委托人不履行义务，受托人应当向委托人披露第三人，委托人因此可以行使受托人对第三人的权利。但是，第三人与受托人订立合同时如果知道该委托人就不会订立合同的除外。受托人因委托人的原因对第三人不履行义务，受托人应当向第三人披露委托人，第三人因此可以选择受托人或者委托人作为相对人主张其权利，但第三人不得变更选定的相对人。委托人行使受托人对第三人的权利的，第三人可以向委托人主张其对受托人的抗辩。第三人选定委托人作为其相对人的，委托人可以向第三人主张其对受托人的抗辩以及受托人对第三人的抗辩。丙以自己的名义而非甲的名义与丁签订合同，丁并不知道丙与甲之间的代理关系，丙与丁签订的合同不能直接约束甲，但是丙可以向甲披露丁，甲可行使介入权而行使丙对丁的权利，所以B选项错误，C答案正确。丙与丁之间并不存在委托、代理关系，《民法典》第593条规定，当事人一方因第三人的原因造成违约的，应当向对方承担违约责任。当事人一方和第三人之间的纠纷，依照法律规定或者按照约定处理。按照合同相对性，丁不可以行使丙对戊的权利，所以D选项错误。

19. 答案：B。本题综合考查无权代理及因欺诈订立合同的法律效力。甲伪造公章的行为构成冒名行为，但类推适用无权代理的规则，不构成表见代理。《民法典》第171条规定，行为人没有代理权、超越代理权或者代理权终止后以被代理人名义订立的合同，未经被代理人追认，对被代理人不发生效力，由行为人承担责任。相对人可以催告被代理人在30日内予以追认。被代理人未作表示的，视为拒绝追认。合同被追认之前，善意相对人有撤销的权利。撤销应当以通知的方式作出。甲以次充好，对丙构成欺诈。《民法典》第148条规定，一方以欺诈手段，使对方在违背真实意思的情况下实施的民事法律行为，受欺诈方有权请求人民法院或者仲裁机构予以撤销。本题中，如果乙公司追认了甲之行为，则合同在乙、丙之间生效，如果不予追认，则合同归于无效，此时，既不存在履行的问题，也不存在撤销的问题，故C、D项错误。在乙公司追认之前，由于丙是不知情的善意第三人，因此，丙可以通知的方式进行撤销，但此撤销权的行使，以被代理人没有追认为前提，一旦追认之后，不存在撤销的问题，故A项错误。在追认之后，合同在乙、丙之间生效，但属于因欺诈而可撤销的合同，此时，没有约定仲裁条款，丙作为被欺诈人，有权请求法院进行撤销，故B项正确。

20. 答案：D。本题中，甲去购买彩票，其友乙给甲10元钱让其顺便代购彩票，同时告知购买号码，并一再嘱咐甲不要改变，甲的行为属于代理权授予行为，此时甲、乙成立代理关系。甲预测乙提供的号码不能中奖，便擅自更换号码为乙购买了彩票并替乙保管，此时甲的行为属于无权代理。依《民法典》第171条第1款的规定，行为人没有代理权、超越代理权或者代理权终止后以被代理人名义订立的合同，未经被代理人追认，对被代理人不发生效力。现本题中乙主张奖项，说明其追认甲的行为，故奖项应该归乙。由此，D选项正确。

21. 答案：D。（1）题涉买卖合同中，唐某是甲公司的代理人，唐某与乙公司私下商定将净化机单价比正常售价提高200元，乙公司给唐某每台100元的回扣；商定后，唐某以甲公司名义与乙公司签订了买卖合同。其间，无以合法形式掩盖非法目的之行为；唐某受甲公司委托，有代理权，不存在无权代理情形；乙公司也非对甲公司进行欺诈，所以A、B、C选项均错误。（2）代理人是以被代理人的名义从事活动，由此产生的一些权益、责任都应归属于被代理人。所以，代理人实施代理行为时应像处理自己的事务一样谨慎、勤勉，尽可能使被代理人得到最大利益，不得以任何方式侵吞被代理人应得的权益。代理人在行使代理权时，违背代理权的设定宗旨和代理行为的基本准则，从事有损被代理人利益的代理行为，属于滥用代理权。本题中，唐某作为甲公司的代理人，与乙公司私下商定将净化机单价比正常售价提高200元，乙公司给唐某每台100元的回扣，此为明显的恶意串通滥用代理权的行为，必然损害甲公司的利益。依《民法典》第164条第2款的规定："代理人和相对人恶意串通，损害被代理人合法权益的，代理人和相对人应当承担连带责任。"即唐某与乙公司恶意串通损害甲公司的利益，应对甲公司承担连带责任。由此，D选项正确。

22. 答案：C。无权代理，是指没有代理权而以他人名义进行代理活动的民事行为。无权代理效力待定，如果被代理人对无权代理行为予以追认，则该代理行为有效，否则为无效行为。如果被代理人知道他人以本人名义实施民事行为而不作否认的，视为同意他人的代理，则代理行为有效。在本题中，丙明知乙以自己的名义实施民事行为，而未予否认，则视为同意乙的代理行为，该代理行为有效，其法律后果由丙承担，车款由丙支付。因此A、B、D项错误。

二、多项选择题

1. 答案：BD。见《民法典》第165条规定。

2. 答案：ABC。代理人必须在代理权限范围内为代理人的利益行使代理权。超越代理权、无代理权或者滥用代理权的都要负相应的责任。

3. 答案：ABCD。见《民法典》第164条、第167条和第171条。

4. 答案：ABCD。见《民法典》第173条委托代理终止的具体规定。

5. 答案：AD。代理人转代理的，根据《民法典》第169条规定由代理人对自己所转托的人行为负民事责任。

6. 答案：AC。由于有全权代理的授权委托书，因此，夏律师的行为实际上属于有权代理，并非无权代理，只是夏律师的行为违反了委托合同的规定。因此，对外应当由南方公司承受该代理行为的法律后果，但内部则由南方公司追究夏律师的民事责任。

7. **答案**：AD。民事代理行为的构成条件包括：必须有三方当事人；有意思表示因素；使得民事法律关系产生、变更和消灭。故选项B只是双方当事人之间的法律关系，属于委托，而非代理，不当选。而请人吃饭属于好意行为，双方当事人不打算发生法律活动，选项C亦不当选。

8. **答案**：ABC。根据民法理论，有下列行为不得代理：具有人身性质的民事法律行为，如结婚、立遗嘱等；违法行为不得代理；必须由本人亲自实施的民事行为不得代理。

9. **答案**：ACD。根据《民法典》第169条之规定，转托有效，故应由本人即江某承担法律后果。

10. **答案**：AB。本题考查的是滥用代理权、自己代理。赵某将自己的邮票卖给陈平的行为属滥用代理权行为中的自己代理。自己代理没有第三人，不是真正的代理，事实上是被代理人与代理人之间的民事行为。赵某的行为构成欺诈，陈平可以要求撤销，也可以要求变更，如减少价款，故A、B正确。自己代理事实上并无代理行为，也就无所谓确认代理行为无效或撤销代理行为，故C、D错误。

11. **答案**：AD。《民法典》第171条规定，行为人没有代理权、超越代理权或者代理权终止后以被代理人名义订立的合同，未经被代理人追认，对被代理人不发生效力，由行为人承担责任。本题张某以王某名义交货并收取货款，属于无权代理，该行为对王某属于效力待定的合同。

12. **答案**：ABC。《民法典》第161条规定："民事主体可以通过代理人实施民事法律行为。依照法律规定、当事人约定或者民事法律行为的性质，应当由本人亲自实施的民事法律行为，不得代理。"第162条规定："代理人在代理权限内，以被代理人名义实施的民事法律行为，对被代理人发生效力。"按照该条规定，代理须满足三项要件：第一，代理人有代理权；第二，代理人以被代理人名义从事行为；第三，代理人有为被代理人为民事行为的意思。同时，《民法典》第925条规定："受托人以自己的名义，在委托人的授权范围内与第三人订立的合同，第三人在订立合同时知道受托人与委托人之间的代理关系的，该合同直接约束委托人和第三人；但是，有确切证据证明该合同只约束受托人和第三人的除外。"即亦承认不以被代理人名义从事民事法律行为的隐名代理。在A选项中，乙共买3套名牌饮具，其中1套系为被代理人购买的，构成隐名代理，所以，A选项正确。在B选项中，乙将甲写好茶叶名称的纸条交给销售员，告知其是为自己朋友买茶叶，虽未明确具体的被代理人，但有为他人从事法律行为的意思，亦构成代理，所以，B选项正确。在C选项中，甲律师接受法院指定担任被告人乙的辩护人，以乙的名义从事民事法律行为，该行为后果由乙承担，构成代理，所以，C选项正确。在D选项中，甲没有以乙的名义从事法律行为，亦没有为乙从事民事法律行为的意思，不构成代理，其签订三方协议的行为，使三方达成中介合同，所以，D选项错误。综上，本题答案为A、B、C。

13. **答案**：ABCD。本题A项，《民法典》第172条规定："行为人没有代理权、超越代理权或者代理权终止后，仍然实施代理行为，相对人有理由相信行为人有代理权的，代理行为有效。"乙以董事的身份出面签订合同，并在合同上加盖甲公司公章和法定代表人丁的印章，说明甲公司印章管理混乱，具有可责性，构成丙公司合理相信的理由，符合表见代理的构成要件，甲公司应对此承担责任，A项当选。B项，《民法典》第490条第1款规定："当事人采用合同书形式订立合同的，自当事人均签名、盖章或者按指印时合同成立。在签名、盖章或者按指印之前，当事人一方已经履行主要义务，对方接受时，该合同成立。”可见，此处借款合同已经成立。不过，公司之间进行资金拆借目前在我国仍然是效力性禁止性规定，本项中的借款合同应为无效。依据《民法典》第 157 条规定：“民事法律行为无效、被撤销或者确定不发生效力后，行为人因该行为取得的财产，应当予以返还；不能返还或者没有必要返还的，应当折价补偿。有过错的一方应当赔偿对方由此所受到的损失；各方都有过错的，应当各自承担相应的责任。法律另有规定的，依照其规定。”因此甲公司负有返还款项的责任，此系不当得利之返还，依然是民事责任。换句话说，无论合同是否有效，甲公司均需承担民事责任。C 项，这是个有权代理行为，合同成立，甲公司应承担民事责任。D 项，甲、乙公司之间的合同已经成立，无论甲公司法定代表人丙收钱之后是否入账，甲公司均需承担合同责任。

14. 答案：CD。《民法典》第 172 条规定，行为人没有代理权、超越代理权或者代理权终止后，仍然实施代理行为，相对人有理由相信行为人有代理权的，代理行为有效。本题考查的是什么叫作“有理由相信”。实践中，公司在合同上盖章，可以盖公章，也可以盖合同专用章，均为有效，因此这一点足以令温某“有理由相信”。由于授权委托书系加盖合同专用章，因此温某并不需要向甲公司核实即构成“有理由相信”。但是，如果如 C 项所言，那么吴某显然是超越了代理权；如 D 项所言，则吴某是代理权已经终止。这两种情形不可能构成温某的“有理由相信”，因此本题选 C、D。

15. 答案：CD。无权代理和表见代理的核心区别在于，相对人需要举证证明有理由相信行为人有代理权。其中的“理由”，包括主客观相结合的构成要件：1. 主观上要善意且无过失。(1) 善意，是指不知道、不了解、不知悉，即不知道行为人没有代理权；(2) 无过失，是指尽到必要的审查义务，一般是指对于行为人出示的授权文件或职位的形式审查义务（即对授权委托书进行形式审查）而非实质审查义务（即无须核实）。2. 客观上要存在权利外观。权利外观主要包括以下三类：(1) 介绍信。(2) 盖有公章或合同专用章的空白合同书。注意：公司的公章和合同专用章不得是伪造的，如是伪造的，则不构成表见代理，而构成无权代理。(3) 交易习惯，题目中关键词往往是：经常、往常、通常、常常、长期等。本题中，作为债务人的乔某已经向债权人郑某“出示”了其无权代理的文件证明，表明郑某主观上并非善意，不得主张构成表见代理，因此乔某系无权代理。《民法典》第 171 条规定，行为人没有代理权、超越代理权或者代理权终止后，仍然实施代理行为，未经被代理人追认的，对被代理人不发生效力。无权代理订立的合同效力待定，作为被代理人的九环公司可以不追认而拒绝承担保证责任。故 A、B 项错误，C、D 项正确。

16. 答案：AC。A、B 项考查民法上的代理制度，具体涉及有权代理的法律效果。《民法典》第 162 条规定：“代理人在代理权限内，以被代理人名义实施的民事法律行为，对被代理人发生效力。”据此，代理人的有权代理行为，其法律效果由被代理人承受。本题中，甲出资委托乙帮忙购买一套古董茶具，据此乙获得代理权。在此基础上，乙以甲的名义与丙签订了买卖合同，属于有权代理行为，该合同以及相应的履行，其法律效果应由被代理人甲承受。据此丙向乙交付使得被代理人甲取得茶具的所有权，A 项正确，B 项错误。《民事诉讼法》第 234 条规定：“执行过程中，案外人对执行标的提出书面异议的，人民法院应当自收到书面异议之日起十五日内审查，理由成立的，裁定中止对该标的的执行；理由不成立的，裁定驳回。案外人、当事人对裁定不服，认为原判决、裁定错误的，依照审判监督程序办理；与原判决、裁定无关的，可以自裁定送达之日起十五日内向人民法院提起诉讼。”据此，甲认为其对作为执行标的的古董茶具享有所有权，足以排除强制执行，可以向执行法院提出书面异议，C 项正确；若甲的异议被法院裁定驳回，本案的执行标的是茶具，而执行根据是丁对乙的胜诉判决，属于与原判决无关，甲可以提起案外人异议之诉，而不能申请再审，D 项错误。

17. **答案**：ABC。丙作为乙的代理人，是买卖合同的行为人，虽然其行为的效果可归属于被代理人，但其行为具有独立性。其实施欺诈，构成行为相对人甲的合同撤销事由，乙并非合同表意人，也未实施欺诈，故 A 项错误。丙为乙的法律行为代理人，独立实施法律行为，丙是合同表意人，丙实施欺诈，并非第三人实施欺诈，而且乙也不知情，故 B 项错误。发动机被水浸泡，甲被隐瞒不知真相而出现判断失误，并非因自己的原因出现认知错误，不符合重大误解的构成要件，故 C 项错误。甲购买该车后发现发动机有质量问题，乙是被代理人，是买卖合同的出卖人，应承受代理合同的法律后果。乙有瑕疵担保义务，应承担违约责任，故 D 项正确。

三、不定项选择题

1. **答案**：（1）D。根据《民法典》第 154 条的规定，恶意串通，损害国家、集体或者第三人利益的合同无效。据此，本题中开心食品厂与刘某之间的协议无效。

（2）B。《民法典》第 164 条第 2 款规定：“代理人和相对人恶意串通，损害被代理人合法权益的，代理人和相对人应当承担连带责任。”据此，本题中应由开心食品厂和刘某对味好厂的损失承担连带赔偿责任，此种责任是并行的连带责任，而不是补充的连带责任。

2. **答案**：B。《民法典》第 169 条规定：“代理人需要转委托第三人代理的，应当取得被代理人的同意或者追认。转委托代理经被代理人同意或者追认的，被代理人可以就代理事务直接指示转委托的第三人，代理人仅就第三人的选任以及对第三人的指示承担责任。转委托代理未经被代理人同意或者追认的，代理人应当对转委托的第三人的行为承担责任；但是，在紧急情况下代理人为了维护被代理人的利益需要转委托第三人代理的除外。”

3. **答案**：（1）BCD。本题考查的是从事委托事务的费用。根据《民法典》第 921 条的规定，委托人应当预付处理委托事务的费用。受托人为处理委托事务垫付的必要费用，委托人应当偿还该费用及其利息。依此，可得出正确答案。

（2）AB。本题考查的是代理关系以及与第三人的关系。根据《民法典》第 925 条的规定，受托人以自己的名义，在委托人的授权范围内与第三人订立的合同，第三人在订立合同时知道受托人与委托人之间的代理关系的，该合同直接约束委托人和第三人，但有确切证据证明该合同只约束受托人和第三人的除外。可见，选项 A、B 正确，而选项 D 错误。根据《民法典》第 926 条的规定，受托人以自己的名义与第三人订立合同时，第三人不知道受托人与委托人之间的代理关系的，受托人因第三人的原因对委托人不履行义务，受托人应当向委托人披露第三人，委托人因此可以行使受托人对第三人的权利，但第三人与受托人订立合同时如果知道该委托人就不会订立合同的除外。受托人因委托人的原因对第三人不履行义务，受托人应当向第三人披露委托人，第三人因此可以选择受托人或者委托人作为相对人主张其权利，但第三人不得变更选定的相对人。委托人行使受托人对第三人的权利的，第三人可以向委托人主张其对受托人的抗辩。第三人选定委托人作为其相对人的，委托人可以向第三人主张其对受托人的抗辩以及受托人对第三人的抗辩。根据该条以及代理理论，可见选项 C 错误。

（3）A。本题考查的是委托事务处理。根据《民法典》第 927 条的规定，受托人处理委托事务取得的财产，应当转交给委托人。可见，选项 A 的说法是正确的。

（4）A。本题考查的是受托人的责任。根据《民法典》第 929 条规定，有偿的委托合同，因受托人的过错造成委托人损失的，委托人可以请求赔偿损失。无偿的委托合同，因受托人的故意或者重大过失造成委托人损失的，委托人可以请求赔偿损失。受托人超越权限造成委托人损失的，应当赔偿损失。题中的委托是有偿的委托，因受托人李兴的过错造成的委托人的损害，委托人可以要求赔偿。而委托人没有过错，所以不必承担责任。

（5）CD。本题考查的是转委托。根据《民法典》第923条规定，受托人应当亲自处理委托事务。经委托人同意，受托人可以转委托。转委托经同意或者追认的，委托人可以就委托事务直接指示转委托的第三人，受托人仅就第三人的选任及其对第三人的指示承担责任。转委托未经同意或者追认的，受托人应当对转委托的第三人的行为承担责任；但是，在紧急情况下受托人为了维护委托人的利益需要转委托第三人的除外。根据《民法典》第929条规定，有偿的委托合同，因受托人的过错造成委托人损失的，委托人可以请求赔偿损失。无偿的委托合同，因受托人的故意或者重大过失造成委托人损失的，委托人可以请求赔偿损失。受托人超越权限造成委托人损失的，应当赔偿损失。根据这样的规定和有关理论，李兴虽然在紧急情况下未经委托人同意转委托是合法的，但是应当对选任负责，他将委托事务委任给明知驾车技术不熟的弟弟处理，存在过错，其应当承担责任；而陈二造成的损害，其当然也应当承担责任。

（6）C。本题考查的是隐名代理的披露。根据《民法典》第926条的规定，受托人以自己的名义与第三人订立合同时，第三人不知道受托人与委托人之间的代理关系的，受托人因第三人的原因对委托人不履行义务，受托人应当向委托人披露第三人，委托人因此可以行使受托人对第三人的权利，但第三人与受托人订立合同时如果知道该委托人就不会订立合同的除外。因此，李兴只好自己行使权利，而不能披露委托人。

（7）ABC。本题考查的是隐名代理的披露。根据《民法典》第926条第2款、第3款的规定，受托人因委托人的原因对第三人不履行义务，受托人应当向第三人披露委托人，第三人因此可以选择受托人或者委托人作为相对人主张其权利，但是第三人不得变更选定的相对人。委托人行使受托人对第三人的权利的，第三人可以向委托人主张其对受托人的抗辩。第三人选定委托人作为其相对人的，委托人可以向第三人主张其对受托人的抗辩以及受托人对第三人的抗辩。因此，选项A、B、C是正确的。

4. 答案：B。本题中，张某查看《合作开发协议》和《委托书》后与丙公司签订《房屋预订合同》，而甲公司和乙公司签订的《合作开发协议》约定，合作开发的A区房屋归甲公司、B区房屋归乙公司，乙公司与丙公司签订的《委托书》中是乙公司委托丙公司对外销售房屋。由此可知丙公司有权代理销售的是B区房屋，但《房屋预订合同》中销售的却是A区房屋，且丙公司是以自己的名义签订的《房屋预订合同》，所以丙公司的行为不属于代理，也不构成表见代理。相反，丙公司销售A区房屋是以丙公司自己的名义，而甲公司又没有授权，所以乙公司以自己的名义销售A区房屋的行为构成无权处分，处分行为效力待定，但不能因此就认定《房屋预订合同》无效。综上，本题B选项正确。

四、名词解释

1. 答案：表见代理是无权代理的一种，属于广义的无权代理，是指行为人虽没有代理权，但交易相对人有理由相信行为人有代理权的无权代理。在这种情况下，该无权代理可以发生与有权代理同样的法律效果。

2. 答案：是指代理人为被代理人的利益将其所享有的代理权转托他人而产生的代理，故又称复代理、转代理。再代理的主要特征有：（1）再代理人是由代理人以自己的名义选任的，不是由被代理人选任的；（2）再代理人不是原代理人的代理人，而仍然是被代理人的代理人；（3）再代理权不是由被代理人直接授予的，而是由原代理人转托的，但以原代理人的代理权限为限，不能超过原代理人的代理权。

五、简答题

1. **答案**：代理是指代理人依据代理权，以被代理人的名义与第三人实施民事法律行为，而后果由被代理人承担。它的特征是：(1) 代理人在代理权限之内实施代理行为。但是代理人行使代理行为时有独立进行意思表示的权利。(2) 代理人以被代理人的名义实施代理行为。代理人如果以自己的名义实施代理行为，这种行为是自己行为而非代理行为。代理人只能以被代理人的名义进行代理活动，才能为被代理人取得权利、设定义务。(3) 代理行为是具有法律意义的行为。代理是一种民事法律行为，只有代理人为被代理人实施的是能够产生民事权利义务的行为才是代理行为。(4) 代理行为直接对被代理人发生效力。代理人在代理权限内以被代理人的名义实施的民事法律行为，相当于被代理人自己的行为，产生与被代理人自己行为相同的法律后果。因此被代理人享有因代理行为产生的民事权利，同时承担代理行为产生的民事义务和民事责任。

2. **答案**：(1) 代理是代理人在代理权范围内，以被代理人的名义独立与第三人为法律行为，由此产生的法律后果直接归属于被代理人的法律制度。代理权滥用以代理权存在为前提，主要指以下三种情形：A. 超越了被代理人的授权范围；B. 双方代理；C. 代理人与第三人恶意串通。

   (2) 代理人超越代理权的授权范围而与第三人为法律行为时，其法律后果应由代理人自己承担。但是若被代理人行使追认权，该部分行为所产生的法律后果由被代理人来承担。本人知道他人以自己名义实施民事行为而不作否认表示的视作同意。

   (3) 代理人在代理权限内与自己为法律行为，即自己代理，是为法律所禁止的。代理人同时代理双方当事人为法律行为的，同样为法律所禁止。这两种代理合称为广义上的双方代理。双方代理的禁止并不是强行规定，在意定代理的情形下，经本人承认则为有效。在其代理是专为履行债务者，也是有效的。

   (4) 代理人与第三人恶意串通损害被代理人利益的，由代理人和第三人负连带责任。

   【参考资料】郑玉波：《民法总则》，中国政法大学出版社2003年版；杨与龄编著：《民法概要》，中国政法大学出版社2013年版。

3. **答案**：无权代理有广义与狭义之分，广义的无权代理包括狭义的无权代理和表见代理。狭义的无权代理是指代理人根本无代理权而从事代理行为，且其无权代理行为也不可能使相对人信赖其有代理权。因此，狭义无权代理也可以称为“纯粹的无权代理”。表见代理是指行为人虽没有代理权，但交易相对人有理由相信行为人有代理权的无权代理。狭义的无权代理与表见代理的区别主要有：

   第一，构成要件不同。狭义的无权代理的构成要件为：(1) 行为人没有代理权，包括自始没有代理权，超越代理权及代理权终止后的代理；(2) 表面上没有使相对人相信其有代理权的事实和理由；(3) 第三人善意且无过失；(4) 行为人以本人名义为法律行为。而在表见代理的情况下，无权代理人所从事的无权代理行为，使善意相对人有正当理由相信其有代理权。

   第二，法律效果不同。在狭义无权代理的情况下，本人享有追认权。狭义无权代理行为必须经过本人追认，才能对本人产生效力；如未经过本人追认，本人对该无权代理行为不承担责任。因此，无权代理行为能否发生效力根本上取决于本人是否追认。在本人没有正式追认之前，无权代理行为处于一种效力待定的状态。正是从这个意义上，狭义无权代理行为在性质上属于效力待定的行为。而在表见代理的情况下，无权代理行为无须经过本人的追认就可以直接对本人发生效力。因此，一旦无权代理行为符合表见代理的要件，则本人便不享有追认权，即便该无权代理行为违反了本人的意志或利益，本人也不能否认该行为对其产生的拘束力，必须对之承担责任，因此，表见代理不属于

"效力待定的行为"。

4. 答案：代理权是代理人能够以本人名义为意思表示或者受领意思表示，而其效果直接对本人发生的法律资格。代理权名为权利，实为权限，其依据是：首先，代理权指据之实施代理行为的法律资格。其内容既包含权利又包含义务，显然并非纯权利，而属民事能力。其次，代理权要求代理人据之实施行为之际，须为本人计算，其效果直接归属于本人。换言之，代理权与代理人自己的利益并无必然联系。

代理权的行使，是指代理人在代理权限内实施代理行为。代理人行使代理权，既是其权利，也是其义务。代理权的行使以代理人有代理权为前提。代理权的行使，以为被代理人取得利益为目的。在代理权的行使上代理人应遵守以下原则：

第一，积极行使代理权。代理人行使代理权，是履行其作为代理人的职责。代理人怠于行使代理权的，则构成其义务的违反。

第二，维护被代理人的利益。代理人在行使代理权中应当为被代理人的利益计算，而不得为自己的利益计算。在与相对人实施行为时，代理人应尽相当的注意，以免给被代理人造成损失。代理人应亲自为代理行为，不得擅自转托他人代理。在法定代理和指定代理，代理人应以有利于被代理人的原则行使代理权；在委托代理中，代理人不得擅自改变被代理人的指示。代理人应及时向被代理人报告代理的情况，并将在代理中受有的利益及时转交被代理人。

第三，合法行使代理权。代理人行使代理权不得逾越代理权限的范围，也不得滥用代理权。滥用代理权，是指代理人行使代理权违背代理权宗旨而实施损害被代理人利益的行为。

六、论述题

1. 答案：（1）表见代理本属于无权代理，但因本人与无权代理人之间的关系，具有外表授权的特征，致使相对人有理由相信行为人有代理权而与其进行民事法律行为，法律使之发生与有权代理相同的法律效果。（2）表见代理的构成要件：第一，行为人无代理权；第二，有使相对人相信行为人具有代理权的事实或理由；第三，相对人为善意；第四，行为人与相对人之间的民事行为应具备民事法律行为成立的有效要件。（3）表见代理的效力：表见代理对本人产生有权代理的效力，即在相对人与本人之间产生民事法律关系，本人应受表见代理人与相对人之间实施的民事法律行为的约束，享有该行为设定的权利和履行该行为约定的义务。本人不得以无权代理为抗辩，不得以行为人具有故意或过失为理由而拒绝承受表见代理的后果，也不得以自己没有过失作为抗辩。表见代理对相对人来说，既可主张狭义无权代理，也可主张成立表见代理。如果相对人认为向无权代理人追究责任更为有利，则可主张狭义无权代理，向无权代理人追究责任；相对人也可以主张成立表见代理，向本人追究责任。相对人对此享有选择权。

2. 答案：无权代理是指无代理权的人以他人名义实施的代理行为，称为无权代理。而表见代理是指本属于无权代理，但是因为本人与无权代理人之间的关系，具有授予代理权的外观即所谓外表授权，致相对人信其有代理权而与其为法律行为，法律使之发生与有权代理同样的法律效果，表见代理制度的设立，在于保护交易安全。

狭义的无权代理与表见代理的联系表现为，两者都属于广义的无权代理，无权代理为无代理权之代理，狭义的无权代理与表见代理的发生原因相同，不外乎以下三种：其一，自始就不存在代理权。即行为人从未获得被代理人的授权，也不存在获得代理权的其他根据，而以代理人身份，对相对人为代理行为。其二，一度有代理权，而该代理权因发生代理权消灭事由已经消灭。代理人在代理权消灭后仍以代理人身份对相对人为代理行为。其三，超越代理权范围。代理人始终有代理权，只是代理人所实施的代理行为超越了代理权范围。基于上述三种原因，无权代理也可相应区分为：自始无代理权的无权代理、代理权消灭后的无权代理及超越代理权的无权代理。

两者的区别主要有两点：(1) 狭义的无权代理与表见代理的法律效果不同。按照民法代理制度，无权代理行为本人不予追认的，该行为并非当然无效。只是不能依代理制度对本人发生代理行为的效力而已。这种情形，该无权代理行为，如果具备一般民事法律行为的有效要件，虽不发生代理行为的效力，仍将发生一般民事法律行为的效力，并由该无权代理人自己作为当事人而承担其法律效果。我国《民法典》第 171 条第 1 款规定，无权代理行为“未经被代理人追认的，对被代理人不发生效力”。这一规定是完全正确的。而表见代理相对人可以基于表见代理对被代理人主张代理的效果，但也并非如此不可。相对人也可以依狭义无权代理的规定，撤销其所为的法律行为。表见代理制度的目的，在于保护善意相对人；当相对人主张代理行为有效时，被代理人不得主张代理权之不存在而与之对抗。因此，被代理人不得基于表见代理而对相对人主张代理之效果。被代理人如欲使代理行为有效，仍须依无权代理的规定，对于无权代理人的代理行为进行追认。(2) 狭义的无权代理与表见代理的构成要件不同。狭义的无权代理是一个法律事实，其根据上述三种无权处分的发生条件而发生，但是表见代理除了必须是无权代理，还需要另外两个要件：其一，须相对人有正当理由信赖该无权代理人有代理权。虽然该无权代理人有被授予代理权之外表或假象，如果未获得相对人的信赖（无论该相对人是否已经知道对方无代理权），则应属于狭义无权代理，不能成立表见代理。这种情形，如果被代理人不予追认，应由该无权代理人履行或承担责任。另外，无权代理人不仅须获得相对人的信赖，还须相对人的信赖有正当理由。至于相对人的信赖是否有正当理由，应依实施法律行为的具体情形判断。其二，相对人基于此信赖而与该无权代理人成立法律行为。即使相对人有正当理由信赖该无权代理人有代理权，如果最后并未与该无权代理人成立法律行为，也不发生表见代理问题。只有相对人基于此信赖与该无权代理人成立了法律行为，才可能发生表见代理问题。需加以说明的是，在具备上述四项要件时，相对人可以基于表见代理对被代理人主张代理的效果，但也并非如此不可。相对人也可以依狭义无权代理的规定，撤销其所为的法律行为。表见代理制度的目的，在于保护善意相对人，当相对人主张代理行为有效时，被代理人不得主张代理权之不存在而与之对抗。因此，被代理人不得基于表见代理而对相对人主张代理之效果。被代理人如欲使代理行为有效，仍须依无权代理的规定，对于无权代理人的代理行为进行追认。

七、案例分析题

1. **答案**：(1) 甲以供销社的名义与某食品厂所订立的蛋糕的购销合同有效。供销社不能以甲无权代理来对抗善意的第三人，某供销社应承担违约责任，甲应承担连带责任。

(2) 应当由甲与某食品厂负连带责任。

(3) 不能得到支持。因某供销社卖出一箱蛋糕的行为应视为对甲无权代理的追认。因此，某食品厂有权拒绝退货，某供销社承担违约责任。

2. **答案**：(1)《民法典》第 161 条第 2 款规定：“依照法律规定、当事人约定或者民事法律行为的性质，应当由本人亲自实施的民事法律行为，不得代理。”本题中合同约定由甲本人创作壁画一幅，而美术作品的创作具有很强的人身属性，必须由本人亲自实施，是不得代理的行为，因此，甲无权委托他人代理其创作。

(2) 乙的行为不属于无权代理。无权代理，是指没有代理权而以他人的名义进行代理活动的民事行为，它包括没有代理权、超越代理权或代理权终止后的代理行为。无权代理经被代理人追认可以产生代理效果。但是不得代理的法律行为是不能由他人代理的，即使有合法的委托也不例外。这些行为主要是具有人身属性的行为、违法行为或法律规定及合同约定的不得代理的行为。

第九章　诉讼时效与期间

基础知识图解

- 诉讼时效期间
  - 诉讼时效的含义
  - 诉讼时效的效力
  - 诉讼时效的援用
  - 诉讼时效的适用范围
  - 诉讼时效期间与诉讼时效的分类
  - 诉讼时效期间的起算、中止、中断和延长及经过
- 除斥期间
  - 概念与特征
  - 性质与作用
  - 适用范围
  - 计算
  - 效力与法律援用
- 期限
  - 期限的概念和意义
    - 期日
    - 期间
  - 期限的确定和计算方法
- 诉讼时效与除斥期间的区别
  - 立法精神不同
  - 适用范围不同
  - 起算时间不同
  - 期间的可变性不同
  - 法律效力与法律援用不同

配套测试

一、单项选择题

1. 1981年1月1日晚，张某被人袭击打成重伤。经过长时间的查访，于1999年6月30日张某掌握确凿的证据证明将其打伤的人是李某。这时张某要得到法律保护，应当在（　　）前向李某提出赔偿要求。

A. 1982年1月1日

B. 2000年6月30日

C. 2001年1月1日

D. 2001年6月30日

2. 诉讼时效一般只对（　　）产生法律效力。

A. 请求权　　B. 抗辩权

C. 形成权　　D. 支配权

3. 下列情形中，属于诉讼时效中断的事由是（　　）。

A. 权利人的代理人向债务人提出请求

B. 法定代理人丧失行为能力

C. 由于不可抗力导致权利人无法起诉

D. 权利人死亡，而继承人尚不知道

4. 李某在开啤酒瓶时酒瓶突然爆炸，致其身体多处受伤，则若其提起侵权诉讼，诉讼时效期限为（　　）。

A. 2年　　B. 4年

C. 1年　　D. 6个月

5. 诉讼时效期间届满，权利人丧失的

是（　　）。

A. 实体民事权利

B. 依诉讼请求人民法院强制义务人履行义务的权利

C. 财产所有权

D. 向人民法院提起民事诉讼的权利

6. 诉讼时效期间是由（　　）。

A. 法律直接规定的

B. 法律直接规定，也可以由当事人约定

C. 当事人约定的

D. 当事人在法律规定的范围内约定

7. 诉讼时效因当事人一方提出要求而中断，下列哪一情形不能产生诉讼时效中断的效力？（　　）（2009年司考．卷三．单5）

A. 对方当事人在当事人主张权利的文书上签字、盖章的

B. 当事人一方以发送信件或数据电文方式主张权利，该信件或数据电文应当到达对方当事人的

C. 当事人一方为金融机构，依照法律规定或当事人约定从对方当事人账户中扣收欠款本息的

D. 当事人一方下落不明，对方当事人在下落不明当事人一方住所地的县（市）级有影响的媒体上刊登具有主张权利内容的公告的

8. 关于诉讼时效中断的表述，下列哪一选项是正确的？（　　）（2011年司考．卷三．单5）

A. 甲欠乙10万元到期未还，乙要求甲先清偿8万元。乙的行为，仅导致8万元债务诉讼时效中断

B. 甲和乙对丙因共同侵权而需承担连带赔偿责任计10万元，丙要求甲承担8万元。丙的行为，导致甲和乙对丙负担的连带债务诉讼时效均中断

C. 乙欠甲8万元，丙欠乙10万元，甲对丙提起代位权诉讼。甲的行为，不会导致丙对乙的债务诉讼时效中断

D. 乙欠甲10万元，甲将该债权转让给丙。自甲与丙签订债权转让协议之日起，乙的10万元债务诉讼时效中断

9. 甲公司向乙公司催讨一笔已过诉讼时效期限的10万元货款。乙公司书面答复称："该笔债务已过时效期限，本公司本无义务偿还，但鉴于双方的长期合作关系，可偿还3万元。"甲公司遂向法院起诉，要求偿还10万元。乙公司接到应诉通知后书面回函甲公司称："既然你公司起诉，则不再偿还任何货款。"下列哪一选项是正确的？（　　）（2014年司考．卷三．单5）

A. 乙公司的书面答复意味着乙公司需偿还甲公司3万元

B. 乙公司的书面答复构成要约

C. 乙公司的书面回函对甲公司有效

D. 乙公司的书面答复表明其丧失了10万元的时效利益

10. 甲公司开发的系列楼盘由乙公司负责安装电梯设备。乙公司完工并验收合格投入使用后，甲公司一直未支付工程款，乙公司也未催要。诉讼时效期间届满后，乙公司组织工人到甲公司讨要。因高级管理人员均不在，甲公司新录用的法务小王，擅自以公司名义签署了同意履行付款义务的承诺函，工人们才散去。其后，乙公司提起诉讼。关于本案的诉讼时效，下列哪一说法是正确的？（　　）

A. 甲公司仍可主张诉讼时效抗辩

B. 因乙公司提起诉讼，诉讼时效中断

C. 法院可主动适用诉讼时效的规定

D. 因甲公司同意履行债务，其不能再主张诉讼时效抗辩

二、多项选择题

1. 依照《民法典》的相关规定，连带责任保证的法定保证期间属何种期间？（　　）

A. 诉讼时效期间　　B. 除斥期间

C. 可变期间　　D. 不可变期间

2. 下列权利中，适用诉讼时效的有（　　）。

A. 丁因无因管理而享有的对戊的必要费用请求权

B. 张三因李四避险过当而享有的赔偿请求权

C. 甲因乙违反合同而享有的违约金请求权
D. 丙因佳人影楼侵犯其肖像权而享有的损害赔偿请求权

3. 下列哪些规定是除斥期间？（　　）
A. 撤销权自债权人知道或应当知道撤销事由之日起 1 年内行使
B. 赠与人的继承人或法定代理人的撤销权，自知道或应当知道撤销原因之日起 6 个月内行使
C. 租赁期间不得超过 20 年，超过 20 年的，超过部分无效
D. 相对人可以催告法定代理人在 1 个月内予以追认

4. 甲为自己的车向乙公司投保第三者责任险，保险期间内甲车与丙车追尾，甲负全责。丙在事故后不断索赔未果，直至事故后第 3 年，甲同意赔款，甲友丁为此提供保证。又过 1 年，因甲、丁拒绝履行，丙要求乙公司承担保险责任。关于诉讼时效的抗辩，下列哪些表述是错误的？（　　）
A. 甲有权以侵权之债诉讼时效已过为由不向丙支付赔款
B. 丁有权以侵权之债诉讼时效已过为由不承担保证责任
C. 乙公司有权以侵权之债诉讼时效已过为由不承担保险责任
D. 乙公司有权以保险合同之债诉讼时效已过为由不承担保险责任

5. 下列哪些请求不适用诉讼时效？（　　）（2014 年司考．卷三．多 53）
A. 当事人请求撤销合同
B. 当事人请求确认合同无效
C. 业主大会请求业主缴付公共维修基金
D. 按份共有人请求分割共有物

6. 下列请求权中不适用诉讼时效的有哪些？（　　）
A. 孟某与王某的房屋相邻，王某装修房屋将大量建筑垃圾堆放在门前妨碍孟某通行，孟某有请求王某排除妨碍的权利
B. 孟某将自己的房屋出租给曹某居住，租期届满后，孟某基于所有权人的身份有请求曹某搬离房屋的权利
C. 孟某的轿车（登记在孟某名下）被徐某强行夺走，孟某基于所有权人的身份有请求徐某返还宝马轿车的权利
D. 孟某与妻子刘某离婚，法院判决婚生子小孟（6 周岁）与刘某共同生活，孟某按月给付抚养费，小孟有请求孟某给付抚养费的权利

三、名词解释

1. 时效（西北政法大学 2006 年研究生入学考试题）
2. 期限
3. 除斥期间（武汉大学 2012 年考研真题）[①]

四、简答题

1. 简述诉讼时效的概念和特征。
2. 简述诉讼时效制度的作用。
3. 试比较诉讼时效与除斥期间的不同。

五、案例分析题

甲、乙系同事，2019 年 10 月甲因办出国手续向乙借款 2 万元，写有借条，约定在出国前返还借款。后甲出国，并在国外生活了近 3 年。其间，甲虽与乙一直有联系，但对借钱一事却只字未提。2022 年 12 月 30 日，甲回国，此时乙因女儿病重急需用钱，找到甲，甲当即表示尽快还钱，并在原借条上写下“2023 年 1 月 10 日前还清”。2023 年 1 月 15 日，乙再找到甲时，甲称其债务早已过诉讼时效，不用返还。现问：

（1）甲对乙债务的诉讼时效实际上是否已经届满？

（2）乙能否通过诉讼要回甲所欠的钱？

---

① **编者注：**本书中收录的考研题目为编者收集整理，仅供拓展参考。

参考答案

一、单项选择题

1. **答案**：B。本题主要是发现20年的最长诉讼时效在这里是个陷阱。20年的最长诉讼时效是从权利受侵害时起算，即从1981年1月1日开始计算，最后的截止日期应当是2001年的1月1日。但是本案中涉及的身体受到伤害的诉讼时效为1年，从发现或者应当发现权利被侵害时起算。而且“发现或者应当发现权利被侵害”应当包括知道“加害事实”和“加害人”两个方面。因此，1年的起算点为1999年6月30日，最后的截止日就是2000年6月30日，没有超过20年的最长期限，所以，正确答案为选项B。
2. **答案**：A。与形成权相对应的是除斥期间。
3. **答案**：A。注意诉讼时效中断与诉讼时效中止的事由的区别。选项B、选项C、选项D中的事由都属于诉讼时效中止的事由。
4. **答案**：A。本题属于产品质量致人伤害的情况，应适用《产品质量法》中2年特殊时效。
5. **答案**：B。诉讼时效期间届满，权利人丧失的是胜诉权，即依诉讼请求人民法院强制义务人履行义务的权利。
6. **答案**：A。诉讼时效期间，是指权利人向人民法院请求保护其民事权利的法定期间，是由法律直接规定的，当事人不得约定或变更。
7. **答案**：D。《民法典》第195条规定，有下列情形之一的，诉讼时效中断，从中断、有关程序终结时起，诉讼时效期间重新计算：(1) 权利人向义务人提出履行请求；(2) 义务人同意履行义务；(3) 权利人提起诉讼或者申请仲裁；(4) 与提起诉讼或者申请仲裁具有同等效力的其他情形。权利人提出请求，使不行使权利的状态消除，诉讼时效也由此中断。当事人请求的方式，应认为口头或书面等能达到请求效果的各种方式，A、B、C项属于诉讼时效中断的事由，而D项不属于。
8. **答案**：B。《最高人民法院关于审理民事案件适用诉讼时效制度若干问题的规定》第9条规定，权利人对同一债权中的部分债权主张权利，诉讼时效中断的效力及于剩余债权，但权利人明确表示放弃剩余债权的情形除外。所以，A选项错误。该规定第17条规定，对于连带债权人中的一人发生诉讼时效中断效力的事由，应当认定对其他连带债权人也发生诉讼时效中断的效力。对于连带债务人中的一人发生诉讼时效中断效力的事由，应当认定对其他连带债务人也发生诉讼时效中断的效力。所以，B选项正确。第18条规定，债权人提起代位权诉讼的，应当认定对债权人的债权和债务人的债权均发生诉讼时效中断的效力。所以，C选项错误。第19条规定，债权转让的，应当认定诉讼时效从债权转让通知到达债务人之日起中断。债务承担情形下，构成原债务人对债务承认的，应当认定诉讼时效从债务承担意思表示到达债权人之日起中断。所以，D选项错误。故本题正确选项为B。
9. **答案**：A。诉讼时效期间届满的债权，它的性质是自然债权，不受法律强制力保护。它所对应的债务也是自然债务。传统上，债权具有给付请求权、给付受领权和债权保护请求权三项权能，在效力上分别体现为债的请求力、保有力和强制执行力。作为法律规定的债务具有上述权能与效力，是一种完全之债，而自然债务系因其欠缺债的部分权能和效力，故有学者称自然债务为不完全债务，并将自然债务定义为“失去法律强制力保护，不得请求强制执行的债务”。因此，就自然债务方面而论，乙公司需要向甲公司清偿10万元债务，只是这10万元债务甲公司不能请求法院保护而已。《最高人民法院关于审理民事案件适用诉讼时效制度若干问题的规定》第19条第1款规定，诉讼时效期间届满，当事人一方向对方当事人作出同意履行义务的意思表示或者自愿履行义务后，又以诉讼时效期间届满为由进行抗辩的，人民法院不予支持。因此乙公司书面答复的效力在于其同意履行3万元的意思表示使对方的债权具有了法律强制力，甲公司的债权在3万元范围内恢复了强制执行力。因此仅从强制执行力方面论，本题A项表述正确。由于乙公司仅放弃了10万元中3万元的时效利益，因此D项表述错误。C项的问题在于，乙公司的书面回函中“既然你公司起诉，则不再偿还任何货款”的表述在法律上对甲公司是无效的。因为作为自然债务，它仍然还是债务，债务既然存在，就有义务偿还。自然债权这个债权，只是在权能上缺乏了一项，而不是债权整体上不存在了。既然债权仍然存在，那么其所对应的义务当然也存在，并没有完全丧失，只是权利人不能请求强制执行这个债务而已。因此，C项表述错误。至于B项，乙公司的书面答复并非为了与甲公司订立合同，而要约是欲与他人订立合同的意思表示，乙公司的书面答复因不具有缔约意图而不构成要约，因此B项错误。

10. 答案：D。(1)依《民法典》第192条第2款的规定，诉讼时效期间届满后，义务人同意履行的，不得以诉讼时效期间届满为由抗辩；义务人已自愿履行的，不得请求返还。本题中，诉讼时效期间届满后，乙公司组织工人到甲公司讨要，作为甲公司新录用的法务小王，尽管是擅自以公司名义签署了同意履行付款义务的承诺函，但该承诺函构成表见代理，甲公司不得再主张诉讼时效抗辩。故A选项说法错误，而D选项说法正确。(2)诉讼时效中断必须发生在诉讼时效进行期间，在诉讼时效届满后，就不会再发生中断，故本题中B选项中“因乙公司提起诉讼，诉讼时效中断”的说法错误。(3)依《民法典》第193条的规定，人民法院不得主动适用诉讼时效的规定。由此可知本题C选项说法错误。

二、多项选择题

1. 答案：BD。所谓时效，指一定事实在法定期间内持续存在，从而产生与该事实状态相适应的法律效力的法律制度；也可以说是指一定的事实状态持续达一定期间而发生一定法律效果的法律事实。除斥期间是指法律规定某种权利预定存在的期间，权利人在此期间不行使权利，预定期间届满，便发生该权利消灭的法律后果。二者的区别中包括以下两点：(1)法律效力不同。诉讼时效经过实体权利并不消灭，而仅消灭胜诉权；除斥期间是消灭实体权利。(2)法定期间是否可变。诉讼时效期间可以中断、中止、延长，因此属于可变期间；而除斥期间属于绝对不变期间。而保证期间是保证责任的存续期间。《民法典》第692条规定：“保证期间是确定保证人承担保证责任的期间，不发生中止、中断和延长。债权人与保证人可以约定保证期间，但是约定的保证期间早于主债务履行期限或者与主债务履行期限同时届满的，视为没有约定；没有约定或者约定不明确的，保证期间为主债务履行期限届满之日起六个月。债权人与债务人对主债务履行期限没有约定或者约定不明确的，保证期间自债权人请求债务人履行债务的宽限期届满之日起计算。”也就是说，如果超过了法定的六个月保证期间，保证人的实体权利消灭，可以免除保证责任。而且，连带责任的法定保证期间也不存在中断、中止等情况，只要超过六个月的法定期限，保证人就可以免除责任。因此，很明显，保证期间是属于除斥期间，而不是诉讼时效期间。是不可变期间，而不是可变期间。因此，本题的答案是B、D。

2. 答案：ABCD。诉讼时效的适用范围包括：基于合同债权的请求权，如履行请求权、损害赔偿请求权、违约金请求权、利息请求权；基于侵权行为的请求权，主要是损害赔偿请求权；基于无因管理的请求权，主要有必要费用请求权、损害赔偿请求权；基于不当得利的请求权；其他债权请求权，如防卫过当、紧急避险过当。

3. 答案：ABD。除斥期间，是指法律规定某种权利预定存在的期间，权利人在此期间不行使权利，预定期间届满，便发生该权利消灭的法律后果。

4. **答案**：ABCD。《保险法》第26条第1款规定："人寿保险以外的其他保险的被保险人或者受益人，向保险人请求赔偿或者给付保险金的诉讼时效期间为二年，自其知道或者应当知道保险事故发生之日起计算。"而第三者责任险属于财产保险，不属于人寿保险，故丙对乙公司请求支付保险金的合同之债的诉讼时效期间也为2年。本题中，由于丙不断索赔，诉讼时效始终处于中断并重新计算的状态，因此诉讼时效期间并未经过，故A、B、C、D项均错误，当选。由于题干中对"丙在事故后不断索赔"未明确交代是向谁索赔，而根据题意很容易让人认为是向甲索赔，若如此D项就是正确的了，故此，本题有题意不明之嫌。

5. **答案**：ABCD。适用诉讼时效的权利是债权请求权、继承请求权。本题中，A项是形成权；B项是诉权；C项中，公共维修基金为业主共有，业主大会对该项基金的使用拥有决策权，其请求业主缴付维修基金是业主赋予业主大会的权利，是一种业主自治性的权利，具有社员权的属性；D项则是支配权。因此均不适用诉讼时效。

6. **答案**：ABCD。根据《民法典》第196条规定，下列请求权不适用诉讼时效的规定：(1) 请求停止侵害、排除妨碍、消除危险；(2) 不动产物权和登记的动产物权的权利人请求返还财产；(3) 请求给付抚养费、赡养费或扶养费；(4) 依法不适用诉讼时效的其他请求权。A项中，孟某请求邻居王某清理建筑垃圾排除妨碍的权利依法不适用诉讼时效的规定，属于上述法律规定中的第1项。故A项正确。B项中，孟某作为不动产房屋的所有权人在租期届满后依法请求承租人曹某返还房屋的权利依法不适用诉讼时效的规定，属于上述法律规定中的第2项。故B项正确。C项中，孟某作为登记的动产物权的权利人请求徐某返还宝马轿车的权利依法不适用诉讼时效的规定，属于上述法律规定的第2项。故C项正确。D项中，被监护人小孟请求监护人孟某给付扶养费的权利依法不适用诉讼时效的规定，属于上述法律规定中的第3项。故D项正确。

三、名词解释

1. **答案**：是指一定事实状态在法定期间持续存在，从而产生与该事实状态相适应的法律效力的法律制度。时效应具备两个条件：(1) 要有法律规定的一定事实状态存在。(2) 一定的事实状态必须持续一定的时间，即不间断地经过法律规定的期间。时效具有以下特征：(1) 时效是法律事实。(2) 时效是事件。(3) 时效具有强制性。

2. **答案**：是指民事法律关系发生、变更和终止的时间，分为期间和期日。期间，是指从时间的某一特定的点到另一特定的点所经过的时间。它是时间的某一特定的段或区间。期日，是指不可分割的一定时间，它是时间的某一特定的点。

3. **答案**：是指法律规定或者当事人依法确定的对于某种权利所预定的存续期间，又称预定期间。除斥期间有以下主要特征：(1) 除斥期间一般是法律规定的；(2) 除斥期间是某种权利存续的期间。

四、简答题

1. **答案**：诉讼时效是指权利人在法定期间内不行使其权利，即丧失请求人民法院依诉讼程序强制义务人履行义务的权利。其特征是：(1) 它属于消灭时效，诉讼时效完成后，权利人丧失了胜诉权；(2) 它并不消灭实体权利，诉讼时效期间届满后，义务人如自愿履行的，权利人仍有权受领；(3) 它属于强制性的规定，当事人无权协议变更。

2. **答案**：(1) 促使权利人行使权利。诉讼时效制度的作用之一在于促使权利人积极行使权利。权利人如不及时行使权利，就可能导致权利的丧失或不受法律保护，这就促使权利人在法定期间内行使权利，以维护自己的利益。(2) 避免证据灭失。诉讼时效制度的作用之二在于避免证据灭失。一种事实状态长期存在，必致证据湮灭、证人死亡，此事实状态是否合法，殊难证明。实行时效制度，凡诉讼时效期间届满，即认为权利人丧失权利或不受法律保护，即以时效为证据的代用，避免当事人举证和人民法院调查证据的困难。

3. 答案：

适用对象		构成要件	法律效力	期间起算点	期间是否可变	法院是否可依职权主动适用
请求权	诉讼时效	两个要件，即法定期间经过和权利继续不行使之事实状态	诉讼时效并不使不行使权利本身消灭，而只是消灭附着于其上的胜诉权	自权利人知道或应当知道权利被侵害以及义务人之日即权利人能行使权利之日起开始计算	可变期间，可以中止、中断、延长	诉讼时效之经过必须经享有时效利益之人为主张之后法院才可适用之
形成权	除斥期间	一个要件，即法定期间经过	使权利本身消灭	自权利成立之时起算	为不变期间，不能中止、中断、延长	除斥期间之是否经过，法院应依职权主动调查而适用之

五、案例分析题

答案：(1)《民法典》第188条第1款规定，向人民法院请求保护民事权利的诉讼时效期间为3年。法律另有规定的，依照其规定。据此，民事权利一般在3年后法院不再予以保护，权利人将丧失胜诉权。本题中，甲于2019年10月向乙借钱，直到2022年12月30日乙才第一次向甲要钱，时间已过了3年，甲债务的诉讼时效3年早已届满，如果当时甲表示不愿还钱，则乙将无法通过诉讼要回借款。

(2) 根据上述分析，乙请求法院判决甲还钱的请求可以得到法院的支持，理由是甲已重新作出承诺，而不是时效没有届满。

第二编 物 权

第十章 物权总论

基础知识图解

- 物权
  - 概念和特征
    - 物权的权利主体是特定的，而义务主体是不特定的
    - 物权的内容是直接支配一定的物，并排斥他人的干涉
    - 设定物权需要公示，物权的种类和基本内容由法律规定
    - 物权的标的是物
    - 在期限上与债权不同
    - 物权具有追及效力和优先效力
    - 在保护方法上与债权不同
  - 分类
    - 自物权与他物权
    - 主物权与从物权
    - 有期限物权与无期限物权
    - 民法上的物权与特别法上的物权
    - 本权与占有
    - 所有权与限制物权
    - 用益物权与担保物权
    - 动产物权与不动产物权
  - 物权的变动
    - 物权变动的原则
      - 公示原则
      - 公信原则
    - 物权变动的原因
      - 物权取得
      - 物权消灭
    - 物权的公示方法
      - 交付
      - 登记
  - 物权的保护
    - 确认物权请求权
    - 物权请求权

配套测试

一、单项选择题

1. 甲将3间私房中的两间作价5万元投入与丙合伙办综合商店，又将另一间屋出租给乙居住。现甲因急事用钱，要将房屋转让。乙和丙均欲以同一价格购买，甲（　　）。

A. 应将整个房屋卖给乙

B. 按照房屋的使用现状，分别卖给乙和丙

C. 应将整个房屋卖给丙

D. 可以任意选择乙或者丙作为购买者

2. 下列物权的保护方法不能以自力救济的方

式行使的是（ ）。

A. 排除妨碍请求权

B. 确认物权的请求权

C. 恢复原状请求权

D. 消除危险请求权

3. 对当事人创设法律没有明确规定的物权类型的法律行为的效力，下列判断正确的是（ ）。

A. 根据意思自治原则应发生效力

B. 确定无效

C. 生效，只是不具备物权效力

D. 如果不在法律明确禁止之列，则确定生效

4. 下列选项中取得所有权是基于公信原则的有（ ）。

A. 甲在路边捡到他人抛弃的旧录音机一台，甲取得所有权

B. 甲从乙处购买丙出借给乙的录音机一台，甲取得所有权

C. 甲从乙处购得一台录音机

D. 甲误将乙的房屋登记为自己的房屋，后甲将此房转让给丙，甲、丙之间办理房屋过户手续，丙取得该屋所有权

5. 甲将收藏的一件古董卖给乙，乙当场付清价金，约定甲 10 天后交货。丙听说后，表示愿以双倍的价钱购买。甲当即决定卖给丙，约定第 3 天交货，并收定金 1 万元，乙听说此事后，哄甲 8 岁儿子将古董从家中取出交给他。现对该古董所有权的归属，下列判断正确的是（ ）。

A. 乙已取得古董的占有，可认为甲已履行合同，所有权归乙

B. 所有权仍属于甲

C. 甲又卖给丙的行为有违诚信原则，应认定无效，所有权属于乙

D. 因对丙的合同所约定的交货期限较早，故应属于丙

6. 下列能够产生抛弃效力的有（ ）。

A. 将患狂犬病的狗丢在闹市中心

B. 将城里老房闲置

C. 农村承包经营户的承包经营权

D. 将被患有狂犬病的狗咬伤的猪弃在荒山野岭中

7. 甲遗失一部相机，乙拾得后放在办公桌抽屉内，并张贴了招领启事。丙盗走该相机，卖给了不知情的丁，丁出质于戊。对此，下列哪一种说法不正确？（ ）

A. 乙对相机的占有属于无权占有

B. 丙对相机的占有属于他主占有

C. 丁对相机的占有属于自主占有

D. 戊对相机的占有属于直接占有

8. 某郊区小学为方便乘坐地铁，与相邻研究院约定，学校人员有权借研究院道路通行，每年支付 1 万元。据此，学校享有的是下列哪一项权利？（ ）（2010 年司考．卷三．单 9）

A. 相邻权

B. 地役权

C. 建设用地使用权

D. 宅基地使用权

9. 辽东公司欠辽西公司货款 200 万元，辽西公司与辽中公司签订了一份价款为 150 万元的电脑买卖合同，合同签订后，辽中公司指示辽西公司将该合同项下的电脑交付给辽东公司。因辽东公司届期未清偿所欠货款，故辽西公司将该批电脑扣留。关于辽西公司的行为，下列哪一选项是正确的？（ ）（2010 年司考．卷三．单 10）

A. 属于行使抵押权

B. 属于行使动产质权

C. 属于行使留置权

D. 属于自助行为

10. 物权人在其权利的实现上遇有某种妨害时，有权请求造成妨害事由发生的人排除此等妨害，称为物权请求权。关于物权请求权，下列哪一表述是错误的？（ ）（2011 年司考．卷三．单 8）

A. 是独立于物权的一种行为请求权

B. 可以适用债权的有关规定

C. 不能与物权分离而单独存在

D. 须依诉讼的方式进行

11. 庞某有 1 辆名牌自行车，在借给黄某使用期间，达成转让协议，黄某以 8000 元的价格购买该自行车。次日，黄某又将

该自行车以9000元的价格转卖给了洪某，但约定由黄某继续使用1个月。关于该自行车的归属，下列哪一选项是正确的？（　　）（2017年司考．卷三．单5）

A. 庞某未完成交付，该自行车仍归庞某所有

B. 黄某构成无权处分，洪某不能取得自行车所有权

C. 洪某在黄某继续使用1个月后，取得该自行车所有权

D. 庞某既不能向黄某，也不能向洪某主张原物返还请求权

12. 中学生甲（13周岁）每天下午都去篮球场打篮球，顺带买一瓶可乐饮用。乙是拾荒者，经常在篮球场捡瓶子。一日，甲打完篮球后喝可乐，之后将装有半瓶可乐的瓶子放在操场上，拿着书包就和同学丙一起离开了球场。乙随后捡走了可乐瓶。关于本案，下列哪一说法是正确的？（　　）

A. 甲的行为是赠与

B. 甲的行为是抛弃

C. 甲的行为不需要意思表示

D. 可乐瓶属于遗失物

13. 甲婚后有藏私房钱的习惯，在他某次出差时，妻子乙把家里屏风卖给丙。丙在屏风中找到了甲藏的1000元私房钱。甲回家后，乙提起卖屏风的事情，甲才想起这1000元私房钱。对此，下列哪一说法是正确的？（　　）

A. 丙善意取得1000元的所有权

B. 丙因先占而取得1000元的所有权

C. 丙未取得1000元的所有权

D. 该1000元在屏风交付前属于夫妻共同财产

二、多项选择题

1. 下列案件中，适用返还原物的情形有（　　）。

A. 张某借了王某的手表，向刘某炫耀说是其叔叔赠送的，刘某信以为真，以很低的价格买了下来，王某要求刘某返还

B. 宋某偷了马某的金项链，并以市场价格卖给了不知情的牛某，马某要牛某返还

C. 于某借了何某一支金笔，谎称丢失，何某要求于某返还

D. 甲向乙购羊2只，在乙将羊交给他后，又将羊卖给了丙，把羊交丙得款之后迟迟未付乙羊款，乙无奈要求甲返还2只羊

2. 某房屋登记簿上所有权人为甲，但乙认为该房屋应当归其所有，遂申请仲裁。仲裁裁决争议房屋归乙所有，但裁决书生效后甲、乙未办理变更登记手续。一个月后，乙将该房屋抵押给丙银行，签订了书面合同，但未办理抵押登记。对此，下列哪些说法是正确的？（　　）（2010年司考．卷三．多53）

A. 房屋应归甲所有

B. 房屋应归乙所有

C. 抵押合同有效

D. 抵押权未成立

3. 小贝购得一只世界杯指定用球后兴奋不已，一脚踢出，恰好落入邻居老马家门前的水井中，正在井边清洗花瓶的老马受到惊吓，手中花瓶落地摔碎。老马从井中捞出足球后，小贝央求老马归还，老马则要求小贝赔偿花瓶损失。对此，下列哪些选项是正确的？（　　）（2010年司考．卷三．多54）

A. 小贝对老马享有物权请求权

B. 老马对小贝享有物权请求权

C. 老马对小贝享有债权请求权

D. 如小贝拒绝赔偿，老马可对足球行使留置权

4. 关于土地承包经营权的设立，下列哪些表述是正确的？（　　）（2010年司考．卷三．多55）

A. 自土地承包经营合同成立时设立

B. 自土地承包经营权合同生效时设立

C. 县级以上地方政府在土地承包经营权

设立时应当发放土地承包经营权证

D. 县级以上地方政府应当对土地承包经营权登记造册，未经登记造册的，不得对抗善意第三人

5. 甲将1套房屋出卖给乙，已经移转占有，但没有办理房屋所有权移转登记。现甲死亡，该房屋由其子丙继承。丙在继承房屋后又将该房屋出卖给丁，并办理了房屋所有权移转登记。下列哪些表述是正确的？（　　）（2012年司考．卷三．多56）

A. 乙虽然没有取得房屋所有权，但是基于甲的意思取得占有，乙为有权占有

B. 乙可以对甲的继承人丙主张有权占有

C. 在丁取得房屋所有权后，乙可以以占有有正当权利来源对丁主张有权占有

D. 在丁取得房屋所有权后，丁可以基于其所有权请求乙返还房屋

6. 吴某和李某共有一套房屋，所有权登记在吴某名下。2010年2月1日，法院判决吴某和李某离婚，并且判决房屋归李某所有，但是并未办理房屋所有权变更登记。3月1日，李某将该房屋出卖给张某，张某基于对判决书的信赖支付了50万元价款，并入住了该房屋。4月1日，李某又就该房屋和王某签订了买卖合同，王某在查阅了房屋登记簿确认房屋仍归李某所有后，支付了50万元价款，并于5月10日办理了所有权变更登记手续。下列哪些选项是正确的？（　　）（2011年司考．卷三．多55）

A. 5月10日前，吴某是房屋所有权人

B. 2月1日至5月10日，李某是房屋所有权人

C. 3月1日至5月10日，张某是房屋所有权人

D. 5月10日后，王某是房屋所有权人

7. 刘某是一名雕刻家，孟某喜欢收藏各种奇石。刘某借孟某收藏的一块太湖石（价值3万元）和一块汉白玉（价值1万元）把玩欣赏。后刘某在装修房屋时将太湖石镶嵌在自己家中的电视背景墙中，并将汉白玉雕刻成了柏拉图雕像（价值3万元）。对此，下列哪些说法是正确的？（　　）

A. 因太湖石已经与背景墙附合，应归刘某所有

B. 刘某应该就太湖石给予孟某补偿

C. 柏拉图雕像可以归刘某所有

D. 刘某应该就柏拉图雕像给予孟某补偿

三、不定项选择题

1. 2022年4月2日，王某与丁某约定：王某将一栋房屋出售给丁某，房价20万元。丁某支付房屋价款后，王某交付了房屋，但没有办理产权移转登记。丁某接收房屋作了装修，于5月20日出租给叶某，租期为2年。5月29日，王某因病去世，全部遗产由其子小王继承。小王于6月将该房屋卖给杜某，并办理了所有权移转登记。请回答（1）～（2）题。

（1）如王某生前或王某死后其继承人小王欲出卖房屋前向丁某请求返还房屋，下列选项正确的是：（　　）。

A. 王某无权请求丁某返还房屋

B. 王某有权请求丁某返还房屋

C. 小王无权请求丁某返还房屋

D. 小王有权请求丁某返还房屋

（2）如杜某向丁某、叶某请求返还房屋，下列选项正确的是：（　　）。

A. 杜某无权请求丁某返还房屋

B. 杜某有权请求丁某返还房屋

C. 杜某无权请求叶某返还房屋

D. 杜某有权请求叶某返还房屋

2. 甲有价值10万元的玉石一块。甲与乙订立玉石买卖合同，约定：价款11万元，3日后乙付款取玉石。随后甲又向乙提出，再借用玉石把玩几天，乙表示同意。隔天，不知情的丙找到甲，表示愿以12万元购买该玉石，甲同意并当场将玉石交给丙。丙在回家路上将玉石丢失被丁拾得，丁通过自己正规的古玩店将其卖给戊。下列选项错误的是？（　　）

A. 该玉石所有权人的先后顺序是甲、乙、丙

B. 真正所有权人基于所有权请求戊返还

玉石不受时间限制

C. 真正所有权人可以无偿追回玉石

D. 戊已取得该玉石的所有权，原所有权人无权请求返还该玉石

3. 陈某向贺某借款20万元，借期2年。张某为该借款合同提供保证担保，担保条款约定，张某在陈某不能履行债务时承担保证责任，但未约定保证期间。陈某同时以自己的房屋提供抵押担保并办理了登记。请回答（1）~（2）题。

（1）如果贺某打算放弃对陈某的抵押权，并将这一情况通知了张某，张某表示反对，下列选项正确的是：（　　）。

A. 贺某不得放弃抵押权，因为张某不同意

B. 若贺某放弃抵押权，张某仍应对全部债务承担保证责任

C. 若贺某放弃抵押权，则张某对全部债务免除保证责任

D. 若贺某放弃抵押权，则张某在贺某放弃权利的范围内免除保证责任

（2）关于贺某的抵押权存续期间及张某的保证期间的说法，下列选项正确的是：（　　）。

A. 贺某应当在主债权诉讼时效期间行使抵押权

B. 贺某在主债权诉讼时效结束后的两年内仍可行使抵押权

C. 张某的保证期间为主债务履行期届满之日起六个月

D. 张某的保证期间为主债务履行期届满之日起二年

4. 甲继承了一套房屋，在办理产权登记前将房屋出卖并交付给乙，办理产权登记后又将该房屋出卖给丙并办理了所有权移转登记。丙受丁胁迫将房屋出卖给丁，并完成了移转登记。丁旋即将房屋出卖并移转登记于戊。请回答（1）~（2）题。

（1）关于甲、乙、丙三方的关系，下列选项正确的是：（　　）。

A. 甲与乙之间的房屋买卖合同因未办理登记而无效

B. 乙对房屋的占有是合法占有

C. 乙可以诉请法院宣告甲与丙之间的房屋买卖合同无效

D. 丙已取得该房屋的所有权

（2）关于戊的权利状态，下列选项正确的是：（　　）。

A. 戊享有该房屋的所有权

B. 戊不享有该房屋的所有权

C. 戊原始取得该房屋的所有权

D. 戊继受取得该房屋的所有权

5. 2020年1月1日，乙拾得甲的一个名牌手包，一时找不到失主，便拿回家准备第二天继续寻找。不料三日后，手包被丙从乙家中盗走，乙当日报警。2021年1月5日，乙从某公安局获悉该案已破获。2022年2月1日，丁通过拍卖从某公安局买得该手包。据此，下列说法正确的是？（　　）

A. 甲向乙请求交还手包的权利不受诉讼时效的限制

B. 盗窃案破获时乙向丙主张返还手包的请求权已经消灭

C. 盗窃案破获时甲向丙主张返还手包的请求权已经消灭

D. 甲在知悉手包被拍卖后，已无权向丁赎回手包

四、名词解释

1. 物权
2. 物上请求权
3. 简易交付（中国人民大学2008年研究生入学考试题）
4. 占有改定
5. 指示交付
6. 拟制交付
7. 留置权（中国人民大学2010年研究生入学考试题）

五、简答题

1. 简述物权和债权的区别。
2. 比较不动产物权与动产物权的特征。
3. 从物权行为角度分析：不动产买卖中的标的物已交付而未为物权登记，此时法律效

力如何？

4. 简述物权变动的公示公信原则。

5. 简述知识产权和物权的区别。（中国人民大学 2010 年研究生入学考试题）

6. 谈谈对物权法定主义的理解。（清华大学 2013 年研究生入学考试题）

六、论述题

1. 试论物权法的基本原则。

2. 试对物权行为独立性、无因性理论评析。

参考答案

一、单项选择题

1. **答案**：B。同一物上既有物权，又有债权时，则物权有优先于债权的效力。本题中的物权与债权并非基于同一物上，所以不存在谁优先的问题。因此，甲应按照房屋的使用现状，分别卖给乙和丙。

2. **答案**：B。A、C、D 错，本题中 A、C、D 三项表述均属物上请求权，物上请求权的行使，不必非得依诉讼的方式进行，也可以自力救济的方式行使，即物权人在其物权受到妨害后，可以直接请求侵害人为一定的行为：请求侵害人停止侵害、排除妨碍、消除危险、返还财产等。B 对，物权人在其权利受到妨害时，也可以直接向法院提出诉讼，请求确认其物权的存在或采取其他的保护措施。确认物权的请求权必须向人民法院提出。

3. **答案**：C。根据物权法定原则，物权的效力必须由法律规定，不能由当事人通过协议设定。据此，当事人创设法律没有明确规定的物权类型的法律行为有效，但不具备物权的效力。

4. **答案**：D。A 错，A 是物权的取得，通过先占取得。B 错，B 项表述是基于善意取得制度而取得所有权。C 错，C 项表述是基于民事法律行为而取得所有权。D 对，公信原则，是指物权变动公示的，即使标的物出让人事实上无处分权，善意受让人基于对于公示的信任，取得该屋所有权。

5. **答案**：B。根据《民法典》的规定，物权因民事行为而发生变动时，当事人之间须有债权合意。本题中甲之子是无民事行为能力人，其交付古董的行为无效，古董所有权并未发生转移，故仍属甲所有。

6. **答案**：D。抛弃是以消灭物权为目的的单方法律行为，只要权利人一方作出意思表示即发生效力。抛弃意思表示不一定向特定人为之，只要权利人抛弃其占有，表示其扔弃的意思即发生抛弃的效力。A 错 D 对，原则上物权一经权利人抛弃即归消灭，但是如果因为物权的抛弃会妨害他人的权利时，则物权人不得任意抛弃其权利。因此，将患狂犬病的狗丢在闹市中心不产生抛弃的效力；而将被患有狂犬病的狗咬伤的猪弃在荒山野岭中，并不妨碍他人的权利，因此，能够产生抛弃的效力。B 错，不动产物权的抛弃，须办理注销登记才发生效力，因此，将城里老房闲置不产生抛弃的效力。C 错，农村承包经营户的承包经营权，因有对农村集体组织的义务，所以不能随意抛弃，以免损害农村集体组织的权利。

7. **答案**：B。所谓无权占有是指无本权的占有，而本权是指可以对物进行占有的权利。乙拾得他人相机并予以占有，这种占有是一种无本权的占有，因为他是在没有所有权或者其他物权、债权的基础上而对该相机进行的占有。所以，选项 A 的说法是正确的。所谓他主占有是指占有人非以所有人的意思而进行占有。而丙盗走该相机，卖给了不知情的丁，这说明，丙是以所有人的意思来对相机进行处分的，所以丙的这种占有是一种自主占有，所以，选项 B 的说法不正确。所谓自主占有是指占有人以将占有物据为己有的意思而对该物进行占有。丁在毫不知情的情况下，购买了相机，所以其认为自己就是所有权人，是以将物据为己有的意思而对该标的物进行的占有，所以丁是一种自主占有。选项 C 的说法是正确的。所谓直接占有是指直接对物进行事实上的管领和控制。丁将相机出质于戊，质权的一个重要特征就是需要交付质物给质权人。所以，戊取得对相机的事实上的管领和控制，构成直接占有。所以，选项D的说法也是正确的。由此可知，本题的答案为B。

8. 答案：B。地役权是指利用他人土地以便有效地使用或经营自己的土地的权利。本题郊区小学为方便乘坐地铁才借地通行，不是最基本的通行便利，因此双方之间是关于地役权的约定。

9. 答案：C。《民法典》第447条规定，债务人不履行到期债务，债权人可以留置已经合法占有的债务人的动产，并有权就该动产优先受偿。前款规定的债权人为留置权人，占有的动产为留置财产。第448条规定，债权人留置的动产，应当与债权属于同一法律关系，但企业之间留置的除外。法律对企业之间的留置规定较为宽松，不要求留置的动产和债权属于同一法律关系，因此本题应选C。

10. 答案：D。物权请求权是在物权圆满状态受到侵害或有侵害之虞，物权人请求停止侵害、排除妨碍、消除危险等以恢复至物权圆满状态的权利。其以物权为基础，不能与物权相分离而单独存在，所以C选项正确；其性质不是物权，亦不是债权，而是一种基于物权而产生的一种独立的行为请求权，所以A选项正确；其不是债权，但因是请求权，可以适用债权的有关规定，但并非适用债权的全部规定，所以B选项正确；物权请求权既可以由当事人自力行使，亦可寻求公力救济，以诉讼的方式行使，所以D选项错误。

11. 答案：D。(1) 依《民法典》226条规定，动产物权设立和转让前，权利人已经占有该动产的，物权自民事法律行为生效时发生效力。本题中，庞某有1辆名牌自行车借给黄某，在借给黄某使用期间，又与黄某达成转让协议，黄某以8000元的价格购买该自行车，即在该自行车所有权转让黄某前，黄某已经依借用合同占有该车，所以自行车所有权自庞某与黄某达成转让协议时庞某完成交付，黄某取得该自行车的所有权，当然黄某此时对该自行车也取得处分权。由此可知，A、B选项说法均错误。(2) 依《民法典》第228条的规定，动产物权转让时，当事人又约定由出让人继续占有该动产的，物权自该约定生效时发生效力，此所谓占有改定。本题中，黄某取得该自行车的所有权后，又将该自行车以9000元的价格转卖给了洪某，但约定由黄某继续使用1个月，即该自行车所有权由黄某转移至洪某后，双方又约定由出让人黄某继续占有该车，但自行车的所有权自双方约定生效时就发生移转。由此可知，C选项说法错误。(3) 综上，因为黄某将自行车转让给洪某是有权处分，而洪某由此也自黄某处取得该自行车的所有权，所以庞某既不能向黄某，也不能向洪某主张原物返还请求权。D选项说明正确。

12. 答案：B。依民事法律行为成立所需意思表示的数量和合意形成的方式的不同，将民事法律行为分为单方民事法律行为、多方民事法律行为和决议行为。A、B项考查民事法律行为的分类。动产所有权的抛弃属于单方民事法律行为。单方民事法律行为，是指依一方当事人的意思表示而成立的民事法律行为。甲虽系限制民事行为能力人（13周岁），但将喝了半瓶的可乐瓶放在操场上离去。以“行为的方式”表明抛弃的意思表示，且该单方民事法律行为合法有效。因此，甲的行为是抛弃而非赠与。故A项错误，B项正确。C项考查民事法律行为的含义。民事法律行为以“意思表示”为核心，法律行为必须有意思表示。动产所有权的抛弃作为单方民事法律行为亦不例外。故C项错误。D项考查遗失物和无主物的区分，无主物为物体没有所有权人，既然动产所有权的抛弃系单方民事法律行为，甲的单方意思表示即产生私法效果。因此，可乐瓶属于无主动产，即无主物而非遗失物。故D项错误。

13. 答案：D。A、B、C项均涉及丙能否取得该1000元的所有权以及如何取得。善意取得以无权处分为前提，本题中乙并无处分该1000元给丙的意思，并无善意取得适用的空间，A 项错误。先占的成立要求标的物为无主动产，本题中该 1000 元显然有主，不适用先占规则，B 项错误。事实上，该 1000 元现金属于特殊的动产，作为一般等价物，很容易与占有人的其他现金混合而难以识别区分，因此学理上有所谓的“金钱占有即所有”的归纳，其背后的原理在于添附制度中的混合。因此，丙取得 1000 元的占有后，该 1000 元与丙的其他现金发生混合而难以区分，此时基于添附规则，丙取得混合物的所有权，即该 1000 元的所有权被丙取得，C 项错误。原则上夫妻一方在婚后取得的财产都属于夫妻共同财产，当然也存在一些例外。本题中，屏风交付前该 1000 元虽然是甲的私房钱，但在法律上应属于夫妻共同财产，D 项正确。

二、多项选择题

1. **答案**：ABC。返还原物的前提首先是原物存在，其次是所有权没有发生移转，因此常常与善意取得制度联系在一起。在本题中也主要根据这点选择正确答案。参见《民法典》第 311 条。
2. **答案**：BCD。参见《民法典》第 229 条、第 232 条。
3. **答案**：AC。选项 A 正确。小贝的足球在老马手里，小贝要求其返还原物的请求权是物权请求权。选项 B 错误，选项 C 正确。小贝将老马花瓶打碎，老马要求小贝赔偿的请求权是债权请求权，不是物权请求权。选项 D 错误。自然人债权人留置的动产，应当与债权属于同一法律关系。小贝对老马享有物权请求权，老马对小贝享有债权请求权，两者不是同一法律关系，老马不能对足球进行留置。
4. **答案**：BC。参见《民法典》第 333 条规定。
5. **答案**：ABCD。《民法典》第 209 条第 1 款规定，不动产物权的设立、变更、转让和消灭，经依法登记，发生效力；未经登记，不发生效力，但法律另有规定的除外。按该规定，不动产物权的变动以办理登记为要件，乙虽然取得房屋的占有，但未办理过户登记，房屋所有权仍然归甲所有，但是乙基于所有权人甲交付行为取得占有，为合法、有权占有，所以，A 选项正确。《民法典》第 230 条规定，因继承取得物权的，自继承开始时发生效力。甲死亡，丙即继承取得房屋所有权，但丙继承的是甲的权利，其权利范围不可能超越于甲，其在继受甲的权利之时，亦继受了甲的义务，所以乙可以对丙主张有权占有，并可要求其办理过户登记手续，所以，B 选项正确。丙在继承房屋后又将该房屋出卖给丁，属于有权处分，同时，丙与丁又办理了房屋所有权移转登记，丁即取得房屋所有权。在丁取得房屋所有权后，因乙的占有有正当权利来源，其可以对丁主张有权占有；但同时丁也可以基于所有权请求乙返还房屋，所以，C、D 选项正确。但值得探究的是，对于 C 项，因为乙对于房屋所有权人丁，无任何占有房屋的正当性依据，所以乙对丁并不构成有权占有。如果其构成有权占有，即享有占有该房屋的合法依据及权利，何以丁又可请求其返还房屋？
6. **答案**：BD。《民法典》第 229 条规定，因人民法院、仲裁机构的法律文书或者人民政府的征收决定等，导致物权设立、变更、转让或者消灭的，自法律文书或者征收决定等生效时发生效力。本题中，在判决离婚之前，李某与吴某共有房屋，均属于房屋所有人。待判决发生效力后，房屋属于李某一人所有，因此，B 项正确。根据《民法典》第 214 条规定，不动产物权的设立、变更、转让和消灭，依照法律规定应当登记的，自记载于不动产登记簿时发生法律效力。本案中，张某虽支付了价款，但没有办理变更登记，不能取得房屋所有权，而王某在 5 月 10 日与李某办理的房屋所有权变更登记，依《民法典》规定，自登记之日起享有房屋所有权，故 C 错误，D 正确。本题正确选项为 B、D。
7. **答案**：ABCD。添附，是指基于种种原因致使原属数人之物结合或加工为一新物的现象。包括附合、混合和加工三种类型，均属于动产所有权的取得方法。A、B 项考查附合。附合，是指两个以上不同所有人的物结合在一起不能分离，若分离会毁损该物或分离的费用较大。包括两类：（1）动产与不动产的附合；（2）动产与动产的附合。本题中，刘某将孟某的太湖石镶嵌在自己家中的电视墙中，属于不动产与动产的附合。《民法典》第322条规定，因加工、附合、混合而产生的物的归属，有约定的，按照约定，没有约定或者约定不明确的，依照法律规定；法律没有规定的，按照充分发挥物的效用以及保护无过错当事人的原则确定。因一方当事人的过错或者确定物的归属造成另一方当事人损害的，应当给予赔偿或者补偿。在我国司法实践中，动产与不动产的附合，由不动产所有人取得合成物的所有权，但应当给原动产所有人以补偿。故A、B项正确。C、D项考查加工。加工，是指在他人之物上附加自己的有价值的劳动，使之成为新物。本题中，刘某将孟某的汉白玉（价值1万元）雕刻成柏拉图雕像（价值3万元）的行为系加工行为。在我国司法实践中，加工物的所有权原则上归原物的所有人，并给加工人以补偿。但是当加工增加的价值大于材料的价值，加工物可以归加工人所有，但应当给原物的所有人以补偿。故C、D项正确。

三、不定项选择题

1. 答案：（1）AC。丁某虽未办理过户登记，还不是房屋所有权人，但其基于和王某的买卖合同，有权占有房屋，王某无权要求返还。小王作为王某的继承人，继承了其全部遗产，继承合同债权就应清偿相对应的合同债务，因此同样无权要求返还。A、C正确。

（2）BC。《民法典》第214条规定："不动产物权的设立、变更、转让和消灭，依照法律规定应当登记的，自记载于不动产登记簿时发生效力。"因此杜某已经成为所有权人，依法享有《民法典》第235条规定的原物返还请求权。但《民法典》第725条规定："租赁物在承租人按照租赁合同占有期限内发生所有权变动的，不影响租赁合同的效力。"因此，在叶某租赁关系建立之后方取得所有权的杜某无权要求叶某返还房屋。选B、C。

2. 答案：BCD。《民法典》第228条规定，动产物权转让时，当事人又约定由出让人继续占有该动产的，物权自该约定生效时发生效力。据此可知，动产所有权善意取得的构成要件为：（1）动产占有人实施无权处分；（2）标的物须为占有委托物（盗赃、遗失物、漂流物、埋藏物等为占有脱离物，原则上不能善意取得）；（3）受让人受让动产时主观上为善意；（4）约定以合理的价格受让；（5）已经完成交付。本题中，"再借用玉石把玩几天，乙表示同意"表明甲、乙通过占有改定方式完成交付，所有权人从甲变更为乙，此时甲再将玉石出卖给丙构成无权处分，但因丙主观上是善意的，丙可以善意取得该玉石的所有权。后玉石丢失，因为遗失物不适用善意取得，所以该玉石所有权人的先后顺序是甲、乙、丙。故A项正确。《民法典》第312条规定，所有权人或者其他权利人有权追回遗失物。该遗失物通过转让被他人占有的，权利人有权向无处分权人请求损害赔偿，或者自知道或者应当知道受让人之日起2年内向受让人请求返还原物；但是，受让人通过拍卖或者向具有经营资格的经营者购得该遗失物的，权利人请求返还原物时应当支付受让人所付的费用。权利人向受让人支付所付费用后，有权向无处分权人追偿。本题中，真正所有权人应当自知道或者应当知道受让人之日起2年内向受让人请求返还原物，故B项错误。戊是向具有经营资格的经营者购得该玉石的，权利人请求返还原物时应当支付受让人所付的费用，属于有偿取回，故C项错误。对于遗失物，戊不能善意取得，所有权人有权追回，故D项错误。

3. 答案：（1）D。《民法典》第409条第2款规定，债务人以自己的财产设定抵押，抵押权人放弃该抵押权、抵押权顺位或者变更抵押权的，其他担保人在抵押权人丧失优先受偿权益的范围内免除担保责任，但其他担保人承诺仍然提供担保的除外。由此，D的说法正确。

(2) AC。《民法典》第419条规定，抵押权人应当在主债权诉讼时效期间行使抵押权；未行使的，人民法院不予保护。由此A正确，当选；B的说法错误，不当选；《民法典》第692条第2款规定，债权人与保证人可以约定保证期间，但是约定的保证期间早于主债务履行期限或者与主债务履行期限同时届满的，视为没有约定；没有约定或者约定不明确的，保证期间为主债务履行期限届满之日起6个月。由此C的说法正确，当选；D的说法错误，不当选。本题正确答案是A、C。

4. 答案：(1) BD。依据《民法典》第215条规定，A的说法错误。乙是基于甲的意思表示而占有该房屋的，其占有是合法占有，B的说法正确；债是具有相容性的，因此每个买卖合同都是有效的。因此，C的说法错误；甲是房屋的所有权人，其和丙签订合同出卖自己的房屋并办理了过户登记手续，丙因此取得房屋的所有权，D的说法正确，本题正确答案是B、D。

(2) AD。虽然丁胁迫丙将房屋转移给他，但是因为办理了过户登记，丁就是房屋的所有权人，其将房屋转让给戊，戊是善意第三人，戊是基于合同，继受取得了该房屋的所有权，A和D的说法是正确的。

5. 答案：B。甲的手包遗失后历经拾得保管、被盗、被拍卖，甲基于其所有权效力行使原物返还请求权时是否受到诉讼时效限制、如何受限制，要结合现有《民法典》规定作答。由《民法典》第196条规定可知，登记的动产物权的权利人请求返还财产的，不适用诉讼时效的规定。案情中并未交代手包经过登记，所有权人甲对其手包的物权返还请求权应当适用诉讼时效的规定，因此A项错误。本案中手包拾得人乙为无权占有人，但属于善意占有，其占有状态依法受法律保护。由《民法典》第462条规定可知，占有的不动产或者动产被侵占的，占有人有权请求返还原物。占有人返还原物的请求权，自侵占发生之日起一年内未行使的，该请求权消灭。对于乙而言，其占有受保护的期间，法律特别规定为1年，且属于绝对的、客观的、失权的效力规定。盗窃案发生至盗窃案破获已经届满1年，故乙向丙主张返还手包的请求权已经消灭，故B项正确。由《民法典》第188条的规定可知，诉讼时效期间自权利人知道或者应当知道权利受到损害以及义务人之日起计算。盗窃案破获时甲方知其手包的状况和占有人，其返还请求权的诉讼时效开始起算，不可能因时效期间届满招致返还义务人的抗辩，更不会无由消灭，因此C项错误。由《民法典》第312条规定可知，所有权人或者其他权利人有权追回遗失物。该遗失物通过转让被他人占有的，权利人有权自知道或者应当知道受让人之日起二年内向受让人请求返还原物；但是，受让人通过拍卖或者向具有经营资格的经营者购得该遗失物的，权利人请求返还原物时应当支付受让人所付的费用。甲的手包遗失后被公开拍卖的，甲有权从买受人处赎回，但该回赎权受2年时间限制，该2年从甲知道受让人之日起算，显然尚未届满，其有权向丁主张赎回，故D项错误。

四、名词解释

1. 答案：即权利人直接支配其标的物，并享受其利益的排他性权利。根据《民法典》的规定，物权是指权利人依法对特定的物享有直接支配和排他的权利，包括所有权、用益物权和担保物权。物权具有以下法律特征：(1) 物权是权利人直接支配物的权利；(2) 物权是权利人直接享受物的利益的权利；(3) 物权是排他性的权利。

2. 答案：物权的权利人在其权利的实现上遇有某种妨害时，对造成妨害其权利事由发生的人请求排除此等妨害的权利，称为物上请求权。有时亦称为物权的请求权。

3. 答案：即受让人已经占有动产，如受让人已经通过寄托、租赁、借用等方式实际占有了动产，则于物权变动的合意成立时，视为交付。

4. 答案：即动产物权的让与人与受让人之间特

别约定，标的物仍然由出让人继续占有，这样，在物权让与的合意成立时，视为交付，受让人取得间接占有。

5. **答案**：即动产由第三人占有时，出让人将其对于第三人的返还请求权让与受让人，以代替交付。

6. **答案**：即出让人将标的物的权利凭证（如仓单、提单）交给受让人，以代替物的现实交付。这时如果标的物仍由出让人或第三人占有时，受让人则取得对于物的间接占有。

7. **答案**：留置权是指债务人不履行到期债务时，债权人享有的留置其已经合法占有的债务人的动产，并就该动产优先受偿的权利。其中，债权人为留置权人，占有的该动产为留置财产。

五、简答题

1. **答案**：物权与债权的区别①如下：

(1) 权利的作用不同。从权利的作用上看，物权为支配权，债权为请求权。物权的作用是保障权利人能够对标的物直接为全面支配或限定支配，并进而享受物的利益。而债是特定人之间的法律关系，债权的实现都需要债务人的协助，只有通过债务人的给付，债权人的债权方可实现。所以，物权与债权的最根本区别在于，债权并未赋予权利人对物的直接支配权，仅配备权利人针对特定人的请求权。

(2) 权利效力不同。从权利的效力上看，因物权为支配权，故物权具有排他性、优先性和追及效力，而债权为请求权，其具有相容性、平等性，无追及效力。

(3) 权利效力的范围不同。从权利效力的范围上看，物权为对世权，债权为对人权。物权对世上任何人都有拘束力，其义务人是不特定的。而债权是特定人之间的法律关系，债权只对某个或某些义务人有拘束力，债权人得向其请求给付，其他人则不受债权的约束，即债权的义务人是特定的。如果因第三人的行为使债权不能实现，债权人也不得依据债权的效力向该第三人提出请求。

(4) 权利的客体不同。从权利的客体上看，物权的客体是物，该物必须是在事实上、法律上能供民事主体占有、使用、收益、处分的物，既可以是物质实体，也可以是自然力。此外，在某些情况下，一定的权利也可以成为物权的客体。债权的客体则是给付，即债务人的某种特定行为。

(5) 权利发生的不同。从权利的发生上看，物权采取物权法定原则，即物权的种类、内容、取得等都需由法律设定，不允许当事人任意创设新的物权种类或变更物权的内容。而在债权的发生上，既有法定之债（如侵权行为之债、不当得利之债、无因管理之债等），也有约定之债（如契约之债），且多为约定之债。法律对于约定之债的发生采取契约自由原则，只要当事人不违反法律的强制性规定和公序良俗，就可通过合意自由创设债权。

(6) 权利的社会机能不同。从权利的社会机能上看，物权是静态财产权，其社会机能是保护标的物的永续或恒常状态，明确对财产的归属和支配，侧重于财产的静态安全。而债权则是动态财产权，其社会机能是跨越时空障碍，实现财产的流转，保障在不同地域、不同时间发生的商品交换得以实现，侧重于财产的动态安全。

2. **答案**：不动产是性质上不能移动其位置，或非经破坏、变更则不能移动其位置的物，一般指土地及其定着物（主要指房屋），不动产物权以不动产为标的物。动产物权以动产为标的物，所谓动产实质上是指不需破坏、变更而能移动其位置的财产。不动产物权与动产物权存在以下区别：(1) 法律对不动产物权的内容和行使限制较多，如法律对土地所有权的限制较多，除了相邻关系的规定以外，还有国防、电信、交通、自然资源、环境保护、名胜古迹等方面的限制。而对动产物权的内容和行使则限制较少，所有人有更

① 编者注：“物权与债权的区别”是各类法学考试考查的重点。

充分的支配权。(2)不动产物权不具移动性，种类很少。主要就是土地及其定着物；而动产物权具有移动性，且种类繁多，只要是移动不会变更和破坏其价值的物一般都是动产。(3)不动产物权取得的方式较少，而动产物权则取得的方式较多。以土地为例，以划拨取得为主要方式。而动产物权的取得方式则包括善意取得、先占、拾得遗失物、发现埋藏物、添附五种方式。

3. **答案**：当不动产买卖中的标的物已交付而未物权登记时，不发生物权的转移，应当认为在这种情况下，只存在债权行为而不存在物权行为。因为所谓物权行为，指的是以物权的设立、变更和废止为目的的法律行为。物权行为是由物权的意思表示与登记或交付相结合而成的要式行为。要发生所有权移转，则必须当事人具有转移的合意，同时还要从事登记或交付行为。这种登记行为和交付行为并非物权行为的生效要件，而是成立要件，因为离开了登记和交付行为就无法起到物权的公示效果，也就违背了物权行为的初衷。故不动产买卖中的标的物已交付而未为物权登记时，只存在债权行为而不存在物权行为，不发生物权的转移。

4. **答案**：公示原则是指物权在设立、变动时，必须将物权设立、变动的事实通过一定的公开方法向社会公开，从而使第三人知道。由于物权具有支配性和优先性，能够对抗第三人，因此物权必须公开，使第三人知道该物权的存在。

物权的公示方法必须是确定的，不能由当事人随意创设。公示方法因物的种类不同而不同，不动产主要采用登记的方法公示，动产以交付为公示方法。不动产的登记体现在当事人达成以设定、转移物权为目的的合同之后，一经登记便可以产生物权设立和移转的效力。它的意义在于将物上权利设立和变动的信息向社会公开，使第三人了解这些情况，这样不仅能够使权利的转移形成一种公信力，更重要的是第三人能够通过登记了解权利的状况以及权利上是否存在负担等，为不动产交易的当事人提供一种风险的警示，从而决定是否与登记的权利人从事各种交易。动产的公示方法即交付，要件是占有，它具有权利的推定力，即现实的占有人在无相反证据的情况下，可以被推定为真正的权利人。占有本身具有一种公示的效果，这种公示的效果也可以产生一种公信力，即任何人信赖占有人行使权利是正当的，并与其发生交易，此种信赖应当受到保护。

公信原则主要适用于不动产的交易。它是指一旦当事人变更物权是依据法律的规定进行了公示，则即使依公示方法表现出来的物权事实上并不存在或有瑕疵，但对于信赖该物权的存在并且已经从事了物权交易的人，法律依然承认其具有与该物权为真实时相同的效果，以保护交易安全。即登记对任何人来讲都是正确的，这就是所谓的权利推定性规则。如果登记制度不能产生公信力，则不仅使登记制度形同虚设，也不利于交易的安全。可见，公信力原则上是赋予了登记所公示的内容以公信力，因此，公示与公信是密切联系在一起的。但是公信制度也有一些例外，它不适用于恶意的第三人，即相对人在交易的时候知道或者应当知道交易的另一方并不是真正的权利人时，法律对其利益不加保护。

公信制度的设立能够促使人们从事登记行为，从而有利于建立一种真正的信用经济，使权利的让渡能够顺利、有序地进行。当事人之间所从事的物权交易，其权利的变动应该是清晰透明和公开的，这样才能使物权的变动不至于损害第三人的利益。公示和公信原则对于鼓励交易具有极为重要的作用：一方面，由于当事人不需要花费更多的时间和精力去调查了解标的物的权利状态，从而可以较为迅速地达成交易。另一方面，公信原则使当事人形成了一种对交易的合法性、对受让标的物的不可追夺性的信赖和期待，从而为当事人快捷的交易形成了一种激励，为交易的安全提供了一种保障机制。

【参考资料】魏振瀛主编：《民法》，北京大学出版社、高等教育出版社 2021 年版；王利明主编：《民法》，中国人民大学出版社

2015年版；王利明：《物权法论》，中国政法大学出版社2008年版。

5. 答案：（1）知识产权是基于创造成果和工商业标记依法产生的权利总和。物权是指权利人依法对特定的物享有直接支配和排他的权利，包括所有权、用益物权和担保物权。（2）二者联系紧密，区别在于：1. 权利的标的和对象不同。2. 两者都是绝对权，但在独占性、专有性和排他性上知识产权明显弱于物权。3. 物权人的利益可以通过对物权对象的占有实现，知识产权利益的实现则需要借助法律的保障才可以实现。4. 当两者发生冲突时，知识产权往往要让位于物权。5. 知识产权的期限不同于物权的期限。6. 知识产权作为一种财产权，其价值无论是质的规定性还是量的规定性，都不同于物权。

6. 答案：物权法定主义①，是指物权只能依据法律而设定，禁止当事人自由创设物权，也不得随意变更物权的种类、内容、效力和公示方法。物权法定被视为物权法的首要原则，在整个物权法结构体系中处于枢纽的地位。物权法定包括四个方面的内容，即物权种类法定、物权内容法定、物权效力法定和物权公示方法法定。

第一，物权种类法定。是指哪些权利属于物权，哪些不是物权，要由物权法和其他法律规定。也就是说，物权必须由法律设定，不得由法律之外的规范性文件随意规定，也不能允许当事人通过法律行为随意创设。

第二，物权内容法定。内容法定包括两个方面：一方面，物权的内容必须由法律规定，当事人不得创设与法定物权内容不符的物权，也不得基于其合意自由决定物权的内容。另一方面，内容法定强调当事人不得作出与物权法关于物权内容的强行性规定不符的约定。

第三，物权效力法定。是指物权的法律效力由法律明确规定，不得由当事人创设。因物权为绝对权、对世权，具有对抗一般人的效力。因此物权具有的排他、优先及追及效力，都应当由法律明确规定，当事人不能通过协议随意改变。

第四，物权变动的公示方法法定。是指法律明确规定物权变动时应当采用的公示方法，非以法定方法公示，物权变动行为无效或不得对抗第三人。

六、论述题

1. 答案：物权法的基本原则包括物权法定原则、一物一权原则和公示、公信原则，此三大原则是物权法具体制度的基础，以下分别予以详述：

第一，物权法定原则，又称物权法定主义，是指物权只能依据法律设定，禁止当事人自由创设物权，也不得变更物权的种类、内容、效力和公示方法。物权法定主义是物权法区别于合同法的重要标志。物权法定主义最早起源于罗马法，以后逐渐为大陆法各国所采纳，其存在的根据是由物权本身的性质决定的。由于物权是一种对物直接支配的权利，它具有排他性和绝对性，因此物权的取得、丧失、变更等，力求透明，以利于交易安全和充分发挥物的作用。物权法定主义具有如下几项内容：（1）物权必须由法律设定，而不得由当事人随意创设。物权的各种类型都是由法律明确规定的，创设物权的法律包括宪法、民法，甚至某些行政法规以及最高院的解释，因为如果过于僵化，不利于规范和调整新型物权法律关系和保护当事人的利益。我国现行立法规定了所有权、国有自然资源的使用经营权、土地使用权、全民所有制企业经营权、采矿权、宅基地使用权、抵押权、质权、留置权等。所谓物权不得由当事人随意创设，是指当事人不得在其协议中明确规定其通过合同创设的权利为物权，也不得设定与法定的物权不相符合的物权。（2）物权的内容只能由法律规定，而不

① 编者注：物权法定主义原则是许多法学院校民商法学专业入学考试时出题者较为青睐的题目，读者应在此知识点上加强理解和记忆。

能由当事人通过协议设定。法律须尽可能明确所有权人能够分离和转让的所有权权能；对所有权的限制必须由法律规定，任何人不得擅自对他人的所有权权能施加限制或者妨碍他人行使所有权，否则构成对他人所有权的侵害；对于各种他物权的内容尤其是他物权人所承担的义务，法律要作出规定。此种规定属于强制性规范，不允许当事人通过协议加以改变。(3) 物权的效力必须由法律规定，而不能由当事人通过协议加以确定。物权都具有对抗第三人的效力，物权具有的对内和对外的优先效力都应当由法律明确规定。(4) 物权的公示方法必须由法律规定，不得由当事人随意确定。我国法律明确规定，动产必须交付后才能移转所有权，不动产必须在登记后才能移转所有权，交付和登记便是法定的公示方法，当事人不得协商不通过公示而移转所有权。

第二，一物一权原则，又称为物权客体特定主义，是指一个物权的客体仅为一个独立的有体物，在同一物之上不得设立两个或两个以上相互矛盾的物权，尤其不能设立两个所有权。许多学者认为该原则存在的原因主要是大陆法的所有权的客体仅限于有体物，由此决定了客体的范围必须是客观的、明确的，并且必须是唯一的。但除此之外，一物一权规则的采用与法律维护交易安全的需要也是紧密相连的。一物一权主义应具有以下几项内容：(1) 物权的客体仅为独立的特定的物。即作为物权的客体的物必须是独立的、特定的、与其他物分开的物；只有在作为物权的客体的物具有独立性和特定性的情况下，才能明确物权的支配范围，使物权人能够在其客体之上形成物权并排斥他人的干涉。(2) 一个所有权的客体仅为一个独立物，集合物原则上不能成为一个所有权的客体，而只能成为多个所有权的客体。构成集合物的各个部分如果能够独立存在，具有独立的经济价值，相对于其他物而言，也可以成为独立物。一物只能设定一个所有权，从根本上说是出于产权界定、定分止争的需要。正是根据一物之上只能设置一个所有权的规则，才得出所有权权能可以分离、所有权与占有相区分和按份共有规则等。(3) 一物之上可以存在数个物权，但各个物权之间不得相互矛盾。一物之上存在数个不相矛盾的物权有这样几种形式：所有权与其他物权并存；在同一物上设定数个担保物权；用益物权与担保物权同时并存。(4) 一物的某一部分不能成立单个的所有权，即一物只能在整体上成立一个所有权，那些附属于主物的从物，只能是主物的一部分，随主物所有权的移转而移转。

第三，公示、公信原则。所谓公示，是指物权在变动时，必须将物权变动的事实通过一定的公示方法向社会公开，从而使第三人知道物权变动的情况，以避免第三人遭受损害并保护交易安全。公信则是指当事人变更物权时，依据法律的规定进行了公示，则即使依公示方法表现出来的物权不存在或存在瑕疵，对于信赖该物权的存在并已从事了物权交易的人，法律仍然承认其具有与真实的物权存在相同的法律效果，以保护交易安全。由此可见，公信原则实际上是赋予公示的内容具有公信力，两者虽然内容不同，但都是为维护交易安全而设定的。我国民法也规定了动产应当交付、不动产应当登记的规则。而司法实践也承认，因信赖交付、登记从事交易的第三人，其从交易中取得的效力受到法律的保护。但其中又有分别，具体来说，我国司法实践对不动产的登记赋予了较强的公信力，任何因信赖登记而从事交易的人，其利益一般均可受到保护；但动产因交付而取得占有的公信力并不是很强，虽然也采用了善意取得制度对信赖对方占有而与其从事动产交易活动的善意第三人予以保护，但对这一制度的适用范围和条件均有严格的限定。

由上可知，物权法的三大基本原则各有其确定的含义和内容，总的来说，其功能价值在于恰当、合理地分配和保护各方当事人对物所享有的利益，并保障物在流转中的交易安全。

2. **答案**：物权行为是指民事主体以物权的设

立、变更、终止为目的的民事法律行为。物权行为无因性理论是物权行为理论的组成部分，该理论为德国学者萨维尼所创立。他认为，交付中的意思表示是独立的意思表示，因而交付是一个独立的契约。当事人承担义务的法律行为与其完成物权变更的行为是两个法律行为，前者为债权行为，后者为物权行为，二者相分离。由此更进一步则推出物权行为无因性理论，即物权行为在原则上不依赖其原因行为（债权行为）而独立存在，或者说物的履行行为的效力和结果在原则上独立于债务关系的效力和结果。当原因行为被撤销时，依此原因行为所为的履行行为却不当然失效，因为当事人之间的物的合意并未失效，物的取得人因而取得的物权不能随之撤销，已为物的交付的当事人只可以向物的取得人提起不当得利的返还之诉。这就是物权行为的无因性理论，其经典表述即为“一个源于错误的交付也是完全有效的”。

在是否承认物权行为的存在及其无因性的问题上，存在三种立法例：一是意思主义或法国主义，认为物权的变动是债权行为的直接结果，物权的变动仅依当事人意思表示（债权行为）即成立，不以交付、登记为生效要件，动产的交付、不动产的登记只是对抗第三人的要件，因而不存在与债权行为相分离的独立的物权行为。这以《法国民法典》为代表，日本亦采取相同的立场。二是形式主义或德国主义，认为物权行为与债权行为是两种不同的法律行为，债权行为的效力仅在当事人之间产生一定的债权债务关系，并不能发生物权的变动。要发生物权的变动，除债权行为外，还需要有直接使物权变动的物权行为。动产物权的变动，依当事人的合意及交付而生效，不动产物权的变动依当事人的合意及登记的生效，对第三人具有当然的约束力。这以《德国民法典》为代表。三是折中主义或瑞士主义。认为物权行为与债权行为并无严格区分，法律原因或原因行为、登记承诺与登记相结合而发生物权变动的效力。这以《瑞士民法典》为代表。

凡认为物权行为独立的立法和学说，基本上都主张物权行为是无因行为。凡是不认为物权行为独立的，不发生物权行为有因、无因的问题。但即使是持物权行为无因说者，也逐渐倾向于相对无因说，即主张物权行为原则上为无因，但法律另有规定或当事人另有约定时，可为有因。

至于我国民法是否承认物权行为理论及其无因性理论，学者的观点不尽一致。本书认为我国法律采取的是意思主义与交付主义相结合的原则，承认物权行为的存在，但并没有明确承认物权行为无因性理论。

物权行为的无因性理论，可使法律关系明晰化，有助于法律适用，并具有保障交易安全的作用，与贸易往来、经济流转的要求是相适应的，而且与民法体系中的公示公信原则、善意取得制度等都有紧密联系。此外从逻辑上来说，承认物权行为的独立性确实会引致物权行为无因性理论的认识，我国学界在分析很多实际问题时也都有意无意地运用这一理论，所以我国立法不应回避这个问题，应切实地厘清各种法律制度之间的关系，肯认物权行为无因性理论，但是不能将它绝对化，而要使之具有一定的灵活性。

第十一章　所　有　权

基础知识图解

- 所有权
  - 概念和特征
  - 内容
    - 占有
    - 使用
    - 收益
    - 处分
  - 所有权类型
    - 国家
    - 集体
    - 私人
    - 其他
  - 业主的建筑物区分所有权
    - 概念和特征
    - 内容
      - 专有部分单独所有权
      - 共有部分的共有权
      - 业主的管理权
  - 相邻关系
  - 所有权取得特别方法
    - 善意取得
    - 拾得遗失物、发现埋藏物
    - 添附
    - 时效取得、先占

配套测试

一、单项选择题

1. 甲、乙订立借款合同，乙向甲交付人民币 20 万元，从完整意义上讲甲取得货币的（　　）。

A. 占有权　　B. 使用权

C. 处分权　　D. 所有权

2. 王强在游乐园陪女儿玩耍时不慎丢失了一块手表，游乐园工作人员拾得后即交给公安部门。王强未能在期限内前去认领，公安部门即依有关规定将手表交寄售商店出售。张军从寄售商店购得手表后，将其送给了女友兰兰。兰兰在一次公园旅游中该手表被小偷偷去，小偷在路边将这块表以低价格卖给下夜班回家路过的工人陈平。这块表应归（　　）。

A. 王强所有　　B. 张军所有

C. 兰兰所有　　D. 陈平所有

3. 下列属于财产所有权的原始取得的有（　　）。

A. 甲继承其父的一套房屋

B. 乙送给今年刚满 7 岁的小兵一台电脑做生日礼物

C. 丙的银行存款共得利息 80 元

D. 12 岁的丁把爸爸给买的铅笔刀送给小朋友

4. 中州公司依法取得某块土地建设用地使用权并办理报建审批手续后，开始了房屋建设并已经完成了外装修。对此，下列哪一

选项是正确的？（　　）（2008 年司考．卷三．单 8）

A. 中州公司因为享有建设用地使用权而取得了房屋所有权

B. 中州公司因为事实行为而取得了房屋所有权

C. 中州公司因为法律行为而取得了房屋所有权

D. 中州公司尚未进行房屋登记，因此未取得房屋所有权

5. 李某新购高档皮包一个，乘坐出租车时不慎遗失，出租车司机王某捡到后诈称是自己物品于旧货市场上卖给吴某，吴某将之放在同事何某处，何某急于还债将该皮包卖给苏某，苏某对何某并非皮包主人一事毫不知情，则此时皮包归（　　）所有。

A. 李某　　B. 苏某

C. 吴某　　D. 王某

6. 下列不属于收益行为的是（　　）。

A. 收取牛身体内部的牛黄

B. 采摘荔枝树上成熟的荔枝

C. 外商独资企业的职员领取的奖金

D. 股民通过买卖股票获取股息

7. 甲委托乙购买日立相机，乙去购买时，正值日立相机举行有奖销售。乙买了相机后按规定得了 4 张抽奖券，但未把这 4 张抽奖券交给甲。后来开奖，奖券中的一张中了头奖，可得彩电一台。这台彩电应当（　　）。

A. 归甲所有

B. 归甲所有，但应适当奖励乙

C. 归乙所有

D. 归甲、乙二人共有

8. 甲收藏一幅周秀青的画，委托乙保管，乙长期挂于家中，现乙死亡，乙之子丙对乙的财产进行了继承，则（　　）。

A. 丙因公信原则取得该画的所有权

B. 丙因善意取得制度而获得该画的所有权

C. 丙因继承取得该画的所有权

D. 丙不能取得该画的所有权

9. 甲的一头牛得了传染病，甲将该牛拉到野外抛弃。乙偶然路过发现，将该牛收养，治愈该牛的病。2 个月后，甲听说此事，向乙索要此牛。依照法律，甲（　　）。

A. 有权请求乙返还此牛，因为乙拾得牛并据为己有，构成不当得利

B. 有权请求乙返还此牛，但应补偿乙喂养此牛所付出的费用及劳务费

C. 无权请求乙返还此牛，因为他的抛弃行为已使其所有权消灭，乙基于先占而取得牛的所有权

D. 无权请求乙退还此牛，但可以请求乙给予适当补偿

10. 物被非所有人的占有人转让给第三人，所有人有权请求第三人返还原物的情形有（　　）。

A. 占有人根据所有人的意思取得对物的占有，该占有人将物非法转让给第三人，该第三人善意并有偿地取得物

B. 占有人非依据所有人的意思取得对物的占有，该占有人将物非法转让给第三人，该第三人善意并有偿地取得物

C. 占有人根据所有人的意思取得对物的占有，该占有人将原物非法转赠给善意第三人

D. 小偷将偷来的赃物在公共市场上出售，第三人不知是赃物而购买

11. 下列哪一种情况下，善意第三人不能依据善意取得制度取得相应物权？（　　）

A. 保留所有权的动产买卖中，尚未付清全部价款的买方将其占有的标的物卖给不知情的第三人

B. 电脑的承租人将其租赁的电脑向不知情的债权人设定质权

C. 动产质权人擅自将质物转质于不知情的第三人

D. 受托代为转交某一物品的人将该物品赠与不知情的第三人

12. 甲不慎将笔记本电脑丢失，乙捡到后，委托丙拿到电脑二手市场上出卖，丁以市价买下该电脑后被甲发现，要求丁返还该电脑。下列判断正确的是（　　）。

A. 丁应协助甲从乙处要回所付价款

B. 丁返还之后，可以要求乙返还价款

C. 丁退还之后，可以要求丙承担违约责任，返还价款

D. 丁已取得电脑的所有权，无须返还

13. 甲散步时捡到一只小母狗，将其牵回家饲养，并花钱配种生了三个小狗宝宝。后来失主乙找到甲要狗。下列选项中正确的是（　　）。

A. 甲根据先占原则取得狗的所有权，乙无权要回

B. 母狗应归还给乙，小狗是乙劳动所得，不必归还

C. 母狗、小狗都应归还给乙，乙应付给甲饲料费、劳务费和配种费

D. 母狗、小狗都应归还给乙，乙应付给甲饲料费、劳务费，配种费不必支付

14. 甲将自己所有的老房一套借给乙居住，乙见该房实在太破，乙未告知甲，便将房屋翻盖一新。对此房屋所有权的归属，下列说法中正确的是（　　）。

A. 房子应归甲所有，但应该适当补偿乙

B. 房子应归甲所有，乙侵害房屋所有权，应该承担赔偿责任

C. 房子归乙所有，但应该适当补偿甲

D. 房子归乙和甲共同所有

15. 2021 年 10 月 20 日，甲、乙签订耕牛买卖合同，10 月 22 日，甲向乙交付耕牛 5 头，双方约定在乙公司办理完企业达标验收检查之后再付款。付款后，牛的所有权即转移给乙。11 月 15 日，乙付款。在此期间，乙将 5 头牛交丙使用，共获租金 2000 元，甲得知此事要求乙将这 2000 元交给甲，乙拒绝，双方遂发生诉讼。下列表述正确的是（　　）。

A. 该笔租金 2000 元应归甲所有

B. 该笔租金 2000 元应由甲、乙平分

C. 设甲在 11 月 30 日才向乙交付 5 头牛，从 11 月 15 日至 30 日，甲将这 5 头牛租给丁，获租金 1200 元，该租金应归甲所有

D. 在上述 C 项条件下，该租金（1200 元）应归乙所有

16. 甲公司出卖钢材给乙公司，合同订立的日期是 2021 年 3 月 1 日，并在合同中注明“钢材的所有权在乙公司付清货款时才转移”。乙公司在 2021 年 4 月 5 日支付了第一笔货款，甲公司按照合同规定在 4 月 10 日将钢材运到乙公司，乙公司检验并接收了钢材，5 月 10 日付清余款。该宗钢材所有权的转移时间是（　　）。

A. 2021 年 3 月 1 日

B. 2021 年 4 月 5 日

C. 2021 年 4 月 10 日

D. 2021 年 5 月 10 日

17. 添附理论中的加工是指（　　）。

A. 一方使用他人的财产，将其加工改造成具有更高价值财产的行为

B. 将不同所有人的动产互相混合在一起，难以分开的行为

C. 将不同所有人的财产密切结合在一起的行为

D. 以所有的意思占有无主动产而取得所有权的行为

18. 某住宅小区旁新建一座化工厂，生产剧毒气体产品，小区居民对此提出强烈抗议，要求消除危险，他们行使的是（　　）。

A. 所有权

B. 地役权

C. 相邻权

D. 宅基地使用权

19. 甲和乙为同村邻居，甲越界建房侵入乙的宅基地，甲的行为侵犯了乙的（　　）。

A. 相邻权

B. 房屋所有权

C. 宅基地使用权

D. 宅基地所有权

20. 红光、金辉、绿叶和彩虹公司分别出资 50 万元、20 万元、20 万元、10 万元建造一栋楼房，约定建成后按投资比例使用，但对楼房管理和所有权归属未作约定。对此，下列哪一说法是错误的？（　　）（2010 年司考．卷三．单 7）

A. 该楼发生的管理费用应按投资比例承担

B. 该楼所有权为按份共有

C. 红光公司投资占 50%，有权决定该楼的重大修缮事宜

D. 彩虹公司对其享有的份额有权转让

21. 甲、乙是邻居。乙出国 2 年，甲将乙的停车位占为己用。其间，甲将该停车位出租给丙，租期 1 年。期满后丙表示不再续租，但仍继续使用该停车位。下列哪一表述是错误的？（　　）（2012 年司考．卷三．单 8）

A. 甲将乙的停车位占为己用，甲属于恶意、无权占有人

B. 丙的租期届满前，甲不能对丙主张占有返还请求权

C. 乙可以请求甲返还原物。在甲为间接占有人时，可以对甲请求让与其对丙的占有返还请求权

D. 无论丙是善意或恶意的占有人，乙都可以对其行使占有返还请求权

22. 甲、乙和丙于 2012 年 3 月签订了散伙协议，约定登记在丙名下的合伙房屋归甲、乙共有。后丙未履行协议。同年 8 月，法院判决丙办理该房屋过户手续，丙仍未办理。9 月，丙死亡，丁为其唯一继承人。12 月，丁将房屋赠给女友戊，并对赠与合同作了公证。下列哪一表述是正确的？（　　）（2013 年司考．卷三．单 6）

A. 2012 年 3 月，甲、乙按份共有房屋

B. 2012 年 8 月，甲、乙按份共有房屋

C. 2012 年 9 月，丁为房屋所有人

D. 2012 年 12 月，戊为房屋所有人

23. 张某遗失的名表被李某拾得。1 年后，李某将该表卖给了王某。再过 1 年，王某将该表卖给了郑某。郑某将该表交给不知情的朱某维修，因郑某不付维修费与朱某发生争执，张某方知原委。下列哪一表述是正确的？（　　）（2013 年司考．卷三．单 6）

A. 张某可请求李某返还手表

B. 张某可请求王某返还手表

C. 张某可请求郑某返还手表

D. 张某可请求朱某返还手表

24. 甲有件玉器，欲转让，与乙签订合同，约好 10 日后交货付款；第二天，丙见该玉器，愿以更高的价格购买，甲遂与丙签订合同，丙当即支付了 80% 的价款，约好 3 天后交货；第三天，甲又与丁订立合同，将该玉器卖给丁，并当场交付，但丁仅支付了 30% 的价款。后乙、丙均要求甲履行合同，诉至法院。下列哪一表述是正确的？（　　）（2013 年司考．卷三．单 11）

A. 应认定丁取得了玉器的所有权

B. 应支持丙要求甲交付玉器的请求

C. 应支持乙要求甲交付玉器的请求

D. 第一份合同有效，第二、三份合同均无效

25. 方某将一行李遗忘在出租车上，立即发布寻物启事，言明愿以 2000 元现金酬谢返还行李者。出租车司机李某发现该行李及获悉寻物启事后即与方某联系。现方某拒绝支付 2000 元给李某。下列哪一表述是正确的？（　　）（2013 年司考．卷三．单 13）

A. 方某享有所有物返还请求权，李某有义务返还该行李，故方某可不支付 2000 元酬金

B. 如果方某不支付 2000 元酬金，李某可行使留置权拒绝返还该行李

C. 如果方某未曾发布寻物启事，则其可不支付任何报酬或费用

D. 既然方某发布了寻物启事，则其必须支付酬金

26. 甲与乙签订《协议》，由乙以自己名义代甲购房，甲全权使用房屋并获取收益。乙与开发商和银行分别签订了房屋买卖合同和贷款合同。甲把首付款和月供款给乙，乙再给开发商和银行，房屋登记在乙名下。后甲要求乙过户，乙主张是自己借款购房。下列哪一选项是正确的？（　　）（2015 年司考．卷三．单 5）

A. 甲有权提出更正登记

B. 房屋登记在乙名下，甲不得请求乙过户

C.《协议》名为代购房关系，实为借款购房关系

D. 如乙将房屋过户给不知《协议》的丙，丙支付合理房款则构成善意取得

27. 甲遗失手链 1 条，被乙拾得。为找回手链，甲张贴了悬赏 500 元的寻物告示。后经人指证手链为乙拾得，甲要求乙返还，乙索要 500 元报酬，甲不同意，双方数次交涉无果。后乙在桥边玩耍时手链掉入河中被冲走。下列哪一选项是正确的？（　　）（2017 年司考．卷三．单 6）

A. 乙应承担赔偿责任，但有权要求甲支付 500 元

B. 乙应承担赔偿责任，无权要求甲支付 500 元

C. 乙不应承担赔偿责任，也无权要求甲支付 500 元

D. 乙不应承担赔偿责任，有权要求甲支付 500 元

28. 孟某的妻子刘某收拾房间时发现一件孟某的旧大衣，将其扔到楼下的垃圾箱里。后孟某问刘某自己的大衣为何不见了。刘某说已经扔掉了。孟某问大衣里价值 27500 元的手表拿出来了吗，刘某说没有。经查，该大衣连同手表被同小区捡拾垃圾的徐老太捡走。关于本案，下列哪一说法是正确的？（　　）

A. 刘某将孟某大衣扔掉的行为属于事实行为

B. 大衣属于遗失物，徐老太应当返还

C. 手表属于无主物，徐老太可以先占

D. 徐老太应当返还手表，但大衣可以先占

29. 苏某邀请其他人前往海河大饭店聚餐。前往饭店前，苏某在海鲜市场张某处购买了一只大海螺。后交给海河大饭店加工，厨师何某剥开发现海螺里有一颗橙色的椭圆形大珍珠。请问珍珠归谁所有？（　　）

A. 苏某

B. 张某

C. 海河大饭店

D. 何某

30. 某地因地理位置原因经常有陨石掉落，当地人多以陨石买卖为业且收入颇丰。一天，一块陨石从天而降，落入乙家的菜地里。邻居甲看到后将其捡到。关于陨石的归属，下列哪一说法是正确的？（　　）

A. 归甲所有

B. 归乙所有

C. 归甲、乙共同共有

D. 归国家所有

31. 下列情形，应当由当事人双方申请不动产登记的是？（　　）

A. 尚未登记的不动产首次申请登记的

B. 继承、接受遗赠取得不动产权利的

C. 人民法院、仲裁委员会生效的法律文书或者人民政府生效的决定等设立、变更、转让、消灭不动产权利的

D. 因买卖、设定抵押权等申请不动产登记的

二、多项选择题

1. 依照我国民法原理，土地权从其法律性质讲，属于哪种权利？（　　）

A. 自物权　　B. 用益物权

C. 他物权　　D. 限定物权

2. 甲、乙、丙、丁分别购买了某住宅楼（共四层）的一层至四层住宅，并各自办理了房产证。下列哪些说法是正确的？（　　）

A. 甲、乙、丙、丁有权分享该住宅楼的外墙广告收入

B. 一层住户甲对三、四层间楼板不享有民事权利

C. 若甲出卖其住宅，乙、丙、丁享有优先购买权

D. 如四层住户丁欲在楼顶建一花圃，须得到甲、乙、丙同意

3. 下列属于所有权的原始取得方法的有（　　）。

A. 甲将乙的一块玉石加工成工艺品，乙补偿甲的料钱、工钱后取得工艺品的所有权

B. 国家取得无人继承的遗产所有权
C. 丙将丁委托保管的古画直接卖给了不知情的戊
D. 农民采摘自己家果园里的荔枝

4. 财产所有权的原始取得不以原所有权人的所有权及转移所有权的意思为依据，而是直接依据法律的规定取得所有权，属于原始取得方法的有（　　）。
A. 原物的所有人取得孳息的所有权
B. 房屋所有人取得附合于自己房屋的财产的所有权
C. 国家取得所有人不明的埋藏物的所有权
D. 继承人依法定继承方式取得遗产的所有权

5. 刘某租住陈某之房，租期至 2022 年 8 月，陈某欠刘某 10 万元债务，应于 2022 年 7 月至 2022 年 8 月归还，陈某尚未还债，但要求收回房屋和租金。刘某不可以（　　）。
A. 留置该房屋作为担保
B. 出售房屋并优先受偿
C. 以应付租金抵债
D. 将价值 10 万元的部分房屋收归己有

6. 甲欠乙 1000 元，甲将 20 张面值 50 元的奖券拿给乙，并告诉乙奖券半年后可以兑现，利息比存款利息高。乙表示同意并收下了奖券。后来这 20 张奖券中的一张得了头等奖，奖金 5 万元。甲得知后，找到乙要用 1000 元现金换回 20 张奖券，乙不同意。下列说法中错误的有（　　）。
A. 甲向乙交付 20 张奖券代替现金交付的债的履行行为得到乙的同意，已使双方的债关系消灭，同时 20 张奖券的所有权发生转移，乙取得奖券所有权
B. 甲向乙交付 20 张奖券只是作为债的担保，奖券的所有权没有发生转移
C. 奖金应归乙所有，因为奖金属于奖券的法定孳息，其所有权的归属取决于奖券的所有权之归属，而奖券的所有人是乙
D. 奖金应归甲所有，但甲应该适当地分给乙一部分奖金，因为甲的本意只是以奖券所包含的 1000 元存款和较高的利息的价值来抵债，并没有转让奖金的取得权

7. 下列案件，哪些适用返还原物？（　　）
A. 张某借了王某的手表把它卖给了刘某，刘某以为是张某自己的手表而买之，王某要求刘某返还
B. 宋某偷了李某的金项链送给女友王某，王某在不知情的情况下收下金项链，李某要求王某返还
C. 贺某借给宋某一支金笔，宋某谎称丢失，贺某要求宋某返还
D. 赵某向钱某购羊 2 只，钱某将羊交付赵某后，赵某又将羊卖给孙某，赵某得款后迟迟不付钱某的羊款，钱某无奈要求赵某返还 2 只羊

8. 在法律没有特别规定或合同没有特殊约定时，下列哪些权利人可以取得原物所生自然孳息的所有权？（　　）
A. 农村土地承包经营权人
B. 采矿权人
C. 典权人
D. 质权人

9. 私营企业王某办公用的一台电脑损坏，遂嘱秘书张某扔到垃圾站。张某将电脑搬到垃圾站后想，与其扔了不如拿回家给儿子用，便将电脑搬回家，经修理后又能正常使用。王某得知电脑能够正常使用后，要求张某返还。下列哪些说法是错误的？（　　）
A. 张某违反委托合同，不能取得电脑的所有权
B. 张某基于先占取得电脑的所有权
C. 王某有权要回电脑，但应当向张某予以补偿
D. 因抛弃行为尚未完成，王某可以撤回其意思表示，收回对电脑的所有权

10. 在下列民事纠纷中，哪些应按照相邻关系处理？（　　）
A. 甲在乙的房屋后挖菜窖，造成乙的房屋基础下沉，墙体裂缝，引起纠纷

B. 甲村为了取水浇地，在乙、丙、丁村的土地上修建引水渠，引起纠纷
C. 甲新建的房屋滴水滴在乙的房屋上，引起纠纷
D. 甲村在河流上修建拦河坝，使乙村用水量骤减，引起纠纷

11. 刘某借用张某的名义购买房屋后，将房屋登记在张某名下。双方约定该房屋归刘某所有，房屋由刘某使用，产权证由刘某保存。后刘某、张某因房屋所有权归属发生争议。关于刘某的权利主张，下列哪些表述是正确的？（　　）（2014年司考．卷三．多55）
A. 可直接向登记机构申请更正登记
B. 可向登记机构申请异议登记
C. 可向法院请求确认其为所有权人
D. 可依据法院确认其为所有权人的判决请求登记机关变更登记

12. 甲在深山捡回一块玉石，后让朋友乙拿去找专家鉴定。乙是一个玉石雕刻家，未经甲同意，在玉石上精心雕刻出一款八卦太极图案，堪称艺术品。乙的父亲丙不知原委，未经儿子同意，让工人将这块八卦玉石镶嵌在自家门檐墙上，以讨吉利。后当事人就玉石起纠纷。关于该玉石的归属，下列说法错误的是？（　　）
A. 由甲取得所有权
B. 由乙取得所有权
C. 由丙取得所有权
D. 无论谁取得所有权，都需给另外两方相应赔偿

三、不定项选择题

1. 赵某、钱某都是某公司职员，两人同住一宿舍。2022年春，公司派赵某到珠海办事处工作1年。临行前，赵某将已使用了1年的一台21英寸彩电委托给钱某保管并允其使用。1个月后，赵某给钱某写信说自己买了一台进口彩电，委托其将保管的彩电以适当价格出售。同单位的司机孙某知道此事后，对钱某表示想以低价购买，并嘱钱某给赵某写信说该电视机显像管有毛病，图像不清，以便使赵某降价出售。钱某考虑到孙某经常给自己免费送东西，便按孙某的意思给赵某写信。赵某回信说显像管有毛病可以低价出售。于是，孙某以500元的价格买下该电视机。后孙某又很快以2000元的市价将电视机卖给李某。事隔一个月，李某因其妹李娟出嫁向周某借钱某1500元，李某、周某约定以该电视机质押，并立有质押字据。后李某并未将电视机交付给周某，反将电视机作为嫁妆送给李娟。为送李娟和嫁妆，李某请司机吴某运送，约定了运费。吴某因饮酒过多，驾车狂奔，与迎面超速行驶的汽车相撞（该汽车系司机王某个人所有）。吴某和李娟均受伤，电视机被毁。现请回答（1）~（4）各题所列的问题。

（1）在电视机损毁之前，该电视机的所有权应属谁？（　　）
A. 赵某
B. 孙某
C. 李某
D. 李娟

（2）本事例中，哪些民事行为不具有法律效力？（　　）
A. 李某与吴某之间的运输合同行为
B. 李某与周某之间的借贷合同行为
C. 李某与周某之间的质押行为
D. 赵某与钱某之间的委托行为

（3）本事例中李娟受伤的医药费应如何承担？（　　）
A. 吴某承担
B. 吴某和王某平均分担
C. 主要由吴某承担，王某给予适当补偿
D. 吴某和王某根据各自的过错程度按比例承担

（4）本事例中，周某提出的哪些诉讼请求法院不应予以支持？（　　）
A. 要求李某提供新的担保
B. 追究李某未履行质押合同的违约责任
C. 要求李某提前返还借款
D. 主张与李某的借款合同无效

2. 2020年5月1日，某甲在公园游玩时，把佩戴的一条项链丢失。该项链被公园的管理人员拾得后交给了有关的行政管理部门。因某甲未能在行政管理部门规定的保管期限内前去认领，该行政管理部门即依照有关规定将项链交给代售店拍卖。该项链后来被某乙以拍卖价买下。2021年秋，某乙因参加运动会，把项链放在更衣室中，因人多混杂，管理不善，项链被小偷偷走。2022年1月，这个小偷被抓获。在审讯过程中，小偷供认自己曾偷得一条项链，并已将该项链以900元现款卖给了同事某丙，某丙并不知内情。经查，项链的失主为某乙。某乙即根据公安局的通知前去认领，而某甲也偶然认得此项链是自己在公园丢失的那条，要求某乙返还，某乙不允；某丙也认为项链是自己买的，要求拥有该项链，三方争执不下，于是某甲和某丙均起诉至人民法院，要求确认各自对项链的所有权。请回答下列问题：

(1) 在本案中谁最终享有项链的所有权？(　　)

A. 某甲

B. 某乙

C. 某丙

D. 国家

(2) 某丙从小偷处购得项链的行为属于：(　　)。

A. 善意取得

B. 无因管理

C. 不当得利

D. 无效民事行为

(3) 行政管理部门将项链交给代售店拍卖的行为：(　　)。

A. 非法。因为侵犯了某甲对项链的所有权

B. 非法。因为行政部门的义务只是找到失主并归还项链

C. 合法。因为某甲超过认领期限而未认领，已经丧失了对项链的所有权

D. 合法。因为项链在此时已属无主财产，由国家取得所有权

(4) 某乙从代售店购得项链的行为，其结果为：(　　)。

A. 不当得利

B. 所有权的转移

C. 买卖合同的履行

D. 善意取得

3. 2022年1月12日，甲因车祸意外去世，小甲是其唯一继承人。2月1日，在整理母亲遗物时，小甲发现一对玉镯。小甲不想睹物思人，于是在2月15日将玉镯卖给乙，但毕竟是母亲的遗物，故小甲和乙约定再借用4天，乙表示同意。翌日，不知情的丙看见小甲在擦拭玉镯，十分喜欢，就和小甲协商，以市场价买下该玉镯，表示可立即付款，小甲同意。于是双方当场完成价款和手镯的交付。丙在回家路上不小心遗失手镯，被路过的丁拾得。2月20日，丁找到不知情的戊，将该手镯以市价出卖给戊，并完成交付。乙得知后要求小甲交付手镯。对此，下列说法正确的是？(　　)

A. 2月1日，小甲取得该玉镯的所有权

B. 丁将手镯出卖给戊并完成交付，戊善意取得该手镯的所有权

C. 小甲将玉镯出卖给丙的行为侵犯了乙的财产权利，乙可以对小甲主张侵权损害赔偿

D. 丙有权对戊主张返还原物请求权

四、简答题

1. 简述公民个人财产所有权的概念和法律特征。
2. 简述所有权的特征。
3. 简述所有权的权能。

五、论述题

1. 试述善意取得的构成条件。
2. 结合物权法的相关规定，谈谈建筑物区分所有权的主要内容。(北京大学法学院2010年考研综合卷试题)

六、案例分析题

公民刘涛、张直为同一居民楼邻居，刘涛住

楼上，张直住楼下，现因刘涛希望卖出其房，张直找刘涛协商，并签订书面合同，张直以80万元价钱购买刘涛的房产。次日，刘涛的姐姐刘琳来看望刘涛，并提出愿出资90万元买刘涛的房产，刘涛又与刘琳订立书面合同，并于当天到房管部门办理了过户登记。

请问：

（1）刘涛与张直之间的合同是否成立？张直是否取得房屋所有权？

（2）刘涛与刘琳之间的合同是否成立？刘琳是否取得房屋所有权？

（3）如果刘琳明知刘涛与张直有合同在先，仍订立合同并出资购买刘涛的房产，刘琳是否能取得该房所有权？

（4）如果刘琳住入该房后，张直拒绝刘琳从楼梯上下，并拿出其产权证，产权证的确将楼梯产权确认给张直，张直这种行为是否合法？

参考答案

一、单项选择题

1. **答案**：D。货币所有权的转移以交付为要件，交付货币发生所有权转移。
2. **答案**：C。遗失物收归国有被寄卖后，张军因买卖关系当然取得该手表的所有权，而后张军又将手表送给女友兰兰，所有权转移，归兰兰所有。盗赃物原则上不适用善意取得制度，但如果第三人是从出卖同类物品的公共市场上买得的，所有人无权向第三人请求返还原物。
3. **答案**：C。原始取得和继受取得。
4. **答案**：B。参见《民法典》第231条。
5. **答案**：B。虽王某为非法占有，但遗失物在公开市场出售的，买方善意人应取得所有权，故李某失去所有权，而王某作为拾得人不享有所有权，何某基于物之所有权人吴某的意思占有并将之转让给善意第三人，故苏某因善意取得获得该皮包所有权。
6. **答案**：C。收益，就是收取物所派生的孳息，是基于财产而产生的物质利益，主要包括孳息和利息。孳息又分为法定孳息和天然孳息。法定孳息，是指依法律关系取得的利益；天然孳息，是指原物因自然力产生的，或者按物的用法而收获的利益。本题中，A、B、D三项表述均属于收益，A项表述属天然孳息；B项表述也属天然孳息；D项表述属法定孳息。C项表述中的奖金是基于劳动合同关系而不是基于财产而取得的物质利益，不是孳息，因此不是收益。
7. **答案**：A。参见《民法典》第630条；同时本题中乙代甲买相机，彩电是相机的孳息，应属于相机的所有人甲所有。
8. **答案**：D。A错，公信原则是物权公示原则的应有之义；本题中的丙不能因公信原则而取得该画的所有权。B错，丙不能因善意取得制度而获得该画的所有权。C错D对，根据《民法典》第1122条。
9. **答案**：C。先占是指最先占有无主财产。先占必须在事实上占有物，这种占有要有取得所有权的意思。本题中的甲因其抛弃行为而自愿放弃自己对该牛的所有权，该牛成为无主财产。乙基于先占，即最先占有无主财产，而取得该牛的所有权。
10. **答案**：B。A、C二项表述中的第三人均因善意取得制度而获得该物的所有权。D错，理由参见第2题答案。
11. **答案**：D。参见《民法典》第311条关于善意取得的规定。
12. **答案**：D。
13. **答案**：C。
14. **答案**：A。本题情形属于动产与不动产的附合，由不动产所有权人取得所有权，但应给原动产所有人（即将房屋翻盖所用的材料的所有人）以补偿。
15. **答案**：C。参见《民法典》第830条。
16. **答案**：D。按照合同或者其他方式取得财产权的，财产权从财产交付时起转移，法律另有规定或者当事人另有约定的除外。
17. **答案**：A。加工是指在他人之物上附加自己有价值的劳动使之成为新的财产。对加工物所有权的归属，一般由当事人协商处理，不能达成协议的，原则上归原物所有人，并给予加工人补偿，但是当加工价值大于材料价值时，加工物可以归加工人所有，但应对原所有人给予补偿。

18. 答案：C。题中所描述的为相邻妨害关系，相邻人排放废水、废渣、废气、粉尘、油污和放射性物质的应当严格遵守国家标准，不得污染环境，造成邻人损害。否则，邻人有权要求停止排污，请求有关部门处理。受到损害的，有权要求赔偿。

19. 答案：C。甲的行为已经侵犯了乙的宅基地使用权，而不仅是相邻关系了。

20. 答案：C。选项A说法正确。《民法典》第302条规定，共有人对共有物的管理费用以及其他负担，有约定的，按照其约定；没有约定或者约定不明确的，按份共有人按照其份额负担，共同共有人共同负担。选项B说法正确，根据《民法典》第308条规定。选项C说法错误，根据《民法典》第301条规定。选项D说法正确，根据《民法典》第305条规定。

21. 答案：D。停车位归乙所有，甲未经权利人乙的同意而擅自占为己用，属于无权占有，甲明知自己无权占有而继续占有，为恶意占有，故选项A表述正确，不选。《民法典》第462条规定："占有的不动产或者动产被侵占的，占有人有权请求返还原物……"占有人主张占有返还请求权的前提是，占有物被侵占，而丙基于其与甲签订的租赁合同进行占有使用，不构成侵占，甲在租赁期间内不得主张占有返还请求权，故选项B表述正确，不选。《民法典》第235条规定："无权占有不动产或者动产的，权利人可以请求返还原物。"乙为停车位所有权人，甲为无权占有人，乙可以请求甲返还原物。但此时停车位实际被丙占有，在租赁期限届满后，丙仍然继续使用停车位，按照前述《民法典》第462条的规定，甲对其享有占有返还请求权，故乙可以请求甲返还原物，甲向乙让与其对丙的占有返还请求权，故选项C正确，不选。乙作为所有权人，对间接侵占其占有权的丙，只可基于所有权而要求其返还原物，故选项D错误。综上，由于本题是选非题，本题正确答案为D。

22. 答案：C。《民法典》第209条第1款规定："不动产物权的设立、变更、转让和消灭，经依法登记，发生效力；未经登记，不发生效力，但是法律另有规定的除外。"据此A项错误。《民法典》第229条规定："因人民法院、仲裁机构的法律文书或者人民政府的征收决定等，导致物权设立、变更、转让或者消灭的，自法律文书或者征收决定等生效时发生效力。"但是，2012年8月，法院仅判决丙办理房屋过户手续，并非因判决导致房屋物权变更的情形，导致物权变更的是2012年3月甲、乙和丙之间的协议，因此本题中的情形不适用《民法典》第229条的规定，据此B项错误。《民法典》第230条规定："因继承取得物权的，自继承开始时发生效力。"虽然甲、乙、丙三方达成协议，且法院也判决丙办理房屋过户手续，但丙一直没有办理，即房屋仍登记在丙名下，所有权仍归属于丙，丙死亡后，丁法定继承该房屋所有权，因此C项正确。2012年12月，丁将房屋赠给戊仅对赠与合同作了公证，未先将房屋登记于自己名下再办理转让登记至戊的名下，因此戊并未取得所有权，D项错误。

23. 答案：D。《民法典》第312条规定："所有权人或者其他权利人有权追回遗失物。该遗失物通过转让被他人占有的，权利人有权向无处分权人请求损害赔偿，或者自知道或者应当知道受让人之日起二年内向受让人请求返还原物；但是，受让人通过拍卖或者向具有经营资格的经营者购得该遗失物的，权利人请求返还原物时应当支付受让人所付的费用。权利人向受让人支付所付费用后，有权向无处分权人追偿。"由此可见，就所有权的追回而言，手表无论是在李某、王某还是郑某手中，由于手表系遗失物，只要不违反上述法条规定的两项条件（自知道或者应当知道受让人之日起2年内；给付通过拍卖或者向具有经营资格的经营者购得该遗失物的所付费用），所有权人张某均有权要求受让人返还。本题中的情形并没有违反上述条件，因此张某有权要求受让人返还手表。但是，所有权人基于所有权请求返还原物，必须向所有物的直接占有人要求返还，上述的李某、王某、郑某均非直接占有人，故张某无从要求上述三人返还，因此A、B、C三项均非正确答案；D项的朱某系手表的直接占有人，题目中也没有说明其行使留置权进行抗辩，因此D项正确。

24. **答案**：A。《民法典》第224条规定："动产物权的设立和转让，自交付时发生效力，但是法律另有规定的除外。"据此，本题中丁因为交付而取得了动产玉器的所有权，A项正确，B、C项错误。本题中三份合同均没有《民法典》第153条、第154条规定的无效情形，因此均为有效，D项错误。

25. **答案**：D。本题中，方某以2000元现金酬谢为内容发布寻物启事的悬赏广告行为在民法上构成单方允诺，如有人交还遗失物，方某基于单方允诺必须支付酬金，这就是单方允诺的法律效果。另外，《民法典》第317条规定："权利人领取遗失物时，应当向拾得人或者有关部门支付保管遗失物等支出的必要费用。权利人悬赏寻找遗失物的，领取遗失物时应当按照承诺履行义务。拾得人侵占遗失物的，无权请求保管遗失物等支出的费用，也无权请求权利人按照承诺履行义务。"据此本题D项正确，A、C项错误。《民法典》第314条规定："拾得遗失物，应当返还权利人。拾得人应当及时通知权利人领取，或者送交公安等有关部门。"因此，拾得人返还遗失物是他的法定义务，是基于物权法而非债权法的规定进行返还，因此拾得人不能像债权人那样行使留置权，B项错误。

26. **答案**：A。《民法典》第220条规定，权利人、利害关系人认为不动产登记簿记载的事项错误的，可以申请更正登记。不动产登记簿记载的权利人书面同意更正或者有证据证明登记确有错误的，登记机构应当予以更正。不动产登记簿记载的权利人不同意更正的，利害关系人可以申请异议登记。登记机构予以异议登记，申请人自异议登记之日起15日内不提起诉讼的，异议登记失效。异议登记不当，造成权利人损害的，权利人可以向申请人请求损害赔偿。本题中，甲与乙签订的《协议》中明确约定"乙代甲购房"，且首付和月供都是甲出的，甲是房屋的实际产权人，有权提出更正登记；同时，甲、乙约定是乙代甲购房，所以不属于借款购房；而且即使登记在乙名下，甲也可以根据协议请求乙过户，故B、C选项均错误，A选项正确。《民法典》第311条第1款规定，无处分权人将不动产或者动产转让给受让人的，所有权人有权追回；除法律另有规定外，符合下列情形的，受让人取得该不动产或者动产的所有权：（1）受让人受让该不动产或者动产时是善意；（2）以合理的价格转让；（3）转让的不动产或者动产依照法律规定应当登记的已经登记，不需要登记的已经交付给受让人。据此可知，若丙不知甲、乙之间的《协议》，乙将房屋过户给丙时，丙即构成善意取得，无须丙支付合理价款后才构成善意取得，故D选项错误。

27. **答案**：B。（1）依《民法典》第314条、第316条、第317条第2款的规定，拾得遗失物，应当返还权利人；拾得人在遗失物送交有关部门前，有关部门在遗失物被领取前，应当妥善保管遗失物，因故意或者重大过失致使遗失物毁损、灭失的，应当承担民事责任；权利人悬赏寻找遗失物的，领取遗失物时应当按照承诺履行义务。本题中，甲遗失手链1条，被乙拾得，甲知道后要求乙返还，乙有义务返还，但与此同时，返还前乙应当妥善保管手链，而乙却没有尽到保管义务，以致在桥边玩耍时手链掉入河中被冲走，故乙应承担赔偿责任。由此可知，本题中C、D选项的说法均错误。（2）依《民法典》第317条第3款的规定，拾得人侵占遗失物的，无权请求保管遗失物等支出的费用，也无权请求权利人按照承诺履行义务，即拾得人构成侵占的，即丧失报酬请求权。本题中，甲承诺给付报酬，但要求乙返还手链时却不同意给付，双方数次交涉无果的情况下乙仍然继续占有手链，乙的行为虽有不妥，但尚不构成侵占，因而乙并不因此而丧失请求支付报酬的权利。但是，该手链于乙在桥边玩耍时掉入河中被冲走，即最终乙并没有归还甲手链，即没有完成甲悬赏广告中指定的行为，因而也无权索要报酬，故本题中A选项说法错误，B选项说法正确。

28. 答案：D。首先，根据民事法律行为成立所需意思表示的数量和合意形成的方式的不同，可以将民事法律行为分为单方民事法律行为、多方民事法律行为和决议行为。其中，单方民事法律行为，是指依一方当事人的意思表示而成立的民事法律行为。典型的单方民事法律行为包括动产所有权的抛弃、订立遗嘱和遗赠。本题中，刘某将孟某大衣扔掉的行为系动产所有权的抛弃，属于典型的单方民事法律行为而非事实行为。故A项错误。其次，先占制度虽然在我国现行法律中并无明文规定，但无论是学理上还是司法实践中，均承认先占可以发生物权变动。先占，是指以所有的意思，先于他人占有无主的动产，从而取得其所有权的法律事实。对于先占而言，应当具备三个要件：(1) 需以所有的意思占有无主物；(2) 对象是无主物；(3) 标的物为动产。本题中，孟某的大衣被刘某抛弃后即属于无主动产。徐老太可以基于先占而取得大衣的所有权。故B项错误。最后，根据《民法典》第314条规定，拾得遗失物，应当返还权利人。拾得人应当及时通知权利人领取，或者送交公安等有关部门。本题中，刘某将孟某大衣扔掉时不存在抛弃27500元的手表的单方意思表示。因此，手表属于遗失物。徐老太拾得遗失物，依法应当返还。故C项错误。

29. 答案：A。根据《民法典》第630条规定，标的物在交付之前产生的孳息，归出卖人所有；交付之后产生的孳息，归买受人所有。但是，当事人另有约定的除外。本题中，张某将大海螺出卖给苏某后，大海螺中产生的孳息即珍珠应归买方苏某所有。故B项错误。当苏某将大海螺交给海河大饭店加工时，苏某依然是大海螺的所有权人。因此，孳息应归苏某而非承揽人海河大饭店，更非厨师何某。故C、D项错误。

30. 答案：A。先占制度虽然在我国现行法律中并无明文规定，但无论是学理上还是司法实践中，均承认先占可以发生物权变动。先占，是指以所有的意思，先于他人占有无主的动产，从而取得其所有权的法律事实。对于先占而言，应当具备三个要件：(1) 需以所有的意思占有无主物；(2) 对象是无主物；(3) 标的物为动产。根据《民法典》第247条的规定，矿藏、水流、海域属于国家所有。但现行法律并未规定陨石亦归国家所有。故D项错误。陨石作为无主动产，应依先占之基本规则确定归属，因甲捡到，应归甲所有。故B项错误。共同共有的情形只有四种，即“夫、家、遗、伙”关系。其中，“夫”代表夫妻关系；“家”代表家庭关系；“遗”代表遗产继承关系；“伙”代表合伙关系。本题中，甲、乙之间并不存在上述四种关系。因此，陨石不可能由二者共同共有。故C项错误。

31. 答案：D。《不动产登记暂行条例》第14条规定：“因买卖、设定抵押权等申请不动产登记的，应当由当事人双方共同申请。属于下列情形之一的，可以由当事人单方申请：(一) 尚未登记的不动产首次申请登记的；(二) 继承、接受遗赠取得不动产权利的；(三) 人民法院、仲裁委员会生效的法律文书或者人民政府生效的决定等设立、变更、转让、消灭不动产权利的；(四) 权利人姓名、名称或者自然状况发生变化，申请变更登记的；(五) 不动产灭失或者权利人放弃不动产权利，申请注销登记的；(六) 申请更正登记或者异议登记的；(七) 法律、行政法规规定可以由当事人单方申请的其他情形。”A、B、C项可以单方申请，D项应当由当事人双方共同申请，故D项正确。

二、多项选择题

1. **答案**：BD。民法理论对于物权通常分为所有权（自物权、完全物权、无期物权）和他物权（限制物权、不完全物权、有期物权）。对于土地权，我国法律规定土地属于国家、集体所有，土地权主要是对于土地的使用收益权利，是属于用益物权。
2. **答案**：ABD。参见《民法典》第272条、第273条关于建筑物区分所有权的规定。
3. **答案**：ABCD。A项表述的添附、B项表述的国家取得无人继承的遗产所有权、C项表述的善意取得、D项表述的孳息均属于所有权的原始取得方法。
4. **答案**：ABC。参考有关民法理论：对物权的取得分为原始取得，其根据法律规定，最初取得财产所有权和不依赖原所有人的意志取得；继受取得（传来取得），指通过某种法律行为从原所有人那里取得对某项财产的所有权。
5. **答案**：ABD。本题主要是考查所有权的效力。
6. **答案**：BD。原物的所有权已经发生转移，则原物所生孳息的所有权也随之转移，物的原所有人无权请求新所有人返还原物的孳息。本题中，甲向乙交付20张奖券代替现金交付的行为得到乙的同意，双方债的关系已经消灭，乙因此而取得了该20张奖券的所有权。而奖金属于奖券的法定孳息，其所有权自然归属于奖券的新所有人乙。
7. **答案**：BC。本题考查返还原物请求权的适用范围、善意取得制度。对照善意取得的构成条件，A选项符合，因此不得要求返还；而B选项不适用善意取得制度，故可以要求返还。D选项中的两个合同均有效，孙某因为继受取得标的物的所有权，因此，物权的追及效力被阻断。C选项中的标的物还在，因此可以要求返还。
8. **答案**：ABC。A对，在法律没有特别规定或合同没有特别约定时，农村土地承包经营权人当然取得原物所生自然孳息的所有权。B对，采矿权人可以取得原物所生自然孳息的所有权。C对，根据有关典权的一般原理，典权人可取得原物所生孳息的所有权，除非当事人有相反约定。D错，根据《民法典》规定，质权人在质押关系存续期间仅有孳息的收取权，而不能取得对它的所有权。
9. **答案**：ACD。本题考查动产所有权的消灭和取得。
10. **答案**：ACD。本题考查相邻关系的具体种类。B选项属于地役权，而非相邻关系。甲村为了自己的利益在乙、丙、丁村的土地上修建水渠，已经超过了相邻关系对于相邻人行使不动产所有权和使用权以提供最低限度的便利和容忍义务。
11. **答案**：BCD。《民法典》第220条规定，权利人、利害关系人认为不动产登记簿记载的事项错误的，可以申请更正登记。不动产登记簿记载的权利人书面同意更正或者有证据证明登记确有错误的，登记机构应当予以更正。不动产登记簿记载的权利人不同意更正的，利害关系人可以申请异议登记。登记机构予以异议登记，申请人自异议登记之日起15日内不提起诉讼的，异议登记失效。异议登记不当，造成权利人损害的，权利人可以向申请人请求损害赔偿。根据本题题意，刘某不可能有权利人的书面更正同意或者有证据证明登记确有错误，所以直接向登记机构申请更正登记会导致更正登记难以实现，可以向登记机构申请异议登记，据此选项A错误，选项B正确。《民法典》第234条规定，因物权的归属、内容发生争议的，利害关系人可以请求确认权利。因此选项C、D正确。
12. **答案**：ABD。《民法典》第322条规定："因加工、附合、混合而产生的物的归属，有约定的，按照约定；没有约定或者约定不明确的，依照法律规定；法律没有规定的，按照充分发挥物的效用以及保护无过错当事人的原则确定。因一方当事人的过错或者确定物的归属造成另一方当事人损害的，应当给予赔偿或者补偿。"首先，添附是指基于种种原因将原属于数人之物结合或加工为一新物的现象，包括附合、混合、加工三种情形，添附是物的原始取得方式之一。由于所有权的“一物一权”规则，因添附发生后，应依法公平地确定其归属。按照“发挥物的效用”，可以处理动产与不动产的添附问题，即由不动产方取得动产方的所有权。但当动产之间发生添附，则一般按照“价值主义”确定归属，即当加工增加的价值大于材料价值时，加工物应当归加工人所有。本题既发生了加工，也发生了附合，应以丙的房屋所有权吸收甲或乙的动产所有权，即应当由丙取得八卦玉石的所有权，故C项正确，A、B项错误。其次，关于“赔偿与补偿”的区别问题，取决于对行为人评价是否应加持“非难性”，发生添附后，对有过错方则应用“赔偿”；而对主观上无过错的行为人，则应使用“补偿”概念。本案中，乙在受托保管他人之物时擅自加工雕刻，其若依法获得所有权，应当给甲予以赔偿；若丙获得所有权，由于其对甲没有过错，应该给予其“相应补偿”，但对乙应予“赔偿”；若甲获得所有权，其对乙或丙均无过错，只需给予“相应补偿”，故D项错误。

三、不定项选择题

1. 答案：（1）D。本小题考查善意取得与赠与。《民法典》第154条规定：“行为人与相对人恶意串通，损害他人合法权益的民事法律行为无效。”据此，本题中钱某与孙某的买卖行为因恶意串通损害了赵某的利益，应属无效，据此孙某不能取得电视机的所有权。孙某占有该电视机后以市价卖给李某，李某基于善意取得制度而取得了该电视机的所有权。而后，李某将该电视机作为嫁妆送给李娟，赠与合同成立并发生法律效力，因此，李娟取得该电视机的所有权。

（2）C。本小题考查质押生效要件。A、B、D错，根据《民法典》第143条的规定，李某与吴某之间的运输合同行为、李某与周某之间的借贷合同行为、赵某与钱某之间的委托行为均符合民事法律行为生效的三个要件，是有效的民事法律行为。C对，《民法典》第429条规定，质权自出质人交付质押财产时设立。本题中李某与周某之间虽然签订了质押合同，但并没有移交质物的占有，所以李某与周某之间的质押行为无效。

（3）D。本小题考查侵权责任的承担。《民法典》第823条第1款规定：“承运人应当对运输过程中旅客的伤亡承担赔偿责任；但是，伤亡是旅客自身健康原因造成的或者承运人证明伤亡是旅客故意、重大过失造成的除外。”第178条第1款规定：“二人以上依法承担连带责任的，权利人有权请求部分或者全部连带责任人承担责任。”综上所述，本题中吴某和王某主观上均有过错，一个是“饮酒过多，驾车狂奔”，另一个是“超速行驶”，两者构成共同侵权，对于李娟受伤的医疗费，应由吴某和王某根据各自的过错程度按比例承担。

（4）ACD。本题考查主合同和从合同的关系。A项表述错误，周某要求李某提供新的担保于法无据。B项正确，本题中质权未设立，并不影响合同的效力，因而可主张违约责任问题。C、D两项表述错误，根据民法原理，从合同效力受主合同效力的影响，但主合同的效力一般不受从合同效力的影响。因本题为选非题，故A、C、D当选。

2. 答案：（1）B。本题考查的是动产所有权的取得方式。国家对于超过领取期限的遗失物取得所有权，本案中国家取得项链所有权后通过合法途径卖给某乙，某乙取得所有权。小偷偷走项链不能取得所有权，更重要的是，某丙购得的项链为盗赃物，不属于善意取得标的物的范围，因而不构成善意取得，不能取得所有权。

（2）D。本题考查的是无效民事行为。前题已述，某丙购得的项链为盗赃物，不能构成善意取得，B、C选项也不能成立。《民法典》第153条规定：“违反法律、行政法规的强制性规定的民事法律行为无效。但是，该强制性规定不导致该民事法律行为无效的除外。违背公序良俗的民事法律行为无效。”该行为因违反法律或社会公共利益而无效。

(3) CD。本题考查的是无主财产。国家视超期未领的财产为无主财产而取得所有权，其可以依法进行处分。故C、D项为正确答案。

(4) BC。代售店受委托有权处分该项链。某乙以合法的方式与代售店成立买卖合同，其依法和依合同取得项链的所有权。

3. **答案**：CD。本题的关键在于结合各个法律事实发生的时间节点分析手镯的所有权归属。2022年1月12日，甲因车祸意外去世，甲生前的合法财产作为遗产会发生继承。《民法典》第230条规定："因继承取得物权的，自继承开始时发生效力。"据此可知，小甲作为甲的唯一继承人，于2022年1月12日成为甲遗产的所有权人。手镯是甲的遗产之一，因此，小甲于2022年1月12日取得手镯的所有权。至于手镯哪天被发现，并不影响其所有权归属，A项错误。2月15日，小甲将手镯卖给乙，并约定小甲再借用4天。小甲作为手镯的所有权人，将其卖给乙，属于有权处分。《民法典》第228条规定："动产物权转让时，当事人又约定由出让人继续占有该动产的，物权自该约定生效时发生效力。"该条规定了占有改定。占有改定通常可以拆解为三个交易环节：买卖合同—所有权移转的合意—占有媒介关系（如借用、租赁等）。本题中，小甲与乙约定小甲再借用4天，背后所包含的意思是所有权直接移转，双方的交易结构与占有改定相符。因此，2月15日，小甲通过占有改定的方式将手镯所有权移转给乙。2月16日，小甲又将手镯以市价卖给不知情的丙，且双方当场完成价款和手镯的交付。当日小甲已经不是手镯的所有权人，因此小甲的行为属于无权处分。结合《民法典》第331条第1款对善意取得的规定，丙是善意的，约定了合理的价格且已经完成了交付，符合善意取得的构成要件，因此丙通过善意取得的方式成为手镯所有权人。小甲将玉镯出卖给丙的行为，侵犯了乙的所有权，乙可以对小甲主张侵权损害赔偿。C项正确。当日丙取得手镯后回家的路上，不小心将手镯遗失，被路过的丁拾得，丁作为拾得人并不能取得手镯的所有权，丙仍然是手镯的所有权人。2月20日，丁找到不知情的戊，将该手镯以市价出卖给戊，并完成交付。由于丁并非手镯的所有权人，丁将手镯卖给戊，属于无权处分，需要考虑戊是否构成善意取得。结合《民法典》第312条的规定，遗失物作为占有脱离物，在适用善意取得规则时需要受到限制，在第312条规定的2年期间内，遗失物不发生善意取得。本题中，2年期间显然还未经过，因此戊不能善意取得该手镯，手镯的所有权人仍然是丙，B项错误。既然手镯的所有权人仍然是丙，戊对手镯的占有属于无权占有，丙作为所有权人自然有权依据《民法典》第235条请求无权占有人戊返还手镯，D项正确。

四、简答题

1. **答案**：《民法典》第266条规定，私人对其合法的收入、房屋、生活用品、生产工具、原材料等不动产和动产享有所有权。第65条规定，私人合法的储蓄、投资及其收益受法律保护。国家依照法律规定保护私人的继承权及其他合法权益。公民个人财产所有权，是公民个人依法对其财产所享有的占有、使用、收益和处分并排除他人干涉的权利。

   它的基本特征是：(1) 它的所有权主体是公民个人。(2) 它的客体包括生产资料和生活资料两部分。(3) 它的主要来源是劳动所得和其他合法收入。(4) 它是法律所确认的所有权，受国家法律的保护。

2. **答案**：所有权是财产所有人在法律规定的范围内，对属于他的财产享有占有、使用、收益、处分的权利。所有权属于物权，即直接管领一定的物的排他性权利。所有权具有以下特征：(1) 所有权是绝对权。所有权不需要他人的积极行为，只要他人不加以干预，所有人自己便能实现其所有权。所有权关系的义务主体是所有权人以外的一切人。(2) 所有权具有排他性。所有权属于物权，具有排他的性质。所有权人有权排除他人对于其所有物的干涉，并且同一物上只能有一个所有权存在，而不能同时并存两个或两个以上的所有权。(3) 所有权是一种最完全的权利。所有权是所有人对于其所有物进行一般的、全面的支配的最全面、最充分的物权，它不仅包括对于物的占有、使用、收益，还包括了对于物最终予以处分的权利。(4) 所有权具有弹力性。当所有物上设定的其他权利消灭，所有权的负担去除的时候，所有权仍然恢复其圆满的状态。(5) 所有权具有永久性。即所有权的存在不能预定其存续期间。

3. **答案**：所有权包括以下四个方面的权能：(1) 占有。即占有人对物的实际掌握、控制。所谓控制，可以是对物的直接把握，也可以是在自己力量范围内对物的控制。(2) 使用。即指按照物的性能和用途对物加以利用，以满足生产、生活需要。使用是所有人的一项重要权能，拥有所有权的目的，在绝大多数情况下，正是为了对物或财产加以利用，以实现物或财产的使用价值，因此，对财产的使用在一定意义上是财产所有人的目的。(3) 收益。即指利用物并获取一定的经济利益。所有权人取得其财产的收益，通常是对物或财产使用的结果，即使用自己的财产取得收益。(4) 处分。即指所有人依法对物进行处置，从而决定物的命运。处分包括事实上的处分（实物形态上的处分）和法律上的处分（价值形态上的处分）。

五、论述题

1. **答案**：善意取得，又称即时取得，是指无权处分他人动产的让与人，不法将其占有的他人动产交付于受让人后，若受让人取得该动产时出于善意，即取得该动产所有权，原动产所有人不得要求受让人返还。善意取得制度是为维护动产交易的安全而设计的。其构成要件包括：

(1) 标的物须为动产。不动产的转让一般须经登记，因而不适用善意取得制度；善意取得的标的物仅限于动产，但以下几类动产不适用善意取得：第一，采登记对抗主义的动产：如船舶、航空器、机动车辆；第二，非以无记名有价证券表彰的债权；第三，法律禁止流通的物品如毒品、淫秽物品等；第四，未分离的不动产的出产物是该不动产的组成部分，不能成为善意取得的标的；第五，依法被查封的财产；第六，遗失物和盗赃原则上不适用善意取得，但货币、票据、通过竞买方式和交易所方式取得的动产除外。

(2) 受让人须基于交易行为而受让动产的占有。善意取得应以受让人取得受让动产的占有为要件。但是受让人的占有必须是通过交易行为而取得。若受让人不是因为交易行为而受让动产的占有时，即便受让人实际占有该动产，也不发生善意取得的效力。

(3) 受让人取得动产时须为善意。即受让人在受让动产时不知道或不应当知道让与人无处分权。受让人事后知道出让人无处分权的，对善意取得没有影响。在交易时受让人以明显不合理的低价受让财产的，应认定受让人不具有善意。

2. **答案**：我国《民法典》第 271 条规定："业主对建筑物内的住宅、经营性用房等专有部分享有所有权，对专有部分以外的共有部分享有共有和共同管理的权利。"

该条是规定我国建筑物区分所有权的含义或曰法律构成。即当一幢建筑物被区分为数个部分时，其中既有专有部分，也有共有部分，这种在专有部分上成立的所有权，即为建筑物的区分所有权。

通说认为，建筑物区分所有权的内容，包括区分所有建筑物专有部分的单独所有权、共有部分的共有权，以及因区分所有权人的共同关系所产生的管理权。

(1) 专有部分的单独所有权

专有部分是在一栋建筑物内区分出的住宅或者商业用房等单元。该单元须具备构造上的独立性与使用上的独立性。业主对其专有部分享有单独所有权，即对该部分为占有、使用、收益和处分的排他性的支配权，性质上与一般的所有权并无不同。但此项专有部分与建筑物上其他专有部分有密切的关系，因此区分所有权人就专有部分的使用、收益、处分不得违反各区分所有权人的共同利益。

(2) 共有部分的共有权

共有部分是指区分所有的建筑物及其附属物的共同部分，即专有部分以外的建筑物的其他部分。我国物权法规定，业主对建筑物专有部分以外的共有部分，享有权利并履行义务，但不得以放弃权利为由不履行义务。共有部分为相关业主所共有，均不得分割，也不得单独转让。业主转让建筑物内的住宅、经营性用房，其对建筑物共有部分享有的共有和共同管理的权利一并转让。业主依据法律规范、合同以及业主公约，对共有部分享有使用、收益、处分权，并按照其所有部分的价值，分担共有部分的修缮费以及其他负担。

(3) 业主的管理权

基于区分所有建筑物的构造，业主在建筑物的权利归属以及使用上形成了不可分离的共同关系，并基于此一共同关系而享有管理权。该管理权的内容为：第一，业主有权设立业主大会并选举业主委员会；第二，业主有权决定区分建筑物相关事项；第三，业主享有知情权；第四，业主可以自行管理建筑物及其附属设施，也可以委托物业服务企业或者其他管理人管理。对建设单位聘请的物业服务企业或者其他管理人，业主有权依法更换。物业服务企业或者其他管理人根据业主的委托管理建筑区划内的建筑物及其附属设施，并接受业主的监督。业主对侵害自己合法权益的行为，可以依法向人民法院提起诉讼。

【参考资料】 魏振瀛主编：《民法》，北京大学出版社 2021 年版。

六、案例分析题

答案：(1) 刘涛与张直之间意思表示一致，并具有相应行为能力，且无违法情形，合同已经成立。但因未办理相应过户登记手续，张直不能取得房屋的所有权。

《民法典》第 490 条规定，当事人采用合同书形式订立合同的，自当事人均签名、盖章或者按指印时合同成立。在签名、盖章或者按指印之前，当事人一方已经履行主要义务，对方接受时，该合同成立。法律、行政法规规定或者当事人约定合同应当采用书面形式订立，当事人未采用书面形式但是一方已经履行主要义务，对方接受时，该合同成立。但是基于不动产物权的公示公信原则及关于不动产转让的规定，未办理登记手续，房屋所有权没有转移。办理登记手续，房屋所有权才发生转移。

(2) 合同已经成立。理由同上。但因刘涛与刘琳已办理相应产权过户登记，所有权由刘涛移转到刘琳。

(3) 即使刘琳明知刘涛与张直有合同在先，但房屋所有权仍在刘涛，刘琳同刘涛签订合同并办理过户手续并不违法，刘琳仍能取得房屋所有权。法律、行政法规禁止或者限制转让的标的物，依照其规定。

依照前面的分析，房屋的所有权没有合法转移，出卖人仍保有所有权，其有权处分自己的财产，因而后一合同有效成立，经过登记手续后，所有权转移。

(4) 张直这种行为是不合法的。楼梯属于建筑物区分所有中的共有部分，确认为某一方所有的行为是无效的。刘琳有权使用该楼梯。建筑物区分所有有专有部分和共有部分之分。对于共有部分，为相关区分所有权人共有，不得分割，即使分割，也是无效的。

第十二章　共　　有

基础知识图解

- 共有
  - 共有的概念：两个以上的权利主体对同一物享有所有权
  - 共有的特征
    - 主体：不是一个而是两个或两个以上的自然人或者法人
    - 客体：即共有物，是特定的
    - 内容：共有人对共有物或者按照各自的份额或者平等地享有权利
  - 共有的种类
    - 按份共有
      - 概念：两个或两个以上的共有人按照各自的份额分别对共有财产享有权利和承担义务
      - 特征
        - 不以存在共同关系为必要
        - 分享确足份额
        - 对应有部分分享相当于所有权的权利
      - 按份共有人的权利和义务
    - 共同共有
      - 概念：两个或两个以上的自然人或法人，根据共同关系而对某项财产不分份额地共同享有权利并承担义务
      - 类型
        - 夫妻财产共有
        - 家庭财产共有
        - 遗产分割前共有
      - 特征
        - 根据共同关系而产生，以共同关系的存在为前提
        - 共有财产不分份额
        - 各共有人平等地享有权利和承担义务
      - 共同共有人的权利和义务
  - 因共有财产而产生的共同债务
  - 准共有：两个以上的人共同享有所有权以外的财产权
- 共有财产的分割
  - 分割的原则
    - 尊重共有人意思原则
    - 物尽其用原则
    - 依法分割原则
  - 分割的方式
    - 实物分割
    - 变价分割
    - 作价补偿
  - 分割的效力：共有关系消灭，各共有人就分得的份额单独享有所有权

配套测试

一、单项选择题

1. 对于区分所有人的建筑物（　　）。

A. 区分所有人得就共有部分请求分割

B. 区分所有人对共有部分的权利可单独转让

C. 区分所有人对整个建筑物享有共同所有权

D. 共有部分的修缮费用及其他负担，由

各区分所有人按其所有部分价值的比例分担

2. 甲、乙二人各出资5万元购买了一套商品房，轮流居住，在甲居住期间因连降大雨，导致房屋倒塌，砸伤行人丙。丙应当向谁主张权利？（　　）

A. 甲、乙按出资比例对丙负责赔偿

B. 甲对丙负责赔偿

C. 甲、乙对丙负连带赔偿责任

D. 甲、乙分别对丙负赔偿责任

3. 下列财产中属于按份共有的是（　　）。

A. 合伙财产

B. 夫妻共同财产

C. 共同继承的财产

D. 同寝室三名学生共同出资并按出资份额分享使用电脑的时间

4. 红光、金辉、绿叶和彩虹公司分别出资50万元、20万元、20万元、10万元建造一栋楼房，约定建成后按投资比例使用，但对楼房管理和所有权归属未作约定。对此，下列哪一说法是错误的？（　　）（2010年司考．卷三．单7）

A. 该楼发生的管理费用应按投资比例承担

B. 该楼所有权为按份共有

C. 红光公司投资占50%，有权决定该楼的重大修缮事宜

D. 彩虹公司对其享有的份额有权转让

5. 甲、乙、丙、丁共有1套房屋，各占1/4，对共有房屋的管理没有进行约定。甲、乙、丙未经丁同意，以全体共有人的名义将该房屋出租给戊。关于甲、乙、丙上述行为对丁的效力的依据，下列哪一表述是正确的？（　　）（2012年司考．卷三．单6）

A. 有效，出租属于对共有物的管理，各共有人都有管理的权利

B. 有效，对共有物的处分应当经占共有份额2/3以上的共有人的同意，出租行为较处分行为轻，当然可以为之

C. 无效，对共有物的出租属于处分，应当经全体共有人的同意

D. 有效，出租是以利用的方法增加物的收益，可以视为改良行为，经占共有份额2/3以上的共有人的同意即可

6. 甲（男）、乙（女）结婚后，甲承诺，在子女出生后，将其婚前所有的一间门面房，变更登记为夫妻共同财产。后女儿丙出生，但甲不愿兑现承诺，导致夫妻感情破裂离婚，女儿丙随乙一起生活。后甲又与丁（女）结婚。未成年的丙因生重病住院急需医疗费20万元，甲与丁签订借款协议从夫妻共同财产中支取该20万元。下列哪一表述是错误的？（　　）（2014年司考．卷三．单23）

A. 甲与乙离婚时，乙无权请求将门面房作为夫妻共同财产分割

B. 甲与丁的协议应视为双方约定处分共同财产

C. 如甲、丁离婚，有关医疗费按借款协议约定处理

D. 如丁不同意甲支付医疗费，甲无权要求分割共有财产

二、多项选择题

1. 甲和乙共有4间房屋，租给丙开办一家商店。现乙为担保对丁所负的债务，将其对上述4间房屋中的共有份额抵押给戊，该抵押已得到甲同意，并在通知丙后在房屋管理局作了登记。下列表述中正确的是（　　）。

A. 在房屋抵押后，甲、乙与丙间的租赁合同继续有效

B. 在以出卖共有份额的方式实现该抵押权时，如果甲与丙都愿意购买时，甲有优先购买权

C. 在以出卖共有份额的方式实现该抵押权时，如果甲与丙都愿意购买时，丙有优先购买权

D. 在房屋抵押后，甲、乙与丙之间的租赁合同即告终止

2. 下列哪些行为不须经全体共有人同意即可实施？（　　）

A. 财产的保存行为

B. 财产的改良行为

C. 财产的转让行为

D. 履行财产所负担义务的行为

3. 下列情况中成立按份共有关系的有（　　）。

A. 甲、乙各出资1万元，准备春节购买年货到农贸市场销售

B. 甲、乙两家对分界墙的归属发生争议，甲主张为按份共有，乙主张为共同共有，双方均无证据

C. 甲将其经营的传播公司折为1000股，卖给乙、丙各200股

D. 兄弟两人在共同生活期间购买的生活用品

4. 关于共有，下列哪些表述是正确的？（　　）（2011年司考．卷三．多56）

A. 对于共有财产，部分共有人主张按份共有，部分共有人主张共同共有，如不能证明财产是按份共有的，应当认定为共同共有

B. 按份共有人对共有不动产或者动产享有的份额，没有约定或者约定不明确的，按照出资额确定；不能确定出资额的，视为等额享有

C. 夫或妻在处理夫妻共同财产上权利平等，因日常生活需要而处理夫妻共同财产的，任何一方均有权决定

D. 对共有物的分割，当事人没有约定或者约定不明确的，按份共有人可以随时请求分割，共同共有人在共有的基础丧失或者有重大理由需要分割时可以请求分割

5. 孟某系某小区2号楼的业主，购买商品房后欲在自家卧室对应的外墙上安装空调外机。隔壁业主认为2号楼外墙属于全楼业主共有，如孟某安装空调外机应获得全楼业主2/3以上业主同意并支付相应的使用费。孟某不同意，各方产生纠纷。关于本案，下列哪些说法是错误的？（　　）

A. 2号楼外墙属于全楼业主共有

B. 孟某未经其他业主同意在外墙安装空调外机的行为构成侵权

C. 孟某安装空调外机需交纳合理费用

D. 孟某有权无偿利用与其专有部分相对应的外墙面

6. 陈某与肖某系夫妻。婚后两人共同购买了一套房屋，登记在陈某名下。2022年2月3日，陈某找到老相好蔡某，以夫妻名义做了一张假结婚证和蔡某一起将房屋过户给不知情的秦某。肖某发现后，要求撤销合同。关于本案，下列说法正确的有？（　　）

A. 虽然房屋登记在陈某名下，但依然系陈某和肖某共同共有

B. 肖某有权请求撤销房屋买卖合同

C. 秦某有权主张善意取得房屋所有权

D. 肖某有权请求蔡某赔偿损失

三、不定项选择题

蒋某是C市某住宅小区6栋3单元502号房业主，入住后面临下列法律问题，请根据相关事实予以解答第（1）~（2）题。

（1）该小区业主田某将其位于一楼的住宅用于开办茶馆，蒋某认为此举不妥，交涉无果后向法院起诉，要求田某停止开办。下列选项正确的是：（　　）。（2017年司考．卷三．不定项87）

A. 如蒋某是同一栋住宅楼的业主，法院应支持其请求

B. 如蒋某能证明因田某开办茶馆而影响其房屋价值，法院应支持其请求

C. 如蒋某能证明因田某开办茶馆而影响其生活质量，法院应支持其请求

D. 如田某能证明其开办茶馆得到多数有利害关系业主的同意，法院应驳回蒋某的请求

（2）对小区其他业主的下列行为，蒋某有权提起诉讼的是：（　　）。（2017年司考．卷三．不定项88）

A. 5栋某业主任意弃置垃圾

B. 7栋某业主违反规定饲养动物

C. 8栋顶楼某业主违章搭建楼顶花房

D. 楼上邻居因不当装修损坏蒋某家天花板

四、简答题

1. 简述共有的特征。

2. 共同共有的特征是什么？

3. 简述按份共有的特征。

五、论述题

试述按份共有人的权利义务。

参考答案

一、单项选择题

1. 答案：D。建筑物的共同部分为各区分所有人共有，但不允许其分割；就共同部分的权利区分所有人只能连同其对各自所有部分的所有权一同转让；区分所有并不同于共有。

2. 答案：C。这套住房属于按份共有。但在按份共有中，如果共有财产对外造成损害时，应当由共有人承担连带责任。当然在内部仍为按份责任。

3. 答案：D。B、C均为共同共有。按份共有亦称分别共有，是指两个或者两个以上的共有人，分别对共有财产享有权利，承担义务。各共有人虽拥有一定份额，共有人对共有物按份额享有所有权，但其权利及于共有物全部。A项中合伙财产也是按份共有，但是一种潜在的份额，是分割财产和分配利润的依据。

4. 答案：C。本题考查共有。选项A说法正确。《民法典》第302条规定，共有人对共有物的管理费用以及其他负担，有约定的，按照其约定；没有约定或者约定不明确的，按份共有人按照其份额负担，共同共有人共同负担。选项B说法正确。《民法典》第308条规定，共有人对共有的不动产或者动产没有约定为按份共有或者共同共有，或者约定不明确的，除共有人具有家庭关系等外，视为按份共有。选项C说法错误。《民法典》第301条规定，处分共有的不动产或者动产以及对共有的不动产或者动产作重大修缮、变更性质或者用途的，应当经占份额三分之二以上的按份共有人或者全体共同共有人同意，但是共有人之间另有约定的除外。选项D说法正确。《民法典》第305条规定，按份共有人可以转让其享有的共有的不动产或者动产份额。其他共有人在同等条件下享有优先购买的权利。

5. 答案：B。管理，是指对共有物自身进行日常的照看、维护；处分，是指导致物权效果的行为，包括改变共有物权属的出卖及设立物权负担的行为，如设立抵押等；改良，是指通过对标的物进行物质性的实质改造以使其增值的行为。甲、乙、丙，以全体共有人的名义将该房屋出租给戊，显然不属于改良行为；由于甲、乙、丙的行为并不会对物权有任何影响，故亦不属于处分行为；同时，甲、乙、丙的行为亦超出了管理的范畴，属介于管理与处分之间的行为。因此，A、C、D选项错误。《民法典》第300条规定："共有人按照约定管理共有的不动产或者动产；没有约定或者约定不明确的，各共有人都有管理的权利和义务。"第301条规定："处分共有的不动产或者动产以及对共有的不动产或者动产作重大修缮、变更性质或者用途的，应当经占份额三分之二以上的按份共有人或者全体共同共有人同意，但是共有人之间另有约定的除外。"按照举重以明轻规则，对共有物的处分应当经占共有份额2/3以上的按份共有人的同意，出租行为较处分行为轻，现经占共有份额3/4以上的按份共有人的同意，当然可以出租，所以，B选项正确。综上，本题正确答案为B。

6. 答案：D。《民法典》第1065条第1款规定，男女双方可以约定婚姻关系存续期间所得的财产以及婚前财产归各自所有、共同所有或者部分各自所有、部分共同所有。约定应当采用书面形式。没有约定或者约定不明确的，适用本法第1062条、第1063条的规定。第209条第1款规定，不动产物权的设立、变更、转让和消灭，经依法登记，发生效力；未经登记，不发生效力，但法律另有规定的除外。本题中，甲、乙间并未对门面房进行物权变动登记，因此该财产的所有权还是属于甲，二人离婚时，不能对不属于共同财产的房屋进行财产分割。因此A项表述正确，不当选。根据题意，甲系与丁经协商从夫妻共同财产中支取20万元，因此是在处分共同财产。但是，20万元中，有甲和丁两人的财产份额，因此，就丁的份额，应按双方签订的借款协议处理，因此选项B、C表述正确，不当选。《民法典》第303条规定，共有人约定不得分割共有的不动产或者动产，以维持共有关系的，应当按照约定，但共有人有重大理由需要分割的，可以请求分割；没有约定或者约定不明确的，按份共有人可以随时请求分割，共同共有人在共有的基础丧失或者有重大理由需要分割时可以请求分割。因分割对其他共有人造成损害的，应当给予赔偿。由此，D项错误，当选。

二、多项选择题

1. **答案**：AB。考查抵押与租赁的关系及优先购买权的相关内容。关于优先购买权，在本题中，甲与丙均有优先购买权，但甲的优先购买权属于物权，而丙的优先购买权则属于债权，因此甲的权利优先。
2. **答案**：ABD。共有人对财产进行处分行为，如转让等，应由全体共有人协商，按全体共有人的意志行事。但对财产的保存行为、改良行为、履行财产所负担义务等行为无须经全体共有人同意。
3. **答案**：ABC。A、C对，A、C项表述属于按份共有。按份共有是指两个或两个以上的人对同一项财产按照份额享有所有权。B对，《民法典》第308条规定，共有人对共有的不动产或者动产没有约定为按份共有或者共同共有，或者约定不明确的，除共有人具有家庭关系等外，视为按份共有。D不对，该项表述属于共同共有。共同共有是指两个或两个以上的人基于共同关系，共同享有一物的所有权。共同共有的特征是：共同共有根据共同关系而产生，以共同关系的存在为前提，并随着共同关系的解除而消灭。这种共同关系，或是由法律直接规定的，如因夫妻关系、家庭共同劳动而形成的夫妻财产共有关系和家庭财产共有关系；或是由合同约定的。在共同共有中，共有财产不分份额。共同共有的共有人平等地享有权利和承担义务。
4. **答案**：BCD。《民法典》第308条规定，共有人对共有的不动产或者动产没有约定为按份共有或者共同共有，或者约定不明确的，除共有人具有家庭关系等外，视为按份共有。所以，A选项错误。在B选项中，《民法典》第309条规定，按份共有人对共有的不动产或者动产享有的份额，没有约定或者约定不明确的，按照出资额确定；不能确定出资额的，视为等额享有。所以，B选项正确。在C选项中，《民法典》第300条规定，共有人按照约定管理共有的不动产或者动产；没有约定或者约定不明确的，各共有人都有管理的权利和义务。所以，C选项正确。在D选项中，《民法典》第303条规定，共有人约定不得分割共有的不动产或者动产，以维持共有关系的，应当按照约定，但共有人有重大理由需要分割的，可以请求分割；没有约定或者约定不明确的，按份共有人可以随时请求分割，共同共有人在共有的基础丧失或者有重大理由需要分割时可以请求分割。因分割对其他共有人造成损害的，应当给予赔偿。所以，D选项正确。本题选项为B、C、D。
5. **答案**：BC。A项考查建筑物区分所有权之共有权。根据《最高人民法院关于审理建筑物区分所有权纠纷案件适用法律若干问题的解释》第3条第1款第1项的规定，除法律、行政法规规定的共有部分外，建筑区划内的建筑物的基础、承重结构、外墙、屋顶等基本结构部分，通道、楼梯、大堂等公共通行部分，消防、公共照明等附属设施、设备，避难层、设备层或者设备间等结构部分，也应当认定为《民法典》第二编第六章所称的共有部分。本题中，2号楼的外墙属于全楼业主共有。故A项正确。B、C、D项考查建筑物区分所有权之专有权。根据《最高人民法院关于审理建筑物区分所有权纠纷案件适用法律若干问题的解释》第4条的规定，业主基于对住宅、经营性用房等专有部分特定使用功能的合理需要，无偿利用屋顶以及与其专有部分相对应的外墙面等共有部分的，不应认定为侵权。但违反法律、法规、管理规约，损害他人合法权益的除外。本题中，孟某作为2号楼业主，购买商品房后在自家卧室对应的外墙上安装空调外机的行为属于合理使用，无须支付费用，更非侵权行为。故B、C项错误、D项正确。

6. **答案**：ACD。A项考查按份共有和共同共有的区别。婚后夫妻双方出资购买房屋，无论登记在谁名下，均不影响房屋"共同共有"的权属状态。故A项正确。B项考查无处分权人行为的效力。共同共有人处分共有物的，需全体一致同意。本题中，陈某未经肖某同意，无权擅自出卖房屋。《最高人民法院关于适用〈中华人民共和国民法典〉物权编的解释（一）》第14条第1款规定，受让人受让不动产或者动产时，不知道转让人无处分权，且无重大过失的，应当认定受让人为善意。本题中，秦某不知道陈某无处分权，买卖合同合法有效。故B项错误。C项考查善意取得。不动产善意取得的构成要件有4个：(1) 卖方无处分权；(2) 买方主观上善意且无重大过失；(3) 买方客观上支付合理对价；(4) 已经完成公示（即不动产已经过户登记）。本题中，秦某符合上述构成要件。因此，有权主张善意取得。故C项正确。D项考查共同侵权。蔡某与陈某以"夫妻名义"一起将房屋出卖给秦某的行为构成共同侵权，蔡某依法应承担赔偿责任。故D项正确。

三、不定项选择题

答案：(1) ABC。依《民法典》第279条的规定，业主不得违反法律、法规以及管理规约，将住宅改变为经营性用房。业主将住宅改变为经营性用房的，除遵守法律、法规以及管理规约外，应当经有利害关系的业主同意。依《最高人民法院关于审理建筑物区分所有权纠纷案件适用法律若干问题的解释》第11条的规定，业主将住宅改变为经营性用房，本栋建筑物内的其他业主，应当认定为民法典第279条所称"有利害关系的业主"。建筑区划内，本栋建筑物之外的业主，主张与自己有利害关系的，应证明其房屋价值、生活质量受到或者可能受到不利影响。依该两条规定，本题中，小区业主田某将其位于一楼的住宅用于开办茶馆，除遵守法律、法规以及管理规约外，应当经本栋建筑物内的其他业主同意；本栋建筑物之外的业主，主张与田某住宅用途的改变有利害关系的，应证明其房屋价值、生活质量受到或者可能受到不利影响。题面没有给出蒋某和田某是否为同一栋建筑物的业主这样的信息，但无论是否属于同一栋楼的业主，本题中A、B、C选项的说法均正确，而D选项说法错误。

(2) D。依《民法典》第286条第2款的规定，业主大会或者业主委员会，对任意弃置垃圾、排放污染物或者噪声、违反规定饲养动物、违章搭建、侵占通道、拒付物业费等损害他人合法权益的行为，有权依照法律、法规以及管理规约，请求行为人停止侵害、排除妨碍、消除危险、恢复原状、赔偿损失。由此可知，本题中A、B、C选项均属于业主大会和业主委员会有权依照法律、法规以及管理规约，要求行为人停止侵害、消除危险、排除妨害、赔偿损失的行为，而不属于业主有权提起诉讼的行为，业主只能对侵害自己合法权益的行为，依法向人民法院提起诉讼。故本题中A、B、C说法均错误，只有D选项说法正确。

四、简答题

1. **答案**：(1) 共有的主体不是单一的，而是两个或两个以上的单位、个人或单位和个人。其主体是多数人，而不是单一主体。(2) 共有的客体是特定的独立物。共有物在共有关系存续期间，不能分割为各个部分由各个共有人分别享有所有权，而是由各个共有人共同享有其所有权，各个共有人的权利及于共有物的全部。(3) 共有人对共有物或者按照各自的份额，或者平等地享有权利。但是，共有人对于自己权利的行使，并不是完全独立的，在许多情况下要体现全体共有人的意志，要受其他共有人的利益的制约。

2. **答案**：共同共有的特征为：(1) 各个共有

人对共有财产共同地、平等地享有所有权，没有份额的区分。各自的份额只有在分割共有财产时才能确定。(2) 各个共有人对共有财产享有平等的权利，承担平等的义务，没有权利大小或义务多少的区分。(3) 共同共有关系随着共有人的共同关系的存在而产生，并随着共同关系的解除而消灭。

3. **答案**：按份共有的特征为：(1) 各个共有人对于共有物按照份额享有所有权。(2) 各个共有人按照各自的份额对共有物分享权利、分担义务。(3) 各个共有人虽然拥有一定的份额，但共有人的权利并不仅限于共有物的某一部分上，而是及于共有物的全部。(4) 按份共有人可以转让其享有的份额，其他共有人在同等条件下享有优先购买的权利。

五、论述题

答案：按份共有人除按其份额有对财产的占有权、使用权、收益权、处分权外，还享有一些可以按个人意愿单独行使的权利：(1) 分出自己份额。行使这项权利要受到限制：第一，只有在不影响其他共有人共同经营的前提下方可要求分出实物。第二，法律或协议对分出权的行使有规定时，必须遵守这些规定。(2) 转让自己份额。除非共有人另有约定，共有人依法将自己的份额转让给他人，无须征得其他共有人的同意。按份共有人死亡，其份额可以作为遗产为继承人所继承。公民在不损害社会和他人的利益的情形下，可以抛弃其共有的份额，其抛弃部分的利益由其他共有人取得。(3) 对其他共有人出售之份额享有优先购买权。按份共有人出售自己的份额，其他共有人在同等条件下有优先于其他人购买的权利。优先购买权的行使要符合相应的条件和程序。

按份共有人的义务有：(1) 共有人与第三人发生的债权债务，如果权利义务可分，各共有人只按照各自份额承担义务。第三人也只能请求各共有人按其份额履行义务。(2) 若共有人与第三人发生的债权债务关系中的权利、义务是不可分的，共有人之间应负连带责任。(3) 各共有人的义务及于共有财产的全部，而不是仅对共有财产某一部分负有义务。

第十三章　用益物权

基础知识图解

- 概述：对他人所有的物在一定范围内进行占有、使用、收益的权利
- 土地承包经营权
  - 含义：是指农村生产经营者以从事农业生产为目的，对集体所有或国家所有由农民集体使用的土地进行占有、使用和收益的权利
  - 取得：包括基于法律行为取得和非基于法律行为而取得。前者包括土地承包经营权的设定和流转，后者主要指土地承包经营权的继承
  - 土地承包方与发包方之间的权利义务关系
  - 消灭：土地承包经营权因承包期满而未续期等原因而消灭
- 建设用地使用权
  - 含义：是指因建造建筑物或者构筑物及其他附属设施而使用国家所有的土地的权利
  - 产生：包括出让、划拨、流转
  - 效力：指建设用地使用权人的权利和义务等
  - 消灭：消灭的事由包括存续期间届满、土地灭失等
- 宅基地使用权
  - 含义：是指农村集体经济组织的成员依法享有的在农民集体所有的土地上建造个人住宅及其附属设施的权利
  - 取得：宅基地使用权的设立需要具备一定的条件、依据一定的程序
  - 效力：指宅基地使用权人的权利和义务等
  - 消灭：消灭事由包括宅基地因自然原因灭失、宅基地的收回和调整、征收等
- 地役权
  - 含义：不动产使用人为提高自己不动产的效益而使用他人不动产的权利。其具有从属性、不可分性
  - 取得：地役权的设立需要订立地役权合同，实行登记对抗。也可基于让与和民事行为以外的原因取得
  - 效力：指地役权人和供役地人的权利和义务等
  - 消灭：消灭的事由包括供役地或需役地的灭失、地役权的目的事实上不能实现、供役地人依法解除合同等
- 居住权

配套测试

一、单项选择题

1. 下列对于用益物权的表述，不正确的是（　　）。

A. 用益物权的标的物不尽是不动产

B. 用益物权的行使以占有标的物为前提

C. 用益物权主要是就物的使用价值对物进行支配

D. 用益物权与担保物权一样，也具有物上代位性

2. 承包经营权是（　　）。

A. 一种新型物权

B. 直接基于法律产生

C. 完全物权，承包人可占有、使用、收益、处分承包物

D. 以集体所有或国有土地、森林、山岭、草原、荒地、滩涂、水面及国有企业为标的

3. 为避免绕远，与他人协商通过其土地直接到达自己的土地。其所享有的通行权属于（　　）。

A. 相邻权　　B. 地役权

C. 地上权　　D. 土地使用权

4. 下列权利中不属于用益物权的是（　　）。

A. 土地承包经营权

B. 永佃权

C. 居住权

D. 相邻权

5. 甲为了能在自己的房子里欣赏远处的风景，便与相邻的乙约定：乙不在自己的土地上从事高层建筑；作为补偿，甲每年支付给乙 4000 元。两年后，乙将该土地使用权转让给丙。丙在该土地上建了一座高楼，与甲发生了纠纷。对此纠纷，下列判断哪一个是正确的？（　　）

A. 甲对乙的土地不享有地役权

B. 甲有权不让丙建高楼，但得每年支付其 4000 元

C. 丙有权建高楼，但须补偿甲由此受到的损失

D. 甲与乙之间的合同因没有办理登记而无效

6. 甲公司与乙公司约定：为满足甲公司开发住宅小区观景的需要，甲公司向乙公司支付 100 万元，乙公司在 20 年内不在自己厂区建造 6 米以上的建筑。甲公司将全部房屋售出后不久，乙公司在自己的厂区建造了一栋 8 米高的厂房。下列哪一选项是正确的？（　　）

A. 小区业主有权请求乙公司拆除超过 6 米的建筑

B. 甲公司有权请求乙公司拆除超过 6 米的建筑

C. 甲公司和小区业主均有权请求乙公司拆除超过 6 米的建筑

D. 甲公司和小区业主均无权请求乙公司拆除超过 6 米的建筑

7. 收益权能是通过对财产的占有、使用、经营、转让而取得经济效益。收益权能（　　）。

A. 只能由所有人行使

B. 只能由非所有人行使

C. 只能由所有人和非所有人共同行使

D. 既可以由所有人行使，也可以依法由非所有人行使

8. 甲于 1972 年将房屋出典给乙，典价 5000 元，典期 20 年。1992 年典期届满，甲以 5000 元向乙回赎，乙主张甲必须以该房现价 3 万元回赎。依照有关法律规定，甲应按照哪一价款回赎典物？（　　）

A. 5000 元　　B. 3 万元

C. 1.25 万元　　D. 1.5 万元

9. 某郊区小学为方便乘坐地铁，与相邻研究院约定，学校人员有权借研究院道路通行，每年支付 1 万元。据此，学校享有的是下列哪一项权利？（　　）（2010 年司考．卷三．单 9）

A. 相邻权

B. 地役权

C. 建设用地使用权

D. 宅基地使用权

10. 李某从自己承包的土地上出入不便，遂与张某书面约定在张某承包的土地上开辟一条道路供李某通行，李某支付给张某 2 万元，但没有进行登记。下列哪一选项是错误的？（　　）（2008 司考．卷三．单 11）

A. 该约定属于有关相邻关系的约定

B. 该约定属于地役权合同

C. 如果李某将其承包经营权转移给他人，受让人有权在张某承包的土地上通行，但合同另有约定的除外

D. 如果张某将其承包经营权转移给他人，则善意的受让人有权拒绝李某在自己的土地上通行

11. 村民胡某承包了一块农民集体所有的耕地，订立了土地承包经营权合同，未办理确权登记。胡某因常年在外，便与同村村民周某订立土地承包经营权转让合同，

将地交周某耕种，未办理变更登记。关于该土地承包经营权，下列哪一说法是正确的？（　　）（2017 司考．卷三．单 7）

A. 未经登记不得处分

B. 自土地承包经营权合同生效时设立

C. 其转让合同自完成变更登记时起生效

D. 其转让未经登记不发生效力

12. 李某从自己承包的土地上出入不便，遂与张某书面约定在张某承包的土地上开辟一条道路供李某通行，李某支付给张某 2 万元，但没有进行登记。下列哪一选项是错误的？（　　）

A. 该约定属于有关相邻关系的约定

B. 该约定属于地役权合同

C. 如果李某将其承包经营权转移给他人，受让人有权在张某承包的土地上通行，但合同另有约定的除外

D. 如果张某将其承包经营权转移给他人，则善意的受让人有权拒绝李某在自己的土地上通行

二、多项选择题

1. 在地役权法律关系中，下列哪些表述是正确的？（　　）

A. 地役权是为特定人设定的

B. 地役权是为需役地设定的

C. 地役权具有从属性

D. 地役权具有可分性

2. 甲为了能在自己房中欣赏远处风景，便与相邻的乙约定：乙不在自己的土地上建造高层建筑，作为补偿，甲一次性支付给乙 4 万元。两年后，甲将该房屋转让给丙，乙将该土地使用权转让给丁。下列哪些判断是错误的？（　　）

A. 甲、乙之间的约定为有关相邻关系的约定

B. 丙可禁止丁建高楼，且无须另对丁进行补偿

C. 若丁建高楼，丙只能要求甲承担违约责任

D. 甲、乙之间约定因房屋和土地使用权转让而失去效力

3. 下列对用益物权特征的表述中正确的有（　　）。

A. 用益物权的依据只能是民法普通法，而不能是民法特别法

B. 用益物权以对物的占有为前提，以对标的物的使用、收益为其主要内容

C. 用益物权的客体只能是不动产

D. 用益物权是他物权、限制物权和有期限物权

4. 下列选项正确的有（　　）。

A. 土地承包经营权是经营种植的权利

B. 国有土地使用权是在他人土地上建筑的权利

C. 国有土地使用权是有期限限制的权利

D. 农村土地承包经营权没有经营期限限制

5. 关于土地承包经营权的设立，下列哪些表述是正确的？（　　）（2010 年司考．卷三．多 55）

A. 自土地承包经营合同成立时设立

B. 自土地承包经营权合同生效时设立

C. 县级以上地方政府在土地承包经营权设立时应当发放土地承包经营权证

D. 县级以上地方政府应当对土地承包经营权登记造册，未经登记造册的，不得对抗善意第三人

6. 2013 年 2 月，A 地块使用权人甲公司与 B 地块使用权人乙公司约定，由乙公司在 B 地块上修路。同年 4 月，甲公司将 A 地块过户给丙公司，6 月，乙公司将 B 地块过户给不知上述情形的丁公司。下列哪些表述是正确的？（　　）（2013 年司考．卷三．多 56）

A. 2013 年 2 月，甲公司对乙公司的 B 地块享有地役权

B. 2013 年 4 月，丙公司对乙公司的 B 地块享有地役权

C. 2013 年 6 月，甲公司对丁公司的 B 地块享有地役权

D. 2013 年 6 月，丙公司对丁公司的 B 地块享有地役权

7. 河西村在第二轮承包过程中将本村耕地全部发包，但仍留有部分荒山，此时本村集

体经济组织以外的Z企业欲承包该荒山。对此，下列哪些说法是正确的？(　　)(2016年司考．卷三．多54)

A. 集体土地只能以家庭承包的方式进行承包

B. 河西村集体之外的人只能通过招标、拍卖、公开协商等方式承包

C. 河西村将荒山发包给Z企业，经2/3以上村民代表同意即可

D. 如河西村村民黄某也要承包该荒山，则黄某享有优先承包权

三、名词解释

用益物权

四、简答题

1. 简述我国城镇国有土地出让使用权的取得方式与基本内容。
2. 简述用益物权的特征。
3. 谈谈相邻关系与地役权的关系。(清华大学2013年研究生入学考试题)

参考答案

一、单项选择题

1. **答案**：D。用益物权看重物的使用价值，故不具有物上代位性；而担保物权主要看重物的交换价值，故具有物上代位性。①
2. **答案**：A。B错，承包经营权根据承包合同产生；C错，承包经营权为他物权，承包人对承包物无处分权；D错，承包经营权的标的限于自然资源，不包括企业。
3. **答案**：B。A错，相邻权是针对两个或两个以上相互毗邻的不动产的所有人或使用人，在行使不动产的所有、用益权时，因相邻各方应当给予便利和接受限制而发生的权利义务关系。B对，地役权，是指为实现自己土地的利益而使他人土地承受负担的用益物权。本题题干中并未详细说出两家土地是否相互毗邻，所以选B较为合适。C错，地上权，是指利用他人土地营造建筑物、其他工作物及竹木，并对其营造的建筑物、其他工作物及竹木取得所有权的用益物权。D错，土地使用权，是自然人、法人或其他组织依法取得的，对国有土地和农村集体所有土地占用和收益的权利。
4. **答案**：D。传统民法中的用益物权有收益权、使用权和居住权、地上权、地役权、永佃权等。我国法律规定了国有土地使用权、国有自然资源使用权、土地承包经营权、建设用地使用权、宅基地使用权、地役权、采矿权、经营权等用益物权，典权是司法实践中承认的用益物权。
5. **答案**：A。本题考查地役权的法律效果。地役权是一方为了实现自己土地的利益而使用他人土地的权利，地役权是一类独立的用益物权，它通过当事人缔结合同产生，其内容由当事人自由设定。这里甲的目的不是实现自己土地或者房屋的利益，而是为了欣赏远处的风景。基于这一目的而与乙的约定，只是一个合同关系。
6. **答案**：A。本题考查的是地役权人的确定。甲、乙公司之间的约定属于地役权合同，根据《民法典》第374条规定，该合同一经生效，即在乙的厂区土地上为甲的住宅小区设定了相应的地役权。关于小区业主的地役权人资格问题，《民法典》第382条规定："需役地以及需役地上的土地承包经营权、建设用地使用权等部分转让时，转让部分涉及地役权的，受让人同时享有地役权。"第357条又规定："建筑物、构筑物及其附属设施转让、互换、出资或者赠与的，该建筑物、构筑物及其附属设施占用范围内的建设用地使用权一并处分。"因此，小区业主通过受让建筑物区分所有权，对小区范围内的建设用地使用权形成了所有关系(《民法典》第

① 编者注：民法理论一般认为，用益物权是不动产物权。用益物权的标的物只限于不动产。但《民法典》第323条却明确规定了，用益物权人对他人所有的不动产或动产，依法享有占有、使用和收益的权利，将用益物权的标的物范围扩展到动产。这点读者需尤为注意。

271条），依法享有地役权，有权向供役地权利人提出相应请求。甲公司在转让全部小区房屋后，对需役地已不具有任何权利，丧失了地役权人的资格，因此无权向乙提出请求。A项正确。

7. **答案**：D。物权的收益权能是可以由所有人或者非所有人行使，用益物权设立就是一个明证。

8. **答案**：A。房屋典权是指典权人支付典价，占有他人（出典人）的房屋，并对其进行占有、使用、收益的权利。典权是有期限的他物权，在典期届满后出典人享有以支付原典价向典权人要求回赎出典房屋以消灭典权的权利。回赎权作为出典人的一项权利，只需出典人一方的意思表示并支付原典价即发生效力，而不必取得典权人的同意。因此，本案甲不必征得乙的同意，应按照原典价5000元回赎典物。

9. **答案**：B。本题考查地役权。地役权是指利用他人土地以便有效地使用或经营自己的土地的权利。本题郊区小学为方便乘坐地铁才借地通行，不是最基本的通行便利，因此双方之间是关于地役权的约定。

10. **答案**：A。地役权是以他人土地供自己土地便利而使用以提高自己不动产效益的权利。相邻关系是指两个或者两个以上相邻不动产的所有人或使用人，在行使占有、使用、收益、处分权利时因给对方提供必要便利而发生的权利义务关系。地役权一般是约定的，而相邻关系是法定的，另外根据合同性质，可知李某与张某的书面约定属于地役权合同。所以A项说法错误，B项说法正确。《民法典》第380条规定，地役权不得单独转让。土地承包经营权、建设用地使用权等转让的，地役权一并转让，但合同另有约定的除外。故C项说法正确。《民法典》第374条规定，地役权自地役权合同生效时设立。当事人要求登记的，可以向登记机构申请地役权登记；未经登记，不得对抗善意第三人。本题中，因为张某和李某之间的地役权合同没有进行登记，因此不得对抗善意第三人，故D项说法正确。

11. **答案**：B。（1）依《民法典》第333条规定，土地承包经营权自土地承包经营权合同生效时设立。登记机构应当向土地承包经营权人发放土地承包经营权证、林权证等证书，并登记造册，确认土地承包经营权。由该规定可知，未办理确权登记不影响土地承包经营权的设立。同时，立法并未禁止处分未经登记的土地承包经营权。由此，本题中，尽管村民胡某与集体订立的土地承包经营权合同未办理确权登记，土地承包经营权也自土地承包经营权合同生效时设立，且取得土地承包经营权后即可以处分。故本题中B选项说法正确，A选项说法错误。（2）依《民法典》第335条规定，土地承包经营权互换、转让的，当事人可以向登记机构申请登记；未经登记，不得对抗善意第三人。由该规定可知，土地承包经营权的转让也是自转让合同生效后发生权利移转，登记只是一个对抗善意第三人的要件。本题中，胡某与同村村民周某订立的土地承包经营权转让合同虽然未办理变更登记，但其转让合同生效和权利的移转均不因登记而受影响。故本题中C、D选项说法均错误。

12. **答案**：A。地役权是以他人土地供自己土地便利而使用以提高自己不动产效益的权利。相邻关系是指两个或者两个以上相邻不动产的所有人或使用人，在行使占有、使用、收益、处分权利时因给对方提供必要便利而发生的权利义务关系。地役权一般是约定的，而相邻关系是法定的。根据合同性质，可知李某与张某的书面约定属于地役权合同。故A项错误，当选；B项正确，不选。根据《民法典》第382条的规定："需役地以及需役地上的土地承包经营权、建设用地使用权部分转让时，转让部分涉及地役权的，受让人同时享有地役权。"故C项正确，不选。根据《民法典》第383条的规定："供役地以及供役地上的土地承包经营权、建设用地使用权等部分转让时，转让部分涉及地役权的，地役权对受让人具有约束力。"同时根据该法第

374条的规定："地役权自地役权合同生效时设立。当事人要求登记的，可以向登记机构申请地役权登记；未经登记，不得对抗善意第三人。"本题中，因为张某和李某之间的地役权合同没有进行登记，因此不得对抗善意第三人，故D项正确，不选。

二、多项选择题

1. **答案**：BC。本题考查地役权。地役权是指一方为了实现自己土地的利益而使用他人土地的权利，地役权是一类独立的用益物权，它通过当事人缔结合同产生，其内容由当事人自由设定。
2. **答案**：ABCD。甲、乙之间的合同是设立地役权的合同，而非对相邻关系的约定，故A项错误。甲转让房屋与丙，题中没有交代甲、丙之间任何关于眺望权的约定，故甲没有对丙承担违约责任的依据，C项错误。地役权本身并不因土地使用权转让而失去效力，故D项错误。关于B项，因为《民法典》第374条规定，地役权未经登记，不得对抗善意第三人，本题中未提"登记"，丁为善意第三人，所以丙无权禁止丁建高楼。
3. **答案**：BD。用益物权的特征有：用益物权以对标的物的使用、收益为目的；用益物权是他物权、限制物权和有期限物权；根据《民法典》的规定，用益物权不尽是不动产物权；用益物权主要以民法普通法为依据，但也有以特别法为依据的。在法律适用上应当首先适用特别法，只有在特别法无规定时，才适用民法普通法。
4. **答案**：ABC。D错，因土地承包经营权有经营期限限制。
5. **答案**：BC。《民法典》第333条规定，土地承包经营权自土地承包经营权合同生效时设立。登记机构应当向土地承包经营权人发放土地承包经营权证、林权证等证书，并登记造册，确认土地承包经营权。
6. **答案**：AB。本题题干信息量少，乙公司在自己的B地块上修路本与甲公司无关，但由于系因甲公司与乙公司约定修路，再结合题目选项的表述，可推知乙公司为甲公司设定了地役权，A地块为需役地，B地块为供役地。《民法典》第382条规定："需役地以及需役地上的土地承包经营权、建设用地使用权等部分转让时，转让部分涉及地役权的，受让人同时享有地役权。"第374条规定："地役权自地役权合同生效时设立。当事人要求登记的，可以向登记机构申请地役权登记；未经登记，不得对抗善意第三人。"题目中未说明该项地役权的设立办理了登记，因此不能对抗善意的第三人丁公司。综上，A、B项正确，C、D项错误。
7. **答案**：BD。(1)《农村土地承包法》第3条规定："国家实行农村土地承包经营制度。农村土地承包采取农村集体经济组织内部的家庭承包方式，不宜采取家庭承包方式的荒山、荒沟、荒丘、荒滩等农村土地，可以采取招标、拍卖、公开协商等方式承包。"第15条规定："家庭承包的承包方是本集体经济组织的农户。"第32条规定："通过家庭承包取得的土地承包经营权可以依法采取转包、出租、互换、转让或者其他方式流转。"依该三条规定，A选项"集体土地只能以家庭承包的方式进行承包"的表述错误，不选；而B选项"河西村集体之外的人只能通过招标、拍卖、公开协商等方式承包"正确，当选。(2)《农村土地承包法》第18条规定："土地承包应当遵循以下原则：(一)按照规定统一组织承包时，本集体经济组织成员依法平等地行使承包土地的权利，也可以自愿放弃承包土地的权利；(二)民主协商，公平合理；(三)承包方案应当按照本法第十二条的规定，依法经本集体经济组织成员的村民会议三分之二以上成员或者三分之二以上村民代表的同意；(四)承包程序合法。"该条是对家庭承包的规定。对于以其他方式承包的，该法第48条规定："发包方将农村土地发包给本集体经济组织以外的单位或者个人承包，应当事先经本集体经济组织成员的村民会议三分之二以上成员或者三分之二以上村民代表的同意，并报乡（镇）人民政府批准……"依该规定，C选项"河西村将荒山发包给Z企业，经2/3以上村民代表同意即可”错误，不选。(3)《农村土地承包法》第33条规定：“土地承包经营权流转应当遵循以下原则：(一)平等协商、自愿、有偿，任何组织和个人不得强迫或者阻碍承包方进行土地承包经营权流转；(二)不得改变土地所有权的性质和土地的农业用途；(三)流转的期限不得超过承包期的剩余期限；(四)受让方须有农业经营能力；(五)在同等条件下，本集体经济组织成员享有优先权。”第47条规定：“以其他方式承包农村土地，在同等条件下，本集体经济组织成员享有优先承包权。”《最高人民法院关于审理涉及农村土地承包纠纷案件适用法律问题的解释》第11条规定：“土地经营权流转中，本集体经济组织成员在流转价款、流转期限等主要内容相同的条件下主张优先权的，应予支持。但下列情形除外：(一)在书面公示的合理期限内未提出优先权主张的；(二)未经书面公示，在本集体经济组织以外的人开始使用承包地两个月内未提出优先权主张的。”第18条规定：“本集体经济组织成员在承包费、承包期限等主要内容相同的条件下主张优先承包的，应予支持。但在发包方将农村土地发包给本集体经济组织以外的单位或者个人，已经法律规定的民主议定程序通过，并由乡(镇)人民政府批准后主张优先承包的，不予支持。”依该四条规定，本题中，D选项“如河西村村民黄某也要承包该荒山，则黄某享有优先承包权”的表达正确，当选。

综上，B、D为正确选项。

三、名词解释

答案：是对他人所有的不动产或动产，在一定范围内进行占有、使用、收益的他物权。第一，用益物权以对标的物的使用、收益为其主要内容，并以对物的占有为前提。第二，用益物权是他物权、限制物权和有期限物权。第三，用益物权主要是以民法普通法为依据，但也有以特别法为依据的。

四、简答题

1. **答案**：我国城镇国有土地出让使用权是指使用人根据法律规定的使用权出让方式有偿取得土地使用权。

我国城镇国有土地出让使用权按法律规定的土地使用权出让程序取得，第一步是出让方与受让方订立土地出让合同。土地使用权出让合同为民事合同、物权合同，它的订立要遵循平等自愿，等价有偿等民法基本原则。土地使用权出让合同具有标准合同的性质。土地使用权出让合同可采取协议、招标、拍卖三种不同方式订立。土地使用权合同签订后，受让方应在60天之内支付全部土地使用权出让金。受让方付清全部土地使用权出让金后，即可依法办理登记，领取土地使用证，取得土地使用权。如果受让方不在60天内付清全部出让金，或者出让方不按合同规定提供出让的土地使用权，另一方有权解除合同，并请求违约赔偿。

城镇土地出让使用权的基本内容包括期限及使用人的权利和义务。城镇土地使用权的出让期限因土地用途的不同而有所不同，其最高年限分别为：居住用地70年；工业用地50年；教育、科学、文化、卫生、体育用地50年；商业、旅游、娱乐用地40年；综合或者其他用地50年。期限届满后，如土地使用人不按规定申请续期，土地使用权归于消灭，但住宅建设用地使用权期间届满的，自动续期。城镇土地出让使用权的使用人依法享有以下权利：第一，对使用权的标的——四至明确的地块享有占有权、使用权和收益权；第二，对在享有使用权的土地上建筑的房屋及其他附着物依法取得所有权或经营权(指全民所有制单位)；第三，对土地使用权进行转让、出租或抵押的权利，即对土地使用权进行各种处分的权利。土地使用人依法承担的义务主要有：按照土地使用权出让合同的规定和城市规划的要求开发、利用和经营土地，不得使土地闲置；按土地出让合同规定的用途使用土地，不得擅自变更土地的用途。

2. **答案**：用益物权的特征为：(1)用益物权以对标的物的使用、收益为其主要内容，并以对物的占有为前提。由此决定了用益物权的设立，以对标的物的占有为要件。也就是说，必须将标的物的占有（直接占有）移转给用益物权人，由其在实体上支配标的物。否则，用益物权的目的就无法实现。(2) 用益物权是他物权、限制物权和有期限物权。用益物权是在他人所有物上设定的物权，是非所有人根据法律的规定或当事人的约定对他人所有物享有的使用、收益的权利。因而从其法律性质上讲，用益物权属于他物权。用益物权作为他物权，其客体是他人所有之物。它是所有人为了充分发挥物的效用，将所有权与其部分权能相分离，由用益物权人享有和行使对物的一定范围的使用、收益权能的结果。但是，用益物权的这种派生性并不影响用益物权作为一种独立的财产权的存在。用益物权是一种限制物权，它只是在一定方面支配标的物的权利，没有完全的支配权。用益物权还是一种有期限物权，它有一定的期限，在其存续期限届满时用益物权即当然归于消灭。(3) 用益物权主要是以民法为依据，但也有以特别法为依据的。在法律适用上应当首先适用特别法，只有在特别法无规定时，才适用民法。

3. **答案**：相邻关系，是指两个或两个以上相互毗邻的不动产的所有人或使用人，在行使不动产的所有权或使用权时，因相邻各方应当给予便利和接受限制而发生的权利义务关系。地役权是指不动产权利人为某特定不动产的便利而使用他人不动产，使其负一定负担的物权。相邻关系与地役权是既有联系又有区别的两项制度。两者之间的相同之处表现在三个方面：(1) 产生原因相同。地役权是源于调和不动产利用过程中的冲突而产生的，与相邻关系的产生原因相似。(2) 在权利内容方面，两者也有重合之处，如都涉及通行、排水、通风、采光、越界建筑等问题。(3) 在法律救济途径上，由于两者同属于物权的范畴，因此，两者的权利人都可以请求适用物权的保护措施或者债权的保护措施。两者之间的差异有：(1) 二者的法律性质和发生依据不同。相邻关系不是一种独立的物权类型，而是不动产所有权的当然内容，是不动产所有权内容的当然扩张或限制，是基于法律的直接规定而产生的。而地役权则是不动产所有人或使用人之间超出法律赋予的当然权益范围之外，基于合同关系产生的，是一种独立的用益物权形态。因此，相邻关系无须登记即可成立，并对抗第三人，而地役权未经登记，不得对抗善意第三人。(2) 二者的调整范围、方法不同。相邻关系必须发生在相邻的不动产所有人或使用人之间，而地役权则发生在不动产所有人和使用人之间，地役权的主体可以是相邻的，也可以是不相邻的，只是基于需役地的需要去寻找能够实现其价值的供役地即可。相邻关系在调整相邻关系时注重习惯的运用，而地役权在调整相邻关系中侧重的是当事人的自治性，可以限制或排除当地习惯而另外约定相互间的权利、义务。(3) 二者的调节限度不同。相邻关系作为不动产所有权或使用权的法定扩张，是法律基于自身的强制性对邻近不动产使用给予的最低限度调节，以避免当事人在日常生活和生产中发生一些不必要的纠纷，避免当事人因细微小节进行协商，从而大大节约社会成本。相邻关系的种类和范围，都必须由法律予以明文规定，当事人不得随意创制。而地役权作为当事人意定而产生的他物权，当事人间可以自由约定其权利、义务，其调节利用的限度更大。(4) 二者在有无对价上不同。相邻关系是对不动产利用的最低限度的调节，当事人在相邻关系中只要不给相邻人造成损失，通常是无偿的。地役权是为了自己不动产的便利而利用他人不动产的物权，其设立既可以是有偿的，也可以是无偿的，取决于双方当事人的合意。(5) 二者在存续期间上不同。相邻关系具有永久性和一时性相结合的特性，永久性表现在不动产相邻近的事实就有相邻关系的存在，而一时性表现在具体相邻关系的行使，可因一次行使就能实现。而地役权的存续期间可由当事人约定，并可设定永久地役权。

第十四章　担保物权

基础知识图解

- 担保物权
  - 概念：是指为确保债权的实现，在债务人或第三人的物上所设定的，以债权人直接取得或者支配其交换价值为内容的权利
  - 特征：担保物权具有从属性、不可分性和物上代位性
  - 消灭：担保物权消灭的原因包括主债权的消灭、担保物权的实现、债权人放弃担保物权和法律规定的其他情形
- 抵押权
  - 概念：债权人对于债务人或者第三人不移转占有而担保的财产，在债务人不履行债务时，依法享有的就担保的财产变价并优先受偿的权利
  - 设立
    - 抵押登记
      - 登记生效主义
      - 登记对抗主义
    - 抵押权的标的：抵押人提供担保用于设定抵押权的财产
    - 抵押合同：应当采取书面形式
    - 抵押权的范围
  - 抵押权当事人的权利
  - 抵押权的实现
    - 实现要件
      - 抵押权有效存在
      - 债务已届清偿期
    - 实现方法
      - 拍卖
      - 折价
      - 变卖
    - 清偿债权
  - 抵押权的终止
  - 特殊抵押权
    - 共同抵押权
    - 动产浮动抵押权：《民法典》第 396 条规定
    - 财团抵押权
    - 最高额抵押权

质权
- 概念：是指为了担保债务的履行，债务人或第三人将其动产或权利移交给债权人占有，在债务人不履行债务或发生当事人约定的实现质权的情形时，债权人有权就其占有的财产优先受偿的权利
- 动产质权
  - 当事人：质权人和出质人
  - 设定：需要以书面形式签订质押合同，还必须移转动产的占有
  - 动产质权的效力
    - 所担保的债权的范围
    - 对质权人的效力
    - 对出质人的效力
  - 实现方式：折价、拍卖、变卖
- 权利质权
  - 可以出质的权利：须为财产权、须有让与性、须为不违背质权性质的权利
  - 票据质权
  - 存单质权
  - 股权质权
  - 知识产权质权
  - 应收账款质权
  - 法律、行政法规规定可以出质的其他权利

留置权
- 概念：债权人合法占有债务人的动产，在债务人不履行债务时，有权留置该动产以迫使债务人履行债务，并在债务人仍不履行时就该动产优先受偿的权利
- 成立条件
  - 积极条件
    - 债权人必须合法占有债务人的动产
    - 占有的动产必须与债权属于同一法律关系
    - 债务人不履行到期债务
  - 消极条件
    - 不违背公序良俗
    - 合同事先约定排除
- 留置权的效力
  - 对留置权人的效力
  - 对债务人的效力
- 留置权的消灭

配套测试

一、单项选择题

1. 在下列财产中，不能作为抵押权客体的是（　　）。

A. 正在建造中的船舶

B. 抵押人所有的林木

C. 无地上定着物的土地使用权

D. 抵押人所有的被查封的厂房

2. 以下列财产设定抵押的，须登记才可以生效的是：（　　）。

A. 民用航空器　　B. 船舶

C. 林木　　D. 金银珠宝

3. 下列财产中可为抵押物的有（　　）。

A. 某农户宅基地的所有权

B. 某学校的一辆豪华轿车

C. 某甲继承其父的一辆汽车，但其姐对某甲的继承权提出异议并已诉至法院

D. 某公司已被查封的办公楼

4. 甲公司将 10 台价值为 20 万元的笔记本电脑存放在乙仓库，约定存放期为 3 个月，保管费 1 万元。存放 3 个月后，甲公司因资金周转困难，要求仓库允许其先将 10 台电脑提走，一周内即付清保管费。乙仓库不同意，并将 10 台电脑全部扣留。3 个月后，该仓库遭雷击失火，10 台电脑全部

烧毁。甲公司无法向用户交货，经法院判决支付给用户违约金4万元，甲公司的损失应如何承担？（ ）

A. 乙仓库合法留置保管物，留置期间留置物因不可抗力毁损，乙仓库不承担责任，损失应由甲公司自己承担并应当向乙仓库支付保管费

B. 乙仓库应赔偿甲公司全部10台电脑的损失

C. 乙仓库应赔偿甲公司9台电脑的损失以及4万元间接损失

D. 乙仓库应赔偿甲公司9台电脑的损失以及4万元间接损失中的3.6万元

5. 李某于2021年4月3日与黄某签订了一份以其摩托车为抵押物的合同①；4月6日与张某签订了一份以同一摩托车为抵押物的合同②；4月15日又以该摩托车为抵押物签订了一份合同③，并于4月16日向公证机关就合同③作了抵押登记，若三个合同均须实现抵押权，则应（ ）。

A. 按①②③的顺序先后清偿

B. ③先清偿，其余的按债权比例清偿

C. 按③①②的顺序先后清尝

D. 按三合同的主债权比例清偿

6. 姜某以其房屋设定抵押，后因当地房屋过剩，房价下跌，则抵押权人（ ）。

A. 有权要求姜某恢复该房屋的价值

B. 有权要求姜某提供与减少的价值相当的担保

C. 有权要求姜某提前清偿债务

D. 无权提出上述要求

7. 甲向乙借款20万元，甲将自己的汽车作价15万元抵押给乙，未约定担保数额，并依法进行了抵押登记。因一次意外事故使汽车报废，保险公司赔偿18万元。甲与乙之间的抵押关系（ ）。

A. 应归于消灭

B. 继续有效，应以保险赔偿金中的15万元继续担保甲对乙的债务

C. 继续有效，应以全部保险赔偿金18万元继续担保甲对乙的债务

D. 终止，甲应以保险赔偿金提前清偿乙

8. 甲因向乙借款10万元，约定以甲的电脑10台作抵押，双方签订了书面抵押合同，未办理登记。在抵押期间，乙欲将这一抵押权转让给丙，下列表述中正确的有（ ）。

A. 在任何情况下，乙都不能将抵押权转让

B. 乙可以无条件地转让抵押权

C. 抵押权必须与债权一起转让

D. 在取得甲同意的前提下，可以转让抵押权

9. 黄河公司以其房屋作抵押，先后向甲银行借款100万元，向乙银行借款300万元，向丙银行借款500万元，并依次办理了抵押登记。后丙银行与甲银行商定交换各自抵押权的顺位，并办理了变更登记，但乙银行并不知情。因黄河公司无力偿还三家银行的到期债务，银行拍卖其房屋，仅得价款600万元。关于三家银行对该价款的分配，下列哪一选项是正确的？（ ）（2008年司考．卷三．单11）

A. 甲银行100万元、乙银行300万元、丙银行200万元

B. 甲银行得不到清偿、乙银行100万元、丙银行500万元

C. 甲银行得不到清偿、乙银行300万元、丙银行300万元

D. 甲银行100万元、乙银行200万元、丙银行300万元

10. 甲为一农民，因建房而向乙借款。双方约定，甲将自己承包的6亩耕地及地上所种的水稻抵押给乙。后因甲无力还款而引起纠纷。下列说法正确的是（ ）。

A. 该抵押合同全部有效

B. 该抵押合同全部无效

C. 该抵押合同中涉及水稻作为抵押物的部分有效

D. 该抵押合同中涉及6亩承包地作为抵押物的部分有效

11. 甲向乙借款并约定将自己的桑塔纳车抵押给乙。双方为此签订了抵押合同，但在抵押登记时，登记为甲的夏利车抵押

给乙。后因甲未能及时还款，乙欲行使抵押权。下列表述正确的是（　　）。
A. 乙只能对甲的桑塔纳车行使抵押权
B. 乙只能对甲的夏利车行使抵押权
C. 乙是对甲的桑塔纳车还是夏利车行使抵押权，由乙决定
D. 乙是对甲的桑塔纳车还是夏利车行使抵押权，由甲决定

12. 不可以作为权利质押客体的是：（　　）。
A. 债权
B. 某公司董事所持有的本公司的股票
C. 公路桥梁、公路隧道或者公路渡口等不动产收益权
D. 记名支票

13. 下列选项中不可出质的有（　　）。
A. 依法可转让的股票
B. 大额存单
C. 一台电脑
D. 某影星的肖像权

14. 以汇票、本票、支票、债券、存款单、仓单、提单出质的，出质人和债权人应当订立质押合同，质权设立的生效时间为：（　　）。
A. 权利凭证交付之日
B. 双方签字之日
C. 进行权利登记之日
D. 主管机关批准之日

15. 甲向乙借款，将自己的母马出质给乙，在质权存续期间，母马生下小马驹，因甲到期无力还款，乙欲行使质权。乙行使质权的范围应为（　　）。
A. 母马
B. 母马、小马驹
C. 母马、小马驹和马鞍
D. 母马、小马驹、马鞍及马鞭

16. 甲在成衣店加工服装一套。取货时，因带的钱不够支付加工费，征得成衣店同意将手表留下，约定交费后取回手表。成衣店对手表享有（　　）。
A. 留置权　　B. 抵押权
C. 质权　　D. 典权

17. 依照我国《民法典》，在质押生效后，质物灭失的风险损失由（　　）承担。
A. 质押人　　B. 质权人
C. 质押人或质权人　　D. 质押人和质权人

18. 某公司将价值50万元的进口小轿车一辆向银行抵押借款40万元，双方签订了借款合同和抵押合同并办理了抵押权登记。还款期届满之前，该公司与陈新签订了汽车买卖合同，该公司以30万元将此小轿车卖给陈新。该公司告知陈新小轿车已抵押但向陈新保证一定能按时归还银行借款，陈新的利益不会受影响，陈新未持异议。银行对此均不知情。如果银行发现此情况，以下各项权利中银行无权行使的是：（　　）。
A. 主张该公司与陈新的买卖合同无效
B. 要求该公司另行提供10万元的担保
C. 要求该公司以转让轿车所得的30万元提前归还借款
D. 要求行使优先购买权，以30万元的价格购买小轿车，应付的30万元价款抵偿借款

19. 甲向乙借款20万元，以其价值10万元的房屋、5万元的汽车作为抵押担保，以1万元的音响设备作质押担保，同时还由丙为其提供保证担保。其间汽车遇车祸损毁，获保险赔偿金3万元。如果上述担保均有效，丙应对借款本金在多大数额内承担保证责任？（　　）
A. 7万元　　B. 6万元
C. 5万元　　D. 4万元

20. 关于担保物权，下列说法正确的是（　　）。
A. 担保物权注重物的价值形态，因此其标的物无须特定
B. 基于担保物权的从属性，任何担保物权均不得先于主债权而设定
C. 基于担保物权之不可分性，即使债权一部分消灭，债权人仍就未清偿债权部分对担保物全部行使权利
D. 我国现行法律及司法实践中承认的担保物权包括：抵押权、质权、留置权、典权

21. 辽东公司欠辽西公司货款200万元，辽西公司与辽中公司签订了一份价款为150万元的电脑买卖合同，合同签订后，辽中公司指示辽西公司将该合同项下的电脑交付给辽东公司。因辽东公司届期未清偿所欠货款，故辽西公司将该批电脑扣留。关于辽西公司的行为，下列哪一选项是正确的？（　　）（2010年司考．卷三．单10）

A. 属于行使抵押权

B. 属于行使动产质权

C. 属于行使留置权

D. 属于自助行为

22. 根据《民法典》的规定，下列哪一类权利不能设定权利质权？（　　）

A. 专利权

B. 应收账款债权

C. 可以转让的股权

D. 房屋所有权

23. 甲公司开发写字楼一幢，于2008年5月5日将其中一层卖给乙公司，约定半年后交房，乙公司于2008年5月6日申请办理了预告登记。2008年6月2日甲公司因资金周转困难，在乙公司不知情的情况下，以该层楼向银行抵押借款并登记。现因甲公司不能清偿欠款，银行要求实现抵押权。下列哪一判断是正确的？（　　）（2009年司考．卷三．单8）

A. 抵押合同有效，抵押权设立

B. 抵押合同无效，但抵押权设立

C. 抵押合同有效，但抵押权不设立

D. 抵押合同无效，抵押权不设立

24. 个体工商户甲将其现有的以及将有的生产设备、原材料、半成品、产品一并抵押给乙银行，但未办理抵押登记。抵押期间，甲未经乙同意以合理价格将一台生产设备出卖给丙。后甲不能向乙履行到期债务。对此，下列哪一选项是正确的？（　　）（2008年司考．卷三．单12）

A. 该抵押权因抵押物不特定而不能成立

B. 该抵押权因未办理抵押登记而不能成立

C. 该抵押权虽已成立但不能对抗善意第三人

D. 乙有权对丙从甲处购买的生产设备行使抵押权

25. 甲对乙享有10万元的债权，甲将该债权向丙出质，借款5万元。下列哪一表述是错误的？（　　）（2012年司考．卷三．单7）

A. 将债权出质的事实通知乙不是债权质权生效的要件

B. 如未将债权出质的事实通知乙，丙即不得向乙主张权利

C. 如将债权出质的事实通知了乙，即使乙向甲履行了债务，乙不得对丙主张债已消灭

D. 乙在得到债权出质的通知后，向甲还款3万元，因还有7万元的债权额作为担保，乙的部分履行行为对丙有效

26. 同升公司以一套价值100万元的设备作为抵押，向甲借款10万元，未办理抵押登记手续。同升公司又向乙借款80万元，以该套设备作为抵押，并办理了抵押登记手续。同升公司欠丙货款20万元，将该套设备出质给丙。丙不小心损坏了该套设备送丁修理，因欠丁5万元修理费，该套设备被丁留置。关于甲、乙、丙、丁对该套设备享有的担保物权的清偿顺序，下列哪一排列是正确的？（　　）（2011年司考．卷三．单7）

A. 甲乙丙丁

B. 乙丙丁甲

C. 丙丁甲乙

D. 丁乙丙甲

27. 甲公司为乙公司向银行贷款100万元提供保证，乙公司将其基于与丙公司签订的供货合同而对丙公司享有的100万元债权出质给甲公司作反担保。下列哪一表述是正确的？（　　）（2013年司考．卷三．单7）

A. 如乙公司依约向银行清偿了贷款，甲公司的债权质权仍未消灭

B. 如甲公司、乙公司将出质债权转让给丁公司但未通知丙公司，则丁公司可

向丙公司主张该债权

C. 甲公司在设立债权质权时可与乙公司约定，如乙公司届期不清偿银行贷款，则出质债权归甲公司所有

D. 如乙公司将债权出质的事实通知了丙公司，则丙公司可向甲公司主张其基于供货合同而对乙公司享有的抗辩

28. 甲公司通知乙公司将其对乙公司的10万元债权出质给了丙银行，担保其9万元贷款。出质前，乙公司对甲公司享有2万元到期债权。如乙公司提出抗辩，关于丙银行可向乙公司行使质权的最大数额，下列哪一选项是正确的？（　　）（2014年司考．卷三．单7）

A. 10万元　　B. 9万元

C. 8万元　　D. 7万元

29. 甲公司欠乙公司货款100万元，先由甲公司提供机器设备设定抵押权、丙公司担任保证人，后由丁公司提供房屋设定抵押权并办理了抵押登记。甲公司届期不支付货款，下列哪一表述是正确的？（　　）（2014年司考．卷三．单8）

A. 乙公司应先行使机器设备抵押权

B. 乙公司应先行使房屋抵押权

C. 乙公司应先行请求丙公司承担保证责任

D. 丙公司和丁公司可相互追偿

30. 乙欠甲货款，二人商定由乙将一块红木出质并签订质权合同。甲与丙签订委托合同授权丙代自己占有红木。乙将红木交付于丙。下列哪一说法是正确的？（　　）（2015年司考．卷三．单8）

A. 甲、乙之间的担保合同无效

B. 红木已交付，丙取得质权

C. 丙经甲的授权而占有，甲取得质权

D. 丙不能代理甲占有红木，因而甲未取得质权

31. 徐某是甲公司总经理，甲公司为其配备了一辆轿车供上下班使用。后徐某辞职，甲公司尚欠其10万元工资。徐某与甲公司多次交涉无果，欲对轿车行使留置权。关于本案，下列哪一说法是正确的？（　　）

A. 徐某可以行使留置权

B. 徐某不可以行使留置权

C. 徐某向甲公司主张10万元工资的债权请求权不受诉讼时效限制

D. 徐某向甲公司主张10万元工资的债权请求权受2年诉讼时效期间的限制

32. 甲向乙借款100万元，借期2年，欲以自己的房屋1套作担保，双方于2021年6月1日签订了不动产抵押合同，乙一直催促甲办理抵押登记，均无效果。一月后，乙要求甲以自己的汽车作抵押，双方于2021年7月1日签订了动产抵押合同，但甲一直未将汽车交付于乙。现因甲不能清偿到期欠款，乙要求实现抵押权。下列哪一选项是错误的？（　　）

A. 甲、乙之间的不动产抵押合同由于一直没有办理抵押登记而无效

B. 甲、乙之间的不动产抵押合同于2021年6月1日成立并生效，但不动产抵押权未设立

C. 甲既能就汽车设立抵押权，又能就汽车设立质押权

D. 乙有权请求将甲的汽车拍卖，并就所得价款行使优先受偿权

33. 乙向甲借款，以自己的房屋设立抵押权，并办理了抵押登记。乙又向丙借款，以同一房屋设立抵押权，并办理了抵押登记。后乙与甲签订了房屋买卖合同并办理了过户。下列哪一选项是正确的？（　　）

A. 甲的抵押权消灭

B. 丙的抵押权消灭

C. 甲和丙的抵押权均为消灭

D. 甲乙之间的房屋买卖合同无效

34. 2022年1月1日，甲、乙双方签署了房屋抵押合同，甲用房屋抵押担保借款200万元，合同约定甲应于1年内将原有抵押解除后，双方再办理房屋抵押登记手续。为防止甲将房屋再次抵押给他人，甲、乙于2022年5月9日自行到公证部门办理了抵押合同公证手续，双方约定此公证有预告登记的法律效果。之后，2022年6月12

日，甲将该房屋再次抵押给不知情的丙，用于借款100万元的担保，双方办理了抵押登记手续。请问以下说法中正确的是？（　　）

A. 房屋抵押合同不可以办理预告登记，因此预告登记无效

B. 丙取得该房屋抵押权但不属于善意取得

C. 甲应对乙承担侵害抵押权的法律责任

D. 乙可以起诉甲，根据双方签订的抵押合同办理抵押登记，办理抵押登记后乙的抵押权优先于丙的抵押权

35. 乙向甲借款，第三人丙为乙的借款以自有不动产提供担保，并与债权人甲签订不动产抵押合同。丙经甲催告多次恶意不办理抵押登记，借款合同到期后：（　　）。

A. 丙恶意延期不办理抵押登记，视为抵押权已经设立

B. 合同成立后抵押权设立

C. 在抵押物的价值范围内承担违约责任

D. 抵押合同效力待定

36. 甲将一块手表交给乙修理，后乙急需用钱，对丙谎称手表是自己的，将手表交付给丙质押以获得对方的借款。对此下列说法错误的是？（　　）

A. 甲可以请求乙赔偿损失

B. 甲可以请求丙返还手表

C. 如乙不能按时还款，丙可以拍卖或变卖手表以获得优先清偿

D. 如丙拍卖或变卖手表将导致甲丧失手表的所有权

二、多项选择题

1. 债权转移，抵押权必须随同转移，这表明抵押权具有（　　）。

A. 追及力　　B. 从属性

C. 不可分性　　D. 物上代位性

2. 依《民法典》的规定，当事人签订抵押合同，应当进行登记的抵押物是（　　）。

A. 房地产　　B. 林木

C. 轿车　　D. 家用电器

3. 下列不可为抵押物的有（　　）。

A. 国有土地所有权

B. 某医院的救护车

C. 江某继承其父的私有房屋

D. 舒某的摩托车

4. 抵押人的行为导致抵押物价值减少的，抵押权人可以采取哪些措施来保证债权的实现？（　　）

A. 有要求抵押人停止导致抵押物价值减少的行为

B. 要求债务人提前清偿债务

C. 要求抵押人恢复抵押物的价值

D. 要求抵押人提供与抵押物减少的价值相当的担保

5. 毛某将自己的大客车一辆设定抵押，但抵押权人凌某发现毛某在设定抵押后基本上不对车再作保养、大修，而且几乎二十四小时全天运营，则凌某（　　）。

A. 有权要求毛某按合理的方式使用该客车

B. 有权要求毛某提前清偿债务

C. 若客车的价值因毛某的行为减少，凌某有权要求毛某恢复该客车的价值，或提供与减少的价值相当的担保

D. 若客车的价值并未因毛某的行为而减少，但因汽车关税下调致客车的市场价格下降时，凌某有权要求毛某提供补充担保

6. 甲以其自有房屋作抵押向乙借款。在抵押期间，甲未通知乙，便将该房屋转让给丙，并办理了过户登记手续。对此，下列说法正确的有哪些？（　　）

A. 乙仍可以就该房屋行使抵押权

B. 乙不得就该房屋行使抵押权

C. 丙不能取得该房屋的所有权

D. 丙可以取得该房屋的所有权

7. 下列关于股票质押的结论，正确的是：（　　）。

A. 出质人与质权人可以订立书面合同，也可以订立口头合同

B. 应当向证券登记机关办理出质登记

C. 质押合同自股票交付之日起生效

D. 质押合同自登记之日起生效

8. 下列有关质押合同生效时间的表述，不正确的是（　　）。
A. 动产质押合同，自质物移交质权人占有时生效
B. 以汇票、本票、支票出质的，自权利凭证交付之日起生效
C. 以有限责任公司的股份出质的，自股份出质登记载于股东名册之日起生效
D. 以依法可以转让的股票出质的，自股票出质记载于股东名册之日起生效

9. 质押和抵押的区别表现在下列哪些方面？（　　）
A. 权利人对物是否占有不同
B. 合同生效的时间不同
C. 权利实现的具体方法不尽相同
D. 权利的客体不尽相同

10. 以载明兑现或提货日期的汇票、支票、本票或提单出质的，如果兑现或提货日期先于债务履行期，则（　　）。
A. 质权人不能提前兑现或提货
B. 质权人可以在债务履行期届满前要求债务人清偿债务
C. 可以在债务履行期间届满前兑现或提货，并与出质人协商以兑现的价款或提取的货物提前清偿债务
D. 可以在债务履行期届满前兑现或提货，并与出质人协商将兑现的价款或提取的货物向约定的第三人提存

11. 甲向乙借款，将自己所有的皇冠车出质给乙，乙又将该车出租给丙。丙因违章驾驶导致该车灭失，为此引起纠纷。下列表述正确的是（　　）。
A. 乙无权将该车出租
B. 乙有权将该车出租
C. 对该车的损失应由乙承担
D. 对该车的损失应由乙、丙承担连带责任

12. 甲向乙借款，并将自己的汽车出质给乙。乙将该车存于丙的车库，费用为500元。对此，下列表述正确的是（　　）。
A. 无约定时，存车费500元应由甲承担
B. 无约定时，存车费500元应由乙承担
C. 无约定时，存车费500元应由甲、乙平摊
D. 有约定时，存车费承担依约定

13. 甲向乙借款，将自己的存款单出质于乙。甲向丙借款，将自己的汇票出质于丙，但汇票上没有记载质押字样。甲向丁借款，以自己的仓单出质于丁。下列表述正确的是（　　）。
A. 乙对该存款单的质权自存款单交付乙时生效
B. 乙对该存款单的质权自质押合同签订之日起生效
C. 丙对该汇票不享有质权，因为汇票上没有记载质押字样
D. 丁对该仓单的质权于交付之日起生效

14. 甲公司向乙公司采购DVD机1000台，应付货款300万元，由丙以其持有的乙公司的上市股票作为质押，担保甲按约付清货款。问：下列哪些选项是正确的？（　　）
A. 质权自向证券机构办理出质登记时设立
B. 该质押合同无效
C. 若甲到期拖欠货款，丙应承担担保责任
D. 若甲到期拖欠货款，丙应承担过错责任

15. 画家吴某因要自费办画展，向朋友肖某借了5万元，并将自己的两幅代表画作质押给肖某，并要肖某好好保管别示于人，还钱时同时还两幅画。问：肖某对吴某的画有哪些权利？（　　）
A. 对画的占有权
B. 动产质权
C. 著作财产权之质权
D. 优先购买权

16. 甲向乙借款而将自己的货物出质给乙，但乙将该批货物放置在露天地里风吹日晒。在此情况下，法院对甲的下列请求哪些应给予支持？（　　）
A. 因乙保管不善，请求解除质押关系
B. 因乙保管不善，请求提前清偿债权返还质物

C. 因乙保管不善，请求乙向有关机构提存该批货物
D. 因乙保管不善，请求乙承担货物的损失

17. 吴某与周某共有四间房屋，租给牛某开办一家商店，现周某为担保对杜某所负的债务，将其对上述四间房屋中的共有份额抵押给杜某，该抵押已得到吴某的同意，并在通知了牛某后在房屋管理机关作了登记。指出下列哪些表述是正确的？（　　）
A. 在房屋抵押后，吴某、周某与牛某间的租赁合同继续有效
B. 在以出卖共有份额的方式实现该抵押权时，如果吴某与牛某都愿意购买时，吴某有优先购买权
C. 在以出卖共有份额的方法实现该抵押权时，如果吴某与牛某都愿意购买时，牛某有优先购买权
D. 在房屋抵押后，吴某、周某与牛某间的租赁合同即告终止

18. 小贝购得一只世界杯指定用球后兴奋不已，一脚踢出，恰好落入邻居老马家门前的水井中，正在井边清洗花瓶的老马受到惊吓，手中花瓶落地摔碎。老马从井中捞出足球后，小贝央求老马归还，老马则要求小贝赔偿花瓶损失。对此，下列哪些选项是正确的？（　　）（2010 年司考．卷三．多 54）
A. 小贝对老马享有物权请求权
B. 老马对小贝享有物权请求权
C. 老马对小贝享有债权请求权
D. 如小贝拒绝赔偿，老马可对足球行使留置权

19. 甲公司向某银行贷款 100 万元，乙公司以其所有的一栋房屋作抵押担保，并完成了抵押登记。现乙公司拟将房屋出售给丙公司，通知了银行并向丙公司告知了该房屋已经抵押的事实。乙、丙订立书面买卖合同后到房屋管理部门办理过户手续。下列哪些说法是正确的？（　　）（2009 年司考．卷三．多 55）
A. 不论银行是否同意转让，房屋管理部门应当准予过户，但银行仍然对该房屋享有抵押权
B. 如丙公司代为清偿了甲公司的银行债务，则不论银行是否同意转让，房屋管理部门均应当准予过户
C. 如丙公司向银行承诺代为清偿甲公司的银行债务，则不论银行是否同意转让，房屋管理部门均应当准予过户
D. 如甲公司清偿了银行债务，则不论银行是否同意，房屋管理部门均应当准予过户

20. 郑某开办公司资金不足，其父将 3 间祖屋以 25 万元卖给即将回国定居的郭某，但其父还未来得及办理过户手续即去世。郑某不知其父卖房一事，继承了这笔房款及房屋，并办理了登记手续。随后，郑某以 3 间祖屋作抵押向陈某借款 10 万元，将房产证交给了陈某，但没有办理抵押登记。下列哪些选项是正确的？（　　）（2008 年司考．卷三．多 57）
A. 郑某的父亲与郭某之间的房屋买卖合同有效
B. 郑某享有房屋的所有权
C. 郑某在其父亲去世后，有义务协助郭某办理房屋过户手续
D. 陈某对房屋不享有抵押权

21. 甲公司与乙公司签订 10 万元建材买卖合同后，乙交付建材，甲公司未付建材款。甲公司将该建材用于丙公司办公楼装修，丙公司需向甲公司支付 15 万元装修款，其中 5 万元已经支付完毕。丙公司给乙公司出具《担保函》：“本公司同意以欠甲公司的 10 万元装修款担保甲公司欠乙公司的 10 万元建材款。”乙公司对此并无异议。后，甲公司对乙公司的债务、丙公司对甲公司的债务均届期未偿，且甲公司怠于向丙公司主张债权。下列哪些表述是正确的？（　　）（2011 年司考．卷三．多 59）
A. 乙公司对丙公司享有应收账款质权
B. 丙公司应对乙公司承担保证责任

C. 乙公司可以对丙公司提起代位权诉讼
D. 乙公司可以要求并存债务承担人丙公司清偿债务

22. 甲向乙借款，丙与乙约定以自有房屋担保该笔借款。丙仅将房本交给乙，未按约定办理抵押登记。借款到期后甲无力清偿，丙的房屋被法院另行查封。下列哪些表述是正确的？（　　）（13 年司考．卷三．多 57）
A. 乙有权要求丙继续履行担保合同，办理房屋抵押登记
B. 乙有权要求丙以自身全部财产承担担保义务
C. 乙有权要求丙以房屋价值为限承担担保义务
D. 乙有权要求丙承担损害赔偿责任

23. 甲向乙借款，欲以轿车作担保。关于担保，下列哪些选项是正确的？（　　）（2013 年司考．卷三．多 58）
A. 甲可就该轿车设立质权
B. 甲可就该轿车设立抵押权
C. 就该轿车的质权自登记时设立
D. 就该轿车的抵押权自登记时设立

24. 2021 年 2 月 1 日，王某以一套房屋为张某设定了抵押，办理了抵押登记。同年 3 月 1 日，王某将该房屋无偿租给李某 1 年，以此抵王某欠李某的借款。房屋交付后，李某向王某出具了借款还清的收据。同年 4 月 1 日，李某得知房屋上设有抵押后，与王某修订租赁合同，把起租日改为 2021 年 1 月 1 日。张某实现抵押权时，要求李某搬离房屋。下列哪些表述是正确的？（　　）
A. 王某、李某的借款之债消灭
B. 李某的租赁权可对抗张某的抵押权
C. 王某、李某修订租赁合同行为无效
D. 李某可向王某主张违约责任

25. 甲向某银行贷款，甲、乙和银行三方签订抵押协议，由乙提供房产抵押担保。乙把房本交给银行，因登记部门原因导致银行无法办理抵押物登记。乙向登记部门申请挂失房本后换得新房本，将房屋卖给知情的丙并办理了过户手续。甲届期未还款，关于贷款、房屋抵押和买卖，下列哪些说法是正确的？（　　）（2015 年司考．卷三．多 53）
A. 乙应向银行承担违约责任
B. 丙应代为向银行还款
C. 如丙代为向银行还款，可向甲主张相应款项
D. 因登记部门原因未办理抵押登记，但银行占有房本，故取得抵押权

26. 2014 年 7 月 1 日，甲公司、乙公司和张某签订了《个人最高额抵押协议》，张某将其房屋抵押给乙公司，担保甲公司在一周前所欠乙公司货款 300 万元，最高债权额 400 万元，并办理了最高额抵押登记，债权确定期间为 2014 年 7 月 2 日到 2015 年 7 月 1 日。债权确定期间内，甲公司因从乙公司分批次进货，又欠乙公司 100 万元。甲公司未还款。关于有抵押担保的债权额和抵押权期间，下列哪些选项是正确的？（　　）（2015 年司考．卷三．多 54）
A. 债权额为 100 万元
B. 债权额为 400 万元
C. 抵押权期间为 1 年
D. 抵押权期间为主债权诉讼时效期间

27. 下列哪些情形下权利人可以行使留置权？（　　）（2015 年司考．卷三．多 55）
A. 张某为王某送货，约定货物送到后一周内支付运费。张某在货物运到后立刻要求王某支付运费被拒绝，张某可留置部分货物
B. 刘某把房屋租给方某，方某退租搬离时尚有部分租金未付，刘某可留置方某部分家具
C. 何某将丁某的行李存放在火车站小件寄存处，后丁某取行李时认为寄存费过高而拒绝支付，寄存处可留置该行李
D. 甲公司加工乙公司的机器零件，约定先付费后加工。付费和加工均已完成，但乙公司尚欠甲公司借款，甲公司可留置机器零件

28. 甲对乙享有债权500万元，先后在丙和丁的房屋上设定了抵押权，均办理了登记，且均未限定抵押物的担保金额。其后，甲将其中200万元债权转让给戊，并通知了乙。乙到期清偿了对甲的300万元债务，但未能清偿对戊的200万元债务。对此，下列哪些选项是错误的？（　　）（2016年司考．卷三．多55）

A. 戊可同时就丙和丁的房屋行使抵押权，但对每个房屋价款优先受偿权的金额不得超过100万元

B. 戊可同时就丙和丁的房屋行使抵押权，对每个房屋价款优先受偿权的金额依房屋价值的比例确定

C. 戊必须先后就丙和丁的房屋行使抵押权，对每个房屋价款优先受偿权的金额由戊自主决定

D. 戊只能在丙的房屋价款不足以使其债权得到全部清偿时就丁的房屋行使抵押权

29. 甲公司以一地块的建设用地使用权作抵押向乙银行借款3000万元，办理了抵押登记。其后，甲公司在该地块上开发建设住宅楼，由丙公司承建。甲公司在取得预售许可后与丁订立了商品房买卖合同，丁交付了80%的购房款。现住宅楼已竣工验收，但甲公司未能按期偿还乙银行借款，并欠付丙公司工程款1500万元，乙银行和丙公司同时主张权利，法院拍卖了该住宅楼。下列哪些选项是正确的？（　　）（2017年司考．卷三．多55）

A. 乙银行对建设用地使用权拍卖所得价款享有优先受偿权

B. 乙银行对该住宅楼拍卖所得价款享有优先受偿权

C. 丙公司对该住宅楼及其建设用地使用权的优先受偿权优先于乙银行的抵押权

D. 丙公司对该住宅楼及其建设用地使用权的优先受偿权不得对抗丁对其所购商品房的权利

30. 甲超市与乙公司存在长期进货关系，丙公司以其办公用房在300万元的额度范围内为甲超市在未来5个月内连续发生的货款债权提供抵押担保，并办理了抵押登记。两个月后，乙公司将其中一笔30万元的货款债权转让给丁公司，并通知了甲公司。就以上事实，下列哪些表述是不正确的？（　　）

A. 若抵押权设定前，甲超市另欠乙公司50万元债权，当事人可以约定将之纳入抵押担保的范围

B. 30万元债权转让有效，丁公司有权主张抵押权

C. 若30万元债权转让未通知甲公司，丁公司将因此而无权主张抵押权

D. 在本题所述的5个月内，丙公司不得转让其办公用房

31. 甲公司为扩大生产规模向乙银行借款，以其现有的以及将有的生产设备、原材料、产品设立抵押。乙银行向甲公司发放贷款，但未办理抵押登记。关于甲公司的抵押，下列选项正确的是？（　　）

A. 该抵押合同为动产浮动抵押合同

B. 乙银行自抵押合同生效时取得抵押权

C. 抵押登记机关为抵押财产所在地的市场监督管理部门

D. 乙银行的抵押权不得对抗在正常经营活动中已支付合理价款并取得抵押财产的买受人

32. 甲向乙借款，以房屋设定抵押权，并办理了抵押登记，之后甲将该房屋出租给不知情的丙，预收了2年的租金。借款到期后甲无力清偿债务。半年后，经乙请求，该房屋被法院委托拍卖，由丁竞买取得。下列选项错误的是？（　　）

A. 丁有权请求丙腾退房屋，丙无权要求丁退还剩余租金

B. 丁有权请求丙腾退房屋，丙有权要求丁退还剩余租金

C. 丙有权要求丁继续履行租赁合同

D. 甲与丙之间的租赁合同无效

33. 2021年5月30日，甲造船厂向乙农商行

借款500万元并以本厂现有及将有的生产设备、原材料、半成品、产品为债务提供浮动抵押担保并办理了抵押登记。2021年6月6日，洪某与甲造船厂约定，洪某以80万元购买甲造船厂的一条渔船，同时以该渔船作为洪某支付购船款的抵押物，洪某先支付了购船款20万元。同年6月15日，甲船厂向洪某交付了渔船。6月20日，甲造船厂为该渔船办理了抵押登记，后洪某一直未支付剩余款项。正确的是？（　　）

A. 乙商行抵押权优于甲造船厂抵押权

B. 甲造船厂抵押权优于乙农商行的抵押权

C. 乙农商行的抵押权可以对抗洪某

D. 洪某已取得渔船所有权

34. 肖某驾车发生意外死亡，其唯一的继承人侯某将车送至高某的修理店维修。修好后，侯某因手头拮据而无力支付维修款，高某留置该车。留置期间，高某将车随意停在维修店外的公路旁，且未锁车。某日夜里，该车被陆某盗走。对此，下列哪些说法是正确的？（　　）

A. 高某的留置权消灭

B. 高某未尽到妥善保管义务

C. 侯某丧失了该车的所有权

D. 高某丧失了对该车的占有

35. 甲欠乙25万元，为担保债务履行，甲以自己价值50万元的汽车为乙设立了质权。后乙因生意所需向丙借款40万元，并在得到甲允许的情况下，将该汽车质押给了知情的丙，完成了交付。1年后债务到期，因甲未清偿乙的债务，乙也没有向丙清偿，丙拍卖该汽车共得款45万元。对此，下列正确的是？（　　）

A. 对于该汽车拍卖款，丙的债权应当优先于乙的债权得到清偿

B. 丙有权优先受偿40万元

C. 丙有权优先受偿25万元

D. 若乙未经甲同意而转质，乙应承担汽车意外毁损的赔偿责任

36. 甲向乙借款100万元，朋友丙用一栋房屋作抵押担保，并完成抵押登记。后丙欲将房屋以120万元的价格出售给丁，通知乙，并告知丁该房屋已经抵押的事实。下列选项正确的是？（　　）

A. 不论乙是否同意转让，不动产登记部门应当准予过户，但乙仍然对该房屋享有抵押权

B. 如丁代为清偿了甲的债务，则不论乙是否同意转让，不动产登记部门均应当准予过户

C. 如丁向乙承诺代为清偿甲的债务，则不论乙是否同意转让，不动产登记部门均应当准予过户

D. 如甲清偿了债务，则不论乙是否同意，不动产登记部门均应当准予过户

三、不定项选择题

1. 李祥与银行签订借款抵押担保合同，以一幢价格为20万元的房屋作抵押，借款15万元，并办理抵押登记；后李祥从袁某处借款7万元，仍以该房屋抵押担保，并办理了登记。李祥又以家中冰箱、彩电等总计2.5万元作抵押，向蒋某借款3万元，写了借条和抵押担保书；后李祥从沈某处借款2万元，仍以上述财产作抵押，签订了借款抵押协议书。李祥还向张某借款3万元，未提供担保。李祥利用借得的款项购买了价值7万元的东风货车一辆并办理了财产保险。在经营过程中，因为周转资金需要，用该货车作抵押向韩某借款4万元，并办理了抵押登记。李祥在各项借款到期后均无力还款。某日，李祥驾车从甲地返回其住所乙地，途经丙地时遇到山体滑坡，车被严重损坏。由于无力偿还，只好将房屋拍卖进行清偿，下列表述正确的是：（　　）。

A. 先就银行的债权进行清偿，若该房屋价值尚有余额，再清偿袁某的债权

B. 应先就袁某的债权进行清偿，若房屋价值尚有余额，再清偿银行的债权

C. 应按房屋价值对银行和袁某进行等额清偿

D. 应将该房屋价值按李祥的贷款与袁某的债权的比例对银行和袁某清偿

2. 李洋有房屋一间，2022 年 7 月 20 日，李洋与薛兵签订了一份期限为 2 年的租赁合同，由薛兵承租该房屋。同年 10 月 8 日，张浩向李洋提出愿意购买该房屋，李洋将欲出卖房屋的情况告诉了薛兵，到 12 月 18 日，薛兵无任何答复，李洋遂与张浩签订了买卖合同，将该房屋以 5 万元的价格卖给张浩。张浩随后支付了全部价款。在双方准备办理房产变更登记的前几天，薛兵找到李洋，愿意以 6 万元购买此房，李洋遂又与薛兵签订了买卖合同，并当即办理了房产变更登记。不久，薛兵以该房设定抵押向银行贷款。就房屋租赁关系而言，下列表述正确的是（　　）。

A. 该房屋为私房，李洋出租后，有权自由转让，无须通知承租人

B. 房屋租金由李洋与薛兵协商决定，法律无最高数额限制

C. 李洋将该房屋卖给他人后，如新房主不愿意继续出租，则新房主有权终止租赁合同

D. 该合同既可以是书面形式，也可以是口头形式

3. 甲因个人购买房屋向乙借款 20 万元。由丙作为保证人，未约定保证范围。甲还提供了丁的一辆价值 10 万元的奥迪轿车作为抵押，双方办理了抵押登记。若甲到期不能清偿借款，则乙可以（　　）。

A. 直接向丙要求清偿全部债务

B. 先要求丁以其奥迪车变价清偿 10 万元借款，不足部分再向丙要求清偿

C. 只有丙无力清偿全部债务时，才可以向丁要求以其奥迪车变价清偿

D. 请求丙清偿债务，或请求丁以其奥迪车变价清偿

4. 甲向乙借款 500 元，将自己的一辆自行车和一只鸡质押给乙，具备形式要件。则：在质权存续期间（　　）。

A. 乙对自行车享有使用权

B. 乙对自行车享有出租权

C. 乙对母鸡下的蛋享有收取权

D. 乙对母鸡下的蛋享有所有权

5. 甲与乙签订一借款合同，同时将自己的车抵押给乙，并签订了抵押合同，甲向乙交付了该车的权利凭证。双方欲办理抵押登记，却因当地没有开办这种登记业务，未果。后甲又从丙处租来一辆车，并将此车质押给乙，具备形式要件。在抵押期间，甲将自己的车转让给丁，并办理了过户手续。则：关于甲与乙之间的抵押合同（　　）。

A. 有效

B. 无效，因未办理登记

C. 有效，但未生效

D. 效力未定

6. 陈某向贺某借款 20 万元，借期为 2 年。张某为该借款合同提供保证担保，担保条款约定，张某在陈某不能履行债务时承担保证责任，但未约定保证期间。陈某同时以自己的房屋提供抵押担保并办理了登记。请回答（1）~（2）题。

（1）如果贺某打算放弃对陈某的抵押权，并将这一情况通知了张某，张某表示反对，下列选项正确的是：（　　）。

A. 贺某不得放弃抵押权，因为张某不同意

B. 若贺某放弃抵押权，张某仍应对全部债务承担保证责任

C. 若贺某放弃抵押权，则张某对全部债务免除保证责任

D. 若贺某放弃抵押权，则张某在贺某放弃权利的范围内免除保证责任

（2）关于贺某的抵押权存续期间及张某的保证期间的说法，下列选项正确的是：（　　）。

A. 贺某应当在主债权诉讼时效期间行使抵押权

B. 贺某在主债权诉讼时效结束后的两年内仍可行使抵押权

C. 张某的保证期间为主债务履行期届满之日起六个月

D. 张某的保证期间为主债务履行期届满之日起二年

7. 顺风电器租赁公司将一台电脑出租给张某，租期为2年。在租赁期间内，张某谎称电脑是自己的，分别以市价与甲、乙、丙签订了三份电脑买卖合同并收取了三份价款，但张某把电脑实际交付给了乙。后乙的这台电脑丢失并被李某拾得，因暂时找不到失主，李某将电脑出租给王某获得很高收益。王某租用该电脑时出了故障，遂将电脑交给康成电脑维修公司维修。王某和李某就维修费的承担发生争执。康成公司因未收到修理费而将电脑留置，并告知王某如7天内不交费，将变卖电脑抵债。李某听闻后，于当日潜入康成公司偷回电脑。关于康成公司的民事权利，下列说法正确的是：(　　)。(2015年司考．卷三．不定项91)

A. 王某在7日内未交费，康成公司可变卖电脑并自己买下电脑

B. 康成公司曾享有留置权，但当电脑被偷走后，丧失留置权

C. 康成公司可请求李某返还电脑

D. 康成公司可请求李某支付电脑维修费

8. 甲、乙双方于2020年5月6日签订水泥供应合同，乙以自己的土地使用权为其价款支付提供了最高额抵押，约定2021年5月5日为债权确定日，并办理了登记。丙为担保乙的债务，也于2020年5月6日与甲订立最高额保证合同，保证期间为一年，自债权确定日开始计算。请回答第（1）~（3）题。

（1）水泥供应合同约定，将2020年5月6日前乙欠甲的货款纳入了最高额抵押的担保范围。下列说法正确的是：(　　)。

A. 该约定无效

B. 该约定合法有效

C. 如最高额保证合同未约定将2020年5月6日前乙欠甲的货款纳入最高额保证的担保范围，则丙对此不承担责任

D. 丙有权主张减轻其保证责任

（2）甲在2020年11月将自己对乙已取得的债权全部转让给丁。下列说法正确的是：(　　)。

A. 甲的行为将导致其最高额抵押权消灭

B. 甲将上述债权转让给丁后，丁取得最高额抵押权

C. 甲将上述债权转让给丁后，最高额抵押权不随之转让

D. 2021年5月5日前，甲对乙的任何债权均不得转让

（3）乙于2021年1月被法院宣告破产，下列说法正确的是：(　　)。

A. 甲的债权确定期届至

B. 甲应先就抵押物优先受偿，不足部分再要求丙承担保证责任

C. 甲可先要求丙承担保证责任

D. 如甲未申报债权，丙可参加破产财产分配，预先行使追偿权

9. 甲服装公司与乙银行订立合同，约定甲公司向乙银行借款300万元，用于购买进口面料。同时，双方订立抵押合同，约定甲公司以其现有的以及将有的生产设备、原材料、产品为前述借款设立抵押。借款合同和抵押合同订立后，乙银行向甲公司发放了贷款，但未办理抵押登记。之后，根据乙银行要求，丙为此项贷款提供连带责任保证，丁以一台大型挖掘机作质押并交付。请回答第（1）~（2）题。

（1）关于甲公司的抵押，下列选项正确的是：(　　)。(2017年司考．卷三．不定项89)

A. 该抵押合同为最高额抵押合同

B. 乙银行自抵押合同生效时取得抵押权

C. 乙银行自抵押登记完成时取得抵押权

D. 乙银行的抵押权不得对抗在正常经营活动中已支付合理价款并取得抵押财产的买受人

（2）如甲公司未按期还款，乙银行欲行使担保权利，当事人未约定行使担保权利顺序，下列选项正确的是：(　　)。(2017年司考．卷三．不定项91)

A. 乙银行应先就甲公司的抵押实现债权

B. 乙银行应先就丁的质押实现债权

C. 乙银行可选择就甲公司的抵押或丙的保证实现债权

D. 乙银行可选择就甲公司的抵押或丁的质押实现债权

10. 5月7日，甲向乙借款100万元，以一台设备抵押，但未办理抵押登记。6月7日，甲向丙借款60万元，以同一台设备抵押，双方办理了抵押登记，但丙对乙享有抵押权的事实知情。7月7日，甲向丁借款40万元，亦以同一台设备抵押，双方办理了抵押登记，丁对乙享有抵押权的事实不知情。对此，下列说法错误的是？（　　）

A. 乙的抵押权优先于丙

B. 丁的抵押权优先于乙

C. 丙的抵押权优先于丁

D. 丁的抵押权自登记时设立

11. 张三对李四负有10万元债务，为担保此债务，2017年5月1日，两人约定："张三以其拥有的一辆汽车为李四设立质权，李四自此日起对该车享有质权，但张三继续使用该汽车2个月。"使用期届满后，李四于7月2日请求张三交付汽车被拒。7月10日，李四潜入张三家中将汽车开回。8月1日，汽车遭雷击起火烧毁（该车已经办理有效的财产保险）。下列表述错误的是？（　　）

A. 5月1日，李四可依"占有改定"方式取得对汽车的质权

B. 7月2日，因使用期届满李四取得对汽车的质权

C. 7月10日，李四因占有汽车而取得对汽车的质权

D. 8月1日，李四对汽车的质权消灭

四、名词解释

1. 担保物权

2. 抵押权（中国人民大学2013年研究生入学考试题）

3. 质权

4. 留置权（中国人民大学2010年研究生入学考试题）

五、简答题

1. 简述担保物权的特征与分类。（中国人民大学2012年研究生入学考试题）

2. 简述动产质权人的权利。

六、论述题

试述留置权取得的条件。

七、案例分析题

1. 大华贸易公司为筹措资金，向某银行贷款400万元，银行要求大华公司就贷款提供担保，大华公司即以本公司子弟学校的教学楼为抵押物设定抵押（该楼价值300万元），又由市政府及吉利商场（法人单位）为其提供保证。在保证合同中未提及保证方式及各保证人所应承担的保证份额。

（1）假定抵押物为该公司之办公楼，保证人为吉利商场与来顺公司。二保证人应如何承担保证责任？为什么？

因经营不善，大华公司与银行协议，把还贷期限推迟一年，吉利商场与来顺公司考虑到与大华公司长期以来的良好关系，口头同意了该协议。变更后的履行期届满后，大华公司仍不能偿还贷款本息共600万元，在就办公大楼拍卖优先受偿后，银行还有300万元债权未受清偿。

（2）银行能否向保证人请求承担保证责任？如能，应怎样承担；如不能，为什么？

2. 1999年7月，大发公司与和顺公司签订了一份合同。该合同约定和顺公司为大发公司加工特种空调机50台，每台加工费5000元，由大发公司提供原材料，交货时间为次年6月底，交货的同时交付加工费。和顺公司于次年6月中旬完成了该批空调机的加工，就通知大发公司取货付款。大发公司直到7月10日才派一辆货车来和顺公司取空调机，并请求和顺公司同意延期付款。和顺公司见大发公司未能付款，就拒绝让大发公司的汽车取货，为了保证大发公司能付款，同时将大发公司的货车也予以扣留，并通知大发公司必须在50天内将加工费交齐，否则将空调机连同货车一并处理以抵加工费。

请根据以上案情回答以下问题：

（1）和顺公司是否可以在大发公司不交加工费的50天后处理留置物？

（2）如在和顺公司扣留空调机与汽车期间发生意外火灾，空调机全部被毁，和顺公司是否还有权要求大发公司偿还加工费？

3. 王强到一修理部将自己的一辆旧自行车让人维修。3天后，王强来取车，修理部让其支付修车费20元，王强认为价格太高，拒绝付款。修理部出示了维修价目表并声明如不付款将扣留其自行车。双方争执不下，王强遂表示不要自行车，从此也就不了了之。一月后，王强骑摩托车经过此地，恰巧其摩托车坏了，不得已只好到此修理；修理完毕，修理部要求付款50元，加上上次修自行车费20元，共是70元。王强认为上次费用已用自行车抵了，于是不付上次费用；修理部人员说旧自行车他们不要，要求王强一次付清费用；否则，连摩托车一起扣留。问：

（1）修理部两次扣留是否合法？为什么？

（2）若修理部第一次将自行车变卖得款50元应如何处理？

（3）本案应如何处理？为什么？

参考答案

一、单项选择题

1. 答案：D。本题考查的是抵押权客体的范围。抵押权客体就是抵押权的执行对象。根据《民法典》的有关规定，可以抵押的财产包括房屋和其他地上定着物、机器和交通运输工具、依法有权处分的国有的土地使用权、依法有权处分的国有的机器等财产、依法承包并经发包方同意抵押的“四荒”土地使用权；不能抵押的财产包括土地所有权、耕地、宅基地、自留地、自留山等集体所有的土地使用权，以公益为目的的事业单位等的教育设施、医疗卫生设施，有争议的财产或者所有权不明确的财产，依法被查封、扣押和监管的财产以及其他依法不得抵押的财产。正在建造中的船舶也是有抵押价值的财产，只要所有权明确，就可以进行抵押。综上，本题正确答案为D。

2. 答案：C。本题考查的是须登记才能生效的抵押权客体的范围。根据《民法典》第402条、第403条的规定，以动产抵押的，抵押权自抵押合同生效时设立；未经登记，不得对抗善意第三人。因此，在民用航空器或船舶上设定抵押时，不需要登记就能生效。金银珠宝不属于法律规定经登记才能生效的抵押权客体范围。综上，本题正确答案为C。

3. 答案：B。本题考查的是抵押权客体的范围。《民法典》第395条规定：“债务人或者第三人有权处分的下列财产可以抵押：（一）建筑物和其他土地附着物；（二）建设用地使用权；（三）海域使用权；（四）生产设备、原材料、半成品、产品；（五）正在建造的建筑物、船舶、航空器；（六）交通运输工具；（七）法律、行政法规未禁止抵押的其他财产。抵押人可以将前款所列财产一并抵押。”第399条规定：“下列财产不得抵押：（一）土地所有权；（二）宅基地、自留地、自留山等集体所有土地的使用权，但是法律规定可以抵押的除外；（三）学校、幼儿园、医疗机构等为公益目的成立的非营利法人的教育设施、医疗卫生设施和其他公益设施；（四）所有权、使用权不明或者有争议的财产；（五）依法被查封、扣押、监管的财产；（六）法律、行政法规规定不得抵押的其他财产。”据此B项中的豪华轿车虽属学校所有，但不能认为是教育设施，故可以抵押。综上，本题正确答案为B。

4. 答案：D。本题考查的是可分物的留置和留置物灭失、毁损的风险承担。依《民法典》第450条规定，留置财产为可分物的，留置财产的价值应当相当于债务的金额。本案中甲公司欠乙仓库仅1万元，乙仓库留置1台电脑足矣，故乙仓库留置另外9台电脑的行为显系不当。因此，仓库只有权留置1台电脑，另外9台电脑则无权留置，对于无权占有的财产发生意外毁损应承担赔偿责任，相应比例的间接损失也应承担。

5. **答案**：B。本题考查的是在同一抵押物上设立多个抵押权的清偿顺序。《民法典》第414条规定：“同一财产向两个以上债权人抵押的，拍卖、变卖抵押财产所得的价款依照下列规定清偿：(一) 抵押权已经登记的，按照登记的时间先后确定清偿顺序；(二) 抵押权已经登记的先于未登记的受偿；(三) 抵押权未登记的，按照债权比例清偿。其他可以登记的担保物权，清偿顺序参照适用前款规定。”根据《民法典》的规定，答案B正确。

6. **答案**：D。本题考查的是抵押权的不可分性。抵押权是一种担保物权，具有不可分性。所谓担保物权的不可分性，是指担保物权所担保的债权的债权人得就担保物的全部行使权利。这体现在：债权的一部分消灭，如清偿、让与，债权人仍就未清偿债权部分对担保物全体行使权利；担保物一部分灭失，残存部分仍担保债权全部；分期履行的债权，已届履行期的部分未履行时，债权人就全部担保物有优先受偿权；担保物权设定后，如担保物的价格上涨，债务人无权要求减少担保物，反之，担保物的价格下跌，债务人也无提供补充担保的义务。这种不可分性也体现在担保法的规定中。《民法典》第408条规定：“抵押人的行为足以使抵押财产价值减少的，抵押权人有权请求抵押人停止其行为；抵押财产价值减少的，抵押权人有权请求恢复抵押财产的价值，或者提供与减少的价值相应的担保。抵押人不恢复抵押财产的价值，也不提供担保的，抵押权人有权请求债务人提前清偿债务。”据此，本题中抵押人姜某对抵押物的价值减少没有过错，故抵押权人无权要求抵押人恢复抵押物的价值，或者提供与减少的价值相当的担保，或者提前清偿债务。故本题正确答案为D。

7. **答案**：C。本题考查的是抵押权的物上代位性。所谓物上代位性，是指抵押权的设定是以抵押物的价值能够担保主债权的实现为条件，即并不注重抵押物的实际形态和性质如何。由于意外原因导致抵押物毁损灭失的，抵押权并不因抵押物的灭失而消灭，而是在抵押人所受赔偿金上继续存在，该赔偿金成为抵押权标的物的代替物。《民法典》第408条规定：“抵押人的行为足以使抵押财产价值减少的，抵押权人有权请求抵押人停止其行为；抵押财产价值减少的，抵押权人有权请求恢复抵押财产的价值，或者提供与减少的价值相应的担保。抵押人不恢复抵押财产的价值，也不提供担保的，抵押权人有权请求债务人提前清偿债务。”据此，本题中作为抵押物的汽车因意外事故报废，抵押权并不消灭，抵押人甲所获得的保险赔偿金应成为该汽车的替代物，继续作为甲对乙的债务担保。故本题正确答案为C。

8. **答案**：C。本题考查的是有关抵押权转让的法律规定。《民法典》第407条规定：“抵押权不得与债权分离而单独转让或者作为其他债权的担保。债权转让的，担保该债权的抵押权一并转让，但是法律另有规定或者当事人另有约定的除外。”据此，本题中债权人乙欲将其这一抵押权转让给丙，必须与债权一起转让。故本题正确答案为C。

9. **答案**：C。① 根据《民法典》第409条规定，抵押权人可以放弃抵押权或者抵押权的顺位。抵押权人与抵押人可以协议变更抵押权顺位以及被担保的债权数额等内容，但抵押权的变更，未经其他抵押权人书面同意，不得对其他抵押权人产生不利影响。此题中，甲、丙交换了抵押权顺位，并且履行了变更登记手续，由此丙成为第一顺位抵押权人，甲成为第三顺位抵押权人。但是鉴于乙对此并不知情，在没有获得其书面同意的情况下，该抵押权的变更不应当对其产生不利的影响，因此应当在其可获清偿的范围内全部

---

① 编者注：本题考查的是抵押权的设立与实现。该题是针对《民法典》第409条的考查。理解“抵押权的变更未经其他抵押权人书面同意的，不得对其他抵押权人产生不利影响”十分重要。此题中，抵押权顺位变更的效力只发生在甲和丙之间，涉及乙的利益不变，应当比照原有约定实现乙的利益。如果没有注意到这一点，就会误选答案B。

偿还。因此，正确答案应当为C。

10. 答案：C。本题考查的是抵押物的范围。

11. 答案：B。本题考查的是抵押登记的效力。《最高人民法院关于适用〈中华人民共和国民法典〉有关担保制度的解释》第47条规定："不动产登记簿就抵押财产、被担保的债权范围等所作的记载与抵押合同约定不一致的，人民法院应当根据登记簿的记载确定抵押财产、被担保的债权范围等事项。"据此，本题中乙只能根据抵押登记的记载，对甲的夏利车行使抵押权。故本题正确答案为B。

12. 答案：B。本题考查的是权利质押的客体范围。《民法典》第440条规定，债务人或者第三人有权处分的下列权利可以出质：(1) 汇票、本票、支票；(2) 债券、存款单；(3) 仓单、提单；(4) 可以转让的基金份额、股权；(5) 可以转让的注册商标专用权、专利权、著作权等知识产权中的财产权；(6) 现有的以及将有的应收账款；(7) 法律、行政法规规定可以出质的其他财产权利。该条规定的这些权利中，大部分都是债权，故本题A项可作为权利质押客体。《公司法》第147条第2款规定："董事、监事、高级管理人员不得利用职权收受贿赂或者其他非法收入，不得侵占公司的财产。"据此，本题B项所述"某公司董事所持有的本公司的股票"是不可转让的，不能作为权利质押客体。《最高人民法院关于适用〈中华人民共和国民法典〉有关担保制度的解释》第61条规定，以现有的应收账款出质……以基础设施和公用事业项目收益权、提供服务或者劳务产生的债权以及其他将有的应收账款出质，当事人为应收账款设立特定账户，发生法定或者约定的质权实现事由时，质权人请求就该特定账户内的款项优先受偿的，人民法院应予支持；特定账户内的款项不足以清偿债务或者未设立特定账户，质权人请求折价或者拍卖、变卖项目收益权等将有的应收账款，并以所得的价款优先受偿的，人民法院依法予以支持。据此，本题C项可作为权利质押客体。担保法规定支票可以作为权利质押客体，应当包括记名支票。故本题D项可以作为权利质押客体。综上，本题正确答案为B。

13. 答案：D。本题考查的是质权客体的范围。《民法典》第425条规定："为担保债务的履行，债务人或者第三人将其动产出质给债权人占有的，债务人不履行到期债务或者发生当事人约定的实现质权的情形，债权人有权就该动产优先受偿。前款规定的债务人或者第三人为出质人，债权人为质权人，交付的动产为质押财产。"同时根据第440条的规定，我国法律规定的质权包括动产质权和权利质权。本题中A、B项可以作为权利质权的客体，C项可以作为动产质权的客体。D项"某影星的肖像权"属于人身权；从上述两个条文的规定可以看出，质权的客体必须是可转让的物或权利，而人身权是不得转让的，因此也就不能作为质权的客体。综上，本题正确答案为D。

14. 答案：A。本题考查的是某些权利质押的生效时间。《民法典》第441条规定，以汇票、本票、支票、债券、存款单、仓单、提单出质的，质权自权利凭证交付质权人时设立；没有权利凭证的，质权自办理出质登记时设立。法律另有规定的，依照其规定。据此，本题正确答案为A。

15. 答案：D。本题考查的是质权的效力范围。根据质权的原理，如果当事人之间没有特别约定，质权的效力范围及于原物、孳息、从物和代位物。小马驹是母马的孳息，马鞍、马鞭是母马的从物。故本题正确答案为D。

16. 答案：C。本题考查的是各种担保物权的定义。本题与担保债的履行有关，因而涉及担保物权。担保物权是为担保债的履行而设定的他物权，典权是一种用益物权，不是担保物权，故本题D项不正确。抵押权，是指债务人或者第三人不转移财产的占有，将该财产作为债权的担保，债务人不履行债务时，债权人有权依照法律的规定以该财产折价受偿或者以拍卖、变卖所得的价款优先受偿。本题中债务人将手表留给成衣店，转移了担保物的占有，不是抵押行为，故本题B项不正确。留置权是指按照合同约定占有对方财产的一方，在对方不按照合同给付应付款项超过约定期限时所享有的留置该财产，并依照法律的规定以留置财产折价或者以变卖该财产的价款优先受偿的权利。本题中成衣店占有甲的手表是基于甲的自愿行为，而不是加工服装的合同，故不符合留置的定义，故本题A项不正确。质权是指债务人或者第三人将其财产移交给债权人占有作为债权的担保，债务人不履行债务时，债权人有依法将该财产折价受偿或者以拍卖、变卖的价款优先受偿的权利。本题中甲为担保加工费的支付，将手表交给成衣店，约定交费后取回手表，这种行为符合质押行为的定义。故本题正确答案为C。

17. **答案**：A。本题考查的是质押中质物灭失的风险承担。质押是指债务人或者第三人将其财产移交给债权人占有作为债权的担保，债务人不履行债务时，债权人有权依法将该财产折价受偿或者以拍卖、变卖的价款优先受偿。质押只是转移质物的占有，并不转移质物的所有权。根据民法的一般原理，物灭失的风险应由所有权人承担。故在质押的情况下，质物灭失的风险损失应由质押人承担。故本题正确答案为A。

18. **答案**：D。本题考查的是抵押物的转让。《民法典》第406条规定，抵押期间，抵押人可以转让抵押财产。当事人另有约定的，按照其约定。抵押财产转让的，抵押权不受影响。抵押人转让抵押财产的，应当及时通知抵押权人。抵押权人能够证明抵押财产转让可能损害抵押权的，可以请求抵押人将转让所得的价款向抵押权人提前清偿债务或者提存。转让的价款超过债权数额的部分归抵押人所有，不足部分由债务人清偿。据以上分析，A、B、C项中的各项权利银行都有权行使。至于D项，抵押权人对于抵押物并无优先购买权，故D项错误。

19. **答案**：B。根据《民法典》第392条的规定，被担保的债权既有物的担保又有人的担保的，债务人不履行到期债务或者发生当事人约定的实现担保物权的情形，债权人应当按照约定实现债权；没有约定或者约定不明确，债务人自己提供物的担保的，债权人应当先就该物的担保实现债权；第三人提供物的担保的，债权人可以就物的担保实现债权，也可以请求保证人承担保证责任。提供担保的第三人承担担保责任后，有权向债务人追偿。对于本案债务人而言，其在债务上已经以自己所有的物进行了物的担保，保证人丙只需要在物的担保以外承担保证责任。物的担保主要有以下几种：对于房屋的抵押担保10万元，汽车抵押担保5万元，音响质押担保1万元。另外，汽车被毁，获得保险赔偿金3万元。而担保物权是具有物上代位性的，即因标的物出卖、出租、消灭或毁损发生以金钱或其他财物（代偿物）代替时，担保物权人可以对此行使担保物权。对于因车祸毁损的汽车所获保险赔偿金，担保物权人基于物上代位制度可以对其行使担保物权。也就是说，保证人丙应当对房屋抵押担保10万元，汽车保险赔偿金3万元和音响质押担保1万元以外的债务负责，即6万元。

20. **答案**：C。本题考查的是担保物权的特征和种类。担保物权是与用益物权相对应的他物权，指的是为确保债权的实现而设定的，以直接取得或者支配特定财产的交换价值为内容的权利。据此，担保物权的标的物也须为特定物，故本题A项不正确。担保物权虽具有从属性，但并非不得先于主债权而设定，如最高额抵押即先于主债权而设定，故本题B项不正确。典权不是担保物权而是用益物权，故本题D项不正确。物权具有不可分性，即使债权一部分消灭，债权人仍就未清偿债权部分对担保物全部行使权利，故本题C项正确。

21. **答案**：C。本题考查的是留置权。《民法典》第447条规定，债务人不履行到期债务，债权人可以留置已经合法占有的债务人的动产，并有权就该动产优先受偿。前款规定的债权人为留置权人，占有的动产为留置财产。第 448 条规定，债权人留置的动产，应当与债权属于同一法律关系，但是企业之间留置的除外。法律对企业之间的留置规定较为宽松，不要求留置的动产和债权属于同一法律关系，因此本题应选 C。

22. 答案：D。本题考核权利质权。《民法典》第 440 条规定，债务人或者第三人有权处分的下列权利可以出质：（1）汇票、本票、支票；（2）债券、存款单；（3）仓单、提单；（4）可以转让的基金份额、股权；（5）可以转让的注册商标专用权、专利权、著作权等知识产权中的财产权；（6）现有的以及将有的应收账款；（7）法律、行政法规规定可以出质的其他财产权利。根据上述规定可知，本题的正确答案是 D。

23. 答案：C。本题考核预告登记、不动产抵押合同与抵押权的生效时间。本题中，甲与银行之间设立的抵押是不动产抵押，一般情况下，抵押合同自签订之日起生效，抵押权自办理抵押登记之日起设立。据此首先可以判断出甲与银行之间的抵押合同已经生效。因此，B、D 项错误。另外，《民法典》第 221 条规定，当事人签订买卖房屋的协议或者签订其他不动产物权的协议，为保障将来实现物权，按照约定可以向登记机构申请预告登记。预告登记后，未经预告登记的权利人同意，处分该不动产的，不发生物权效力。预告登记后，债权消灭或者自能够进行不动产登记之日起 90 日内未申请登记的，预告登记失效。本题中提到的标的物在设定抵押之前已经出售给了乙公司，并办理了预告登记且没有超出上述规定的 3 个月的期限。因此，在此期限内甲公司无权处分该不动产，即便是实际处分了，也不发生物权的效力。因此，银行不能取得写字楼的抵押权，A 项错误，C 项正确。

24. 答案：C。动产浮动抵押自抵押合同生效时设立；未经登记，不得对抗善意第三人，且不得对抗正常经营活动中已支付合理价款并取得抵押财产的买受人。据此，个体户甲设定的抵押权因其与乙银行订立抵押权合同而生效，选项 B 错误；由于该抵押合同未经登记，因此不能对抗善意第三人，选项 C 正确；由于第三人丙以合理价格从甲处购买生产设备，乙银行不得以其抵押权对抗，因此选项 D 错误。本题正确答案应为 C。

25. 答案：D。《民法典》第 445 条规定，以应收账款出质的，质权自办理出质登记时设立。故选项 A 表述正确。此外，《民法典》第 546 条第 1 款规定，债权人转让债权，未通知债务人的，该转让对债务人不发生效力。类比该规定，若须使质权对债务人丙发生效力，必须通知债务人丙，故选项 B 正确。在将出质事实通知债务人丙之后，其不得自行向甲清偿债务，须经质权人同意方可清偿或将清偿款提存，故选项 C 正确，选项 D 错误。综上，由于本题是选非题，本题正确答案为 D。

26. 答案：D。按照《民法典》第 403 条的规定，动产抵押采登记对抗主义，未办理登记，抵押权成立，但不得对抗善意第三人。第 429 条规定，动产质权采交付生效主义，同升公司已办理了交付，动产质权成立。因此就同一标的物存有留置权、质权、已办理登记的抵押权、未办理登记的抵押权。同一动产上已设立抵押权或者质权，该动产又被留置的，留置权人优先受偿。已经办理登记的抵押权可以对抗第三人，优先于质权，未办理抵押登记的抵押权不能对抗第三人。所以，首先为留置权人，其次为已办理登记的抵押权人，再次为质权人，最后为未办理登记的抵押权人，即为丁乙丙甲，D 选项正确。

27. 答案：D。《民法典》第 393 条规定："有下列情形之一的，担保物权消灭：（一）主债权消灭……"本题中，如乙公司依约向银行清偿了贷款，则基于此项主债权存在的银行的保证权和甲公司的债权质权均将消灭，据此A项错误。《民法典》第546条规定，债权人转让债权，未通知债务人的，该转让对债务人不发生效力。债权转让的通知不得撤销，但是经受让人同意的除外。据此，B项错误。《民法典》第428条规定，质权人在债务履行期限届满前，与出质人约定债务人不履行到期债务时质押财产归债权人所有的，只能依法就质押财产优先受偿。据此C项错误。乙公司将对丙公司的债权出质给甲公司，由于甲公司行使的这个应收账款质权本质上是个债权，因此并不能因为甲公司是质权人而切断丙公司基于债权而拥有的抗辩，据此D项正确。

28. 答案：C。本题中，甲公司对乙公司拥有10万元债权，丙银行对甲公司拥有债权质权，乙公司对甲公司拥有2万元债权。如果乙公司提出抗辩，鉴于其行使抵销权的条件已经具备，必然会对甲公司提出行使抵销权。尽管乙公司行使抵销权会使丙银行的债权质权有所贬损，但是目前的法律并未规定债权人行使抵销权时受此限制，且《民法典》第433条规定，因不可归责于质权人的事由可能使质押财产毁损或者价值明显减少，足以危害质权人权利的，质权人有权请求出质人提供相应的担保；出质人不提供的，质权人可以拍卖、变卖质押财产，并与出质人协议将拍卖、变卖所得的价款提前清偿债务或者提存。第568条第1款规定，当事人互负债务，该债务的标的物种类、品质相同的，任何一方可以将自己的债务与对方的到期债务抵销；但是，根据债务性质、按照当事人约定或者依照法律规定不得抵销的除外。由此可见，乙公司可以行使抵销权。据此，丙银行的债权质权为8万元，C项正确。

29. 答案：A。《民法典》第392条规定，被担保的债权既有物的担保又有人的担保的，债务人不履行到期债务或者发生当事人约定的实现担保物权的情形，债权人应当按照约定实现债权；没有约定或者约定不明确，债务人自己提供物的担保的，债权人应当先就该物的担保实现债权；第三人提供物的担保的，债权人可以就物的担保实现债权，也可以请求保证人承担保证责任。提供担保的第三人承担担保责任后，有权向债务人追偿。依此法条规定，本题应选A项，其他选项均错误。

30. 答案：C。依《民法典》第215条的规定，除法律另有规定或者合同另有约定外，当事人之间订立有关设立、变更、转让和消灭不动产物权的合同，自合同成立时生效，所以本题中，甲、乙之间的担保合同自质权合同成立时生效，故A选项错误。依《民法典》第429条的规定，质权自出质人交付质押财产时设立。占有红木非只能由本人亲自进行的行为。本题中，甲与丙签订委托合同授权丙代自己占有红木，乙将红木交付于丙，此时，甲为占有人，丙为占有辅助人，即在乙将红木交付于丙时，甲即取得该红木的占有，自此取得质权。由此可知，B、D选项错误，C选项正确。

31. 答案：B。A、B项考查留置权。留置权包括两类，即民事留置和商事留置。根据《民法典》第447条规定，债务人不履行到期债务，债权人可以留置已经合法占有的债务人的动产，并有权就该动产优先受偿。前款规定的债权人为留置权人，占有的动产为留置财产。第448条规定，债权人留置的动产，应当与债权属于同一法律关系，但企业之间留置的除外。据此可知，留置权的成立条件有4个：（1）债权已到期；（2）合法占有债务人的动产；（3）基于同一法律关系（商事留置除外）；（4）不违反法律规定和当事人约定。本题中，徐某的10万元工资债权与轿车的占有并非同一法律关系。因此，不得行使留置权。故A项错误。C、D项考查诉讼时效制度。根据《民法典》第188条第1款规定，向人民法院请求保护民事权利的诉讼时效期间为三年。法律另有规定的，依照其规定。本题中，徐某的10万元工资债权属于债权请求权，依法应受到三年诉讼时效期间的限制。故C、D项错误。

32. 答案：A。首先，《民法典》第402条规定，以本法第395条第1款第1~3项规定的财产或者第5项规定的正在建造的建筑物抵押的，应当办理抵押登记。抵押权自登记时设立。第395条第1款第1~3项规定，不动产的类型有：建筑物和其他地上附着物、建设用地使用权、海域使用权。第215条规定，当事人之间订立有关设立、变更、转让和消灭不动产物权的合同，除法律另有规定或者当事人另有约定外，自合同成立时生效；未办理物权登记的，不影响合同效力。本题中，甲乙虽未办理抵押登记手续，不动产抵押权未设立，但二者间的抵押合同合法有效。故B项正确。其次，根据物权法定的基本原理，对于动产而言，既可以设立抵押权，又可以设立质押权。故C项正确。最后，根据《民法典》第403条规定，以动产抵押的，抵押权自抵押合同生效时设立；未经登记，不得对抗善意第三人。第394条第1款规定，为担保债务的履行，债务人或者第三人不转移财产的占有，将该财产抵押给债权人的，债务人不履行到期债务或者发生当事人约定的实现抵押权的情形，债权人有权就该财产优先受偿。故D项正确。

33. 答案：C。A、B、C项考查抵押权的顺位。同一财产向两个以上债权人抵押的，顺序在先的抵押权与该财产的所有权归属一人时，该财产的所有人可以其抵押权对抗顺序在后的抵押权。据此可知，抵押权人和抵押物的所有权归于一人的，抵押权均未消灭。本题中，甲的抵押权先于丙设立，后甲又获得房屋所有权。因此，甲和丙的抵押权均未消灭，且甲可基于登记在先对抗丙的抵押权。故A、B项错误。D项考查民事法律行为的效力。《民法典》对抵押物的转让规则作出了重大修改，第406条规定，抵押期间，抵押人可以转让抵押财产。当事人另有约定的，按照其约定。抵押财产转让的，抵押权不受影响。抵押人转让抵押财产的，应当及时通知抵押权人。抵押权人能够证明抵押财产转让可能损害抵押权的，可以请求抵押人将转让所得的价款向抵押权人提前清偿债务或者提存。转让的价款超过债权数额的部分归抵押人所有，不足部分由债务人清偿。因此乙出卖已抵押的房屋为有权处分，甲、乙间的房屋买卖合同有效。故D项错误。

34. 答案：B。《民法典》第221条第1款规定："当事人签订买卖房屋的协议或者签订其他不动产物权的协议，为保障将来实现物权，按照约定可以向登记机构申请预告登记。预告登记后，未经预告登记的权利人同意，处分该不动产的，不发生物权效力。"可见为了保障将来取得不动产所有权、用益物权和担保物权，在符合条件时均可以办理预告登记。不动产抵押权可以适用预告登记制度。同时《民法典》规定了不动产登记机构法定制度，"不动产登记，由不动产所在地的登记机构办理。国家对不动产实行统一登记制度。统一登记的范围、登记机构和登记办法，由法律、行政法规规定"。因此，去公证机构办理抵押合同公证，不产生预告登记的法律效果，因此A项错误。《民法典》第311条规定："无处分权人将不动产或者动产转让给受让人的，所有权人有权追回；除法律另有规定外，符合下列情形的，受让人取得该不动产或者动产的所有权：（一）受让人受让该不动产或者动产时是善意；（二）以合理的价格转让；（三）转让的不动产或者动产依照法律规定应当登记的已经登记，不需要登记的已经交付给受让人。受让人依照前款规定取得不动产或者动产的所有权的，原所有权人有权向无处分权人请求损害赔偿。当事人善意取得其他物权的，参照适用前两款规定。"可见担保适用善意取得制度，但是善意取得的前提条件是行为人"无权处分"，本题中，甲再次抵押房屋属于有权处分，丙取得房屋抵押权不是善意取得，因此B项正确。依据《民法典》第402条的规定，不动产抵押的，应当办理抵押登记，抵押权自登记时设立。乙和甲签订了房屋抵押合同，但是没有依法办理抵押登记，因此乙对该房屋不享有抵押权。因此，甲违反抵押合同约定将房屋再次抵押给他人的行为是违约行为，不构成对乙抵押权的侵害，因此C项错误。《民法典》第414条第1款规定了抵押清偿顺序："同一财产向两个以上债权人抵押的，拍卖、变卖抵押财产所得的价款依照下列规定清偿：(一)抵押权已经登记的，按照登记的时间先后确定清偿顺序；(二)抵押权已经登记的先于未登记的受偿；(三)抵押权未登记的，按照债权比例清偿。"即使乙胜诉，法院强制执行后办理了抵押登记，但是乙的抵押登记时间在丙的抵押登记时间之后，乙的抵押权不能优先于丙的抵押权优先受偿，因此D项错误。

35. 答案：C。不动产抵押应当办理抵押登记，不动产抵押权自登记时设立，当事人仅订立抵押合同而未办理登记的，不动产抵押权不能有效设立，A、B项错误。合同一方当事人违反合同约定义务而对另一方合同当事人应当承担民事责任。根据《民法典》第584条规定，当事人一方不履行合同义务或者履行合同义务不符合约定，造成对方损失的，损失赔偿额应当相当于因违约所造成的损失，包括合同履行后可以获得的利益；但是，不得超过违约一方订立合同时预见到或者应当预见到的因违约可能造成的损失，C项正确。抵押合同不存在效力待定的情形，完全民事行为能力人在意思真实情况下签订的不违反法律和公共利益的合同属于有效的合同，D项错误。

36. 答案：B。依据《民法典》第311条的规定，质押权可以适用善意取得，因此本案中丙可以取得质押权，那么甲就不能对丙主张返还请求权，因为丙是有权占有人。但由于乙的无权处分导致甲无法取回手表，因此甲可以要求乙赔偿损失，故A项正确，B项错误。如果债务人不能按时清偿债务的话，质押权人丙可以拍卖和变卖手表，故C项正确。一旦丙拍卖手表，甲将丧失所有权，故D项正确。

二、多项选择题

1. 答案：BC。本题考查的是抵押权的特点。抵押权是指债权人对于债务人或第三人不转移占有而提供担保的财产，在债务人不履行债务时，依法享有的就担保的财产变卖并优先受偿的权利。抵押权是一种担保物权，是从属于债权存在的，无债权发生，也就没有抵押权；债权转移，抵押权也必须随同债权转移。此为抵押权的从属性。抵押权的不可分性是指债权人在全部债权受偿以前，可以就抵押物的全部行使权利。该不可分性体现为两个方面：一是不管债权是否发生变化，只要没有全部清偿之前，抵押权人就可以对抵押物整体行使权利；二是债权的部分变化不影响抵押权的整体性。债权一部分让与时，抵押权不因此而分割，受让人与让与人按其债权额共有一个抵押权。债权转移，抵押权必须随同移转主要是由抵押权的从属性和不可分性决定的。抵押权的追及力是指抵押物无论落入何人之手，抵押权人都可以就其行使抵押权。这与抵押权的转移无关。抵押权的物上代位性是指抵押物的实际形态发生变化并不影响抵押权的成立，抵押权人还可以就抵押物的替代物行使权利。这是由抵押担保的性质所决定的，在物上设定担保权的目的主要是利用物的交换价值，而不是物的具体形状。抵押权的物上代位性的特点只能决定抵押权的实现，并不能决定抵押权随同债权的转移。综上，本题正确答案为B、C。

2. 答案：AB。本题考查的是应当进行登记的抵押物范围。《民法典》第402条规定："以本法第三百九十五条第一款第一项至第三项规定的财产或者第五项规定的正在建造的建筑物抵押的，应当办理抵押登记。抵押权自登记时设立。"第395条规定："债务人或者第三人有权处分的下列财产可以抵押：(一)建筑物和其他土地附着物；(二)建设用地使用权；(三)海域使用权；(四)生产设备、原材料、半成品、产品；(五)正在建造的建筑物、船舶、航空器；(六)交通运输工具；（七）法律、行政法规未禁止抵押的其他财产。抵押人可以将前款所列财产一并抵押。”本题A、B项符合规定，都属于抵押时应当登记的财产范围，故为本题正确答案。

3. **答案**：AB。本题考查的是可以作为抵押物的财产范围。根据《民法典》第395条和第399条的规定可知，本题正确答案为A、B。

4. **答案**：ABCD。本题考查的是抵押权人保全抵押物的权利。抵押权是以抵押物价值来担保债权实现的一种担保物权，因此，如抵押人的行为导致抵押物的价值减少，必然危及抵押权人的利益，为此，法律规定抵押权人可以对抵押物采取保全措施，以确保自己的债权在将来能够实现。《民法典》第408条规定：“抵押人的行为足以使抵押财产价值减少的，抵押权人有权请求抵押人停止其行为；抵押财产价值减少的，抵押权人有权请求恢复抵押财产的价值，或者提供与减少的价值相应的担保。抵押人不恢复抵押财产的价值，也不提供担保的，抵押权人有权请求债务人提前清偿债务。”据此，本题A、B、C、D项是抵押权人可以采取的救济方法，为本题正确答案。

5. **答案**：ABC。本题考查的是抵押权人保全抵押物的权利。抵押权是以抵押物价值确保债权实现的一种担保物权，因此，如抵押人的行为导致抵押物的价值减少，必然危及抵押权人的利益，为此，法律规定抵押权人可以对抵押物采取保全措施，以确保自己的债权在将来能够实现。《民法典》第408条规定：“抵押人的行为足以使抵押财产价值减少的，抵押权人有权请求抵押人停止其行为；抵押财产价值减少的，抵押权人有权请求恢复抵押财产的价值，或者提供与减少的价值相应的担保。抵押人不恢复抵押财产的价值，也不提供担保的，抵押权人有权请求债务人提前清偿债务。”据此，本题中，由于抵押人毛某具有使抵押物客车价值减少的行为，抵押权人有权要求其停止这种行为，即按照合理的方式使用客车；若客车的价值因毛某的行为减少，凌某有权要求毛某恢复该客车的价值，或提供与减少的价值相当的担保。故本题A、C项正确。若毛某既不恢复该客车的价值，也不提供担保的，凌某有权要求毛某提前清偿债务，故本题B项正确。若该客车的价值非因毛某的行为而减少时，凌某无权要求提供补充担保，故本题D项不正确。

6. **答案**：AD。本题考查的是设定抵押的财产在抵押期间转让的效力问题。《民法典》第406条规定，抵押期间，抵押人可以转让抵押财产。当事人另有约定的，按照其约定。抵押财产转让的，抵押权不受影响。抵押人转让抵押财产的，应当及时通知抵押权人。抵押权人能够证明抵押财产转让可能损害抵押权的，可以请求抵押人将转让所得的价款向抵押权人提前清偿债务或者提存。转让的价款超过债权数额的部分归抵押人所有，不足部分由债务人清偿。本题中，抵押人甲未通知抵押权人就转让抵押物，抵押权人仍可就抵押物行使抵押权。房屋先已设定的抵押权不影响办理过户登记的受让人取得房屋的所有权，但受让人应当承担抵押权人行使抵押权给其权利造成的损害。故本题正确答案为A、D。

7. **答案**：BD。本题考查的是有关股票质押的规定。根据《民法典》第443条规定可得此答案。

8. **答案**：ABC。本题考查的是有关质押合同生效时间的规定。

9. **答案**：ABCD。本题考查的是质押和抵押的区别。

10. **答案**：CD。本题考查的是特定种类权利质权的实现方式。《民法典》442条规定，汇票、本票、支票、债券、存款单、仓单、提单的兑现日期或者提货日期先于主债权到期的，质权人可以兑现或者提货，并与出质人协议将兑现的价款或者提取的货物提前清偿债务或者提存。据此，本题C、D项正确，A项不正确。根据债法的一般原理，债权人不得在债务履行期届满前要求债务人清偿债务，故本题B项不正确。

11. **答案**：AC。本题考查的是质权人的权利和责任。质权为担保物权，质权人对质物不享有使用权和收益权，除非是为了保存质物价值的需要，因此，乙无权将该车出租。乙擅自将该车出租，致使承租人违章驾驶造成该车灭失，乙应对该车的损失向甲承担责任。当然，乙承担责任后，可向丙进行追偿。由于乙占用该车，丙有理由相信其有权出租该车，故应认为丙基于善意取得对该车的租赁权；丙基于租赁合同应对乙承担责任，而不对甲直接承担责任，故乙、丙无须对该车承担连带责任。综上，本题正确答案为A、C。

12. **答案**：AD。本题考查的是质物的费用的承担。《民法典》第389条规定，担保物权的担保范围包括主债权及其利息、违约金、损害赔偿金、保管担保财产和实现担保物权的费用。当事人另有约定的，按照其约定。据此，当事人无约定时，质权担保的范围包括质物保管费用，这实际上是由质物的所有权人承担的。故本题中如当事人无约定，存车费应由汽车的所有权人甲承担；有约定时从约定。故本题正确答案为A、D。

13. **答案**：AD。本题考查的是各种权利质权生效的时间。《民法典》第441条规定，以汇票、本票、支票、债券、存款单、仓单、提单出质的，质权自权利凭证交付质权人时设立；没有权利凭证的，质权自办理出质登记时设立。法律另有规定的，依照其规定。故本题A、D项正确，B项不正确。《最高人民法院关于适用〈中华人民共和国民法典〉有关担保制度的解释》第58条规定，以汇票出质，当事人以背书记载“质押”字样并在汇票上签章，汇票已经交付质权人的，人民法院应当认定质权自汇票交付质权人时设立。据此，汇票上记载质押字样，只是对抗第三人的要件，而不是质押合同生效的要件。故本题C项不正确。

14. **答案**：BD。本题考查的是动产质押无效的情况，以及担保合同无效后的法律责任。《公司法》第142条第5款规定：“公司不得接受本公司的股票作为质押权的标的。”据此，因本题中乙公司是债权人，而丙持有的股票正是乙公司的股票，故丙以其持有的股票设定的质权无效。故本题A项不正确，B项正确。《民法典》第388条第2款规定：“担保合同被确认无效后，债务人、担保人、债权人有过错的，应当根据其过错各自承担相应的民事责任。”据此，担保合同被确认无效后，丙仍应对其过错承担责任。这种责任并非基于合法的质押合同关系，而是基于过错。故本题C项不正确，D项正确。

15. **答案**：AB。本题考查的是动产质押的效力，兼及权利质押。动产质押是指为了担保债权清偿，由债务人或者第三人将其所有的动产交付给债权人，约定当债务人不履行债务时，债权人有权就该动产优先受偿。质权人取得动产质权，自不必说；另因动产质押必须经交付才能生效，故质权人当然取得质物的占有权。故本题A、B项正确。取得质物的占有权，并不等于取得附着于该物上的其他权利，如知识产权。本题中，肖某虽然占有该画，但是吴某要求其不示于人，故肖某没有取得对画的著作财产权（展览权是著作权权能的一部分）的质权。另外，以著作财产权进行质押的，必须到登记部门办理登记。在本题中，既然没有办理登记，也就不可能有著作财产权的质押。故本题C项不正确。担保物权的效力在于，当债务人不能履行债务时，债权人享有对质押财产的价值的优先受偿权，而非对质押物的优先购买权。故本题D项不正确。

16. **答案**：BCD。本题考查的是质权人对质物保管不善的法律责任。《民法典》第432条第1款规定：“质权人负有妥善保管质押财产的义务；因保管不善致使质押财产毁损、灭失的，应当承担赔偿责任。”据此，本题B、C、D项正确。由于法律并未规定出质人有权因质权人保管质物不善而解除质押合同，故本题A项不正确。

17. **答案**：AB。本题考查的是抵押财产的处分。《最高人民法院关于适用〈中华人民共和国民法典〉有关担保制度的解释》第54

条规定："动产抵押合同订立后未办理抵押登记，动产抵押权的效力按照下列情形分别处理：(一) 抵押人转让抵押财产，受让人占有抵押财产后，抵押权人向受让人请求行使抵押权的，人民法院不予支持，但是抵押权人能够举证证明受让人知道或者应当知道已经订立抵押合同的除外；(二) 抵押人将抵押财产出租给他人并移转占有，抵押权人行使抵押权的，租赁关系不受影响，但是抵押权人能够举证证明承租人知道或者应当知道已经订立抵押合同的除外；(三) 抵押人的其他债权人向人民法院申请保全或者执行抵押财产，人民法院已经作出财产保全裁定或者采取执行措施，抵押权人主张对抵押财产优先受偿的，人民法院不予支持；(四) 抵押人破产，抵押权人主张对抵押财产优先受偿的，人民法院不予支持。"依此，抵押人是可以将抵押的财产出租的。另外，共有人的优先购买权是优先于承租人的优先购买权的。依此，可知 A、B 为正确答案。

18. 答案： AC。本题考查的是侵权物权请求权、债权请求权、留置权。选项 A 正确。小贝的足球在老马手里，小贝要求其返还原物的请求权是物权请求权。选项 B 错误，选项 C 正确。小贝将老马花瓶打碎，老马要求小贝赔偿的请求权是债权请求权，不是物权请求权。选项 D 错误。自然人债权人留置的动产，应当与债权属于同一法律关系。小贝对老马享有物权请求权，老马对小贝享有债权请求权，两者不是同一法律关系，老马不能对足球进行留置。

19. 答案： BD。本题考核对设定抵押的财产进行转让的相关规定。其法律依据是《民法典》第 406 条。

20. 答案： ABCD。《民法典》第 209 条第 1 款规定，不动产物权的设立、变更、转让和消灭，经依法登记，发生效力；未经登记，不发生效力，但法律另有规定的除外。第 215 条规定，当事人之间订立有关设立、变更、转让和消灭不动产物权的合同，除法律另有规定或者当事人另有约定外，自合同成立时生效；未办理物权登记的，不影响合同效力。本题中，郑某的父亲和郭某之间虽然没有办理房屋过户登记手续，但并不影响房屋买卖合同的效力，他们之间的房屋买卖合同是有效的，郭某虽未取得房屋的所有权，但享有合同债权，故 A 项说法正确。《民法典》第 230 条规定，因继承或者受遗赠取得物权的，自继承或者受遗赠开始时发生效力。郑某的父亲与郭某未办理房屋过户登记手续，房屋仍然属于郑某父亲所有，郑某自其父亲死亡时，可以在继承开始时取得该房屋的所有权，郑某实际取代了其父在房屋买卖合同中当事人的地位，所以郑某有义务协助郭某办理房屋过户手续，故 B、C 项说法正确。《民法典》第 402 条规定，以建筑物抵押的，应当办理抵押登记。抵押权自登记时设立。因为郑某和陈某之间的抵押未办理抵押登记，因此抵押权不成立，陈某对房屋不享有抵押权，D 项说法正确。本题的正确答案是 A、B、C、D。

21. 答案： BC。对于丙公司给乙公司出具《担保函》的行为可以做不同的理解。在 A 选项中，《民法典》第 445 条第 1 款规定，以应收账款出质的，质权自办理出质登记时设立。质权自信贷征信机构办理出质登记时设立。乙、丙公司并未办理应收账款质押的登记，所以，A 选项错误。乙公司出具《担保函》的行为可以理解为丙公司在 10 万元范围内承担连带保证责任，丙公司应对乙公司承担保证责任，B 选项正确。在 C 选项中，乙公司对甲公司拥有到期债权、甲公司对丙公司拥有到期债权、甲公司怠于行使债权且该债权非专属于甲公司，乙公司可以行使代位权，C 选项正确。在 D 选项中，丙公司出具《担保函》的行为不能认定为债务承担，丙非债务人，乙公司不能直接要求丙清偿债务，故 D 项错误。本题正确选项为 B、C。

22. 答案： CD。根据《民法典》第 215 条规定的区分原则，丙以自己房屋为乙设立抵押权时，未办理抵押登记，故房屋抵押权未设立；但不因此影响乙、丙之间房屋抵押合同的成立与生效。但根据命题人的意思，房屋已被法院查封，因此A项错误。既然不能办理房屋抵押登记，乙只能依据抵押合同要求丙承担违约责任，而违约责任是一种补偿责任，丙的责任范围不超过因自己违约而给乙造成的损失，因此乙只能要求丙以房屋价值为限承担责任，故C项正确，B项错误。由于丙仅将房本交给乙，未按约定办理抵押登记，丙的行为属违约行为。现在丙的房屋被法院另行查封，若丙的房屋被执行，则抵押权的标的将不存在，很可能给乙造成损失，故D项正确。

23. 答案：AB。《民法典》第425条第1款规定："为担保债务的履行，债务人或者第三人将其动产出质给债权人占有的，债务人不履行到期债务或者发生当事人约定的实现质权的情形，债权人有权就该动产优先受偿。"故A项正确。《民法典》第390条规定："债务人或者第三人有权处分的下列财产可以抵押……（六）交通运输工具……"故B项正确。《民法典》第429条规定："质权自出质人交付质押财产时设立。"故C项错误。《民法典》第403条规定，以动产抵押的，抵押权自抵押合同生效时设立；未经登记，不得对抗善意第三人。故D项错误。

24. 答案：ACD。代物清偿协议。只要交付他种给付，当事人间的原债权债务关系消灭，若他种给付无法实现或有瑕疵，可依据代物清偿协议主张违约责任或瑕疵担保责任。A项正确。《最高人民法院关于审理城镇房屋租赁合同纠纷案件具体应用法律若干问题的解释》第14条规定，租赁房屋在承租人按照租赁合同占有期限内发生所有权变动，承租人请求房屋受让人继续履行原租赁合同的，人民法院应予支持。但租赁房屋具有下列情形或者当事人另有约定的除外：（1）房屋在出租前已设立抵押权，因抵押权人实现抵押权发生所有权变动的；（2）房屋在出租前已被人民法院依法查封的。本题中，张某抵押权成立在先，李某的租赁权设定在后，因此，李某的租赁权不能对抗张某的抵押权。B项错误。《民法典》第154条规定，行为人与相对人恶意串通，损害他人合法权益的民事法律行为无效。本题中，王某、张某修订租赁合同的行为将改变抵押合同与租赁合同的成立时间顺序，损害抵押权人张某的利益，因此该修订行为无效。C项正确。《民法典》第577条规定当事人一方不履行合同义务或者履行合同义务不符合约定的，应当承担继续履行、采取补救措施或者赔偿损失等违约责任。本题中，因张某实现抵押权，要求李某搬离房屋，致使王某无法合理履行出租人义务，构成违约，应当承担违约责任。D项正确。

25. 答案：AC。依《民法典》第395条和第402的规定，以房屋抵押未办理抵押登记的，抵押权自登记时设立，本题中，乙与银行未办理抵押登记。依《民法典》第215条的规定，抵押合同可以生效，但抵押权未设定。依此，乙应向银行承担未办理抵押登记的违约责任，但银行未能取得抵押权。故A选项正确，D选项错误。乙将房屋所有权转让于丙，丙虽然知情，但根据题目所给信息也不能认定丙与乙恶意串通，所以丙与乙的买卖合同有效，双方办理过户登记后，丙取得房屋所有权。借款合同发生在乙和银行之间，丙没有义务向银行还款。如果丙愿意代乙偿还，可以向乙主张无因管理的相应费用返还，由此本题的B选项错误，C选项正确。

26. 答案：BD。依《民法典》第420条第1款的规定，为担保债务的履行，债务人或者第三人对一定期间内将要连续发生的债权提供担保财产的，债务人不履行到期债务或者发生当事人约定的实现抵押权的情形，抵押权人有权在最高债权额限度内就该担保财产优先受偿。本题中最高债权额限度为400万元，债权确定期间内抵押人和债权人之间发生的债权额也是400万元，故抵押担保的债权额应为400万元，A选项错误，B选项正确。依《民法典》第419条的规定，抵押权人应当在主债权诉讼时效期间行使抵押权；未行使的，人民法院不予保护。由此可知D选项正确，C选项错误。

27. **答案**：CD。依《民法典》第447条第1款的规定，债务人不履行到期债务，债权人可以留置已经合法占有的债务人的动产，并有权就该动产优先受偿。本题A选项中的债务未到期，张某不得留置。B选项中不符合留置权的客体须为"已经合法占有的债务人的动产"的要件，刘某不得留置。依《民法典》第903条的规定，寄存人未按照约定支付保管费或者其他费用的，保管人对保管物享有留置权，但是当事人另有约定的除外。由此可知C选项符合留置权的构成要件，寄存处可以行使留置权。依《民法典》第783条规定，定作人未向承揽人支付报酬或者材料费等价款的，承揽人对完成的工作成果享有留置权或者有权拒绝交付，但是当事人另有约定的除外。依此可知D选项正确。

28. **答案**：ABCD。甲是债权人，也是抵押权人，后来甲的300万元债权消灭，抵押权消灭。戊成为200万元新债权人，同时成为200万元新抵押权人。丙、丁是连带共同抵押。第一，戊可以随便选抵押人，选丙或者丁的房屋。第二，戊选择后可以就任何一座房屋主张实现全部债权。所以，A、B、C、D项都错误。

29. **答案**：ACD。《民法典》第394条第1款规定，为担保债务的履行，债务人或者第三人不转移财产的占有，将该财产抵押给债权人的，债务人不履行到期债务或者发生当事人约定的实现抵押权的情形，债权人有权就该财产优先受偿。以建设用地使用权抵押，应当办理抵押登记。抵押权自登记时设立。所以，甲公司以建设用地使用权向乙银行抵押，因为已经办理了抵押登记，乙银行的抵押权自登记时设立。甲公司未能按期偿还乙银行借款，法院拍卖了该住宅楼，乙银行有权就建设用地使用权拍卖的价款优先受偿。A项正确。《民法典》第417条规定，建设用地使用权抵押后，该土地上新增抵押的建筑物不属于财产。该建设用地使用权实现抵押权时，应当将该土地上新增的建筑物与建设用地使用权一并处分，但是新增建筑物所得的价款，抵押权人无权优先受偿。本题中，建设用地使用权抵押在先，住宅楼建设在后，不属于抵押财产。虽然实现抵押权时住宅楼与建设用地使用权一并处分，但是处分住宅楼所得的价款，作为抵押权人的乙银行无权优先受偿。B项错误。《民法典》第807条规定，发包人未按照约定支付价款的，承包人可以催告发包人在合理期限内支付价款。发包人逾期不支付的，除根据建设工程的性质不宜折价、拍卖外，承包人可以与发包人协议将该工程折价，也可以请求人民法院将该工程依法拍卖。建设工程的价款就该工程折价或者拍卖的价款优先受偿。甲公司欠付丙公司工程款1500万元。经乙银行与丙公司申请，法院已经拍卖了该住宅楼，丙公司对甲公司欠付的工程款有权就拍卖价款优先受偿，乙银行对于住宅楼价款没有优先受偿权，所以丙公司对住宅楼的优先受偿权优先于乙银行的抵押权。但是，丙公司的优先受偿权不得对抗已经交付全部或者大部分购房款的买受人。丁作为买受人已经交付了80%的购房款，符合前述要求，丙公司的优先受偿权不得对抗丁。C、D正确。

30. **答案**：BCD。首先，根据《民法典》第420条规定，为担保债务的履行，债务人或者第三人对一定期间内将要连续发生的债权提供担保财产的，债务人不履行到期债务或者发生当事人约定的实现抵押权的情形，抵押权人有权在最高债权额限度内就该担保财产优先受偿。最高额抵押权设立前已经存在的债权，经当事人同意，可以转入最高额抵押担保的债权范围。丙公司为甲超市在未来5个月内连续发生的货款债权提供抵押担保，属于最高额抵押。故A项正确。其次，根据《民法典》第421条规定，最高额抵押担保的债权确定前，部分债权转让的，最高额抵押权不得转让，但是当事人另有约定的除外。本题中，当事人之间不存在特别约定，30万元债权转让有效，但最高额抵押权并不随之转移。因此，无论是否通知甲公司，丁公司均无权主张抵押权。故B、C项错误。最后，根据《民法典》第406条第1款规定，抵押期间，抵押人可以转让抵押财产。当事人另有约定的，按照其约定。抵押财产转让的，抵押权不受影响。丙公司以办公用房提供抵押担保并办理抵押登记手续，仅使乙公司（债权人）取得优先受偿权。办公用房的所有权依然属于丙公司所有。因此，丙公司当然有权转让其办公用房。故D项错误。

31. **答案**：ABD。《民法典》第396条规定，企业、个体工商户、农业生产经营者可以将现有的以及将有的生产设备、原材料、半成品、产品抵押，债务人不履行到期债务或者发生当事人约定的实现抵押权的情形，债权人有权就抵押财产确定时的动产优先受偿。本题中，甲公司以其现有的以及将有的生产设备、原材料、产品设定抵押，性质上属于动产浮动抵押，故A项正确。《民法典》第403条规定，以动产抵押的，抵押权自抵押合同生效时设立；未经登记，不得对抗善意第三人。本题中，乙银行自抵押合同生效时取得抵押权，登记只是对抗效力，应当向抵押人住所地的市场监督管理部门办理登记，故B项正确，C项错误。《民法典》第404条规定，以动产抵押的，不得对抗正常经营活动中已经支付合理价款并取得抵押财产的买受人。可见，动产浮动抵押设立后，为了保障交易安全，乙银行的抵押权不得对抗在正常经营活动中已支付合理价款并取得抵押财产的买受人，故D项正确。

32. **答案**：BCD。由《民法典》规定可知，因第三人主张权利，致使承租人不能对租赁物使用、收益的，承租人可以请求减少租金或者不支付租金。本题中，因房屋的受让人丁要求丙腾退房屋，基于合同的相对性，承租人丙只能请求出租人甲退还剩余租金，丁无须承担该义务，故A项正确，B项错误。根据民法“保护在先权利的原则”可知，订立抵押合同前抵押财产已出租的，原租赁关系不受该抵押权的影响。抵押权设立后抵押财产出租的，该租赁关系不得对抗已登记的抵押权。《最高人民法院关于审理城镇房屋租赁合同纠纷案件具体应用法律若干问题的解释》第14条规定，租赁房屋在承租人按照租赁合同占有期限内发生所有权变动，承租人请求房屋受让人继续履行原租赁合同的，人民法院应予支持。但租赁房屋具有下列情形或者当事人另有约定的除外：（1）房屋在出租前已设立抵押权，因抵押权人实现抵押权发生所有权变动的；（2）房屋在出租前已被人民法院依法查封的。本题中，甲与丙签订租赁合同之前，该房屋已经依法设定了抵押权。故实现抵押权时，丁依拍卖取得所有权后，承租人丙无权主张以“买卖不破租赁”而继续使用该房屋。故C项错误。房屋设定抵押后，并不影响所有权人出租房屋的权利，因此，甲与丙签订的租赁合同应当认定有效，故D项错误。

33. **答案**：BD。《民法典》第416条规定：“动产抵押担保的主债权是抵押物的价款，标的物交付后十日内办理抵押登记的，该抵押权人优先于抵押物买受人的其他担保物权人受偿，但是留置权人除外。”由此可知，甲造船厂的超级抵押权优于乙农商行的抵押权，故A项错误，B项正确。《民法典》第403条规定：“以动产抵押的，抵押权自抵押合同生效时设立；未经登记，不得对抗善意第三人。”第404条规定：“以动产抵押的，不得对抗正常经营活动中已经支付合理价款并取得抵押财产的买受人。”甲造船厂出卖渔船属于正常的经营活动，且洪某已以合理价款受让，并已取得渔船的所有权，虽然乙商行的抵押权已经办理登记，但不能对抗洪某，故C项错误，D项正确。

34. **答案**：BD。A、B项考查留置权。肖某死亡时，侯某作为肖某唯一的继承人，取得机动车的所有权。结合《民法典》第447条、第448条等规定，侯某不支付维修费，高某享有该车的留置权。《民法典》第451条规定："留置权人负有妥善保管留置财产的义务，因保管不善致使留置财产毁损、灭失的，应当承担赔偿责任。"据此可知，留置权人高某负有妥善保管义务。本题中，高某随意将车停在维修店外面的公路旁，且未锁车，进而导致陆某盗走该车，高某显然未尽到妥善保管义务，B项正确。对于该车被盗后高某留置权是否消灭，《民法典》第457条规定："留置权人对留置财产丧失占有或者留置权人接受债务人另行提供担保的，留置权消灭。"该条中的"丧失占有"主要指基于留置权人的意思而丧失占有，如果留置权人丧失占有并非基于其意思，那么留置权人仍有权基于《民法典》第235条规定的返还原物请求权主张留置财产的返还。本题中，该车被陆某盗走，高某的留置权并不消灭，其仍有权基于返还原物请求权主张机动车的返还。A项错误。C项考查物权的消灭原因。高某留置机动车期间，机动车的所有权人为侯某。陆某盗走该车，并未改变该车的所有权归属，因此该车仍属于侯某所有，侯某并未丧失该车的所有权，C项错误。D项考查占有的消灭。陆某盗走该车后，成为该车的占有人，而高某作为留置权人对该车的占有因陆某的盗窃行为而丧失，因此D项正确。

35. **答案**：ACD。质权人在质权存续期间，为担保自己的债务，经出质人同意，以其所占有的质物为第三人设定质权的，应当在原质权所担保的债权范围之内，超过的部分不具有优先受偿的效力。转质权的效力优于原质权。所以在合法转质中，转质权的效力优于原质权，故A项正确。经出质人同意转质的，应当在原质权所担保的债权范围之内，超过的部分不具有优先受偿的效力。转质中，丙的质权即具有从属性，丙对质物的优先受偿权利不得超过乙对质物优先受偿的范围，故B项错误，C项正确。根据《民法典》第434条规定："质权人在质权存续期间，未经出质人同意转质，造成质押财产毁损、灭失的，应当承担赔偿责任。"在责任转质中质物毁损、灭失的，质权人应当承担无过错责任。不论质权人对于质物的毁损灭失是否具有过错，甲均有权请求乙承担赔偿责任，故D项正确。

36. **答案**：BD。《民法典》第406条规定："抵押期间，抵押人可以转让抵押财产。当事人另有约定的，按照其约定。抵押财产转让的，抵押权不受影响。抵押人转让抵押财产的，应当及时通知抵押权人。抵押权人能够证明抵押财产转让可能损害抵押权的，可以请求抵押人将转让所得的价款向抵押权人提前清偿债务或者提存。转让的价款超过债权数额的部分归抵押人所有，不足部分由债务人清偿。"本题中，如果抵押期间抵押人经过了抵押权人即乙的同意而转让房屋，该转让行为有效，房屋办理了过户登记手续后，抵押权人对房屋则不再享有抵押权，故A项错误。如果受让人丁代为清偿了甲的债务，那么该转让行为有效，房屋管理部门应当准予过户，故B项正确。必须是受让人丁代为清偿了甲的债务，该转让行为才有效，仅提出代为清偿承诺的则不可以，故C项错误。抵押的设定就是为了担保债权的实现，如果本案中甲已经清偿债务，那么甲与乙之间的债权债务关系就消灭了，因此而设定的担保也随之消灭，即此种情况下乙不再对房屋享有抵押权，那么丙可以对房屋进行自由买卖，不再受限制，故D项正确。

三、不定项选择题

1. **答案**：A。本题考查的是在同一物上设定的登记抵押权的受偿顺序。《民法典》第414条规定，同一财产向两个以上债权人抵押的，拍卖、变卖抵押财产所得的价款依照下列规定清偿：（1）抵押权已经登记的，按照登记的时间先后确定清偿顺序；（2）抵押权已经登记的先于未登记的受偿；（3）抵押权未登记的，按照债权比例清偿。其他可以登记的担保物权，清偿顺序参照适用前款规定。据此，本题中，李祥为银行和袁某的债权设定的房屋抵押都已登记，但为银行的抵押登记在先，故银行的债权应优先受偿，若清偿银行的债权后尚有余额，再清偿袁某的债权。故本题正确答案为A。

2. **答案**：B。本题考查的范围较广，涉及承租人的优先购买权及优先购买权的期限。《民法典》第726条规定，出租人出卖租赁房屋的，应当在出卖之前的合理期限内通知承租人，承租人享有以同等条件优先购买的权利；但是，房屋按份共有人行使优先购买权或者出租人将房屋出卖给近亲属的除外。出租人履行通知义务后，承租人在15日内未明确表示购买的，视为承租人放弃优先购买权。本题中房主李洋有通知承租人薛兵的义务，故本题A项不正确。《民法典》第725条规定，租赁物在承租人按照租赁合同占有期限内发生所有权变动的，不影响租赁合同的效力。此即“买卖不破租赁”，据此，本题中李洋将该房屋卖给他人后，即使新房主不愿意继续出租，也无权终止租赁合同。故本题C项不正确。《民法典》第707条规定，租赁期限6个月以上的，应当采用书面形式。当事人未采用书面形式，无法确定租赁期限的，视为不定期租赁。本题中租赁房屋的合同期限超过了6个月，应当采用书面形式。故本题D项不正确。法律对房屋租金没有规定最高额限制，故本题B项正确。

3. **答案**：ABD。本题考查的是保证方式以及同一物上既有人的担保又有物的担保时担保人的责任。《民法典》第392条规定，被担保的债权既有物的担保又有人的担保的，债务人不履行到期债务或者发生当事人约定的实现担保物权的情形，债权人应当按照约定实现债权；没有约定或者约定不明确，债务人自己提供物的担保的，债权人应当先就该物的担保实现债权；第三人提供物的担保的，债权人可以就物的担保实现债权，也可以要求保证人承担保证责任。提供担保的第三人承担担保责任后，有权向债务人追偿。本题正确答案为A、B、D。

4. **答案**：C。本题考查的是质权人的权利和义务。根据担保法的有关规定，质物所产生的孳息，除当事人另有约定的外，质权人有权收取，但并不当然取得孳息的所有权，而是将质物的孳息首先抵偿收取孳息的费用，其次充抵原债权的利息，最后抵偿债权。因此乙对母鸡下的蛋有收取权。又由于在质权存续期间，质权人未经出质人同意，不得擅自使用、出租、处分质物。因此，乙对质物不享有使用权、出租权。出质人将质物出质于质权人并转移给质权人占有，但并不丧失其所有权，因此，乙对质物不享有所有权，自然对质物的孳息鸡蛋也不享有所有权。故本题正确答案为C。

5. **答案**：A。根据《民法典》相关规定，合同效力与物权效力是分离的。故本题正确答案为A。

6. **答案**：（1）D。《民法典》第409条第2款规定，债务人以自己的财产设定抵押，抵押权人放弃该抵押权、抵押权顺位或者变更抵押权的，其他担保人在抵押权人丧失优先受偿权益的范围内免除担保责任，但其他担保人承诺仍然提供担保的除外。由此，D的说法正确。

（2）AC。《民法典》第419条规定，抵押权人应当在主债权诉讼时效期间行使抵押权；未行使的，人民法院不予保护。由此A正确，当选；B的说法错误，不当选；《民法典》第692条规定，保证期间是确定保证人承担保证责任的期间，不发生中止、中断和延长。债权人与保证人可以约定保证期间，但是约定的保证期间早于主债务履行期限或者与主债务履行期限同时届满的，视为没有约定；没有约定或者约定不明确的，保证期间为主债务履行期限届满之日起6个月。债权人与债务人对主债务履行期限没有约定或者约定不明确的，保证期间自债权人请求债务人履行债务的宽限期届满之日起计算。由此C的说法正确，当选；D的说法错误，不当选。本题正确答案是A、C。

7. **答案**：BC。依《民法典》第 447 条第 1 款的规定，债务人不履行到期债务，债权人可以留置已经合法占有的债务人的动产，并有权就该动产优先受偿。本题中，王某作为电脑的承租人，将电脑交给康成电脑维修公司维修而拒付维修费，康成公司有权请求王某支付电脑维修费，也可以将电脑留置，但依《民法典》第 453 条的规定，留置权人与债务人应当约定留置财产后的债务履行期间；没有约定或者约定不明确的，留置权人应当给债务人 60 日以上履行债务的期间，所以在王某 7 日内未交费的情形下，康成公司还不能即时变卖电脑抵债，也不可以自己买下电脑。由此可知，A、D 选项错误。依《民法典》第 462 条第 1 款的规定，占有的不动产或者动产被侵占的，占有人有权请求返还原物，所以康成公司可请求李某返还电脑，即回复占有，C 选项正确。当电脑被偷走后，留置权人一旦脱离对于留置物的占有就丧失留置权，B 项可选。

8. **答案**：（1）BC。《民法典》第 420 条第 2 款规定，最高额抵押权设立前已经存在的债权，经当事人同意，可以转入最高额抵押担保的债权范围。故 A 项错误，B 项正确。最高额保证合同于 2020 年 5 月 6 日成立，对于 2020 年 5 月 6 日前乙欠甲的货款是否纳入最高额担保范围，须双方约定，未约定则丙对此不承担责任，故 C 项正确。《民法典》第 695 条规定，债权人和债务人未经保证人书面同意，协商变更主债权债务合同内容，减轻债务的，保证人仍对变更后的债务承担保证责任；加重债务的，保证人对加重的部分不承担保证责任。债权人和债务人变更主债权债务合同的履行期限，未经保证人书面同意的，保证期间不受影响。故保证人以原来的债权额度为准承担保证责任，D 项错误。

（2）C。《民法典》第 421 条规定："最高额抵押担保的债权确定前，部分债权转让的，最高额抵押权不得转让，但是当事人另有约定的除外。"由此可知 A、B、D 选项表达错误，不选；C 选项表达正确，当选。

（3）ABD。《民法典》第 423 条第 5 项规定，债务人、抵押人被宣告破产或者被撤销的，抵押权人的债权确定。故 A 项正确。《民法典》第 392 条规定，被担保的债权既有物的担保又有人的担保的，债务人不履行到期债务或者发生当事人约定的实现担保物权的情形，债权人应当按照约定实现债权；没有约定或者约定不明确，债务人自己提供物的担保的，债权人应当先就该物的担保实现债权。混合担保，应当先执行债务人乙的物保，故 B 项正确，C 项错误。保证人享有追偿权，如果债权人不申报债权，待破产结束后再向债务人主张债权，此时债务人已无财产，而保证人必须承担保证责任，其承担保证责任后，向已无财产的债务人追偿也无法实现，因此，为维护保证人利益，允许其参与破产分配是合理的，故 D 项正确。

9. **答案**：（1）BD。《民法典》第 396 条规定，企业、个体工商户、农业生产经营者可以将现有的以及将有的生产设备、原材料、半成品、产品抵押，债务人不履行到期债务或者发生当事人约定的实现抵押权的情形，债权人有权就抵押财产确定时的动产优先受偿。第 420 条第 1 款规定，为担保债务的履行，债务人或者第三人对一定期间内将要连续发生的债权提供担保财产的，债务人不履行到期债务或者发生当事人约定的实现抵押权的情形，抵押权人有权在最高债权额限度内就该担保财产优先受偿。本题中，甲公司与乙银行订立的合同约定，甲公司以其现有的以及将有的生产设备、原材料、产品设立抵押，符合第 396 条规定的要件，不符合第 420 条规定的要件，所以该抵押合同是动产浮动抵押合同，而非最高额抵押合同。A 项错误。《民法典》第 403 条规定，以动产抵押的，抵押权自抵押合同生效时设立；未经登记，不得对抗善意第三人。第 404 条规定，以动产抵押的，不得对抗正常经营活动中已支付合理价款并取得抵押财产的买受人。乙银行的抵押权系动产浮动抵押权，自抵押合同生效时取得抵押权。B 项正确，C 项错误。乙银行的动产浮动抵押权不得对抗正常经营活动中已支付合理价款并取得抵押财产的买受人。D项正确。

(2) A。《民法典》第392条规定，被担保的债权既有物的担保又有人的担保的，债务人不履行到期债务或者发生当事人约定的实现担保物权的情形，债权人应当按照约定实现债权；没有约定或者约定不明确，债务人自己提供物的担保的，债权人应当先就该物的担保实现债权；第三人提供物的担保的，债权人可以就物的担保实现债权，也可以请求保证人承担保证责任。提供担保的第三人承担担保责任后，有权向债务人追偿。本题中，乙银行欲行使担保权利，当事人未约定行使担保权利顺序，按照上述规定，债务人甲公司自己提供了动产浮动抵押，所以债权人乙银行应当先就该动产浮动抵押实现债权。B、C、D项错误。

10. 答案：AD。A、B、C项考查担保物权的竞合。《民法典》第414条第1款规定："同一财产向两个以上债权人抵押的，拍卖、变卖抵押财产所得的价款依照下列规定清偿：(一) 抵押权已经登记的，按照登记的时间先后确定清偿顺序；(二) 抵押权已经登记的先于未登记的受偿；(三) 抵押权未登记的，按照债权比例清偿。"据此，乙、丙、丁三人的抵押权顺位是：丙—丁—乙。丙、丁对乙的抵押权是否知情不影响各自的顺位排序，A项错误，当选；BC项正确，不当选。D项考查动产抵押权的设立。《民法典》第403条规定："以动产抵押的，抵押权自抵押合同生效时设立；未经登记，不得对抗善意第三人。"据此，丁的抵押权自抵押合同生效时设立，登记是其对抗要件，D项错误，当选。

11. 答案：ABCD。质权自出质人交付质押财产时设立。动产质权的设立，只能采取现实交付、简易交付或者指示交付的方式，占有改定不能发生质权设立的效果。因此，李四对张三的汽车不享有质权。5月1日，双方虽约定了质权成立的时间，但该约定与法定成立条件不一致，依照"物权法定"原则，此时李四不能取得质权，因此A项错误。7月2日，李四有权请求张三交付汽车，但张三并未交付，质权无从成立，因此B项错误。交付有两个要素：(1) 占有的转移；(2) 交付的合意。7月10日，李四自行开走汽车，无交付的合意，李四的"占有"并非质权成立的"占有"，故李四对张三的汽车质权仍然未设立，因此C项错误。质权可因质押财产的灭失而消灭，但由于李四从未合法取得过质权，也无消灭的可能，因此D项错误。

四、名词解释

1. 答案：是与用益物权相对应的他物权，指的是为确保债权的实现而设定的，以直接取得或者支配特定财产的交换价值为内容的权利。其特征在于：第一，担保物权以确保债务的履行为目的。第二，担保物权是在债务人或第三人的特定财产上设定的权利。第三，担保物权以支配担保物的价值为内容。第四，担保物权具有从属性和不可分性。

2. 答案：是对于债务人或第三人不移转占有而提供担保的不动产及其他财产，优先清偿其债权的权利。抵押权是担保物权。抵押权是抵押权人直接对物享有的权利，可以对抗物的所有人及第三人，因此抵押权是一种物权，但其目的在于担保债的履行，而不在于对物的使用和收益。

3. 答案：是指为了担保债权的履行，债务人或第三人将其动产或权利移交债权人占有，当债务人不履行债务时，债权人有就其占有的财产优先受偿的权利。

4. 答案：是债权人按照合同约定占有债务人的财产，在债务人逾期不履行债务时，有留置该财产，并就该财产优先受偿的权利。留置权是以动产为标的的一种法定担保物权。

五、简答题

1. 答案：担保物权是指为了担保债务的履行，在债务人或第三人的特定物或权利上所设定的他物权。担保物权具有以下法律特征：第一，担保物权的性质为他物权。担保物权不同于债权，它具有对世性、法定性、支配性、排他性、特定性、绝对性、公示性等特征，具有支配力、优先力和妨害排除力等效力，而且担保物权是在债务人或第三人的特定物或权利上所设定的物权，因而担保物权是一种他物权。第二，担保物权具有价值性，为价值权。担保物权是以担保债权的实现为目的，以标的物的价值和优先受偿为内容，原则上它追求的不是物的使用价值，而是物的交换价值，因而担保物权具有价值性或变价性，是一种价值权。第三，从担保物权的担保性来看，它是一种担保权。担保物权是为了担保债务的履行而设立，因而担保物权具有担保性，是一种担保权，具有从属性、不可分性。

从学理上来说，担保物权可依不同的标准分成不同的种类。依照设定方式的不同可将担保物权分为法定担保物权和约定担保物权，前者是直接由法律规定的担保物权，如留置权与优先权，后者是当事人自由约定的担保物权，如抵押权和质权。根据设定担保时是否移转担保物的占有状态可将担保物权分为移转占有的担保物权和不移转占有的担保物权。此外，还可依标的物不同，将担保物权分为动产担保物权、不动产担保物权、权利担保物权和一般或特定财产担保物权等。从实体法的角度来说，我国现行民事立法将担保物权分为抵押权、质权和留置权，海商法上还有船舶优先权。

【参考资料】马俊驹、余延满：《民法原论》，法律出版社2016年版。

2. **答案**：动产质权，是以动产为其标的物的质权。动产质权人的权利包括：（1）占有质物。对质物的占有，既是质权的成立要件，也是质权的存续要件，质权人有权在债权受清偿前占有质物。（2）收取孳息。质权人有权收取质物的孳息，但质权合同另有约定的除外。质权人收取的孳息应当先充抵收取孳息的费用。（3）质物的保全。质物有损坏或价值明显减少的可能，足以危害质权人权利的，质权人可以要求出质人提供相应的担保。出质人不提供的，质权人可以拍卖或变卖质物，并与出质人协议，将拍卖或变卖所得的价款用于提前清偿所担保的债权，或向与出质人约定的第三人提存。（4）优先受偿。债务履行期届满，质权人未受清偿的，可以与出质人协议以质物折价，也可以依法拍卖、变卖质物。质物折价或拍卖、变卖以后，其价款超过债权数额的部分归出质人所有，不足部分由债务人清偿。

六、论述题

答案：留置权的取得条件可以分为积极要件和消极要件。

留置权取得的积极要件，是留置权的取得所应具有的事实。这主要有以下几项：（1）须债权人占有债务人的动产。留置权的目的，在于担保债的履行，因此享有留置权的应当是债权人。留置权的取得，债权人须合法占有债务人的财产，其占有方式不论是直接占有还是间接占有均可。但单纯的持有，不为占有，故不能成立留置权。（2）须债权已届清偿期。债权人虽占有债务人的动产，但在债权尚未届清偿期时，尚不发生债务人不履行债务的问题，不发生留置权。只有在债权已届清偿期，债务人仍不履行债务时，债权人才可以留置债务人的动产。（3）须债权的发生与该动产有牵连关系。债权人所占有的债务人的动产必须与其债权的发生有牵连关系，才有留置权可言。《民法典》第448条规定，债权人留置的动产，应当与债权属于同一法律关系，但企业之间留置的除外。由于留置权所担保的债权与留置物有牵连关系，故而与留置权有牵连关系的债权，都在留置权所担保的范围之内，包括原债权、利息（包括迟延利息）、实现留置权的费用及因留置物的瑕疵给留置权人造成的损害赔偿请求权。而留置物的范围，除留置物本身外，还包括其从物、孳息和代位物。

留置权取得的消极要件：（1）对动产的占有不是因侵权行为取得。留置权的取得，以对债务人的动产的占有为前提，但其占有必须是合法占有。如果是因侵权行为占有他人的动产，不发生留置权。（2）对动产的留置不违反公共利益或善良风俗。（3）对动产的留置不得与债权人的义务相抵触。

七、案例分析题

1. **答案**：（1）吉利商场与来顺公司应在抵押人提供的抵押物之外共同承担担保责任。依据是《民法典》第392条，该条规定，被担保的债权既有物的担保又有人的担保的，债务人不履行到期债务或者发生当事人约定的实现担保物权的情形，债权人应当按照约定实现债权；没有约定或者约定不明确，债务人自己提供物的担保的，债权人应当先就该物的担保实现债权；第三人提供物的担保的，债权人可以就物的担保实现债权，也可以要求保证人承担保证责任。提供担保的第三人承担担保责任后，有权向债务人追偿。

（2）该问题应具体分析。如变更后的履行期限未超过原保证合同规定的保证期间，银行可以要求二保证人承担保证责任；如已超过，则不可以。未经保证人同意的主合同变更，并不一定导致保证人的保证责任终止，保证人仍应在不超过原保证合同的限度内承担保证责任。

2. **答案**：（1）和顺公司不可以在大发公司不交加工费的50天后处理留置物。因为根据担保法的规定，留置权人在处置留置物之前，给予债务人履行债务的时间不应少于2个月。

（2）和顺公司有权要求大发公司偿还加工费。因为留置物灭失只是导致留置权本身灭失，留置权所担保的主债权并不消灭。

3. **答案**：（1）修理部第一次扣留自行车合法。第二次则不合法。留置权构成的要件有：①留置物属于留置权人的债务人所有。②留置物是依合同由留置权人合法占有的，因此留置物因合同的成立有效而特定化，并非任何归债务人所有的物均可成为留置物。否则将构成非法占有他人财物的侵权行为。③债权清偿期届至。④债务人不依合同履行债务。本案中王强和修理部实际上签订了两个加工承揽合同，一个是维修自行车，另一个是维修摩托车，两个合同不可混淆。王强已付清摩托车修理费，修理部就应依约交还摩托车。王强未付的是自行车修理费，修理部只能通过留置自行车来实现其债权，而不能通过留置摩托车来实现对自行车修理费的债权。

（2）修理部可将20元扣留，剩余30元归还王强。留置权的范围只能及于合同债权的范围。开始时王强和修理部只存在自行车维修合同，在王强不支付修理费时，修理部的留置权范围只能以实现20元的债权为限。若自行车卖得50元，修理部可自行扣留修理费20元，其余30元应返还王强。

（3）修理部应立即将摩托车返还王强。王强应付清自行车修理费，并承担逾期付款的责任。理由同第（1）问。

第十五章　占　　有

基础知识图解

占有：
- 占有的概念
- 占有的分类：自主、他主占有，有权、无权占有，善意、恶意占有，直接、间接占有
- 占有的效力：状态推定效力，权利推定效力
- 占有人的权利、义务
- 占有的保护：物权法上保护，债权法上保护
- 占有的消灭

配套测试

一、单项选择题

1. 下列哪种情况不属于占有？(　　)

A. 甲从乙处捡到手表一块

B. 丙从商店买到手机一部

C. 乙的自行车存放在戊家中

D. 丁帮别人提包，但不知道包内有毒品

2. 承租人对承租物的占有属于（　　）。

A. 自主占有　　B. 他主占有

C. 善意占有　　D. 恶意占有

3. 刘小五将自己的电脑交由小赵保管，刘小五是（　　）占有人，小赵是（　　）占有人。

A. 直接，间接　　B. 间接，直接

C. 直接，直接　　D. 间接，间接

4. 下列占有人属于间接占有人的是（　　）。

A. 质权人　　B. 承租人

C. 出质人　　D. 留置权人

5. 以下属于自主占有的是（　　）。

A. 甲占有其现有房产

B. 乙占有甲出质的彩电

C. 甲受委托负责保管乙的财产而形成的占有

D. 承租人占有房屋及设施

6. 乙半夜行窃偷走了甲的一台彩电，一个月后，乙把彩电借给其好友丙使用，丙也是小偷，对乙的行为很了解。一个星期后，丙以自己的名义将该彩电在旧货市场卖给了丁，丁当场付清价款并将彩电运回家。后来甲向丁主张自己对彩电享有所有权要求丁返还彩电。以下判断正确的有（　　）。

（1）彩电为盗赃物，不适用善意取得制度，故丁不能获得彩电的所有权，应当将彩电返还给甲；

（2）彩电是动产，适用一般的善意取得制度，丁已经支付完价款并实际占有彩电，取得了彩电的所有权，甲无权追回；

（3）彩电为盗赃物，一般不适用善意取得制度，但由于丁是在旧货市场上买的，故丁仍能依照善意取得制度获得彩电的所有权；

（4）丁对彩电的占有属于有权占有；

（5）丁对彩电的占有属于无权占有；

（6）丁对彩电的占有属于善意占有；

（7）丁对彩电的占有属于无瑕疵占有。

A.（1）（5）（6）

B.（2）（4）

C.（3）（6）（7）

D.（3）（4）

7. 下列关于占有说法正确的有（　　）。

A. 占有是物权的一种

B. 占有动产是善意取得的必要条件

C. 占有是动产所有权移转的标志
D. 占有只是一种状态，不受法律保护

8. 某日，甲刚耕完田回家，邻村的村民乙来到他家。说甲的耕牛是他的，应当返还给他。如果不还，就要起诉。甲申辩，自己的耕牛是买来的。经证实：此牛原为乙所有，但一年前被小偷偷走。小偷当天将此牛卖给了丙。因丙知道此牛是赃物，只花掉 500 元价款。此牛在丙家饲养了不到一个月便再次丢失。后来丁拾得此牛，饲养了 12 天，后又将此牛卖给了甲。则甲对耕牛的占有是（　　）。
A. 恶意占有
B. 自己占有
C. 无瑕疵占有
D. 有过失占有

9. 甲将其所有的耕牛借给乙使用，时间约定为一年，乙称此牛为其所有将其交给丙保管，此后该牛产下一牛犊，不久被甲发现，要求丙返还，则下列说法正确的是（　　）。
A. 丙无须返还牛犊
B. 丙应当将耕牛和牛犊全部返还给甲
C. 丙应当支付相应的使用费
D. 甲应当支付给丙饲料费等费用

10. 甲去朋友乙家做客，不慎将手机遗忘在乙家，乙发现后没有通知甲，而是自用，一周后该手机丢失，后来甲得知此事，要求乙返还手机。乙称自己是替甲保管手机，不愿意赔偿。以下说法正确的是（　　）。
A. 甲无权要求赔偿，因为乙是无因管理
B. 甲无权要求赔偿，因为乙是善意占有人
C. 甲有权要求赔偿，因为乙是恶意占有人
D. 甲有权要求赔偿，赔偿的数额为手机的价值减去乙的保管费用

11. 以下关于占有的说法正确的有（　　）。
A. 甲散步时拾得一个小包，拿回家后，发现里面装的是手枪，甲获得对手枪的占有
B. 甲善意占有一个彩电，后将彩电移转于乙，乙必须合并占有
C. 甲将自己偷来的电脑放在家中，一个月后，转手给乙，乙如果合并占有，可以承受甲占有时的瑕疵，也可以不承受
D. 乙通过继受取得对房屋的占有，其前手甲占有有瑕疵，如果乙要合并占有，必须承受其瑕疵

12. 以下占有为恶意占有的是（　　）。
A. 甲和乙出去玩，乙托甲照看自己的行李
B. 甲拾到一个钱包，于是坐在附近等候失主
C. 甲喜欢乙的钢笔，趁乙不在，甲拿了乙的钢笔
D. 妈妈甲收拾孩子乙的房间，发现了乙借同学的一本书，以为是乙自己买的，便放在自己房间里

13. 张某拾得王某的一小羊拒不归还，李某将小羊从张某羊圈中抱走交给王某。下列哪一表述是正确的？（　　）（2014 年司考．卷三．单 9）
A. 张某拾得小羊后因占有而取得所有权
B. 张某有权要求王某返还占有
C. 张某有权要求李某返还占有
D. 李某侵犯了张某的占有

14. 甲、乙就乙手中的一枚宝石戒指的归属发生争议。甲称该戒指是其在 2015 年 10 月 1 日外出旅游时让乙保管，属甲所有，现要求乙返还。乙称该戒指为自己所有，拒绝返还。甲无法证明对该戒指拥有所有权，但能够证明在 2015 年 10 月 1 日前一直合法占有该戒指，乙则拒绝提供自 2015 年 10 月 1 日后从甲处合法取得戒指的任何证据。对此，下列哪一说法是正确的？（　　）（2016 年司考．卷三．单 9）
A. 应推定乙对戒指享有合法权利，因占有具有权利公示性
B. 应当认定甲对戒指享有合法权利，因其证明了自己的先前占有
C. 应当由甲、乙证明自己拥有所有权，

否则应判决归国家所有

D. 应当认定由甲、乙共同共有

15. 2月1日，甲与乙约定，将一台设备租给乙，租期半年。2月5日，甲将该设备卖给丙，所有权直接移转，但约定由甲再继续租用该设备一个月。2月7日，甲将该设备交付乙使用。3月10日，关于设备的返还，各方产生争议。对此，下列哪一说法是正确的？（　　）

A. 2月7日，丙为该设备的所有权人

B. 3月10日，乙有权拒绝丙的设备返还请求

C. 3月10日，乙无权拒绝甲的设备返还请求

D. 2月8日，甲对设备的占有为自主的间接占有

二、多项选择题

1. 质权人对质物的占有属于（　　）。

A. 有权占有　B. 无权占有

C. 自主占有　D. 他主占有

2. 下列占有属于间接占有的包括（　　）。

A. 保管人对保管物的占有

B. 寄托人对寄托物的占有

C. 质权人对质物的占有

D. 出质人对质物的占有

3. 袁某的一头牛从牛圈中跑出，被刘某发现。刘某将牛牵回家关进自家的牛圈，打算第二天再寻找失主。但是一直未找到，一年后老牛生了一头小牛，之后老牛却在一次台风中被吹倒的大树压死。刘某卖牛肉得款200元，花费人工费50元。此时袁某得知牛在刘某处遂过来要牛。以下选项正确的有（　　）。

A. 袁某有权要求刘某赔偿损失

B. 袁某有权要求刘某偿还牛肉款及小牛

C. 袁某有义务偿还刘某支出的人工费用50元及饲养费

D. 袁某有权拒绝给付刘某饲养费

4. 可以成立占有关系的有（　　）。

A. 专利权　B. 没收的赃物

C. 地役权　D. 汇票

5. 以下甲属于直接占有的有（　　）。

A. 甲将买来的彩电一台置于乙家后甲对彩电的占有

B. 出租人甲将房屋出租给乙后甲对房屋的占有

C. 质权人甲对于质物的占有

D. 甲负责保管乙的财产

6. 有关占有制度下列说法正确的是（　　）。

A. 占有只是一种事实状态

B. 占有人无须对占有的事实负举证责任

C. 法律推定占有人对占有物行使的权利合法

D. 推定占有人是以所有人的意思而占有

7. 甲、乙是夫妻，拥有一处多余的房屋，甲（丈夫）擅自将该房出租给丙，并向丙出示了房屋产权证（登记名为夫妻双方）和他们两人的身份证。对此，丙深信不疑，遂与甲签订了为期一年的租赁合同。从占有的角度看以下选项正确的是（　　）。

A. 丙是善意占有人

B. 丙的占有为直接占有

C. 甲、乙双方共同占有房屋

D. 丙是辅助占有人

8. 乙受甲的委托，暂时保管甲的财物，但被丙强行夺走。下列说法正确的有（　　）。

A. 甲有权要求丙将财物返还给自己

B. 甲只能要求丙把财物返还给乙，而不能直接给自己

C. 乙可以占有为基础要求丙向其返还财物

D. 乙无权要求丙返还财物给甲

9. 丙找甲借自行车，甲的自行车与乙的很相像，均放于楼下车棚。丙错认乙车为甲车，遂把乙车骑走。甲告知丙骑错车，丙未理睬。某日，丙骑车购物，将车放在商店楼下，因墙体倒塌将车砸坏。下列哪些表述是正确的？（　　）（2012司考．卷三．多58）

A. 丙错认乙车为甲车而占有，属于无权占有人

B. 甲告知丙骑错车前，丙修车的必要费用，乙应当偿还

C. 无论丙是否知道骑错车，乙均有权对其行使占有返还请求权
D. 对于乙车的毁损，丙应当承担赔偿责任

10. 某小区徐某未获得规划许可证和施工许可证便在自住房前扩建一个门面房，挤占小区人行通道。小区其他业主多次要求徐某拆除未果后，将该门面房强行拆除，毁坏了徐某自住房屋的墙砖。关于拆除行为，下列哪些表述是正确的？（　　）（2014年司考．卷三．多58）
A. 侵犯了徐某门面房的所有权
B. 侵犯了徐某的占有
C. 其他业主应恢复原状
D. 其他业主应赔偿徐某自住房屋墙砖毁坏的损失

11. 甲将自己祖传的价值10万元的古董交给乙保管。双方约定保管期限为1年，保管费为1000元，期满取古董时给付保管费。如果因为乙违约造成保管物损坏或灭失，乙要向甲承担11万元的赔偿责任。其间乙将该古董以13万元的价格卖给不知情的丙，双方钱货两清。下列说法中正确的是（　　）。
A. 甲有权要求乙承担11万元的违约赔偿责任
B. 甲有权要求乙承担侵权损害赔偿责任
C. 甲有权要求乙承担不当得利返还责任
D. 甲有权要求丙返还古董

三、不定项选择题

1. 以下不属于善意占有的是（　　）。
A. 乙以为甲偷窃得来的财物为甲经营所得而进行保管
B. 甲在雨天拿错了雨伞但并未发觉
C. 甲占有其抢劫来的财物
D. 甲外出时错拿了别人的包，但被第三人当场指出

2. 甲喜好字画，家中也收藏了很多字画。后来甲因为出国留学而将所有字画交由其好友乙负责保管，并约定乙只限于保管，不得进行任何非保管必需的使用、处分和收益，乙应允。五年后，甲学成归国，到乙处索要字画，发现乙在一年前就已经因车祸死亡。乙的儿子丙长期在外地工作，对父亲的财产状况并不清楚。父亲死后，丙继承了父亲所有的财产，其中包括甲委托乙保管的字画。由于丙对字画没有兴趣，又转手卖给了丁。那么：
（1）乙的占有是（　　）。
A. 有权占有　　B. 自主占有
C. 直接占有　　D. 善意占有
（2）甲的占有是（　　）。
A. 直接占有　　B. 有权占有
C. 间接占有　　D. 自己占有

3. 甲、乙系邻居，一天，甲得知乙要出远门，半年后才回来。甲于是在晚上破门而入，强占了该屋，但对外声称是受了甲的委托。一个月后，乙将房屋出租给丙，并按月收取房租。半年后，甲如期回来，发现丙住在自己家中，并声称房屋是从房东那里租来的。甲找到乙，要求乙把房还给他，并马上让丙搬出去。乙说收取的房租只剩下一半，愿意将这部分返还。则下列说法正确的是（　　）。
A. 丙的占有事实不能对抗甲的所有权
B. 乙应当将所有的租金交给甲，而不是只返还一半的房租
C. 乙有权只将剩余的租金给甲
D. 丙的占有事实可以对抗甲的所有权

4. 甲善意占有乙的房屋两年，在占有期间，甲不仅对房屋作了必要的修缮，而且将房屋重新装潢了一番，大大提高了房屋的价值。两年后，乙要求甲搬离房屋，支付两年的租金并支付利息；甲要求乙支付相应的费用作为装潢房屋的补偿，但乙认为房屋是自己的，甲未经允许就进行装潢，是对原有结构的破坏，自己不应该支付给甲任何费用，相反，甲应当为此支付一定的赔偿金。应当如何处理？（　　）
A. 甲支付给乙两年的房租，但不必支付利息
B. 乙支付给甲一定的修缮费用和装潢费用
C. 乙应当支付给甲修缮费用，但不必支付装潢费用

D. 甲应当支付给乙两年的房租和相应的利息

四、案例分析题

1. 甲将自有房屋出租给乙，在乙承租期间，该地发生地震，房屋受到损毁。乙及时与房主甲联系，但是甲正巧出差在外，赶不回来，但他告诉乙他有一批建材堆放在出租房屋的附近，乙可以使用。乙发现该房附近确有一堆建材，数量不少。于是就叫人用这些材料将房屋修缮了一番。由于乙觉得甲的房屋布局不是很合理，趁此机会，让修理人员对房屋格局也作了局部变动。房屋修缮完数月后，甲办完事返回家中，发现乙改变了房屋格局，第二天，邻居丙找到甲说乙使用的建材是他的，而不是甲的，要求甲赔偿他因此而遭受的损失。

   问：(1) 甲、乙分别以何种方式占有这间出租房屋？

   (2) 乙使用的丙的建材现在应当归谁所有？

2. 3月，甲公司与乙公司签订了一个买卖合同，根据合同，甲公司出售给乙公司一万吨钢材，分两批交付，分别在7月、8月发货。6月市场上钢材供不应求，价格提高。丙公司急需钢材，遂找到甲公司，要求以高价买下甲库存的五千吨钢材，并约定即时付款。甲公司见有利可图，就与丙公司签订了买卖合同，并在7月初发货完毕。7月，乙公司催着甲公司交货，甲公司声称货源紧张，无法按期供货，要求解除合同。乙公司经多方打听，得知甲公司已经将钢材转卖给丙公司，要求甲公司承担违约责任。

   问：(1) 丙公司是否有权占有这批钢材？

   (2) 乙公司能否依据它与甲公司之间的买卖合同向丙公司主张对那五千吨钢材的占有？

参考答案

一、单项选择题

1. **答案**：D。A、B、C分别属于恶意占有、自主占有、间接占有。D属于持有而非占有。
2. **答案**：B。根据占有人在主观上对占有财产是否具有属于自己所有的意思分为自主占有与他主占有。
3. **答案**：B。在所有人与非所有人之间，因为法律行为转移占有后，原所有人成为物的间接占有人，合法占有人成为物的直接占有人。
4. **答案**：C。间接占有是指占有人虽然自己不对物予以直接占有，但对于直接占有该物的人具有返还请求权，从而间接地对该物具有管领、支配的状态。
5. **答案**：A。自主占有是对占有的一种分类，是指占有人以所有的意思对标的物进行占有。不以所有的意思对标的物的占有为他主占有。这里要注意和直接占有区分。直接占有通常包括质权人对质物的占有，承租人对租赁物的占有以及保管人对保管物的占有。虽然是直接占有，但这些都是他主占有。出质人对质物的占有，出租人对租赁物的占有以及委托人对保管物的占有虽是间接占有但都是自主占有。
6. **答案**：D。本题涉及善意取得制度和占有分类的关系。善意取得制度只适用于动产，又称即时取得，指无权处分他人动产的让与人，不法将其占有的动产交付给买受人后，若买受人在取得动产时为善意即可获得动产的所有权。在我国司法实践中，又区分不同的具体情况，做不同的处理。对于盗赃物、遗失物，第三人如果是从出卖同种物品的公共市场买得的，仍然可以获得所有权，先前的所有人不能请求第三人返还原物。彩电属于盗赃，但是丁是在旧货市场买的，可以获得彩电的所有权。既然丁已经享有彩电的所有权，那么对彩电的占有自然为有权占有。
7. **答案**：B。占有指对物在事实上的占领、控制，空间上该物处于占有人的力量作用的范围；时间上占有人对物的支配应持续一定时间。占有只是一种事实状态，不是权利。但法律依然对它进行保护，是因为占有物，特别是占有动产，可以产生一种公示作用，为了保护人们对这种状态的信赖，法律才特设占有制度对占有进行保护。善意取得制度是动产原始取得的一种方式，要求转让人已经移转占有给善意取得人，至于占有是直接占有还是间接占有，在所不问。所有权移转的标志因动产和不动产而不同，在动产为交付，在不动产为登记。占有与此没有任何关系。

8. **答案**：B。恶意占有是无权占有的一种，指占有人明知自己为无权占有仍对标的物进行占有。自己占有是指占有人自己直接占有标的物的占有方式，只存在于直接占有中。与自己占有相对应的是辅助占有。一般而言，辅助占有同时也是他主占有，辅助占有是指占有人基于特定的从属关系，如保管关系、租赁关系、雇佣关系等，受他人指示而对标的物为事实上的管领，不能脱离自己占有而独立存在。无瑕疵占有指占有人善意并且无过失、和平、公然并且继续的占有，反之就是有瑕疵占有。在合并占有时，如果前手是有瑕疵占有，则后手应当继承前手的瑕疵。有过失占有是对善意占有的进一步分类，善意占有人虽为善意的占有，但是就其善意仍可再细分为有过失占有和无过失占有。有过失占有就是占有人虽为善意但是因自己的过失而进行无权占有的。具体到本案，甲从丁处购买耕牛时，已经符合了善意取得的条件，不继承前手的占有瑕疵，是有权占有、直接占有、自主占有、自己占有。

9. **答案**：B。乙自称该牛为他所有，而事实上他也占有并使用该牛，故可以认定丙为善意，对于善意占有人来说，他在占有期间对物有使用、收益及取得的，在返还占有物时不必返还这些利益。而饲料费为在使用期间的必要支出，甲也不必向丙支付这些费用。牛犊属于牛的自然孳息，归属于原物的所有权人。所以丙应当将牛犊一并返还。

10. **答案**：C。占有可以分为很多种，区分不同的种类在于它们的法律效果不同。善意占有和恶意占有在法律效果上有非常大的差异。占有物因不可归责于占有人的事由毁损、灭失的，如果占有人为善意，则仅以因毁损、灭失所遭受的损失为限，负赔偿责任；如果占有人为恶意，则须全部赔偿权利人的损失。本题的另一个问题是乙的行为是否构成无因管理。无因管理是指没有法律规定的或者约定的义务而为他人管理事务。判断是否为无因管理，可以看是否符合以下要件：无因管理必须是在没有法律规定或者约定的义务下，管理他人事务，有为他人管理的意思，且不违背他人的利益。乙为甲的好友，发现甲将手机遗忘在他家，应当及时通知甲或者返还给甲。而不应该擅自将甲的东西占为己有，可见乙并不是为了甲的利益而管理，不构成无因管理。由此可以判断乙是恶意占有人，应当赔偿甲因此而受到的损失。

11. **答案**：D。占有是受法律保护的一种事实状态，与持有不同。持有也是一种事实状态，但不受法律保护。占有的标的物必须合法，手枪是禁止流通物，不能成为占有的客体，但可以成为持有的对象。通过继受取得方式获得占有，后手即现在的占有人，可以合并占有也可以不合并占有。但需注意，主张合并占有的人只能是继承人或者继受人，通过原始取得方式获得占有的人无权主张；合并占有可以是直接前手的占有，也可以是任何一个前手的占有，但必须承继其瑕疵，不得主张剔除其瑕疵后合并占有。占有的合并经常发生在取得时效制度的适用中。同理，占有的前手可以主张占有的分离。

12. **答案**：C。恶意占有是指占有人明知自己无权占有标的物仍然占有，主观上是故意的。A 选项和 B 选项中都是有权占有，D 项中的甲是善意占有。

13. **答案**：D。《民法典》第 314 条规定，拾得遗失物，应当返还权利人。拾得人应当及时通知权利人领取，或者送交公安等有关部门。据此可知，拾得人不能因拾得而取得遗失物的所有权，失主（王某）有权请求拾得人返还遗失物及孳息。A项错误。王某对小羊的占有是基于所有权，是有权占有，无权占有人张某当然不能向所有权人主张占有返还权。B项错误。李某虽为占有侵夺人，但并非小羊的现实无权占有人，张某不得请求其返还占有。C项错误。无论是有权占有还是无权占有，均受保护，只是保护的程度不同。D项正确。

14. 答案：B。（1）题涉戒指非埋藏物、遗失物等有可能判决归国家所有的情形，也无由甲、乙共同共有的背景，故C、D为可以直接排除的选项。（2）我国现行法对于占有的推定效力未作明确规定。如果每个人对自己占有的财产，都要证明其享有所有权，这会给人们的生产生活带来极大不便利。如果不能举证证明自己占有的财产是自己享有所有权的财产，其财产的合法性就会受到他人挑战，这样财产的秩序、安全就会受到重大损害，也带来高昂的成本。为此，占有的推定规则已经被各国和地区的立法所普遍采纳。依学理通说，占有推定规则是指占有人于占有物上行使的权利，推定其适法有此权利。质言之，为保护占有人起见，法律基于社会生活的一般情况，为占有人设各项推定，免除其举证责任，即受权利推定的占有人，免除举证责任，占有人可以直接援用该推定对抗相对人，无须证明自己是权利人。但是，需要注意的是，在相对人提出反证时，占有人为推翻该反证，仍须举证。本题中，争议发生时乙对戒指为现实直接占有，且主张所有权，故可先推定其对戒指有所有权，但在甲无法证明对该戒指拥有所有权，但能够针对乙的主张提出反证证明在2015年10月1日前一直合法占有该戒指的情形下，乙就应该提供自2015年10月1日后从甲处合法取得戒指的证据推翻该反证，否则，应当认定因甲证明了自己的先前占有，而推定甲对戒指享有合法权利。综上可知，A选项错误，B选项正确。

15. 答案：A。《民法典》第228条规定："动产物权转让时，当事人又约定由出让人继续占有该动产的，物权自该约定生效时发生效力。"该条规定了占有改定。占有改定通常可以拆解为三个交易环节：买卖合同—所有权移转的合意—占有媒介关系（如借用、租赁等）。结合本题，2月5日，甲与丙约定丙买下该设备，所有权直接移转，但由甲再继续租用该设备一个月，这一交易结构符合占有改定。因此，当日丙就通过占有改定的交付方式取得了设备的所有权。2月7日，丙是设备的所有权人，故A项正确。《民法典》第725条规定："租赁物在承租人按照租赁合同占有期限内发生所有权变动的，不影响租赁合同的效力。"该条规定了买卖不破租赁规则，据此，承租人想要对抗新的租赁物所有权人，需要满足两个条件：（1）存在有效的租赁合同且在租赁期限内；（2）承租人占有租赁物。本题中，设备的所有权于2月5日移转，当日甲、乙间租赁物尚未交付，承租人乙尚未占有租赁物，因此乙不能基于买卖不破租赁规则对抗新所有权人丙。因此，3月10日，甲的一个月租用期已经到期，丙有权请求乙返还设备，B项错误。3月10日，甲向乙主张设备返还的可能性有二：（1）基于所有权人的返还原物请求权；（2）基于租赁合同到期后的承租人返还租赁物义务。这两种情形都是不成立的：对于返还原物请求权，因为2月5日丙已经成为设备的所有权人，甲不再是设备的所有权人，因此甲不再享有设备的返还原物请求权；对于租赁合同到期后的承租人返还租赁物义务，因为甲、乙之间的租赁合同尚未到期，甲还不能基于租赁合同请求乙返还设备。因此3月10日，甲无权请求乙返还设备，对于甲的返还设备请求，乙有权拒绝，C项错误。D项考查占有的种类，具体涉及自主占有与他主占有、直接占有与间接占有这两种分类。自主占有与他主占有，二者区分的标准是占有人主观上的占有意思。2月5日，设备的所有权就已经移转，甲不再是所有权人，此后甲的占有意思从自主占有变为他主占有，因此2月8日，甲对设备的占有属于他主占有。直接占有与间接占有，二者区分的标准在于占有人是否直接对物有事实上的管领力。2月7日，甲将该设备交付乙使用，乙成为设备的直接占有人，甲则通过租赁合同这一占有媒介关系间接地控制该设备，属于间接占有人。因此，2月8日，甲对设备的占有为他主的间接占有，D项错误。

二、多项选择题

1. **答案**：AD。有权占有是指占有人对物的管领、控制和支配符合法律规定受到法律保护的占有。他主占有是指占有人不是有将占有的财产作为自己所有的财产的主观意志而形成的占有。
2. **答案**：BD。间接占有是指占有人虽然自己不对物予以直接占有，但对于直接占有该物的人具有返还请求权，从而间接地对该物具有管领、支配的状态。
3. **答案**：BC。《民法典》第460条规定："不动产或者动产被占有人占有的，权利人可以请求返还原物及其孳息；但是，应当支付善意占有人因维护该不动产或者动产支出的必要费用。"第461条规定："占有的不动产或者动产毁损、灭失，该不动产或者动产的权利人请求赔偿的，占有人应当将因毁损、灭失取得的保险金、赔偿金或者补偿金等返还给权利人；权利人的损害未得到足够弥补的，恶意占有人还应当赔偿损失。"本题中刘某对牛的占有是善意占有，因此不承担赔偿责任，但应将牛肉款及小牛返还给袁某，并且袁某有义务偿还刘某支出的人工费用50元及饲养费，因此答案是B、C。
4. **答案**：BD。这道题涉及对占有概念的理解。占有是指对物在事实上的占领、控制。因此，占有的客体只可能是物，对于不因物之占有而成立的财产权，如专利权和地役权等，不能成立占有。只要是物，无论是动产还是不动产，无论是公有物还是私有物，均可以成立占有。
5. **答案**：CD。直接占有和间接占有是依照占有人是否直接占有标的物为标准对占有进行的分类。对标的物有直接的事实上的管领力，是直接占有；相应地，仅间接地对标的物进行支配的是间接占有。直接占有通常包括质权人对质物的占有，承租人对租赁物的占有以及保管人对保管物的占有。间接占有通常包括出质人对质物的占有，出租人对租赁物的占有以及委托人对保管物的占有。这两者的区别在于间接占有不能脱离直接占有而存在。
6. **答案**：ABCD。占有是对物在事实上的占领、控制，这是一种事实状态，而不是一种权利类型。基于占有具有一定的公示作用，对社会生活有一定的影响，对于占有，法律有以下推定：占有人无须对占有的事实负举证责任，而且推定占有人是以所有人的意思而占有，有占有证据的推定其继续占有；同时还推定占有人对占有物行使的权利合法。
7. **答案**：ABC。善意占有是指对标的物实施占有之时占有人主观上是善意的，不知道自己没有权利占有。丙在看到甲、乙的身份证和房屋产权证后签约，实施占有，主观上并不知道出租一事并未经过乙同意。丙作为承租人，直接占有房屋，行使使用权，是直接占有。甲、乙作为房屋的共同共有的所有权人，共同占有这个屋子，在房屋出租给丙后，甲、乙的占有不是直接占有，而是间接占有。辅助占有人是指基于特定的从属关系，受他人指示对标的物而为占有的人。雇佣关系为典型的从属关系。丙作为承租人，与出租人不存在从属关系，也不是受出租人的指示而占有房屋，不是辅助占有人。
8. **答案**：ACD。乙占有甲的财物，是基于保管合同，从物权法的角度来看，乙是有权占有人。法律上赋予占有人一些权利，以保护他们的占有不受任意侵害。一方面，占有人可以对侵夺或者破坏其占有利益的人进行防御，排除妨害；另一方面，占有的标的物被人侵夺后，可以要求对方返还，取回占有物。所以乙有权基于其对财物的占有而要求丙返还。所有人甲可以依据所有权要求丙返还财物，既可以直接还给所有权人自己，也可以返还给占有人乙。

9. **答案**：ABCD。丙只有基于借用关系有权占有甲的自行车，其占有乙的自行车，构成无权占有，所以，A选项正确。丙虽属于无权占有，但在甲告知其骑错车之前，其误认为自己骑的是甲的自行车，不知自己无权占有，属于善意的无权占有人，依《民法典》第460条规定："不动产或者动产被占有人占有的，权利人可以请求返还原物及其孳息；但是，应当支付善意占有人因维护该不动产或者动产支出的必要费用。"所以，对于甲告知丙骑错车前丙修车的必要费用，乙应当偿还。B选项正确。《民法典》第462条规定，占有的不动产或者动产被侵占的，占有人有权请求返还原物。所以无论丙是否知道骑错车，都属于无权占有，原合法的有权占有人乙，有权对其行使占有返还请求权。C选项正确。《民法典》第459条规定，占有人因使用占有的不动产或者动产，致使该不动产或者动产受到损害的，恶意占有人应当承担赔偿责任。甲告知丙骑错车，丙未理睬，构成恶意占有，对自行车的毁损，丙应承担赔偿责任。所以，D选项正确。

10. **答案**：BD。本题中，徐某未经许可而扩建房屋，该房屋系违章建筑，不可能因此而取得房屋的所有权，选项A的错误十分明显。《民法典》第462条第1款规定，占有的不动产或者动产被侵占的，占有人有权请求返还原物；对妨害占有的行为，占有人有权请求排除妨害或者消除危险；因侵占或者妨害造成损害的，占有人有权请求损害赔偿。因此B项正确，C项错误。徐某自住房的墙砖被毁坏，《民法典》第238条规定，侵害物权，造成权利人损害的，权利人可以依法请求损害赔偿，也可以依法请求承担其他民事责任。据此D项正确。

11. **答案**：ABC。法律关系产生的条件是法律事实和法律规范的结合。所谓的民事法律关系竞合是指同一法律事实引起多重法律关系发生，且这些法律关系具有"同向性"，如担保物权的竞合。民事责任是违背民事义务的法律后果和强制实现的方式，体现为制裁性。从一定意义上讲，民事责任是民事义务的代名词。民事责任的竞合实质上是民事法律关系发生重合。甲、乙之间根据双方的约定形成保管合同法律关系，按照保管合同确定当事人之间的权利义务。乙擅自卖掉古董致使甲、乙之间形成了侵权之债法律关系，按照侵权之债的内容确定当事人之间的权利义务。乙卖掉古董得款13万元，甲、乙之间就此款形成了不当得利之债法律关系，按照不当得利之债法律关系确定双方的权利义务。因为丙是不知情的第三人，甲、丙之间形成善意取得法律关系，按照善意取得制度确定双方的权利义务，甲无权请求丙返还古董。由于古董已经被丙取得，要求乙返还古董的请求权在客观上不能实现。但甲可以要求乙承担违约责任，向甲支付11万元违约金。乙擅自处分甲的古董是侵权行为，应承担赔偿责任，具体赔偿多少钱有待价格鉴定。《民法典》第1165条第1款规定："行为人因过错侵害他人民事权益造成损害的，应当承担侵权责任。"根据《民法典》第985条规定可知，甲对乙享有不当得利返还请求权。乙取得13万元没有法定的或约定的依据，构成不当得利，应当将该利益返还给甲。按照不当得利之债来保护甲的利益，甲可以取得13万元，使甲的权利得到最大限度的、现实的救济。

三、不定项选择题

1. **答案**：CD。善意占有与恶意占有是对无权占有进一步的分类。善意占有是指误信为有权占有而进行的占有；恶意占有指明知为无权占有仍为占有。各国法律区分善意占有和恶意占有并赋予不同的法律后果。

2. **答案**：（1）AC。本案例中涉及占有的多种分类。正确解答该题需要对各种占有形式的定义有准确的了解。有权占有是指占有人基于法律上的原因进行占有，受法律保护。自主占有是指占有人以所有的意思对标的物进行占有。对标的物有直接的事实上的管领力，是直接占有。善意占有是指误信为有权占有而进行的占有。本案例中，乙作为甲的保管人，自己并无所有的意思，而且其权源合法，因此是有权占有、他主占有、直接占有。因为已经是有权占有，故不存在善意占有的可能。

（2）BC。间接地而非直接地对标的物进行支配的是间接占有，与直接占有相对。自己占有是指占有人自己直接占有标的物的占有方式，只存在于直接占有中。本案例中，甲作为字画的所有权人，并没有自己占有这些字画，而是委托给好友乙进行保管，但仍为有权占有。同时甲还是自主占有。

3. 答案：AB。乙擅自闯入甲家并将房屋占为己有，主观上有恶意，乙对房屋的占有属于无权占有、恶意占有。恶意占有人应返还孳息和返还因侵夺占有所获得的全部利益，而不以现存利益为限。租金是法定孳息，应当返还。占有不是一种权利，只是一种事实状态。与所有权相比，其效力小得多。即便是善意占有人也不能对抗所有权人。甲是房屋的真正权利人，其所有权被侵夺，可以行使物上请求权，请求丙返还占有。丙即使是善意占有人，也是有瑕疵的占有，因为房屋属于不动产，不动产的权属公示方式为登记，而非占有。所以丙主观上是有过错的。“买卖不破租赁”的规则只适用于在买卖之前就已经存在的合法租赁关系，并不适用于一切场合。

4. 答案：AB。无权占有的法律效果因占有人是善意的还是恶意的而有所不同。总的原则是善意占有人在返还占有物时不必返还孳息，恶意占有人应返还孳息。善意占有人对占有物因不可归责于自己的事由毁损、灭失的，仅以因毁损、灭失所受到的利益损失为限，负赔偿责任。而恶意占有人应就全部的毁损、灭失负赔偿责任。善意占有人对于因保存所支出的必要费用有权请求偿还，但已经取得孳息的，必要费用应从孳息中支出。善意占有人还可请求偿还有益费用，即为改善占有物支出的费用，但只能以物的现存价值为限。恶意占有人只能请求偿还必要费用，无权请求偿还有益费用。

四、案例分析题

1. 答案：（1）甲对该房屋的占有是间接占有、自主占有、有权占有；乙对该房屋的占有是直接占有、他主占有、有权占有。

占有指占有人对物在事实上的占领和控制。从空间上看，标的物处于占有人的力量作用的范围内；从时间上看，占有人对标的物的支配应持续一定时间。占有可以分为很多种。其中最常见也是最重要的分类就是直接占有和间接占有。这是依照占有人是否直接占有标的物为标准对占有进行的分类。对标的物有直接的事实上的管领力，就是直接占有；仅间接地对标的物进行支配的就是间接占有。直接占有通常包括质权人对质物的占有，承租人对租赁物的占有以及保管人对保管物的占有。间接占有通常包括出质人对质物的占有，出租人对租赁物的占有以及委托人对保管物的占有。这两者的区别在于间接占有不能脱离直接占有而存在。

有权占有和无权占有是从占有的法律基础上对占有的分类。前者是指占有人基于法律上的原因进行占有，反之就是无权占有。无权占有之下又可以细分为恶意占有、善意占有。这个分类在涉及占有人和返还请求人之间的法律关系、占有人应当在多大范围内承担责任有着重要意义。

自主占有是以所有的意思对标的物进行占有，与他主占有相对。

（2）乙在修缮过程中误以为丙的建材是甲的，修缮完毕后，这些建材成为甲的房屋不可分割的一部分，甲通过附合取得这批建材的所有权，但应当支付给丙相应的赔偿金。

占有总是和所有权的取得分不开，尤其是动产的所有权的取得。取得动产的所有权有很多途径和方法，本案例中是通过附合的方式取得动产的所有权。附合是添附的一种，指不同的所有人的两个或者两个以上的有体物相结合，从而在交易上认为形成一个物。不同所有人的动产与不动产附合时，动产成为不动产的重要组成部分，不能分离或者可以分离但是所需费用巨大，法律上特别规定不动产所有权人取得动产的所有权，因为不动产的价值比动产大，但是应当支付给动产的原所有权人相当的费用。值得注意的是，附合不问附合人主观状态，善意和恶意均可。只是恶意的附合人可能会构成侵权行为，而承担侵权责任。在所有权的归属上没有区别。本案例中，乙误以为丙的建材为甲所有而用其修理房屋，客观上导致了丙的动产成为甲的不动产——房屋的不可分割的一部分。甲因此而取得该建材的所有权。所以应当由甲支付丙相关的费用。

2. 答案：（1）丙公司有权占有这批钢材。丙公司与甲公司之间签订的买卖合同是合法有效的，丙公司占有钢材是甲公司履行合同义务的结果。钢材交付后，丙公司获得对这批钢材的所有权，故丙公司对这批钢材的占有为有权占有。

判断丙公司是否有权占有这批钢材，关键是看丙公司实施占有的法律基础是什么，这个法律基础是否合法。丙公司和甲公司签订了买卖合同，甲公司虽然在先就同一批钢材与乙公司签订了买卖合同，但是在甲公司履行这个买卖合同之前，其仍享有钢材的所有权，可以为任意的处分行为。与丙公司签订另一份买卖合同不过是甲公司行使处分权的具体表现。丙公司从所有人那里获得钢材，取得的占有是有权占有。

（2）乙公司不能依据它与甲公司之间的买卖合同向丙公司主张对那五千吨钢材的占有。合同具有相对性，不能对抗合同当事人以外的第三人。甲公司贪图利润，分别与乙公司、丙公司签订了买卖同一批钢材的合同，并首先向丙公司履行。甲公司和乙公司之间的合同已经生效，但是乙公司从来没有获得对这批钢材的占有，不管是直接占有，还是间接占有。自然也就没有权利以占有为基础要求丙公司返还占有。

占有是一种事实状态，要想基于占有而行使相应的请求权，请求人必须是在占有被侵夺前直接占有标的物的人。至于是有权占有，还是无权占有（不得对抗标的物的权利人），是自主占有，还是他主占有，在所不问。交付动产有多种方式，如采用占有改定的方式，即不改变占有状态，但是买受人指示出让人继续占有标的物。在这种情况下，虽然标的物仍处在出卖人的实际掌控之下，但此时他是作为一个辅助占有人，为了买受人的利益，对标的物进行他主占有、直接占有。虽然买受人没有获得直接占有，但是通过这种指示获得了对标的物的间接占有。然而间接占有人是无权通过占有获得保护的。本案例中，乙公司并没有获得过对这批钢材任何形式的占有，所以不能依据占有请求丙公司返还。

第三编 合 同

第十六章 债的概述

基础知识图解

- 债
  - 债的概念：债是指特定当事人之间得请求为特定行为的法律关系
  - 债的特征
    - 债反映财产流转关系
    - 债的主体双方只能是特定的
    - 债以债务人应为的特定行为为客体
    - 债须通过债务人的特定行为才能实现其目的
    - 债的发生具有任意性、多样性
    - 债具有平等性和相容性、相对性
  - 债的要素
    - 主体
    - 内容
      - 债权
      - 债务
    - 客体，又称债的标的，是指债权债务所指向的事物
      - 合法性
      - 可能性
      - 确定性
      - 财产性
  - 债的发生原因
    - 合同
    - 缔约上的过失
    - 无因管理
    - 单独行为
    - 不当得利
    - 侵权行为
    - 其他原因

配套测试

一、单项选择题

1. 甲公司要运送一批货物给收货人乙公司，甲公司的法定代表人丙电话联系并委托某汽车运输公司运输。汽车运输公司安排本公司司机刘某驾驶。在运输过程中，因刘某的过失发生交通事故，致货物受损。乙公司因未能及时收到货物而发生损失。问：乙公司应向谁要求承担损失？（　　）

A. 甲公司　　B. 丙

C. 刘某　　D. 汽车运输公司

2. 某日晚，甲拾得熟人乙的自行车，就给乙打电话告诉了他。因已经很晚，甲想将车放在小区的车棚里，但车棚已上锁，甲只得将自行车推到自己住的单元楼下。第二

天一早，乙来取自行车，发现车被盗，乙要求甲赔偿。应如何处理？（　　）

A. 由乙自己承担损失

B. 由甲赔偿

C. 由甲承担主要责任，乙承担次要责任

D. 由乙承担主要责任，甲承担次要责任

3. 下列不属于债的发生原因的有（　　）。

A. 小白猫超市为吸引顾客，每月最后一天在该商场举行抽奖活动

B. 甲与市福利院签订协议，收养了一个孤儿乙

C. 佳味食品公司未经他人允许，擅自把他人的肖像用在本公司食品包装上

D. 丙将代丁保管的自行车擅自卖给了戊，得款600元

4. 张某外出，台风将至。邻居李某担心张某年久失修的房子被风刮倒，祸及自家，就雇人用几根木料支撑住张某的房子，但张某的房子仍然不敌台风，倒塌之际压死了李某养的数只鸡。下列哪一说法是正确的？（　　）（2009司考．卷三．单12）

A. 李某初衷是为自己，故不构成无因管理

B. 房屋最终倒塌，未达管理效果，故无因管理不成立

C. 李某的行为构成无因管理

D. 张某不需支付李某固房费用，但应赔偿房屋倒塌给李某造成的损失

5. 一日清晨，甲发现一头牛趴在自家门前，便将其拴在自家院内，打探失主未果。时值春耕，甲用该牛耕种自家田地。其间该牛因劳累过度得病，甲花费300元将其治好。两年后，牛的主人乙寻牛来到甲处，要求甲返还，甲拒绝返还。下列哪一说法是正确的？（　　）（2009司考．卷三．单13）

A. 甲应返还牛，但有权要求乙支付300元

B. 甲应返还牛，但无权要求乙支付300元

C. 甲不应返还牛，但乙有权要求甲赔偿损失

D. 甲不应返还牛，无权要求乙支付300元

6. 任某门前公路上有一泥沟。某日，一货车经过泥沟，由于颠簸掉落货物一件，被任某拾得据为己有。任某发现有利可图，遂将泥沟挖深半尺。次日，果然又拾得两袋车上颠落的货包。关于任某行为的性质，下列哪一选项是正确的？（　　）（2008司考．卷三．单5）

A. 无因管理和侵权行为

B. 不当得利

C. 无因管理和不当得利

D. 不当得利和侵权行为

7. 甲、乙与丙就交通事故在交管部门的主持下达成《调解协议书》，由甲、乙分别赔偿丙5万元，甲当即履行。乙赔了1万元，余下4万元给丙打了欠条。乙到期后未履行，丙多次催讨未果，遂持《调解协议书》与欠条向法院起诉。下列哪一表述是正确的？（　　）（2013年司考．卷三．单12）

A. 本案属侵权之债

B. 本案属合同之债

C. 如丙获得工伤补偿，乙可主张相应免责

D. 丙可要求甲继续赔偿4万元

8. 下列哪一情形产生了不当得利之债？（　　）（2013年司考．卷三．单20）

A. 甲欠乙款超过诉讼时效后，甲向乙还款

B. 甲欠乙款，提前支付全部利息后又在借期届满前提前还款

C. 甲向乙支付因前晚打麻将输掉的2000元现金

D. 甲在乙银行的存款账户因银行电脑故障多出1万元

9. 下列哪一情形会引起无因管理之债？（　　）（2013年司考．卷三．单21）

A. 甲向乙借款，丙在明知诉讼时效已过后擅自代甲向乙还本付息

B. 甲在自家门口扫雪，顺便将邻居乙的小轿车上的积雪清扫干净

C. 甲与乙结婚后，乙生育一子丙，甲抚养丙5年后才得知丙是乙和丁所生

D. 甲拾得乙遗失的牛，寻找失主未果后牵回暂养。因地震致屋塌牛死，甲出

卖牛皮、牛肉获价款若干

10. 薛某驾车撞死一行人，交警大队确定薛某负全责。鉴于找不到死者亲属，交警大队调处后代权利人向薛某预收了6万元赔偿费，商定待找到权利人后再行转交。因一直未找到权利人，薛某诉请交警大队返还6万元。根据社会主义法治理念公平正义要求和相关法律规定，下列哪一表述是正确的？（　　）（2014年司考．卷三．单1）

A. 薛某是义务人，但无对应权利人，让薛某承担赔偿义务，违反了权利义务相一致的原则

B. 交警大队未受损失而保有6万元，形成不当得利，应予退还

C. 交警大队代收6万元，依法行使行政职权，与薛某形成合法有效的行政法律关系，无须退还

D. 如确实未找到权利人，交警大队代收的6万元为无主财产，应收归国库

11. 甲的房屋与乙的房屋相邻。乙把房屋出租给丙居住，并为该房屋在A公司买了火灾保险。某日甲见乙的房屋起火，唯恐大火蔓延自家受损，遂率家人救火，火势得到及时控制，但甲被烧伤住院治疗。下列哪一表述是正确的？（　　）（2014年司考．卷三．单20）

A. 甲主观上为避免自家房屋受损，不构成无因管理，应自行承担医疗费用

B. 甲依据无因管理只能向乙主张医疗费赔偿，因乙是房屋所有人

C. 甲依据无因管理只能向丙主张医疗费赔偿，因丙是房屋实际使用人

D. 甲依据无因管理不能向A公司主张医疗费赔偿，因甲欠缺为A公司的利益实施管理的主观意思

12. 甲经乙公司股东丙介绍购买乙公司矿粉，甲依约预付了100万元货款，乙公司仅交付部分矿粉，经结算欠甲50万元货款。乙公司与丙商议，由乙公司和丙以欠款人的身份向甲出具欠条。其后，乙公司未按期支付。关于丙在欠条上签名的行为，下列哪一选项是正确的？（　　）（2017年司考．卷三．单9）

A. 构成第三人代为清偿

B. 构成免责的债务承担

C. 构成并存的债务承担

D. 构成无因管理

二、多项选择题

某甲是某山区的农民。某晚，一头牛犊闯入某甲家院内，并到院中牲口食槽内吃草。某甲第二天发现后将牛犊喂养起来。过了1个月不见有人来寻找，便于夜晚将牛犊牵往几十公里外的牲口集市卖掉，得款700元。当某甲与买主正准备离开时，被失主发现。某甲开始时谎称该牛是自己所有，后经失主提出证据，不得不承认是自己拾得的。买主见牛犊不是某甲所有，遂不愿购买，某甲将钱退还给买主，但仍不肯将牛犊返还失主。经集市管理部门调解无效，失主向人民法院起诉要求返还牛犊。某甲辩称自己并非偷盗，而且已经将牛犊喂养1个月，即使返还，失主也应赔偿自己的损失。选项中正确的是（　　）。

A. 某甲的行为开始时属于拾得遗失物

B. 其后某甲拒不返还牛犊，应作为侵权行为处理

C. 某甲必须返还牛犊

D. 某甲不得要求补偿饲养费用和付出的劳务

三、不定项选择题

甲厂因急需柴油，与乙厂签订了一份买卖合同。双方商定，乙厂在一个月内筹集0号或10号柴油20吨供给甲厂，每吨单价为1300元；合同生效后，甲厂按合同约定支付了1万元定金。乙厂也在合同生效后的第20天，依约定向甲厂发运了0号柴油20吨。因当时气温下降，0号柴油无法投入使用。故甲厂要求乙厂改供10号柴油，或者退货。乙厂认为其所供0号柴油符合国家质量标准和合同规定，既不应换货，也无货可换；同时要求甲厂依约支付货款，不能退货。

（1）本案合同所生之债应为（　　）。

A. 简单之债，因为乙厂只向甲方发运了 0 号柴油
B. 简单之债，因为债权人甲厂有选择权
C. 选择之债，因为当事人约定了两种柴油种类
D. 选择之债，因为债务人可以选择 0 号或 10 号柴油供给甲厂

(2) 关于本案合同之债的说法，正确的有（ ）。
A. 本案合同之债可以通过甲厂和乙厂签订合同而确定应供应 0 号或 10 号柴油
B. 本案中，合同之债可以通过债务人的选择而确定应供应 0 号或 10 号柴油
C. 本案中，合同当事人可以约定选择权行使的期限
D. 若由于国家政策限制，禁止出售 10 号柴油，则只能以 0 号柴油为履行标的

四、名词解释

1. 债
2. 债的要素

五、简答题

何谓债的标的？简述其要件及形态。

六、论述题

债权的性质及其一般效力。

参考答案

一、单项选择题

1. 答案：A。(1) 甲公司与乙公司有合同关系，汽车运输公司受托运输，运输未完成的后果应当由甲公司对乙公司承担，而不应由汽车运输公司向乙公司承担，这是由合同的相对性决定的。因此，可以排除 D 项。(2) 丙是职务行为，丙个人并不向乙公司承担责任。因此，可以排除 B 项。(3) 司机刘某在执行职务过程中发生过失，其并不直接向乙公司承担责任。因此，排除 C 项。

2. 答案：A。首先，明确甲的行为性质，甲的行为属于无因管理。其次，在无因管理之债中，管理人只就因故意或者重大过失造成本人损失承担损害赔偿责任。在本题中，甲的行为并无过错，因此不承担赔偿责任。

3. 答案：B。本题考查债的发生原因。B 项是一个身份关系不属于债的范畴，A 项抽奖活动是一个射幸合同，C 项构成了侵权之债，D 项构成了不当得利之债。

4. 答案：C。本题考核无因管理。无因管理，是指没有法定的或约定的义务，为避免他人利益受损失而为他人管理事务或提供服务的行为。本题中，虽然李某在帮助张某修缮房屋的时候存在利己意思，但是主要还是为了张某的利益而为他修缮房屋，李某的行为成立无因管理。因此，A、B 项错误，C 项正确。另外，无因管理一经成立，在管理人和本人之间即发生债权债务关系，管理人有权请求本人偿还其因管理而支出的必要费用，本人有义务偿还。本题中，李某有权要求张某支付固房费用，张某应支付。因此，D 项错误。

5. 答案：B。本题考核不当得利的返还。《民法典》第 314 条规定，拾得遗失物，应当返还权利人。拾得人应当及时通知权利人领取，或者送交公安等有关部门。本题中，甲拾得乙的牛属于不当得利，应当返还给失主。因此，C、D 项错误。《民法典》第 317 条第 3 款规定，拾得人侵占遗失物的，无权请求保管遗失物等支出的费用，也无权请求权利人按照承诺履行义务。本题中，甲花费的 300 元是因为甲使用该牛，致其劳累过度而生病所花费的费用，而非单纯的保管费用。另外，即便 300 元属于合理的保管遗失物的费用，甲最后拒绝返还的行为说明甲有侵占遗失物的意思，根据《民法典》的规定也无权请求乙支付 300 元。因此，A 项错误，B 项正确。

6. 答案：D。不当得利是指没有合法根据而获得利益并使他人利益遭受损失的事实。侵权行为是指行为人由于过错侵害他人的财产权和人身权，依法应当承担民事责任的不法行为，以及依法律的特别规定应当承担民事责

任的其他侵害行为。本题中，任某起初拾得颠簸掉落的一件货物并据为己有，属于没有合法根据而获利，并使他人利益受损的情况，构成不当得利；后来，任某发现有利可图，遂将泥沟挖深半尺。次日，果然又拾得两袋车上颠落的货包，属于故意侵害他人财产权的侵权行为，因此D项说法正确。

7. **答案**：B。合同是最常见的债的发生原因。本题中，丙持《调解协议书》与欠条向法院起诉，说明其是依据合同关系提起诉讼，诉的标的为合同关系，而非侵权关系，据此A项错误，B项正确。C项所述毫无法律依据，获得工伤补偿不是违约的免责事由，因此C项错误。《调解协议书》约定由甲、乙分别赔偿丙5万元，说明甲、乙二人并非连带债务人，因此丙只能要求乙继续赔偿4万元，不能向甲追索，故D项错误。

8. **答案**：D。《民法典》第122条规定："因他人没有法律根据，取得不当利益，受损失的人有权请求其返还不当利益。"不当得利的成立条件为：(1) 一方获利；(2) 另一方受损；(3) 获利没有合法根据；(4) 一方获利与另一方受损有因果关系。本题中，A项的甲超过诉讼时效还款，乙受领欠款是基于债权，有合法根据，不构成不当得利；B项的甲提前支付利息和提前还款是基于自己的自愿，也具有合法根据，不构成不当得利；C项，赌债不仅不受法律保护，而且因其非法性将予以收缴，而不是返还给"债务人"，因此不构成不当得利；D项，甲的存款账户因电脑故障多出1万元，满足上述构成要件，因此构成不当得利。综上，D项当选。

9. **答案**：D。《民法典》第121条规定："没有法定的或者约定的义务，为避免他人利益受损失而进行管理的人，有权请求受益人偿还由此支出的必要费用。"因此构成无因管理需要三个条件：(1) 有为他人管理的行为；(2) 有为他人谋利益的意思；(3) 没有法定或约定义务。本题中，A项的丙在明知诉讼时效已过后擅自代甲向乙还本付息，违背了甲的意思，很难说具有为他人谋利益的意思，不构成无因管理；B项情形属于好意施惠性质，这种邻里间的互助行为不宜成立法律关系，因此不构成无因管理；C项没有为他人谋利益的意思，不构成无因管理；D项，甲拾得乙遗失的牛，因其寻找失主可看出有为他人谋利益的意思，同时也满足了无因管理的其他构成要件，因此构成无因管理。

10. **答案**：D。A项，有两点错误：(1) 6万元赔偿费的权利人是死者的继承人，本案中虽然未找到权利人，但并不意味着没有权利人；(2) 权利义务相一致原则指的是权利人在享有权利的同时应承担相应的义务，题目所述的情况与本原则不符。因此A项错误。B项，《民法典》第122条规定，因他人没有法律根据，取得不当利益，受损失的人有权请求其返还不当利益。据此，不当得利的构成要件有四：(1) 一方取得财产利益；(2) 一方受有损失；(3) 取得利益与所受损失之间有因果关系；(4) 没有法律上的根据。本题中交警大队只是代收6万元，并未取得财产利益，因此不构成不当得利，B项错误。C项，行政法律关系，是指受行政法律规范调整的因行政行为而形成或产生的各种权利义务关系。行政法律关系的产生往往以行政主体通过行政程序所作出的单方面的行政行为为根据，具有不平等性。本题中，交警大队实际上有两个行为，第一个行为确定交通事故责任的归属，这是行政行为无疑，也看得出明显的不平等性；但是第二个行为，预收赔偿费并商定转交，这并不是行政行为，否则不会"商定"，因此后一行为并不会产生行政法律关系，C项错误。D项，《民法典》第1160条规定，无人继承又无人受遗赠的遗产，归国家所有。据此D项正确。

11. **答案**：D。《民法典》第121条规定，没有法定的或者约定的义务，为避免他人利益受损失而进行管理的人，有权请求受益人偿还由此支出的必要费用。无因管理的构成要件有三：(1) 管理他人事务；(2) 有为他人管理的意思；(3) 无法律上的原因。

本题中，甲的救火行为虽然主观上最终是为自己，但也有为他人管理的意思，只要有为他人管理的意思即使同时有为自己管理的意思，在构成无因管理方面不受影响，因此甲的救火行为构成无因管理。而乙是房屋的所有人；丙是房屋的使用人，有财产在房屋中，因此二人均因甲的救火行为而受益，甲均可要求他们就自己救火时受到的损失进行赔偿。据此，A、B、C三项均错误。D项，甲的救火行为虽然在客观上使保险公司减少了理赔数额，但甲救火时并无为A公司管理的意思，甚至，他可能根本不知道A公司承保的事情，因此D项的表述是正确的。

12. **答案**：C。（1）第三人代为清偿有两种表现方式，一是第三人单方表示代替债务人清偿债务，即在没有法定和约定义务的情况下，第三人自愿作出向债权人履行债务的行为；二是第三人与债务人达成代其清偿债务的协议，即订立债务履行承担合同，依该合同承担人对债务人负有履行债务人债务的义务。无论是哪种形式，第三人都不具有合同法律关系债务人的主体地位。本题中，乙公司与丙商议，由乙公司和丙以欠款人的身份向债权人甲出具欠条，丙直接成为合同债务人之一，故本题中A选项说法错误。（2）债务承担，是指在不改变合同内容的前提下，债权人或者债务人通过与第三人订立转让债务的协议，将债务全部或部分地转移给第三人承担的现象。依原债务人是否免责为标准，可以将债务承担分为免责的债务承担和并存的债务承担：在免责的债务承担中，由第三人取代原债务人的地位承担全部债务，原债务人脱离债务关系；在并存的债务承担中，原债务人并不脱离债务关系，而由第三人加入债的关系中，与债务人作为合同当事人共同承担债务。本题中，乙公司与丙商议，由乙公司和丙以欠款人的身份向甲出具欠条，此时丙成为合同债务人之一，而原债务人乙公司也没有脱离债务关系，故丙在欠条上签名的行为构成并存的债务承担。由此，B选项说法错误，C选项说法正确。（3）依《民法典》第121条的规定，无因管理是指没有法定的或者约定的义务，为避免他人利益受损失而进行管理。本题中，丙公司是与乙公司商议，由乙公司和丙以欠款人的身份向甲出具欠条的，所以丙在欠条上签名的行为不属于没有法定的或者约定的义务进行管理，故本题中D选项说法错误。

二、多项选择题

答案：ABCD。某甲开始时的行为属于拾得遗失物，因此，选项A正确；后来拒不返还，按照《民法典》有关规定，属于侵权行为，故选项B正确；无论某甲的行为属于何种性质，都负有返还标的物的义务，故选项C正确；既然属于侵权行为，因此，某甲不得要求补偿饲养费用及劳务（如果属于无因管理，可以要求支付必要的费用）。

三、不定项选择题

答案：（1）D。债务人可以选择二种以上给付的，是选择之债。

（2）ABCD。选择之债的特定方法有：①可以通过合同而特定；②可以通过选择而特定，选择权的归属应由双方当事人约定，也可由法律直接规定，在既无约定又无法定的情况下，选择权宜归债务人享有；选择权可因不能履行而特定。

四、名词解释

1. **答案**：是指特定当事人之间可以请求一定给付的民事法律关系。它包括合同关系、因无因管理引起的权利义务关系、因不当得利返还产生的关系和因侵权行为引起的权利义务关系等。其特征是：（1）债为特定当事人之间的民事法律关系；（2）债是以特定行为（给付）为客体的民事法律关系；（3）债是以请求债务人给付为内容的民事法律关系；（4）债是能够用货币衡量评价的财产法律关系。

2. **答案**：是指构成债所必须具备的因素，包括债的主体、债的内容和债的客体。债的主体是指参与债的关系的当事人。债的内容是由债权、债务以及权能、限制或者法律约束等构成。债的客体，即债的标的，是指债权债务所指向的事物。

五、简答题

答案：所谓债的标的，即债的客体。就是指以履行债务为目的，债务人应当向债权人予以给付之对象。

债的标的事实上能够依主体的合意而自由确定，但为了使债的法律关系的运作拥有法律的严肃性以及有“法的安全”之保障，又需有一定的要件而予以规范。债的标的的要件包括：第一，债之标的的流转，既不能违反法律的禁止性规定，也不能有悖于现实社会的公序良俗。第二，债之标的须有给付之可能性。债之标的须有给付之可能性，是指于债之关系成立时，债之标的不仅应当存在，而且还有给付的可能性。第三，债之标的须有确定性。债之标的须有确定性，是指于债之关系成立时，其标的必须明确，否则即有碍于债的关系之成立。

作为债之标的的给付对象，应决定于债之内容。从社会生活实践方面而言，主要有四大类。一是物，如买卖合同的给付标的便是物。二是行为，如演出合同的给付标的是表演行为。三是智力成果，如技术转让合同的给付标的是一定的智力成果——技术。四是可依法转让的民事权利，如专利使用许可合同的给付标的又是专利实施权利。

六、论述题

答案：债权的性质可从以下几点来理解：(1) 债权是财产权。债权是在交换或分配各种利益时产生的权利，其给付须以财产或可以评价为财产的利益为主要内容。故从权利的内容来看，债权属于财产权。(2) 债权是请求权。债是特定人之间的法律关系，债权的实现无不需要债务人的协助，故债权是债权人请求债务人为特定行为的权利。因而从权利的作用来说，债权属于请求权。当然，除请求权外，债权于特殊情形时，还有代位权、撤销权、解除权等，但以请求权的作用范围为最大，也最为普遍。(3) 债权是对人权。所谓对人权并不是说债权人对债务人的人身享有支配权，而是指债权人对其债权，原则上只能请求债务人履行，而不能直接请求第三人履行。因此从债权人之相对义务主体的特定性来说，债权属于对人权，这一性质也被称为债权之相对性。

债权的效力是指债权在债的关系中所具有的作用。债权的效力包括债权的请求力、执行力和保持力三个方面。(1) 债权的请求力，是指债权人有依其债权请求债务人履行债务的效力。请求力有广义与狭义之分。广义上的请求力包括诉讼上及诉讼外的请求力；狭义上的请求力仅指诉讼外的请求力。诉讼上的请求谓之诉权，诉讼外的请求谓之请求权。诉讼上的请求须以实体法上的请求权为依据；实体法上的请求权须以诉权之请求公力救济为支撑。所以，债权的请求力既是民法上的效力，也是诉讼法上的效力，属于广义上的请求力。(2) 债权的执行力，是指债务人不履行债务时，债权人有通过执行程序强制实现其给付利益的效力。在债的关系运行时，法律赋予债权人对其债权的请求力，尚不足以确保债务人自动依债的内容履行债务。因此法律在请求力之上，又赋予债权以执行效力，为债权提供硬性的公力救济。债权的执行力，其制度内容也就是执行的方法和程序表现在民事诉讼法上，但其根据则在民法。所以，债权的执行力不仅具有诉讼法上的效力，也具有实体法上的效力。(3) 债权的保持力，又称为债权的受领保持力，是指债权有保持所受给付的效力。与前述请求力、执行力等积极效力不同，债权的保持力是债权的消极效力。因为债权人对所受利益无保持力，该利益就构成不当得利，必须返还。所以，保持力虽消极但不可或缺，保持力的法律依据是根据《民法典》中“不当得利”的规定推导出来的。

一般债权都具有上述三项效力，但对具体的某项债权，如其通过请求力即能实现给付利益的，就无须发生执行力了，也有些债权虽然不具有请求力与执行力，但仍具有保持力。

债权效力还可能被阻却，也就是说，当债权人怠于行使债权时，债权的效力会发生障碍。债权人怠于行使债权，并不表明其放弃债权或免除他方的债务，除不行使债权致使诉讼时效消灭外，债权的请求力和执行力并不消灭，而只是暂时中止。债权人怠于行使债权的情形，民法上称为受领迟延，是指债权人对已提出的给付，未受领或未为给付完成提供必要协助的事实。

第十七章　债的类型

基础知识图解

- 意定之债与法定之债
- 种类之债：给付以其种类中的一定数量指示的债（相对于特定物之债）
- 货币之债：是以给付一定数额的货币为标的的债，也称金钱之债
- 利息之债：
  - 约定利息之债与法定利息之债
  - 基本权利息之债务与支分权利息之债
  - 单利之债与复利之债
- 选择之债与简单之债（不可选择之债）
- 复数主体之债：按份之债、可分之债、不可分之债、连带之债（债的主体一方为多数人，多数人一方的各个当事人之间存在连带关系的债）

配套测试

一、单项选择题

1. 根据债务的标的能够选择为标准，债可分为（　　）。

A. 特定之债和种类之债

B. 简单之债和选择之债

C. 单一之债和多数人之债

D. 财务之债和劳务之债

2. 某演出公司与“黑胡子”四人演唱组合订立演出合同，约定由该组合在某晚会上演唱自创歌曲 2~3 首，每首酬金 2 万元。由此成立的债的关系属何种类型？（　　）

A. 特定之债　　B. 单一之债

C. 选择之债　　D. 法定之债

3. 甲乙双方签订买卖合同由甲方卖给乙方一匹非凡的赛马。乙方为有字号的个人合伙。下述判断错误的是（　　）。

A. 甲乙双方实施的是双方法律行为

B. 甲乙的合同之债是简单之债

C. 甲乙的合同之债是单一之债

D. 甲乙的合同之债是多数人之债

4. 甲对乙说：如果你在三年内考上公务员，我愿将自己的一套住房或者一辆宝马轿车相赠。乙同意。两年后，乙考取某国家机关职位。关于甲与乙的约定，下列哪一说法是正确的？（　　）（2009 年司考．卷三．单 9）

A. 属于种类之债

B. 属于选择之债

C. 属于连带之债

D. 属于劳务之债

二、多项选择题

1. 上海甲厂和上海乙厂都需要汽油，两厂与某石油公司签订了一份合同，约定石油公司在 3 个月内供给汽油 2400 吨，每吨价格为 1900 元。在汽油运到后，甲厂与乙厂再按 4∶6 分配。该合同之债是（　　）。

A. 多数人之债　　B. 按份之债

C. 选择之债　　D. 种类之债

2. 甲、乙与丙签订买卖合同，约定将丙的一幢房屋以 30 万元的价格卖给甲和乙。该合同所产生的债属于（　　）。

A. 单一之债　　B. 简单之债

C. 按份之债　　D. 连带之债

3. 甲、乙与丙签订了一份购销合同，约定丙供给甲、乙原油 3000 吨，每吨价格为 2500

元，原油运到甲、乙所在地车站后，甲和乙按4:6比例分配并按该比例付款。关于该合同之债的种类，下列哪些选项是正确的？（　　）（2008年司考．卷三．多54）

A. 多数人之债

B. 按份之债

C. 简单之债

D. 特定之债

4. 选择之债因下列哪些原因变为简单之债？（　　）

A. 可供选择的标的只余下一种可以履行

B. 当事人一方提出变更

C. 有选择权的一方行使了选择权

D. 没有选择权的当事人一方只同意以数种标的中的一种履行

三、简答题

1. 简述区分按份之债和连带之债的意义。

2. 简述特定物之债和种类物之债的分类及其意义。

四、论述题

试述选择之债的履行。

参考答案

一、单项选择题

1. 答案：B。简单之债是指债的标的是单一的，当事人只能就该种标的履行，没有选择的余地，又称不可选择之债；选择之债是指债的标的是两项以上，当事人可以从中选择其一来履行的债。

2. 答案：B。特定之债指债务人应给付特定的标的物或者给付特定的劳务、权利的债。本题中，"黑胡子"四人演唱组合所负的债务是要演唱自创歌曲，但并没有说明唱哪一首，合同标的并未特定化，所以不是一种特定之债。选项A是错误的。单一之债，是指债权主体一方和债务主体一方都仅为一人的债。本题中，"黑胡子"四人演唱组合作为合同的主体一方表面是四个人，但对外其实是实质上的单一主体，所以是单一之债。所以，选项B正确。选择之债，即按照法律规定或当事人约定，债的履行行为或标的可供一方选择的债。本题中，债的履行行为或标的并不能选择，所以不是选择之债。法定之债是基于法律规定而产生的债。很显然，本题涉及的债是一种合同之债，是基于约定而产生的债。所以，不是法定之债。所以，选项D不正确。由此可知，本题的答案是B。

3. 答案：C。甲乙双方签订买卖合同，属于双方法律行为。A项正确。根据债的标的有无可选择性，债可分为简单之债和选择之债，简单之债是指债的标的只有一种，当事人只能按照该种标的履行的债。选择之债是指债的履行标的有数种，当事人可从中选择其一进行履行的债。该题中合同的标的是交付赛马和支付价金，当事人只能就该标的履行，属于简单之债。B项正确。根据债的主体双方是单一的还是多数的，债可分为单一之债和多数人之债，单一之债是指债权人、债务人均为一人的债，多数人之债是指债权人或债务人有多人的债，本题中乙方为个人合伙，全体合伙人为当事人承受债权债务，因此，属于多数人之债。C项错误，D项正确。因此本题正确选项为C。

4. 答案：B。本题考核债的分类。甲乙约定的时候标的物已经确定，即甲的一套住房或一辆宝马车，不是第三人的也不是销售商的，所以该债属于特定之债，而非种类之债。因此，A项错误。根据债的标的有无选择性，债可分为简单之债和选择之债。简单之债，是指债的履行标的只有一种，债务人只能按照该种标的履行、债权人也只能请求债务人按该种标的履行的债。选择之债，是指债的履行标的有数种，债务人可从中选择其一履行或债权人可选择其一请求债务人履行的债。本题中，存在两个标的物可供选择，即一个是住房，另一个是宝马车，属于选择之债，而非简单之债。因此，B项正确。对于多数人之债，根据多数一方当事人之间权利义务关系的不同状态，可分为按份之债和连带之债。本题中只有一个债务人和一个债权，不存在多数一方当事人之间权利义务关系属于连带还是按份的问题。因此，C项错误。根据债务人所负给付义务的不同内容，债可分为财物之债和劳务之债。凡债的标的为给付财物的，为财物之债；债的标的为提供劳务的，为劳务之债。本题中债的标的物为给付财物，属于财物之债，而非劳务之债。因此，D项错误。

二、多项选择题

1. **答案**：ABD。该题中两厂作为合同的一方共同签订合同，债的双方主体是多数的；且债的一方各自按照一定的份额享有权利承担义务；对于给付的标的物是在3个月内交付石油，是给付某类种类物。
2. **答案**：BD。在多数人之债中，根据多数人一方各自享有的权利或承担的义务以及相互间的关系，可分为按份之债和连带之债。按份之债，是指债的一方主体为多数，各自按照一定的份额享有权利或承担义务的债；连带之债，是指债的主体一方为多数人，多数人一方当事人之间有连带关系的债；简单之债是指债的标的是确定的，当事人只能就该种标的履行并没有选择余地的债，又称不可选择之债。
3. **答案**：ABC。根据债的主体双方是单一的还是多数的，债可分为单一之债和多数人之债。单一之债是指债的主体双方即债权人和债务人均为一人的债；多数人之债是指债权人和债务人至少有一方是2人或者2人以上的债。本题中合同当事人的一方是甲、乙2人，所以属于多数人之债，A项说法正确。对于多数人之债，根据多数一方当事人直接权利义务关系的不同状态，可分为按份之债和连带之债。按份之债是指债的多数一方当事人各自按照确定的份额享有权利或者承担义务的债。连带之债是指债的多数一方当事人之间有连带关系的债。本题中，合同约定“甲和乙按4∶6比例分配并按该比例付款”，因此属于按份之债，B项说法正确。根据债的标的有无选择性，债可分为简单之债和选择之债。简单之债是指债的履行标的只有一种，债务人只能按照该种标的履行，债权人也只能请求债务人按该种标的履行的债。选择之债是指债的履行标的有数种，债务人可从中选择其一履行或者债权人可选择其一请求债务人履行的债。本题中的合同履行没有可选择性，因此属于简单之债，C项说法正确。根据债的标的物的不同属性，债可以分为特定之债和种类之债。以特定物为标的的债为特定之债，以种类物为标的的债为种类之债。本题合同中的标的物“3000吨原油”不是特定物，而是种类物，因此属于种类之债，D项说法错误。
4. **答案**：AC。选择之债的特定方法主要有两种：一是选择给付，二是履行不能。

三、简答题

1. **答案**：（1）按份之债的各债权人的权利或各债务人的义务都是各自独立的，相互没有连带关系；任何一债权人接受与其应享有的份额的履行人的义务都是各自独立的，相互没有连带义务。（2）连带之债的债权人的权利或者债务人的义务是连带的，任何一连带债权人接受了全部义务的履行或者任何一连带债务人清偿了全部债务，原债即归于消灭；并同时又在连带债权人或连带债务人内部之间产生按份之债。
2. **答案**：特定物之债和种类物之债，是根据债的标的物属性的不同而划分的。以特定物为标的物的债称为特定物之债；以种类物为标的物的债称为种类物之债。前者在债发生时，其标的物即已存在并已特定化；后者在债发生时，其标的物尚未特定化，甚至尚不存在，但当事人双方必须就债的标的物的种类、数量、质量、规格或型号等达成协议。

   债的这种分类的法律意义在于：（1）特定物之债的履行，除非债务履行前标的物已灭失，债务人不得以其他标的代为履行，种类物之债不存在这个问题；（2）在法律规定或当事人约定的情况下，特定物之债的标的物所有权可自债成立之时发生转移，标的物意外灭失的风险亦随之转移；种类物之债的标的物所有权只能自交付之时起转移，其意外灭失的风险也将自交付之日起转移。

四、论述题

答案：选择之债只有将其特定为简单之债，才能履行。选择之债特定的方法，有当事人之间订立合同、选择权的行使和不能履行等。

(1) 选择之债通过合同而特定。选择之债是由当事人双方订立合同而形成，当然可由当事人双方另订合同将它转变为简单之债。这种使选择之债特定的合同，其主体局限于选择之债的双方当事人。

(2) 选择之债通过选择而特定。选择之债通过当事人行使选择权而特定，选择权为形成权。选择权的归属，当事人有约定的，依其约定；法律有规定的，依照法律规定。在既无约定又无规定的情况下，选择权亦归债务人享有。因为在给付内容不确定时，其利益应归债务人，并且履行债务必须先确定给付物。

选择权的行使，使选择之债特定，应确定地变更债的关系，除非对方当事人同意，选择权不允许附条件或附期限。

选择权的行使，应在当事人双方约定的期限内行使，无约定的，选择权人可以随时行使。

(3) 选择之债因不能履行而特定。不能履行有自始不能与嗣后不能之分，选择之债数种给付全部自始不能的，选择之债无效，谈不上选择之债的履行问题；其中一种给付自始不能的，选择之债存在于其余的给付上，若仅剩一种给付，该债为简单之债。

选择之债的数种给付中的一种嗣后不能，且不可归责于双方当事人时，选择之债存在于其余的给付之上。债务人有选择权的，有权就剩余的给付加以选择，无权选择嗣后不能的给付，因为这样会损害债权人的合法权益。债权人有选择权的，有权就剩余的给付加以选择，也有权选择嗣后不能的给付。若因可归于债权人的原因致嗣后不能(此时发生债的不能履行)，发生损害赔偿之债，债权人依法负侵权责任。若该不能履行系可归责于债务人的原因产生时，债权人有权选择该不能履行的给付，从而追究债务人的债务不履行责任。

债权人有选择权，且因可归责于他的原因致选择之债的一种给付嗣后不能的，选择之债存在于其余给付之上，债权人只能就此选择。

债务人有选择权，且因可归责于他的原因致选择之债的一种给付嗣后不能的，选择之债存在于其余的给付之上。若数种给付全部不能时，债务人应负损害赔偿责任。

第十八章 合同概述

基础知识图解

- 合同的概念和特征
  - 合同是一种民事行为
  - 合同是两方以上当事人的意思表示一致的民事行为
  - 合同是以设立、变更、终止民事权利义务关系为目的的民事行为
  - 合同是当事人各方在平等、自愿的基础上实施的民事行为
- 合同关系
  - 相对性：主体相对性，内容相对性，责任相对性
  - 合同的分类
    - 双务合同和单务合同
    - 有偿合同和无偿合同
    - 有名合同和无名合同
    - 诺成性合同与实践性合同
    - 要式合同与不要式合同
    - 为订约人自己利益订立的合同与为第三人利益订立的合同
    - 实定合同与射幸合同
    - 本约与预约
    - 格式合同与非格式合同

配套测试

一、单项选择题

1. 在甲、乙签订了一份分期交货的设备买卖合同后，由于制作设备的主要原材料市场价格暴涨，超过签约时价格近 4 倍，如果仍按原合同履行，则卖方甲方将承受近 90 万元的损失。故甲提出修改合同，提高供货价格，乙不允，甲遂中止供货。后乙诉至法院。根据上述情况，承办法官认为，本案应将设备价格适当提高，或者解除合同。这一分析所依据的合同法原理是下列中哪一原则？（　　）

A. 情势变更原则　　B. 诚信原则

C. 公平互利原则　　D. 等价有偿原则

2. 某市汽贸公司因业务需要急需一笔资金，向银行贷款，银行要求其提供担保，但该公司无可供抵押的财产，亦无人愿做保证人，后市政府决定：鉴于该公司在我市经济中的重要作用，以及该项业务对于繁荣我市经济有良好的促进作用，特要求市电力公司为其保证人。随即，市电力公司与银行间签订了连带保证合同。此合同违背了（　　）原则。

A. 平等　B. 诚信　C. 自愿　D. 公平

3. 某县政府与某建筑公司就县政府家属楼建设签订了一份建设工程合同，合同标的额为 300 万元，工程进行到一半时，县政府告知建筑公司：工程总量不变，但价款减少 50 万元，并且不容建筑公司提出异议。这一做法违背了（　　）原则。

A. 平等　　B. 诚信

C. 自愿　　D. 公平

4. 某宾馆筹备处以宾馆名义与某公司签订客户租赁合同，规定自开业时起出租 15 套客房给该公司。此合同（　　）。

A. 内容违法

B. 行为人主体不合格

C. 意思表示不真实
D. 超出经营范围

5. 飞跃公司开发某杀毒软件，在安装程序中作了“本软件可能存在风险，继续安装视为同意自己承担一切风险”的声明。黄某购买正版软件，安装时同意了该声明。该软件误将操作系统视为病毒而删除，导致黄某电脑瘫痪并丢失其所有的文件。下列哪一选项是正确的？（　　）

A. 因黄某同意飞跃公司的免责声明，可免除飞跃公司的赔偿责任
B. 黄某有权要求飞跃公司承担赔偿责任
C. 黄某有权依据《消费者权益保护法》获得双倍赔偿
D. 黄某可同时提起侵权之诉和违约之诉

6. 甲因购车向乙借款 12 万元，但双方没有约定利息，那么该合同的性质是（　　）。

A. 有偿合同　　B. 实践合同
C. 无名合同　　D. 双务合同

7. 下列各项中属于无名合同的是（　　）。

A. 借款合同　　B. 借用合同
C. 中介合同　　D. 建设工程合同

8. 根据我国《民法典》，当事人约定由债务人向第三人履行债务的，债务人未向第三人履行债务或者履行债务不符合约定的，谁有权主张违约责任？（　　）

A. 该第三人
B. 债权人
C. 该第三人或债务人
D. 该第三人和债权人

9. 甲欲购买乙所有的机器设备一台，双方就价款已达成一致。因乙已将该设备出租于丙，故双方约定待租期届满由丙负责交付。租期届满后，丙未交付，则甲应向谁请求给付？（　　）

A. 乙
B. 丙
C. 乙或丙，二者承担连带责任
D. 甲不得向任何人请求，因为该种合同无效

10. 1988 年春天，甲收购站与乙苹果园签订订购苹果 5 万公斤的合同。签约时，乙方考虑到苹果生长受天气影响很大，于是主张在合同中附“苹果收成达到 7 成以上，才能如数供应苹果”的条款，对此甲方亦表示同意。这种附条款属于（　　）。

A. 附否定延缓条件
B. 附肯定延缓条件
C. 附否定解除条件
D. 附肯定解除条件

11. 下列哪项协议为民法上的合同？（　　）

A. 甲厂与所在街道居委会签订的卫生三包协议
B. 甲厂与职工签订的关于计划生育协议
C. 甲厂与乙厂的联营协议
D. 甲厂与丙公司签订的投资意向协议

12. 甲、乙同为儿童玩具生产商。六一儿童节前夕，丙与甲商谈进货事宜。乙知道后向丙提出更优惠条件，并指使丁假借订货与甲接洽，报价高于丙以阻止甲与丙签约。丙经比较与乙签约，丁随即终止与甲的谈判，甲因此遭受损失。对此，下列哪一说法是正确的？（　　）（2010 年司考．卷三．单 12）

A. 乙应对甲承担缔约过失责任
B. 丙应对甲承担缔约过失责任
C. 丁应对甲承担缔约过失责任
D. 乙、丙、丁无须对甲承担缔约过失责任

13. 甲将 300 册藏书送给乙，并约定乙不得转让给第三人，否则甲有权收回藏书。其后甲向乙交付了 300 册藏书。下列哪一说法是正确的？（　　）（2009 年司考．卷三．单 6）

A. 甲与乙的赠与合同无效，乙不能取得藏书的所有权
B. 甲与乙的赠与合同无效，乙取得了藏书的所有权
C. 甲与乙的赠与合同为附条件的合同，乙不能取得藏书的所有权
D. 甲与乙的赠与合同有效，乙取得了藏书的所有权

14. 甲打算卖房，问乙是否愿买，乙一向迷信，就跟甲说：“如果明天早上 7 点你家

屋顶上来了喜鹊，我就出10万块钱买你的房子。”甲同意。乙回家后非常后悔。第二天早上7点差几分时，恰有一群喜鹊停在甲家的屋顶上，乙正要将喜鹊赶走，甲不知情的儿子拿起弹弓把喜鹊打跑了，至7点再无喜鹊飞来。关于甲、乙之间的房屋买卖合同，下列哪一选项是正确的？（　　）（2008年司考．卷三．单6）

A. 合同尚未成立

B. 合同无效

C. 乙有权拒绝履行该合同

D. 乙应当履行该合同

15. 甲手机专卖店门口立有一块木板，上书“假一罚十”四个醒目大字。乙从该店购买了一部手机，后经有关部门鉴定，该手机属于假冒产品，乙遂要求甲履行其“假一罚十”的承诺。关于本案，下列哪一选项是正确的？（　　）（2008年司考．卷三．单7）

A. “假一罚十”过分加重了甲的负担，属于无效的格式条款

B. “假一罚十”没有被订入合同之中，故对甲没有约束力

C. “假一罚十”显失公平，甲有权请求法院予以变更或者撤销

D. “假一罚十”是甲自愿作出的真实意思表示，应当认定为有效

16. 甲公司在2005年至2007年连续与乙公司签订了三份煤炭买卖合同，并按照合同的约定分别向乙公司的六个子公司发运了货物，但乙公司及其六个子公司至今未支付货款。关于本案，下列哪一选项是正确的？（　　）（2008年司考．卷三．单4）

A. 甲公司只能要求乙公司付款，无权要求乙公司的六个子公司付款

B. 甲公司只能要求乙公司的六个子公司付款，无权要求乙公司付款

C. 甲公司有权要求乙公司及其六个子公司对所欠货款承担连带责任

D. 甲公司只能选择乙公司付款，但可要求其六个子公司承担补充付款责任

17. 甲公司于6月10日向乙公司发出要约订购一批红木，要求乙公司于6月15日前答复。6月12日，甲公司欲改向丙公司订购红木，遂向乙公司发出撤销要约的信件，于6月14日到达乙公司。而6月13日，甲公司收到乙公司的回复，乙公司表示红木缺货，问甲公司能否用杉木代替。甲公司的要约于何时失效？（　　）（2008年司考．卷三．单6）

A. 6月12日　　B. 6月13日

C. 6月14日　　D. 6月15日

18. 刘某提前两周以600元订购了海鸥航空公司全价1000元的六折机票，后因临时改变行程，刘某于航班起飞前一小时前往售票处办理退票手续，海鸥航空公司规定起飞前两小时内退票按机票价格收取30%的手续费。下列哪一选项是正确的？（　　）（2008年司考．卷三．单7）

A. 退票手续费的规定是无效格式条款

B. 刘某应当支付300元的退票手续费

C. 刘某应当支付180元的退票手续费

D. 海鸥航空公司只能收取退票的成本费而不能收取手续费

二、多项选择题

1. 合同可以采取口头形式，也可以采取书面形式，下面所列哪些属于合同的书面形式？（　　）

A. 合同书

B. 电报、电传、传真

C. 电话

D. 电子数据交换和电子邮件

2. 2003年甲向乙借款3000元，借据中有“借期一年，明年十月十五前还款”字样，落款时间为“癸未年九月二十日”。后来二人就还款期限问题发生争执，法院查明“癸未年九月二十日”即公元二〇〇三年十月十五日，故认定还款期限为二〇〇四年十月十五日。法院运用了哪几种合同解释规则？（　　）（2005年司考．卷三．多54）

A. 文义解释　　B. 整体解释

C. 目的解释　　　　　　D. 习惯解释

3. 区分无偿合同与有偿合同的价值在于（　　）。

A. 在撤销权中，若被撤销的是有偿合同，须受让人知道对债权人造成损害为要件；无偿合同则否

B. 对于纯获利益的无偿合同，无行为能力人和限制行为能力人得独立为之；有偿合同则须法定代理人同意或追认

C. 有偿合同一般有同时履行抗辩权问题，无偿合同一般则否

D. 两者注意义务的程度不同，有偿合同注意义务较重

4. 死亡保险合同属于（　　）。

A. 要式合同

B. 为第三人利益合同

C. 射幸合同

D. 格式合同

5. 下列射幸合同中有效的有（　　）。

A. 参加足球彩票抽奖，获奖500万元

B. 参加抽奖式的有奖销售，获特等奖2万元

C. 与保险公司签订人寿保险合同

D. 与赌友赌博，赢3万元

6. 下列合同中，属于要物合同的是（　　）。

A. 租赁合同

B. 自然人之间的借款合同

C. 互易合同

D. 保管合同

7. 下列命题中，正确的有（　　）。

A. 要物合同即实践合同

B. 要式合同是指须完成一定方式始可成立的合同

C. 要物合同指须交付标的物始可成立的合同

D. 要式合同包含要物合同，因为标的物的交付也是一种“方式”

8. 下列合同中，既可以是有偿合同也可以是无偿合同的有哪些？（　　）

A. 保管合同　　　　B. 委托合同

C. 借款合同　　　　D. 互易合同

9. 孙女士于2004年5月1日从某商场购买一套化妆品，使用后皮肤红肿出疹，就医不愈花费巨大。2005年4月，孙女士多次交涉无果将商场诉至法院。下列哪些说法是正确的？（　　）（2009年司考．卷三．多57）

A. 孙女士可以要求商场承担违约责任

B. 孙女士可以要求商场承担侵权责任

C. 孙女士可以要求商场承担缔约过失责任

D. 孙女士可以要求撤销合同

10. 甲在某大学摆设饮料自动贩卖机，乙投入两枚硬币购买了一罐咖啡，咖啡出来后，两枚硬币因机器故障跳出。乙见四下无人，便取走了两枚硬币。这一场景恰好被甲发现，遂产生纠纷。关于本案，下列哪些说法是正确的？（　　）

A. 甲摆设自动贩卖机的行为属于要约

B. 乙投币购买咖啡的行为属于承诺

C. 乙将两枚硬币放入口袋的行为构成不当得利

D. 甲有权请求乙返还该两枚硬币

三、名词解释

1. 合同

2. 实践性合同（武汉大学2012年研究生入学试题）

四、简答题

1. 区分有偿合同与无偿合同的法律意义在哪里？

2. 区分诺成性合同与实践性合同的法律意义在哪里？

参考答案

一、单项选择题

1. 答案：A。合同生效之后、履行终止之前发生情势变更情形使合同的履行会因情势变更而显失公平，合同不利方当事人可以变更合同或解除合同。

2. 答案：C。《民法典》第5条规定，民事主

体从事民事活动，应当遵循自愿原则，按照自己的意思设立、变更、终止民事法律关系。市政府的行为违背了自愿的原则。

3. **答案**：A。《民法典》第4条规定，民事主体在民事活动中的法律地位一律平等。县政府的做法违背了平等原则。

4. **答案**：D。

5. **答案**：B。根据《民法典》第186条、第496条第2款、第497条的规定。

6. **答案**：B。参见《民法典》第712条、第713条。

7. **答案**：B。有名合同，是指凡是法律上已经确定了一定的名称及规则的合同。《民法典》所规定的19类合同，都属于有名合同。无名合同，是指法律尚未确定一定名称与规则，由当事人自由创设的合同。

8. **答案**：B。根据我国《民法典》第522条第1款的规定："当事人约定由债务人向第三人履行债务，债务人未向第三人履行债务或者履行债务不符合约定的，应当向债权人承担违约责任。"所以正确答案为B。

9. **答案**：A。根据我国《民法典》第523条规定："当事人约定由第三人向债权人履行债务，第三人不履行债务或者履行债务不符合约定的，债务人应当向债权人承担违约责任。"据此，本题中甲应向乙请求给付。

10. **答案**：B。合同所附的条款"苹果收成达到7成以上，才能如数供应苹果"属于肯定延缓条件。

11. **答案**：C。合同是当事人之间设立、变更、终止民事关系的协议。合同不同于协议书，因为后者可能只是一种意向书，并不涉及双方的具体权利义务。

12. **答案**：C。《民法典》第500条关于缔约过失责任。

13. **答案**：D。本题考核的是附义务的赠与合同。甲、乙之间的赠与合同属于附义务的赠与合同，而非附条件的赠与合同。该赠与合同自签订之日起生效，标的物自交付时起转移。因此，甲、乙之间的赠与合同有效，乙取得了标的物藏书的所有权。因此，A、B、C项错误，D项说法正确。

14. **答案**：C。《民法典》第469条关于合同形式的规定。

15. **答案**：D。"假一罚十"是甲自愿作出的真实意思表示，没有对方的欺诈、胁迫、乘人之危，也没有重大误解、显失公平等，且没有违反法律、行政法规的强制性规定，应当认定为有效。D答案是正确的，当选。

16. **答案**：A。合同具有相对性。

17. **答案**：B。参见《民法典》第476条。

18. **答案**：C。《民法典》第496条第1款，第497条、第498条。

二、多项选择题

1. **答案**：ABD。参见《民法典》第469条。

2. **答案**：AB。本题考查合同的文义解释、整体解释。

3. **答案**：ABCD。区分无偿合同与有偿合同。

4. **答案**：ABCD。A对，要式合同，是指根据法律规定应当采取特定方式订立的合同。B、C、D根据《保险法》可知。

5. **答案**：AC。射幸合同，是指当事人一方或者双方的给付，是由将来不确定事件的发生予以决定的合同。B错，根据《反不正当竞争法》第13条之规定，B项表述中获奖2万元超过了法律规定的限额，超过部分无效。D错，因赌博是违法行为，不受法律保护，因此D项表述的行为是无效行为。

6. **答案**：BD。本题中的自然人之间的借款合同和保管合同均属于实践合同即要物合同。

7. **答案**：ABCD。

8. **答案**：ABC。依据《民法典》第889条、第929条和第980条的规定，保管合同、委托合同和借款合同既可以是有偿合同，也可以是无偿合同。互易的本质，是两个买卖的结合，因此，它必然是有偿合同。有偿、无偿依照当事人的约定，这是合同自由的反映，但互易由于它的本质，无法约定为无偿的合同。

9. **答案**：AB。本题考核违约责任与侵权责任的竞合。

10. **答案**：ABCD。A项考查要约。根据《民法典》第472条规定，要约是希望和他人订立合同的意思表示，该意思表示应当符合下列规定：(1) 内容具体确定；(2) 表明经受要约人承诺，要约人即受该意思表示约束。本题中，甲摆设自动贩卖机的行为属于现货要约。故A项正确。B项考查承诺。根据《民法典》第479条规定，承诺是受要约人同意要约的意思表示。本题中，乙向自动贩卖机投币购买咖啡的行为属于承诺。故B项正确。C、D项考查不当得利。根据《民法典》第122条规定，因他人没有法律根据，取得不当利益，受损失的人有权请求其返还不当利益。据此可知，不当得利包括4个构成要件：(1) 没有法定或约定的原因；(2) 一方获益；(3) 一方受损；(4) 获益与受损之间存在因果关系。同时，根据《民法典》第987条规定，得利人知道或者应当知道获得的利益没有法律根据的，受损失的人可以请求得利人返还其获得的利益并依法赔偿损失。本题中，乙购买咖啡的两枚硬币因机器故障跳出，且乙将其取走的行为构成不当得利，甲有权请求乙返还不当得利，即两枚硬币。故C、D项正确。

三、名词解释

1. **答案**：《民法典》规定的合同，即我国民法学说通常所说的合同，是平等主体之间设立、变更、终止民事权利义务关系的协议。合同具有如下法律特征：其一，合同是一种民事法律行为。其二，合同是两方以上当事人的意思表示一致的民事法律行为。其三，合同是以设立、变更、终止民事权利义务关系为目的的民事法律行为。其四，合同是当事人各方在平等、自愿的基础上实施的民事法律行为。
2. **答案**：实践性合同是指除当事人双方意思表示一致外尚需交付标的物才能成立的合同。在这种合同中，仅凭双方当事人的意思表示一致，还不能产生一定的权利义务关系，必须有一方实际交付标的物的行为，才能产生法律效果。

四、简答题

1. **答案**：(1) 责任的轻重不同。在无偿合同中，债务人所负的注意义务程度较低；在有偿合同中，则较高。(2) 主体要求不同。订立有偿合同的当事人原则上应为完全民事行为能力人，限制民事行为能力人非经其法定代理人同意不得订立重大的有偿合同。对纯获利益的无偿合同，如接受赠与等，限制民事行为能力人和无民事行为能力人即使未取得法定代理人的同意，也可以订立，但在负返还原物的无偿合同中，仍然须取得法定代理人的同意。(3) 可否行使撤销权不同。如果债务人将其财产无偿转让给第三人，严重减少债务人的责任财产，害及债权人的债权，则债权人可以直接请求撤销该无偿行为。但对于有偿的并且非明显低价的处分行为，只有在债务人及其第三人在实施交易行为时有害于债权人的恶意时，债权人方可行使撤销权。(4) 有无返还义务不同。如果无权处分人通过有偿合同将财物转让给第三人，第三人若为善意时，一般不负返还原物的义务；若通过无偿合同将财物转让给第三人，在原物存在时，第三人负返还原物的义务。
2. **答案**：区分诺成性合同与实践性合同的法律意义在于，二者成立的要件与当事人义务的确定不同。所谓合同成立的要件不同，是指诺成性合同仅以合意为成立要件，而实践性合同以合意和交付标的物或完成其他给付为成立要件。所谓当事人义务的确定不同，是指在诺成性合同中交付标的物或完成其他给付系当事人的给付义务，违反该义务便产生违约责任；而在实践性合同中交付标的物或完成其他给付，不是当事人的给付义务，只是先合同义务，违反该义务不产生违约责任，可构成缔约过失责任。

第十九章　合同的成立

基础知识图解

- 合同的成立
  - 合同成立的概念与要件
    - 存在双方当事人
    - 对主要条款达成合意
    - 具备要约和承诺两个阶段
  - 要约
    - 要件
      - 由特定人作出意思表示
      - 具有订立合同的意图
      - 向受要约人发出
      - 要约的内容必须具体明确
    - 要约邀请
      - 概念与要约的区别
      - 典型要约邀请：价目表、拍卖公告、招标公告、招股说明书、商业广告
    - 特殊形式的要约
    - 要约的法律效力
      - 要约生效的时间
      - 要约存续期间
      - 要约对受约人和要约人的拘束力
    - 要约的撤回和撤销
    - 要约失效
  - 承诺
    - 要件
      - 由受要约人作出
      - 向要约人作出
      - 必须在要约的存续期间内作出
      - 内容与要约的内容一致
    - 承诺生效的标准
    - 承诺迟延和承诺撤回
  - 合同的内容与解释
    - 合同的内容
      - 主要条款
      - 普通条款
    - 合同的解释
      - 定义
      - 原则
      - 规则
  - 合同效力
    - 有效的合同
    - 无效的合同
    - 效力待定的合同
    - 可撤销、可变更合同

配套测试

一、单项选择题

1. 承诺应当在要约确定的期限内到达要约人。要约是以电报或者信件作出的，承诺期限自（　　）开始计算。
   A. 电报或信件为受要约人接收的日期
   B. 电报交发之日或者信件载明的日期
   C. 电报发出之日或者信件的邮戳日期
   D. 电报到达受要约人的日期或者信件的邮戳日期
2. 承诺对要约的内容作出非实质性变更的，除要约人及时表示反对或者要约表明承诺不得对要约的内容作出任何变更的外，该承诺有效，合同的内容以（　　）为准。
   A. 要约的内容
   B. 承诺的内容
   C. 双方当事人对非实质性条款协商的内容
   D. 口头协商的内容
3. 教授甲举办学术讲座时，在礼堂外的张贴栏中公告其一部新著的书名及价格，告知有意购买者在门口的签字簿上签名。学生乙未留意该公告，以为签字簿是为签到而设，遂在上面签名。对乙的行为应如何认定？（　　）（2005 年司考．卷三．单 1）
   A. 乙的行为可推定为购买甲新著的意思表示
   B. 乙的行为构成重大误解，在此基础上成立的买卖合同可撤销
   C. 甲的行为属于要约，乙的行为属于附条件承诺，二者之间成立买卖合同，但需乙最后确认
   D. 乙的行为并非意思表示，在甲、乙之间并未成立买卖合同
4. 下列要约中可以撤销的有（　　）。
   A. “××规格水泥 10 吨，单价 100 元，请于 15 日内与我厂联系，过时不候”
   B. “……本要约为不可撤销之要约”
   C. “现有高档衬衫一批，单价 150 元，交款即购，数量不多，欲购从速”
   D. 某公司给某运输公司发来传真，称：“有小麦 100 吨需运往南京，请贵公司必为我公司安排 5 吨卡车 20 辆，切记！”运输公司遂立即取消了部分零担货运，腾出车辆供该公司使用
5. 要约须撤回时，应使撤回要约的通知（　　）。
   A. 在受要约人发出承诺通知之前到达受要约人
   B. 在受要约人充分了解该要约之意义之前到达
   C. 在受要约人看到要约之前或同时到达负责的人
   D. 在要约到达受要约的人之前或与要约同时到达受要约人
6. 下列关于合同成立时间的说法，正确的是（　　）。
   A. 只要承诺生效，合同也即成立，所以各类合同其成立时间也就是承诺生效时间
   B. 当事人采用合同书形式订立合同的，自双方就合同主要条款达成一致时合同即告成立
   C. 当事人采用信件、数据电文等形式订立合同的，可在合同成立之前要求签订确认书，合同以签订确认书的时间为成立时间
   D. 采用合同书形式订立合同，在签字或盖章之前，当事人一方已经履行主要义务，对方接受的，也须待双方签字盖章后，合同方成立
7. 甲厂向乙大学发函表示：“我厂生产的 X 形电教室耳机，每副 30 元。如果贵校需要，请与我厂联系。”乙大学回函：“我校愿向贵厂订购 X 形耳机 1000 副，每副单价 30 元，但需在耳机上附加一个音量调节器。”两个月后，乙大学收到甲厂发来的 1000 副耳机，但这批耳机上没有音量调节器，于是拒收。在这一过程中，（　　）。
   A. 乙大学违约，因其表示同意购买，合同即已成立

B. 甲厂违约，因为乙大学同意购买的是附有音量调节器的耳机
C. 双方当事人均违约，因为双方均未履行一生效的合同
D. 双方当事人均未违约，因为合同还未成立。乙大学附条件地接受甲厂的要约，是一种新要约而非承诺

8. 甲公司为建职工宿舍楼以公告方式进行招标。乙建筑公司根据招标公告制定了一份完整的投标书投标。甲公司拒绝了这份投标书。对这一招标下列说法哪项正确？（　　）
A. 乙建筑公司投标甲公司时合同成立
B. 乙建筑公司制定投标书后合同成立
C. 在甲公司同意该投标书前，有一效力待定合同
D. 合同没有成立

9. 甲、乙间相互作出以下行为：（1）甲给乙去函，指出本厂生产的电视为国家名牌，现在有存货，可以出售；（2）乙回函询问价格，并表示愿意买1000台；（3）甲回复：价格为1500元，仅有500台。上列行为中（　　）。
A. （1）为要约
B. （2）为要约
C. （3）为要约
D. （3）为要约邀请

10. 受要约人拒绝要约后在承诺期限内又表示同意的，应视为（　　）。
A. 要约引诱
B. 变更承诺
C. 承诺有效
D. 发出新的要约

11. 下列承诺有效的是（　　）。
A. 对要约的内容作了实质性变更
B. 撤回承诺的通知与承诺同时到达要约人
C. 撤回承诺的通知先于承诺到达要约人
D. 承诺通知因为意外事件而迟到，但要约人怠于及时通知承诺人

12. 我国甲公司与国外乙公司互相通过电传达成一份大豆买卖协议，双方约定应签订合同确认书。甲公司在未签订确认书时，即向乙公司发货，乙公司拒收。根据有关法律规定下列哪项正确？（　　）
A. 双方的合同无效
B. 双方的合同未成立
C. 双方的合同效力待定
D. 以上都不对

13. 依照《民法典》规定，采用格式条款订立合同时，当事人对格式条款的理解发生争议时，应当如何处理？（　　）
A. 作出不利于提供格式条款的一方的解释
B. 作出不利于提供格式条款的一方的对方当事人的解释
C. 按照公平合理的原则作出解释
D. 按照诚信原则作出解释

14. 甲向乙于8月1日发出一要约，后又反悔欲撤回，于8月3日发出撤回通知。要约于8月5日至乙处，因乙外出，未能拆阅。撤回通知则于8月6日到达乙处，乙于8月7日返回家中，则此要约（　　）。
A. 有效，因为要约已先于撤回通知到达乙
B. 有效，因为要约发出后不得任意撤回
C. 无效，因为撤回通知和要约同时到达乙
D. 无效，因为要约可任意撤回

15. 甲公司于6月5日以传真方式向乙公司求购一台机床，要求“立即回复”。乙公司当日回复“收到传真”。6月10日，甲公司电话催问，乙公司表示同意按甲公司报价出售，要其于6月15日来人签订合同书。6月15日，甲公司前往签约，乙公司要求加价，未获同意，乙公司遂拒绝签约。对此，下列哪一种说法是正确的？（　　）
A. 买卖合同于6月5日成立
B. 买卖合同于6月10日成立
C. 买卖合同于6月15日成立
D. 甲公司有权要求乙公司承担缔约过失责任

16. 北京甲公司与上海乙公司订阅了一份书

面合同，甲公司签字、盖章后邮寄给乙公司签字、盖章；该合同成立的时间是（　）。

A. 甲公司与乙公司口头协商一致时

B. 乙公司签字、盖章时

C. 甲公司将签字、盖章的合同交付邮寄时

D. 乙公司签字、盖章并送达甲公司时

17. 某酒店客房内备有零食、酒水供房客选用，价格明显高于市场同类商品。房客关某缺乏住店经验，又未留意标价单，误认为系酒店免费提供而饮用了一瓶洋酒。结账时酒店欲按标价收费，关某拒付。下列哪一选项是正确的？（　）（2007 年司考．卷三．单 1）

A. 关某应按标价付款

B. 关某应按市价付款

C. 关某不应付款

D. 关某应按标价的一半付款

18. 法人或者非法人组织的法定代表人、负责人超越权限订立合同的行为，一般情况下，该代表行为（　）。

A. 有效　　B. 视为有效

C. 无效　　D. 经追认有效

19. 甲公司业务经理乙长期在丙餐厅签单招待客户，餐费由公司按月结清。后乙因故辞职，月底餐厅前去结账时，甲公司认为，乙当月的几次用餐都是招待私人朋友，因而拒付乙所签单的餐费。下列哪一选项是正确的？（　）（2007 年司考．卷三．单 3）

A. 甲公司应当付款

B. 甲公司应当付款，乙承担连带责任

C. 甲公司有权拒绝付款

D. 甲公司应当承担补充责任

20. 甲欠乙 1 万元到期未还。2021 年 4 月，甲得知乙准备起诉索款，便将自己价值 3 万元的全部财物以 1 万元卖给了知悉其欠乙款未还的丙，约定付款期限为 2022 年年底。乙于 2021 年 5 月得知这一情况，于 2022 年 7 月决定向法院提起诉讼。乙提出的下列哪一项诉讼请求能够得到法院支持？（　）

A. 请求宣告甲与丙的行为无效

B. 请求法院撤销甲与丙的行为

C. 请求以自己的名义行使甲对丙的 1 万元债权

D. 请求丙承担侵权责任

21. 小刚现年 10 岁，某日逛商场时看到某牌号纯平 25 寸彩电正举行优惠展销，想起父母曾提起过要买彩电的事。就赶回家告诉父母，但家中没人，父母都没联系上。但优惠的彩电数量有限，他便拿出自己的积蓄，以 3900 元的价格买了一台，因购彩电还附赠奖券，小刚随便就抽了一张，其父母得知此事后夸奖了他。三天后，奖券中奖结果揭晓，小刚的奖券获一等奖——富康轿车一辆。商场遂主张小刚中奖无效，则（　）。

A. 小刚中奖合法有效

B. 小刚中奖无效

C. 商场有权撤销小刚购买彩电的行为，从而收回奖券

D. 商场有权催告小刚的父母予以追认，若小刚的父母未作表示的，则小刚购买彩电的行为无效，商场有权收回奖券

22. 合同中的下列免责条款，有效的是（　）。

A. 在本合同履行过程中所致人身伤害，本公司概不负责

B. 因意外事故致乙方不能履行或不能完全履行合同的，对因此所造成的财产损害，乙方不负赔偿责任

C. 依本合同所进行的手术，全部风险，由患者承担

D. 因产品质量问题所致一切损害，仅由本公司承担该产品价格的价值损失

23. 甲、乙两公司签订一项以国有土地使用权为担保物的抵押合同，该合同于 6 月 17 日签订，6 月 19 日进行合同登记，担保主债权发生时间为 8 月 5 日，约定付款时间为 10 月 15 日，则该抵押合同生效日为（　）。

A. 6月19日　　B. 6月17日
C. 8月5日　　D. 10月15日

24. 甲公司主张乙公司违约，乙公司则主张合同未成立，其理由是自己向甲公司发出的要约已经撤销。在甲公司可能提出的以下理由中，哪种情形下法院可以认定乙公司撤销要约成立？（　　）
A. 乙公司在要约中确定了承诺期限
B. 尽管乙公司在要约中未定承诺期限，但甲公司接到要约后已在考虑是否要给对方承诺
C. 乙公司在要约中明确表示等待甲公司的答复
D. 甲公司发出承诺以后才收到乙公司撤销要约的通知

25. 下列合同中，须经主管机关批准才能生效的合同为（　　）。
A. 技术开发合同
B. 中外合作经营企业合同
C. 商标使用许可合同
D. 房屋买卖合同

26. 下列哪种情形视为承诺？（　　）
A. 甲向乙发出要约，要求1个月内给予答复，过期不回复视为承诺，乙未能如期作出答复
B. 甲向乙发出要约，丙得知后表示接受甲的条件
C. 甲向乙发出要约，乙经过考虑后向丁作出同意甲的要约的表示
D. 刘某依广告上刊登的价格，给某厂汇款购买其产品，该厂向刘某汇出指定的产品

27. 有关为第三人利益订立合同的下列说法，错误的是（　　）。
A. 为第三人利益订立合同不需要事先通知第三人或征得他的同意
B. 第三人在合同债务人不履行合同时，可以直接向债务人行使权利
C. 第三人可以接受合同为其设定的权利，也可以拒绝接受该权利
D. 当第三人表示不接受合同权利时，该合同无效

28. 甲企业因基建需要竹签，与乙厂签订了一供货合同，合同约定，乙供应甲竹签100捆，每根竹签单价1元，未约定总价。乙如约按惯例供应竹签100捆，每捆100根，甲企业以自己认为每捆竹签为10根，现每捆竹签为100根为由，主张变更合同，遭乙企业反对，双方发生纠纷。对此纠纷应如何处理？（　　）
A. 按重大误解处理
B. 按合同解释处理
C. 或按无效合同处理，或按合同解释处理
D. 按无效合同处理

29. 甲将300册藏书送给乙，并约定乙不得转让给第三人，否则甲有权收回藏书。其后甲向乙交付了300册藏书。下列哪一说法是正确的？（　　）（2009年司考．卷三．单6）
A. 甲与乙的赠与合同无效，乙不能取得藏书的所有权
B. 甲与乙的赠与合同无效，乙取得了藏书的所有权
C. 甲与乙的赠与合同为附条件的合同，乙不能取得藏书的所有权
D. 甲与乙的赠与合同有效，乙取得了藏书的所有权

30. 2010年5月，贾某以一套房屋作为投资，与几位朋友设立一家普通合伙企业，从事软件开发。2014年6月，贾某举家移民海外，故打算自合伙企业中退出。对此，下列哪一选项是正确的？（　　）（2014年司考．卷三．单30）
A. 在合伙协议未约定合伙期限时，贾某向其他合伙人发出退伙通知后，即发生退伙效力
B. 因贾某的退伙，合伙企业须进行清算
C. 退伙后贾某可向合伙企业要求返还该房屋
D. 贾某对退伙前合伙企业的债务仍须承担无限连带责任

31. 方某、李某、刘某和张某签订借款合同，约定："方某向李某借款100万元，刘某

提供房屋抵押，张某提供保证。”除李某外其他人都签了字。刘某先把房本交给了李某，承诺过几天再作抵押登记。李某交付100万元后，方某到期未还款。下列哪一选项是正确的？（　　）（2015年司考．卷三．单13）

A. 借款合同不成立

B. 方某应返还不当得利

C. 张某应承担保证责任

D. 刘某无义务办理房屋抵押登记

32. 陈老伯考察郊区某新楼盘时，听销售经理介绍周边有轨道交通19号线，出行方便，便与开发商订立了商品房预售合同。后经了解，轨道交通19号线属市域铁路，并非地铁，无法使用老年卡，出行成本较高；此外，铁路房的升值空间小于地铁房。陈老伯深感懊悔。关于陈老伯可否反悔，下列哪一说法是正确的？（　　）（2017年司考．卷三．单10）

A. 属认识错误，可主张撤销该预售合同

B. 属重大误解，可主张撤销该预售合同

C. 该预售合同显失公平，陈老伯可主张撤销该合同

D. 开发商并未欺诈陈老伯，该预售合同不能被撤销

33. 甲旅游公司的员工郑某去大理考察民宿，发现松茸正值上市期，遂以公司的名义和乙公司签订了团购合同，并且用自己的钱支付了松茸采购款。甲公司了解情况后，打算将该批松茸作为员工福利发放。对此，下列哪一说法是正确的？（　　）

A. 郑某无权代理，该买卖合同效力待定

B. 郑某可要求公司归还松茸采购款

C. 郑某可要求公司归还松茸

D. 如甲公司主张郑某欺诈，可撤销该合同

34. 某日，王某在古玩街花费数万元购买了一对青铜烛台，疑为明代真品。后经鉴定，该烛台为现代仿品，仅值数百元。关于王某的救济，下列哪一说法是正确的？（　　）

A. 可主张存在重大误解，请求撤销合同

B. 意思表示真实有效，无权请求撤销合同

C. 可主张存在显失公平，请求撤销合同

D. 可主张其被出卖人欺诈，请求撤销合同

二、多项选择题

1. 要约具有下列哪些情形之一的，不得撤销？（　　）

A. 要约中确定了承诺期限的

B. 要约人以明示方式表示要约不可撤销的

C. 要约的内容明确具体，且只向一个特定受要约人发出的

D. 受要约人有理由认为要约是不可撤销的，并且已经为履行合同作了准备工作

2. 当事人甲、乙采用数据电文形式订立合同时，下列表述正确的是（　　）。

A. 甲收到乙发来的电子邮件，甲的主营业地为A市，则A市为合同成立地点

B. 甲收到乙发来的电子邮件，甲无主营业地，但其在B市也居住两年，则B市为合同成立地点

C. 甲、乙可以约定以D市为合同成立地点

D. 甲、乙可以约定乙所在地C市为合同成立地点

3. 下列选项中，哪些属于导致承诺不生效的事由？（　　）

A. 受要约人改变了要约中的价格条款

B. 受要约人改变了要约人要求承诺的特定形式

C. 承诺人在要约有效期限内作出，但在期限届满后到达要约人

D. 撤回承诺的通知先于承诺到达要约人

4. 承诺对要约内容作出实质性变更的，可以视为新要约。下面所列各项，哪些属于对要约内容作出实质性变更？（　　）

A. 有关合同标的数量的变更

B. 有关合同的履行期限和履行地点的变更

C. 有关合同违约责任的变更

D. 有关合同解决争议方法的变更

5. 承诺对要约的内容作出非实质性变更的，除下列哪些情形外，该承诺有效？（　　）

A. 要约人没有明确表示反对的

B. 要约人及时表示反对的

C. 要约表明承诺不得对要约的内容作出任何变更的

D. 要约人没有对承诺明确表示同意的

6. 下列要约已失效的有（　　）。

A. 受要约人已将拒绝要约的通知投入邮箱

B. 受要约人表示“同意贵公司条件，但交货地点由北京改为广州”

C. 甲在电话中称自己有电脑一台，配置如何，欲以5000元转让，问乙是否愿意要，乙未作答复

D. 某商品贴出告示：“本店新到红豆衬衫一批，每件50元，数量有限，欲购从速。”甲未带钱，次日带钱经过该店欲去购买时，看到告示已撤下，并被告知：货已售完

7. 下列承诺不能发生效力的有（　　）。

A. 某建筑公司向某沙场求购二十吨沙，沙场即依双方长期来的交易习惯为其装运二十吨沙，送往指定的建筑之地

B. 甲公司函告乙公司：“我公司有××规格电冰箱50台，单价1500元。若要，请在半月内与我公司联系。”一月后，乙公司复函同意，甲公司接到通知后未予答复

C. 甲给乙发去传真，称“有惠普某型号复印机一台，价格5400元，若要请告知”。次日乙传真告知甲“同意购买，价格5000元”。

D. 甲打电话告诉乙自己想把摩托车以4000元价格卖掉，乙当时未表态。次日乙打电话告诉甲自己愿以4000元买下该摩托车

8. 下列承诺中有效的有（　　）。

A. 某贸易公司以信件发出承诺通知，立即以传真向要约人表明撤回该承诺，传真先于信件到达

B. 甲告知乙，因儿子考上大学，欲将其居住的房间租出，月租价750元；问乙是否愿意住，乙称自己再考虑一下，甲随即称：可以，但要在一个月内给我答复，一周后，乙向甲发出一份E-mail，表示愿意租甲的房子，但因网络故障，一个月后才到达甲的E-mail信箱，甲看到后过了两个月才告诉乙该E-mail迟到一事并称房已租出

C. 甲公司向乙公司发出传真，称“现有某型号轿车100辆，单价15万元。若需要请于三日内告知”。乙公司次日传真称“同意。若本合同出现纠纷，由北京市仲裁委员会仲裁”

D. 李某到冷饮店拿出2元钱，说：“一杯可乐。”服务员遂接过钱，把一杯冰镇可乐递过去

9. 下列合同，已成立的有（　　）。

A. 甲以E-mail告知乙自己有《民商法论丛》一套，欲以八折价格转让；乙立即给甲发E-mail表示同意，并要求签订确认书，现甲尚未签订确认书

B. 当事人双方在合同上签字并盖章

C. 甲向乙发出要约，向乙求购水泥一百吨，乙同意甲的全部条件，但要求双方签订合同书，乙在合同书上签字后将合同书寄给甲，随即向甲发货，甲接受了货物，此时因合同书尚未寄到，甲尚未在合同书上签字

D. 甲向乙发出要约，乙同意甲的要约，但乙之承诺于要约规定的承诺期限届满后才发出，甲收到后没有表态

10. 合同成立地点应以下述（　　）确定。

A. 承诺发出的地点为合同成立的地点

B. 以合同书、确认书形式订立合同的，双方当事人签字盖章地为合同成立地；签字盖章不在同一地点的，最后签字盖章地为合同成立地

C. 以数据电文形式订立合同的，收件人的主营业地为合同成立地；没有主营业地的，其经常居住地为合同成立的

地点

D. 当事人对合同成立地有特别约定的，以其约定地点为准

11. 通过（　）方式达成的协议，一方当事人要求签订确认书的，签订确认书时方为合同的成立时间。

A. 信件　B. 电报

C. 电传　D. 电话

12. 甲厂向乙公司和丙公司发出内容相同的两封电报，称："本厂急需空调机 20 台，价格每台 3000 元，若有意，请 3 天内发货，货到付款。"乙公司收到电报后，立即给甲公司回电一封，称："有货，立即发货。"甲公司按照乙公司要求将 60000 元货款电汇给了乙公司。丙公司收到电报后，立即按照甲公司的要求将货发出。几天后，甲公司同时收到了乙公司和丙公司发来的货，但甲公司拒绝接受丙公司的货物，为此发生纠纷。对此事的判断，不正确的有（　）。

A. 甲厂的求购电报属于要约邀请

B. 乙公司的回电属于承诺

C. 甲厂与乙公司间的合同成立

D. 甲厂与丙公司的合同不成立

13. 甲向乙发出要约，"愿意以 2000 元价格出卖我的电脑，一手交钱，一手交货。请于本周星期五之前答复"。下列说法中正确的是（　）。

A. 甲的要约在到达乙之后，甲不得撤回

B. 甲的要约到达乙之后，甲仍可撤销该要约，但撤销要约的通知必须在受要约人乙发出承诺通知之前到达乙

C. 甲的要约可以撤回，但撤回通知必须先于或与要约同时到达乙

D. 如果乙未作出承诺，甲的要约在本周五后失效

14. 下列哪些承诺行为不发生承诺的效力？（　）

A. 附条件地接受要约

B. 撤回承诺的通知与承诺同时到达要约人

C. 撤回承诺的通知因送达的原因后于承诺到达，要约人未及时将该情况通知承诺人

D. 承诺因送达的原因于要约有效期限届满后到达要约人，要约人将该情况通知了承诺人

15. 当事人在订立合同过程中给对方造成损失，应当承担损害赔偿责任的法定情形有（　）。

A. 借订立合同，恶意进行磋商

B. 故意提供虚假情况

C. 故意隐瞒与订立合同有关的重要事实

D. 违背诚信原则的行为

16. 某房地产公司甲为了缓解资金压力，隐瞒其预售商品房已抵押给银行的事实而与乙公司洽谈商品房预售事宜。经过 3 个月的磋商，甲乙达成了总价达 1200 万元的商品房预售意向书，在正式签订合同的前一天，乙公司得知该商品房抵押事实，遂终止签订事宜；与之同时，商品房市价上涨 20%。对此（　）。

A. 合同尚未成立，甲不负任何民事责任

B. 合同已成立，但未生效

C. 甲的行为违背诚信原则

D. 合同虽未成立，但甲应负缔约过失责任

17. 甲企业与乙企业就彩电购销协议进行洽谈，其间，乙采取了保密措施的市场开发计划被甲得知。甲遂推迟与乙签约，开始有针对性地吸引乙的潜在客户，导致乙的市场份额锐减。下列说法中哪些是正确的？（　）

A. 甲的行为属于正常的商业竞争行为

B. 甲的行为违反了先合同义务

C. 甲的行为侵犯了乙的商业秘密

D. 甲应承担缔约过失责任

18. 合同生效后，就合同中一些主要条款约定不明确或没有约定时，应（　）。

A. 因合同不具备主要条款，法院应依职权或当事人申请直接宣告合同不成立或无效

B. 由当事人协议补充

C. 不能达成补充协议的，依合同有关条

款或交易习惯确定

D. 不能达成补充协议，且按照合同有关条款或交易习惯仍不能确定的，应依据法律的有关规定加以补充

19. 甲乙约定在某事实发生时，乙有权解除合同，则（　　）。

A. 该事实发生时，合同解除

B. 该事实发生后，经甲催告，乙在 3 日内未行使权利的，权利消灭

C. 该事实发生时，合同解除权发生

D. 甲乙可再议取消这一约定

20. 甲公司意欲出卖一栋商品房，于 2002 年 3 月与乙公司签订了房屋买卖合同的意向书。同年 5 月，丙公司以更高的价金向甲公司提出购买此楼，甲公司便将此楼卖给丙公司，双方办理了房屋过户登记手续。后乙公司要求甲公司与其签订正式的房屋买卖合同，发现甲公司已经将房卖给了丙公司，便诉到法院，对本案的下列表述哪项是正确的？（　　）

A. 甲公司与丙公司已经签订了房屋买卖合同并办理了房屋过户登记手续，该楼应归丙公司所有

B. 甲公司与乙公司签订的意向书有效，乙公司可以要求甲公司履行合同责任

C. 甲公司应当对乙公司承担违约责任

D. 甲公司应当对乙公司承担缔约过失责任

21. 甲隐瞒了其所购别墅内曾发生恶性刑事案件的事实，以明显低于市场价的价格将其转卖给乙；乙在不知情的情况下，放弃他人以市场价出售的别墅，购买了甲的别墅。几个月后乙获悉实情，向法院申请撤销合同。关于本案，下列哪些说法是正确的？（　　）（2016 年司考．卷三．多 59）

A. 乙须在得知实情后一年内申请法院撤销合同

B. 如合同被撤销，甲须赔偿乙在订立及履行合同过程当中支付的各种必要费用

C. 如合同被撤销，乙有权要求甲赔偿主张撤销时别墅价格与此前订立合同时别墅价格的差价损失

D. 合同撤销后乙须向甲支付合同撤销前别墅的使用费

三、不定项选择题

1. 阅读案例，回答下列问题：甲，某市华康娱乐有限公司；乙，某市副食品加工厂。甲因业务的需要，欲购进一批锅巴和方便面。甲的公关部经理杨某得知后，即介绍了乙。甲委托杨某办理此事。杨某打电话给乙，称：甲需要方便面 100 箱（每箱 40 包）、锅巴 500 箱（每箱 30 包），每包单价分别为 0.30 元和 0.45 元，近几天内送货，货到即付款。乙方回话称：因粮食提价，每包单价应在 0.32 元和 0.50 元。另外，附加 100 箱饼干，共 2000 包，单价为 2.5 元；如有违约，应承担 10% 违约金。杨某表示同意。几天后，乙将货送到，甲的法定代表人亲自查收。由于客观原因，乙未领到货款而返回。后因饼干不好销，甲拒付货款。乙遂诉诸人民法院。甲表示，饼干是杨某擅自做主购回的，方便面、锅巴价格太高，此事应由杨某负责。

（1）根据上述案情，结合合同法的有关规定，下列的说法哪些是正确的？（　　）

A. 合同成立，杨某有合法的代理权

B. 合同成立，杨某超越代理的行为得到追认

C. 合同部分有效，部分无效

D. 合同无效的部分的民事责任由杨某承担

（2）如果甲并未追认杨某购买饼干的代理权，那么合同（　　）。

A. 仍然有效

B. 无效

C. 效力未定

D. 部分有效，部分无效

（3）如果甲并未委托杨某签订合同，那么（　　）。

A. 合同无效，应追究杨某的违约责任

B. 合同有效，应追究杨某的违约责任

C. 合同无效，不应追究杨某的违约责任

D. 合同无效，杨某和乙各自承担相应的责任

(4) 无权代理的法定理由有（　　）。

A. 未经授权　　B. 超越代理权

C. 双方代理　　D. 代理权消灭

2. 以下构成缔约过失责任的有（　　）。

A. 房地产开发公司在售楼广告中宣传房主入住后将提供免费的班车，后来虽然开通了，但是只维持了三个月就取消了

B. 下雨天，顾客因为饭店地滑，摔倒在餐桌旁

C. 甲乙合作办公司，合同约定甲在三个月内获得相应土地的使用权，乙负责筹集资金；三个月后，甲拿到了土地使用权，而乙不愿意继续合作

D. 甲公司与乙工厂签订了水果买卖合同，后来甲公司的供货地遭受了自然灾害，甲公司要求解除合同

3. 甲公司与乙公司约定，由甲公司向乙公司交付1吨苹果，乙公司付款100万元。乙公司将苹果转卖给丙公司，并约定由甲公司向丙公司交付，丙公司收货后3日内应向乙支付价款120万元。张某以自有汽车为乙公司的债权提供抵押担保，已办理抵押登记。抵押合同约定："在丙公司不付款时，乙公司有权就出卖该汽车的价款清偿自己的债权。"李某为这笔货款出具担保函："在丙公司不付款时，由李某承担保证责任。"丙公司收到苹果后未依约向乙公司支付120万元，乙公司向张某主张实现抵押权，同时要求李某承担保证责任。张某见状，便将其汽车出卖交付给刘某，并通知了乙公司。关于乙公司与丙公司签订合同的效力，下列表述正确的是？（　　）

A. 效力待定

B. 为甲公司设定义务的约定无效

C. 有效

D. 无效

四、名词解释

1. 合同的订立

2. 要约的撤回（武汉大学2007年研究生入学考试题）

3. 要约的撤销

五、简答题

1. 简述要约应具备的要件。

2. 简述承诺应具备的要件。

3. 简述要约的撤回与要约撤销的区别。（中国人民大学2011年研究生入学法学综合题）

六、案例分析题

1. 2022年4月30日，A钢材厂在报纸上刊登一则广告，称本厂现有1.2mm韩国产薄钢板400吨，拟以低于市场定价200元/吨的优惠价格出售，5日内保证现货供应，先来先买，款到后本厂立即负责送货，过期广告作废。甲公司见报后认为有利可图，遂于当日即给A厂发去一份订单写明购买100吨，并进一步明确最迟5月10日必须送到，并按7800元/吨的价格将款项通过银行汇给A厂。A厂于5月1日收到订单，5月2日收到银行汇款，A立即发传真给甲公司：钢板以8000元/吨计价，请补清余款，款到5日内将货送到。甲公司收到传真后认为：由于当前的钢材市场定价为8000元/吨，因此A厂8000元/吨的价格并无优惠，就于5月3日以传真回复："价格与广告所载不符，当前市场定价为8000元/吨，请依7800元/吨送货。"但是由于A厂职员疏忽，未将传真及时送达A厂厂长。5月4日，乙公司派人买走钢板60吨后，A厂还剩90吨钢板待售。5月5日A厂厂长才看到甲公司5月3日发来的传真，立即告知甲公司，同意其提出价格，但只能先送去90吨，余货15日送到，同时派车将90吨钢材给甲公司送去。该车钢材于5月9日送到。甲公司认为A厂未按约定数量送货因而拒收货物并要求A厂承担损

害赔偿责任。请运用有关法律回答下列问题：

（1）4月30日A厂广告及甲公司订单是什么性质？为什么？

（2）A厂与甲公司是否成立了合同关系？若已成立，其成立及生效的时间为哪一天？

（3）5月2日和5月3日A厂与甲公司双方的传真产生什么法律效果？

（4）甲公司可否拒绝接收货物，为什么？

（5）假设甲公司5月3日传真还有以下内容：“可以延长送货期限至5月15日。”5月4日薄板的市场价涨至8200元/吨，甲公司立即于5月5日又发出一份传真：现收回5月3日的传真，同意你厂5月2日传真内容。A厂厂长于5月5日先后看到这两份传真。甲公司5月5日的传真具有什么性质？

2. 甲公司与乙公司就一批高档西服的买卖合同以电子邮件的形式进行磋商。5月8日甲公司首先提出该批西服的数量、质量、价格等内容，询问乙公司能否提供。乙公司接受了甲公司的要求，并就履行地点、期限等内容提出了若干补充意见，且提出采用合同书形式订立合同，并于5月10日将上述内容告知甲公司，甲公司收到后于5月11日发出电子邮件表示完全同意，乙公司遂以双方往来电子邮件之内容为基础草拟了合同书。5月12日，乙公司董事长在位于A地的乙公司大楼内，在合同书上签字，并将合同书寄往甲公司所在地B地，同日，鉴于履行期限较紧，乙公司将合同中所约定的西服迅速交丙公司装车运往甲公司。因甲公司董事长在C地出差，甲公司遂派专人将收到的合同书送往C地，5月15日，甲公司董事长在合同书上签字。此前，5月13日，乙公司提供的西服由丙公司运抵甲公司所在地B地，甲公司于当日接收货物完毕。则：

（1）合同于何时成立？

（2）若乙公司之西服于5月16日运到并由乙公司接收，则①合同于何地成立；②合同于何时成立？

（3）若当事人对交付地点未作约定，应如何处理？

（4）本案中，若丙公司在运输途中因山洪暴发，汽车连同西服一并卷入洪水，就这批灭失的西服，损失应由谁承担？

3. 甲公司向乙公司发出传真①，称：“现有××牌高标号水泥一批，价格优惠，每吨仅200元；存货不多，欲购从速。”乙公司随即回电“需水泥50吨，于7月9日在贵公司处提货”（传真②）。甲公司立即回复“同意，但7月9日为周末，请于7月10日来提货”（传真③）。但是，由于通信线路故障，该传真被延误了一周于7月16日方到达乙公司，乙公司收到后未再与甲公司联系。7月10日，甲公司将50吨水泥从位于外地的库房拉到公司院内，但始终未见乙公司派人来提货。7月11日，突然天降暴雨，堆放在院内的水泥虽经努力遮掩但仍被雨淋泡变质，不能使用。则：

（1）三个传真的法律性质是什么？

（2）甲乙公司间的合同是否成立？应自何时成立？为什么？

（3）水泥毁损所受的损失应由谁负担？为什么应由其负担？

（4）本案中，若传真②称“我公司急需50吨水泥，于三日后赴你处提货”，甲公司收到后立即组织人员将50吨水泥包装完毕，并做好装车准备，但在甲公司次日回电承诺前，乙公司传真告知：“已从他处购得水泥，原要约撤销。”则此撤销效力如何？为什么？若此撤销有效，则发生什么法律后果？

4. 李某赴外地出差，晚间前往旅馆投宿。办理住宿手续时，服务员拿出一张印制好的“住宿须知”请李某过目，而后请李某签字同意，其中一条写明“除日用必需品外的贵重物品，请交由总服务台统一保管，否则，若遗失本店概不负责”。李某签字后，便立即回房休息，因旅途疲惫，李某用手机向本单位领导简单汇报了一下工作进展，并将一些重要内容输入随身携带的笔记本电脑后，便立即睡下，直至次日早晨八点方醒。醒来后，李某发现自己房间的窗户被人打开，房门也大开，手机与笔记本电脑不翼而飞。李某遂以旅店未尽到保护义务为由，诉至法院，要求旅店赔偿损失，旅店则以李某签字同意的“住宿须知”为由，申请负责。经查实：李某睡前已关好窗子和门，且其电脑、手机被盗属实，另外，当地治安状况不佳，常有入室盗窃案件发生，但该旅店未聘有保安人员。问：

(1) 本案中的“住宿须知”是否为合同的一部分？

(2) “住宿须知”中的免责条款的效力如何？为什么？

(3) 双方就“住宿须知”中的“非日用必需品的贵重物品”一句的理解发生争议，应如何予以解释？

(4) 本案应如何处理？

5. 某照相器材商店购进一批新型相机，每部定价为2998元。售货员在制作标价牌时，误将2998元标为1998元。某日，顾客A入店，发现在别处卖近3000元的相机在这里只卖1998元，遂一下买了两部。事后，当售货员再次去库房取货时，才发现每部少收了1000元。商店经多方查找，终于找到A，要求退货或补足差价。A称，自己买回两部相机是付了钱的，买卖已成交，岂有退货之理；再说，其中一部相机已以2600元卖给了同事B，还要看B是否愿意退货。商店按A所指找到B，B也拒绝了商店的要求。商店遂以A、B为被告诉至法院，要求退货或补足差价。

试解析：

(1) 商店与A之间民事行为的性质及法律后果如何？

(2) 商店对A、B的诉讼请求能否成立？为什么？

参考答案

一、单项选择题

1. 答案：B。见《民法典》第482条。

2. 答案：B。见《民法典》第489条。

3. 答案：D。《民法典》第472条、第479条。

4. 答案：C。《民法典》第476条关于要约不得撤销的规定。

5. 答案：D。根据《民法典》第475条。

6. 答案：C。根据《民法典》第490条。

7. 答案：D。乙大学对甲厂的要约作出实质的变更属于新的要约，乙大学未作出承诺。甲厂对乙大学的要约也未作出承诺，因此，双方都没有违约。

8. 答案：D。根据《民法典》第473条。

9. 答案：C。根据《民法典》第472条的规定，要约内容应当具体确定。(1)(2)内容都不确定，属于要约邀请。

10. 答案：D。根据《民法典》第480条，拒绝要约的通知到达要约人，要约失效。受要约人在拒绝后又表示同意的应当是受要约人发出的新的要约。

11. 答案：D。《民法典》第487条。

12. 答案：B。《民法典》第491条。

13. 答案：A。根据《民法典》第498条，对格式条款的理解发生争议的，应当按通常理解予以解释。对格式条款有两种以上解释的，应当作出不利于提供格式条款一方的解释。格式条款和非格式条款不一致的，应当采用非格式条款。

14. 答案：A。根据《民法典》规定，要约只要传递到受要约人所能控制的地方，要约即生效，而不管受要约人是否了解要约的意思。本题中的要约已生效。

15. 答案：D。根据《民法典》第472条和第500条关于缔约过失责任的规定。乙公司在6月15日，甲公司前往签约的时候，要求加价，未获同意，乙公司就拒绝签约的行为违背了其原来承诺过的同意甲公司提出的报价，所以这种行为是一种违背诚信原则的行为，应当对甲公司承担缔约过失责任。

16. 答案：B。根据《民法典》第490条的规定，当事人采用合同书形式订立合同的，自双方当事人签字或者盖章时合同成立。

17. 答案：A。本题考查合同的成立条件和合同的撤销条件。

18. 答案：A。参见《民法典》第504条。

19. 答案：A。参见《民法典》第172条、第504条 。

20. 答案：A。根据《民法典》第154条“行为人与相对人恶意串通，损害他人合法权益的民事法律行为无效”的规定，合同无效。

21. 答案：A。本案涉及两层法律关系：(1) 在买卖彩电的合同中，小刚为限制行为能力人，他的合同行为是否有效？在案件中，小刚的父母夸奖了他的行为，实际上也就是对他的行为的追认，则该合同应有效。(2) 小刚的中奖是否有效。

22. 答案：B。根据《民法典》第506条，合同中的下列免责条款无效：(1) 造成对方人身伤害的；(2) 因故意或者重大过失造成对方财产损失的。因此选项A、C、D中的免责条款无效。

23. 答案：A。根据《民法典》第502条第1款规定，依法成立的合同，自成立时生效，但是法律另有规定或者当事人另有约定的除外。

24. 答案：B。本题考查的是要约的撤销。《民法典》第476条规定，要约可以撤销。

25. 答案：B。参见《民法典》第502条。

26. 答案：D。本题考查的是承诺。《民法典》第479条规定了承诺、第480条规定了承诺的方式。

27. 答案：D。为第三人订立的合同，合同成立后，须经第三人同意对第三人产生效力。若第三人拒绝接受，该权利归订约人本人享有。第三人拒绝该权利不影响合同的成立。因此D错误。

28. 答案：B。《民法典》第510条关于合同解释的规定。

29. 答案：D。本题考核附义务的赠与合同。甲乙之间的赠与合同属于附义务的赠与合同，而非附条件的赠与合同。

30. 答案：D。《合伙企业法》第46条规定，合伙协议未约定合伙期限的，合伙人在不给合伙企业事务执行造成不利影响的情况下，可以退伙，但应当提前30日通知其他合伙人。据此，合伙人退伙的，应当提前30日通知其他合伙人而不能随意退伙，故A项错误。《合伙企业法》第51条规定，合伙人退伙，其他合伙人应当与该退伙人按照退伙时的合伙企业财产状况进行结算，退还退伙人的财产份额。退伙人对给合伙企业造成的损失负有赔偿责任的，相应扣减其应当赔偿的数额。退伙时有未了结的合伙企业事务的，待该事务了结后进行结算。据此，合伙人退伙的，其他合伙人应当与退伙人结算而不是对合伙企业进行清算。《合伙企业法》第86条第1款规定，合伙企业解散，应当由清算人进行清算。个别合伙人退伙不会导致合伙企业解散，从而也不需要进行清算，故B项错误。《合伙企业法》第52条规定，退伙人在合伙企业中财产份额的退还办法，由合伙协议约定或者由全体合伙人决定，可以退还货币，也可以退还实物。据此，合伙企业可以将贾某的房屋退还给贾某，也可以退还相应货币，其具体方法由合伙协议或者全体合伙人决定，并非一定要退还给贾某房屋不可。所以，贾某并不享有要求合伙企业退还房屋的权利，故C项错误。《合伙企业法》第53条规定，退伙人对基于其退伙前的原因发生的合伙企业债务，承担无限连带责任。据此，D项正确。

31. 答案：C。《民法典》第490条第1款规定，当事人采用合同书形式订立合同的，自当事人均签名、盖章或者按指印时合同成立。在签名、盖章或者按指印之前，当事人一方已经履行主要义务，对方接受时，该合同成立。本题中，李某交付100万元给方某，方某接受，双方的借款合同已经成立，故A项错误。《民法典》第585条规定，得利人没有法律根据取得不当利益的，受损失的人可以请求得利人返还获得的利益。可知，不当得利的构成要件有4个：(1) 一方获得利益；(2) 一方受有损失；(3) 获得利益与受有损失之间具有因果关系；(4) 没有合法根据。本题中，李某与方某之间存在借款合同关系，有合法根据，方某不构成不当得利。故B项错误。保证合同成立的方式其中一种是主合同有保证条款，保证人在主合同上签字或盖章的，保证合同成立，保证人应承担保证责任，故C项正确。虽未办理抵押登记，抵押权未设立。但是刘某与李某之间的抵押合同已经成立并生效，依据该有效的抵押合同，刘某负有办理房屋抵押登记的义务。故D项错误。

32. 答案：D。依《民法典》第147条、第148条以及第151条的规定，基于重大误解实施的民事法律行为，行为人有权请求人民法院或者仲裁机构予以撤销；以欺诈手段，使对方在违背真实意思的情况下实施的民事法律行为，受欺诈方有权请求人民法院或者仲裁机构予以撤销；一方利用对方处于危困状态、缺乏判断能力等情形，致使民事法律行为成立时显失公平的，受损害方有权请求人民法院或者仲裁机构予以撤销。本题中，陈老伯在考察楼盘时，销售经理介绍周边有"轨道交通19号线"，并未表述为"地铁"，不构成欺诈；陈老伯误以为轨道交通19号线属于地铁，是误解，但这不属于对购买房屋这个买卖行为的误解，不构成可以撤销合同事由中的认识错误；此外，尽管铁路房的升值空间小于地铁房，但题面并未提供销售方利用陈老伯缺乏判断能力的情形，所以也不构成显失公平。综上，本题中A、B、C选项说法均错误，D选项为正确选项。

33. 答案：B。从题干所描述的事实以及四个选项的表述来看，本题关键在于判断郑某签订的松茸采购合同的效力。从团购合同是以公司名义签订这一事实看出，签订松茸的团购合同属于代理行为。并且由于甲公司交代郑某的工作内容是去大理考察民宿，并未授予其购买松茸的代理权，因此郑某所签订的松茸团购合同属于无权代理行为。一般而言，涉及无权代理时应当结合《民法典》第172条以及表见代理的构成要件分析郑某的行为是否构成表见代理。但是，本题中被代理人甲公司事后"打算将该批松茸作为员工福利发放"，明显具有追认的意思，既然被代理人追认，那么郑某签订的松茸团购合同是确定有效的，无须再分析郑某是否为表见代理。既然松茸团购合同有效，那么甲公司自然有权取得松茸的所有权，无须返还。A、C项错误。D项考查了可撤销的民事法律行为，具体涉及欺诈。上文分析松茸团购合同已经确定有效，并不存在可以撤销合同的欺诈情形。谎称自己有代理权而实施代理行为并不构成民事法律行为可撤销事由中的欺诈，而应直接适用代理制度，D项错误。《民法典》第979条第1款规定："管理人没有法定的或者约定的义务，为避免他人利益受损失而管理他人事务的，可以请求受益人偿还因管理事务而支出的必要费用；管理人因管理事务受到损失的，可以请求受益人给予适当补偿。"据此，郑某用自己的钱支付松茸款，是为了甲公司履行合同义务，有管理甲公司事务的意思，且没有法定或者约定的义务，该事务的管理符合被管理人甲公司的意思，构成适法的无因管理，郑某有权请求甲公司支付其支出的必要费用，即松茸采购款，B项正确。

34. 答案：B。《民法典》第147条明确将重大误解列为民事法律行为的可撤销事由。《最高人民法院关于适用〈中华人民共和国民法典〉总则编若干问题的解释》第19条第2款规定："行为人能够证明自己实施民事法律行为时存在重大误解，并请求撤销该民事法律行为的，人民法院依法予以支持；但是，根据交易习惯等认定行为人无权请求撤销的除外。"该条中的"根据交易习惯等认定行为人无权请求撤销的除外"所指的主要类型之一就是古玩、艺术品买卖，古玩的真伪鉴定是一件专业且主观的事情，这意味着古玩、艺术品买卖本身就带有风险交易的性质，原则上只要交易中未含欺诈行为，即便买受人事后得知该古玩为仿品，也不能基于重大误解撤销。因此，本题中尽管后经鉴定，该烛台为现代仿品，王某也不能基于重大误解撤销合同，A项错误。《民法典》第151条规定：“一方利用对方处于危困状态、缺乏判断能力等情形，致使民事法律行为成立时显失公平的，受损害方有权请求人民法院或者仲裁机构予以撤销。”据此，显失公平的构成要求主观要件与客观要件，本题中并不存在一方利用对方处于危困状态、缺乏判断能力等情形，主观要件并不符合，不构成显失公平，C项错误。《民法典》第148条规定，欺诈是民事法律行为的可撤销事由之一，但本题中并无事实表明出卖人对王某实施了欺诈，因此王某无权基于欺诈撤销合同，D项错误。因此，本题中王某无权撤销合同，该青铜烛台买卖合同是合法有效的，B项正确。

二、多项选择题

1. **答案**：ABD。见《民法典》第476条。
2. **答案**：ABCD。参见《民法典》第492条。
3. **答案**：AD。《民法典》第488条规定，受要约人对要约的内容作出实质性变更的，为新要约。因此，选项A属于新的要约，但是，选项B不属于新的要约而是承诺。选项D属于承诺的撤销，承诺不生效。
4. **答案**：ABCD。见《民法典》第488条。
5. **答案**：BC。见《民法典》第489条规定，承诺对要约的内容作出非实质性变更的，除要约人及时表示反对或者要约表明承诺不得对要约的内容作出任何变更外，该承诺有效，合同的内容以承诺的内容为准。
6. **答案**：BCD。
7. **答案**：BCD。A中，依双方交易惯例无须作出承诺通知而沙场已作出了交易习惯要求的承诺行为，故该承诺有效。B中受要约人超过承诺期限发出承诺，要约人也未通知该承诺有效，则该承诺应被视为新要约，而非有效承诺。C中乙的承诺对要约作了实质性变更。D中，以对话方式作出的要约，在双方未有其他约定的情况下应即时作出承诺，故乙所作出的是新要约而非有效承诺。
8. **答案**：BD。
9. **答案**：BC。
10. **答案**：BCD。根据《民法典》第492条、第493条。一般情况下，承诺生效的地点而不是承诺发出的地点为合同成立的地点。选项A不对。
11. **答案**：ABC。《民法典》第491条第1款规定，当事人采用信件、数据电文等形式订立合同要求签订确认书的，签订确认书时合同成立。
12. **答案**：AD。根据《民法典》第480条规定，承诺应当以通知的方式作出；但是，根据交易习惯或者要约表明可以通过行为作出承诺的除外。乙公司的回电属于承诺，丙公司根据甲厂要约发货的行为也属于承诺。甲厂与乙公司、甲厂与丙公司的合同都成立。
13. **答案**：ACD。《民法典》第475条规定，要约可以撤回。要约的撤回适用本法第141条的规定。所以选项A、C正确。根据《民法典》第478条规定，有下列情形之一的，要约失效：(1) 要约被拒绝；(2) 要约被依法撤销；(3) 承诺期限届满，受要约人未作出承诺；(4) 受要约人对要约的内容作出实质性变更。所以选项D正确。根据《民法典》第476条规定，要约人确定了承诺的期限的，要约不可以撤销。因此选项B错误。
14. **答案**：BCD。选项A，附条件地接受要约，只要不是对合同内容作出实质性变更，合同仍有效。选项B，受要约人撤销承诺，因此不发生效力。选项D，根据《民法典》第487条规定，受要约人在承诺期限内发出承诺，按照通常情形能够及时到达要约人，但是因其他原因致使承诺到达要约人时超过承诺期限的，除要约人及时通知受要约人因承诺超过期限不接受该承诺外，该承诺有效。选项 C，根据《民法典》第 485 条规定，撤回承诺的通知应当在承诺通知到达要约人之前或者与承诺通知同时到达要约人。

15. 答案：ABCD。参见《民法典》第 500 条。

16. 答案：CD。根据《民法典》第 500 条，甲的行为构成缔约过失，违背诚信原则，应承担赔偿责任。

17. 答案：BCD。参见《民法典》第 501 条。

18. 答案：BCD。根据《民法典》第 510 条、第 511 条。

19. 答案：CD。二人约定的事实发生后，乙的解除合同权生效，合同并不解除。根据《民法典》第 564 条的规定，法律规定或者当事人约定解除权行使期限，期限届满当事人不行使的，该权利消灭。法律没有规定或者当事人没有约定解除权行使期限，自解除权人知道或者应当知道解除事由之日起一年内不行使，或者经对方催告后在合理期限内不行使的，该权利消灭。因此，选项 A、B 错误。选项 C、D 正确。

20. 答案：AD。此题的关键是判断甲乙公司之间的意向书的性质。意向书不是正式的合同，大致相当于初步协议，是双方为了签订正式合同而作的文件。因此，甲乙公司之间不存在房屋买卖合同，甲公司不对乙公司承担违约责任，只是承担缔约过失责任。不动产所有权的移转以登记为要件，丙公司与甲公司签订了合法有效的房屋买卖合同并办理了过户手续，获得房屋所有权。

21. 答案：ABCD。《民法典》第 152 条规定，当事人自知道或者应当知道撤销事由之日起 1 年内、重大误解的当事人自知道或者应当知道撤销事由之日起 90 日内没有行使撤销权的，撤销权消灭。甲有欺诈行为，乙作为受欺诈一方享有撤销权，故 A 项正确。《民法典》第 500 条规定，故意隐瞒与订立合同有关的重要事实或者提供虚假情况，给对方造成损失的，应当承担损害赔偿责任。本题属于故意隐瞒与订立合同有关的重要事实，乙撤销合同后，可以要求甲承担缔约过失责任。缔约过失赔偿责任的范围，应以对方的缔约过失造成的实际损失为标准，包括为缔约合同的支出，由于违反先合同义务而受有的损失，以及由于对方的过失而造成的订约机会丧失而受有的损失。乙在订立及履行合同过程当中支付的各种必要费用属于缔约合同的支出，甲须赔偿，故 B 项正确。别墅价格与此前订立合同时别墅价格的差价属于因对方的过失造成的订约机会丧失而遭受的损失，故 C 项正确。《民法典》第 157 条规定，民事法律行为无效、被撤销或者确定不发生效力后，行为人因该行为取得的财产，应当予以返还；不能返还或者没有必要返还的，应当折价补偿。有过错的一方应当赔偿对方由此所受到的损失；各方都有过错的，应当各自承担相应的责任。法律另有规定的，依照其规定。第 985 条规定，得利人没有法律根据取得不当利益的，受损失的人可以请求得利人返还获得的利益。合同撤销前使用别墅，合同撤销后，没有法律上的原因，属于不当得利，应当返还，故 D 项正确。

三、不定项选择题

1. 答案：（1）AB。见《民法典》第 171 条，杨某接受甲的委托具有代理权。杨某购买饼干属于超越代理权的行为，但是，甲在查收货物时未提出异议，视为追认。因此，合同有效。

（2）D。根据《民法典》第 171 条，如果甲未追认杨某购买饼干的代理权，购买饼干的合同部分对被代理人甲不发生效力，由行为人杨某承担责任。

（3）CD。参见《民法典》第 171 条。

（4）ABD。根据《民法典》第 171 条，行为人没有代理权、超越代理权或者代理权终止后以被代理人名义订立的合同，未经被代理人追认，对被代理人不发生效力，由行为人承担责任。

2. 答案：AB 。构成缔约过失责任的要件是责任发生在合同订立过程中，一方当事人违反了依据诚信而负担的义务并给对方当事人造成了损害。C项和D项中双方已经签订了合同，只是乙方没有履行合同规定的义务，属于违约责任。

3. **答案**：C。无权处分，指没有处分权而处分他人或自己财产。本题中，乙将苹果转卖给丙时，乙未取得所有权，乙、丙间的买卖合同属于因无权处分订立的买卖合同。因无权处分订立的买卖合同，无权处分本身不影响合同的效力，若无其他效力瑕疵，因无权处分订立的买卖合同有效，而非效力待定，故A项错误；C项正确；D项错误。《民法典》第523条规定："当事人约定由第三人向债权人履行债务，第三人不履行债务或者履行债务不符合约定的，债务人应当向债权人承担违约责任。"根据该条，合同当事人约定由合同以外的第三人向债权人履行债务的，该约定对合同债权人与债务人发生效力，仅对第三人不产生效力，若第三人不对合同债权人履行债务（或履行债务不适当），债权人不得对第三人主张违约责任，债权人只能要求债务人承担违约责任。故B项错误。综上，本题正确答案为C项。

四、名词解释

1. **答案**：是指缔约人为意思表示并达成合意的状态。它描述的是缔约各方自接触、洽商直至达成合意的过程，是动态行为与静态协议的统一体。
2. **答案**：是指在要约生效之前，要约人使要约不发生法律效力的行为。为了尊重要约人的意志和保护要约人的利益，只要要约撤回的通知先于或同时与要约到达受约人，就可产生撤回的效力。
3. **答案**：是指要约人在要约生效以后，将该项要约取消，使要约的法律效力归于消灭的意思表示。因要约的撤销往往不利于受约人，所以只有在符合一定条件时才被允许。要约可以撤销，但撤销要约的通知应当于受约人发出承诺通知前到达受约人。

五、简答题

1. **答案**：要约是指一方当事人以缔结合同为目的，向对方当事人提出合同条件，希望对方当事人接受的意思表示。要约要具备以下条件：

（1）要约必须是特定人所为的意思表示。只有要约人是特定的人，受约人才能对之承诺。因此，要约人必须是特定人。所谓特定人，是指能为外界客观确定的人。

（2）要约必须向相对人发生。要约必须经过相对人的承诺才能成立合同，因此，要约必须是要约人向相对人发出的意思表示。相对人一般为特定的人，但在特殊情况下，对不特定的人作出又无碍要约所达目的时，相对人亦可为不特定人。

（3）要约必须具有缔结合同的目的。要约必须以缔结合同为目的，是否以缔结合同为目的，是要约与要约邀请的主要区别。要约邀请的目的不是订立合同，而是邀请对方当事人向其为要约的意思表示。

（4）要约的内容必须具体确定和完整。即要约的内容必须明确，而非含混不清；要约的内容必须具有合同的条件，至少是主要条件，得因受约人的承诺而使合同成立。

（5）要约必须表明要约人在得到承诺时即受其约束的意旨，也就是说，要约人必须向受约人表明，要约一经受约人同意，合同即告成立，要约人就要受到约束。

2. **答案**：承诺是受约人作出的同意要约以成立合同的意思表示。承诺应具备以下要件：

（1）承诺必须由受约人作出。要约和承诺是一种相对人的行为，只有受约人享有承诺的资格，因此，承诺须由受约人作出。受约人为特定人时，承诺由该特定人作出；受约人为不特定人时，承诺由该不特定人中的任何人作出。受约人的代理人可代为承诺。受约人以外的第三人即使知晓要约内容并作出同意的意思表示，也不以承诺论。

（2）承诺必须向要约人作出。受约人承诺的目的在于同要约人订立合同，故承诺只有向要约人作出才有意义。向要约人的代理人作出的承诺有同样的意义。在要约人死亡，合同不需要约人亲自履行的情况下，受约人可以向要约人的继承人作出承诺。

(3) 承诺的内容应当与要约内容一致。承诺是受约人愿意按照要约的内容与要约人订立合同的意思表示，所以欲取得成立合同的法律效果，承诺就必须在内容上与要约的内容一致。如果受约人在承诺中对要约的内容加以扩张、限制或变更，便不构成承诺，应视为对要约拒绝而构成反要约。有关合同标的、数量、质量、价格或者报酬、履行期限、履行地点和方式、违约责任和解决争议的方法等变更，构成对要约的实质性变更，不为承诺，而为新要约。

(4) 承诺必须在要约的存续期间内作出。要约在其存续期间内才有效力，一旦受约人承诺便可成立合同的效力，因此承诺必须在此期间内作出。

3. 答案：(1) 要约的撤回发生在要约生效之前，因此要约的撤回受到法律的限制较少，而要约的撤销发生在要约生效之后，因此法律对其有一定的限制。

(2) 要约的撤回是使一个未发生法律效力的要约不发生法律效力，要约的撤销是使一个已经发生法律效力的要约失去法律效力。

(3) 要约的撤回的通知只要在要约到达之前或与要约同时到达就发生效力，而要约撤销的通知必须在受要约人发出承诺通知之前到达受要约人，同时《民法典》还规定下列情形下，要约是不可撤销的：①要约人确定了承诺期限的；②以其他形式明示要约不可撤销的；③受要约人有理由认为要约是不可撤销的，并已经为履行合同作了准备工作的。

六、案例分析题

1. 答案[①]**：**(1) A厂广告是要约，甲公司的订单是承诺。依《民法典》第473条规定，商业广告的性质原则上是要约邀请，唯在其内容符合要约规定的，视为要约。所谓符合要约规定，即是符合第472条所规定的内容具体确定，以及受其拘束的承诺等。本题中A厂的广告中明确地表明了标的物及其质量、价格的确定方法及“保证现货供应，先来先买”的字样，因此该商业广告就是一份向不特定人发出的要约。而甲公司的订单表明其完全同意要约的内容，并写明了购买数量，符合对承诺的规定。

(2) 成立了合同关系。依《民法典》第483条、第484条的规定，成立并生效的时间为5月1日订单到达A厂时。

(3) 5月2日A厂的传真属于变更合同的要约。依《民法典》第543条规定，当事人协商一致的，方可变更合同。5月3日甲公司即表示不同意，因此原合同未变更。

(4) 不能拒绝。根据《民法典》第531条和第563条第1款第4项。

(5) 假设的情况下，甲公司5月3日传真中“可以延长送货期限至5月15日”为变更合同的要约，因此5月5日传真中“现收回5月3日的传真”为对其要约的撤销；“同意你厂5月2日的传真”为新要约。

2. 答案：(1) 5月13日。以合同书形式订立合同的，自双方当事人签字或盖章时成立；双方未在同时同地签字、盖章的，以最后一人签字或盖章的时间地点为准(《民法典》第490条)。但是，本案中当事人虽约定以合同书形式订立合同，可此前当事人一方已履行主要义务，对方接受的，合同即已成立，故5月13日合同即已成立。

(2) ①C地；双方虽以数据电文形式进行要约承诺，但合同最终以合同书形式订立，应适用《民法典》第35条，以签字盖章地为成立地。②5月15日(《民法典》第490条)。

(3) 首先应由双方就此补充协议；无法达成协议的，依据合同条款及交易习惯来确定。仍不能确定的，出卖人应将标的物交付给第一承运人以运交给买受人。

(4) 甲公司。见《民法典》第604条。

3. 答案：(1) 传真①是要约邀请；传真②是要约；传真③是承诺。传真①中，所表明的

① 编者注：本题所设5问，均在考查要约邀请、要约、要约撤销及承诺等合同成立的制度规则。

是公司希望乙公司向自己发出要约的意思，标的物的数量等合同主要条款均未包含进去。传真②中，乙公司补足了合同主要条款，且表明了一经承诺，乙公司即受该意思表示的拘束。传真③中，甲公司除履行期限外，其余内容与要约内容一致，而履行期限因法定休息日顺延一天，不能认为对合同内容作了实质性变更，故此传真非新要约，而是承诺。

（2）合同已成立：自传真③送达乙公司时起成立。因为：甲公司在收到乙公司之要约后，立即发出了承诺通知，但因不可归责于其的原因，较正常时间延误了一周方到达乙公司，这种情况下，即使到达时已超过了承诺期限，但除非要约人及时通知受要约人因承诺超过期限不接受该承诺，否则，该承诺有效。本案中，乙公司未表态，合同自然因承诺的生效而成立。另外，甲公司的承诺对要约的内容作了非实质性变更，这种情况下，除要约人及时表示反对或要约表明承诺不得对要约的内容作出任何变更的外，该承诺有效。本案中，乙公司对此也未予表态，该承诺也有效。承诺生效时合同成立；而承诺通知到达要约人时生效，故传真③到乙公司的时间为合同成立时间。

（3）应由乙公司负担。既然合同已成立，承诺之内容即为合同之内容，按合同约定，乙公司应于7月10日到甲公司所在地收取货物，甲公司按约定将标的物置于交付地点，而乙公司违反约定没有收取，标的物毁损，灭失的风险自违约之日起由乙公司负担。

（4）该要约不得撤销，撤销通知无效。依据要约中的词句，受要约人甲公司有理由认为要约是不可撤销的，且已经为履行合同作了准备工作。这种情况下，要约不得撤销。若撤销有效，则要约失效；甲公司向乙公司发出“承诺通知”将成为新的要约，但因乙公司违背诚信原则订立合同，就此给甲公司造成的损失，甲公司有权请求乙公司赔偿。

4. 答案：（1）该“住宿须知”作为格式条款，已订入合同，成为合同的一部分。旅店方面请旅客过目并就此签字同意，已经以一种合理的方式提请对方对此予以注意，因此该条款应已订入合同。

（2）该免责条款中，实际上免除了乙方因重大过失或故意造成对方财产损失的责任，该部分免责条款无效，但因旅店一般过失或轻微过失，致旅客未交由统一保管的贵重物品遭受损失的，旅店应予免责。故该条款部分有效，部分无效。

（3）在对格式条款理解发生争议时，应按通常理解予以解释，若有两种以上解释的，应作出不利于提供格式条款一方的解释。本案中，对贵重物品一词通常有两种解释：一为价值较高，价格昂贵的物品，二为日用必需品之外的贵重物品，依前者，手机、电脑应属贵重物品，依后者，则不属贵重物品，但显然，依后者解释对旅店更不利，因此应以后者来解释。

（4）本案中，旅店方面明知当地治安状况不好，入室盗窃案件较多，仍不采取必要的保安措施，应认为有重大过失。而如前（2）中所述，因重大过失所致财产损害的责任不得免除，因此，“住宿须知”的免责条款中，相关免责部分无效，旅店不能免除自己重大过失所致的财产责任。故本案中损失应由旅店负责。

5. 答案：（1）商店与A之间构成了重大误解，据合同法是可变更可撤销的合同。

（2）基于（1）商店对A的诉讼请求应该可以成立。但由于商店与B之间并无合同关系，且B已经取得了照相机的所有权，因而对于B的要求不应支持。

第二十章　合同的履行

基础知识图解

- 合同的履行
  - 合同履行概述
    - 概念：指债务人依据法律规定和合同约定作出给付的行为
    - 原则
      - 全面履行原则
      - 诚信履行原则
      - 节约资源、保护生态原则
  - 合同履行的基本规则
    - 履行主体
    - 履行标的
    - 履行地点
    - 履行期限
    - 履行方式
    - 履行费用
  - 合同履行中的抗辩权
  - 情势变更

配套测试

一、单项选择题

1. 甲超市与乙运输公司订立运输合同：由乙公司将1000辆摩托车一次运到甲超市所在地。由于乙公司的运输车辆临时有其他任务无法一次运完，遂与甲超市协商，分三次运输，多余的费用由甲超市和乙公司分别承担，遭到甲超市拒绝。后来经过乙公司调查，甲超市在摩托车运到后，并未马上出售，而是先用于展览。下列说法正确的有（　　）。

A. 甲超市可以拒绝乙公司的要求，因为这是合同的约定

B. 甲超市无权拒绝乙公司的要求，因为拒绝分期履行对其没有利益损害

C. 如果乙公司承担分期履行的多余费用，则甲超市不能拒绝

D. 即使乙公司承担分期履行的多余费用，甲超市也可以拒绝

2. 甲公司和乙公司签订了一份春茶买卖合同，双方约定在乙公司所在地交货，但是双方对合同中茶叶交付的时间约定不明，仅规定甲公司应于2021年交付1000公斤的茶叶。则（　　）。

A. 茶叶交付的期限由债权人乙公司确定

B. 茶叶交付的期限由债务人甲公司确定

C. 茶叶交付的期限应依茶叶的性质来确定

D. 由于合同没有履行期限条款，该合同之债视为没有成立

3. 甲、乙签订一房屋买卖合同，甲已支付20万元房款，尚欠5000元未付，此时，若甲请求乙交付房屋并办理过户手续，则（　　）。

A. 乙得对甲主张同时履行抗辩

B. 依诚信原则，乙不得主张同时履行抗辩

C. 甲违约在先，乙得解除合同

D. 买卖合同中无同时履行抗辩问题，故乙须履行

4. 甲、乙签订一苹果买卖合同，双方约定：甲卖给乙2000公斤苹果，单价为1.20元每公斤。双方就履行顺序未作约定，甲已

向乙供应了500公斤苹果，现向甲提出付款请求，则乙（　　）。
A. 不得主张同时履行抗辩，须给付全部价款
B. 就已给付的500公斤苹果的价款不得主张同时履行抗辩，就未结付部分则可
C. 得就全部价款主张同时履行抗辩
D. 得主张甲履行不完全从而解除合同

5. 甲演出公司与当红歌星乙签订演出合同。双方约定，甲公司应于12月30日向乙支付出场费2万元，乙须于元旦晚上为甲公司举办的新年晚会演唱歌曲。12月29日，乙因车祸需立即手术，预计住院3个月。则甲公司（　　）。
A. 有权解除合同
B. 不得解除合同但可中止履行
C. 可解除合同或中止履行
D. 须于12月30日向李某支付出场费

6. 关于附随义务，下列说法错误的是（　　）。
A. 其内容包括通知、协助、保密等
B. 仅存续于合同有效期内
C. 由法律直接规定
D. 乃诚信原则的具体体现

7. 依照我国民事法律规范，交付货物履行地点不明确的，履行地应为（　　）。
A. 供货方所在地
B. 需货方所在地
C. 供货方或需货方所在地
D. 供货方和需货方之间的中间地

二、多项选择题

1. 当事人双方对债的履行地点没有约定的，可采取下列哪些方式补救？（　　）
A. 履行地点在法律上有特别规定时，依其规定
B. 履行地点可以由习惯确定
C. 履行地点可以由债的性质确定
D. 履行地点由债权人确定

2. 债务人代物清偿应具备下列哪些条件？（　　）
A. 必须有原债务存在
B. 必须以当事人约定的他种给付代替原定给付
C. 必须有双方当事人关于代物清偿的合意
D. 必须债权人等有受领权的人现实地受领给付

3. 属于第三人代为履行的有（　　）。
A. 甲的货物存在丙的仓库，甲与乙订立买卖合同后，由丙直接将甲应交付的货物交给乙
B. 甲向乙订购一批机器，甲指定乙将这批机器交付丙厂
C. 甲为丙的利益而与乙订立了合同，合同成立后，丙接受乙的履行
D. 在多数人之债中，连带债权人或者连带债务人中的一人代为履行的

4. 应当先履行债务的当事人，如果有确切证据证明对方无偿转让财产，导致可能丧失履约能力，当事人可以（　　）。
A. 中止履行　　B. 请求对方提供担保
C. 解除合同　　D. 请求法院撤销该行为

5. 合同规定甲公司应当在8月30日向乙公司交付一批货物。8月中旬，甲公司把货物运送到乙公司。此时乙公司有权应当如何处理？（　　）
A. 拒绝接收货物
B. 不接收货物并要求对方承担违约责任
C. 接收货物并要求对方承担违约责任
D. 接收货物并要求对方支付增加的费用

6. 合同对履行地点没有约定或者约定的地点不明确的，依下列相应情形确定的合同履行地，正确的有（　　）。
A. 给付货币的，在接受货币一方所在地履行
B. 交付不动产的，在不动产所在地履行
C. 交付动产的，在接受义务履行一方所在地履行
D. 履行标的是行为的，在履行义务一方所在地履行

7. 当事人履行合同义务时，根据合同的性质、目的和交易习惯应当履行下列哪些义务？（　　）
A. 及时通知

B. 提供必要的条件
C. 防止损失扩大
D. 协助、保密

8. 甲公司向乙公司订购一批燃气热水器，但合同中对质量未作规定，则（　　）。
A. 先由双方协议补充
B. 无法达成补充协议且依照合同有关条款或交易习惯无法确定的，按国家标准、行业标准履行
C. 没有国家标准、行业标准的，按照通常标准或符合合同目的的特定标准履行
D. 买卖合同中欠缺质量这一主要条款，合同不成立

9. 合同中价款或报酬不明确，依《民法典》第510条仍不能确定的，应（　　）。
A. 按合同履行时订立地的市场价格履行
B. 按合同生效时履行地的市场价格履行
C. 按合同订立时履行地的市场价格履行
D. 依法应执行政府定价或者政府指导价的，按照规定履行

三、名词解释

情势变更

四、简答题

简述代物清偿的要件。

参考答案

一、单项选择题

1. 答案：C。《民法典》第531条规定："债权人可以拒绝债务人部分履行债务，但是部分履行不损害债权人利益的除外。债务人部分履行债务给债权人增加的费用，由债务人负担。"对于债务人的分期履行或延缓履行，应按诚信原则衡量，综合周围环境，对债权人并无不利或不便时，债权人不得拒绝受领。

2. 答案：C。《民法典》第510条规定，合同生效后，当事人就质量、价款或者报酬、履行地点等内容没有约定或者约定不明确的，可以协议补充；不能达成补充协议的，按照合同相关条款或者交易习惯确定。据此，履行期限的确定原则是：有约定时，依其约定；法律、法规有规定时，依其规定；履行期限还可由债务的性质确定。在依上述规则仍不能确定履行期限时，应根据《民法典》第511条第4项的规定，债务人可以随时向债权人履行义务；债权人也可以随时请求债务人履行义务，但应当给对方必要的准备时间。债务人在必要的准备时间内履行的，债的履行期限即为适当。双方互有对待给付义务的债，除另有规定外，双方应当同时履行。在分期履行的债中，债务人应当在每一期的履行期限内履行。据此，本题中茶叶交付的期限应依茶叶的性质来确定。

3. 答案：B。债务人原则上无部分履行的权利，因此，双务合同的一方当事人提出部分履行时，对方当事人有权拒绝受领，但如果拒绝受领违反诚实信用原则时，则不在此限。本题中甲已支付绝大部分房款，依诚信原则，乙不得拒绝甲的请求。

4. 答案：B。债务人原则上无部分履行的权利，因此，双务合同的一方当事人提出部分履行时，另一方当事人有权拒绝受领。若受领了部分给付，可以提出相当部分的对待给付。对未履行的部分，可主张同时履行抗辩权。

5. 答案：A。本题符合不安抗辩权的成立条件，其具有《民法典》第527条第1款第4项规定的"有丧失或者可能丧失履行债务能力的其他情形"的状况，并且由于在合理的期限内不可能恢复履行能力，实现合同目的，所以，作为先给付义务人的演出公司可以解除合同。

6. 答案：B。《民法典》第558条规定，债权债务终止后，当事人应当遵循诚信等原则，根据交易习惯履行通知、协助、保密、旧物回收等义务。附随义务存在于合同订立、合同履行及合同效力终止后的各阶段。

7. 答案：A。根据《民法典》第511条第3项的规定，履行地点不明确，给付货币的，在接受货币一方所在地履行；交付不动产的，在不动产所在地履行；其他标的，在履行义务一方所在地履行。因此应当在供货方所在地履行。

二、多项选择题

1. **答案**：ABC。履行地点的确定规则是：在法律上有特别规定时，依其规定；履行地点可由习惯确定，如果有关于履行地点的交易习惯时，应遵从习惯，除非当事人之间另有约定；在按上述规则仍不能确定履行地点时，应按照《民法典》第511条第3项规定，履行地点不明确，给付货币的，在接受货币一方所在地履行；交付不动产的，在不动产所在地履行。
2. **答案**：ABCD。代物清偿，是指债权人受领他种给付而代替原定给付，以使债消灭。代物清偿的要件是：（1）必须有原债务存在；（2）必须以他种给付代替原定给付，两种给付在价值上可以有差额，但须双方当事人约定；（3）必须有双方当事人关于代物清偿的合意；（4）必须债权人等有受领权的人现实地受领给付。
3. **答案**：ABC。A、B、C三项表述均属第三人代为履行的情形。与此相关的规定有，《民法典》第522条第1款规定，当事人约定由债务人向第三人履行债务，债务人未向第三人履行债务或者履行债务不符合约定的，应当向债权人承担违约责任。第523条规定，当事人约定由第三人向债权人履行债务，第三人不履行债务或者履行债务不符合约定的，债务人应当向债权人承担违约责任。D错，因其属于本人履行的情形。
4. **答案**：ABC。《民法典》第527条规定了不安抗辩权："应当先履行债务的当事人，有确切证据证明对方有下列情形之一的，可以中止履行：（一）经营状况严重恶化；（二）转移财产、抽逃资金，以逃避债务；（三）丧失商业信誉；（四）有丧失或者可能丧失履行债务能力的其他情形。当事人没有确切证据中止履行的，应当承担违约责任。"

   D错，本题债权债务还未产生，不存在撤销权行使的问题。
5. **答案**：AD。本题考查期前履行的法律效果。我国法律规定合同的当事人应当按照合同约定，全部履行自己的义务。《民法典》第530条规定："债权人可以拒绝债务人提前履行债务，但是提前履行不损害债权人利益的除外。债务人提前履行债务给债权人增加的费用，由债务人承担。"
6. **答案**：ABD。根据《民法典》第511条第3项规定，履行地点不明确，给付货币的，在接受货币一方所在地履行；交付不动产的，在不动产所在地履行；其他标的，在履行义务一方所在地履行。
7. **答案**：ABCD。根据《民法典》第509条规定，当事人应当按照约定全面履行自己的义务。当事人应当遵循诚信原则，根据合同的性质、目的和交易习惯履行通知、协助、保密等义务。当事人在履行合同过程中，应当避免浪费资源、污染环境和破坏生态。
8. **答案**：ABC。根据《民法典》第510条、第511条，合同生效后，甲、乙就质量的内容没有约定或者约定不明确的，可以协议补充；不能达成补充协议的，按照合同有关条款或者交易习惯确定。无法达成补充协议且依照合同有关条款或交易习惯无法确定的，按国家标准、行业标准履行。
9. **答案**：CD。根据《民法典》第511条规定，当事人就有关合同价款或报酬不明确，依照本法第510条的规定仍不能确定的，按照订立合同时履行地的市场价格履行；依法应当执行政府定价或者政府指导价的，按照规定履行。

三、名词解释

答案：是指合同依法成立后，因不可归责于双方当事人的原因发生了不可预见的情势变更，致使合同的基础动摇或丧失，若继续维持合同原有效力则显失公平，则允许变更或解除合同。

四、简答题

答案：代物清偿的要件如下：（1）必须有原债务存在；（2）必须以他种给付代替原定给付，两种给付在价值上可以有差额，但须双方当事人约定；（3）必须有双方当事人关于代物清偿的合意；（4）必须债权人等有受领权的人现实地受领给付。代物清偿具有消灭债的关系的效力。

第二十一章　合同履行中的抗辩权

基础知识图解

- 概述
- 同时履行抗辩权
  - 须由同一双务合同互负债务
  - 须双方互负的债务均已届清偿期
  - 须对方未履行债务或者未提出履行债务
  - 须对方的对待给付是可能给付
  - 当事人一方违约与同时履行抗辩
- 不当履行
  - 迟延履行
  - 受领迟延
  - 部分履行
  - 瑕疵履行
- 不安抗辩权
  - 因同一双务合同而互负债务
  - 后给付义务人的履行能力明显降低
    - 经营状况恶化
    - 转移财产或抽逃资金以逃避债务
    - 丧失商业信誉
    - 有丧失或可能丧失偿债能力的其他情形
  - 不安抗辩权行使及效力
- 先履行抗辩权
  - 互负债务
  - 有先后履行顺序
  - 先履行一方不符合债的本旨
  - 先履行抗辩权的行使和效力

配套测试

一、单项选择题

1. 甲一日在乙处看到一条名贵狗，双方商定价金5万元。现乙已向甲交付该狗，但未交付该狗的血统证明书。若乙请求甲付款，则甲（　　）。

A. 不得主张同时履行抗辩，因为交付证书义务为从给付义务

B. 不得主张同时履行抗辩，因为付款与交付证书不具有对待给付关系

C. 得主张同时履行抗辩，因为从给付义务不妨碍抗辩权的成立

D. 得主张同时履行抗辩，因为从给付义务虽通常不得成立该抗辩，但本案从给付义务与合同目的实现关系密切

2. 合同约定：甲公司于7月5日前将200台彩电交付给乙公司，乙公司于收货后一周内将全部货款40万元交给甲公司，则下列说法中正确的是（　　）。

A. 甲公司在履行其义务前，得要求乙公司给付货款

B. 双方均享有同时履行抗辩权

C. 若甲公司仅交付100台彩电，乙公司有权拒付一半货款

D. 甲公司逾期未交付，乙公司以此为由

拒绝给付货款，则构成双方违约，各自承担自己的责任

3. 债务人要求提前履行债务的，（　　）。

A. 债权人应予准许

B. 债权人应予拒绝

C. 债权人有权拒绝，但提前履行不损害债权人利益的除外

D. 提前履行债务给债权人增加的费用，由债权人负担

4. 甲、乙双方互负债务，没有先后履行顺序，一方在对方履行之前有权拒绝其履行要求，另一方在对方履行债务不符合约定时有权拒绝其相应的履行要求。这在我国民法典理论上称作什么权利？（　　）

A. 先履行抗辩权

B. 先诉抗辩权

C. 同时履行抗辩权

D. 不安抗辩权

5. 甲在乙经营的酒店进餐时饮酒过度，离去时拒付餐费，乙不知甲的身份和去向。甲酒醒后回酒店欲取回遗忘的外衣，乙以甲未付餐费为由拒绝交还。对乙的行为应如何定性？（　　）

A. 是行使同时履行抗辩权

B. 是行使不安抗辩权

C. 是自助行为

D. 是侵权行为

6. 甲、乙订立一份价款为10万元的图书买卖合同，约定甲先支付书款，乙两个月后交付图书。甲由于资金周转困难只交付5万元，答应余款尽快支付，但乙不同意。两个月后甲要求乙交付图书，遭乙拒绝。对此，下列哪一表述是正确的？（　　）（2010年司考．卷三．单13）

A. 乙对甲享有同时履行抗辩权

B. 乙对甲享有不安抗辩权

C. 乙有权拒绝交付全部图书

D. 乙有权拒绝交付与5万元书款价值相当的部分图书

7. 2011年5月6日，甲公司与乙公司签约，约定甲公司于6月1日付款，乙公司6月15日交付“连升”牌自动扶梯。合同签订后10日，乙公司销售给他人的“连升”牌自动扶梯发生重大安全事故，质监局介入调查。合同签订后20日，甲、乙、丙公司三方合意，由丙公司承担付款义务。丙公司6月1日未付款。下列哪一表述是正确的？（　　）（2011年司考．卷三．单14）

A. 甲公司有权要求乙公司交付自动扶梯

B. 丙公司有权要求乙公司交付自动扶梯

C. 丙公司有权行使不安抗辩权

D. 乙公司有权要求甲公司和丙公司承担连带债务

8. 甲与乙公司签订的房屋买卖合同约定：“乙公司收到首期房款后，向甲交付房屋和房屋使用说明书；收到二期房款后，将房屋过户给甲。”甲交纳首期房款后，乙公司交付房屋但未立即交付房屋使用说明书。甲以此为由行使先履行抗辩权而拒不支付二期房款。下列哪一表述是正确的？（　　）（2015年司考．卷三．单10）

A. 甲的做法正确，因乙公司未完全履行义务

B. 甲不应行使先履行抗辩权，而应行使不安抗辩权，因乙公司有不能交付房屋使用说明书的可能性

C. 甲可主张解除合同，因乙公司未履行义务

D. 甲不能行使先履行抗辩权，因甲的付款义务与乙公司交付房屋使用说明书不形成主给付义务对应关系

9. 2021年2月1日乙公司向甲公司订购短袖T恤1万件，约定：乙公司应在4月5日前支付30万元首期价款，甲公司从5月1日起分批交付T恤，交付完毕后乙公司付清余款。4月4日，乙公司准备按约支付首期价款，甲公司的竞争对手告知乙公司，甲公司生产经营严重恶化，将要破产。乙公司随即暂停付款，并告知甲公司暂停付款的原因，要求甲公司提供担保。甲公司告知乙公司：本公司经营正常，T恤生产原料马上准备到位，正准备安排从4月10日起生产，乙公司应尽快履行合同，否则将不交货并追究违约责任。但乙

公司坚持要求甲公司提供担保，甲公司不同意。乙没有按期支付首期价款，并于4月7日发出通知，解除甲乙之间合同，取消交易。关于甲乙之间的关系，表述正确的是？（　）

A. 乙公司虽然在4月5日前没有支付首期价款，但不应承担违约责任
B. 甲公司4月4日电话中关于将不交货的表示构成违约
C. 甲公司拒绝提供担保，乙公司有权解除合同
D. 乙公司无权解除合同，取消交易

10. 甲与乙订立买卖合同，约定甲于10月10日交货，乙在收货后10天内付款。交货期届满时，甲发现乙有转移资金以逃避债务的行为。对此，甲可依法行使的权利是？（　）

A. 先履行抗辩权
B. 同时履行抗辩权
C. 先诉抗辩权
D. 不安抗辩权

二、多项选择题

1. 下列哪些合同可适用同时履行抗辩权？（　）

A. 行政合同
B. 买卖合同
C. 自然人之间的借贷合同
D. 互易合同

2. 同时履行抗辩权与留置权非常相似。关于它们的区别，以下说法正确的是（　　）。

A. 前者是抗辩权，后者是物权
B. 前者适用范围较广，后者只适用于几种特殊合同
C. 前者有不可分性，后者则无之
D. 前者仅能消极阻止对方请求，后者对标的物得优先受偿

3. 甲于2月3日向乙借用一台彩电，乙于2月6日向甲借用了一部手机。到期后，甲未向乙归还彩电，乙因此也拒绝向甲归还手机。关于乙的行为，下列哪些说法是错误的？（　）

A. 是行使同时履行抗辩权
B. 是行使不安抗辩权
C. 是行使留置权
D. 是行使抵销权

4. 甲将其随身听交乙修理，双方就履行期无约定，乙修好后，甲请求乙交付，此时乙得主张（　　）。

A. 同时履行抗辩权
B. 不安抗辩权
C. 后履行抗辩权
D. 留置权

5. 应当先履行债务的当事人，有证据证明对方有下列哪些情形之一的，可以中止履行？（　　）

A. 经营状况严重恶化的
B. 转移资产，抽逃资金，以逃避债务的
C. 丧失商业信誉的
D. 有其他丧失或者可能丧失履行债务能力情形的

6. 下列哪些情况下，当事人一方不履行非金钱债务或者履行非金钱债务不符合约定的，对方不可以请求强制履行？（　　）

A. 法律上或事实上不能履行的
B. 债务的标的物在市场上不难获得的
C. 债务的标的不适于强制履行的或者履行费用过高的
D. 债权人在合理期限内未请求履行的

7. 中止履行的法律后果包括（　　）。

A. 中止履行无确切证据证明法定事由出现的，应承担违约责任
B. 中止履行后应及时通知对方
C. 在对方提供适当担保时，应恢复履行
D. 中止履行后，对方在合理期限内未恢复履行能力且未提供适当担保的，中止履行方可以解除合同，并追究其违约责任

8. 某热电厂从某煤矿购煤200吨，约定交货期限为2007年9月30日，付款期限为2007年10月31日。9月底，煤矿交付200吨煤，热电厂经检验发现煤的含硫量远远超过约定标准，根据政府规定不能在该厂区燃烧。基于上述情况，热电厂的哪

些主张有法律依据？（　　）（2008 年司考．卷三．多 57）

A. 行使顺序履行抗辩权

B. 要求煤矿承担违约责任

C. 行使不安抗辩权

D. 解除合同

9. 甲、乙签订汽车买卖合同约定：甲以 30 万元的价格购买该汽车，甲、乙均于 2022 年 3 月 1 日履行，一方违约应向对方支付违约金 5 万元。到期后，甲、乙均未履行合同义务。2022 年 5 月 1 日，因债务承担乙亦对甲负担 50 万元债务。5 月 1 日，乙请求甲支付汽车价款未果。2022 年 9 月 1 日，乙对甲行使的下列权利无法实现的是？（　　）

A. 请求甲支付违约金 5 万元

B. 通知甲解除汽车买卖合同

C. 通知甲抵销 30 万元

D. 起诉（诉讼中甲对乙主张同时履行抗辩权）请求甲支付 30 万元购车款

三、不定项选择题

某市 A 乡农户甲于 3 月 1 日与乙公司订立合同，出售自己饲养的活鸡 1 万只，乙公司应在 3 月 21 日前支付 5 万元的首期价款，甲从 4 月 1 日起分批交付，交付完毕后乙公司付清余款。3 月 20 日，乙公司得知该市的 B 乡发现了鸡瘟，即致电向甲询问。甲称，尽管 B 乡临近 A 乡，但是应当不会传播过来。乙公司表示等到事情比较明朗后再付款，甲坚持要求其按时付款，否则将不交货并追究责任。3 月 25 日，因失火导致鸡棚倒塌，致甲所饲养的大部分鸡只毁于一旦，甲当即将此事通知了乙。3 月 10 日，甲向丙公司订购了一批饲料，约定 4 月 10 日至 20 日送货上门，甲验收后 10 日内付款。甲在 3 月 26 日把鸡只死亡情况通知了丙公司，要求取消交易。丙公司称：货物已经备好，不同意解约，除非甲赔偿其损失。请回答（1）~（3）题。

（1）关于甲与乙公司之间关系，表述正确的是：（　　）。

A. 乙公司虽在 3 月 21 日没有付款，但不应承担违约责任

B. 甲 3 月 20 日电话中关于将不交货的表示构成违约

C. 甲不需承担不能交付标的物的违约责任

D. 乙公司有权解除合同

（2）关于甲与丙公司之间的关系，表述正确的是：（　　）。

A. 由于甲所养殖的鸡只于 3 月 25 日已经大部分灭失，合同自动解除

B. 甲取消交易构成违约，应对丙承担违约责任

C. 甲有权单方解除合同，但是应赔偿丙公司的损失

D. 丙有权要求甲继续履行合同

（3）假设甲所养的鸡并未因失火导致鸡棚倒塌所灭，但当地政府为防止鸡瘟暴发，自 3 月 21 日起对甲的养殖场实行管制，禁止鸡鸭外运，一旦发现鸡瘟即全部扑杀，乙知情后没有支付首期价款，关于甲、乙之间的关系，表述正确的是：（　　）。

A. 虽然乙公司在 3 月 21 日前没有付款，也不应承担违约责任

B. 甲有权以乙未付首期价款为由拒绝履行相应的交货义务

C. 如果双方协商解除合同，甲应当适当赔偿乙公司的损失

D. 如果双方协商解除合同，乙公司应当适当赔偿甲的损失

四、名词解释

1. 双务合同履行中的抗辩权

2. 先履行抗辩权

五、简答题

1. 双务合同履行中的不安抗辩权。

2. 简述同时履行抗辩权的构成要件。

3. 同时履行抗辩权的法律效力。

4. 预期违约和不安抗辩权在性质、效果方面的主要区别。

参考答案

一、单项选择题

1. **答案**：D。同时履行抗辩权的构成要件之一是须由同一双务合同互负债务。可主张同时履行抗辩的，系基于同一双务合同而生的对待给付，这里的债务，首先应为主给付义务，而从给付义务的履行当与合同目的实现具有密切关系时，应认为其与主给付义务之间有牵连关系，产生同时履行抗辩权。

2. **答案**：C。根据《民法典》第526条的规定，当事人互负债务，有先后履行顺序，先履行一方未履行的，后履行一方有权拒绝其履行要求。先履行一方履行债务不符合约定的，后履行一方有权拒绝其相应的履行要求。乙公司享有先行抗辩权，甲公司不得要求乙公司同时履行。

3. **答案**：C。根据《民法典》第530条的规定，债权人可以拒绝债务人提前履行债务，但提前履行不损害债权人利益的除外。债务人提前履行债务给债权人增加的费用，由债务人负担。

4. **答案**：C。根据《民法典》第525条的规定，当事人互负债务，没有先后履行顺序的，应当同时履行。一方在对方履行之前有权拒绝其履行要求。一方在对方履行债务不符合约定时，有权拒绝其相应的履行要求。

5. **答案**：C。参见《民法典》第525条关于同时履行抗辩权的规定和对中止履行的规定。

6. **答案**：D。参见《民法典》第526条合同履行中的抗辩权。

7. **答案**：C。本案中，甲、乙、丙公司达成三方合意，由丙公司承担付款义务，实质是甲、丙公司达成债务承担协议，并经过债权人乙的同意，电梯买卖合同双方当事人仍然是甲与乙。在A选项中，因为丙公司未能按约付款，乙公司可以对甲公司行使先履行抗辩权，所以A项错误。在B选项中，因为丙公司非买卖合同当事人，其无权要求乙向自己交付电梯，所以B项错误。而丙公司因为电梯发生严重事故，有不能履行合同的情形，合同当事人甲对乙可以行使不安抗辩权，债务承受人丙也可以主张不安抗辩权，所以C选项正确。债务转移后由新的债务人承担清偿义务，乙公司只能要求丙公司清偿债务，不能要求甲公司承担连带责任，所以D选项错误。本题正确选项为C。

8. **答案**：D。《民法典》第526条规定，当事人互负债务，有先后履行顺序，应当先履行债务一方未履行的，后履行一方有权拒绝其履行请求。先履行一方履行债务不符合约定的，后履行一方有权拒绝其相应的履行请求。第527条规定，应当先履行债务的当事人，有确切证据证明对方有法定情形的，可以中止履行。这两个条文分别为先履行抗辩权和不安抗辩权的规定，前者是后履行义务一方的抗辩权，后者是先履行义务一方的抗辩权。本题中，相对于房屋使用说明书和二期房款的交付义务，甲是后履行一方，所以不可以行使不安抗辩权，故B选项错误；再则，行使先履行抗辩权的条件是在双务合同中，先履行一方没有履行对待给付义务，而本题中甲的付款义务与乙公司交付房屋的义务才是对待给付义务，与乙公司交付房屋使用说明书非对待给付义务，所以甲也不可以行使先履行抗辩权，故A选项错误，D选项正确。依《民法典》第563条第1款第3项、第4项的规定，当事人一方迟延履行主要债务，经催告后在合理期限内仍未履行的，或者当事人一方迟延履行债务或者有其他违约行为致使不能实现合同目的，当事人可以解除合同。本题中，甲不具备解除合同的条件，故C选项错误。

9. **答案**：D。根据《民法典》第527条规定，应当先履行债务的当事人，有确切证据证明对方有下列情形之一的，可以中止履行：(1) 经营状况严重恶化；(2) 转移财产、抽逃资金，以逃避债务；(3) 丧失商业信誉；(4) 有丧失或者可能丧失履行债务能力的其他情形。当事人没有确切证据中止履行的，应当承担违约责任。不安抗辩权的行使方必须负举证义务，证明对方存在上述某一种情形之一。本题中，乙公司只是听甲公司的竞争对手告知甲公司将要破产而没有证据证明甲公司将要破产的情况下便不履行支付30万元首期价款义务，不属于合法行使不安抗辩权，构成违约，故A项错误。由于乙公司不属于合法行使不安抗辩权，甲公司有权拒绝提供担保，乙公司无权解除合同，故C项错误。同时根据《民法典》第526条规定，当事人互负债务，有先后履行顺序，应当先履行债务一方未履行的，后履行一方有权拒绝其履行请求。先履行一方履行债务不符合约定的，后履行一方有权拒绝其相应的履行请求。按照双方的约定，乙先有在4月5日前履行支付30万元首期价款的义务，甲后有从5月1日履行分批交付T恤的义务。所以当乙无故不履行义务时，甲可以行使顺序履行抗辩权，不构成违约，故B项错误。

10. **答案**：D。A项中的先履行抗辩权是由后履行方行使的，而甲是先履行方，所以不能行使，故A项错误。同时履行抗辩权是在合同双方履行顺位相同时才能适用，甲也不能适用，故B项错误。C项中的先诉抗辩权是一般保证人的一种抗辩权，与题目无关，故C项错误。不安抗辩权，是指在双务合同中，应先履行债务的一方发现后履行一方有财产状况严重恶化、转移资产以逃避债务等情形，可能危及债权时，在后履行方未履行其债务或提供担保前，拒绝先履行自己债务的权利。本题中，甲有理由认为乙转移资产以逃避债务的行为足以危及债权，故其可行使不安抗辩权，D项正确。

二、多项选择题

1. **答案**：BD。同时履行抗辩权只能在双务合同中适用，单务合同不得适用。A错，因行政合同不受《民法典》调整；C错，一般认为自然人之间的借款合同是单务合同，因此，不适用同时履行抗辩权。
2. **答案**：ABD。C错，留置权是担保物权中的一种，不可分性是担保物权的特征之一。不可分性，是指担保物权所担保的债权的债权人得就担保物的全部行使其权利。
3. **答案**：ABCD。参见《民法典》第525条、第527条、第549条。
4. **答案**：AD。A对，同时履行抗辩权，是指无先后履行顺序的双务合同当事人一方在他方当事人未为对待给付前，有拒绝自己给付的抗辩权。B错，不安抗辩权，是指当事人互负债务，有先后履行顺序的，有先履行义务的一方有证据证明后给付义务人经营状况严重恶化，或者转移财产、抽逃资金以逃避债务履行，或者丧失商业信用，以及其他丧失或者可能丧失履行债务能力的情况时，可中止自己的履行，并要求对方提供担保。C错，无后履行抗辩权这一说法。D对，留置权，是债权人按照合同约定占有债务人的财产，在债务人逾期不履行债务时，有留置该财产，并就该财产优先受偿的权利。
5. **答案**：ABCD。参见《民法典》第527条关于中止履行的规定。同时当事人没有确切证据中止履行的，应当承担违约责任。
6. **答案**：ACD。根据《民法典》第580条第1款的规定，当事人一方不履行非金钱债务或者履行非金钱债务不符合约定的，对方可以要求履行，但有下列情形之一的除外：(1)法律上或者事实上不能履行；(2)债务的标的不适于强制履行或者履行费用过高；(3)债权人在合理期限内未要求履行。
7. **答案**：ABCD。根据《民法典》第527条第2款的规定，当事人没有确切证据中止履行的，应当承担违约责任。根据第528条规定，当事人依照本法前条规定中止履行的，应当及时通知对方。对方提供适当担保时，应当恢复履行。中止履行后，对方在合理期限内未恢复履行能力并且未提供适当担保的，中止履行的一方可以解除合同。
8. **答案**：ABD。见《民法典》第526条关于同时履行抗辩权的规定。本题中，煤矿交付的煤的含硫量远远超过约定标准，热电厂作为后履行一方有权根据顺序履行抗辩权拒绝相应履行。根据《民法典》第577条规定，当事人一方不履行合同义务或者履行合同义务不符合约定的，应当承担违约责任。据此，热电厂有权要求煤矿承担违约责任。根据《民法典》第527条的规定，不安抗辩权为负有先履行义务一方的当事人享有，本题中热电厂属于后履行义务一方，其不能行使不安抗辩权。根据《民法典》第563条第1款第4项的规定，煤矿的违约行为导致热电厂购煤的合同目的不能实现，热电厂有权解除合同。因此，本题正确答案应为A、B、D。

9. **答案**：BCD。《民法典》第525条规定："当事人互负债务，没有先后履行顺序的，应当同时履行。一方在对方履行之前有权拒绝其履行请求。一方在对方履行债务不符合约定时，有权拒绝其相应的履行请求。"本题中，因乙未向甲交付汽车，若乙请求甲支付价款时，甲对乙行使同时履行抗辩权。因行使同时履行抗辩权而不履行义务的不属于违约行为，无须支付违约金。若甲因行使同时履行抗辩权而不对乙履行支付价款的义务，不属于违约。这样就不存在《民法典》第563条第1款第3项规定的"当事人一方迟延履行主要债务，经催告后在合理期限内仍未履行"之情形，乙不享有法定解除权。债务承担后的债务状况是甲欠乙30万元，乙欠甲50万元；但是，乙对甲享有的30万元债权，附有甲的同时履行抗辩权。根据学理通说，负有抗辩的债权，不能作为主动债权而抵销，只能作为被动债权被抵销。本题中，乙不得向甲主张抵销30万元，甲可对乙主张抵销30万元（甲主张抵销时，视为甲放弃同时履行抗辩权）。一方面，甲对乙享有同时履行抗辩权；另一方面，甲已经对乙主张了同时履行抗辩权。此时法院应当作出同时履行判决，即判决甲向乙支付30万元的价款，但该义务的履行是以乙向甲交付汽车为成就条件。

三、不定项选择题

答案：（1）CD。《民法典》第527条规定："应当先履行债务的当事人，有确切证据证明对方有下列情形之一的，可以中止履行：（一）经营状况严重恶化；（二）转移财产、抽逃资金，以逃避债务；（三）丧失商业信誉；（四）有丧失或者可能丧失履行债务能力的其他情形。当事人没有确切证据中止履行的，应当承担违约责任。"本题中，乙公司在无确切证据的情况下延迟履行付款义务，构成违约，A项错误。第526条规定："当事人互负债务，有先后履行顺序，应当先履行债务一方未履行的，后履行一方有权拒绝其履行请求……"甲关于将不交货的表示是行使其先履行抗辩权的行为，并不构成违约，B项错误。甲的鸡棚失火被焚毁，构成《民法典》第590条所规定的不可抗力，因而甲可以依照该条免除违约责任，C项正确。乙公司因不可抗力不能实现合同目的，有权按照第563条第1款第1项解除合同，D项正确。①

（2）BD。《民法典》第577条规定："当事人一方不履行合同义务或者履行合同义务不符合约定的，应当承担继续履行、采取补救措施或者赔偿损失等违约责任。"除法律规定或当事人约定的事由外，任何一方都不得以任何借口拒不履行合同，也无权单方解除合同。因此，甲所养鸡只大多灭失的事实不影响甲、丙之间的饲料买卖合同关系，A、C项显然错误，D项正确。甲取消交易的行为构成《民法典》第578条意义上的预期违约，应承担违约责任，B项正确。故选B、D。

（3）AB。政府的管制构成交易上的不可抗力，即不能预见、不能避免且不能克服的客观情况。在此情形下，乙可以行使不安抗辩权，甲也可以行使先履行抗辩权，故A、B项正确。如果双方协商解除合同，则赔偿事宜应当自行约定，并不存在某一方应当"适当"赔偿另一方之法律依据，C、D项错误。故选A、B。

四、名词解释

1. **答案**：是指在符合法定条件时，当事人一方

---

① 编者注：需注意的是，不安抗辩权的行使并不能改变合同双方的履行顺序，对方也有权行使自己的先履行抗辩权。

对抗对方当事人的履行请求权，暂时拒绝履行其债务的权利。它包括同时履行抗辩权、先履行抗辩权和不安抗辩权。

2. 答案：是指当事人互负债务，有先后履行顺序的，先履行一方未履行之前，后履行一方有权拒绝其履行请求，先履行一方履行债务不符合债的本旨的，后履行一方有权拒绝其相应的履行请求。

五、简答题

1. 答案：我国《民法典》上的不安抗辩权，是指先给付义务人在有证据证明后给付义务人的经营状况严重恶化，或者转移财产、抽逃资金以逃避债务，或者丧失商业信誉，以及其他丧失或者可能丧失履行债务能力的情况时，可中止自己的履行；后给付义务人接收到中止履行的通知后，在合理的期限内未恢复履行能力或者未提供适当担保的，先给付义务人可以解除合同。

不安抗辩权的成立须符合两个条件：第一，双方当事人因同一双务合同而互负债务。不安抗辩权为双务合同的效力表现，其成立须双方当事人因同一双务合同而互负债务，并且该两项债务系对价关系。第二，后给付义务人的履行能力明显降低，有不能为对待给付的现实危险。不安抗辩权制度保护先给付义务人是有条件的，不允许其在后给付义务人有履行能力的情况下行使不安抗辩权，只能在有不能为对待给付的现实危险、害及先给付义务人的债权实现时，才能行使不安抗辩权。所谓后给付义务人的履行能力明显降低，有不能为对待给付的现实危险，包括其经营状况严重恶化，转移财产、抽逃资金以逃避债务，丧失商业信誉，以及其他丧失或可能丧失履行能力的情况。履行能力明显降低，有不能为对待给付的现实危险，须发生在合同成立以后。如果在订立合同时即已存在，而先给付义务人明知此情况却依然缔约，法律则无必要对其加以特别保护；如不知情而缔约，则可通过合同无效等制度解决。

为了兼顾后给付义务人的利益，使后给付义务人尽量减少损害并及时消除危及债务履行的情形，法律要求先给付义务人行使不安抗辩权的，应及时通知后给付义务人，该通知的内容包括中止履行的意思表示和指出后给付义务人提供适当担保的合理期限。行使不安抗辩权的先给付义务人并负有举证证明后给付义务人的履行能力明显降低，有不能为对待给付的现实危险的义务。

不安抗辩权的效力包括：(1) 先给付义务人中止履行。根据我国《民法典》第527条的规定，先给付义务人有确切证据证明后给付义务人的履行能力明显降低，有不能为对待给付的现实危险的，有权中止履行。所谓中止履行，是指暂停履行或者延期履行，履行义务仍然存在。在后给付义务人提供适当担保时，应当恢复履行。所谓适当担保，包括设定担保的时间适当，并能保障先给付义务人的债权得以实现。(2) 先给付义务人解除合同。按照我国《民法典》第528条的规定，先给付义务人中止履行后，后给付义务人在合理期限内未恢复履行能力并且未提供适当担保的，先给付义务人可以解除合同，通知到达后给付义务人时发生合同解除效力。后给付义务人有异议时，可以请求人民法院或者仲裁机构确认合同解除效力。后给付义务人的行为构成违约时，还应承担相应的违约责任。

2. 答案：(1) 须由同一双务合同互负债务。如果双方当事人的债务不是基于同一双务合同而发生，即使在事实上有密切关系，也不得主张同时履行抗辩权。

(2) 须双方互负的债务均已届清偿期。如果一方当事人负有先履行的义务，就不由同时履行抗辩权制度管辖，而让位于不安抗辩权。

(3) 须对方未履行债务或未提出履行债务。原告向被告请求履行债务时，须自己已为履行或提出履行，否则，被告可行使同时履行抗辩权，拒绝履行自己的债务。

(4) 须对方的对待给付是可能履行的。对方当事人的对待给付已不可能时，因同时履行的目的已不可能达到，不发生同时履行抗辩权问题，由合同解除制度解决。

3. 答案：(1) 同时履行抗辩权也称为履行契约的抗辩权，是指合同当事人一方于他人未为对待给付时，拒绝自己给付的权利。

(2) 同时履行抗辩权没有否定对方请求权的权利，但可以对抗相对人的请求。设立同时履行抗辩权的主要目的就在于对抗对方所提出的履行或承担违约责任的请求。

(3) 同时履行抗辩权具有使对方请求权延期的效力，即在对方没有履行或未提出履行之前，得拒绝自己的给付。

(4) 同时履行抗辩权的行使，并不能使合同的履行效力消灭，而只是阻碍合同的履行效力的发生。行使同时履行抗辩权不能时，会最终导致合同的解除或自然终止。

(5) 同时履行抗辩权只能由当事人自己行使，法院不能依职权主动适用。当事人在行使同时履行抗辩权时，有援用同时履行抗辩权的意思表示即可。但当事人即使未为此意思表示也有排除给付迟延的效力。

4. 答案：预期违约，依《民法典》第578条的规定，当事人一方明确表示或者以自己的行为表明不履行合同义务的，对方可在履行期限届满前要求其承担违约责任。

不安抗辩权，是指先给付义务人在有证据证明后给付义务人的经营状况严重恶化，或转移财产、抽逃资金以逃避债务，或谎称有履行能力的欺诈行为时，可中止自己的履行，后给付义务人接收到中止履行的通知后，在合理期限内未恢复履行能力或未提供适当担保的，先给付人可以解除合同。其目的是可使后给付义务人有效履行其义务并降低先给付义务人有可能到时得不到给付的现实危险性。

二者区别在于：(1) 适用前提条件不同：不安履行抗辩要求只有负有先履行义务合同的一方才可行使，而前者不存在这个限制；(2) 适用范围不同：后者适用范围广，在《民法典》第527条有具体条件，而前者没有具体的适用范围；(3) 法律救济效果不同：前者可以要求对方负违约责任，后者只能先中止履行。

第二十二章　合同的保全

基础知识图解

- 合同的保全
  - 概念
  - 债权人代位权
    - 概念
    - 条件
      - 债务人对债权人的债权合法
      - 债务人对第三人享有权利
      - 债务人怠于行使权利
      - 危及债权人的债权实现
      - 债务人对第三人的权利不具有专属性
    - 行使
      - 范围
      - 方式
    - 效力
      - 对债务人的效力
      - 对第三人的效力
      - 对债权人的效力
  - 债权人撤销权
    - 概念
    - 要件
      - 客观要件
        - 系有偿
        - 损害债权
        - 发生在债权成立后
      - 主观要件
        - 债务人恶意
        - 第三人恶意
    - 行使：以自己之名义，以诉讼形式
    - 效力
      - 对债务人的效力
      - 对第三人的效力
      - 对债权人的效力

配套测试

一、单项选择题

1. 甲于2020年10月10日向乙借款1万元，双方约定借款期限为2年。2022年10月16日，甲还没有还款。乙经调查，发现甲家里除了一台黑白电视机没有什么值钱的。但甲帮丙运输百货，丙还有2万元运输费未付，已到期近7个多月。由于丙是甲的亲戚，甲不好意思向丙要钱，就一直拖着。下列说法中正确的有（　　）。

A. 乙可以以甲的名义向丙要回这欠款2万元，其中，1万元用于偿还自己的债款

B. 乙可以扣押甲的电视机来行使其代位权，代位权就是只要还钱就行

C. 乙可以请求丙偿还所欠甲的运输费，以便偿还自己的债款

D. 乙可以直接享有债权人的代位权，而无须甲的同意或与甲协商

2. 王某于1997年3月4日从李某处借到人民

币3000元。该债务的还款日期为1998年3月4日。到期后，李某只于1998年5月3日向王某讨要过一回。2000年7月5日，李某向一个律师朋友说起这事。其律师朋友告诉他，该债务已经过了时效期间了，要不回来了，除非王某同意还款。李某很着急，其律师朋友遂建议他，要王某为该债务提供保证人，如果王某提供了，则该债务依然有效。李某就依此而行，果然，王某没有注意到这一点，就提供了张某为保证人。又约定，债务延期2个月，于2000年12月4日到期。但后来，张某知道了此事，就提出抗辩。则下列说法中，正确的为（　　）。

A. 由于自然债务不能作为保证的对象，故张某的保证为无效

B. 本案中，自然债务因张某的保证而继续为有效

C. 保证有效，但保证人张某得主张债务人王某的债务已经过了时效期间的抗辩

D. 被保证的债务成为自然债务后，若债务人抛弃了时效期间已经过了的抗辩，则保证人也不得主张

3. A公司与B公司签订了一份借款协议，借款金额500万元，月利率20%，期限为2021年1月5日至7月5日。A公司请C公司担保，C公司出具担保书规定：借款人到期不还，担保人负责清偿，担保期至借款人全部本息还清时止。事后A公司无力偿还，B公司于2022年9月5日向保证人C公司要求还债。下列说法中正确的有（　　）。

A. 尽管借款利率高于银行贷款利率，但主合同有效，C公司应负保证责任

B. 尽管主合同无效但保证合同有效，C公司仍应承担保证责任

C. 企业之间禁止借贷，故主合同无效。主合同无效，则保证合同无效。A公司、B公司、C公司均有过错，依各自过错承担责任

D. 主合同有效，保证合同无效，C公司不用承担责任

4. 甲为乙的债务担保，根据约定，取得担保费3万元。该3万元取得的依据是（　　）。

A. 保证合同

B. 委托合同

C. 保证合同或委托合同

D. 保证合同和委托合同

5. 李某向信用社贷款2万元，请在县人民检察院做出纳的朋友王某在保证人栏目盖上人民检察院印章，而此事人民检察院领导并不知道，李某在经营中亏损无力还贷，信用社要人民检察院归还，人民检察院经查知系王某所为，故拒绝清偿。下列说法中正确的有（　　）。

A. 人民检察院应负保证责任

B. 虽然人民检察院领导不知情，但从保护善意第三人角度看，应认定该保证合同已成立

C. 该保证合同不成立，由当事人按照各自过错承担责任

D. 保证合同成立，由人民检察院和王某承担连带保证责任

6. 甲与乙订立一买卖合同。甲又与丙订立一保证合同，约定丙对乙履行债务承担连带保证责任。下列表述正确的是（　　）。

A. 在买卖合同纠纷未经审判或者仲裁，并就乙的财产依法强制执行无效果时，丙对甲可拒绝承担保证责任

B. 买卖合同履行期限届满，乙不履行债务，则甲即可以请求丙承担保证责任

C. 此保证合同属于共同保证

D. 此保证属于对将来债务的保证

7. 17周岁的甲每月工资500元，以工资作为主要生活来源，家中并无积蓄，也无贵重财产。其好友乙与丙订立了一货物买卖合同，总价款10万元，乙请甲为其提供担保，甲同意，并与丙订立了保证合同，约定甲承担连带保证责任。后乙不能履行债务，丙要求甲承担保证责任。下列表述正确的是（　　）。

A. 甲没有完全代偿能力，因此，保证合同

无效，甲不必承担保证责任

B. 甲是限制民事行为能力人，因此，保证合同无效，甲不必承担保证责任

C. 甲是完全民事行为能力人，虽无完全代偿能力，但不能以此为由要求免除保证责任

D. 甲是限制民事行为能力人，因此，保证合同效力待定，如果甲的法定代理人同意，则甲承担保证责任，如果甲的法定代理人不同意，保证合同自始无效，甲不必承担保证责任

8. 甲借款给乙 2 万元，由丙作为保证人。丙与乙之间签订保证合同，未通知甲。后乙与甲协商变更借款数额为 3 万元。借款到期后，乙无力偿还该借款，为此发生纠纷。对此，(　　)。

A. 丙应承担 2 万元的保证债务

B. 丙应承担 3 万元的保证债务

C. 丙不应承担保证债务

D. 丙承担保证债务后有权向乙追偿

9. 甲、乙签订买卖合同，约定甲方于 2022 年 8 月 10 日向乙方预付定金 10 万元，合同成立；9 月 10 日前，乙方向甲方交付全部货物；甲方验收合格后，余款 90 万元甲方一次性付给乙方，另约定违约金 2 万元。8 月 10 日，甲方依约定向乙方交付定金 10 万元。但截至 9 月 20 日，虽经甲方多次催告，乙方仍未能向甲方交付货物。下列表述不正确的是（　　）。

A. 甲方有权要求乙方双倍返还定金，即给付 20 万元人民币

B. 甲方有权要求乙方双倍返还定金或支付违约金

C. 甲方有权请求法院判令乙方承担违约金，返还定金 10 万元

D. 设甲方在 8 月 10 日未向乙方预付定金，则甲、乙双方互有过错，都应承担违约责任

10. 甲、乙二人签订买卖合同，合同总标的为 10 万元，合同约定违约金为 2 万元，同时，甲向乙支付定金 5000 元。后乙违约，造成甲的经济损失 2.1 万元。现甲向人民法院起诉，问：甲最多可以向乙要求支付（　　）。

A. 2 万元　　　B. 2.6 万元

C. 3 万元　　　D. 3.1 万元

11. 甲装修公司欠乙建材商场货款 5 万元，乙商场需付甲公司装修费 2 万元。现甲公司欠款已到期，乙商场欠款已过诉讼时效，甲公司欲以装修费充抵货款。下列哪一种说法是正确的?（　　）

A. 甲公司有权主张抵销

B. 甲公司主张抵销，须经乙商场同意

C. 双方债务性质不同，不得抵销

D. 乙商场债务已过诉讼时效，不得抵销

12. 甲公司在 2011 年 6 月 1 日欠乙公司货款 500 万元，届期无力清偿。2010 年 12 月 1 日，甲公司向丙公司赠送一套价值 50 万元的机器设备。2011 年 3 月 1 日，甲公司向丁基金会捐赠 50 万元现金。2011 年 12 月 1 日，甲公司向戊希望学校捐赠价值 100 万元的电脑。甲公司的 3 项赠与行为均尚未履行。下列哪一选项是正确的?（　　）（2012 年司考．卷三．单 15）

A. 乙公司有权撤销甲公司对丙公司的赠与

B. 乙公司有权撤销甲公司对丁基金会的捐赠

C. 乙公司有权撤销甲公司对戊希望学校的捐赠

D. 甲公司有权撤销对戊希望学校的捐赠

13. 甲欠乙货款 30 万元，丙、丁为保证人，没有约定各自的担保范围和担保方式。因甲到期无力向乙还款，丙根据甲的要求承担了 20 万元的保证责任。关于丙承担保证责任以后的求偿权，下列表述正确的是（　　）。

A. 丙可向甲请求偿还 20 万元

B. 丙作为一般保证的保证人放弃先诉抗辩权，自愿承担保证担保责任，不得追偿

C. 丙只能分别向甲、丁请求偿还 10 万元

D. 丙最多只能向丁请求偿还 5 万元

14. 甲公司与乙公司签订为期3年的供货合同，丙公司表示，在该供货合同期限内，对甲公司产生的货款债务愿意提供保证。后因甲公司经营不善，无力清偿，与乙公司协商终止该供货合同，尚有2022万元货款未支付，乙公司表示免除22万元尾款，并同意甲公司将500万元债务转至丁公司承担，以上均未通知丙公司，下列说法正确的是（　　）。

A. 丙公司应对2022万元承担保证责任

B. 丙公司应对1500万元承担保证责任

C. 丙公司应对2000万元承担保证责任

D. 丙公司应对甲公司产生的债务承担连带责任

二、多项选择题

1. 甲欠乙1.6万元无力偿还，经乙查证：丙欠甲2.5万元，履行期已届满6个月，甲从未向丙要求返还；甲的退休金600元，抚恤金2000元，有关单位已拖延1个月未发放，甲亦未追要，下列陈述正确的是（　　）。

A. 乙只能向法院请求以甲的名义要求丙归还2.5万元

B. 乙可以向法院请求以乙的名义要求丙归还2.5万元，有关单位发放退休金600元，抚恤金2000元

C. 乙可以向法院请求以乙的名义要求丙归还1.6万元

D. 即使丙仅交付1万元，乙也不能要求有关部门发放甲的退休金、抚恤金

2. 债务人有下列情形之一的，债权人可以向人民法院提起撤销权诉讼（　　）。

A. 债务人放弃或者延展其到期债权，以致不能清偿其债务，对债权人造成损害的

B. 债务人无偿转让财产，对债权人造成损害的

C. 债务人放弃其未到期债权，又无其他财产清偿到期债权，可能影响债权人实现其债权的

D. 债务人将自己的财产出售，却又允许买受人欠债的

3. 担保物权的不可分性表现在：（　　）。

A. 债权因清偿或让与一部分消灭的，债权人仍就未清偿债权部分对担保物全体行使权利

B. 担保物一部分灭失，残存部分仍担保债权全部

C. 分期履行的债权，已届履行期的部分未履行时，债权人就全部担保物有优先受偿权

D. 抵押权不得与债权分离而单独转让

4. 担保合同失效后，当事人应当承担相应的民事责任，下列关于当事人民事责任承担的陈述哪些是正确的？（　　）

A. 主合同有效而担保合同无效，债权人无过错的，担保人对债务人不能清偿的部分承担赔偿责任

B. 主合同无效而导致担保合同无效，担保人无过错的，担保人不承担责任

C. 主合同有效而担保合同无效，债权人、担保人有过错的，担保人承担民事责任的部分，不应超过债务人未清偿部分的1/2

D. 主合同无效而导致担保合同无效，担保人有过错的，担保人承担民事责任的部分，不应超过债务人不能清偿部分的1/3

5. 钱某向赵某借款9万元，孙某、李某、周某三人为连带保证人，借款期届满，钱某无力偿还债务，孙某代为偿还了该9万元，则孙某取得哪些权利？（　　）

A. 可以请求钱某偿还9万元

B. 可以请求李某、周某偿还其各自承担的3万元

C. 可以先请求钱某偿还，不足部分再向李某、周某请求偿还

D. 可以请求李某、周某偿还其各自应承担的3万元，并可同时请求钱某偿还3万元

6. A公司与自然人B签订一份借款协议，向B借款50万元，月利率20%，期限为2020年1月5日至7月5日。A公司请C公司

担保，C 公司出具的担保书规定：借款人到期不能清偿的，保证人负责清偿，担保期至借款人全部本息还清时止。事后 A 公司无力偿还，B 于 2021 年 9 月 5 日向债务人 A 公司提起诉讼。下列说法中错误的是：（　　）。

A. 由于 B 只是向债务人提起诉讼，没有向保证人 C 公司主张权利，因此，C 公司不承担保证责任

B. 由于 B 直到 2021 年 9 月才主张权利，已经超过了 6 个月的保证期间，所以，保证人 C 公司不承担责任

C. 由于借款利率高于银行贷款利率，因此，主合同无效，故 C 公司不负保证责任

D. C 公司承担的保证责任为一般保证

7. 下列选项中，构成共同保证的有（　　）。

A. 甲对乙的债务承担保证责任，丙对丁的债务承担保证责任

B. 甲、乙与丁订立一保证合同，甲、乙二人共同为丙欠丁的债务提供担保

C. 甲、乙分别与丙订立保证合同，但都是为丁欠丙的债务提供保证

D. 甲对乙的债务提供保证，乙对丙的债务提供保证

8. 甲公司与乙公司签订了一份联营协议，规定甲公司与乙公司联营期限为 2 年，期限届满时甲公司一次性支付乙公司联营出资的全部资金，并按 40% 支付利润。同时，丙公司明知这一情况而与乙公司签订保证协议，对联营协议提供担保。下列说法正确的是：（　　）。

A. 甲公司与乙公司之间的联营协议无效

B. 丙公司与乙公司之间的保证合同无效

C. 丙公司根据其过错承担相应的担保责任

D. 丙公司、甲公司共同对乙公司承担返还本金的责任，同时对甲、乙、丙公司规避法律的行为处以处罚

9. 赵某欠孙某 10 万元，田某欠赵某 10 万元，赵某同时还欠周某和郑某 10 万元。孙某代替赵某对田某行使了代位权，要回了 10 万元。下列说法中不正确的是：（　　）。

A. 孙某不能以自己的名义行使代位权

B. 周某和郑某知道孙某行使了代位权后，即使债权未到期，也可以主张同时受偿

C. 设置代位权的目的在于催促债务人自动履行债务

D. 孙某可以直接向田某主张代位行使 10 万元债权

10. 保证人对主债务人的求偿权的行使条件包括（　　）。

A. 保证人已经对债权人承担了保证责任

B. 主债务人对债权人因保证人承担了保证责任而免责

C. 保证人没有赠与的意思

D. 第三人没有为保证人提供反担保

11. 甲向乙借款人民币 5 万元，由丙做保证人，丙与乙签订了保证合同。对此保证合同的性质，下列说法正确的有（　　）。

A. 是单务合同

B. 是无偿合同

C. 是甲与乙之间的借款合同的从合同

D. 是诺成性合同

12. 甲向乙借款 5 万元，乙要求甲提供担保，甲分别找到友人丙、丁、戊、己，他们各自作出以下表示，其中哪些构成保证？（　　）（2008 年司考．卷三．多 53）

A. 丙在甲向乙出具的借据上签署“保证人丙”

B. 丁向乙出具字据称“如甲到期不向乙还款，本人愿代还 3 万元”

C. 戊向乙出具字据称“如甲到期不向乙还款，由本人负责”

D. 己向乙出具字据称“如甲到期不向乙还款，由本人以某处私房抵债”

13. 甲向乙借款 10 万元，由丙作为保证人，约定“如果甲到期不能偿还该债务，由丙承担保证责任，直至甲的债务本息还清为止”。下列哪些选项是正确的？（　　）

A. 该保证为一般保证

B. 该保证为连带责任保证

C. 保证期间为主债务履行期届满之日起

2年

D. 保证期间为主债务履行期届满之日起6个月

14. 于某因公司周转向银行借款50万元，姜某做连带保证人。两个月后又追加借款20万元。告知姜某，姜某未置可否。关于姜某的保证责任，下列说法正确的是？（　　）

A. 姜某可以向银行行使先诉抗辩权

B. 于某对银行的抗辩权，姜某也可以对银行主张

C. 姜某应为于某70万元承担保证责任

D. 姜某应为于某50万元承担担保责任

三、不定项选择题

1. 甲对于乙享有100万元的债权，乙对于丙享有100万元的债权。因到期乙无力偿还甲的债权，又不及时行使对于丙的债权，甲提起代位权诉讼。

（1）甲行使代位权的性质（　　）。

A. 是甲自身的权利

B. 是基于乙而享有的代理权

C. 是甲所享有的诉讼权利

D. 是甲享有的一种固有权利

（2）甲行使代位权应具备（　　）。

A. 甲对乙的债权到期

B. 乙对丙的债权到期

C. 甲对乙的债权可到期可不到期

D. 乙处于破产状态

（3）在该诉讼中，可以行使的权利有（　　）。

A. 丙可行使乙对甲的抗辩权

B. 甲可行使自己对乙的抗辩权

C. 丙可行使对甲的抵销权

D. 丙可对甲行使自己对乙的抵销权

2. 甲欠乙400万元，甲将自己的房屋无偿为戊向己借款的合同提供担保，该担保符合形式要件。甲又将该房屋以极低价格转让给了丙，该买卖也符合形式要件。后因甲无力清偿乙的债权，戊无力清偿其债权人己的债权，己欲行使对甲之房屋的抵押权。

（1）下列选项正确的是（　　）。

A. 己的抵押权无效

B. 乙可依法撤销己的抵押权

C. 乙可对己的抵押权行使抗辩权

D. 乙可对己的抵押权主张抵销权

（2）乙行使对己的抵押权的撤销权，则（　　）。

A. 应向法院提出

B. 通知己即发生此种效力

C. 或向法院或通知己

D. 根据具体情况而定

（3）乙撤销甲与丙之间的低价转让行为，则丙应当（　　）主张权利。

A. 向甲

B. 向乙

C. 或向甲或向乙

D. 既可向甲又可向乙

（4）设甲除欠乙400万元外，还欠庚400万元，庚此时向甲提起返还之诉，此时400万元应（　　）。

A. 向乙清偿

B. 扣除乙行使撤销权的费用

C. 所得款项由乙、庚按相同比例受偿

D. 先要应还乙，根据公平原则，应向庚清偿小部分

3. 张某与王某签订了一份加工合同，张某提供原料，王某提供制成品。为保证王某履约，赵某为王某提供保证，保证合同未约定保证责任的范围、保证的期间和保证责任的性质。为保险起见，张某要求王某提供财产质押，王某提供了质押。张某按合同要求提供原料后，将其债权转让给其弟弟，此转让未经保证人赵某同意。王某在履约过程中，将其承担任务的一半转让给李某承担，此转让经过张某的弟弟同意，但未经保证人赵某的同意。之后，李某完成的任务不符合要求，张某的弟弟要求赵某、王某和李某承担连带责任，赵某和王某均拒绝承担责任。张某的弟弟随即向人民法院起诉。现回答下列问题：

（1）赵某的保证期间为：（　　）。

A. 保证合同成立之日起6个月

B. 主债务履行期届满之日起 6 个月
C. 保证合同成立之日起 3 个月
D. 主债务履行期届满之日起 3 个月
(2) 赵某的保证责任的性质属于：(　　)。
A. 一般保证责任
B. 特殊保证责任
C. 连带保证责任
D. 任意保证责任

4. 材料①：2021 年 2 月，甲公司与其全资子公司乙公司签订了《协议一》，约定甲公司将其建设用地使用权用于抵偿其欠乙公司的 2000 万元债务，并约定了仲裁条款。但甲公司未依约将该用地使用权过户到乙公司名下，而是将之抵押给不知情的银行以获贷款，办理了抵押登记。材料②：同年 4 月，甲公司、丙公司与丁公司签订了《协议二》，约定甲公司欠丁公司的 5000 万元债务由丙公司承担，且甲公司法定代表人张某为该笔债务提供保证，但未约定保证方式和期间。曾为该 5000 万元负债提供房产抵押担保的李某对《协议二》并不知情。同年 5 月，丁公司债权到期。材料③：同年 6 月，丙公司丧失偿债能力。丁公司查知乙公司作为丙公司的股东（非发起人），对丙公司出资不实，尚有 3000 万元未注入丙公司。同年 8 月，乙公司既不承担出资不实的赔偿责任，又怠于向甲公司主张权利。材料④：同年 10 月，甲公司股东戊公司与己公司签订了《协议三》，约定戊公司将其对甲公司享有的 60%股权低价转让给己公司，戊公司承担甲公司此前的所有负债。请回答第（1）~（2）题。
(1) 根据材料①，关于甲公司、乙公司与银行的法律关系，下列表述正确的是：(　　)。
A. 甲公司欠乙公司 2000 万元债务没有消灭
B. 甲公司抵押建设用地使用权的行为属于无权处分
C. 银行因善意取得而享有抵押权
D. 甲公司用建设用地使用权抵偿债务的行为属于代为清偿
(2) 根据材料②和材料③，关于乙公司、丙公司与丁公司的法律关系，下列表述正确的是：(　　)。
A. 乙公司应对丙公司对丁公司的债务承担无限责任
B. 乙公司应对丙公司对丁公司的债务承担连带责任
C. 乙公司应对丙公司对丁公司的债务承担全部责任
D. 乙公司应对丙公司对丁公司的债务在未出资本息范围内承担补充责任

四、名词解释

1. 撤销权
2. 一般保证
3. 先诉抗辩权

五、简答题

简述定金合同的成立要件。

六、论述题

1. 论述债权人的代位权。（西南政法大学 2008 年研究生入学考试题“债权人的代位权的条件、行使方式及效力”）
2. 试述债权人撤销权的成立要件。

七、案例分析题

1. 甲公司向乙公司购买价值 50 万元的彩电，合同约定甲公司先预付 20 万元货款，其余 30 万元货款在提货后 3 个月内付清，并由丙公司提供连带保证担保，但未约定保证范围。提货 1 个月后，甲公司在征得乙公司同意后，将 30 万元债务转移给尚欠其 30 万元货款的丁公司。对此，丙公司完全不知情。至债务清偿期届满时，乙公司要求丁公司偿还 30 万元货款及其利息，而丁公司因违法经营被依法查处。法定代表人不知去向，公司的账户被冻结。于是，乙公司找到丙公司，要求其承担保证责任，丙公司至此才知道甲公司已将其债务转让给丁公司，遂以此为由拒绝承担责任。双方为此发生争议，乙公司诉诸法院。问：

甲公司转让债务的行为是否有效？为什么？

2. 1996年11月19日，工商银行某支行与某市东方工贸公司签订一份借款合同。双方约定：工商银行某支行借给东方工贸公司300万元，借款期限自1996年11月20日至1997年5月20日，利率按月息9.24‰计算。同时，工商银行某支行与某市新型建材公司签订一份担保合同，合同规定，由新型建材公司为上述借款合同承担一般担保责任。两份合同签订后，工商银行某支行履行了出借300万元的义务，可到期后，东方工贸公司却未能如约履行还本付息的义务。为此，工商银行某支行诉至某人民法院，请求判令借款方东方工贸公司还本付息。

1998年5月18日经人民法院调解，工商银行某支行、东方工贸公司、新型建材公司达成了于1998年8月30日前偿还借款本息的协议。之后，因东方工贸公司没有按期履行调解协议，工商银行某支行便向人民法院递交了执行申请书。可是，此时东方工贸公司早已人去楼空。在此情形下，工商银行某支行请求新型建材公司承担还本付息的责任。问：

（1）新型建材公司的担保是一种什么样的担保方式？

（2）新型建材公司应否承担担保责任，为什么？

3. A公司计划开发一个新项目，筹集资金后尚缺300万元。1998年5月，A公司与某银行签订了借款300万元的合同；并由B公司提供了担保；但B公司感到300万元的担保不是一个小数字，要求A公司再找一方提供反担保。于是A公司找到C公司向B公司作了反担保，并签订了合同。A公司计划投产后，效益不佳，一直处于亏损状态。1999年8月，银行在催债未果的情况下通过法院强制执行，从B公司账户划走资金170万元；B公司就此向法院起诉了A公司与C公司。问：

法院应该如何审理此案？试用有关担保法原理进行分析。

参考答案

一、单项选择题

1. 答案：D。A错，因债权人的代位权的行使，应由债权人以自己的名义行使。B错，因代位权的行使是针对第三人（即次债务人），而非债务人。C错，因代位权的行使应以诉讼的方式进行，而不能由债权人直接向第三人索要。D对，《民法典》第535条第1款规定，因债务人怠于行使其债权或者与该债权有关的从权利，影响债权人的到期债权实现的，债权人可以向人民法院请求以自己的名义代位行使债务人对相对人的权利，但是该权利专属于债务人自身的除外。据此，乙可以直接享有债权人的代位权，而无须债务人甲的同意或与甲协商。

2. 答案：C。保证人有拒绝履行抗辩权，如时效完成的抗辩权，不安抗辩权等，即使债务人放弃上述权利，保证人也有权提出。本题中王某放弃抗辩权，但张某作为保证人仍有抗辩权。

3. 答案：C。本题考查的是主合同与保证合同的关系。《民法典》第682条规定，保证合同是主债权债务合同的从合同。主债权债务合同无效的，保证合同无效，但是法律另有规定的除外。保证合同被确认无效后，债务人、保证人、债权人有过错的，应当根据其过错各自承担相应的民事责任。本题中作为主合同的借款协议无效，不是因为借款利率高于银行利率（根据有关法律规定，这种情况下仅高出银行利率的部分无效，而不是整个合同无效），而是因为根据我国有关规定，企业之间不得相互借贷。因为主合同无效，所以作为从合同的保证合同也无效。保证合同无效，并不意味着保证人可以不承担任何责任，只是不承担因合法的担保关系而产生的责任；如果保证人有过错，仍应承担责任。综上，本题正确答案为C。

4. **答案**：B。本题考查的是担保人与债务人的合同的性质及其与保证合同的区别。保证合同是保证人与债权人之间的合同。保证人不能向债权人索取报酬，因此，保证合同是无偿合同。保证人与债务人之间的合同属于委托合同。委托合同可以是有偿合同，也可以是无偿合同。故本题中保证人取得担保费的依据是委托合同。故本题正确答案为B。

5. **答案**：C。本题考查的是可以做保证人的主体。《民法典》第683条规定："机关法人不得为保证人，但是经国务院批准为使用外国政府或者国际经济组织贷款进行转贷的除外。以公益为目的的非营利法人、非法人组织不得为保证人。"据此，本题中人民检察院不能做保证人。因此，该保证合同无效，人民检察院不应承担保证责任。故本题A、B、D项不正确。《民法典》第682条规定："保证合同是主债权债务合同的从合同。主债权债务合同无效的，保证合同无效，但是法律另有规定的除外。保证合同被确认无效后，债务人、保证人、债权人有过错的，应当根据其过错各自承担相应的民事责任。"据此，本题担保合同虽然不成立，但有过错的当事人应当承担相应的民事责任。故本题C项正确。

6. **答案**：B。本题考查的是连带责任保证的特点。我国担保法上的保证分为一般保证和连带责任保证两种。《民法典》第687条规定："当事人在保证合同中约定，债务人不能履行债务时，由保证人承担保证责任的，为一般保证。一般保证的保证人在主合同纠纷未经审判或者仲裁，并就债务人财产依法强制执行仍不能履行债务前，有权拒绝向债权人承担保证责任……"第688条规定："当事人在保证合同中约定保证人和债务人对债务承担连带责任的，为连带责任保证。连带责任保证的债务人不履行到期债务或者发生当事人约定的情形时，债权人可以请求债务人履行债务，也可以请求保证人在其保证范围内承担保证责任。"根据上述规定，一般保证与连带责任保证的最大区别就是：一般保证的保证人享有先诉抗辩权，即其只有在主合同纠纷经过审判或者仲裁，并就债务人财产依法强制执行仍不能履行债务时，才对债权人承担保证责任；而连带责任保证的保证人不享有先诉抗辩权，债务履行期届满时，只要债务人没有履行债务，债权人就有权要求连带责任保证人承担保证责任。据此，由于本题中丙承担的是连带保证责任，故只要买卖合同履行期限届满，乙不履行债务，甲就可以请求丙承担保证责任。故本题A项不正确，B项正确。此保证合同只有一个保证人，不是共同保证，故本题C项不正确。此保证是对已经存在的甲、乙之间的债权债务进行保证，不是对将来债务的保证，故本题D项不正确。

7. **答案**：C。本题考查的是保证合同的主体资格。根据民法通则和合同法的有关规定，限制行为能力人签订合同要经过其法定代理人的追认，方为有效。但本题中甲虽未满18周岁，但其以自己的劳动收入作为主要生活来源，根据我国有关法律的规定，属于"劳动成年"的情况，应视为完全行为能力人。完全行为能力人自愿签订的合同，只要不具备法律规定的无效情形，就应当认定有效，其应承担合同规定的义务。我国法律并没有规定具有完全代偿能力是保证人承担保证责任的条件，故本题中甲虽没有完全代偿能力，也不能免除保证责任。综上，本题正确答案为C。

8. **答案**：C。本题考查的是保证合同的特点。保证合同是保证人与债权人之间的合同，而不是保证人与债务人之间的合同。本题中，甲为债权人，乙为债务人，丙为"保证人"，乙与丙之间的合同不是保证合同，故不论债权人与债务人之间的债权债务关系如何变化，丙均不承担保证责任。故本题正确答案为C。

9. **答案**：D。本题考查的是定金合同成立时间、定金合同中违约责任的承担。定金合同从实际交付定金之日起生效。如甲方未在8月10日向乙方交付定金，则该合同未生效。

故无所谓违约责任。参见《民法典》第 586 条、第 587 条。

10. **答案**：B。本题考查的是定金的效力以及定金与违约金的关系。《民法典》第 587 条规定，债务人履行债务的，定金应当抵作价款或者收回。给付定金的一方不履行债务或者履行债务不符合约定，致使不能实现合同目的的，无权请求返还定金；收受定金的一方不履行债务或者履行债务不符合约定，致使不能实现合同目的的，应当双倍返还定金。第 588 条第 1 款规定，当事人既约定违约金，又约定定金的，一方违约时，对方可以选择适用违约金或者定金条款。据此，定金和违约金只能择一适用，而不能同时并用。《民法典》第 585 条第 1 款和第 2 款规定，当事人可以约定一方违约时应当根据违约情况向对方支付一定数额的违约金，也可以约定因违约产生的损失赔偿额的计算方法。约定的违约金低于造成的损失的，人民法院或者仲裁机构可以根据当事人的请求予以增加；约定的违约金过分高于造成的损失的，人民法院或者仲裁机构可以根据当事人的请求予以适当减少。据此，合同约定的违约金数额低于对方违约造成的损失的，当事人可以请求人民法院或者仲裁机构予以增加，法律虽未规定增加的限度，但根据民法上的补偿原理，应当是增加到实际损失的数额。本题中，由于约定的定金数额大大低于约定的违约金和实际损失，故适用违约金条款对甲更有利。合同约定违约金为 2 万元，而甲因乙违约的实际经济损失为 2.1 万元，根据上述规定，甲可以请求将违约金增加到 2.1 万元。又因为甲已向乙交付了 5000 元定金，既然不适用定金罚则，甲可以请求乙按原数返还。综上，甲可以请求乙共支付 2.6 万元。故本题正确答案为 B。

11. **答案**：A。根据《民法典》第 568 条第 1 款规定："当事人互负债务，该债务的标的物种类、品质相同的，任何一方可以将自己的债务与对方的到期债务抵销；但是，根据债务性质、按照当事人约定或者依照法律规定不得抵销的除外。"第 192 条第 2 款规定："诉讼时效期间届满后，义务人同意履行的，不得以诉讼时效期间届满为由抗辩；义务人已经自愿履行的，不得请求返还。"时效届满，债权人只是丧失胜诉权，而不丧失实体权利，仍可以此为基础主张抵销权。

12. **答案**：C。《民法典》第 538 条规定，债务人以放弃其债权、放弃债权担保、无偿转让财产等方式无偿处分财产权益，或者恶意延长其到期债权的履行期限，影响债权人的债权实现的，债权人可以请求人民法院撤销债务人的行为。本题中，甲公司在 2011 年 6 月 1 日欠乙公司货款 500 万元，在 2010 年 12 月 1 日向丙公司赠送机器设备，在 2011 年 3 月 1 日向丁基金会捐赠 50 万元现金，两项无偿赠与行为都发生在债权成立之前，不可能危害将来成立的债权，所以，债权人乙公司不可撤销甲公司对丙公司、丁基金会的捐赠，选项 A、B 错误。甲公司在对乙公司的债务成立而届期无力清偿时，仍于 2011 年 12 月 1 日向戊希望学校捐赠价值 100 万元的电脑，其行为危害了债权人乙公司的利益，乙公司可以撤销该行为，所以，选项 C 正确。《民法典》第 658 条规定，赠与人在赠与财产的权利转移之前可以撤销赠与。经过公证的赠与合同或者依法不得撤销的具有救灾、扶贫、助残等公益、道德义务性质的赠与合同，不适用前款规定。本题中，甲公司对戊希望学校的捐赠是公益性捐赠，甲公司不得撤销。选项 D 错误。综上，本题正确答案为 C。

13. **答案**：A。《民法典》第 686 条第 2 款规定："当事人在保证合同中对保证方式没有约定或者约定不明确的，按照一般保证承担保证责任。"因此保证人丙、丁承担的是一般保证的保证责任。保证人承担保证责任后，除当事人另有约定外，有权在其承担保证责任的范围内向债务人追偿，享有债权人对债务人的权利，但是不得损害债权人的利益。可见，丙放弃先诉抗辩权不等于失去了追偿权，丙可以向债务人甲追偿 20 万元。因为丙、丁之间没有约定追偿权利，因此丙不能向丁追偿，A 项正确。

14. 答案：B。根据《民法典》第 695 条规定，债权人和债务人未经保证人书面同意，协商债务合同内容，减轻债务的，保证人仍对变更后的债务承担保证责任；加重债务的，保证人对加重的部分不承担保证责任。第 697 条第 1 款规定，债权人未经保证人书面同意，允许债务人转移全部或者部分债务，保证人对未经其同意转移的债务不再承担保证责任，但是债权人和保证人另有约定的除外。本题中，丙公司为保证人，乙公司免除甲公司 22 万元尾款的行为属于减轻债务，虽未经丙公司书面同意，丙公司仍对变更后的债务即 2000 万元承担保证责任；而后，乙公司在未经丙公司书面同意的情况下，同意甲公司将 500 万元债务转移给丁公司，且乙公司与丙公司之间无另外的约定，对此，保证人丙公司对该 500 万元不再承担保证责任，因此 B 项正确。

二、多项选择题

1. 答案：CD。本题考查的是债权人代位权的行使。债务人甲不行使其到期债权，致使债权人乙的利益无法实现，乙可以向法院要求以自己名义代位行使甲对丙的债权，但退休金、抚恤金是专属于甲的，不能代位。参见《民法典》第 537 条。

2. 答案：ABC。D 错，债务人的行为虽使其财产减少，但在不影响其对债权的清偿的情况下，债权人无权干涉债务人的行为。

3. 答案：ABC。本题考查的是担保物权不可分性的含义。根据担保物权的一般原理，所谓担保物权的不可分性，是指担保物权所担保的债权的债权人得就担保物的全部行使权利。这体现在：债权的一部分消灭，如清偿、让与，债权人仍就未清偿债权部分对担保物全体行使权利；担保物一部分灭失，残存部分仍担保债权全部；分期履行的债权，已届履行期的部分未履行时，债权人就全部担保物有优先受偿权。据此，本题 A、B、C 项正确。担保物权还具有从属性。所谓从属性，是指担保物权以主债权的成立为前提，随主债权的转移而转移，并随主债权的消灭而消灭。例如，抵押权人不得将抵押权让与他人而自己保留债权，也不得将债权让与他人而自己保留抵押权；更不得将债权与抵押权分别让与两人。据此，D 项实际上表述的是担保物权的从属性，故不应选。

4. 答案：ABD。本题考查的是主合同与担保合同的关系以及担保合同无效的法律后果。《最高人民法院关于适用〈中华人民共和国民法典〉有关担保制度的解释》第 17 条规定："主合同有效而第三人提供的担保合同无效，人民法院应当区分不同情形确定担保人的赔偿责任：（一）债权人与担保人均有过错的，担保人承担的赔偿责任不应超过债务人不能清偿部分的二分之一；（二）担保人有过错而债权人无过错的，担保人对债务人不能清偿的部分承担赔偿责任；（三）债权人有过错而担保人无过错的，担保人不承担赔偿责任。主合同无效导致第三人提供的担保合同无效，担保人无过错的，不承担赔偿责任；担保人有过错的，其承担的赔偿责任不应超过债务人不能清偿部分的三分之一。"据此，本题 A、B、D 项正确。根据该条规定，债权人、担保人有过错的，担保人承担民事责任的部分，不应超过债务人"不能清偿部分"的 1/2，而不是债务人"未清偿部分"的 1/2，故本题 C 项不正确。

5. 答案：ABD。本题考查的是连带保证人的责任和权利。《民法典》第 699 条规定，同一债务有两个以上保证人的，保证人应当按照保证合同约定的保证份额，承担保证责任；没有约定保证份额的，债权人可以请求任何一个保证人在其保证范围内承担保证责任。《最高人民法院关于适用〈中华人民共和国民法典〉有关担保制度的解释》第 13 条第 1 款规定，同一债务有两个以上第三人提供担保，担保人之间约定相互追偿及分担份额，承担了担保责任的担保人请求其他担保人按照约定分担份额的，人民法院应予支持；担保人之间约定承担连带共同担保，或者约定相互追偿但是未约定分担份额的，各担保人按照比例分担向债务人不能追偿的部分。据此，本题中连带债务人孙某偿还了债务后，可以向债务人追偿全部数额，故本题A项正确。孙某还有权要求其他连带保证人李某和周某偿还其应承担的份额，由于未约定各自承担的份额，故按照比例分担，孙某有权要求李某和周某分别偿还3万元，故B项正确。孙某也可以先向债务人钱某请求偿还，但只可要求李某、周某偿还其应当承担的份额即每人3万元，故本题C项不正确。孙某还可以同时请求债务人钱某和其他连带保证人李某和周某按份额偿还，故本题D项正确。

6. **答案**：AC。《民法典》第687条规定："当事人在保证合同中约定，债务人不能履行债务时，由保证人承担保证责任的，为一般保证。一般保证的保证人在主合同纠纷未经审判或者仲裁，并就债务人财产依法强制执行仍不能履行债务前，有权拒绝向债权人承担保证责任……"本题中，C公司出具的担保书规定：借款人到期不能清偿的，保证人负责清偿。这说明C公司承担的保证责任为一般保证，故本题D项表述正确。《民法典》第693条第1款规定，一般保证的债权人未在保证期间对债务人提起诉讼或者申请仲裁的，保证人不再承担保证责任。据此，由于C公司承担的是一般保证，只要债权人在保证期间向债务人提起诉讼，保证人就应当承担保证责任。故本题A项表述不正确。《最高人民法院关于适用〈中华人民共和国民法典〉有关担保制度的解释》第32条规定，保证合同约定保证人承担保证责任直至主债务本息还清时为止等类似内容的，视为约定不明，保证期间为主债务履行期限届满之日起6个月。本题中债权人与保证人双方约定"担保期至借款人全部本息还清时止"，属于约定不明的情况，其保证期间为主债务履行期届满之时起6个月。故本题B项表述正确。根据有关法律规定，约定的利息高于同期银行贷款利率4倍的借款合同，并非全部无效，而只是高于同期银行贷款利率4倍的部分无效。故本题C项表述不正确。综上，本题正确答案为A、C。

7. **答案**：BC。本题考查的是共同保证的概念。根据担保法的原理，共同保证是指数个保证人担保同一债权的保证。具体而言，共同保证的构成要件有二：一是保证人在二人以上，至于是自然人还是法人或法律认可的非法人组织，在所不问；二是数个保证人担保同一债务，如果数个保证人分别保证数个债务人的债务，彼此之间无关联，仍为单独保证，而非共同保证。数个保证人与债权人签订一个保证合同可以成立共同保证，而签订数个保证合同共同担保同一债权也可以成立共同保证，并且这些合同是同时成立还是先后成立，当事人之间有无意思联络均在所不问。据此，本题A项甲和丙分别对乙和丁的债务承担保证责任，不属于共同保证。本题B项甲、乙通过同一保证合同，共同为丙欠丁的债务提供担保，属于共同保证。本题C项甲、乙虽分别与丙签订保证合同，但都是为同一债务提供保证，故属于共同保证。本题D项甲、乙分别对乙、丙的债务提供保证，不属于共同保证。综上，本题正确答案为B、C。

8. **答案**：ABCD。本题考查的是联营合同，担保合同的效力。题中情形正是联营合同中的"保底条款"，依照法律规定，保底条款无效。因该合同是主合同，主合同无效则从合同也就无效。《最高人民法院关于适用〈中华人民共和国民法典〉有关担保制度的解释》第17条规定，主合同有效而第三人提供的担保合同无效，债权人与担保人均有过错的，担保人承担的赔偿责任不应超过债务人不能清偿部分的1/2。依此，保证人应当承担责任。

9. **答案**：ABCD。本题考查的是代位权。《民法典》第535条规定，因债务人怠于行使其债权或者与该债权有关的从权利，影响债权人的到期债权实现的，债权人可以向人民法院请求以自己的名义代位行使债务人对相对人的权利，但是该权利专属于债务人自身的除外。代位权的行使范围以债权人的到期债权为限。债权人行使代位权的必要费用，由债务人负担。相对人对债务人的抗辩，可以向债权人主张。代位权就是债权人以自己的名义进行的，故选项A是错误的；选项B没有法律根据；选项C陈述不准确，实际上代位权是债的保全的一种，它的设置主要是保护债权人的利益；选项D的错误在于孙某必须向人民法院请求行使权利而不得直接向田某主张。

10. 答案：ABC。本题考查的是保证人对主债务人行使求偿权的条件。《民法典》第700条规定，保证人承担保证责任后，除当事人另有约定外，有权在其承担保证责任的范围内向债务人追偿，享有债权人对债务人的权利，但是不得损害债权人的利益。另外，根据担保法的原理，保证人行使求偿权的条件是：（1）保证人已经对债权人承担了保证责任。（2）主债务人因保证人的履行而免责。（3）保证人履行债务无过错。（4）保证人没有赠与的意思。如果保证人基于赠与的目的代债务人履行了债务，则保证人不能行使求偿权，这是赠与的法律效力之所在。据此，本题A、B、C项正确。保证人的求偿权不受第三人是否提供反担保的影响，即使第三人没有提供反担保，保证人也可以行使求偿权。故本题D项不正确。

11. 答案：ABCD。本题考查的是保证合同的性质。保证合同中，只有保证人承担义务，债权人不负对待给付义务，故为单务合同。在保证合同中，保证人对债务人承担保证义务，债权人对此不提供相应对价，故为无偿合同。保证合同因保证人和债权人协商一致而成立，不须另行交付标的物，故为诺成性合同。保证合同因主合同无效而无效，但除当事人另有约定外，主合同并不因保证合同无效而无效，故保证合同为主合同的从合同。综上，本题正确答案为A、B、C、D。

12. 答案：ABC。《民法典》第681条规定，保证合同是为保障债权的实现，保证人和债权人约定，当债务人不履行到期债务或者发生当事人约定的情形时，保证人履行债务或者承担责任的合同。第685条第2款规定，第三人单方以书面形式向债权人作出保证，债权人接收且未提出异议的，保证合同成立。根据上述规定可知，A、B、C项中丙、丁、戊的行为都符合法律规定的保证方式，因此，构成保证，应选；D项属于抵押而非保证，因此D项错误，不选。

13. 答案：AD。依照保证的方式不同，保证可以分为一般保证和连带责任保证。一般保证是指当事人在保证合同中约定，债务人不能履行债务时，由保证人承担保证责任的保证。连带责任保证是指当事人在保证合同中约定保证人与债务人对债务承担连带责任的保证。由此，本题中的保证为一般保证，而不是连带责任保证，A项说法正确，B项说法错误。《最高人民法院关于适用〈中华人民共和国民法典〉有关担保制度的解释》第32条规定，保证合同约定保证人承担保证责任直至主债务本息还清时为止等类似内容的，视为约定不明，保证期间为主债务履行期限届满之日起6个月。故C项错误，D项正确。

14. 答案：BD。A项考查一般保证人的先诉抗辩权。仅一般保证人享有先诉抗辩权，姜某系连带保证人，不可以行使先诉抗辩权。故A项错误。B项考查抗辩权的转移制度。主债务人享有的抗辩权，保证人也可以主张（行使）。故B项正确。C、D项考查保证的从属性。《民法典》第695条第1款规定，债权人和债务人未经保证人书面同意，协商变更主债权债务合同内容，减轻债务的，保证人仍对变更后的债务承担保证责任；加重债务的，保证人对加重的部分不承担保证责任。因此主债务数额增加的，必须经保证人书面同意，否则，保证人对增加的部分不承担保证责任。因此，姜某仅对50万元承担担保责任，对追加的20万元不承担责任。故C项错误，D项正确。

三、不定项选择题

1. 答案：（1）ACD。代位权是债权人以自己的名义行使债务人权利的权利，因此，代位权是债权人自身的权利；代位权是一种法定权利，是债权人的固有权利；代位权必须通过诉讼程序行使，因此，代位权是债权人享有的一种诉讼权利。

(2) AB。代位权行使须债权人与债务人、债务人与次债务人之间的债权均为到期债权。D错，此时应进入破产还债程序。

(3) ABC。代位权诉讼中次债务人享有的权利是：向债权人主张自己对债务人的抗辩权；债权人要求对其财产采取保全措施的，享有要求提供相应担保的权利。D错，因抵销权是双方互负债务的情形下，各以自己的债权充当债务的清偿，第三人的债权不能用于抵销。

2. 答案：(1) B。A错，因已的抵押权在未被撤销之前是有效的。B对，债务人以自己的财产设定担保，对债权人造成损害的，债权人可以向法院提起撤销权诉讼，即行使撤销权。D错，因抵销权只发生在互负债务的双方。C错，无法律依据。

(2) A。撤销权的行使必须向法院提起撤销权诉讼。

(3) A。基于合同相对性的原理，丙可以甲违约要求其赔偿损失。

(4) BC。行使撤销权的债权人有权请求受益人向自己返还所受利益，并有义务将收取的利益加入债务人的一般财产，作为全体一般债权人的共同担保，而无优先受偿之权。依最高人民法院的解释，债权人行使撤销权所支付的律师代理费、差旅费等必要费用，由债务人负担；第三人有过错的，应当适当分担。因撤销权人撤销债务人的行为而取回财产或替代原财产的损害赔偿，归属于全体一般债权人的共同担保，债权人按债权额比例分别受偿。

3. 答案：(1) B。本小题考查的是保证期间的确定。

(2) C。本小题考查的是保证方式的确定。《民法典》第686条规定，保证的方式包括一般保证和连带责任保证。当事人在保证合同中对保证方式没有约定或者约定不明确的，按照一般保证承担保证责任。据此，我国《民法典》规定的保证责任有一般保证责任和连带责任保证两种，由于本题中保证合同未约定保证责任的性质，故应按连带责任保证处理。故本题正确答案为C。

4. 答案：(1) A。代物清偿目前在我国并无法律依据。所谓代物清偿，就是指债权人与债务人约定，以他种给付代替原种给付进行清偿，以消灭债权债务关系。由于代物清偿须以他种给付替代原有给付，因此必须有债权人与债务人的双方合意，代物清偿具有合同性质；又由于代物清偿具有清偿性质，因此债务人必须转移他种给付债权人才能发生清偿的效力，从而消灭原来的债权债务关系，因此代物清偿必须给付。这样代物清偿的性质就是前述两者之和，即实践合同，或称要物契约。本题中，甲公司虽与乙公司订立了代物清偿合同，但由于没有转让他种给付即建设用地使用权，因此代物清偿尚未发生法律效力。既然未能清偿，原来的欠款债权债务关系并没有消灭，故A项正确。甲公司是将自己的建设用地使用权进行抵押，没有无权处分可言，故B项错误。善意取得须以无权处分为前提，甲公司将自有的建设用地使用权抵押给银行系有权处分，不存在善意取得，故C项错误。而所谓代为清偿，则指债务人以外的第三人替债务人向债权人清偿债务，本题中甲公司的行为是代物清偿，二者虽一字之差，法律性质却大异其趣，故D项错误。

(2) D。《最高人民法院关于适用〈中华人民共和国公司法〉若干问题的规定（三）》第13条规定："股东未履行或者未全面履行出资义务，公司或者其他股东请求其向公司依法全面履行出资义务的，人民法院应予支持。公司债权人请求未履行或者未全面履行出资义务的股东在未出资本息范围内对公司债务不能清偿的部分承担补充赔偿责任的，人民法院应予支持；未履行或者未全面履行出资义务的股东已经承担上述责任，其他债权人提出相同请求的，人民法院不予支持。股东在公司设立时未履行或者未全面履行出资义务，依照本条第一款或者第二款提起诉讼的原告，请求公司的发起人与被告股东承担连带责任的，人民法院应予支持；公司的发起人承担责任后，可以向被告股东追偿。股东在公司增资时未履行或者未全面履行出资义务，依照本条第一款或者第二款提起诉讼的原告，请求未尽公司法第一百四十七条第一款规定的义务而使出资未缴足的董事、高级管理人员承担相应责任的，人民法院应予支持；董事、高级管理人员承担责任后，可以向被告股东追偿。”另外，由于乙公司不是发起人股东，无须为丙对丁的债务承担连带责任。综上，本题 D 项当选。

四、名词解释

1. **答案**：债权人的撤销权，又称废罢诉权，是指债权人对于债务人所为的危害债权的行为，可请求法院予以撤销的权利。
2. **答案**：是指当事人在保证合同中约定，债务人不能履行债务时，由保证人承担保证责任的保证。
3. **答案**：又称检索抗辩权，是指保证人在债权人未就主债务人的财产依法强制执行而无效果时，对于债权人可拒绝清偿的权利。先诉辩权既可通过诉讼行使，也可以在诉讼外行使。但在下列情况下不得行使：其一，债务人住所变更，致使债权人要求其履行债务发生重大困难。其二，人民法院受理债务人破产案件，中止执行程序。其三，保证人以书面形式放弃先诉抗辩权。

五、简答题

答案：（1）定金合同是主合同的从合同，定金以主合同的有效成立为前提。主合同无效或被撤销时，定金合同亦无效；主合同因解除或其他原因消灭时，定金合同也消灭。

（2）定金的成立必须有书面定金合同。合同中必须明确写明“定金”字样。合同条款中，写明留置金、担保金、保证金、订约金、押金或定金等，未约定定金性质的，不按定金处理。

（3）定金合同为实践性合同。主合同可以是实践性的，也可以是诺成性的，但定金合同不仅需要当事人双方的意思表示一致，而且需要现实交付定金。定金合同从实际交付定金之日起生效。关于定金交付的时间，证约定金通常于主合同成立时交付，以确实起到证明合同成立的作用；违约定金既可以在主合同成立同时交付，也可以在主合同成立后、履行前交付，因为在这段期限内的任何时刻交付，其功效都是一样的。

（4）定金的标的，一般为金钱，少数情况下是其他代替物。之所以要求为金钱，是因为接受定金的当事人不履行债务时，必须双倍返还。定金的数额由当事人约定，但不得超过主合同标的额的 20%。超过部分不按定金处理。当事人实际交付的定金数额多于或少于约定数额，视为变更定金合同。收受一方提出异议并拒绝接受定金的，定金合同不生效。

六、论述题

1. **答案**：债权人的代位权，是指当债务人不积极行使自己的权利而危及债权人债权的实现时，债权人得以自己的名义代替债务人直接向债务人的债务人（第三人）行使权利的权利。我国《民法典》第 535 条正式确立了债权人的代位权：因债务人怠于行使其债权或者与该债权有关的从权利，影响债权人的到期债权实现的，债权人可以向人民法院请求以自己的名义代位行使债务人对相对人的权利，但是该权利专属于债务人自身的除外。代位权的行使范围以债权人的到期债权为限。债权人行使代位权的必要费用，由债务人负担。相对人对债务人的抗辩，可以向债权人主张。据此，代位权的成立通常应符合以下条件：

第一，债务人须享有对于第三人的权利。这是代位权成立的基础条件。如果债务人不享有对于第三人的权利，就没有什么权利可供债权人代位行使，也就谈不上代位权。应当注意的是，并非所有债务人对第三人的权利都能成为代位权行使的对象，通常能为债权人代位行使的债务人的权利是非专属于债务人自身的财产权利。而且，根据《民法典》的规定，这种财产权利仅限于到期债权，物权及未到期债权都不能包括在内。

第二，须债务人怠于行使其权利。所谓怠于行使，是指应当而且能够行使权利却不行使。所谓应当行使，是指若不及时行使权利，权利就有可能消灭或减少其财产价值。例如，债权因长期不行使将可能因时效届满而消灭。所谓能够行使，是指债务人不存在任何行使的障碍，他完全有能力由自己或通过代理人去行使权利。如果债务人已经向其债务人提出了请求，或者已经向法院提起诉讼，则不能认为其怠于行使权利。

第三，须债务人怠于行使权利的行为有害于债权人的债权。代位权主要是在债务人怠于行使已到期限的债权，债权人为保全债权而行使的权利。因此只有在怠于行使权利影响到债务人的责任履行、有害于债权人的债权时，债权人才能行使代位权。所谓怠于行使权利的行为有害于债权人的债权，是指债务人不向其债务人主张其具有金钱给付内容的到期债权，又未提起诉讼或者仲裁，致使债权人的债权有不能实现的危险。次债务人（即债务人的债务人）不认为债务人有怠于行使其到期债权情况的，应当承担举证责任。

2. 答案：债权人的撤销权的成立要件，因债务人所为的行为系无偿行为抑或有偿行为而有所不同。在无偿行为场合，只需具备客观要件；而在有偿行为的情况下，则必须同时具备客观要件与主观要件。

客观要件包括以下三个：

（1）须有债务人的行为。所谓债务人的行为，按《民法典》第 538 条规定，是指债务人所为的民事法律行为，包括以放弃其债权、放弃债权担保、无偿转让财产等方式无偿处分财产权益和恶意延长其到期债权的履行期限。如债务人放弃或者延展其到期债权，以致不能清偿其债务，对债权人造成损害的；债务人无偿转让财产，对债权人造成损害的；债务人放弃其未到期债权，又无其他财产清偿到期债务，可能影响债权人实现其债权；债务人以自己的财产设定担保，对债权人造成损害的；债务人以明显不合理的低价转让财产或者以明显不合理的高价收购他人财产，且受让人或者出让人明知或者应当知道该行为已经或者可能损害债权人的利益等。

（2）债务人的行为有害债权。所谓有害债权，是指债务人减少其清偿资力，不能使债权人依债权本旨得到满足。债务人减少清偿资力包括两种情况：一为减少积极财产；二为增加消极财产。

（3）债务人的行为必须以财产为标的。债务人的行为，非以财产为标的者不得予以撤销。所谓以财产为标的的行为，是指财产上受直接影响的行为。

主观要件包括：在有偿行为场合，债权人撤销权的成立以债务人有恶意为要件。依《民法典》第 538 条的规定，对债务人以明显不合理的低价转让财产对债权人造成损害的，行使撤销权要求以受让人知情为要件。因为无偿行为的撤销，仅使受益人失去无偿所得的利益，并未损害其固有利益，因此法律应首先保护受危害的债权人的利益。在有偿行为中，债务人的恶意为债权人撤销的成立要件；受益人的恶意为债权人撤销权的行使要件。如果仅有债务人的恶意而受益人为善意时，不得撤销他们之间的民事法律行为。

（1）债务人的恶意。债务人的恶意，以行为时为准。行为时不知，而后为恶意的，不成立诈害行为。其不知是否出于过失，在所不问。诈害行为由债务人的代理人实施的，其恶意的有无，就代理人的主观状态加以判断。债务人虽有恶意，但事实上未发生有害于债权人的结果时，不成立撤销权。

（2）受益人的恶意。受益人，又称取得人，是指基于债务人的行为而取得利益的人。他通常为同债务人发生民事法律行为的相对人，但在为第三人利益的合同中，受益人为该第三人。受益人的恶意，是指第三人在取得一定财产或取得一定财产利益时，已经知道债务人所为的行为有害于债权人的债权，也就是说已经认识到了该行为对债权损害的事实，至于受益人是否具有故意损害债权人的意图，或是否曾与债务人恶意串通，不在考虑之列。

七、案例分析题

1. **答案**：有效。《民法典》第551条第1款规定，债务人将债务的全部或者部分转移给第三人的，应当经债权人同意。本案中，甲公司经乙公司同意，将其欠乙公司的债务转让给丁公司，因此，甲公司与丁公司间的债务转让具有法律效力。

2. **答案**：（1）新型建材公司与工商银行某支行所签订的担保合同是一般保证方式。一般保证的保证人享有先诉抗辩权，即在主合同纠纷未经审判或者仲裁，并就债务人财产依法强制执行仍不能履行债务前，对债权人可以拒绝承担保证责任。

　　（2）本案工商银行某支行在主债务人到期不履行的情况下，通过诉讼与债务人、保证人达成协议是正确的，在主债务人无法履行的情况下，债权人请求保证人承担保证责任是符合一般保证的法律规定的。为此，新型建材公司应向工商银行某支行承担还本付息的民事责任。新型建材公司承担保证责任后，有权向东方工贸公司追偿。

3. **答案**：法院应判决C公司偿付B公司170万元；A公司尚未偿还银行的130万元的本息，应由法院强制B公司履行；B公司履行后，再要求C公司偿付。

　　本案涉及反担保。所谓反担保，是指反担保人向主合同的担保人提供的担保，也就是担保的担保。在存在反担保关系的场合，共包括一个主合同和两个担保合同，这三个合同既相互联系又相互独立：（1）主合同，就是基础合同。双方当事人分别为债权人和债务人。（2）担保合同，这是主合同的从合同。在担保合同中，分别有债权人、担保人、债务人三方当事人。担保人的担保责任主要是保证债务人能及时偿还债务，在债务人不履行时，由担保人代为履行或承担连带责任。（3）反担保合同，这可以说是担保合同的从合同。在反担保合同中，分别有担保人、债务人、反担保人三方当事人。在这里，担保人成为债权人，反担保人的担保责任主要是在担保人代替债务人履行债务之后，保证债务人能及时向担保人偿还其代为履行的债务，若债务人未按时履行此债务，则由反担保人代为履行或承担连带责任。反担保合同实际上就是担保合同，只不过合同中的债权人是主合同下原担保合同的担保人而已。因此，反担保合同的反担保人担保责任的履行应以担保合同中担保人的担保责任已履行为前提。

　　本案中，B公司是主合同的担保人，故应对A公司所欠银行债务承担保证责任。同时C公司作为反担保人，有义务保证债务人A公司及时向担保人B公司偿还其代为履行的债务，若A公司未按时履行此债务，则C公司应代为履行或承担连带责任。本案中，A公司已处于亏损状态，不可能按时偿还B公司代其履行的债务，故C公司应代其偿还。对于A公司尚未偿还银行的130万元的本息，因B公司是担保人，应由其清偿；同样，基于反担保原理，B公司在清偿了这部分债务后，有权要求反担保人C公司偿还。

第二十三章　合同的变更、转让和权利义务终止

基础知识图解

- 合同的变更
  - 概念和特征
    - 债的主体变更
    - 债的内容和客体不变
    - 以债务关系存在为前提
    - 保持债的同一性
  - 合同债权转让
    - 概念
    - 条件
      - 须有有效的合同债权存在
      - 具有可让与性
      - 通知债务人
      - 转让双方之间须达成合同
      - 须依法办理有关手续
    - 效力
  - 合同债务的转移
    - 概念
    - 种类
      - 免责的债务承担
      - 并存的债务承担
    - 要件：注意须经债权人同意
    - 效力
  - 合同权利义务的概括转让：合同承受、企业合并与分立
- 合同的权利义务终止
  - 概念
  - 合同终止原因
  - 清偿
  - 抵销
    - 概念：法定抵销、合意抵销
    - 条件
      - 双方互负债务、互享债权
      - 双方债务互负，且标的物的种类品质相同
      - 双方的债务均届清偿期
      - 必须是非依债的性质不能抵销
    - 效力
  - 提存
    - 条件
      - 具有法律规定的提存原因
      - 标的物适于提存
      - 提存主体合法
    - 效力：三方之间的效力
  - 免除
    - 性质
    - 要件
  - 混同
    - 企业合并
    - 继承等

配套测试

一、单项选择题

1. 债务人根据合同法或其他法律的规定，将标的物提存的，债权人领取提存物的权利，自提存之日起（　　）内不行使而消灭，提存物扣除提存费用后（　　）。
   A. 一年，归国家所有
   B. 二年，交还债务人
   C. 二年，交还债权人
   D. 五年，归国家所有
2. 甲公司与乙公司签订合同，由甲公司供应木材，乙公司负责加工成家具，后由于甲公司收购木材出现困难，决定将合同所规定的义务转让给丙公司，问下列哪种转让行为有效？（　　）
   A. 将合同所规定的供应木材的义务全部转让给丙公司
   B. 将合同所规定的供应木材的义务部分转让给丙公司
   C. 将合同所规定的供应木材的义务全部转让给丙公司，但需征得乙公司的同意
   D. 将合同所规定的供应木材的义务全部转让给丙公司，无须征得乙公司的同意
3. 债权让与在让与人与受让人间须满足何种要件方可发生效力？（　　）
   A. 双方达成让与合意
   B. 将双方的让与合意通知债务人
   C. 双方达成合意，并经债务人同意
   D. 双方达成合意，经债务人同意且不得牟利
4. 债权让与对债务人生效的要件是（　　）。
   A. 让与人与受让人达成合意
   B. 债务人同意
   C. 债权人和受让人向债务人发出让与通知
   D. 让与通知到达债务人
5. 以下关于债权让与效力的论述不正确的是（　　）。
   A. 债权转让后，从权利随同移转于受让人
   B. 债权转让后，债务人原有的抗辩不受影响
   C. 债权让与通知发出后，债务人对债权人的给付无效
   D. 债权转让后，债务人就在此前成立的对债权人的抵销权仍得对受让人主张
6. 关于抵销，下列说法不正确的是（　　）。
   A. 抵销以当事人互负债务为前提
   B. 在互负到期债务，且债务标的物种类，品质相同的，且依法律规定或合同性质可以抵销的，任何一方均无须取得对方同意，单方主张抵销
   C. 当事人单方主张抵销的，应取得对方的同意
   D. 当事人互负债务，标的物种类，品质不同的，也可以双方协议而抵销
7. 下列情形中，难以履行债务，但债务人不可提存的有（　　）。
   A. 债权人无正当理由拒绝受领
   B. 债权人下落不明
   C. 债权人死亡已确定继承人
   D. 债权人丧失民事行为能力未确定监护人
8. 标的物提存后（　　）。
   A. 毁损、灭失的风险由债务人负担
   B. 合同权利义务终止，债务人不再负有任何义务
   C. 提存费用由债权人负担
   D. 债权人自提存之日起五年内不领取的，提存物归提存部门所有
9. 关于企业法人对其法定代表人行为承担民事责任的下列哪一表述是正确的？（　　）
   A. 仅对其合法的经营行为承担民事责任
   B. 仅对其符合法人章程的经营行为承担民事责任
   C. 仅对其以法人名义从事的经营行为承担民事责任
   D. 仅对其符合法人登记经营范围的经营行为承担民事责任
10. 关于合同转让，下列说法正确的

是（　）。

A. 合同权利转让，债权人应取得债务人之同意

B. 合同中的从权利与从义务应随合同主权利主义务一并转移，但专属于让与人自身的除外

C. 合同义务转让，债务人应通知债权人

D. 合同权利、义务一并转让给第三人的，应通知另一方

11. 甲和乙之间有借贷关系，后二人结婚。此时，甲、乙之间的债权债务可以因下列哪一情形消灭？（　）（2008 年司考．卷三．单 6）

A. 因混同而消灭

B. 因混合而消灭

C. 因结婚而消灭

D. 因免除而消灭

12. 甲将其对乙享有的 10 万元货款债权转让给丙，丙再转让给丁，乙均不知情。乙将债务转让给戊，得到了甲的同意。丁要求乙履行债务，乙以其不知情为由抗辩。下列哪一表述是正确的？（　）（2012 年司考．卷三．单 13）

A. 甲将债权转让给丙的行为无效

B. 丙将债权转让给丁的行为无效

C. 乙将债务转让给戊的行为无效

D. 如乙清偿 10 万元债务，则享有对戊的求偿权

13. 乙在甲提存机构办好提存手续并通知债权人丙后，将 2 台专业相机、2 台天文望远镜交甲提存。后乙另行向丙履行了提存之债，要求取回提存物。但甲机构工作人员在检修自来水管道时因操作不当引起大水，致乙交存的物品严重毁损。下列哪一选项是错误的？（　）（2012 年司考．卷三．单 14）

A. 甲机构构成违约行为

B. 甲机构应承担赔偿责任

C. 乙有权主张赔偿财产损失

D. 丙有权主张赔偿财产损失

14. 甲、乙两公司签订协议，约定甲公司向乙公司采购面包券。双方交割完毕，面包券上载明“不记名、不挂失，凭券提货”。甲公司将面包券转让给张某，后张某因未付款等原因被判处合同诈骗罪。面包券全部流入市场。关于协议和面包券的法律性质，下列哪一表述是正确的？（　）（2015 年司考．卷三．单 12）

A. 面包券是一种物权凭证

B. 甲公司有权解除与乙公司的协议

C. 如甲公司通知乙公司停止兑付面包券，乙公司应停止兑付

D. 如某顾客以合理价格从张某处受让面包券，该顾客有权请求乙公司兑付

二、多项选择题

1. 在下列情况下，债务人可以提存方式终止合同的是（　）。

A. 债权人下落不明

B. 债务人履行会增加负担

C. 债权人死亡，又未确定继承人

D. 债权人无理拒不接受债务人的履行

2. 根据《民法典》的规定，合同债务的法定抵销，双方债务应该（　）。

A. 数额相同　　B. 种类相同

C. 债务均到期　　D. 债权均须合法

3. 债权人不得移转其权利的情形包括（　）。

A. 根据合同性质不得转让的

B. 未经债务人同意的

C. 按当事人约定不得转让的

D. 依照法律规定不得转让的

4. 甲向乙购买两头牛，钱已交付，约定一星期后由乙将牛交付甲，一星期后，乙交牛时，甲以牛比一星期前瘦了为由拒绝接受，并要求乙返还其已支付的牛钱。乙不答应，将牛交有关部门提存。以下说法正确的是（　）。

A. 乙的行为应认定为已履行了债务

B. 乙的行为不应认定为履行了债务

C. 该牛在有关部门提存期间支出的费用，应由甲承担

D. 该牛在有关部门提存期间支出的费用，应由乙承担

5. 债权人转让债权，（　　）。
A. 应取得债务人的同意
B. 应通知债务人
C. 与债权有关的从权利，除专属于债权人自身外，应一并转让给受让人
D. 应与债务人协商一致后方可为之

6. 乙公司欠甲公司 30 万元，同时甲公司须在 2022 年 9 月 20 日清偿对乙公司的 20 万元货款。甲公司在同年 9 月 18 日与丙公司签订书面协议，转让其对乙公司的 30 万元债权。同年 9 月 24 日，乙公司接到甲公司关于转让债权的通知后，便主张 20 万元的抵销权。下列说法哪些是正确的？（　　）
A. 甲公司与丙公司之间的债权转让合同于 9 月 24 日生效
B. 乙公司接到债权转让通知后，即负有向丙公司清偿 30 万元的义务
C. 乙公司于 9 月 24 日取得 20 万元的抵销权
D. 丙公司可以就 30 万元债务的清偿，要求甲公司和乙公司承担连带责任

7. 甲对乙享有 10 万元到期债权，乙对丙也享有 10 万元到期债权，三方书面约定，由丙直接向甲清偿。下列哪些说法是正确的？（　　）
A. 丙可以向甲主张其对乙享有的抗辩权
B. 丙可以向甲主张乙对甲享有的抗辩权
C. 若丙不对甲清偿，甲可以要求乙清偿
D. 若乙对甲清偿，则构成代为清偿

8. 一般情况下，当事人主张债权债务抵销必须具备下列哪些条件？（　　）
A. 当事人双方互负债务
B. 标的物种类相同
C. 标的物品质相同
D. 不违反合同性质与法律规定

9. 关于单方主张即可抵销债务的条件，下列说法正确的是（　　）。
A. 须当事人互负债务，且债务已到期
B. 债务的标的物种类与品质相同
C. 抵销只需以通知的方式告知对方即可
D. 依法律规定合同性质不得抵销的，当事人不得主张抵销

10. 依我国《民法典》的有关规定，下列关于提存的陈述中，正确的是（　　）。
A. 甲将标的物提存，三周后，债权人乙前来领取提存物，提存机关拒绝给予，理由是，据该提存机关了解，乙欠甲 5000 元贷款，履行期限届满，乙既未向甲归还，也未向甲提供担保
B. 甲向乙交付 5 万斤荔枝，但乙下落不明，甲将 5 万斤荔枝变卖得 20 万元，甲即将 20 万元交给有关部门提存
C. 甲于 2022 年 3 月 1 日将标的物提存，至 2022 年 3 月 5 日，该提存机关决定在扣除相应的提存费用后，将标的物上缴国家
D. 在上项 B 项条件下，如乙被法院宣告失踪，甲应当及时通知乙的财产代管人

11. 债的法定移转指依法使债权债务由原债权债务人转移给新的债权债务人。下列哪些选项属于债的法定移转的情形？（　　）（2013 年司考．卷三．多 59）
A. 保险人对第三人的代位求偿权
B. 企业发生合并或者分立时对原债权债务的承担
C. 继承人在继承遗产范围内对被继承人生前债务的清偿
D. 根据买卖不破租赁规则，租赁物的受让人对原租赁合同的承受

三、简答题

何谓抵销？抵销应具备什么条件？

四、案例分析题

1. 乙公司欠甲公司 200 万元，甲公司欠丙公司 180 万元，丁公司欠乙公司 200 万元。现乙、丁两公司达成协议，由丁公司向甲公司清偿乙公司的 200 万元债务，乙、丁间债权债务关系消灭。该协议经甲公司同意。后甲公司又与丙公司达成协议由丁公司向丙公司清偿 200 万元，甲、丙间的 180 万元债权债务消灭。

根据上述案情，请回答下列问题：

(1) 乙、丁间协议的性质是什么？该协议是否生效？

(2) 甲、丙间协议的性质是什么？丙公司因此获利 20 万元，是否违法？若甲公司未将此事通知丁公司，该协议是否已生效？

(3) 若甲公司未将此事通知丁公司，丁公司向甲公司清偿，甲公司接受，该种清偿是否有效？此时应如何救济丙公司？

(4) 若甲公司已通知丁公司，但丁公司忘记此事，仍向甲公司清偿，甲公司接受，该种清偿是否有效？此时应如何救济丙公司？甲、丁间为何种法律关系？

(5) 如果丁公司不能清偿债务，丙公司能否要求乙公司承担连带责任？

2. 甲木材公司与乙家具公司签订了一份木材买卖合同。合同约定，合同总价款 50 万元。乙家具公司先支付 10% 的货款即 5 万元，甲木材公司送货后 15 日内，乙家具公司付清全部货款。乙家具公司先支付了 5 万元，甲木材公司送货后，由于乙家具公司销路不畅，遂与甲木材公司协商，由丙公司承担 20 万元的债务，甲木材公司同意了。据此，请回答下列问题。

(1) 丙公司的地位为何？其加入债务人，如果没有取得甲木材公司的同意，而只是通知甲木材公司，是否发生效力？

(2) 设丙公司加入后，以甲木材公司欠其前次购买木材支付了预付款而没有给付木材为由主张债务抵销，应具备什么条件？

(3) 若合同履行期限届至，而甲木材公司突然从其住所地消失，则乙、丙两个公司应如何履行自己的义务？

参考答案

一、单项选择题

1. **答案**：D。根据《民法典》第 574 条的规定，债权人可以随时领取提存物。但是债权人对债务人负有到期债务的，在债权人未履行债务或者提供担保之前，提存部门根据债务人的要求应当拒绝其领取提存物。债权人领取提存物的权利，自提存之日起五年内不行使而消灭，提存物扣除提存费用后归国家所有。但是，债权人未履行对债务人的到期债务，或者债权人向提存部门书面表示放弃领取提存物权利的，债务人负担提存费用后有权取回提存物。

2. **答案**：C。根据《民法典》第 551 条第 1 款的规定，债务人将债务全部或者部分转移给第三人的，应当经债权人同意。

3. **答案**：A。根据《民法典》第 564 条规定以及订立合同的基本原则，让与人与受让人要转移债权双方须达成合意方可成立合同，但是应当将此转让通知债务人，其同意与否不在考虑之列。所以 C、D 错误。B 错，通知债务人的不是让与人和受让人的合意而是他们的让与通知。

4. **答案**：D。根据《民法典》第 546 条规定，债权人转让债权，未通知债务人的，该转让对债务人不发生效力。债权转让的通知不得撤销，但是经受让人同意的除外。债权让与对债务人生效的根本要件就是让与通知到达债务人。

5. **答案**：C。A 正确，根据《民法典》第 547 条规定可知。B 正确，根据《民法典》第 548 条规定可知。D 正确，根据《民法典》第 549 条规定可知。C 错误，债权让与通知发出后，如果债务人仍未得知，其对债权人的给付仍然有效。

6. **答案**：C。根据《民法典》第 568 条的规定，当事人主张抵销的，只需通知对方，无须取得对方同意。因此，应选 C。根据《民法典》第 569 条的规定，当事人互负债务，标的物种类、品质不相同的，经双方协商一致，也可以抵销。选项 D 正确，应当排除。

7. **答案**：C。根据《民法典》第 570 条的规定，债权人死亡未确定继承人，致使难以履行债务的，债务人可以将标的物提存，但是债权人死亡后，确定了继承人，不适用提存。

8. **答案**：C。根据《民法典》第 572 条的规定，合同终止后当事人的附随义务——通知。因此，选项B应排除。根据《民法典》第573条的规定，标的物提存后，毁损、灭失的风险由债权人承担。提存期间，标的物的孳息归债权人所有。提存费用由债权人负担。因此，选项A应当排除，应选C。根据《民法典》第574条的规定，债权人领取提存物的权利自提存之日起5年内不行使而消灭，提存物扣除提存费用后归国家所有。选项D，也不对。

9. **答案**：C。《民法典》第61条第2款规定，法定代表人以法人名义从事的民事活动，其法律后果由法人承受。第504条规定，法人的法定代表人或者非法人组织的负责人超越权限订立的合同，除相对人知道或者应当知道其超越权限外，该代表行为有效，订立的合同对法人或者非法人组织发生效力。因此，只要企业法人的法定代表人以法人名义从事经营活动，即使超越法人章程的规定，只要第三人为善意，也应认定企业法人对其法定代表人的越权行为承担责任。所以选C。对于A项，如果法定代表人在企业法人的授权下从事违法经营活动，企业法人应承担民事责任，故此项错误。

10. **答案**：B。根据《民法典》第546条、第547条、第551条、第553条、第555条，合同权利转让，债权人只需通知债务人即可；合同义务转让，债务人应取得债权人同意；合同权利义务一并转让，也应取得对方当事人的同意。

11. **答案**：D。债的消灭，是指债的关系当事人双方间的权利义务关系于客观上已不复存在。《民法典》第557条第1款规定，有下列情形之一的，债权债务终止：（1）债务已经履行；（2）债务相互抵销；（3）债务人依法将标的物提存；（4）债权人免除债务；（5）债权债务同归于一人；（6）法律规定或者当事人约定终止的其他情形。根据法律规定，结婚和混合并不是债消灭的原因，故排除选项B、C。由《民法典》第576条规定可知，选项A说法错误。《民法典》第575条规定，债权人免除债务人部分或者全部债务的，合同的权利义务部分或者全部终止。本题中，甲、乙结婚后，两人之间的债权债务可以由债权人免除债务而消灭。故本题的正确答案是D。

12. **答案**：D。《民法典》第546条规定，债权人转让债权，未通知债务人的，该转让对债务人不发生效力。债权转让的通知不得撤销，但是经受让人同意的除外。据此，债权让与无须经债务人的同意。此外，通知债务人，亦非债权让与的生效要件，而仅是对债务人发生效力的要件。所以，甲未通知乙，将债权转让给丙，转让行为有效，只是对乙不发生效力，选项A错误。同理，丙在取得对乙的债权后，虽未经乙同意而将其转让给丁，转让行为有效，只是对乙不发生效力，选项B错误。《民法典》第551条第1款规定，债务人将债务的全部或者部分转移给第三人的，应当经债权人同意。本题中，因为甲、丙、丁在转让债权时，均未通知乙，所以对乙不发生效力，乙仍可将甲视为债权人，向甲清偿。乙经甲同意将债务转移给戊，该行为有效，选项C错误。在债务转移后，戊成为丁的债务人，若乙清偿10万元债务，则消灭戊的债务。《民法典》第122条规定："因他人没有法律根据，取得不当利益，受损失的人有权请求其返还不当利益。"据此，本题中戊构成不当得利，所以乙可以向戊求偿，选项D正确。综上，本题正确答案为D。

13. **答案**：D。根据《民法典》第570条规定，债务人在债权人无正当理由拒绝受领等难以履行债务的情形，可以将标的物提存。第573条规定："标的物提存后，毁损、灭失的风险由债权人承担。提存期间，标的物的孳息归债权人所有。提存费用由债权人负担。"第574条第1款规定："债权人可以随时领取提存物。但是，债权人对债务人负有到期债务的，在债权人未履行债务或者提供担保之前，提存部门根据债务人的要求应当拒绝其领取提存物。"据此，在债务人为消灭合同债务而提存时，债务人、提存机构、债权人之间形成保管合同关系，风险由债权人承担，但从“提存部门根据债务人的要求应当拒绝其领取提存物”的规定来看，在债权人领取提存物之前，所有权尚未转移，而在债权人领取提存物后，所有权方才发生转移。本题中，在乙向债务人丙履行了提存之债，要求取回提存物后，其实质撤回了提存的意思，所有权仍然归乙所有。而甲机构工作人员在检修自来水管道时因操作不当引起大水，致乙交存的物品严重毁损，并非属于意外风险，而属于违约行为，所以，选项A正确。同时，这一行为又构成过错侵权行为，甲机构应承担赔偿责任，所以，选项B正确。在提存后，乙已经向债务人丙履行了债务，其撤回提存的意思后，标的物所有权仍然归其所有。因此，选项C正确，选项D错误。综上，由于本题为选非题，故正确答案为D。

14. 答案：D。本题中，持有面包券并不意味着对某些特定的面包享有支配权，只是享有请求义务人乙公司依面包券给付面包的权利，所以面包券不是物权凭证，而是债权凭证，故A选项错误。甲公司和张某之间买卖面包券的行为实际上属于债权转让，在甲公司将面包券转让给张某后，甲公司已经退出原甲、乙公司之间的法律关系，张某成了乙公司的债权人，在张某将面包券进一步流入市场后，取得面包券的新的受让人成为乙公司的债权人，有权要求乙公司依面包券兑付，而甲公司既不能以张某未付款而解除与乙公司的协议，也不能要求乙公司停止兑付面包券，故B、C选项均错误。综上，只有D选项正确。

二、多项选择题

1. 答案：ACD。根据《民法典》第570条规定：“有下列情形之一，难以履行债务的，债务人可以将标的物提存：（一）债权人无正当理由拒绝受领；（二）债权人下落不明；（三）债权人死亡未确定继承人、遗产管理人，或者丧失民事行为能力未确定监护人……”

2. 答案：BCD。根据《民法典》第568条第1款规定，当事人互负债务，该债务的标的物种类、品质相同的，任何一方可以将自己的债务与对方的到期债务抵销；但是，根据债务性质、按照当事人约定或者依照法律规定不得抵销的除外。

3. 答案：ACD。根据《民法典》第545条第1款规定，债权人可以将债权的全部或者部分转让给第三人，但是有下列情形之一的除外：(1) 根据债权性质不得转让；(2) 按照当事人约定不得转让；(3) 依照法律规定不得转让。选项B不对，债权转移无须经债务人的同意。

4. 答案：AC。本题考查的知识点是提存。《民法典》第570条规定：“有下列情形之一，难以履行债务的，债务人可以将标的物提存：（一）债权人无正当理由拒绝受领；（二）债权人下落不明；（三）债权人死亡未确定继承人、遗产管理人，或者丧失民事行为能力未确定监护人；（四）法律规定的其他情形。标的物不适于提存或者提存费用过高的，债务人依法可以拍卖或者变卖标的物，提存所得的价款。”第573条规定，标的物提存后，毁损、灭失的风险由债权人承担。提存期间，标的物的孳息归债权人所有。提存费用由债权人负担。在本题中，甲和乙之间的合同已经成立，乙在履行合同时甲无正当理由拒绝接受履行，则乙可以通过提存的方式履行债务。依此，可知A、C为正确答案。

5. 答案：BC。参见《民法典》第546条、第547条。

6. 答案：BC。债权让与是指不改变合同关系的内容，债权人通过让与合同将其债权移转于第三人享有的现象。债权让与合同是债权人与第三人的受让人之间订立的，债权让与合同一经双方意思表示一致即成立，如无违反法律强制性规定就生效，在让与人和受让人之间立即发生债权让与的法律效果。在没有通知债务人的情况下，仅对债务人不发生法律效力，但是已经可以约束让与人和受让人了。因此，甲公司和丙公司之间的债权转让合同应当于9月18日成立并生效，而非通知债务人的9月24日。债权让与在通知债务人后，发生法律效力的替代，在债权全部让与的场合，债权由原债权人（让与人）移转于受让人，债务人在收到债权转让的通知后，负有向受让人清偿债务的义务。但在其收到债权让与通知前，对让与人（原债权人）所为的给付有效。本案中乙公司接到债权转让通知后，即负有向丙公司清偿30万元的义务。《民法典》第549条规定，债务人接到债权转让通知时，债务人对让与人享有债权，并且债务人的债权先于转让的债权到期或者同时到期的，债务人可以向受让人主张抵销。因此，乙公司在收到债权转让的9月24日取得其到期债权20万元的抵销权。除合同另有约定外，让与人不对债务人的履行能力负担保责任。因此，丙公司不能就30万元债务的清偿，要求甲公司和乙公司承担连带责任。

7. **答案**：ABD。参见《民法典》第553条。

8. **答案**：ABCD。参见《民法典》第568条。

9. **答案**：ABCD。根据《民法典》第568条，在具备A、B、D三个条件的情况下，任何一方当事人均可主张债务抵销，且无须对方同意，单方通知对方即可，但依法律规定或按合同性质不得抵销的除外。且此种情况下，抵销不得附条件与期限。但在债务并非均已到期及标的物种类、品质不相同时，根据《民法典》第569条，须经互负债务的债务人协商一致，方可抵销债务。

10. **答案**：BD。本题考查的是提存。参见《民法典》第570条、第572条、第573条。

11. **答案**：ABCD。《保险法》第60条第1款规定，第三者对保险标的的损害而造成保险事故的，保险人自向被保险人赔偿保险金之日起，在赔偿金额范围内代位行使被保险人对第三者请求赔偿的权利。A项正确。《民法典》第556条规定，合同的权利和义务一并转让的，适用债权转让、债务转移的有关规定。据此可知，企业合并后由合并后的企业行使合同权利、履行合同义务。企业分立后除债权人和债务人另有约定的以外，由分立的法人或者非法人组织对合同的权利和义务享有连带债权，承担连带债务，属于权利义务一并转让，显然也是一种债权债务的法定转移。B项正确。《民法典》第1161条第1款规定，继承人以所得遗产实际价值为限清偿被继承人依法应当缴纳的税款和债务。超过遗产实际价值部分，继承人自愿偿还的不在此限。据此，继承人在获得遗产的范围内有被继承人债务的义务，也是法定的债务转移，C项正确。《民法典》第725条规定，租赁物在承租人依据租赁合同占有期间发生所有权变动的，不影响租赁合同的效力。这是买卖不破租赁的规则，意味着新的买受人应当继承承担让承租人在租期内继续承租的义务，当然，在受让后可以收取租金，此是债权债务的法定转移，D项正确。

三、简答题

答案：抵销是指二人互负债务，各以其债权以充当债务之清偿，而使其债务与对方的债务在对等额内相互消灭。抵销应具备以下四个条件：（1）必须是双方当事人互负债务、互享债权；（2）双方互负的债务，必须标的物的种类、品质相同；（3）必须是债权已届清偿期；（4）必须是非依债的性质不能抵销。

四、案例分析题

1. **答案**：（1）乙、丁间协议有两种性质：一是债务承担，由丁承担乙的债务；二是代物清偿，丁的原定给付是向乙给付货币，现以承担乙的债务代替，债务承担生效后，乙、丁间债的关系消灭。乙、丁间协议生效。根据《民法典》，债务承担在债权人同意后生效，本案债权人甲公司已经同意。

（2）甲、丙间协议也有两种性质：一是债权转让，甲将对丁的债权转让给丙；二是代物清偿，甲的原定给付是给付货币，现以给付对丁的债权代替，该债权转让生效，甲、丙间债的关系消灭。丙公司并不违法。

因为法律并无债权转让不得谋利的强行性规定，而且也不应有此规定；丙在获利的同时，也承担了丁支付不能的风险。该协议已经生效。根据《民法典》，债权转让只要双方达成合意即可生效，通知债务人只是对债务人的生效要件。

(3) 该种清偿有效。债权转让未通知债务人，对债务人不生效力，丁公司的债权人仍是甲公司，该种清偿自然有效。此时，甲对丙构成不当得利，丙可请求甲退还该给付。

(4) 该种清偿无效。债权转让通知债务人后，对其发生效力，因此，丙公司已成为新债权人，丁公司向甲公司清偿，对丙公司自然无效力。丙公司可请求丁公司为原定之给付。丁公司对甲公司的清偿为非债清偿，在甲、丁间成立不当得利之债的关系。

(5) 丙公司不能要求乙公司承担责任。因为乙公司只应承担债权本身的权利瑕疵担保责任，对丁公司的清偿能力并不负责。本案中转让的债权合法、有效，并无瑕疵可言。

2. 答案：(1) 丙公司在本案中处于并存的债务人的地位。其加入债务人的行为称为并存的债务承担。在并存的债务承担中，由于原债务人没有脱离债的关系，对债权人的利益不会发生影响，因而，原则上无须债权人的同意，只要债务人或第三人通知债权人即可发生效力。

(2) 丙公司与甲木材公司之间的债权债务抵销应具备下列条件：①必须双方当事人互负债权债务；②债权债务已经到期；③同种的债权债务。

(3) 对于甲木材公司的突然消失，无法履行债务时，可以采用提存的方法消灭债务。

第二十四章　合同的解除

基础知识图解

- 合同解除
  - 合同解除的概念
  - 合同解除分类
    - 单方解除与协议解除
    - 法定解除与约定解除
  - 合同解除条件
    - 不可抗力致使合同目的不能实现
    - 迟延履行
      - 经催告仍不履行
      - 致使合同目的不能实现
    - 拒绝履行、预期违约
    - 不完全履行
    - 债务人的过错造成合同不能履行
  - 合同解除的程序
    - 协议解除的程序
    - 行使解除权的程序
  - 合同解除的效力
    - 合同解除与溯及力
    - 合同解除与恢复原状
    - 尚未履行的债务免除与不当得利返还

配套测试

一、单项选择题

1. 合同有效成立后至履行期限届满前，在下列哪种情形下，一方当事人可以解除合同？（　　）

A. 当事人一方明确表示迟延履行债务的

B. 当事人一方明确表示不履行一部分债务的

C. 当事人一方以自己的行为表明不履行债务的

D. 当事人一方以自己的行为表明不履行主要债务的

2. 下列说法不正确的是（　　）。

A. 合同可因当事人协商一致而变更

B. 合同解除权人可选择单方解除或变更合同

C. 当事人对合同变更的内容约定不明确的，推定为未变更

D. 法律、行政法规规定变更合同应办理批准、登记等手续的，应依照其规定

3. 甲公司欠银行200万元贷款，现该公司将一部分资产分离出去，成立乙公司。则在公司分立后，应由谁对这笔债务承担清偿责任？（　　）

A. 甲公司

B. 乙公司

C. 甲公司和乙公司连带清偿

D. 甲公司和乙公司按约定比例清偿

4. 甲超市与乙食品厂签订买卖合同。约定：乙食品厂应在农历八月十五日前两周，向甲超市交付各类月饼1万盒。依照我国《民法典》有关规定，下列陈述错误的是：（　　）。

A. 如乙食品厂发生重大火灾，致乙食品厂机器及全部成品、原料烧毁，则甲超市有权解除合同

B. 如乙食品厂发生重大火灾，致乙食品

厂机器严重损坏，乙食品厂要推迟1个月履行合同，甲超市有权解除合同

C. 如乙食品厂发生重大火灾，致乙食品厂不能按时交货，甲超市有权解除合同，但因该损失系不可抗力所致，故甲超市无权要求乙食品厂赔偿损失

D. 如乙食品厂发生重大火灾，致乙食品厂机器及产品严重受损，乙食品厂仅能按照交付6000盒各色月饼，甲超市应当接受，不得解除合同

5. 某区政府工业主管部门作出决定，把所属的A公司的两个业务部分立出去再设B公司和C公司，并在决定中明确该公司以前所负的债务由新设的B公司承担。A公司原欠李某货款5万元，现李某要求偿还，你认为该债务应当如何处理？（　　）

A. 由B公司承担债务

B. 由A、B、C三个公司分别承担债务

C. 由A公司承担债务

D. 由A、B、C三个公司连带承担债务

6. 下列情形（　　）不属于合同权利义务终止。

A. 合同解除

B. 合同被撤销

C. 债务人依法将标的物提存

D. 混同

7. 关于合同解除，下列说法正确的是（　　）。

A. 合同解除，只能由一方以意思表示为之

B. 合同解除仅适用于合同履行期限届满之后

C. 以一方当事人违约为前提

D. 有一定的存续期间

8. 合同解除后（　　）。

A. 尚未履行的，应继续履行

B. 已履行的，当事人可根据履行情况和合同性质，要求恢复原状，采取其他补救措施，但不得再要求赔偿损失

C. 合同自始无效

D. 不影响合同中结算和清理条款的效力

9. 甲将其收藏的一件字画卖给乙，价金10万元。甲将价金债权转让给丙并通知了乙。履行期届至前，该画意外灭失。则乙（　　）。

A. 可解除合同并拒绝丙的给付请求

B. 不得解除合同并不得拒绝丙的给付请求

C. 可对甲主张解除合同但不得拒绝丙的给付请求

D. 得解除合同但得拒绝丙的给付请求

10. 在法律没有规定并且合同没有约定时，下列哪种情况，当事人一方有权解除合同？（　　）

A. 相对方履行迟延

B. 发生不可抗力，致相对方履行不能

C. 相对方经营状况恶化

D. 以种类物为标的物的合同标的物部分灭失

11. 王某因多年未育前往某医院就医，经医院介绍A和B两种人工辅助生育技术后，王某选定了A技术并交纳了相应的费用，但医院实际按照B技术进行治疗。后治疗失败，王某要求医院返还全部医疗费用。下列哪一选项是正确的？（　　）（2007年司考．卷三．单5）

A. 医院应当返还所收取的全部医疗费

B. 医院应当返还所收取的医疗费，但可以扣除B技术的收费额

C. 王某无权请求医院返还医疗费或赔偿损失

D. 王某无权请求医院返还医疗费，但是有权请求医院赔偿损失

12. 关于合同解除的表述，下列哪一选项是正确的？（　　）

A. 赠与合同的赠与人享有任意解除权

B. 承揽合同的承揽人享有任意解除权

C. 没有约定保管期间保管合同的保管人享有任意解除权

D. 中介合同的中介人享有任意解除权

13. 孙某与李某签订房屋租赁合同，李某承租后与陈某签订了转租合同，孙某表示同意。但是，孙某在与李某签订租赁合同之前，已经把该房租给了王某并已交付。李某、陈某、王某均要求继续租赁该房屋。下列哪一表述是正确的？（　　）

（2014年司考．卷三．单14）

A. 李某有权要求王某搬离房屋

B. 陈某有权要求王某搬离房屋

C. 李某有权解除合同，要求孙某承担赔偿责任

D. 陈某有权解除合同，要求孙某承担赔偿责任

14. 甲与乙公司订立美容服务协议，约定服务期为半年，服务费预收后逐次计扣，乙公司提供的协议格式条款中载明"如甲单方放弃服务，余款不退"（并注明该条款不得更改）。协议订立后，甲依约支付5万元服务费。在接受服务1个月并发生费用8000元后，甲感觉美容效果不明显，单方放弃服务并要求退款，乙公司不同意。甲起诉乙公司要求返还余款。下列哪一选项是正确的？（　　）（2017年司考．卷三．单11）

A. 美容服务协议无效

B. "如甲单方放弃服务，余款不退"的条款无效

C. 甲单方放弃服务无须承担违约责任

D. 甲单方放弃服务应承担继续履行的违约责任

二、多项选择题

1. 甲公司与乙公司签订了一份买卖合同，合同订立后，甲公司分立为丙公司与丁公司，则就该合同（　　）。

A. 债权人与债务人有约定的，从约定

B. 无约定的，由丙、丁公司根据各自资产份额各自享受债权，承担债务

C. 无约定的，就合同债权，丙、丁公司享有连带债权

D. 无约定的，就合同义务，丙、丁公司承担连带债务

2. 广义的合同变更包括（　　）。

A. 合同内容的变更

B. 合同债权的转让

C. 合同债务的承担

D. 合同的概括承受

3. 以下关于合同变更的论述正确的是（　　）。

A. 狭义的合同变更，仅指合同内容的变更

B. 当事人对合同变更的内容约定不明的，推定为未变更

C. 合同内容变更的，未经保证人同意的，如果减轻债务人的债务的，保证人对变更后的合同承担保证责任

D. 当事人可以合意变更合同

4. 乙欠甲5万元，丙又欠乙5万元，经协商丙直接向甲清偿。则下列表述中正确的是（　　）。

A. 如果甲、乙间协商一致，再通知丙，为债权转移

B. 如果乙、丙间协商一致，再得到甲同意，为债务承担

C. 如果甲、丙间协商一致，再通知乙，为债务承担

D. 如果甲、乙、丙订立一个协议，在甲、乙间为债权转让，在甲、丙及乙、丙间为债务承担

5. 以下关于债务承担合同生效时间的说法正确的是（　　）。

A. 若该合同由债务人与承担人订立，自债权人同意时生效

B. 若该合同由债务人与承担人订立，自通知债权人时生效

C. 若该合同由债权人与承担人订立，一般自双方达成合意时生效

D. 若该合同由债权人与承担人订立，自债务人同意时生效

6. 在下列哪些情形下，当事人可以解除合同（　　）。

A. 因不可抗力致使不能实现合同目的的

B. 在履行期限届满前，当事人一方以自己的行为表明不履行主要债务的

C. 当事人一方迟延履行主要债务的

D. 当事人一方明确表示不履行主要债务的

7. 下列说法中，正确的是（　　）。

A. 合同义务，仅存在于合同生效之后终止之前

B. 合同义务，不仅包括当事人约定的义务，还包括法定义务
C. 附随义务存在于合同订立、履行及终止后的各阶段
D. 合同订立前与终止后，当事人基于诚信原则之要求，应负通知、协助、保密等义务

8. 合同解除（　　）。
A. 应以通知的方式或当事人协商一致而为之
B. 须通过人民法院或仲裁机构向对方当事人作出
C. 对方有异议的，可请求法院或仲裁机构确认解除合同的效力
D. 自解除通知发出之时起合同解除

9. 合同解除的法律后果是（　　）。
A. 尚未履行的，终止履行
B. 当事人应当恢复原状
C. 当事人可以采取各种补救措施
D. 当事人有权要求赔偿损失

10. 下列关于合同解除的哪些说法是正确的？（　　）
A. 委托人或者受托人都可以随时解除委托合同
B. 不定期租赁合同的双方当事人可以随时解除合同
C. 承揽合同中的定作人可以随时解除合同
D. 在承运人将货物交付收货人之前，托运人可以解除运输合同

11. 甲食品厂与乙超市签订一份食品买卖合同，约定甲于 2022 年 9 月 20 日前 10 日向乙交付食品。下列选项中正确的有（　　）。
A. 若甲食品厂所在地洪水泛滥成灾致合同不能履行，则甲得解除合同
B. 若甲食品厂所在地洪水泛滥，致甲须推迟 1 个月交货，则乙得解除合同
C. 若甲食品厂所在地洪水泛滥，致甲只能如期交付 80%的食品，则乙得解除合同
D. 若甲食品厂迟延至约定期限前一周尚未交货，则乙得解除合同并要求赔偿损失

三、名词解释

合同的解除（中南财经政法大学 2007 年研究生入学考试题、中国人民大学 2010 年研究生入学考试题）

四、简答题

1. 单方解除合同的条件和程序。（西南政法大学 2002 年研究生入学考试题）

2. 受欺诈合同当事人的撤销权和债权人撤销权的异同。（中国政法大学 2005 年研究生入学考试题）

五、案例分析题

甲，某市中外合资港辰化工有限公司。乙，某市物资公司。甲、乙于 1993 年 10 月 30 日签订了购销合同。合同规定，由乙供应甲聚丙烯 200 吨，每吨 4000 元，货款共计 800000 元，同年 12 月 30 日钱款到即发货，供方无法交货时处以总额 10%的罚金，逾期交货或有其他违约事项处以总额 8%的罚金，质量标准以封存样品为准。在合同履行期间，甲分两次向乙支付货款。乙在收到第一笔货款后即发运 100 吨聚丙烯。甲在收货后，认为部分货物达不到生产要求，但未及时向对方提出异议，并将大部分货物投产使用，致使一些产品不合格。加之乙在收到第二笔货款后迟迟不交货，甲便要求其承担违约金并赔偿损失，同时还提出解除合同，乙不同意。甲便诉至人民法院。

请问：

（1）假设聚丙烯为通用产品，本案如何处理？

（2）本案合同标的质量应如何确定？

（3）本案合同能否解除？为什么？

参考答案

一、单项选择题

1. **答案**：D。参见《民法典》第563条。
2. **答案**：B。根据《民法典》第543条的规定，当事人协商一致，可以变更合同。法律、行政法规规定变更合同应当办理批准、登记等手续的，依照其规定。根据《民法典》第544条规定，当事人对合同变更的内容约定不明确的，推定为未变更。
3. **答案**：C。根据《民法典》第67条的规定，当事人订立合同后合并的，由合并后的法人或者其他组织行使合同权利，履行合同义务。当事人订立合同后分立的，除债权人和债务人另有约定的以外，由分立的法人或者非法人组织对合同的权利和义务享有连带债权，承担连带债务。所以甲公司和乙公司承担连带清偿责任。
4. **答案**：C。本题考查的是合同解除的条件。参见《民法典》第563条、第565条。
5. **答案**：D。根据《民法典》第67条的规定，由A、B、C三个公司连带承担债务，D项正确。
6. **答案**：B。参见《民法典》第155条。合同被撤销后，其效力自始便未发生，而终止以合同有效存在为前提，因此，选项B应当排除。
7. **答案**：D。根据《民法典》第562条的规定，合同解除除单方行使解除权解除外，还可当事人协议解除，故A错。选项B则未考虑预期违约的情况。C则忽略了因不可抗力致合同落空的情况。
8. **答案**：D。根据《民法典》第562条的规定，选项A、B应当排除。合同解除为合同效力终止的一种情形，其法律效果不应为溯及既往的无效，选项C错误。根据《民法典》第567条规定，合同的权利义务终止，不影响合同中结算和清理条款的效力。应选D。
9. **答案**：A。《民法典》第563条规定了可以解除合同的几种情形，不可抗力致使不能实现合同目的的，合同当事人均有合同解除权。又因合同解除自始无效，乙可拒绝丙的给付请求。
10. **答案**：B。根据《民法典》第525条的规定，A项表述属于可以行使抗辩权的情形，而不属于当事人一方有权解除合同的情形。根据《民法典》第563条的规定，发生不可抗力致使相对方履行不能的，当事人一方有权解除合同。B正确。根据《民法典》第563条的规定，C错。因种类物可以替代，合同可以继续履行，不构成根本违约，合同不能解除。所以D错。
11. **答案**：A。《民法典》第563条规定了可以解除合同的条件。本题中，医院使用合同所约定的医疗技术以外的技术为患者进行治疗，严重影响患者治愈机会的实现，已经构成根本违约，王某有权解除合同。关于解除合同的后果，《民法典》第566条第1款规定，合同解除后，尚未履行的，终止履行；已经履行的，根据履行情况和合同性质，当事人可以请求恢复原状或者采取其他补救措施，并有权请求赔偿损失。据此，王某有权要求医院返还医疗费。至于医院采用B技术为王某提供的医疗服务，并非王某所要求的服务，而且实际上并未给王某带来任何利益，因此王某接受B技术治疗不构成不当得利，医院无权从其接受的医疗费中扣除B技术的收费额。A项正确。
12. **答案**：C。考查合同的任意解除权。参见《民法典》第562条、第563条、第565条。
13. **答案**：C。《最高人民法院关于审理城镇房屋租赁合同纠纷案件具体应用法律若干问题的解释》第5条规定，出租人就同一房屋订立数份租赁合同，在合同均有效的情况下，承租人均主张履行合同的，人民法院按照下列顺序确定履行合同的承租人：（1）已经合法占有租赁房屋的；（2）已经办理登记备案手续的；（3）合同成立在先的。不能取得租赁房屋的承租人请求解除合同、赔偿损失的，依照民法典的有关规定处理。据此，A、B项表述错误。此外，陈某与孙某没有合同关系，D项显然表述错误。孙某将房屋事先出租给王某并已交付，导致李某无法实现合同目的，根据《民法典》第563条的规定，李某有权解除合同，并可基于孙某违约而要求其承担赔偿的违约责任。

14. **答案**：B。（1）依《民法典》第497条的规定，提供格式条款一方不合理地免除或者减轻其责任、加重对方责任、限制对方主要权利的，该格式条款无效。本题中，乙公司提供的协议格式条款中载明“如甲单方放弃服务，余款不退”（并注明该条款不得更改），仅对孙某权利进行了约束，而从题面看不出对是否需达到何种服务效果、美容公司在无法达到服务效果时是否应承担责任、美容公司在不能提供相应服务时应承担何种责任等问题有规定。从协议来看，作为消费者的孙某在预付了服务期内的所有费用后，即使对服务效果不满意，亦无法放弃接受服务。显然，提供格式条款的美容公司并未遵循公平的原则来确定双方之间的权利和义务，故这属于提供格式条款一方排除对方主要权利的条款，应归于无效，但该条款无效不等于该美容服务协议无效。由此，本题中A选项错误，B选项说法为正确选项。（2）本题中，甲与乙公司订立美容服务协议，约定服务期为半年，服务费预收后逐次计扣，而在协议订立后，甲依约支付5万元服务费，在接受服务1个月并发生费用8000元后，甲感觉美容效果不明显，单方放弃服务并要求退款。在经营者并无违约或过错行为的情形下，孙某单方提出终止消费，是否需要承担违约责任，需要综合服务协议的履行程度、美容公司提供服务的比例、孙某单方放弃服务的过错程度、约定的计价方式等因素，进行综合考量，而C、D选项的说法太过绝对。

二、多项选择题

1. **答案**：ACD。根据《民法典》第67条的规定：“法人合并的，其权利和义务由合并后的法人享有和承担。法人分立的，其权利和义务由分立后的法人享有连带债权，承担连带债务，但是债权人和债务人另有约定的除外。”丙、丁公司应当享有连带债权，承担连带债务，选项B错误。

2. **答案**：ABCD。合同变更有广义和狭义之分。广义的合同变更，包括合同内容的变更与合同主体的变更。合同主体的变更实际上是合同权利义务的转让，即合同债权的转让、合同债务的承担、合同的概括承受。

3. **答案**：ABCD。A对，狭义的变更，仅指合同内容的变更。B对，根据《民法典》第544条规定可知。C对。D对。

4. **答案**：ABCD。A正确，乙对丙而言是债权人，所以，在甲、乙达成合意后，由丙承担对甲的清偿，是债权的转移。B正确，乙对甲而言是债务人，所以，在乙、丙达成合意后，由丙承担对甲的清偿，是债务的承担。C正确，丙对乙而言是债务人，所以，在甲、丙达成合意后，由丙承担对甲的清偿，是债务的承担。D正确，根据上述的剖析可知。

5. **答案**：AC。A正确。根据《民法典》第551条的规定可知。C正确，根据《民法典》第546条的规定，债权人转让权利的，应当通知债务人。未经通知，该转让对债务人不发生效力。债权人转让权利的通知不得撤销，但经受让人同意的除外。

6. **答案**：ABD。《民法典》第563条规定了当事人可以解除合同的情形。

7. **答案**：BCD。根据《民法典》的规定，合同义务包括约定义务，附随义务即法定义务之一种，它存在于合同订立、履行及合同效力终止后的各阶段，是诚信原则的要求。因此，应排除选项A。

8. **答案**：AC。根据《民法典》第563条、第565条的规定，合同解除无须经法院或仲裁机构先行确认。合同自通知到达对方时解除。

9. **答案**：ACD。根据《民法典》第566条第1款规定，合同解除后，尚未履行的，终止履行；已经履行的，根据履行情况和合同性质，当事人可以要求恢复原状、采取其他补救措施，并有权要求赔偿损失。恢复原状为任意性规定，当事人可以选择要求恢复原状，也可以采取其他补救措施。因此，选项B应当排除。

10. **答案**：ABCD。《民法典》第933条规定，委托人或者受托人可以随时解除委托合同。因解除合同给对方造成损失的，除不可归责于该当事人的事由外，应当赔偿损失。故A正确。《民法典》第730条规定，当事人对租赁期限没有约定或者约定不明确，依照本法第510条的规定仍不能确定的，视为不定期租赁。当事人可以随时解除合同，但出租人解除合同应当在合理期限之前通知承租人。故B正确。《民法典》第787条规定，定作人可以随时解除承揽合同，造成承揽人损失的，应当赔偿损失。故C正确。《民法典》第829条规定，在承运人将货物交付收货人之前，托运人可以要求承运人中止运输、返还货物、变更到达地或者将货物交给其他收货人，但应当赔偿承运人因此受到的损失。故D项正确。所以本题选A、B、C、D。

11. **答案**：AB。根据《民法典》第563条的规定。A属因不可抗力致使不能实现合同目的；B属迟延履行致使不能实现合同目的；C错，因甲已履行了主要债务；D错，因甲尚未催告乙于合理期限内履行。

三、名词解释

答案：是指在合同有效成立后，当解除的条件具备时，因当事人一方或双方的意思表示，使合同关系自始或仅向将来消灭的行为。①

四、简答题

1. **答案**：法定解除又称单方解除。是指在具备法律事由时，合同一方当事人通过行使解除权而终止合同效力的解除。根据《民法典》第563条的规定，行使单方解除权的法定事由主要是发生不可抗力或一方违约致使合同履行成为不必要、不可能。具体来说，主要有以下几项：

(1) 因不可抗力致使不能实现合同目的。所谓不可抗力，指不能预见、不能避免、不能克服的客观情况。一般来说，自然灾害、战争、社会异常事件等都属于不可抗力。但是不可抗力并不是必然导致合同的解除，只有不可抗力的发生致使合同目的不能实现时，当事人才可行使法定解除权解除合同。

(2) 在履行期间届满之前，当事人一方明确表示或以自己的行为表明不履行主要债务的。

(3) 当事人一方延迟履行主要债务，经催告后在合理的期限内仍未履行的。延迟履行是违反合同约定的行为，当事人一方延迟履行，对方主张解除合同，须具备以下两个条件：一是延迟履行的债务必须是主要债务。二是经催告后债务人仍未履行的。债务人延迟履行主要债务时，债务人应当规定一定的合理期限，催告债务人履行。

(4) 当事人一方延迟履行债务或者有其他违约行为致使不能实现合同的。在许多合同中，合同的履行期限对于债权的实现至关重要，如超过合同约定的期限履行合同，则可能构成根本违约，从而使合同目的落空，因此在此种情况下，非违约方可以解除合同。

(5) 法律规定的其他情况。如根据《民法典》第528条的规定，因行使不安抗辩权而中止履行合同的，应及时通知对方，对方提供适当担保，应当恢复履行。中止履行后，对方在合理期限内未恢复履行能力并且未提供适当担保的，中止履行一方可以解除合同。

当事人行使解除权应遵照下列程序进行：第一，具备民法典规定的解除合同的条件，当事人才有权解除合同。第二，通知对方当事人。解除合同的通知无须对方同意，

① 编者注：合同的解除是各类考试中常考的知识点。

也不需要对方答复。但是，对方对此提出异议的，可以请求人民法院或者仲裁机构裁决合同是否应当解除。对于行使解除权的通知形式，《民法典》未作规定，操作上以书面形式为宜。第三，法律、行政法规规定解除合同应当办理批准、登记手续的，未办理有关手续，合同不能终止。

2. **答案**：(1) 民法典中受欺诈的当事人的撤销权。一方以欺诈、胁迫手段使对方在违背真实意思的情况下订立合同，受损方有权请求撤销。

从上述可以归纳出这二者在撤销的原因以及效力后果方面均有不同规定，预期目的也各有规定。

(2) 依《民法典》第538条、第539条及相关司法解释内容可知：撤销权属债的保全制度，是法律为防止债务人的财产不当减少而给债权人带来危害，授权债权人采取的积极预防和救济措施。

债权人行使撤销权针对债务人行为共有三类：①放弃到期债权；②无偿转让财产；③以明显不合理低价转让财产，侵害债权人债权，且受让人知道该情形的。

五、案例分析题

答案：(1) 乙首先要向甲支付未交货部分货款一定百分比的违约金，同时，应承担甲在待料期间的经济损失（实际损失），并支付本案诉讼费用和其他必要费用。

(2) 甲不仅在法定期限内未就货物的质量提出书面异议，而且动用了有争议的货物，所以应视为乙所交的货物符合合同规定。

(3) 本案合同可以解除，因为乙不按约定履行合同已达两次。

第二十五章　缔约过失责任与违约责任

基础知识图解

- 缔约过失责任
  - 概念：合同不成立、无效、被撤销或者不被追认，当事人一方因此受有损失，对方当事人对此有过错时，应赔偿受害人的损失的责任
  - 构成要件
    - 当事人一方违反先合同义务对方当事人受有损失
      - 恶意磋商
      - 虚假陈述
      - 未尽通知、协助义务
      - 侵犯商业秘密
    - 违反先合同义务与该损失之间有因果联系
    - 违反先合同义务的一方有过错
  - 内容：主要内容是损害赔偿、赔偿的范围包括信赖利益的损失，且有法定性
- 违约责任
  - 构成要件
    - 违约行为
      - 概念：合同当事人不履行或者不适当履行合同义务的行为
      - 形态：不能履行、迟延履行、不完全履行、拒绝履行、债权人迟延
    - 主观过错：是指合同当事人通过其违约行为所表现出来的在法律和道德上应受非难的故意和过失状态
  - 归责原则
    - 严格责任原则
    - 过错责任原则
  - 免责事由
    - 不可抗力
    - 债权人的过错
    - 免责条款
  - 内容
    - 赔偿损失
    - 违约金
    - 强制履行
    - 修理、更换等

配套测试

一、单项选择题

1. 某公司由于工作失误，将应交下级工厂甲的任务发至下级工厂乙。乙即据此与建筑单位丙签订合同。该合同在执行过程中，公司发现有误，决定纠正错误，通知乙停止执行合同。乙与丙因此遭受损失。在这种情况下，（　　）。

A. 原合同无效，乙与丙各自承担损失

B. 乙应赔偿丙的损失，再请求该公司负责处理

C. 乙应赔偿丙的损失，不应请求该公司负责处理

D. 乙应采取其他补救措施，不应请求该公司负责处理

2. 甲、乙签订一合同，约定甲向乙供应水泥 2000 袋，每袋 50 公斤，甲负责送货，甲、乙任何一方违约均应向对方支付违约金 8000 元。甲委托丙运输，丙因业务繁忙，将其中的 1000 袋按期运到乙方，另 1000 袋逾期运达且在运输中遭雨淋而致货物变

质。根据上述案情，下列关于本案的表述中，哪项是错误的？（　　）

A. 乙有权主张拒收全部货物

B. 甲方应向乙方支付违约金

C. 对丙方的违约应由甲方提出索赔

D. 丙方应承担货物变质的赔偿责任和逾期送货的违约责任

3. 当事人在合同中没有约定违约金或者损失赔偿额的计算方法的，损失赔偿额应当相当于因违约所造成的损失，包括合同履行后可以获得的利益，但不得超过（　　）。

A. 违反合同一方违反合同后所实际获得的利益

B. 没有违反合同一方在合同得到履行时能获得的全部利益

C. 没有违反合同一方在订立合同时所能预见到的全部收益

D. 违反合同一方订立合同时应当预见到的因违反合同可能造成的损失

4. 甲乙两企业达成一项非专利技术转让协议，约定甲向乙转让一种化工原料配方，乙承担保密义务，不得将配方公开，也不得擅自允许第三者使用或向第三者转让。乙获得配方后，违反协议，将配方允许其联营单位丙使用。丙为了牟利，将配方向多家企业转让，导致该配方在社会上公开，甲的产品从此滞销，致其蒙受了重大经济损失。根据法律规定，下列哪些意见是正确的？（　　）

A. 甲有权同时要求乙赔偿因其擅自允许他人使用或向他人出让配方，导致该配方泄密，而给甲造成的损失

B. 甲只能要求乙支付违约金或赔偿损失，它对丙没有任何法律上的请求权

C. 甲可以要求工商行政管理部门进行处理或诉诸人民法院，由工商行政管理部门或人民法院制止所有因乙和丙泄密而得知配方者利用该配方生产上述新型化工产品

D. 甲可以选择乙或者丙要求其赔偿损失

5. 甲、乙双方约定，由丙每月代乙向甲偿还债务500元，期限2年。丙履行5个月后，以自己并不对甲负有债务为由拒绝继续履行。甲遂向法院起诉，要求乙、丙承担违约责任。法院应如何处理？（　　）

A. 判决乙承担违约责任

B. 判决丙承担违约责任

C. 判决乙、丙连带承担违约责任

D. 判决乙、丙分担违约责任

6. 甲、乙在火车上相识，甲怕自己到站时未醒，请求乙在A站唤醒自己下车，乙欣然同意。火车到达A站时，甲沉睡，乙也未醒。甲未能在A站及时下车，为此支出了额外费用。甲要求乙赔偿损失。对此，应如何处理？（　　）

A. 由乙承担违约责任

B. 由乙承担侵权责任

C. 由乙承担缔约过失责任

D. 由甲自己承担损失

7. 甲公司通过电视发布广告，称其有100辆某型号汽车，每辆价格15万元，广告有效期10天。乙公司于该则广告发布后第5天自带汇票去甲公司买车，但此时车已全部售完，无货可供。下列哪一选项是正确的？（　　）（2007年司考．卷三．单8）

A. 甲构成违约

B. 甲应承担缔约过失责任

C. 甲应承担侵权责任

D. 甲不应承担民事责任

8. 甲乙双方约定，由乙以每吨1500元的价格向甲出售100吨大米，乙直接把这批大米交给丙公司，但因乙在收购后储存不当，该批大米在交付时已发霉变质，丙公司遂拒绝接受履行，则（　　）。

A. 甲与乙应对丙承担连带违约责任

B. 乙应向甲承担违约责任

C. 乙应直接向丙承担违约责任

D. 丙公司可直接追究乙之违约责任

9. 甲公司与乙公司签订了一份买卖合同，合同订立后，甲公司分立为丙公司与丁公司，则下列说法不正确的是（　　）。

A. 原合同因一方当事人消灭而效力自然中止

B. 乙公司因甲公司分立，履行发生困难

的，可中止履行

C. 若非另有约定，就合同权利，丙、丁公司享有连带债权

D. 除非另有约定，由丙公司和丁公司对合同义务承担连带债务

10. 下列债务，一方不履行，对方当事人可申请强制履行的有（　　）。

A. 某作家与某省文联签订合同，一年内完成一部50万字的小说

B. 甲乙二人约定，甲将祖传王献之真迹一幅以100万元的价格转让给乙，款到交货，乙取款领画前，甲已将该画转让给了善意第三人丙

C. 甲乙二人约定，甲将大米100斤以每斤1.1元的价格卖给乙

D. 丁某与王某约定，丁某将宋代瓷瓶一个卖给王某，该瓶为独一无二的稀世珍宝，但在交付前，丁某不慎将之打碎，无法修复

11. 关于违约责任，下列说法正确的是（　　）。

A. 违约金与损害赔偿金可并用，未履行合同的违约方赔偿对方之损失后，还需支付违约金

B. 当事人因对方违约而解除合同后，不得再要求赔偿损失

C. 违约金与定金都约定的，一方违约时，既应适用定金罚则又要支付违约金

D. 我国《民法典》所规定的违约金具有浓厚的补偿性

12. 甲与乙公司签订了一份纺织品买卖合同，约定甲公司于5月1日前向乙公司交货三十吨，每吨单价10万元，但因棉花价格上涨，该纺织品价格迅速上涨，5月1日，甲公司表示无意履行该合同，此时同类产品市场价格为每吨12万元，乙公司未予理睬，6月1日，乙公司以甲公司违约为由诉至法院，此时市场价格已涨至每吨14万元，乙公司遂要求甲公司赔偿因此所承担的40万元损失；7月1日，该产品市场价格已达16万元/吨，乙公司遂追加做出请求，要求赔偿60万元，则甲公司应赔偿多少钱？（　　）

A. 20万元

B. 40万元

C. 60万元

D. 20万元及5月1日甲乙公司在市场上采购该产品所需的合理费用

13. 甲从乙公司购得燃气热水器一台，因该热水器质量不合格，致甲在使用时一氧化碳中毒，经抢救方脱离危险，则下列说法中不正确的是（　　）。

A. 乙公司未完全履行合同义务

B. 甲可向乙公司追究违约责任

C. 甲可向乙公司追究侵权责任

D. 甲可以同时向乙公司追究违约责任和侵权责任，乙公司均应予承担

14. 甲向乙出售房屋，约定甲应于2022年4月20日前向乙交付房屋并办理产权登记，乙应于4月19日前付款。4月17日，甲又将该房屋出售于丙，双方并办理了产权登记，但未交付房屋。根据《民法典》的规定，在4月20日前乙（　　）。

A. 不得向甲主张违约责任，因为履行期没有届满，不构成违约

B. 不得向甲主张违约责任，因为房屋所有权尚未移转，甲仍得履行

C. 得向甲主张缔约过失责任，因为合同因标的不能而无效

D. 得向甲主张默示预期违约的责任

15. 明星甲与大华剧院签订一演出合同，约定甲于元旦晚上在该剧院举办个人演唱会，出场费18万元。但到时甲却无故擅自取消了该场演出，观众强烈要求退票。此时，剧院应怎么办？（　　）

A. 请求法院强制甲履行合同

B. 甲因不可抗力不履行合同，不构成违约，剧院应自负损失

C. 请求甲赔偿损失

D. 甲不构成违约，但根据公平原则，剧院可请求甲承担部分责任

16. 甲、乙订立一份买卖古董的合同，履行期届满后，甲未交付该古董。后发生地

震，该古董灭失。甲应否对此承担责任？（　　）

A. 地震是不可抗力，不可抗力可以免责，因此甲不应承担责任

B. 虽然甲因不可抗力可以免责，但根据公平原则，仍应承担一定的责任

C. 甲应承担责任，因为迟延履行后发生的不可抗力不得免责

D. 如果甲能证明即使不迟延，古董仍会因地震而灭失，仍不能免除其责任

17. 甲与乙订立了一份苹果购销合同，约定甲向乙交付20万公斤苹果，货款为40万元，乙向甲支付定金4万元；如任何一方不履行合同应支付违约金6万元。甲因将苹果卖给丙而无法向乙交付苹果，在乙提出的如下诉讼请求中，既能最大限度保护自己的利益，又能获得法院支持的诉讼请求是什么？（　　）

A. 请求甲双倍返还定金8万元

B. 请求甲双倍返还定金8万元，同时请求甲支付违约金6万元

C. 请求甲支付违约金6万元，同时请求返还支付的定金4万元

D. 请求甲支付违约金6万元

18. 甲公司要运送一批货物给收货人乙公司，甲公司的法定代表人丙电话联系并委托某汽车运输公司运输。汽车运输公司安排本公司司机刘某驾驶。在运输过程中，因刘某的过失发生交通事故，致货物受损。乙公司因未能及时收到货物而发生损失。问：乙公司应向谁要求承担损失？（　　）

A. 甲公司　　B. 丙

C. 刘某　　D. 汽车运输公司

19. 甲、乙签订货物买卖合同，约定由甲代办托运。甲遂与丙签订运输合同，合同中载明乙为收货人。运输途中，因丙的驾驶员丁的重大过失发生交通事故，致货物受损，无法向乙按约交货。下列哪种说法是正确的？（　　）

A. 乙有权请求甲承担违约责任

B. 乙应当向丙要求赔偿损失

C. 乙尚未取得货物所有权

D. 丁应对甲承担责任

20. 甲乙签订买卖合同，甲向乙支付全部价款，约定乙应于2022年12月30日前交付货物。12月25日，甲得知乙近期将出国，并已将库存全部货物及其他财产卖给他人。于是，甲要求乙承担违约责任，乙拒绝。下列表述正确的是：（　　）。

A. 未到交付期限，甲无权要求乙承担违约责任

B. 甲有权要求乙承担违约责任

C. 甲有权行使撤销权

D. 甲只能在12月30日后要求乙承担违约责任

21. 甲公司与乙公司依法订立一份总货款为20万元的购销合同。合同约定违约金为货款总值的5%。后乙公司违约，给甲公司造成损失2万元。乙公司应依法向甲公司偿付（　　）。

A. 2万元　　B. 1万元

C. 2.5万元　　D. 3万元

22. 甲公司与乙公司签订服装加工合同，约定乙公司支付预付款1万元，甲公司加工服装1000套，3月10日交货，乙公司3月15日支付余款9万元。3月10日，甲公司仅加工服装900套，乙公司此时因濒临破产致函甲公司表示无力履行合同。下列哪一说法是正确的？（　　）（2009年司考．卷三．单10）

A. 因乙公司已支付预付款，甲公司无权中止履行合同

B. 乙公司有权以甲公司仅交付900套服装为由，拒绝支付任何货款

C. 甲公司有权以乙公司已不可能履行合同为由，请求乙公司承担违约责任

D. 因乙公司丧失履行能力，甲公司可行使顺序履行抗辩权

23. 甲公司向乙公司转让了一项技术秘密。技术转让合同履行完毕后，经查该技术秘密是甲公司通过不正当手段从丙公司获得的，但乙公司对此并不知情，且支付了合理对价。下列哪一表述是正确的？

（　　）（2013 年司考．卷三．单 16）

A. 技术转让合同有效，但甲公司应向丙公司承担侵权责任

B. 技术转让合同无效，甲公司和乙公司应向丙公司承担连带责任

C. 乙公司可在其取得时的范围内继续使用该技术秘密，但应向丙公司支付合理的使用费

D. 乙公司有权要求甲公司返还其支付的对价，但不能要求甲公司赔偿其因此受到的损失

24. 张某与李某共有一台机器，各占 50% 份额。双方共同将机器转卖获得 10 万元，约定张某和李某分别享有 6 万元和 4 万元。同时约定该 10 万元暂存李某账户，由其在 3 个月后返还给张某 6 万元。后该账户全部款项均被李某债权人王某申请法院查封并执行，致李某不能按期返还张某款项。下列哪一表述是正确的？（　　）（2014 年司考．卷三．单 6）

A. 李某构成违约，张某可请求李某返还 5 万元

B. 李某构成违约，张某可请求李某返还 6 万元

C. 李某构成侵权，张某可请求李某返还 5 万元

D. 李某构成侵权，张某可请求李某返还 6 万元

25. 方某为送汤某生日礼物，特向余某定做一件玉器。订货单上，方某指示余某将玉器交给汤某，并将订货情况告知汤某。玉器制好后，余某委托朱某将玉器交给汤某，朱某不慎将玉器碰坏。下列哪一表述是正确的？（　　）（2014 年司考．卷三．单 11）

A. 汤某有权要求余某承担违约责任

B. 汤某有权要求朱某承担侵权责任

C. 方某有权要求朱某承担侵权责任

D. 方某有权要求余某承担违约责任

26. 德凯公司拟为新三板上市造势，在无真实交易意图的情况下，短期内以业务合作为由邀请多家公司来其主要办公地点洽谈。其中，真诚公司安排授权代表往返十余次，每次都准备了详尽可操作性的合作方案，德凯公司佯装感兴趣并屡次表达将签署合同的意愿，但均在最后一刻推脱拒签。其间，德凯公司还将知悉的真诚公司的部分商业秘密不当泄露。对此，下列哪一说法是正确的？（　　）（2017 年司考．卷三．单 12）

A. 未缔结合同，则德凯公司就磋商事宜无须承担责任

B. 虽未缔结合同，但德凯公司构成恶意磋商，应赔偿损失

C. 未缔结合同，则商业秘密属于真诚公司自愿披露，不应禁止外泄

D. 德凯公司也付出了大量的工作成本，如被对方主张赔偿，则据此可主张抵销

27. 李某以 1 万元的价格向刘某购买清代鼻烟壶一个，约定三日后交付，并支付了定金 5000 元。合同签订后，李某得知胡某正在以 10 万元的价格收购清代鼻烟壶，遂与胡某以该价格签订了买卖合同，约定 3 日后交付，胡某支付了定金 1 万元。两日后，刘某不慎将鼻烟壶摔碎。对此，下列哪一说法是正确的？（　　）

A. 李某有权请求刘某支付双倍定金 1 万元

B. 胡某有权请求李某支付双倍定金 2 万元

C. 胡某有权请求刘某赔偿损失

D. 胡某请求李某双倍返还定金时，李某有权请求减少定金

二、多项选择题

1. 在以下订立合同过程中的行为，应当承担损害赔偿责任的有（　　）。

A. 假借订立合同，恶意进行磋商，但没有给对方造成损失的

B. 假借订立合同，恶意进行磋商，并给对方造成损失的

C. 故意隐瞒与订立合同相关的重要事实，并给对方造成损失的

D. 故意提供与订立合同相关的虚假信息，并给对方造成损失的

2. 以下订立合同的过程中要承担缔约过失责任的情形包括（　　）。

A. 一方违反自己发出的要约，给对方造成损害的

B. 甲乙双方草签合同，事后甲方违反该协议的内容

C. 一方承诺对方交付货款10%作为定金后，即与另一方签订正式的购货合同，但接到定金后，不愿意签订合同

D. 甲公司和乙公司签订合同未果，甲公司将从中知悉的情报透露给丙公司

3. 甲公司与乙公司签订一份买卖合同，约定甲公司向乙公司支付价款，而乙公司则直接把货物交付给丙公司。但乙公司按期交付后，丙公司发现质量不符合合同约定标准，则（　　）。

A. 甲公司向乙公司追究违约责任

B. 丙公司向乙公司追究违约责任

C. 乙公司向甲公司承担违约责任

D. 乙公司向丙公司承担违约责任

4. 关于违约责任，下列说法正确的是（　　）。

A. 违约责任的承担，不必以当事人实际上已经不履行义务或不完全履行合同义务为前提

B. 履行期限届满前，当事人一方明确表示或以自己的行为表明不履行合同义务的，也可被对方追究违约责任

C. 违约责任以过错责任为其归责原则

D. 因意外事件致一方不能履行合同的，根据意外事件的影响，部分或全部免除责任，但法律另有规定或当事人另有约定的除外

5. 某作家与某出版社签订出版合同，但该作家一直拖延，不愿履行该合同，则出版社有权（　　）。

A. 请求强制履行

B. 在合同约定有违约金的情况下，要求其支付违约金

C. 请求其赔偿因此而受到的损失

D. 索回已支付的报酬

6. 甲公司与乙公司约定，甲公司向乙公司出售100台彩电，总标的额30万元，乙公司向甲公司预先支付了6万元定金。同时约定，不履行合同的，应支付10%的违约金，现因为丙公司违约未向甲公司供货，致甲公司不能履行，则应当（　　）。

A. 甲公司双倍返还定金及支付违约金共计15万元

B. 乙公司可选择要求双倍返还定金共计12万元，或返还定金及支付违约金共计9万元

C. 由丙公司向乙公司承担违约责任

D. 由甲公司向乙公司承担违约责任

7. 当事人一方不履行非金钱债务或者履行非金钱债务不符合约定的，在下列何种情形下，对方不得要求履行？（　　）

A. 履行不能

B. 债务标的不适于强制履行

C. 履行费用过高

D. 债权人在合理期限内未要求履行

8. 甲因购买股票而借乙1万元，约定1年还本，逾期不还支付违约金1000元。1年后甲仍未还款。对此乙可请求甲返还哪些费用？（　　）

A. 1万元本金

B. 1000元违约金

C. 1万元本金1年的利息

D. 1万元本金的逾期利息

9. 以下关于《民法典》所确定的违约损害赔偿范围的说法正确的是（　　）。

A. 该范围应相当于因违约所造成的损失，但不包括可得利益的损失

B. 该范围包括可得利益的损失

C. 该范围应以违约方可预见的范围为限

D. 若特别法对损害赔偿范围有特殊规定，则排除《民法典》的适用

10. 以下关于违约金和其他违约责任形式关系的表述正确的是（　　）。

A. 只有在迟延履行情况下，违约方支付违约金后，仍须履行债务

B. 违约方支付违约金后，仍应履行债务

C. 当事人既约定违约金，又约定定金

的，当事人可以选择适用

D. 当事人既约定违约金，又约定定金的，当事人可以合并适用

11. 以下对违约的救济形式中可以并存的是（　　）。

A. 违约金与定金责任

B. 损害赔偿与合同解除

C. 损害赔偿与继续履行

D. 违约金责任与继续履行

12. 某甲自幼失去双亲，对父母没有任何印象。一次偶然的机会，甲得到一张父母的遗照。遂到某照相馆做技术处理。但照相馆却将其照片丢失。根据《民法典》的规定，甲得要求照相馆承担何种责任？（　　）

A. 甲对于该照片具有特殊的精神利益，故甲可请求精神损害赔偿

B. 甲的精神损害，照相馆无从预知，故不应赔偿

C. 双方就损失赔偿额有特别约定，照相馆应承担约定赔偿责任

D. 双方有特别约定，因为精神损害民法典不予调整，照相馆也不承担责任

13. 甲公司一直在乙公司订餐，以往都是通过电子邮件沟通，乙公司看到邮件无异议就开始准备，有意见时才会回复。某日，甲公司发送了订餐邮件，但用餐时间已过却未见送餐，不得已比平时多花了2000元向另一公司订餐。后询问得知，乙公司换了新员工负责与甲公司对接，新员工看到邮件觉得价格不合适就没有回复。对此，下列哪些说法是正确的？（　　）

A. 乙公司应基于缔约过失责任赔偿甲公司2000元损失

B. 因乙公司未回复，合同未成立

C. 乙公司应基于违约责任赔偿甲公司2000元损失

D. 尽管乙公司未回复，但合同已经成立并生效

三、不定项选择题

1. 甲有3只羊要卖掉，便对乙说："你先牵回去试用，满意的话你就买下，价款2000元。"乙牵回了3只羊，未付款。现在试用期限届满，乙决定购买该3只羊，但5天前甲与丙又签订了一份买卖合同，将该3只羊卖给丙，未说明与乙之间试用买卖的情况。现丙由于不能取得该3只羊，欲起诉甲，依照法律，丙可以向甲主张何种责任（　　）。

A. 缔约过失责任

B. 违约责任

C. 赔偿损失

D. 继续履行合同

2. 关于缔约过失责任，以下不正确的说法是（　　）。

A. 缔约过失责任是过错责任

B. 缔约过失责任是违约责任的一种具体表现形式

C. 缔约过失责任赔偿范围包括直接损失和间接损失

D. 缔约过失责任是违反先合同义务而承担的责任

3. 2022年2月，甲贸易公司急需购买某钢铁厂生产的中型钢材（线材），正巧员工王某回家乡探亲，甲便将盖有公章的空白合同书交给王某，让其代办。不久，王某用该空白合同书，与乙钢铁厂签订购买JJ10线材的合同。王某将签好的合同书交给甲后，甲未表示异议。此后，乙按合同规定的交货条件发货，甲在提货单上签字盖章，将货提走。在试用过程中，甲发现JJ10线材不符合要求（符合要求的是JJ9.5线材）。甲遂将此批货物交给王某处理，并拒付货款。乙只好诉诸人民法院，要求甲给付货款、运费并偿付逾期付款的违约金。甲表示，该合同是王某自作主张确定的型号，是越权代理，且货已交他处理，甲概不负责。

（1）下列说法哪些是错误的？（　　）

A. 如果乙没有在合同约定的期限内交货，那么甲可以单方解除合同

B. 如果甲已提前从别处购得JJ9.5型线材，可以依实际情况请求变更或者解除合同

C. 合同履行前，王某与甲的法定代表人均调离该公司，合同即自动解除

D. 双方同意变更或者解除合同的，不存在赔偿问题

(2) 本案中，甲构成违约责任的条件有（　）。

A. 主观故意　　B. 主观过失

C. 完全不履行合同　　D. 不完全履行合同

(3) 如果由于自然灾害的影响，甲不能履行合同，那么可以（　）。

A. 延期履行、部分履行，并全部或者部分免除违约责任

B. 不履行，但不能免除违约责任

C. 不履行，可以部分或全部免除违约责任

D. 延期履行、部分履行，但不能免除违约责任

(4) 如果合同有效，因为乙违约给甲造成了一定经济损失，而甲要求继续供货，那么（　）。

A. 乙应向甲支付违约金、实际损失费，合同不再履行

B. 乙应向甲支付违约金、实际损失费，合同继续履行

C. 乙应向甲支付违约金、一定赔偿金，合同不再履行

D. 乙应向甲支付违约金、一定赔偿金，合同继续履行

(5) 无效经济合同的双方都有过错，对返还财产后的损失赔偿，应各自承担相应责任。所谓“相应责任”是指（　）。

A. 平均分担损失

B. 各自承担自己的损失

C. 协商承担责任

D. 按责任主次、轻重来分别承担责任

4. 甲公司与乙公司签订了一份手机买卖合同，约定：甲公司供给乙公司某型号手机1000部，每部单价1000元，乙公司支付定金30万元，任何一方违约应向对方支付合同总价款30%的违约金。合同签订后，乙公司向甲公司支付了30万元定金，并将该批手机转售给丙公司，每部单价1100元，指明由甲公司直接交付给丙公司。但甲公司未按约定期间交货。请回答（1）~（3）题。（2010年司考．卷三．不定项91~93）

(1) 关于返还定金和支付违约金，乙公司向甲公司提出请求，下列表述正确的是（　）。

A. 请求甲公司双倍返还定金60万元并支付违约金30万元

B. 请求甲公司双倍返还定金40万元并支付违约金30万元

C. 请求甲公司双倍返还定金60万元或者支付违约金30万元

D. 请求甲公司双倍返还定金40万元或者支付违约金30万元

(2) 关于甲公司违约时继续履行债务，下列表述错误的是（　）。

A. 乙公司在请求甲公司支付违约金以后，就不能请求其继续履行债务

B. 乙公司在请求甲公司支付违约金的同时，还可请求其继续履行债务

C. 乙公司在请求甲公司继续履行债务以后，就不能请求其支付违约金

D. 乙公司可选择请求甲公司支付违约金，或请求其继续履行债务

(3) 关于甲、乙、丙公司间违约责任的承担，下列表述正确的是（　）。

A. 如乙公司未向丙公司承担违约责任，则丙公司有权请求甲公司向自己承担违约责任

B. 如乙公司未向丙公司承担违约责任，则丙公司无权请求甲公司向自己承担违约责任

C. 如甲公司迟延向丙公司交货，则丙公司有权请求乙公司承担迟延交货的违约责任

D. 如甲公司迟延向丙公司交货，则丙公司无权请求乙公司承担迟延交货的违约责任

四、名词解释

1. 缔约过失责任（清华大学2013年研究生入学考试题）

2. 违约责任

3. 根本违约（中国人民大学2007年研究生入学考试题）

五、简答题

1. 简述违约责任的特征。
2. 简述违约责任的归责原则。（北京大学2005年研究生入学考试题）
3. 结合民法典的相关规定，试述缔约过失责任与违约责任的关系。（2011年北京大学法学院考研综合卷试题）

六、论述题

1. 试论合同责任与缔约过失责任的联系与区别。（中国人民大学2000年研究生入学考试题）
2. 法条分析题：《民法典》第591条规定：“当事人一方违约后，对方应当采取适当措施防止损失的扩大；没有采取适当措施致使损失扩大的，不得就扩大的损失请求赔偿。当事人因防止损失扩大而支出的合理费用，由违约方负担。”请分析该法条。

七、案例分析题

1. A市甲公司从B市乙公司购买电脑100台；由乙于20日后送货上门。甲欠同市丙公司债款，久欠不还。当此批电脑运至A市时，被丙所派人员以欺骗手段截留以抵债款。甲因未收到电脑，请求乙继续履行，并赔偿相关损失。而乙则认为已依约履行完毕，双方发生争议。经查，乙的司机在未认真核实收货人身份的前提下即予交货。请根据民法原理评析本案，并阐明理由。
2. 2022年12月，原告（某研究所）委托本单位职工张某（被告一）赴新疆某石化厂（被告二）就承接原油电脱盐项目进行了多次磋商。为此合同的签订，原告做了资金、设备、人员的准备。但在与石化厂签订合同之前，张某调离了研究所。张某调离后以另一家工程研究所的名义与石化厂签订了承接原油电脱盐项目的合同，致使原告的经济利益受到了侵害。因此，原告诉至法院，要求两被告赔偿经济损失30万元。

法院经过审理后判决：（1）被告张某、某石化厂赔偿原告某研究所30万元；（2）两被告负连带赔偿责任。法院判决后，原、被告均未提起上诉，该判决业已生效。

根据此案，请你分析法院作出上述判决的法律依据和理论依据。

参考答案

一、单项选择题

1. **答案**：B。根据《民法典》第577条的规定，当事人一方不履行合同义务或者履行合同义务不符合约定的，应当承担继续履行、采取补救措施或者赔偿损失等违约责任。丙与乙为合同当事人，对于丙的损失应由乙赔偿，然后乙再请求公司赔偿。
2. **答案**：A。参见《民法典》第585条第1款、《民法典》第832条对承运人责任的规定。
3. **答案**：D。根据《民法典》第584条的规定，当事人一方不履行合同义务或者履行合同义务不符合约定，给对方造成损失的，损失赔偿额应当相当于因违约所造成的损失，包括合同履行后可以获得的利益，但不得超过违反合同一方订立合同时预见到或者应当预见到的因违反合同可能造成的损失。
4. **答案**：A。参见《民法典》第873条。
5. **答案**：A。参见合同相对性的相关规定。
6. **答案**：D。根据《民法典》第471条的规定，当事人订立合同，采取要约、承诺方式。以及第483条的规定：“承诺生效时合同成立……”本案中，甲请求乙在A站唤醒自己下车，乙虽欣然同意，但并没有受法律约束的意思，因此甲、乙之间并不成立合同。
7. **答案**：A。本题考查要约与要约邀请的区别和商业广告的性质。参见《民法典》第472条、第473条 。
8. **答案**：B。当事人约定债务人向第三人履行债务的，在债务人不履行或不完全履行时，基于合同相对性原理，应由债务人向债权人而非直接向第三人承担违约责任。

9. **答案**：A。根据《民法典》第 67 条。

10. **答案**：C。根据《民法典》第 580 条。

11. **答案**：D。根据《民法典》第 582 条、第 584 条、第 588 条的规定，我国《民法典》允许各种补救措施与赔偿损失并用，但不允许同时并用违约金与损害赔偿金，定金与违约金。另外，从第 114 条之规定来看，《民法典》赋予了违约金浓厚的补偿性，对惩罚性违约金，当事人可申请法院予以减少。

12. **答案**：D。根据《民法典》第 591 条。

13. **答案**：D。根据《民法典》第 592 条。

14. **答案**：D。根据《民法典》第 578 条的规定，预期违约，是指合同有效成立履行期限届满之前，当事人一方明确表示或以自己的行为表示不履行主要债务。甲、丙已办理了房屋产权登记，丙取得该房屋的所有权，甲的行为构成预期违约，所以乙可以向甲主张默示预期违约的责任。

15. **答案**：C。A 错，根据《民法典》第 580 条的规定可知。B 错，根据《民法典》第 180 条第 2 款规定可知。C 对 D 错，根据《民法典》第 577 条规定可知。本题中甲的行为已构成违约，虽然甲的违约不适用继续履行，但可要求其承担赔偿损失的违约责任。

16. **答案**：C。《民法典》第 180 条规定，因不可抗力不能履行民事义务的，不承担民事责任。法律另有规定的，依照其规定。当事人迟延履行后发生不可抗力的，不能免除责任。本法所称不可抗力，是指不能预见、不能避免并不能克服的客观情况。

17. **答案**：C。根据《民法典》第 588 条的规定，定金与违约金只能选择适用，不能合并适用。选择权归被违约的一方。乙请求甲支付违约金 6 万元，同时请求返还支付的定金 4 万元。这是选择了违约金，没有适用定金罚则（定金的原数返还不是定金罚则的适用），这样，既符合法律规定，又能最大限度地保护自己的利益。A 项的双倍返还，乙实际只能得到 4 万元的违约补偿。B 项违反《民法典》第 588 条的规定。D 项没有考虑自己还有要求原数返还定金的权利。

18. **答案**：A。（1）甲公司与乙公司有合同关系（是何合同题意不明），汽车运输公司受托运输，运输未完成的后果应当由甲公司对乙公司承担，而不应由汽车运输公司向乙公司承担，这是由合同的相对性决定的。因此，可以排除 D 项。（2）丙是职务行为，丙个人并不向乙公司承担责任。因此，可以排除 B 项。（3）司机刘某在执行职务过程中发生过失，其并不直接向乙公司承担责任。因此，排除 C 项。

19. **答案**：A。《民法典》第 593 条规定，当事人一方因第三人的原因造成违约的，应当向对方承担违约责任。当事人一方和第三人之间的纠纷，依照法律规定或者按照约定解决。甲由于丙的原因不能向乙按约履行义务，应当承担违约责任。乙和丙之间并没有直接的法律关系，基于合同的相对性，乙不能要求丙承担赔偿责任。甲在向乙承担违约责任后，可向丙主张赔偿，由于丁是丙的工作人员，因此丁不对甲承担责任，而应由甲直接向丙主张。另外，标的物所有权自交付时转移，代办托运的情况下，货物交承运人即为交付，所以乙已取得货物所有权。综上所述，本题应选 A。

20. **答案**：B。本题考查的是预期违约的责任承担。乙将自己全部库存的货物出卖给他人，且此时已临近交付日期，而乙近期又将出国，表明乙在 12 月 30 日将无法履行合同义务，构成预期违约。甲可以在 12 月 30 日前向乙要求其承担违约责任，而不必等到 12 月 30 日以后。参见《民法典》第 108 条。

21. **答案**：A。根据《民法典》的规定，当事人约定违约金低于实际损失，可以要求增加。

22. **答案**：C。本题考核预期违约与不安抗辩权的行使。本题中，甲乙签订的是加工承揽合同，该合同是双务合同，甲负有先履行义务，乙负有后履行义务。在合同履行期限届满前后履行义务人乙明确表示因濒临破产无力履行合同，构成预期违约。甲可以中止履行合同，并向乙主张违约责任。因此，A项错误，C项正确。甲交付900套服装已经完成了合同的绝大部分履行义务，乙不能拒绝支付任何货款，乙有义务在甲履行义务的范围内支付相应货款。因此，B项错误。乙公司丧失履行能力，甲公司行使的是不安抗辩权，而非顺序履行抗辩权。因此，D项错误。

23. 答案：C。《民法典》第850条规定，非法垄断技术、妨碍技术进步或者侵害他人技术成果的技术合同无效。本题中，甲公司是通过不正当手段从丙公司获得技术秘密的，因此，甲、乙公司之间的技术转让合同，构成对丙公司技术成果的侵害，与非法垄断技术、妨害技术进步的合同一样，一律无效，故A项错误。侵害他人技术秘密的技术合同被确认无效后，除法律、行政法规另有规定的以外，善意取得该技术秘密的一方当事人可以在其取得时的范围内继续使用该技术秘密，但应当向权利人支付合理的使用费并承担保密义务。当事人双方恶意串通或者一方知道或者应当知道另一方侵权仍与其订立或者履行合同的，属于共同侵权，人民法院应当判令侵权人承担连带赔偿责任和保密义务，因此取得技术秘密的当事人不得继续使用该技术秘密。本题中，乙公司作为受让人不知情，应为善意，因此，不需要与甲公司一起对丙公司的损失承担连带责任，而可以在取得的范围内继续使用该技术，并向权利人支付报酬并保守秘密，故B项错误。《民法典》第157条规定，民事法律行为无效、被撤销或者确定不发生效力后，行为人因该行为取得的财产，应当予以返还；不能返还或者没有必要返还的，应当折价补偿。有过错的一方应当赔偿对方由此所受到的损失；各方都有过错的，应当各自承担相应的责任。法律另有规定的，依照其规定。此合同无效的原因在于甲公司隐瞒了其从丙公司处不当获取技术成果的事实，违背了诚信原则在合同订立阶段的告知义务。因此，合同无效后，有过错的甲公司对于乙公司因此造成的损失应予以赔偿，此赔偿责任的性质为缔约过失责任，故D项错误。

24. 答案：B。违约责任的归责原则是严格责任原则，或曰无过错责任原则，而一般侵权责任的归责原则是过错责任原则。本题中，张某和李某之间就10万元暂存在李某处以及到期返还张某6万元是有约定的，因此构成合同关系。但李某未能返还6万元并非李某的过错，因此不符合侵权责任的归责原则，不可能构成侵权，但符合违约责任的归责原则，构成违约。因此本题选B项。至于数额问题，是6万元还是5万元，这在当事人的意思自治范围内，其约定有效，按6、4分割并无问题，A、C两项属于干扰项。

25. 答案：D。《民法典》第522条第1款规定，当事人约定由债务人向第三人履行债务，债务人未向第三人履行债务或者履行债务不符合约定的，应当向债权人承担违约责任。本题中，方某与余某之间存在合同关系，而汤某与余某之间不存在合同关系，根据合同的相对性，方某有权要求余某承担违约责任，而汤某无权要求余某承担违约责任。A项错误。《民法典》第467条第1款规定，本法或者其他法律没有明文规定的合同，适用本编通则的规定，并可以参照适用本编或者其他法律最相类似合同的规定。对于承揽合同而言，参照买卖合同关于标的物所有权转移的规定，定作标的物的所有权，在交付之前属于承揽人，尚未转移给定作人或者定作人指示的人。玉器还未交付给汤某，汤某对玉器不享有所有权。因此，朱某对汤某不构成侵权。同理，方某对该玉器也不享有所有权，无权要求朱某承担侵权责任。B、C项错误。

26. 答案：B。（1）依《民法典》第500条规定，假借订立合同，进行恶意磋商，给对方造成损失的，应当承担损害赔偿责任。本题中，德凯公司在无真实交易意图的情况下，佯装感兴趣并屡次向真诚公司表达将签署合同的意愿，但均在最后一刻推脱拒签，这一行为明显属于假借订立合同，恶意进行磋商。而真诚公司安排授权代表往返十余次，每次都准备了详尽可操作性的合作方案，最终没有签署合同，真诚公司因此受到损失。而德凯公司虽然在此过程中也付出了大量的工作成本，但其损失是由自己造成的。由此，本题中A、D选项说法均错误，B选项为正确选项。（2）依《民法典》第501条规定，当事人在订立合同过程中知悉的商业秘密或者其他应当保密的信息，无论合同是否成立，不得泄露或者不正当地使用；泄露、不正当地使用该商业秘密或者信息，造成对方损失的，应当承担赔偿责任。本题中，双方当事人虽然未订立合同，德凯公司也不应将缔约过程中知悉的真诚公司的部分商业秘密不当泄露，故本题中C选项的说法错误。

27. **答案**：B。本题中，刘某不慎将鼻烟壶摔碎将使李某与刘某的合同、李某与胡某的合同均陷入履行不能这一违约状态，两个合同都会触发各自的定金罚则。《民法典》第586条对定金设置了法定的上限，即主合同标的额的20%，超过部分不发生定金效力。结合两个合同的标的额，李某与刘某的合同中能发生定金效力的是2000元，因此李某无权请求刘某支付双倍定金1万元，只能请求刘某支付7000元，其中5000元为定金本金，2000元为惩罚金额。而李某与胡某的合同约定的1万元定金并未超过主合同标的额的20%，均能发生定金效力，因此胡某有权请求李某支付双倍定金2万元，B项正确。此外，《民法典》第585条仅针对违约金规定了司法调整规则，但并未针对定金设置司法调整规则，因此定金不能像违约金那样申请减少或申请增加，D项错误。C项考查债的特征，具体涉及债的相对性或者合同的相对性。刘某不慎将鼻烟壶摔碎，李某对胡某的合同义务陷入履行不能，胡某的损失应向李某主张违约责任。胡某与刘某之间并无合同关系，胡某无权请求刘某赔偿损失。这也是合同相对性的应有之义，C项错误。

二、多项选择题

1. **答案**：BCD。合同订立并生效后，如果一方违反合同约定并给对方造成损失，应当承担违约责任，赔偿对方因此而受的损失。但是在合同订立过程中，双方没有合同的约束，一般不对对方承担任何责任。法律考虑到合同订立过程中，双方已经开始接触并产生了一定的信赖，为了保护这种信赖，法律规定了缔约过失责任对此进行规制。缔约过失责任是指在订立合同过程中，一方违背诚信原则，而导致另一方信赖利益受到损害，依法应当承担的民事责任。《民法典》第500条规定了三种情形应适用缔约过失责任：（1）假借订立合同，恶意进行磋商；（2）故意隐瞒与订立合同相关的重要事实或者提供虚假情况；（3）其他违背诚信原则的行为。因这些行为而给对方造成损失的应当承担损害赔偿责任。A选项中的行为虽然符合法律规定，但是其并没有给对方造成损失，所以不必承担损害赔偿责任。
2. **答案**：ABCD。缔约过失责任的核心在合同订立过程中，一方违反诚信原则，给对方造成损害。以上的行为均符合缔约过失责任的要件，做出以上行为的一方应当承担缔约过失责任。
3. **答案**：AC。根据《民法典》第522条第1款的规定，当事人约定由债务人向第三人履行债务的，债务人未向第三人履行债务或者履行债务不符合约定，应当向债权人承担违约责任。乙公司交付产品质量不符合约定应当向甲承担违约责任。
4. **答案**：AB。根据《民法典》第578条的规定，当事人一方明确表示或者以自己的行为表明不履行合同义务的，对方可以在履行期限届满之前要求其承担违约责任，选项A、B正确。我国《民法典》以无过错责任原则为其归责原则。意外事故，在当事人未予约定的情况下并非违约责任的免责事由。
5. **答案**：BCD。具有人身性质的合同义务不适用强制履行。出版社可以解除合同，要求作家归还已付的报酬，赔偿损失或者支付赔偿金。

6. **答案**：BD。根据《民法典》第588条的规定，当事人既约定违约金，又约定定金的，一方违约时，对方可以选择适用违约金或者定金，但是不可以并用。因此应当排除选项A，选择选项B。根据《民法典》第593条的规定，当事人一方因第三人的原因造成违约的，应当向对方承担违约责任。当事人一方和第三人之间的纠纷，依照法律规定或者按照约定解决。

7. **答案**：ABCD。

8. **答案**：ABD。《民法典》第585条："当事人可以约定一方违约时应当根据违约情况向对方支付一定数额的违约金，也可以约定因违约产生的损失赔偿额的计算方法……"甲未依约履行还款义务，故应承担返还本金，并支付违约金。故乙可请求甲支付逾期利息，D当选。

9. **答案**：BCD。参见《民法典》第577条。

10. **答案**：AC。A对，根据《民法典》第585条第3款规定可知。B错，对于因履行迟延、履行不当或拒绝履行的违约行为，原则上均可请求继续履行或补充履行。但是，除金钱外，债务发生履行不能，以及债务标的不适宜强制履行，或债权人在合理期限内未请求履行的，不得请求强制实际履行。C对D错，根据《民法典》第588条规定可知。

11. **答案**：BCD。A错，根据《民法典》第588条规定可知。B对，根据《民法典》第566条规定可知。C对，根据《民法典》第577条规定可知。D对，根据《民法典》第585条第3款规定可知。

12. **答案**：BC。我国《民法典》上的违约责任，是财产补偿责任，即依照法律规定或合同约定，违约当事人用财产来补偿给对方造成或可能造成的经济损失。由此可以看出，违约责任不包括精神赔偿，但是根据《民法典》的规定，如果双方就损失赔偿额有特别约定的，要依照所约定的进行赔偿。

13. **答案**：CD。本题的核心问题是甲、乙两公司之间的订餐合同是否已经成立并生效。甲公司发送了订餐邮件，在性质上属于要约（《民法典》第472条），有疑问的是乙公司未回复（沉默）是否构成承诺。《民法典》第140条第2款规定："沉默只有在有法律规定、当事人约定或者符合当事人之间的交易习惯时，才可以视为意思表示。"据此可知，沉默只有在例外情形下才能视为意思表示。本题中，甲公司一直在乙公司订餐，以往都是电子邮件沟通，乙公司看到邮件无异议就开始准备，有意见时才会回复，这一事实表明，甲、乙公司之间关于订餐是存在明确的交易习惯的，即对于甲公司的订餐要约，乙公司的沉默就视为承诺。在这一交易习惯之下，乙公司的沉默应视为承诺，而且这一交易习惯不因乙公司内部员工的更替而改变。因此，尽管乙公司更换了新员工，但是其未回复邮件，仍应视为承诺，甲、乙之间订餐的合同已经成立并生效。在此基础上，乙公司未能按照合同内容备餐并交付提供给甲公司，陷入违约状态，应当基于违约责任赔偿甲公司2000元损失。由于乙公司违反的是合同义务而非先合同义务，乙公司所应承担的不是缔约过失责任，而是违约责任，因此，A、B项错误，C、D项正确。

三、不定项选择题

1. **答案**：BCD。甲和丙之间签订了买卖合同，签订过程中，甲隐瞒了他与乙之间的试用买卖合同，而这正是造成丙目前无法取得标的物的原因。在本案例中，甲丙之间的合同是有效的，甲发生主观上的履行不能，对于这种情形，甲应当承担违约责任。缔约过失责任发生在合同订立阶段。

2. **答案**：B。这些说法是缔约过失责任方面的一些基本知识点。缔约过失责任和违约责任同为民法典规定的责任形式，是并列关系不是包含关系。

3. **答案**：（1）ACD。根据《民法典》的相关规定。选项A，当事人延迟履行债务不构成解除合同的发动条件，因此甲不能单方面解除合同。

（2）AD。本案中，甲违约责任的要件包括主观的过错和客观不完全履行合同的行为。

（3）AC。根据《民法典》第590条的规定，因不可抗力不能履行合同的，根据不可抗力的影响，部分或者全部免除责任，但法律另有规定的除外。当事人迟延履行后发生不可抗力的，不能免除责任。本法所称不可抗力，是指不能预见、不能避免并不能克服的客观情况。

（4）D。根据《民法典》第577条的规定，当事人一方不履行合同义务或者履行合同义务不符合约定的，应当承担继续履行、采取补救措施或者赔偿损失等违约责任。乙应向甲支付违约金、一定赔偿金，合同继续履行。

（5）D。

4. 答案：（1）D。选项A、C错误。《民法典》第586条规定，定金的数额由当事人约定，但不得超过主合同标的额的20%。本题中，合同总价款是100万元，100万元×20%＝20万元，即乙公司支付的30万元定金中只有20万元部分是有效的，甲公司违约适用定金罚则时，只能要求甲公司双倍返还40万元，不能要求甲公司双倍返还60万元。选项B错误，选项D正确。《民法典》第588条第1款规定，当事人既约定违约金，又约定定金的，一方违约时，对方可以选择适用违约金或者定金条款。据此可知，定金罚则与违约金不能同时适用，只能选择其一适用。

（2）AC。参见《民法典》第585条。

（3）BC。《民法典》第593条规定，当事人一方因第三人的原因造成违约的，应当依法向对方承担违约责任。当事人一方和第三人之间的纠纷，依照法律规定或者按照约定处理。基于合同相对性原理，本题中甲乙之间存在买卖合同关系，乙丙之间存在买卖合同关系，因此，因甲迟延交货的违约责任，丙只能向乙主张，然后再由乙向甲进行追偿，丙不能直接向甲主张违约责任。

四、名词解释

1. 答案：缔约过失责任是指在合同缔结过程中，一方当事人违反了以诚信原则为基础的先契约义务，造成了另一方当事人的损害，因此应承担的法律后果。

2. 答案：是指当事人不履行合同债务而依法应当承担的法律责任。违约责任区别于其他民事责任的特征有：（1）违约责任是不履行或不适当履行合同债务所引起的法律后果；（2）违约责任具有相对性；（3）违约责任可以由当事人在法律规定的范围内约定；（4）违约责任是一种财产责任。

3. 答案：根本违约是指合同一方当事人违反合同的行为致使该合同的目的不能实现。根本违约的构成要件是一般违约的构成要件加上因违约行为导致的合同目的不能实现，其法律效果是当一方根本违约时，另一方当事人可以解除合同并要求对方承担违约责任。

五、简答题

1. 答案：（1）违约责任是不履行或不适当履行合同债务所引起的法律后果。这一特征包含两层含义：第一，违约责任的成立以有效合同的存在为前提；第二，违约责任的成立是当事人违反合同约定义务的结果。

（2）违约责任具有相对性。即违约责任仅发生于特定的当事人之间，合同关系以外的人不承担违约责任，合同当事人也不对合同关系以外的第三人负违约责任。

（3）违约责任可以由当事人在法律规定的范围内约定。作为法律责任的一种，违约责任当然具有强制性。但在具有强制性的同时，还具有一定程度的任意性，法律允许当事人在一定的范围内事先对违约责任作出约定。如《民法典》第585条第1款规定，当事人可以约定一方违约时应当根据违约情况向对方支付一定数额的违约金，也可以约定因违约产生的损失赔偿额的计算方法。

（4）违约责任是一种财产责任。违约责任作为合同债务的转化形式，与合同债务在经济利益方面具有同一性，所以违约责任是一种财产责任。

2. 答案：违约责任的归责原则，是指基于一定的归责事由确定违约责任承担的法律原则。一般包括严格责任原则和过错责任原则。

（1）严格责任原则。严格责任原则是指一方当事人不履行或者不适当履行合同义务给另一方当事人造成损害，就应当承担违约责任。《民法典》第577条规定，当事人一方不履行合同义务或者履行合同义务不符合约定的，应当承担继续履行、采取补救措施或者赔偿损失等违约责任。本条的规定将违约责任的规则原则明定为严格责任原则。此项归责原则的特点在于：

①它不同于过错责任，即违约行为发生后，违约方即应当承担违约责任，而不以违约方的主观过错作为其承担违约责任的依据，非违约方无须就违约方的过错承担举证责任。而过错责任原则要求受害人就对方的过错承担举证责任。

②它不同于过错推定责任原则，即只有法定的抗辩事由可以作为免责事由，违约方没有过错不能作为免责的依据。而过错原则承认“无过错即无责任”，一旦违约方能够证明自己没有过错就不承担责任。

（2）过错责任原则。所谓过错责任原则，是指一方当事人不履行或者不适当履行合同义务时，应以该当事人的主观过错作为确定违约责任构成的依据。我国《民法典》虽然在总则编中就违约责任的归责原则实行严格责任，但过错责任原则也散见于其他各编之中。但需注意的是违约责任的过错通常采用推定的方法加以证明，受害人并不承担举证责任。

（3）违约责任的免责事由。免责事由，是指法律规定或者合同约定的当事人对其不履行或者不适当履行合同义务免予承担违约责任的条件。通常包括不可抗力、受害人过错和免责条款。

①不可抗力，是指不能预见、不可避免并不能克服的客观情况。不可抗力的影响大小、范围各异，故免除违约责任的范围也应有所不同。不可抗力作为免责事由以其发生于合同履行期间为条件，如果不可抗力发生于一方当事人迟延履行后，迟延履行当事人不得以不可抗力作为免责事由。

②受害人过错，是指受害人对违约行为或者违约损害后果的发生或者扩大存在过错。违约责任虽然实行严格责任，但是受害人的过错可以成为违约方全部或者部分免除责任的依据。

③免责条款，是指合同当事人约定的排除或者限制将来可能发生的违约责任的条款。但是，合同中的免除造成对方人身伤害、因故意或者重大过失造成对方的财产损失的违约责任的免责条款无效，当事人对此类损害仍应当承担赔偿责任。

3. 答案：（1）缔约过失责任的概念：缔约过失责任是指在合同订立的过程中，一方因其违反诚信原则所产生的义务，给对方造成损失所应承担的损害赔偿责任。其性质介于“违约责任”和“侵权责任”之间。缔约过失责任的构成要件包括：①当事人之间发生先合同义务。先合同义务是指合同成立之前，订立合同的当事人依据诚信原则所承担的忠实、照顾、告知等义务。②当事人一方违反先合同义务。主要是指当事人违反诚信原则，包括《民法典》上规定的一方假借订立合同恶意进行磋商，以及违反及时通知义务、协助和照顾义务、提供必要条件的义务、保密义务等行为。③对方因一方违反先合同义务而受有损害，即对方当事人受有损害且其损害与一方的缔约过失之间存在因果关系。④违反先合同义务的一方有过错。

可见，缔约过失责任是发生在合同订立过程中的，它与合同责任都与合同法律关系有紧密联系，且都须对当事人受有损害方有承担民事责任之必要。

（2）违约责任的概念：是指合同当事人不履行或者不适当履行合同义务所应承担的继续履行、采取补救措施、损害赔偿、支付违约金等民事法律后果。可见，缔约过失责任是发生在合同订立过程中的，它与合同责任都与合同法律关系有紧密联系，且都须对当事人受有损害方有承担民事责任之必要。

(3)两者的区别：第一，缔约过失发生在合同订立过程中，只有在合同尚未成立，或者虽然已经成立但被认定为无效或被撤销时，对此有过失的一方才承担缔约过失责任，而合同责任则是以合同成立为前提的，亦即在合同法律关系有效成立的框架内才可能存在合同责任。第二，承担缔约过失责任以违反先合同义务的一方当事人有过错为条件，而合同责任要相对严格一些，以违约责任为例，其归责原则一般包括严格责任原则和过错责任原则。所谓严格责任原则，是指一方当事人不履行或者不适当履行合同义务给另一方当事人造成损害，就应当承担违约责任。第三，两者内容不同。缔约过失责任的主要内容是损害赔偿，而且是信赖利益的损害赔偿，也就是当事人相信合同能够有效成立，但因合同不成立、无效或者被撤销所受的损失。信赖利益的损失一般是直接财产的减少，如缔约费用、准备履行合同所支出的费用等，信赖利益的损害赔偿，旨在使受损一方当事人的利益恢复到未曾参与合同订立或者合同成立之前的状态。而合同责任的内容包括多种形式，仅以违约责任来说，即可采取继续履行、采取补救措施、损害赔偿、支付违约金等多种承担责任的形式。即使是损害赔偿，也不只包括信赖利益，还包括履行利益，即违约责任的损失赔偿额应相当于因违约造成的损失，包括合同履行后可以获得的利益，违约责任的损失赔偿旨在使受损一方当事人的利益达到合同得到适当履行的状态。

【参考资料】魏振瀛主编：《民法》，北京大学出版社、高等教育出版社 2021 年版；王利明主编：《民法》，中国人民大学出版社 2020 年版；王利明主编：《合同法研究》，中国人民大学出版社 2015 年版。

六、论述题

1. 答案：合同责任，即合同上的责任，它不仅包括违约责任即违反合同债务所产生的民事责任，还包括合同变更、解除所产生的民事责任、保证责任和非违约方未尽到防止或者减轻损害的义务所应负的责任。其中，违约责任占主要地位，它是指合同当事人不履行或者不适当履行合同义务所应承担的继续履行、采取补救措施、损害赔偿、支付违约金等民事法律后果。

缔约过失责任是指在合同订立的过程中，一方因其违反诚信原则所产生的义务，给对方造成损失所应承担的损害赔偿责任。其性质介于“违约责任”和“侵权责任”之间。缔约过失责任的构成要件包括：(1)当事人之间发生先合同义务。先合同义务是指合同成立之前，订立合同的当事人依据诚信原则所承担的忠实、照顾、告知等义务。(2)当事人一方违反先合同义务。主要是指当事人违反诚信原则，包括《民法典》上规定的一方假借订立合同恶意进行磋商，以及违反及时通知义务、协助和照顾义务、提供必要条件的义务、保密义务等行为。(3)对方因一方违反先合同义务而受有损害，即对方当事人受有损害且其损害与一方的缔约过失之间存在因果关系。(4)违反先合同义务的一方有过错。

可见，缔约过失责任是发生在合同订立过程中的，它和合同责任一样，都与合同法律关系有紧密联系，且都须对当事人受有损害方有承担民事责任之必要。但缔约过失责任与合同责任（以违约责任为主要内容）存在如下方面的基本区别：第一，缔约过失发生在合同订立过程中，只有在合同尚未成立，或者虽然已经成立但被认定为无效或被撤销时，对此有过失的一方才承担缔约过失责任，而合同责任则是以合同成立为前提的，亦即在合同法律关系有效成立的框架内才可能存在合同责任。第二，承担缔约过失责任以违反先合同义务的一方当事人有过错为条件，而合同责任要相对严格一些，以违约责任为例，其归责原则一般包括严格责任和过错责任。所谓严格责任原则，是指一方当事人不履行或者不适当履行合同义务给另一方当事人造成损害，就应当承担违约责任。第三，两者内容不同。缔约过失责任的主要内容是损害赔偿，而且是信赖利益的损害赔偿，也就是当事人相信合同能够有效成立，但因合同不成立、无效或者被撤销所受的损失。信赖利益的损失一般是直接财产的减少，如缔约费用、准备履行合同所支出的费用等，信赖利益的损害赔偿，旨在使受损一方当事人的利益恢复到未曾参与合同订立或者合同成立之前的状态。而合同责任的内容包括多种形式，仅以违约责任来说，即可采取继续履行、采取补救措施、损害赔偿、支付违约金等多种承担责任的形式。即使是损害赔偿，也不只包括信赖利益，还包括履行利益，即违约责任的损失赔偿额应相当于因违约造成的损失，包括合同履行后可以获得的利益，违约责任的损失赔偿旨在使受损一方当事人的利益达到合同得到适当履行的状态。

2. **答案**：《民法典》第591条是关于减损规则的规定。减损规则就是指当事人一方违约后，对方应当采取措施防止损失的扩大，如果对方没有采取措施或采取措施不适当致使损失扩大的，那么就扩大的损失不能要求违约方进行赔偿。当事人因防止损失扩大而支出的合理费用，由违约方承担。减损义务的功能体现在两个方面：一方面从社会角度看，通过设定减损义务，可以激励受损方按促进经济效益的方式去行为，从而增进社会整体效益。另一方面从个人角度看，减损义务作为限制赔偿权利人可获得的赔偿数额的规则，对赔偿权利人会造成不便，在对方违约后，赔偿权利人需采取一定行动或措施防止损失继续扩大，且措施还需具有适当性。减轻损失的类型化工作可能包括：(1) 停止工作。一旦一方当事人有根据知道对方的对待履行将不会作出，这一方当事人通常应以停止履行来避免进一步的花费。(2) 替代安排。即采取合理措施来做适当的替代安排以避免损失。(3) 变更合同。为避免或减少违约造成的损失，违约方提出变更原合同的要约时，只有守约方接受该要约才合理时，变更合同就成为减轻损失的合理措施。(4) 继续履行。在某些情况下，继续履行可以作为比较合适的减损措施。根据民法典的这条规定，只判断一方当事人违约方后，对方是否采取了适当措施防止损失扩大，并不要求措施的有效性，就是说采取的措施一定能防止损失扩大。当事人因采取适当措施防止损失扩大而支出的合理费用，有权要求违约方承担。

七、案例分析题

1. **答案**：本案乙公司应承担违约责任，并依甲的请求继续履行义务，并赔偿其相应损失，主要理由如下：

(1) 所谓违约责任是指在当事人不履行合同债务时，所应承担的损害赔偿、支付违约金等责任。它具有如下特点：①违约责任是民事责任的一种形式。②违约责任是合同当事人不履行债务所产生的责任，它包括双重内容：1) 违约责任的产生以合同债务的存在为前提。2) 违约责任的产生以合同当事人不履行债务为条件。合同作为当事人在平等、自愿基础上达成的协议，一经成立，即具有法律效力，当事人双方必须严格遵守，任何一方违反合同，就会产生违约责任。所以违约责任的成立，必须以一方违反合同义务为条件。如果合同当事人不是违反合同义务，而是违反法律规定的义务，则应负其他责任。(2) 违约责任具有相对性。违约责任只能在特定的当事人即合同关系当事人之间发生，合同关系以外的人，不负违约责任，合同当事人也不对其承担违约责任。这包括三方面的内容：1) 违约当事人应对因自己的过错所造成的违约后果承担违约责任，而不能将责任推卸给他人。2) 在因第三人的原因造成债务不能履行的情况下，债务人仍应向债权人承担违约责任，而不应由第三人向债权人负违约责任；债务人在承担责任后，有权向第三人追偿。债务人为第三人的行为向债权人负责，既是合同相对性规则的体现，也是保护债权人的利益所必需的。3) 债务人只能向债权人承担违约责任，而不应向其他人承担违约责任。(3) 违约责任可以由当事人约定。违约责任尽管有明显的强制性，但仍有一定程度的任意性，即当事人可以在法律规定的范围内，对一方的违约责任事先作出安排。(4) 违约责任主要是财产责任，可采取损害赔偿、支付违约金、继续履行等责任方式。从违约责任的功能来看，在一方违约的情况下，法律责令违约方承担违约责任，其重要目的在于使受害人所受损害及时得到恢复和补救，从而维护当事人利益的平衡。

就本案来看，甲向乙购买电脑，并由乙负责送货上门。乙的司机送货时未认真核实收货人的身份即予以交货，使甲未收到电脑并造成其经济损失。虽然上述情况的发生是由于甲的债权人丙用欺骗手段截留电脑以抵债款所致，但根据合同的相对性规则，乙应先向甲承担违约损害赔偿责任，然后再追究丙的侵权责任。

2. **答案**：法院作出上述判决的法律依据是《民法典》第500条关于缔约过失责任的规定。该规定的具体内容如下：当事人在订立合同过程中有下列情形之一，给对方造成损失的，应当承担损害赔偿责任：(1) 假借订立合同，恶意进行磋商；(2) 故意隐瞒与订立合同有关的重要事实或者提供虚假情况；(3) 有其他违背诚信原则的行为。本案中，新疆某石化厂明知张某一开始是代表原告某研究所与其进行磋商关于承接原油电脱盐的项目，而张某在实际签合同时，是代表另一家工程研究所签订的，而仍与之签订合同，其此种行为侵犯了原告某研究所的信赖利益而应当承担缔约责任。而张某在原告处工作并代表原告与石化厂磋商承接原油电脱盐的项目，但其后来调离了原告某研究所后，利用其对磋商过程和情况熟悉的优势，代表另一家工程研究所与石化厂签订了合同，致使原告的经济利益受到了侵害。张某和新疆某石化厂承担赔偿责任的理论依据是缔约过失责任理论。

所谓缔约过失责任，是指在合同订立过程中，一方因为被其依据诚信原则所应负的义务，而致另一方的信赖利益的损失，并应当承担民事责任。缔约过失责任的产生具有两个前提条件：(1) 缔约双方为了缔约合同而开始实行社会接触或交易上接触，即双方已形成了一种实际接触和磋商关系；(2) 这种接触是当事人形成一种特殊的联系，并使双方形成了一种特殊的信赖关系。接触是一个前提，而信赖是接触的结果，是从接触中产生的。没有接触，单方面所产生的信赖并不是合理的信赖，因为信赖和接触就出现了在缔约过失情况下当事人之间必须发生的一种法律上的特殊结合关系。例如，本案中原告某研究院因信赖合同成立而进行了资金、设备和人员的准备，由于被告石化厂和张某的行为致使合同没有订立，而给原告造成了经济损失，对于这种损失，他们理应赔偿。

第二十六章　典型合同

基础知识图解

- 各种合同
  - 转移所有权的合同
    - 买卖合同
      - 效力
      - 类别
        - 一般
        - 特殊
          - 分期付款买卖合同
          - 样品买卖合同
          - 试用买卖合同
      - 风险合同
    - 供用电、水、气、热力合同
    - 赠与合同
      - 效力
      - 撤销
        - 任意撤销
        - 法定撤销
  - 转移用益权的合同
    - 房屋租赁合同
    - 融资租赁合同
      - 主体
      - 效力
    - 借用合同
  - 完成特定工作的合同
    - 承揽合同
      - 效力
      - 终止
        - 解除合同情形
        - 法定终止
    - 建设工程合同
      - 订立方式
        - 总承包
        - 分别承包
        - 转包
      - 效力
  - 金钱合同
    - 借款合同
    - 储蓄合同
  - 提供服务合同
    - 运输合同
    - 保管合同
    - 仓储合同
    - 委托合同
    - 行纪合同
    - 中介合同
  - 技术合同

配套测试

一、单项选择题

1. 安徽省某超市向山东省某饲养公司购进了一批鲜活家禽，约定由饲养公司代办托运。超市支付价款后，饲养公司将7000只活鸡按约定交与某物流公司。当天物流公司将7000只活鸡装车后停放在公司车库准备第二天运送。不料当晚车库遭雷击失火，该批活鸡被全部烧死，超市因而无法销售。该批活鸡的损失应由谁承担？（　　）

A. 饲养公司

B. 物流公司

C. 超市

D. 按公平原则，买卖双方分担

2. 买卖合同中，出卖人出卖运输途中的标的物，除当事人另有约定的外，毁损、灭失风险自（　　）时起由买受人承担。

A. 合同成立

B. 合同生效

C. 货物装运上车

D. 货物被卸下车或船

3. 买卖合同中，买受人应当在发现或者应当发现标的物的数量或者质量不符合约定的合理期间内通知出卖人。买受人怠于通知或者自标的物收取之日起（　　）内未通知出卖人的，视为标的数量或者质量符合约定。

A. 三个月　　B. 一年

C. 二年　　D. 半年

4. 丁某与卜某约定于6月1日丁某将其一台彩电交付给卜某，卜某于6月5日将价款3000元交付给丁某，但适逢彩电价格上涨，丁某反悔，未于当日将彩电按约定交付，6月3日，因地震，丁某所住房屋坍塌，则此损失应（　　）。

A. 由丁某承担

B. 由卜某承担

C. 由二人合理平均分担

D. 由丁某承担大部分，卜某承担少部分

5. 甲、乙公司约定，甲公司向乙公司提供优质苹果一千吨，于7月5日在甲公司所在地交付，乙公司于7月10日付款。7月5日，甲公司依约定将苹果交付，但因疏忽未提供约定的苹果的原产地证书，乙公司遂拒绝接受。当晚，天降暴雨，苹果被泡进水里，且交通断绝，苹果全部霉变，则（　　）。

A. 甲公司未按约定履行义务，承担全部损失

B. 乙公司承担全部损失

C. 甲公司与乙公司平均分担损失

D. 乙公司承担大部分损失，甲公司依其过错适当分担

6. 买卖合同对价款支付时间未作约定，应（　　）。

A. 自订立合同时交付

B. 自合同生效时交付

C. 于收到标的物或提取标的物单证后立即支付

D. 在收到标的物或提取标的物单证的同时支付

7. 关于买卖合同解除，下列说法错误的是（　　）。

A. 因标的物的主物不符合约定而解除合同的，解除合同的效力及于从物

B. 因标的物的从物不符合约定而解除合同的，解除合同的效力及于主物

C. 标的物为数物，各物与他物分离不会使标的物的价值受到明显损害的，若其中一物不符合约定的，买受人可就该物解除

D. 出卖人分批交付标的物的，出卖人对其中一批标的物不交付或交付不符合约定，致使该批标的物不能实现合同目的的，买受人可就该批标的物解除

8. 陈华将一车出租给刘丹，刘丹经过陈华允许后，又将该汽车租给其朋友王放，王放在一次行车中发生车祸，车被报废，则陈华应向谁主张赔偿损失？（　　）

A. 刘丹

B. 王放

C. 刘丹或王放

D. 向王放和刘丹同时主张，均可获得支持

9. 试用买卖中（　　）。

A. 对试用期间没有约定或约定不明确的，且依《民法典》第510条之规定仍不能确定的，由买受人确定

B. 试用期满，买受人对是否购买标的物未作表示的，视为拒绝购买

C. 试用买卖的买受人在试用期内可以购买标的物，也可以拒绝购买

D. 试用买卖中标的物的试用期间，只可由出卖人决定

10. 乙买甲一套房屋，已经支付1/3价款，双方约定余款待过户手续办理完毕后付清。后甲反悔，要求解除合同，乙不同意，起诉要求甲继续履行合同，转移房屋所有权。下列哪一选项是正确的？（　　）（2007年司考．卷三．单6）

A. 合同尚未生效，甲应返还所受领的价款并承担缔约过失责任

B. 合同无效，甲应返还所受领的价款

C. 合同有效，甲应继续履行合同

D. 合同有效，法院应当判决解除合同、甲赔偿乙的损失

11. 甲公司将一套计算机软件光盘卖给乙公司，则（　　）。

A. 乙公司自然拥有该软件的著作权

B. 甲公司应拥有该软件相关的知识产权

C. 即使乙公司明知该光盘为盗版光盘，甲公司也须保证该软件著作权人不会向乙公司主张任何权利

D. 乙公司猜测该光盘可能为盗版，即可中止支付相应价款

12. 某农业公司把十吨小麦出售给某食品厂，但双方对交付地点在合同中未作约定，农业公司的营业地在甲地；该小麦存放于乙地的仓库中，但在订立合同时，尚在位于丙地的临时储藏场存放，农业公司与食品厂的代理人一同前往该地看货，食品厂的营业地在丁地。现该批货物不需运输，则农业公司应在（　　）交货。

A. 甲地　　B. 乙地

C. 丙地　　D. 丁地

13. 丁某把一批彩电卖给了外省的某贸易公司，双方未约定交付地点，则该批彩电毁损、灭失的风险自（　　）起由该贸易公司承担。

A. 合同成立时

B. 合同生效时

C. 某贸易公司从承运人处提取该批彩电时

D. 丁某将彩电交付给运送该批彩电的第一承运人时

14. 甲厂向乙厂出售机床一台，双方约定检验期间为一年，该机床之质量保证期为一年半，该类机床一般在使用后半年内可发现其质量是否合格，若乙厂发现该机床质量不符合合同约定，应在（　　）内将质量不符合约定的情形通知甲厂。

A. 一年　　B. 一年半

C. 半年　　D. 二年

15. 甲在某商场看中一辆自行车，意欲买下，但未带钱，遂与商场约定明天带钱取车，双方并在该车上作了记号。当晚，商场失窃，该车也被盗。商场要求甲付款，被甲拒绝，双方诉至法院。关于该案，以下说法正确的是（　　）。

A. 甲应付款，该车已特定化，应视为交付

B. 甲不应付款，因为该车被盗商场有过失

C. 甲不应付款，因为该车尚未交付，风险商场负担

D. 根据公平原则，双方各自承担一定的责任

16. 甲电器城为促销商品，在其营业大厅贴出醒目标语："本电器城商品一律试用期20天，期满后满意付款。"乙于8月2日从该电器城抬回一台冰箱。8月12日，因雷电该冰箱被烧坏。则以下说法正确的是（　　）。

A. 买卖合同已经成立

B. 乙应对损失承担责任

C. 甲电器城应对损失承担责任

D. 乙与甲电器城分担责任

17. 凭样品买卖的买受人不知道样品有隐蔽瑕疵，出卖人交付的标的物与样品相同，则根据《民法典》，买受人得主张（　　）。

A. 出卖人承担违约责任

B. 合同无效，但出卖人应负缔约过失责任

C. 不得为任何主张，因为出卖人的给付符合双方约定

D. 不得为任何主张，因为合同无效

18. 甲、乙签订一耕牛买卖合同，双方约定，9月15日一手交钱，一手交牛。履行期届至，乙给付了价款，但甲因事想再用牛1个月，乙同意，但双方约定牛已归乙所有，甲只是借用。9月30日，该牛产下一小牛。对于该小牛的归属，双方发生争议。以下说法正确的是（　　）。

A. 应归甲、乙共同所有，因为甲照顾牛付出了劳务，而乙则是所有权人

B. 应归甲所有，因为甲、乙所有权约定无效，该牛仍为甲所有

C. 应归甲所有，因为该牛所有权虽已移转，但并未交付

D. 应归乙所有，因为该牛已经交付

19. 甲方购买一批货物，约定于6月15日提货，但其因没有安排好汽车而未能提货。当天傍晚，出卖人的仓库遭雷击起火，货物被烧。你认为应如何确定损失的承担？（　　）

A. 出卖人，因为货物是在其控制之下

B. 出卖人，因为货物所有权没有转移

C. 买受人，因为他未能按时提货

D. 双方分担，因为谁都没有过错

20. 甲向乙购进一批玉米，双方约定，合同履行地在乙所在的城市S市。5月1日乙为甲代办托运运往M县。在运输过程中，5月3日甲与丙签订协议，将该批玉米转让给丙，在M县火车站交货。5月4日由于遇山洪暴发，火车在运输途中出轨，玉米损失。该损失应由谁承担？（　　）

A. 甲承担　　B. 乙承担

C. 丙承担　　D. 甲与丙分担

21. 某工厂因生产需要购置了一批设备，用电负荷远远超出原先核定的标准，某市供电局未经通知，即拉闸断掉电源，导致该厂损失30万元，则（　　）。

A. 应由工厂承担全部责任

B. 应由供电局承担赔偿责任

C. 应由工厂自行承担后果

D. 供电局可以对工厂作适当补偿

22. 某地受台风侵袭，一条高压线路断落，该市供电局因适逢周末，无人可调，故延误两天后方派人前往抢修，恢复通电比立即派人抢修迟两天，则（　　）。

A. 因台风致断电，属不可抗力，供电局对此不承担民事责任

B. 未及时抢修，应追究有关人员的行政责任，但不应追究供电局民事责任

C. 由有关人员负责赔偿因此而受到的损失，供电局作适当补偿

D. 对因未及时抢修而造成的用电人损失，应由供电局承担赔偿责任

23. 下列情形中，造成用电人损失的，供电人应承担损害赔偿责任的有（　　）。

A. 用电人逾期不交付电费，经催告仍不交付，供电人按照国家规定的程序中止供电

B. 供电人未按国家规定的供电质量标准和约定安全供电

C. 用电人违法用电，供电人经过通知，拉闸断电

D. 因暴风雨致线路断落无法供电，供电人及时组织抢修

24. 供用电合同对履行地点没有约定的，以（　　）为履行地点。

A. 供电人所在地

B. 用电人所在地

C. 供电设施产权分界处

D. 以上答案均不正确

25. 赠与合同中，因受赠人的违法行为致使赠与人死亡或者丧失民事行为能力的，赠与人的继承人或者监护人可以撤销赠与。赠与人的继承人或者监护人的撤销权，应当自知道撤销原因之日起（　　）

内行使。

A. 六个月　　B. 一年

C. 二年　　D. 五年

26. 李某称：若其侄子（现年 8 岁，已上小学二年级）在期末考试中获得班级第一，即赠与其电脑一台，其侄子欣然同意。但学期末其侄子获班级第一时，李某表示，该电脑自己正在使用，不愿再将之赠给他人，则（　　）。

A. 赠与合同已成立，李某已构成违约，应承担违约责任

B. 赠与物未交付，合同不成立，李某无须承担责任

C. 合同已成立，但赠与物交付前，李某有权撤销之

D. 合同已成立，且合同约定的条件已实现，李某应履行合同，无权单方撤销

27. 甲将其父去世时留下的毕业纪念册赠与其父之母校，赠与合同中约定该纪念册只能用于收藏和陈列，不得转让。但该大学在接受甲的捐款时，将该纪念册馈赠给乙。下列哪一选项是正确的？（　　）（2007 年司考．卷三．单 11）

A. 该大学对乙的赠与无效，乙不能取得纪念册的所有权

B. 该大学对乙的赠与无效，但乙已取得纪念册的所有权

C. 只有经甲同意后，乙才能取得纪念册的所有权

D. 该大学对乙的赠与有效，乙已取得纪念册的所有权

28. 丁某在地摊上购买电饭锅一个，回家后发现该锅在通电时有漏电现象，遂弃之不用，后同乡孙某来访，告知其刚从老家搬来，正欲购置各种家具及家用电器。丁某遂将电饭锅赠与孙某，但出于虚荣心，告知孙某是其“刚买的优良产品”，孙某将锅带回家，其妻在做饭时因该锅漏电，致触电身亡，则（　　）。

A. 丁某与电饭锅质量不合格无关，就此事无法律责任可言

B. 赠与为无偿合同，孙某为此并未支付对价，无权追究丁某的责任

C. 丁某慷慨赠与，全是出于好心；虽有过失，但不应追究法律责任

D. 丁某应承担损害赔偿责任

29. 某食品公司为帮助某地农民抗洪救灾，允诺捐款 100 万元及价值 300 万元的食品，但此后，其认为此事对该食品公司起的宣传效果不大，遂决定撤销该笔赠与，则（　　）。

A. 赠与财产未交付，赠与人有权撤销

B. 此合同食品公司耗资巨大，所得的宣传效果有限，合同显失公平，食品公司有权予以撤销或变更

C. 赠与财产尚未交付，合同不成立，食品公司只需对受赠人为接受赠与所做的准备承担赔偿责任

D. 食品公司无权撤销，受赠人可以要求交付

30. 下列哪些合同，必须采书面形式？（　　）

A. 法人之间的借款合同

B. 货物买卖合同

C. 供用电合同

D. 朋友之间的借款合同

31. 胡某向林某借款 2 万元，年息 20%，期限一年，胡某按当地习俗预先扣去利息 4000 元，则一年期满后，林某应还（　　）（设该利息约定未违反国家有关限制借款利率的规定）。

A. 2 万元　　B. 2.4 万元

C. 1.92 万元　　D. 1.6 万元

32. 丁某因炒股急缺资金，遂以年息 10% 的利息（同期银行居民储蓄存款利率为 12%），向王某借款 10 万元，期限二年，但仅一年，因股市特大幅上扬，丁某赚回许多钱，遂要求提前还款，提前还款并不损害王某的利益，则（　　）。

A. 王某无权拒绝

B. 允许提前还款，归还本息共 12 万元

C. 允许提前还款，归还本息共 11 万元

D. 丁某的做法构成违约，应承担违约责任

33. 王某向丁某借款 10 万元，期限一年，年

利率5%，双方遂签订了书面借款合同。但丁某感觉利率过低，要求修改合同，提高利率，王某不同意，合同规定的提供借款期限届满，丁某拒绝提供借款，则（　　）。

A. 丁某应承担违约责任

B. 合同已生效，但在提供借款前，丁某有权撤销

C. 合同已生效，但丁某可以以显失公平为由申请撤销

D. 合同尚未生效，丁某不承担违约责任

34. 周某向刘某借款10万元，年利率10%，期限为三年，但期限届满后，刘某未向周某收取借款，又过一年方收取，则应收取周某借款本息共计（　　）。

A. 10万元　　B. 11万元

C. 13万元　　D. 14万元

35. 张某为办养猪场向王某借款1万元，没有约定利息。两年后，养猪场获利。张某归还借款时，王某要求其支付1万元利息，为此双方发生争议。张某应否支付利息？（　　）

A. 张某不必支付利息

B. 张某应按照当地民间利率支付利息

C. 张某应按照银行存款利率支付利息

D. 张某应在不超过银行存款利率4倍的范围内支付利息

36. 甲继承其祖父留给他的一幢房屋，甲有自己比较宽敞的住房，因此这幢私房一直闲置。后经人介绍，甲将这幢私房出租给公民乙使用，双方签订了租赁合同，规定租赁期限为两年。在此期间，公民甲的朋友丙拟与他人成立一家公司，急需办公用房，遂与甲商量欲购买其已出租给乙的那幢私房。甲同意将该房卖给丙，双方签订合同并办理了房屋所有权转让手续。丙与他人合办的公司注册成立后，命乙即刻从该房中搬出，而乙则以租赁期限未满，拒绝搬出。判断甲与乙签订的该房屋的租赁合同对该房屋的所有权人丙（　　）。

A. 无效

B. 双方有异议，必须重新修改合同，对丙才产生效力

C. 继续有效

D. 双方无异议，则继续有效

37. 租赁期限六个月以上，且未采用书面形式的租赁合同（　　）。

A. 无效　　B. 可撤销

C. 视为不定期租赁　　D. 效力未定

38. 丁某租用王某房屋三间居住。因屋顶漏雨，丁某要求王某予以维修，但王某一直拖延，丁某自己雇人将房屋修好，共花去4000元，维修期间，丁某搬出房屋另行住宿，则下列说法错误的是（　　）。

A. 王某有义务维修该房屋

B. 4000元维修费用由王某负责

C. 丁某未经王某同意自行维修，费用应自己负担

D. 因维修影响了丁某对房屋的使用，应相应减少租金或延长租期

39. 吴某将自有房屋一栋租给宋某，该房为危房，宋某看房后考虑到租价较低，仍与吴某签订了为期三年的租赁合同，现宋某已开始使用该房屋，则（　　）。

A. 合同已生效，当事人不得再以危房为由解除

B. 合同不成立

C. 合同为可撤销的合同

D. 合同已生效，但宋某有权随时解除该租赁合同

40. 丁军将房屋2间，租给陈威与陈宏两兄弟居住，约定的租赁期限是5年。在第三年的时候，丁军不幸去世，该间房屋由其子丁强继承。丁强（　　）。

A. 有权解除租赁合同收回房屋，因为丁强是房屋的新所有人

B. 有权解除租赁合同收回房屋，但应当给陈威兄弟以适当补偿

C. 无权解除租赁合同收回房屋，因为陈威兄弟依原租赁合同的承租使用权对新房主继续有效

D. 无权收回房屋，应当与陈威兄弟再签订房屋租赁合同

41. 甲将自有房屋3间租给乙，租期自2021年6月1日至2022年6月1日，租金每月1日支付，租金每月1500元。乙每月均按时交租，2022年4月1日，乙因资金周转困难，未付上月租金。4月6日，甲将房屋卖给丙并办理了过户手续，丙要求乙搬出房屋。下列说法正确的是（　　）。
A. 乙应搬出房屋，乙不得以与甲的租赁合同对抗新所有人丙
B. 乙应搬出房屋，因乙迟延交付租金已构成违约
C. 乙应搬出房屋，但可以要求甲承担违约责任
D. 乙不应搬出房屋，因为乙虽违约但租赁合同仍然有效，乙得以之对抗丙

42. 甲租赁乙的房屋居住，在租赁期间发生地震，房屋倒塌，已不适于居住，房屋倒塌砸毁甲的家具、电器数件。则甲（　　）。
A. 应承担房屋毁损的责任
B. 可以解除租赁合同，但不得请求损害赔偿
C. 可以解除租赁合同，并请求损害赔偿
D. 不得解除租赁合同，但得请求损害赔偿

43. 承租人在房屋租赁期间死亡，与其生前共同居住的人（　　）。
A. 可以按原租赁合同租赁该房屋
B. 若继续租赁房屋，须重新订立租赁合同
C. 原租赁合同终止，不得继续租赁该房屋
D. 必须按原租赁合同租赁该房屋

44. 张某于1月租住何某1套房屋，租期1年。半年后何某出国。租期届满，何某并未作任何表示。次年3月何某归来，要求张某立即搬出。下列选项哪个是正确的？（　　）
A. 双方没有续订合同，租赁关系消灭
B. 次年1月至3月，双方存在无偿合同关系
C. 次年1月起，原合同应视为续订1年
D. 次年1月起，该合同转变为不定期租赁

45. 关于财产租赁的转租、转让问题，法律规定（　　）。
A. 承租人在租赁的期限内不能将租赁物转让给第三人承租使用
B. 承租人在租赁期限内可以将租赁物转让给第三人承租使用
C. 承租人在租赁期限内可以将租赁物转让给第三人承租使用，但必须是因工作需要并事先征得出租人的同意
D. 承租人在租赁期限内可以将租赁物转让给第三人承租使用，但必须以出租人违反合同为前提

46. 融资租赁合同中，因出卖人不履行买卖合同的义务产生索赔的权利，（　　）。
A. 出租人可以转让给承租人
B. 出租人不可以转让给承租人
C. 经出卖人同意，出租人可以转让给承租人
D. 在不损害出卖人利益的前提下，出租人可以转让给承租人

47. 融资租赁合同中，租赁期间届满、当事人对租赁物的归属没有约定，当事人又无法达成补充协议的，租赁物归（　　）所有。
A. 出租人
B. 承租人
C. 出卖人
D. 出租人和出卖人共有

48. 甲、乙公司签订了一份融资租赁合同，根据合同中承租人对出卖人、租赁物的选择，甲公司与丙公司订立了一份买卖合同，现出租人拟对合同作变更，则（　　）。
A. 只需通知承租人乙公司即可
B. 必须经过乙公司的同意
C. 就与乙公司有关的合同内容，应取得乙公司的同意
D. 是另一个合同关系，与乙公司无关

49. 某运输公司与某信托公司签订一份融资租赁合同，由信托公司根据运输公司的选择购买某牌号大客车十辆，则下列说

法错误的是（　　）。

A. 出卖人应直接将客车交付运输公司

B. 在运输公司使用该客车运营时，发生车祸致人死亡，则应由运输公司承担损害赔偿责任

C. 在运输公司受领该批客车后，如果公司破产，则信托公司有权就该批客车优先受偿

D. 双方若未约定租赁期限届满后客车的所有权归属，该批客车应归信托公司所有

50. 甲、乙双方签订一份合同，合同约定：甲方按照乙方要求自丙处购买某型号设备，该设备由甲方所有，交乙方使用，乙方支付租金。则该合同性质为（　　）。

A. 租赁合同

B. 融资租赁合同

C. 买卖合同

D. 无名合同

51. 甲公司与某银行签订贷款合同，银行向甲公司提供800万元人民币，借款期限3年，借款用于甲公司设备改造。1999年2月1日，双方正式签订合同，2月6日，银行将800万元汇入甲公司账户，1999年6月3日，甲公司将800万元贷款投资某房地产项目，下列陈述错误的是（　　）。

A. 在订立借款合同时，银行有权要求甲公司提供企业的业务活动和财务状况的真实情况

B. 银行有权要求甲公司依约定向银行定期提供有关财会报表等资料

C. 银行可以提前收回贷款

D. 银行可以解除合同

52. 在融资租赁合同中，承租人占有租赁物期间，租赁物造成第三人人身伤害或财产损害的，应由（　　）承担民事责任。

A. 承租人

B. 出租人

C. 出租人和承租人连带

D. 出租人和承租人按份

53. 关于承揽合同的解除，下列说法不正确的是（　　）。

A. 承揽人将其承揽的主要工作交由第三人完成，未经定作人同意的，定作人有权利解除合同

B. 定作人可以随时解除合同

C. 定作人不履行协助义务致承揽工作不能完成，经承揽人催告在合理期限内仍不履行的，承揽人可以解除合同

D. 定作人中途变更承揽工作的要求，造成承揽人损失的，承揽人有权解除合同

54. 以下合同中，不属于承揽合同的有（　　）。

A. 照相合同

B. 汽车大修合同

C. 供用电合同

D. 服装加工合同

55. 承揽人可以将其承揽的辅助工作交由第三人完成。对第三人完成的工作成果，应由谁向定作人负责？（　　）

A. 承揽人和该第三人连带负责

B. 承揽人和该第三人分担责任

C. 该第三人

D. 承揽人

56. 甲想装修房屋，与乙装修公司签订装修合同。双方约定，甲应于7月1日前负责腾出房屋。但7月1日甲未腾出房屋，则乙可以（　　）。

A. 自行腾出房屋，并且腾屋的费用由甲承担

B. 只能请求甲腾出房屋

C. 自行解除合同

D. 催告甲在合理期限内腾屋，逾期不腾，可以解除合同

57. 甲、乙签订一服装加工合同，由乙负责为甲加工服装150套，面料由甲提供，双方并约定了面料的质量标准。甲分两批提供面料，但第二批面料经乙检验，与约定不符。为赶时间，乙自行从市场上购买面料进行加工，但在交货时甲拒绝收货。经反复协商，甲同意另行提供100套衣服的面料。但因为乙的迟延交货，服装价格下跌，致甲损失1万元。该1万元损

失应由谁承担？（　　）

A. 甲

B. 乙

C. 主要由乙承担，但根据公平原则，甲也应承担一部分

D. 甲、乙根据过失程度分担

58. 在共同承揽中，如果当事人没有约定，谁应对定作人承担责任？（　　）

A. 共同承揽人应平均分担

B. 共同承揽人应承担连带负责

C. 有过失的承揽人按过失程度分担责任

D. 有过失的承揽人连带负责

59. 甲百货公司和乙服装厂签订一份服装加工合同，由甲方负责提供样品，乙方提供面料并根据样品进行加工，7 月 10 日交货。7 月 8 日，乙服装厂因经营不善，资不抵债，陷于破产。该批加工的服装能否作为破产财产？（　　）

A. 能，但甲对其享有别除权

B. 能，因为乙享有所有权

C. 不能，因为甲享有所有权

D. 该批服装的一半可以作为破产财产，因为甲、乙共有

60. 承揽人履行承揽合同的下列行为中，构成违约行为的有（　　）。

A. 承揽人发现定作人提供的图纸不合格，立即停止工作并通知定作人，因此未能如期完成工作

B. 承揽人发现定作人提供的材料不合格，更换为自己确认合格的材料

C. 承揽人未征得定作人同意，将其承揽的辅助工作交由第三人完成

D. 因定作人未按期支付报酬，承揽人拒绝交付工作成果

61. 发包人擅自使用未经验收的建设工程，发现质量问题的，应当（　　）。

A. 由承包人负主要责任，发包人承担补充责任

B. 由发包人与承包人一起承担连带责任

C. 由发包人承担责任

D. 由发包人承担主要责任，承包人承担次要责任

62. 甲公司与某中学就建设该校教学楼签订了一份建筑工程承包合同。经该高校同意甲公司将其承包的部分工作转包给了乙公司承建。那么就乙公司完成的工作成果，（　　）。

A. 由甲公司向学校承担责任

B. 由乙公司向学校承担责任

C. 按转包工作的标的额，由甲乙公司分别承担适当份额的责任

D. 由甲乙公司承担连带责任

63. 甲方与乙方签订加工承揽合同，甲方为定作方，乙方为承揽方，双方约定由定作方甲方提供原材料，则承揽方乙方（　　）。

A. 对原材料不负检验责任

B. 如果发现不合格的原材料可以自行更换

C. 如果原材料不合格必须及时通知甲方

D. 即使发现原材料不合格仍然可以继续使用

64. 辽宁省某农场与某铁路局订立了货物联运合同，发运 2000 立方米木材。该批货物经铁路运至大连市，又由大连市某海运公司从海路运至厦门市，再由某汽车运输公司从厦门市运至终点站。当收货方到汽车运输公司提货时，发现缺少 50 立方米木材，收货方遂向发货方、铁路局、海运公司、汽车运输公司交涉，但有关单位互相推卸责任。收货方只得诉至法院。法院依法判决由（　　）赔偿收货方的损失。

A. 发货人　　B. 铁路局

C. 海运公司　　D. 汽车运输公司

65. 客运合同自（　　）时成立。

A. 双方意思表示一致

B. 旅客向承运人交付票款

C. 承运人向旅客交付客票

D. 旅客向承运人作出要乘车的意思表示

66. A 市甲加工厂与 B 市乙养鸡厂签订一份合同。双方约定：1999 年 9 月 15 日前，乙向甲供应 5 万只活母鸡，以便甲将这批鸡

制作成烧鸡，在国庆节投入市场。9月27日，乙厂才把5万只活母鸡送至甲厂，甲厂拒收。乙厂再三称自己在A市人生地不熟，母鸡拉回B市，自己损失太大，准备在A市卖出，请甲厂看在老客户的面子上，由甲厂暂时保管这批鸡，一旦乙厂找到买主立即拉走，并表示愿给甲厂一定好处，甲厂遂答应。10月3日，乙厂找到买主，即前来拉货。在此期间，甲厂为保管这批鸡共耗费饲料、人工费1000元，鸡共产蛋2万个。关于本案，下列陈述中不正确的是（　　）。

A. 鸡蛋2万个应归乙厂所有
B. 乙厂应当向甲厂支付保管费
C. 甲厂有权拒收乙厂迟送的活母鸡
D. 乙厂可以不向甲厂支付保管费

67. 在客运合同中，承运人擅自变更运输工具而提高服务标准的，（　　）。

A. 可以加收票款
B. 旅客不交付加收票款的，承运人可以拒绝运输
C. 不应当加收票款
D. 应根据旅客的要求退票

68. 下列哪些情况中，承运人对运输过程中旅客伤亡承担损害赔偿责任？（　　）

A. 伤亡因旅客自身健康原因造成
B. 伤亡因旅客的故意所造成
C. 伤亡因旅客的重大过失造成
D. 伤亡虽非因旅客自身健康原因或其故意与重大过失造成，但承运人已尽到足够的注意义务仍不能避免伤亡的发生

69. 对运输过程中货物的毁损、灭失，下列哪些情况下承运人不能免责（　　）。

A. 货物之毁损、灭失是不可抗力所致
B. 货物之毁损、灭失是货物本身的自然属性或合理损耗造成
C. 货物之毁损、灭失是由托运人、收货人的过错所致
D. 对货物之毁损、灭失，承运人已尽足够的注意义务，对之无过错的

70. 陈斌委托甲公司从C地运输一批货物去A地（公路运输）。甲公司先将货物运至B地，交由乙公司以汽车再运输至A地，下列说法错误的是（　　）。

A. 甲公司对C地到B地再到A地的全程运输承担责任
B. 如果能证明陈斌的货物损失发生在由B地至A地途中，则陈斌可以要求乙公司承担赔偿责任
C. 即使陈斌的货物损失发生在由B地至A地途中，陈斌也仅能向甲公司要求赔偿
D. 陈斌货物损失发生在由B地至A地途中，陈斌可以要求甲、乙公司承担连带赔偿责任

71. 甲有一中巴车，经营城乡短途运输业务。某日，甲在超速驾驶中，为避免与丙的客车相撞，紧急刹车致乘客乙的物品毁损。经查，乙尚未买车票。则乙损失甲应否赔偿？（　　）

A. 不应赔偿，因为甲与乙的合同尚未成立
B. 不应赔偿，甲系紧急避险可以免责，应由丙赔偿
C. 应赔偿，合同虽未成立，但甲应负缔约过失责任
D. 应赔偿，运输合同已经成立，甲有过失

72. 甲有一台中央空调主机急欲出手，即委托乙寻找买主，并约定事后给乙1000元酬谢。不久，甲的朋友丙听说甲积压了一台中央空调主机急欲出手，即主动帮忙联系。很快丙即找到买主丁，以30万元买下甲的中央空调主机。丙为办此事花掉电话费、打车费等600元。不久，乙也找来买主欲购买甲的中央空调主机。但甲称已无货可卖，乙即要求甲支付报酬1000元，及为办此事支付各项费用500元，甲拒绝。下列陈述中，正确的是（　　）。

A. 甲应向乙支付1000元酬金
B. 甲无须向乙支付1000元酬金
C. 甲应向乙支付酬金加费用1500元

D. 甲无须向乙支付500元费用

73. 甲厂与乙运输公司签订货物运输合同，但货物在运输过程中因不可抗力灭失，则乙能否要求甲支付运费？（　　）

A. 能

B. 不能

C. 可要求甲支付一半运费

D. 根据公平原则，可要求甲适当支付运费

74. 在货物运输合同中，货物毁损、灭失的赔偿额当事人既无约定又不能达成补充协议的，应以何地的市场价格计算？（　　）

A. 订立合同时货物发运地

B. 订立合同时货物到达地

C. 交付或者应当交付时货物发运地

D. 交付或者应当交付时货物到达地

75. 甲运输公司与乙厂签订多式联运合同，根据乙的要求，甲向乙签发了可转让的多式联运单据。由于乙在托运时的过失造成甲一定损失。现乙已将多式联运单据转让于丙。则甲的损失应由谁承担赔偿责任？（　　）

A. 甲自负　　B. 乙

C. 丙　　D. 乙、丙连带负责

76. 甲公司委托乙公司开发一种浓缩茶汁的技术秘密成果，未约定成果使用权、转让权以及利益分配办法。甲公司按约定支付了研究开发费用。乙公司按约定时间开发出该技术秘密成果后，在没有向甲公司交付之前，将其转让给丙公司。下列哪种说法是正确的？（　　）

A. 该技术秘密成果的使用权只能属于甲公司

B. 该技术秘密成果的转让权只能属于乙公司

C. 甲公司和乙公司均有该技术秘密成果的使用权和转让权

D. 乙公司与丙公司的转让合同无效

77. 保管合同中，未约定保管费或约定不明确，双方又未达成补充协议，按合同有关条款及交易习惯又无法确定的，应当（　　）。

A. 按合同订立时保管人所在地的市场价格确定保管费

B. 按合同履行时保管人所在地的市场价格确定保管费

C. 按国家定价执行

D. 推定为无偿保管

78. 保管合同，自（　　）时成立。

A. 双方意思表示一致

B. 保管物交付

C. 保管凭证给付

D. 双方签字或盖章

79. 寄存人寄存货币、有价证券或其他贵重物品的，应向保管人声明，未声明的，该物品毁损灭失的，（　　）。

A. 保管人不承担赔偿责任

B. 保管人应赔偿寄存人的全部损失

C. 保管人可按一般物品予以赔偿

D. 保管人应赔偿寄存人的直接损失

80. 关于保管物的领取，下列说法中错误的是（　　）。

A. 寄存人可以随时领取保管物

B. 当事人对保管期间没有约定或约定不明，保管人可随时要求寄存人领取保管物

C. 约定保管期间的，保管人无特别事由，不得要求寄存人提前领取保管物

D. 约定寄存期间的，无特别事由，寄存人不得提前领取寄存物

81. 贾某因装修房屋，把一批古书交朋友王某代为保管，王某将古书置于床下。一日，王某楼上住户家水管被冻裂，水流至王某家，致贾某的古书严重受损。对此，下列说法哪一个是正确的？（　　）

A. 王某具有过失，应负全部赔偿责任

B. 王某具有过失，应给予适当赔偿

C. 此事对王某而言属不可抗力，王某不应赔偿

D. 王某系无偿保管且无重大过失，不应赔偿

82. 存货人或仓单持有人提前领取仓储物的，（　　）。

A. 保管人有权拒绝

B. 应加收仓储费
C. 应减收仓储费
D. 应按合同约定的仓储费执行

83. 储存期间届满，存货人或仓单持有人不提取仓储物的，（　　）。
A. 保管人有权获得仓储物之所有权
B. 保管人有权将仓储物拍卖或折价变卖，所得价款扣除仓储费用后提存
C. 保管人可催告其在合理期限内提取，逾期不提取的，可提存仓储物
D. 解除合同

84. 甲、乙系好朋友，甲给乙 500 元钱，委托其代买照相机一部。在公共汽车上 500 元钱被小偷偷走。则 500 元钱的损失应由谁负担？（　　）
A. 甲
B. 乙
C. 甲、乙平均分担
D. 乙承担大部分，甲适当分担

85. 下列对于委托合同的说法错误的是（　　）。
A. 委托人可以概括委托受托人处理一切事务
B. 委托人可随时解除委托合同
C. 受托人可随时解除委托合同
D. 委托合同，因受托人之过错给委托人造成损失，委托人可要求赔偿

86. 下列说法中不正确的是（　　）。
A. 行纪人与第三人订立合同，由行纪人对该合同直接享有权利，承担义务
B. 受托人处理委托事务，须以委托人名义为之，否则不对委托人发生法律效力
C. 行纪人为委托人从事贸易活动，应以自己的名义进行
D. 行纪合同以有偿为原则

87. 乙公司受甲公司委托作为行纪人与丙公司订立合同。后丙公司违约不履行义务，致使甲公司受到损害。如果甲、乙公司未作特别约定，则（　　）。
A. 应当由乙公司承担损害赔偿责任
B. 应当由甲公司直接追究丙公司之违约责任
C. 应当由乙、丙公司向甲公司承担连带责任
D. 应当由丙公司向甲公司承担主要责任，乙公司若不能证明自己无过错，也应当分担部分责任，二者分别承担责任

88. 吴某与韩某签订委托合同，代其处理商务事务，但因吴某太忙，经韩某同意，转委托丁某代行，则（　　）。
A. 就委托事务，韩某须指示吴某并由其转达给丁某
B. 吴某须就丁某之一切行为承担责任
C. 就对丁某的选任，吴某应承担责任
D. 吴某不再就丁某的行为负责

89. 刘某和张某受朱某之委托共同处理事务，因刘某之过错，致朱某遭受损失，则（　　）。
A. 由刘某对朱某承担责任
B. 由刘某与张某共同对朱某承担连带责任
C. 由刘某承担主要责任，张某则可因自己无过错为由减轻责任，二人分别向朱某承担
D. 由三人根据过错程度分担损失

90. 甲委托乙购买一套机械设备，但要求以乙的名义签订合同，乙同意，遂与丙签订了设备购买合同。后由于甲的原因，乙不能按时向丙支付设备款。在乙向丙说明了自己是受甲委托向丙购买机械设备后，关于丙的权利，下列哪一选项是正确的？（　　）（2008 年司考．卷三．单 3）
A. 只能要求甲支付
B. 只能要求乙支付
C. 可选择要求甲或乙支付
D. 可要求甲和乙承担连带责任

91. 在委托合同中，受托人以自己的名义与第三人订立合同，第三人不知道委托人和受托人间的代理关系。如果受托人因委托人或第三人的原因不履行义务，则以下有关当事人的权利义务的表述中不

正确的是（　　）。

A. 受托人有披露义务

B. 委托人有介入权

C. 第三人有选择权

D. 第三人有变更权

92. 甲委托乙为其购买木材，乙为此花去了一定的时间和精力，现甲不想要这批木材，于是电话告诉乙取消委托，乙不同意。下列哪些论述是正确的？（　　）

A. 甲无权单方取消委托，否则应赔偿乙的损失

B. 甲可以单方取消委托，但必须以书面形式进行

C. 甲可以单方取消委托，但需承担乙受到的损失

D. 甲可以单方取消委托，但仍需按合同约定支付乙报酬

93. 下列关于授权行为和委托合同的区别说法正确的是（　　）。

A. 授权行为必须采用书面形式，而委托合同可用书面形式，也可用口头形式

B. 授权行为可以事后追认，而委托合同必须事前订立

C. 授权行为是单方法律行为，而委托合同是双方法律行为

D. 授权行为是实践性法律行为，而委托合同是诺成性法律行为

94. 甲委托乙看管一批棉布。乙同意并接收棉布后，自己突然生病，又听天气预报近日将有大暴雨，遂找甲联系，但无法联系上甲，乙便委托丙代为看管该批棉布，并在3日后将此事通知了甲，甲亦未表示反对。不久，丙因疏忽致该批棉布在仓库中被盗。下列表述中正确的是（　　）。

A. 甲应当直接向乙要求赔偿

B. 甲应当直接向丙要求赔偿

C. 甲可以要求乙、丙承担连带责任

D. 甲只能向乙、丙中一人提出赔偿要求，但甲有选择权

95. 甲公司（经批准有权经营行纪业务）受乙公司委托，为其购买某种产品，甲公司经考察后，与丙公司签订买卖合同，后丙公司违反合同约定的质量标准，以质量较低的该项产品交付，致使乙公司在以该产品为原料进行深加工时发生事故遭受财产损失10万元人民币。下列表述中错误的是（　　）。

A. 甲公司以自己名义与丙公司签订合同

B. 对甲、丙公司之间的买卖合同，甲公司直接享有权利、承担义务

C. 乙公司的财产损失应由丙公司承担

D. 乙公司的财产损失应由甲公司承担

96. 在技术开发合同中，合作开发所完成的发明创造，除合同另有约定外，申请专利的权利应当（　　）。

A. 属于委托方所有

B. 属于研究开发方所有

C. 属于合作开发方共有

D. 属于委托方、受委托方

97. 在技术服务合同中，如果委托方违反合同，影响工作进度和质量，不接受或者逾期接受服务方的工作成果的，应当（　　）。

A. 按照约定支付报酬

B. 支付违约金和报酬

C. 支付违约金或者赔偿损失

D. 应当加倍赔偿

98. 法律上所称的技术开发合同履行中的风险是指（　　）。

A. 因不可抗力造成的科研设备和资料损失

B. 因无法克服的技术困难导致研究开发失败而产生的损失

C. 因合同不能履行而造成的委托方预期可得利润的损失

D. 上述三项损失之和

99. 张某从银行贷得80万元用于购买房屋，并以该房屋设定了抵押。在借款期间房屋被洪水冲毁。张某尽管生活艰难，仍想方设法还清了银行贷款。对此，周围多有议论。根据社会主义法治理念和民法有关规定，下列哪一观点可以成立？（　　）（2012年司考．卷三．单1）

A. 甲认为，房屋被洪水冲毁属于不可抗力，张某无须履行还款义务。坚持还贷是多此一举

B. 乙认为，张某已不具备还贷能力，无须履行还款义务。坚持还贷是为难自己

C. 丙认为，张某对房屋的毁损没有过错，且此情况不止一家，银行应将贷款作坏账处理。坚持还贷是一厢情愿

D. 丁认为，张某与银行的贷款合同并未因房屋被冲毁而消灭。坚持还贷是严守合约、诚信

100. 甲公司与乙公司签订一份专利实施许可合同，约定乙公司在专利有效期限内独占实施甲公司的专利技术，并特别约定乙公司不得擅自改进该专利技术。后乙公司根据消费者的反馈意见，在未经甲公司许可的情形下对专利技术做了改进，并对改进技术采取了保密措施。下列哪一说法是正确的？(　　)(2012年司考．卷三．单16)

A. 甲公司有权自己实施该专利技术

B. 甲公司无权要求分享改进技术

C. 乙公司改进技术侵犯了甲公司的专利权

D. 乙公司改进技术属于违约行为

101. 甲与乙订立房屋租赁合同，约定租期为5年。半年后，甲将该出租房屋出售给丙，但未通知乙。不久，乙以其房屋优先购买权受侵害为由，请求法院判决甲、丙之间的房屋买卖合同无效。下列哪一表述是正确的？(　　)(2013年司考．卷三．单10)

A. 甲出售房屋无须通知乙

B. 丙有权根据善意取得规则取得房屋所有权

C. 甲侵害了乙的优先购买权，但甲、丙之间的合同有效

D. 甲出售房屋应当征得乙的同意

102. 宗某患尿毒症，其所在单位甲公司组织员工捐款20万元用于救治宗某。此20万元存放于专门设立的账户中。宗某医治无效死亡，花了15万元医疗费。关于余下5万元，下列哪一表述是正确的？(　　)

A. 应归甲公司所有

B. 应归宗某继承人所有

C. 应按比例退还员工

D. 应用于同类公益事业

103. 甲借用乙的山地自行车，刚出门就因莽撞骑行造成自行车链条断裂，甲将自行车交给丙修理，约定修理费100元。乙得知后立刻通知甲解除借用关系并告知丙，同时要求丙不得将自行车交给甲。丙向甲核实，甲承认。自行车修好后，甲、乙均请求丙返还。对此，下列哪一选项是正确的？(　　)(2016年司考．卷三．单7)

A. 甲有权请求丙返还自行车

B. 丙如将自行车返还给乙，必须经过甲当场同意

C. 乙有权要求丙返还自行车，但在修理费未支付前，丙就自行车享有留置权

D. 如乙要求丙返还自行车，即使修理费未付，丙也不得对乙主张留置权

104. 乙融资租赁公司根据甲公司的选择，以100万元的价格向生产厂商丙公司购买了一台大型医疗设备出租给甲公司使用，租期2年，每月租金5万元，租期届满后该设备归乙公司所有。后丙公司依据乙公司的指示直接将设备交付给甲公司。关于本案，下列哪一说法是正确的？(　　)

A. 如租期内医疗设备存在瑕疵，乙公司应减少租金

B. 如租期内医疗设备存在瑕疵，乙公司应承担维修义务

C. 租期内医疗设备毁损、灭失的风险应由乙公司承担

D. 租期内医疗设备毁损、灭失的风险应由甲公司承担

105. 2020年5月10日甲公司与方某签订房屋买卖合同，约定：2021年5月10日

办理房屋过户登记手续，房屋价款分2次付清。2020年6月10日，甲公司将该套房屋再次以400万元出卖给韩某，双方约定2021年5月6日交房，交房后10天内办理房屋过户登记手续。2021年5月10日，甲公司未按约定与方某办理房屋过户登记手续。方某得知甲公司已于2021年5月6日将房屋交付韩某使用，遂产生纠纷。关于本案，下列哪一表述是错误的？（　　）

A. 甲公司与方某签订的房屋买卖合同系分期付款买卖合同

B. 如方某举证证明甲公司与韩某构成恶意串通，则甲公司与韩某的购房合同无效

C. 2021年5月6日后，房屋毁损、灭失的风险由韩某承担

D. 方某可以催告甲公司在3个月内办理房屋过户登记手续，逾期不履行的，方某可以解除合同

106. 4月20日，贺某因购买制造假酒设备和原材料向宫某借款50万元，期限1年，月息2%，并告知借款用途，宫某当即同意，并于次日向贺某交付现金20万元，4月22日向贺某银行卡转账30万元。应宫某要求，董某以自己所持有某有限公司的股权为该笔贷款提供担保，A为其办理了质押登记，下列哪些选项是正确的？（　　）

A. 董某应承担担保责任

B. 借款合同部分无效

C. 借款合同无效

D. 借款合同于4月20日成立

二、多项选择题

1. 王某与某房产公司签订了一份分期付款购房合同，合同总标的额为100万元，首期支付20万元，其余分五次交清，每年12月10日付款，一次付16万元。在交付二次后，王某因被单位解聘，暂无力交款，第四次付款期限业已超过，则（　　）。

A. 房产公司有权要求王某支付所剩全部共计48万元价款

B. 房产公司仅有权要求王某支付所欠的32万元已到期价款

C. 房产公司有权解除合同

D. 房产公司解除合同后，有权要求王某支付其在该房屋居住几年所需的使用费

2. 2000年1月，甲以分期付款的方式向乙公司购买潜水设备一套，价值10万元。约定首付2万元，余款分三期付清，分别为2万元、3万元、3万元，全部付清前乙公司保留所有权。甲收货后付了首付和第一期款，第二期款迟迟未付。2000年8月，甲以2万元将该设备卖给职业潜水员丙。下列哪些选项是正确的？（　　）（2007年司考.卷三.多56）

A. 乙可以解除合同，要求甲承担违约责任

B. 乙解除合同后可以要求甲支付设备的使用费

C. 乙可以请求丙返还原物，但须支付丙2万元购买费用

D. 丙返还潜水设备后可以要求甲承担违约责任

3. 买卖合同中，价款的支付地点未作约定的，应（　　）。

A. 双方协议补充

B. 达不成补充协议，应按合同有关条款或交易习惯确定

C. 依《民法典》第510条仍不能确定的，买卖人应在出卖人营业地支付

D. 约定支付价款以交付标的物或交付提取标的物单证为条件的，在交付标的物或交付提取标的物单证的所在地支付

4. 在买卖合同中，当事人未约定检验期间的，买卖人（　　）。

A. 应当及时检验

B. 应在发现或应当发现标的物的数量或质量不符合约定的合理期间内通知出卖人

C. 在约定期间或合理期间未通知或在标

的物收到之日起两年内未通知出卖人的，视为标的物的数量或质量符合约定

D. 标的物有质量保证期的，适用质量保证期而不适用二年的除斥期间

5. 李某将其私营企业制作的一批高档衬衣出售给某商场，双方约定产品质量以样品为准，并封存了样品，则（　　）。

A. 李某交付的衬衣应与样品质量相同

B. 质量要求应按国家标准、行业标准履行

C. 没有国家标准、行业标准的，按通常标准履行

D. 若商场不知道样品有隐蔽瑕疵的，即使交付的衬衣与样品相同，该衬衣的质量仍应符合同种衬衣的通常标准

6. 以下所列合同中，哪些属于转移财产所有权性质的合同？（　　）

A. 买卖合同　　B. 借款合同

C. 承揽合同　　D. 赠与合同

7. 在买卖合同中，双方当事人就标的物交付地点没有约定，则以下关于标的物交付地点确定原则的表述正确的是（　　）。

A. 当事人能达成补充协议的，依协议

B. 若不能达成协议，标的物需运输的，以第一承运人承运地为交付地

C. 标的物不需运输，当事人均知道标的物所在地，达不成协议的，以标的物所在地为交付地

D. 标的物不需运输，当事人不知标的物所在地，达不成协议的，以出卖人订约时营业地为交付地

8. 在买卖合同中，双方当事人对标的物毁损灭失的风险负担问题没有特别约定的，则下列表述中正确的有（　　）。

A. 在一般情形下，标的物风险自交付时起转移于买受人

B. 如果因为买受人原因不能按期交付，自买受人违反约定之日由其负担风险

C. 出卖由承运人运输的在途标的物的，自承运人交付于买受人时风险移转

D. 标的物需运输的，出卖人交付于第一承运人后，风险由该承运人负担；承运人交付于买受人后，风险移转于买受人

9. 2000年5月4日，易某将自家的耕牛租与刘某使用2个星期，5月10日，刘某提出要买下此耕牛，易某表示同意。双方商定价格为1000元，并约定1个月后交付款项。但5月12日该耕牛被雷劈死。关于此案。以下选项哪些是正确的？（　　）

A. 该买卖合同的生效时间是5月10日

B. 该买卖合同中耕牛的交付时间是5月10日

C. 该耕牛意外灭失的风险由易某承担

D. 该耕牛意外灭失的风险由刘某承担

10. 甲向乙购买一台大型设备，由于疏忽在合同中未定检验期。设备运回后，甲即组织人员进行检验，未发现质量有问题，于是投入使用。至第3年，设备出现故障，经反复查找，发现设备关键部位的质量瑕疵。按照该设备的说明书，其质量保证期为5年。下列判断中哪些是错误的？（　　）

A. 买受人在合理期限内未通知出卖人标的物质量不合格，故标的物质量应视为合格

B. 买受人在收到标的物之日起2年内未通知出卖人标的物有瑕疵，故标的物质量应视为合格

C. 该设备有质量保证期5年的规定，故出卖人仍应承担责任

D. 双方未约定质量检验期限，都存在过错，应分担责任

11. 甲与乙签订房屋买卖合同，将一幢房屋卖与乙。双方同时约定，一方违约应支付购房款35%的违约金。但在交房前甲又与丙签订合同，将该房卖予丙，并与丙办理厂过户登记手续。下列说法中哪些是正确的？（　　）

A. 乙可以自己与甲签订的合同在先，主张甲与丙签订的合同无效

B. 乙有权要求甲收回房屋，实际履行合同

C. 乙不能要求甲实际交付该房屋，但可

要求甲承担违约责任

D. 若乙要求甲支付约定的违约金，甲可以请求法院或仲裁机构予以适当减少

12. 九华公司在未接到任何事先通知的情况下突然被断电，遭受重大经济损失。下列哪些情况下供电公司应承担赔偿责任？（　　）（2007年司考．卷三．多55）

A. 因供电设施检修中断供电

B. 为保证居民生活用电而拉闸限电

C. 因九华公司违法用电而中断供电

D. 因电线被超高车辆挂断而断电

13. 甲将其自有房屋一幢赠与乙，在办理完产权登记后，二人在酒宴上发生冲突。甲被乙用酒瓶砸中后脑勺，致智力障碍，失去民事行为能力，则（　　）。

A. 甲的法定代理人可以撤销该项赠与

B. 赠与财产已交付，不可再行撤销

C. 撤销权的行使，应在甲之法定代理人得知此事后六个月内为之

D. 该项赠与，仅甲有权撤销，他人不得为之

14. 余力答应赠与失学孩子田岸800元，资助田岸上学。田岸只有15周岁。余力在给田岸500元以后，就不再给了，田岸认为余力答应赠与就应全部赠与，于是向余力索要另外300元。则下列说法不正确的是：（　　）。

A. 余力应再给田岸300元，否则即违约

B. 余力不应再给，因田岸未成年，赠与合同无效

C. 余力可向田岸要求返还其已给的500元

D. 赠与500元的合同有效，另300元的赠与不成立

15. 甲、乙间签订赠与合同，甲已将标的物交付于乙。那么在何种情况下，甲可以撤销赠与并请求乙返还财产？（　　）

A. 乙故意伤害甲的儿子，致甲的儿子残疾

B. 甲赠乙房子一套，约定乙在两年内应负责接送甲之幼子上学，乙未履行该义务

C. 甲、乙关系恶化

D. 乙对甲有赡养义务，乙未履行该义务

16. 甲公司与某希望小学乙签订赠与合同，决定捐赠给该小学价值2万元的钢琴两台，后甲公司的法定代表人更换，不愿履行赠与合同。下列哪些说法是错误的？（　　）

A. 赠与合同属于单务法律行为，故甲公司可以反悔，且不承担违约责任

B. 甲公司尚未交付设备，故可撤销赠与

C. 乙小学有权要求甲公司交付钢琴

D. 若甲公司以书面形式通知乙小学不予赠与，则甲公司不再承担责任

17. 甲与乙结婚后因无房居住，于2000年8月1日以个人名义向丙借10万元购房，约定5年后归还，未约定是否计算利息。后甲外出打工与人同居。2004年4月9日，法院判决甲与乙离婚，家庭财产全部归乙。下列哪些说法是错误的？（　　）

A. 借期届满后，丙有权要求乙偿还10万元及利息

B. 借期届满后，丙只能要求甲偿还10万元

C. 借期届满后，丙只能要求甲和乙分别偿还5万元

D. 借期届满后，丙有权要求甲和乙连带清偿10万元及利息

18. 在租赁合同中，关于租赁物的维修义务以下表述正确的有（　　）。

A. 当事人可约定承租人负有维修义务

B. 若当事人无约定，维修义务由出租人承担

C. 若当事人无约定，维修义务由承租人承担

D. 若出租人不履行维修义务，承租人不得自行维修

19. 租赁合同中，承租人有下列哪些行为应经出租人同意？（　　）

A. 转租

B. 改善租赁物

C. 在租赁物上增设他物

D. 对租赁物进行使用

20. 在租赁合同中，出现了下列哪些情况，

租赁合同可以被解除？（　　）

A. 承租人未按约定方法使用租赁物致租赁物受损

B. 转租未经出租人同意

C. 承租人无正当理由迟延支付租金

D. 租赁物危及承租人安全，但承租人订约时明知租赁物质量不合格

21. 甲将自有房屋一间租赁给乙，现乙欲将房屋转租。以下说法中正确的有：（　　）。

A. 乙应事先征得甲的同意

B. 转租合同生效后，承租人退出租赁关系

C. 乙不必征得甲的同意

D. 转租合同生效后，次承租人对租赁物造成损失，承租人仍应负赔偿责任

22. 下列合同中，应采用书面形式的有（　　）。

A. 何某去某商场购买空调一台

B. 王某向张某借款 5 万元

C. 某公司向银行借款 50 万元

D. 某公司与某信托投资公司签订融资租赁合同一份

23. 融资租赁合同中，租赁物不符合约定或不符合使用目的的，应（　　）。

A. 由出租人承担责任

B. 出租人概不负责

C. 一般出租人不承担责任

D. 承租人依赖出租人的技能确定租赁物或出租人干预选择租赁物的，应承担责任

24. 甲根据乙的选择，向丙购买了 1 台大型设备，出租给乙使用。乙在该设备安装完毕后，发现不能正常运行。下列哪些判断是正确的？（　　）

A. 乙可以基于设备质量瑕疵而直接向丙索赔

B. 甲不对乙承担违约责任

C. 乙应当按照约定支付租金

D. 租赁期满后由乙取得该设备的所有权

25. 下列哪些不属于承揽合同行为范畴？（　　）

A. 为他人修理汽车

B. 为他人翻译小说

C. 法律事务咨询

D. 货物运输

26. 定作人在承揽合同中负有的义务包括（　　）。

A. 协助的义务

B. 对承揽人就自己提供的图纸或技术要求不合理的通知，有及时答复的义务

C. 不因监督检验妨碍承揽人正常工作的义务

D. 支付报酬，价款的义务

27. 以下合同类型，属于完成工作成果的合同的是（　　）。

A. 委托合同

B. 承揽合同

C. 建设工程合同

D. 运输合同

28. 育才中学委托利达服装厂加工 500 套校服，约定材料由服装厂采购，学校提供样品，取货时付款。为赶时间，利达服装厂私自委托恒发服装厂加工 100 套。育才中学按时前来取货，发现恒发服装厂加工的 100 套校服不符合样品要求，遂拒绝付款。利达服装厂则拒绝交货。下列哪些说法是正确的？（　　）

A. 育才中学可以利达服装厂擅自外包为由解除合同

B. 如育才中学不支付酬金，利达服装厂可拒绝交付校服

C. 如育才中学不支付酬金，利达服装厂可对样品行使留置权

D. 育才中学有权要求恒发服装厂承担违约责任

29. 在承揽合同中，若承揽人交付的工作成果不符合质量要求，定作人可要求承揽人承担哪些形式的违约责任？（　　）

A. 修理　　B. 重作

C. 减少报酬　　D. 赔偿损失

30. 以下关于承揽合同解除的说法中不正确的是（　　）。

A. 承揽人将承揽的主要工作交第三人完成，未经定作人同意，定作人可以解

除合同

B. 承揽工作需定作人协助，定作人不履行协助义务，承揽人可以解除合同

C. 承揽人交付的工作成果不符合质量要求，定作人可以解除合同

D. 承揽人可以随时解除合同，即使因此对定作人造成损失亦无须负责

31. 在建筑安装工程承包合同中，下列项目中不属于承包方责任的有（　　）。

A. 开工前，接通施工现场水源、电源和运输道路，搬迁现场内民房和障碍物

B. 办理使用土地征用、租用，申请施工许可执照和占道，爆破以及临时铁道专用线接岔等的许可证

C. 施工场地的平整，施工界区的用水、用电，道路和临时设施的施工

D. 负责保管好已完工的建筑和设备，清理好场地；按照有关规定提出竣工验收技术资料，办理工程竣工结算，参加竣工验收

32. 建设工程合同包括（　　）。

A. 勘察合同

B. 设计合同

C. 安装合同

D. 施工合同

33. 国家重大建设工程合同，应当根据（　　）订立。

A. 国家规定的程序

B. 国家批准的投资计划

C. 国家批准的可行性研究报告

D. 设计部门的图纸

34. 甲厂准备兴建职工宿舍楼一处，乙建筑公司承包该项工程，下列哪些情形，乙公司可以顺延工程日期？（　　）

A. 隐蔽工程在隐蔽以前，乙公司通知甲厂派人检查，但甲厂接到通知后，过了 15 天，仍未派人检查

B. 甲方未依约定的规格及标准提供建筑材料

C. 施工期间，因阴雨连绵，致工程进度缓慢

D. 施工期间，乙公司某重要设备被小偷盗走

35. 甲大学与乙公司签订建设工程施工合同，由乙为甲承建新教学楼。经甲同意，乙将主体结构的施工分包给丙公司。后整个教学楼工程验收合格，甲向乙支付了部分工程款，但乙未向丙支付工程款。下列哪些表述是错误的？（　　）

A. 乙、丙之间分包合同有效

B. 甲可以撤销与乙之间的建设工程施工合同

C. 丙可以乙为被告诉请支付工程款

D. 丙可以甲为被告诉请支付工程款，但法院应当追加乙为第三人

36. A 市的甲厂将货物托运给 B 市的乙厂，与铁路运输部门办理了货物运输手续。现假设甲与乙的订货合同发生了变化，甲拟向承运人提出变更运输合同，甲可以提出哪些变更合同的请求？（　　）

A. 将该批货物中的一部分托运给丙

B. 该批货物的中途站变更为最终到站

C. 先将货物到站变更为 C 市，后又变更为 D 市

D. 在运输终点站将该批货物全部交付给丁

37. 甲、乙、丙、丁四人均购买了某航班的机票。在机场，他们被告知飞机将推迟 3 个小时起飞。四人非常着急，纷纷向机场提出了自己的要求。以下要求中能够得到《民法典》支持的是（　　）。

A. 甲要求改乘其他班次

B. 乙要求退票

C. 丙称因飞机延误致其失去一重要的订约机会，要求机场赔偿因订约所可得到的利益

D. 丁要求降低价款

38. 在货运合同中，属于承运人义务的选项有（　　）。

A. 货物运输需要办理审批、检验手续的，办理相关手续

B. 按照约定的方式包装货物

C. 安全运送货物至约定地点

D. 货物运输到达后，知道收货人的，应

及时通知

39. 在货运合同中，承运人对运输过程中货物的毁损、灭失承担损害赔偿责任，但承运人证明货物的毁损、灭失是因下列原因造成的，不承担损害赔偿责任情形的是（　）。

A. 不可抗力

B. 货物本身的自然性质、合理损耗

C. 托运人过错

D. 收货人过错

40. 根据民法典的规定，承运人对运输过程中发生的下列哪些旅客伤亡事件不承担赔偿责任？（　）

A. 一旅客因制止扒窃行为被歹徒刺伤

B. 一旅客在客车正常行驶过程中突发心脏病身亡

C. 一失恋旅客在行车途中吞服安眠药过量致死

D. 一免票乘车婴儿在行车途中因急刹车受伤

41. 甲、乙签订水果购销合同，约定由甲方送货，甲与丙签订运输合同，如期发运价值10万元的水果一车。丙在送货途中，因洪水冲垮公路，被迫绕道，迟延到达，导致水果有轻微的腐烂现象。乙方以逾期交货和货物不符合合同约定为由，拒收货物且拒付货款。丙多次与乙交涉无果，发现水果腐烂迅速扩大，当即决定以6万元价格将水果就地处理。下列选项哪些是正确的？（　）

A. 水果价值减少的损失应由甲承担

B. 水果价值减少的损失应由丙承担

C. 丙为就地处理水果的费用应向乙要求偿付

D. 丙为就地处理水果的费用应向甲方要求偿付

42. 在当事人未另作约定的情况下，（　）。

A. 保管合同自保管物交付时成立

B. 保管人不得将保管物转交第三人保管

C. 保管人不得使用或许可第三人使用保管物

D. 保管是无偿的

43. 甲欲和乙订立保管合同，以下说法中正确的有（　）。

A. 当事人应以书面方式订立合同，否则合同无效

B. 若无特别约定，保管合同自保管物交付时成立

C. 当事人不得自行约定合同的成立方式

D. 当事人对保管费若无约定，视为无偿

44. 某工商个体户李某与某企业签订合同，由李某承做80套办公桌椅，于1995年3月底发货给某企业，由于李某施工地点狭小，故李某与某仓储保管单位又签订合同，由某仓储保管单位保管李某已做好的桌椅，并于3月底一次将80套桌椅由保管方负责发往某企业，然而3月底已过，某保管单位仍未将桌椅发出，在李某的催促下，某保管单位才将桌椅发出，但又错发了到货地点。请判断李某应该采取下列哪些措施？（　）

A. 要求保管单位赔偿因逾期交货而遭受的损失

B. 抓紧时间与承运部门联系，想办法尽快将80套桌椅运到某企业

C. 要求保管单位将80套桌椅运到某企业

D. 要求保管单位将80套桌椅运到某企业，但多支付的运费由李某自己承担

45. 以下关于保管合同和仓储合同区别的表述中正确的是（　）。

A. 保管合同是无偿合同，仓储合同是有偿合同

B. 保管合同是要物合同，仓储合同是诺成合同

C. 保管合同保管人一般无验收义务，仓储合同保管人有验收义务

D. 保管合同中保管凭证一般不得转让，仓储合同中仓单一般可以转让

46. 在仓储合同中，存货人或仓单持有人提取仓储物的时间与仓储费增减的关系是（　）。

A. 逾期提取仓储物，保管人得加收仓储费

B. 逾期提取仓储物，保管人不得加收仓

储费

C. 提前提取仓储物，保管人不减收仓储费

D. 提前提取仓储物，保管人须减收仓储费

47. 受托人以自己名义与第三人订立合同时，第三人不知道受托人与委托人间的代理关系的，受托人因委托人的原因对第三人不履行义务，第三人在受托人披露委托人后，（　　）

A. 第三人应以委托人为相对人主张其权利

B. 第三人仍应以受托人为相对人主张其权利

C. 第三人可选择受托人或委托人作为相对人主张其权利

D. 第三人不得变更选定的相对人

48. 甲、乙为好朋友，甲委托乙代其购买一批货物，乙明确表示不收取报酬。根据《民法典》，关于甲、乙权利义务的以下表述不正确的是（　　）。

A. 乙可以请求甲偿还为处理委托事务所垫付的必要费用，但不得请求该费用利息的支付

B. 乙可以转委托第三人处理委托事务，并就第三人选任及其对第三人的指示负责

C. 乙因过失对甲造成损害，应负责赔偿

D. 甲、乙均可以随时解除委托合同

49. 在委托合同中，受托人的义务主要包括（　　）。

A. 依委托人指示处理委托事务

B. 亲自处理委托事务

C. 按委托人要求，报告委托事务处理情况

D. 将因处理委托事务取得的财产，交还给委托人

50. 委托合同和行纪合同的区别有（　　）。

A. 前者既可为有偿，也可为无偿，后者均为有偿

B. 前者处理委托事务的费用由委托人支付，后者该费用由行纪人负担

C. 前者委托人一般得直接向第三人主张权利，后者委托人一般仅得向行纪人主张权利

D. 受托人和行纪人所负注意义务的程度有所不同

51. 甲公司指示乙公司为其购买铜粉，价款为每吨1000元，数量为2万吨，乙公司可以从中收取1%的中介费。合同签订后，甲公司因资金紧张，遂与丙公司订立合同，委托丙公司负责将这批货以每吨2000元价格卖出，中介费为1%，不久，乙公司以每吨800元的价格为甲公司购得铜粉，而丙公司与丁公司签订的铜粉买卖合同价款为1800元。对此，下列陈述正确的是（　　）。

A. 实际买价800元/吨与甲公司指导价1000元/吨之间的差价利益归乙公司所有

B. 上述情形下，该差价利益归甲、乙公司共有

C. 上述情形下，该差价利益归甲公司所有

D. 丙公司与丁公司的合同对甲公司不发生效力

52. 下列行为应经委托人同意的有（　　）。

A. 行纪人低于委托人指定的价格买入的

B. 行纪人高于委托人指定的价格卖出的

C. 行纪人低于委托人指定的价格卖出的

D. 行纪人高于委托人指定的价格买入的

53. 中国某企业计划从日本引进一套化工设备生产技术，在与供方签订技术引进合同时，外方要求必须写明一些条件，我方律师在审查合同时，提出其中有些为违法条款，不能在合同中规定。请问下列说法中，哪些是违法条款？（　　）

A. 作为让步条件，受方应在引进技术的同时购进供方一部分库存汽车配件

B. 对供方提供的技术资料，受方有不可推卸的保密义务，在合同有效期内，不得把技术泄露给任何第三方

C. 受方作为供方提供技术的唯一受让人，不得再从其他途径获得类似技术

或与之竞争的同类技术

D. 受方实施该技术所需的一切原材料、零部件和设备必须从供方或从供方提供的厂家购买

54. 技术开发合同包括（　　）。

A. 转让开发合同

B. 许可开发合同

C. 委托开发合同

D. 合作开发合同

55. 技术转让合同包括（　　）。

A. 专利申请权和专利权转让合同

B. 非专利技术转让合同

C. 专利实施许可合同

D. 技术秘密转让合同

56. 技术咨询合同包括（　　）。

A. 就特定技术项目提供可行性论证而签订的合同

B. 就特定技术项目提供技术预测而签订的合同

C. 就特定技术项目提供专题技术调查而签订的合同

D. 就特定技术项目提供分析评价报告而签订的合同

57. 根据履行技术开发合同所完成的技术成果的归属和分享原则，委托开发所完成的发明创造，除合同另有约定外，申请专利的权利属于研究开发方。以下说法正确的是（　　）。

A. 研究开发方取得专利权的，委托方可以免费实施该项专利

B. 研究开发方取得专利权的，委托方有权免费实施该项专利

C. 研究开发方就其发明创造转让专利申请权的，委托方可以优先受让专利申请权

D. 未经委托方同意，研究开发方不得擅自转让其发明创造的专利申请权

58. 甲委托乙寄售行以该行名义将甲的一台仪器以3000元出售，除酬金外双方对其他事项未作约定。其后，乙将该仪器以3500元卖给了丙，为此乙多支付费用100元。对此，下列哪些选项是正确的？（　　）

A. 甲与乙订立的是中介合同

B. 高于约定价格卖得的500元属于甲

C. 如仪器出现质量问题，丙应向乙主张违约责任

D. 乙无权要求甲承担100元费用

59. 关于保管合同和仓储合同，下列哪些说法是错误的？（　　）（2010年司考．卷三．多61）

A. 二者都是有偿合同

B. 二者都是实践性合同

C. 寄存人和存货人均有权随时提取保管物或仓储物而无须承担责任

D. 因保管人保管不善造成保管物或仓储物毁损、灭失的，保管人承担严格责任

60. 丁某将其所有的房屋出租给方某，方某又将该房屋转租给唐某。下列哪些表述是正确的？（　　）（2011年司考．卷三．多57）

A. 丁某在租期内基于房屋所有权可以对方某主张返还请求权，方某可以基于其与丁某的合法的租赁关系主张抗辩权

B. 方某未经丁某同意将房屋转租，并已实际交付给唐某租用，则丁某无权请求唐某返还房屋

C. 如丁某与方某的租赁合同约定，方某未经丁某同意将房屋转租，丁某有权解除租赁合同，则在合同解除后，其有权请求唐某返还房屋

D. 如丁某与方某的租赁合同约定，方某未经丁某同意将房屋转租，丁某有权解除租赁合同，则在合同解除后，在丁某向唐某请求返还房屋时，唐某可以基于与方某的租赁关系进行有效的抗辩

61. 梁某与甲旅游公司签订合同，约定梁某参加甲公司组织的旅游团赴某地旅游。旅游出发前15日，梁某因出差通知甲公司，由韩某替代跟团旅游。旅游行程一半，甲公司不顾韩某反对，将其旅游业

务转给乙公司。乙公司组织游客参观某森林公园，该公园所属观光小火车司机操作失误致火车脱轨，韩某遭受重大损害。下列哪些表述是正确的？（ ）（2011 年司考．卷三．多 60）

A. 即使甲公司不同意，梁某仍有权将旅游合同转让给韩某

B. 韩某有权请求甲公司和乙公司承担连带责任

C. 韩某有权请求某森林公园承担赔偿责任

D. 韩某有权请求小火车司机承担赔偿责任

62. 某律师事务所指派吴律师担任某案件的一、二审委托代理人。第一次开庭后，吴律师感觉案件复杂，本人和该事务所均难以胜任，建议不再继续代理。但该事务所坚持代理。一审判决委托人败诉。下列哪些表述是正确的？（ ）（2013 年司考．卷三．多 60）

A. 律师事务所有权单方解除委托合同，但须承担赔偿责任

B. 律师事务所在委托人一审败诉后不能单方解除合同

C. 即使一审胜诉，委托人也可解除委托合同，但须承担赔偿责任

D. 只有存在故意或者重大过失时，该律师事务所才对败诉承担赔偿责任

63. 甲、乙约定卖方甲负责将所卖货物运送至买方乙指定的仓库。甲如约交货，乙验收收货，但甲未将产品合格证和原产地证明文件交给乙。乙已经支付 80%的货款。交货当晚，因山洪暴发，乙仓库内的货物全部毁损。下列哪些表述是正确的？（ ）（2013 年司考．卷三．多 61）

A. 乙应当支付剩余 20%的货款

B. 甲未交付产品合格证与原产地证明，构成违约，但货物损失由乙承担

C. 乙有权要求解除合同，并要求甲返还已支付的 80%货款

D. 甲有权要求乙支付剩余的 20%货款，但应补交已经毁损的货物

64. 刘某欠何某 100 万元货款届期未还且刘某不知所踪。刘某之子小刘为替父还债，与何某签订书面房屋租赁合同，未约定租期，仅约定：“月租金 1 万元，用租金抵货款，如刘某出现并还清货款，本合同终止，双方再行结算。”下列哪些表述是错误的？（ ）（2014 年司考．卷三．多 59）

A. 小刘有权随时解除合同

B. 何某有权随时解除合同

C. 房屋租赁合同是附条件的合同

D. 房屋租赁合同是附期限的合同

65. 甲参加乙旅行社组织的旅游活动。未经甲和其他旅游者同意，乙旅行社将本次业务转让给当地的丙旅行社。丙旅行社聘请丁公司提供大巴运输服务。途中，由于丁公司司机黄某酒后驾驶与迎面违章变道的个体运输户刘某货车相撞，造成甲受伤。甲的下列哪些请求能够获得法院的支持？（ ）（2014 年司考．卷三．多 67）

A. 请求丁公司和黄某承担连带赔偿责任

B. 请求黄某与刘某承担连带赔偿责任

C. 请求乙旅行社和丙旅行社承担连带赔偿责任

D. 请求刘某承担赔偿责任

66. 甲将其临街房屋和院子出租给乙作为汽车修理场所。经甲同意，乙先后两次自费扩建多间房屋作为烤漆车间。乙在又一次扩建报批过程中发现，甲出租的全部房屋均未经过城市规划部门批准，属于违章建筑。下列哪些选项是正确的？（ ）（2015 年司考．卷三．多 59）

A. 租赁合同无效

B. 因甲、乙对于扩建房屋都有过错，应分担扩建房屋的费用

C. 因甲未告知乙租赁物为违章建筑，乙可解除租赁合同

D. 乙可继续履行合同，待违章建筑被有关部门确认并影响租赁物使用时，再向甲主张违约责任

67. 居民甲将房屋出租给乙，乙经甲同意对承租房进行了装修并转租给丙。丙擅自更改房屋承重结构，导致房屋受损。对此，下列哪些选项是正确的？（　　）（2016 年司考．卷三．多 60）

A. 无论有无约定，乙均有权于租赁期满时请求甲补偿装修费用

B. 甲可请求丙承担违约责任

C. 甲可请求丙承担侵权责任

D. 甲可请求乙承担违约责任

68. 2020 年 8 月 8 日，玄武公司向朱雀公司订购了一辆小型客用汽车。2020 年 8 月 28 日，玄武公司按照当地政策取得本市小客车更新指标，有效期至 2021 年 2 月 28 日。2020 年年底，朱雀公司依约向玄武公司交付了该小客车，但未同时交付机动车销售统一发票、合格证等有关单证资料，致使玄武公司无法办理车辆所有权登记和牌照。关于上述购车行为，下列哪些说法是正确的？（　　）

A. 玄武公司已取得该小客车的所有权

B. 玄武公司有权要求朱雀公司交付有关单证资料

C. 如朱雀公司一直拒绝交付有关单证资料，玄武公司可主张购车合同解除

D. 朱雀公司未交付有关单证资料，属于从给付义务的违反，玄武公司可主张违约责任，但不得主张合同解除

69. 居民甲经主管部门批准修建了一排临时门面房，核准使用期限为 2 年，甲将其中一间租给乙开餐馆，租期 2 年。期满后未办理延长使用期限手续，甲又将该房出租给了丙，并签订了 1 年的租赁合同。因租金问题，发生争议。下列哪些选项是正确的？（　　）（2017 年司考．卷三．多 60）

A. 甲与乙的租赁合同无效

B. 甲与丙的租赁合同无效

C. 甲无权将该房继续出租给丙

D. 甲无权向丙收取该年租金

70. 甲为了女儿上学方便与乙签订了房屋租赁合同，租期 2 年，不得擅自转租。后因甲在学校旁购买了一套房屋，未经乙同意便将房屋转租给了丙，租期为 3 年。后乙因收水费发现房屋里住的不是甲，但未置可否。1 年后，乙将房屋卖给丁并办理了过户登记手续。关于本案，下列说法不正确的有？（　　）

A. 丁可以请求丙搬离房屋

B. 甲、丙之间的转租合同无效

C. 甲、丙的合同因超出原租赁合同期限而无效

D. 丁可以追究甲的违约责任

71. 柳某欲出租房屋，于 2020 年 5 月与孟某签订合同 A，租期 1 年，孟某随即入住。2021 年 7 月柳某又与马某签订合同 B，租期 1 年，柳某与马某办理了备案登记手续。请问下列哪些选项是正确的？（　　）

A. 孟某因合法占有而具有优先权

B. A 合同虽然未经备案登记，但仍然有效

C. A 合同因成立在先而有优先权

D. B 合同因备案而具有优先权

72. 2021 年 1 月 2 日，大象公司和众森公司签订了一份建筑工程施工合同，但大象公司无资质。工程验收合格后，众森公司以大象公司无资质为由抗辩，大象公司起诉主张工程价款以及建筑工程优先受偿权。关于本案，下列说法正确的有？（　　）

A. 大象公司应在 6 个月内主张建筑物优先受偿权

B. 大象公司有权主张建筑物优先受偿权

C. 大象公司主张的建筑物优先受偿权不包括违约金

D. 众森公司应参照合同约定支付工程款

73. 乙借用有资质的丙建设施工企业的名义与甲签订建设工程施工合同，未约定工程质量保证金的返还期限。后建设工程质量合格，但甲因资金链断裂无法向乙支付工程价款。下列选项正确的是？（　　）

A. 若工程质量不合格，甲可请求乙、丙对出借资质造成的损失承担连带赔偿责任

B. 乙可自建设工程通过竣工验收之日起

随时请求返还工程质量保证金

C. 乙可请求就工程折价或者拍卖的价款优先受偿

D. 乙行使建设工程价款优先受偿权的期限为 90 日

74. 甲与乙签订电脑买卖合同，约定 6 个月付清货款，每月支付 2000 元，付清货款前乙保留该电脑的所有权。在甲使用电脑期间，屏幕闪屏，乙将电脑交给丙修理，但修好后丙以 10000 元的价格将该电脑出售给不知情的丁并交付。对此，下列说法正确的是？（　　）

A. 丁可以善意取得该电脑所有权

B. 如甲无力支付最后一个月的价款，乙可行使取回权

C. 如甲未支付到期货款达 3000 元，乙可要求解除合同，并要求甲支付一定的电脑使用费

D. 如甲未支付到期货款达 3000 元，乙可要求其一次性支付剩余货款

75. 甲居住在高档小区，小区施行严格的封闭管理，每个人都得凭证件进出小区。甲与物业服务公司签订了物业服务合同，合同中约定：甲每月按建筑面积每平方米 13 元的标准缴纳物业费。物业公司在小区挂横幅称"24 小时巡逻，打击流浪狗、严防偷盗，给你一个安全温馨的家园"。根据《民法典》关于物业服务合同的有关规定，下列说法正确的是？（　　）

A. 甲的汽车后备厢在小区内被撬，通过监控录像可见小偷用时 5 小时，前前后后出入三次，偷走了一箱茅台白酒，汽车的备胎和车顶行李架，总计价值 18000 元，至今没有破案。对于甲的损失，物业公司应当承担赔偿责任

B. 甲 7 周岁的儿子放学回家，进小区后，被五只流浪狗咬伤，花去医疗费 1200 元，事后流浪狗被警察打死。物业公司应当对甲的儿子的损害承担赔偿责任

C. 甲停放在楼下公共车棚的电动自行车丢失，损失 2400 元，物业公司应当承担赔偿责任

D. 甲在楼下乘凉时被邻居乙散养的大藏獒咬成重伤，花去医疗费 32000 元，物业公司应当承担相应的补充责任

76. 甲公司开发建设了某小区，并签订了先期物业服务合同，确了物业服务公司。乙、丙等人购买了房屋。乙购买两套房屋以后，业主大会召开会议，经专有部分占建筑物总面积过半数的业主且占总人数过半数的业主同意，决定一层的业主可以将房屋改为经营用房，但每月应当向物业公司多交 1000 元物业费，以抵充其他业主的物业费。业主大会将该项决定张贴在某小区入口处。乙在会上投了反对票。后乙因事务繁忙，将自己的一层房屋卖给丙，用于开设中餐馆。对此，以下说法正确的是？（　　）

A. 业主大会作出该项决定的程序不合法，应当经专有部分占建筑物总面积 2/3 以上的业主且占总人数 2/3 以上的业主同意才能作出该项决定

B. 若乙认为该项决定侵害其合法权益，可以请求人民法院撤销该项决定

C. 因业主大会作出该项决定时丙不是业主，所以该项决定对丙没有约束力

D. 若丙开设餐馆，还应经有利害关系的业主同意

三、不定项选择题

1. 某甲自有房屋 1 间，2022 年 5 月 1 日与乙签订了一份为期 3 年的房屋租赁合同，由乙承租该房。同年 8 月 6 日丙向甲提出愿意购买该房屋，甲即将要出卖该房屋的情况告知了乙。到了 11 月 7 日乙没有任何答复，甲与丙协商以 5 万元的价格将该房卖给丙，双方签订了房屋买卖合同，丙支付了全部房款。但在双方准备办理房产变更登记前数日，甲遇丁，丁愿以 6 万元买下该房屋。甲遂与丁又签订了一份房屋买卖合同，且双方第二天即到房屋管理部门办理了变更登记。不久，丁向银行贷款，以

该房设定抵押。现就本案例回答下列各题中所列的问题：

(1) 就房屋租赁关系而言，下列表述中哪些是正确的？(　　)

A. 该房为私房，甲有权自由出租，无须向房屋管理部门登记备案

B. 房屋租金由甲、乙自愿协商确定，法律并无最高数额限制

C. 甲将房屋卖给他人后，若新房主不继续出租，则其有权要求终止租赁合同

D. 甲、乙均为自然人，故该租赁合同可以采取书面形式，也可以采取口头形式

(2) 就房屋买卖关系而言，下列表述中哪些是正确的？(　　)

A. 因甲已将房屋租与乙，甲若将房出售，应事先征得乙的同意

B. 因甲、丁之间已办理房产登记，故甲、丙之间的买卖合同即使签订在先，丙也无权主张对该房屋的所有权

C. 因甲、丙之间尚未办理房产变更登记，故甲、丙之间的合同不生效

D. 甲虽与丙签订了合同但在未办理变更登记的情况下有权再将房屋出售给丁

(3) 就本案处理意见而言，下列表述中哪些是正确的？(　　)

A. 丁对房屋的所有权应予保护

B. 丙有权要求甲承担赔偿其损失的责任

C. 乙有权继续租赁该房

D. 若丁不能清偿到期债务，欲变卖该房以还债，乙在同等条件下有优先购买权

2. 甲粮油贸易公司与乙食用油脂厂签订一份合同，双方约定由甲方提供毛糖油 20 吨，乙方负责加工成精糖油。乙方应以甲方提供的毛糖油酸价为基数，降低 8 个酸价，并脱色去杂，使其达到食用标准，加工费由甲方提货时付清。合同签订后。乙方就甲方提供的毛糖油按约定降低 8 个酸价处理。后甲方在提取糖精油时，经化验发现其高于食用标准 2 个酸价，当即要求乙方返工。双方对返工费的负担发生争议。根据上述案情，请回答下列各题：

(1) 甲、乙所订合同属何性质的合同？(　　)

A. 承揽合同

B. 承揽和买卖的混合合同

C. 买卖合同

D. 委托合同

(2) 本案中返工费应由 (　　)。

A. 甲方负担

B. 乙方负担

C. 甲、乙方平均分担

D. 甲、乙均违约，应依过失程度承担责任

(3) 若甲方提供的毛糖油符合约定，而乙方未能按合同约定质量完成工作，下列选项中正确的有 (　　)。

A. 若甲在收货后合理期间内未提出异议，视为同意接收

B. 甲方可以要求乙方返工

C. 甲方可以径行解除合同

D. 甲方可以请求损害赔偿

(4) 若在合同履行期间，发生泥石流，20 吨糖油全被冲走。该损失应由 (　　)。

A. 甲方负担

B. 乙方负担

C. 甲、乙方平均分担

D. 主要由甲承担，乙适当分担

(5) 若甲方提供的毛糖油符合约定，但在乙交付甲精糖油前，甲方破产，则乙方对该批糖油享有 (　　) 权利。

A. 与其他债权人平等受偿的权利

B. 所有权

C. 别除权

D. 优先受偿权

3. 甲公司将 1 台挖掘机出租给乙公司，为担保乙公司依约支付租金，丙公司担任保证人，丁公司以机器设备设置抵押。乙公司欠付 10 万元租金时，经甲公司、丙公司和丁公司口头同意，将 6 万元租金债务转让给戊公司。之后，乙公司为现金周转将挖掘机分别以 45 万元和 50 万元的价格先后出卖给丙公司和丁公司，丙公司和丁公

司均已付款，但乙公司没有依约交付挖掘机。因乙公司一直未向甲公司支付租金，甲公司便将挖掘机以 48 万元的价格出卖给王某，约定由乙公司直接将挖掘机交付给王某，王某首期付款 20 万元，尾款 28 万元待收到挖掘机后支付。此事，甲公司通知了乙公司。王某未取得挖掘机便死亡。王某临终立遗嘱，其遗产由其子大王和小王继承，遗嘱还指定小王为遗嘱执行人。因大王一直在外地工作，同意王某遗产由小王保管，没有进行遗产分割。在此期间，小王将挖掘机出卖给方某，没有征得大王的同意。请回答下列各题。

（1）在乙公司将 6 万元租金债务转让给戊公司之前，关于丙公司和丁公司的担保责任，甲公司下列做法正确的是：（　　）。

A. 可以要求丙公司承担保证责任

B. 可以要求丁公司承担抵押担保责任

C. 需先要求丙公司承担保证责任，后要求丁公司承担抵押担保责任

D. 需先要求丁公司承担抵押担保责任，后要求丙公司承担保证责任

（2）在乙公司将 6 万元租金债务转让给戊公司之后，关于丙公司和丁公司的担保责任，下列表述正确的是：（　　）。

A. 丙公司仅需对乙公司剩余租金债务承担担保责任

B. 丁公司仅需对乙公司剩余租金债务承担担保责任

C. 丙公司仍应承担全部担保责任

D. 丁公司仍应承担全部担保责任

（3）甲公司与王某签订买卖合同之后，王某死亡之前，关于挖掘机所有权人，下列选项正确的是：（　　）。

A. 甲公司　　B. 丙公司

C. 丁公司　　D. 王某

（4）王某死后，关于甲公司与王某的买卖合同，下列表述错误的是：（　　）。

A. 甲公司有权解除该买卖合同

B. 大王和小王有权解除该买卖合同

C. 大王和小王对该买卖合同原王某承担的债务负连带责任

D. 大王和小王对该买卖合同原王某承担的债务按其继承份额负按份责任

（5）关于小王将挖掘机卖给方某的行为，下列表述正确的是：（　　）。

A. 小王尚未取得对挖掘机的占有，不得将其出卖给方某

B. 小王出卖挖掘机应当取得大王的同意

C. 大王对小王出卖挖掘机的行为可以追认

D. 小王是王某遗嘱的执行人，出卖挖掘机不需要大王的同意

4. 甲公司与乙公司约定，由甲公司向乙公司交付 1 吨药材，乙公司付款 100 万元。乙公司将药材转卖给丙公司，并约定由甲公司向丙公司交付，丙公司收货后 3 日内应向乙支付价款 120 万元。张某以自有汽车为乙公司的债权提供抵押担保，未办理抵押登记。抵押合同约定："在丙公司不付款时，乙公司有权就出卖该汽车的价款清偿自己的债权。"李某为这笔货款出具担保函："在丙公司不付款时，由李某承担保证责任。"丙公司收到药材后未依约向乙公司支付 120 万元，乙公司向张某主张实现抵押权，同时要求李某承担保证责任。张某见状，便将其汽车赠与刘某。刘某将该汽车作为出资，与钱某设立丁酒店有限责任公司，并办理完出资手续。丁公司员工方某驾驶该车在接送酒店客人时，为躲避一辆逆行摩托车，将行人赵某撞伤。方某自行决定以丁公司名义将该车放在戊公司维修，为获得维修费的八折优惠，方某以其名义在与戊公司相关的庚公司为该车购买一套全新坐垫。汽车修好后，方某将车取走交丁公司投入运营。戊公司要求丁公司支付维修费，否则对汽车行使留置权，丁公司回函请宽限一周。庚公司要求丁公司支付坐垫费，丁公司拒绝。请回答下列各题。（2011 年司考．卷三．不定项 86~91）

（1）关于乙公司与丙公司签订合同的效力，下列表述正确的是：（　　）。

A. 效力待定

B. 为甲公司设定义务的约定无效
C. 有效
D. 无效
(2) 关于乙公司要求担保人承担责任，下列表述正确的是：(　　)。
A. 乙公司不得向丙公司和李某一并提起诉讼
B. 李某对乙公司享有先诉抗辩权
C. 乙公司应先向张某主张实现抵押权
D. 乙公司可以选择向张某主张实现抵押权或者向李某主张保证责任
(3) 在刘某办理出资手续后，关于汽车所有权人，下列选项正确的是：(　　)。
A. 乙公司
B. 张某
C. 刘某
D. 丁公司
(4) 关于对赵某的损害应承担侵权责任的主体，下列选项正确的是：(　　)。
A. 方某
B. 钱某和刘某
C. 丁公司
D. 摩托车主
(5) 关于汽车维修合同，下列表述正确的是：(　　)。
A. 方某构成无因管理
B. 方某构成无权代理
C. 方某构成无权处分
D. 方某构成表见代理
(6) 关于垫垫费和维修费，下列表述正确的是：(　　)。
A. 方某应向庚公司支付垫垫费
B. 丁公司应向庚公司支付垫垫费
C. 丁公司应向戊公司支付维修费
D. 戊公司有权将汽车留置

5. 张某、方某共同出资，分别设立甲公司和丙公司。2021 年 3 月 1 日，甲公司与乙公司签订了开发某房地产项目的《合作协议一》，约定如下：“甲公司将丙公司 10%的股权转让给乙公司，乙公司在协议签订之日起三日内向甲公司支付首付款 4000 万元，尾款 1000 万元在次年 3 月 1 日之前付清。首付款用于支付丙公司从某国土部门购买 A 地块土地使用权。如协议签订之日起三个月内丙公司未能获得 A 地块土地使用权致双方合作失败，乙公司有权终止协议。”《合作协议一》签订后，乙公司经甲公司指示向张某、方某支付了 4000 万元首付款。张某、方某配合甲公司将丙公司的 10%的股权过户给了乙公司。2021 年 5 月 1 日，因张某、方某未将前述 4000 万元支付给丙公司致其未能向某国土部门及时付款，A 地块土地使用权被收回挂牌卖掉。2021 年 6 月 4 日，乙公司向甲公司发函：“鉴于土地使用权已被国土部门收回，故我公司终止协议，请贵公司返还 4000 万元。”甲公司当即回函：“我公司已把股权过户到贵公司名下，贵公司无权终止协议，请贵公司依约支付 1000 万元尾款。”2021 年 6 月 8 日，张某、方某与乙公司签订了《合作协议二》，对继续合作开发房地产项目做了新的安排，并约定：“本协议签订之日，《合作协议一》自动作废。”丁公司经甲公司指示，向乙公司送达了《承诺函》：“本公司代替甲公司承担 4000 万元的返还义务。”乙公司对此未置可否。请回答第 (1)~(5) 题。
(1) 关于 2021 年 6 月 4 日乙公司向甲公司发函，下列表述正确的是：(　　)。
A. 行使的是约定解除权
B. 行使的是法定解除权
C. 有权要求返还 4000 万元
D. 无权要求返还 4000 万元
(2) 关于 2021 年 5 月 1 日张某、方某未将 4000 万元支付给丙公司，应承担的责任，下列表述错误的是：(　　)。
A. 向乙公司承担违约责任
B. 与甲公司一起向乙公司承担连带责任
C. 向丙公司承担违约责任
D. 向某国土部门承担违约责任
(3) 关于甲公司的回函，下列表述正确的是：(　　)。
A. 甲公司对乙公司解除合同提出了异议
B. 甲公司对乙公司提出的异议理由成立

C. 乙公司不向甲公司支付尾款构成违约

D. 乙公司可向甲公司主张不安抗辩权拒不向甲公司支付尾款

(4) 关于张某、方某与乙公司签订的《合作协议二》，下列表述正确的是：(　　)。

A. 有效

B. 无效

C. 可变更

D. 《合作协议一》被《合作协议二》取代

(5) 关于丁公司的《承诺函》，下列表述正确的是：(　　)。

A. 构成单方允诺

B. 构成保证

C. 构成并存的债务承担

D. 构成免责的债务承担

6. 甲公司、乙公司签订的《合作开发协议》约定，合作开发的A区房屋归甲公司、B区房屋归乙公司。乙公司与丙公司签订《委托书》，委托丙公司对外销售房屋。《委托书》中委托人签字盖章处有乙公司盖章和法定代表人王某签字，王某同时也是甲公司的法定代表人。张某查看《合作开发协议》和《委托书》后，与丙公司签订《房屋预订合同》，约定："张某向丙公司预付房款30万元，购买A区房屋一套。待取得房屋预售许可证后，双方签订正式合同。"丙公司将房款用于项目投资，全部亏损。后王某向张某出具《承诺函》：如张某不闹事，将协调甲公司卖房给张某。但甲公司取得房屋预售许可后，将A区房屋全部卖与他人。张某要求甲公司、乙公司和丙公司退回房款。张某与李某签订《债权转让协议》，将该债权转让给李某，通知了甲、乙、丙三公司。因李某未按时支付债权转让款，张某又将债权转让给方某，也通知了甲、乙、丙三公司。关于《委托书》和《承诺函》，下列说法正确的是：(　　)。(2015年司考．卷三．不定项86)

A. 乙公司是委托人

B. 乙公司和王某是共同委托人

C. 甲公司、乙公司和王某是共同委托人

D. 《承诺函》不产生法律行为上的效果

7. 甲、乙、丙三人签订合伙协议并开始经营，但未取字号，未登记，也未推举负责人。其间，合伙人与顺利融资租赁公司签订融资租赁合同，租赁淀粉加工设备一台，约定租赁期限届满后设备归承租人所有。合同签订后，出租人按照承租人的选择和要求向设备生产商丁公司支付了价款。如租赁期间因设备自身原因停机，造成承租人损失。下列说法正确的是：(　　)。(2016年司考．卷三．不定项88)

A. 出租人应减少租金

B. 应由丁公司修理并赔偿损失

C. 承租人向丁公司请求承担责任时，出租人有协助义务

D. 出租人与丁公司承担连带责任

8. 甲开发商修建某小区，并与乙物业公司订立物业服务合同，期限三年。翌年，该小区成立业主大会并选举产生了业主委员会，业委会以该物业合同未经其同意为由，拒绝支付物业费。一个月后，业主委员会与丙物业公司订立了物业服务合同，期限为五年，丙物业公司接管小区后将全部物业管理工作转让给丁物业公司。随后经业主大会同意，业主委员会通知丙公司解除物业服务合同，丙公司收到通知后不予理睬。下列选项正确的是？(　　)

A. 小区业主有权拒绝缴纳物业费

B. 乙物业公司仍享有物业管理权

C. 丙物业公司与丁物业公司之间的合同无效

D. 业主委员会无权单方解除与丙物业公司之间的物业服务合同

9. 王某拥有数套某小学的学区房，同事李某为了孩子入学便利，请求王某转让一套。由于两人关系欠佳，王某予以拒绝。李某以公开王某的受贿隐情为要挟，最终使王某答应卖房，但合同价格明显高于一般房屋。合同签订不久，由于教育部门调整小学招生政策，李某小孩不可能在该小学入学。李某欲废止该房屋买卖。李某的下列

诉由能得到法院支持的是？（　　）

A. 以显失公平为由，诉请撤销合同

B. 以胁迫为由，诉请撤销合同

C. 以情势变更为由，诉请变更或解除合同

D. 以不可抗力致使合同目的不能实现为由，诉请解除合同

四、名词解释

1. 买卖合同
2. 物的瑕疵担保责任
3. 权利瑕疵担保
4. 融资租赁合同
5. 多式联运合同
6. 租赁合同（中国人民大学2013年研究生入学考试题）

五、简答题

1. 简述买卖合同的特征。
2. 简述承揽人的主要义务。
3. 简述行纪人的主要义务。
4. 买卖合同中双方当事人的主要义务有哪些？（武汉大学2006年研究生入学考试题）

六、论述题

我国民法典关于买卖合同中标的物毁损、灭失的风险承担规则及其与违约构成的关系。

七、案例分析题

1. 甲商场与其下属各柜台签订了承包合同，各柜台可以以商场的名义对外开展业务，自主经营，自负盈亏，其对外经营中发生的债权债务一概与商场无关。2006年11月1日，家电柜台以商场名义用公章与某彩电厂签订合同，购买500台电冰箱，合同签订前，电冰箱厂已把该批电冰箱交某汽车运输公司运往甲商场所在城市。在装货时，因装卸人失误多装了十台电冰箱，但电冰箱厂与运输公司人员均未发觉。11月2日，运送该批电冰箱的汽车在即将抵达目的地时，突遇山洪暴发，数辆卡车均被卷入洪水，不知去向。合同签订时，家电柜台已知晓该批电冰箱正运往本地的事实，且电冰箱厂已交付其提货单证。问：

（1）谁为本合同中的买受人？

（2）电冰箱的价款，买受人是否还应交付？

（3）应交付多少台电冰箱的价款？为什么？

2. 李某与王某是同事。李某想买一台电视机，并请王某帮忙。刚好王某的弟弟有一台电视机想卖，王某告诉李某后，李某表示想买。当天下午，王某的弟弟便将电视机带给李某，李某看货后商定价格为1800元，并当即付给王某的弟弟1200元。剩下的600元王某的弟弟告诉李某交给王某代收，由王某转交给自己。李某将电视机搬回家以后，有人说该电视机型号太旧了，不值1800元，李某遂向王某提出退货还款，但王某的弟弟不同意，并说："你如果不想要，可以卖给别人嘛。"王某遂将该电视机交寄售商店出卖，得到价款1500元，比原价少300元。李某提出该300元差价应由王某的弟弟承担，双方争执不下。

问：（1）李某与王某的弟弟间的买卖合同是否成立？电视机的所有权是否转移？为什么？

（2）王某与李某在该买卖活动中存在什么合同法律关系？王某在该合同法律关系中负有什么义务？

（3）李某将电视机交寄售商店出卖，李某与寄售商店之间是什么合同关系？寄售商店应以谁的名义办理出售电视机的事务？

（4）300元的差价应当由谁承担？为什么？

3. 甲、乙是夫妻，共同投资建房，后在房屋登记时，工作人员误将甲登记为所有权人。后甲与丙签订房屋买卖合同，丙以为甲就是所有人，丙搬入房屋，但没有办理房屋过户手续。丙为了确定，去查阅房屋登记，房屋确实是在甲的名下。半年后，

乙起诉，要求确认甲、丙之间买卖合同无效。请回答：（北京大学2007年研究生入学考试题）

（1）甲、丙之间合同的效力如何？

（2）丙能否取得房屋所有权？

（3）在甲、乙、丙三方关系中，丙如何维护自己的利益？

4. 甲、乙夫妻是当地有名的富商，拥有多处房产，丙为做生意之便，同甲签订了房屋租赁合同，租下其中的一处房产，并办理了相应登记手续。其后数月，甲为解决资金短缺，向丁借款，并把该处房产作为担保抵押给了丁，双方也办理了抵押登记手续，而且双方还约定“如甲不能到期归还借款，该房产自动转归丁所有”。乙知道上述事宜，但未表示意见。

问题：

（1）甲、丙之间的租赁关系是否有效？为什么？

（2）甲、丁之间的抵押关系是否有效？

（3）如甲到期不能清偿丁之欠款而出售其房产，丙与丁均主张优先购买权，应如何处理？

（4）甲、丁之间的“如甲不能到期归还借款，该房产自动转归丁所有”的约定是否有效？为什么？

（5）如果甲与丁之间并非抵押关系，而为买卖关系，而买卖合同生效时租赁合同仍未到期，则租赁合同是否仍有效？

（6）如果甲与丁之间存在买卖关系，且丁为善意并支付相应对价并办理相应登记手续，乙作为房屋共有人能否否认该买卖的效力？

5. 西部某开发公司与某教育局在一次公开募捐仪式上达成捐赠协议，由西部某开发公司向该组织捐赠某种健身器材100套，双方约定交货地点为该教育局所在地，但该教育局必须将该捐赠过程中的一些重要镜头在某电视台用专题形式播出。协议书面订立后，该西部某开发公司又与当地一运输公司签订运输合同，由该公司将这批货运至该教育局所在地。

请回答下列问题：

（1）如果在运输途中因遇到百年不遇的水灾导致健身器材灭失，教育局能否要求该西部某开发公司再次发货？

（2）如果健身器材灭失是由运输商过错造成，应由谁作原告向运输商提起诉讼？

（3）如果该批健身器材运到目的地，但因质量问题导致数十名儿童在运动时受到伤害，造成损害3万元，该西部某开发公司应否承担相应责任？

（4）如果该教育局未作相应宣传，西部某开发公司能否撤销该合同？

（5）如果在签订捐赠协议后，西部某开发公司因经营状况极度恶化无法履行协议，能否请求不再履行？

（6）如无特殊理由，西部某开发公司能否撤销该捐赠协议？

6. 李某从所居住的A地去B地出差，在汽车站购买了一张前往B地的汽车票，发车时间已到，仍不见车来，则此时：

（1）李某有哪些权利？

李某又等了半小时，汽车才来，但上车后，李某发现：他购买的是不带空调的大客车的坐票，但开来的却是空调卧铺客车。售票员解释说，因原定的此班次客车出现故障，故车站调度室临时将这辆豪华客车开来。随后，售票员开始要求旅客补交豪华卧铺客车与一般客车票价之差额并缴纳空调费。

（2）对加收票款的要求，应否支持？

在即将到达目的地时，李某所在的上铺支架突然断裂，李某从上铺摔下，致肋骨骨折，李某事后向汽车运输公司要求赔偿，汽运公司辩称己方无过错，在出车前已进行了足够的安全检查。经查证，发车前汽车运输公司确实派人对车进行了全面检查。

（3）汽车运输公司是否应当承担损害赔偿责任？为什么？

（4）如果李某属于按规定免票的旅

客，其所受损害，汽车运输公司是否还应承担责任？

7. 甲，某市糖业烟酒公司；乙，某铁路局。甲与乙填制了运送白糖六十吨的运单，运达地为甲所在地火车站，次日发车时，甲要乙将二十吨白糖卸在甲的前方站某县火车站（丙地），但乙未应允。白糖送达甲地火车站时，甲发现白糖在途中被同车水泥污染了三十六吨，而且六十吨白糖已全部卸下，甲与火车站多次交涉未遂其愿，便以乙为被告诉至某铁路运输法院。经查：甲、乙签订的运单基本内容齐全，甲对白糖实行了保价，白糖用麻袋包装，符合包捆要求。

依据案情，简要回答下列问题：

（1）甲、乙间只有运单而没有正规合同，是否合法？

（2）甲能否在运单填制后，改变部分货物的运送地？

（3）乙在本案中应承担什么责任？

8. 某钟表厂与某仪表厂签订了购买测压机一台的合同。仪表厂按合同规定将测压机交铁路运输，仪表厂发货后，多次向钟表厂催要货款，钟表厂以未收到货物为由，拒付货款，因此某仪表厂起诉至法院，要求钟表厂支付货款并支付违约金。经查，货物到站后，火车站将货物错发给某电机厂，某电机厂发现后通知了火车站，因火车站工作人员将此事忘记，使机器在露天存放生锈损坏。某钟表厂认为，这一损失应由车站与电机厂共同赔偿。

试问：本案应如何处理？

9. 张华是某实业开发公司的总经理。一日张华了解到某产品在国内市场上是空白，在国际市场上也是量少价高，而且又了解到几个大公司也在研制此产品，但在研制过程中均遇到了技术难关，正在集中力量攻克。于是张华便找到北京某技术研究院，经过磋商，签订了一份技术开发合同，约定该技术研究院年底前研制出此产品，由张华所在实业开发公司一次性支付开发费50万元（其中预付10万元作为开发经费），并约定开发成功两年内，该研究院不得将该技术转让给他人，而是由张华的公司独家使用。后该研究院果然在年底前研制出此产品。张华的公司即着手生产，同时，由于张华的公司无出口自营权，便与乙外贸公司签订了一份合同，委托代为出口其产品。合同约定，张华的开发公司每月向乙公司交付一批产品，由乙公司以自己的名义出口销售，价格按国际市场价格自由掌握，销售后开发公司于10天内支付报酬，迟延支付要承担违约金责任。1年后的9月，该产品又进入销售淡季。乙公司便自己买下开发公司9月交来的产品（按国际市场价格），1个月后，价格上扬，乙公司才将该批产品卖出，获得差价20万元。张华得知后，在送来11月的产品时向乙公司提出异议，认为乙公司的投机行为未经张华的公司同意，要求将这20万元差价归属于自己，否则拒绝支付10月的报酬。根据《民法典》有关内容回答：

（1）对于研发中的风险责任，双方应如何承担？

（2）假设在该研究院研制产品的过程中，张华从其他渠道得知：研制该产品的其他各大公司因无法克服的困难已先后开发失败，并已停止研究开发工作，张华却未将这一信息告知研究院。张华有何过错？开发公司应承担何种责任？

（3）假设该研究院在成功开发的一年后，将该技术转让给丙公司，丙公司也实施该技术生产产品，张华可否选择研究院或丙公司中的任意一个作为被告向法院起诉？

（4）张华能否拒绝向乙外贸公司支付报酬？为什么？

（5）若张华逾期仍不支付报酬，乙公司有何救济手段？

10. 甲，某市经营农副产品的个体户；乙，某县物资储运站。甲在某县准备收购蒜头5000公斤，打算搭过往车一次运回，故将大蒜按收购情况分三次存放在乙处。

双方的仓储保管合同议定：最后一批货入库后第三天，货物全部出库。对大蒜按比例抽验。其他条款齐全，事后，双方抽验发现有20%的蒜湿度大，不符合规定。由于蒜头自身质量问题，并且乙方仓库通风采光不足，蒜头大面积“发烧”，约50%的蒜头在储存期中发生不同程度的霉变，乙将情况告知了甲。合同期满时，甲拒绝提货并拒付保管费，要求乙赔偿全部损失，双方相持不下，诉诸法院。请问：

（1）本案中哪一方违约？

（2）乙应如何赔偿损失？

（3）如果甲想修改合同，应如何做？

11. 甲，某市预制构件厂；乙，某市建筑设计院。由于市政建设的需要，甲打算用钢纤维砼为原料，研制城市下水道井盖的替代品，便委托乙研制。1993年元月，双方签订了技术开发合同。合同约定：乙为甲开发700方500×500检查井、300×500进水钢纤维砼井盖（座），甲支付所有开发经费和报酬，开发周期为一年。合同其他主要条款齐全。甲按合同约定如期支付了有关费用，提供了有关背景资料和原始数据。乙于1993年9月1日试制成功。同年12月底又以研究开发成果向国家专利局申请专利，并获专利局回函表示受理。1994年3月10日，乙以甲在成果开发出后六个月仍未接受技术为由，拟将此项技术成果卖给丙厂，同时，乙的主管部门市建设局也拟将此成果在本行业中推广。在此期间，乙因申请专利的需要，一直未向甲交付成果。为此，甲与乙及其主管部门建设局发生纠纷。

请问：

（1）乙能否单方向国家专利局申请专利？为什么？

（2）市建设局能否将乙的开发成果推广使用？为什么？

（3）乙是否有权将开发成果转给丙厂？

12. 大兴公司与全宇公司签订委托合同，由大兴公司委托全宇公司采购500台彩电，并预先支付购买彩电的费用50万元。全宇公司经考察发现甲市W区的天鹅公司有一批质优价廉的名牌彩电，遂以自己的名义与天鹅公司签订了一份彩电购买合同，双方约定：全宇公司从天鹅公司购进500台彩电，总价款130万元，全宇公司先行支付30万元定金；天鹅公司采取送货方式，将全部彩电运至乙市S区，货到验收后一周内全宇公司付清全部款项。天鹅公司在发货时，工作人员误发成505台。在运输途中，由于被一车追尾，20台彩电遭到不同程度的损坏。全宇公司在S区合同约定地点接收了505台彩电，当即对发生损坏的20台彩电提出了质量异议，并将全部彩电交付大兴公司。由于彩电滞销，大兴公司一直拒付货款，致全宇公司一直无法向天鹅公司支付货款。交货2个星期后，全宇公司向天鹅公司披露了是受大兴公司委托代为购买彩电的情况。（2004年司考．卷四．二）

问题：

（1）天鹅公司事先并不知晓全宇公司系受大兴公司委托购买彩电，知悉这一情况后，天鹅公司能否要求大兴公司支付货款？为什么？

（2）全宇公司与天鹅公司订立的合同中的定金条款效力如何？为什么？

（3）大兴公司多收的5台彩电应如何处理？为什么？

（4）如追尾的肇事车辆逃逸，20台受损彩电的损失应由谁承担？为什么？

（5）如天鹅公司以全宇公司为被告提起诉讼后，在诉讼过程中，天鹅公司认为要求大兴公司支付货款更为有利，能否改为主张由大兴公司履行合同义务？为什么？

13. 某服装加工厂因与外商签订了一份服装购销合同，急需一批特质布匹。经到多家纺织厂考察，选定跟星星纺织厂订立加工承揽合同。合同约定，由星星纺织厂为某服装加工厂生产特质布匹，分期分批送货到某服装厂，某服装厂见货付款。由于星星纺织厂当时生产任务不重，于是很快完成了加工任务。但为履行合同所规定的分期分批送货的义务，便将尚未送走的布匹存入仓库内。一天晚上，因雷雨引起电线走火，仓库内的所有货物全部化为灰烬。星星纺织厂要求某服装厂赔偿损失，理由是货已全部生产完毕，只是应服装厂的要求尚未全部送走，过错应在服装厂。既然生产完毕，货就是服装厂的，因此某服装厂应承担赔偿责任。某服装厂认为星星纺织厂的说法有理，于是赔偿了其生产这批布匹的原料费、加工费等。后某服装厂向某律师谈及此事，律师认为服装厂不应承担赔偿责任，现有权要求星星纺织厂返还损失赔偿费。依案情简要回答下列问题：

（1）律师的看法对吗？为什么？

（2）本案应如何处理？

（3）假如星星纺织厂与某服装厂约定，布匹生产完毕后即归某服装厂所有，则布匹的风险责任由谁承担？

14. 信用卡在现代社会的运用越来越广泛。设甲为信用卡的持卡人，乙为发出信用卡的银行，丙为接受银行信用卡消费的百货公司。甲可以凭信用卡到丙处持卡消费，但应于下个月的 15 日前将其消费的款项支付给乙；丙应当接受甲的持卡消费，并于每月的 20 日请求乙支付甲消费的款项，丙不得请求甲支付其消费的款项。

2012 年 3 月，甲消费了 5 万元，无力向乙还款。甲与乙达成协议，约定 3 个月内还款，甲将其 1 间铺面房抵押给乙，并作了抵押登记。应乙的要求，甲为抵押的铺面房向丁保险公司投了火灾险，并将其对丁保险公司的保险赔偿请求权转让给了己。

2012 年 4 月，甲与张某签订借款意向书，约定甲以铺面房再作抵押向张某借款 5 万元，用于向乙还款。后因甲未办理抵押登记，张某拒绝提供借款。

2012 年 7 月，因甲与邻居戊有矛盾，戊放火烧毁了甲的铺面房。在保险公司理赔期间，己的债权人庚向法院申请冻结了保险赔偿请求权。

问题：

（1）2012 年 3 月之前，甲与乙之间存在什么法律关系？乙与丙之间存在什么法律关系？甲与丙之间存在什么法律关系？

（2）丙有权请求乙支付甲消费的款项但不得请求甲支付其消费的款项，其法律含义是什么？乙可否以甲不支付其消费的款项为理由，拒绝向丙付款？为什么？

（3）如甲不向乙支付其消费的款项，乙可以主张什么权利？如乙不向丙支付甲消费的款项，丙可以主张什么权利？

（4）如丙拒绝接受甲持卡消费，应由谁主张权利？可以主张什么权利？为什么？

（5）张某拒绝向甲提供借款是否构成违约？为什么？

（6）甲的抵押铺面房被烧毁之后，届期无力还款，乙可以主张什么权利？

（7）甲将保险赔偿请求权转让给己，己的债权人庚向法院申请冻结该保险赔偿请求权，对乙的抵押权有什么影响？为什么？

15. 甲公司从某银行贷款 1200 万元，以自有房产设定抵押，并办理了抵押登记。经书面协议，乙公司以其价值 200 万元的现有的以及将有的生产设备、原材料、半成品、产品为甲公司的贷款设定抵押，没有办理抵押登记。后甲公司届期无力清偿贷款，某银行欲行使抵押权。法院拟拍卖甲公司的房产。甲公司为了留住房产，与丙公司达成备忘录，约定：“由丙公司参与竞买，价款由甲公司支付，房产产权归甲公司。”丙公司依法参加竞买，以 1000 万元竞买成功。甲公司将从子公司筹得的1000万元交给丙公司，丙公司将这1000万元交给了法院。法院依据竞拍结果制作民事裁定书，甲公司据此将房产过户给丙公司。

法院裁定书下达次日，甲公司、丙公司与丁公司签约：“甲公司把房产出卖给丁公司，丁公司向甲公司支付1400万元。合同签订后10日内，丁公司应先付给甲公司400万元，尾款待房产过户到丁公司名下之后支付。甲公司如果在合同签订之日起半年之内不能将房产过户到丁公司名下，则丁公司有权解除合同，并请求甲公司支付违约金700万元，甲公司和丙公司对合同的履行承担连带责任。”

在甲公司、丙公司与丁公司签订房产买卖合同的次日，丙公司与戊公司签订了房产买卖合同。丙公司以1500万元的价格将该房产卖给戊公司，尚未办理过户手续。丁公司见状，拒绝履行支付400万元首付款的义务，并请求甲公司先办理房产过户手续，将房产过户到丁公司名下。甲公司则要求丁公司按约定支付400万元房产购置首付款。鉴于各方僵持不下，半年后，丙公司索性把房产过户给戊公司，并拒绝向丁公司承担连带责任。经查，在甲公司、丙公司和丁公司签订合同后，当地房地产市场价格变化不大。

问题：

（1）乙公司以其现有的及将有的生产设备等动产为甲公司的贷款设立的抵押是否成立？为什么？

（2）某银行是否必须先实现甲公司的房产的抵押权，后实现乙公司的现有的及将有的生产设备等动产的抵押权？为什么？

（3）甲公司与丙公司达成的备忘录效力如何？为什么？

（4）丙公司与戊公司签订房产买卖合同效力如何？为什么？

（5）丁公司是否有权拒绝履行支付400万元的义务？为什么？

（6）丁公司是否有权请求甲公司在自己未支付400万元首付款的情况下先办理房产过户手续？为什么？

（7）丁公司能否解除房产买卖合同？为什么？

（8）丙公司能否以自己不是合同的真正当事人为由拒绝向丁公司承担连带责任？为什么？

（9）甲公司可否请求法院减少违约金数额？为什么？

16. 案情：大学生李某要去A市某会计师事务所实习。此前，李某通过某租房网站租房，明确租房位置和有淋浴热水器两个条件。张某承租了王某一套二居室，租赁合同中有允许张某转租的条款。张某与李某联系，说明该房屋的位置及房屋里配有高端热水器。李某同意承租张某的房屋，并通过网上银行预付了租金。

李某入住后发现，房屋的位置不错，卫生间也较大，但热水器老旧不堪，不能正常使用，屋内也没有空调。另外，李某了解到张某已拖欠王某1个月的租金，王某已表示，依租赁合同的约定要解除与张某的租赁合同。

李某要求张某修理热水器，修了几次都无法使用。再找张某，张某避而不见。李某只能用冷水洗澡并因此感冒，花了一笔医疗费。无奈之下，李某去B公司购买了全新的电热水器，B公司派其员工郝某去安装。在安装过程中，找不到登高用的梯子，李某将张某存放在储藏室的一只木箱搬进卫生间，供郝某安装时使用。安装后郝某因有急事未按要求试用便离开，走前向李某保证该热水器可以正常使用了。李某仅将该木箱挪至墙边而未搬出卫生间。李某电话告知张某，热水器已买来装好，张某未置可否。

另外，因暑热难当，李某经张某同意，买了一部空调安装在卧室。

当晚，同学黄某来A市探访李某。

黄某去卫生间洗澡，按新装的热水器上的提示刚打开热水器，该热水器的接口处迸裂，热水喷溅不止，黄某受到惊吓，摔倒在地受伤，经鉴定为一级伤残。另外，木箱内装的贵重衣物，也被热水器喷出的水流浸泡毁损。(2013年司考．卷四．四)

问题：

(1) 由于张某拖欠租金，王某要解除与张某的租赁合同，李某想继续租用该房屋，可以采取什么措施以抗辩王某的合同解除权？

(2) 李某的医疗费应当由谁承担？为什么？

(3) 李某是否可以更换热水器？李某更换热水器的费用应当由谁承担？为什么？

(4) 李某购买空调的费用应当由谁承担？为什么？

(5) 对于黄某的损失，李某、张某是否应当承担赔偿责任？为什么？

(6) 对于黄某的损失，郝某、B公司是否应当承担赔偿责任？为什么？

(7) 对于张某木箱内衣物浸泡受损，李某、B公司是否应当承担赔偿责任？为什么？

17. 案情：2月5日，甲与乙订立一份房屋买卖合同，约定乙购买甲的房屋一套（以下简称01号房），价格80万元。并约定，合同签订后一周内乙先付20万元，交付房屋后付30万元，办理过户登记后付30万元。

2月8日，丙得知甲欲将该房屋出卖，表示愿意购买。甲告其已与乙签订合同的事实，丙说愿出90万元。于是，甲与丙签订了房屋买卖合同，约定合同签订后3日内丙付清全部房款，同时办理过户登记。2月11日，丙付清了全部房款，并办理了过户登记。

2月12日，当乙支付第一笔房款时，甲说：房屋已卖掉，但同小区还有一套房屋（以下简称02号房），可作价100万元出卖。乙看后当即表示同意，但提出只能首付20万元，其余80万元向银行申请贷款。甲、乙在原合同文本上将房屋相关信息、价款和付款方式作了修改，其余条款未修改。

乙支付首付20万元后，恰逢国家出台房地产贷款调控政策，乙不再具备贷款资格。故乙表示仍然要买01号房，要求甲按原合同履行。甲表示01号房无法交付，并表示第二份合同已经生效，如乙不履行将要承担违约责任。乙认为甲违约在先。3月中旬，乙诉请法院确认甲、丙之间的房屋买卖合同无效，甲应履行2月5日双方签订的合同，交付01号房，并承担迟延交付的违约责任。甲则要求乙继续履行购买02号房的义务。

3月20日，丙聘请不具备装修资质的A公司装修01号房。装修期间，A公司装修工张某因操作失误将水管砸坏，漏水导致邻居丁的家具等物件损坏，损失约5000元。

5月20日，丙花3000元从商场购买B公司生产的热水器，B公司派员工李某上门安装。5月30日，李某从B公司离职，但经常到B公司派驻丙所住小区的维修处门前承揽维修业务。7月24日，丙因热水器故障到该维修处要求B公司维修，碰到李某。丙对李某说：热水器是你装的，出了问题你得去修。维修处负责人因人手不够，便对李某说：那你就去帮忙修一下吧。李某便随丙去维修。李某在维修过程中因操作失误致热水器毁损。(2014年司考．卷四．四)

问题：

(1) 01号房屋的物权归属应当如何确定？为什么？

(2) 甲、丙之间的房屋买卖合同效力如何？考察甲、丙之间合同效力时应当考虑本案中的哪些因素？

(3) 2月12日，甲、乙之间对原合同修改的行为的效力应当如何认定？为什么？

(4) 乙的诉讼请求是否应当得到支持？为什么？

(5) 针对甲要求乙履行购买02号房的义务，乙可主张什么权利？为什么？

(6) 邻居丁所遭受的损失应当由谁赔偿？为什么？

(7) 丙热水器的毁损，应由谁承担赔偿责任？为什么？

参考答案

一、单项选择题

1. **答案**：C。根据《民法典》第607条第2款规定，当事人没有约定交付地点或者约定不明确，依照本法第603条第2款第1项的规定标的物需要运输的，出卖人将标的物交付给第一承运人后，标的物毁损、灭失的风险应由买受人承担。第603条规定："出卖人应当按照约定的地点交付标的物。当事人没有约定交付地点或者约定不明确，依据本法第五百一十条的规定仍不能确定的，适用下列规定：（一）标的物需要运输的，出卖人应当将标的物交付给第一承运人以运交给买受人；（二）标的物不需要运输，出卖人和买受人订立合同时知道标的物在某一地点的，出卖人应当在该地点交付标的物；不知道标的物在某一地点的，应当在出卖人订立合同时的营业地交付标的物。"本题中，超市与饲养公司订立买卖合同，约定由饲养公司代办托运，没有约定交付地点，饲养公司将7000只活鸡按约定交与某物流公司。此时，标的物毁损、灭失的风险由买受人承担，即由超市承担。选项C正确。
2. **答案**：A。根据《民法典》第606条的规定，出卖人出卖交由承运人运输的在途标的物，除当事人另有约定的以外，毁损、灭失的风险自合同成立时起由买受人承担。
3. **答案**：C。当事人约定检验期限的，买受人应当在检验期限内将标的物的数量或者质量不符合约定的情形通知出卖人。买受人怠于通知的，视为标的物的数量或者质量符合约定。当事人没有约定检验期限的，买受人应当在发现或者应当发现标的物的数量或者质量不符合约定的合理期限内通知出卖人。买受人在合理期限内未通知或者自收到标的物之日起二年内未通知出卖人的，视为标的物的数量或者质量符合约定；但是，对标的物有质量保证期的，适用质量保证期，不适用该二年的规定。出卖人知道或者应当知道提供的标的物不符合约定的，买受人不受前两款规定的通知时间的限制。
4. **答案**：A。
5. **答案**：B。根据《民法典》第603条、第609条、第610条的规定。买受人拒绝接受标的物，限于标的物质量不符合质量要求，致使不能实现合同目的的情况，仅因从给付义务未履行，买受人不得拒收。因此，风险业已转移。
6. **答案**：D。根据《民法典》第628条的规定，买受人应当按照约定的时间支付价款。对支付时间没有约定或者约定不明确，依照本法第510条的规定仍不能确定的，买受人应当在收到标的物或者提取标的物单证的同时支付。
7. **答案**：B。根据《民法典》第631条的规定，因标的物的主物不符合约定而解除合同的，解除合同的效力及于从物。因标的物的从物不符合约定被解除的，解除的效力不及于主物。因此应当排除选项A，选项B。
8. **答案**：C。本题考查的是租赁合同及侵权责任。参见《民法典》第716条。
9. **答案**：C。
10. **答案**：C。买卖合同属于诺成合同，《民法典》第598条规定："出卖人应当履行向买受人交付标的物或者交付提取标的物的单证，并转移标的物所有权的义务。"可见，转移房屋所有权（办理过户手续）是出卖人甲依据合同承担的义务，并非合同本身的生效要件，合同已经有效成立，A、B项错误。《民法典》第509条第1款规定："当事人应当按照约定全面履行自己的义务。"非有法定或约定的合同解除情形，任何一方都无权宣布解除合同或拒绝履行合同，因此D项错误，C项正确。①

11. 答案：B。D中，中止支付相应价款适用于买受人有确切证据证明第三人可能就标的物主张权利的情况。

12. 答案：C。根据《民法典》第603条的规定，丙地为订立合同时，双方当事人知道的标的物所在地。

13. 答案：D。根据《民法典》第607条第2款的规定，当事人没有约定交付地点或者约定不明确，需要运输的，出卖人将标的物交付给第一承运人后，标的物毁损、灭失的风险由买受人承担。

14. 答案：A。有约定时，从约定，当事人的约定效力高于法律的任意性规定。

15. 答案：C。A错，因本题中的自行车并未置于买受人甲的实际控制之下，即尚未实现标的物直接占有的转移，也无拟制交付的情形，因此尚未交付。B、D错C对。

16. 答案：C。试用买卖，是指当事人双方约定，于合同成立时，出卖人将标的物交付买受人试验或检验，并以买受人在约定期限内对标的物的认可为生效要件的买卖合同。试用期间，标的物并未实现法律意义上的交付，试用人仅是占有标的物。因此，试用期间冰箱被烧坏的损失应由出卖人甲电器城承担。

17. 答案：A。《民法典》第636条规定："凭样品买卖的买受人不知道样品有隐蔽瑕疵的，即使交付的标的物与样品相同，出卖人交付的标的物的质量仍然应当符合同种物的通常标准。"

18. 答案：D。本题中小牛是孳息，由于孳息的归属一般情形下采取交付主义，即在交付前产生的孳息归出卖人所有，交付后产生的孳息归买受人所有，合同另有约定的，依其约定。因此，小牛应归买受人乙所有。

19. 答案：C。

20. 答案：C。（1）乙为甲方代办托运，从履行地所在城市S市运往M县，对于买卖合同，履行地就是财产所有权转移的地点。已经离开S市，因此所有权已经转移，因是代办托运，占有也同时发生转移。所以乙不承担风险。（2）《民法典》第606条规定："出卖人出卖交由承运人运输的在途标的物，除当事人另有约定外，毁损、灭失的风险自合同成立时起由买受人承担。"此是关于路货风险承担的规定。据此，C项是正确的。（3）除非当事人之间有特约，不会出现双方分担风险的情况。

21. 答案：B。根据《民法典》第652条的规定，供电人因供电设施计划检修、临时检修、依法限电或者用电人违法用电等原因，需要中断供电时，应当按照国家有关规定事先通知用电人。未事先通知用电人中断供电，造成用电人损失的，应当承担损害赔偿责任。

22. 答案：D。根据《民法典》第653条的规定，因自然灾害等原因断电，供电人应当按照国家有关规定及时抢修。未及时抢修，造成用电人损失的，应当承担损害赔偿责任。

23. 答案：B。根据《民法典》第654条的规定，用电人逾期不交付电费的，应当按照约定支付违约金。经催告用电人在合理期限内仍不交付电费和违约金的，供电人可以按照国家规定的程序中止供电。第181条规定，参照上一题。第179条规定，供电人应当按照国家规定的供电质量标准和约定安全供电。供电人未按照国家规定的供电质量标准和约定安全供电，造成用电人损失的，应当承担损害赔偿责任。

24. 答案：C。根据《民法典》第650条的规定，供用电合同的履行地点，按照当事人约定；当事人没有约定或者约定不明确的，供电设施的产权分界处为履行地点。

25. 答案：A。根据《民法典》第664条的规定，因受赠人的违法行为致使赠与人死亡或者丧失民事行为能力的，赠与人的继承

---

① 编者注：本题考查的是房屋买卖合同的生效条件。但需要注意，登记过户是买卖合同所指向的房屋物权变动要件，而非合同本身有效成立的要件。《民法典》第215条规定了不动产物权的合同，一般情况下自合同成立时生效。

人或者法定代理人可以撤销赠与。赠与人的继承人或者法定代理人的撤销权，自知道或者应当知道撤销原因之日起六个月内行使。

26. 答案：C。根据《民法典》的规定，赠与人在赠与财产的权利转移之前可以撤销赠与。具有救灾、扶贫等社会公益、道德义务性质的赠与合同或者经过公证的赠与合同，不适用前款规定。赠与合同，自双方与当事人意思表示一致时成立，本题中该合同已经成立。但赠与人有权在赠与财产的权利转移前撤销赠与。

27. 答案：D。本题考查的是附义务的赠与合同。关键点在于把握受赠人所负的不得再行转让赠与物的义务并不构成对其处分权的限制。另外注意附义务赠与与附条件赠与的区别：通常后者所称条件是不以人的意志为转移的客观事实的发生或不发生，如果“条件”为相对人行为，则为义务。另外参见《民法典》第661条、第663条的规定。

28. 答案：D。根据《民法典》第662条的规定，赠与的财产有瑕疵的，赠与人不承担责任。附义务的赠与，赠与的财产有瑕疵的，赠与人在附义务的限度内承担与出卖人相同的责任。赠与人故意不告知瑕疵或者保证无瑕疵，造成受赠人损失的，应当承担损害赔偿责任。赠与不同于买卖，赠与人一般不承担标的物的瑕疵担保责任，但在赠与人故意不告知瑕疵或保证无瑕疵时，应对受赠人因此所受损失承担赔偿责任。

29. 答案：D。根据《民法典》第658条的规定，赠与人在赠与财产的权利转移之前可以撤销赠与。具有救灾、扶贫等社会公益、道德义务性质的赠与合同或者经过公证的赠与合同，不适用前款规定。第660条规定，具有救灾、扶贫等社会公益、道德义务性质的赠与合同或者经过公证的赠与合同，赠与人不交付赠与的财产的，受赠人可以要求交付。《民法典》规定了赠与合同为诺成合同，但考虑到此类合同的无偿性，允许赠与人在赠与财产的权利转移前撤销赠与。但对因救灾、扶贫等社会公益，道德义务性质的赠与合同或经过公证的赠与合同，不适用此类撤销权，在赠与人不交付赠与财产的情况下，受赠人可以要求交付。

30. 答案：A。根据《民法典》第668条的规定，借款合同采用书面形式，但自然人之间借款另有约定的除外。借款合同的内容包括借款种类、币种、用途、数额、利率、期限和还款方式等条款。

31. 答案：C。根据《民法典》第670条的规定，借款的利息不得预先在本金中扣除。利息预先在本金中扣除的，应当按照实际借款数额返还借款并计算利息。

32. 答案：C。根据《民法典》第530条的规定，债权人可以拒绝债务人提前履行债务，但提前履行不损害债权人利益的除外。债务人提前履行债务给债权人增加的费用，由债务人负担。第677条规定，借款人提前偿还借款的，除当事人另有约定以外，应当按照实际借款的期间计算利息。

33. 答案：D。自然人间的借款合同，为实践性合同，自贷款人提供借款时生效，而违约责任的承担以合同已生效为前提。但本题中，丁某并不排除缔约过失责任的适用。

34. 答案：C。根据《民法典》第671条第2款的规定，借款人未按照约定的日期、数额收取借款，应当按照约定日期、数额支付利息。

35. 答案：A。

36. 答案：C。见《民法典》第725条的规定，租赁物在租赁期间发生所有权变动的，不影响租赁合同的效力。第726条规定，出租人出卖租赁房屋的，应当在出卖之前的合理期限内通知承租人，承租人享有以同等条件优先购买的权利。

37. 答案：C。根据《民法典》第707条的规定，租赁期限六个月以上的，应当采用书面形式。当事人未采用书面形式的，视为不定期租赁。

38. 答案：C。根据《民法典》第712条的规定，出租人应当履行租赁物的维修义务，但当事人另有约定的除外。第713条第1款规定，承租人在租赁物需要维修时可以要求出租人在合理期限内维修。出租人未履行维修义务的，承租人可以自行维修，维修费用由出租人负担。因维修租赁物影响承租人使用的，应当相应减少租金或者延长租期。

39. **答案**：D。根据《民法典》第731条的规定，租赁物危及承租人的安全或者健康的，即使承租人订立合同时明知该租赁物质量不合格，承租人仍然可以随时解除合同。

40. **答案**：C。

41. **答案**：D。《民法典》第725条规定：租赁物在租赁期间发生所有权变动的，不影响租赁合同的效力。

42. **答案**：B。《民法典》第729条规定，因不可归责于承租人的事由，致使租赁物部分或者全部毁损、灭失的，承租人可以要求减少租金或者不支付租金；因租赁物部分或者全部毁损、灭失，致使不能实现合同目的的，承租人可以解除合同。但未规定承租人在此种情形下可以请求损害赔偿。

43. **答案**：A。

44. **答案**：D。

45. **答案**：C。根据《民法典》第716条的规定，承租人经出租人同意，可以将租赁物转租给第三人。承租人转租的，承租人与出租人之间的租赁合同继续有效，第三人对租赁物造成损失的，承租人应当赔偿损失。承租人未经出租人同意转租的，出租人可以解除合同。

46. **答案**：A。

47. **答案**：A。

48. **答案**：C。根据《民法典》第739条的规定，出租人根据承租人对出卖人、租赁物的选择订立的买卖合同，未经承租人同意，出租人不得变更与承租人有关的合同内容。

49. **答案**：C。

50. **答案**：B。《民法典》第735条规定，融资租赁合同是出租人根据承租人对出卖人、租赁物的选择，向出卖人购买租赁物，提供给承租人使用，承租人支付租金的合同。所以该合同是典型的融资租赁合同。

51. **答案**：A。本题考查的是借款合同中，借款人提供义务及出借人监督权。在订立借款合同中，该银行可以要求本案中甲公司提供仅与借款有关的业务活动及财务状况的真实情况；银行可对借款人借款使用状况进行监督、检查，并可采取相关措施保护其利益。

52. **答案**：A。根据《民法典》第749条规定："承租人占有租赁物期间，租赁物造成第三人的人身伤害或者财产损害的，出租人不承担责任。"所以该民事责任应由承租人承担。

53. **答案**：D。

54. **答案**：C。《民法典》第770条规定，承揽合同是承揽人按照定作人的要求完成工作，交付工作成果，定作人给付报酬的合同。承揽包括加工、定作、修理、复制、测试、检验等工作。而供用电合同则属于转移财产所有权的合同，不属于承揽合同。

55. **答案**：D。《民法典》第773条规定，承揽人可以将其承揽的辅助工作交由第三人完成。承揽人将其承揽的辅助工作交由第三人完成的，应当就该第三人完成的工作成果向定作人负责。

56. **答案**：D。《民法典》第778条规定，承揽工作需要定作人协助的，定作人有协助的义务。定作人不履行协助义务致使承揽工作不能完成的，承揽人可以催告定作人在合理期限内履行义务，并可以顺延履行期限；定作人逾期不履行的，承揽人可以解除合同。所以答案为D。

57. **答案**：D。根据《民法典》第775条的规定，本题乙不应自行从市场上购买面料进行加工；而甲未及时提供材料，也存有过失，甲、乙双方属共同违约，应依过失程度分别各自承担违约责任。

58. **答案**：B。《民法典》第786条规定，共同承揽人对定作人承担连带责任，但当事人另有约定的除外。据此，正确答案为B。

59. **答案**：B。本题中的承揽合同是由承揽人自己准备原料，属定作合同，服装尚未交付，所有权仍属于乙服装厂所有，当然可以作为乙服装厂的破产财产。

60. 答案： B。《民法典》第776条规定，承揽人发现定作人提供的图纸或者技术要求不合理的，应当及时通知定作人。因定作人怠于答复等原因造成承揽人损失的，应当赔偿损失。因此A中的行为不构成违约。第773条规定，承揽人可以将其承揽的辅助工作交由第三人完成。承揽人将其承揽的辅助工作交由第三人完成的，应当就该第三人完成的工作成果向定作人负责。因此C不构成违约。第783条规定，定作人未向承揽人支付报酬或者材料费等价款的，承揽人对完成的工作成果享有留置权，但当事人另有约定的除外。因此D不构成违约。《民法典》第775条规定，定作人提供材料的，定作人应当按照约定提供材料。承揽人对定作人提供的材料，应当及时检验，发现不符合约定时，应当及时通知定作人更换、补齐或者采取其他补救措施。承揽人不得擅自更换定作人提供的材料，不得更换不需要修理的零部件。因此，B项中的行为构成违约。

61. 答案： B。根据《民法典》第799条的规定，建设工程竣工后，发包人应当根据施工图纸及说明书、国家颁发的施工验收规范和质量检验标准及时进行验收。验收合格的，发包人应当按照约定支付价款，并接收该建设工程。建设工程竣工经验收合格后，方可交付使用；未经验收或者验收不合格的，不得交付使用。

62. 答案： D。

63. 答案： C。本题考查的是加工承揽合同。根据《民法典》第775条的规定，定作人提供材料的，定作人应当按照约定提供材料。承揽人对定作人提供的材料，应当及时检验，发现不符合约定时，应当及时通知定作人更换、补齐或者采取其他补救措施。承揽人不得擅自更换定作人提供的材料，不得更换不需要修理的零部件。依此，只有C项是正确的。

64. 答案： B。根据《民法典》第839条的规定，多式联运经营人可以与参加多式联运的各区段承运人就多式联运合同的各区段运输约定相互之间的责任，但该约定不影响多式联运经营人对全程运输承担的义务。

65. 答案： C。

66. 答案： B。本题考查的是保管合同中对保管费约定不明或未约定的处理、保管物孳息的归属。甲厂向乙厂购鸡是为了加工成烧鸡，以供应国庆节日市场。而乙厂本应在9月15日前交货，但迟至9月27日才向甲厂交货，致甲厂无法实现合同目的，因而甲厂有权拒收货物。保管合同中，孳息归寄存人所有，因而，鸡蛋应归乙厂所有。甲、乙对保管费约定不明，视保管为无偿。

67. 答案： C。根据《民法典》第821条的规定，承运人擅自变更降低服务标准的，应当根据旅客的要求退票或者减收票款；提高服务标准的，不应当加收票款。

68. 答案： D。根据《民法典》第823条第1款的规定，承运人应当对运输过程中旅客的伤亡承担损害赔偿责任，但伤亡是旅客自身健康原因造成的或者承运人证明伤亡是旅客故意、重大过失造成的除外。

69. 答案： D。根据《民法典》第832条的规定，承运人对运输过程中货物的毁损、灭失承担损害赔偿责任，但承运人证明货物的毁损、灭失是因不可抗力、货物本身的自然性质或者合理损耗以及托运人、收货人的过错造成的，不承担损害赔偿责任。

70. 答案： C。本题考查的是同一运输方式联运下，多个承运人就损失赔偿责任的承担。甲、乙公司都以汽车运输承运陈斌货物，甲公司与陈斌签订合同，应对全程运输承担责任，在某一运输区段发生损失的，甲、乙公司承担连带赔偿责任。

71. 答案： D。

72. 答案： B。本题考查的是中介人未促成合同的报酬及必要费用的负担。乙虽积极为甲联系买主，并确已联系到买主，但甲销售中央空调主机的合同并非乙促成的，因而，乙无权要求甲支付报酬1000元，但乙在中介活动中支出的必要费用500元应当由甲承担。

73. 答案：B。《民法典》第835条规定，货物在运输过程中因不可抗力灭失，未收取运费的，承运人不得要求支付运费；已收取运费的，托运人可以要求返还。

74. 答案：D。《民法典》第833条规定，货物的毁损、灭失的赔偿额，当事人有约定的，按照其约定；没有约定或者约定不明确，依照本法第五百一十条的规定仍不能确定的，按照交付或者应当交付时货物到达地的市场价格计算。法律、行政法规对赔偿额的计算方法和赔偿限额另有规定的，依照其规定。

75. 答案：B。《民法典》第841条规定，因托运人托运货物时的过错造成多式联运经营人损失的，即使托运人已经转让多式联运单据，托运人仍然应当承担损害赔偿责任。

76. 答案：C。《民法典》第861条规定，委托开发或者合作开发完成的技术秘密成果的使用权、转让权以及利益的分配办法，由当事人约定。没有约定或者约定不明确，依照本法第510条的规定仍不能确定的，当事人均有使用和转让的权利，但委托开发的研究开发人不得在向委托人交付研究开发成果之前，将研究开发成果转让给第三人。故本题选C。对于D项，为了保护善意第三人，乙公司与丙公司的转让合同有效，但乙应赔偿甲因此受到的损失。

77. 答案：D。根据《民法典》第889条的规定，寄存人应当按照约定向保管人支付保管费。当事人对保管费没有约定或者约定不明确，依照本法第510条的规定仍不能确定的，保管是无偿的。

78. 答案：B。根据《民法典》第890条的规定，保管合同自保管物交付时成立，但当事人另有约定的除外。保管合同为实践性合同。

79. 答案：C。根据《民法典》第898条的规定，寄存人寄存货币、有价证券或者其他贵重物品的，应当向保管人声明，由保管人验收或者封存。寄存人未声明的，该物品毁损、灭失后，保管人可以按照一般物品予以赔偿。

80. 答案：D。根据《民法典》第899条的规定，寄存人可以随时领取保管物。当事人对保管期间没有约定或者约定不明确的，保管人可以随时要求寄存人领取保管物；约定保管期间的，保管人无特别事由，不得要求寄存人提前领取保管物。

81. 答案：D。作为保管合同的保管人负有依照保管合同尽到善良管理人应尽的注意义务妥善保管保管物的义务。保管合同一般是一种无偿合同。对于无偿保管合同，在保管人有重大过失时，方应对保管物的毁损灭失负赔偿责任。本案中，王某对贾某的古书是一种无偿保管，其对古书的损害没有重大过失，不应由其承担赔偿责任。

82. 答案：D。

83. 答案：C。

84. 答案：A。

85. 答案：D。根据《民法典》第920条的规定，委托人可以特别委托受托人处理一项或者数项事务，也可以概括委托受托人处理一切事务。第929条规定，有偿的委托合同，因受托人的过错给委托人造成损失的，委托人可以要求赔偿损失。无偿的委托合同，因受托人的故意或者重大过失给委托人造成损失的，委托人可以要求赔偿损失。受托人超越权限给委托人造成损失的，应当赔偿损失。第933条规定，委托人或者受托人可以随时解除委托合同。因解除委托合同给对方造成损失的，除不可归责于该当事人的事由外，应当赔偿损失。无偿的委托合同，仅在因委托人的故意或重大过失致受托人受到损失，受托人方有权要求赔偿。

86. 答案：B。根据《民法典》第925条的规定，受托人以自己的名义，在委托人的授权范围内与第三人订立的合同，第三人在订立合同时知道受托人与委托人之间的代理关系的，该合同直接约束委托人和第三人，但有确切证据证明该合同只约束受托人和第三人的除外。第951条规定，行纪合同是行纪人以自己的名义为委托人从事贸易活动，委托人支付报酬的合同。第958条规定，行纪人与第三人订立合同的，行纪人对该合同直接享有权利、承担义务。第三人不履行义务致使委托人受到损害的，行纪人应当承担损害赔偿责任，但行纪人与委托人另有约定的除外。

87. 答案：A。根据《民法典》第958条的规定，行纪人与第三人订立合同的，行纪人对该合同直接享有权利、承担义务。第三人不履行义务致使委托人受到损害的，行纪人应当承担损害赔偿责任，但行纪人与委托人另有约定的除外。

88. 答案：C。根据《民法典》第923条的规定，受托人应当亲自处理委托事务。经委托人同意，受托人可以转委托。转委托经同意的，委托人可以就委托事务直接指示转委托的第三人，受托人仅就第三人的选任及其对第三人的指示承担责任。转委托未经同意的，受托人应当对转委托的第三人的行为承担责任，但在紧急情况下受托人为维护委托人的利益需要转委托的除外。

89. 答案：B。《民法典》第932条规定，两个以上的受托人共同处理委托事务的，对委托人承担连带责任。

90. 答案：C。《民法典》第926条第1款、第2款规定，受托人以自己的名义与第三人订立合同时，第三人不知道受托人与委托人之间的代理关系的，受托人因第三人的原因对委托人不履行义务，受托人应当向委托人披露第三人，委托人因此可以行使受托人对第三人的权利。但是第三人与受托人订立合同时如果知道该委托人就不会订立合同的除外。受托人因委托人的原因对第三人不履行义务，受托人应当向第三人披露委托人，第三人因此可以选择受托人或者委托人作为相对人主张其权利，但是第三人不得变更选定的相对人。本题中，丙可依据法律规定选择甲或乙支付。因此，正确答案应当是C。

91. 答案：D。

92. 答案：C。(1)《民法典》第933条规定，委托人或者受托人可以随时解除委托合同。因解除合同给对方造成损失的，除不可归责于该当事人的事由以外，应当赔偿损失。据此，可以排除A项，肯定C项。(2)《民法典》第928条规定，受托人完成委托事务的，委托人应当向其支付报酬。因不可归责于受托人的事由，委托合同解除或者委托事务不能完成的，委托人应当向受托人支付相应的报酬。当事人另有约定的，按照其约定。D是解除后支付相应的报酬，而不是按合同约定支付报酬，因此D项应当排除。

93. 答案：C。委托合同产生于委托人与受委托人双方一致的意思表示，而委托代理来源于委托单方的委托授权行为。

94. 答案：B。本题考查的是转委托的责任承担。甲、乙形成委托关系后，乙因故不能处理委托事务，需转委托丙时，应经甲同意。当时乙仓库破损又有大雨将至，情况紧急，乙又不能与甲取得联系，为了甲的利益，乙可转委托丙，且乙在事后向甲汇报此事，甲未表示反对，因而，当因丙的原因致甲损失时，甲应当直接向丙求偿。

95. 答案：C。本题考查的是行纪合同中，第三人违约致委托人损失，行纪人承担赔偿责任。行纪合同是行纪人以自己的名义为委托人从事贸易活动，委托人支付报酬的合同。行纪人甲以自己名义与第三人丙订立合同，并对合同直接享有权利承担义务，在第三人丙不履行合同义务而致委托人乙损失时，应由行纪人甲承担损害赔偿责任。

96. 答案：C。根据《民法典》第860条的规定，合作开发完成的发明创造，除当事人另有约定的外，申请专利的权利属于合作开发的当事人共有。当事人一方转让其共有的专利申请权的，其他各方享有以同等条件优先受让的权利。合作开发的当事人一方声明放弃其共有的专利申请权的，可以由另一方单独申请或者由其他各方共同申请。申请人取得专利权的，放弃专利申请权的一方可以免费实施该专利。合作开发的当事人一方不同意申请专利的，另一方或者其他各方不得申请专利。

97. 答案：A。

98. 答案：B。根据《民法典》第858条的规定，技术开发合同履行过程中的风险是指研究开发方在研究开发过程中，虽然经过主观努力，但由于现有认识水平、技术水平和科学知识以及其他现有条件的限制，确实无法实现技术开发合同的目标，从而导致研究开发工作部分或者全部失败而引起的财产上的责任。该风险责任仅指技术风险责任，不包括不可抗力引起的财产责任。

99. 答案：D。在本案中，张某与银行之间有两种民事法律关系。张某向银行贷款，两者构成借贷合同关系；以房屋设立抵押，两者形成抵押关系；房屋为抵押物。房屋被洪水冲毁属于不可抗力，其仅使抵押物消灭，使银行的抵押权消灭，但是并不影响当事人间的借贷合同关系，银行仍然享有债权。根据《民法典》第509条第1款的规定，当事人应当按照约定全面履行自己的义务，张某应该按约履行还款义务。所以，选项D正确，选项A、B、C错误。综上，本题正确答案为D。

100. 答案：B。《民法典》第864条规定，技术转让合同和技术许可合同可以约定实施专利或者使用技术秘密的范围，但是不得限制技术竞争和技术发展。据此，甲公司与乙公司的约定无效，乙公司有权改进技术，所以，选项C、D错误。《民法典》第875条规定，当事人可以按照互利的原则，在合同中约定实施专利、使用技术秘密后续改进的技术成果的分享办法；没有约定或者约定不明确，依据本法第510条的规定仍不能确定的，一方后续改进的技术成果，其他各方无权分享。本题中，甲公司与乙公司对改进的技术成果的分享办法未作约定，甲公司无权分享乙公司改进技术。所以，选项A错误，选项B正确。综上，本题正确答案为B。

101. 答案：C。本题考查房屋租赁合同中承租人的优先购买权。《民法典》第726条规定，出租人出卖租赁房屋的，应当在出卖之前的合理期限内通知承租人，承租人享有以同等条件优先购买的权利。据此A、D项错误。善意取得的前提是无权处分，甲出卖房屋并非无权处分，因此B项错误。甲虽侵害了乙的优先购买权，但是甲、丙之间的合同并无法律明文规定为无效，只是如果因此给乙造成了损失，甲有义务予以赔偿，因此C项正确。

102. 答案：B。20万元系捐款，从题目所述事实看，在法律关系上是赠与，受赠人是宗某，其所有权人为宗某；赠与的款项有特定的使用用途，即用于救治宗某。赠与是一种合同关系，从赠与人的意思表示来看，其赠与的款项应该符合两个目的：即①赠给宗某；②用于救治。但题目的问题不是问关于合同之债相关的问题，而是问余款的所有权归属问题。题目中虽然未明确说明专门设立的账户是在何人名下，但应该理解为宗某对20万元捐款具有所有权，或者宗某有权要求取得该所有权。甲公司虽然进行了捐款的组织工作，但其并不是受赠人，因此并没有所有权。20万元既然是宗某的合法财产，其死亡后，理应由其继承人继承。B项正确。

103. 答案：C。（1）从本题涉及法律关系来看，甲、乙之间存在借用法律关系，甲、丙之间存在承揽合同法律关系。在乙通知甲解除借用关系并告知丙，同时要求丙不得将自行车交给甲，丙也向甲核实而甲承认后，甲、乙之间的借用法律关系解除，此时原甲、丙之间的承揽合同法律关系中的定作人也由原来的甲变更为乙。故甲无权再请求丙返还自行车，而乙无论作为承揽合同法律关系中的定作人还是自行车的所有人，均有权请求丙返还自行车，也无须经过甲同意。由此可知A、B选项错误。（2）《民法典》第783条规定："定作人未向承揽人支付报酬或者材料费等价款的，承揽人对完成的工作成果享有留置权或者有权拒绝交付，但是当事人另有约定的除外。"本题中，因为原甲、丙之间的承揽合同法律关系中的定作人也由原来的甲变更为乙，故乙有权要求丙返还自行车，但在100元修理费未支付前，丙就自行车享有留置权。由此可知C选项正确而D选项错误。当然，在乙支付丙100元修理费后，基于甲是“因莽撞骑行造成自行车链条断裂”，所以乙也有权要求甲偿还100元。

104. 答案：D。A项考查租金支付。根据《民法典》第742条规定，承租人对出卖人行使索赔权利，不影响其履行支付租金的义务。但是，承租人依赖出租人的技能确定租赁物或者出租人干预选择租赁物的，承租人可以请求减免相应租金。本题中不存在例外情形，甲公司应当按照约定支付租金。故A项错误。B项考查维修义务。根据《民法典》第750条规定，承租人应当妥善保管、使用租赁物。承租人应当履行占有租赁物期间的维修义务。本题中，如租期内医疗设备存在瑕疵，承租人甲公司应承担维修义务。故B项错误。C、D项考查风险负担。根据《民法典》第751条规定，承租人占有租赁物期间，租赁物毁损、灭失的，出租人有权请求承租人继续支付租金，但是法律另有规定或者当事人另有约定的除外。由此可知租赁期内，除法律另有规定或者当事人另有约定的，租赁物毁损、灭失的风险由承租人承担。本题中，租期内医疗设备毁损、灭失的风险应由甲公司（承租人）承担。故C项错误。

105. 答案：A。首先，根据《最高人民法院关于审理买卖合同纠纷案件适用法律问题的解释》第27条第1款规定，《民法典》第634条第1款规定的“分期付款”，系指买受人将应付的总价款在一定期限内至少分三次向出卖人支付。故A项错误。其次，根据《最高人民法院关于审理商品房买卖合同纠纷案件适用法律若干问题的解释》第7条规定，买受人以出卖人与第三人恶意串通，另行订立商品房买卖合同并将房屋交付使用，导致其无法取得房屋为由，请求确认出卖人与第三人订立的商品房买卖合同无效的，应予支持。故B项正确。再次，根据《最高人民法院关于审理商品房买卖合同纠纷案件适用法律若干问题的解释》第11条第2款规定，房屋毁损、灭失的风险，在交付使用前由出卖人承担，交付使用后由买受人承担；买受人接到出卖人的书面交房通知，无正当理由拒绝接收的，房屋毁损、灭失的风险自书面交房通知确定的交付使用之日起由买受人承担，但法律另有规定或者当事人另有约定的除外。故C项正确。最后，根据《最高人民法院关于审理商品房买卖合同纠纷案件适用法律若干问题的解释》第11条第1款规定，根据《民法典》第563条的规定，出卖人迟延交付房屋或者买受人迟延支付购房款，经催告后在3个月的合理期限内仍未履行，解除权人请求解除合同的，应予支持，但当事人另有约定的除外。合同约定或法定的办理房屋所有权登记的期限届满后超过1年，因出卖人原因导致买受人无法办理房屋所有权登记的。属于根本违约，故D项正确。

106. 答案：C。根据《最高人民法院关于审理民间借贷案件适用法律若干问题的规定》第13条第4项规定，出借人事先知道或者应当知道借款人借款用于违法犯罪活动仍然提供借款的，人民法院应当认定民间借贷合同无效。本案中，贺某因购买制造假酒设备和原材料向官某借款，且官某明知的，该借款合同无效，故C项正确，B项错误。担保合同具有从属性，当主合同因违反《民法典》及司法解释的规定被认定无效时，担保合同原则上也归于无效。另根据《最高人民法院关于适用〈中华人民共和国民法典〉有关担保制度的解释》第17条第2款规定，主合同无效导致第三人提供的担保合同无效，担保人无过错的，不承担赔偿责任，故A项错误。根据《民法典》第679条规定，自然人之间的借款合同，自贷款人提供借款时成立。自然人之间的借款合同属于实践合同，需实际交付借款合同方成立，故 D 项错误。

二、多项选择题

1. **答案**：ACD。根据《民法典》第 634 条的规定，本案中，买受人未支付到期价款的金额已逾总价额的 1/5，出卖人可以要求买受人支付全部价款或者解除合同。出卖人解除合同的，可以向买受人要求支付该标的物的使用费。
2. **答案**：ABD。甲长期拖欠价款（已超过分期付款全部价款总额的 1/5），且对自己占有的标的物实施无权处分，已经构成了根本违约，乙公司依《民法典》第 563 条第 1 款第 3 项、第 4 项和第 634 条第 1 款有权解除合同，请求甲承担违约责任，A 项正确。《民法典》第 634 条第 2 款规定："出卖人解除合同的，可以向买受人请求支付该标的物的使用费。"因此 B 项正确。参照《民法典》第 312 条规定："所有权人或者其他权利人有权追回遗失物。该遗失物通过转让被他人占有的，权利人有权向无处分权人请求损害赔偿，或者自知道或者应当知道受让人之日起二年内向受让人请求返还原物；但是，受让人通过拍卖或者向具有经营资格的经营者购得该遗失物的，权利人请求返还原物时应当支付受让人所付的费用。权利人向受让人支付所付费用后，有权向无处分权人追偿。"本题中丙并非通过拍卖取得标的物，甲也不具有同类产品的经营资格，故不符合《民法典》第 312 条的适用要件，C 项错误。《民法典》第 311 条第 2 款规定："受让人依据前款规定取得不动产或者动产的所有权的，原所有权人有权向无处分权人请求损害赔偿。"可见对标的物处分的无效不等于甲、丙买卖合同的无效，丙返还潜水设备后仍可以要求甲承担违约责任，D 正确。故选 A、B、D。
3. **答案**：ABCD。根据《民法典》第 627 条的规定，买受人应当按照约定的地点支付价款。对支付地点约定不明确的，依照本法第 510 条的规定仍不能确定的，买受人应当在出卖人的营业地支付，但约定支付价款以交付标的物或交付提取标的物单证为条件的，在交付标的物或交付提取标的物单证的所在地支付。
4. **答案**：ABCD。根据《民法典》第 621 条规定，当事人约定检验期限的，买受人应当在检验期限内将标的物的数量或者质量不符合约定的情形通知出卖人。买受人怠于通知的，视为标的物的数量或者质量符合约定。当事人没有约定检验期限的，买受人应当在发现或者应当发现标的物的数量或者质量不符合约定的合理期限内通知出卖人。买受人在合理期限内未通知或者自收到标的物之日起二年内未通知出卖人的，视为标的物的数量或者质量符合约定；但是，对标的物有质量保证期的，适用质量保证期，不适用该二年的规定。出卖人知道或者应当知道提供的标的物不符合约定的，买受人不受前两款规定的通知时间的限制。第 623 条规定，当事人对检验期限未作约定，买受人签收的送货单、确认单等载明标的物数量、型号、规格的，推定买受人已经对数量和外观瑕疵进行检验，但是有相关证据足以推翻的除外。
5. **答案**：AD。根据《民法典》第 635 条、第 636 条的规定，本案中双方约定产品质量以样品为准，李某交付标的物应与样品质量相同，商场不知道样品有隐蔽瑕疵的，即使交付的标的物与样品相同，出卖人交付的标的物的质量仍然应当符合同种物的通常标准。
6. **答案**：ABD。C 错，因承揽合同属于交付工作成果性质的合同。属于转移财产所有权性质的合同有：买卖合同、赠与合同、供用电合同和借贷合同。
7. **答案**：ABCD。根据《民法典》第 603 条和第 605 条规定可知。
8. **答案**：AB。A 对，根据《民法典》第 510 条规定可知。B 对。C 错 D 错。
9. **答案**：ABD。
10. **答案**：ABD。
11. **答案**：CD。（1）一物双卖，原则上两个合同都有效，因此，否定 A 项。（2）丙已经取得了所有权，甲与丙的合同没有无效事由，因此丙的房屋所有权法律应当予以认可。故否定 B 项，乙要求实际履行属于法律不能。（3）因甲、乙之间的合同有效，因此乙可以要求甲承担实际履行以外的违约责任。故选择 C 项。（4）《民法典》第585 条第 2 款规定，约定的违约金低于造成的损失的，当事人可以请求人民法院或者仲裁机构予以增加；约定的违约金过分高于造成的损失的，当事人可以请求人民法院或者仲裁机构予以适当减少。据此，选择 D 项。

12. 答案：ABCD。《民法典》第 652 条规定："供电人因供电设施计划检修、临时检修、依法限电或者用电人违法用电等原因，需要中断供电时，应当按照国家有关规定事先通知用电人；未事先通知用电人中断供电，造成用电人损失的，应当承担赔偿责任。"由此可知 A、B、C 三项均属于供电公司应承担赔偿责任的情况。由合同相对性原理可知，因第三人的原因导致供电中断，供电人仍然应承担对用电人的赔偿责任。选 A、B、C、D。

13. 答案：AC。根据《民法典》第 664 条的规定，因受赠人的违法行为致使赠与人死亡或者丧失民事行为能力的，赠与人的继承人或者法定代理人可以撤销赠与。赠与人的继承人或者法定代理人的撤销权，自知道或者应当知道撤销原因之日起六个月内行使。

14. 答案：BCD。

15. 答案：ABD。《民法典》第 663 条规定："受赠人有下列情形之一的，赠与人可以撤销赠与：（一）严重侵害赠与人或者赠与人近亲属的合法权益；（二）对赠与人有扶养义务而不履行；（三）不履行赠与合同约定的义务。赠与人的撤销权，自知道或者应当知道撤销事由之日起一年内行使。"

16. 答案：ABD。本题中对小学的赠与属于社会公益性质。《民法典》第 658 条规定，赠与人在赠与财产的权利转移之前可以撤销赠与。具有救灾、扶贫等社会公益、道德义务性质的赠与合同或者经过公证的赠与合同，不适用前款规定。因此，应当选 A、B、D。依《民法典》第 660 条的规定，乙小学有权要求甲交付钢琴。

17. 答案：ABCD。

18. 答案：AB。

19. 答案：ABC。根据《民法典》第 716 条规定可知，承租人转租须经出租人同意。所以 A 对。根据《民法典》第 715 条规定可知，承租人改善租赁物或在租赁物上增设他物需经出租人同意。所以 B、C 对。因对租赁物进行使用是承租人的权利，无须经出租人同意。所以 D 错。①

20. 答案：ABD。

21. 答案：AD。根据《民法典》第 716 条的规定，承租人经出租人同意，可以将租赁物转租给第三人。承租人转租的，承租人与出租人之间的租赁合同继续有效，第三人对租赁物造成损失的，承租人应当赔偿损失。承租人未经出租人同意转租的，出租人可以解除合同。应当注意：经出租人同意，承租人可以转租，此时同时存在两个租赁合同关系，即出租人与承租人的租赁合同，承租人与次承租人的租赁合同，承租人并未退出租赁关系。根据合同关系的相对性，次承租人对租赁物造成损失的，仍应由承租人对出租人承担赔偿责任。

22. 答案：CD。

23. 答案：CD。根据《民法典》第 747 条的规定，租赁物不符合约定或者不符合使用目的的，出租人不承担责任，但承租人依赖出租人的技能确定租赁物或者出租人干预选择租赁物的除外。

24. 答案：ABC。《民法典》第 741 条规定，出租人、出卖人、承租人可以约定，出卖人不履行买卖合同义务的，由承租人行使索赔的权利。承租人行使索赔权利的，出租人应当协助。故 A 项正确。根据《民法典》第 716 条、第 720 条的规定，租赁物不符合

① 编者注：应当注意的是，经出租人同意，承租人可以转租，此时同时存在两个租赁合同关系，即出租人与承租人的租赁合同，承租人与次承租人的租赁合同，承租人并未退出租赁关系。

约定或者不符合使用目的的，出租人不承担责任，但承租人依赖出租人的技能确定租赁物或者出租人干预选择租赁物的除外，承租人应当按照约定支付租金。故 B 项、C 项正确。D 项错误。

25. 答案：CD。根据《民法典》第 770 条的规定，承揽合同是承揽人按照定作人的要求完成工作，交付工作成果，定作人给付报酬的合同。承揽包括加工、定作、修理、复制、测试、检验等工作。

26. 答案：ABCD。根据《民法典》第 776 条的规定，承揽人发现定作人提供的图纸或者技术要求不合理的，应当及时通知定作人。因定作人怠于答复等原因造成承揽人损失的，应当赔偿损失。第 778 条规定，承揽工作需要定作人协助的，定作人有协助的义务。第 779 条规定，定作人不得因监督检验妨碍承揽人的正常工作。

27. 答案：BC。完成工作成果的合同包括承揽合同和建设工程合同。委托合同和运输合同属于提供劳务的合同。

28. 答案：ABC。《民法典》第 772 条规定，承揽人应当以自己的设备、技术和劳力，完成主要工作，但当事人另有约定的除外。承揽人将其承揽的主要工作交由第三人完成的，应当就该第三人完成的工作成果向定作人负责；未经定作人同意的，定作人也可以解除合同。因此育才中学可以利达服装厂擅自外包为由解除合同，所以 A 项正确。但同时育才中学应当根据合同支付利达服装厂 400 套校服的酬金，如果不支付，利达服装厂有权根据民法典的规定拒绝交付校服和样品，并行使留置权，故 B 项、C 项正确。根据合同相对性原则，育才中学无权要求恒发服装厂承担违约责任。故本题应选 A、B、C。

29. 答案：ABCD。《民法典》第 781 条规定，承揽人交付的工作成果不符合质量要求的，定作人可以要求承揽人承担修理、重作、减少报酬、赔偿损失等违约责任。

30. 答案：BCD。A 说法正确，因《民法典》第 772 条第 2 款规定。B 说法错误，因《民法典》第 778 条规定。C 说法错误，因《民法典》第 781 条规定。D 说法错误，因《民法典》第 787 条规定。

31. 答案：AB。根据《民法典》第 803 条的规定，发包人未按照约定的时间和要求提供原材料、设备、场地、资金、技术资料的，承包人可以顺延工程日期，并有权要求赔偿停工、窝工等损失。

32. 答案：ABD。根据《民法典》第 788 条的规定，建设工程合同是承包人进行工程建设，发包人支付价款的合同。建设工程合同包括工程勘察、设计、施工合同。

33. 答案：ABC。《民法典》第 792 条规定，国家重大建设工程合同，应当按照国家规定的程序和国家批准的投资计划、可行性研究报告等文件订立。

34. 答案：AB。本题考查的是建筑工程合同中，承包人顺延工程日期的条件。依我国《民法典》，承包人乙在隐蔽工程隐蔽前，通知发包人检查而发包人甲未及时检查的，可顺延工期；在发包人甲未依约定的时间、要求提供原材料、设备、场地、资金、技术资料，承包人乙可顺延工期。

35. 答案：ABD。根据《民法典》第 791 条的规定，建设工程主体结构的施工必须由承包人自行完成。因此乙、丙之间的合同由于违反法律的强制性规定而无效，故 A 项错误。尽管合同无效，但丙可以基于其完成建设工程的事实以乙为被告诉请支付工程款。但丙与甲之间没有直接的法律关系，丙不能要求甲支付工程款。故 C 项正确，D 项错误。B 项内容没有法律依据，故也错误。①

36. 答案：BD。根据《民法典》第 829 条的规定，在承运人将货物交付收货人之前，托运人可以要求承运人中止运输、返还货物、

① 编者注：合同无效并不是说就不发生法律后果，而只是不发生合同当事人意思所想发生的法律效果，无效会导致返还财产、赔偿损失等法律后果。

变更到达地或者将货物交给其他收货人，但应当赔偿承运人因此受到的损失。

37. 答案：AB。

38. 答案：CD。

39. 答案：ABCD。《民法典》第832条规定，承运人对运输过程中货物的毁损、灭失承担损害赔偿责任，但承运人证明货物的毁损、灭失是因不可抗力、货物本身的自然性质或者合理损耗以及托运人、收货人的过错造成的，不承担损害赔偿责任。

40. 答案：BC。

41. 答案：AD。根据《民法典》第832条的规定，可以排除承运人丙的责任。甲方送货（甲方付费由丙方运输，但相对于乙方，仍然是甲方送货），途中遇到不可抗力，依据《民法典》第604条的规定，交付之前的风险由出卖人承担。因此应当选择A项，丙就地处理水果属于减少损失行为，已经尽到减损义务，因此应当选择D项。

42. 答案：ABCD。根据《民法典》第889条的规定，寄存人应当按照约定向保管人支付保管费。当事人对保管费没有约定或者约定不明确，依照本法第510条的规定仍不能确定的，保管是无偿的。第890条规定，保管合同自保管物交付时成立，但当事人另有约定的除外。第894条规定，保管人不得将保管物转交第三人保管，但当事人另有约定的除外。保管人违反前款规定，将保管物转交第三人保管，对保管物造成损失的，应当承担损害赔偿责任。第895条规定，保管人不得使用或者许可第三人使用保管物，但当事人另有约定的除外。

43. 答案：BD。根据《民法典》第890条规定，保管合同是实践性合同，无须订立书面合同，只需保管物的实际交付，合同即告成立。因此A、C错B对。根据《民法典》第889条规定，寄存人应当按照约定向保管人支付保管费。当事人对保管费没有约定或者约定不明确，依照本法第510条的规定不能确定的，保管是无偿的，因此D对。

44. 答案：AC。本题中因保管单位逾期发货且发错了地点，构成违约，应当按照约定履行合同，并赔偿因其违约行为给对方造成的损失。

45. 答案：BCD。仓储合同与保管合同的主要区别是：仓储合同是诺成、有偿合同，而保管合同是实践合同，保管合同可以有偿，也可以无偿。另外，保管合同保管人一般无验收义务（但寄存人申明有贵重物品时，保管人应验收），仓储合同仓储人有验收义务；保管合同中保管凭证一般不得转让，仓储合同中仓单一般可以转让。

46. 答案：AC。

47. 答案：CD。参见《民法典》第926条规定。

48. 答案：ABC。根据《民法典》第921条规定，委托人偿还受托人垫付的费用及利息，并不以委托合同有偿还是无偿而有所不同，因此A项表述不对。B项表述不对，因《民法典》第923条规定了转委托必须经过委托人同意，不论委托合同是有偿还是无偿。C项表述不对，因《民法典》第929条规定了无偿的委托合同，受托人一般过失（轻过失）免责。D项表述正确，因《民法典》第933条规定，委托人或者受托人可以随时解除委托合同。因解除合同给对方造成损失的，除不可归责于该当事人的事由以外，应当赔偿损失。

49. 答案：ABCD。在委托合同中，受托人的义务主要包括：依委托人的指示处理委托事务的义务，委托人有指示时，应尽可能地遵守委托人的指示处理委托事务；受托人在情势紧急时得变更委托人的指示，妥善处理委托事务；亲自处理委托事务的义务；报告义务；财产转交义务。

50. 答案：ABCD。行纪合同在性质上与委托合同最为相似，都是为他人处理委托事务的合同。委托人和受托人的权利和义务都是基于委托人的委托而产生，都以委托人的信任为前提。行纪合同不同于委托合同的特性有：（1）行纪合同主体具有限定性。行纪人只能是经有关国家机关批准经营行纪业务的商事主体。（2）行纪合同本身是商事合同，委托合同属民事合同。(3) 行纪合同的标的仅限于商业活动，较委托合同窄。(4) 行纪合同中的行纪人是以自己的名义而非委托人的名义为委托人办理业务。(5) 行纪合同中的行纪人自行负担办理委托事务的费用支出；而委托合同中的受托人处理委托事务的费用由委托人支付。(6) 行纪合同中的行纪人可以自买自卖。(7) 行纪合同中的行纪人与第三人订立合同的，行纪人为一方当事人直接享有合同权利，承担合同义务，委托人不是此合同中的当事人。只得基于行纪合同向行纪人主张权利。(8) 行纪合同是有偿合同；委托合同既可为有偿合同，也可为无偿合同。(9) 行纪合同对第三人没有约束力，行纪人与第三人的合同也同样不能对抗委托人。(10) 在委托合同中，受托人处理委托事务，应尽必要的注意义务的程度按有偿或无偿委托有所区分，而在行纪合同中，行纪人只要未尽注意义务致委托物毁损灭失的，就应负责任。

51. 答案：CD。本题考查的是行纪人低于指定价格购进委托物后其增加的利益归属。乙公司以低于甲公司指定的价格购进铜粉，可以按约定增加报酬，但甲、乙公司并未约定，可进行协商，协商不成的，该项利益应归甲公司所有。丙公司以低于甲公司指定价格卖出铜粉的，要经甲公司同意，甲公司不同意，丙公司在补偿差价时，该合同对甲公司有效，否则，该合同对甲公司无效。

52. 答案：CD。根据《民法典》第955条的规定，行纪人低于委托人指定的价格卖出或者高于委托人指定的价格买入的，应当经委托人同意。未经委托人同意，行纪人补偿其差额的，该买卖对委托人发生效力。行纪人高于委托人指定的价格卖出或者低于委托人指定的价格买入的，可以按照约定增加报酬。没有约定或者约定不明确，依照本法第510条的规定仍不能确定的，该利益属于委托人。委托人对价格有特别指示的，行纪人不得违背该指示卖出或者买入。

53. 答案：ACD。

54. 答案：CD。根据《民法典》第851条的规定，技术开发合同是指当事人之间就新技术、新产品、新工艺或者新材料及其系统的研究开发所订立的合同。技术开发合同包括委托开发合同和合作开发合同。技术开发合同应当采用书面形式。当事人之间就具有产业应用价值的科技成果实施转化订立的合同，参照技术开发合同的规定。

55. 答案：ACD。根据《民法典》第863条的规定，技术转让合同包括专利权转让、专利申请权转让、技术秘密转让、专利实施许可合同。技术转让合同应当采用书面形式。

56. 答案：ABCD。根据《民法典》第878条的规定，技术咨询合同包括就特定技术项目提供可行性论证、技术预测、专题技术调查、分析评价报告等合同。技术服务合同是指当事人一方以技术知识为另一方解决特定技术问题所订立的合同，不包括建设工程合同和承揽合同。

57. 答案：AC。《民法典》第859条规定，委托开发完成的发明创造，除当事人另有约定的以外，申请专利的权利属于研究开发人。研究开发人取得专利权的，委托人可以免费实施该专利。研究开发人转让专利申请权的，委托人享有以同等条件优先受让的权利。

58. 答案：BCD。参见《民法典》第952条、第955条关于行纪合同的规定。另外《民法典》第958条第1款规定，行纪人与第三人订立合同的，行纪人对该合同直接享有权利、承担义务。因此，如果仪器出现质量问题，丙应向行纪人乙主张违约责任。

59. 答案：ABCD。区别保管合同和仓储合同。依据《民法典》第889条、第890条、第897条、第899条、第905条、第914条。

60. 答案：AC。A选项中，在租赁期内，出租人丁某虽然拥有房屋所有权，但是承租人可以基于租赁权而占有房屋。所以，A选项正确。在B、C、D选项中，根据《民法典》第716条第2款规定，承租人未经出租人同意转租的，出租人可以解除合同。承租人未经出租人同意转租，出租人可以解除租赁合同，并基于所有权请求次承租人返还，次承租人不得以其与承租人的租赁关系进行抗辩，只能要求承租人承担违约责任。所以，C选项正确，B、D选项错误。

61. 答案：ABC。《最高人民法院关于审理旅游纠纷案件适用法律若干问题的规定》第10条规定："旅游经营者将旅游业务转让给其他旅游经营者，旅游者不同意转让，请求解除旅游合同、追究旅游经营者违约责任的，人民法院应予支持。旅游经营者擅自将其旅游业务转让给其他旅游经营者，旅游者在旅游过程中遭受损害，请求与其签订旅游合同的旅游经营者和实际提供旅游服务的旅游经营者承担连带责任的，人民法院应予支持。"第11条规定："除合同性质不宜转让或者合同另有约定之外，在旅游行程开始前的合理期间内，旅游者将其在旅游合同中的权利义务转让给第三人，请求确认转让合同效力的，人民法院应予支持。因前款所述原因，旅游经营者请求旅游者、第三人给付增加的费用或者旅游者请求旅游经营者退还减少的费用的，人民法院应予支持。"所以，A、B选项正确。《民法典》第1191条规定，工作人员执行工作造成他人损害的，由用人单位承担责任。因此，韩某有权要求某森林公园承担赔偿责任，但不能要求小火车司机承担赔偿责任，C选项正确，D选项错误。本题正确选项为A、B、C。

62. 答案：AC。《民法典》第933条规定，委托人或者受托人可以随时解除委托合同。因解除合同造成对方损失的，除不可归责于该当事人的事由外，无偿委托合同的解除方应当赔偿因解除时间不当造成的直接损失，有偿委托合同的解除方应当赔偿对方的直接损失和可以获得的利益。这是关于委托合同双方当事人均享有任意解除权的规定。故A、C项正确，B项错误。《民法典》第929条第1款规定，有偿的委托合同，因受托人的过错造成委托人损失的，委托人可以请求赔偿损失。无偿的委托合同，因受托人的故意或者重大过失造成委托人损失的，委托人可以请求赔偿损失。本题中没有明示是有偿还是无偿委托，两种情况皆有可能，D项表述的情形只有在无偿委托的情形下才是正确的，以偏概全，故D项错误。

63. 答案：AB。《民法典》第604条规定，标的物毁损、灭失的风险，在标的物交付之前由出卖人承担，交付之后由买受人承担，但法律另有规定或者当事人另有约定的除外。出卖人按照约定将标的物运送至买受人指定地点并交付给承运人后，标的物毁损、灭失的风险由买受人承担，但是当事人另有约定的除外。本题中，甲乙双方约定，卖方送货上门，甲已经将货物送至买方乙指定的地点并交付给了乙，故风险应由乙承担。乙承担风险，意味着在甲、乙的买卖合同中，因当事人以外的原因发生了货物损毁灭失的，由乙承担钱财两空的后果，因此，乙应当支付剩余20%货款，故A项正确。《民法典》第599条规定，出卖人应当按照约定或者交易习惯向买受人交付提取标的物单证以外的有关单证和资料。根据《最高人民法院关于审理买卖合同纠纷案件适用法律问题的解释》第4条规定，《民法典》第599条规定的"提取标的物单证以外的有关单证和资料"，主要应当包括保险单、保修单、普通发票、增值税专用发票、产品合格证、质量保证书、质量鉴定书、品质检验证书、产品进出口检疫书、原产地证明书、使用说明书、装箱单等。《民法典》第611条规定，标的物毁损、灭失的风险由买受人承担的，不影响因出卖人履行债务不符合约定，买受人请求其承担违约责任的权利。据此，风险由乙承担，但乙有权请求甲承担未交付有关单证的违约责任。故B项正确。甲、乙双方没有约定解除合同的事由，同时，甲的违约行为不构成根本违约，因此也没有法定解除权，故C项错误。既然风险已经转移给乙，对于因山洪暴发带来的货物损毁，甲不承担责任，因此，有权请求乙支付剩余的20%的价款，但是，不需要补交货物，故D项错误。

64. 答案：ABD。本案例中刘某欠何某100万元，而月租金为1万元，可以履行100个月的租赁合同，因此认为约定租期为100个月，从中可以看出这是定期租赁合同，而不是不定期租赁。租赁合同的当事人小刘和何某不享有任意解除权。A、B项错误。附条件合同，是指当事人在合同中特别规定一定的条件，以条件是否成就来决定合同效力的发生或消灭的合同。附期限合同，是指当事人在合同中设定一定的期限，作为决定合同效力的附款。条件，是指将来客观上不确定的事实。期限，是指将来客观确定到来之事实。本题中，该租赁合同约定如刘某出现并还清贷款作为合同终止的事实，而刘某的出现并还清贷款是将来不确定的客观事实，应当视为附条件的合同。C项正确，D项错误。

65. 答案：CD。《民法典》第1191条第1款规定，用人单位的工作人员因执行工作任务造成他人损害的，由用人单位承担侵权责任。用人单位承担侵权责任后，可以向有故意或者重大过失的工作人员追偿。据此可知，黄某酒后驾车造成甲受伤的，应由其单位丁公司承担赔偿责任。A、B项错误。《最高人民法院关于审理旅游纠纷案件适用法律若干问题的规定》第10条规定，旅游经营者将旅游业务转让给其他旅游经营者，旅游者不同意转让，请求解除旅游合同、追究旅游经营者违约责任的，人民法院应予支持。旅游经营者擅自将其旅游业务转让给其他旅游经营者，旅游者在旅游过程中遭受损害，请求与其签订旅游合同的旅游经营者和实际提供旅游服务的旅游经营者承担连带责任的，人民法院应予支持。据此可知，甲可以请求乙旅行社和丙旅行社承担连带责任。C项正确。《民法典》第1171条规定，二人以上分别实施侵权行为造成同一损害，每个人的侵权行为都足以造成全部损害的，行为人承担连带责任。本题中，刘某违章变道造成甲受伤，刘某应当承担赔偿责任。D项正确。

66. 答案：AB。依《最高人民法院关于审理城镇房屋租赁合同纠纷案件具体应用法律若干问题的解释》第2条的规定，出租人就未取得建设工程规划许可证或者未按照建设工程规划许可证的规定建设的房屋，与承租人订立的租赁合同无效。但在一审法庭辩论终结前取得建设工程规划许可证或者经主管部门批准建设的，人民法院应当认定有效。由此可知，本题中租赁合同无效，既然合同无效，乙无须解除合同，也不能向甲主张违约责任，故A选项正确，C、D选项错误。依《最高人民法院关于审理城镇房屋租赁合同纠纷案件具体应用法律若干问题的解释》第14条的规定，承租人经出租人同意扩建，但双方对扩建费用的处理没有约定的，人民法院按照下列情形分别处理：（1）办理合法建设手续的，扩建造价费用由出租人负担；（2）未办理合法建设手续的，扩建造价费用由双方按照过错分担。本题中，甲、乙对于扩建房屋都有过错，应分担扩建房屋的费用，故B选项正确。

67. 答案：CD。《最高人民法院关于审理城镇房屋租赁合同纠纷案件具体应用法律若干问题的解释》第12条规定，承租人经出租人同意装饰装修，租赁期间届满时，承租人请求出租人补偿附合装饰装修费用的，不予支持。但当事人另有约定的除外。故A项错误。甲与丙并无租赁合同关系，不能请求丙承担违约责任，故B项错误。《民法典》第1165条第1款规定，行为人因过错侵害他人民事权益造成损害的，应当承担侵权责任。故C项正确。《民法典》第593条规定，当事人一方因第三人的原因造成违约的，应当依法向对方承担违约责任。当事人一方和第三人之间的纠纷，依照法律规定或者按照约定处理。故D项正确。

68. 答案：ABC。《民法典》第224条规定，动产物权的设立和转让，自交付时发生效力，但是法律另有规定的除外。第225条规定，船舶、航空器和机动车等的物权的设立、变更、转让和消灭，未经登记，不得对抗善意第三人。可见，机动车作为特殊动产，其所有权自交付时发生移转，归玄武公司。所以，玄武公司已取得该小客车的所有权。A项正确。《民法典》第599条规定，出卖人应当按照约定或者交易习惯向买受人交付提取标的物单证以外的有关单证和资料。朱雀公司未同时交付机动车销售统一发票、合格证等有关单证资料，致使玄武公司无法办理车辆所有权登记和牌照。对此，玄武公司按照《民法典》的规定有权要求朱雀公司交付有关单证资料。B项正确。《最高人民法院关于审理买卖合同纠纷案件适用法律问题的解释》第25条规定出卖人没有履行或者不当履行从给付义务，致使买受人不能实现合同目的，买受人主张解除合同的，人民法院应当根据《民法典》第563条第1款第4项的规定，予以支持。玄武公司的小客车更新指标有效期至2021年2月28日，朱雀公司不交付单证资料致使玄武公司无法办理所有权登记和牌照。如朱雀公司一直拒绝交付单证资料，一旦指标过期作废，玄武公司将彻底无法实现合同目的。所以，玄武公司可以主张解除购车合同。C项正确，D项错误。

69. 答案：BCD。《最高人民法院关于审理城镇房屋租赁合同纠纷案件具体应用法律若干问题的解释》第3条第2款规定，租赁期限超过临时建筑的使用期限，超过部分无效。但在一审法庭辩论终结前经主管部门批准延长使用期限的，人民法院应当认定延长使用期限内的租赁期间有效。本题中，甲经主管部门批准修建的临时门面房核准期限为2年。甲将其中一间租给乙开餐馆，租期2年，该合同不存在合同无效事由，所以甲与乙的租赁合同有效。但是，2年期满后，甲未办理延长使用期限手续就将房屋出租给丙，租期1年，属于上述规定中租赁超过临时建筑的使用期限的情况，该合同无效。所以甲与丙的租赁合同无效。因为临时建筑已经超过使用期限且未办理批准延长，所以甲无权将该房屋继续出租。A项错误，B、C项正确。《民法典》第155条规定，无效的或者被撤销的民事法律行为自始没有法律约束力。本题中，甲与丙的租赁合同无效，所以自始没有法律约束力，甲无权向丙收取该年租金。虽然依据《关于审理城镇房屋租赁合同纠纷案件具体应用法律若干问题的解释》第4条第1款规定，房屋租赁合同无效，当事人请求参照合同约定的租金标准支付房屋占有使用费的，人民法院一般应予支持。但也非D项中所收取的年租金。D项正确。

70. 答案：ABCD。A项考查买卖不破租赁规则。《民法典》第718条规定，出租人知道或者应当知道承租人擅自转租，但在6个月内未提出异议的，视为同意转租。出租人乙发现转租事由起6个月内未提出异议（“未置可否”表明未提出异议），则视为乙同意转租，转租合同合法有效。第725条规定，租赁物在承租人依据租赁合同占有期间发生所有权变动的，不影响租赁合同的效力。1年后，乙将房屋卖给丁，即“先租后卖”，适用买卖不破租赁规则。丁不可以请求丙搬离房屋。故A项不正确。B项考查转租。出租人乙发现转租事由之日起6个月内未提出异议，则转租合同合法有效。故B项不正确。C项考查租赁期限。《民法典》第717条规定，承租人经出租人同意将租赁物转租给第三人，转租期限超过承租人剩余租赁期限的，超过部分的约定对出租人不具有法律约束力。因此转租期限超过剩余租期的部分无效，而非全部无效。故C项不正确。D项考查合同相对性原理。乙将房屋出卖给丁时，并未书面告知房屋已经出租的事实。因此，丁可以基于合法有效的房屋买卖合同追究乙的违约责任。丁与甲之间不存在直接合同关系，不可以追究甲的违约责任。故D项不正确。

71. 答案：AB。出租人就同一房屋订立数份租赁合同，在合同均有效的情况下，承租人均主张履行合同的，法院按照下列顺序确定履行合同的承租人：（1）已经合法占有租赁房屋的；（2）已经办理登记备案手续的；（3）合同成立在先的。不能取得租赁房屋的承租人请求解除合同、赔偿损失的，依照民法典的有关规定处理。据此可知，一房数租的情形下，虽然合同均有效，但租赁权有先后顺序：合法占有>登记备案>合同成立在先。本案中，柳某将房屋出租给孟某和马某，合同均有效。故B项正确。但是，因孟某入住即先合法占有。因此，孟某的租赁权优先于马某。故A项正确，C、D项错误。

72. 答案：ABCD。因大象公司无资质，其与众森公司签订的建设工程施工合同无效。为保护建筑工人利益，虽合同无效，但作为发包人的众森公司依法仍应参照合同约定支付工程款。故D项正确。虽合同无效，但工程质量合格，作为承包人的大象公司有权对建设工程主张法定优先权，行权期限为6个月，行权范围依照国务院有关行政主管部门关于建设工程价款范围的规定确定，但不包括逾期支付建设工程价款的利息、违约金、损害赔偿金等。故A、B、C项正确。

73. 答案：AC。《最高人民法院关于审理建设工程施工合同纠纷案件适用法律问题的解释（一）》第7条规定，缺乏资质的单位或者个人借用有资质的建筑施工企业名义签订建设工程施工合同，发包人请求出借方与借用方对建设工程质量不合格等因出借资质造成的损失承担连带赔偿责任的，人民法院应予支持。本题中，乙借用有资质的丙建筑施工企业的名义签订建设工程施工合同，二者对因出借资质造成的损失承担连带赔偿责任，故A项正确。《最高人民法院关于审理建设工程施工合同纠纷案件适用法律问题的解释（一）》第17条第1款第2项规定，当事人未约定工程质量保证金返还期限，自建设工程通过竣工验收之日起满2年的，承包人请求发包人返还工程质量保证金的，人民法院应予支持。本题中，乙可自建设工程通过竣工验收之日起满2年请求返还工程质量保证金，故B项错误。《最高人民法院关于审理建设工程施工合同纠纷案件适用法律问题的解释（一）》第38条规定，建设工程质量合格，承包人请求其承建工程的价款就工程折价或者拍卖的价款优先受偿的，人民法院应予支持。第41条规定，承包人应当在合理期限内行使建设工程价款优先受偿权，但最长不得超过18个月，自发包人应当给付建设工程价款之日起算。建设工程质量合格，乙享有优先受偿权，但是期限为18个月，故C项正确，D项错误。

74. 答案：ACD。本题中，甲和乙的合同属于保留所有权买卖合同，因此，在乙将电脑交付给甲之后，所有权并没有移转，依然属于乙。乙将电脑交给丙维修，丙修好后将电脑卖给丁时，丙为无权处分，但丙与乙间是正常的买卖合同关系，所以丁可以取得该电脑的所有权，故A项正确。《最高人民法院关于审理买卖合同纠纷案件适用法律问题的解释》第26条第1款规定，买受人已经支付标的物总价款的75%以上，出卖人主张取回标的物的，人民法院不予支持。本题中，总价款12000元，如果只有最后一期，即2000元没有支付，意味着买受人已经支付10000元，占总价款的83%，此时，出卖人乙不得主张取回标的物，故B项错误。根据《民法典》第634条规定，分期付款的买受人未支付到期价款的数额达到全部价款的1/5，经催告后在合理期限内仍未支付到期价款的，出卖人可以要求买受人支付全部价款或者解除合同。出卖人解除合同的，可以向买受人要求支付该标的物的使用费。本题中，除了所有权保留的约定外，甲和乙之间还是分期付款买卖。如果甲未支付到期价款达到3000元，则相对于总价款而言，达到了25%，此时，可以要求一次性支付剩余的全部价款或解除合同要求买受人支付使用费，故C、D项正确。

75. 答案：ABCD。《民法典》第942条第1款

规定，物业服务人应当按照约定和物业的使用性质，妥善维修、养护、清洁、绿化和经营管理物业服务区域内的业主共有部分，维护物业服务区域内的基本秩序，采取合理措施保护业主的人身、财产安全。物业公司在小区挂横幅称“24小时巡逻，打击流浪狗、严防偷盗，给你一个安全温馨的家园”的服务承诺构成物业服务公司的约定义务。小偷用时5小时偷盗大件物品，物业服务公司的人员都没有发现，可见物业服务公司违背了承诺的服务内容，没有采取合理措施保护业主的财产安全，因此应当对甲被盗损失承担违约损害赔偿责任。当然，物业服务公司承担赔偿责任后，可以向小偷追偿。丢失的电动自行车亦应当由物业服务企业补充或者承担违约损害赔偿责任，故A、C项正确。甲7周岁的儿子放学回家，在小区内被五只流浪狗咬伤，可见物业服务企业的物业管理失职，物业服务企业没有采取合理措施保护业主的人身、财产安全，构成违约，应当承担损害赔偿责任。甲的儿子有权选择物业服务公司承担违约损害赔偿责任。《民法典》第1249条规定，遗弃、逃逸的动物在遗弃、逃逸期间造成他人损害的，由动物原饲养人或者管理人承担侵权责任。但是，案例中没有交代流浪狗的饲养者，因此只能请求物业服务企业承担违约损害赔偿责任，故B项正确。《民法典》第1247条规定，禁止饲养的烈性犬等危险动物造成他人损害的，动物饲养人或者管理人应当承担侵权责任。因此甲的邻居乙饲养禁止饲养的藏獒，乙对甲的损害应当承担赔偿责任。但是，要注意物业服务企业作为小区公共场所的管理者没有尽到管理人义务，根据《民法典》的规定，应当承担补充赔偿责任，因此D项正确。

76. **答案**：BD。《民法典》第278条规定：“下列事项由业主共同决定：（一）制定和修改业主大会议事规则；（二）制定和修改管理规约；（三）选举业主委员会或者更换业主委员会成员；（四）选聘和解聘物业服务企业或者其他管理人；（五）使用建筑物及其附属设施的维修资金；（六）筹集建筑物及其附属设施的维修资金；（七）改建、重建建筑物及其附属设施；（八）改变共有部分的用途或者利用共有部分从事经营活动；（九）有关共有和共同管理权利的其他重大事项。业主共同决定事项，应当由专有部分面积占比三分之二以上的业主且人数占比三分之二以上的业主参与表决。决定前款第六项至第八项规定的事项，应当经参与表决专有部分面积四分之三以上的业主且参与表决人数四分之三以上的业主同意。决定前款其他事项，应当经参与表决专有部分面积过半数的业主且参与表决人数过半数的业主同意。”因此A项错误。业主大会或者业主委员会作出的决定侵害业主合法权益的，受侵害的业主可以请求人民法院予以撤销，因此B项正确。《民法典》第280条第1款规定：“业主大会或者业主委员会的决定，对业主具有法律约束力。”因此C项错误。《民法典》第279条规定：“业主不得违反法律、法规以及管理规约，将住宅改变为经营性用房。业主将住宅改变为经营性用房的，除遵守法律、法规以及管理规约外，应当经有利害关系的业主一致同意。”因此D项正确。

三、不定项选择题

1. **答案**：（1）B。本题考查的是房屋租赁合同。依《城市房地产管理法》第54条规定，房屋租赁合同应以书面形式订立，并向房产管理部门登记备案。故A、D错误。根据买卖不破租赁原则，C项错误。故排除了三选项，只有B选项正确。

（2）BCD。本题考查的是租赁房屋的买卖。《民法典》第726条规定，出租人出卖租赁房屋的，应当在出卖之前的合理期限内通知承租人，承租人享有以同等条件优先购买的权利。由此A错。《民法典》第502条规定，依法成立的合同，自成立时生效。法律、行政法规规定应当办理批准、登记等手续生效的，依照其规定。《城市房地产管理法》第36条规定："房地产转让、抵押，当事人应当依照本法第五章的规定办理权属登记。"由此可见，房屋买卖合同只有办理了变更登记后才生效。因此B、C、D正确。

（3）ABCD。本题考查的是房屋租赁。根据前2题的答案，可知选项A、C正确。甲在与丙签完合同后，又与丁签订合同，将房屋最终卖给了丁，由于甲违反了诚信原则，给丙造成了一定的损失，丙为签约而进行的种种努力也付诸东流，因此甲应承担违约过失责任。所以B正确。《民法典》第726条规定，出租人出卖租赁房屋的，应当在出卖之前的合理期限内通知承租人，承租人享有以同等条件优先购买的权利。因此D亦正确。

2. **答案**：（1）A。根据《民法典》第770条第1款规定，承揽合同是承揽人按照定作人的要求完成工作，交付工作成果，定作人给付报酬的合同。据此本案例中的合同应属于承揽合同。

（2）D。根据《民法典》第775条规定，定作人提供材料的，定作人应当按照约定提供材料。承揽人对定作人提供的材料，应当及时检验，发现不符合约定时，应当及时通知定作人更换、补齐或者采取其他补救措施。承揽人不得擅自更换定作人提供的材料，不得更换不需要修理的零部件。本题中，定作人甲未按约定提供材料，承揽人乙未对材料进行检验，双方均有过失，构成共同违约，应根据各自的过失程度承担责任。

（3）ABD。A对，因定作人在受领工作成果的同时，有义务对工作成果进行验收。在收货后合理期间内未提出异议，视为同意接收。但如果工作成果依其性质在短期内难以发现瑕疵，或者是工作成果存在隐蔽瑕疵的，定作人仍可于验收后的相当期限内请求承揽人承担责任。B、D对，C错，因根据《民法典》第781条的规定，承揽人交付的工作成果不符合质量要求的，定作人可以要求承揽人承担修理、重作、减少报酬、赔偿损失等违约责任。定作人并无径行解除合同的权利。

（4）A。《民法典》第784条规定，承揽人应当妥善保管定作人提供的材料以及完成的工作成果，因保管不善造成毁损、灭失的，应当承担损害赔偿责任。据此，承揽人仅对因保管不善造成定作人提供的材料及完成的工作成果的毁损、灭失承担损害赔偿责任，而山洪暴发属不可抗力，甲又是20吨糖油的所有人，因此，只能由甲承担该损失。

（5）CD。对工作成果，承揽人享有留置权，自然享有优先受偿权和别除权。

3. **答案**：（1）AB。《民法典》第392条规定，被担保的债权既有物的担保又有人的担保的，债务人不履行到期债务或者发生当事人约定的实现担保物权的情形，债权人应当按照约定实现债权；没有约定或者约定不明确，债务人自己提供物的担保的，债权人应当先就该物的担保实现债权；第三人提供物的担保的，债权人可以就物的担保实现债权，也可以要求保证人承担保证责任。提供担保的第三人承担担保责任后，有权向债务人追偿。丙公司和丁公司的担保责任顺位未做明确约定时，债权人甲公司可以要求丙公司承担保证责任，亦可以要求丁公司承担抵押担保责任。所以，A、B选项正确，C、D选项错误。

（2）AB。

（3）D。《民法典》第224条规定，动产物权的设立和转让，自交付时发生效力，但法律另有规定的除外。第227条规定，动产物权设立和转让前，第三人依法占有该动产的，负有交付义务的人可以通过转让请求第三人返还原物的权利代替交付。在本案中，甲公司已经通过指示交付的方式将机器交付给王某，所以，在甲公司与王某签订买卖合同之后，王某死亡之前，挖掘机归王某所有。

（4）ABD。王某的死亡，并不影响甲公司与王某买卖合同的效力，挖掘机已经交付，王某尚欠价款，作为王某的继承人大王和小王继承了挖掘机所有权的同时，亦继承了该债务，两者应对该买卖合同原王某承担的债务负连带责任，所以，C 选项正确，A、B、D 选项错误。

（5）BC。

4. 答案：（1）C。乙、丙所签订买卖合同满足合同生效要件，有效。当事人可以约定由第三人代为履行合同义务，只是该约定并不当然拘束第三人，该条款本身并不无效，其更不影响合同效力。

（2）BD。根据《民法典》第 403 条的规定，动产抵押采取登记对抗主义，所以汽车抵押即使未登记亦成立。乙就丙公司的债权享有第三人设定的抵押权及保证债权。《民法典》第 392 条规定，被担保的债权既有物的担保又有人的担保的，债务人不履行到期债务或者发生当事人约定的实现担保物权的情形，债权人应当按照约定实现债权；没有约定或者约定不明确，债务人自己提供物的担保的，债权人应当先就该物的担保实现债权；第三人提供物的担保的，债权人可以就物的担保实现债权，也可以请求保证人承担保证责任。提供担保的第三人承担担保责任后，有权向债务人追偿。故，C 选项错误，D 选项正确。当事人在合同中约定，当债务人不能履行债务时，由保证人承担保证责任，为一般保证。一般保证具有补充性，保证人有先诉抗辩权。所以，A 选项错误，B 选项正确。本题正确选项为 B、D。

（3）D。张某以逃避被实现抵押权的目的将汽车赠与刘某，该行为可以被撤销。张某以汽车出资，同钱某设立丁公司，属于合法有效行为，丁公司作为善意第三人，依据《民法典》第 269 条第 1 款的规定，即营利法人对其不动产和动产依照法律、行政法规以及规章享有占有、使用、收益和处分的权利。拥有汽车的所有权。

（4）D。第三人造成侵权行为发生的，应由第三人承担侵权责任。所以，应当由摩托车车主承担对赵某的损害赔偿责任。

（5）AB。方某作为公司驾驶员，没有法定或约定的义务为公司维修汽车，其委托丁公司修车的行为构成无因管理。《民法典》第 172 条规定，行为人没有代理权、超越代理权或者代理权终止后，仍然实施代理行为，相对人有理由相信行为人有代理权的，代理行为有效。但方某并没有持有授权委托书等表见事由，不构成表见代理，构成无权代理。其未处分丁公司的财产权益，不构成无权处分。所以，正确选项为 A、B。

（6）AC。方某以自己的名义与庚公司签订坐垫买卖合同，应当由其自行向庚公司支付坐垫费。方某的汽车委托戊公司维修的行为，构成无因管理，被管理人丁公司应当支付因管理行为产生的债务。根据《民法典》的规定，留置权的成立以占有标的物为前提，现方某已取走汽车并交付丁公司运营，戊公司不得留置。所以正确答案为 A、C。

5. 答案：（1）AC。《民法典》第 562 条规定，当事人协商一致，可以解除合同。当事人可以约定一方解除合同的事由。解除合同的事由发生时，解除权人可以解除合同。据此可知，乙公司于 2021 年 6 月 4 日向甲公司的发函，行使的是约定解除权。A 项正确，B 项错误。《民法典》第 565 条规定，当事人一方依法主张解除合同的，应当通知对方。合同自通知到达对方时解除。第 566 条第 1 款规定，合同解除后，尚未履行的，终止履行；已经履行的，根据履行情况和合同性质，当事人可以请求恢复原状或者采取其他补救措施，并有权请求赔偿损失。本案中，《合作协议一》签订后，乙公司经甲公司指示向张某、方某支付了 4000 万元首付款。合同已经履行，而且以金钱给付为内容，是可以恢复原状的，在乙公司解除合同的通知达到甲公司时合同解除，合同解除后，乙公司有权要求甲公司返还已支付的 4000 万元。C 项正确，D 项错误。

（2）ABCD。本题中，2021 年 5 月 1 日张某、方某与乙公司并无合同关系，因此 A 项表述错误。选项 B 无法律依据，因此表述错误。张某、方某与丙公司亦无合同关系，因此选项 C 表述错误。向国土部门购买土地使用权的是丙公司，并非张某、方某，故 D 项表述也不正确。

（3）A。A项显然正确。甲公司对乙公司提出的异议理由有两点：一是认为已经转让了股权，因此对方不能终止合同；二是要求支付1000万元尾款。这两点均不成立，因为4000万元对应的甲公司的义务是取得土地使用权，而非股权。对应股权的是1000万元，但是甲公司提出异议时履行期限尚未届至。因此B项错误，C项错误。乙公司支付尾款的义务是在甲公司转让股权之后，是后履行义务的一方，而不安抗辩权是先履行义务的一方行使的权利，因此D项错误。

（4）A。《合作协议二》是双方的真实意思表示，又没有违反法律、行政法规的效力性强制性规定，因此是有效的，A正确，B、C错误。《合作协议一》是甲公司与乙公司之间签订的，而《合作协议二》是张某、方某与乙公司签订的，由于合同当事人不同，因此《合作协议一》不能被《合作协议二》取代，D项错误。

（5）AC。单方允诺是指表意人向相对人作出的为自己设定某种义务，使相对人取得某种权利的意思表示，本题中丁公司的《承诺函》符合单方允诺的构成，因此A项正确。保证是一种合同关系，它需要当事人双方的要约和承诺来形成保证合同。本题中乙公司未作出任何意思表示，因此不可能产生合同关系，B项错误。债务承担是指在不改变合同的前提下，债权人、债务人通过与第三人订立转让债务的协议，将债务全部或者部分转移给第三人承担的法律现象。债务承担，按照承担后债务人是否免责为标准，可分为免责的债务承担和并存的债务承担。其中免责的债务承担是指第三人代原债务人的地位而承担全部合同债务，使债务人脱离合同关系的债务承担方式。并存的债务承担是指债务人并不脱离合同关系，而由第三人加入合同关系当中，与债务人共同承担合同义务的债务承担方式。并存的债务承担我国法律并没有规定，理论上认为，由于第三人参与到现在的法律关系当中，对债权人只会有利不会有害，因此原则上并存的债务承担不需要债权人同意即可构成。因此，C项正确，D项错误。

6. **答案**：AD。本题中，乙公司与丙公司签订《委托书》，委托丙公司对外销售房屋，故乙公司是委托人，A选项正确。王某作为乙公司的法定代表人，其行为视同法人的行为，其并非委托合同的主体，故B、C选项错误。《承诺函》虽由王某出具，但根据《承诺函》之内容“将协调甲公司卖房给张某”而非直接承诺甲公司将房卖给张某可推知王某并未以甲公司名义从事活动。因此王某虽系甲公司法定代表人，但其出具《承诺函》的行为并非代表行为，《承诺函》并不产生使甲公司卖房给张某的约束力，故D选项正确。

7. **答案**：BC。融资租赁合同中，租赁物有质量瑕疵，出租人不承担瑕疵担保责任，承租人应向出卖人索赔，出租人有协助的义务。租赁物瑕疵，承租人可向出卖人行使索赔权，但承租人不得拒付租金。

8. **答案**：C。建设单位依法与物业服务人订立的前期物业服务合同，以及业主委员会与业主大会依法选聘的物业服务人订立的物业服务合同，对业主具有法律约束力。因此对于建设单位依法与物业服务人员订立的前期物业服务合同，业主不得以其并非当事人为由拒绝接受合同的拘束，故小区业主应当依据前期物业服务合同缴纳物业费，因此A项错误。建设单位依法与物业服务人订立的前期物业服务合同约定的服务期届满前，业主委员会成者业主与新物业服务人订立的物业服务合同生效的，前期物业服务合同终止。本题中，在前期物业服务合同服务期届满前，业委会与丙物业公司订立了合法有效的物业服务合同，因此甲开发商与乙物业公司订立的物业服务合同终止，乙物业公司不再享有物业管理权，因此B项错误。物业服务人员不得将其应当提供的全部物业服务转委托给第三人，或者将全部物业服务支解后分别转委托给第三人。丙、丁之间的转委托合同违反强制性规定，可依法认定为无效，因此C项正确。业主依据法定程序共同决定解聘物业服务人的，可以解除物业服务合同。决定解聘的应当提前60日书面通知物业服务人，但合同对通知期限另有约定的除外。由此可知，业主委员会有权单方解除与丙物业公司之间的合同，因此D项错误。

9. **答案**：C。双方订立合同时，因学区房的特殊性，其价格高于一般房屋，且不存在一方利用对方困境和一方经济优势迫使对方订立显失公平合同的情形，不符合《民法典》第151条规定的可撤销事由，因此A项错误。由《民法典》第150条的规定可知，一方或者第三人以胁迫手段，使对方在违背真实意思的情况下实施的民事法律行为，受胁迫方有权请求人民法院或者仲裁机构予以撤销。涉案房屋买卖合同的订立确实存在胁迫情形，但王某是受胁迫方，李某是胁迫方，只能由王某享有撤销权，因此B项错误。涉案买卖合同订立基础在于房屋定位为“学区房”，后由于政府政策改变，该房屋对于李某失去了学区房意义，这也是其订立合同时无法预知的，不属于正常的商业风险。继续按照学区房价格履行合同，对李某不公平。由《民法典》第533条的规定可知，李某有权提请变更合同或解除合同，因此C项正确。李某的合同目的是取得房屋的所有权，政策调整虽属于不可抗力，但对李某而言并不构成“合同目的落空”，不符合《民法典》相关规定的法定解除权成立事由，因此D项错误。

四、名词解释

1. **答案**：是出卖人转移标的物的所有权于买受人，买受人支付价款的合同。买卖合同具有以下特征：(1) 买卖合同是出卖人转移财产所有权的合同；(2) 买卖合同是买受人支付价款的合同；(3) 买卖合同为诺成性合同、有偿合同、双务合同、不要式合同、要因合同。

2. **答案**：是指出卖人就出卖的标的物本身所存在的瑕疵对于买受人所负担的担保责任。这种担保包括价值瑕疵担保，即出卖人担保其所出卖的标的物不存在灭失或减少其价值的瑕疵；效用瑕疵担保，即出卖人担保标的物具备应有的使用价值；品质瑕疵担保，即出卖人担保标的物具有其所保证的品质。

3. **答案**：又称追夺担保，是指出卖人担保其出卖的标的物的所有权完全转移于买受人，第三人不能对标的物主张任何权利。权利瑕疵担保责任，是出卖人就交付的标的物负有的保证第三人不得向买受人主张任何权利的义务。

4. **答案**：是出租人根据承租人对出卖人、租赁物的选择，向出卖人购买租赁物，提供给承租人使用，承租人支付租金的合同。

5. **答案**：是指多式联运经营人负责以两种以上的不同运输方式，将托运人托运的货物运输到目的地交付收货人，并收取全程运输费用的合同。

6. **答案**：租赁合同是指出租人将租赁物交付承租人使用、收益，承租人支付租金的合同。

五、简答题

1. **答案**：(1) 买卖合同是出卖人转移财产所有权的合同。买受人订立合同的根本目的在于取得标的物的所有权。出卖人需移转标的物所有权，这是买卖合同与当事人一方应交付财物给另一方的其他合同（如租赁合同、借用合同、保管合同）的主要区别。(2) 买卖合同是买受人支付价款的合同。出卖人出卖标的物以取得价款为目的，买受人需向出卖人支付价款方能取得标的物的所有权，支付价款是转移所有权的对待给付。买卖合同的这一特征区别于其他转移标的物的所有权的合同（如赠与合同、互易合同）。(3) 买卖合同为诺成性合同、有偿合同、双务合同、不要式合同、要因合同。买卖合同自买卖双方就关于标的物、价款等有关事项意思表示一致时即可成立，并不以标的物的实际交付为成立要件，一般也无须以特定方式作成，因而买卖合同为诺成性合同、不要式合同。买卖合同的出卖人负有转移标的物所有权的义务，买受人负有支付价款的义务，双方的义务有对价关系，因此买卖合同属于双务合同、有偿合同。买卖合同以一方取得标的物的所有权及另一方取得价款为原因，若无此原因则不能成立，因而买卖合同属于要因合同。

2. 答案：（1）按约定完成工作。承揽人应按合同约定的时间、方式、数量、质量完成交付的工作。这是承揽人的首要义务，也是其获取酬金应付出的对价利益。承揽人应以自己的设备、技术和劳力亲自完成约定的工作，未经定作人同意，承揽人不得将承揽的主要工作交由第三人完成。承揽人将辅助工作交第三人完成，或依约定将主要工作交由第三人完成的，承揽人就第三人完成的工作对定作人负责。（2）提供或接受原材料。完成定作所需的原材料，可依约定由承揽人提供或由定作方提供。承揽人提供原材料的，应按约定选购并接受定作人检验；定作人提供的，承揽人应及时检验，妥善保管，并不得更换材料。（3）及时通知和保密义务。对于定作人提供的原材料如不符合约定的，或定作人提供的图纸、技术要求不合理的，应及时通知定作人。对于完成的工作，定作人要求保密的，承揽人应保守秘密，不得留存复制品或技术资料。（4）接受监督检验。承揽人在完成工作时，应接受定作人必要的监督和检验，以保证工作适合定作人的要求。但定作人不得因监督检验妨碍承揽人的正常工作。（5）交付工作成果。承揽人完成的工作成果，要及时交付给定作人，并提交与工作成果相关的技术资料、质量证明等文件。但在定作人未按约定给付报酬或材料价款时，除非有相反的约定，承揽人得行使留置权，留置工作成果。（6）对工作成果的瑕疵担保义务。承揽人对交付的工作成果应符合约定的质量，承揽人对已交付工作成果的隐蔽瑕疵及该瑕疵所造成的损害承担责任。交付的工作成果有隐蔽瑕疵，验收时用通常方法或约定的方法不能发现，验收后在使用过程中暴露或致承揽人或第三人受损害的，承揽人应按合同约定或法律的规定，承担损害赔偿责任。

3. 答案：（1）依指示为行纪行为。行纪人要按照委托人的指示完成行纪行为，并应当尽自己的注意，以使委托人的利益不受或少受损失。委托人对于价格有特别指示的，行纪人不得违反；高于指定价格买入或低于指定价格卖出，应经委托人允诺，未经允诺，该差额由行纪人自己负担。（2）负担行纪费用。行纪人对于在处理行纪事务中发生的费用，如无特别约定的，由自己承担。（3）妥善保管委托物。对占有的委托物，负有妥善保管义务，未尽注意义务致委托物毁损灭失的，负损害赔偿责任。（4）委托物处置的义务。委托物品，有瑕疵或者不宜久存的，经委托人同意可以处分，不能及时取得联系，为了委托人的利益，行纪人有合理处分权。

4. 答案：出卖人的义务有：

（1）交付标的物并移转标的物所有权于买受人的义务。包括按照约定的时间、地点、质量标准、数量、方式交付标的物，并向买受人交付有关标的物的单证及约定的技术资料，承担交付费用。出卖人履行使买受人取得标的物所有权的义务，应依动产或不动产所有权移转的规定。

（2）权利瑕疵担保义务。效力主要表现在买受人有拒绝给付价款的权利、请求无权利瑕疵履行的权利、解除合同的权利和赔偿请求权。

（3）标的物品质的瑕疵担保义务。我国民法典采取的是履行说，出卖人违反瑕疵担保义务的，构成违约，应承担不适当履行责任。

买受人的义务有：

（1）给付价款的义务。买受人应按约定的时间地点支付价款。没有约定或约定不明的，按当事人事后可达成的补充协议确定。不能达成补充协议的，按合同的有关条款或交易习惯确定。如仍不能确定的，应当在收到标的物或者提取标的物单证的同时，在出卖人的营业地、交付标的物或者交付提取标的物单证的所在地支付。

（2）受领标的物的义务。对于出卖人按合同约定交付的符合合同约定条件的标的物，买受人应按约定及时受领，否则买受人应负受领迟延的责任，偿付约定的违约金或赔偿损失。对于出卖人不按合同约定条件交付的标的物，买受人有权拒收，但在出卖人没有临时保管义务的条件下，有暂时保管义务，并立即通知出卖人收回或者补交标的物。

【参考资料】马俊驹、余延满：《民法原论》，法律出版社2016年版。

六、论述题

答案：关于标的物毁损、灭失的风险负担，我国《民法典》合同编是围绕标的物的交付加以规定的，其具体规则包括：第一，标的物毁损、灭失的风险，在标的物交付之前由出卖人承担，交付之后由买受人承担，但法律另有规定或者当事人另有约定的除外。第二，因买受人的原因致使标的物不能按照约定的期限交付的，买受人应当自违反约定之日起承担标的物毁损、灭失的风险。第三，出卖人出卖交由承运人运输的在途标的物，除当事人另有约定的外，毁损、灭失的风险自合同成立时起由买受人承担。第四，当事人没有约定交付地点或者约定不明确，依照有关法律规定标的物需要运输的，出卖人将标的物交付给第一承运人后，标的物毁损、灭失的风险由买受人承担。第五，出卖人按照约定或者依照有关规定将标的物置于交付地点，买受人违反约定没有收取的，标的物毁损、灭失的风险自违反约定之日起由买受人承担。第六，出卖人按照约定未交付有关标的物的单证和资料的，不影响标的物毁损、灭失风险的转移。第七，因标的物质量不符合质量要求，致使不能实现合同目的的，买受人可以拒绝接受标的物或者解除合同。买受人拒绝接受标的物或者解除合同的，标的物毁损、灭失的风险由出卖人承担。

以上具体规则中，第二项、第五项和第七项都涉及当事人的违约问题，从这几项规则的内容来看，在买卖中，对于不履行债务或不协助履行债务的，标的物风险通常由有过失的一方负担，即由违约方承担。而其余各项规则说明，在双方皆无过失或出卖人无过失的情况下，发生标的物的毁损灭失，其风险承担一般以标的物的交付为界限。

七、案例分析题

1. **答案**：（1）本合同中的买受人为甲商场。合同以甲商场名义签订，使用了商场的公章，而电冰箱厂并不知也不应知晓商场内部的承包关系，因此，实际上家电柜台作为商场的代理人，为商场签订合同。尽管行为人没有代理权，但其以商场名义订立合同，因其使用公章电冰箱厂有理由相信其有代理权，因此，代理行为有效。故，就该合同应由甲商场担任合同之买受人。

（2）买受人应交付价款。出卖在途运输货物的，自合同成立时标的物之风险转由买受人负担，故电冰箱灭失风险及损失应由商场承担。出卖人电冰箱厂已履行其交付义务，将提货单证交给了买受人，因此，买受人应履行其合同义务，支付价款。

（3）交付500台电冰箱的价款。电冰箱厂多交付的十台电冰箱，属不当得利，而买受人对此事并不知悉，为善意，仅应就其现存的利益负返还义务。现在该利益已灭失，不当得利人无须再行返还。

2. **答案**：（1）由于双方当事人的意思表示一致，该买卖合同已经成立。电视机的所有权已经转移，因为电视机已经交付给了李某。

（2）王某与李某存在中介合同法律关系。王某负有的义务有：忠实于委托人的利益，按委托人的要求进行中介活动，讲诚实，守信用。必要时协助委托人与第三人订立合同。

（3）行纪合同关系；以寄售商店自己的名义办理。

（4）由李某承担。因为电视机的所有权是李某的。

3. **答案**：（1）甲、丙之间合同的效力待定。因为，甲无权处分实际为夫妻共有财产的房屋，根据相关规定，对于夫妻重大财产的处分，夫妻任何一方均无权单独处分。因此，根据民法典的规定，无权处分的合同属于效力待定的合同，如果乙追认或甲获得处分权，则合同有效；反之，则合同无效。因此，本案中，甲、丙之间合同的效力为效力待定。

（2）由于未办理产权过户手续，根据《民法典》第311条的规定，丙不能基于善意取得房屋的所有权。只能在合同被追认的前提下，适用有效合同获得房屋所有权。由于乙在一年的追认期内提起了诉讼，因此，丙不能取得房屋所有权。

（3）如果无法协商解决，由于乙的不追认导致甲、丙之间的合同归于无效。由于合同无效不能追究违约责任，丙只能根据民法典追究缔约过错方甲的缔约过失。

4. 答案：（1）该租赁关系生效。甲与丙之间签订了房屋租赁合同，且办理了登记手续，应认定租赁关系生效。另该房产虽系夫妻共有，但乙未表示反对的，视为其同意。

（2）抵押合同生效。

（3）承租人享有优先购买权，抵押权人不享有优先购买权。

（4）无效。

（5）有效。

（6）不能。依照有关规定，在共同共有关系存续期间，部分共有人擅自处分共有财产的，一般认定无效。但第三人善意、有偿取得该项财产的，应当维护第三人的合法权益；对其他共有人的损失，由擅自处分共有财产的人赔偿。

5. 答案：（1）可以要求重新发货。

《民法典》第604条规定，标的物毁损、灭失的风险，在标的物交付之前由出卖人承担，交付之后由买受人承担，但法律另有规定或者当事人另有约定的除外。由于该批货物交付地点在该教育局所在地，并由西部某开发公司负责运输，应当认定该地点也是所有权转移的地方，因此货物的所有权并未转移，西部某开发公司未履行相应义务，应当重新发货。

（2）作为合同当事人的西部某开发公司应作为原告向运输商提起诉讼。依照合同相对性的原理，只有合同当事人才能主张违约责任。而且题中某教育局在运输过程中并未取得货物的所有权，因而其无从主张权利。

（3）本案中，西部某开发公司作为附义务的赠与人，应在新闻报道相应的费用限度内承担责任。参见《民法典》第662条第1款规定，赠与的财产有瑕疵的，赠与人不承担责任。附义务的赠与，赠与的财产有瑕疵的，赠与人在附义务的限度内承担与出卖人相同的责任。

（4）由于受赠人没有履行义务，该西部某开发公司可以撤销赠与。根据《民法典》第663条第1款第3项的规定，受赠人有下列情形之一的，赠与人可以撤销赠与：不履行赠与合同约定的义务。但西部某开发公司行使撤销权，应当在知道该原因之日起1年内行使。

（5）可以。《民法典》第666条规定，赠与人的经济状况显著恶化，严重影响其生产经营或家庭生活的，可以不再履行赠与义务。

（6）不能。本案中赠与合同属于带有社会公益性质的赠与合同，不同于一般的赠与合同，赠与人不可以在赠与财产权利转移之前撤销赠与。

《民法典》第658条规定，赠与人在赠与财产的权利转移之前可以撤销赠与。具有救灾、扶贫等社会公益、道德义务性质的赠与合同或者经过公证的赠与合同，不适用前款规定。

6. 答案：（1）李某有权要求改乘其他班次或退票，承运人应予满足。

（2）不应支持。承运人擅自变更运输工具而提高服务标准的，不应加收票款。

（3）汽车运输公司应当承担赔偿责任。就运输过程中旅客伤亡，承运人应承担无过失责任，仅在伤亡系因旅客自身健康原因造成的，或承运人证明伤亡是旅客故意、重大过失造成的时，承运人方可免责。本案中，汽车运输公司只能证明自己已尽到足够的注意义务，乙方无过错，而无法证明有法定免责事由的出现，因此，不能免除赔偿责任。

（4）汽车运输公司仍应承担损害赔偿责任。承运人对运输过程中旅客的伤亡所承担的无过失责任，同样适用于按规定免票、持优待票及经承运人许可搭乘的无票旅客。

7. **答案**：（1）甲、乙间的货物运输，采用运单的形式，是符合法律规定的，它是甲、乙间货物运输的合同。

（2）不能，运单填制后，货物发运时，甲要求将其中二十吨白糖运送到丙地，这是不合法的。

（3）乙运送的白糖在途中被污染三十六吨，是因其混装造成的，因此应负赔偿责任。而这批白糖事先已实行保价，因此乙原则上对三十六吨白糖应按甲保价时声明的价格赔。不过，假若损失并未达到声明价格，乙只赔偿甲的实际损失。

8. **答案**：首先，在铁路货物运输中，承运人的主要义务是把货物运到指定地点，并及时通知收货人，承运人通知错误造成的损失由承运人负责。

其次，在运输过程中，从收到货物时到交付收货人之间，承运人负有安全运送和妥善保管的义务，运送过程中，发生货物毁损，承运人应负责赔偿实际损失。

从本案看，测压机的毁损是由火车站的过错即没有正确履行合同义务造成，因此应由火车站负赔偿责任。

钟表厂没有收货，因此不负违约责任。电机厂并没有保管测压机的义务，因此也不负赔偿责任。

9. **答案**：（1）对于开发失败的风险责任，应由研究院和开发公司合理分担。根据《民法典》第858条的规定，当事人一方发现因无法克服的技术困难，可能致使研究开发失败的情形时，应当及时通知另一方。而本案中张华发现其他公司在开发过程中遇到了难以克服的技术难点，可能导致开发失败时，未履行及时通知义务，因此有过错。张华没有及时通知并采取适当措施，如果致使损失扩大，应当就扩大的损失承担责任。对于开发失败的风险责任，根据《民法典》第858条的规定，由于双方没有约定，因此应由研究院和开发公司合理分担。

（2）张华没及时通知对方并采取适当措施，若致使损失扩大，开发公司应就扩大的损失承担责任。根据《民法典》第858条的规定，当事人一方发现因无法克服的技术困难，可能致使研究开发失败的情形时，应当及时通知另一方。而本案中张华发现其他公司在开发过程中遇到了难以克服的技术难点，可能导致开发失败时，未履行及时通知义务，因此有过错。张华没有及时通知并采取适当措施，如果致使损失扩大的，应当就扩大的损失承担责任。对于开发失败的风险责任，根据《民法典》第858条规定，由于双方没有约定，因此应由研究院和开发公司合理分担。

（3）张华只能依违约之诉起诉研究院。因为根据《民法典》第874条规定，受让人按照约定实施专利、使用技术秘密侵害他人合法权益的，由让与人承担责任。本案中的让与人是研究院，应对委托人承担违约责任。丙公司作为第三人，对开发公司不承担违约责任，这是由合同效力的相对性规则决定的。另外，丙公司在受让该技术时出于善意，因而也不构成对开发公司的侵权，不承担侵权责任。丙公司在开发公司与研究院的诉讼中可以作为无独立请求权的第三人参加诉讼。

（4）不能。因为在行纪合同中行纪人享有介入权，并有权要求委托人支付报酬。依《民法典》第956条规定，行纪人卖出或者买入具有市场定价的商品，除委托人有相反的意见表示以外，行纪人自己可以作为买受人或出卖人，并在此种情形下，仍然可以要求委托人支付报酬。本案中乙公司行使了介入权，虽然开发公司的总经理张华有相反意思表示，但在事后提出，因而张华的异议不能成立。

（5）乙外贸公司可行使留置权。并且，可要求开发公司支付违约金，并实际履行。依《民法典》第956条规定，委托人拒不支付报酬的，行纪人可以对委托物行使留置权。另外，在双方的行纪合同中，开发公司的行为构成违约。乙公司依《民法典》第585条的规定，有权要求开发公司承担违约金责任和继续履行的责任。

10. 答案：（1）甲不按时提货的行为构成违约，甲应承担违约责任，支付违约金。

（2）甲、乙是按比例抽验货物的，其中有20%是本身不合格，因此乙只对剩余80%的部分蒜头造成的实际损失负责。在赔偿时，以甲的进价为准。并且，乙对甲在知情后不及时处理出现异常情况的蒜头造成的扩大损失，以及甲不按时提货造成的损失，不负赔偿责任。

（3）甲应书面通知乙。在与乙达成一致协议前，原合同仍然有效。

11. 答案：（1）本案属于委托开发合同，合同中未就申请专利的问题进行议定，按法律规定，乙有权单方向国家专利局申请专利。甲可以免费实施批准后的专利技术。

（2）不能。按法律规定，有权决定将开发成果推广使用的只能是国务院有关主管部门和省、自治区、直辖市人民政府，而推广使用的对象仅限于“非专利技术”。本案不符合此两点，市建设局不能决定将乙的开发成果推广使用。

（3）乙未向甲交付成果，而甲也未逾期不接受成果，因此乙无权将开发成果转让给丙厂。

12. 答案：（1）能。受托人以自己名义与第三人订立合同时，因委托人的原因对第三人不履行义务，受托人向第三人披露委托人后，第三人可以选择受托人或者委托人作为相对人主张其权利。

本案涉及委托合同的法律效果问题。《民法典》第926第2款规定：“受托人因委托人的原因对第三人不履行义务，受托人应当向第三人披露委托人，第三人因此可以选择受托人或者委托人作为相对人主张其权利，但是第三人不得变更选定的相对人。”因此，在第三人天鹅公司知晓情况后，可以向委托人主张权利，要求大兴公司支付货款。

（2）部分无效。因定金数额不得超过合同标的的20%，超出部分无效。

全宇公司与天鹅公司间买卖合同的标的额是130万元，全宇公司支付了定金30万元。《民法典》第586条第2款规定，定金的数额由当事人约定；但是，不得超过主合同标的额的20%，超过部分不产生定金的效力。本案中，全宇公司支付的定金超过了主合同标的额的20%，对于超过的部分无效，但对于符合法律要求的20%应当是有效的。因此该定金合同部分无效。

（3）应返还给天鹅公司。属于不当得利。

全宇公司本来替大兴公司购买的彩电数量是500台，但是天鹅公司人员误发为505台。全宇公司对多取得的5台彩电没有法律依据，属于不当得利，应当返还给由此受到损失的天鹅公司。

（4）应由天鹅公司承担。标的物交付前发生的损失应由出卖人承担。

《民法典》第604条规定：“标的物毁损、灭失的风险，在标的物交付之前由出卖人承担，交付之后由买受人承担，但是法律另有规定或者当事人另有约定的除外。”因此本案中，在卖方天鹅公司将标的物交付给买方以前发生，其应当承担标的物毁损灭失的风险。

（5）不能。因为第三人选定了相对人后，不能变更选定的相对人。

《民法典》第926条第2款规定，受托人因委托人的原因对第三人不履行义务，受托人应当向第三人披露委托人，第三人因此可以选择受托人或者委托人作为相对人主张其权利，但是第三人不得变更选定的相对人。一旦第三人天鹅公司选定了主张权利的相对人，如向全宇公司起诉，其就不能再随意变更选定的相对人，不能再主张由大兴公司履行义务。

13. 答案：（1）正确。根据我国法律规定，除法律有特别规定或当事人有特别的约定外，财产所有权应从交付时转移，财产的风险也随之转移，布匹的所有权既未转移，其风险当然应由纺织厂承担。

（2）纺织厂获得的赔偿费属不当得利，应当归还服装厂。

（3）如果星星纺织厂能证明货物的损

失不是因管理的过错造成的，则由某服装厂承担。

14. 答案：（1）甲持卡在丙处消费，由乙向丙付款，这是一种无名合同关系，参照委托合同的规定处理。甲应依其消费金额向乙还款，甲、乙之间还形成借款合同法律关系（或形成还款关系）。

丙负有接受符合条件的持卡人的消费，即丙受乙的委托向第三人（消费者）为给付，有与第三人订立合同的义务，这是一种类似于委托的关系（或无名合同关系）。乙在丙完成对第三人的给付之后，丙有要求乙付款的权利。

甲与丙之间构成买卖合同关系。

（2）甲在丙处消费的付款义务，由乙承担。这是就将来可确定的债务，甲与乙订立债务承担协议。而且是经债权人同意的免责的债务承担，即免责的由乙承担，丙不得向甲主张权利。

乙不可以甲不付款为理由拒绝向丙付款。因为甲与乙、乙与丙之间的债的关系是独立的，而且债务承担具有无因性。

（3）如果甲不向乙支付其消费的款项，乙可依甲、乙之间的还款关系要求甲支付其所消费的款项及利息（违约责任）。

如果乙不向丙支付甲所消费的款项，丙可依乙、丙之间的还款关系要求乙支付甲所消费的款项及利息（违约责任）。

（4）应当由乙主张权利。乙可以依据其与丙之间的委托关系对丙主张不履行合同的违约责任。因为在乙与丙之间的丙负有接受符合条件的持卡人的消费，即丙受乙的委托向第三人（消费者）为给付，有与第三人订立合同的义务。在这一合同关系中，甲不是其当事人。

（5）张某不构成违约。因为自然人之间的借款合同，自贷款人提供借款时生效。张某未向甲提供借款，借款合同未生效。

（6）乙可以就甲对丁的保险赔偿金和甲对戊的损害赔偿金主张优先受偿权（或乙可以行使甲对丁的保险赔偿请求权、甲对戊的损害赔偿请求权）；乙可以对戊行使基于抵押权的损害赔偿请求权。

（7）没有影响。因为在甲的铺面房设定抵押后，甲将保险赔偿请求权转让给己，基于抵押权的物权优先效力（或追及效力，或优先效力），不影响抵押权的效力。己的债权人庚向法院申请冻结该保险赔偿请求权，基于抵押权的优先性，不影响抵押权的效力。

15. 答案：（1）成立。因为根据《民法典》规定，经当事人书面协议，乙公司可以现有的以及将有的生产设备、原材料、半成品、产品设定抵押，无须以登记为设立要件。

（2）不是。因为甲公司房产抵押与乙公司现有的及将有的生产设备等动产的抵押没有明确约定抵押份额，属于连带抵押。抵押权人（银行）可以选择就任一财产实现抵押权。

（3）具有法律效力。因为在法院依据竞买结果制作裁决书后，甲公司将房产过户给了丙公司，丙公司是房产所有人。当事人对房产权属作的特别约定，不具有物权效力。但是该备忘录没有违背法律的强制性规定，具有债权效力，丙公司对甲公司负有合同义务，即依约履行将房产过户给甲公司的义务。

（4）有效。因为丙公司是房产所有权人，有权对房产进行处分，且就同一房产签订多份买卖合同，合同效力既不会仅因为房产没有过户而受影响，也不会仅因为是一物多卖而受影响。

（5）有权。因为丁公司可以行使不安抗辩权。虽然在甲公司、丙公司与丁公司签订的房产买卖合同中约定，丁公司应先交首付，甲公司后办理房产过户。但是，房产产权人丙公司在签约次日就和戊公司签订房产买卖合同。该行为已经明确表明，甲公司有无法履行交房义务的可能。作为先交首付款义务的丁方，有权行使不安抗辩权。

（6）无权。因为甲公司可以行使先履行抗辩权。甲公司办理房产过户手续的义务在后。丁公司享有不安抗辩权，可以拒绝履行自己的先给付义务，但是不能以不安抗辩权要求甲公司履行在后的义务。

(7) 能。因为甲公司在合同订立半年内没有履行办理房产过户手续的义务，丁公司行使约定解除权的条件已经成就。

(8) 不能。因为甲公司、丙公司与丁公司签订房产买卖合同中约定丙公司和甲公司对合同的履行承担连带责任。该约定属于当事人真实意思表示，不违反法律、行政法规的强制性规定和社会公共利益，具有法律约束力。

(9) 可以。因为根据《民法典》和相关司法解释，合同约定的违约金超过造成损失的30%，数额过分高于损失，当事人可以请求法院予以适当减少。

16. 答案：(1) 李某（次承租人）可以请求代张某（承租人）支付其欠付王某（出租人）的租金和违约金，以抗辩王某的合同解除权。

(2) 由张某（出租人）承担。因为张某（出租人）有提供热水（热水器）的义务，张某违反该义务，致李某损失，应由张某承担赔偿责任。

(3) 可以（是）。由张某承担。因为张某（出租人）作为出租人应当按照约定将租赁物交付承租人、应当履行租赁物的维修义务；张某有保持租赁物符合约定用途的义务。

(4) 由李某承担。因为李某（承租人）经张某（出租人）同意装饰装修，但未就费用负担作特别约定，故承租人不得请求出租人补偿费用。

(5) 否（李某或张某均不应当承担赔偿责任）。因为李某与黄某之间并无合同，李某不需承担违约损害赔偿责任；对于黄某的损失，李某亦无过错，不需承担侵权责任。故李某不应承担赔偿责任。张某与黄某之间并无合同，张某不需要承担违约损害赔偿责任；对于黄某的损失，张某并无过错，不需承担侵权责任。故张某不应承担赔偿责任。

(6) 郝某不应当承担赔偿责任。B公司应当承担赔偿责任。因为郝某是B公司的工作人员，执行B公司的工作任务，故不需承担侵权责任。因热水器是缺陷产品，缺陷产品造成损害，被侵权人（黄某）既可向产品的生产者请求赔偿，也可向产品的销售者请求赔偿。故B公司需承担侵权责任。

(7) 李某不应承担赔偿责任，B公司应承担赔偿责任。因为李某对衣物受损并无过错。缺陷产品的侵权责任，由生产者或销售者承担，故B公司应对张某衣物受损承担侵权责任。

17. 答案：(1) 甲、丙基于合法有效的买卖合同于2月11日办理了过户登记手续，即完成了不动产物权的公示行为。不动产物权发生变动，即由原所有权人甲变更为丙。

(2) 甲、丙之间于2月8日形成的房屋买卖合同，该合同为有效合同。尽管甲已就该房与乙签订了合同，但甲、丙的行为不属于违背公序良俗的行为，也不违反法律、行政法规的强制性规定，不存在无效的因素。丙的行为仅为单纯的知情，甲、丙之间的合同不属于恶意串通行为，因其不以损害乙的权利为目的。

(3) 2月12日，甲、乙之间修改合同的行为，该行为有效，其性质属于双方变更合同。双方受变更后的合同的约束。

(4) 乙与甲通过协商变更了合同，甲、丙之间的合同有效且已经办理了物权变动的手续，故乙关于确认甲、丙之间合同无效、由甲交付01号房的请求不能得到支持。但是，乙可以请求甲承担违约责任，乙同意变更合同不等于放弃追索甲在01号房屋买卖合同项下的违约责任。

(5) 乙可请求解除合同，甲应将收受的购房款本金及其利息返还给乙。因政策限购属于当事人无法预见的情形，且合同出现了履行不能的情形，乙有权解除合同，且无须承担责任。

(6) 应当由丙和A公司承担。张某是受雇人，其执行职务的行为，由A公司承担侵权赔偿责任。丙聘请没有装修资质的

A公司进行房屋装修，具有过错，也应对丁的损失承担赔偿责任。

(7) B公司承担。李某维修行为，构成表见代理，其行为后果由B公司承担(合同上的赔偿责任)。或者李某虽然离职，但经维修处负责人指派，仍为执行工作任务，应由B公司承担（侵权责任)。

第二十七章　无 因 管 理

基础知识图解

- 无因管理的概念与性质
- 无因管理的构成要件
  - 管理他人事务
  - 为他人谋利的意思
  - 没有法定或者约定义务
- 无因管理的内容
  - 管理人的义务：适当管理、通知、报告与计算
  - 管理人的权利：主要是得请求本人偿付因管理事务所支出的必要费用

配套测试

一、单项选择题

1. 在下列情形中，（　　）属于无因管理。

A. 在加工合同中，承揽人管理定作人提供的原材料

B. 出卖人向买受人交付标的物，并转移标的物所有权

C. 甲拾得乙丢失的牛，在积极寻找失主的同时，对该牛进行管理

D. 超市对进入超市的顾客的皮包进行保管

2. 张某有水蜜桃树十余棵，果实成熟时，他生病住院。一天，气象预报将有暴风雨来临。邻居李某请人及时代为抢收，得水蜜桃（果）300斤。运到集镇，售给小贩，得210元，支出抢收工资和运费30元。小贩卖出后，得400元。依照法律李某应该（　　）。

A. 归还张某400元

B. 归还张某210元

C. 归还张某180元

D. 与张某平分，各得90元

3. 甲捡到了一只母山羊后将其饲养起来，并在良种站花钱为母山羊配种，此后母山羊生了2只小山羊，后失主乙找到甲要羊。问：本案应如何处理？（　　）

A. 失主无权要回山羊

B. 母山羊归还失主，小山羊归甲

C. 大、小山羊全归还失主，失主付给甲饲养费和配种费

D. 大、小山羊全归还失主，失主付给甲配种费但不付饲养费

4. 陈某外出期间家中失火，邻居家10岁的女儿刘某呼叫邻居救火，并取自家衣物参与扑火。在救火过程中，刘某手部被烧伤，花去医疗费200元，衣物损失100元。下列哪种说法是正确的？（　　）

A. 陈某应偿付刘某100元

B. 陈某应偿付刘某200元

C. 陈某应偿付刘某300元

D. 陈某无须补偿刘某

5. 甲的一头牛走失，乙牵回后关入自家牛棚，准备次日寻找失主。当晚牛棚被台风刮倒，将牛压死。乙将牛肉和牛皮出售，各得款500元和100元。请人屠宰及销售，支出100元。下列哪一种说法是正确的？（　　）

A. 甲有权要求乙返还一头同样的牛

B. 甲有权要求乙返还500元

C. 甲有权要求乙返还600元

D. 甲有权要求乙按该牛的市价赔偿1000元

6. 在下列情况下，无因管理的管理人的管理

是适当的（　　）。

A. 以管理自己事务一样的方法管理

B. 主观上认为其管理方法有利于本人

C. 客观上能避免本人利益受损失

D. 公众认为其管理方法适当

7. 根据无因管理之债的构成要件，下列事实中，不构成无因管理之债的事实是（　　）。

A. 未受委托，雇人为邻居的危险房屋加固，以免遭台风袭击而损毁

B. 受委托，雇人为他人照看病人

C. 抢救溺水的儿童

D. 饲养他人失散的动物并寻找其主人

8. 张某外出，台风将至。邻居李某担心张某年久失修的房子被风刮倒，祸及自家，就雇人用几根木料支撑住张某的房子，但张某的房子仍然不敌台风，倒塌之际压死了李某养的数只鸡。下列哪一说法是正确的？（　　）（2009 年司考．卷三．单 12）

A. 李某初衷是为自己，故不构成无因管理

B. 房屋最终倒塌，未达到管理效果，故无因管理不成立

C. 李某的行为构成无因管理

D. 张某不需支付李某固房费用，但应赔偿房屋倒塌给李某造成的损失

9. 甲公司对乙公司负有交付葡萄酒的合同义务。丙公司和乙公司约定，由丙公司代甲公司履行，甲公司对此全不知情。下列哪一表述是正确的？（　　）（2012 年司考．卷三．单 12）

A. 虽然甲公司不知情，丙公司的履行仍然有法律效力

B. 因甲公司不知情，故丙公司代为履行后对甲公司不得追偿代为履行的必要费用

C. 虽然甲公司不知情，但如果丙公司履行有瑕疵的，甲公司需就此对乙公司承担违约责任

D. 虽然甲公司不知情，但如果丙公司履行有瑕疵从而承担违约责任的，丙公司可就该违约赔偿金向甲公司追偿

10. 吕某前往超市购物途中，恰逢孟某牵着自己的狗迎面走来。狗突然上前追咬吕某，吕某见此情形吓得狂奔。路人张某为救吕某，拿起旁边何某的伞与狗扭打起来。结果：吕某得救，张某被狗咬伤，花去医药费 2000 元。关于本案，下列哪一说法是错误的？（　　）

A. 张某的行为构成无因管理

B. 张某的行为不构成无因管理

C. 张某可以请求吕某支付 2000 元医药费

D. 张某可以请求孟某支付 2000 元医药费

二、多项选择题

1. 下列哪些情形不构成无因管理？（　　）

A. 下大雪清扫路面，避免行人跌伤

B. 路遇受伤者，主动送至医院治疗，并支付车费

C. 将自己的牛误认为是他人的牛而进行饲养

D. 在旅客运输合同中，司乘人员代管旅客物品

2. 甲发现一头牛在自家田里吃麦苗，便将此牛牵回进行喂养。过了 10 天，乙发现自家走失的牛在甲家牛圈，于是向甲要牛。甲让乙将牛牵回，但提出了一些请求，双方为此发生纠纷。现问：甲的如下诉讼请求哪些能够成立？（　　）

A. 甲请求乙支付麦苗损失费

B. 甲请求乙支付拾牛报酬

C. 甲请求乙支付饲料费

D. 甲请求乙支付误工损失费

3. 张某父子俩在一起生活。2022 年春天，张某父子出去打工，房屋无人看守。一天，气象台预报近期将有强台风。张家的邻居国某见张家无人，房子又年久失修，难以经受台风袭击。于是，就花钱请人对张家的房子进行了加固，共花费了 650 元。但台风过后，张家的房子还是倒塌了。国某（　　）。

A. 所做的行为是无因管理

B. 所做的行为是受托行为

C. 有权请求张家父子偿还所支出的费用

D. 无权请求张家父子偿还所支出的费用

4. 甲被一车撞倒昏迷在路旁，肇事车主驾车逃跑，乙路过见状将甲送往医院抢救，支出医疗费若干元。在救助过程中，乙身穿的名牌T恤被血染了，无法再使用。则乙可以向甲主张哪些权利？（ ）

A. 出租车费用返还请求权

B. 医疗费返还请求权

C. 衣服的损害赔偿请求权

D. 报酬请求权

5. 下列行为中，哪些构成无因管理？（ ）（2008年司考．卷三．多55）

A. 甲错把他人的牛当成自家的而饲养

B. 乙见邻居家中失火恐殃及自己家，遂用自备的灭火器救火

C. 丙（15岁）租车将在体育课上昏倒的同学送往医院救治

D. 丁见门前马路下水道井盖被盗致路人跌伤，遂自购一井盖铺上

6. 甲正在市场卖鱼，突闻其父病危，急忙离去，邻摊菜贩乙见状遂自作主张代为叫卖，以比甲原每斤10元高出5元的价格卖出鲜鱼200斤，并将多卖的1000元收入自己囊中，后乙因急赴喜宴将余下的100斤鱼以每斤3元卖出。下列哪些选项是正确的？（ ）（2007年司考．卷三．多53）

A. 乙的行为构成无因管理

B. 乙收取多卖1000元构成不当得利

C. 乙低价销售100斤鱼构成不当管理，应承担赔偿责任

D. 乙可以要求甲支付一定报酬

三、不定项选择题

甲的邻居丙出国数年，委托甲代为照管房屋。甲联系乙拆卸自家空调，拆完后甲看到丙家的空调业已十分老旧，就联系乙也把丙家的空调拆掉，并以旧空调折抵拆卸费。乙当时时间不便，遂向甲推荐了自己的老乡丁。丁在拆卸丙家空调时不慎从三楼摔下，致终身残疾。对此，下列说法错误的是？（ ）

A. 丙与丁之间成立承揽合同

B. 甲应完全承担丁的人身损害赔偿

C. 甲与丙之间成立无因管理之债

D. 甲与乙之间成立承揽合同

四、名词解释

无因管理（西北政法大学2007年研究生入学考试题）

五、简答题

1. 如何理解无因管理行为的构成要件中“管理人需有为他人谋利益的意思”这一要件的含义？（武汉大学2001年研究生入学考试题）

2. 如何理解无因管理之债的效力？（清华大学2009年研究生入学考试题“简述无因管理的适当管理及法律效果”）

六、案例分析题

1. 张某在一风景区旅游，爬到山顶后，见一女子孤身站在山顶悬崖边上，目光异样，即心生疑惑。该女子见有人来，便向悬崖下跳去，张某情急中拉住该女子衣服，将女子救上来，张某救人过程中，将随身携带的价值2000元的照相机碰坏，手臂被擦伤；女子的头也被碰伤，衣服被撕破。张某将女子送到山下医院，为其支付各种费用500元，并为包扎自己的伤口花去20元。当晚，张某住在医院招待所，但已身无分文，只好向服务员借了100元，用以支付食宿费。次日，轻生女子的家人赶到医院，向张某表示感谢。

问题：

（1）张某与轻生女子之间存在何种民事法律关系？

（2）张某的照相机被损坏以及治疗自己伤口的费用女子应否偿付？为什么？

（3）张某为女子支付的医疗费等费用能否请求女子偿付？为什么？

（4）张某向服务员借的100元，应当由谁偿付？为什么？

（5）张某能否请求女子给付一定的报酬？为什么？

（6）张某应否赔偿女子衣服损失？为

什么？

2. 甲和乙为邻居，向来不和。一天，乙的住宅起火，甲视而不见。直至大火逼近甲的住宅，甲才奋力救火，并为此支出2000元的费用，并且甲的衣服在救火过程中被烧毁。另外，甲在救火过程中，由于不小心，将乙的花瓶撞碎。事后，甲和乙就以上事项发生争议，请给出你的意见并说明理由。（清华大学2007年研究生入学考试题）

参考答案

一、单项选择题

1. **答案**：C。A错，《民法典》第784条规定，承揽人应当妥善保管定作人提供的材料以及完成的工作成果，因保管不善造成毁损、灭失的，应当承担损害赔偿责任。据此，A项表述属于法定义务，不构成无因管理。B错，《民法典》第598条规定："出卖人应当履行向买受人交付标的物或者交付提取标的物的单证，并转移标的物所有权的义务。"据此，B项表述是法定义务，不构成无因管理。C对，C项表述符合无因管理的条件，构成无因管理。D错，超市对进入超市的顾客的皮包进行保管属于约定义务。

2. **答案**：C。参见《民法典》第121条。本题属于无因管理。其管理人有将无因管理事务收取的物品、金钱以及孳息等交还本人，但有权要求受益人偿付由此而支付的必要费用。

3. **答案**：C。本题考查无因管理之债的法律后果、孳息所有权的归属。无因管理之债的法律后果可以参照前面题目。孳息所有权原则上归原物所有人，法律另有规定或合同另有约定的除外。无因管理之债的法律后果是：管理人不能从中获利。

4. **答案**：C。《民法典》第121条规定，没有法定的或者约定的义务，为避免他人利益受损失而进行管理的人，有权请求受益人偿还由此支出的必要费用。没有法定的或者约定的义务，为避免他人利益受损失进行管理或者服务的，构成无因管理。无因管理属于事实行为，并不要求管理人具有民事行为能力，只要管理人具有认识能力足矣，所以本题中刘某的行为构成无因管理，其有权要求陈某偿付其因管理行为而支付的必要费用。《民法典》第121条所规定的管理人或者服务人可以要求受益人偿付的必要费用，包括在管理或者服务活动中直接支出的费用，以及在该活动中受到的实际损失。本题中因刘某救火手部烧伤花去的医疗费200元和衣物损失100元都属于必要费用，陈某应该偿付，故选C。

5. **答案**：B。《民法典》第121条规定，没有法定的或者约定的义务，为避免他人利益受损失而进行管理的人，有权请求受益人偿还由此支出的必要费用。这条是关于无因管理制度的规定。本题中，管理人乙负有适当管理的义务，乙也的确进行了适当的管理，只是因为不可抗力的发生而导致牛的死亡，不可抗力是侵权行为的一种免责事由，所以乙无须对甲承担侵权责任。而乙在无因管理过程中取得的财产权利600元应当交还给甲，同时，乙也有权向甲请求返还为其支付的必要费用，有权请求返还屠宰费100元。因此，最后，乙应当向甲返还500元。本题的答案为B。

6. **答案**：C。本题考查管理人义务，其不能违背本人的管理要求和社会常识。

7. **答案**：B。无因管理构成是指没有法定或者约定的义务，受人之托是约定义务。

8. **答案**：C。无因管理，是指没有法定的或约定的义务，为避免他人利益受损失而为他人管理事务或提供服务的行为。本题中，虽然李某在帮助张某修缮房屋的时候存在利己意思，但是主要还是为了张某的利益而修缮房屋，李某的行为成立无因管理。因此，A、B项错误，C项正确。另外，无因管理一经成立，在管理人和本人之间即发生债权债务关系，管理人有权请求本人偿还其因管理而支出的必要费用，本人有义务偿还。本题中，李某有权要求张某支付固房费用，张某应支付。因此，D项错误。

9. **答案**：A。《民法典》第523条仅规定，当事人约定由第三人向债权人履行债务，第三人不履行债务或者履行债务不符合约定的，债务人应当向债权人承担违约责任，并未规定第三人与债权人达成代为履行协议的问题。就本题中第三人丙公司与债权人乙公司达成协议，可按照民法典一般原理及不当得利、无因管理的相关规则予以解答。乙、丙公司签订代为履行协议，系两者真实意思表示，对乙、丙公司有效，但甲公司完全不知情，对甲公司不发生拘束力。在选项A中，甲公司不知情，不影响乙、丙公司间协议对乙、丙公司的效力，所以，丙公司代为履行后，仍然有法律效力，该选项正确。在选项B中，虽然甲公司不知情，乙、丙公司的协议对其不发生效力，但是丙公司在代为履行义务后，甲公司的义务消灭。《民法典》第122条规定："因他人没有法律根据，取得不当利益，受损失的人有权请求其返还不当利益。"据此，甲公司构成不当得利。《民法典》第121条规定："没有法定的或者约定的义务，为避免他人利益受损失而进行管理的人，有权请求受益人偿还由此支出的必要费用。"按照该两条的规定，丙公司仍可要求甲公司支付代为履行的必要费用，该选项错误。在选项C中，因为甲公司不知情，乙、丙公司的协议对甲公司不发生效力，若丙公司履行有瑕疵，乙公司不得要求甲公司承担违约责任，该选项错误。在选项D中，若丙公司代为履行合同消灭甲公司的义务，则甲公司构成不当得利，但本题中丙公司的履行行为并未给甲公司带来利益，故丙公司不可对甲公司主张权利；丙公司代为履行合同义务，构成无因管理，只可要求支付代为履行的必要费用，就其违约行为的责任不可要求甲公司承担，该选项错误。综上，本题正确答案为A。

10. **答案**：B。首先，根据《民法典》第121条规定，没有法定的或约定的义务，为避免他人利益受损失而进行管理的人，有权请求受益人偿还由此支出的必要费用。据此可知，无因管理的构成要件有3个：(1)没有法定或约定的义务；(2)主观上具有管理他人事务的意思（管理人可适当兼为自己利益）；(3)客观上实施了管理他人事务的行为（至于管理是否有效果在所不问）。本题中，路人张某的行为构成无因管理。故A项正确。其次，根据《民法典》第979条规定，管理人没有法定的或者约定的义务，为避免他人利益受损失而管理他人事务，并且符合受益人真实意思的，可以请求受益人偿还因管理事务而支出的必要费用；管理人因管理事务受到损失的，可以请求受益人给予适当补偿。本题中，张某（管理人）可以请求吕某（受益人）支付2000元医药费。故C项正确。最后，根据《民法典》第1245条规定，饲养的动物造成他人损害的，动物饲养人或者管理人应当承担侵权责任；但是，能够证明损害是因被侵权人故意或者重大过失造成的，可以不承担或者减轻责任。由此可知个人饲养的动物造成他人损害的，动物饲养人或者管理人承担无过错责任。本题中，张某为救吕某被孟某家的狗咬伤，孟某作为饲养人依法应承担侵权责任。受害人张某可以请求孟某支付2000元医药费。故D项正确。

二、多项选择题

1. **答案**：ACD。选项A中当事人的行为没有明确的相对人，因此无法构成无因管理；选项C中的行为不符合"客观为他人管理事务"的条件；选项D中司乘人员代管物品属于合同项下的义务。

2. **答案**：ACD。本题考查拾得遗失物和无因管理。A对，《民法典》第1245条规定，饲养的动物造成他人损害的，动物饲养人或者管理人应当承担民事责任；但是，能够证明损害是因被侵权人故意或重大过失造成的，可以不承担或者减轻责任。据此，乙应当支付甲麦苗损失费。B错。C对，《民法典》第121条规定，没有法定的或者约定的义务，为避免他人利益受损失而进行管理的人，有权请求受益人偿还由此支出的必要费用。本题中甲将乙走失的牛牵回家暂时喂养构成无因管理，乙应支付甲的饲料费。D对。

3. **答案**：AC。参见《民法典》第121条。本题构成无因管理，虽没有使本人受益，但管理人已经尽到合理义务，没有过错，享有管理人的权利。

4. **答案**：ABC。无因管理管理人的权利有：(1) 费用的偿还请求权。管理人为管理事务支出的必要费用，可请求本人偿还。该费用有无必要，也应以通常标准而定；(2) 清偿所负债务的请求权，管理人因管理事务而负担的必要债务，可请求本人代为清偿；(3) 损害赔偿请求。管理人因管理事务而受到损害的，得请求损害赔偿。

5. **答案**：BCD。根据《民法典》第121条的规定，构成无因管理须具备以下要件：客观上管理了他人事务；主观上有为他人利益的意思；管理人没有法定或约定的义务。A选项中，甲主观上缺乏为他人利益的意思，不构成无因管理。B选项中，乙虽然主观上有避免自家受损的意思，但也有使邻居利益免受损失的意思，且有客观管理行为，也无约定或法定义务，故构成无因管理。C选项中，尽管丙为限制行为能力人，但无因管理人并不以具有完全行为能力为必要，因此丙救助同学的行为应构成无因管理。D选项中，丁自购井盖铺上的行为使对井盖负有管理职责的部门免受因路人跌伤造成的不利益，应构成无因管理。故本题答案应为B、C、D。

6. **答案**：ABC。本题考查无因管理的要件及法律后果。所谓无因管理是指没有法定的或者约定的义务，为避免他人利益受损失而进行管理或者服务的行为。本题中乙代甲叫卖的行为符合无因管理的要件，成立无因管理行为，A项正确。无因管理人有义务将管理所得利益移交给本人，并有义务以善良管理人的注意继续管理，因此题目中乙擅自占有多卖的1000元构成不当得利，低价销售甲余下的鱼构成不当管理，B、C项正确。根据《民法典》第121条的规定，管理人仅有权要求本人支付由管理而生的必要费用，无权请求报酬，故D项错误。

三、不定项选择题

答案：ABC。A项看似考查承揽合同，但事实上考查的是合同的相对性原理。本题中，和丁缔约的是甲，而不是丙，因此丙和丁之间并无合同关系，A项错误，当选。B项考查用人者责任。《民法典》第1192条第1款规定，个人之间形成劳务关系，提供劳务一方因劳务造成他人损害的，由接受劳务一方承担侵权责任。接受劳务一方承担侵权责任后，可以向有故意或者重大过失的提供劳务一方追偿。提供劳务一方因劳务受到损害的，根据双方各自的过错承担相应的责任。据此，丁在提供劳务过程中不慎从三楼摔下致终身残疾，此时对于丁的损害，应根据甲与丁各自的过错承担，而丁从三楼摔下，自身是具有过错的，此时显然不能要求甲承担完全的赔偿责任，B项错误，当选。C项考查无因管理。《民法典》第979条第1款规定，管理人没有法定的或者约定的义务，为避免他人利益受损失而管理他人事务的，可以请求受益人偿还因管理事务而支出的必要费用；管理人因管理事务受到损失的，可以请求受益人给予适当补偿。该条规定了适法的无因管理，本题中，甲与丙之间存在有效的委托合同，甲拆卸丙的空调是在履行委托合同中的事务管理义务，并非无因管理，因此甲与丙之间不存在无因管理之债，故C项错误，当选。D项考查承揽合同。《民法典》第770条规定，承揽合同是承揽人按照定作人的要求完成工作，交付工作成果，定作人支付报酬的合同。承揽包括加工、定作、修理、复制、测试、检验等工作。第919条规定，委托合同是委托人和受托人约定，由受托人处理委托人事务的合同。甲、乙之间的合同与承揽合同以及委托合同都有一定的相似性。应当明确，承揽合同与委托合同的本质区别在于：承揽合同属于结果之债，即承揽人需要交付符合合同要求的工作成果；委托合同属于手段之债，受托人有为委托人利益处理委托事务的义务，但并不担保委托事项一定能够完成，只要受托人尽到了合同要求的注意义务即可。结合本题，从甲、乙之间的合同内容来看，乙不仅要按照甲的要求拆卸空调，而且要最终交付工作成果，双方的合同内容所着眼的是最终的结果而非乙的拆卸过程，因此甲、乙之间的合同属于承揽合同，D项正确，不当选。

四、名词解释

答案：作为债的一种发生根据，是指没有法定的或者约定的义务，为避免他人利益受损失而进行管理或者服务的法律事实。进行管理或者服务的当事人称为管理人，受事务管理或者服务的一方称为本人。因本人一般从管理人的管理或者服务中受益，所以又称为受益人。

五、简答题

1. 答案：无因管理是指没有法定的或约定的义务，为避免他人利益受损失，自愿管理他人事务或为他人提供服务的行为。管理他人事务或为他人提供服务的人称管理人，他人称本人。无因管理行为要求管理人需有为本人谋利益的意思。这是指管理人有使管理事务所生之利益归于他人的意思。该意思属事实上的意思，而非效力上的意思，故无须表示，学理上称之为“管理意思”。确定无因管理须有为他人利益的管理意思，是限定无因管理的适用范围，使无因管理干预他人事务的行为受违法性阻却而为合法的核心问题。故管理人误将自己事务认为是他人事务管理的，或为自己的利益而管理他人事务的，都不构成无因管理。管理意思中的他人是指管理人以外的人，至于究竟为何人并无确认的必要，不影响无因管理的成立。

2. 答案：（1）管理人之义务。包括：第一，主给付义务。管理人的主给付义务是对他人事务的适当管理。第二，从给付义务。包括：一是通知义务，管理人在管理事务开始后，应尽可能及时通知本人，听取本人的意见，是否要继续管理，除情况急迫外，在本人有指示时，应听候本人指示管理；二是报告义务，在管理事务终止时，应向本人报告管理的情况和管理的结果；三是结算义务，因管理事务收取的物品、金钱及其孳息等应交还本人，管理人以自己的名义为本人取得的权利或利益应移转给本人，如为自己的利益使用本人钱财的，应支付利息。（2）管理人之权利。包括：第一，费用的偿还请求权。管理人为管理事务支出的必要费用，得请求本人偿还。管理人请求本人偿还的必要费用包括两部分：一是管理人在事务管理中直接支出的费用；二是管理人在事务管理中受到的损失。第二，清偿所负债务的请求权。管理人因管理事务而负担的债务，得请求本人代为清偿。第三，损害赔偿请求权。管理人因管理事务而受损害的，得请求损害赔偿。（3）损害赔偿。管理人未尽管理义务，导致本人损害的，通常负重大过失赔偿责任。即管理人符合管理事务的一般要求，只是管理方式不当，给本人造成损失的，有重大过失的，负损害赔偿责任；属于一般过失的，应免除或减轻管理人的损害赔偿责任。

六、案例分析题

1. 答案：（1）因张某的救助行为使二者之间发生无因管理关系。

（2）应当由女子偿付，因为此系张某实施管理行为所造成的，而且张某自己没有过失（答“此系实施无因管理而发生的损失和合理的费用”亦可）。

（3）能。因为此为张某在管理事务中支出的必要费用。

（4）由女子偿付。因受益人对无因管理行为中发生的正当债务有清偿之义务。或答由张某偿付。因该款系张某所借，基于合同的相对性原理。

（5）不能。因为无因管理是无偿性的。

（6）不用。因为是在当时的紧急情况下为了营救其生命而造成的损失。

2. 答案：（1）无因管理是指没有法定的或者约定的义务，为避免他人利益受到损失而进行管理或服务的行为。无因管理并不要求行为人实施管理行为的时候是否有必然的原因，主观上是为了避免自己的利益受到损害，还是为了他人利益受到损失，只要明知自己的行为同时是避免他人利益受到损失的管理或服务行为即可。

本案例中，甲并没有救助扑灭乙大火的法定或约定义务，甲主观上虽然是为了避免自己受到损失，但是，甲也明知自己的行为同时是替乙的利益进行管理，事实上也提供了帮助，甲的救火行为直接针对的是乙的房屋，甲并没有认识错误，符合无因管理的要件。因此，本案例甲的行为属于无因管理。

同时，为他人管理的意思与为自己管理的意思可以并存。例如，修理邻居快要倒塌的房屋，既为邻居，也可以使自己免除危险，也可成立无因管理，管理人对于本人是谁，没有认识的必要，即使对于本人认识错误，对于真实的本人依然成立无因管理。

（2）无因管理中存在两种情况：

①客观的他人事务：是指依事务的性质，当然属于他人的事务。管理客观的他人事务足以成立无因管理。

②主观的他人事务：是指事务在性质上与特定人并无当然的结合关系，需依管理人的意思以决定是否属于他人事务。主观上是为了保护自己的财产，客观上救火行为是为了他人的事务。本案显然不是不法管理，也不是误信管理或幻想管理。如果是误信管理或幻想管理产生的是不当得利之债或侵权之债，不属于无因管理。

甲在替乙的房屋救火的时候，并没有产生误信或幻想，甲明知自己是在替乙救火，只不过主观目的不是为了乙，却知道自己的客观行为除了保护自己的财产还保护了乙的财产，因此，不存在误信或幻想。当然属于无因管理。

赔偿管理人因管理事务而受到的损害。管理人在为本人管理事务时，受到损害，包括人身损害和财产损害，均可以向本人请求赔偿。因此，甲为了救火支出的费用当然由乙承担。

（3）由于无因管理具有无偿性的特征，因此，无因管理人只有在主观上具有故意或重大过失时才承担侵权责任。甲在救火过程中，由于不小心，将乙的花瓶撞碎。显然，在救火的紧急过程中要求一般人注意保护花瓶显然是过高的要求，因此，甲的过失侵权行为只是一般过失，而非重大过失或故意，因此，甲也不应赔偿花瓶的损失。

第二十八章　不当得利

基础知识图解

- 概念
- 构成要件
  - 一方受益
  - 他方受损失
  - 获得利益和受损失之间有因果关系
  - 没有合法根据
- 不当得利的基本类型
  - 给付不当得利的类型
    - 给付目的自始不存在的不当得利
    - 给付目的未达到
    - 给付目的嗣后不存在的不当得利
  - 非给付不当得利的类型
    - 基于受益人
    - 基于受损人
    - 基于第三人的行为
    - 基于自然事件
    - 基于法律规定
- 效力
  - 返还原物
  - 偿还价格

配套测试

一、单项选择题

1. 下列哪种事实会发生不当得利之债？（　　）

A. 给付因赌博而欠的债务

B. 向“第三者”给付生活费

C. 债务人清偿诉讼时效已过的债务

D. 在下大雨时，甲养鱼塘的鱼跳到乙养鱼塘

2. 王某拾得一条金项链，一天她戴着项链出门，被失主刘梦萍认出，王某矢口否认，拒不返还。于是刘梦萍向人民法院提起诉讼，人民法院应当按照（　　）处理。

A. 不当得利之诉

B. 侵权之诉

C. 无因管理之诉

D. 合同之诉

3. 养牛专业户蒋某的一头奶牛得了重病，蒋某恐此牛的病传染，便将其抛弃野外。农民刘某经过此地，发现此牛并拉回家中，经过刘某的精心喂养，此牛竟成为一头高产奶牛。一年后，蒋某听说此事，要求刘某将牛还给他，刘某不允。依照法律蒋某（　　）。

A. 有权请求刘某返还此牛，因为刘某取得此牛是不当得利

B. 有权请求刘某返还此牛，但应补偿刘某喂养病牛支出的费用及劳务费

C. 无权请求刘某返还此牛，因为蒋某的所有权已因抛弃而消灭

D. 无权请求刘某返还此牛，但有权要求刘某给予适当补偿

4. 甲将走失的一头黄牛带回家饲养，两个月后以 1200 元卖给乙，后丙认出是他的牛，遂向乙追索，则（　　）。

A. 牛归丙所有，丙付1200元给乙
B. 牛归乙所有，甲向丙付1200元
C. 牛归丙所有，甲退还乙1200元，丙向甲偿付饲养黄牛两个月的费用
D. 牛归乙所有，甲向丙付1200元，但应扣除其饲养黄牛两个月的费用

5. 甲向银行取款时，银行工作人员因点钞失误多付给其1万元。甲以这1万元作本钱经商，获利5000元，其中2000元为其劳务管理费用成本。1个月后银行发现了多付款的事实，要求甲退回，甲不同意。问：下列有关该案的哪一表述是正确的？（　　）
A. 甲无须返还，因系银行自身失误所致
B. 甲应返还银行多付的1万元
C. 甲应返还银行多付的1万元，同时还应返还1个月的利息
D. 甲应返还银行多付的1万元，同时还应返还1个月的利息及3000元利润

6. 根据不当得利之债的构成要件，下列事实中，不构成不当得利之债的事实是（　　）。
A. 公民甲基于租赁合同应当向公民乙支付租金2万元，而实际支付3万元
B. 火车站将甲的货错发给乙
C. 因风灾甲的100匹马跑入乙的马群中
D. 甲因赌博输给乙5万元

7. 甲是乙公司的长期客户，于农历春节前，收到乙公司所寄5瓶瓶装茅台礼盒一份。甲以为是春节馈赠，取出2瓶与友人共饮后，接到乙公司的来函，称该礼盒为丙的订货，误送至甲处，要求甲付款或退货。甲拒绝，又开启1瓶，剩下2瓶被偷走。问当事人间法律关系如何？（　　）
A. 甲应返还5瓶酒的价款及利息
B. 甲应返还3瓶酒的价款及利息
C. 甲应返还1瓶酒的价款及利息
D. 甲不须返还

8. 一日清晨，甲发现一头牛趴在自家门前，便将其拴在自家院内，打探失主未果。时值春耕，甲用该牛耕种自家田地。其间，该牛因劳累过度得病，甲花费300元将其治好。两年后，牛的主人乙寻牛来到甲处，要求甲返还，甲拒绝返还。下列哪一说法是正确的？（　　）（2009年司考．卷三．单13）
A. 甲应返还牛，但有权要求乙支付300元
B. 甲应返还牛，但无权要求乙支付300元
C. 甲不应返还牛，但乙有权要求甲赔偿损失
D. 甲不应返还牛，无权要求乙支付300元

9. 任某门前公路上有一泥沟。某日，一货车经过泥沟，由于颠簸掉落货物一件，被任某拾得据为己有。任某发现有利可图，遂将泥沟挖深半尺。次日，果然又拾得两袋车上颠落的货包。关于任某行为的性质，下列哪一选项是正确的？（　　）（2008年司考．卷三．单5）
A. 无因管理和侵权行为
B. 不当得利
C. 无因管理和不当得利
D. 不当得利和侵权行为

10. 甲将某物出售于乙，乙转售于丙，甲应乙的要求，将该物直接交付于丙。下列哪一说法是错误的？（　　）（2012年司考．卷三．单20）
A. 如仅甲、乙间买卖合同无效，则甲有权向乙主张不当得利返还请求权
B. 如仅乙、丙间买卖合同无效，则乙有权向丙主张不当得利返还请求权
C. 如甲、乙间以及乙、丙间买卖合同均无效，甲无权向丙主张不当得利返还请求权
D. 如甲、乙间以及乙、丙间买卖合同均无效，甲有权向乙、乙有权向丙主张不当得利返还请求权

11. 甲公司、乙公司签订的《合作开发协议》约定，合作开发的A区房屋归甲公司、B区房屋归乙公司。乙公司与丙公司签订《委托书》，委托丙公司对外销售房屋。《委托书》中委托人签字盖章

处有乙公司盖章和法定代表人王某签字，王某同时也是甲公司法定代表人。张某查看《合作开发协议》和《委托书》后，与丙公司签订《房屋预订合同》，约定："张某向丙公司预付房款 30 万元，购买 A 区房屋一套。待取得房屋预售许可证后，双方签订正式合同。"丙公司将房款用于项目投资，全部亏损。后王某向张某出具《承诺函》：如张某不闹事，将协调甲公司卖房给张某。但甲公司取得房屋预售许可后，将 A 区房屋全部卖与他人。张某要求甲公司、乙公司和丙公司退回房款。张某与李某签订《债权转让协议》，将该债权转让给李某，通知了甲、乙、丙三公司。因李某未按时支付债权转让款，张某又将债权转让给方某，也通知了甲、乙、丙三公司。

关于 30 万元预付房款，下列表述正确的是：（　　）。（2015 年司考．卷三．不定项 88）

A. 由丙公司退给李某

B. 由乙公司和丙公司退给李某

C. 由丙公司退给方某

D. 由乙公司和丙公司退给方某

二、多项选择题

1. 返还的不当利益可以包括（　　）。

A. 原物

B. 原物所生的孳息

C. 利用不当得利做生意取得的利润

D. 利用不当得利赌博而取得的收入

2. 甲遗失其为乙保管的迪亚手表，为偿还乙，甲窃取丙的美茄手表和 4000 元现金。甲将美茄手表交与乙，因美茄手表比迪亚手表便宜 1000 元，甲又从 4000 元中补偿乙 1000 元。乙不知甲盗窃情节。乙将美茄手表赠与丁，又用该 1000 元的一半支付某自来水公司水费，另一半购得某商场一件衬衣。下列哪些说法是正确的？（　　）（2015 年司考．卷三．多 61）

A. 丙可请求丁返还手表

B. 丙可请求甲返还 3000 元、请求自来水公司和商场各返还 500 元

C. 丙可请求乙返还 1000 元不当得利

D. 丙可请求甲返还 4000 元不当得利

3. 下列选项中，属于不当得利构成要件的是？（　　）

A. 一方获得利益，他方受有损失

B. 受损方不存在过错

C. 获益与受损之间有因果关系

D. 获益方获得利益没有合法根据

三、名词解释

不当得利

四、简答题

1. 简述不当得利的成立要件。

2. 如何理解不当得利之债的效力？

五、案例分析题

据中央电视台报道：位于淮河之滨的某市公安局、气象局等机关，向淮河上的过往船舶收取治安费和气象服务费等。该行为直接违反国务院关于禁止"乱收费"的规定，引起航运企业的不满，损坏了政府的形象及行政行为的公信力，已被勒令取缔，将其所收费款没收于财政。然而，上述措施虽然剥夺了乱收费机关不该取得的利益，救济了社会秩序，却未予受害当事人以民事救济，引起人们的质疑。

请用民法学知识分析：上述乱收费行为究竟属侵权行为还是不当得利？试从法律要件入手，说明理由。（清华大学 2009 年研究生入学考试题考查过"不当得利"的论述题）

参考答案

一、单项选择题

1. **答案**：D。从我国的法律规定来看，赌博属于违法行为，因此，赌资应予以收缴，故选项 A 中的债务不属于不当得利，不得要求返还；选项 B 中的债务属于道德义务，不属于

不当得利之债；选项 C 中的债务属于自然债务。

2. **答案**：B。

3. **答案**：C。抛弃牛的行为是使物权消灭，拾得牛的行为是先占而取得，蒋某对于牛无任何权利。

4. **答案**：C。参见《民法典》第 314 条。注意：对于遗失物不发生善意取得，则乙没有取得所有权。而甲构成的不当得利应当返还。

5. **答案**：C。本题考查不当得利的返还。首先需要明确甲主观上为善意还是恶意。在明确其为恶意后，根据不当得利的返还原则，应当返还本金及利息，但因利用这部分资金所产生的利润不属于返还的范畴。应注意在不当得利之债中，即使行为人主观上为恶意，返还时也只是返还本金及利息，而不及于利润。在本案中，还可以从另一个角度思考，也可以得出同样结论。不当得利的标的为货币，货币之债的一个重要特点就是，占有与所有是一致的，占有权发生变化，所有权发生变化。因此，不当得利人获得这些货币后，已经获得了这些货物的所有权，取得的利润，当然与银行无关。返还时只要返还同等数量的金钱及利息即可。

6. **答案**：D。属于非法行为，不当得利是指没有合法根据，当事人没有过错而获利的。

7. **答案**：B。《民法典》第 122 条规定，因他人没有法律根据，取得不当利益，受损失的人有权请求其返还不当利益。不当得利一经成立，受益人与受害人之间因此形成债的关系，受益人为债务人，受害人为债权人，受益人有返还不当得利的义务。返还不当得利的范围是受善意还是恶意的影响：①受益人为善意，即在取得利益时不知道没有合法根据，其返还利益的范围以利益存在的部分为限，如果利益已经不存在，则不负返还义务。②受益人为恶意，即在取得利益时明知道没有合法根据，其返还利益的范围应是受益人取得利益时的数额，即使该利益在返还时已经减少甚至不复存在也不能免除其返还义务。③受益方在取得利益时为善意、嗣后为恶意的，其返还范围应以恶意开始时存在的利益为准。本题中，甲就乙公司所寄的 5 瓶瓶装茅台成立不当得利。就前 2 瓶酒，甲是善意的，现在 2 瓶酒已经被消费，利益已经不存在，不负返还义务。但在甲接到乙公司的通知后，其又开启 1 瓶，此时变为恶意，应负返还义务。此后被偷的 2 瓶酒，也应负返还义务。故选项 B 正确。

8. **答案**：B。《民法典》第 314 条规定，拾得遗失物，应当返还权利人。拾得人应当及时通知权利人领取，或者送交公安等有关部门。本题中，甲拾得乙的牛属于不当得利，应当返还给失主。因此，C、D 项错误。《民法典》第 317 条第 3 款规定，拾得人侵占遗失物的，无权请求保管遗失物等支出的费用，也无权请求权利人按照承诺履行义务。本题中，甲花费的 300 元是因为其使用该牛，致其劳累过度而生病所花费的费用，而非单纯的保管费用。另外，即便 300 元属于合理的保管遗失物的费用，甲最后拒绝返还的行为说明甲有侵占遗失物的意思，根据《民法典》的规定也无权请求乙支付 300 元。因此，A 项错误，B 项正确。

9. **答案**：D。不当得利是指没有合法根据而获得利益并使他人利益遭受损失的事实。侵权行为是指行为人由于过错侵害他人的财产权和人身权，依法应当承担民事责任的不法行为，以及依法律的特别规定应当承担民事责任的其他侵害行为。本题中，任某起初拾得颠簸掉落的一件货物并据为己有，属于没有合法根据而获利，并使他人利益受损的情况，构成不当得利；后来，任某发现有利可图，遂将泥沟挖深半尺。次日，果然又拾得两袋车上颠落的货包，属于故意侵害他人财产权的侵权行为，因此 D 项说法正确。

10. **答案**：C。《民法典》第 122 条规定："因他人没有法律根据，取得不当利益，受损失的人有权请求其返还不当利益。"本题中，如仅甲、乙间买卖合同无效，则甲向丙交付时，丙基于其与乙之间的买卖合同，对取得标的物所有权有正当性依据，而乙要求甲向丙交付，没有正当性依据，乙因甲的交付而获益，乙构成不当得利，甲有权向乙主张不当得利返还请求权，所以，选项A正确。如仅乙、丙间买卖合同无效，丙取得标的物所有权没有正当性，乙有权向丙主张不当得利返还请求权，而乙要求甲交付，乃是履行甲、乙间的买卖合同，具有正当性依据，不构成不当得利，所以，选项B正确。如甲、乙间以及乙、丙间买卖合同均无效，因甲、乙间合同无效，乙要求甲交付，无正当性依据，甲构成不当得利；因乙、丙间买卖合同无效，丙对乙构成不当得利，同时其受领甲的给付没有正当性依据，对甲亦构成不当得利，所以，选项C错误、D正确。综上，由于本题是选非题，本题正确答案为C。

11. **答案**：A。本题容易引发异议。张某查看《合作开发协议》和《委托书》后，与丙公司签订《房屋预订合同》，约定："张某向丙公司预付房款30万元，购买A区房屋一套。待取得房屋预售许可证后，双方签订正式合同。"丙公司将房款用于项目投资，全部亏损。后王某向张某出具《承诺函》：如张某不闹事，将协调甲公司卖房给张某。但甲公司取得房屋预售许可后，将A区房屋全部卖与他人。张某要求甲公司、乙公司和丙公司退回房款。本题中，张某与李某签订《债权转让协议》，将该债权转让给李某，通知了甲、乙、丙三公司。后又将该债权转让给方某，也通知了甲、乙、丙三公司。对于债权多重让与的效力，我国现行法并未规定，理论上也有争议。笔者倾向于由先得通知者享有受让债权的观点，即本题中李某获得返还30万元的请求权。丙公司收到预付房款30万元，继续保留该房款属于不当得利，应返还李某，故A选项正确。

二、多项选择题

1. **答案**：AB。
2. **答案**：AD。《民法典》第312条规定，所有权人或者其他权利人有权追回遗失物。该遗失物通过转让被他人占有的，权利人有权向无处分权人请求损害赔偿，或者自知道或者应当知道受让人之日起二年内向受让人请求返还原物；但是，受让人通过拍卖或者向具有经营资格的经营者购得该遗失物的，权利人请求返还原物时应当支付受让人所付的费用。权利人向受让人支付所付费用后，有权向无处分权人追偿。本题中，丙的手表被甲窃取，乙赠与给丁，丁不能善意取得手表的所有权，手表仍归丙所有。物权有追及效力，作为所有权人的丙有权请求丁返还手表。故A项正确。不当得利要求取得利益与所受损失间有因果关系，依据直接因果关系说：取得利益与受有损失必须基于同一事实发生，如果是基于两个不同的事实发生，即使这两个事实之间具有牵连关系，也不应视为具有因果关系。故B、C项错误。货币在直接当事人之间可构成不当得利，丙有权要求甲返还4000元的不当得利。故D项正确。
3. **答案**：ACD。《民法典》第987条规定，得利人知道或者应当知道取得的利益没有法律根据的，受损失的人可以请求得利人返还其取得的利益并依法赔偿损失。据此可知，不当得利包括4个构成要件：(1)没有法定或约定的原因；(2)一方获益；(3)一方受损；(4)获益与受损之间存在因果关系。因此A、C、D项正确，B项错误。

三、名词解释

答案：是指没有合法根据取得利益而使他人受损失的事实。在这一事实中，取得不当利益的一方称为受益人，受到损失的一方称为受害人或受损人。①

四、简答题

1. **答案**：(1)取得财产上的利益。即指因一定的事实使总财产有所增加或避免减少。所取得财产利益，在形态上，包括财产的积极增加，也包括财产的消极增加，即财产应减少而未减少。取得财产利益，可以是行为，

① 编者注：不当得利是考试中常考的知识点，复习中要对概念、构成要件及与其他制度的区别予以准确掌握。

包括受益人的行为，受害人的行为，甚至第三人的行为；也可以是自然事实。(2) 致他人受损失。即因一定的事实发生，使利益所有人的财产总额减少，恰与利益取得人的财产状况相反。在受损失的形态上，与取得的利益相对应，包括既存的财产的减少，或可增加的财产未增加两种形态。(3) 取得之利益与所受损失间有因果关系。即受损失是取得利益所致，两者之间有因果关系，取得利益是因，受损失是果。(4) 没有法律上的根据。即取得利益无法律上根据，若有法律上的根据，纵使相对人受损失，也不构成不当得利。无法律上的根据，包括自始无根据及取得利益是有根据，但尔后该根据被消灭两种形态。没有法律上的根据之“法律”，不仅指民法、商法等私法，也包括公法。

2. **答案**：一定的事实一旦符合不当得利成立要件，即在当事人间发生不当得利之债权债务关系，利益取得人负有返还利益的义务，利益所有人享有请求返还的权利。但在返还利益的范围上，善意恶意有所不同。(1) 善意受益人返还义务。受益人于取得利益时，不知道自己取得利益无合法根据的，为善意受益人。在此情况下，若受损人的损失大于受益人取得的利益，则受益人返还的利益仅以现存利益为限，如利益不存在，受益人不负返还义务。受益人受有的利益大于受损人的损失时，受益人返还的利益范围以受损人受到的损失为限。(2) 恶意受益人返还义务。取得利益时明知无合法根据的受益人，为恶意受益人。法律对恶意取得的利益，不予保护，故恶意受益人不论所受利益是否存在，一概要将所受利益返还，该利益不存在时，不得免除或减轻返还义务。如果取得利益时为善意，但事后为恶意，受益人所负恶意返还义务以恶意发生时存在的利益为准。(3) 第三人返还义务。善意受益人所受利益因无偿让与第三人，其因利益不存在而获得减免返还义务时，第三人负返还该利益的义务。

五、案例分析题

答案：上述乱收费行为既属侵权行为，又属不当得利。

(1) 属侵权行为的理由。①侵权损害事实的存在。损害是指由一定行为或事件造成人身或财产上的不利益，即不良后果或不良状态。乱收费的行为侵害了航运企业的财产权，所以损害事实存在。

②侵害行为的违法性。违法行为有两种表现形式，即作为的违法行为和不作为的违法行为。作为的违法行为是指行为人做了法律所不允许的行为。乱收费的行为违反了国务院的规定，属于作为的违法行为。

③违法行为与损害结果之间有因果关系。民事责任只有在侵权的违法行为与损害结果之间存在因果关系时，才能构成。如果侵害人虽有侵权的违法行为，但受害人的损害与此无关，还不能令其承担赔偿责任。航运企业因公安局、气象局的乱收费行为使其遭受财产损失，两者之间具有因果关系。

④行为人主观上有过错。过错包括故意和过失两种形式。公安局和气象局等机关在明知国务院有关于禁止“乱收费”的规定而仍向过往船舶收取治安费和气象服务费，属主观故意。

综上，“乱收费”行为符合侵权行为的四个构成要件，属侵权行为。

(2) 属不当得利的理由。不当得利是指法律上没有根据，有损于他人而自己获得的某种利益。

不当得利的构成要件：

①必须是一方受益。必须是一方确实获得利益，这是不当得利成立的一个要件，也是与侵权行为的明显区别之所在。“乱收费”行为使公安局、气象局获得利益，增加其财产的总额。

②必须是他方受损。如果一方受益，他方并不因此而受到任何损害，那就不构成不当得利。受损是指一方因一定事实的发生使其财产总额的减少，航运企业因某些机关的“乱收费”行为则不得不从自己的财产中多拿出一部分用来支付这些费用，使其因“乱收费”行为而导致财产总额减少。

③必须是受益和受损之间有因果关系。

即受害一方的损害事实与受益一方所获利益两者之间有着必然的联系。很明显，因“乱收费”行为，使公安局等机关受益，使航运企业受损，这两者间的因果关系是明显的。

④受益必须是没有合法根据。受益无合法根据，是指一方受益缺乏合法的原因。公安局、气象局等机关向过往船舶收取费用，违反了国务院的禁止“乱收费”的规定，其因此而取得的利益没有法律依据。

综上，“乱收费”的行为符合不当得利的构成要件，也属于不当得利。

第四编　人格权

第二十九章　人　格　权

基础知识图解

- 人格权概述
  - 人格权的概念
  - 特征
    - 与生俱来
    - 专属权
    - 绝对权
    - 具有开放性
- 人格权的分类
  - 生命权
  - 身体权
  - 健康权
  - 姓名权
  - 名称权
  - 肖像权
  - 名誉权
  - 荣誉权
  - 个人信息
  - 隐私权
  - 其他人格权
  - 一般人格权

配套测试

一、单项选择题

1. 隐私权的性质，说法错误的是（　　）。

A. 是我国法律所确认的一种人身权利

B. 我国法律对之并无明文规定，仅在学理上存在，暂不受保护

C. 凡侵犯公民隐私权的行为均应承担民事责任

D. 以书面或口头形式宣扬他人隐私，损害他人名誉并造成一定影响的，应承担民事责任

2. 某医院将该院近一年治愈的性病病人名单刊登在报纸上，以证明医院的水平。该医院的行为构成（　　）。

A. 侵害了患者的名誉权

B. 侵害了患者的就医权

C. 侵害了患者的隐私权

D. 真实报道，不构成侵权

3. 在下列情况中，属于侵犯公民肖像权的是（　　）。

A. 为了寻找失散的亲友而在电视上播出的寻人启事中所使用的照片

B. 为追捕逃犯而在通缉令上所使用的逃

犯照片

C. 为新闻报道需要而使用他人的照片

D. 未经同意将获得福利彩票特等奖的获奖者照片用于广告宣传

4. 甲幼时父母离婚，随母亲乙生活，当其年满18岁时，征得乙的同意，到户籍登记机关改随母姓。其父丙得知后，坚决不同意，托熟人到户籍机关将甲的姓名又改回，丙的行为侵犯了甲的何种权利？（　　）

A. 名称权　　B. 自由权

C. 姓名权　　D. 身份权

5. 甲为晚报报社记者，一日在拍摄街景时偶遇几位时尚少女，迅速按下快门，该照片作为其采写的新城报道《新城新人》的配图在报纸上发表。下列说法中正确的有（　　）。

A. 甲未经少女们的同意，擅自拍摄其照片，侵犯了她们的肖像权

B. 甲擅自拍摄照片的行为不构成侵犯肖像权，但在报纸上发表这些照片侵犯了她们的肖像权

C. 甲虽未经少女们的同意，擅自拍摄其照片，但不是以营利为目的，故不构成侵犯肖像权

D. 甲虽未经少女们的同意，擅自拍摄其照片，并在报纸上发表，但没有丑化少女们的形象，而是进行正面宣传，故不构成侵犯肖像权

6. 某报社在一篇新闻报道中披露未成年人甲是乙的私生子，致使甲备受同学的嘲讽和奚落，甲因精神痛苦，自残左手无名指，给甲的学习和生活造成重大影响。按照我国现有法律规定，对该报社的行为应如何认定？（　　）

A. 是如实报道，不构成侵权

B. 侵害了甲的名誉权

C. 侵害了甲的姓名权

D. 侵害了甲的身体权

7. 下列权利属自然人专有的为（　　）。

A. 姓名权　　B. 名誉权

C. 荣誉权　　D. 商标权

8. 甲用其拾得的乙的身份证在丙银行办理了信用卡，并恶意透支，致使乙的姓名被列入银行不良信用记录名单。经查，丙银行在办理发放信用卡之前，曾通过甲在该行留下的乙的电话（实为甲的电话）核实乙是否申请办理了信用卡。根据我国现行法律规定，下列哪一表述是正确的？（　　）（2013年司考．卷三．单22）

A. 甲侵犯了乙的姓名权

B. 甲侵犯了乙的名誉权

C. 甲侵犯了乙的信用权

D. 丙银行不应承担责任

9. 张某因出售公民个人信息被判刑，孙某的姓名、身份证号码、家庭住址等信息也在其中，买方是某公司。下列哪一选项是正确的？（　　）（2017年司考．卷三．单20）

A. 张某侵害了孙某的身份权

B. 张某侵害了孙某的名誉权

C. 张某侵害了孙某对其个人信息享有的民事权益

D. 某公司无须对孙某承担民事责任

10. 摄影爱好者李某为好友丁某拍摄了一组生活照，并经丁某同意上传于某社交媒体群中。蔡某在社交媒体群中看到后，擅自将该组照片上传于某营利性摄影网站，获得报酬若干。对蔡某的行为，下列哪一说法是正确的？（　　）

A. 侵害了丁某的肖像权和身体权

B. 侵害了丁某的肖像权和李某的著作权

C. 侵害了丁某的身体权和李某的著作权

D. 不构成侵权

11. 关于荣誉权的表述，正确的是（　　）。

A. 荣誉权是身份权

B. 荣誉权就是名誉权

C. 荣誉权是自然人专有的权利

D. 荣誉权是人格权

二、多项选择题

1. 公民死亡后，民事权利能力消灭，但仍受保护的权利包括（　　）。

A. 名誉权

B. 对作品的署名权

C. 生命健康权

D. 财产所有权

2. 甲年过30未婚，暗恋同事乙。一日，甲在乙门外拾得一本相册，发现正是乙的影集，如获至宝，将其照片悬挂于室内鉴赏，并利用电脑合成技术，将自己的照片与乙的照片合成在一起，制作成画册，题名为“爱的宣言”，向朋友炫耀。甲的行为（　　）。

A. 侵犯了乙的财产所有权

B. 侵犯了乙的肖像权

C. 侵犯了乙的名誉权

D. 侵犯了乙的隐私权

3. 某医院在一次优生优育的图片展览中，展出了某一性病患者的照片，并在说明中用推断性的语言表述该患者系性生活不检点所致。虽然患者眼部被遮，也未署名，但有些观众仍能辨认出该患者是谁。患者得知这一情况后精神压力过大，悬梁自尽。为此患者亲属向法院提起诉讼，状告医院。现问：医院这一行为侵害了患者的哪些权利？（　　）

A. 生命权　　B. 肖像权

C. 名誉权　　D. 隐私权

4. 甲外出嫖娼被公安机关查获。甲遂冒用同事乙的名义接受了罚款处罚，后公安机关将此情况通报甲所在单位，单位人员议论纷纷。甲的行为侵犯了乙的何种权利？（　　）

A. 名誉权　　B. 姓名权

C. 荣誉权　　D. 名称权

5. 2022年11月16日，顾某接到某商城销售经理詹某的电话，请其帮忙发送商城的销售广告，约定一条短信0.1元。后顾某在朋友的介绍下花1万元购买了伪基站设备，并驾驶面包车携带该设备在市区范围内群发广告。11月20日下午，顾某还没有拿到工钱就被公安机关抓获。经查，顾某已群发短信10万条，获取10万个手机用户信息，并将该信息出卖给了一家房地产开发公司，获益1万元。关于本案，下列哪些说法是正确的？（　　）

A. 顾某和詹某之间的约定无效

B. 顾某和詹某之间的约定效力待定

C. 顾某可以请求詹某给付自己1万元报酬

D. 顾某侵害了他人对其个人信息享有的民事权益

6. 某培训机构未经知名培训名师甲的同意，使用甲的照片作为封面印刷宣传手册。某晚报以一线培训名师甲加盟某培训机构为题进行报道，并配有甲的照片（仅面部马赛克处理）。关于本案，下列说法正确的是？（　　）

A. 某培训机构侵犯了甲的肖像权

B. 某晚报未侵犯甲的肖像权

C. 某培训机构侵犯了甲的姓名权

D. 某晚报侵犯了甲的肖像权

7. 彭某因车祸双腿截肢，安装了只能由专业人员拆卸的假肢。一日彭某与李某发生口角，李某一怒之下将其假肢打碎。关于本案哪些说法正确？（　　）

A. 彭某的生命健康权受到了侵害

B. 彭某可就假肢向李某主张精神损害赔偿

C. 彭某的身体遭到了侵害

D. 彭某可主张所有权遭受侵害

8. 甲于2021年2月死亡。乙因与甲生前不和，遂到处散布甲系因赌博欠下巨额高利贷无法偿还而自杀身亡，在社会上造成了较恶劣的影响。甲之子欲向法院起诉，要求追究乙的侵权责任。下列选项不正确的是？（　　）

A. 甲已经死亡，不再具有民事主体资格，因而乙的行为不构成侵权

B. 乙的行为侵害了甲的名誉，依法应当承担侵权责任

C. 只有甲的配偶有权代表甲对乙提起诉讼

D. 只有甲的子女有权对乙提起诉讼

9. 张某因交通肇事罪被判处有期徒刑2年，出狱后和家人搬到另一个小区生活。李某和张某素有仇怨，得知张某搬家后，在电梯里贴上告示，内容为：“×楼××住进来一个罪犯，大家要小心。”该小区业主知晓后都对张某避而远之。对此，下列哪些

说法是正确的？（　　）
A. 李某侵犯了张某的名誉权
B. 李某侵犯了张某的隐私权
C. 李某侵犯了张某的个人信息权
D. 张某请求消除影响的权利不适用诉讼时效的规定

10. 根据我国《民法典》的规定，（　　）等人身权受到侵犯时，受害人有权要求侵害人停止侵害、恢复名誉、消除影响、赔礼道歉，并可要求赔偿损失。
A. 姓名权、名称权
B. 肖像权
C. 名誉权、荣誉权
D. 生命权

11. 下列关于人格权的说法正确的是？（　　）
A. 人格权受到侵害的，权利人提出的停止侵害、排除妨碍、消除危险、消除影响、恢复名誉请求权，不适用诉讼时效的规定
B. 因当事人一方的违约行为，损害对方人格权并造成严重精神损害，受损害方选择请求其承担违约责任的，受损害方同时有权请求精神损害赔偿
C. 自然人生前未表示不同意捐献的，该自然人死亡后，其配偶、成年子女、父母可以共同决定捐献，决定捐献应当采用书面形式
D. 隐私是自然人的私人生活安宁和不愿为他人知晓的私密空间、私密活动及各种不为人知的私密信息

12. 荣誉权的内容包括（　　）。
A. 荣誉保持权
B. 荣誉利用权
C. 荣誉消灭权
D. 荣誉获得权

13. 荣誉权的主体可以是（　　）。
A. 国家
B. 法人
C. 自然人
D. 非法人组织

三、名词解释

1. 一般人格权（中国人民大学 2008 年、2012 年研究生入学考试题）

2. 生命权

3. 隐私权（华东政法大学 2007 年、中国人民大学 2009 年研究生入学考试题，清华大学 2013 年研究生入学考试题）

四、简答题

1. 简述名誉权与隐私权的区别。

2. 简述法人的人格权。

3. 简述人格权的法定性及其意义。

五、案例分析题

甲、乙两人系某高校硕士生，同住一寝室合用电脑一台。甲向国外某大学申请奖学金，并将此事告知乙。国外该大学向甲发出电子邮件，邀请甲留学，恰巧甲不在，乙出于忌妒擅自拒绝了校方的邀请。数日后，甲发电子邮件向校方询问，校方告知甲对其申请曾发函邀请但遭拒绝，故不再考虑。由此，甲、乙之间发生争执。请根据民法原理分析本案。

参考答案

一、单项选择题

1. 答案：B。我国《民法典》第 990 条规定，人格权是民事主体享有的生命权、身体权、健康权、姓名权、名称权、肖像权、名誉权、荣誉权、隐私权等权利。除前款规定的人格权外，自然人享有基于人身自由、人格尊严产生的其他人格权益。第 995 条规定，人格权受到侵害的，受害人有权依照本法和其他法律的规定请求行为人承担民事责任。受害人的停止侵害、排除妨碍、消除危险、消除影响、恢复名誉、赔礼道歉请求权，不适用诉讼时效的规定。

2. 答案：C。隐私权是确有其事，但不宜公开；名誉权则是捏造事实。本题中的情况属于确有其事，故为侵害隐私权。隐私权与名誉权的区别还有：隐私权只有公民可以享有，而名誉权则不仅公民可以享有，法人或非法人组织也可以享有。

3. 答案：D。虽然福利彩票最终的目的是用于公益事业，但发行彩票本身的行为是以营利为目的的，故符合侵害肖像权的两个条件。其他几种情形都不符合“以营利为目的”的条件。

4. 答案：C。未成年人的姓名权通常由其监护人行使，在其成年后，一旦具有了意思能力就可以自主决定变更自己的姓名，其他任何人无权非法加以干涉。

5. 答案：C。一般情况下，构成侵犯肖像权必须同时具备以下两个构成要件：使用公民肖像未经其同意；以营利为目的进行使用。两者缺一不可。在未经肖像权人同意的情况下，如果不以营利为目的，但造成了严重不良后果的，应构成侵犯肖像权。据此，本题中甲是用作新闻报道无营利目的，并以积极的姿态报道，未造成不良后果，所以不构成侵权。

6. 答案：B。本题考查隐私权。本案中不管报社是否如实报道，均侵犯了巳的隐私权。根据《民法典》第990条之规定，报社应承担侵权责任。

7. 答案：A。注意是自然人的姓名权，法人的名称权。

8. 答案：A。《民法典》第1012条规定，自然人享有姓名权，有权依法决定、使用、变更或者许可他人使用自己的姓名，但是不得违背公序良俗。第1014条规定，任何组织或者个人不得以干涉、盗用、假冒等方式侵害他人的姓名权或者名称权。本题中，显然属于盗用之情形，构成姓名权的侵害，A项正确。名誉权的侵害通常是捏造一些并不存在的消息，造成他人外在社会评价的降低，本题中，并没有捏造事实，也没有造成乙社会评价的降低，故B项错误。信用权，在我国的民事立法中没有这种权利类型，通说认为，信用权是指经济上的评价，是以经济活动上的可信赖性为内容权利，往往和名誉权密切相关，是一种兼具财产和人身双重性质的权利。本题中，甲的行为导致乙被列入不良信用记录名单，因此，对于乙的金融信用确有影响，但由于我国目前尚未将信用权作为一种独立的权利类型，C项错误。银行在办理和发放信用卡的过程中，对于甲用的身份证不是其本人，没有尽到合理的审查义务，对于乙损害的发生，存在过错，应当承担责任，故D项错误。

9. 答案：C。身份权是民事主体基于某种特定的身份享有的民事权利。张某出售公民个人信息的行为，不会影响公民的身份关系和因此享有的权利，所以不构成对身份权的侵害。A项错误。名誉权是公民或法人对自己在社会生活中获得的社会评价、人格尊严享有的不可侵犯的权利。只要行为人主观上有过错，并且实施了贬损他人名誉的行为，造成了对他人的侵害，均构成对他人名誉权的侵犯。但是，本题中，张某的行为没有贬损公民的名誉，不会侵犯公民的社会评价、人格尊严。B项错误。《民法典》第111条规定，自然人的个人信息受法律保护。任何组织或者个人需要获取他人个人信息的，应当依法取得并确保信息安全，不得非法收集、使用、加工、传输他人个人信息，不得非法买卖、提供或者公开他人个人信息。第1034条第2款规定，个人信息是以电子或者其他方式记录的能够单独或者与其他信息结合识别特定自然人的各种信息，包括自然人的姓名、出生日期、身份证件号码、生物识别信息、住址、电话号码、电子邮箱、健康信息、行踪信息等。孙某的姓名、身份证号码、住址等信息属于个人信息，被张某出售，某公司购买，违反了不得非法买卖他人个人信息的规定，侵犯了孙某的个人信息这一合法权益，买卖双方都需要对孙某承担责任。D项错误。

10. 答案：B。《著作权法》第19条规定，受委托创作的作品，著作权的归属由委托人和受托人通过合同约定。合同未作明确约定或者没有订立合同的，著作权属于受托人。李某为丁某拍摄了一组生活照，没有约定生活照著作权权利归属，因此，著作权应当属于受托人李某。《民法典》第1019条规定，任何组织或者个人不得以丑化、污损，或者利用信息技术手段伪造等方式侵害他人的肖像权。未经肖像权人同意，不得制作、使用、公开肖像权人的肖像，但是法律另有规定的除外。未经肖像权人同意，肖像作品权利人不得以发表、复制、发行、出租、展览等方式使用或者公开肖像权人的肖像。该行为属未经肖像权人同意，侵犯了丁某的肖像权。D项错误。身体权，是指自然人保持其身体组织完整并支配其肢体、器官和其他身体组织的权利。保护的是自然人身体组织和功能的完整性，本题中，擅自使用照片的行为不可能影响丁某本人的身体组织与功能，所以不侵犯身体权。A、C项错误。《著作权法》第10条第1款第12项规定，著作权包括信息网络传播权，即以有线或者无线方式向公众提供，使公众可以在其选定的时间和地点获得作品的权利。第10条第2款规定，著作权人可以许可他人行使前款第5项至第17项规定的权利，并依照约定或者本法有关规定获得报酬。蔡某未经照片的著作权人李某许可，将李某享有著作权的照片上传于网络，侵犯了李某的信息网络传播权，信息网络传播权属于著作权。所以，蔡某的行为侵害了李某的著作权与丁某的肖像权。B项正确。

11. **答案**：A。

二、多项选择题

1. **答案**：AB。公民死亡后，某些权利仍受保护，这些权利主要表现为人格权。但需要注意的是，在公民死亡后，保护这些权利并非确认死者还有民事权利能力，也非确认死者还有权利。对这些权利予以保护的原因在于维护社会公共秩序或者死者家属的利益。
2. **答案**：AC。相册属于民法上的物，拾得后不还属于侵犯财产权的行为，故选项A正确。由于照片合成属于捏造事实，故只是侵犯名誉权，而非侵犯隐私权。
3. **答案**：CD。“在说明中用推断性的语言表述该患者系性生活不检点所致”属于侵犯名誉权的行为，故选项C正确；而将该照片展览则属于侵犯隐私权的行为，故选项D正确。由于医院的行为不以营利为目的，故不属于侵犯肖像权的行为。另外，患者是自杀身亡，很难将医院的行为确定为患者的死亡原因，因此，不能认定侵犯了生命权，而只能属于侵犯名誉权的加重情节。
4. **答案**：AB。本题中的情形属于盗用他人姓名，是侵害姓名权行为中的一种。而且对乙来讲，嫖娼系没有发生的事实，对他的名誉造成了损害。
5. **答案**：AD。A、B、C项考查民事法律行为的效力。根据《民法典》第153条第1款之规定，违反法律、行政法规的强制性规定的民事法律行为无效，但是，该强制性规定不导致该民事法律行为无效的除外。第154条规定，行为人与相对人恶意串通，损害他人合法权益的民事法律行为无效。本案中，双方对所发送的电子信息的性质（垃圾短信）充分知情，无视手机用户群体是否同意接收商业广告信息的主观意愿，强行向不特定公众发送商业广告，违反网络信息保护规定、侵害不特定公众的利益，约定应属无效。因二者约定无效，顾某当然不可以请求詹某给付违法所得的1万元，该1万元法院应依法予以收缴。故A项正确，B、C项错误。D项考查自然人的个人信息保护。根据《民法典》第111条规定，自然人的个人信息受法律保护。任何组织或者个人需要获取他人个人信息的，应当依法取得并确保信息安全，不得非法收集、使用、加工、传输他人个人信息，不得非法买卖、提供或者公开他人个人信息。本题中，顾某出卖10万个手机用户的个人信息，依法应承担民事责任。故D项正确。
6. **答案**：AB。A、B、D项考查肖像权。《民法典》第1019条规定，任何组织或者个人不得以丑化、污损，或者利用信息技术手段伪造等方式侵害他人的肖像权。未经肖像权人同意，不得制作、使用、公开肖像权人的肖像，但是法律另有规定的除外。未经肖像权人同意，肖像作品权利人不得以发表、复制、发行、出租、展览等方式使用或者公开肖像权人的肖像。本题中，某培训机构未经甲同意，使用甲的肖像的行为侵犯了甲的肖像权。故A项正确。《民法典》第1020条第2项规定，为实施新闻报道，不可避免地制作、使用、公开肖像权人的肖像的，可以不经肖像权人同意。某晚报系进行新闻报道，可以不经甲同意合理使用。因此，不构成对甲肖像权的侵犯。故B项正确，D项错误。C项考查姓名权。姓名权是指自然人决定、使用和依照规定改变自己姓名的权利。姓名权侵权的形态包括有3种：（1）干涉，即妨害、阻碍他人行使姓名权的行为；（2）盗用，即未经允许，为谋取不正当利益，擅自使用他人姓名；（3）假冒，又称冒用，即冒名顶替，冒充他人进行活动。本题中，某培训机构并未使用甲的姓名，仅使用了甲的照片。因此，不构成对甲姓名权的侵犯。故C项错误。

7. **答案**：BC。假肢本身属于物，属于财产权。但一旦与人的身体融为一体，即成为人身体的组成部分（如安装的假牙、在心脏里安装的起搏器等），不再属于物。彭某安装的是只能由专业人员拆卸的假肢，不属于物，而是彭某人身的组成部分。李某将假肢打碎，侵犯了彭某的身体权，即肢体的完整性。故C项正确，D项错误。彭某并未因李某的侵权行为而导致死亡或生理、心理机能无法正常运转和发挥。因此，并未侵犯彭某的生命健康权。故A项错误。精神损害赔偿的适用范围有2种，分别是：（1）自然人的人身权益受到侵犯的；（2）具有人格象征意义的特定纪念物品因侵权行为而永久性毁损、灭失的。本题中，李某侵犯了彭某的人身权，依法有权主张精神损害赔偿。故B项正确。

8. **答案**：ACD。自然人从出生时起到死亡时止，具有民事权利能力，依法享有民事权利，承担民事义务。据此可知，自然人死亡后，其民事权利能力随之消灭，不再具有民事主体资格，但这并不意味着可以随意诋毁死者，基于对死者近亲属感情的尊重和对良好社会风尚的维护，自然人死亡后，其姓名、肖像、名誉、荣誉和隐私仍受法律保护，这是一种对人格利益的保护。乙故意毁损甲的名誉，构成侵权，应依法承担侵权责任。因此A项错误，B项正确。由《最高人民法院关于确定民事侵权精神损害赔偿责任若干问题的解释》第3条的规定可知，死者名誉遭受侵害的，死者的近亲属有权提起侵权之诉。近亲属，包括配偶、父母、子女、兄弟姐妹、祖父母、外祖父母、孙子女、外孙子女。据此可知，甲的近亲属有权提起侵权之诉，这里的近亲属不限于配偶与子女。因此C、D项错误。

9. **答案**：ABCD。A项考查名誉权。《民法典》第1024条规定："民事主体享有名誉权。任何组织或者个人不得以侮辱、诽谤等方式侵害他人的名誉权。名誉是对民事主体的品德、声望、才能、信用等的社会评价。"据此可知，以侮辱、诽谤等方式导致他人社会评价降低，构成对名誉权的侵犯。需要注意的是，侵害他人名誉权的方式不限于侮辱与诽谤。本题中，张某的犯罪信息属于张某的隐私，李某擅自公开，进而导致张某的社会评价降低，也构成对张某名誉权的侵犯，A项正确。B项考查隐私权。《民法典》第1032条规定："自然人享有隐私权。任何组织或者个人不得以刺探、侵扰、泄露、公开等方式侵害他人的隐私权。隐私是自然人的私人生活安宁和不愿为他人知晓的私密空间、私密活动、私密信息。"据此，张某的犯罪信息属于张某的隐私，而李某擅自公开，侵犯了张某的隐私权，B项正确。C项考查个人信息的保护。结合《民法典》第1034条规定，张某的犯罪信息与住址信息属于个人信息，李某使用该个人信息未征求张某的同意，侵犯了张某的个人信息权。需要指出的是，对于个人信息上是否存在个人信息权，学理上存在争议，采取承认个人信息权的立场较为妥当，故C项正确。D项考查不适用诉讼时效的请求权。《民法典》第995条规定："人格权受到侵害的，受害人有权依照本法和其他法律的规定请求行为人承担民事责任。受害人的停止侵害、排除妨碍、消除危险、消除影响、恢复名誉、赔礼道歉请求权，不适用诉讼时效的规定。"据此可知，张某的人格权受侵犯后有权请求消除影响，且该请求权不适用诉讼时效，故D项正确。

10. 答案：ABC。见《民法典》第179条。该条规定，承担民事责任的方式主要有：(1) 停止侵害；(2) 排除妨碍；(3) 消除危险；(4) 返还财产；(5) 恢复原状；(6) 修理、重作、更换；(7) 继续履行；(8) 赔偿损失；(9) 支付违约金；(10) 消除影响、恢复名誉；(11) 赔礼道歉。法律规定惩罚性赔偿的，依照其规定。本条规定的承担民事责任的方式，可以单独适用，也可以合并适用。

11. 答案：ABC。人格权受到侵害的，受害人有权依照《民法典》和其他法律的规定请求行为人承担民事责任。受害人提出的停止侵害、排除妨碍、消除危险、消除影响、恢复名誉请求权，不适用诉讼时效的规定。因当事人一方的违约行为，损害对方人格权并造成严重精神损害，受损害方选择请求其承担违约责任的，不影响受损害方请求精神损害赔偿。完全民事行为能力人有权依法自主决定无偿捐献其人体细胞、人体组织、人体器官、遗体。任何组织或者个人不得强迫、欺骗、利诱其捐献。自然人生前未表示不同意捐献的，该自然人死亡后，其配偶、成年子女、父母可以共同决定捐献，决定捐献应当采用书面形式。因此A、B、C项正确。《民法典》第1032条第2款规定："隐私是自然人的私人生活安宁和不愿为他人知晓的私密空间、私密活动、私密信息。"因此D项错误。

12. 答案：ABD

13. 答案：BCD

三、名词解释

1. 答案：一般人格权是指法律赋予民事主体享有的具有权利集合特点的人格权，是关于人的存在价值和尊严的权利。

2. 答案：是以自然人的生命安全的利益为内容的一种人格权。其特征主要有：(1) 生命权以自然人的生命安全为客体。(2) 生命权以维护人的生命活动延续为其基本内容。(3) 生命权保护的对象是人的生命活动能力。

3. 答案：一般是指自然人享有的对自己的个人秘密和个人私生活进行支配并排除他人干涉的一种人格权。隐私权具有如下法律特征：(1) 隐私权具有专属性；(2) 隐私权具有秘密性；(3) 隐私权具有可放弃性。

四、简答题

1. 答案：名誉权是指民事主体就自己获得的社会评价享有利益并排除他人侵害的权利。隐私权是指自然人享有的私人生活安宁与私人生活信息依法受到保护，不受他人侵扰、知悉、使用、披露和公开的权利。我国现行有关立法对隐私权的独立地位未予确认，实践中通常将侵害隐私的行为作为侵害名誉权处理。但实际上，名誉权与隐私权存在许多方面的区别：

首先，名誉权和隐私权的主体范围不同：名誉权的主体不仅可以是自然人，还可以是非自然人的法人、个体工商户、合伙或者非法人的社会团体等。与自然人的名誉相比，非自然人的名誉的最显著特点是它与财产利益的联系更为密切。隐私权的主体只能是自然人。隐私权是基于自然人的精神活动而产生的，法人作为组织体并没有精神活动，故无隐私可言。法人对其经营活动的信息享有的权利可依商业秘密不受侵犯而得到保护。

其次，名誉权和隐私权的内容不同：名誉权是以名誉的维护和安全为内容的人格权，民事主体就自己的客观公正之社会评价获得精神上的满足，并可能因此而取得财产上的利益。而隐私权是以个人生活安宁和个人生活信息不悖于自己的意志而被侵扰、被公开为内容的权利。

最后，名誉权和隐私权的侵害样态不同：侵害名誉权一般包括侮辱行为和诽谤行为，而且必须导致权利人名誉受到损害，才能在法律上得到救济。而侵害隐私权的方式通常包括侵扰自然人的生活安宁，探听自然人的私生活秘密，或在知悉他人隐私后，向他人披露、公开，或者未经许可进行使用等。其中，一个很显著的例子是，公布他人不欲人知的生活事实，可能并未对其名誉产生影响，却依然可构成侵害隐私权的行为。

2. 答案：法人的人格权是法人具有法律上的独立人格所必须享有的民事权利。

法人主要享有以下的人格权：(1) 名称权，是指法人依法享有决定、使用和改变自己名称的权利。法人的名称是法人相互区别的“符号”，法人以自己的名称参加民事活动。(2) 名誉权，是指法人享有自己的名誉的权利。法人的名誉是社会对法人的信用、生产或销售的商品的质量、服务态度、工作状况、对社会的贡献等的总评价。

3. 答案：人格权是主体对其人格利益所享有的权利，是民事主体所固有的、以维护主体的独立人格所必备的生命健康、人格尊严、人身自由以及姓名、肖像、名誉、隐私等各种权利。它是公民和法人所享有的实现并维护其人格独立的最重要的民事权利。①

人格权的法定性指对人格权的具体种类、内容、保护方法等都以立法予以确认，以便在对人格权实施法律保护时提供明确的法律依据。从理论上讲，与民事主体的人格关系相联系的权利都是人格权的内容，这样的话，人格权的内容就会非常宽泛。但世界各国对人格权的法律保护都是有限制的，对民事主体的具体人格权都是以立法的形式加以确立，并随着社会文明的进步与发展而不断地予以完善。换言之，具体人格权均采法定主义，其种类、内容等都由法律规定，不允许当事人自由创设。《民法典》中明确规定了生命健康权、姓名权、名称权、肖像权、名誉权等人格权。

人格权的法定性，一方面可以使公民和法人所享有的人格权得到广泛的确认和保护，有助于主体明确认识自己所享有的人格权，能够主动地行使并捍卫自身的人格权。同时也能充分尊重他人的人格权，形成和谐稳定的社会。并且可以通过人格权法的规定对遭受人格权侵害的受害人提供全面的救济措施，允许其通过恢复名誉、消除影响、赔偿损害等办法恢复受侵害的权利。另一方面由于法律规定的人格权类型才受到相应的保护，也限制了民事主体滥用权利，仅对于法定化的权利进行保护，以确保权利主体行使权利时不损害他人和社会的利益，使人格权法的规定能够发挥切实的作用。

但是人格权不能陷入法定主义的泥潭，这就是说人格权法定并不意味着法律未明确列示的人格权类型就得不到法律的保护。社会生活的复杂程度和发展速度往往超出立法者的预料，一些新型的人格权常常会应时而生。在人格权中确认越来越多的具体人格权基础上，还应当设置人格权保护的一般条款予以弥补，使其更具有包容性和广泛性。一般人格权是指公民和法人享有的，概括人格独立、人格自由、人格尊严全部内容的一般人格利益，并由此产生和规定具体人格权的基本权利。这一制度首先创设于《瑞士民法典》。规定了一般人格权之后，当出现一些立法上没有明确规定的人身权侵权案件时，法官即可援引该条规定以保护受害者的正当权益。目前，我国还没有对一般人格权的规定，有学者认为，《宪法》第 38 条关于公民人格尊严的规定是我国关于一般人格权的立法根据。

五、案例分析题

答案：根据本案的案情，乙的行为首先已构成对甲姓名权的侵害。所谓姓名权，是指公民决定其姓名、使用其姓名、变更其姓名并要求他人尊重自己姓名的一种人身权利。《民法典》第 1012 条规定：“自然人享有姓名权，有权依法决定、使用、变更或者许可他人使用自己的姓名，但是不得违背公序良俗。”第 1013 条规定，法人、非法人组织享有名称权，有权依法决定、使用、变更、转让或者许可他人使用自己的名称。第 1014 条规定，任何组织或者个人不得以干涉、盗

① 编者注：对于人格权知识点，请多注意，其是考查的重点。

用、假冒等方式侵害他人的姓名权或者名称权。其中所谓盗用，是指未经他人同意或授权，擅自以他人名义实施有害于他人和社会的行为（如盗用他人的姓名从事活动）。根据《民法典》的上述规定可知，凡是非法干涉、盗用、假冒他人姓名的，不管是否造成了他人财产损失，均构成对他人姓名权的侵害。从本案来看，被告乙冒用甲的姓名向国外某大学发出电子邮件，既构成假冒他人姓名，也构成盗用他人姓名。不管甲以后能否拿到这笔奖学金，都不妨碍被告的行为已构成对原告甲的姓名权的侵害。

乙的行为不仅侵害了甲的姓名权，而且侵害了甲的财产权，即债权。因为原告甲与国外某大学联系提供奖学金事宜，校方同意向甲提供奖学金。对甲来说，该笔奖学金是一种尚未实际取得的期待利益而并没有成为甲所实际占有和支配的财产，显然对这笔奖学金，甲并不享有物权。那么甲是否对这笔奖学金享有债权，这就需要首先认定甲与某大学之间是否已形成合同关系，且这种合同关系是否合法有效。合同关系已经成立，甲享有合法的债权。因为甲与国外某大学联系申请进入该校学习，请求该校为其提供奖学金的行为，实际上向该校发出一项有效的要约，而该校在审查其资格之后，同意为其提供奖学金，显然是向甲作出了正式承诺。因此双方已达成了协议，该协议符合我国法律规定，并应受法律保护。乙冒充甲的名义表示拒绝接受奖学金，已针对甲的债权实施了侵害行为。应当看到乙作为第三人侵害债权的行为具有如下特殊的构成要件：①行为人明知他人享有一定的债权，知道或应当知道其行为将造成对他人债权或财产利益的损害。②行为人实施了侵害行为。③造成了一定的损害后果。因此，乙应当承担侵害甲的债权的法律责任。

既然乙的行为同时侵害了甲的姓名权和债权，那么这将在法律上产生另外一个问题，即责任竞合还是责任聚合问题。从本案来看，应当产生责任聚合而不是责任竞合问题。因为本案中侵害姓名权的行为和侵害债权的行为针对的是不同的对象，责任的构成要件尤其是损害后果是完全不同的，这就导致了在责任内容上也应该加以区分。侵害姓名权的行为直接侵害的是人格利益，它所产生的后果主要是精神损害以及某些财产利益的损害，所以如果令被告承担侵害姓名权的责任，主要应当包括赔礼道歉、赔偿精神损害等形式。而侵害债权的行为直接导致的是受害人债权的损害，在本案中是甲不能获得奖学金的问题。乙的行为使甲丧失了这笔奖学金，因而甲可基于侵害债权责任而要求乙予以赔偿。可见这两种责任的形式和内容是不同的，是可以同时并存的，因而产生责任聚合问题。

第三十章　人格权的保护

基础知识图解

- 侵害生命权、健康权与身体权的责任
- 侵害姓名权与名称权的责任
  - 侵害姓名权包括：干涉他人姓名权的行使；盗用、假冒他人姓名；对公众人物姓名权的侵害
  - 侵害名称权包括：盗用、假冒他人名称；对知名企业及其他民事主体名称权的侵害
- 侵害肖像权的责任
  - 未经允许擅自制作他人肖像
  - 未经允许使用他人肖像
  - 毁损或玷污他人肖像
- 侵害名誉权的责任：侮辱、诽谤、新闻报道失实
- 侵害隐私权的责任
  - 非法手段刺探、监视他人
  - 非法侵扰他人隐私领域
  - 擅自披露他人隐私
  - 非法利用他人隐私
- 侵害个人信息的责任

配套测试

一、单项选择题

1. 甲外出探亲，临时委托邻居乙照看房屋。一日，乙进入甲房，发现客厅一角放有一盆鲜花，因久未见阳光而开始发黄。乙遂将花盆移放窗外晒太阳。后一阵大风将花盆吹落，恰好砸在楼下与丙吵架的丁的头上，造成丁的各种损失 2000 元。该费用应当由谁承担？（　　）

A. 甲　　B. 乙

C. 甲和乙　　D. 甲、乙、丙

2. 张某和周某是邻居，一天，张某约周某来家里洗澡，张某从锅炉房提了两桶开水，一桶拿进浴室，另一桶让周某过一会儿洗澡用，周某将热水放在室外回家拿衣服，这时，张某的儿子（2 岁）玩耍至此被周某放在此的开水烫伤致死。（　　）

A. 本案属于意外事故

B. 周某应对事故的发生负主要责任

C. 张某应对事故的发生负主要责任

D. 应当按公平责任处理，由周某和张某共同分担责任

3. 下列哪一情形构成对生命权的侵犯？（　　）（2016 年司考．卷三．单 22）

A. 甲女视其长发如生命，被情敌乙尽数剪去

B. 丙应丁要求，协助丁完成自杀行为

C. 戊为报复欲致己于死地，结果将己打成重伤

D. 庚医师因误诊致辛出生即残疾，辛认为庚应对自己的错误出生负责

4. 田某突发重病神志不清，田父将其送至医院，医院使用进口医疗器械实施手术，手术失败，田某死亡。田父认为医院在诊疗过程中存在一系列违规操作，应对田某的死亡承担赔偿责任。关于本案，下列哪一选项是正确的？（　　）（2016 年司考．卷

三．单 23）

A. 医疗损害适用过错责任原则，由患方承担举证责任

B. 医院实施该手术，无法取得田某的同意，可自主决定

C. 如因医疗器械缺陷致损，患方只能向生产者主张赔偿

D. 医院有权拒绝提供相关病历，且不会因此承担不利后果

5. 张小飞邀请关小羽来家中做客，关小羽进入张小飞所住小区后，突然从小区的高楼内抛出一块砚台，将关小羽砸伤。关于砸伤关小羽的责任承担，下列哪一选项是正确的？（　　）（2016 年司考．卷三．单 24）

A. 张小飞违反安全保障义务，应承担侵权责任

B. 顶层业主通过证明当日家中无人，可以免责

C. 小区物业违反安全保障义务，应承担侵权责任

D. 如查明砚台系从 10 层抛出，10 层以上业主仍应承担补充责任

6. 甲将自己的一辆旧捷达轿车作价 5 万元转让给乙（甲不知道乙没有取得驾驶证），未办理登记过户手续。乙在驾驶过程中将丙撞伤，丙为此花去医药费 2 万元。为此引起纠纷。下列表述不正确的是？（　　）

A. 乙对丙的受伤承担无过错责任

B. 丙的治疗费用首先由交强险赔付

C. 甲对丙的受伤应承担连带责任

D. 甲对丙的受伤不承担责任

二、多项选择题

4 名行人正常经过北方牧场时跌入粪坑，1 人获救 3 人死亡。据查，当地牧民为养草放牧，储存牛羊粪便用于施肥，一家牧场往往挖有三四个粪坑，深者达三四米，之前也发生过同类事故。关于牧场的责任，下列哪些选项是正确的？（　　）（2016 年司考．卷三．多 67）

A. 应当适用无过错责任原则

B. 应当适用过错推定责任原则

C. 本案情形已经构成不可抗力

D. 牧场管理人可通过证明自己尽到管理职责而免责

三、简答题

结合我国《民法典》的人格权规定，试述应当如何完善侵害人格权的精神损害赔偿。

参考答案

一、单项选择题

1. 答案： A。根据《民法典》第 1253 条的规定，应当由所有人或者管理人承担责任。由于乙属于临时照看，实际上属于委托关系，因此不是真正意义上的管理人，所以，应当由甲承担责任。

2. 答案： B。开水具有危险性，周某没有尽到注意义务，对事故的发生有过错，应当由其承担主要责任。

3. 答案： B。《民法典》第 1002 条规定，自然人享有生命权。自然人的生命安全和生命尊严受法律保护。任何组织或者个人不得侵害他人的生命权。第 1003 条规定，自然人享有身体权。自然人的身体完整和行动自由受法律保护。任何组织或者个人不得侵害他人的身体权。由此可知身体权是指自然人享有的对其肢体、器官和其他组织进行支配并维护其安全与完满，从而享受一定利益的权利，A 项中，乙侵犯甲的身体权。《民法典》第 1004 条规定，自然人享有健康权，有权维护自己的身心健康。任何组织或者个人不得侵害他人的健康权。健康权是自然人依法享有的维护其健康，保持与利用其劳动能力并排除他人非法侵害的权利，B 项中，丙协助丁完成自杀行为，侵犯丁的生命权。C 项中，戊侵犯已的健康权。D 项中，庚误诊导致辛出生即残疾，辛出生前并无民事权利能力，庚并未侵犯辛的生命权。

4. 答案： A。《民法典》第 1218 条规定。患者在诊疗活动中受到损害，医疗机构或者其医务人员有过错的，由医疗机构承担赔偿责

任。故A项正确。《民法典》第1220条规定，因抢救生命垂危的患者等紧急情况，不能取得患者或者其近亲属意见的，经医疗机构负责人或者授权的负责人批准，可以立即实施相应的医疗措施。本题中，可以取得田某父亲同意，故B项错误。《民法典》第1123条规定，因药品、消毒产品、医疗器械的缺陷，或者输入不合格的血液造成患者损害的，患者可以向药品上市许可持有人、生产者、血液提供机构请求赔偿，也可以向医疗机构请求赔偿。患者向医疗机构请求赔偿的，医疗机构赔偿后，有权向负有责任的药品上市许可持有人、生产者、血液提供机构追偿。C项表述为“只能向生产者主张赔偿”，错误。《民法典》第1222条规定，患者在诊疗活动中受到损害，有下列情形之一的，推定医疗机构有过错：(1) 违反法律、行政法规、规章以及其他有关诊疗规范的规定；(2) 隐匿或者拒绝提供与纠纷有关的病历资料；(3) 遗失、伪造、篡改或者违法销毁病历资料。D项表述为“医院有权拒绝提供相关病历，且不会因此承担不利后果”，错误。

5. **答案**：B。《民法典》第1165条第1款规定，行为人因过错侵害他人民事权益造成损害的，应当承担侵权责任。张小飞无安全保障义务，没有过错，无须承担责任。故A项错误。《民法典》第1254条规定，禁止从建筑物中抛掷物品。从建筑物中抛掷物品或者从建筑物上坠落的物品造成他人损害的，由侵权人依法承担侵权责任；经调查难以确定具体侵权人的，除能够证明自己不是侵权人的外，由可能加害的建筑物使用人给予补偿。可能加害的建筑物使用人补偿后，有权向侵权人追偿。物业服务企业等建筑物管理人应当采取必要的安全保障措施防止前款规定情形的发生；未采取必要的安全保障措施的，应当依法承担未履行安全保障义务的侵权责任。发生本条第1款规定的情形的，公安等机关应当依法及时调查，查清责任人。顶层业主证明家中无人，不是侵权人，可以免责，故B项正确。《民法典》规定了物业服务企业的安全保障义务，但本题中小区物业是否违反安全保障义务，题干并无交代，故C项错误。10层以上不可能加害，没有可能性，不启动公平补偿责任，故D项错误。

6. **答案**：C。《道路交通安全法》第76条规定：“机动车发生交通事故造成人身伤亡、财产损失的，由保险公司在机动车第三者责任强制保险责任限额范围内予以赔偿；不足的部分，按照下列规定承担赔偿责任：(一) 机动车之间发生交通事故的，由有过错的一方承担赔偿责任；双方都有过错的，按照各自过错的比例分担责任。(二) 机动车与非机动车驾驶人、行人之间发生交通事故，非机动车驾驶人、行人没有过错的，由机动车一方承担赔偿责任；有证据证明非机动车驾驶人、行人有过错的，根据过错程度适当减轻机动车一方的赔偿责任；机动车一方没有过错的，承担不超过百分之十的赔偿责任。交通事故的损失是由非机动车驾驶人、行人故意碰撞机动车造成的，机动车一方不承担赔偿责任。”由此可知，机动车与行人之间侵权规则原则是无过错责任原则，因此A项正确。《民法典》第1210条规定：“当事人之间已经以买卖或者其他方式转让并交付机动车但是未办理登记，发生交通事故造成损害，属于该机动车一方责任的，由受让人承担赔偿责任。”第1213条规定：“机动车发生交通事故造成损害，属于该机动车一方责任的，先由承保机动车强制保险的保险人在强制保险责任限额范围内予以赔偿；不足部分，由承保机动车商业保险的保险人按照保险合同的约定予以赔偿；仍然不足或者没有投保机动车商业保险的，由侵权人赔偿。”因此B项正确。《民法典》第176条规定：“民事主体依照法律规定或者按照当事人约定，履行民事义务，承担民事责任。”第178条第3款规定：“连带责任，由法律规定或者当事人约定。”可见侵权责任坚持责任法定原则。甲不知道乙没有驾驶证，不影响机动车买卖合同的效力；对于乙的侵权行为，甲没有共同过错，同时没有任何法律规定甲承担连带责任，因此C项错误，D 项正确。

二、多项选择题

答案：BD。《民法典》第 1258 条规定，在公共场所或者道路上挖掘、修缮安装地下设施等造成他人损害，施工人不能证明已经设置明显标志和采取安全措施的，应当承担侵权责任。窨井等地下设施造成他人损害，管理人不能证明尽到管理职责的，应当承担侵权责任。故 A 项错误，B、D 项正确。不可抗力，是指不能预见、不能避免并不能克服的客观情况。本题中的粪坑可以通过各种措施避免并克服，不属于不可抗力，故 C 项错误。

三、简答题

答案：我国《民法典》规定公民享有生命健康权、姓名权、肖像权、名誉权，这些权利受到侵害，依法可以请求司法救济进行保护，其规定的保护方法主要有停止侵害、消除影响、赔偿损失等。因为侵害人格权，不仅给受害方造成财产或人身的损失，而且给其造成了精神上的损害，影响了受害人的身心健康和美好生活，使之产生感情上的痛苦、失望、不满、怨恨、不安等。具体来说，对精神损害进行赔偿的理论依据是：精神损害是一种真实的损害，拒绝赔偿将导致对受害人困苦的明显的法律与社会冷漠，精神受到伤害的人会持续性地感到社会和法律是极端残忍的。在一个经济社会里，金钱是一种具有很高价值的判断标准，如果一个社会承诺保护人的身心健康的义务，则必须对精神损害给予赔偿。赔偿可以恢复受害人的自身价值感，并消除其被残忍对待的感觉。虽然金钱不能完全弥补受害人的精神利益，但可以使受害人在其他方面得到精神享受。在此种情况下，金钱是民法唯一可以采用的使受害人得到满足的方法。精神损害赔偿具有补偿与惩罚双重功能，在受害人伤亡的情况下，确认精神损害赔偿实际上是对受害人进行补偿。损害不涉及人的生命与身体时，则具有惩罚性。

为此，应按以下思路与方法完善对侵害人格权的精神损害赔偿：(1) 规定精神损害赔偿的范围，其大致可包括：①精神折磨和创伤；②精神打击；③丧失对生活的享受；④寿命缩短的损失。(2) 规定精神损害赔偿费用的计算依据，主要包括：①侵害人的主观过错；②侵权情节；③侵权人的获利情况及其承担责任的能力；④侵权行为所造成的后果；⑤侵权人的认错态度；⑥受害人的情况。(3) 规定精神损害赔偿金的确定原则。应该以抚慰为主，补偿为辅，这是由精神损害赔偿的性质和目的决定的。因为其目的就在于缓和或解除受害人精神上所遭受的痛苦，并抚慰受害人的精神创伤。(4) 规定精神损害赔偿金的计算方法。一般有如下方法：①分类计算法，即将精神损害按项目进行明确的分类，再依项目分别计算出各自的赔偿数额，然后将各数额相加，得出总的赔偿额。②概算法，即对精神损害赔偿的各种情况分门别类，不是列出精神损害的各个项目，而是提出精神损害赔偿的总额。③折中法，即先将精神损害所要考虑的项目列出，并授权法官在此基础上综合考虑，提出精神损害赔偿的总额，具体比较一下，可知概算法更为简便易行，可采纳之。

第五编 婚姻家庭

第三十一章 婚姻家庭法概述

基础知识图解

- 婚姻家庭的特征和类型
  - 婚姻特征
    - 男女两性结合
    - 夫妻身份的结合
    - 当时社会制度所确认
  - 家庭特征
    - 亲属团体
    - 有共同经济
    - 家庭成员一般为亲属
- 婚姻家庭法的概念和特征
  - 概念
  - 特征
    - 广泛性
    - 伦理性
    - 强制性
- 婚姻家庭法的基本原则
  - 婚姻家庭受国家保护原则
  - 婚姻自由原则
  - 一夫一妻原则
  - 男女平等原则
  - 保护妇女、未成年人、老年人、残疾人的合法权益原则
  - 重视家庭文明建设原则
- 亲属制度
  - 特征
    - 法律性
    - 身份性
    - 原因性
  - 现代亲属分为
    - 配偶
    - 血亲
    - 姻亲
  - 亲系与亲等

配套测试

一、单项选择题

1. 下列哪项不属于被禁止的婚姻家庭行为？（　　）

A. 无配偶者与他人同居

B. 重婚

C. 家庭暴力

D. 遗弃子女

2. 关于收养的原则，表述错误的是（　　）。

A. 应当遵循最有利于被收养人的原则

B. 保障被收养人的合法权益

C. 保障收养人的合法权益
D. 保障送养人的合法权益

3. 关于婚姻家庭，以下哪一行为是正确的？（　　）
A. 不得干涉他人婚姻自由
B. 重婚
C. 殴打妻子
D. 虐待、遗弃父母

二、多项选择题

1. 我国婚姻制度的内容是（　　）。
A. 婚姻自由　B. 一夫一妻
C. 男女平等　D. 晚婚晚育

2. 下列哪些行为符合民法关于婚姻家庭的行为规范？（　　）
A. 夫妻互相忠实　B. 家庭和睦
C. 敬老爱幼　D. 互相帮助

3. 下列哪些选项属于“家庭成员”？（　　）
A. 配偶　B. 共同生活的近亲属
C. 子女　D. 父母

三、简答题

1. 简述我国婚姻家庭关系的基本原则。
2. 简述我国婚姻家庭的禁止性规定。

参考答案

一、单项选择题

1. 答案：A。根据《民法典》第 1042 条的规定，禁止包办、买卖婚姻和其他干涉婚姻自由的行为。禁止借婚姻索取财物。禁止重婚。禁止有配偶者与他人同居。禁止家庭暴力。禁止家庭成员间的虐待和遗弃。故 A 项当选。

2. 答案：D。根据《民法典》第 1044 条的规定，收养应当遵循最有利于被收养人的原则，保障被收养人和收养人的合法权益。禁止借收养名义买卖未成年人。故 D 项当选。

3. 答案：A。根据《民法典》第 1042 条的规定，禁止包办、买卖婚姻和其他干涉婚姻自由的行为。禁止借婚姻索取财物。禁止重婚。禁止有配偶者与他人同居。禁止家庭暴力。禁止家庭成员间的虐待和遗弃。故 B、C、D 选项错误，A 选项正确。

二、多项选择题

1. 答案：ABC。根据《民法典》第 1041 条的规定，婚姻家庭受国家保护。实行婚姻自由、一夫一妻、男女平等的婚姻制度。保护妇女、未成年人、老年人、残疾人的合法权益。据此，ABC 项正确，D 项错误。

2. 答案：ABCD。根据《民法典》第 1043 条的规定，家庭应当树立优良家风，弘扬家庭美德，重视家庭文明建设。夫妻应当互相忠实，互相尊重，互相关爱；家庭成员应当敬老爱幼，互相帮助，维护平等、和睦、文明的婚姻家庭关系。

3. 答案：ABCD。根据《民法典》第 1045 条第 3 款规定，配偶、父母、子女和其他共同生活的近亲属为家庭成员。

三、简答题

1. 答案：根据《民法典》第 1041 条的规定，我国婚姻家庭关系的基本原则是：(1) 婚姻家庭受国家保护。(2) 实行婚姻自由、一夫一妻、男女平等的婚姻制度。(3) 保护妇女、未成年人、老年人、残疾人的合法权益。

2. 答案：根据《民法典》第 1042 条的规定，在我国，婚姻家庭的禁止性规定有：(1) 禁止包办、买卖婚姻和其他干涉婚姻自由的行为。(2) 禁止借婚姻索取财物。(3) 禁止重婚。(4) 禁止有配偶者与他人同居。(5) 禁止家庭暴力。(6) 禁止家庭成员间的虐待和遗弃。

第三十二章　结婚制度

基础知识图解

- 婚姻成立概述
  - 概念
  - 特征
    - 主体是男女双方
    - 符合法定条件
    - 确立夫妻关系和姻亲关系
- 结婚条件
  - 必备要件
  - 禁止要件
- 结婚程序——登记
- 婚姻的无效与撤销
  - 无效婚姻
    - 婚姻无效的情形
    - 婚姻无效的宣告
    - 婚姻无效的法律后果
  - 可撤销的婚姻
    - 法定情形
    - 撤销权期间
    - 法律后果
- 事实婚姻

配套测试

一、单项选择题

1. 下列哪一选项不违反结婚自愿？（　　）

A. 甲男所在单位认为甲的结婚对象构成对单位的重大利益冲突，要求甲重新考虑结婚事宜

B. 乙女与男方结婚是因为男方表示如果不和他登记他可能会自杀

C. 丙女的父亲召集亲友商量女儿婚事，并发表看法和建议

D. 丁女的母亲为女儿结婚向家境极度困难的男方家里要求婚前给付大量彩礼

2. 下列哪一选项不属于禁止结婚的亲属关系？（　　）

A. 堂兄妹

B. 姑表兄妹

C. 姨（舅）表兄妹

D. 无血缘关系的继兄妹

3. 下列关于结婚的说法，哪一选项是正确的？（　　）

A. 登记结婚后，女方即成为男方家庭的成员

B. 登记结婚后，男方即成为女方家庭的成员

C. 登记结婚后，按照男女双方约定，女方可以成为男方家庭的成员，男方可以成为女方家庭的成员

D. 登记结婚后，男女双方即互相成为对方家庭的成员

4. 下列哪一选项属于婚姻可撤销的情形？（　　）

A. 重婚

B. 因胁迫结婚

C. 未到法定婚龄

D. 有禁止结婚的亲属关系

5. 关于无效的或者被撤销的婚姻，下列哪一选项的说法错误？（　　）

A. 无效的婚姻自始没有法律约束力
B. 婚姻被撤销的，同居期间所得财产平均分配
C. 婚姻无效或者被撤销的，无过错方有权请求损害赔偿
D. 对重婚导致的无效婚姻的财产处理，不得侵害合法婚姻当事人的财产权益

6. 60 岁的张某和 25 岁的余某是夫妻。二人在婚前约定：结婚后张某将自己的一套房屋赠与余某；在张某生活不能自理时，由余某承担扶养义务。婚后，张某将房屋过户到余某名下。婚后余某性情大变。后张某因患病生活不能自理，余某经常打骂张某，直至将其赶出家门。对此，以下说法哪一项是正确的？（　　）
A. 张某可以主张与余某的婚姻无效
B. 张某可以主张撤销与余某的婚姻
C. 张某可以主张赠与合同无效
D. 张某可以主张撤销赠与合同

7. 甲男（60 岁）与乙女（25 岁）约定：如乙好好照顾甲，婚后甲就将自己名下唯一一套住房赠送给乙。乙表示同意。婚后，甲如约将房屋过户到乙名下。乙对甲却态度冷漠，将甲赶出家门。下列哪项是正确的？（　　）
A. 甲可向法院主张撤销该婚姻
B. 甲和乙之间的婚姻无效
C. 甲可以撤销对乙的赠与
D. 甲的赠与是合法自愿的，不能撤销

8. 甲男（28 周岁）诉乙女（22 周岁）离婚，法院查明，两人感情关系已经彻底破裂，且得知乙结婚时不满 20 周岁，下列法院的做法正确的是？（　　）
A. 判决驳回离婚申请
B. 裁定驳回起诉
C. 判决婚姻无效
D. 判决两人离婚

二、多项选择题

1. 下列哪些人符合我国法定婚龄要求？（　　）
A. 小吕，男，22 周岁
B. 小肖，女，19 周岁
C. 小宣，女，25 周岁
D. 小张，男，20 周岁

2. 下列哪些行为不符合婚姻登记的有关规定？（　　）
A. 可以找他人代自己办理结婚登记
B. 表兄妹可以申请办理结婚登记
C. 未满 18 周岁的人申请办理结婚登记
D. 办完婚礼之后，一直未补办结婚登记

3. 下列哪些选项属于婚姻无效的情形？（　　）
A. 重婚
B. 有禁止结婚的亲属关系
C. 未到法定婚龄
D. 因胁迫结婚

4. 下列哪些选项属于婚姻可撤销的情形？（　　）
A. 委托他人办理结婚登记
B. 婚前患有重大疾病，在未告知对方的情况下，与对方登记结婚
C. 以公开对方隐私为由胁迫对方与自己办理结婚登记
D. 先后与两人办理结婚登记

5. 孙甲和孙乙系双胞胎兄弟，2021 年 3 月 10 日，弟弟孙乙拿着哥哥孙甲的身份证与哥哥的女友韩某前往民政部门办理了结婚登记手续。4 月 2 日，孙甲因病住院，其间爱上了照顾自己的护士马某，二人欲办理结婚登记手续。关于本案，下列哪些选项是错误的？（　　）
A. 韩某可以向法院提起民事诉讼主张撤销婚姻
B. 孙甲可以向法院提起民事诉讼主张撤销婚姻
C. 法院应当宣告孙乙和韩某的婚姻无效
D. 韩某可以向法院提起行政诉讼

6. 根据《民法典》的规定，下列关于婚姻的消灭的有关说法正确的是？（　　）
A. 一方患有重大疾病没有如实告知对方的，另一方可以自知道或者应当知道撤销事由之日起 1 年内向法院提出撤销婚姻
B. 婚姻无效或者被撤销的，无过错方有权请求过错方承担损害赔偿责任

C. 自婚姻登记机关收到离婚登记申请之日起 30 日内，任何一方不愿意离婚的，可以向婚姻登记机关撤回离婚登记申请；30 日期间届满后 30 日内，双方应当亲自到婚姻登记机关申请发给离婚证；未申请的，视为撤回离婚登记申请

D. 夫妻一方因抚育子女、照料老年人、协助另一方工作等负担较多义务的，离婚时有权向另一方请求补偿，另一方应当给予补偿

7. 甲男（20 岁）虚构身份信息与乙女（21 岁）登记结婚。一年之后，双方感情破裂，乙女发现了甲男虚构身份信息的事实。就乙女有权采取的措施，下列哪些说法是正确的？（　　）

A. 请求法院确认婚姻无效

B. 以欺诈为由请求法院撤销婚姻

C. 就结婚登记申请行政复议

D. 以程序瑕疵为由请求法院撤销婚姻

三、不定项选择题

马某因丈夫王某婚内与第三人多次发生不正当关系，向法院起诉离婚。为此，王某多次强行限制马某的人身自由，造成马某精神受损。2019 年 10 月 1 日，法院准予二人离婚。2022 年 10 月 1 日，马某发现王某在法院判决离婚当日隐瞒了一套价值 200 万元的共有房产。下列选项正确的是？（　　）

A. 仅凭王某与第三人多次发生不正当关系，法院应当准予离婚

B. 马某离婚时可请求精神损害赔偿

C. 因事逾 3 年，马某不得请求分割隐瞒的房产

D. 马某可请求王某少分或不分隐瞒的房产

四、简答题

简述婚姻可撤销的情形。

参考答案

一、单项选择题

1. 答案： C。根据《民法典》第 1046 条的规定，结婚应当男女双方完全自愿，禁止任何一方对另一方加以强迫或者任何组织、个人加以干涉。故 ABD 项错误。

2. 答案： D。根据《民法典》第 1048 条的规定，直系血亲或者三代以内的旁系血亲禁止结婚。故 D 项当选。

3. 答案： C。根据《民法典》第 1050 条的规定，登记结婚后，按照男女双方约定，女方可以成为男方家庭的成员，男方可以成为女方家庭的成员。故 C 项当选。

4. 答案： B。根据《民法典》第 1052 条的规定，因胁迫结婚的，受胁迫的一方可以向人民法院请求撤销婚姻。请求撤销婚姻的，应当自胁迫行为终止之日起 1 年内提出。被非法限制人身自由的当事人请求撤销婚姻的，应当自恢复人身自由之日起 1 年内提出。故 B 项当选。

5. 答案： B。根据《民法典》第 1054 条的规定，无效的或者被撤销的婚姻自始没有法律约束力，当事人不具有夫妻的权利和义务。同居期间所得的财产，由当事人协议处理；协议不成的，由人民法院根据照顾无过错方的原则判决。对重婚导致的无效婚姻的财产处理，不得侵害合法婚姻当事人的财产权益。当事人所生的子女，适用本法关于父母子女的规定。婚姻无效或者被撤销的，无过错方有权请求损害赔偿。故 A 项当选。

6. 答案： D。根据《民法典》第 1051 条规定，有下列情形之一的，婚姻无效：（1）重婚；（2）有禁止结婚的亲属关系；（3）未到法定婚龄。本题中并未出现上述事由，故 A 选项错误。根据《民法典》第 1052 条规定，因胁迫结婚的，受胁迫的一方可以向人民法院请求撤销婚姻。请求撤销婚姻的，应当自胁迫行为终止之日起 1 年内提出。被非法限制人身自由的当事人请求撤销婚姻的，应当

自恢复人身自由之日起1年内提出。胁迫为可撤销婚姻的事由，本案中并未出现上述事由，故B选项错误。赠与合同无效的原因，适用民事法律行为无效的原因。共包括如下几个方面：(1)无民事行为能力人实施的民事法律行为；(2)恶意串通，损害他人合法权益的民事法律行为；(3)违背公序良俗的民事法律行为；(4)违反强制性规定的民事法律行为；(5)行为人与相对人以虚假的意思表示实施的民事法律行为无效。本案中并未出现上述事由，故C选项错误。D选项，赠与合同的可撤销事由包括：(1)受赠人严重侵害赠与人或其近亲属的合法权益；(2)受赠人对赠与人有扶养义务而不履行；(3)受赠人不履行赠与合同约定的义务。本案中，余某不履行抚养义务，张某可以主张撤销赠与合同，故D选项正确。

7. **答案**：C。A、B项考查效力有瑕疵的婚姻。效力有瑕疵的婚姻包括两类，即无效婚姻和可撤销婚姻。《民法典》第1051条规定，有下列情形之一的，婚姻无效：(1)重婚；(2)有禁止结婚的亲属关系；(3)未到法定婚龄。可撤销婚姻的情形有两类：(1)一方患有重大疾病在结婚登记前不如实告知另一方的；(2)胁迫。本题中，甲和乙之间不存在上述情形中的任何一种。因此，二者的婚姻不存在效力瑕疵，系合法有效的婚姻，甲可以依法诉请离婚。故A、B项错误。C、D项考查赠与合同的法定撤销权。赠与财产转移后，如受赠人“忘恩负义”的，赠与人有权行使法定撤销权，请求受赠人返还赠与财产。《民法典》第633条规定，法定撤销权的情形有3种：(1)严重侵害赠与人和其近亲属的；(2)不履行对赠与人的扶养义务的；(3)不履行合同约定的义务的(即附义务的赠与不履行义务的)。本题中，甲、乙之间系夫妻关系，乙(受赠人)对甲(赠与人)不履行扶养义务。因此，甲有权行使法定撤销权，撤销对乙的赠与。故D项错误。

8. **答案**：D。请求确认婚姻无效，法定的无效婚姻情形在提起诉讼时已经消失的，人民法院不予支持。本案诉讼离婚时乙女已经达到法定婚龄，因此法院不会判决婚姻无效，甲男与乙女已经满足离婚感情确实破裂的条件，因此法院正确做法是判决两人离婚。

二、多项选择题

1. **答案**：AC。根据《民法典》第1047条的规定，结婚年龄，男不得早于22周岁，女不得早于20周岁。故AC项当选。

2. **答案**：ABCD。根据《民法典》第1049条的规定，要求结婚的男女双方应当亲自到婚姻登记机关申请结婚登记。符合本法规定的，予以登记，发给结婚证。完成结婚登记，即确立婚姻关系。未办理结婚登记的，应当补办登记。故ABCD项当选。

3. **答案**：ABC。根据《民法典》第1051条的规定，婚姻无效的情形有三种：(1)重婚；(2)有禁止结婚的亲属关系；(3)未到法定婚龄。

4. **答案**：BC。根据《民法典》第1052条第1款、第2款的规定，因胁迫结婚的，受胁迫的一方可以向人民法院请求撤销婚姻。请求撤销婚姻的，应当自胁迫行为终止之日起1年内提出。第1053条的规定，一方患有重大疾病的，应当在结婚登记前如实告知另一方；不如实告知的，另一方可以向人民法院请求撤销婚姻。请求撤销婚姻的，应当自知道或者应当知道撤销事由之日起1年内提出。故BC项当选。

5. **答案**：ABC。根据《最高人民法院关于适用〈中华人民共和国民法典〉婚姻家庭编的解释（一）》第17条第2款规定，当事人以结婚登记程序存在瑕疵为由提起民事诉讼，主张撤销结婚登记的，告知其可以依法申请行政复议或者提起行政诉讼。本题中，韩某和孙甲应提起行政复议或行政诉讼。故A、B项错误，D项正确。根据《民法典》第1051条规定，有下列情形之一的，婚姻无效：(1)重婚；(2)有禁止结婚的亲属关系；(3)未到法定婚龄。同时，根据《最高人民法院关于适用〈中华人民共和国民法典〉婚姻家庭编的解释（一）》第17条第1款规定，当事人以民法典第1051条规定的

3种无效婚姻以外的情形请求确认婚姻无效的，人民法院应当判决驳回当事人的诉讼请求。本题中，孙乙和韩某二者并不存在无效婚姻的情形。故C项错误。

6. **答案**：ABCD。《民法典》第1053条规定，一方患有重大疾病的，应当在结婚登记前如实告知另一方；不如实告知的，另一方可以向人民法院请求撤销婚姻。请求撤销婚姻的，应当自知道或者应当知道撤销事由之日起1年内提出。因此A项正确。《民法典》第1054条第2款规定，婚姻无效或者被撤销的，无过错方有权请求损害赔偿。因此B项正确。《民法典》第1077条规定，自婚姻登记机关收到离婚登记申请之日起30日内，任何一方不愿意离婚的，可以向婚姻登记机关撤回离婚登记申请。前款规定期限届满后30日内，双方应当亲自到婚姻登记机关申请发给离婚证；未申请的，视为撤回离婚登记申请。因此C项正确。《民法典》第1088条规定，夫妻一方因抚育子女、照料老年人、协助另一方工作等负担较多义务的，离婚时有权向另一方请求补偿，另一方应当给予补偿。因此D项正确。

7. **答案**：AC。A、B、D项考查无效婚姻与可撤销婚姻。依据《民法典》第1051条规定，婚姻的无效事由有三：（1）重婚；（2）有禁止结婚的亲属关系；（3）未到法定婚龄。而依据其第1052条与第1053条规定，婚姻的可撤销事由有二：（1）胁迫；（2）婚前隐瞒重大疾病。本题中，甲男虚构身份信息与乙女登记结婚，且登记结婚时甲男未到法定婚龄。甲男、乙女之间的婚姻依据《民法典》第1051条是无效的，B、D项错误，A项正确。《行政复议法》虽然没有明确婚姻登记行为是否属于复议范围，但鉴于婚姻登记行为属于民政部门对甲男和乙女婚姻关系的确认行为，该行为属于具体行政行为的一种形式，在乙女认为其侵犯自己合法权益的情况下，即有权就该行为申请行政复议，C项正确。

三、不定项选择题

答案：BD。男女一方要求离婚的，可由有关部门进行调解或直接向人民法院提出离婚诉讼。人民法院审理离婚案件，应当进行调解；如感情确已破裂，调解无效，应准予离婚。与他人同居属于离婚的法定情形之一。与他人同居是指有配偶者与婚外异性，不以夫妻名义，持续、稳定地共同居住。本案中，马某与第三人多次发生不正当关系，不构成“持续、稳定地共同居住”，所以不属于同居。因此，法院不能仅凭马某与第三人多次发生不正当关系便准予离婚，故A项错误。本题中，王某多次强行限制马某的人身自由，构成家庭暴力。因实施家庭暴力导致离婚的，无过错方有权请求损害赔偿，马某可以请求损害赔偿，故B项正确。当事人依据婚姻法规定向人民法院提起诉讼，请求再次分割夫妻共同财产的诉讼时效为两年，从当事人发现之次日起计算。由此可知，诉讼时效的起算应从马某发现之次日起算，而非从王某离婚时隐瞒财产之日起算，故C项错误。《民法典》第1092条规定：“夫妻一方隐藏、转移、变卖、毁损、挥霍夫妻共同财产，或者伪造夫妻共同债务企图侵占另一方财产的，在离婚分割夫妻共同财产时，对该方可以少分或者不分。离婚后，另一方发现有上述行为的，可以向人民法院提起诉讼，请求再次分割夫妻共同财产。”本题中，王某隐瞒夫妻共同财产，马某可以请求王某少分或者不分该房产，故D项正确。

四、简答题

答案：根据《民法典》第1052条、第1053条的规定，婚姻可撤销的情形有：（1）因胁迫结婚的，受胁迫的一方可以向人民法院请求撤销婚姻。请求撤销婚姻的，应当自胁迫行为终止之日起1年内提出。（2）被非法限制人身自由的当事人请求撤销婚姻的，应当自恢复人身自由之日起1年内提出。（3）一方患有重大疾病的，应当在结婚登记前如实告知另一方；不如实告知的，另一方可以向人民法院请求撤销婚姻。请求撤销婚姻的，应当自知道或者应当知道撤销事由之日起1年内提出。

第三十三章　家庭关系

基础知识图解

- 夫妻关系
  - 人身关系
  - 财产关系
    - 夫妻共同财产
    - 夫妻个人财产
    - 约定财产制
- 父母子女关系
- 其他近亲属关系

配套测试

一、单项选择题

1. 关于夫妻之间的家事代理，表述错误的是（　　）。

A. 夫妻一方因家庭日常生活需要而实施的民事法律行为，原则上对夫妻双方发生效力

B. 夫妻一方因家庭日常生活需要而实施的民事法律行为，夫妻一方与相对人另有约定，按照约定

C. 夫妻之间对一方可以实施的民事法律行为范围的限制，不得对抗善意相对人

D. 夫妻之间对一方可以实施的民事法律行为范围的限制，不得对抗相对人

2. 下列财产中，属于夫妻共同财产的是哪一项？（　　）

A. 婚后双方的工资收入

B. 婚前男方全款购买的婚房

C. 婚前各方名下的存款

D. 婚后接受的赠与，且该赠与明确只归属于男方

3. 在婚姻关系存续期间，下列哪一债务不属于夫妻共同债务？（　　）

A. 夫妻一方以个人名义为家庭日常生活需要所负的债务

B. 夫妻一方以个人名义超出家庭日常生活需要所负的债务

C. 夫妻一方以个人名义超出家庭日常生活需要所负的债务，但债权人能证明该债务用于夫妻共同生活

D. 基于夫妻共同意思表示，夫妻一方以个人名义超出家庭日常生活需要所负的债务

4. 婚姻关系存续期间，在下列哪一情况下，夫妻一方不能向人民法院请求分割共同财产？（　　）

A. 一方隐藏夫妻共同财产

B. 一方毁损夫妻共同财产

C. 一方伪造夫妻共同债务

D. 一方朋友患有重大疾病，另一方不同意支付医疗费用

5. 关于父母与子女的关系，下列哪一说法是正确的？（　　）

A. 子女成年后，父母依然有教育、保护子女的权利和义务

B. 成年子女故意造成他人损害的，父母应当依法承担民事责任

C. 未成年子女造成他人损害的，父母应当依法承担责任

D. 未成年子女造成他人损害的，父母可以不承担责任

6. 关于父母与子女之间的继承关系，下列哪

一说法是正确的？（　　）

A. 父母可以继承子女的遗产

B. 父母不可以继承子女的遗产

C. 继子女可以继承继父母的遗产

D. 继父母可以继承继子女遗产

7. 关于继父母与继子女的关系，下列哪一说法是正确的？（　　）

A. 继父母与继子女之间，不得虐待或者歧视

B. 继父或继母没有义务抚养未成年的继子女

C. 继子女无权继承继父或继母的遗产

D. 没有独立生活能力的成年继子女，无权要求继父或继母给付抚养费

8. 关于祖父母、外祖父母对孙子女、外孙子女之间的抚养义务，下列哪一说法是正确的？（　　）

A. 祖父母对孙子女有抚养义务

B. 有负担能力的外祖父母对外孙子女有抚养义务

C. 祖父母对于父母已经死亡未成年孙子女有抚养的义务

D. 有负担能力的外祖父母，对于父母无力抚养的未成年外孙子女，有抚养的义务

9. 老谭与妻子郭某一直居住在单位公租房内，郭某去世后，老谭雇用保姆赵某照料自己，后二人登记结婚。老谭用婚后领取的10万元退休金，购买了该公租房，并将房产所有权登记在自己名下。后老谭将该房屋出卖于他人，买方交付了房款。对此，下列哪一选项是正确的？（　　）

A. 房屋属老谭、郭某共有

B. 房屋属老谭、赵某共有

C. 房屋属老谭所有

D. 房款属郭某所有

10. 甲（男）、乙（女）结婚后，甲承诺，在子女出生后，将其婚前所有的一间门面房，变更登记为夫妻共同财产。后女儿丙出生，但甲不愿兑现承诺，导致夫妻感情破裂离婚，女儿丙随乙一起生活。后甲又与丁（女）结婚。未成年的丙因生重病住院急需医疗费20万元，甲与丁签订借款协议从夫妻共同财产中支取该20万元。下列哪一表述是错误的？（　　）

A. 甲与乙离婚时，乙无权请求将门面房作为夫妻共同财产分割

B. 甲与丁的协议应视为双方约定处分共同财产

C. 如甲、丁离婚，有关医疗费按借款协议约定处理

D. 如丁不同意甲支付医疗费，甲无权要求分割共有财产

11. 张某和妻子李某居住在单位公租房内，后妻子李某因病去世。张某与家中保姆何某相爱。婚后，张某用10万元养老保险金购买了该公租房并登记在自己名下。关于养老保险金和房屋的归属，下列哪一说法是正确的？（　　）

A. 10万元养老保险金属于张某的个人财产

B. 房屋属于张某和前妻李某共有

C. 房屋属于张某所有

D. 房屋属于张某和保姆何某共有

二、多项选择题

1. 关于夫妻在婚姻家庭关系中的地位，下列哪些说法是正确的？（　　）

A. 夫妻双方平等享有对未成年子女抚养、教育和保护的权利

B. 夫妻在家庭中地位平等

C. 夫妻双方都有参加生产、工作、学习和社会活动的自由

D. 夫妻双方都有各自使用自己姓名的权利

2. 小吴在一次外出时不幸遇难，留下财产若干。下列哪些人有权继承小吴的遗产？（　　）

A. 小吴的父亲　　B. 小吴的母亲

C. 小吴的妻子　　D. 小吴的儿子

3. 下列哪些财产属于夫妻一方的个人财产？（　　）

A. 一方的婚前财产

B. 一方因受到人身损害获得的赔偿金、补偿金
C. 遗嘱中确定只归一方的财产
D. 双方共用的生活用品

4. 下列关于夫妻财产的约定，哪些选项符合法律规定？（　　）
A. 工资收入归夫妻共同所有
B. 股票投资所得收益归投资一方所有
C. 婚后一方所负个人债务，由该方以个人财产清偿
D. 婚前一方购买的房屋归夫妻共同所有

5. 下列关于父母与子女关系的说法，哪些是正确的？（　　）
A. 未成年子女可以要求父母给付抚养费
B. 成年子女不能独立生活的，可以要求父母给付抚养费
C. 生活困难的父母可以要求成年子女给付赡养费
D. 缺乏劳动能力的父母可以要求成年子女给付赡养费

6. 子女应当尊重父母的婚姻权利，不得从事下列哪些行为？（　　）
A. 干涉父母再婚
B. 阻挠父母离婚
C. 扰乱父母再婚后的正常生活
D. 让父母自由选择再婚对象

7. 下列关于遗产继承的说法，哪些是正确的？（　　）
A. 父母和子女有相互继承遗产的权利
B. 夫妻有相互继承遗产的权利
C. 妻子无权继承丈夫的遗产
D. 父母无权继承子女的遗产

8. 关于婚生子女和非婚生子女，下列哪些说法是正确的？（　　）
A. 父母只对其婚生子女负有教育、保护义务
B. 非婚生子女享有与婚生子女同等的权利
C. 不直接抚养非婚生子女的生父或生母，无须负担非婚生子女的抚养费
D. 不直接抚养非婚生子女的生父或者生母，应当负担未成年子女或者不能独立生活的成年子女的抚养费

9. 关于确认亲子关系，以下表述哪些是错误的？（　　）
A. 对亲子关系有异议且有正当理由的，母亲可以向人民法院提起诉讼，请求确认亲子关系
B. 对亲子关系有异议的，父亲可以向人民法院提起诉讼，请求否认亲子关系
C. 对亲子关系有异议的，子女可以向人民法院提起诉讼，请求确认亲子关系
D. 对亲子关系有异议且有正当理由的，成年子女可以向人民法院提起诉讼，请求否认亲子关系

10. 关于兄弟姐妹之间的扶养义务，下列哪些说法是正确的？（　　）
A. 兄、姐对未成年弟、妹有扶养的义务
B. 有负担能力的兄、姐，对于父母已经死亡或者父母无力抚养的未成年弟、妹，有扶养的义务
C. 弟、妹对兄、姐有扶养的义务
D. 由兄、姐扶养长大的有负担能力的弟、妹，对于缺乏劳动能力又缺乏生活来源的兄、姐，有扶养的义务

11. 关于父母与子女的关系，下列哪些说法是错误的？（　　）
A. 小川，26 岁，醉酒后撞伤打伤路人，其父母应当承担责任
B. 小明，16 岁，偷同学的手机，其父母应当承担责任
C. 小丽，12 岁，早恋被老师发现，其父母有责任对其进行教育、引导
D. 小壮，17 岁，打架斗殴致人轻伤，其父母无须承担责任

12. 陈某 2019 年 5 月以自己的名义首付 100 万元，借款 100 万元买房一套。6 月 1 日与李某结婚。婚后两人共同还清了 100 万元借款。2021 年 3 月两人离婚，此时该房屋的市场价格已经涨到 400 万元。关于该房屋的分割，下列说法不正确的是？（　　）
A. 判决房屋归陈某所有，但应当偿还李某 55 万元

B. 判决为陈某和李某的共同财产
C. 判决房屋归陈某个人所有，陈某补偿李某200万元
D. 判决房屋归陈某个人所有，陈某补偿李某100万元

13. 张某与黄某系夫妻，双方在婚后购置一套房屋，登记在张某的名下。张某因沉迷于网络博彩，以自己的名义欠下某博彩公司的借款10万元。后双方因经常争吵，拟定了一份离婚协议，约定将该房分给黄某，张某并未在离婚协议上签字。事后张某反悔，拒不办理离婚登记。黄某向法院起诉离婚，一审法院判决维持双方婚姻关系，黄某未上诉。张某与黄某此后一直分居，已达两年时间。对此，下列说法正确的是？（ ）
A. 若黄某再次起诉离婚，法院应当准予离婚
B. 若博彩公司向黄某主张夫妻共同债务，法院可以债务违法而不予支持
C. 若博彩公司举证证明该借款取得了黄某的同意，则可要求黄某偿还借款
D. 该房仍属于夫妻共同财产

三、不定项选择题

1. 钱某与孙某结婚后生下儿子小钱。次年，因发现钱某与他人发生“婚外情”，孙某要求钱某签写保证协议书，双方签字，孙某表示原谅。关于保证协议书内容，下列条款有效的是？（ ）
A. “钱某今后每出轨一次，向孙某支付1万元出轨费”
B. “钱某出轨导致离婚时，钱某须净身出户”
C. “离婚后小钱由孙某抚养，免除钱某对小钱的抚养费”
D. “钱某出轨导致离婚后，不得探望儿子小钱”

2. 下列属于夫妻共同财产的是？（ ）
A. 夫妻一方生日宴请后获得的礼金
B. 夫妻一方婚前创作的小说在婚后取得的版税
C. 男方给女方父母支付的彩礼婚后返还，但女方父母明示仅赠与女方
D. 夫妻一方婚前取得的破产安置补偿费

四、简答题

在婚姻关系存续期间，哪些财产为夫妻共同财产？

参考答案

一、单项选择题

1. 答案：D。根据《民法典》第1060条规定，夫妻一方因家庭日常生活需要而实施的民事法律行为，对夫妻双方发生效力，但是夫妻一方与相对人另有约定的除外。夫妻之间对一方可以实施的民事法律行为范围的限制，不得对抗善意相对人。故D项当选。

2. 答案：A。根据《民法典》第1062条第1项的规定，A项属于夫妻共同财产。根据《民法典》第1063条第1项和第3项规定，B、C两项属于婚前个人财产，D项属于婚后取得的只归属于一方的赠与财产，BCD项依法均属于夫妻一方个人财产。故A项当选。

3. 答案：B。根据《民法典》第1064条的规定，夫妻双方共同签名或者夫妻一方事后追认等共同意思表示所负的债务，以及夫妻一方在婚姻关系存续期间以个人名义为家庭日常生活需要所负的债务，属于夫妻共同债务。夫妻一方在婚姻关系存续期间以个人名义超出家庭日常生活需要所负的债务，不属于夫妻共同债务；但是，债权人能够证明该债务用于夫妻共同生活、共同生产经营或者基于夫妻双方共同意思表示的除外。故B项当选。

4. 答案：D。根据《民法典》第1066条的规定，婚姻关系存续期间，有下列情形之一的，夫妻一方可以向人民法院请求分割共同财产：（1）一方有隐藏、转移、变卖、毁损、挥霍夫妻共同财产或者伪造夫妻共同债务等严重损害夫妻共同财产利益的行为；

（2）一方负有法定扶养义务的人患重大疾病需要医治，另一方不同意支付相关医疗费用。D项中，朋友不是一方负有法定扶养义务的人，另一方没有支付医疗费用的义务。故D项当选。

5. **答案**：C。根据《民法典》第1068条的规定，父母有教育、保护未成年子女的权利和义务。未成年子女造成他人损害的，父母应当依法承担民事责任。故C项正确。

6. **答案**：A。根据《民法典》第1070条的规定，父母和子女有相互继承遗产的权利。故A项正确，B项错误。根据《民法典》第1072条、第1127条的规定，对于有扶养关系的继父母和继子女之间的权利义务关系，才适用民法典关于父母子女关系的规定，才可以发生继承。故CD项错误。

7. **答案**：A。根据《民法典》第1067条第1款的规定，父母不履行抚养义务的，未成年子女或者不能独立生活的成年子女，有要求父母给付抚养费的权利。第1070条的规定，父母和子女有相互继承遗产的权利。第1072条的规定，继父母与继子女间，不得虐待或者歧视。继父或者继母和受其抚养教育的继子女间的权利义务关系，适用本法关于父母子女关系的规定。故A项正确。

8. **答案**：D。根据《民法典》第1074条第1款的规定，有负担能力的祖父母、外祖父母，对于父母已经死亡或者父母无力抚养的未成年孙子女、外孙子女，有抚养的义务。故D项当选。

9. **答案**：B。《民法典》第1062条规定，夫妻在婚姻关系存续期间所得的下列财产，为夫妻的共同财产，归夫妻共同所有：（1）工资、奖金、劳务报酬；（2）生产、经营、投资的收益；（3）知识产权的收益；（4）继承或者受赠的财产，但是本法第1063条第3项规定的除外；（5）其他应当归共同所有的财产。夫妻对共同财产，有平等的处理权。老谭婚后领取的10万元退休金，应属于夫妻共同财产，此时，与其有合法婚姻关系的为赵某而不是郭某。因此，该10万元退休金应属于老谭和赵某共有。老谭以该钱款买的房屋虽然登记在其名下，但也应认定为老谭和赵某共有；出卖该房屋所得的价款，亦应属于两人共有。据此，B选项正确，其他选项错误。

10. **答案**：D。《民法典》第1065条第1款规定，男女双方可以约定婚姻关系存续期间所得的财产以及婚前财产归各自所有、共同所有或者部分各自所有、部分共同所有。约定应当采用书面形式。没有约定或者约定不明确的，适用本法第1062条、第1063条的规定。第209条第1款规定，不动产物权的设立、变更、转让和消灭，经依法登记，发生效力；未经登记，不发生效力，但是法律另有规定的除外。本题中，甲乙间并未对门面房进行物权变动登记，因此该财产的所有权还是属于甲，二人离婚时，不能对不属于共同财产的房屋进行财产分割。因此A项表述正确，不选。根据题意，甲系与丁经协商从夫妻共同财产中支取20万元，因此是在处分共同财产。但是，20万元中，有甲和丁两人的财产份额，因此，就丁的份额，应按双方签订的借款协议处理，因此选项B、C选项表述正确，不选。《民法典》第303条规定，共有人约定不得分割共有的不动产或者动产，以维持共有关系的，应当按照约定，但是共有人有重大理由需要分割的，可以请求分割；没有约定或者约定不明确的，按份共有人可以随时请求分割，共同共有人在共有的基础丧失或者有重大理由需要分割时可以请求分割。因分割造成其他共有人损害的，应当给予赔偿。由此，D项错误，当选。

11. **答案**：D。根据《最高人民法院关于适用〈中华人民共和国民法典〉婚姻家庭编的解释（一）》第25条规定，婚姻关系存续期间，下列财产属于民法典第1062条规定的"其他应当归共同所有的财产"：（1）一方以个人财产投资取得的收益；（2）男女双方实际取得或者应当取得的住房补贴、住房公积金；（3）男女双方实际取得或者应当取得的基本养老金、破产安置补偿费。本题中，张某的10万元养老保险金属于张某和何某夫妻共同财产。故A项错误。根据《最高人民法院关于适用〈中华人民共和国民法典〉婚姻家庭编的解释（一）》第27条规定，由一方婚前承租、婚后用共同财产购买的房屋，登记在一方名下的，应当认定为夫妻共同财产。本题中，房屋系张某婚前承租、婚后用共同财产购买，虽然登记在张某一方名下，但是，依法应认定为张某和何某的夫妻共同财产。故B、C项错误。

二、多项选择题

1. **答案**：ABCD。根据《民法典》第1055至1058条的规定，夫妻在婚姻家庭关系中地位平等。夫妻双方都有各自使用自己姓名的权利。夫妻双方都有参加生产、工作、学习和社会活动的自由，一方不得对另一方加以限制或者干涉。夫妻双方平等享有对未成年子女抚养、教育和保护的权利，共同承担对未成年子女抚养、教育和保护的义务。ABCD均正确。
2. **答案**：ABCD。《民法典》第1061条规定，夫妻有相互继承遗产的权利。第1127条第1款规定，遗产按照下列顺序继承：（1）第一顺序：配偶、子女、父母；（2）第二顺序：兄弟姐妹、祖父母、外祖父母。故ABCD均当选。
3. **答案**：ABC。根据《民法典》第1063条的规定，下列财产为夫妻一方的个人财产：（1）一方的婚前财产；（2）一方因受到人身损害获得的赔偿或者补偿；（3）遗嘱或者赠与合同中确定只归一方的财产；（4）一方专用的生活用品；（5）其他应当归一方的财产。故ABC项当选。
4. **答案**：ABCD。根据《民法典》第1065条的规定，男女双方可以约定婚姻关系存续期间所得的财产以及婚前财产归各自所有、共同所有或者部分各自所有、部分共同所有。约定应当采用书面形式。没有约定或者约定不明确的，适用民法典第1062条、第1063条的规定。夫妻对婚姻关系存续期间所得的财产以及婚前财产的约定，对双方具有法律约束力。夫妻对婚姻关系存续期间所得的财产约定归各自所有，夫或者妻一方对外所负的债务，相对人知道该约定的，以夫或者妻一方的个人财产清偿。故ABCD均当选。
5. **答案**：ABCD。根据《民法典》第1067条的规定，父母不履行抚养义务的，未成年子女或者不能独立生活的成年子女，有要求父母给付抚养费的权利。成年子女不履行赡养义务的，缺乏劳动能力或者生活困难的父母，有要求成年子女给付赡养费的权利。故AB-CD项均当选。
6. **答案**：ABC。根据《民法典》第1069条的规定，子女应当尊重父母的婚姻权利，不得干涉父母离婚、再婚以及婚后的生活。子女对父母的赡养义务，不因父母的婚姻关系变化而终止。故ABC项当选。
7. **答案**：AB。根据《民法典》第1061条的规定，夫妻有相互继承遗产的权利。故B项正确。根据《民法典》第1070条的规定，父母和子女有相互继承遗产的权利。故A项正确。
8. **答案**：BD。根据《民法典》第1071条的规定，非婚生子女享有与婚生子女同等的权利，任何组织或者个人不得加以危害和歧视。不直接抚养非婚生子女的生父或者生母，应当负担未成年子女或者不能独立生活的成年子女的抚养费。故BD项正确。
9. **答案**：BCD。根据《民法典》第1073条的规定，对亲子关系有异议且有正当理由的，父或者母可以向人民法院提起诉讼，请求确认或者否认亲子关系。对亲子关系有异议且有正当理由的，成年子女可以向人民法院提起诉讼，请求确认亲子关系。A正确。B项中，对亲子关系的异议无“正当理由”；C项中应当是“成年”子女；D项不能提出请求“否认”。故BCD项当选。
10. **答案**：BD。根据《民法典》第1075条的规定，有负担能力的兄、姐，对于父母已经死亡或者父母无力抚养的未成年弟、妹，有扶养的义务。由兄、姐扶养长大的有负担能力的弟、妹，对于缺乏劳动能力又缺乏生活来源的兄、姐，有扶养的义务。故

BD项正确。

11. 答案：AD。根据《民法典》第1068条的规定，父母有教育、保护未成年子女的权利和义务。未成年子女造成他人损害的，父母应当依法承担民事责任。故A、D选项错误。

12. 答案：ABD。《最高人民法院关于适用〈中华人民共和国民法典〉婚姻家庭编的解释（一）》第78条规定，夫妻一方婚前签订不动产买卖合同，以个人财产支付首付款并在银行贷款，婚后用夫妻共同财产还贷，不动产登记于首付款支付方名下的，离婚时该不动产由双方协议处理。依前款规定不能达成协议的，人民法院可以判决该不动产归登记一方，尚未归还的贷款为不动产登记一方的个人债务。双方婚后共同还贷支付的款项及其相对应财产增值部分，离婚时应根据民法典第1087条第1款规定的原则，由不动产登记一方对另一方进行补偿。因此，正确分割方式是判决房屋归陈某个人所有，陈某补偿小李200万元。故A、B、D项错误，C项正确。

13. 答案：ACD。《民法典》1079条第5款规定："经人民法院判决不准离婚后，双方又分居满一年，一方再次提起离婚诉讼的，应当准予离婚。"现黄某与张某分居已达两年时间，黄某再次起诉离婚的，法院应当准予离婚，故A项正确。根据《最高人民法院关于适用〈中华人民共和国民法典〉婚姻家庭编的解释（一）》第33条和第34条第2款规定可知，债权人就一方婚前所负个人债务向债务人的配偶主张权利的，人民法院不予支持。但债权人能够证明所负债务用于婚后家庭共同生活的除外。夫妻一方在从事赌博、吸毒等违法犯罪活动中所负债务，第三人主张该债务为夫妻共同债务的，人民法院不予支持。在我国，博彩公司的经营得到法律认可，因博彩活动产生的债务并非"赌博债务"，不属非法债务，法院不能仅以此为由不予支持共同债务，故B项错误。《民法典》第1064条规定："夫妻双方共同签名或者夫妻一方事后追认等共同意思表示所负的债务，以及夫妻一方在婚姻关系存续期间以个人名义为家庭日常生活需要所负的债务，属于夫妻共同债务。夫妻一方在婚姻关系存续期间以个人名义超出家庭日常生活需要所负的债务，不属于夫妻共同债务；但是，债权人能够证明该债务用于夫妻共同生活、共同生产经营或者基于夫妻双方共同意思表示的除外。"根据该条规定，张某个人对外欠债，即使超出了"日常家庭生活需要"，但只要出于夫妻共同意思表示，则可认定为夫妻共同债务。若博彩公司能够举证证明该欠款取得了黄某的同意，则有权以夫妻共同债务主张权利。共债共还，即夫妻承担连带清偿义务，因此C项正确。婚姻当事人之间为离婚达成的房产分割协议，在离婚时可以直接产生物权变动的效果，但该协议因离婚并未发生，并未生效，其物权变动效果并不产生。即使完成交付或过户手续，被分割的财产仍属于夫妻婚姻关系存续期间的共同财产。本题张某与黄某并未离婚，该房仍为夫妻的共同财产，故D项正确。

三、不定项选择题

1. 答案：B。根据《民法典》的相关规定，夫妻一方因家庭日常生活需要而实施的民事法律行为，对夫妻双方发生效力，但是夫妻一方与相对人另有约定的除外。夫妻之间对一方可以实施的民事法律行为范围的限制，不得对抗善意相对人。夫妻在婚姻持续期间经常会签订一些协议条款，也属于符合意思自治原则的法律行为，但其有关内容要符合"家庭日常生活需要"，并需要遵循民法公序良俗原则和《民法典》的特殊规定，否则无效。夫妻忠诚协议条款，相当于用金钱负担换取法定忠诚义务的履行，有违公序良俗；若承认该条款的法律效力，无异于承认一方配偶可以用金钱财产换取出轨的机会，陷入法律的伦理困境，故A项错误。出轨者离婚时净身出户，是对离婚过错方的约定惩戒，《民法典》也规定了相关的离婚损害赔偿规则，该条款不违法，也不违背公序良俗，故B项正确。夫妻离婚后，子女的抚养问题由双方协议，协议不成的，由人民法院判决，该协议或者判决，不妨碍子女在必要时向父母任何一方提出超过协议或者判决原定数额的合理要求。父母对未成年孩子的抚养义务属于法定义务，且不受离婚影响。抚养的权利人是第三人，夫妻不能通过协议免除自己对未成年子女的法定义务，故C项错误。不直接抚养子女的父或者母时，有探望子女的权利，另一方有协助的义务。探望权是离婚后父母对不与自己一起生活的未成年孩子探视、陪伴的权利，是亲权的一项内容，同时，探视也是父母对孩子的法定义务，夫妻不能通过约定排除这类法定权利义务，故D项错误。

2. **答案**：AB。我国的法定夫妻财产制是婚后所得夫妻共同共有制。《民法典》第1062条第1款规定，夫妻在婚姻关系存续期间所得的下列财产，为夫妻的共同财产，归夫妻共同所有：（1）工资、奖金、劳务报酬；（2）生产、经营、投资的收益；（3）知识产权的收益；（4）继承或者受赠的财产，但是本法第1063条第3项规定的除外；（5）其他应当归共同所有的财产。据此，夫妻一方生日宴请后获得的礼金属于该条第4项情形，而夫妻一方婚前创作的小说在婚后取得的版税，属于该条第3项情形。A、B项均为夫妻共同财产。C、D项都涉及法定的夫妻一方个人财产。《民法典》第1063条规定，下列财产为夫妻一方的个人财产：（1）一方的婚前财产；（2）一方因受到人身损害获得的赔偿或者补偿；（3）遗嘱或者赠与合同中确定只归一方的财产；（4）一方专用的生活用品；（5）其他应当归一方的财产。《最高人民法院关于适用〈中华人民共和国民法典〉婚姻家庭编的解释（一）》第25条进一步规定，婚姻关系存续期间，下列财产属于民法典第1062条规定的“其他应当归共同所有的财产”：（1）一方以个人财产投资取得的收益；（2）男女双方实际取得或者应当取得的住房补贴、住房公积金；（3）男女双方实际取得或者应当取得的基本养老金、破产安置补偿费。据此，夫妻一方婚前取得的破产安置补偿费属于《民法典》第1063条第1项情形。而C项中，男方给女方父母支付的彩礼婚后返还，但女方父母明示仅赠与女方。这一情形符合《民法典》第1063条第3项的规定，C、D项均为夫妻一方的个人财产。

四、简答题

答案：根据《民法典》第1062条第1款的规定，夫妻在婚姻关系存续期间所得的下列财产，为夫妻的共同财产，归夫妻共同所有：（1）工资、奖金、劳务报酬；（2）生产、经营、投资的收益；（3）知识产权的收益；（4）继承或者受赠的财产，但是本法第1063条第3项规定（遗嘱或者赠与合同中确定只归一方的财产）的除外；（5）其他应当归共同所有的财产。

第三十四章 离婚制度

基础知识图解

- 离婚制度概述
- 登记离婚
  - 登记离婚条件
    - 当事人适格
    - 离婚合意
    - 子女、财产达成协议
  - 登记离婚程序——申请、审查、登记
- 诉讼离婚
  - 诉讼离婚调解制度
  - 诉讼离婚法定事由
  - 诉讼离婚特殊保护
    - 对军人婚姻
    - 对女方
- 离婚效力
  - 对当事人效力
    - 财产关系效力
    - 人身关系效力
  - 对子女效力
- 离婚救济
  - 离婚家务贡献补偿
  - 离婚经济帮助
  - 离婚损害赔偿
  - 离婚财产保障

配套测试

一、单项选择题

1. 下列关于协议离婚的说法，哪一项是正确的？（　　）

A. 应当签订书面离婚协议

B. 可以委托代理律师到婚姻登记机关办理

C. 离婚协议写明自愿离婚即可

D. 离婚协议应当载明双方各自对财产以及债务处理的意见

2. 婚姻登记机关对离婚协议的审查处理，哪一做法是正确的？（　　）

A. 查明双方确实是自愿离婚，并已经对子女抚养、财产以及债务处理等事项协商一致的，予以登记，发给离婚证

B. 查明双方确属自愿离婚的，应当予以登记，发给离婚证

C. 查明双方已经对子女抚养协商一致的，应当予以登记，发给离婚证

D. 查明双方已经对财产及债务处理协商一致的，应当予以登记，发给离婚证

3. 下列哪一种情形，婚姻关系解除？（　　）

A. 双方分居

B. 完成离婚登记

C. 作出离婚判决

D. 作出离婚调解书

4. 下列哪一情形，男方不得提出离婚？（　　）

A. 女方怀孕期间

B. 女方分娩后 2 年内

C. 女方终止妊娠后 1 年内

D. 女方哺乳期间

5. 关于父母离婚后子女的抚养问题，下列哪一说法是正确的？（　　）

A. 未成年子女以由母亲直接抚养为原则
B. 已满2周岁的子女，由母亲直接抚养
C. 离婚后，父母对于子女仍有抚养、教育、保护的权利和义务
D. 父母与子女间的关系，因父母离婚而消除

6. 关于父或母的探望权，下列哪一说法错误？（　　）
A. 离婚后，不直接抚养子女的父或者母，有探望子女的权利，另一方有协助的义务
B. 行使探望权利的方式、时间由当事人协议；协议不成的，由人民法院判决
C. 父或者母探望子女，不利于子女身心健康的，由人民法院依法中止探望
D. 中止探望的事由消失后，可以恢复探望

7. 关于离婚时的补偿，下列哪一说法是错误的？（　　）
A. 收入较高一方应当给予收入较低一方适当补偿
B. 一方因抚育子女负担较多义务的，离婚时有权请求另一方给予补偿
C. 一方因照料老年人负担较多义务的，离婚时有权要求另一方给予补偿
D. 关于补偿达不成协议的，由人民法院判决

8. 关于离婚时的帮助义务，下列哪一说法是正确的？（　　）
A. 一方生活困难，另一方应当给予帮助
B. 一方生活困难，另一方有负担能力的，应当给予适当帮助
C. 具体的帮助办法，由实施帮助的一方决定
D. 具体的帮助办法，由接受帮助的一方决定

9. 离婚后，一方发现另一方有哪一行为时，可以向人民法院提起诉讼，请求再次分割夫妻共同财产？（　　）
A. 隐藏婚前个人财产
B. 转移夫妻共同财产
C. 离婚前与他人同居
D. 挥霍婚前个人财产

10. 甲、乙二人相识一个月后闪婚。一年后双方感情不和，共同前往婚姻登记机关办理离婚登记手续。一周后，男方反悔。对此，下列哪一说法是正确的？（　　）
A. 离婚冷静期从双方签订书面协议开始
B. 离婚冷静期过后，一方不同意离婚的，视为同意离婚
C. 离婚冷静期内，男方可以单独提出撤回离婚登记
D. 女方可以在离婚冷静期后单独申请离婚证

二、多项选择题

1. 下列关于“离婚冷静期”，哪些说法是错误的？（　　）
A. 任何一方不愿意离婚的，可以随时向婚姻登记机关撤回离婚登记申请
B. 自婚姻登记机关收到离婚登记申请之日起满60日，双方未到婚姻登记机关撤回离婚登记申请的，婚姻登记机关应当发给离婚证
C. 自婚姻登记机关收到离婚登记申请之日起30日内，任何一方不愿意离婚的，可以向婚姻登记机关撤回离婚登记申请
D. C项规定期限届满后15日内，双方应当亲自到婚姻登记机关申请发给离婚证；未申请的，视为撤回离婚登记申请

2. 人民法院审理离婚案件，在下列哪些情形下，经调解无效的，应当准予离婚？（　　）
A. 重婚或者与他人同居
B. 有赌博、吸毒等恶习屡教不改
C. 因感情不和分居满2年
D. 实施家庭暴力或者虐待、遗弃家庭成员

3. 关于现役军人离婚，下列哪些说法是错误的？（　　）
A. 现役军人的配偶不能要求离婚
B. 现役军人的配偶可以要求离婚
C. 现役军人的配偶要求离婚，无须征得

军人的同意

D. 现役军人的配偶要求离婚，应当征得军人同意，但是军人一方有重大过错的除外

4. 关于离婚后子女的抚养问题，下列哪些说法是正确的？（　　）

A. 双方可以就子女抚养费的分担达成协议，协议不成的，由法院判决

B. 关于子女抚养费的分担，达不成协议的，由双方平均分担

C. 子女不能向父或母提出超过协议或者判决原定数额的抚养费

D. 子女在必要时可以向父母任何一方提出超过协议或者判决原定数额的合理要求

5. 关于离婚时的夫妻共同财产分配，下列哪些说法是正确的？（　　）

A. 离婚时，夫妻的共同财产由双方协议处理

B. 协议不成的，由人民法院根据财产的具体情况，按照照顾子女、女方和无过错方权益的原则判决

C. 对夫或者妻在家庭土地承包经营中享有的权益等，应当依法予以保护

D. 协议不成的，有过错方应当“净身出户”

6. 关于离婚时夫妻债务的清偿，下列哪些说法是正确的？（　　）

A. 离婚时，夫妻共同债务应当共同偿还

B. 离婚时，夫妻一方的个人债务也应当共同偿还

C. 共同财产不足清偿或者财产归各自所有，协议不成的，由法院判决

D. 共同财产不足清偿或者财产归各自所有，由法院直接判决

7. 在下列哪些情形下，离婚时，无过错方有权请求损害赔偿？（　　）

A. 重婚

B. 与他人同居

C. 实施家庭暴力

D. 虐待、遗弃家庭成员

8. 屈赞与曲玲协议离婚并约定婚生子屈曲由屈赞抚养，另口头约定曲玲按其能力给付抚养费并可随时探望屈曲。对此，下列哪些选项是正确的？（　　）

A. 曲玲有探望权，屈赞应履行必要的协助义务

B. 曲玲连续几年对屈曲不闻不问，违背了法定的探望义务

C. 屈赞拒不履行协助曲玲探望的义务，经由裁判可依法对屈赞采取拘留、罚款等强制措施

D. 屈赞拒不履行协助曲玲探望的义务，经由裁判可依法强制从屈赞处接领屈曲与曲玲会面

9. 乙女与甲男婚后多年未生育，后甲男发现乙女因不愿生育曾数次擅自中止妊娠，为此甲男多次殴打乙女。乙女在被打住院后诉至法院要求离婚并请求损害赔偿，甲男以生育权被侵害为由提起反诉，请求乙女赔偿其精神损害。法院经调解无效，拟判决双方离婚。下列哪些选项是正确的？（　　）

A. 法院应支持乙女的赔偿请求

B. 乙女侵害了甲男的生育权

C. 乙女侵害了甲男的人格尊严

D. 法院不应支持甲男的赔偿请求

10. 下列关于探望权的说法不正确的是？（　　）

A. 探望权的对象是未成年子女和成年子女

B. 探望权的主体除了父母之外还包括孩子的祖父母和外祖父母

C. 与子女共同生活的一方应当协助探望权的行使，如果拒绝履行协助义务的，可以对其强制执行

D. 生效的离婚判决中未涉及探望权的，当事人无权单独就探望权起诉

11. 甲男与乙女通过网聊恋爱，不久后办理了结婚登记。婚后两人因性格不合经常争吵。在孩子丙3岁的时候，甲、乙准备协议离婚，但为孩子抚养问题未能协商一致。乙擅自将丙的姓氏从随父姓改为随母姓，并进行了户口变更登记。关

于甲、乙与丙的关系，下列说法正确的是？（　　）

A. 甲、乙可以约定甲放弃对丙的探望权，从而免除甲对丙的抚养义务

B. 甲、乙关于丙抚养费的约定，对丙的合理请求不具有对抗效力

C. 乙擅自更改丙的姓氏，侵害了丙的姓名权

D. 乙擅自更改丙的姓氏，构成对甲的合法权益的侵害

12. 甲与乙结婚时签订书面协议，约定婚后所得财产归各自所有。甲婚后即辞去工作在家奉养公婆，照顾两个小孩。乙长期在外地工作，后与丙长期同居并育有一子，甲得知后向法院起诉要求离婚。甲的下列请求能得到法院支持的是？（　　）

A. 由于自己为家庭生活付出较多义务，请求乙予以补偿

B. 由于自己专门为家庭生活操持，未参加工作，请求法院判决确认双方约定婚后所得归各自所有的协议显失公平，归于无效

C. 由于离婚后生活艰难，请求乙给予适当帮助

D. 由于乙与他人同居导致双方离婚，请求乙承担损害赔偿责任

三、简答题

1. 简述我国《民法典》关于“离婚冷静期”的规定。

2. 简述我国《民法典》规定的离婚损害赔偿制度。

参考答案

一、单项选择题

1. 答案：A。根据《民法典》第1076条的规定，夫妻双方自愿离婚的，应当签订书面离婚协议，并亲自到婚姻登记机关申请离婚登记。离婚协议应当载明双方自愿离婚的意思表示和对子女抚养、财产以及债务处理等事项协商一致的意见。故A项正确。

2. 答案：A。根据《民法典》第1078条的规定，婚姻登记机关查明双方确实是自愿离婚，并已经对子女抚养、财产以及债务处理等事项协商一致的，予以登记，发给离婚证。故A项正确。

3. 答案：B。根据《民法典》第1080条的规定，完成离婚登记，或者离婚判决书、调解书生效，即解除婚姻关系。故B项当选。

4. 答案：A。根据《民法典》第1082条的规定，女方在怀孕期间、分娩后1年内或者终止妊娠后6个月内，男方不得提出离婚；但是，女方提出离婚或者人民法院认为确有必要受理男方离婚请求的除外。故A项正确。

5. 答案：C。根据《民法典》第1084条的规定，父母与子女间的关系，不因父母离婚而消除。离婚后，子女无论由父或者母直接抚养，仍是父母双方的子女。离婚后，父母对于子女仍有抚养、教育、保护的权利和义务。离婚后，不满2周岁的子女，以由母亲直接抚养为原则。已满2周岁的子女，父母双方对抚养问题协议不成的，由人民法院根据双方的具体情况，按照最有利于未成年子女的原则判决。子女已满8周岁的，应当尊重其真实意愿。故C项正确。

6. 答案：D。根据《民法典》第1086条的规定，离婚后，不直接抚养子女的父或者母，有探望子女的权利，另一方有协助的义务。行使探望权利的方式、时间由当事人协议；协议不成的，由人民法院判决。父或者母探望子女，不利于子女身心健康的，由人民法院依法中止探望；中止的事由消失后，应当恢复探望。故D项错误。

7. 答案：A。根据《民法典》第1088条的规定，夫妻一方因抚育子女、照料老年人、协助另一方工作等负担较多义务的，离婚时有权向另一方请求补偿，另一方应当给予补偿。具体办法由双方协议；协议不成的，由人民法院判决。故A项错误。

8. 答案：B。根据《民法典》第1090条的规定，离婚时，如果一方生活困难，有负担能力的另一方应当给予适当帮助。具体办法由

双方协议；协议不成的，由人民法院判决。故B项正确。

9. **答案**：B。根据《民法典》第1092条的规定，夫妻一方隐藏、转移、变卖、毁损、挥霍夫妻共同财产，或者伪造夫妻共同债务企图侵占另一方财产的，在离婚分割夫妻共同财产时，对该方可以少分或者不分。离婚后，另一方发现有上述行为的，可以向人民法院提起诉讼，请求再次分割夫妻共同财产。故B项当选。

10. **答案**：C。本题考查《民法典》第1077条规定的离婚冷静期规则。该条规定："自婚姻登记机关收到离婚登记申请之日起三十日内，任何一方不愿意离婚的，可以向婚姻登记机关撤回离婚登记申请。前款规定期限届满后三十日内，双方应当亲自到婚姻登记机关申请发给离婚证；未申请的，视为撤回离婚登记申请。"据此，离婚冷静期规则有以下几个要点：（1）完整的协议离婚要求男女双方共同亲自前往婚姻登记机关两次（申请一次、离婚冷静期过后一次）；（2）离婚冷静期的期间为30日，自婚姻登记机关收到离婚登记申请之日起算；（3）在离婚冷静期内，任何一方不愿意离婚的，可以向婚姻登记机关撤回离婚登记申请，即任何一方均享有任意撤回权；（4）离婚冷静期满后30日内，如果双方没有共同亲自到婚姻登记机关申请发给离婚证，视为撤回离婚登记申请。据此，A项对离婚冷静期的起算点判断有误，B、D项对离婚冷静期过后的法律效果判断有误。A、B、D项均错误，C项正确。

二、多项选择题

1. **答案**：ABD。根据《民法典》第1077条的规定，自婚姻登记机关收到离婚登记申请之日起30日内，任何一方不愿意离婚的，可以向婚姻登记机关撤回离婚登记申请。前款规定期限届满后30日内，双方应当亲自到婚姻登记机关申请发给离婚证；未申请的，视为撤回离婚登记申请，故ABD项错误。

2. **答案**：ABCD。根据《民法典》第1079条第3款的规定，有下列情形之一，调解无效的，应当准予离婚：（1）重婚或者与他人同居；（2）实施家庭暴力或者虐待、遗弃家庭成员；（3）有赌博、吸毒等恶习屡教不改；（4）因感情不和分居满2年；（5）其他导致夫妻感情破裂的情形。故ABCD项当选。

3. **答案**：AC。根据《民法典》第1081条的规定，现役军人的配偶要求离婚，应当征得军人同意，但是军人一方有重大过错的除外。故AC项正确。

4. **答案**：AD。根据《民法典》第1085条的规定，离婚后，子女由一方直接抚养的，另一方应当负担部分或者全部抚养费，负担费用的多少和期限的长短，由双方协议；协议不成的，由人民法院判决。前款规定的协议或者判决，不妨碍子女在必要时向父母任何一方提出超过协议或者判决原定数额的合理要求。故AD项正确。

5. **答案**：ABC。根据《民法典》第1087条的规定，离婚时，夫妻的共同财产由双方协议处理；协议不成的，由人民法院根据财产的具体情况，按照照顾子女、女方和无过错方权益的原则判决。对夫或者妻在家庭土地承包经营中享有的权益等，应当依法予以保护。故ABC项正确。

6. **答案**：AC。根据《民法典》第1089条的规定，离婚时，夫妻共同债务应当共同偿还。共同财产不足清偿或者财产归各自所有的，由双方协议清偿；协议不成的，由人民法院判决。故AC项正确。

7. **答案**：ABCD。根据《民法典》第1091条的规定，有下列情形之一，导致离婚的，无过错方有权请求损害赔偿：（1）重婚；（2）与他人同居；（3）实施家庭暴力；（4）虐待、遗弃家庭成员；（5）有其他重大过错。故ABCD项当选。

8. **答案**：AC。《民法典》第1085条规定，离婚后，子女由一方直接抚养的，另一方应当负担部分或者全部抚养费。负担费用的多少和期限的长短，由双方协议；协议不成的，由人民法院判决。前述规定的协议或者判决，不妨碍子女在必要时向父母任何一方提出超过协议或者判决原定数额的合理要求。第1086条规定，离婚后，不直接抚养子女的父或者母，有探望子女的权利，另一方有协助的义务。行使探望权利的方式、时间由当事人协议；协议不成的，由人民法院判决。父或者母探望子女，不利于子女身心健康的，由人民法院依法中止探望；中止的事由消失后，应当恢复探望。《最高人民法院关于适用〈中华人民共和国民法典〉婚姻家庭编的解释（一）》第68条规定，对于拒不协助另一方行使探望权的有关个人或者组织，可以由人民法院依法采取拘留、罚款等强制措施，但是不能对子女的人身、探望行为进行强制执行。由上述规定可知，本题中A、C选项表达正确，当选；D选项错误，不选。探望是权利，而非义务。故本题中B选项表达错误，不选。

9. **答案**：AD。根据《民法典》第1091条的规定，有下列情形之一，导致离婚的，无过错方有权请求损害赔偿：（1）重婚；（2）与他人同居；（3）实施家庭暴力；（4）虐待、遗弃家庭成员；（5）有其他重大过错。本题中，后甲男发现乙女因不愿生育曾数次擅自中止妊娠，为此甲男多次殴打乙女且致乙女住院，属于家庭暴力。由此可知A选项说法正确。根据《最高人民法院关于适用〈中华人民共和国民法典〉婚姻家庭编的解释（一）》第23条规定，夫以妻擅自中止妊娠侵犯其生育权为由请求损害赔偿的，人民法院不予支持；夫妻双方因是否生育发生纠纷，致使感情确已破裂，一方请求离婚的，人民法院经调解无效，应依照民法典第1079条第3款第5项的规定处理。本题中，乙女擅自中止妊娠既不侵害甲男的生育权，也不侵害甲男的人格尊严。由此可知B、C选项说法均错误，D选项说法正确。

10. **答案**：ABCD。《民法典》第1086条规定，离婚后，不直接抚养子女的父或者母，有探望子女的权利，另一方有协助的义务。行使探望权利的方式、时间由当事人协议；协议不成的，由人民法院判决。父或者母探望子女，不利于子女身心健康的，由人民法院依法中止探望；中止的事由消失后，应当恢复探望。探望权是亲权的延伸和应有之义，探望权的对象应当是未成年子女，故A项错误。探望权的主体是不直接抚养子女的父或者母，祖父母、外祖父母没有探望权，故B项错误。执行有限原则表明探望行为不能直接强制执行，故C项错误。D项错误之处在于否认了探望权的独立性和法定性，探望权可以单独起诉。

11. **答案**：BD。《民法典》第1084条规定：离婚后，子女无论由父或母直接抚养，仍是父母双方的子女，父母对于子女仍有抚养和教育的权利和义务。探望权是父母基于特定身份地位对未成年子女进行看望、陪伴的权利和义务，既是离婚父母的法定权利，也是其法定义务。抚养义务也是内含于亲权的法定义务。夫妻不能通过约定放弃或免除对子女法定义务的履行。因此A项错误。《民法典》第1085条规定：“离婚后，子女由一方直接抚养的，另一方应当负担部分或者全部抚养费。负担费用的多少和期限的长短，由双方协议；协议不成的，由人民法院判决。前款规定的协议或者判决，不妨碍子女在必要时向父母任何一方提出超过协议或者判决原定数额的合理要求。”由此可知，离婚后，子女由一方直接抚养的，另一方应当负担部分或者全部抚养费。负担费用的多少和期限的长短，由双方协议；协议不成的，由人民法院判决。但该协议或者判决不妨碍子女在必要时向父母任何一方提出超过协议或者判决原定数额的合理要求。所以，如果丙对抚养费有合理请求，可以超过原定数额。即甲、乙父母之间的抚养费协议对丙的合理请求不具有对抗效力，故B项正确。自然人应当随父姓或者母姓，父母给未成年子女取姓名或改姓名，是其亲权的正当行使，未经未成年子女同意更改子女的姓名，不构成对子女姓名权的侵害，故C项错误。依据我国婚姻家庭法一般原理，父母对未成年子女的亲权，采“共同亲权”原则，这也是配偶权的内容之一。在确定子女姓名时，双方享有“平等协商、共同决定权”，妻子在婚姻尚持续期间擅自更改孩子姓氏，侵害了丈夫的“姓名商定权”，至少属于侵害亲权或配偶权中的合法利益，故D项正确。

12. 答案：ACD。根据《民法典》第1088条规定：“夫妻一方因抚育子女、照料老年人、协助另一方工作等负担较多义务的，离婚时有权向另一方请求补偿，另一方应当给予补偿。具体办法由双方协议；协议不成的，由人民法院判决。”本题中甲与乙结婚时签订书面协议，约定婚后所得财产归各自所有。甲婚后即辞去工作在家奉养公婆，照顾两个小孩，负担较多，有权要求乙给予补偿，故A项正确。我国民法学界通说认为，身份行为不适用公平原则调整。甲与乙结婚时签订书面协议，约定婚后所得财产归各自所有是以婚姻关系为前提的财产约定，这个约定具有身份的从属性。因此，双方约定“婚后所得财产归各自所有”的约定不适用公平原则调整，故B项错误。根据《民法典》第1090条规定：“离婚时，如果一方生活困难，有负担能力的另一方应当给予适当帮助。具体办法由双方协议；协议不成的，由人民法院判决。”由此可知，C项正确。根据《民法典》第1091条规定：“有下列情形之一，导致离婚的，无过错方有权请求损害赔偿：（一）重婚；（二）与他人同居；（三）实施家庭暴力；（四）虐待、遗弃家庭成员；（五）有其他重大过错。”本案中乙与丙长期同居并育有一子，属于违背婚姻忠诚义务的过错行为，甲有权要求乙承担过错离婚赔偿责任，故D项正确。

三、简答题

1. 答案：根据《民法典》第1077条的规定，自婚姻登记机关收到离婚登记申请之日起30日内，任何一方不愿意离婚的，可以向婚姻登记机关撤回离婚登记申请。前款规定期限届满后30日内，双方应当亲自到婚姻登记机关申请发给离婚证；未申请的，视为撤回离婚登记申请。

2. 答案：根据《民法典》第1091条的规定，有下列情形之一，导致离婚的，无过错方有权请求损害赔偿：（1）重婚；（2）与他人同居；（3）实施家庭暴力；（4）虐待、遗弃家庭成员；（5）有其他重大过错。

第三十五章　收养制度

基础知识图解

- 收养制度概述
- 收养关系成立
  - 一般条件
    - 被收养人条件
    - 收养人条件
    - 送养人条件
  - 特殊条件——放宽收养条件的法定情形
- 收养关系成立的程序——申请、审查、登记
- 收养的效力
  - 收养的拟制效力
  - 收养的解消效力
- 收养关系的解除
  - 收养关系解除的法定情形
  - 收养关系解除的法定程序
    - 登记
    - 诉讼
  - 收养关系解除的法律后果
    - 人身关系
    - 财产关系

配套测试

一、单项选择题

1. 下列哪一个人或组织可以作送养人？（　　）

A. 医疗机构　　B. 儿童福利机构

C. 孤儿的近亲属　　D. 生父母

2. 下列关于监护人送养孤儿的表述，哪一项是正确的？（　　）

A. 送养孤儿应当征得其本人同意

B. 送养孤儿应当及时通知有抚养义务的人

C. 监护人不愿意继续履行监护职责的，应当另行确定监护人

D. 送养孤儿应当征得其近亲属的同意

3. 收养人应当具备的条件不包括（　　）。

A. 无子女或只有一名子女

B. 有抚养、教育和保护被收养人的能力

C. 未患有在医学上认为不应当收养子女的疾病

D. 年满40周岁

4. 下列关于收养子女数量的说法，哪一项是正确的？（　　）

A. 无子女的收养人只能收养1名子女

B. 有子女的收养人不能收养子女

C. 无子女的收养人可以收养2名子女

D. 有子女的收养人可以收养不超过2名子女

5. 无配偶者收养异性子女的，收养人与被收养人的年龄应当相差（　　）周岁以上。

A. 10　　B. 20

C. 30　　D. 40

6. 下列关于收养自愿原则的表述，哪一项是正确的？（　　）

A. 收养应当收养人与被收养人双方自愿

B. 收养6周岁的未成年人的，应当征得其同意

C. 收养8周岁以上的未成年人的，应当征得其同意

D. 收养未成年人的，无须征得其同意

7. 下列关于收养的说法中，哪一项是正确的？（　　）
A. 收养关系成立后，民政部门应当为被收养人办理户口登记
B. 孤儿或者生父母无力抚养的子女，可以由生父母的亲属、朋友抚养
C. 由生父母的亲属、朋友抚养的，抚养人与被抚养人的关系适用民法关于收养的规定
D. 配偶一方死亡，另一方送养未成年子女的，双方父母有优先抚养的权利

8. 配偶一方死亡，另一方送养未成年子女，下列表述正确的是（　　）。
A. 送养应征得双方父母同意
B. 送养应征得死亡一方父母同意
C. 双方父母平等享有抚养的权利
D. 死亡一方父母有优先抚养的权利

9. 关于养子女的姓氏，下列哪一说法是错误的？（　　）
A. 养子女可以随养父的姓氏
B. 养子女可以自己决定保留原姓氏，无须与养父母协商
C. 养子女可以随养母的姓氏
D. 经当事人协商一致，养子女可以保留原姓氏

10. 关于收养关系的解除，下列哪一说法是正确的？（　　）
A. 解除收养关系应当征得养子女的同意
B. 收养人在被收养人成年以前，一律不得解除收养关系
C. 送养人有权随时要求解除养父母与养子女的收养关系
D. 送养人、收养人不能达成解除收养关系协议的，可以向人民法院提起诉讼

11. 关于解除收养关系的程序，以下表述错误的是（　　）。
A. 当事人协议解除收养关系的，应当到民政部门办理解除收养关系登记
B. 当事人协议解除收养关系的，应当到公安机关办理解除收养关系登记
C. 送养人、收养人不能达成解除收养关系协议的，可以向人民法院提起诉讼
D. 养父母与成年养子女不能达成解除收养关系协议的，可以向人民法院提起诉讼

12. 收养关系解除后，关于养子女与养父母的关系，下列哪一说法是正确的？（　　）
A. 收养关系解除后，成年养子女无须给付养父母生活费
B. 收养关系解除后，成年养子女仍应当给付养父母生活费
C. 因养子女成年后虐待、遗弃养父母而解除收养关系的，养父母可以要求养子女补偿收养期间支出的抚养费
D. 生父母要求解除收养关系的，养父母不能主张生父母对其进行补偿

13. 张某和李某达成收养协议，约定由李某收养张某 6 岁的孩子小张；任何一方违反约定，应承担违约责任。双方办理了登记手续，张某依约向李某支付了 10 万元。李某收养小张 1 年后，因小张殴打他人赔偿了 1 万元，李某要求解除收养协议并要求张某赔偿该 1 万元。张某同意解除但要求李某返还 10 万元。下列哪一表述是正确的？（　　）
A. 李某、张某不得解除收养关系
B. 李某应对张某承担违约责任
C. 张某应赔偿李某 1 万元
D. 李某应返还不当得利

二、多项选择题

1. 下列哪些人可以作被收养人？（　　）
A. 丧失父母的孤儿
B. 查找不到生父母的未成年人
C. 生父母有特殊困难无力抚养的子女
D. 生父母因经济困难无力抚养的子女

2. 未成年人的监护人的送养，需同时满足下列哪些条件？（　　）
A. 未成年人的父亲不具备完全民事行为能力
B. 未成年人的母亲不具备完全民事行为能力
C. 未成年人的父母可能严重危害该未成年人

D. 未成年人的父母可能危害该未成年人

3. 关于生父母的送养方式，以下表述正确的是（　　）。

A. 应当双方共同送养

B. 生父母一方不明的，可以单方送养

C. 生父母一方查找不到的，可以单方送养

D. 生父母一方不明或者查找不到的，对方不得送养

4. 华侨收养三代以内旁系同辈血亲的子女，可以不受下列哪些的限制？（　　）

A. 生父母有特殊困难无力抚养子女

B. 无配偶者收养异性子女的，收养人与被收养人的年龄应当相差40周岁以上

C. 无子女或者只有一名子女

D. 年满30周岁

5. 下列关于收养子女的说法，正确的是（　　）。

A. 无配偶者收养子女的，收养人与被收养人的年龄应当相差40周岁以上

B. 无配偶者收养异性子女的，收养人与被收养人的年龄应当相差40周岁以上

C. 有配偶者收养子女，应当夫妻共同收养

D. 有子女的收养人只能收养一名子女

6. 继父或者继母收养继子女，可以不受下列哪些限制？（　　）

A. 生父母有特殊困难无力抚养子女

B. 无子女或者只有一名子女

C. 有子女的收养人只能收养一名子女

D. 无子女的收养人可以收养两名子女

7. 下列关于收养的说法，正确的有（　　）。

A. 收养关系自登记之日起成立

B. 收养关系当事人愿意签订收养协议的，可以签订收养协议

C. 收养关系当事人各方或者一方要求办理收养公证的，应当办理收养公证

D. 县级以上人民政府民政部门应当依法进行收养评估

8. 关于收养，下列哪些说法是正确的？（　　）

A. 收养关系成立后，公安机关应当为被收养人办理户口登记

B. 收养关系成立后，民政部门应当为被收养人办理户口登记

C. 孤儿可以由生父母的亲属、朋友抚养

D. 生父母无力抚养的子女，可以由生父母的亲属、朋友抚养

9. 关于外国人在中华人民共和国收养子女，下列哪些说法是正确的？（　　）

A. 收养人愿意的，可以与送养人签订书面协议

B. 收养人与送养人应当签订书面协议，并亲自向省、自治区、直辖市人民政府民政部门登记

C. 收养人应当提供由其所在国有权机构出具的有关其年龄、婚姻、职业、财产、健康、有无受过刑事处罚等状况的证明材料

D. 收养人提供的证明材料应当经收养人所在国外交机关或者外交机关授权的机构认证，并经中华人民共和国驻该国使领馆认证，但是国家另有规定的除外

10. 关于养父母与养子女的关系，下列说法正确的是（　　）。

A. 养子女与生父母的权利义务关系，因收养关系的成立而消除

B. 自收养关系成立之日起，养父母与养子女间的权利义务关系，适用《民法典》关于父母子女关系的规定

C. 养子女与养父母的近亲属间的权利义务关系，适用《民法典》关于子女与父母的近亲属关系的规定

D. 养子女与其他近亲属间的权利义务关系，因收养关系的成立而消除

11. 关于收养的说法，下列哪些是正确的？（　　）

A. 无效的收养行为自始没有法律约束力

B. 收养8周岁以上未成年人的，应当征得被收养人的同意

C. 禁止借收养名义买卖未成年人

D. 养子女不能保留原姓氏

12. 关于收养关系的解除，下列哪些说法是正确的？（　　）

A. 养子女成年后，自动解除其与养父母

的收养关系

B. 养父母与成年养子女关系恶化、无法共同生活的，可以协议解除收养关系

C. 送养人与收养人之间，或者养父母与成年养子女之间不能达成解除收养关系的协议的，可以向人民法院提起诉讼

D. 收养人在被收养人成年以前，不得解除收养关系，但是收养人、送养人双方协议解除的除外

13. 关于收养解除的效力，下列哪些说法是正确的？（　　）

A. 养子女与养父母以及其他近亲属间的权利义务关系即行消除

B. 养子女与生父母以及其他近亲属间的权利义务关系自行恢复

C. 成年养子女与生父母以及其他近亲属间的权利义务关系不能恢复

D. 成年养子女与生父母以及其他近亲属间的权利义务关系是否恢复，可以协商确定

14. 老张夫妇收养了3岁的豆豆，并依法办理了收养手续。关于豆豆与其亲生父母及老张夫妇之间的权利义务关系，下列说法哪些是正确的？（　　）

A. 豆豆与其亲生父母之间的权利义务关系仍适用法律关于父母子女关系的规定

B. 豆豆与老张夫妇之间的权利义务关系适用法律关于父母子女关系的规定

C. 豆豆与其亲生父母之间的权利义务关系由豆豆的亲生父母与老张夫妇协商确定

D. 豆豆可以随老张的姓氏，经当事人协商一致，也可以保留原姓氏

15. 沈某（男，29岁），邱某（女，31岁），两人均再婚，且在婚前育有一子一女，沈甲（5岁）、沈乙（4岁）、邱甲（7岁）、邱乙（3岁），沈某前妻和邱某前夫均同意，故两人欲收养对方子女重新组成新6人家庭，下列说法正确的是？（　　）

A. 邱某已满30岁，均可收养沈甲、沈乙

B. 沈某可以且只能收养邱甲、邱乙其中一人

C. 沈某不满30岁，不可以收养邱甲、邱乙

D. 沈某前妻和邱某前夫无特殊困难不影响两人收养

三、简答题

1. 简述被收养人和送养人的范围。

2. 简述收养人办理收养的条件。

3. 简述收养的效力。

参考答案

一、单项选择题

1. 答案：B。根据《民法典》第1094条的规定，下列个人、组织可以作送养人：（1）孤儿的监护人；（2）儿童福利机构；（3）有特殊困难无力抚养子女的生父母，故B项当选。

2. 答案：C。根据《民法典》第1096条的规定，监护人送养孤儿的，应当征得有抚养义务的人同意。有抚养义务的人不同意送养、监护人不愿意继续履行监护职责的，应当依照本法第一编的规定另行确定监护人。故C项正确。

3. 答案：D。根据《民法典》第1098条的规定，收养人应当同时具备下列条件：（1）无子女或者只有1名子女；（2）有抚养、教育和保护被收养人的能力；（3）未患有在医学上认为不应当收养子女的疾病；（4）无不利于被收养人健康成长的违法犯罪记录；（5）年满30周岁。故D项当选。

4. 答案：C。根据《民法典》第1100条第1款的规定，无子女的收养人可以收养2名子女；有子女的收养人只能收养1名子女。故C项当选。

5. 答案：D。根据《民法典》第1102条的规定，无配偶者收养异性子女的，收养人与被收养人的年龄应当相差40周岁以上。

6. **答案**：C。根据《民法典》第1104条的规定，收养人收养与送养人送养，应当双方自愿。收养8周岁以上未成年人的，应当征得被收养人的同意。故C项正确。

7. **答案**：B。根据《民法典》第1106条的规定，收养关系成立后，公安机关应当按照国家有关规定为被收养人办理户口登记。第1107条的规定，孤儿或者生父母无力抚养的子女，可以由生父母的亲属、朋友抚养；抚养人与被抚养人的关系不适用本章规定。第1108条的规定，配偶一方死亡，另一方送养未成年子女的，死亡一方的父母有优先抚养的权利。故ACD项错误，B项正确。

8. **答案**：D。根据《民法典》第1108条的规定，配偶一方死亡，另一方送养未成年子女的，死亡一方的父母有优先抚养的权利。故D项正确。

9. **答案**：B。根据《民法典》第1112条的规定，养子女可以随养父或者养母的姓氏，经当事人协商一致，也可以保留原姓氏。故B项错误。

10. **答案**：D。《民法典》第1114条规定，收养人在被收养人成年以前，不得解除收养关系，但是收养人、送养人双方协议解除的除外。养子女8周岁以上的，应当征得本人同意。收养人不履行抚养义务，有虐待、遗弃等侵害未成年养子女合法权益行为的，送养人有权要求解除养父母与养子女间的收养关系。送养人、收养人不能达成解除收养关系协议的，可以向人民法院提起诉讼。故D项正确。

11. **答案**：B。《民法典》第1116条规定，当事人协议解除收养关系的，应当到民政部门办理解除收养关系登记。故A项正确，B项错误。根据《民法典》第1114条第2款和第1115条的规定，可知CD项正确。

12. **答案**：C。《民法典》第1118条规定，收养关系解除后，经养父母抚养的成年养子女，对缺乏劳动能力又缺乏生活来源的养父母，应当给付生活费。因养子女成年后虐待、遗弃养父母而解除收养关系的，养父母可以要求养子女补偿收养期间支出的抚养费。生父母要求解除收养关系的，养父母可以要求生父母适当补偿收养期间支出的抚养费；但是，因养父母虐待、遗弃养子女而解除收养关系的除外。故C项正确。

13. **答案**：D。《民法典》第1114条第1款规定，收养人在被收养人成年以前，不得解除收养关系，但是收养人、送养人双方协议解除的除外。养子女8周岁以上的，应当征得本人同意。据此A选项错误。本题中，由于李某解除收养协议经过了张某的同意，因此无须承担违约责任，故B选项错误。C选项，缺乏法律依据，错误。收养协议解除后，李某收取的10万元丧失了法律根据，因此构成不当得利，应予返还，故D选项正确。

二、多项选择题

1. **答案**：ABC。根据《民法典》第1093条的规定，下列未成年人，可以被收养：(1) 丧失父母的孤儿；(2) 查找不到生父母的未成年人；(3) 生父母有特殊困难无力抚养的子女。故ABC项当选。

2. **答案**：ABC。根据《民法典》第1095条的规定，未成年人的父母均不具备完全民事行为能力且可能严重危害该未成年人的，该未成年人的监护人可以将其送养。故ABC项当选。

3. **答案**：ABC。根据《民法典》第1097条的规定，生父母送养子女，应当双方共同送养。生父母一方不明或者查找不到的，可以单方送养。故ABC项当选。

4. **答案**：ABC。根据《民法典》第1099条的规定，收养三代以内旁系同辈血亲的子女，可以不受本法第1093条第3项、第1094条第3项和第1102条规定的限制。华侨收养三代以内旁系同辈血亲的子女，还可以不受本法第1098条第1项规定的限制。故ABC项当选。

5. **答案**：BCD。《民法典》第1100条第1款规定，无子女的收养人可以收养两名子女；有子女的收养人只能收养一名子女。第1101

条规定，有配偶者收养子女，应当夫妻共同收养。第 1102 条规定，无配偶者收养异性子女的，收养人与被收养人的年龄应当相差 40 周岁以上。故 BCD 项正确。

6. **答案**：ABCD。根据《民法典》第 1103 条的规定，继父或者继母经继子女的生父母同意，可以收养继子女，并可以不受本法第 1093 条第 3 项、第 1094 条第 3 项、第 1098 条和第 1100 条第 1 款规定的限制。故 ABCD 项当选。

7. **答案**：ABCD。根据《民法典》第 1105 条的规定，收养应当向县级以上人民政府民政部门登记。收养关系自登记之日起成立。收养查找不到生父母的未成年人的，办理登记的民政部门应当在登记前予以公告。收养关系当事人愿意签订收养协议的，可以签订收养协议。收养关系当事人各方或者一方要求办理收养公证的，应当办理收养公证。县级以上人民政府民政部门应当依法进行收养评估。故 ABCD 均当选。

8. **答案**：ACD。根据《民法典》第 1106 条的规定，收养关系成立后，公安机关应当按照国家有关规定为被收养人办理户口登记。第 1107 条的规定，孤儿或者生父母无力抚养的子女，可以由生父母的亲属、朋友抚养；抚养人与被抚养人的关系不适用本章规定。故 ACD 项正确。

9. **答案**：BCD。根据《民法典》第 1109 条的规定，外国人依法可以在中华人民共和国收养子女。外国人在中华人民共和国收养子女，应当经其所在国主管机关依照该国法律审查同意。收养人应当提供由其所在国有权机构出具的有关其年龄、婚姻、职业、财产、健康、有无受过刑事处罚等状况的证明材料，并与送养人签订书面协议，亲自向省、自治区、直辖市人民政府民政部门登记。前款规定的证明材料应当经收养人所在国外交机关或者外交机关授权的机构认证，并经中华人民共和国驻该国使领馆认证，但是国家另有规定的除外。故 BCD 项正确。

10. **答案**：ABCD。根据《民法典》第 1111 条的规定，自收养关系成立之日起，养父母与养子女间的权利义务关系，适用本法关于父母子女关系的规定；养子女与养父母的近亲属间的权利义务关系，适用本法关于子女与父母的近亲属关系的规定。养子女与生父母以及其他近亲属间的权利义务关系，因收养关系的成立而消除。故 ABCD 项正确。

11. **答案**：ABC。《民法典》第 1044 条第 2 款规定，禁止借收养名义买卖未成年人。第 1104 条规定，收养人收养与送养人送养，应当双方自愿。收养 8 周岁以上未成年人的，应当征得被收养人的同意。第 1112 条规定，养子女可以随养父或者养母的姓氏，经当事人协商一致，也可以保留原姓氏。第 1113 条规定，有《民法典》总则编关于民事法律行为无效规定情形或者违反本编规定的收养行为无效。无效的收养行为自始没有法律约束力。故 ABC 项正确。

12. **答案**：BCD。《民法典》第 1114 条第 1 款规定，收养人在被收养人成年以前，不得解除收养关系，但是收养人、送养人双方协议解除的除外。第 1115 条规定，养父母与成年养子女关系恶化、无法共同生活的，可以协议解除收养关系。不能达成协议的，可以向人民法院提起诉讼。故 BCD 项正确。

13. **答案**：ABD。《民法典》第 1117 条规定，收养关系解除后，养子女与养父母以及其他近亲属间的权利义务关系即行消除，与生父母以及其他近亲属间的权利义务关系自行恢复。但是，成年养子女与生父母以及其他近亲属间的权利义务关系是否恢复，可以协商确定。故 ABD 项正确。

14. **答案**：BD。《民法典》第 1111 条规定，自收养关系成立之日起，养父母与养子女间的权利义务关系，适用本法关于父母子女关系的规定；养子女与养父母的近亲属间的权利义务关系，适用本法关于子女与父母的近亲属关系的规定。养子女与生父母以及其他近亲属间的权利义务关系，因收养关系的成立而消除。故 A、C 选项错误，B 选项正确。《民法典》第 1112 条规定，养子女可以随养父或者养母的姓氏，经当事人协商一致，也可以保留原姓氏。D选项正确。

15. 答案：AD。根据《民法典》第1103条规定："继父或者继母经继子女的生父母同意，可以收养继子女，并可以不受本法第一千零九十三条第三项、第一千零九十四条第三项、第一千零九十八条和第一千一百条第一款规定的限制。"其中，第1093条第3项和第1094条第3项均指有特殊困难无力抚养的情形；第1098条规定："收养人应当同时具备下列条件：（一）无子女或者只有一名子女；（二）有抚养、教育和保护被收养人的能力；（三）未患有在医学上认为不应当收养子女的疾病；（四）无不利于被收养人健康成长的违法犯罪记录；（五）年满三十周岁。"第1100条第1款规定："无子女的收养人可以收养两名子女；有子女的收养人只能收养一名子女。"据此，本案中，沈某和邱某在经沈某前妻和邱某前夫同意的情况下可以收养继子女，且不受上述限制，故A、D项正确，B、C项错误。

三、简答题

1. 答案：根据《民法典》第1093条的规定，下列未成年人，可以被收养：（1）丧失父母的孤儿；（2）查找不到生父母的未成年人；（3）生父母有特殊困难无力抚养的子女。

根据《民法典》第1094条的规定，下列个人、组织可以作送养人：（1）孤儿的监护人；（2）儿童福利机构；（3）有特殊困难无力抚养子女的生父母。

2. 答案：根据《民法典》第1098条、第1099条第2款的规定，在我国，收养人办理收养的，应当同时具备下列条件：（1）无子女或者只有一名子女；（2）有抚养、教育和保护被收养人的能力；（3）未患有在医学上认为不应当收养子女的疾病；（4）无不利于被收养人健康成长的违法犯罪记录；（5）年满30周岁。华侨收养三代以内旁系同辈血亲的子女，还可以不受"无子女或者只有一名子女"的限制。

3. 答案：根据《民法典》第1111条的规定，自收养关系成立之日起，养父母与养子女间的权利义务关系，适用本法关于父母子女关系的规定；养子女与养父母的近亲属间的权利义务关系，适用本法关于子女与父母的近亲属关系的规定。养子女与生父母以及其他近亲属间的权利义务关系，因收养关系的成立而消除。

第六编　继　　承

第三十六章　继承概述

基础知识图解

- 继承的概念与特征
- 继承的基本原则
  - 保护继承权原则
  - 继承权平等原则
  - 养老育幼原则
  - 互谅互让、团结和睦原则
- 继承权的概念和特征
- 继承权的接受、放弃、放弃丧失与保护
  - 放弃
  - 接受
  - 丧失的法定事由
    1. 故意杀害被继承人
    2. 为争夺遗产而杀害其他继承人
    3. 遗弃被继承人或者虐待被继承人情节严重
    4. 伪造、篡改或销毁遗嘱，情节严重
    5. 以欺诈、胁迫手段迫使或者妨碍被继承人设立、变更或者撤回遗嘱，情节严重
  - 保护

配套测试

一、单项选择题

1. 继承权的放弃是指在（　　），不接受被继承人遗产的意思表示。

A. 继承开始后

B. 遗产分割前

C. 被继承人死后

D. 继承开始后遗产分割前

2. 继承人放弃继承的，应当在遗产处理前提出表示。遗产分割后未实际取得遗产前表示放弃的，是属于（　　）。

A. 放弃继承权

B. 放弃财产所有权

C. 赠与其他继承人

D. 没有效果

3. 张某的父亲70有余，退休后又获得一笔技术转让费，有数万元之巨。其父将这笔钱交给张某的哥哥保管。张某见父亲越来越不愿管事，担心父亲死后哥哥一人独吞这笔钱，便要求哥哥分一半给他，哥哥说，父亲的后事还没办，以后再说吧。张某就到法院起诉，要求提前解决其父的遗产分配问题，对于此案，你认为（　　）。

A. 法院预先防止纠纷的发生，是件好事

B. 张某与其兄预分家产，有利社会安定

C. 其父未去世，此钱不是遗产，法院不予受理

D. 此事是家庭纠纷，可弟兄间协商预分

4. 依照《民法典》继承编的规定，继承权的主体只能是（　　）。

A. 公民　B. 企业

C. 社会团体　D. 事业单位

5. 下列哪一行为可引起放弃继承权的后果？（　　）

A. 张某书面放弃继承权

B. 王某在遗产分割后放弃继承权

C. 李某以不再赡养父母为前提，书面表示放弃其对父母的继承权

D. 赵某与父亲共同发表书面声明断绝父子关系

二、多项选择题

1. 下列哪些可以包括在死亡人的遗产中？（　　）

A. 公民的收入、房屋、储蓄、生活用品、林木、禽畜

B. 公民的文物、图书资料，允许私有的生产资料

C. 夫妻共有财产

D. 劳保抚恤金、保险赔偿金

2. 根据我国《民法典》继承编的规定，下列哪些财产可以继承？（　　）

A. 个人承包应得的个人收益

B. 山林承包权抑或企业租赁权

C. 租赁企业应得的个人收益

D. 股份制企业中的股权

3. 甲的妻子和父母均早已去世，有 3 个儿子，都已成家。老大有钱，但不孝顺；老二孝顺，但在外地工作，无法照料甲；老三长期与甲共同生活。甲死后，留有遗产 18 万元，应如何分割？（　　）

A. 首先由 3 人协商，按他们的协议处理

B. 如果协商不成，3 人平分

C. 如果协商不成，三儿子可以多分

D. 如果协商不成，大儿子可以少分

4. 甲有 4 个女儿乙、丙、丁、戊，下列选项中哪几个人不享有继承权？（　　）

A. 乙故意杀害甲

B. 丁不尽赡养义务，经常虐待甲，有一次把甲赶出家门，几天不许进门

C. 丙为争夺遗产而杀害乙

D. 戊伪造遗嘱，将全部遗产归自己所有

5. 故意杀害被继承人的，不论（　　），都构成杀害被继承人的行为。

A. 既遂　B. 未遂

C. 教唆他人杀害　D. 间接杀害

6. 虐待被继承人是否情节严重可根据（　　）来具体分析。

A. 时间长短　B. 手段是否恶劣

C. 主观恶意程度　D. 客观结果

7. 继承权的实现，其法律事实有（　　）。

A. 被继承人死亡

B. 被继承人被宣告死亡

C. 死者留有遗产

D. 继承人有行为能力

8. 周某和吴某婚后多年未孕。2021 年 1 月，周某和吴某共同与医院签订了《人工授精协议书》，对吴某实施人工授精，后吴某怀孕。4 月，周某因患癌症住院，在住院期间，周某立下自书遗嘱：婚后所购房屋全部由其父母继承。5 月，周某去世。10 月，吴某产下一子。关于本案，下列表述不正确的是？（　　）

A. 《人工授精协议书》因违背公序良俗而无效

B. 周某所立遗嘱全部有效

C. 因吴某之子系人工授精所致，故该子并非周某和吴某的婚生子女

D. 在分割周某遗产时，应为吴某腹中的胎儿保留继承份额

三、名词解释

1. 继承

2. 继承权

3. 继承权的丧失

四、简答题

1. 根据我国《民法典》继承编的规定，谈谈被继承人的子女的法律地位及其特殊法律保护。

2. 简述继承既得权与继承期待权的区别。

3. 简述继承权的法律特征。
4. 简述继承权丧失的法定理由。

五、案例分析题

甲、丙两兄弟是孤儿，甲靠勤劳致富，修建价值20万元的楼房一栋。甲与乙结婚后6个月后因心脏病发作死亡，乙此时已怀孕。丙寻衅闹事，乙一气之下用斧头从丙身后将其砍成重伤，被判处有期徒刑2年，因怀孕暂予监外执行。乙生下一子，但几天后夭折。丙欲赶走乙占有甲修建的楼房，与乙争执起来。问：

（1）乙被判处有期徒刑后，是否仍享有继承权？为什么？

（2）出生后几天又夭折的婴儿是否享有继承权？为什么？

参考答案

一、单项选择题

1. **答案**：D。参见《最高人民法院关于适用〈中华人民共和国民法典〉继承编的解释（一）》第35条规定，继承人放弃继承的意思表示，应当在继承开始后、遗产分割前作出。遗产分割后表示放弃的不再是继承权，而是所有权。
2. **答案**：B。参见《最高人民法院关于适用〈中华人民共和国民法典〉继承编的解释（一）》第35条的具体规定。
3. **答案**：C。《民法典》第1121条第1款规定，继承从被继承人死亡时开始。
4. **答案**：A。《民法典》继承编规定是为了保护公民的合法财产继承权。
5. **答案**：A。《最高人民法院关于适用〈中华人民共和国民法典〉继承编的解释（一）》第33条规定，继承人放弃继承应当以书面形式向遗产管理人或者其他继承人表示。所以，A选项正确。《民法典》第1124条第1款规定，继承开始后，继承人放弃继承的，应当在遗产处理前，以书面形式作出放弃继承的表示；没有表示的，视为接受继承。《最高人民法院关于适用〈中华人民共和国民法典〉继承编的解释（一）》第35条规定，遗产分割后表示放弃的不再是继承权，而是所有权。所以，B选项错误。《最高人民法院关于适用〈中华人民共和国民法典〉继承编的解释（一）》第32条规定，继承人因放弃继承权，致其不能履行法定义务的，放弃继承权的行为无效。所以，C选项错误。赵某与父亲共同发表书面声明断绝父子关系，并不能解除双方的父子关系，不足以导致继承权的放弃。所以，D选项错误。

二、多项选择题

1. **答案**：ABD。参见《民法典》第1122条规定，遗产是自然人死亡时遗留的个人合法财产。依照法律规定或者根据其性质不得继承的遗产，不得继承。
2. **答案**：ACD。参见《民法典》第1122条。
3. **答案**：ACD。《民法典》第1130条规定："同一顺序继承人继承遗产的份额，一般应当均等。对生活有特殊困难又缺乏劳动能力的继承人，分配遗产时，应当予以照顾。对被继承人尽了主要扶养义务或者与被继承人共同生活的继承人，分配遗产时，可以多分。有扶养能力和有扶养条件的继承人，不尽扶养义务的，分配遗产时，应当不分或者少分。继承人协商同意的，也可以不均等。"
4. **答案**：ABCD。《民法典》第1125条规定，遗产继承人有下列行为之一的，丧失继承权：（1）故意杀害被继承人；（2）为争夺遗产而杀害其他继承人；（3）遗弃被继承人，或者虐待被继承人情节严重；（4）伪造、篡改、隐匿或者销毁遗嘱，情节严重；（5）以欺诈、胁迫手段迫使或者妨碍被继承人设立、变更或者撤回遗嘱，情节严重。继承人有前款第3项至第5项行为，确有悔改表现，被继承人表示宽恕或者事后在遗嘱中将其列为继承人的，该继承人不丧失继承权。受遗赠人有本条第1款规定行为的，丧失受遗赠权。
5. **答案**：ABCD。参见《最高人民法院关于适用〈中华人民共和国民法典〉继承编的解释（一）》第7条。

6. **答案**：ABD。参见《最高人民法院关于适用〈中华人民共和国民法典〉继承编的解释（一）》第6条。
7. **答案**：ABC。
8. **答案**：ABC。《民法典》第153条第2款规定，违背公序良俗的民事法律行为无效。在我国，人工授精是解决夫妻不孕不育问题的重要途径，并未违背公序良俗。本案中《人工授精协议书》不会因违背公序良俗而无效，故A项不正确。《民法典》第1153条第1款规定，夫妻共同所有的财产，除有约定外，遗产分割时，应当先将共同所有的财产的一半分出为配偶所有，其余的为被继承人的遗产。据此可知，夫妻共同财产中只有一半属于死亡配偶一方的遗产，另一半属于生存配偶一方的个人财产。另外，遗嘱人以遗嘱处分了属于国家、集体或他人所有的财产，遗嘱的这部分，应认定无效。本案中，周某在遗嘱中将夫妻共有的房屋全部处分，其中涉及处分吴某财产的部分无效，故该遗嘱部分有效、部分无效，故B项不正确。《民法典》第1071条第1款规定，非婚生子女享有与婚生子女同等的权利，任何组织或个人不得加以危害和歧视。本案中，在周某和吴某婚姻关系存续期间，双方一致同意由某医院为吴某进行人工授精，属于婚生子女，故C项不正确。《民法典》第1155条规定，遗产分割时，应当保留胎儿的继承份额。本案中，周某于2021年5月去世时，吴某已怀有身孕，故在分割周某遗产时，应当为吴某腹中的胎儿保留继承份额，故D项正确。综上所述，本题选A、B、C项。

三、名词解释

1. **答案**：是指将死者生前所有的于死亡时遗留的财产依法转移给他人所有的制度。在这一制度中，生前享有财产因死亡而转移给他人的死者为被继承人；被继承人死亡时遗留的财产为遗产；依照法律规定或者被继承人的合法遗嘱承接被继承人遗产的人为继承人。
2. **答案**：继承人依照法律的直接规定或者被继承人所立的合法遗嘱享有的继承被继承人遗产的权利就是继承权。
3. **答案**：又称继承权的剥夺，是指依照法律规定在发生法定事由时取消继承人继承被继承人遗产的权利。继承权的丧失可分为绝对丧失与相对丧失。继承权的绝对丧失，又称继承权的终局丧失，是指因发生某种法定事由，继承人的继承权终局的丧失，该继承人绝对不得也不能享有继承权。继承权的相对丧失，又称继承权的非终局丧失，是指因发生某种法定事由继承人的继承权丧失，但在具备一定条件时继承人的继承权最终也可不丧失。

四、简答题

1. **答案**：被继承人的子女在继承法律上有着重要的法律地位，一方面，这是因为继承制度本身就是建立在财产私有制上的，而这种财产流转又总是与特定的亲属身份关系相联系，那么，被继承人的子女作为与继承人有血缘关系（现代法律亦推之法律拟制的亲子关系，如收养等）的后代自然在继承制度中占据主体地位。另一方面，我国关于继承的基本原则之一是养老育幼、照顾弱者，如果被继承人死亡时，其子女尚未成年或没有独立生活能力，当然需要得到一定的经济来源，故法律也非常重视此类子女的生活保障问题。

   根据我国《民法典》的规定，被继承人的子女的重要法律地位如下所述：其一，被继承人的子女是法定继承中的第一顺位继承人，有权与被继承人的父母和配偶优先于其他继承人获得遗产；其二，被继承人的子女可以被指定为遗嘱继承人继承遗产。法律对被继承人的子女所给予的特殊法律保护主要表现在：第一，法律规定了胎儿特留份制度，即遗产分割时，应当保留胎儿的继承份额；胎儿出生时是死体的，保留的份额按照法定继承处理。这直接体现了法律对被继承人子女的特殊保护。第二，法律还规定了代位继承和转继承制度，代位继承又称间接继承、代袭继承或承祖继承，是指被继承人的子女先于被继承人死亡，由死亡子女的晚辈直系血亲继承其应继承的遗产份额的制度。转继承又称转归继承、连续继承、再继承，是指被继承人死亡后，继承人在尚未实际接受遗产前死亡，该继承人的继承人代其实际接受其有权继承的遗产。实际上这两项制度都是允许被继承人的子女所应继承的财产利益转归其后代享有，以解决其后代的抚养等问题，所以也可以说是对被继承人的子女利益的特殊保护。

2. **答案**：继承既得权是指继承人已经确定地获得了继承人的身份，继承人依法享有的继承被继承人遗产的权利。继承期待权是指遗嘱继承中，遗嘱人已经确定了继承人但是遗嘱人尚未死亡之前，遗嘱尚未生效之前，继承人所具有的权利。

两者的区别在于：(1) 继承既得权与继承期待权的成立条件不同。继承期待权的成立前提是遗嘱人在遗嘱中确定了继承人，而继承既得权的取得前提是被继承人死亡，继承开始。(2) 继承既得权与继承期待权的范围不同。继承期待权只发生在遗嘱继承中，而继承既得权发生的条件包括：法律的规定或者立遗嘱人的合法有效的遗嘱的指定。(3) 两者的法律效果不同。继承期待权是一种特殊的权利类型，当事人的权利的成立已经具有了若干要件，但是还欠缺其他要件，导致权利处于一种未臻完满的状态，所以也有人否认这是一种权利，而只是法律上的特殊地位，法律例外地给予当事人一定的法律保护。而继承既得权是一种完满的权利类型，具有权利的一切特征，法律予以的保护也是周全完满的。所以继承既得权与继承期待权由于性质的不同，导致了法律效果上的不同。两者的联系表现为：在遗嘱继承中，继承既得权与继承期待权是相连的权利取得过程的两个阶段。先有继承期待权，在遗嘱人死后，遗嘱生效，当事人确定地取得了继承权。

3. **答案**：(1) 继承权是一种财产权。(2) 继承权与一定的身份关系相联系。继承权发生在存在特定的血亲关系、婚姻关系的亲属之间。但继承权并非身份权。(3) 继承权的权利主体只能是自然人，而不能是法人、其他社会组织或国家。(4) 继承权的发生依据是法律的直接规定或者合法有效的遗嘱。(5) 继承权的实现以一定的法律事实的出现为前提。继承人只有在下列情况下，才能依法取得遗产的所有权：一是被继承人死亡；二是被继承人留有合法的个人财产；三是继承人没有丧失继承权。

4. **答案**：(1) 故意杀害被继承人；(2) 为争夺遗产而杀害其他继承人；(3) 遗弃被继承人，或者虐待被继承人情节严重；(4) 伪造、篡改、隐匿或者销毁遗嘱，情节严重；(5) 以欺诈、胁迫手段迫使或者妨碍被继承人设立、变更或者撤回遗嘱，情节严重。继承人有前款第 3 项至第 5 项行为，确有悔改表现，被继承人表示宽恕或者事后在遗嘱中将其列为继承人的，该继承人不丧失继承权。受遗赠人有本条第 1 款规定行为的，丧失受遗赠权。

五、案例分析题

答案：(1) 乙能享有继承权。乙虽受到刑事处罚，但并不属于《民法典》第 1125 条所规定的丧失继承权的情形。

(2) 新生婴儿应享有继承权。民事权利能力是法律赋予公民终身享有的资格，始于出生，终于死亡。只要娩出时是活体，就具有民事权利能力，当然也就享有继承权。虽然本案中新生婴儿只活了几天，但仍具有民事权利能力，仍有权继承为他保留的应继承份额。

根据《民法典》第 1155 条的规定，遗产分割时，应当保留胎儿的继承份额。又根据《最高人民法院关于适用〈中华人民共和国民法典〉继承编的解释（一）》第 31 条第 2 款的规定，为胎儿保留的遗产份额，如胎儿出生后死亡的，由其继承人继承。

第三十七章　法定继承

基础知识图解

- 概念与适用范围
- 法定继承人的范围与继承顺序
  - 范围
    - 配偶
    - 子女
    - 父母
    - 兄弟姐妹
    - 祖父母和外祖父母
  - 继承顺序
    - 第一顺序：配偶、子女、父母
    - 第二顺序：兄弟姐妹、祖父母和外祖父母
- 转继承
  - 发生时间
  - 适用对象
  - 范围
  - 效力
- 代位继承
  - 概念
  - 特征
    1. 被代位人须为先于被继承人死亡的子女
    2. 代位人须是被继承人的晚辈直系亲属
    3. 被代位人未丧失继承权
    4. 代位继承人作为第一顺序继承人参加继承，一般只能继承被代位人应继承的遗产份额
    5. 代位继承只适用法定继承
- 法定继承中的遗产处理
  - 共有人取回权
  - 清偿债务
  - 遗产分配

配套测试

一、单项选择题

1. 甲于 1993 年离家出走，1998 年，其妻乙向法院申请宣告甲死亡，1999 年，人民法院依法宣告甲死亡，其房屋由乙继承。乙改嫁他人，2001 年，乙又与后夫离婚。甲离家后南下，做生意赚了 200 万元。1998 年 6 月，甲和丙在教堂举行了婚礼，但没有办理结婚登记，1999 年，生下丁。2001 年，甲因病去世，甲留下的 200 万元遗产的法定继承人是（　　）。

A. 乙　　B. 丙

C. 丁　　D. 以上都是

2. 张某 1 岁时被王某收养并一直共同生活。张某成年后，将年老多病的生父母接到自己家中悉心照顾。后王某、张某的生父母相继去世。下列哪种说法是正确的？（　　）

A. 张某有权作为第一顺序继承人继承生父母的财产

B. 张某有权作为第二顺序继承人继承生父母的财产

C. 张某无权继承养父王某的财产
D. 张某可适当分得生父母的财产

3. 李某5岁时其父母离婚，李某随父生活，后其父再婚，李某一直与父亲和继母生活。20年后，李某的生母、继母相继去世，则（　　）。

A. 李某有权继承其生母的遗产，但不能继承其继母的遗产
B. 李某有权继承其继母的遗产，但不能继承其生母的遗产
C. 李某对其生母、继母之遗产都有权继承
D. 李某对其生母、继母之遗产都无权继承

4. 李某、王某系夫妻，乘飞机旅游时因飞机失事一同遇难，现查明李某仅有其妹李乙一名近亲属，王某则无在世的近亲属，现二人留有遗产共计120万元，二人的具体死亡时间无法确认，则（　　）。

A. 全部遗产收归国有
B. 全部遗产均归李乙所有
C. 全部归二人原住所地集体组织所有
D. 60万元由李乙继承，60万元归国有

5. 甲的儿子乙先于甲死亡，下列哪些人有代位继承的权利？（　　）

A. 乙的配偶　　B. 乙的兄弟
C. 乙的儿子　　D. 乙的父母

6. 甲特别喜爱邻居乙家的小孩丙。2020年4月乙夫妻二人外出遇车祸双亡，丙成孤儿。甲将丙接到家中一起生活，供丙读书。2022年10月，甲因工死亡，丙能否参与遗产分配？（　　）

A. 不能参与遗产分配
B. 能够参与遗产分配，按具体情况可多于或少于继承人
C. 能够参与遗产分配，但只能少于继承人
D. 能够参与遗产分配，但只能与继承人相同

7. 甲早年丧夫，2022年10月在女儿陪同下到北京旅游，回家时因飞机失事与女儿遇难而亡。家中只留下儿子和女婿，甲和女儿各有遗产20万元。甲的儿子和女婿应继承的遗产为（　　）。

A. 各20万元
B. 儿子30万元，女婿10万元
C. 儿子10万元，女婿30万元
D. 以上答案都错

8. 当几种继承方式发生冲突的时候，其效力（由高到低）的排列顺序是（　　）。

A. 法定继承，遗嘱继承，遗赠，遗嘱继承
B. 遗嘱继承，遗赠，遗赠扶养协议，法定继承
C. 遗赠，遗赠扶养协议，法定继承，遗嘱继承
D. 遗赠扶养协议，遗嘱继承，遗赠，法定继承

9. 孙老汉夫妇去世后，长子孙甲欲以自己尽义务最多为由独占全部遗产。幼子孙丁起诉要求分割遗产，次子孙乙、三子孙丙既不参加诉讼，又不表示放弃实体权利，法院受理此案后，应（　　）。

A. 追加孙乙、孙丙为被告
B. 追加孙乙、孙丙为原告
C. 推定孙乙、孙丙放弃继承权
D. 视为孙乙、孙丙放弃继承权

10. 王家三兄弟甲、乙、丙，丙幼年时被送给胡某作养子。丙结婚时，胡某为他盖新房，后因失火致使该屋被烧毁。丙的生母见此情况，就将自己住的房子腾出一间来，让丙夫妇及胡某暂住。不久丙的生母病故。甲、乙要收回房子，丙认为自己有权继承母亲的遗产，拒不搬出。依照法律的规定，死者的遗产应该由谁继承？（　　）

A. 甲和乙
B. 甲、乙和丙
C. 甲、乙和胡某
D. 甲、乙、丙及胡某

11. 李某、刘某婚后生有一子一女，女儿李甲、儿子李乙。李甲在与孙某结婚后不久因车祸而死，留下个人存款4万元。李甲的遗产应如何被继承（　　）。

A. 李某、刘某及李乙有权继承，3 人平分
B. 李某、刘某有继承权，2 人平分
C. 李某、刘某及孙某有继承权，3 人平分
D. 李某、刘某、李乙及孙某有继承权，4 人平分

12. 甲、乙为夫妻，无父母子女。甲只有一兄丙，乙只有一妹丁。丙、丁均独自生活，且与甲、乙往来较少。1997 年春节期间，甲、乙驾马车进城购买年货，回家途中因马受惊狂奔，甲、乙被摔下悬崖。戊路过时发现甲已死亡，乙尚存一点气息，乙在被送往医院途中也死亡。经查甲、乙共有房屋三间。各方对此三间房屋的继承发生了争议。该遗产房屋三间应如何处理？(　　)
A. 由丙独自继承
B. 由丁独自继承
C. 由丙、丁平分遗产
D. 由甲、乙所在村所有

13. 蔡永父母在共同遗嘱中表示，二人共有的某处房产由蔡永继承。蔡永父母去世前，该房由蔡永之姐蔡花借用，借用期未明确。2018 年上半年，蔡永父母先后去世，蔡永一直未办理该房屋所有权变更登记，也未要求蔡花腾退。2021 年下半年，蔡永因结婚要求蔡花腾退，蔡花拒绝搬出。对此，下列哪一选项是正确的？(　　)
A. 因未办理房屋所有权变更登记，蔡永无权要求蔡花搬出
B. 因诉讼时效期限届满，蔡永的房屋腾退请求不受法律保护
C. 蔡花系合法占有，蔡永无权要求其搬出
D. 蔡永对该房屋享有物权请求权

14. 徐某有一独生子英年早逝，儿媳与他共同生活并照顾他。后儿媳与田某再婚，三年前生下儿子小田，一年前儿媳不幸逝世，半年前田某也相继离世。若日后徐某死亡发生继承，则小田可以？(　　)
A. 代位继承
B. 转继承
C. 无继承权
D. 可适当分得遗产

15. 甲、乙、丙出去漂流，乙是甲的妹妹，丙是乙的儿子，漂流出事故，甲先死，然后乙死，丙最后死。甲未婚无子女，父母双亡，乙有一个儿子丁，丙有一个儿子戊，甲的遗产怎么继承？(　　)
A. 甲没有继承人
B. 丙的儿子戊可以代位继承甲的遗产
C. 甲的死亡赔偿金不是遗产
D. 丁可以转继承甲的遗产

二、多项选择题

1. 根据《民法典》第 1127 条的规定，有法定继承权的人的范围包括（　　）。
A. 第一顺序：配偶、父母、子女；第二顺序：兄弟姐妹、祖父母、外祖父母
B. 对公、婆尽了主要赡养义务的丧偶儿媳或者对岳父、岳母尽了主要赡养义务的丧偶女婿和代位继承人
C. 继承人以外的依靠被继承人扶养的缺乏劳动能力而又无生活来源的人
D. 继承人以外的对被继承人扶养较多的人

2. 2022 年 11 月，刘大户病逝，生前未立遗嘱。刘大户有一养子和两个亲生女儿，于 2020 年因飞机失事遇难。养子遗有一亲生儿子甲，大女儿遗有一孙女乙，二女儿遗有已形成抚养关系的继子女丙和一养子女丁。甲、乙、丙、丁四人中有继承权的是（　　）。
A. 甲　　B. 乙
C. 丙　　D. 丁

3. 甲在出差时意外死亡，留有价值 3 万元的遗产应由下列哪些人继承？(　　)
A. 甲的妻子
B. 甲的父母
C. 甲的女儿
D. 与甲一起生活近 10 年，并由甲供养的

岳父岳母

4. 公民甲娶妻乙，育有一子一女，女儿丙已出嫁，儿子娶妻丁，生有一子戊，儿子于5年前不幸遇车祸死亡。甲、乙均年老，无固定生活来源，女儿出嫁后，拒不赡养老人，并曾数度虐待甲、乙，甲、乙主要依靠儿媳丁供养。甲于2022年3月死亡，留下房屋4间。按照《民法典》继承编之规定，下列哪些人可以参加第一顺序继承？（　　）

A. 乙　　B. 丙

C. 丁　　D. 戊

5. 郭大爷女儿五年前病故，留下一子甲。女婿乙一直与郭大爷共同生活，尽了主要赡养义务。郭大爷继子丙虽然与其无扶养关系，但也不时从外地回来探望。郭大爷还有一丧失劳动能力的养子丁。郭大爷病故，关于其遗产的继承，下列哪些选项是正确的？（　　）（2010年司考．卷三．多67）

A. 甲为第一顺序继承人

B. 乙在分配财产时，可多分

C. 丙无权继承遗产

D. 分配遗产时应该对丁予以照顾

6. 甲育有二子乙和丙。甲生前立下遗嘱，其个人所有的房屋死后由乙继承。乙与丁结婚，并有一女戊。乙因病先于甲死亡后，丁接替乙赡养甲。丙未婚。甲死亡后遗有房屋和现金。下列哪些表述是正确的？（　　）（2012年司考．卷三．多66）

A. 戊可代位继承

B. 戊、丁无权继承现金

C. 丙、丁为第一顺序继承人

D. 丙无权继承房屋

7. 甲（男）与乙（女）结婚，其子小明20周岁时，甲与乙离婚。后甲与丙（女）再婚，丙子小亮8周岁，随甲、丙共同生活。小亮成家后，甲与丙甚感孤寂，收养孤儿小光为养子，视同己出，但未办理收养手续。丙去世，其遗产的第一顺序继承人有哪些？（　　）（2014年司考．卷三．多65）

A. 小明　　B. 小亮

C. 甲　　D. 小光

8. 熊某与杨某结婚后，杨某与前夫所生之子小强一直由二人抚养，熊某死亡，未立遗嘱。熊某去世前杨某孕有一对龙凤胎，于熊某死后生产，产出时男婴为死体，女婴为活体但旋即死亡。关于对熊某遗产的继承，下列哪些选项是正确的？（　　）（2016年司考．卷三．多66）

A. 杨某、小强均是第一顺位的法定继承人

B. 女婴死亡后，应当发生法定的代位继承

C. 为男婴保留的遗产份额由杨某、小强继承

D. 为女婴保留的遗产份额由杨某继承

9. 黄某育有一子一女，黄甲和黄乙，黄乙和前夫赵某育有一女赵丙，与其一起生活，现在黄乙和卢某再婚，卢某和前妻育有一子卢丁，跟其生活，2022年1月，黄乙死亡，同年黄某去世，留3套房产，下列人物有资格继承的有的是？（　　）

A. 黄甲　　B. 赵丙

C. 卢某　　D. 卢丁

三、名词解释

1. 法定继承（西北政法大学2007年，中国人民大学2009年研究生入学考试题）

2. 代位继承（武汉大学2012年研究生入学考试题）

四、简答题

1. 简述适用法定继承的几种情况。

2. 简述法定继承的特征。

3. 代位继承与转继承的区别。（清华大学2008年研究生入学考试题）

五、案例分析题

王某与张某育有二子，长子王甲，次子王乙。王甲娶妻李某，并于1995年生有一子王小甲。王甲于1999年5月遇车祸身亡。王某于2000年10月病故，留有与张某婚后修建的面积相同的房屋6间。王某过世后张某随儿

媳李某生活，该6间房屋暂时由次子王乙使用。

2000年11月，王乙与曹某签订售房协议，以12万元的价格将该6间房屋卖给曹某。张某和李某知悉后表示异议，后因王乙答应取得售房款后在所有继承人间合理分配，张某和李某方表示同意。王乙遂与曹某办理了过户登记手续，曹某当即支付购房款5万元，并答应6个月后付清余款。曹某取得房屋后，又与朱某签订房屋转让协议，约定以15万元的价格将房屋卖给朱某。在双方正式办理过户登记及付款前，曹某又与钱某签订了房屋转让协议，以18万元的价格将房屋卖给钱某，并办理了过户手续。

2001年5月，曹某应向王乙支付7万元的购房余款时，曹某因生意亏损，已无支付能力。但曹某有一笔可向赵某主张的到期货款5万元，因曹某与赵某系亲戚，曹某书面表示不再要求赵某支付该货款。另查明，曹某曾于2001年4月外出时遭遇车祸受伤，肇事司机孙某系曹某好友，曹某一直未向孙某提出车祸损害的赔偿请求。

问题：(1) 王某过世后留下的6间房屋应由哪些人分配？各自应分得多少？为什么？

(2) 曹某与朱某、钱某签订的房屋转让协议效力如何？

(3) 如朱某要求履行与曹某签订的合同，取得该房屋，其要求能否得到支持？为什么？

参考答案

一、单项选择题

1. **答案**：C。主要应当认识到甲与丙没有产生婚姻关系继承财产，甲与乙的婚姻关系因宣告死亡而结束。而丁作为甲的儿子是法定继承人。

2. **答案**：D。《民法典》第1111条规定，自收养关系成立之日起，养父母与养子女间的权利义务关系，适用本法关于父母子女关系的规定；养子女与养父母的近亲属间的权利义务关系，适用本法关于子女与父母的近亲属关系的规定。养子女与生父母及其他近亲属间的权利义务关系，因收养关系的成立而消除。所以本题中，由于张某已被王某收养，张某无权继承其生父母的财产，但可以继承其养父王某的财产。故A项、B项、C项错误。《民法典》第1131条规定，对继承人以外的依靠被继承人扶养的人，或者继承人以外的对被继承人扶养较多的人，可以分给适当的遗产。故D项正确。

3. **答案**：C。参见《民法典》第1127条的规定。

4. **答案**：B。相互有继承关系的几个人在同一事件中死亡，又不能确定死亡先后时间的，一般推定没有继承人的人先死，故王某先死，其遗产由李某继承，李某之遗产由李乙继承。

5. **答案**：C。《民法典》第1128条规定，被继承人的子女先于被继承人死亡的，由被继承人的子女的直系晚辈血亲代位继承。被继承人的兄弟姐妹先于被继承人死亡的，由被继承人的兄弟姐妹的子女代位继承。代位继承人一般只能继承被代位继承人有权继承的遗产份额。

6. **答案**：B。《民法典》第1131条规定："对继承人以外的依靠被继承人扶养的人，或者继承人以外的对被继承人扶养较多的人，可以分给适当的遗产。"

7. **答案**：C。《民法典》第1121条第2款规定："相互有继承关系的数人在同一事件中死亡，难以确定死亡时间的，推定没有其他继承人的人先死亡。都有其他继承人，辈份不同的，推定长辈先死亡；辈份相同的，推定同时死亡，相互不发生继承。"即所谓"无继承人的先死、长辈先死、同辈同死"。据此，本题中应推定甲先死，则甲的遗产20万元分别由女儿、儿子各得10万元；女儿的遗产则成了30万元，应由女婿全部继承。即儿子应继承10万元的遗产，女婿应继承30万元的遗产。

8. **答案**：D。《民法典》第1123条规定："继承开始后，按照法定继承办理；有遗嘱的，按照遗嘱继承或者遗赠办理；有遗赠扶养协议的，按照协议办理。”据此，当几种继承方式发生冲突时，按其效力（由高到低）的排列顺序为：遗赠扶养协议，遗嘱继承，遗赠，法定继承。

9. **答案**：B。《最高人民法院关于适用〈中华人民共和国民法典〉继承编的解释（一）》第44条规定，继承诉讼开始后，如继承人、受遗赠人中有既不愿参加诉讼，又不表示放弃实体权利的，应追加为共同原告；继承人已书面表示放弃继承、受遗赠人在知道受遗赠后60日内表示放弃受遗赠或者到期没有表示的，不再列为当事人。

10. **答案**：A。《最高人民法院关于适用〈中华人民共和国民法典〉继承编的解释（一）》第10条规定，被收养人对养父母尽了赡养义务，同时又对生父母扶养较多的，除可依民法典第1127条的规定继承养父母的遗产外，还可依民法典第1131条的规定分得生父母的适当的遗产。本题中丙不符合法定条件。

11. **答案**：C。根据《民法典》第1127条的规定，遗产按照下列顺序继承：（1）第一顺序：配偶、子女、父母；（2）第二顺序：兄弟姐妹、祖父母、外祖父母。继承开始后，由第一顺序继承人继承，第二顺序继承人不继承；没有第一顺序继承人继承的，由第二顺序继承人继承。本编所称子女，包括婚生子女、非婚生子女、养子女和有扶养关系的继子女。本编所称父母，包括生父母、养父母和有扶养关系的继父母。本编所称兄弟姐妹，包括同父母的兄弟姐妹、同父异母或者同母异父的兄弟姐妹、养兄弟姐妹、有扶养关系的继兄弟姐妹。

12. **答案**：B。本题考查法定继承。本题中，因能确定甲、乙的死亡顺序，即乙后于甲死亡，且甲、乙又没有遗嘱，故应适用《民法典》第1127条第1款和第2款关于法定继承的规定，遗产按照下列顺序继承：（1）第一顺序：配偶、子女、父母；（2）第二顺序：兄弟姐妹、祖父母、外祖父母。继承开始后，由第一顺序继承人继承，第二顺序继承人不继承；没有第一顺序继承人继承的，由第二顺序继承人继承。故甲死后，甲之遗产应由乙继承，而不能由丙继承，因为乙是第一顺序继承人。而乙死后因无第一顺序继承人，则只能由丁来继承。故应选B。A错，选A的前提应是乙比甲先死亡。本题不能选C，选C的前提是甲、乙同时死亡或不能确定死亡先后。不能选D，因为甲、乙还有第二顺序继承人丙与丁。

13. **答案**：D。《民法典》第230条规定，因继承取得物权的，自继承开始时发生效力。蔡永父母去世，蔡永已经取得房产的所有权，该房屋的所有权人是蔡永。物权请求权不适用诉讼时效，《民法典》第235条规定，无权占有不动产或者动产的，权利人可以请求返还原物。故A、B项错误。蔡永父母去世前，该房由蔡永之姐蔡花借用，借用合同为无名合同，借用期未明确。《民法典》第511条规定，当事人就有关合同内容约定不明确，依据前条规定仍不能确定的，适用下列规定……（四）履行期限不明确的，债务人可以随时履行，债权人也可以随时要求履行，但应当给对方必要的准备时间……蔡永继承房屋的所有权，也同时继承了该房屋上的义务，成为借用合同的当事人。借用期限不明确，债权人蔡永可以随时要求返还，但应当给对方必要的准备时间。故C项错误。

14. **答案**：C。A项考查代位继承。代位继承，是指在法定继承中，被继承人的子女先于被继承人死亡时，本应由该子女继承的遗产，由其晚辈直系血亲代位继承的法律制度。本题中，儿媳虽然属于拟制第一顺序继承人，但并非被继承人的“子女”。因此，不发生代位继承问题。故A项错误。B项考查转继承。转继承，是指继承人在继承开始后，遗产分割前死亡，其应继承的遗产转由他的合法继承人继承的制度。本题中，儿媳先于被继承人死亡。因此不发生转继承问题。故B项错误。C项考查继承权。因儿媳非被继承人的子女，不发生代位继承问题。因此，小田无权继承徐某的遗产。故 C 项正确。D 项考查适当分得遗产人。适当分得遗产人的情形有 3 种：(1) 对继承人以外的依靠被继承人扶养的缺乏劳动能力又没有生活来源的人；(2) 继承人以外的对被继承人扶养较多的人；(3) 养子女的生父母履行赡养义务的。本题中不存在上述 3 种情形。因此，小田无权适当分得遗产。故 D 项错误。

15. 答案：C。第一，甲先死亡，甲的财产由乙继承。第二，乙后死亡，乙的遗产由乙的子女（丙、丁）继承。第三，丙最后死亡，对于丙应继承的乙的遗产，其继承人戊可转继承，A 项错误，甲有继承人乙，兄弟姐妹属于第二顺位继承人，B 项错误，根据《民法典》第 1128 条规定，被继承人的子女先于被继承人死亡的，由被继承人的子女的直系晚辈血亲代位继承。被继承人的兄弟姐妹先于被继承人死亡的，由被继承人的兄弟姐妹的子女代位继承。代位继承人一般只能继承被代位继承人有权继承的遗产份额。本案中，甲作为被继承人，先于其继承人乙死亡，不符合代位继承的适用前提，C 项正确，死亡赔偿金是一种特殊的财产，填补的是受害人近亲属因受害人死亡导致的生活资源的减少丧失，是对受害人家庭损失的弥补，对死者家庭利益的赔偿，不属于死者的遗产，D 项错误，根据《民法典》第 1152 条规定，继承开始后，继承人于遗产分割前死亡，并没有放弃继承的，该继承人应当继承的遗产转给其继承人，但是遗嘱另有安排的除外。丙于乙后死亡，按照规则，可由丙的第一顺位继承人戊转继承乙的遗产（其中包括甲的遗产），并非由丁来转继承。

二、多项选择题

1. 答案：ABCD。见《民法典》第 1127 条、第 1128 条、第 1129 条、第 1130 条和第 1131 条的规定。

2. 答案：ABCD。《民法典》第 1127 条规定："遗产按照下列顺序继承：（一）第一顺序：配偶、子女、父母；（二）第二顺序：兄弟姐妹、祖父母、外祖父母。继承开始后，由第一顺序继承人继承，第二顺序继承人不继承；没有第一顺序继承人继承的，由第二顺序继承人继承。本编所称子女，包括婚生子女、非婚生子女、养子女和有扶养关系的继子女。本编所称父母，包括生父母、养父母和有扶养关系的继父母。本编所称兄弟姐妹，包括同父母的兄弟姐妹、同父异母或者同母异父的兄弟姐妹、养兄弟姐妹、有扶养关系的继兄弟姐妹。"《民法典》第 1128 条规定："被继承人的子女先于被继承人死亡的，由被继承人的子女的直系晚辈血亲代位继承。被继承人的兄弟姐妹先于被继承人死亡的，由被继承人的兄弟姐妹的子女代位继承。代位继承人一般只能继承被代位继承人有权继承的遗产份额。"《最高人民法院关于适用〈中华人民共和国民法典〉继承编的解释（一）》第 15 条规定："被继承人的养子女、已形成扶养关系的继子女的生子女可代位继承；被继承人亲生子女的养子女可代位继承；被继承人养子女的养子女可代位继承；与被继承人已形成扶养关系的继子女的养子女也可以代位继承。"

3. 答案：ABC。我国《民法典》继承编是以婚姻关系、血缘关系和扶养关系而产生的亲属关系来确定法定继承人的范围，仅限于近亲属。根据《民法典》继承编第 1127 条、第 1128 条、第 1129 条的规定，法定继承人包括：配偶、子女及其晚辈直系血亲、父母、兄弟姐妹、祖父母、外祖父母，以及对公、婆或岳父、岳母尽了主要赡养义务的丧偶儿媳或女婿。据此，本题中甲的岳父岳母并不是其法定继承人，其岳父岳母不能继承其所留下的遗产。根据《民法典》第 1131 条规定："对继承人以外的依靠被继承人扶养的人，或者继承人以外的对被继承人扶养较多的人，可以分给适当的遗产。"据此，本题中对甲的岳父、岳母可以适当分给一些遗产。

4. 答案：ACD。本题考查法定继承人的顺序。A 对，B 错，《民法典》第 1127 条规定：

"遗产按照下列顺序继承：（一）第一顺序：配偶、子女、父母；（二）第二顺序：兄弟姐妹、祖父母、外祖父母。继承开始后，由第一顺序继承人继承，第二顺序继承人不继承；没有第一顺序继承人继承的，由第二顺序继承人继承。本编所称子女，包括婚生子女、非婚生子女、养子女和有扶养关系的继子女。本编所称父母，包括生父母、养父母和有扶养关系的继父母。本编所称兄弟姐妹，包括同父母的兄弟姐妹、同父异母或者同母异父的兄弟姐妹、养兄弟姐妹、有扶养关系的继兄弟姐妹。"据此，乙、丙作为甲的配偶和子女，应作为第一顺序继承人。但根据《民法典》第1125条的规定："继承人有下列行为之一的，丧失继承权：（一）故意杀害被继承人；（二）为争夺遗产而杀害其他继承人；（三）遗弃被继承人，或者虐待被继承人情节严重；（四）伪造、篡改、隐匿或者销毁遗嘱，情节严重；（五）以欺诈、胁迫手段迫使或者妨碍被继承人设立、变更或者撤回遗嘱，情节严重。继承人有前款第三项至第五项行为，确有悔改表现，被继承人表示宽恕或者事后在遗嘱中将其列为继承人的，该继承人不丧失继承权。受遗赠人有本条第一款规定行为的，丧失受遗赠权。"据此，丙因虐待被继承人情形严重（数度虐待甲、乙，拒不赡养），而丧失继承权。C对，《民法典》第1129条规定："丧偶儿媳对公婆，丧偶女婿对岳父母，尽了主要赡养义务的，作为第一顺序继承人。"D对，《民法典》第1128条规定："被继承人的子女先于被继承人死亡的，由被继承人的子女的直系晚辈血亲代位继承。被继承人的兄弟姐妹先于被继承人死亡的，由被继承人的兄弟姐妹的子女代位继承。代位继承人一般只能继承被代位继承人有权继承的遗产份额。"本题中戊因代位继承而成为第一顺序继承人。

5. **答案**：ABCD。选项A正确，《民法典》第1128条规定，被继承人的子女先于被继承人死亡的，由被继承人的子女的直系晚辈血亲代位继承。被继承人的兄弟姐妹先于被继承人死亡的，由被继承人的兄弟姐妹的子女代位继承。代位继承人一般只能继承被代位继承人有权继承的遗产份额。本题中，郭大爷女儿先于郭大爷去世，其儿子甲作为其晚辈直系血亲，可以代位继承其母亲即郭大爷女儿的份额。郭大爷的女儿属于第一顺序继承人，因此甲也作为第一顺序继承人参与继承。选项B正确，《民法典》第1129条规定：丧偶儿媳对公婆，丧偶女婿对岳父母，尽了主要赡养义务的，作为第一顺序继承人。第1130条第3款规定，对被继承人尽了主要扶养义务或者与被继承人共同生活的继承人，分配遗产时，可以多分。据此可知，乙在分配财产的时候可以多分。选项C正确，根据《民法典》第1127条第3款规定，享有继承权的继子女是有抚养关系的继子女。本题中，丙与郭大爷之间没有形成抚养关系，因此，丙无权继承遗产，选项D正确。《民法典》第1130条第2款规定，对生活有特殊困难又缺乏劳动能力的继承人，分配遗产时，应当予以照顾。本题中，丁是丧失劳动能力的继承人，分配遗产时应当予以照顾。

6. **答案**：AC。《民法典》第1154条规定："有下列情形之一的，遗产中的有关部分按照法定继承办理……（三）遗嘱继承人、受遗赠人先于遗嘱人死亡或者终止……"所以在乙先于甲死亡时，就甲遗留的房屋和现金，按法定继承的规定予以继承。《民法典》第1128条规定："被继承人的子女先于被继承人死亡的，由被继承人的子女的直系晚辈血亲代位继承。被继承人的兄弟姐妹先于被继承人死亡的，由被继承人的兄弟姐妹的子女代位继承。代位继承人一般只能继承被代位继承人有权继承的遗产份额。"第1129条规定："丧偶儿媳对公婆，丧偶女婿对岳父母，尽了主要赡养义务的，作为第一顺序继承人。"所以，就甲遗留的房屋和现金，丙为第一顺位继承人，戊作为第一顺位继承人代位继承，丁因尽了主要赡养义务而为第一顺位继承人。所以，A、C选项正确，B、D选项错误。

7. **答案**：BC。《民法典》第1127条第1款、

第3款规定，遗产按照下列顺序继承：(1)第一顺序：配偶、子女、父母；(2)第二顺序：兄弟姐妹、祖父母、外祖父母。本编所称子女，包括婚生子女、非婚生子女、养子女和有扶养关系的继子女。第1105条第1款规定，收养应当向县级以上人民政府民政部门登记。收养关系自登记之日起成立。第1111条第1款规定，自收养关系成立之日起，养父母与养子女间的权利义务关系，适用本法关于父母子女关系的规定；养子女与养父母的近亲属间的权利义务关系，适用本法关于子女与父母的近亲属关系的规定。本题中，甲与丙结婚时，小明已20周岁，与丙之间不存在扶养关系，小明不能以继子女身份参与继承。甲与丙收养孤儿小光，并未办理收养手续，因此收养关系不成立，小光不能以养子女的身份参与继承。因此，丙的第一顺序继承人为配偶甲，儿子小亮。

8. **答案**：ACD。配偶和有抚养关系的继子女，都是第一顺序的法定继承人，故A项正确。《民法典》第1152条规定，继承开始后，继承人于遗产分割前死亡，并没有放弃继承的，该继承人应当继承的遗产转给其继承人，但是遗嘱另有安排的除外。女婴死亡后，产生转继承而不是代位继承，故B项错误。《民法典》第1155条规定，遗产分割时，应当保留胎儿的继承份额。胎儿娩出时是死体的，保留的份额按照法定继承办理。男婴出生时为死体，为男婴保留的遗产份额由熊某的继承人杨某、小强继承，故C项正确；女婴出生时为活体，但旋即死亡，为女婴保留的遗产份额由女婴的继承人杨某继承，故D项正确。

9. **答案**：AB。根据《民法典》第1128条规定："被继承人的子女先于被继承人死亡的，由被继承人的子女的直系晚辈血亲代位继承。享有代位继承权的主体为被继承人子女的晚辈直系血亲，而继子女属于由姻亲关系而来的法律拟制血亲关系，并不属于直系血亲。"除此之外，《最高人民法院关于适用〈中华人民共和国民法典〉继承编的解释(一)》第15条规定："被继承人的养子女、已形成扶养关系的继子女的生子女可以代位继承；被继承人亲生子女的养子女可以代位继承；被继承人养子女的养子女可以代位继承；与被继承人已形成扶养关系的继子女的养子女也可以代位继承。"本条对享有代位继承权的主体所作的规定，也并未包含被继承人亲生子女的继子女的情况。

三、名词解释

1. **答案**：是指根据法律直接规定的继承人的范围、继承人继承的顺序、继承人继承遗产的份额及遗产的分配原则继承被继承人的遗产。
2. **答案**：是指被继承人的子女先于被继承人死亡时，由被继承人的死亡子女的晚辈直系血亲继承其应继承的遗产份额的制度。其中先于被继承人死亡的子女称为被代位人或被代位继承人，先于被继承人死亡的子女的晚辈直系血亲称为代位人或代位继承人。

四、简答题

1. **答案**：适用法定继承的有以下几种情况：

   (1)被继承人生前没有立遗嘱的；(2)遗嘱所指定的继承人先于被继承人死亡的；(3)遗嘱继承人放弃继承或者受遗嘱人放弃受遗赠的；(4)遗嘱继承人丧失继承权的；(5)遗嘱无效或者部分无效，无效部分所涉及的遗产；(6)遗嘱只处分部分遗产，遗嘱未加处分的遗产。
2. **答案**：(1)法定继承是遗嘱继承的补充。法定继承和遗嘱继承是两种不同的继承方式。在我国，法定继承是自然人继承遗产的主要方式。但是，在效力上，法定继承的效力低于遗嘱继承，只有在不适用遗嘱继承时才适用法定继承。法定继承是遗嘱继承的补充。(2)法定继承是对遗嘱继承的限制。遗嘱继承中，立遗嘱人不能违反法律的规定，如遗嘱人在遗嘱中必须为缺乏劳动能力又没有生活来源的人保留必要的遗产份额。因此，虽然遗嘱继承优先于法定继承而适用，但法定继承构成对遗嘱继承的限制。(3)继承人与被继承人之间具有一定的人身关系。法定继承权的取得根据，是被继承人与继承人之间存在婚姻关系、血缘关系或扶养关系。(4) 法定继承中有关继承人、继承顺序、遗产分配原则的规定具有强行性。这些规定属于强制性规范，除被继承人生前以遗嘱方式改变外，其他任何单位、组织和个人均无权变更。

3. **答案：**(1) 继承人死亡的时间不同。代位继承是继承人先于被继承人死亡；转继承是继承人后于被继承人死亡。(2) 继承发生的根据不同。代位继承是基于继承人先于被继承人死亡的事实而发生，它是一个间接的继承；转继承是基于继承人后于被继承人死亡的事实而发生，它是两个相连的直接继承。(3) 继承发生的范围不同。代位继承只发生于法定继承之中；转继承则发生在法定继承和遗嘱继承之中。(4) 继承的主体不同。代位继承的继承人必须是原继承人的晚辈直系血亲；转继承的继承人既可以是被继承人的法定继承人，也可以是他的遗嘱继承人，不管与被继承人之间是否有血缘关系，都可以按照法定继承人的顺序进行继承。

五、案例分析题

答案：(1) 张某、王乙、王小甲。其中，张某分得4间，王乙、王小甲各分得1间。因该6间房系王某与张某的共同财产，王某死后，张某应获得其中的3间，余下3间房在第一顺序继承人间平均分配。第一顺序的继承人有张某、王乙，因王甲先于王某死亡，其子王小甲享有代位继承权。故余下3间房中张某、王乙、王小甲应各分得1间。张某与王某是夫妻关系，其二人婚后修建的面积相同的6间房屋是二人的共同财产。在婚姻关系存续期间，这些房屋是二人共同共有的财产，不能任意分割。在王某死后，夫妻关系不再存在，才能对这些房屋予以分割。张某应当拥有一半——其中的3间，而另3间应当作为王某的遗产。

王某有两个儿子，这两个儿子本应与张某一起作为第一顺序继承人对王某的遗产3间房屋平均分配。大儿子王甲在王某死前过世，其有一子作为被继承人的晚辈直系血亲，可以代位继承遗产。因此，王小甲代王甲之位与张某、王乙平分王某的遗产3间房，各占1间。

(2) 曹某与朱某签订的协议有效。曹某与钱某签订的协议亦有效。王乙已经和曹某办理了登记过户手续，曹某成为房屋的所有权人。其与朱某签订了房屋转让协议符合合同是基于双方真实的意思表示，没有违反法律的强制性规定，是有效的。

曹某在与朱某签订房屋转让合同后，尚未办理过户登记前，房屋的所有权没有发生转移。曹某此时对朱某只是负有交付房屋所有权这种合同上的义务或者说债上的义务。朱某不能直接支配房屋也不能支配曹某的行为，他只能请求曹某依约定向其履行。如果曹某不履行，其可以要求曹某承担违约责任。此时曹某仍是房屋的所有权人。作为标的物的所有权人，曹某仍有权处分自己的物。曹某与钱某签订的协议也是基于双方的真实的意思表示，没有违反法律的强制性规定。因此也是有效的。

(3) 不能。因曹某已与钱某办理了房屋过户登记手续，钱某已取得了该房屋的所有权，曹某履行不能，朱某只能要求曹某承担违约责任。因为债具有平等性，曹某可以选择向朱某还是钱某履行，选择一方，就必须向另一方承担违约责任，赔偿给对方带来的损失。曹某最后选择了向钱某履行，和钱某办理了过户登记，钱某已经获得房屋的所有权。曹某此时已经无法向朱某履行，属于履行不能，朱某只能依据房屋买卖合同主张由曹某承担违约责任。

第三十八章　遗嘱继承、遗赠与遗赠扶养协议

基础知识图解

- 遗嘱继承
  - 遗嘱自由
    - 行为自由
    - 内容自由
    - 形式自由
      - 自书
      - 公证
      - 代书
      - 录音
      - 口头
  - 遗嘱类型
    - 指定继承遗嘱
    - 遗赠
  - 多个遗嘱的效力问题
- 遗赠扶养协议
  - 概念
  - 主体
  - 效力
    - 协议效力内容
    - 效力等级最高

配套测试

一、单项选择题

1. 李甲有一子李乙、一女李丙。李甲妻子、李乙妻子均过世，李乙有孩子李丁，李丙结婚另过。2017 年，李甲向李乙、李丙宣读了一份经公证的遗嘱，指定李乙继承自己的全部遗产。2018 年，李乙患病住院，情况危急。故在住院期间也订立了一份遗嘱，内容为：死后自己所有的财产由儿子李丁继承；从李甲处继承的遗产由李丙继承。李甲看到该遗嘱后，在遗嘱上批注：如吾儿李乙不幸先我而去，按其遗愿由吾女李丙继承我的财产；但应先提出现金 10 万元作为孙子李丁的生活费用。2019 年，李乙死亡。1 个月后，李甲也死亡。李甲的遗产应当（　　）。

A. 全部由李丙继承

B. 全部由李丁继承

C. 李丁继承 10 万元，其余遗产由李丙继承

D. 李丁和李丙各继承遗产的 1/2

2. 王方生前与村委会签订了遗赠扶养协议，规定：“村委会负责王方的生养死葬，死后其所有房屋四间、生活用品归村委会所有。”但在 2022 年 5 月又自书遗嘱：“房屋两间给自己的长子继承，存款 1000 元给孙女。”下列说法正确的是（　　）。

A. 王方的自书遗嘱有效

B. 遗赠扶养协议和遗嘱均未涉及的遗产归村委会

C. 应按遗赠扶养协议处理遗产。因为遗赠扶养协议优先适用，王方的自书遗嘱无效

D. 遗赠扶养协议和遗嘱均未涉及的遗产归法定继承人

3. 李某有子二人：李甲、李乙，李甲李乙各有未成年子一人，李某立有遗嘱，将全部

遗产由李甲继承，但某日李甲因车祸英年早逝，李某闻讯后悲痛过度，遂于当晚心脏病发作去世，则（　　）。

A. 李某的全部遗产应由李甲之子继承

B. 李某的全部遗产应由李甲的继承人继承

C. 李某的遗产应由其配偶、李甲之子及李乙继承

D. 李某的遗产应由其配偶、李甲的继承人及李乙继承

4. 张某生前立遗嘱将其三间房屋赠给王某，张某死亡后王某表示接受遗赠，遗产分割前王某死亡，则（　　）。

A. 该房屋由张某的继承人继承

B. 该房屋由张某子女继承

C. 该房屋由王某的继承人继承

D. 该房屋应由张某、王某的继承人共同继承

5. 李某生前订有自书、代书、录音、口头及公证遗嘱各一份，而且内容相互矛盾，则以（　　）为准。

A. 自书遗嘱　　B. 公证遗嘱

C. 录音遗嘱　　D. 口头遗嘱

6. 李某于1998年1月立自书遗嘱一份；1998年3月因中风手足不能动弹，遂请秘书王某、刘某在场见证作录音遗嘱一份，1998年5月，李某身体状况好转，遂由护士二人在场见证，秘书朱某代书遗嘱一份；1999年6月1日，李某病危，在神志清醒的情况下立口头遗嘱一份，经抢救，6月2日李某脱离危险，且身体逐渐完全康复，6月20日，李某在出院的路上因车祸死亡，若本案中各遗嘱均合乎法定条件且内容都有相互矛盾之处，则应以（　　）为准。

A. 自书遗嘱　　B. 录音遗嘱

C. 代书遗嘱　　D. 口头遗嘱

7. 无须有见证人在场见证的遗嘱形式有（　　）。

A. 自书遗嘱　　B. 代书遗嘱

C. 录音遗嘱　　D. 口头遗嘱

8. 遗嘱继承人不包括（　　）。

A. 代位继承人

B. 对岳父母尽了主要赡养义务的丧偶女婿

C. 对公婆尽了主要赡养义务的丧偶儿媳

D. 法定继承人以外的人

9. 甲死后留有房屋1套、存款3万元和古画1幅。甲生前立有遗嘱，将房屋分给儿子乙，存款分给女儿丙，古画赠与好友丁，并要求丁帮丙找份工作。下列哪种说法是正确的？（　　）

A. 甲的遗嘱部分无效

B. 若丁在知道受遗赠后60日内没有作出接受的意思表示，则视为接受遗赠

C. 如古画在交付丁前由乙代为保管，若意外灭失，丁无权要求乙赔偿

D. 如丁在作出了接受遗赠的意思表示后死亡，则其接受遗赠的权利归于消灭

10. 李某自书遗嘱如下（主文）：

“因长子已故，大儿媳身体不好，又带两个孩子，生活困难，次子及二儿媳均有工资收入，我百年之后，遗产全部由两个孙子继承。”李某签名后写上了2022年12月11日立。该遗嘱（　　）。

A. 取消了次子继承权，应无效

B. 没有见证人见证，应无效

C. 没有经过公证，应无效

D. 符合继承法律规定，应有效

11. 甲与其父乙水火不相容，乙生前多次向邻居说甲无权继承自己的遗产，甲也多次口头申明自己不会继承乙的财产，但在乙死后甲反悔，而乙在死前未立下遗嘱，则（　　）。

A. 乙的口头表明无效，甲放弃继承的行为也无效

B. 因乙多次表明甲无权继承自己的遗产，因此甲无权继承遗产

C. 因甲多次申明自己不会继承乙的财产，他应视为其已经放弃了继承权

D. 以上说法都是错误的

12. 某甲死后留有遗产5万元，其生前立有遗嘱：由大儿子继承2万元，某甲尚有二儿子及未成年养子，问剩余的3万元

遗产应由（　　）继承。

A. 未成年养子

B. 二儿子

C. 三个儿子都有权

D. 未成年养子和二儿子

13. 设立遗嘱的方式是（　　）。

A. 委托代理进行

B. 本人进行

C. 法定代理进行

D. 指定代理进行

14. 依照《民法典》继承编的规定，下列人员中能够作为遗嘱见证人的是（　　）。

A. 无民事行为能力人和限制民事行为能力人

B. 继承人

C. 受遗赠人

D. 与继承人、受遗赠人没有利害关系的人

15. 遗嘱附有义务的，继承人或受遗赠人应当履行义务，无正当理由不履行义务的，经有关人员申请，人民法院可以（　　）。

A. 强制其履行义务

B. 取消其接受遗产的权利

C. 宣告遗嘱无效

D. 判决履行了义务的人继承遗产

16. 甲画家生前立有遗嘱，死后将自己的 3 幅画送给在法国留学的乙，乙在甲去世后 2 年回国，才知道甲已死，又过了 2 年后，才知道甲曾经立过遗嘱。下列选项正确的是（　　）。

A. 如果乙是知道受遗赠后两个月请求的，应当有权要求继承人给付

B. 乙没有在甲死亡后两个月内表示接受继承，已视为放弃继承

C. 乙向甲的继承人请求该画，已经过了 2 年的诉讼时效

D. 以上说法都不对

17. 邹某收养一子邹甲。邹甲上初中后开始与社会上一些不三不四的人鬼混，经常打架滋事。邹某曾对其多次教育，邹甲反而破口大骂，对身患重病的养父不闻不问。邹某的远亲牛某给予邹某以周到的照顾。邹某由于对其养子失去了任何希望，遂立下遗嘱，把自己的全部财产赠与牛某。邹甲 15 岁时，邹某去世。下列有关此案的说法正确的是（　　）。

A. 邹甲未能尽一个养子的义务，邹某有权剥夺他的遗产继承权

B. 邹甲虽然道德败坏，但他年龄尚小，没有经济来源不能独立生活，有权争取遗产中必要的份额

C. 牛某应与邹甲平分遗产

D. 牛某可以接受邹某的全部遗产，但他应分给邹甲一部分财产

18. 公民某甲于 2022 年 12 月 12 日去世，其死前曾与他人签有遗赠扶养协议，且被遗赠人也尽了扶养义务。某甲临去世前 1 个月留有遗嘱。某甲去世后，其两个儿子从国外回来，要求继承遗产。根据《民法典》继承编的规定，公民某甲的遗产应按下列（　　）办法处理。

A. 遗赠扶养协议有效时，应先按遗赠扶养协议进行，然后再按遗嘱和法定继承进行

B. 遗赠扶养协议有效且遗赠亦有效时，应遗赠继承在先遗赠扶养协议继承在后，然后法定继承才开始

C. 应先法定继承，然后再按扶养协议和遗赠进行

D. 应由当事人协商解决，协商不成的，由人民法院判决

19. 甲与乙签订协议，约定甲将其房屋赠与乙，乙承担甲生养死葬的义务。后乙拒绝扶养甲，并将房屋擅自用作经营活动，甲遂诉至法院要求乙返还房屋。下列哪一选项是正确的？（　　）（2007 年司考．卷三．单 23）

A. 该协议是附条件的赠与合同

B. 该协议在甲死亡后发生法律效力

C. 法院应判决乙向甲返还房屋

D. 法院应判决乙取得房屋所有权

20. 公民甲死后留有遗产房屋一间和存款若干，法定继承人为其子乙。甲生前立有遗嘱，将其存款赠与侄女丙。乙和丙被

告知3个月后参与甲的遗产分割，但直到遗产分割时，乙与丙均未作出是否接受遗产的意思表示。下列选项哪项正确？（　）

A. 乙、丙未作表示，视为放弃接受遗产

B. 乙未作表示视为接受继承，丙未作表示视为放弃受遗赠

C. 乙应视为放弃继承，丙应视为接受遗赠

D. 乙、丙均应视为接受遗产

21. 按我国《民法典》继承编之规定，下列哪种人不能作为受遗赠人？（　）

A. 法定继承人

B. 法定继承人以外的人

C. 国家

D. 集体经济组织

22. 梁某已80多岁，老伴儿和子女都已过世，其年老体弱，生活拮据，欲立一份遗赠扶养协议，死后将三间房屋送给在生活和经济上照顾自己的人。梁某的外孙子女、侄子、侄女及干儿子等都争着要做扶养人。这些人中谁不应作遗赠扶养协议的扶养人？（　）

A. 外孙子女　　B. 侄子

C. 侄女　　D. 干儿子

23. 甲妻病故，膝下无子女，养子乙成年后常年在外地工作。甲与村委会签订遗赠扶养协议，约定甲的生养死葬由村委会负责，死后遗产归村委会所有。后甲又自书一份遗嘱，将其全部财产赠与侄子丙。甲死后，乙就甲的遗产与村委会以及丙发生争议。对此，下列哪一选项是正确的？（　）（2010年司考．卷三．单19）

A. 甲的遗产应归村委会所有

B. 甲所立遗嘱应予撤销

C. 村委会、乙和丙共同分割遗产，村委会可适当多分

D. 村委会和丙平分遗产，乙无权分得任何遗产

24. 甲与乙结婚，女儿丙3岁时，甲因医疗事故死亡，获得60万元赔款。甲生前留有遗书，载明其死亡后的全部财产由其母丁继承。经查，甲与乙婚后除共同购买了一套住房外，另有20万元存款。下列哪一说法是正确的？（　）（2013年司考．卷三．单24）

A. 60万元赔款属于遗产

B. 甲的遗嘱未保留丙的遗产份额，遗嘱全部无效

C. 住房和存款的各一半属于遗产

D. 乙有权继承甲的遗产

25. 甲有乙、丙和丁三个女儿。甲于2021年1月1日亲笔书写一份遗嘱，写明其全部遗产由乙继承，并签名和注明年月日。同年3月2日，甲又请张律师代书一份遗嘱，写明其全部遗产由丙继承。同年5月3日，甲因病被丁送至医院急救，甲又立口头遗嘱一份，内容是其全部遗产由丁继承，在场的赵医生和李护士见证。甲病好转后出院休养，未立新遗嘱。如甲死亡，下列哪一选项是甲遗产的继承权人？（　）

A. 乙　　B. 丙

C. 丁　　D. 乙、丙、丁

26. 2020年5月10日，张某（男）和李某（女）结婚，婚后生育一子张甲，后二人感情不和。张某结识何某，二人自2021年2月开始同居，并生育一子张乙。2022年1月，张某因病住院，于2月1日亲笔书写一份遗嘱称，死后将自己所有遗产留给何某，但未注明年月日。2022年10月，张某去世。关于本案，下列哪一表示是错误的？（　）

A. 张某的遗嘱无效，何某不能继承张某的遗产

B. 李某有权继承张楠的遗产

C. 张甲是张某的第一顺序的法定继承人

D. 张乙不能继承张某的遗产

二、多项选择题

1. 下列遗嘱中无效的有（　）。

A. 李某脑出血发作，在神志不清的状态下设立的口头遗嘱

B. 王某之长子甲对王某谎称其弟乙阴谋杀害父亲，王某随即把全部遗产遗嘱由甲继承

C. 李某为获得全部遗产，伪造了其父的遗嘱而毁掉了真正的遗嘱

D. 赵某涂改掉了其父遗嘱中给其妹妹一栋房屋的内容，则被涂改的部分

2. 李某有一子两女，其中儿子甲于2022年死亡，当时甲有一子乙尚幼，不久，李某也患病不起，遂亲笔立下遗嘱，将其所有的4间房屋及存款2000元由两个女儿丙、丁继承。后李某死亡，丙、丁分割了李某的房产和存款。李某的儿媳戊提出李某生前所作遗嘱无效，她和乙均有权继承房产和存款。李某所作的遗嘱（　　）。

A. 具有法律效力，丙、丁应当继承分割遗产；乙、戊无权分割遗产

B. 无效，应当按法定继承重新分割遗产，甲应继承的份额由乙、戊继承

C. 部分无效，应给乙保留应继份额然后再按遗嘱继承分割遗产

D. 部分无效，但戊无权分割遗产，应由乙代甲继承遗产

3. 方某死亡，留下房屋8间，外欠医疗费等债务1500元。第三子于方某死后出示遗嘱，由他继承房屋4间，兄、姐各2间，遗嘱由三儿媳任某代书，有方某的手印，在场有三子方某及护士小钱作证。兄、姐认为遗嘱系伪造，应无效，遂向法院起诉。法院查明，手印确实是方某的。对此案，有以下四种意见，你赞同哪些意见？（　　）

A. 遗嘱有效，遗产按遗嘱分割，债务按比例分担

B. 遗嘱无效，遗产平均分配，债务也平均分摊

C. 遗嘱有效，遗产按遗嘱分割，债务平均分担

D. 遗嘱无效，遗产可先用于清偿债务后平均分割

4. 下列哪些遗嘱因为见证人不符合条件而无效？（　　）。

A. 甲有两个女儿，遗嘱由大女儿代书，二女儿作为见证人

B. 乙在看守所发病，临死前所立的口头遗嘱由4名服刑犯作为见证人

C. 丙在病危时立下口头遗嘱，当时只有6岁的外孙和一位医生在场

D. 丁出差遭遇车祸，立下录音遗嘱，有一名公证员在场

5. 下列选项中正确的有（　　）。

A. 遗嘱人立遗嘱时有行为能力，后来丧失了行为能力，遗嘱无效

B. 执行遗赠不得妨碍清偿遗赠人依法应当缴纳的税款和债务

C. 放弃继承的效力，追溯到继承开始的时间

D. 应为胎儿保留的遗产份额没有保留的，应从继承人所继承的遗产中扣回

6. 马甲和姚某是好朋友，马甲生前留下遗嘱，将自己的2间平房赠与姚某。马甲的侄子马乙非常生气，在马甲死后将其1间8平方米的厨房占为己有。姚某与其交涉，马乙拆除了厨房。姚某遂向法院起诉，要求马乙赔偿损失。下列选项正确的是（　　）。

A. 姚某无权要求马乙赔偿损失，因为马甲遗嘱中并未明确将厨房赠与他

B. 姚某有权要求马乙赔偿损失

C. 由于我国法律无明确规定，所以，马乙不承担责任

D. 按照民法原理，住房与附属于住房的厨房，是主物与从物的关系，主物的所有权转移时，从物的所有权也转移。所以，马乙应当赔偿损失

7. 甲在遗嘱中所立的下列内容，符合法律规定的有（　　）。

A. 将自己收藏的古画赠给乙

B. 自己所有的房屋由儿子继承

C. 将自己的存款一部分捐赠给贵州一希望小学

D. 自己生前写书的稿费由女儿享有

8. 张某与李某系夫妻关系，生有一子张甲和一女张乙。张甲于2018年意外去世，有一女丙。张某在2021年死亡，生前拥有

个人房产一套，遗嘱将该房产处分给李某。关于该房产的继承，下列哪些表述是正确的？（　　）

A. 李某可以通过张某的遗嘱继承该房产

B. 丙可以通过代位继承要求对该房产进行遗产分割

C. 继承人自张某死亡时取得该房产所有权

D. 继承人自该房产变更登记后取得所有权

9. 甲生前亲笔书写一份遗嘱，表示死后所有存款由女儿乙继承，收藏的 10 幅名画由儿子丙继承。半年后，甲在同两位好友聊天过程中时突发心脏病，于是由好友作证留下口头遗嘱：死后所有存款由乙、丙平分，收藏的 10 幅名画由女儿乙继承。甲经抢救后恢复健康，此后未订立其他遗嘱。一年后，甲因心脏病再次发作去世。下列表述不正确的是？（　　）

A. 甲的存款应当由乙、丙平分

B. 甲收藏的 10 幅名画由女儿乙继承

C. 甲收藏的 10 幅名画由儿子丙继承

D. 丙在遗产分割前未明确表示是否接受继承的，视为放弃继承

三、不定项选择题

甲无子女，20 年前收养一养子乙。2018 年养子到外地打工，甲担心以后生活无人照顾，与村委会订立了遗赠扶养协议，约定村委会负责其生养死葬；在其死后全部财产归村委会。2022 年 1 月甲病重，邻居丙热心帮助，将甲照料得非常好。甲感动不已，立下遗嘱，将遗产的一半分给丙。2022 年 10 月甲去世。村委会处理丧事后，丙拿着遗嘱找到村委会要求分一半的遗产，乙也回来要求继承遗产，遂起纠纷。

（1）下列说法中正确的有（　　）。

A. 甲的遗嘱有效

B. 甲的遗嘱部分有效

C. 甲的遗嘱无效

D. 以上说法都不正确

（2）乙是否有权继承甲的遗产？（　　）

A. 有权继承全部遗产

B. 有权继承部分遗产

C. 无权继承遗产

D. 需要法院确认

（3）如果村委会放弃受遗赠，下列哪些说法是正确的？（　　）

A. 由丙和乙各继承一半遗产

B. 全部由养子继承

C. 遗产应收归国有

D. 遗产应收归集体所有

四、名词解释

1. 遗嘱继承

2. 遗赠扶养协议（清华大学 2006 年、2013 年，中南财经政法大学 2007 年研究生入学考试题）

3. 遗嘱能力（中国人民大学 2007 年研究生入学考试题）

五、简答题

1. 简述遗嘱与遗赠扶养协议的区别。

2. 遗赠的法律特征有哪些？

3. 简述遗嘱的有效要件。

4. 简述遗赠与遗嘱继承的区别。

六、论述题

试论遗嘱不生效的情形及其与无效遗嘱的区别。

七、案例分析题

1. 刘季南与赵玉芬于 1968 年结婚，生有一子刘裕和及一女刘兰兰。1980 年 5 月刘季南因与赵玉芬发生争执而离家出走，一直未有音信。1988 年赵玉芬向当地法院申请宣告刘季南死亡、法院于 1988 年 8 月作出刘季南死亡的宣告。赵玉芬及其子女对刘季南的遗产进行了继承。1989 年赵玉芬再婚。刘裕和于 1987 年 7 月结婚后生有一子刘明江。1989 年 6 月刘裕和外出遇车祸死亡。1996 年 12 月赵玉芬接到某市公安局的通知，告知刘季南于 1996 年 11 月因心脏病死于该市。经查，刘季南 1980 年离家

出走后，一直给人打工，生活非常困难。1989年开始经商并获得成功，积聚了财产200万元。在经商期间，刘季南与胡柔相识，并于1991年元旦举办了婚礼（未履行结婚登记手续）。1992年4月两人生有一女刘冬冬。刘季南于1995年亲笔写了一份遗嘱，指明自己的财产在其死后由胡柔、刘冬冬、赵玉芬和刘裕和四人均分。

问：（1）刘季南的死亡时间如何确定？为什么？

（2）刘季南被宣告死亡后赵玉芬等对刘季南遗产的继承是否有效？为什么？

（3）刘季南1995年（被宣告死亡后）所立的遗嘱在内容及形式上均不违反法律的强制性规定，该遗嘱是否有效？为什么？

（4）刘季南1995年所立的遗嘱应如何执行？

2. 张某早年丧妻，有三子：张甲、张乙、张丙。在张某的精心抚育下，三子先后成年离家工作。张某一直随次子张乙生活，但也经常到张甲、张丙处小住。1986年5月20日，张某亲笔立下遗嘱，谓在其死后，老家的祖传房屋由张丙继承，并经公证机关公证。1989年年初，经体检发现张某身患癌症，住到长子张甲处治疗。因张甲伺候周到，张某便亲笔立下遗嘱，由张甲继承其祖传房屋，并有签名，注明时间是1990年1月15日。1991年9月，张某病情加重，由张乙护送回老家，路上张乙对张某照顾细致，体贴入微。张某让张乙将他抬至老家乡政府，口述遗嘱，由乡秘书作记录，并在其上签名，注明年、月、日。遗嘱内容是祖传房屋由张乙继承。时隔不久，张某不治身亡。兄弟三人处理完后事后，各拿出遗嘱要求继承祖传房屋。问：张某的祖传房屋应由谁继承？为什么？

参考答案

一、单项选择题

1. 答案：D。主要应当考虑遗嘱的效力。李甲在李乙遗嘱上的批注属于自书遗嘱，但因为与公证遗嘱相违背，所以无效。公证遗嘱的内容则因为继承人先于被继承人死亡而无效。所以，李甲的财产应当按照法定继承处理，其中李丁有代位继承权。正确答案为选项D。

2. 答案：D。本题考查的是遗赠扶养协议。依《民法典》第1123条之规定，遗赠扶养协议的适用优先于遗嘱继承。但应注意，本案中的遗赠扶养协议中所涉及的财产是特定的，并未涉及王方的存款等其他遗产，故后来王方的自书遗嘱部分有效，即关于“存款1000元给孙女”的部分是有效的，而关于房屋部分的遗嘱则是无效的。据此分析，A、C项错误。对于遗赠扶养协议与遗嘱中均未涉及的遗产，依《民法典》第1154条等规定，应依法定继承办理。故B项错误。

3. 答案：C。因李甲死于李某之前，故李某所立之遗嘱未生效；对李某的遗产应依法定继承处理，则应由李某的第一顺序继承人继承，其中李甲的份额由其子代位继承。

4. 答案：C。王某同意接受遗赠，遗赠已生效，该房屋应为王某所有，故王某死后应由其继承人继承。

5. 答案：B。公证遗嘱具有最强的证明力。

6. 答案：C。数份遗嘱，内容相抵触的，以最后的遗嘱为准；而口头遗嘱在危急情况解除后，遗嘱人能以书面或其他形式立遗嘱时，原口头遗嘱无效，故本案中的口头遗嘱无效，其余三个遗嘱，代书遗嘱为最后一个，故应以之为准。

7. 答案：A。根据《民法典》第1135条的规定，代书遗嘱应当有两个以上见证人在场见证，由其中一人代书，并由遗嘱人、代书人和其他见证人签名，注明年、月、日。第1137条规定，以录音录像形式立的遗嘱，应当有两个以上见证人在场见证。遗嘱人和见证人应当在录音录像中记录其姓名或者肖像，以及年、月、日。第1138条规定，遗嘱人在危急情况下，可以立口头遗嘱。口头遗嘱应当有两个以上见证人在场见证。危急情况消除后，遗嘱人能够以书面或者录音录像形式立遗嘱的，所立的口头遗嘱无效。

8. **答案**：D。参见《民法典》第1133条第2款，自然人可以立遗嘱将个人财产指定由法定继承人中的一人或者数人继承。

9. **答案**：C。《民法典》第1133条规定，自然人可以依照本法规定立遗嘱处分个人财产，并可以指定遗嘱执行人。自然人可以立遗嘱将个人财产指定由法定继承人中的一人或者数人继承。自然人可以立遗嘱将个人财产赠与国家、集体或者法定继承人以外的组织、个人。自然人可以依法设立遗嘱信托。故甲的遗嘱不存在无效事由，A项错误。《民法典》第1124条第2款规定，受遗赠人应当在知道受遗赠后60日内，作出接受或者放弃受遗赠的表示；到期没有表示的，视为放弃受遗赠。故B项错误。《最高人民法院关于适用〈中华人民共和国民法典〉继承编的解释（一）》第38条规定，继承开始后，受遗赠人表示接受遗赠，并于遗产分割前死亡的，其接受遗赠的权利转移给他的继承人。故D项错误。对于保管行为，保管物意外灭失，保管人不承担责任，故本题选C。

10. **答案**：D。参见《民法典》第1133条第2款和第1134条。本题中属于自书遗嘱，有效且合法。

11. **答案**：A。《民法典》第1138条规定："遗嘱人在危急情况下，可以立口头遗嘱。口头遗嘱应当有两个以上见证人在场见证。危急情况消除后，遗嘱人能够以书面或者录音录像形式立遗嘱的，所立的口头遗嘱无效。"据此，口头遗嘱原则上无效，除非是在危急情况下。这里的"危急情况"一般是指遗嘱人生命垂危或者其他紧急情况。《最高人民法院关于适用〈中华人民共和国民法典〉继承编的解释（一）》第33条规定："继承人放弃继承应当以书面形式向遗产管理人或者其他继承人表示。"

12. **答案**：C。参见《民法典》第1154条规定，有下列情形之一的，遗产中的有关部分按照法定继承办理：（1）遗嘱继承人放弃继承或者受遗赠人放弃受遗赠的；（2）遗嘱继承人丧失继承权或者受遗赠人丧失受遗赠权；（3）遗嘱继承人、受遗赠人先于遗嘱人死亡或者终止；（4）遗嘱无效部分所涉及的遗产；（5）遗嘱未处分的遗产。《最高人民法院关于适用〈中华人民共和国民法典〉继承编的解释（一）》第4条规定遗嘱继承人依遗嘱取得遗产后，仍有权依民法典第1130条的规定取得遗嘱未处分的遗产。

13. **答案**：B。遗嘱的行为不能代理。

14. **答案**：D。参见《民法典》第1140条的规定。

15. **答案**：B。《民法典》第1144条规定，遗嘱继承或者遗赠附有义务的，继承人或者受遗赠人应当履行义务。没有正当理由不履行义务的，经利害关系人或者有关组织请求，人民法院可以取消其接受附义务部分遗产的权利。

16. **答案**：A。《民法典》第1124条第2款规定："受遗赠人应当在知道受遗赠后六十日内，作出接受或者放弃受遗赠的表示；到期没有表示的，视为放弃受遗赠。"

17. **答案**：B。参见《最高人民法院关于适用〈中华人民共和国民法典〉继承编的解释（一）》第25条规定，遗嘱人未保留缺乏劳动能力又没有生活来源的继承人的遗产份额，遗产处理时，应当为该继承人留下必要的遗产，所剩余的部分，才可参照遗嘱确定的分配原则处理。继承人是否缺乏劳动能力又没有生活来源，应按遗嘱生效时该继承人的具体情况确定。

18. **答案**：A。《民法典》第1123条规定，继承开始后，按照法定继承办理；有遗嘱的，按照遗嘱继承或者遗赠办理；有遗赠扶养协议的，按照协议办理。

19. **答案**：C。甲、乙之间签订的合同属于附义务的赠与合同，乙在接受赠与的同时负有对甲生养死葬且不得擅自将受赠房屋用作经营活动的义务。甲已经依据合同将房屋移转于乙，赠与已经履行，并未附有任何条件，因此A项错误。无论是赠与合同还是遗赠扶养协议，都是在甲生前就已经发生法律效力，因此B项错误。乙不履行赠与合同所附义务，依《民法典》第663条第1款第3项规定，甲有权撤销赠与并请求返还房屋，因此D项错误，C项正确。①

20. 答案：B。本题考查继承和遗赠的区别。《民法典》第1124条规定：“继承开始后，继承人放弃继承的，应当在遗产处理前，以书面形式作出放弃继承的表示；没有表示的，视为接受继承。受遗赠人应当在知道受遗赠后六十日内，作出接受或者放弃受遗赠的表示；到期没有表示的，视为放弃受遗赠。”由此可见，对于继承人与受遗赠人，同样是沉默行为，但却产生相反的法律效力。

21. 答案：A。《民法典》第1133条第3款规定，自然人可以立遗嘱将个人财产赠与国家、集体或者法定继承人以外的组织、个人。

22. 答案：A。《民法典》第1074条规定：“有负担能力的祖父母、外祖父母，对于父母已经死亡或者父母无力抚养的未成年孙子女、外孙子女，有抚养的义务。有负担能力的孙子女、外孙子女，对于子女已经死亡或者子女无力赡养的祖父母、外祖父母，有赡养的义务。”本题中，孙子女和外孙子女在老人的子女都已经去世了的情况下，即使不作为遗赠扶养协议的扶养人，对于子女已经死亡或子女无力赡养的祖父母、外祖父母，有赡养的义务。因此，如果让其他人作扶养人更有利于老人的生活。

23. 答案：A。《民法典》第1123条规定，继承开始后，按照法定继承办理；有遗嘱的，按照遗嘱继承或者遗赠办理；有遗赠扶养协议的，按照协议办理。据此可知，遗赠扶养协议的效力大于遗嘱或遗赠的效力，遗嘱或遗赠的效力大于法定继承。本题中，被继承人甲生前与村委会订立遗赠扶养协议，同时又立有遗嘱。因此，应该按照遗赠扶养协议的约定办理，遗产全部归村委会，那么无论是受遗赠人丙，还是法定继承人乙都不能分得遗产。

24. 答案：C。本题中60万元的赔款是甲因侵权死亡后，甲的近亲属所获得的死亡赔偿金，不属于甲生前的合法财产，因此，不属于遗产的范围，故A项错误。《民法典》第1141条规定，遗嘱应当为缺乏劳动能力又没有生活来源的继承人保留必要的遗产份额。此规定是出于人道主义考虑，出于保护缺乏劳动能力又没有生活来源的人的需要，对于被继承人在立遗嘱时的限制性规定，而且适用具有强制性，如果没有给这类人留下必要的份额，则在这类继承人应当获得份额的范围内遗嘱无效。B项表述由于没有给丙这一缺乏劳动能力又没有生活来源的人保留必要份额，会导致遗嘱全部无效，是错误的。《民法典》第1153条规定，夫妻共同所有的财产，除有约定的外，遗产分割时，应当先将共同所有的财产的一半分出为配偶所有，其余的为被继承人的遗产。遗产在家庭共有财产之中的，遗产分割时，应当先分出他人的财产。房屋和存款都是婚后所得财产，在没有特别约定的情况下，都应当认定为夫妻共同财产，在甲死亡后，继承之前，应当首先分出甲之配偶乙的财产，没有特别约定的，夫妻共同财产均分，故房屋和20万元存款中的一半属于乙，另一半属于甲的遗产，C项正确。《民法典》第1123条规定，继承开始后，按照法定继承办理；有遗嘱的，按照遗嘱继承或者遗赠办理；有遗赠扶养协议的，按照协议办理。因此，只有在没有遗嘱时，才按照法定继承进行，甲生前立有遗嘱，在给丙留出必要的份额后，其余均应当由甲之母丁继承，乙无

① 编者注：本题考查的是附义务的赠与合同。附条件赠与和附义务赠与的区别是，通常前者所称条件是不以人的意志为转移的客观事实的发生或不发生，如果“条件”系相对人的行为，则实为附义务。

权继承甲之遗产，D 项错误。

25. 答案：A。《民法典》第 1135 条规定，代书遗嘱应当有两个以上见证人在场见证，由其中一人代书，并由遗嘱人、代书人和其他见证人签名，注明年、月、日。据此可知，代书遗嘱必须有两个见证人在场。而本题中，甲只请了张律师一人代书，没有其他见证人。因此，该代书遗嘱无效。另外，《民法典》第 1138 条规定，遗嘱人在危急情况下，可以立口头遗嘱。口头遗嘱应当有两个以上见证人在场见证。危急情况消除后，遗嘱人能够以书面或者录音录像形式立遗嘱的，所立的口头遗嘱无效。本题中，甲在危急情况解除后，未用书面或录音形式立遗嘱。因此，之前的口头遗嘱无效。所以，最后有效的遗嘱只有甲在 2021 年 1 月 1 日订立的自书遗嘱，即全部遗产由乙继承。

26. 答案：D。根据《民法典》第 1134 条规定，自书遗嘱由遗嘱人亲笔书写，签名，注明年、月、日。本题中，张某的遗嘱因未注明年月日而无效。根据《民法典》第 1127 条第 1 款规定，遗产按照下列顺序继承：(1) 第一顺序：配偶、子女、父母；(2) 第二顺序：兄弟姐妹、祖父母、外祖父母。第 1127 条第 3 款规定，本编所称子女，包括婚生子女、非婚生子女、养子女和有扶养关系的继子女。本题中，何某并非张某的配偶，因此无权继承。李某（配偶）、张甲（婚生子）和张乙（非婚生子）均是张某的第一顺序法定继承人。故 A、B、C 项正确。

二、多项选择题

1. 答案：ABCD。《民法典》第 1143 条规定，无行为能力人或者限制行为能力人所立的遗嘱无效。遗嘱必须表示遗嘱人的真实意思，受欺诈、胁迫所立的遗嘱无效。伪造的遗嘱无效。遗嘱被篡改的，篡改的内容无效。

2. 答案：CD。参见《民法典》第 1128 条和《最高人民法院关于适用〈中华人民共和国民法典〉继承编的解释（一）》第 25 条。

3. 答案：BD。《民法典》第 1140 条规定，下列人员不能作为遗嘱见证人：(1) 无民事行为能力人、限制民事行为能力人以及其他不具有见证能力的人；(2) 继承人、受遗赠人；(3) 与继承人、受遗赠人有利害关系的人。第 1161 条规定，继承人以所得遗产实际价值为限清偿被继承人依法应当缴纳的税款和债务。超过遗产实际价值部分，继承人自愿偿还的不在此限。继承人放弃继承的，对被继承人依法应当缴纳的税款和债务可以不负清偿责任。第 1159 条规定，分割遗产，应当清偿被继承人依法应当缴纳的税款和债务；但是，应当为缺乏劳动能力又没有生活来源的继承人保留必要的遗产。

4. 答案：ACD。参见《民法典》第 1140 条和《最高人民法院关于适用〈中华人民共和国民法典〉继承编的解释（一）》第 24 条。《民法典》第 1140 条规定："下列人员不能作为遗嘱见证人：（一）无民事行为能力人、限制民事行为能力人以及其他不具有见证能力的人；（二）继承人、受遗赠人；（三）与继承人、受遗赠人有利害关系的人。"A 项表述无效，《民法典》第 1135 条规定："代书遗嘱应当有两个以上见证人在场见证，由其中一人代书，并由遗嘱人、代书人和其他见证人签名，注明年、月、日。"据此，代书应由见证人实施，甲大女儿、二女儿均为继承人，不能作为见证人。B 项表述有效，《民法典》第 1138 条规定："遗嘱人在危急情况下，可以立口头遗嘱。口头遗嘱应当有两个以上见证人在场见证。危急情况消除后，遗嘱人能够以书面或者录音录像形式立遗嘱的，所立的口头遗嘱无效。"据此，犯人不属于不能作为见证人的情形，犯人可以作为见证人。C 项表述无效，6 岁的外孙是无民事行为能力人，并且是与继承人有利害关系的人，不能作为见证人。D 项表述无效，《民法典》第 1137 条规定："以录音录像形式立的遗嘱，应当有两个以上见证人在场见证。遗嘱人和见证人应当在录音录像中记录其姓名或者肖像，以及年、月、日。"

5. 答案：BCD。A 错，《最高人民法院关于适用〈中华人民共和国民法典〉继承编的解释（一）》第 28 条规定："遗嘱人立遗嘱时必须具有完全民事行为能力。无民事行为能力人或者限制民事行为能力人所立的遗嘱，即使其本人后来具有完全民事行为能力，仍属无效遗嘱。遗嘱人立遗嘱时具有完全民事行为能力，后来成为无民事行为能力人或者限制民事行为能力人的，不影响遗嘱的效力。”B对，《民法典》第1162条规定：“执行遗赠不得妨碍清偿遗赠人依法应当缴纳的税款和债务。”C对，《最高人民法院关于适用〈中华人民共和国民法典〉继承编的解释（一）》第37条规定：“放弃继承的效力，追溯到继承开始的时间。”D对，《最高人民法院关于适用〈中华人民共和国民法典〉继承编的解释（一）》第31条规定：“应当为胎儿保留的遗产份额没有保留的，应从继承人所继承的遗产中扣回。为胎儿保留的遗产份额，如胎儿出生后死亡的，由其继承人继承；如胎儿娩出时是死体的，由被继承人的继承人继承。”

6. **答案**：BD。平房和厨房已经构成主物与从物的关系，两者因继承所有权一起转移。

7. **答案**：ABCD。《民法典》第1133条规定：“自然人可以依照本法规定立遗嘱处分个人财产，并可以指定遗嘱执行人。自然人可以立遗嘱将个人财产指定由法定继承人中的一人或者数人继承。自然人可以立遗嘱将个人财产赠与国家、集体或者法定继承人以外的组织、个人。自然人可以依法设立遗嘱信托。”第1122条规定：“遗产是自然人死亡时遗留的个人合法财产。依照法律规定或者根据其性质不得继承的遗产，不得继承。”

8. **答案**：AC。根据《民法典》第1133条第1款的规定，自然人可以依照本法规定立遗嘱处分个人财产，并可以指定遗嘱执行人。张某作为房屋所有权人可以立遗嘱处分房屋，李某可以通过张某的遗嘱继承该房产。并且按照《民法典》第230条的规定，因继承取得物权的，自继承开始时发生效力。自被继承人死亡时继承人即取得房屋的所有权。所以正确答案为A、C。

9. **答案**：ABD。《民法典》第1138条规定：“遗嘱人在危急情况下，可以立口头遗嘱。口头遗嘱应当有两个以上见证人在场见证。危急情况消除后，遗嘱人能够以书面或者录音录像形式立遗嘱的，所立的口头遗嘱无效。”由此可知，在危急情况解除后，甲所立的口头遗嘱无效，因此，甲的口头遗嘱就不能撤销先前所立的自书遗嘱。甲死亡后，应当按照其自书遗嘱确定乙、丙遗嘱继承的份额，A、B项错误，C项正确。《民法典》第1124条第1款规定，继承开始后，继承人放弃继承的，应当在遗产处理前，以书面形式作出放弃继承的表示；没有表示的，视为接受继承。D项错误。

三、不定项选择题

答案：（1）C。参见《民法典》第1123条和第1158条，《最高人民法院关于适用〈中华人民共和国民法典〉继承编的解释（一）》第3条。

（2）C。因遗赠扶养协议的存在，乙无权继承遗产。

（3）B。《民法典》第1154条规定：“有下列情形之一的，遗产中的有关部分按照法定继承办理：（一）遗嘱继承人放弃继承或者受遗赠人放弃受遗赠；（二）遗嘱继承人丧失继承权或者受遗赠人丧失受遗赠权；（三）遗嘱继承人、受遗赠人先于遗嘱人死亡或者终止；（四）遗嘱无效部分所涉及的遗产；（五）遗嘱未处分的遗产。”据此，本题中村委会放弃受遗赠的部分应由甲的法定继承人乙全部继承。应注意，丙所持遗嘱因与村委会的遗赠扶养协议有冲突而归于无效。

四、名词解释

1. **答案**：是指继承开始后，按照被继承人所立的合法有效遗嘱继承被继承人遗产的继承制度。在遗嘱继承中继承人按照被继承人的遗嘱继承遗产，立遗嘱的被继承人称为遗嘱人，依遗嘱的指定享有继承遗产权利的人称为遗嘱继承人。

2. **答案**：是指自然人（遗赠人、受扶养人）与扶养人之间关于扶养人扶养受扶养人，受扶养人将财产遗赠给扶养人的协议。遗赠扶养协议具有以下法律特征：（1）遗赠扶养协议是双方的民事行为；(2) 遗赠扶养协议是诺成性、要式民事行为；(3) 遗赠扶养协议是双务、有偿行为；(4) 遗赠扶养协议内容的实现有阶段性；(5) 遗赠扶养协议不因扶养人的死亡而终止；(6) 遗赠扶养协议中扶养人须无法定扶养义务。

3. **答案**：是指公民依法享有的以设立遗嘱方式依法自由处分自己财产的资格，亦即遗嘱人的行为能力。我国《民法典》第 1143 条规定，无民事行为能力人或者限制民事行为能力人所立的遗嘱无效。遗嘱必须表示遗嘱人的真实意思，受欺诈、胁迫所立的遗嘱无效。伪造的遗嘱无效。遗嘱被篡改的，篡改的内容无效。

五、简答题

1. **答案**：遗嘱是指被继承人生前按照法律规定的方式对其财产所作的处分，于死亡时发生效力的民事法律行为。而遗赠扶养协议是指由遗赠人（又称被扶养人）与扶养人签订的，由遗赠人立下遗嘱，将自己所有的合法财产指定在其死后转移给扶养人所有，而由扶养人承担遗赠人生养死葬义务的协议。我国《民法典》继承编对遗嘱继承和遗赠扶养协议这两种继承方式都作出了相应的规定，它们既具有一定的相同点，又有很大的区别，其区别主要有：(1) 遗嘱是单方法律行为，仅有遗嘱人一人的意思表示即可成立。而遗赠扶养协议则是合同关系，是双方法律行为，需要遗赠人与扶养人双方意思表示相一致。(2) 遗嘱是一种无偿的法律行为，遗嘱继承人只享受接受财产的权利，而不承担财产上的义务，不必向对方为自己所受的利益支付任何代价。遗赠扶养协议是双务合同，双方当事人建立的是一种有偿、互利的关系，彼此的权利义务是对等的，遗赠人在将自己的财产指定于其死后转归扶养人所有的同时，便取得了扶养人对其生养死葬承担义务的权利。(3) 遗嘱是一种死后法律行为，它虽然是遗嘱人生前设立的，但必须在遗嘱人死亡，继承开始之时才能发生法律效力。遗赠扶养协议是诺成性法律行为，协议一经签订，立即发生法律效力。虽然遗赠扶养协议所规定的财产所有权的转移要到遗赠人死亡后才能实现，但协议中的扶养部分，即扶养人在协议中承担的对遗赠人生养死葬义务的那一部分内容，则在协议达成之后，遗赠人活着时就要履行。从这一意义上说，这部分内容，则属于生前的法律行为。(4) 遗嘱是不要式法律行为，可以采取口头遗嘱、书面遗嘱、公证遗嘱等方式，它们均具有相应的法律效力。遗赠扶养协议是要式法律行为，不仅要以书面形式签订，而且应当经过公证或请无利害关系人到场见证。(5) 遗赠扶养协议的效力高于遗嘱。(6) 遗嘱继承的继承人不需履行任何义务就能继承财产，而遗赠扶养协议的扶养人必须履行生养死葬的义务。

2. **答案**：遗赠是公民以遗嘱的方式将个人合法财产的一部分或全部赠送给国家、集体组织或法定继承人以外的其他公民，并于遗嘱人死亡时发生执行力的单方法律行为。其法律特征表现为：(1) 遗赠是给他人以财产利益的无偿行为。受遗赠人与遗赠人之间没有法律上的血缘关系、婚姻关系、扶养关系等，遗赠人给予他人的财产利益，是无偿的转让，不以受赠人应尽法律上的义务为前提。在遗赠中，虽然有时也附有某种义务，但这种义务不可能是对等的。遗赠人不能只将财产义务赠与他人，也不能使受赠人所负的义务超过其所享受的权利，所以遗赠必须是无偿的。(2) 受遗赠人是国家、集体组织或法定继承人以外的人。法定继承人不能作为受遗赠人，而只能作为遗嘱继承人。法定继承人基于遗嘱取得的遗产也可能是无偿的，但继承的有关规定把这归为遗嘱继承的遗产取得方式。法定继承人只是自然人，而受遗赠人不仅可以是自然人，也可以是法人和集体组织。(3) 遗赠是遗嘱继承的一种特殊形式。

3. **答案**：合法有效的遗嘱，必须具备以下条件：(1) 遗嘱人立遗嘱时必须具有遗嘱能力。(2) 遗嘱必须是遗嘱人的真实意思表示。(3) 遗嘱内容必须合法。(4) 遗嘱的形式符合法律规定的形式要件。我国《民法典》继承编规定的遗嘱的形式有：公证遗嘱、自书遗嘱、代书遗嘱、录音遗嘱、口头遗嘱等。下列遗嘱无效：无民事行为能力人或者限制民事行为能力人所立的遗嘱；受欺诈、胁迫所立的遗嘱；伪造的遗嘱；遗嘱被篡改的，篡改的内容无效。(5) 遗嘱没有对缺乏劳动能力又没有生活来源的继承人保留必要的遗产份额的，对应当保留的必要份额的处分无效。如果遗嘱人未保留缺乏劳动能力又没有生活来源的继承人的遗产份额，遗产处理时，应当为该继承人留下必要的遗产，所剩余的部分，才可参照遗嘱确定的分配原则处理。

4. 答案：(1) 权利主体范围不同。在遗赠中，遗赠权的主体只能是国家、集体或法定继承人以外的人；而在遗嘱继承中，遗嘱继承权的主体只能是法定继承人范围以内的人。(2) 权利客体范围不同。受遗赠权的客体只是遗产中的财产权利，而不包括财产义务。遗嘱继承权的客体是遗产，既包括被继承人生前的财产权利，也包括被继承人生前的财产义务。(3) 权利行使方式不同。受遗赠人接受遗赠的，应于法定期间内作出接受遗赠的明确的意思表示。在遗嘱继承中，遗嘱继承人放弃继承的，应当在继承开始后遗产处理前，作出放弃继承的明确表示，没有表示的，视为接受继承。(4) 权利人取得遗产的方式不同。受遗赠人无权直接参与遗产分配，而只能从遗嘱执行人或者法定继承人处取得遗产；遗嘱继承人有权直接参与遗产的分配。

六、论述题

答案：遗嘱不生效的情形主要有：(1) 遗嘱违反了法律的规定；(2) 遗嘱违背了社会主义道德准则和善良风俗；(3) 遗嘱剥夺了法定继承人中需要赡养的老人和无独立生活能力又无生活来源的未成年子女，以及丧失劳动能力又无生活来源的病残者的必要的继承份额；(4) 遗嘱没有采用法律规定的形式。

而无效遗嘱是指不符合遗嘱生效要件的遗嘱，它主要包括：(1) 遗嘱人不具有遗嘱能力，即相应的民事行为能力；(2) 遗嘱的内容违法；(3) 遗嘱不是遗嘱人真实的意思表示。

由此可见，遗嘱不生效的情形和无效遗嘱存在如下区别：(1) 前者主要是指遗嘱违反了现行法律的规定，违背了社会主义道德准则和善良风俗等，而后者则是指遗嘱人不具有相似的行为能力或遗嘱不是其真实意思的表示等；(2) 前者还指遗嘱剥夺了应予以特殊照顾的人的特权，而后者不存在这个问题；(3) 前者包括遗嘱的形式违法，而后者还包括遗嘱内容违法。

七、案例分析题

1. 答案：(1) 刘季南的死亡时间应为 1996 年 11 月。因为虽然 1988 年 8 月刘季南被法院宣告死亡，但这只是一种法律上的拟制，并不说明刘季南已确实死亡。刘季南被宣告死亡后所为的民事法律行为依然有效。其民事权利能力与民事行为在 1996 年 11 月刘季南真正死亡之时才消灭，所以应将 1996 年 11 月确定为刘季南的死亡时间。

(2) 刘季南被宣告死亡后赵玉芬等对刘季南遗产的继承有效。因为公民被宣告死亡后，发生与自然死亡同样的法律后果，其近亲属可以继承被宣告死亡人的遗产。只有在被宣告死亡人生还并经申请，法院撤销对其的死亡宣告的情况下，依继承取得其财产的公民才应当返还其财产。本案中刘季南死亡前并未撤销对其的死亡宣告，原来的继承仍为有效。

(3) 该遗嘱有效。刘季南被宣告死亡而实际上仍然生存的情况下，仍有民事权利能力与民事行为能力，其所作的民事法律行为仍然有效。

(4) 依刘季南 1995 年所立的遗嘱，其生前所积聚的 200 万元财产作为遗产由胡柔、刘冬冬、赵玉芬和刘裕和四人均分，由于刘裕和已于 1989 年死亡，其份额应按法定继承办理。

本题考查宣告死亡、法定继承、遗嘱继承及代位继承。

2. 答案：张某的祖传房屋应由张丙继承。理由如下：

(1) 本案因张某立遗嘱，故应用遗嘱继承。

(2) 由张丙继承祖传房屋的遗嘱属于公证遗嘱，其他形式的遗嘱不能撤销或变更公证遗嘱。

(3) 由长子张甲继承祖传房屋的遗嘱，虽为有效的书面遗嘱，但因其前已有公证遗嘱，故不能作为继承的依据。

(4) 由次子张乙继承祖传房屋的遗嘱，属于代书遗嘱。但由于立遗嘱时没有两个以上见证人在场见证并在遗嘱上签名，故不发生法律效力。

第三十九章　遗产的处理

基础知识图解

- 继承开始
  - 时间：从被继承人死亡时开始
  - 地点：一般为被继承人的生前最后的住所地
  - 通知：应当及时通知
- 遗产
  - 概念和特征
  - 遗产的范围
  - 遗产的保管
- 遗产的分割与债务清偿
  - 分割原则
    - 均等原则
    - 自由原则
    - 保留胎儿继承份额的原则
    - 互谅互让、协商分割原则
    - 物尽其用原则
  - 分割方式
    - 实物分割
    - 变价分割
    - 补偿分割
    - 保留共有

配套测试

一、单项选择题

1. 继承人在遗产处理前没有作出放弃或接受继承表示的，视为（　　）。

A. 放弃继承　　B. 接受继承

C. 丧失继承权　　D. 转继承

2. 李某去世后留下联合收割机一台，其三个儿子继承了该收割机，则不应（　　）。

A. 实物分割

B. 变价分割

C. 对该收割机共同共有

D. 作价补偿

3. 继承人有（　　）行为的，不丧失继承权。

A. 遗弃被继承人的

B. 虐待被继承人，情节严重的

C. 为争夺遗产故意杀害被继承人，未遂的

D. 因宅基地纠纷杀害其他继承人的

4. 王甲、王乙为丁某之子，丁某与二人之生父离婚后，二人随其生父生活；丁与张再婚，但无子女，1998年张病故，留下房屋一栋及存款5万元，1999年丁病故，丁、张并无其他近亲属，则张的遗产（　　）。

A. 收归国有

B. 归丁、张所在集体组织

C. 归王甲、王乙

D. 归王甲、王乙及二人之生父

5. 李某病逝，其遗产由其父母甲、乙及其妻丙继承，当时丙已怀孕，故为胎儿保留继承份额3万元，但婴儿出生后仅一个小时便夭折了，则此3万元应（　　）。

A. 由甲、乙、丙均分

B. 由丙继承1/2，甲、乙继承1/2

C. 由丙继承

D. 收归国有

6. 李某早年丧偶，有二子甲、乙远在外地工作，一远房侄子丙常来照料，李去世前立下遗嘱，将其18间房屋由甲、乙、丙三人平分，丙对此始终未表态，则（　　）。

A. 房屋由甲、乙丙各得6间

B. 甲、乙每人继承9间

C. 甲、乙各得6间，其余收归国有

D. 甲、乙未尽赡养义务，18间房屋归丙

7. 2022年5月4日甲病逝，5月7日安葬完毕，5月8日继承人一起确定甲的遗产，5月9日继承人之间确定继承的比例，5月10日遗产分割完毕。请问继承是从哪一天开始的？（　　）

A. 5月4日　　B. 5月7日

C. 5月8日　　D. 5月10日

8. 甲与妻乙携8岁的儿子丙和68岁的母亲丁在国庆节驾车外出秋游，与一辆卡车相撞，无一人生还，无法确定他们死亡的先后顺序，若他们都有继承人，应推定谁先死亡？（　　）

A. 丙　　B. 丁

C. 甲　　D. 乙

9. 甲有一女乙，一子丙。甲死后留下房屋一套（价值30万元）、存款60万元。但甲在遗嘱中只说明房屋由丙继承，没有涉及存款的分配，下列说法中正确的是（　　）。

A. 丙继承商品房后无权再继承其他遗产

B. 丙继承商品房后有权继承其他遗产

C. 丙是否有权继承其他的遗产取决于人民法院判决

D. 丙是否有权继承其他遗产取决于丙与乙的协议

10. 继承开始后，受遗赠人表示接受遗赠，并于遗产分割前死亡的，其妻子、儿子是否可以接受遗赠？（　　）

A. 不可以

B. 可以

C. 由其儿女代位继承

D. 由其妻继承

11. 转继承适用的范围是（　　）。

A. 遗嘱继承

B. 法定继承

C. 遗赠扶养协议

D. 法定继承和遗嘱继承

12. 遗嘱继承人放弃继承，其放弃继承的遗产按（　　）。

A. 无人继承办理

B. 代位继承办理

C. 转继承办理

D. 法定继承办理

13. 甲有二子乙、丙，甲于2014年立下遗嘱将其全部财产留给乙。甲于2022年4月死亡。经查，甲立遗嘱时乙17岁，丙14岁，现乙、丙均已工作。甲的遗产应如何处理？（　　）

A. 乙、丙各得1/2

B. 乙得2/3，丙得1/3

C. 乙获得全部遗产

D. 丙获得全部遗产

14. 王某与李某是夫妻，两人在婚后约定财产分别所有。王某拥有存款400万元；李某拥有房屋三栋，存款200万元，两辆汽车。两人育有子女甲、乙、丙三人。后乙结婚，育有一子丁。王某生前立下遗嘱，自己的所有遗产均由乙继承。李某生前立下遗嘱，自己的遗产中三栋房屋归长子甲，存款归次子乙，汽车归女儿丙。乙在一次车祸中死亡。2019年10月10日，王某死亡。10月30日，李某死亡。对此，下列选项正确的是？（　　）

A. 因王某曾立下遗嘱，遗产由乙继承，后乙先于王某死亡，故根据遗嘱王某的遗产应当由乙的儿子丁代位继承

B. 王某的遗产由李某、甲、丙、丁继承

C. 甲最终继承的遗产包括三栋房屋、存款300万元

D. 丙最终继承的遗产包括两辆汽车、存款300万元

二、多项选择题

1. 下列可导致继承人丧失继承权的情形包括（　　）。

A. 李某怕其父以遗嘱方式将巨额遗产交

给其弟继承，故购买砒霜让其妻放在其父的水杯里，其妻换成了白糖，其父安然无恙

B. 王某为防止其妹分得其父遗产，企图杀害其妹，后怕法律制裁而未付诸实施

C. 张某与其弟不和，一日发生口角后一时冲动，失手将其弟砍死

D. 丁某嫌恶其母，遂将其母背到村外的荒山上自己返回，后被邻居接回

2. 甲生前有10000元债务。甲遗嘱中规定其财产中5000元归幼子乙，5000元赠给侄子丙；甲留有遗产18000千元，甲死后两个月，该遗产依遗嘱由乙、丙各得5000元，其余8000元由甲的妻子丁、甲的长子、次子及女儿各得2000元，遗产分割后，债权人索债，则（　　）。

A. 甲的长子、次子各偿还2000元

B. 甲的妻子、女儿各偿还2000元

C. 乙、丙各偿还1000元

D. 丙偿还5000元，其他人各还1000元

3. 甲有2万元的债务，死后留下1万元的财产，其子乙欲继承。下列说法中正确的有（　　）。

A. 乙有权继承甲的遗产1万元，不承担偿还2万元债务的义务

B. 乙有权放弃继承权利，不承担偿还债务义务

C. 乙应当继承甲的遗产1万元，并偿还债务2万元

D. 乙可以继承甲的遗产1万元，并在继承的1万元范围内偿还债务

4. 唐某有甲、乙、丙成年子女三人，于2020年收养了孤儿丁，但未办理收养登记。甲生活条件较好但未对唐某尽赡养义务，乙无经济来源，依靠唐某抚养，丙长期和甲共同生活。2022年5月唐某死亡，因分配遗产发生纠纷。下列哪些说法是正确的？（　　）

A. 甲应当不分或者少分遗产

B. 乙应当多分遗产

C. 丙可以多分遗产

D. 丁可以分得适当的遗产

5. 钱某与胡某婚后生有子女甲和乙，后钱某与胡某离婚，甲、乙归胡某抚养。胡某与吴某结婚，当时甲已参加工作而乙尚未成年，乙跟随胡某与吴某居住，后胡某与吴某生下一女丙，吴某与前妻生有一子丁。钱某和吴某先后去世，下列哪些说法是正确的？（　　）（2009年司考．卷三．多68）

A. 胡某、甲、乙可以继承钱某的遗产

B. 甲和乙可以继承吴某的遗产

C. 胡某和丙可以继承吴某的遗产

D. 乙和丁可以继承吴某的遗产

三、不定项选择题

1. 余艺与齐华于1960年结婚，婚后育有二子一女：长子余海、次子余涛、女儿余萍。1990年后，三个子女陆续成家独立生活，余艺因掌握缝纫技术，退休后被一家服装厂聘为技术员，收入颇丰。1996年，齐华去世，余艺无心工作，遂以8万元变卖了自住的房屋，跟随长子余海生活。1997年，余艺亲自到公证处办理一份遗嘱，表示其死后，全部存款24万元（卖房款8万元，先前夫妻存款16万元）中的18万元由长子余海继承，6万元由次子余涛继承。1998年，余艺因突发脑出血造成半身不遂，长子余海照料不周，次子余涛见状便将父亲接到自己家中照料。由于余涛夫妇悉心照料，余艺觉得先前所立的遗嘱不妥，便重新书写一份遗嘱，表示死后存款24万元由次子继承16万元，长子和女儿各继承4万元。1999年6月，长子余海因车祸死亡。2000年8月，余艺病故。针对24万元存款，余艺的次子余涛、女儿余萍、长子之妻胡某及其子余明均提出继承要求。

（1）余艺死后，其法定继承人为（　　）。

A. 余海、余涛、余萍

B. 余涛、余萍、余明

C. 余涛、余萍、胡某、余明

D. 余涛、余萍

（2）余艺死后，其遗嘱继承人为（　　）。

A. 余海、余涛、余萍

B. 余涛、余萍

C. 余涛

D. 余涛、余萍、余明

（3）余艺的遗产，应适用（　　）。

A. 遗嘱继承

B. 法定继承

C. 遗嘱继承及法定继承

D. 代位继承

（4）24 万元存款中，余涛应分得遗产（　　）。

A. 16 万元　　B. 12 万元

C. 10 万元　　D. 6 万元

2. 王某育有三子王大、王二、王三，其妻早亡。因王二平日尽孝较多，王某设立遗嘱载明：其死亡后财产由王二全部继承。后王二不幸在车祸中死亡（其妻子和独子王四幸免），王某悲伤过度，不久也去世。在分割王某遗产时，李某主张王某生前欠其8万元债务未偿还，后经查属实。据此，下列说法错误的是？（　　）

A. 因遗嘱继承人王二死亡，王某的遗产应由王二的继承人继承

B. 王某的遗产应当由王大、王三及王二的继承人共同继承

C. 若王某留下的遗产实际价值不足 8 万元，则其继承人无须向李某承担清偿责任

D. 对于王某8万元的债务，应由王大、王三以及王二的妻子共同承担清偿责任

四、名词解释

遗产

五、简答题

简述遗产的特征。

六、案例分析题

1. 甲有父母、配偶（机关干部）和儿子（工程师）、女儿（小学音乐教师）各 1 人。甲去世，留有私房6间，存款5000元，古字画 10 件和钢琴一架，甲生前自书遗嘱指定：房产归妻子和儿女继承，古字画赠给文物部门。对存款和钢琴遗嘱未作处理。现甲的女儿提出要将钢琴留给自己；甲的父母皆年迈丧失劳动能力，且无独立生活来源，主张要 2 间房居住，其他继承人亦对继承份额发生争议，诉至法院。审理中又发现甲因购字画还有 5000 元债款未还。诉讼开始，甲的儿子未表示放弃继承权，但却以不愿伤害亲属关系为由，不愿参加诉讼。

问：（1）甲的遗嘱是否有效？

（2）甲的女儿的要求是否合理？

（3）甲的债务如何清偿？

（4）甲的父母应否分得遗产？

（5）在诉讼中如何认定甲的儿子的地位？

2. 李树纲以捕鱼为生，有两层楼房一幢，共 12 间房。其女李玲出嫁多年，常有来往。长子李全喜，用自己经商收入建房 4 间，自成家庭；李全喜前妻早丧，遗子李山；后妻任平，生子李林。李山是复员军人，为成立家庭也用复员费购置新房 2 间，其妻何慧，生女李洁。李树纲的次子李全兴已病故，妻子王氏带儿子李明星另嫁。李树纲有一友宋建曾帮助过李树纲，李树纲想赠与宋建一笔钱，但其未接受。李树纲即写下字据将自己房屋 2 间待自己死后赠宋建的儿子宋明。今年年初，李树纲、李全喜、李山三人出海捕鱼，遇台风船毁人亡，但各人死亡时间不能确定。丧事完毕，死者亲属们为房产分割发生纠纷。李玲认为，其兄已死，她是李树纲唯一的子女，要求继承李树纲的房屋 12 间；任平认为李玲是出嫁女，不能回娘家分房子，她系李树纲的丧偶儿媳，因此房屋应由她和李林继承；另外她还认为李山也系其子，她亦有权继承李山房产。何慧不同意他们意见，李洁也请求分割遗产，李明星也要求继承，宋明得知受遗赠后 3 个月来一直未表示态度，但在发生纠纷时也提出分割遗产要求。问：

（1）请指出本案的被继承人和遗产，并说明被继承人死亡的先后顺序及认定理由。

（2）本案当事人李玲、任平、李林、何慧、李洁、李明星、宋明能否分割遗产，分别说明理由。

3. 孙光、孙明和孙军的父母早年去世，孙光于1965年与陈芝兰结婚，1968年生一子名孙承熊，孙光与陈芝兰于1970年离婚，其子由陈芝兰抚养，孙光按月付给其子15元抚养费。后陈芝兰带子与张汝风结婚，孙承熊改姓张，名张承熊。孙光一直未婚，与其弟孙军共同生活。1995年孙光在一次车祸中丧生，其遗留的财产主要是10万元存款，孙军处理完丧事后，将孙光的10万元遗产分给其兄孙明3万元，其余由孙军占有。1996年年底，张承熊得知其生父孙光去世，其叔父将遗产分光后，请求孙军将其父遗产交出，孙军认为：张承熊已更名改姓，无权继承孙光的遗产，拒绝交出，为此张承熊诉至某人民法院。

问：（1）孙光的遗产应按什么方式继承？

（2）张承熊是否有权继承孙光的遗产？为什么？

（3）孙光的遗产应怎样分割？

4. 李天志与妻子朱兰、女儿李梅（11周岁）一家三口住在贫困山村。为脱贫致富，1998年12月李天志分别向信用社和复员军人张海借款1万元，写下欠条1万元，共计3万元，购买邻村一台旧卡车开始货运业务。1999年1月，在尚未办理各项车辆运输保险的情况下，李天志冒着下雪天，山路十分滑的危险为村民刘江运货进城，不幸坠入山谷，车毁货损人亡。朱兰得知后，痛不欲生，当晚上吊自杀，留下孤儿李梅。村委会在全权处理李、朱丧事并清查其财产债务后，会同乡民政干部组织召开了一个特别会议，参加人有村委会和乡民政干部、邻村村长、信用社负责人、刘江、张海、李梅和李梅的堂叔李天容。会议形成了一个书面协议，内容是：（1）朱兰名下存折2000元清偿刘江的货损；（2）瓦房1间及农具、家庭生活用品约价值1万元由张海负责处理，折抵其借款1万元；（3）丧葬费1000元由村委会承担；（4）欠信用社和邻村的2万元由李梅在年满18周岁以后5年内还清，但不计利息；（5）李梅今后由其堂叔李天容抚养。参会人员分别签字盖章，李梅也签字同意并加捺手印。但李天容虽同意抚养李梅，却提出自己家境过于贫困，难以保证李梅的学习和生活，建议在财产上有所照顾。请回答以下问题：

（1）该协议涉及哪些方面的法律问题？

（2）你认为本案依法应如何处理？

5. 王某早年丧偶，有两个女儿王樱和王琴，后又收养了一子取名王新。王新在外地工作成家，生有一子王军。2013年王新因工伤事故死亡，当时王军只有2岁。王新的妻子一年后与同事张某结婚，王军与母亲、继父共同生活，张某自己没有子女，待王军如同己出。2022年10月王某因病去世，王樱、王琴在整理父亲遗物时发现王某亲笔书写的遗嘱一份，其中写明祖传房屋一栋留给生活比较困难又照顾自己较多的女儿王樱。对其他财产未作处分。经查，王某尚有存款近10万元，红木家具一套及家用电器若干，价值约5万元。

王樱因与妹妹关系一直很好，父亲又将房子留给了自己，故提出自己只要房屋，其他财产均归王琴，王琴同意。但赶回奔丧的王新的妻子提出异议，认为王军也是王家的后代，也有权继承祖父的遗产。而王家姐妹则认为王新本不是父亲的亲生儿子，王军又长期与继父生活，并改名张军，故与王家没有关系，也无权继承财产。

问：（1）张军是否有继承权？为什么？

（2）王某的遗产应如何处理？为什么？

参考答案

一、单项选择题

1. **答案**：B。《民法典》第1124条第1款规定，继承开始后，继承人放弃继承的，应当在遗产处理前，以书面形式作出放弃继承的表示。没有表示的，视为接受继承。
2. **答案**：A。实物分割仅用于可分物。
3. **答案**：D。参见《民法典》第1125条。注意，为争夺遗产而杀害其他继承人的，丧失继承权，为其他目的则不在此列。
4. **答案**：C。张之遗产，应由其配偶丁继承，丁之遗产则由其二子继承，虽然张与王甲、王乙无任何血缘关系，但其遗产间接地归王甲、王乙所有。王甲、王乙二人之生父因与其生母配偶关系的解除，对丁的遗产不享有继承权。
5. **答案**：C。胎儿出生后又死亡的，则为其保留的遗产份额由其继承人继承。本题中只有母亲为法定的继承人。
6. **答案**：B。《民法典》第1124条第2款规定，受遗赠人应当在知道受遗赠后60日内，作出接受或者放弃受遗赠的表示；到期没有表示的，视为放弃受遗赠。
7. **答案**：A。《民法典》第1121条第1款规定："继承从被继承人死亡时开始。"《最高人民法院关于适用〈中华人民共和国民法典〉继承编的解释（一）》第1条规定："继承从被继承人生理死亡或者被宣告死亡时开始……"
8. **答案**：B。《民法典》第1121条规定："继承从被继承人死亡时开始。相互有继承关系的数人在同一事件中死亡，难以确定死亡时间的，推定没有其他继承人的人先死亡。都有其他继承人，辈份不同的，推定长辈先死亡；辈份相同的，推定同时死亡，相互不发生继承。"
9. **答案**：B。根据《民法典》第1154条第5项的规定，对于遗嘱未处分的遗产，按照法定继承办理。据此，本题中丙在继承商品房后有权继承其他遗产。
10. **答案**：B。参见《最高人民法院关于适用〈中华人民共和国民法典〉继承编的解释（一）》第38条的规定，继承开始后，受遗赠人表示接受遗赠，并于遗产分割前死亡的，其接受遗赠的权利转移给他的继承人。
11. **答案**：D。转继承是在继承人接受遗产后，分割遗产前死亡，由其继承人进行继承的制度，法定和遗嘱继承都可以产生这种情况。
12. **答案**：D。参见《民法典》第1154条第1项规定，遗嘱继承人放弃继承或者受遗赠人放弃受遗赠的，按照法定继承办理。
13. **答案**：C。《最高人民法院关于适用〈中华人民共和国民法典〉继承编的解释（一）》第25条规定："遗嘱人未保留缺乏劳动能力又没有生活来源的继承人的遗产份额，遗产处理时，应当为该继承人留下必要的遗产，所剩余的部分，才可参照遗嘱确定的分配原则处理。继承人是否缺乏劳动能力又没有生活来源，应当按遗嘱生效时该继承人的具体情况确定。"本题中，在遗嘱生效时，继承人均有劳动能力和生活来源，因此应当按照遗嘱的内容进行遗产继承，由继承人乙获得全部遗产。
14. **答案**：B。当遗嘱继承人先于被继承人死亡时，遗嘱无效，遗嘱所涉及的财产按照法定继承进行继承。只有在法定继承中才存在代位继承，故A项错误。王某死亡，其法定继承人为李某、甲、丙、丁，其中丁是代位继承乙的遗产份额，每人继承存款100万元，故B项正确。根据李某的遗嘱，甲继承三栋房屋，丙继承两辆汽车，因乙先于李某死亡，所以存款200万元进入法定继承。李某从王某处继承的100万元事先未作安排，同样进入法定继承。300万元存款的法定继承人为甲、丙、丁，其中丁是代位继承乙的遗产份额，每人继承存款100万元。因此，甲、丙、丁各继承200万元，故C、D项错误。

二、多项选择题

1. **答案**：AD。《民法典》第1125条。C中，张某杀害其弟（其他继承人）并非出于争夺遗产之目的。注意：法条中所列之五种情形，主观上均为故意。另外，法条中所称之杀害，既包括既遂，也包括未遂（如A），但未付诸行为，仅停留在犯意阶段上（如B），不能认为是杀害。
2. **答案**：ABC。《民法典》第1154条、第1161条。第1154条规定，有下列情形之一的，遗产中的有关部分按照法定继承办理：（一）遗嘱继承人放弃继承或者受遗赠人放弃受遗赠；（二）遗嘱继承人丧失继承权或者受遗赠人丧失受遗赠权；（三）遗嘱继承人、受遗赠人先于遗嘱人死亡或者终止；（四）遗嘱无效部分所涉及的遗产；（五）遗嘱未处分的遗产。第1161条规定，继承人以所得遗产实际价值为限清偿被继承人依法应当缴纳的税款和债务。超过遗产实际价值部分，继承人自愿偿还的不在此限。继承人放弃继承的，对被继承人依法应当缴纳的税款和债务可以不负清偿责任。
3. **答案**：BD。《民法典》第1161条规定："继承人以所得遗产实际价值为限清偿被继承人依法应当缴纳的税款和债务。超过遗产实际价值部分，继承人自愿偿还的不在此限。继承人放弃继承的，对被继承人依法应当缴纳的税款和债务可以不负清偿责任。"
4. **答案**：ABCD。《民法典》第1130条规定，同一顺序继承人继承遗产的份额，一般应当均等。对生活有特殊困难又缺乏劳动能力的继承人，分配遗产时，应当予以照顾。对被继承人尽了主要扶养义务或者与被继承人共同生活的继承人，分配遗产时，可以多分。有扶养能力和有扶养条件的继承人，不尽扶养义务的，分配遗产时，应当不分或者少分。继承人协商同意的，也可以不均等。因此，甲由于有抚养能力而不尽抚养义务应不分或少分遗产，乙由于丧失劳动能力又无其他生活来源应多分遗产，丙长期和甲共同生活可以多分遗产，故A、B、C项正确。由于未办理收养登记，唐某和丁之间的收养关系不成立，故丁不能继承唐某的遗产，但根据《民法典》第1131条的规定，对继承人以外的依靠被继承人扶养的人，或者继承人以外的对被继承人扶养较多的人，可以分给适当的遗产。因此丁可以分得适当的遗产，故D项正确。
5. **答案**：CD。《民法典》第1127条第1款规定，配偶的一方享有对另一方遗产的继承权。本题中，胡某虽然以前与钱某有婚姻关系，但是钱某去世时，他们已经离婚，胡某不再是钱某的配偶，则胡某不享有对钱某遗产的继承权。因此，A项错误。《民法典》第1127条第4款规定，本编所称父母，包括生父母、养父母和有扶养关系的继父母。本案中，胡某与吴某结婚时，甲已参加工作且独立生活，而乙未成年跟随胡某与吴某居住。由此可知，甲与吴某之间没有形成扶养关系，而乙与吴某之间形成了扶养关系，即甲无权继承吴某的遗产，乙有权继承吴某的遗产。因此，B项错误。吴某去世时，胡某是吴某的配偶，根据《民法典》第1127条第1款的规定，胡某有权继承吴某的遗产。丙是胡某与吴某的婚生子女，享有吴某遗产的继承权。因此，C项正确。吴某是丁的生父，丁享有对吴某遗产的继承权，乙与吴某形成了有扶养关系的继子女关系，乙有权继承吴某的遗产。因此，D项正确。

三、不定项选择题

1. **答案**：（1）D。余海已经死亡，所以不能作为继承人，同时余明虽然可以代位继承，但也不属于法定继承人。

   （2）C。首先公证遗嘱和自书遗嘱同时存在，而且内容矛盾，所以，自书遗嘱无效。故余萍不是遗嘱继承人。同时由于余海先于余艺死亡，所以，遗嘱中关于余海的部分无效，余海也不是遗嘱继承人。

   （3）C。公证遗嘱中关于余涛的部分继续有效，而关于余海的部分则按法定继承处理。

   （4）B。余涛首先取得遗嘱中指定的6

万元。剩余的财产 18 万元，由余涛、余萍及余明三个人均分。故余涛最后得到 12 万元。

2. **答案**：ABCD。继承人于遗产分割前死亡，并没有放弃继承的，该继承人应当将继承的遗产转给其继承人；但是遗嘱另有安排的除外。转继承前提是继承人在继承开始后、遗产分割前死亡，本案王二在王某死亡前死亡，所以不发生转继承。同时，王二是王某的遗嘱继承人，因王二先于遗嘱人王某死亡，王某对王二的遗嘱失效，王某的财产转为法定继承。在王某死亡时，其遗产由其所有的法定继承人继承，而非由王二的继承人继承，故 A 项错误。被继承人的子女先于被继承人死亡的，由被继承人的子女的晚辈直系血亲代位继承。只有王四可以通过代位继承取得王某遗产的相应份额，王二的其他继承人无权参与王某的遗产分割，故 B 项错误。继承人以所得遗产实际价值为限清偿被继承人依法应当缴纳的税款和债务。超过遗产实际价值部分，继承人自愿偿还的不在此限。继承人放弃继承的，对被继承人依法应当缴纳的税款和债务可以不负清偿责任。继承遗产应当清偿被继承人的债务，清偿债务以遗产实际价值为限。并非“无须承担”，故 C 项错误。王二的妻子并非王某的法定继承人，而王四因代位继承成为法定继承人，也参与了王某的遗产分割，应与王大、王三共同承担债务清偿责任，故 D 项错误。

四、名词解释

答案：是继承法律关系的客体，即继承权的标的。遗产具有以下法律特征：第一，遗产只能是公民死亡时遗留的财产，具有时间上的特定性。第二，遗产的内容具有财产性和包括性。第三，遗产范围上的限定性和合法性。

五、简答题

答案：（1）遗产是自然人死亡时遗留的财产。只能以被继承人死亡时所遗留的财产状况来确定其遗产的范围，被继承人死亡之前的财产不为遗产，不发生继承。（2）遗产是自然人死亡时遗留的个人财产。遗产在范围上具有限定性，只有在被继承人生前属于被继承人个人所有的财产，才能成为遗产。虽为被继承人生前所有的财产，但具有人身专属性的，也不为遗产。（3）遗产是自然人死亡时遗留的合法财产。（4）遗产是自然人死亡时遗留的全部财产权利和财产义务。继承人对遗产的继承既包括对遗产权利的享有，也包括对遗产义务的承担。但遗产只包括财产权利和财产义务，而不包括人身权利和人身义务。

六、案例分析题

1. **答案**：（1）甲的遗嘱部分无效，部分有效，一是处分了夫妻共同财产；二是未给丧失劳动能力缺乏生活来源的父母特留份。

（2）甲的女儿的要求合理，见《最高人民法院关于适用〈中华人民共和国民法典〉继承编的解释（一）》第 42 条的规定。

（3）应该先清偿债务，再分割财产。

（4）甲的父母丧失劳动能力，缺乏生活来源，应分得遗产。

（5）甲的儿子应追加为共同原告，见《最高人民法院关于适用〈中华人民共和国民法典〉继承编的解释（一）》第 44 条的规定。

2. **答案**：（1）李树纲、李全喜、李山为被继承人，遗产为三人所造房屋共 18 间。

根据《最高人民法院关于适用〈中华人民共和国民法典〉继承编的解释（一）》的规定推定长辈先死，因此应认定，李树纲先死亡，李全喜次之，李山再次之。

（2）根据《民法典》第 1070 条“父母和子女有相互继承遗产的权利”的规定，李玲享有对李树纲遗产的继承权。任平与何慧不属李树纲法定继承人范围，也不属丈夫早丧，与公公一起生活尽主要赡养义务的人，所以不能继承李树纲房产。李明星之父李全兴先于李树纲死亡，李明星对李树纲享有代位继承权。李全喜即李树纲的继承人。其死后，其继承李树纲的一份房产由李山和李林转继承。宋明3个月后未表示接受李树纲的遗赠，应视为放弃受遗赠。

李全喜的遗产应由任平、李林、李山共同继承；因李山死亡其继承李全喜的该份遗产，应转归何慧和李洁共同继承。任平是李山的继母，但与李山未形成实际扶养关系，依法不能继承李山的遗产。

3. **答案**：(1) 孙光死亡时未留有遗嘱，应按法定继承方式继承。

(2) 孙光的法定继承人有张承熊、孙明和孙军，但张承熊是孙光的亲生子女，属第一顺序法定继承人，孙明、孙军是第二顺序法定继承人，在有第一顺序法定继承人的条件下，第二顺序的法定继承人不能继承。为此，孙光的遗产应由张承熊继承。孙光的儿子虽然改姓张，但并不影响其与生父的血缘关系，孙军的理由是不成立的。

(3) 考虑到孙光离婚后，长期与其弟孙军共同生活，根据权利义务一致的原则，应当适当分给孙军部分遗产。

4. **答案**：(1) 本案涉及的法律问题有以下四个方面：①李梅对李天志、朱兰的财产继承问题；②李天志、朱兰两人与债权人信用社等人的债务清偿问题；③监护人的设定问题；④李梅的行为能力问题。

(2) 依民法规定，本案应作如下处理：

①李天志、朱兰遗留的遗产共有2000元存款、房屋和家庭生活用品，应由作为唯一的继承人李梅继承。李梅为未成年人，又无其他生活来源，故应为其保留必要的财产份额，以满足其基本生活需要。

②在为李梅保留必要的遗产份额以后，剩余遗产应用于清偿信用社、张海、邻村人、刘江等人的债务。由于这些债权均没有担保，故应平等受偿。且债务清偿以剩余遗产为限，未清偿部分李梅不再承担清偿责任。

③关于李梅的监护问题，如果李天容愿意承担监护职责，经村委会同意，其可为李梅的监护人。如果不能征得李天容的同意，则应由村委会作为李梅的监护人。

④该协议对李梅没有拘束力。因为她是限制行为能力人，根据其年龄和智力，不能独立实施民事行为。

5. **答案**：(1) 张军有继承权。因为张军的亲生父亲王新是王某的养子，《民法典》第1127条规定，“遗产按照下列顺序继承：(一) 第一顺序：配偶、子女、父母；(二) 第二顺序：兄弟姐妹、祖父母、外祖父母。继承开始后，由第一顺序继承人继承，第二顺序继承人不继承；没有第一顺序继承人继承的，由第二顺序继承人继承。本编所称子女，包括婚生子女、非婚生子女、养子女和有扶养关系的继子女。本编所称父母，包括生父母、养父母和有扶养关系的继父母。本编所称兄弟姐妹，包括同父母的兄弟姐妹、同父异母或者同母异父的兄弟姐妹、养兄弟姐妹、有扶养关系的继兄弟姐妹”，《民法典》第1111条第1款则进一步指出：“自收养关系成立之日起，养父母与养子女间的权利义务关系，适用本法关于父母子女关系的规定……”按此规定，基于收养的拟制效力，养父母养子女关系与自然血亲的父母子女关系具有同等的法律意义，两者在亲子间的权利义务上是完全相同的。例如，《民法典》继承编中有关父母与子女互为第一顺序的法定继承人的规定，均适用于养父母与养子女。所以王新作为王某的养子，是其第一顺序的法定继承人。王新死去，其妻又与张某结婚，其子王军与母亲、继父共同生活，与张某形成继子与继父的关系，并受到张某的抚养，与之形成抚养的权利义务关系，《民法典》第1072条第2款规定：“继父或者继母和受其抚养教育的继子女间的权利义务关系，适用本法关于父母子女关系的规定。”但这种拟制血亲关系并不解除继子女与其生父母间的权利义务关系。因此张军虽然成为张某的继子，但他与其亲生父亲王新之间的权利义务关系并没有改变，他仍然是王新的第一顺序法定继承人，享有继承王新财产的权利。

根据《民法典》继承编的相关规定，张军享有代位继承权。所谓代位继承是指被继承人的子女先于被继承人死亡时，由被继承人子女的晚辈直系血亲代替先亡的长辈直系血亲继承被继承人遗产的一项法定继承制度。它须具备如下条件：①享有继承权的被代位继承人于继承开始前死亡；②被代位继承人须为被继承人的直系晚辈血亲；③代位继承只能发生在法定继承方式中；④代位继承人一般只能继承被代位继承人有权继承的遗产份额；⑤代位继承也适用于养父母与养子女及形成抚养关系的继父母、继子女之间。本案中王新早于被继承人王某死亡，符合代位继承的构成要件，因此张军可基于代位继承权继承王某的遗产。

（2）王某的遗产应按照以下方法处理：①因王某立有遗嘱将一栋祖传房屋留给生活比较困难又照顾自己较多的女儿王樱，按照遗嘱继承先于法定继承的原则，该房屋应由王樱继承。②由于王某的遗嘱对其他财产未作处分，所以其他财产按照法定继承原则继承。但又由于王樱提出自己只要房屋，所以其他财产（价值约 15 万元）应由同作为第一顺序法定继承人的王琴与张军继承，每人各得 7.5 万元。

第七编　侵权责任

第四十章　侵权责任概述

基础知识图解

侵权责任概述
- 侵权行为的概念
- 侵权行为的特征：侵犯他人合法民事权益；违反法定义务；由于过错而实施的行为以及法定的无过错行为；造成他人损害的行为；应当承担侵权责任的不法事实行为
- 侵权责任的概念
- 侵权责任的特征：违反法定义务而承担；以侵权行为的存在为前提；侵权责任承担方式具有法定性；侵权责任形式具有多样性；侵权责任具有优先性（《民法典》第187条）

配套测试

一、单项选择题

1. 依传统民法原理，侵权行为的对象不包括（　　）。

A. 物权　　B. 名誉权

C. 债权　　D. 知识产权

2. 下列行为中，属于不作为侵权行为的是（　　）。

A. 诽谤他人名誉

B. 假冒他人姓名

C. 假冒他人企业名称

D. 在马路旁开挖坑道未设置明显警示标志致过路人损害

3. 下列行为中，不属于特殊侵权行为的是（　　）。

A. 履行职务致人损害

B. 故意伤害致人损害

C. 地面施工致人损害

D. 污染环境致人损害

4. 下列对侵权行为与债的关系的表述，错误的是（　　）。

A. 大陆法系民法典将侵权行为作为债的发生根据之一

B. 《民法典》将侵权行为与债分开规定

C. 英美法系也将侵权行为作为债的发生根据之一

D. 英美法系没有债的概念，侵权行为法是独立的法律制度

5. 某洗浴中心大堂处有醒目提示语："到店洗浴客人的贵重物品，请放前台保管。"甲在更衣时因地滑摔成重伤，并摔碎了手上价值20万元的定情信物玉镯。经查明：因该中心雇用的清洁工乙清洁不彻底，地面湿滑导致甲摔倒。下列哪一选项是正确的？（　　）（2015年司考．卷三．单23）

A. 甲应自行承担玉镯损失

B. 洗浴中心应承担玉镯的全部损失

C. 甲有权请求洗浴中心赔偿精神损害

D. 洗浴中心和乙对甲的损害承担连带责任

6. 姚某旅游途中，前往某玉石市场参观，在唐某经营的摊位上拿起一只翡翠手镯，经唐某同意后试戴，并问价。唐某报价18万元（实际进货价8万元，市价9万元），姚某感觉价格太高，急忙取下，不慎将手

镯摔断。关于姚某的赔偿责任，下列哪一选项是正确的？（　　）（2017 年司考．卷三．单 22）

A. 应承担违约责任

B. 应赔偿唐某 8 万元损失

C. 应赔偿唐某 9 万元损失

D. 应赔偿唐某 18 万元损失

二、多项选择题

1. 根据侵权行为人的人数，侵权行为可以分为（　　）。

A. 单独侵权行为

B. 一般侵权行为

C. 共同侵权行为

D. 特殊侵权行为

2. 侵权行为的对象包括（　　）。

A. 生命权　　B. 物权

C. 知识产权　　D. 身体权

3. 根据侵权行为的形态，侵权行为可以分为（　　）。

A. 特殊侵权行为

B. 作为的侵权行为

C. 一般侵权行为

D. 不作为的侵权行为

4. 下列行为不属于侵权行为的是（　　）。

A. 正当防卫致人损害（未超过必要限度）

B. 自助行为致人财产损害

C. 警察追捕罪犯时致罪犯损害

D. 交警将乱停放的汽车拉走

5. 甲在某网站上传播其自拍的生活照，乙公司擅自下载这些生活照并配上文字说明后出版成书。丙书店购进该书销售。下列哪些说法是正确的？（　　）

A. 乙公司侵犯了甲的发表权

B. 乙公司侵犯了甲的复制权

C. 乙公司侵犯了甲的肖像权

D. 丙书店应当承担侵权责任

三、不定项选择题

1. 请问以下哪些情况适用过错推定责任？（　　）

A. 医疗损害赔偿诉讼中，关于医院是否存在过失

B. 游客到动物园游览，购买适当的饲料给狗熊喂食被咬伤的

C. 李奶奶从超市买完东西出门时，堆在门口的货物滑落将其砸伤

D. 5 岁的小乐在幼儿园滑滑梯时，从滑梯上滚下骨折

2. 男明星陈某与其多位明星女友的“艳照”连续在网上被贴出来，并在网上迅速传播。“艳照门”事件一时间成为人们热议的话题。根据我国《民法典》侵权责任编的规定，下列哪些选项正确？（　　）

A. “艳照”曝光的始作俑者与网站承担共同侵权责任

B. 陈某有权通知网站删除、屏蔽这些照片

C. 如果网站接到陈某通知后未采取及时必要的措施，应承担全部赔偿责任

D. 如果网站接到陈某通知后未采取及时必要的措施，应就损失扩大部分承担部分与始作俑者承担连带赔偿责任

四、名词解释

侵权行为

五、论述题

论侵权法上损害的分类。（中国人民大学 2007 年研究生入学考试题）

参考答案

一、单项选择题

1. C　**2.** D　**3.** B　**4.** C　**5.** C　**6.** C

二、多项选择题

1. AC　**2.** ABCD　**3.** BD

4. ABCD　**5.** BCD

三、不定项选择题

1. **答案**：BCD。依据《民法典》第 1199 条、第 1222 条、第 1248 条、第 1255 条的规定。

2. 答案：ABD。本题属于侵犯他人隐私权的事件。“艳照”被广泛且持续传播，说明网站属于明知而为，因此应与始作俑者构成共同侵权，应承担连带责任。故ABD项正确，C项错误。

四、名词解释

答案：是指行为人由于过错侵害他人的财产权和人身权，依法应当承担民事责任的不法行为，以及依法律特别规定应当承担民事责任的其他侵害行为。侵权行为的法律特征概括如下：第一，侵权行为是侵害他人合法权益的行为。第二，侵权行为是行为人基于过错而实施的非法行为，在特定情况下，行为人没有过错的行为也可以构成侵权行为。第三，侵权行为是应当承担民事责任的行为。

五、论述题

1. 答案：侵权行为是民事主体违反民事义务，侵害他人合法的民事权益，依法应承担民事法律责任的行为。侵权行为按照不同的标准可以有不同的分类。

(1) 根据侵权行为的构成要件不同可分为一般侵权行为与特殊侵权行为。

一般侵权行为，是指行为人基于主观过错实施的，应适用侵权责任一般构成要件和一般责任条款的致人损害的行为。特殊侵权行为，是指由法律直接规定，在侵权责任的主体、主观构成要件、举证责任的分配等方面不同于一般侵权行为，应适用民法上特别责任条款的致人损害的行为。

(2) 根据侵害对象的不同可分为侵害财产权行为和侵害人身权行为。

侵害财产权行为，是指行为人侵害他人财产权包括所有权、知识产权等的行为。侵害人身权是指行为人不法侵害他人的生命健康权、姓名权、肖像权、名誉权与荣誉权等。

(3) 根据致害人的人数不同可分为单独侵权行为与共同侵权行为。

单独侵权行为，是指损害行为是由1人实施的侵权行为。共同侵权行为，是指损害行为是由2人或数人实施的侵权行为。共同侵权行为的构成表现在：其一，主体的复数性，加害人为2人或2人以上。其二，行为的共同性，多个加害人的行为彼此关联共同导致损害后果的发生。其三，结果的单一性，数个加害行为共同产生一个损害后果。

(4) 根据侵权行为的具体形态不同可分为作为的侵权行为与不作为的侵权行为。

作为的侵权行为，是指行为人违反对他人的不作为义务，以一定的行为致人损害的行为。

不作为的侵权行为，是指行为人违反对他人负有的作为义务，以一定的不作为致人损害的行为。如建筑施工中未安放警示标志，致使他人损害的等。

(5) 依侵权行为是否包括过错为标准可分为过错侵权行为和无过错侵权行为。

第四十一章　侵权责任的归责原则

基础知识图解

- 侵权责任归责原则的概述
- 侵权责任归责原则的体系
  - 过错责任原则
    - 概念
    - 过错推定
  - 无过错责任原则
    - 概念
    - 含义、适用情形

配套测试

一、单项选择题

1. 小女孩甲（8 岁）与小男孩乙（12 岁）放学后常结伴回家。一日，甲对乙讲："听说回家途中的王家昨日买了一条狗，能否绕道回家？"乙答："不要怕！被狗咬了我负责。"后甲和乙路经王家同时被狗咬伤住院。该案赔偿责任应如何承担？（　　）

A. 甲和乙明知有恶犬而不绕道，应自行承担责任

B. 乙自行承担责任，乙的家长和王家共同赔偿甲的损失

C. 王家承担全部赔偿责任

D. 甲、乙和王家均有过错，共同分担责任

2. 甲在某酒店就餐，邻座乙、丙因喝酒发生争吵，继而动手打斗，酒店保安见状未出面制止。乙拿起酒瓶向丙砸去，丙躲闪，结果甲头部被砸伤。甲的医疗费应当由谁承担？（　　）

A. 由乙承担，酒店无责任

B. 由酒店承担，但酒店可向乙追偿

C. 由乙承担，酒店承担补充赔偿责任

D. 由乙和酒店承担连带赔偿责任

3. "过错推定"本质上属于（　　）。（中国政法大学 2006 年研究生入学考试题）

A. 无过错责任原则

B. 过错责任原则

C. 公平原则

D. 结果责任原则

二、多项选择题

1. 个体户甲因疲劳过度打瞌睡，把车开上了逆行道。对面驾车行驶的乙因紧迫中右拐躲避甲而碰到了正在右侧骑车的丙。丙治伤半个月没上班，要求赔偿。此案应（　　）。

A. 由乙赔偿

B. 由甲赔偿

C. 赔偿丙的医疗费

D. 赔偿丙的半月误工工资

2. 李某患有癫痫病。一日李某骑车行走时突然犯病，将一在路边玩耍的 6 岁儿童撞伤，用去医疗费 200 元。该案责任应如何承担？（　　）

A. 李某致害，应当赔偿全部损失

B. 双方都无过错，应分担责任

C. 儿童家长未尽到监护责任，应由其承担损失

D. 应根据双方经济情况分担损失

3. 甲、乙、丙按不同的比例共有一套房屋，约定轮流使用。在甲居住期间，房屋廊檐脱落砸伤行人丁。下列哪些选项是正确的？（　　）（2009 年司考．卷三．多 54）

A. 甲、乙、丙如不能证明自己没有过错，应对丁承担连带赔偿责任

B. 丁有权请求甲承担侵权责任
C. 如甲承担了侵权责任，则乙、丙应按各自份额分担损失
D. 本案侵权责任适用过错责任原则

三、名词解释

1. 过错责任原则
2. 公平责任原则

四、简答题

请比较过错责任、过错推定、无过错责任、公平责任的概念的不同。

五、案例分析题

贾某与家人到红宇餐厅就餐。该餐厅所提供的卡式炉是由某用具厂出口的，卡式炉所使用的燃气是由某燃气公司生产的，贾某等在就餐时，正在使用的卡式炉燃气罐发生爆炸，致使贾某面部、双手烧伤，共花去医疗费等7万元。经查：燃气公司及用具厂生产的燃气罐及卡式炉均为不合格产品，红宇餐厅在提供服务时不存在过错。贾某向法院起诉，要求燃气公司、用具厂及红宇餐厅共同承担赔偿损害的责任。

问：(1) 上述三被告与贾某之间存在什么法律关系？

(2) 红宇餐厅应否承担责任？

(3) 燃气公司与用具厂应否承担责任？

(4) 对于贾某受到的损害，燃气公司、用具厂是否应承担共同赔偿损害的责任？为什么？

(5) 假设燃气公司赔偿了贾某所受到的财产损失7万元，则其取得什么权利？

参考答案

一、单项选择题

1. **答案**：C。《民法典》第1245条。
2. **答案**：C。《民法典》第1198条。
3. **答案**：B。过错推定是过错责任适用的一种特殊情况，是介于过错责任和无过错责任之间的一种中间责任形式，故B正确。

二、多项选择题

1. **答案**：BCD。见《民法典》第1165条、第1179条、第182条。
2. **答案**：BD。本题考查侵权行为的免责事由，以及公平责任的运用。依据《民法典》第1182条和第1190条规定。
3. **答案**：ABCD。依据《民法典》第1253条关于物件脱落、坠落致人损害责任的规定，适用过错原则（过错推定）。另外，《民法典》第307条规定，因共有的不动产或者动产产生的债权债务，在对外关系上，共有人享有连带债权、承担连带债务，但是法律另有规定或者第三人知道共有人不具有连带债权债务关系的除外；在共有人内部关系上，除共有人另有约定外，按份共有人按照份额享有债权、承担债务，共同共有人共同享有债权、承担债务。偿还债务超过自己应当承担份额的按份共有人，有权向其他共有人追偿。

三、名词解释

1. **答案**：又称过失责任原则，它以行为人的过错作为归责的根据和最终要件。过错责任原则有如下几个特点：(1) 它以行为人的过错作为责任的构成要件，加害行为人主观上具有故意或过失才可能承担侵权责任。(2) 它以行为人的过错程度作为确定责任范围、责任形式的依据。(3) 它贯彻的是“谁主张，谁举证”的原则，受害人在主张加害人承担民事责任时，要举证证明加害人对损害的发生具有主观过错，如不能举证证明，则其主张不成立。
2. **答案**：又称衡平责任原则，指在当事人双方对损害的发生均无过错，法律又无特别规定适用无过错责任原则时，由法院根据公平观念，责令加害人对受害人的财产损害给予适当的补偿，由当事人合理地分担损失的一种归责原则。

四、简答题

答案：过错责任是指一个人只有在有过失的

情况下才对其造成的损害负责，在不涉及过失范围之内，行为人享有充分的自由；如果一个人已尽其注意义务，即使造成对他人的损害，也可以被免除责任，此为“无过错即无责任”。过错责任体现了民法上的意思自治原则。

过错推定是指损害事实发生后，法律推定加害人存在过失，如果加害人能够证明自己无过失，则可被免除责任。这种推定运用了举证责任倒置的法律技术，多适用于受损害方不便或难以举证的情况。

无过错责任是不以过失存在为要件的责任。这种责任的确立是对工业社会反思的结果。在存在严重工业灾害的当代社会，事故一旦发生，后果严重，受害人众多，且受害人往往不能证明加害人的过失，甚至不可能证明，但又不可能废止新技术，于是法律对产品责任采用了无过错责任。

公平责任是在分配损害时以民法上的“公平”原则为指导的一种责任，多在以上诸原则不足以公平解决争议和纠纷时采用。

五、案例分析题

答案：(1) 燃气公司、用具厂与贾某之间存在侵权法律关系，红宇餐厅与贾某之间存在提供就餐服务的法律关系。

(2) 承担，是在红宇餐厅就餐，虽红宇餐厅在提供服务时不存在过错，但仍应承担，可以在承担责任后向燃气公司、用具厂追偿。

(3) 应承担，因其提供的物品不合格，应对该产品的瑕疵致人损害承担民事责任。

(4) 应当，因为燃气公司、用具厂提供的产品不合格是共同造成贾某的损害的原因。

(5) 取得请求用具厂偿还依其过错应当承担的数额。

第四十二章 损害赔偿

基础知识图解

- 损害赔偿
  - 概念与特征
  - 原则
    - 完全赔偿原则
    - 禁止得利原则
  - 财产损害赔偿与人身损害赔偿
  - 精神损害赔偿
    - 依据《民法典》《最高人民法院关于确定民事侵权精神损害赔偿责任若干问题的解释》
    - 范围与条件
  - 惩罚性赔偿

配套测试

一、单项选择题

1. 为维护国家、集体或者他人合法权益而使自己受到损害，受害人提出请求的，人民法院应当如何处理？（　　）

A. 在侵害人无力赔偿的情况下，如果受害人提出请求的，人民法院应当驳回请求

B. 在侵害人无力赔偿的情况下，如果受害人提出请求的，人民法院仍应当判决侵害人赔偿损失

C. 在没有侵害人的情况下，人民法院应当责令有关部门给予补偿

D. 在侵害人无力赔偿和没有侵害人的情况下，有受益人的，人民法院可以根据受益人受益的多少及其经济状况，责令受益人给予适当补偿

2. 某甲将自己的花盆放在三楼办公室办公桌上，因公外出期间，某乙将其花盆移放窗外未摆稳，花盆被风吹落，砸伤楼下小孩，花去医药费200元。此医药费应由（　　）。

A. 某甲承担

B. 某乙承担

C. 某甲与某乙共同承担

D. 某甲、某乙与小孩的监护人共同承担

3. 因不慎失火，幼子被困在室内，其父陈某从院内铁丝上揭取邻家晾晒的毛毯，浸湿后冲入屋内救出孩子，毛毯被烧坏。邻家要求赔偿损失100元，陈某以紧急避险为由拒赔。邻家起诉，法院应（　　）。

A. 判决陈某赔偿100元

B. 驳回邻家请求

C. 判决陈某和邻家各承担50元

D. 由陈某补偿100元

4. 某供电局架设的一条高压线在台风中被吹断，致附近一居民触电身亡，则此损害（　　）。

A. 由受害者自行承担

B. 由供电局承担

C. 由双方分担

D. 由受害方承担，供电局予以适当补偿

5. 某市市政公司为安装管道，在街道上挖掘坑道，并于坑道两侧设置了障碍物和夜间警示灯。某夜，司机许某酒后驾车，撞毁了障碍物和夜间警示灯后逃逸。随后骑自行车经过的秦某摔入坑道中，造成粉碎性腿骨骨折，其损失应（　　）。

A. 由市政公司赔偿

B. 由许某赔偿

C. 由市政公司和许某承担连带责任

D. 由秦某自己承担

6. 甲搬家公司指派员工郭某为徐某搬家，郭某担心人手不够，请同乡蒙某帮忙。搬家途中，因郭某忘记拴上车厢挡板，蒙某从车上坠地受伤。下列哪一选项是正确的？（　　）（2007 年司考．卷三．单 20）

A. 应由郭某承担赔偿责任

B. 应由甲公司承担赔偿责任

C. 应由甲公司与郭某承担连带责任

D. 应由甲公司与徐某承担连带责任

7. 甲是华玉公司的司机，在驾车送货的途中，因超速行驶将横穿马路的乙撞伤。下列说法中正确的有（　　）。

A. 甲应赔偿乙遭受的全部损失

B. 乙应自行承担全部损失

C. 甲、乙共同对损害结果承担责任

D. 乙与华玉公司共同承担责任

8. 甲忘带家门钥匙，邻居乙建议甲从自家阳台攀爬到甲家，并提供绳索以备不测，丙、丁在场协助固定绳索。甲在攀越时绳索断裂，从三楼坠地致重伤。各方当事人就赔偿事宜未达成一致，甲诉至法院。下列哪种说法是正确的？（　　）

A. 法院可以酌情让乙承担部分赔偿责任

B. 损害后果应由甲自行承担

C. 应由乙承担主要责任，丙、丁承担补充责任

D. 应由乙、丙、丁承担连带赔偿责任

9. 2022 年 2 月 9 日，原告刘华酒后来到县城浴池洗澡。洗完后，刘华躺在二号池的隔板上睡觉，被浴池工作人员发现并制止。刘华在爬起时，脚下一滑，从搁板上掉落二号池内，当即被人拉出。因二号池水在 80℃以上，刘华自腰部以下大部分被烫伤，烫伤面积占全身的 30%。刘华受伤后，浴池方面拒绝送其到医院治疗。他为节省医疗费，亦未去医院就医，而找民间土医张某为其治疗。因张某治疗不当，致刘华创面感染恶化，后经医院抢救脱险并治愈，刘华共花去医疗费 5000 余元。刘华向浴池索赔无结果，诉至法院，要求浴池赔偿其全部经济损失。就该案所做的分析，正确的一项是：（　　）。

A. 刘华对损害的发生应负完全责任

B. 浴池对损害的发生应负完全责任，对损失的扩大不负责任

C. 浴池对损害的发生负主要责任，刘华负次要责任

D. 浴池应就损害的发生负赔偿责任，但因为刘华也有过错，可以适当减轻其责任

10. 甲、乙、丙三家公司生产三种不同的化工产品，生产场地的排污口相邻。某年，当地大旱导致河水水位大幅下降，三家公司排放的污水混合发生化学反应，产生有毒物质致使河流下游丁养殖场的鱼类大量死亡。经查明，三家公司排放的污水均分别经过处理且符合国家排放标准。后丁养殖场向三家公司索赔。下列哪一选项是正确的？（　　）（2015 年司考．卷三．单 22）

A. 三家公司均无过错，不承担赔偿责任

B. 三家公司对丁养殖场的损害承担连带责任

C. 本案的诉讼时效是 2 年

D. 三家公司应按照污染物的种类、排放量等因素承担责任

11. 某研究院在运送存有放射性物质的铅箱时，一只箱子从车上掉下来，壮壮（8 岁）看见后，即取出箱中的放射性物质玩耍，结果因过量吸收放射性物质而得病。壮壮的治疗费和其他必要费用应由谁承担？（　　）

A. 某研究所

B. 壮壮的监护人

C. 主要由某研究所承担，壮壮的监护人适当分担

D. 主要由壮壮的监护人承担，某研究所适当分担

12. 甲、乙、丙、丁均为资深骑马爱好者，相约去草原骑马。甲提供四匹马，骑行过程中，乙的马被突然出现的野兔惊吓，造成乙受伤。请问：责任应该如何承担？（　　）

A. 甲承担全部责任
B. 四人平均分担
C. 乙自行承担
D. 甲承担补充责任

13. 张某在其父死亡后，委托甲公司负责操办丧葬事宜。甲公司的员工胡某在送骨灰盒的时候不慎将盒子磕破，导致部分骨灰漏出。张某起诉甲公司，要求 1 万元的骨灰盒侵权损害赔偿、2 万元的精神损害赔偿和 3 万元的其他损害赔偿。对此，下列哪一说法是正确的？(　　)
A. 法院应驳回起诉
B. 法院应判决支持张某骨灰盒的赔偿请求
C. 法院应判决支持张某骨灰盒的赔偿请求和精神损害赔偿请求
D. 法院应支持张某的全部诉讼请求

二、多项选择题

1. 因紧急避险造成损害的，(　　)。
A. 如果险情的发生是由于自然人的行为，由引起险情发生的人承担民事责任
B. 如果危险是由自然原因引起的，紧急避险人可以不承担民事责任
C. 如果危险是由自然原因引起的，紧急避险人可以承担适当的民事责任
D. 因紧急避险采取措施不当或者超过必要的限度，造成不应有的损害的，紧急避险人应当承担民事责任

2. 李某在与张某的斗殴中被打伤，经抢救无效死亡，张某应赔偿（　　）。
A. 李某的抢救费 500 元和丧葬费 80 元
B. 李父（50 岁，工人）的扶养费，每月若干元
C. 李妻（28 岁，工人）的扶养费，每月若干元
D. 李子（6 岁）的抚养费，每月若干元

3. 在以下情形中，当事人向人民法院起诉请求赔偿精神损害的，人民法院应当依法予以受理的有（　　）。
A. 消费者海琳到超市购物，无故被超市保卫怀疑，保卫对她进行搜身检查
B. 张某与邻居贾某吵架，张某怀恨在心，用硫酸将贾某毁容，贾某起诉
C. 张武是本地有名的国画大师，德高望重。他病故后，李二在《艺海风云》一书中将主人公张武刻画成一个无恶不作、欺世盗名的民间艺人。张武的近亲属起诉李二
D. 阿东搬家时，搬家公司不小心将他家祖传的景泰蓝花瓶打破，阿东起诉搬家公司

4. 下列关于正当防卫与紧急避险说法正确的有（　　）。
A. 其目的都是保护公共利益、本人或他人的合法权益
B. 其前提都必须是合法权益正在遭受侵害
C. 都不能超过必要的限度，构成不应有的损害
D. 危险的来源都是一样的

5. 金某驾车不慎将宋老太太的一只已经相伴 4 年的价值 500 元的宠物狗（宋老太太平时称狗为孙子）撞死，宋老太太伤心至极，并且花了 13000 元给狗买了棺材和墓地将狗安葬了。宋老太太诉至法院，要求赔偿各项损失，包括精神抚慰金。对此，下列说法不正确的是（　　）。
A. 金某的行为侵害了宋老太太的财产所有权，赔偿 500 元损失
B. 金某应赔偿宋老太太对狗的安葬费 13000 元
C. 金某应赔偿宋老太太精神损害抚慰金
D. 金某应承担恢复原状的民事责任

三、名词解释

1. 正当防卫
2. 紧急避险
3. 不可抗力
4. 责任竞合

四、简答题

侵权法上的惩罚性赔偿及其立法理由。

参考答案

一、单项选择题

1. **答案**：D。见《民法典》第183条规定，因保护他人民事权益使自己受到损害的，由侵权人承担民事责任，受益人可以给予适当补偿。没有侵权人、侵权人逃逸或者无力承担民事责任，受害人请求补偿的，受益人应当给予适当补偿。
2. **答案**：B。见《民法典》第1253条规定，对于建筑物或者其他设施以及建筑物上的搁置物、悬挂物发生倒塌、脱落、坠落造成他人损害的，他的管理人或者所有人应当承担侵权责任，但能够证明自己没有过错的除外。甲没有过错，是乙造成的。
3. **答案**：A。见《民法典》第182条规定，因紧急避险造成损害的，由引起险情发生的人承担民事责任。如果危险是由自然原因引起的，紧急避险人不承担民事责任，可以给予适当补偿。紧急避险采取措施不当或者超过必要的限度，造成不应有的损害的，紧急避险人应当承担适当的民事责任。本题说是不慎失火，陈某有责任。
4. **答案**：B。掌握《民法典》第1240条，关于高危作业致人损害的民事责任的内容。特别要注意这种民事责任采用无过错归责原则，故应当由供电局承担民事责任。免责事由是因受害人有故意或者不可抗力造成。
5. **答案**：B。根据《民法典》第1258条规定，在公共场所道旁或者通道上挖坑，修缮安装地下设施等，没有设置明显标志和采取安全措施造成他人损害的，施工人应当承担侵权责任。该题市政公司已尽到义务，由于第三人过错，而引起损害，市政公司主观上无过错，应由许某承担责任。
6. **答案**：B。《民法典》第1191条第1款规定，用人单位的工作人员因执行工作任务造成他人损害的，由用人单位承担侵权责任，用人单位承担侵权责任后，可以向有故意或者重大过失的工作人员追偿。此处不区分工作人员是否存在主观过错。
7. **答案**：D。本题中甲违章驾驶的行为是在履行职务过程中发生的，其给乙所造成的损害应由华玉公司承担。本题中乙横穿马路，也有过错。又根据《民法典》第1173条的规定，被侵权人对同一损害的发生或者扩大有过错的，可以减轻侵权人的责任。据此应认定甲、乙是混合过错，乙与华玉公司应根据各自的过错程度共同承担责任。
8. **答案**：A。《民法典》第1186条规定，受害人和行为人对损害的发生都没有过错的，依照法律的规定由双方分担损失。本题中，乙、丙、丁对于甲的损害都没有过错，但是考虑到甲是出于乙的建议而行动，并且由于乙提供的绳索断裂而受损害，因此可酌情让乙承担部分赔偿责任。
9. **答案**：D。本题考查的是混合过错。根据《民法典》第1173条的规定，被侵权人对同一损害的发生或者扩大有过错的，可以减轻侵权人的责任。在本题中，刘华在浴池洗澡发生的损害应当由浴池承担，但是刘华是喝酒以后的行为，并且在搁板上睡觉，而且事后刘华没有去医院就诊，而是采用土法治疗，扩大了损失的范围，所以刘华自己也应当承担过错责任，而浴池可以适当减轻其民事责任。故D项为正确答案。
10. **答案**：D。甲、乙、丙没有共同故意、没有共同过失，不构成共同侵权。《民法典》第1172条规定，二人以上分别实施侵权行为造成同一损害，能够确定责任大小的，各自承担相应的责任；难以确定责任大小的，平均承担责任。第1231条规定，两个以上侵权人污染环境、破坏生态的，承担责任的大小，根据污染物的种类、浓度、排放量，破坏生态的方式、范围、程度，以及行为对损害后果所起的作用等因素确定。本题中，甲、乙、丙应按照污染物的种类、排放量等因素承担按份责任，而非连带责任，故A、B项错误，D项正确。环境污染案件的诉讼时效期间为3年而非2年，故C项错误。
11. **答案**：A。《民法典》第1240条规定，从事高空、高压、地下挖掘活动或者使用高速轨道运输工具造成他人损害的，经营者应当承担侵权责任；但是，能够证明损害是因受害人故意或者不可抗力造成的，不承担责任。被侵权人对损害的发生有重大过失的，可以减轻经营者的责任。本案中，某研究所装运存有放射性物质的铅箱，属于高度危险作业。高度危险作业侵权的免责条件是，损害是由受害人的故意或者不可抗力造成的，此外，法律还规定了减轻责任的情形。但是壮壮作为无民事行为能力人，显然不存在过失。因此，A 项正确。

12. 答案：C。自担风险，又称自甘冒险，是指受害人自愿参加某种可能发生风险的活动时，除非组织者或其他参加者存在过错，受害人自己承担由此产生的损害后果。如相约打篮球、踢足球、去水库游泳、相约骑马等。本题中，甲、乙、丙、丁四人作为“资深”骑马爱好者，应当预见到骑马系一件危险活动，仍“相约”去草原骑马。四人的行为系“自担风险”。在骑马过程中，只要参与者对损害的发生主观上不存在过错（故意或过失）就无须承担侵权责任，即不产生民事法律关系。乙的马被“突然”出现的野兔惊吓，属于“意外事件”，其他三人不存在过错，无须对乙的受伤承担赔偿责任，即由乙自行承担。

13. 答案：B。本题中，对于骨灰盒本身，胡某在送骨灰盒的时候稍有不慎将盒子磕破，存在过错，导致该骨灰盒损坏，负有侵权责任。但是，《民法典》第 1191 条第 1 款规定：“用人单位的工作人员因执行工作任务造成他人损害的，由用人单位承担侵权责任。用人单位承担侵权责任后，可以向有故意或者重大过失的工作人员追偿。”据此，由于胡某作为甲公司的员工，其磕破骨灰盒的行为是在执行工作任务过程中发生的，甲公司作为用人单位应承担无过错的替代责任。因此，对于骨灰盒本身的损坏，甲公司是有义务赔偿的。对于精神损害赔偿部分，《民法典》第 1183 条规定：“侵害自然人人身权益造成严重精神损害的，被侵权人有权请求精神损害赔偿。因故意或者重大过失侵害自然人具有人身意义的特定物造成严重精神损害的，被侵权人有权请求精神损害赔偿。”据此可知，侵害特定物而负担精神损害赔偿时要求具有故意或重大过失，而本题中，胡某仅稍有不慎，属于一般过失，而非重大过失，因此精神损害赔偿并不构成。除此以外，张某并无其他损害，无权请求其他损害的赔偿，故 A、C、D 项错误，B 项正确。

二、多项选择题

1. 答案：ABCD。见《民法典》第 182 条，紧急避险责任承担的具体规定。

2. 答案：AD。见《民法典》第 1179 条、第 1181 条的规定，侵害公民身体造成伤害的，应当赔偿医疗费、因误工减少的收入、残疾人生活补助费等费用；造成死亡的，应当支付丧葬费，死者生前抚养的人必要的生活费用。

3. 答案：ABC。关键是第四个选项，祖传的景泰蓝花瓶不具有人格象征意义，因此，不适用精神损害赔偿。

4. 答案：ABC。《民法典》第 181 条规定：“因正当防卫造成损害的，不承担民事责任。正当防卫超过必要的限度，造成不应有的损害的，正当防卫人应当承担适当的民事责任。”正当防卫行为，是指根据法律规定，为了保护公共利益、自身或他人的合法利益，对于正在进行非法侵害的人给予适当的还击，以排除或减轻违法行为可能造成的损害。《民法典》第 182 条规定：“因紧急避险造成损害的，由引起险情发生的人承担民事责任。危险由自然原因引起的，紧急避险人不承担民事责任，可以给予适当补偿。紧急避险采取措施不当或者超过必要的限度，造成不应有的损害的，紧急避险人应当承担适当的民事责任。”紧急避险，是指为了使公共利益、本人或者他人的财产、人身或者其他合法权益免受正在发生的危险，而不得已采取的致他人较小损害的行为。正当防卫与紧急避险的共同点在于：两者的目的都是保护公共利益、本人或他人的合法权益；两者的前提都必须是合法权益正在遭受侵害；两者都不能超过必要的限度，构成不应有的损害等。但正当防卫与紧急避险的危险来源不同，正当防卫的危险来源于侵害人的不法侵害行为；紧急避险的危险来源于现实存在的某种有可能立即对合法权益造成损害的紧迫事实状态。

5. **答案**：BCD。《民法典》第1183条规定："侵害自然人人身权益造成严重精神损害的，被侵权人有权请求精神损害赔偿。因故意或者重大过失侵害自然人具有人身意义的特定物造成严重精神损害的，被侵权人有权请求精神损害赔偿。"学界通说认为，"具有人身意义的特定物"一般指具有人格象征意义的纪念物品，其价值是精神慰藉。本题中宠物狗作为宋老太太的伴侣型动物，没有人身意义，因此宋老太太无权请求精神损害赔偿。损失一般指侵权行为造成的财产的不利后果，损失与侵权行为之间有必然因果关系。宋老太太安葬狗花费13000元属于其自愿进行的财产处分行为，与金某的侵权行为没有因果关系，金某不承担赔偿责任。承担恢复原状的民事责任要求有恢复原状的可能性，否则不能要求承担恢复原状的民事责任，即法律不强人所难。狗作为有生命的动物，被撞死后根据现有技术不可能起死回生。

三、名词解释

1. **答案**：是指为了使公共利益、本人或者他人的财产或人身免受正在遭受的不法侵害而对行为人本身采取的防卫措施。
2. **答案**：是指为了防止公共利益、本人或者他人的合法权益免受正在遭受的紧急危险，不得已而采取的损害另一较小利益的行为。
3. **答案**：是指不能预见、不能避免并不可克服的现象，包括某些自然现象，如地震、台风等；也包括某些社会现象。
4. **答案**：某种违反民事义务的行为，符合多种民事责任的构成要件，从而在法律上导致多种责任形式存在并相互冲突，此种现象常常被称为"责任竞合"或"民事责任竞合"。

四、简答题

答案：惩罚性赔偿，又称为示范性的赔偿或报复性的赔偿，是指由法庭所作出的赔偿数额超出实际损害数额的赔偿。惩罚性损害赔偿的特点在于：其一，其功能并非仅在于弥补受侵害人的损失，还具有惩罚和制裁严重过错行为的性质；其二，确定惩罚性损害赔偿的数额时，除考虑受侵害人所遭受的损失外，还要特别考虑加害人的主观过错程度、主观动机、赔偿能力等；其三，惩罚性损害赔偿的数额往往高于受侵害人的实际损失；其四，惩罚性赔偿的适用范围须由法律规定。

惩罚性赔偿主要是英美法国家采用的制度，我国也可加以借鉴和引进。其立法理由主要在于，传统补偿性赔偿制度的威慑力是有限的，不能阻止某些存在巨大经济利益的违法行为，而对此类违法行为适用惩罚性的损害赔偿制度，有助于遏制其发生。此外，有些侵权行为虽然不会对当事人造成太大的经济损失，但是可能性质非常恶劣，给当事人的精神造成难以弥合的痛苦，此种情况下适用惩罚性的损害赔偿制度亦有助于对受侵害人加以抚慰，而且让侵权人意识到此类行为的后果非常严重，从而减少或杜绝此类侵权行为的发生，以保障社会良好秩序。

【参考资料】魏振瀛主编：《民法学》，高等教育出版社、北京大学出版社2021年版。

第四十三章　一般侵权责任

基础知识图解

一般侵权责任概述
四要件：损害事实；违法性；过错（故意、过失）；因果关系

配套测试

一、单项选择题

1. 赵某在公共汽车上因不慎踩到售票员而与之发生口角，售票员在赵某下车之后指着他大喊："打小偷！"赵某因此被数名行人扑倒在地致伤。对此应由谁承担责任？（　　）

A. 售票员

B. 公交公司

C. 售票员和动手的行人

D. 公交公司和动手的行人

2. 刘婆婆回家途中，看见邻居肖婆婆带着外孙小勇和另一家邻居的孩子小囡（均为4岁多）在小区花园中玩耍，便上前拿出几根香蕉递给小勇，随后离去。小勇接过香蕉后，递给小囡一根，小囡吞食时误入气管导致休克，经抢救无效死亡。对此，下列哪一选项是正确的？（　　）（2017年司考．卷三．单23）

A. 刘婆婆应对小囡的死亡承担民事责任

B. 肖婆婆应对小囡的死亡承担民事责任

C. 小勇的父母应对小囡的死亡承担民事责任

D. 属意外事件，不产生相关人员的过错责任

二、多项选择题

1. 某甲承包的西瓜地与某乙承包的麦地相邻。某日，某乙在其麦地中喷洒除草剂。不巧当时正在刮风，某甲的西瓜地正好处于下风向。某甲遂向某乙提出停止喷洒除草剂的要求，因为其除草剂经风吹后，会进入西瓜地，对正在生长的西瓜幼苗十分不利。某乙未同意某甲的要求。之后果然造成某甲的西瓜幼苗受害，损失3000余元。由此，在下列说法中，不正确的是（　　）。

A. 某乙的行为并不构成侵害某甲的财产权，因其纯系不可抗力所致

B. 某乙的行为侵犯了某甲的相邻权

C. 某乙应当赔偿某甲的损失

D. 某甲的损失应由二人公平分担

2. 王某买票乘坐某运输公司的长途车，开车司机为钱某。长途车行驶中与朱某驾驶的车辆相撞，致王某受伤。经认定，朱某对交通事故负全部责任。下列哪些说法是正确的？（　　）

A. 王某可以向朱某请求侵权损害赔偿

B. 王某可以向运输公司请求违约损害赔偿

C. 王某可以向钱某请求侵权损害赔偿

D. 王某可以向运输公司请求侵权损害赔偿

三、不定项选择题

2021年2月，广州某公园举办宠物展。张明（19周岁）约女友王梅（20周岁）去参观，二人进入公园大门时未注意"严禁触摸展览的宠物"的告示。在一展台前，王梅对张明说道："把那只迷你小狗抱过来让我看看。"张明随即去抱小狗，由于用力过猛将小狗捏死。张明一害怕，起身时将身后的周听所拿的宠物玩具打碎。现查明：小狗为游军所有，价值1000元；宠物玩具价值100元。对于本

案，问：
(1) 对于周听的损失，责任应如何依法承担？( )
A. 由张明承担
B. 由王梅承担
C. 由张明、王梅分别承担一半
D. 由张明、王梅承担连带责任
(2) 对于游军的损失，责任应如何依法承担？( )
A. 由张明承担
B. 由王梅承担
C. 由张明、王梅分别承担一半
D. 由张明、王梅承担连带责任

四、名词解释

损害事实

五、简答题

一般侵权行为的构成要件。

参考答案

一、单项选择题

1. **答案**：C。赵某作为乘客与公交公司形成客运合同关系。客运公司负有将乘客安全送到目的地的义务。赵某在安全下车后身体受到伤害，公交公司不应当承担违约责任。另外，售票员因个人私怨使赵某身体受到伤害，并不是职务行为，而是其个人行为构成侵权，应当由其自身承担侵权责任。还有动手的行人也应当承担责任。因为这些行人听到有人喊“打小偷”没有认清事实，就将赵某扑倒，主观上存在过失，因此也符合侵权行为的构成要件，应当对赵某身体的损害承担责任。
2. **答案**：D。《民法典》第1165条第1款规定，行为人因过错侵害他人民事权益造成损害的，应当承担侵权责任。刘婆婆好意赠送香蕉给小勇，小勇分享一根香蕉给小囡，都是正常的社会交往行为。4岁孩子一般具备独立进食香蕉的能力，所以刘婆婆、小勇不存在过错。肖婆婆带着小囡和小勇玩，按照生活经验，小囡具备独立进食香蕉的能力，所以对于小勇正常分享香蕉的行为，法律当予以鼓励且并不要求肖婆婆阻拦。小囡吞食香蕉误入气管，属于不可预见的意外事件，所以不产生相关人员的过错责任。

二、多项选择题

1. **答案**：ABD。由于某甲已经事先告知，所以，不属于不可抗力；某乙的行为属于普通侵犯财产权的行为，而非侵犯相邻权的行为，因此，应当由某乙赔偿全部损失。
2. **答案**：ABD。本题考查客运合同中双方当事人权利义务关系以及侵权行为的损害赔偿。我国《民法典》第811条规定，承运人应当在约定期限或者合理期限内将旅客、货物安全运输到约定的地点。第823条第1款规定，承运人应当对运输过程中旅客的伤亡承担赔偿责任；但是，伤亡是旅客自身健康原因造成的或者承运人证明伤亡是旅客故意、重大过失造成的除外。因此，王某可以向运输公司要求违约或者侵权的赔偿。钱某作为司机，是履行职务行为，其行为应由运输公司负责，不应向钱某提起诉讼。又因为朱某的行为导致事故的发生，其负完全的责任。他的行为是造成王某受伤的原因，构成了对于王某的人身侵权，王某也有权对他提起侵权之诉。

三、不定项选择题

答案：(1) A。这属于典型的侵权行为，由侵权人张明承担责任。

(2) D。本题中王梅的行为属于教唆行为，因此，根据《民法典》第1169条的规定应当承担连带责任。

四、名词解释

答案：是指因一定的行为或者事件对他人的财产或者人身造成的不利影响，包括财产损失、人身伤害及精神损害。一般来说，作为侵权行为构成要件的损害事实必须具备以下特点：(1) 损害是侵害合法权益的结果。(2) 损害具有可补救性。(3) 损害的确定性。

五、简答题

答案：侵权民事责任的一般构成要件，是指在一般情况下，构成侵权行为民事责任所必须具备的条件。它包括主观要件和客观要件。

侵权民事责任的客观要件是指：(1) 侵权损害事实。所谓损害，是指一定行为或事件造成人身或财产上的不利益，即不良后果或不良状态。损害依其性质和内容分，有物质上的财产损害和心理上的精神损害。损害应该包括直接损害和间接损害。(2) 加害行为的违法性。造成损坏事实的行为，必须有违法性质，行为人才负有赔偿责任，否则，即使有损害事实，也不能使行为人承担赔偿责任。违法的行为有两种表现形式，即作为的违法行为和不作为的违法行为。(3) 违法行为与损害结果间有因果关系。① 民事责任只有在侵权的违法行为与损害结果间存在因果关系时，才能构成。在认定侵权民事责任的因果关系时，须研究特定的损害事实是否系行为人的行为所必然引起的结果，如果是，则违法行为与损害之间有因果联系，否则就没有因果联系。

确定行为人是否应负侵权民事责任，不仅要看其客观因素，而且要看其主观因素——行为人是否有行为能力及其主观是否有过错。所以，行为人的行为能力及主观有过错，是构成侵权民事责任的又一要件。

① 编者注：如何判断因果关系，在诸多的学说中，应采用通说的“相当因果关系说”。相当因果关系是由“条件关系”及“相当性”构成，即某一原因仅于现实情况发生某结果时，才能认定该条件与该结果间有因果关系。

第四十四章　数人侵权责任

基础知识图解

- 共同加害行为
  - 概念
  - 构成要件
    - 主体的复数性
    - 行为的关联性
    - 共同的过错
    - 结果的单一性
  - 教唆行为
  - 帮助行为
  - 共同加害行为与责任
- 共同危险行为
  - 概念
  - 构成要件
    - 主体必须两人以上
    - 每个人都单独实施完成了危险行为
    - 每个人都具有独立的过错
    - 无法查清是哪个人的行为造成了损害后果
  - 责任
  - 免责事由
- 无意思联络的数人侵权行
  - 直接结合
  - 间接结合

配套测试

一、单项选择题

1. 乙、丙、丁的共同侵权行为造成了甲 6000 元的财产损失。甲与丙达成协议，乙、丙各向甲支付 1500 元后，甲不再向乙、丙追究责任。在此情况下，甲是否还有权要求加害人赔偿？(　　)

A. 仍有权就其余 3000 元损失向乙、丙、丁请求承担连带赔偿责任

B. 有权就其余 3000 元损失向乙、丙中任何一个请求赔偿

C. 就其余 3000 元损失只能向丁请求赔偿

D. 能向丁请求赔偿其应付的 2000 元

2. 张某与其同事何某不和，在知悉何某最怕狗后，张某遂唆使 15 岁的未成年人刘某在何某经过时放狗追逐撕咬何某。何某受惊吓之后摔倒，致右臂骨折，则（　　）。

A. 张某应单独赔偿何某的损失

B. 张某、刘某应平均分担共同赔偿何某的损失

C. 张某应与刘某的父母共同分担何某的损失，但张某应负主要责任

D. 应由张某、刘某的父母与何某共同分担何某的损失

3. 一天夜晚，甲开车逆行迫使骑车人乙为躲避甲向右拐，跌入修路挖的坑里（负责修路的施工单位对该坑未设置保护措施），造成车毁人伤。问：对乙的损失应如何承担责任？(　　)

A. 只能由甲承担责任

B. 只能由施工单位承担责任

C. 甲和施工单位各自承担责任
D. 甲和施工单位承担连带责任

4. 一小偷利用一楼住户甲违规安装的防盗网，进入二楼住户乙的室内，行窃过程中将乙打伤。下列哪一种说法是正确的？（　　）
A. 乙的人身损害应由小偷和甲承担连带责任
B. 乙的人身损害只能由小偷承担责任
C. 乙的人身损害应由甲和小偷根据过错大小，各自承担责任
D. 乙的人身损害应先由小偷承担责任，不足部分由甲承担

5. 甲于晚上10点30分酒后驾车回家，车速每小时80公里，该路段限速60公里。为躲避乙逆向行驶的摩托车，将行人丙撞伤，丙因住院治疗花去10万元。关于丙的损害责任承担，下列哪一说法是正确的？（　　）（2010年司考．卷三．单20）
A. 甲应承担全部责任
B. 乙应承担全部责任
C. 甲、乙应承担按份责任
D. 甲、乙应承担连带责任

6. 李某用100元从甲商场购买一个电热壶，使用时因漏电致李某手臂灼伤，花去医药费500元。经查该电热壶是乙厂生产的。下列哪一表述是正确的？（　　）（2013年司考．卷三．单15）
A. 李某可直接起诉乙厂要求其赔偿500元损失
B. 根据合同相对性原理，李某只能要求甲商场赔偿500元损失
C. 如李某起诉甲商场，则甲商场的赔偿范围以100元为限
D. 李某只能要求甲商场更换电热壶，500元损失则只能要求乙厂承担

二、多项选择题

1. 甲、乙是邻居，因故争吵，甲对儿女们说："给我打!"甲的长子、次女二人在与乙互殴中，长子一拳打伤乙眼。乙花去医疗费500元，遂向法院起诉索赔。甲以自己并未动手拒赔，次女以未打乙眼也拒赔。（甲的子女均已成年并独立生活）本案应由谁负担500元医疗费？（　　）
A. 甲　　B. 甲长子
C. 甲次女　　D. 乙

2. 甲教唆并帮助乙实施了对丙的侵害行为。下列哪些说法正确？（　　）
A. 若乙为完全民事行为能力人，那么甲、乙作为共同侵权人，应对丙各自承担应负的责任
B. 若乙为完全民事行为能力人，那么甲、乙作为共同侵权人，应对丙承担连带赔偿责任
C. 若乙为限制民事行为能力人，那么甲为侵权人，对丙的损害甲承担责任
D. 若乙为无民事行为能力人，那么甲与乙的监护人应对丙遭受的损失承担连带赔偿责任

3. 甲请A搬家公司搬家，A公司派出B、C、D三人前往。在搬家过程中，B发现甲的掌上电脑遗落在一角，便偷偷藏入自己腰包；C与D在搬运甲最珍贵的一盆兰花时不慎将其折断，为此甲与C、D二人争吵起来，争吵之时不知是谁又将甲阳台上的另一盆鲜花碰下，砸伤路人E。B、C、D见事已至此便溜之大吉。问：下面哪些说法是正确的？（　　）
A. 甲可以要求A公司赔偿名贵兰花被折断造成的损失
B. 甲可以要求A公司承担没有履行搬运任务的违约责任
C. 路人E可以要求甲、C以及D承担连带赔偿责任
D. 甲可以就丢失掌上电脑的损失要求A公司承担赔偿责任

4. 甲、乙、丙三家毗邻而居，甲、乙分别饲养山羊各一只。某日二羊走脱，将丙辛苦栽培的珍稀药材悉数啃光。关于甲、乙的责任，下列哪些选项是正确的？（　　）（2017年司考．卷三．多67）
A. 甲、乙可各自通过证明已尽到管理职责而免责

B. 基于共同致害行为，甲、乙应承担连带责任

C. 如能确定二羊各自啃食的数量，则甲、乙各自承担相应赔偿责任

D. 如不能确定二羊各自啃食的数量，则甲、乙平均承担赔偿责任

5. 下列关于从建筑物中抛掷物品侵权责任的承担，说法正确的是？（　　）

A. 家住十一楼的13岁的甲将苹果随手扔下楼，砸伤1周岁的乙，造成乙生命垂危。经DNA鉴定，锁定侵权人是甲，甲的父母应当承担损害赔偿责任

B. 楼上掉下来一个烟灰缸，砸死了行人丁。经公安机关侦查，通过侦查试验认定烟灰缸是从五楼以上（含五楼）落下来的，不能查清是谁家的烟灰缸。五楼以上（含五楼）共计12户居民，承担按份补偿责任

C. 同在十楼的甲和乙两家同时装修，晚上甲、乙不约而同地往楼下扔建筑垃圾，造成丙被砸伤，但不知道是什么砸伤了丙，甲、乙对丙的损失承担连带赔偿责任

D. 小区物业服务公司采取对楼面窗户全天高清摄像监控的方式防止高空抛物，居民认为采取的安全措施不当，侵害了其隐私权

三、名词解释

共同危险行为（中国人民大学2007年研究生入学考试题、清华大学2008年研究生入学考试题、武汉大学2012年考研真题）

四、简答题

1. 简述共同侵权行为的构成及后果。

2. 《民法典》第1170条规定：二人以上实施危及他人人身、财产安全的行为，其中一人或者数人的行为造成他人损害，能够确定具体侵权人的，由侵权人承担责任；不能确定具体侵权人的，行为人承担连带责任。分析该法条并举例说明。

五、案例分析题

甲因病住进A医院，由医生乙实施了手术。但手术后，甲腹部一直疼痛不止。到B医院检查发现体内有异物，再次开刀手术，取出了上次手术遗留的针头。甲向A医院请求赔偿，A医院以手术前甲已在手术书上签字，同意“任何责任事故，医院均不承担责任”为由拒绝赔偿。问：甲应向谁要求赔偿，为什么？

参考答案

一、单项选择题

1. 答案：A。根据《民法典》第1168条的规定，二人以上共同侵权造成他人损害的，应当承担连带责任。

2. 答案：C。见《民法典》第19条；第1169条第2款规定，教唆、帮助限制民事行为能力的人实施侵权行为的人，为共同侵权行为人，应当承担侵权责任。限制行为能力人的责任由其监护人承担。

3. 答案：C。本题考查道路施工致人损害的民事责任、共同侵权的构成条件。甲的行为和施工单位的行为都是致乙损害的原因，但由于缺乏过错上的联系，不是共同侵权，因此，各自承担责任。对于共同侵权行为，是否以侵权人之间有意思联络为要件，实际上有争议。但是通说认为以有意思联络为条件。而且即使认为没有意思联络，也可以构成共同侵权行为时，一般也认为不承担连带责任。

4. 答案：B。根据《民法典》第1165条、第1166条以及第1171条。

5. 答案：D。参见《民法典》第1168条关于共同加害行为的规定。另外注意：共同实施侵权行为中的“共同”可以是共同故意，也可以是共同过失，还可以是故意行为与过失行为相结合。本题中甲违章酒后超速驾驶，乙逆向行驶摩托车，两人都存在过错，两人的行为相结合造成了行人丙受伤的结果，

甲、乙要承担连带责任。

6. **答案**：A。《民法典》第 1202 条规定，因产品存在缺陷造成他人损害的，生产者应当承担侵权责任。第 1203 条规定，因产品存在缺陷造成他人损害的，被侵权人可以向产品的生产者请求赔偿，也可以向产品的销售者请求赔偿。产品缺陷由生产者造成的，销售者赔偿后，有权向生产者追偿。因销售者的过错使产品存在缺陷的，生产者赔偿后，有权向销售者追偿。根据以上规定，因产品质量问题造成侵权的，生产者、销售者应当向受害人赔偿，生产者在一般情况下承担的都是最终责任，销售者在因自身过错导致产品缺陷产生或者不能指明产品生产者是谁的情况下，承担最终责任。对于受害人来说，可以选择生产者，也可以选择销售者来承担责任。本题中，乙是生产者，甲商场是销售者，因此，可以任选其一主张赔偿损失 500 元。

二、多项选择题

1. **答案**：ABD。《民法典》第 1168 条、第 1169 条和第 1173 条。
2. **答案**：BC。《民法典》第 1169 条。
3. **答案**：ABC。本题考查违约责任、职务行为、共同危险行为。甲与 A 公司之间的合同属于承揽合同。因此，当 A 公司不履行义务时，当然有权要求其承担违约责任，故选项 B 正确。B、C、D 是 A 公司的职员，根据《民法典》第 62 条的规定，公司应当对其职员的职务行为承担民事责任，故选项 A 正确。B 的行为属于个人行为，非职务行为，因此，A 公司不承担责任，故选项 D 错误。因为不清楚是谁把花盆碰下，甲、C、D 的行为构成共同危险行为，应当对路人 E 承担连带责任，故选项 C 正确。
4. **答案**：CD。《民法典》第 1245 条规定，饲养的动物造成他人损害的，动物饲养人或者管理人应当承担侵权责任；但是，能够证明损害是因被侵权人故意或者重大过失造成的，可以不承担或者减轻责任。可见，除因被侵权人故意或重大过失造成可以不承担或减轻责任外，饲养动物造成他人损害应承担无过错责任。本题中，甲、乙饲养的羊走脱，将丙辛苦栽培的珍稀药材悉数啃光，给丙造成了损害，应当承担无过错责任。且证明自己已经尽到管理职责不是免除或减轻责任的事由，所以，甲、乙不能各自通过证明自己已尽到管理职责而免责。A 项错误。共同致害行为要求各侵权人具有意思联络的要件，甲、乙二人并未实施意思联络，且《民法典》第 1171 条规定，二人以上分别实施侵权行为造成同一损害，每个人的侵权行为都足以造成全部损害的，行为人承担连带责任。即承担连带责任的情况是单个侵权人的行为足以造成全部损害。但是，本题中，羊吃光药材的行为并非此种情况，所以甲、乙不应承担连带责任。B 项错误。《民法典》第 1172 条规定，二人以上分别实施侵权行为造成同一损害，能够确定责任大小的，各自承担相应的责任；难以确定责任大小的，平均承担责任。本题中，甲、乙两人的羊分别啃食给丙造成损害，如能确定二羊各自啃食的数量，则属于能够确定责任大小的情况，甲、乙各自承担相应的赔偿责任。如不能确定二羊各自啃食的数量，则属于难以确定责任大小的情况，甲、乙平均承担赔偿责任。C、D 项正确。
5. **答案**：ABC。根据《民法典》第 1254 条规定：“禁止从建筑物中抛掷物品。从建筑物中抛掷物品或者从建筑物上坠落的物品造成他人损害的，由侵权人依法承担侵权责任；经调查难以确定具体侵权人的，除能够证明自己不是侵权人的外，由可能加害的建筑物使用人给予补偿。可能加害的建筑物使用人补偿后，有权向侵权人追偿。物业服务企业等建筑物管理人应当采取必要的安全保障措施防止前款规定情形的发生；未采取必要的安全保障措施的，应当依法承担未履行安全保障义务的侵权责任。发生本条第一款规定的情形的，公安等机关应当依法及时调查，查清责任人。”第 1188 条规定：“无民事行为能力人、限制民事行为能力人造成他人损害的，由监护人承担侵权责任。监护人尽到监护职责的，可以减轻其侵权责任。有财产的无民事行为能力人、限制民事行为能力人造成他人损害的，从本人财产中支付赔偿费用；不足部分，由监护人赔偿。”因此A项正确。五楼以上（含五楼）共计12户居民，承担按份补偿责任符合法律规定，因此B项正确。《民法典》第1170条规定了共同危险行为侵权责任的承担主体和方式，二人以上实施危及他人人身、财产安全的行为，其中一人或者数人的行为造成他人损害，能够确定具体侵权人的，由侵权人承担责任；不能确定具体侵权人的，行为人承担连带责任。因此C项正确。小区物业公司的行为符合合理性原则，采取的措施恰当，没有侵害业主的隐私权。根据《民法典》第1032条规定，不得以刺探、侵扰、泄露、公开等方式侵害他人的隐私权。隐私是自然人的私人生活安宁和不愿为他人知晓的私密空间、私密活动、私密信息。因此D项错误。

三、名词解释

答案：又称准共同侵权行为，是指两个或两个以上的民事主体共同实施了有侵害他人权利危险的行为，并造成实际损害，但不能判明损害是由何人造成的侵权行为。

四、简答题

1. **答案**：共同侵权行为也叫共同过错、共同致人损害，指两个或两个以上的行为人，基于共同的故意或过失致他人损害。共同侵权行为包括共同危险行为、教唆和帮助行为等。

共同侵权行为的构成要件包括：(1) 共同侵权行为的主体是数人（自然人或法人），也就是说，行为人必须是两个或两个以上的人，如仅为一个人，则只构成单独侵权，而不构成共同侵权。(2) 数个行为人之间具有共同的过错，也就是说行为人具有共同致人损害的故意或过失。共同的过错是共同侵权行为的本质特征，共同侵权行为的构成必须具有共同的过错，如果某人的行为与他人的行为偶然结合而造成共同的损害后果，因各行为人之间无共同过错，故不能认为损害结果是单一的，而必须根据各人的过错程度使其分别负责。(3) 行为的共同性。即数人的行为相互联系，构成一个统一的致人损害的原因。共同致害行为既可能是共同的作为，也可能是共同的不作为。在数个行为人中，可能事先具有明确的分工，也可能事先并没有分工，但数个行为人的行为都是统一的、不可分割的致人损害的行为。(4) 数个行为人的行为与损害结果之间具有因果关系。在数个行为人的行为中，各人的行为可能对损害结果所起的作用是不相同的，但都是损害发生的原因。当然，关于因果关系的证明责任原则上应当由原告承担。

我国《民法典》第1168条规定：“二人以上共同实施侵权行为，造成他人损害的，应当承担连带责任。”所以，共同侵权行为人对受害人所应负的连带责任，是指受害人有权向共同侵权人中的任何一人或数人请求赔偿全部损失，而任何一个共同侵权人都有义务向受害人负全部的赔偿责任。共同侵权人中的一人或数人已全部赔偿了受害人的损失，则免除了其他侵权人向受害人应负的赔偿责任。

2. **答案**：本条是关于共同危险行为的规定。学说上指的共同危险行为，是指数人的危险行为对他人的合法权益造成了某种危险，但对于实际造成的损害又无法查明是危险行为中的何人所为，法律为保护被侵权人的利益，数个行为人视为侵权行为人。共同危险行为的构成要件：一是二人以上实施危及他人人身、财产安全的行为。行为主体是复数，这是最基本的条件，这才有可能不能确定谁是具体加害人。二是其中一人或者数人的行为造成他人损害。虽然实施危及他人人身、财产行为的是数人，但真正导致受害人损害后果发生的只是其中一个人或者几个人的行为。三是不能确定具体加害人。须补充一点，本条规定“能够确定具体侵权人的，由侵权人承担责任”一句，目的在于方便实践操作及明确“共同危险行为”与其他侵权行为的界限。如“能够确定具体侵权人”，则已不属于“共同危险行为”的范围。这种情形，如确定的具体加害人为一人，应属于一般侵权行为，由该行为人对受害人承担侵权责任；如确定的具体加害人为二人以上，则构成“共同侵权行为”，应依据本法第1168条、第1171条的规定，由各行为人对受害人承担连带责任。该法条适用的情况如下：(1) 甲、乙、丙在楼顶聊天时见丁从远处走来，三人决定看谁能拿石头打中丁。丁被其中的一块石头击中，现不知该石头为何人所扔，三人亦均否认自己所扔。(2) 路旁停靠的甲之A车的侧部被经过的车辆撞坏，肇事车无法查明。可以明确的是，于损害发生的时间段，乙驾驶的B车曾在该路上出现过。当时，乙处于醉酒状态，超速且蛇形经过A车。(3) 旅馆某房间中不知何人所扔的未熄灭之烟蒂引发火灾。能够确定的是，在火灾的可能发生时段内甲、乙、丙、丁四人曾出入过该房间等情形。

五、案例分析题

答案：甲应向A医院要求赔偿。根据《民法典》第1218条、第1221条之规定，虽然直接造成甲身体损害的是乙医生，但乙医生是A医院的员工，对于员工履行职务致人损害的行为，应由医院负赔偿责任。

第四十五章　各类侵权责任

基础知识图解

- 各类侵权责任
  - 概述
  - 职务侵权行为
    - 国家机关及其工作人员职务侵权行为
      - 概念
      - 认定
      - 责任
    - 用人单位工作人员职务侵权行为
  - 产品责任：概念、认定、责任主体、归责原则、免责事由、责任形式、诉讼时效、责任竞合
  - 高度危险责任
    - 概念
    - 认定
    - 类型
      - 民用核设施的核事故责任
      - 民事航空器责任
      - 占有、使用高度危险物责任
      - 高空、高压、地下挖掘活动或高速轨道运输工具责任
      - 遗失、抛洒高度危险物责任
      - 非法占有高度危险物责任
      - 未经许可进入高度危险区域责任
  - 监护人责任
  - 完全民事行为能力人暂时丧失意识侵权责任
  - 个人劳务关系中的侵权行为和责任
  - 环境污染和生态破坏责任
  - 施工致人损害的侵权行为
  - 建筑物和物件损害责任
  - 饲养动物致害责任
  - 监护人责任
  - 医疗损害责任
  - 道路交通事故责任
  - 违反安全保障义务责任
  - 校园伤害责任
  - 网络侵权责任

配套测试

一、单项选择题

1. 沈某雇姜某、程某为其建房。某日，姜、程砌砖时一砖掉落，将在附近玩耍的小孩砸伤，花去费用6000余元。小孩父母向沈索赔，沈答系姜、程造成的损害，应由他二人负责。姜、程认为自己是沈某所雇，且小孩自己跑到工地玩耍，父母看管不严，故无论怎样也不是他们二人的责

任。小孩父母诉至法院。下列有关此案的表述中，正确的应是（ ）。

A. 由沈某承担责任，因沈某是雇主

B. 由姜、程承担责任，因损害是他们二人过错所致

C. 由小孩父母承担责任，因其疏于监护

D. 由沈某、姜某、程某负连带责任

2. 某幼儿园一群幼儿围着火炉烤火，教师张某离园取东西。幼儿甲玩火点燃了幼儿乙的衣服，乙带火跑出教室，被人发现将火扑灭。经检查，乙被烧伤面积达35%，住院治疗造成经济损失13000余元，这一损失应（ ）。

A. 由幼儿园承担，幼儿甲的监护人适当赔偿

B. 由幼儿甲的监护人承担，同时责令张某适当赔偿

C. 由幼儿甲的监护人承担，同时责令幼儿园适当赔偿

D. 由张某和幼儿园共同承担

3. 16岁的刘小军刺伤邻居张伟致死，受害方要求赔偿损失，对于此案，人民法院应当如何处理？（ ）

A. 如果刘小军已独立生活，其父母不应承担赔偿责任

B. 如果刘小军没有独立生活，其父母应承担赔偿责任

C. 应查明刘小军是否能以自己的劳动收入为主要生活来源。能，则父母不赔，不能，则父母赔偿

D. 应查明刘小军父母有无赔偿能力。有，则要承担赔偿责任；没有，则不承担赔偿责任

4. 某公司办公楼顶的广告牌，在风中突然倒塌，致一死四伤，则由（ ）承担责任。

A. 该公司

B. 广告牌安装者

C. 公司负责维修的工作人员

D. 伤亡人员自负，公司适当补偿

5. 大华商场委托飞达广告公司制作了一块宣传企业形象的广告牌，并由飞达公司负责安装在商场外墙。某日风大，广告牌被吹落砸伤过路人郑某。经查，广告牌的安装存在质量问题。关于郑某的损害，下列哪一选项是正确的？（ ）（2008年司考．卷三．单16）

A. 大华商场承担赔偿责任，飞达公司承担补充赔偿责任

B. 飞达公司承担赔偿责任，大华商场承担补充赔偿责任

C. 大华商场承担赔偿责任，但其有权向飞达公司追偿

D. 飞达公司承担赔偿责任，大华商场不承担责任

6. 某大学生甲去水房打水，回来途中遇见两个学生乙、丙在踢足球，为了使热水瓶不被足球踢碎，甲便将热水瓶高高举起，由于热水瓶的质量问题导致热水瓶突然爆裂，热水将甲、乙、丙三人烫伤，就三人遭受的损害，下列哪些观点正确？（ ）

A. 甲可以向热水瓶的销售者、制造者要求承担损害赔偿责任

B. 甲也可以要求乙、丙承担损害赔偿责任

C. 乙、丙不可以向热水瓶的销售者、制造者要求承担损害赔偿责任

D. 乙、丙可以向甲要求承担损害赔偿责任

7. 某工厂向附近的一条小河排放工业废水，已经取得排污许可证，并向环保部门缴纳排污费。一次，由于技术员张某的错误操作，导致排出废水中的有害化学物质含量超标，工厂在河边装上围栏并贴出告示。以下判断正确的是（ ）。

A. 附近某村民甲因看管不严，其自家的牛越过围栏至河边饮水而死，该厂不承担赔偿责任

B. 数日后该河段水质接近正常，附近某村民乙的一头牛因饮此河水而患病，致使丧失耕作能力，该厂要承担赔偿责任

C. 该厂超标污染的河水流入附近某村民丙的农田，造成庄稼损失2000元，丙欲起诉，应将该厂和张某列为共同被告

D. 该厂超标排污致使附近丁村的农作物

大面积死亡、牲畜大量伤亡，由此只发生民事赔偿

8. 公民甲从兴华商场买了一瓶红星肉厂生产的熟食罐头，吃后中毒住院，共花去住院费等2000元。经查，该批罐头由兴华商场委托湖月运输公司运回，该运输公司未采取冷藏措施，致使罐头有一定程度的变质。运回后兴华商场交由天天储存公司储存，天天储存公司也未采取冷藏措施，致使罐头进一步变质。本案中公民甲应向谁请求赔偿？（　　）

A. 兴华商场或湖月公司

B. 兴华商场或天天公司

C. 兴华商场或红星肉厂

D. 天天公司或湖月公司

9. 某研究所在装运存有放射性物质的铅箱时，一只箱子从车上掉下来，吴明（8岁）看见后，即取出箱中的放射性物质玩耍，结果因过量吸收放射性物质而得病。问：吴明的治疗费和其他必要费用应由谁承担？（　　）

A. 吴明的监护人

B. 某研究所

C. 主要由某研究所承担，吴明的监护人适当分担

D. 主要由吴明的监护人承担，某研究所适当分担

10. 甲、乙各牵一头牛于一桥头相遇。甲见状即对乙叫道："让我先过，我的牛性子暴，让你的牛躲一躲。"乙说："不怕"，继续牵牛过桥，甲也牵牛上桥。结果二牛在桥上打架，乙的牛跌入桥下摔死。乙的损失应由谁承担？（　　）

A. 甲应负全部赔偿责任

B. 应由乙自负责任

C. 双方按各自的过错程度承担责任

D. 双方均无过错，按公平责任处理

11. 村民甲（18周岁）路过村民乙家门口时，用一块石头向乙家所养且卧在乙家门口的狗打去，该狗立即扑向甲，甲因跑得快未被狗咬，狗咬伤了甲旁边的行人丙。丙因躲避，将路边丁叫卖的西瓜踩碎3个。丙因治伤支付医药费100元。丁的3个西瓜价值16元。问：对丙、丁的损失应由谁赔偿？（　　）

A. 丙的损失由甲赔偿，丁的损失由丙赔偿

B. 丙的损失由乙赔偿，丁的损失由丙赔偿

C. 丙的损失由甲和乙赔偿；丁的损失主要由甲赔偿，丙予以适当补偿

D. 丙、丁的损失均由甲赔偿

12. 甲将数箱蜜蜂放在自家院中槐树下采蜜。在乙家帮忙筹办婚宴的丙在帮乙喂猪时忘关猪圈，猪冲入甲家院内，撞翻蜂箱，使来甲家串门的丁被蜇伤，经住院治疗后痊愈。下列哪一种说法是正确的？（　　）

A. 甲应对丁的医疗费用承担全部民事责任

B. 乙应对丁的医疗费用承担全部民事责任

C. 丙应对丁的医疗费用承担全部民事责任

D. 乙和丙应对丁的医疗费用承担连带责任

13. 赵某将一匹易受惊吓的马赠给李某，但未告知此马的习性。李某在用该马拉货的过程中，雷雨大作，马受惊狂奔，将行人王某撞伤。下列哪一选项是正确的？（　　）（2007年司考．卷三．单9）

A. 应由赵某承担全部责任

B. 应由李某承担责任

C. 应由赵某与李某承担连带责任

D. 应由李某承担主要责任，赵某也应承担一定的责任

14. 精神病患者甲在其妻的陪伴下外出散步，顽童乙前来挑逗，甲受刺激追赶，甲妻见状竭力阻拦无效，甲将乙的头打破。问：乙的医药费如何承担？（　　）

A. 完全由甲妻承担

B. 主要由甲妻承担，但乙的监护人也应适当承担

C. 完全由乙的监护人承担

D. 主要由乙的监护人承担，甲妻也应适

当承担

15. 王某有一子，为初中一年级学生，在校期间因与同学刘某发生口角，追打刘某，致使刘某摔伤，共花去医药费 4800 元。这一费用应由谁承担？（　　）

A. 由王某承担

B. 由学校承担

C. 主要由王某承担，学校若有过错，可责令学校给予适当赔偿

D. 主要由学校承担，王某若有过错，可责令王某给予适当赔偿

16. 小学生小杰和小涛在学校发生打斗，在场老师陈某未予制止。小杰踢中小涛腹部，致其脾脏破裂。下列哪一选项是正确的？（　　）（2007 年司考．卷三．单 24）

A. 陈某未尽职责义务，应由陈某承担赔偿责任

B. 小杰父母的监护责任已转移到学校，应由学校承担赔偿责任

C. 学校和小杰父母均有过错，应由学校和小杰父母承担连带赔偿责任

D. 学校存在过错，应承担与其过错相应的补充赔偿责任

17. 莫小明在某饭店吃饭时，正在旋转的吊扇突然掉下一片扇叶，打在莫小明的脸上，将莫小明的眼角划了一道很深的伤口，经医治后留下一道伤疤。莫小明为了恢复容貌，又进行整容，共花去各种费用 3000 多元。莫小明要求饭店赔偿损失，但饭店认为吊扇是由某装修公司安装的，自己没有过错，不应赔偿。经查吊扇扇叶脱落确系安装不当所致。莫小明以侵权为由向法院起诉，本案应当如何处理？（　　）

A. 饭店向莫小明承担全部赔偿责任，但饭店可向装修公司追偿

B. 饭店承担的只能是侵权责任

C. 饭店承担主要赔偿责任，装修公司承担次要赔偿责任

D. 装修公司承担主要赔偿责任，饭店承担次要赔偿责任

18. 某电力公司管理的一台变压器位于路旁 20 米处，为防止他人接近，电力公司建造围墙将变压器围起，仅留一道小门供检修人员出入，门上挂有“高压危险”的标志，平时用锁将小门锁住，钥匙由检修工林某持有。一日林某将钥匙丢失，只得撬开锁进入墙内检修，离开时将门关上并用铁丝将门闩住。次日，戴详（11 岁）等四名儿童因好奇，扭断铁丝进入围墙内玩耍，越某不幸被电流击中受伤，经抢救后双臂截肢。关于此案的表述中错误的是：（　　）。

A. 电力公司应承担全部赔偿责任

B. 戴详致伤的损失应由电力公司承担大部分赔偿责任，小部分由戴详的父母负担

C. 电力公司承担赔偿责任后，可以向林某部分追偿

D. 戴详监护人对损害有过错

19. 大学生甲在寝室复习功课，隔壁寝室的学生乙、丙到甲寝室强烈要求甲打开电视观看足球比赛，甲只好照办。由于质量问题，电视机突然爆炸，甲、乙、丙三人均受重伤。关于三人遭受的损害，下列哪一选项是正确的？（　　）（2010 年司考．卷三．单 21）

A. 甲可要求电视机的销售者承担赔偿责任

B. 甲可要求乙、丙承担损害赔偿责任

C. 乙、丙无权要求电视机的销售者承担赔偿责任

D. 乙、丙有权要求甲承担损害赔偿责任

20. 甲、乙是同事，因工作争执甲对乙不满，写了一份丑化乙的短文发布在丙的网站。乙发现后要求丙删除，丙不予理会，致使乙遭受的损害扩大。关于扩大损害部分的责任承担，下列哪一说法是正确的？（　　）（2010 年司考．卷三．单 23）

A. 甲承担全部责任

B. 丙承担全部责任

C. 甲和丙承担连带责任

D. 甲和丙承担按份责任

21. 某小学组织春游，队伍行进中某班班主任张某和其他教师闲谈，未跟进照顾本班学生。该班学生李某私自离队购买食物，与小贩刘某发生争执被打伤。对李某的人身损害，下列哪一说法是正确的？（　　）（2009年司考．卷三．单23）

A. 刘某应承担赔偿责任

B. 某小学应承担赔偿责任

C. 某小学应与刘某承担连带赔偿责任

D. 刘某应承担赔偿责任，某小学应承担相应的补充赔偿责任

22. 甲电器销售公司的安装工人李某在为消费者黄某安装空调的过程中，不慎从高处掉落安装工具，将路人王某砸成重伤。李某是乙公司的劳务派遣人员，此前曾多次发生类似小事故，甲公司曾要求乙公司另派他人，但乙公司未予换人。下列哪一选项是正确的？（　　）（2014年司考．卷三．单21）

A. 对王某的赔偿责任应由李某承担，黄某承担补充责任

B. 对王某的赔偿责任应由甲公司承担，乙公司承担补充责任

C. 甲公司与乙公司应对王某承担连带赔偿责任

D. 对王某的赔偿责任承担应采用过错责任原则

23. 王某因全家外出旅游，请邻居戴某代为看管其饲养的宠物狗。戴某看管期间，张某偷狗，被狗咬伤。关于张某被咬伤的损害，下列哪一选项是正确的？（　　）（2017年司考．卷三．单24）

A. 王某应对张某所受损害承担全部责任

B. 戴某应对张某所受损害承担全部责任

C. 王某和戴某对张某损害共同承担全部责任

D. 王某或戴某不应对张某损害承担全部责任

24. 陈某下课后发现电梯人多拥挤，便选择走楼梯。在下楼过程中，由于陈某专注玩手机，失足摔倒，造成擦伤和中度脑震荡。关于陈某的损害，下列说法正确的是？（　　）

A. 学校电梯设置不合理，负全部责任

B. 学校未尽到安全保障义务，负全部责任

C. 学校和陈某均有过错，各负一半责任

D. 陈某自己玩手机疏忽造成，自身负全部责任

25. 某校正在举行篮球比赛，拾荒者赵某突然穿过篮球场，被正在运球的钱某撞伤。据查，学校对该篮球场并未设围栏。对于赵某的人身损害赔偿，下列哪一说法是正确的？（　　）

A. 应由赵某自行负担

B. 应由学校负担

C. 应由赵某和学校共同负担

D. 应由钱某负担

26. 关于产品责任，下列选项正确的是？（　　）

A. 甲专门生产胶囊，乙从丙药店购买胶囊类药物，导致肝功能衰竭死亡。经查，是由于乙体内铬含量超标造成的，而甲3年前确已知晓胶囊存在安全隐患，但为节约成本依然使用铬含量超标的原料进行生产。乙的近亲属可向甲或丙主张惩罚性赔偿

B. 甲厂自行设计一款新型打气筒，正式销售前小偷乙潜入仓库盗窃其他财物，顺手带走一个打气筒，在使用过程中由于充气口爆裂造成乙受伤。因为产品尚未进入流通领域，甲厂可免责

C. 甲从某超市购买一盒罐头，吃后中毒。经查该罐头为乙厂生产，丙运输过程中未按合同采取冷藏措施，导致罐头发生变质。甲可请求丙承担赔偿责任

D. 上述C情形下，甲只能请求超市承担赔偿责任

二、多项选择题

1. 饲养的动物造成他人损害的，依照法律的规定，应当如何处理？（　　）

A. 动物饲养人或者管理人有过错的，应当承担民事责任
B. 由于受害人的重大过失或故意造成损害的，可以减轻动物饲养人或者管理人的民事责任
C. 由于受害人的重大过失或故意造成损害的，动物饲养人或者管理人可以不承担民事责任
D. 由于第三人的过错造成损害的，由第三人承担民事责任

2. 根据《民法典》的规定，从事高度危险作业致人损害的应承担民事责任。以下关于责任承担的表述中哪些是正确的？(　　)
A. 其归责原则是无过错责任原则
B. 如果证明损害是受害人故意造成的，致害人不承担民事责任
C. 如果证明损害是因受害人有过失造成的，致害人不承担民事责任
D. 在致害人无过错时，应承担适当的民事责任

3. 甲从电器批发城买回一个热水器，使用2天后，热水器突然爆炸致甲受伤。下列说法中正确的有(　　)。
A. 甲可以向生产厂家要求赔偿
B. 经检查损害发生的原因是运输部门在运输过程中损坏了热水器，因此生产厂家有权拒绝赔偿
C. 甲可以要求商场进行赔偿
D. 商场进行赔偿后如果发现热水器的炸裂是生产厂家的生产缺陷造成的，有权向生产厂家追偿

4. 某商场家电部一员工在布置展台时，一通电的取暖器石英管突然爆裂，致其受伤。后查明事故原因是由于厂家不慎将几台质检不合格商品包装出厂。该员工欲通过诉讼向商家索赔，但不知是应以产品责任还是以产品质量瑕疵担保为由提起诉讼。下列关于两者区别的表述中哪些是正确的？(　　)
A. 前者需要有现实损害，后者不需要
B. 前者属于侵权行为，后者属于违约行为
C. 前者的责任承担形式主要是损害赔偿，后者则主要为修理、更换
D. 前者可以直接向法院起诉，后者一般先向合同相对人要求补救或赔偿

5. 某机关法定代表人甲安排驾驶员乙开车执行公务，乙以身体不适为由拒绝。甲遂临时安排丙出车，丙在途中将行人丁撞成重伤。有关部门认定丙和丁对事故的发生承担同等责任。关于丁人身损害赔偿责任的承担，下列哪些表述是错误的？(　　)(2009年司考．卷三．多69)
A. 甲用人不当应当承担部分赔偿责任
B. 乙不服从领导安排应当承担部分赔偿责任
C. 丙有过错应当承担部分赔偿责任
D. 该机关应当承担全部赔偿责任

6. 甲饲养的一只狗在乙公司施工的道路上追咬丙饲养的一只狗，行人丁避让中失足掉入施工形成的坑里，受伤严重。下列哪些说法是错误的？(　　)(2009年司考．卷三．多70)
A. 如甲能证明自己没有过错，不应承担对丁的赔偿责任
B. 如乙能证明自己没有过错，不应承担对丁的赔偿责任
C. 如丙能证明自己没有过错，不应承担对丁的赔偿责任
D. 此属意外事件，甲、乙、丙均不应承担对丁的赔偿责任

7. 甲公司为劳务派遣单位，根据合同约定向乙公司派遣搬运工。搬运工丙脾气暴躁常与人争吵，乙公司要求甲公司更换丙或对其教育管理，甲公司不予理会。一天，乙公司安排丙为顾客丁免费搬运电视机，丙与丁发生激烈争吵故意摔坏电视机。对此，下列哪些说法是错误的？(　　)(2010年司考．卷三．多70)
A. 甲公司和乙公司承担连带赔偿责任
B. 甲公司承担赔偿责任，乙公司承担补充责任
C. 甲公司和丙承担连带赔偿责任
D. 丙承担赔偿责任，甲公司承担补充责任

8. 小偷甲在某商场窃得乙的钱包后逃跑，乙发现后急追。甲逃跑中撞上欲借用商场厕所的丙，因商场地板湿滑，丙摔成重伤。下列哪些说法是错误的？（　　）（2012年司考．卷三．多67）

A. 小偷甲应当赔偿丙的损失

B. 商场须对丙的损失承担补充赔偿责任

C. 乙应适当补偿丙的损失

D. 甲和商场对丙的损失承担连带责任

9. 甲系某品牌汽车制造商，发现已投入流通的某款车型刹车系统存在技术缺陷，即通过媒体和销售商发布召回该款车进行技术处理的通知。乙购买该车，看到通知后立即驱车前往丙销售公司，途中因刹车系统失灵撞上大树，造成伤害。下列哪些说法是正确的？（　　）（2011年司考．卷三．多67）

A. 乙有权请求甲承担赔偿责任

B. 乙有权请求丙承担赔偿责任

C. 乙有权请求惩罚性赔偿

D. 甲的责任是无过错责任

10. 甲赴宴饮酒，遂由有驾照的乙代驾其车，乙违章撞伤丙。交管部门认定乙负全责。以下假定情形中对丙的赔偿责任，哪些表述是正确的？（　　）（2013年司考．卷三．多67）

A. 如乙是与甲一同赴宴的好友，乙不承担赔偿责任

B. 如乙是代驾公司派出的驾驶员，该公司应承担赔偿责任

C. 如乙是酒店雇用的为饮酒客人提供代驾服务的驾驶员，乙不承担赔偿责任

D. 如乙是出租车公司驾驶员，公司明文禁止代驾，乙为获高额报酬而代驾，乙应承担赔偿责任

11. 甲家盖房，邻居乙、丙前来帮忙。施工中，丙因失误从高处摔下受伤，乙不小心撞伤小孩丁。下列哪些表述是正确的？（　　）（2014年司考．卷三．多66）

A. 对丙的损害，甲应承担赔偿责任，但可减轻其责任

B. 对丙的损害，甲不承担赔偿责任，但可在受益范围内予以适当补偿

C. 对丁的损害，甲应承担赔偿责任

D. 对丁的损害，甲应承担补充赔偿责任

12. 赵某从商店购买了一台甲公司生产的家用洗衣机，洗涤衣物时，该洗衣机因技术缺陷发生爆裂，叶轮飞出造成赵某严重人身损害并毁坏衣物。赵某的下列哪些诉求是正确的？（　　）（2015年司考．卷三．多58）

A. 商店应承担更换洗衣机或退货、赔偿衣物损失和赔偿人身损害的违约责任

B. 商店应按违约责任更换洗衣机或者退货，也可请求甲公司按侵权责任赔偿衣物损失和人身损害

C. 商店或者甲公司应赔偿因洗衣机缺陷造成的损害

D. 商店或者甲公司应赔偿物质损害和精神损害

13. 关于动物致害侵权责任的说法，下列哪些选项是正确的？（　　）（2015年司考．卷三．多67）

A. 甲8周岁的儿子翻墙进入邻居院中玩耍，被院内藏獒咬伤，邻居应承担侵权责任

B. 小学生乙和丙放学后途经养狗的王平家，丙故意逗狗，狗被激怒咬伤乙，只能由丙的监护人对乙承担侵权责任

C. 丁下夜班回家途经邻居家门时，未看到邻居饲养的小猪趴在路上而绊倒摔伤，邻居应承担侵权责任

D. 戊带女儿到动物园游玩时，动物园饲养的老虎从破损的虎笼蹿出将戊女儿咬伤，动物园应承担侵权责任

14. 李某邀请张某前往家中做客，张某带着王某家的宠物狗前往，并将宠物狗放在李某家的阳台上。李某提醒张某把宠物狗放在阳台容易掉下去，张某让李某放心不会有事。后宠物狗从阳台掉落，将从楼下路过的赵某砸伤，医药费2000元。关于本案，下列哪些说法是错误的？（　　）

A. 李某所在小区的物业应对赵某的损害

承担相应的赔偿责任
B. 李某应对赵某的损害承担赔偿责任
C. 张某应对赵某的损害承担赔偿责任
D. 王某应对赵某的损害承担赔偿责任

15. 小刘（10周岁）邀请好友小崔（8周岁）和小冯（9周岁）前往学校旁的饭店吃饭。席间，小崔和小冯醉酒后因口角发生打斗。饭店老板孟某未上前制止。结果小冯将小崔打伤，花去医药费2000元。关于本案，下列哪些说法是正确的？（　　）
A. 小刘的父母应承担相应的赔偿责任
B. 小冯的父母应承担赔偿责任
C. 饭店应在其过错范围内承担相应的赔偿责任
D. 小冯的父母和饭店应承担连带责任

16. 唐某带领小唐（3周岁）乘坐客运班车，给小唐办理了免票手续。乘车途中，客运班车与蒋某驾驶的轿车相撞，发生交通事故。唐某轻伤且手机摔坏，就医花去医药费2000元，修理手机花费5000元。小唐脑震荡，花去医药费20万元。关于本案，下列说法正确的有？（　　）
A. 若班车司机能证明对交通事故的发生没有过错，对于唐某的手机损失，客运公司可以免责
B. 小唐有权请求客运公司承担赔偿责任
C. 小唐系免票乘车，应自己承担损失
D. 唐某有权请求客运公司和蒋某承担连带责任

17. 甲系某快递公司的员工。甲驾驶机动车送快递过程中不慎剐蹭人行道上一老人曹某，致其受伤骨折，交警认定甲负全责。但经鉴定，老人曹某患有骨质疏松，对损害的发生参与度为70%。关于赔偿责任，下列表述正确的是？（　　）
A. 并不减轻快递公司的责任
B. 甲应当承担部分赔偿责任
C. 甲承担全部责任
D. 老人曹某不承担责任

18. 张某看中一款由某电厂生产的电饭煲，购买回家使用，该电饭煲煮饭时突然炸开，弹飞的盖子将张某击伤。该款电饭煲在其他省份销售时被消费者投诉后，某电厂随即在该省份采取补救措施，但是在张某所在省份仍未停止销售。数月后，某电厂开始召回该款电饭煲。关于张某起诉某电厂要求赔偿一案，下列表述正确的是？（　　）
A. 张某可主张某电厂增加所受损失2倍的赔偿
B. 该款电饭煲召回的必要费用应由某电厂承担
C. 某电厂应承担张某所受损失2倍的赔偿责任
D. 因已经采取召回措施，可以减轻某电厂对张某的赔偿责任

19. 康某在电器店购买了某厂生产的电冰箱，在饭店订购了套餐一份，随餐赠送一杯饭店自制柠檬茶，康某收到快餐后，见送餐小票上注明“柠檬茶保质期3天，可常温存放”。当天康某使用该冰箱冷冻柠檬茶，第二天取出饮用时，发现冰箱已不制冷，饮用后引发胃炎，不得不入院就医治疗。对此，下列说法正确的是？（　　）
A. 在康某向电器店索赔时，该电器店须承担电冰箱的瑕疵举证责任
B. 因电冰箱停止制冷，康某可以此为由向某厂要求赔偿
C. 康某无权就食品安全问题与饭店交涉，因其与饭店没有正式的约定
D. 康某不能要求该饭店赔偿，因为柠檬茶是订餐的赠品

20. 商场促销，举行购买电器送奶粉的活动。李某购买电器后，喝完奶粉上吐下泻，去医院治疗7天，李某要求商场承担赔偿责任，商场以奶粉是赠送为由抗辩。关于此案，下列说法正确的是？（　　）
A. 李某自行承担损失
B. 李某可向商场主张侵权
C. 李某可向商场主张违约
D. 奶粉生产者有赔偿义务

三、不定项选择题

1. 甲（16岁）与乙（12岁）在同一中学读书，又是邻居。一天两人放学后一起回家，路上见另一邻居丙家的车停在路边。甲对乙说："这小子讨厌，上次踢球把他的车碰了一下，把我们臭骂一顿，你去把车胎给扎破，出口气。"乙于是找来一大铁钉将车胎扎坏。正巧被路过行人丁看见，大声制止，乙慌忙把手里抱着一台电脑的戊给撞倒，电脑摔坏。问：

（1）对丙遭受的损失，责任由谁承担？（　　）

A. 由乙的监护人承担

B. 由甲自行承担

C. 由乙的监护人与甲承担

D. 由甲的监护人与乙的监护人共同承担

（2）对于戊的损失，责任由谁承担？（　　）

A. 由乙的监护人承担

B. 由甲自行承担

C. 由乙的监护人与甲共同承担

D. 由甲的监护人与乙的监护人共同承担

2. 甲与乙周末自驾前往野生动物园游玩。进园后，甲看到某处警示牌写着"危险区域，请勿下车"，但出于好奇，不听乙的劝说擅自下车，结果被老虎咬成重伤。关于侵权责任的承担，下列说法正确的是？（　　）

A. 动物园应承担全部侵权责任

B. 动物园无须承担侵权责任

C. 乙应承担侵权责任

D. 可减免动物园的侵权责任

3. 甲是开熟食店的个体工商户，甲将死因不明且已经轻度腐败的鸡加工成了熟食，卖给了乙，乙为此支付了30元。乙食用后造成严重的食物中毒，花去医疗费20万元，造成双目失明。乙的下列主张能得到支持的是？（　　）

A. 乙有权要求甲承担欺诈消费者的违约损害赔偿责任，请求退还30元价款并支付交通费、医疗费20万元、赔偿金40万元及残疾赔偿金和精神损害抚慰金

B. 乙要求甲承担赔礼道歉的民事责任

C. 根据《食品安全法》规定，乙要求甲返还30元价款，并赔偿医疗费20万元、残疾赔偿金、精神损害抚慰金和增加损失1000元或60万元

D. 以上A、B、C三项主张同时提出要求

4. 根据《消费者权益保护法》的相关规定，下列哪些说法是错误的？（　　）

A. 甲在某珠宝店购买了钻戒一枚，向女友求婚，钻戒标明产地南非，纯度100%，后经过鉴定机构检验，纯度60%，女友一气之下拒绝了甲的求婚请求，甲最多可要求珠宝店赔偿钻石价格2倍的赔偿，加上精神损害赔偿

B. 乙购买了一台笔记本后，发现屏幕有裂痕，对于此质量问题可以主张七天退货，必要的运费也由经营者承担

C. 丙在国庆促销期间购买了一台洗衣机，一个月后干洗功能不能正常运作，丙依据商家的承诺主张退货，对于干洗功能存在问题由丙进行举证

D. 丁县发生侵害众多消费者合法权益的案件，当地县消费者协会可以对此向人民法院提起诉讼

5. 2018年6月25日，甲在超市购买某品牌火腿肠一袋，价款共计12.8元，回家后食用该火腿肠后，导致肠胃炎，上吐下泻，到医院救治，花去医疗费90元，后经查发现，甲在超市购买的某品牌火腿肠是过期的，因为食用过期的火腿肠造成了肠胃炎。甲遂向超市提出索赔请求，但协商未果，诉至法院。根据《食品安全法》的相关规定，下列说法不应该被支持的是？（　　）

A. 超市辩称，火腿肠系某公司厂家生产，甲应该向厂家索赔

B. 超市辩称，其可以退还过期火腿肠的价款12.8元，但不承担赔偿责任

C. 甲要求超市赔偿其医疗费90元，并增

加赔偿精神损失费

D. 甲要求超市赔偿其医疗费 90 元，并增加赔偿 1000 元

四、名词解释

1. 职务侵权行为
2. 高度危险作业（中国人民大学 2013 年研究生入学考试题）

五、简答题

1. 简述《民法典》规定的特殊侵权民事责任的类型。
2. 简述产品缺陷致人损害侵权行为的责任要件。（北京大学 2009 年研究生入学考试题）
3. 简述饲养的动物致人损害责任的构成要件和免责事由。

六、案例分析题

1. 石女士家有一只黑贝犬。一天早上，石女士给狗戴上犬链，将狗牵到楼门准备遛狗。此时，恰逢邻居王大妈出门，王大妈见狗很可爱便站在狗的前边观看，谁料这只狗一时兴起，竟扑向王大妈，老人在躲闪时不慎摔倒在地，致使“右手腕克雷式骨折，腰I椎体压缩骨折”住院治疗。支出医疗费共计 1.2 万元。王大妈请求石女士赔偿因此而支出的各项费用。石女士认为，当时狗虽有扑人的动作，但并没有碰到王大妈，而是王大妈自己不小心摔伤的，狗的主人没有过错。因此，石女士不同意承担赔偿责任。在此情况下，王大妈诉至某人民法院。问：

   （1）王大妈所受到的伤害是否构成侵权的民事责任？

   （2）石女士应否承担赔偿王大妈医疗费等经济损失？为什么？

2. 2000 年元旦期间，某商场大楼正面墙壁上悬挂的广告条幅（布料）坠落，将正从商场走出的顾客某甲裹住并将其摔出 10 多米，致某甲受重伤。

   请问：（1）某甲如果以该商场为被告提起诉讼，其可选择的诉讼请求有哪些？

   事实上，该条幅系某厂家在征得该商场同意后所悬挂。事后，该厂家认为自己无法律责任，但出于道义，主动补偿了某甲 1 万元。后该厂家得知商场已对其提起了诉讼，请求其赔偿商场因该广告坠落事件而依法院判决向某甲支付的赔偿金。厂家遂请求某甲返还 1 万元，理由是某甲获得该 1 万元构成不当得利。

   （2）本案中某甲所得的 1 万元是否构成不当得利？为什么？

   法院在审理商场与厂家的纠纷时查明，该广告条幅是厂家委托某广告公司制作并悬挂的。

   （3）如果某甲还没有获得赔偿，其可否向广告公司索赔？为什么？

   （4）为什么建筑物上的悬挂物坠落致人伤害的民事责任属于特殊侵权责任？

   （5）如果本案中，商家、厂家及广告公司对于损害的发生均有过错，其承担的责任应当是按份责任还是连带责任？为什么？

3. 甲公司与乙公司签订委托合同，约定甲公司将一批浓硫酸委托乙公司保管于仓库。不料乙公司所在地刮起台风，大水将甲公司的浓硫酸冲走，浓硫酸泄漏，将丙家鱼塘中的鱼毒死，丙将死鱼打捞上来，出卖给丁。丁吃了毒死的鱼，导致中毒，其家人急忙送丁去医院，因为出租车司机 A 拒载，只好搭乘戊的黑摩的前往医院救治。戊的摩的违章驾驶，被正常驾车行驶的己撞上，致戊和丁均受伤。幸遇路人庚将戊和丁送往 B 医院。由于主治医生 C 因工资纠纷心情不愉快，抢救过程中错拿药品，丁经抢救无效死亡，经查，丁是由于内脏严重受撞击，得不到及时救治而死的。庚新购买的西服被血渍弄脏，庚请求赔偿不成，引发纠纷。交通事故经交警部门认定，戊对交通事故负全部责任。请根据上述案情回答下列问题：

   （1）甲公司浓硫酸损失应由谁承担？为什么？

(2) 丙家鱼塘鱼死造成的损失应由谁承担？为什么？

(3) 丁中毒应由谁承担责任？为什么？

(4) 庚的行为的性质应当如何认定，其所遭受的损失应当由谁承担？为什么？

(5) 应由谁对丁的死亡承担责任？为什么？

参考答案

一、单项选择题

1. **答案**：A。本题主要涉及雇主责任的问题。根据我国的民法理论，雇员从事雇佣工作时发生的侵权行为，应当由雇主承担责任。因为雇员没有独立性，只是相当于雇主的“手臂”。

2. **答案**：C。《民法典》第1188条第1款规定，无民事行为能力人、限制民事行为能力人造成他人损害的，由监护人承担侵权责任……第1201条规定，无民事行为能力人或者限制民事行为能力人在幼儿园、学校或者其他教育机构学习、生活期间，受到幼儿园、学校或者其他教育机构以外的第三人人身损害的，由第三人承担侵权责任；幼儿园、学校或者其他教育机构未尽到管理职责的，承担相应的补充责任。幼儿园、学校或者其他教育机构承担补充责任后，可以向第三人追偿。

3. **答案**：C。见《民法典》第1188条和第18条的规定。限制行为能力人造成损害的，由其监护人承担民事责任。考虑到侵害人已满16岁，要看他是否被视为完全民事行为能力人。

4. **答案**：A。《民法典》第1253条规定，建筑物、构筑物或者其他设施及其搁置物、悬挂物发生脱落、坠落造成他人损害，所有人、管理人或者使用人不能证明自己没有过错的，应当承担侵权责任。所有人、管理人或者使用人赔偿后，有其他责任人的，有权向其他责任人追偿。只要所有人或者管理人能够证明自己没有过错，即可以免除责任，即承担责任的前提就是当事人有过错。但原则上又要求所有人或者管理人承担责任，可以采用的是过错推定原则。特殊侵权行为中适用过错推定责任的还有道路施工未设置安全装置致人损害。

5. **答案**：C。《民法典》第1253条、第1252条规定，建筑物、构筑物或者其他设施及其搁置物、悬挂物发生脱落、坠落造成他人损害，所有人、管理人或者使用人不能证明自己没有过错的，应当承担侵权责任。所有人、管理人或者使用人赔偿后，有其他责任人的，有权向其他责任人追偿。建筑物、构筑物或者其他设施倒塌、塌陷造成他人损害的，由建设单位与施工单位承担连带责任，但是建设单位与施工单位能够证明不存在质量缺陷的除外。建设单位、施工单位赔偿后，有其他责任人的，有权向其他责任人追偿。因所有人、管理人、使用人或者第三人的原因，建筑物、构筑物或者其他设施倒塌、塌陷造成他人损害的，由所有人、管理人、使用人或者第三人承担侵权责任。大华商场作为该广告牌的所有人，其负有管理的责任，应由其承担损害赔偿责任。但是鉴于该损害是由于飞达公司安装质量问题所致，因此该损害赔偿责任由大华商场承担后，有权向有过错的飞达公司追偿。因此，正确答案为C。

6. **答案**：A。本题中的行为属于特殊侵权行为的民事责任承担，属于其中的产品责任，根据《民法典》第1203条规定，因产品存在缺陷造成损害的，被侵权人可以向产品的生产者请求赔偿，也可以向产品的销售者请求赔偿。产品缺陷由生产者造成的，销售者赔偿后，有权向生产者追偿。因销售者的过错使产品存在缺陷的，生产者赔偿后，有权向销售者追偿。因此，无论是甲还是乙、丙，都可以要求销售者或者制造者承担侵权责任。但是需要注意选项D不是正确答案，因为甲对乙、丙的伤害要承担责任的前提必须符合一般侵权行为的构成要件。而在本题中，甲并没有任何过错，所以不承担责任。

7. **答案**：A。《民法典》第1229条规定，因污染环境、破坏生态造成他人损害的，侵权人应当承担侵权责任。因受害人过错而造成损失是免责事由，工厂已经公告，但甲是看管不严，因此应承担责任。

8. **答案**：C。本题考查产品质量不合格致损的民事责任。掌握《民法典》第1203条，因产品存在缺陷造成他人损害的，被侵权人可以向产品的生产者请求赔偿，也可以向产品的销售者请求赔偿。产品缺陷由生产者造成的，销售者赔偿后，有权向生产者追偿。因销售者的过错使产品存在缺陷的，生产者赔偿后，有权向销售者追偿。虽然最后运输企业和仓储企业要承担民事责任，但是只能由生产企业或销售企业向其主张，而不能由消费者主张。

9. **答案**：B。本题考查高度危险作业致人损害的民事责任、无过错归责原则。根据《民法典》第1241条规定，遗失、抛弃高度危险物造成他人损害的，由所有人承担侵权责任。所有人将高度危险物交由他人管理的，由管理人承担侵权责任；所有人有过错的，与管理人承担连带责任。高度危险作业致人损害的民事责任采取无过错归责。免责事由只有受害人故意。不管小孩的监护人是否尽到监护职责，由于该种类型的特殊侵权行为的免责事由只有受害人故意，因此，正确选项只有B。

10. **答案**：C。本题考查动物致人损害的民事责任、混合过错。动物致人损害属于特殊侵权，免责事由是受害人的过错或者第三人的过错。关键问题是在本题中是否属于受害人过错造成损害。对于这种受害人过错造成损害，必须是由于受害人的原因导致动物发起攻击。在本题中，乙并无挑逗甲的动物及其他行为，因此，不能认为是由于受害人的过错引起的。所以，动物饲养人或者管理人仍应当承担民事责任。但是由于甲事先告知了乙一些情况，可以认定乙对结果的发生也有一定的过错，应当按照《民法典》第1250条的规定处理，即“因第三人的过错致使动物造成他人损害的，被侵权人可以向动物饲养人或者管理人请求赔偿，也可以向第三人请求赔偿。动物饲养人或者管理人赔偿后，有权向第三人追偿”。本题属于混合过错的情形。所以，正确答案应当为选项C。

11. **答案**：D。本题考查饲养动物致人损害的民事责任、紧急避险的责任承担。最重要的是能够将案例情节还原为具体的知识点，特别是认识到“丙躲闪的行为”属于紧急避险。既然是紧急避险，由于险情是第三人引起的，应当由第三人承担责任。另外，饲养动物致人损害的免责事由为第三人或者受害人的过错。在本案中是由第三人引起的，因此，动物饲养人不承担责任。

12. **答案**：B。《民法典》第1245条、第1250条规定，饲养的动物造成他人损害的，动物饲养人或者管理人应当承担侵权责任，但是，能够证明损害是因被侵权人故意或者重大过失造成的，可以不承担或者减轻责任。因第三人的过错致使动物造成他人损害的，被侵权人可以向动物饲养人或者管理人请求赔偿，也可以向第三人请求赔偿。动物饲养人或者管理人赔偿后，有权向第三人追偿。甲养的蜜蜂虽然在客观上造成了丁的损害，但这是因为第三人丙的过错造成的，因此应当由丙承担民事责任。乙养的猪冲撞蜂箱最后形成了丁的损害，这也是因为丙的过错造成的，因此也应当由丙承担相应民事责任。但是丙属于帮工人，被帮工人乙应当承担赔偿责任。甲对于丁的损害没有过错，其不承担民事责任。

13. **答案**：B。本题考查赠与人就赠与物瑕疵所承担责任的限制。《民法典》第1245条、第1250条规定，饲养的动物造成他人损害的，动物饲养人或者管理人应当承担侵权责任；但是，能够证明损害是因被侵权人故意或者重大过失造成的，可以不承担或者减轻责任。因第三人的过错致使动物造成他人损害的，被侵权人可以向动物饲养人或者管理人请求赔偿，也可以向第三人请求赔偿。动物饲养人或者管理人赔偿后，有权向第三人追偿。本题中，赠与人赵某不对马匹瑕疵承担责任，因为《民法典》第662条规定："赠与的财产有瑕疵的，赠与人不承担责任……赠与人故意不告知瑕疵或者保证无瑕疵，造成受赠人损失的，应当承担赔偿责任。"因此李某是唯一的责任人，B项正确。

14. 答案：B。本题考查无民事行为能力人的侵权责任、混合过错。甲将乙的脑袋打破，故甲从事了侵权行为，依据《民法典》第1188条的规定，无民事行为能力人、限制民事行为能力人造成他人损害的，由监护人承担侵权责任。监护人尽到监护责任的，可以减轻其侵权责任。有财产的无民事行为能力人、限制民事行为能力人造成他人损害的，从本人财产中支付赔偿费用；不足部分，由监护人赔偿。因此本题中应当由甲的监护人承担责任。甲的监护人尽到了监护职责，可以减轻责任。同时如果乙有过错，则属于受害方有过错，按照混合过错原则处理，减轻甲的责任。[①]

15. 答案：C。《民法典》第1201条规定，无民事行为能力人或者限制民事行为能力人在幼儿园、学校或者其他教育机构学习、生活期间，受到幼儿园、学校或者其他教育机构以外的第三人人身损害的，由第三人承担侵权责任；幼儿园、学校或者其他教育机构未尽到管理职责的，承担相应的补充责任。参见《民法典》第1188条规定。

16. 答案：D。本题考查监护人责任。依《民法典》第1188条规定，小杰父母应当承担无过错责任，B、C项错误。陈某对未成年人的监管属于执行职务行为，其监管不周，应依《民法典》第1191条的规定，由其所属的学校承担相应责任，A项错误。《民法典》第1201条规定，无民事行为能力人或者限制民事行为能力人在幼儿园、学校或者其他教育机构学习、生活期间，受到幼儿园、学校或者其他教育机构以外的第三人人身损害的，由第三人承担侵权责任；幼儿园、学校或者其他教育机构未尽到管理职责的，承担相应的补充责任。幼儿园、学校或者其他教育机构承担补充责任后，可以向第三人追偿。可见，对于小涛因小杰的侵权行为而遭受的损害，学校应当承担与其过错相应的补充责任，D项正确。

17. 答案：A。本题考查的是建筑物致损。根据《民法典》第1253条，建筑物、构筑物或者其他设施及其搁置物、悬挂物发生脱落、坠落造成他人损害，所有人、管理人或者使用人不能证明自己没有过错的，应当承担侵权责任。所有人、管理人或者使用人赔偿后，有其他责任人的，有权向其他责任人追偿。饭店作为建筑物的所有人或管理人，对建筑物的悬挂物脱落致人损害应承担责任。如果能证明是由第三人的过错造成的，则可以免责，应由第三人承担赔偿责任。另外，莫小明与饭店还存在合同关系，莫小明还可以违约之诉请求饭店承担赔偿责任。装修公司有过错，应承担赔偿责任，饭店承担了赔偿责任后可向装修公司追偿。

18. 答案：B。本题考查的是特别侵权责任。高度危险作业致人损害只有受害人故意造成时才能免责。戴详的监护人虽有过错，但不属于故意的过错，电力公司应承担全部赔偿责任。林某违反工作规程，对戴详的损害有过错，电力公司承担责任后可以向林某部分追偿。

19. 答案：A。参见《民法典》第1203条关于产品侵权责任的规定。

20. 答案：C。参见《民法典》第1197条关于网络侵权责任的承担。

21. 答案：D。《民法典》第1201条关于教育机构以外人员对未成年人的侵权责任承担问题。

22. 答案：B。《民法典》第1191条规定，用

① 编者注：解答此题应注意：(1) 分清谁是侵权人，谁是受害方。虽然顽童乙挑逗甲，但是这属于受害方的过错，可以减轻甲的监护人的责任，但不能由乙的监护人承担主要责任。(2) 注意混合过错与共同过错的区别。混合过错是指侵害人与受害人均有过错，而共同过错则指侵害人为多人，侵害人多人均有过错的情形。

人单位的工作人员因执行工作任务造成他人损害的，由用人单位承担侵权责任。用人单位承担侵权责任后，可以向有故意或者重大过失的工作人员追偿。劳务派遣期间，被派遣的工作人员因执行工作任务造成他人损害的，由接受劳务派遣的用工单位承担侵权责任；劳务派遣单位有过错的，承担相应的责任。本题中，李某作为派遣员工，在工作期间造成他人损害，应当由用工单位甲公司承担侵权责任，同时，甲公司曾因类似事故要求乙公司另派他人，但乙公司未予更换，派遣单位也有过错，乙公司应当承担责任。另外，对王某的赔偿责任承担应采用无过错责任原则，而非过错责任原则。

23. 答案：D。《民法典》第1245条规定，饲养的动物造成他人损害的，动物饲养人或者管理人应当承担侵权责任，但是，能够证明损害是因被侵权人故意或者重大过失造成的，可以不承担或者减轻责任。王某作为动物的饲养人，请戴某代为看管其饲养的宠物狗，所以戴某系管理人。宠物狗咬伤张某，给张某造成损害的，作为饲养人的王某或作为管理人的戴某应当承担侵权责任。但是，张某作为被侵权人，其被狗咬是因偷狗的行为造成的，属于故意或重大过失造成损害。所以王某或张某可以不承担或减轻责任。因此，王某或戴某不应对张某承担全部责任。A、B、C项错误。

24. 答案：D。《民法典》第1198条第1款规定，宾馆、商场、银行、车站、机场、体育场馆、娱乐场所等经营场所、公共场所的经营者、管理者或者群众性活动的组织者，未尽到安全保障义务，造成他人损害的，应当承担侵权责任。据此可知，安保义务人责任系过错责任。本题中，陈某的损害系其玩手机失足摔倒导致，学校（安保义务人）对损害的发生不存在过错。因此，陈某应自负全部责任。故A、B、C项错误。

25. 答案：A。本题侵权事实属于一般侵权，其责任是否成立应结合《民法典》第1165条第1款分析。钱某按照正常的篮球比赛规则运球，其无法预见赵某的突然闯入，对于赵某的人身损害，钱某并无过错，因此钱某的侵权责任并不成立。学校负有一定的安全保障义务。《民法典》第1198条第1款规定：“宾馆、商场、银行、车站、机场、体育场馆、娱乐场所等经营场所、公共场所的经营者、管理者或者群众性活动的组织者，未尽到安全保障义务，造成他人损害的，应当承担侵权责任。”结合本题，题干中明确交代，学校对该篮球场并未设围栏，但这一不作为并不能被评价为学校未尽到安全保障义务，因为未设置围栏和赵某被钱某撞伤之间并无法律上的相当因果关系。赵某作为一个正常的成年人，不管有没有围栏，都应该能够注意到篮球比赛正在进行中，其仍突然闯入篮球场并被撞伤，学校并无过错，也无相当因果关系。因此，学校的侵权责任也不成立。综上所述，对于赵某的人身损害，应由赵某自己承担，因此B、C、D项错误，A项正确。

26. 答案：B。《民法典》第1206条规定：“产品投入流通后发现存在缺陷的，生产者、销售者应当及时采取停止销售、警示、召回等补救措施；未及时采取补救措施或者补救措施不力造成损害扩大的，对扩大的损害也应当承担侵权责任。依据前款规定采取召回措施的，生产者、销售者应当负担被侵权人因此支出的必要费用。”第1207条规定：“明知产品存在缺陷仍然生产、销售，或者没有依据前条规定采取有效补救措施，造成他人死亡或者健康严重损害的，被侵权人有权请求相应的惩罚性赔偿。”本案中，丙对于胶囊存在的危害不知情，甲知情，因此对乙造成的伤亡，甲需要承担惩罚性赔偿责任，故A项错误。《产品质量法》第41条规定：“因产品存在缺陷造成人身、缺陷产品以外的其他财产（以下简称他人财产）损害的，生产者应当承担赔偿责任。生产者能够证明有下列情形之一的，不承担赔偿责任：（一）未将产品投入流通的；（二）产品投入流通时，引起损害的缺陷尚不存在的；（三）将产品投入流通时的科学技术水平尚不能发现缺陷的存在的。”本案中，属于产品尚未流通的情形，生产者甲可以免责，故B项正确。《民法典》第1204条规定：“因运输者、仓储者等第三人的过错使产品存在缺陷，造成他人损害的，产品的生产者、销售者赔偿后，有权向第三人追偿。”本案中，因运输者丙的过错导致产品侵权，生产者乙和销售者超市不能因此免责，需要先向甲承担无过错责任，然后向第三人丙追偿，因此，甲可请求乙或者超市承担责任，故C、D项错误。

二、多项选择题

1. **答案**：ABCD。根据《民法典》第1245条、第1250条，饲养的动物造成他人损害的，动物饲养人或者管理人应当承担侵权责任，但是，能够证明损害是因被侵权人故意或者重大过失造成的，可以不承担或者减轻责任。因第三人的过错致使动物造成他人损害的，被侵权人可以向动物饲养人或者管理人请求赔偿，也可以向第三人请求赔偿。动物饲养人或者管理人赔偿后，有权向第三人追偿。关于A项，动物侵权适用无过错原则，更何况饲养人或管理人有过错的，也应当承担民事责任。
2. **答案**：AB。根据《民法典》第1239条之规定，占有或者使用易燃、易爆、剧毒、高放射性、强腐蚀性、高致病性等高度危险物造成他人损害的，占有人或者使用人应当承担侵权责任；但是，能够证明损害是因受害人故意或者不可抗力造成的，不承担责任。被侵权人对损害的发生有重大过失的，可以减轻经营者的责任。
3. **答案**：ACD。《民法典》第1202条规定，因产品存在缺陷造成他人损害的，生产者应当承担侵权责任。第1203条规定，因产品存在缺陷造成他人损害的，被侵权人可以向产品的生产者请求赔偿，也可以向产品的销售者请求赔偿。因产品存在缺陷由生产者造成的，销售者赔偿后，有权向生产者追偿。因销售者的过错使产品存在缺陷的，生产者赔偿后，有权向销售者追偿。第1204条规定，因运输者、仓储者等第三人的过错使产品存在缺陷，造成他人损害的，产品的生产者、销售者赔偿后，有权向第三人追偿。《产品质量法》第43条规定：“因产品存在缺陷造成人身、他人财产损害的，受害人可以向产品的生产者要求赔偿，也可以向产品的销售者要求赔偿。属于产品的生产者的责任，产品的销售者赔偿的，产品的销售者有权向产品的生产者追偿。属于产品的销售者的责任，产品的生产者赔偿的，产品的生产者有权向产品的销售者追偿。”

   B错，生产厂家在经检查后发现是运输部门在运输过程中损坏热水器从而引起损害发生的，其可以在对消费者进行赔偿后，向运输部门追偿。但不能以此为由，拒绝赔偿消费者。
4. **答案**：ABC。本题考查产品质量不合格致人损害的民事责任、侵权责任与违约责任的区别。掌握产品责任属于侵权责任的范畴，而产品质量瑕疵则属于违约责任的范畴。然后比较侵权责任与违约责任的差别即可。很多参考书认为选项D也是正确答案，这是值得商榷的。因为无论是侵权行为还是违约行为，都可以直接向法院起诉，也可以向相对人要求补救或赔偿。
5. **答案**：ABCD。参见《民法典》第1191条关于用人单位的工作人员侵权责任承担问题的规定。
6. **答案**：ACD。参见《民法典》第1245条关于饲养动物致人损害责任承担问题。
7. **答案**：ABCD。《民法典》第1191条第2款规定，劳务派遣期间，被派遣的工作人员因执行工作任务造成他人损害的，由接受劳务派遣的用工单位承担侵权责任；劳务派遣单位有过错的，承担相应的责任。本题中，丙作为被派遣人员在执行工作任务时造成他人损害，由接受劳务派遣的用工单位即乙公司承担侵权责任。乙公司要求甲公司更换丙或对其教育管理，甲公司不予理会，说明劳务派遣单位甲公司也有过错，应当承担相应的责任。

8. 答案：CD。丙被小偷甲撞倒而摔成重伤，小偷甲应承担赔偿责任，这是没有疑问的，A项正确。对于B项，《民法典》第1198条规定，宾馆、商场、银行、车站、机场、体育场馆、娱乐场所等经营场所、公共场所的经营者、管理者或者群众性活动的组织者，未尽到安全保障义务，造成他人损害的，应当承担侵权责任。因第三人的行为造成他人损害的，由第三人承担侵权责任；经营者、管理者或者组织者未尽到安全保障义务的，承担相应的补充责任。经营者、管理者或者组织者承担补充责任后，可以向第三人追偿。商场有义务保障顾客的人身安全，商场地面湿滑，说明商场并未尽到安全保障义务，应对丙的损失承担补充赔偿责任，B选项的表述正确。对于C项，乙对丙的损害不存在过错，也不属于法律规定应当承担责任的情形，所以乙不需要补偿丙的损失，C项的表述错误。B项正确则D为错误。综上，本题答案为C、D。

9. 答案：ABD。《民法典》第1203条第1款规定，因产品存在缺陷造成他人损害的，被侵权人可以要求产品的生产者赔偿，也可以要求产品的销售者赔偿，所以A、B选项正确。第1207条规定，明知产品存在缺陷仍然生产、销售，或者没有依据前条规定采取有效补救措施，造成他人死亡或者健康严重损害的，被侵权人有权请求相应的惩罚性赔偿。因此，生产者、销售者仅在故意且给被侵权人造成严重健康损失时，才承担惩罚性赔偿责任，所以C选项错误。该法第1202条规定生产者承担无过错赔偿责任，所以D选项正确。

10. 答案：BC。机动车发生了对于非机动车和行人侵权时，适用无过错责任原则。根据侵权法对于机动车侵权的规定，通说认为，发生交通事故时，由机动车的实际控制人承担责任。本题中，乙驾车撞上丙，并且经认定乙负全责，通常均应由乙承担责任。A项中，乙与甲是好友，乙代驾，此时乙为实际控制人，故乙承担责任，故A项错误。B项中，乙是代驾公司的驾驶员，代驾是从事职务行为，此时发生的损害，根据《民法典》第1191条第1款规定，用人单位的工作人员因执行工作任务造成他人损害的，由用人单位承担侵权责任。用人单位承担侵权责任后，可以向有故意或者重大过失的工作人员追偿。应当由代驾公司承担，故B正确。C项虽然表述为“雇用”，但应当理解用人单位的工作人员侵权，适用上述规定，由酒店承担责任，故C项正确。D项中，公司虽然明文禁止代驾，但第三人并不知情，乙是出租车公司的驾驶员，是公司的工作人员，对于第三人来说，工作人员的代驾行为，完全是常理之中的行为，此时，公司应当承担责任，故D项错误。

11. 答案：AC。《最高人民法院关于审理人身损害赔偿案件适用法律若干问题的解释》第5条第1款规定，无偿提供劳务的帮工人因帮工活动遭受人身损害的，根据帮工人和被帮工人各自的过错承担相应的责任；被帮工人明确拒绝帮工的，被帮工人不承担赔偿责任，但可以在受益范围内予以适当补偿。本题中，丙因自己失误从高处摔下受伤，属于帮工人因帮工活动遭受人身损害的情况，应由被帮工人甲对此承担赔偿责任。但因丙个人存在过失，甲可以减轻其责任。A项正确，B项错误。《最高人民法院关于审理人身损害赔偿案件适用法律若干问题的解释》第4条规定，无偿提供劳务的帮工人，在从事帮工活动中致人损害的，被帮工人应当承担赔偿责任。被帮工人承担赔偿责任后向有故意或者重大过失的帮工人追偿的，人民法院应予支持。被帮工人明确拒绝帮工的，不承担赔偿责任。据此可知，帮工人乙在从事帮工活动中致第三人丁损害的，由被帮工人甲承担赔偿责任。C项正确，D项错误。

12. 答案：ABCD。依《民法典》第1203条第1款的规定，因产品存在缺陷造成他人损害的，被侵权人可以向产品的生产者请求赔偿，也可以向产品的销售者请求赔偿。赵某和甲公司没有合同关系，所以可以要求甲公司承担侵权损害赔偿责任。鉴于赵某和商店有合同关系，所以赵某可以要求商店承担违约责任，由此可知A、B、C选项正确。而叶轮飞出造成严重人身损害，属于侵权造成严重后果的情形，法院对精神损害的诉讼请求应予支持。故D当选。

13. 答案：ACD。《民法典》第1247条规定，禁止饲养的烈性犬等危险动物造成他人损害的，动物饲养人或者管理人应当承担侵权责任。该规定系指，禁止饲养的危险动物致人损害的，饲养人承担绝对无过错责任，无免责事由，即便受害人挑逗动物对损害的发生具有故意或者重大过失，也不得减轻或者免除饲养人的责任。本案中的藏獒就是禁止饲养的危险动物，虽然甲的儿子具有重大过失，但是仍然不能免除动物饲养人的责任，故A项正确。动物致人损害的侵权行为包括积极的侵害行为和消极的侵害行为，C项中，小猪趴在路上造成丁的侵权属于消极的侵害行为，丁因未尽到注意义务存在过失，但并不能因此而免除动物饲养人邻居的侵权责任。故C项正确。《民法典》第1250条规定，因第三人的过错致使动物造成他人损害的，被侵权人可以向动物饲养人或者管理人请求赔偿，也可以向第三人请求赔偿。动物饲养人或者管理人赔偿后，有权向第三人追偿。B项中，因第三人丙逗狗，狗咬伤乙，由动物饲养人王平和第三人丙承担不真正连带责任。故B项错误。《民法典》第1248条规定，动物园的动物造成他人损害的，动物园应当承担侵权责任；但是，能够证明尽到管理职责的，不承担侵权责任。可知，动物园动物侵权的，动物园承担过错推定责任，即动物园不能证明自己无过错的，应承担侵权责任。D项中，动物园饲养的老虎从破损的虎笼蹿出咬伤戊女儿，动物园具有过错，应承担侵权责任。故D项正确。

14. 答案：ABD。根据《民法典》第1198条规定，宾馆、商场、银行、车站、机场、体育场馆、娱乐场所等经营场所、公共场所的经营者、管理者或者群众性活动的组织者，未尽到安全保障义务，造成他人损害的，应当承担侵权责任。因第三人的行为造成他人损害的，由第三人承担侵权责任；经营者、管理者或者组织者未尽到安全保障义务的，承担相应的补充责任。经营者、管理者或者组织者承担补充责任后，可以向第三人追偿。据此可知，安保义务人的责任属于过错责任，在第三人侵权的情形下且安保义务人无过错的，无须承担责任。小区物业没有过错，无须承担侵权责任。故A项错误。根据《民法典》第1245条规定，饲养的动物造成他人损害的，动物饲养人或者管理人应当承担侵权责任；但是，能够证明损害是因被侵权人故意或者重大过失造成的，可以不承担或者减轻责任。据此可知，饲养动物损害责任的责任主体系饲养人或管理人。本题中，张某系宠物狗的管理人，不听李某提醒将宠物狗放在阳台砸伤路人赵某，依法应承担赔偿责任。故C项正确，B、D项错误。

15. 答案：BC。首先，《民法典》第1188条第1款规定，无民事行为能力人、限制民事行为能力人造成他人损害的，由监护人承担侵权责任。监护人尽到监护职责的，可以减轻其侵权责任。本题中，小冯系限制民事行为能力人，其将小崔打伤，小冯的父母作为监护人依法应承担赔偿责任；而小刘仅邀请二人吃饭，并未实施侵权行为，其监护人无须承担赔偿责任。故A项错误，B项正确。其次，《民法典》第1198条规定，宾馆、商场、银行、车站、机场、体育场馆、娱乐场所等经营场所、公共场所的经营者、管理者或者群众性活动的组织者，未尽到安全保障义务，造成他人损害的，应当承担侵权责任。因第三人的行为造成他人损害的，由第三人承担侵权责任；经营者、管理者或者组织者未尽到安全保障义务的，承担相应的补充责任。经营者、管理者或者组织者承担补充责任后，可以向第三人追偿。本题中，饭店老板孟某见到小冯与小崔打斗而未上前制止，有过错，依法应承担相应的补充赔偿责任。故C项正确。最后，小冯的监护人和饭店并不存在共同侵权，无须承担连带责任。故D项错误。

16. 答案：AB。承运人对旅客“自带物品”的损失承担过错责任。因此，如班车司机能证明对交通事故的发生没有过错，则对于唐某的手机损失，客运公司可以免责。唐某可向蒋某主张侵权损害赔偿。故A项正确。《民法典》第823条规定，承运人应当对运输过程中旅客的伤亡承担赔偿责任；但是，伤亡是旅客自身健康原因造成的或者承运人证明伤亡是旅客故意、重大过失造成的除外。前款规定适用于按照规定免票、持优待票或者经承运人许可搭乘的无票旅客。因此承运人对旅客人身承担相对无过错损害赔偿责任，即使对于免票或持优待票的乘客亦需承担赔偿责任。所以免票的小唐有权请求客运公司承担赔偿责任。故B项正确，C项错误。《民法典》第1172条规定，二人以上分别实施侵权行为造成同一损害，能够确定责任大小的，各自承担相应的责任；难以确定责任大小的，平均承担责任。客运公司和轿车驾驶者蒋某事先并不存在“意思联络”，且任何一方的单独行为均不足以导致危害结果的发生。因此，二者系无意思联络的数人共同侵权中的原因力结合而非竞合，依法应承担按份责任，而非连带责任。故D项错误。

17. 答案：AD。A、D项考查与有过失的认定。与有过失，又称过失相抵，《民法典》第1173条规定，被侵权人对同一损害的发生或者扩大有过错的，可以减轻侵权人的责任。本题中，老人曹某骨质疏松的因素不构成过错。因此，不减轻快递公司的责任，老人曹某不承担责任。故A、D项正确。B、C项考查用工责任。《民法典》第1191条第1款规定，用人单位的工作人员因执行工作任务造成他人损害的，由用人单位承担侵权责任。用人单位承担侵权责任后，可以向有故意或者重大过失的工作人员追偿。用工责任系替代责任，本题中，甲系快递公司的员工，在送快递（执行职务）过程中造成他人损害的，依法应由用人单位即某快递公司承担侵权损害赔偿责任。故B、C项错误。

18. 答案：AB。《消费者权益保护法》第55条第2款规定，经营者明知商品或者服务存在缺陷，仍然向消费者提供，造成消费者或者其他受害人死亡或者健康严重损害的，受害人有权要求经营者依照本法第49条、第51条等法律规定赔偿损失，并有权要求所受损失2倍以下的惩罚性赔偿。因此A项正确。《消费者权益保护法》第19条规定，经营者发现其提供的商品或者服务存在缺陷，有危及人身、财产安全危险的，应当立即向有关行政部门报告和告知消费者，并采取停止销售、警示、召回、无害化处理、销毁、停止生产或者服务等措施。采取召回措施的，经营者应当承担消费者因商品被召回支出的必要费用。因此B项正确。

19. 答案：AB。根据《消费者权益保护法》第23条第3款规定，经营者提供的机动车、计算机、电视机、电冰箱、空调器、洗衣机等耐用商品或者装饰装修等服务，消费者自接受商品或者服务之日起6个月内发现瑕疵，发生争议的，由经营者承担有关瑕疵的举证责任。因此A项正确。《产品质量法》第43条规定，因产品存在缺陷造成人身、他人财产损害的，受害人可以向产品的生产者要求赔偿，也可以向产品的销售者要求赔偿。属于产品的生产者的责任，产品的销售者赔偿的，产品的销售者有权向产品的生产者追偿。属于产品的销售者的责任，产品的生产者赔偿的，产品的生产者有权向产品的销售者追偿。因此B项正确。

20. 答案：BCD。因“促销赠品”的价金已经包含在所促销的商品价金中，故“促销赠品”本质为买卖，而非赠与。本题中，商场构成加害给付，应承担违约责任或侵权责任，故A项错误，B、C项正确，产品缺陷致人损害的，产品的生产者需承担侵权责任，故D项正确。

三、不定项选择题

1. **答案**：（1）D。《民法典》第1169条规定，教唆、帮助他人实施侵权行为的，应当与行为人承担连带责任。教唆、帮助无民事行为能力人、限制民事行为能力人实施侵权行为的，应当承担侵权责任；该无民事行为能力人、限制民事行为能力人的监护人未尽到监护责任的，应当承担相应的责任。本题中甲教唆乙去扎车胎，甲是教唆人，乙是被教唆人，甲、乙又均为限制民事行为能力人，两人构成共同侵权。根据上述法律规定，对于甲、乙造成的损失，应由甲的监护人与乙的监护人共同承担。

   （2）A。戊的损失是由于乙的侵权行为所造成的，甲对乙撞倒戊不可能预料，无主观上的过错。因而对损失没有责任，因此应由乙独自承担。又根据《民法典》第1188条规定，乙给他人造成的损失由其监护人承担责任。

2. **答案**：D。饲养动物造成他人损害的，动物饲养人或者管理人应当承担侵权责任，但能够证明损害是因被侵权人故意或者重大过失造成的，可以不承担或者减轻责任。动物园的动物造成他人损害的，动物园应当承担侵权责任，但能够证明尽到管理职责的，不承担责任。本案属于“动物园动物”侵权，适用“过错推定”归责制度。动物园虽进行了警示，但对老虎咬人并未尽到有效的“防范”义务，通常应禁止游客私自进入危险动物出没区域，动物园存在管理的疏忽，应承担侵权责任。游客甲故意置身于危险之中，所以可以减轻或免除动物园的侵权责任，因此A、B项错误，D项正确。自愿参加具有一定风险的文体活动，因其他参加者的行为受到损害的，受害人不得请求其他参加者承担侵权责任，但是其他参加者对损害的发生有故意或者重大过失的除外。乙作为游玩活动的参与人，不属于侵权责任法上的“集体活动的组织者”，而且事发前也进行了必要的劝阻，甲也并非因乙的行为受伤，事发后也无力实施救助，不成立侵权责任，因此C项错误。

3. **答案**：ABC。《消费者权益保护法》第55条规定，“经营者提供商品或者服务有欺诈行为的，应当按照消费者的要求增加赔偿其受到的损失，增加赔偿的金额为消费者购买商品的价款或者接受服务的费用的三倍；增加赔偿的金额不足五百元的，为五百元。法律另有规定的，依照其规定。经营者明知商品或者服务存在缺陷，仍然向消费者提供，造成消费者或者其他受害人死亡或者健康严重损害的，受害人有权要求经营者依照本法第四十九条、第五十一条等法律规定赔偿损失，并有权要求所受损失二倍以下的惩罚性赔偿”。根据《民法典》的相关规定可知，因当事人一方的违约行为，损害对方人格权并造成严重精神损害，受损害方选择请求其承担违约责任的，不影响受损害方请求精神损害赔偿。侵害他人造成人身损害的，应当赔偿医疗费、护理费、交通费、营养费等为治疗和康复支出的合理费用，以及因误工减少的收入。造成残疾的，还应当赔偿辅助器具费和残疾赔偿金；造成死亡的，还应当赔偿丧葬费和死亡赔偿金，因此A项正确。根据《民法典》第1000条第1款规定可知，行为人因侵害人格权承担消除影响、恢复名誉、赔礼道歉等民事责任的，应当与行为的具体方式和造成的影响范围相当。本题中，甲的故意侵权行为造成乙健康权损害，乙有权要求甲赔礼道歉，因此B项正确。根据《食品安全法》第148条规定：“消费者因不符合食品安全标准的食品受到损害的，可以向经营者要求赔偿损失，也可以向生产者要求赔偿损失。接到消费者赔偿要求的生产经营者，应当实行首负责任制，先行赔付，不得推诿；属于生产者责任的，经营者赔偿后有权向生产者追偿；属于经营者责任的，生产者赔偿后有权向经营者追偿。生产不符合食品安全标准的食品或者经营明知是不符合食品安全标准的食品，消费者除要求赔偿损失外，还可以向生产者或者经营者要求支付价款十倍或者损失三倍的赔偿金；增加赔偿的金额不足一千元的，为一千元。但是，食品的标签、说明书存在不影响食品安全且不会对消费者造成误导的瑕疵的除外。”因此C项正确。民事责任以补偿性为原则。《民法典》第186条规定：“因当事人一方的违约行为，损害对方人身权益、财产权益的，受损害方有权选择请求其承担违约责任或者侵权责任。”可见，当法律责任竞合时，当事人只能择一适用而主张权利，因此D项错误。

4. **答案**：ACD。《消费者权益保护法》第55条第1款规定：“经营者提供商品或者服务有欺诈行为的，应当按照消费者的要求增加赔偿其受到的损失，增加赔偿的金额为消费者购买商品的价款或者接受服务的费用的三倍；增加赔偿的金额不足五百元的，为五百元。法律另有规定的，依照其规定。”第51条规定：“经营者有侮辱诽谤、搜查身体、侵犯人身自由等侵害消费者或者其他受害人人身权益的行为，造成严重精神损害的，受害人可以要求精神损害赔偿。”因此，甲最多可请求价款三倍的赔偿而不是二倍；由于经营者不存在侮辱诽谤、搜查身体、侵犯人身自由等侵害消费者或者其他受害人人身权益的行为，故消费者甲无权请求精神损害赔偿，故A项错误，当选。《消费者权益保护法》第24条规定：“经营者提供的商品或者服务不符合质量要求的，消费者可以依照国家规定、当事人约定退货，或者要求经营者履行更换、修理等义务。没有国家规定和当事人约定的，消费者可以自收到商品之日起七日内退货；七日后符合法定解除合同条件的，消费者可以及时退货，不符合法定解除合同条件的，可以要求经营者履行更换、修理等义务。依照前款规定进行退货、更换、修理的，经营者应当承担运输等必要费用。”故B项正确，不当选。《消费者权益保护法》第23条第3款规定：“经营者提供的机动车、计算机、电视机、电冰箱、空调器、洗衣机等耐用商品或者装饰装修等服务，消费者自接受商品或者服务之日起六个月内发现瑕疵，发生争议的，由经营者承担有关瑕疵的举证责任。”故C项错误，当选。《消费者权益保护法》第47条规定：“对侵害众多消费者合法权益的行为，中国消费者协会以及在省、自治区、直辖市设立的消费者协会，可以向人民法院提起诉讼。”故D项错误，当选。综上所述，本题的正确答案为A、C、D项。

5. **答案**：ABC。《食品安全法》第148条规定：“消费者因不符合食品安全标准的食品受到损害的，可以向经营者要求赔偿损失，也可以向生产者要求赔偿损失。接到消费者赔偿要求的生产经营者，应当实行首负责任制，先行赔付，不得推诿；属于生产者责任的，经营者赔偿后有权向生产者追偿；属于经营者责任的，生产者赔偿后有权向经营者追偿。生产不符合食品安全标准的食品或者经营明知是不符合食品安全标准的食品，消费者除要求赔偿损失外，还可以向生产者或者经营者要求支付价款十倍或者损失三倍的赔偿金；增加赔偿的金额不足一千元的，为一千元。但是，食品的标签、说明书存在不影响食品安全且不会对消费者造成误导的瑕疵的除外。”《食品安全法》规定了食品生产者及经营者对受害消费者的“首负责任制”。实现了对消费者的“无缝”救济，所以A、B项作为经营者的超市的抗辩不能支持。对于不符合食品安全标准的食品的生产者和经营者应当对消费者承担的责任，《食品安全法》明确对消费者的救济为“退实际损失，增加惩罚性赔偿”。而增加的部分可以由消费者自行选择为“十倍价款”或“三倍损失”且规定了最低惩罚性赔偿额为1000元，本案中无论十倍价款还是三倍损失金额均较小，所以甲可要求最低1000元的惩罚性赔偿，D项正确。题目中所述情形，并没有严重身体损害达到精神损害的程度，所以精神损害赔偿无法支持，C项错误。

四、名词解释

1. **答案**：或称职务侵权损害行为，是指国家机关或者国家机关工作人员，在执行职务中侵犯他人合法权益并造成损害的行为。职务侵权行为具有以下特点：(1) 行为主体的特定性。(2) 行为的特殊性。(3) 承担责任范围的限制性。

2. **答案**：高度危险作业是指对周围环境具有较高危险性的活动和高度危险物。根据《民法典》的规定，高度危险作业包括占有或者使用易燃、易爆、剧毒、高放射性、强腐蚀性、高致病性等高度危险物；从事高空、高压、地下挖掘活动或者使用高速轨道运输工具等。高度危险作业致人损害适用严格责任，旨在促使从事高度危险作业的组织提高责任心和不断改进技术安全措施。

五、简答题

1. **答案**：根据我国民法的规定，特殊侵权的民事责任主要有以下几种：第一，企业法人对其工作人员致人损害的民事责任，并不由行为人直接负赔偿责任，直接承担责任的是行为人所在的单位。因为法人虽然有权利能力和行为能力，但他的行为能力，即对外业务活动，需要通过它的工作人员来进行。按照民事法律的规定，法人代表及其所委托的人员对外进行民事活动时，他所代表的不是个人，而是法人本身。第二，国家机关或其工作人员因执行职务致人损害的民事责任，是国家赔偿责任中的一种，而非一般民事主体的法人和公民。第三，产品质量不合格致人损害的民事责任，适用无过错责任原则，而且其责任形式是连带责任。第四，从事高度危险作业致人损害的民事责任，适用无过错责任原则，其构成要件只要存在损害事实及行为与损害结果有因果关系即可，当然如果行为人能够证明损害是由受害人故意造成的，则行为人不承担民事责任。第五，污染环境致人损害的民事责任，亦适用无过错责任。但污染环境造成损害若系不可抗力或受害人自己及第三者故意或过失所致者，行为人不承担民事责任。第六，被监护人致人损害的民事责任，由对他们负有监护义务的监护人来承担，但对于能够证明自己已尽到了监护责任的人，可以酌情减轻或者免除责任。第七，饲养动物及其他原因致人损害的民事责任，由其所有人或管理人承担，但如果是由受害人或第三人的过错造成的，则动物所有人或管理人可免责。其他原因致人损害是指建筑物或者其他设施以及建筑物上的搁置物、悬挂物发生倒塌、脱落、坠落造成他人损害的，它的所有人或者管理人应当承担民事责任，但能够证明自己没有过错的除外。

2. **答案**：(1) 产品存在缺陷。产品有缺陷是指产品存在危及人身、他人财产安全的不合理的危险，以及产品不符合相关的国家标准、行业标准或企业标准等不合格的产品。前者是一般标准，后者是法定标准。在法律未明确规定产品标准时，适用一般标准。(2) 有损害后果。产品缺陷致人损害包括人身损害、财产损失和基于人身伤害而产生的精神损害，但不包括单纯的缺陷产品自身的损害。在缺陷产品造成他人的人身或其他财产损害时，除了要赔偿人身损害和其他财产损失之外，还应赔偿缺陷产品本身的损失；如果仅是缺陷产品自身损坏了，则应按合同违约责任处理。(3) 产品缺陷与损害后果有因果关系。产品责任中的因果关系，表现为产品缺陷与损害后果之间的相互联系，而不是某种具体行为与损害后果之间的因果关系。而且确定产品责任中的因果关系往往要通过因果关系的推定才能实现。

3. **答案**：(1) 须是饲养的动物造成的损害。饲养的动物包括家禽、家畜，也包括驯养的野兽。凡是人工喂养和管理的动物都属于饲养的动物。如果不是为人们所占有和控制的动物，则为野生动物。(2) 须因未受人驱使的动物自身的独立动作造成的损害。饲养动物致人损害是指动物在不受人的强制或驱使下而独立实施的动作造成的损害，即基于饲养动物本身的危险而造成的损害。其免责事由有：(1) 受害人的过错。受害人的过错包括故意和过失。前者如受害人有意挑逗动物致自己受害；后者如受害人明知有被动物致害的危险却自信不会招致危险而不予躲避致自己受害。如果动物饲养人或者管理人不能证明受害人有故意或重大过失行为，则应由自己承担责任。(2) 第三人的过错。如果动物致人损害是由第三人的过错造成的，则由该第三人承担民事责任。但前提是饲养人或者管理人能够证明动物致人损害是第三人的过错造成的，并且能够找到该第三人，否则仍应由饲养人或者管理人承担责任。

六、案例分析题

1. 答案：(1) 这是一起因饲养的动物致人损害的民事责任。本案王大妈受到的伤害虽然不是狗咬伤的，但是与狗扑向王大妈的动作有直接的关系，因此，构成侵权的民事责任。

(2) 根据《民法典》第1245条的规定，饲养的动物造成他人损害的，动物饲养人或者管理人应当承担侵权责任；但是，能够证明损害是因被侵权人故意或者重大过失造成的，可以不承担或者减轻责任。本案王大妈出门看狗的行为没有过错，狗扑向王大妈也不是其故意或有重大过失造成，狗的主人没有免责的理由；石女士是狗的所有人，有义务承担民事责任。

2. 答案：(1) 某甲如果以该商场为被告提起诉讼，其可以选择的诉讼请求是：请求赔偿损害，即赔偿其因治疗重伤而花费的医疗费、误工费、伙食补助费、亲属陪伴费。

(2) 本案中某甲所得的1万元构成不当得利。因为所谓不当得利是指没有正当理由而获取的利益，本案中商场已经依法院判决向某甲支付了赔偿金，其受到的损害已经获得了极为合理的补偿。某厂给他的1万元已超出了其受到的损害，因而属于额外获取的利益，故某甲应将这1万元不当得利返还给某厂。

(3) 如果某甲还没有获得赔偿，他不可以向广告公司索赔。因为该广告条幅是厂家委托某广告公司制作并悬挂的，广告公司只是代理人，而该厂家则是被代理人，按照代理的原理，代理的后果应由被代理人承担，所以甲不能向广告公司索赔。

(4) 建筑物上的悬挂物坠落致人伤害的民事责任之所以属于特殊侵权责任，是因为为了保护处于弱者地位的被害人的合法利益，对其损害给予及时有效充分的补偿，并减轻其举证义务，所以适用过错推定责任或无过错责任。

(5) 本案中，如果商家、厂家及广告公司对于损害的发生均有过错，其应承担的责任应当是连带责任，因为该损害属于特殊侵权，商家、厂家和广告公司相对于被害人来说，处于强者地位，因此应承担较强的责任，被害人可以向商家、厂家和广告公司中的任何一方申请赔偿，由此才能更好地保护其合法利益。

3. 答案：(1) 甲公司自己承担责任，因为损失是由于不可抗力造成的。

(2) 丙家鱼塘自己承担损失。因为根据《民法典》第1240条之规定，从事高空、高压、地下挖掘活动或者使用高速轨道运输工具造成他人损害的，经营者应当承担侵权责任；但是，能够证明损害是因受害人故意或者不可抗力造成的，不承担责任。被侵权人对损害的发生有重大过失的，可以减轻经营者的责任。受害人故意和不可抗力是免责事由，因此该损失应由丙家鱼塘自己承担。

(3) 丙承担，因为丙作为出卖人，违反了质量瑕疵担保责任，应当对丁中毒承担责任。

(4) 庚的行为构成无因管理，其所受到的损失应当由戊和丁承担赔偿责任。根据《民法典》第979条第1款之规定，管理人没有法定的或者约定的义务，为避免他人利益受损失而管理他人事务的，可以请求受益人偿还因管理事务而支出的必要费用；管理人因管理事务受到损失的，可以请求受益人给予适当补偿。庚没有法定或者约定的义务，为避免他人利益受损失进行管理，其行为构成无因管理，有权要求受益人偿付由此而支付的必要费用。

(5) 由戊和B医院对丁的死亡承担连带责任。C作为医院的工作人员，其履行职责过程中造成的责任由医院承担。B医院的行为和戊的行为直接结合，构成共同侵权，应当对丁的死亡承担连带责任。

期末测试题一

一、单项选择题

1. 下列社会关系中，应由民法调整的是（　　）。
   A. 某市人民政府罢免该市某局副局长职务
   B. 李某因非法印刷商标被罚款
   C. 甲、乙两村因某块土地的所有权归属发生纠纷
   D. 专利局对某发明专利予以宣告无效

2. 姚某旅游途中，前往某玉石市场参观，在唐某经营的摊位上拿起一只翡翠手镯，经唐某同意后试戴，并问价。唐某报价18万元（实际进货价8万元，市价9万元），姚某感觉价格太高，急忙取下，不慎将手镯摔断。关于姚某的赔偿责任，下列哪一选项是正确的？（　　）
   A. 应承担违约责任
   B. 应赔偿唐某8万元损失
   C. 应赔偿唐某9万元损失
   D. 应赔偿唐某18万元损失

3. 甲与乙公司签订的房屋买卖合同约定："乙公司收到首期房款后，向甲交付房屋和房屋使用说明书；收到二期房款后，将房屋过户给甲。"甲交纳首期房款后，乙公司交付房屋但未立即交付房屋使用说明书。甲以此为由行使先履行抗辩权而拒不支付二期房款。下列哪一表述是正确的？（　　）
   A. 甲的做法正确，因乙公司未完全履行义务
   B. 甲不应行使先履行抗辩权，而应行使不安抗辩权，因乙公司有不能交付房屋使用说明书的可能性
   C. 甲可主张解除合同，因乙公司未履行义务
   D. 甲不能行使先履行抗辩权，因甲的付款义务与乙公司交付房屋使用说明书不形成主给付义务对应关系

4. 张某因出售公民个人信息被判刑，孙某的姓名、身份证号码、家庭住址等信息也在其中，买方是某公司。下列哪一选项是正确的？（　　）
   A. 张某侵害了孙某的身份权
   B. 张某侵害了孙某的名誉权
   C. 张某侵害了孙某对其个人信息享有的民事权益
   D. 某公司无须对孙某承担民事责任

5. 甲、乙签订一耕牛买卖合同，双方约定，9月15日一手交钱，一手交牛。履行期届至，乙给付了价款，但甲因事想再用牛1个月，乙同意，但双方约定牛已归乙所有，甲只是借用。9月30日，该牛产下一小牛。对于该小牛的归属，双方发生争议。以下说法正确的是（　　）。
   A. 应归甲、乙共同所有，因为甲照顾牛付出了劳务，而乙则是所有权人
   B. 应归甲所有，因为甲乙所有权约定无效，该牛仍为甲所有
   C. 应归甲所有，因为该牛所有权虽已移转，但并未交付
   D. 应归乙所有，因为该牛已经交付

二、多项选择题

1. 吴某是甲公司员工，持有甲公司授权委托书。吴某与温某签订了借款合同，该合同由温某签字、吴某用甲公司合同专用章盖章。后温某要求甲公司还款。下列哪些情形有助于甲公司否定吴某的行为构成表见代理？（　　）
   A. 温某明知借款合同上的盖章是甲公司合同专用章而非甲公司公章，未表示反对
   B. 温某未与甲公司核实，即将借款交给吴某
   C. 吴某出示的甲公司授权委托书载明甲公司仅授权吴某参加投标活动
   D. 吴某出示的甲公司空白授权委托书已

届期

2. 甲房产开发公司在交给购房人张某的某小区平面图和项目说明书中都标明有一个健身馆。张某看中小区健身方便，决定购买一套商品房并与甲公司签订了购房合同。张某收房时发现小区没有健身馆。下列哪些表述是正确的？（　　）
   A. 甲公司不守诚信，构成根本违约，张某有权退房
   B. 甲公司构成欺诈，张某有权请求甲公司承担缔约过失责任
   C. 甲公司恶意误导，张某有权请求甲公司双倍返还购房款
   D. 张某不能滥用权利，在退房和要求甲公司承担违约责任之间只能选择一种

3. 韩某于 2017 年 3 月病故，留有住房 1 套、存款 50 万元、名人字画 10 余幅及某有限责任公司股权等遗产。韩某在 2014 年所立第一份自书遗嘱中表示全部遗产由其长子韩大继承。在 2015 年所立第二份自书遗嘱中，韩某表示其死后公司股权和名人字画留给 7 岁的外孙女婷婷。2017 年 6 月，韩大在未办理韩某遗留房屋所有权变更登记的情况下以自己的名义与陈卫订立了商品房买卖合同。下列哪些选项是错误的？（　　）
   A. 韩某的第一份遗嘱失效
   B. 韩某的第二份遗嘱无效
   C. 韩大与陈卫订立的商品房买卖合同无效
   D. 婷婷不能取得某有限责任公司股东资格

4. 甲公司以一地块的建设用地使用权作抵押向乙银行借款 3000 万元，办理了抵押登记。其后，甲公司在该地块上开发建设住宅楼，由丙公司承建。甲公司在取得预售许可后与丁订立了商品房买卖合同，丁交付了 80% 的购房款。现住宅楼已竣工验收，但甲公司未能按期偿还乙银行借款，并欠付丙公司工程款 1500 万元，乙银行和丙公司同时主张权利，法院拍卖了该住宅楼。下列哪些选项是正确的？（　　）
   A. 乙银行对建设用地使用权拍卖所得价款享有优先受偿权
   B. 乙银行对该住宅楼拍卖所得价款享有优先受偿权
   C. 丙公司对该住宅楼及其建设用地使用权的优先受偿权优先于乙银行的抵押权
   D. 丙公司对该住宅楼及其建设用地使用权的优先受偿权不得对抗丁对其所购商品房的权利

5. 居民甲将房屋出租给乙，乙经甲同意对承租房进行了装修并转租给丙。丙擅自更改房屋承重结构，导致房屋受损。对此，下列哪些选项是正确的？（　　）
   A. 无论有无约定，乙均有权于租赁期满时请求甲补偿装修费用
   B. 甲可请求丙承担违约责任
   C. 甲可请求丙承担侵权责任
   D. 甲可请求乙承担违约责任

三、不定项选择题

1. 以下不属于善意占有的是（　　）。
   A. 乙以为甲偷窃得来的财物为其经营所得而进行保管
   B. 甲在雨天拿错了雨伞但并未发觉
   C. 甲占有其抢劫来的财物
   D. 甲外出时错拿了别人的包，但被第三人当场指出

2. 保姆小李在用轮椅推张大爷外出散步时，为躲避突然呼啸而过的车辆不小心将行人赵某撞倒，赵某所带笔记本电脑也受到损害。张大爷差点儿从轮椅上掉下来，心脏病发作。小李自己的手指也被夹伤。据此下列选项哪些正确？（　　）
   A. 赵某的损失应由小李赔偿
   B. 赵某的损失应由张大爷赔偿
   C. 张大爷因心脏病发作而支付的医药费不应由小李赔偿
   D. 小李手指受伤的损失只能自己承担

3. 张某、方某共同出资，分别设立甲公司和丙公司。2021 年 3 月 1 日，甲公司与乙公司签订了开发某房地产项目的《合作协议一》，约定如下："甲公司将丙公司 10% 的

股权转让给乙公司，乙公司在协议签订之日起三日内向甲公司支付首付款4000万元，尾款1000万元在次年3月1日之前付清。首付款用于支付丙公司从某国土部门购买A地块土地使用权。如协议签订之日起三个月内丙公司未能获得A地块土地使用权致双方合作失败，乙公司有权终止协议。”《合作协议一》签订后，乙公司经甲公司指示向张某、方某支付了4000万元首付款。张某、方某配合甲公司将丙公司的10%的股权过户给了乙公司。2021年5月1日，因张某、方某未将前述4000万元支付给丙公司致其未能向某国土部门及时付款，A地块土地使用权被收回挂牌卖掉。2021年6月4日，乙公司向甲公司发函："鉴于土地使用权已被国土部门收回，故我公司终止协议，请贵公司返还4000万元。"甲公司当即回函："我公司已把股权过户到贵公司名下，贵公司无权终止协议，请贵公司依约支付1000万元尾款。"2021年6月8日，张某、方某与乙公司签订了《合作协议二》，对继续合作开发房地产项目做了新的安排，并约定："本协议签订之日，《合作协议一》自动作废。"丁公司经甲公司指示，向乙公司送达了《承诺函》："本公司代替甲公司承担4000万元的返还义务。"乙公司对此未置可否。请回答第(1)~(5)题。

(1) 关于2021年6月4日乙公司向甲公司发函，下列表述正确的是：(　　)。

A. 行使的是约定解除权

B. 行使的是法定解除权

C. 有权要求返还4000万元

D. 无权要求返还4000万元

(2) 关于2021年5月1日张某、方某未将4000万元支付给丙公司，应承担的责任，下列表述错误的是：(　　)。

A. 向乙公司承担违约责任

B. 与甲公司一起向乙公司承担连带责任

C. 向丙公司承担违约责任

D. 向某国土部门承担违约责任

(3) 关于甲公司的回函，下列表述正确的是：(　　)。

A. 甲公司对乙公司解除合同提出了异议

B. 甲公司对乙公司提出的异议理由成立

C. 乙公司不向甲公司支付尾款构成违约

D. 乙公司可向甲公司主张不安抗辩权拒不向甲公司支付尾款

(4) 关于张某、方某与乙公司签订的《合作协议二》，下列表述正确的是：(　　)。

A. 有效

B. 无效

C. 可变更

D. 《合作协议一》被《合作协议二》取代

(5) 关于丁公司的《承诺函》，下列表述正确的是：(　　)。

A. 构成单方允诺

B. 构成保证

C. 构成并存的债务承担

D. 构成免责的债务承担

四、简答题

1. 简述对胎儿利益的保护。

2. 简述承诺应具备的要件。

五、论述题

论述建筑物区分所有权的内容。

参考答案

一、单项选择题

1. C；**2.** C；**3.** D；**4.** C；**5.** D

二、多项选择题

1. CD；**2.** AB；**3.** ABCD；**4.** ACD；**5.** CD

三、不定项选择题

1. CD；**2.** BD；**3.** (**1**) AC；(**2**) ABCD；(**3**) A；(**4**) A；(**5**) AC

四、简答题

1. 按照传统民法理论，自然人权利能力始于出生终于死亡，因此胎儿并非法律主体，亦无可能享有权利。但是由于胎儿是一个正在形成的生命或者说是正在形成中的法律主体，如果在很多问题上如继承权等，都无视胎儿利益之存在，会造成不公平、不合理的后果，使胎儿应获得的利益受到损害。因此应从以下方面对胎儿的利益进行保护：第一，是关于继承权的问题，我国《民法典》继承编中已经规定了为胎儿保留遗产份额，如果胎儿娩出时为死体，则再按照法定继承分配此遗产。第二，关于胎儿的损害赔偿权。现实生活中存在大量的针对正处于妊娠期间的母亲发生的侵害行为，该侵害行为可能会给胎儿带来终身难以愈合或难以矫正的伤害，如果因为胎儿没有权利能力而不予以赔偿，将是极不公平的，因此，法律也应当确立胎儿在特定情形下的损害赔偿请求权。第三，法律还应当对胎儿利益的保护予以概括性的规定，以防给社会发展带来新的问题。如《瑞士民法典》就规定，胎儿以将来非死产为限，关于其个人利益的保护，视为既已出生。

2. 承诺是受约人作出的同意要约以成立合同的意思表示。承诺应具备以下要件：

（1）承诺必须由受约人作出。要约和承诺是一种相对人的行为，只有受约人享有承诺的资格，因此，承诺须由受约人作出。受约人为特定人时，承诺由该特定人作出；受约人为不特定人时，承诺由该不特定人中的任何人作出。受约人的代理人可代为承诺。受约人以外的第三人即使知晓要约内容并作出同意的意思表示，也不以承诺论。

（2）承诺必须向要约人作出。受约人承诺的目的在于同要约人订立合同，故承诺只有向要约人作出才有意义。向要约人的代理人作出的承诺有同样的意义。在要约人死亡，合同不需要约人亲自履行的情况下，受约人可以向要约人的继承人作出承诺。

（3）承诺的内容应当与要约内容一致。承诺是受约人愿意按照要约的内容与要约人订立合同的意思表示，所以欲取得成立合同的法律效果，承诺就必须在内容上与要约的内容一致。如果受约人在承诺中对要约的内容加以扩张、限制或变更，便不构成承诺，而应视为对要约拒绝而构成反要约。有关合同标的、数量、质量、价格或者报酬、履行期限、履行地点和方式、违约责任和解决争议的方法等变更，构成对要约的实质性变更，不为承诺，而为新要约。

（4）承诺必须在要约的存续期间内作出。要约在其存续期间内才有效力，一旦受约人承诺便可成立合同的效力，因此承诺必须在此期间内作出。

五、论述题

我国《民法典》第 271 条规定：“业主对建筑物内的住宅、经营性用房等专有部分享有所有权，对专有部分以外的共有部分享有共有和共同管理的权利。”

该条是规定我国建筑物区分所有权的含义或曰法律构成。即当一幢建筑物被区分为数个部分时，其中有专有部分，也有共有部分，这种在专有部分上成立的所有权，即为建筑物的区分所有权。

通说认为，建筑物区分所有权的内容，包括区分所有建筑物专有部分的单独所有权、共有部分的共有权，以及因区分所有权人的共同关系所生的管理权。

（1）专有部分的单独所有权

专有部分是在一栋建筑物内区分出的住宅或者商业用房等单元。该单元须具备构造上的独立性与使用上的独立性。业主对其专有部分享有单独所有权，即对该部分为占有、使用、收益和处分的排他性的支配权，性质上与一般的所有权并无不同。但此项专有部分与建筑物上其他专有部分有密切的关系，因此就专有部分的使用、收益、处分不得违反各区分所有权人的共同利益。

（2）共有部分的共有权

共有部分是指区分所有的建筑物及其附属物的共同部分，即专有部分以外的建筑物的其他部分。我国物权法规定，业主对建筑物专有部分以外的共有部分，享有权利并承担义务，但不得以放弃权利为由不履行义务。共有部分为相关业主所共有，均不得分割，也不得单独转让。业主转让建筑物内的住宅、经营性用房，其对建筑物共有部分享有的共有和共同管理的权利一并转让。业主依据法律规范、合同以及业主公约，对共有部分享有使用、收益、处分权，并按照其所有部分的价值，分担共有部分的修缮费以及其他负担。

(3) 业主的管理权

基于区分所有建筑物的构造，业主在建筑物的权利归属以及使用上形成了不可分离的共同关系，并基于此共同关系而享有管理权。该管理权的内容为：第一，业主有权设立业主大会并选举业主委员会；第二，业主有权决定区分建筑物相关事项；第三，业主享有知情权；第四，业主可以自行管理建筑物及其附属设施，也可以委托物业服务企业或者其他管理人管理。对建设单位聘请的物业服务企业或者其他管理人，业主有权依法更换。物业服务企业或者其他管理人根据业主的委托管理建筑区划内的建筑物及其附属设施，并接受业主的监督。业主对侵害自己合法权益的行为，可以依法向人民法院提起诉讼。

期末测试题二

一、单项选择题

1. 根据法律规定，下列哪一种社会关系应由民法调整？（　　）

A. 甲请求税务机关退还其多缴的个人所得税

B. 乙手机丢失后发布寻物启事称："拾得者送还手机，本人当面酬谢"

C. 丙对女友书面承诺："如我在上海找到工作，则陪你去欧洲旅游"

D. 丁作为青年志愿者，定期去福利院做帮工

2. 甲委托乙销售一批首饰并交付，乙经甲同意转委托给丙。丙以其名义与丁签订买卖合同，约定将这批首饰以高于市场价 10% 的价格卖给丁，并赠其一批箱包。丙因此与戊签订箱包买卖合同。丙依约向丁交付首饰，但因戊不能向丙交付箱包，导致丙无法向丁交付箱包。丁拒绝向丙支付首饰款。下列哪一表述是正确的？（　　）

A. 乙的转委托行为无效

B. 丙与丁签订的买卖合同直接约束甲和丁

C. 丙应向甲披露丁，甲可以行使丙对丁的权利

D. 丙应向丁披露戊，丁可以行使丙对戊的权利

3. 摄影爱好者李某为好友丁某拍摄了一组生活照，并经丁某同意上传于某社交媒体群中。蔡某在社交媒体群中看到后，擅自将该组照片上传于某营利性摄影网站，获得报酬若干。对蔡某的行为，下列哪一说法是正确的？（　　）

A. 侵害了丁某的肖像权和身体权

B. 侵害了丁某的肖像权和李某的著作权

C. 侵害了丁某的身体权和李某的著作权

D. 不构成侵权

4. 甲与乙公司签订的房屋买卖合同约定："乙公司收到首期房款后，向甲交付房屋和房屋使用说明书；收到二期房款后，将房屋过户给甲。"甲交纳首期房款后，乙公司交付房屋但未立即交付房屋使用说明书。甲以此为由行使先履行抗辩权而拒不支付二期房款。下列哪一表述是正确的？（　　）

A. 甲的做法正确，因乙公司未完全履行义务

B. 甲不应行使先履行抗辩权，而应行使不安抗辩权，因乙公司有不能交付房屋使用说明书的可能性

C. 甲可主张解除合同，因乙公司未履行义务

D. 甲不能行使先履行抗辩权，因甲的付款义务与乙公司交付房屋使用说明书不形成主给付义务对应关系

5. 甲与其父乙、其 14 岁的儿子丙一同进山打猎，不幸遇到雪崩，3 人全部遇难，甲妻丁闻讯悲痛而死。甲母戊与丁父己料理完丧事后，为了争夺甲等人的遗产发生纠纷，戊主张全部财产均归她家所有，要求继承全部遗产，而己则要求继承丁的遗产。双方发生争执，己带着其子康将电视机搬走，戊向法院起诉。法院经审理查明，乙与戊的共同财产价值 3 万元，甲与丁的共同财产 3 万元，丙只有其干爹赠与其的 2000 元；甲、乙、丙、丁无其他近亲属关系，并无遗嘱。根据以上案情，请回答：戊最后分得多少遗产？（　　）

A. 1.5 万元

B. 2.25 万元

C. 1.975 万元

D. 2.45 万元

二、多项选择题

1. 甲公司向乙银行借款 100 万元，丙、丁以各自房产分别向乙银行设定抵押，戊、己分别向乙银行出具承担全部责任的担保函，承担保证责任。下列哪些表述是正确

的？（　　）

A. 乙银行可以就丙或者丁的房产行使抵押权

B. 丙承担担保责任后，可向甲公司追偿，也可要求丁清偿其应承担的份额

C. 乙银行可以要求戊或者己承担全部保证责任

D. 戊承担保证责任后，可向甲公司追偿，也可要求己清偿其应承担的份额

2. 债的法定移转指依法使债权债务由原债权债务人转移给新的债权债务人。下列哪些选项属于债的法定移转的情形？（　　）

A. 保险人对第三人的代位求偿权

B. 企业发生合并或者分立时对原债权债务的承担

C. 继承人在继承遗产范围内对被继承人生前债务的清偿

D. 根据买卖不破租赁规则，租赁物的受让人对原租赁合同的承受

3. 下列几种物中，属于法定孳息的有哪些？（　　）

A. 租金　　　　B. 鸡蛋

C. 利息　　　　D. 果实

4. 冯某与丹桂公司订立商品房买卖合同，购买了该公司开发的住宅楼中的一套住房。合同订立后，冯某发现该房屋存在问题，要求解除合同。就冯某提出的解除合同的理由，下列哪些选项是正确的？（　　）

A. 房屋套内建筑面积与合同约定面积误差比绝对值超过5%的

B. 商品房买卖合同订立后，丹桂公司未告知冯某又将该住宅楼整体抵押给第三人的

C. 房屋交付使用后，房屋主体结构质量经核验确属不合格的

D. 房屋存在质量问题，在保修期内丹桂公司拒绝修复的

5. 张某、李某系夫妻，生有一子张甲和一女张乙。张甲于2007年意外去世，有一女丙。张某在2010年死亡，生前拥有个人房产一套，遗嘱将该房产处分给李某。关于该房产的继承，下列哪些表述是正确的？（　　）

A. 李某可以通过张某的遗嘱继承该房产

B. 丙可以通过代位继承要求对该房产进行遗产分割

C. 继承人自张某死亡时取得该房产所有权

D. 继承人自该房产变更登记后取得所有权

三、不定项选择题

马俊1991年去世，其妻张桦1999年去世，遗有夫妻共有房屋5间。马俊遗有伤残补助金3万元。张桦1990年以个人名义在单位集资入股获得收益1万元。双方生有一子马明，1995年病故。马明生前与胡芳婚后育有一子马飞。张桦长期患病，生活不能自理，由表侄常生及改嫁儿媳胡芳养老送终。5间房屋于2001年11月被拆迁，拆迁单位与胡芳签订《危旧房改造货币补偿协议书》，胡芳领取作价补偿款、提前搬家奖励款、搬迁补助费、货币安置奖励费、使用权补偿款共计25万元。请回答以下（1）~（4）题。

（1）下列各项中何者属于遗产？（　　）

A. 提前搬家奖励款

B. 搬迁补助费

C. 货币安置奖励费

D. 使用权补偿款

（2）马俊的伤残补助金、张桦集资入股收益的性质应如何确定？（　　）

A. 伤残补助金和集资收益均为个人财产

B. 伤残补助金为个人财产，集资收益为夫妻共同财产

C. 伤残补助金为夫妻共同财产，集资收益为个人财产

D. 伤残补助金和集资收益皆为夫妻共同财产

（3）下列关于常生可否得到补偿的说法何者正确？（　　）

A. 应当得到补偿，分配数额应小于法定继承人

B. 应当得到补偿，分配数额可以等于或大于法定继承人的继承份额

C. 如常生明知法定继承人分割遗产而未提

出请求，即丧失遗产分配权

D. 如常生要求参与分割遗产，应在继承开始后1年内提出请求

（4）下列关于胡芳及其子女遗产继承权的说法何者正确？（　　）

A. 胡芳对张桦尽了主要赡养义务，应列为第一顺序继承人

B. 马飞对张桦的遗产享有代位继承权

C. 胡芳再婚后所生子女对张桦的遗产享有代位继承权

D. 马飞对马俊的遗产享有转继承权

四、名词解释

1. 意思自治

2. 紧急避险

3. 隐名合伙

五、案例分析题

甲公司委派业务员张某去乙公司采购大蒜，张某持盖章空白合同书以及采购大蒜授权委托书前往。

甲、乙公司于2010年3月1日签订大蒜买卖合同，约定由乙公司代办托运，货交承运人丙公司后即视为完成交付。大蒜总价款为100万元，货交丙公司后甲公司付50万元货款，货到甲公司后再付清余款50万元。双方还约定，甲公司向乙公司交付的50万元货款中包含定金20万元，如任何一方违约，需向守约方赔付违约金30万元。

张某发现乙公司尚有部分绿豆要出售，认为时值绿豆销售旺季，遂于2010年3月1日擅自决定与乙公司再签订一份绿豆买卖合同，总价款为100万元，仍由乙公司代办托运，货交丙公司后即视为完成交付。其他条款与大蒜买卖合同的约定相同。

2010年4月1日，乙公司按照约定将大蒜和绿豆交给丙公司，甲公司将50万元大蒜货款和50万元绿豆货款付给乙公司。按照托运合同，丙公司应在十天内将大蒜和绿豆运至甲公司。

2010年4月5日，甲、丁公司签订以120万元价格转卖大蒜的合同。4月7日因大蒜价格大涨，甲公司又以150万元价格将大蒜卖给戊公司，并指示丙公司将大蒜交于戊公司。4月8日，丙公司运送大蒜过程中，因山洪暴发大蒜全部毁损。戊公司因未收到货物拒不付款，甲公司因未收到戊公司货款拒绝支付乙公司大蒜尾款50万元。

后绿豆行情暴涨，丙公司以自己名义按130万元价格将绿豆转卖给不知情的己公司，并迅即交付，但尚未收取货款。甲公司得知后，拒绝追认丙公司行为，要求己公司返还绿豆。

问题：

1. 大蒜运至丙公司时，所有权归谁？为什么？

2. 甲公司与丁、戊公司签订的转卖大蒜的合同的效力如何？为什么？

3. 大蒜在运往戊公司途中毁损的风险由谁承担？为什么？

4. 甲公司能否以未收到戊公司的大蒜货款为由，拒绝向乙公司支付尾款？为什么？

5. 乙公司未收到甲公司的大蒜尾款，可否同时要求甲公司承担定金责任和违约金责任？为什么？

6. 甲公司与乙公司签订的绿豆买卖合同效力如何？为什么？

7. 丙公司将绿豆转卖给己公司的行为法律效力如何？为什么？

8. 甲公司是否有权要求己公司返还绿豆？为什么？

参考答案

一、单项选择题

1. B；**2.** C；**3.** B；**4.** D；**5.** A

二、多项选择题

1. ABC；**2.** ABCD；**3.** AC；**4.** ABC；**5.** AC

三、不定项选择题

（**1**）CD；（**2**）B；（**3**）BC；（**4**）ABD

四、名词解释

1. 意思自治也称为私法自治，是指民事主体依法享有在法定范围内的广泛的行为自由，并可以根据自己的意志产生、变更、消灭民事法律关系。尽管在民法的各部分中强度不同，但意思自治原则作为民法的一项基本原则，贯

彻于整个民法之中，体现民法最基本的精神。它具体体现为结社自由、所有权行使自由、合同自由、婚姻自由、家庭自由、遗嘱自由以及过错责任等民法的基本理念。

2. 紧急避险是指为了防止公共利益、本人或者他人的合法权益免受正在遭受的紧急危险，不得已而采取的损害另一较小利益的行为。

3. 隐名合伙是大陆法系的特殊规定，是指以由两方以上当事人约定一方仅对他方的经营活动出资并分享由该项经营所生收益为内容的合伙。在这种合伙存续期间，一部分合伙人既出资又参加经营，其为出名营业人；另一部分合伙人则仅以实物或现金出资而不参加经营，其为隐名合伙人。隐名合伙人负责向企业提供一定数额的资金，并相应地参与企业的利润分配，分担企业的亏损。隐名合伙人不参与企业的经营管理，对企业的债权人不承担个人责任。在隐名合伙中，只有出名合伙人才具有经营者的身份，才是商事经营当事人。

五、案例分析题

1. 甲公司。因为大蒜是动产，除合同有特别约定外，以交付作为其所有权转移的标志。甲公司和乙公司约定，大蒜交给丙公司时视为完成交付，故此时甲公司是大蒜所有权人。

2. 有效。大蒜在交付之前，甲公司仍有所有权，享有处分权，出卖人就同一标的物订立的多重买卖合同，合同的效力相互之间是不排斥的。

3. 戊公司承担。在途货物的买卖，自买卖合同签订之日起，标的物意外毁损灭失的风险由买方承担。故大蒜毁损灭失的风险由买方戊公司承担。

4. 不能。因为合同具有相对性，甲、乙公司是大蒜购销合同的当事人，甲公司不能因为第三人戊公司的原因拒付尾款。

5. 不能。因为甲公司和乙公司在大蒜购销合同中既约定了定金又约定了违约金，乙公司只能选择适用违约金或者定金。

6. 有效。因为甲公司通过向乙公司支付50万元绿豆货款的行为，表示其已对张某无权代理行为进行了追认。

7. 无效。丙公司的转卖行为属无权处分（效力待定）行为，因为甲公司拒绝追认丙公司行为。

8. 无权。因为己公司构成善意取得。

附录一：全国部分高校民法学专业研究生入学考试历年真题

北京大学

2022 年

一、案例分析题

2019 年 1 月 1 日，甲因做生意向乙借款 10 万元，约定每年利息 1 万元，两年后归还总计 12 万元。后来，乙向朋友丙借款 20 万元，未约定利息。2021 年 4 月 1 日，甲因资金周转不灵，在乙多次催促后偿还了 2 万元，并写下借条：约定半年后向乙归还 10.25 万元，利息仍按照年利率 10%计算。随后，乙向丙还款 10 万元，并与丙约定将对甲的 10.25 万元债权（连同利息）转让给丙以作抵销。在丙在场的情况下，乙当场给甲打电话，告知甲其已将债权转让给丙，甲以后向丙还款。而后，乙又将对甲的债权转让给丁，并当场假装给甲打电话告知转让事宜，将甲的借条交与丁，丁随后转给乙 10 万元。

问题：

1. 丙是否有权请求甲支付 10.25 万元及其利息？

2. 丁是否有权请求甲支付 10.25 万元及其利息？

3. 根据前两问，丙或者丁如果不能让甲支付 10.25 万元及其利息，他们可以向乙主张何种权利？

2021 年

一、案例分析题

2018 年 1 月，甲公司、乙公司签订了《购销合同》，约定：买受人乙公司应当在出卖人甲公司交付货物后的两个月内支付货款 100 万元，乙应当将价款支付到账户名称为“甲公司”的银行账户。3 月 1 日，甲公司如约交付了货物。3 月 15 日，甲公司、丙公司订立合同，甲公司将其对乙公司的上述债权转让给了丙公司。按照约定，丙公司在缔约当日向甲公司支付了对价 95 万元。3 月 16 日，甲公司将债权转让的事实告知了乙公司，乙公司确认收到了该通知。3 月 17 日，丙公司将其银行账户信息书面通知乙公司。由于乙公司内部的不同部门之间缺乏协调，处理付款事务的部门不知道债权转让的事实，遂于 4 月 30 日向甲公司上述银行账户付款 100 万元。由于甲公司对他人负责，该账户的獂款项被法院强制执行。丙公司没有收到货款，与乙公司联系。乙公司内部查清事实后，向丙公司表示：《购销合同》约定了乙公司的义务是对名称为“甲公司”的银行账户付款，甲公司、乙公司之间的债权转让，不能改变乙公司的债务，所以乙公司对上述账户付款 100 万元，即已经履行了自己的债务。

问题：

1. 分析丙公司对于乙公司的请求权。

2. 分析丙公司对甲公司的请求权。

2020 年

一、法条分析题

《侵权责任法》第 10 条。分析法条，并举例说明。

二、案例分析题

甲想开一家公司，但资金不足，于是向乙银行贷款 400 万元，以自己的房屋为抵押，双方在 8 月 17 日签订房屋抵押合同，但没有申请登记。后甲因为急需资金，将房屋卖给丙，双方于 10 月 17 日签订房屋买卖合同，于 10 月 27 日办理过户登记手续。丙在付款 200 万元后便一直没有继续付款。乙银行于 11 月向登记机构提出登记申请。后甲向法院起诉，要求丙支付剩余房款，丙则向法院提起反诉，称甲隐瞒房屋已抵押的事实，要求法院确认买卖合同无效，并要求甲返还200万元的房款并赔偿损失。

1. 法院是否应支持甲的诉讼请求，为什么?

2. 法院是否应支持丙的反诉，为什么?

3. 房屋登记管理机构是否应该给乙银行登记，为什么?

2019年

一、法条分析题

《合同法》第36条，法律、行政法规规定或者当事人约定采用书面形式订立合同，当事人未采用书面形式但一方已经履行主要义务，对方接受的，该合同成立。

二、案例分析题

乙借甲10万元，约定半年后还1万元利息，再过半年再还1万元利息和10万元本金。第一期利息归还前，甲与丙达成债权转让协议，丙让甲快点通知乙，在甲通知前乙归还利息，甲告知转让事实，乙不同意，后仍向甲归还二期利息和本金。问：丙对甲，丙对乙，乙对甲的请求权。

2018年

一、法条分析题

《民法总则》第167条，代理人知道或者应当知道代理事项违法仍然实施代理行为，或者被代理人知道或者应当知道代理人的代理行为违法未作反对表示的，被代理人和代理人应当承担连带责任。

二、案例分析题

甲拥有一套房，为了躲避债务人，与乙签订一份虚假买卖合同（标价500万元）并为乙办理过户登记，甲继续占有使用房屋，乙自然也不必支付价款，双方于2015年8月2日签订合同，并于8月10日办理了过户登记。根据以下假设案情回答问题，假设之间互不关联。

假设（1)：乙欠丙贷款，长期不归还，丙向法院起诉，并取得了胜诉判决。法院已将登记于乙名下的该套房产查封并准备拍卖。甲得知后，向法院提出异议。

补充事实：法院对该房屋进行拍卖前，乙尚有其他债权人，且有充足资产执行，在甲提出异议，法院审查期间，乙其他财产已被其他债权人申请强制执行完毕，除该房屋外，没有任何可以执行的财产。问：房屋的归属，甲与丙的法律关系。

假设（2)：乙欠丁300万元（无担保）长期不归还，乙提出以其名下该房产为抵押，将债权延期至2017年9月1日，丁同意，双方在2017年7月3日签订了抵押合同，2017年7月30日办理了抵押登记。2017年3月，甲偶然得知以上情况。问：丁能否取得该房屋抵押权?

2017年

一、法条分析题

《侵权责任法》第50条。

二、案例分析题

甲、乙是恋人，2005年甲买了一套房，登记在自己名下，甲与父母同住。2015年乙和丙签订买卖合同，按照市场价出售房屋，乙偷出房本、甲的身份证，伪造授权委托书，和丙办理了过户登记。丙不知以上情况，但购房时没有实地去考察过就买了。现在丙向法院请求判令甲搬离房屋，丙的请求能否得到法院支持。

2016年

一、法条分析题

《物权法》第25条，动产物权设立和转让前，权利人已经依法占有该动产的，物权自法律行为生效时发生效力。

二、案例分析题

甲是房屋所有权人，与乙订立了买卖合同，约定2014年4月1日前办理过户登记，乙应于办理过户登记当日支付价款180万元并在过户后15日内付清余款，后甲隐瞒上述事实又与丙订立了买卖合同并在3月14日交付了房屋，丙支付了190万元。3月17日，乙应甲之约办理了过户手续。后甲不知所踪。

乙要求丙腾退房屋，丙要求乙将房屋过户到自己名下。

请问：

（1）乙对丙的请求权。

（2）丙对乙的请求权。

2015 年

一、法条分析题

《物权法》第 20 条规定，“当事人签订买卖房屋或者其他不动产物权的协议，为保障将来实现物权，按照约定可以向登记机构申请预告登记。预告登记后，未经预告登记的权利人同意，处分该不动产的，不发生物权效力。预告登记后，债权消灭或者自能够进行不动产登记之日起三个月内未申请登记的，预告登记失效”。请谈谈我国物权法上的预告登记制度？

二、案例分析题

甲借给乙电脑一台，价值 5000 元，后乙谎称电脑丢失，因其穷愿意赔偿 1000 元了事，甲怜其穷，说：其余损失算了。后来乙将电脑转卖善意第三人丙，丙先付 2000 元，交付后丙知道甲、乙之事，以无效为由拒绝交付余下 3000 元。问：

（1）甲是否有权向丙请求返还电脑？

（2）甲能否请求法院要求乙赔偿损失，为什么？丙的拒付理由是否成立？

2014 年

一、法条分析题

《合同法》第 72 条规定：“债权人可以拒绝债务人部分履行债务，但部分履行不损害债权人利益的除外。债务人部分履行债务给债权人增加的费用，由债务人负担。”

二、案例分析题

甲、乙、丙三人各出 200 万元，购买北京一处三室两厅房屋，形成共有关系。甲住主卧，每月补贴乙、丙各 200 元。三人约定只允许自己或者家人居住，不得将房屋出租。2009 年，甲、乙出国，丙在甲、乙不在期间，与丁订立房屋出租合同，将房屋出租给丁，获得租金 18 万元。

甲、乙回来后，发现这一事实，发生争议，要求结束共有关系，但就房屋的分割不能达成一致。三人均表示愿意补偿其他两人，自己取得房屋的所有权，但是三人愿意补偿的金额不同，甲愿意补偿乙、丙各 200 万元，乙愿意补偿甲、丙各 180 万元，丙愿意补偿甲、乙各 170 万元，房屋市价为 650 万元。问：

（1）丙与丁之间的房屋租赁合同是否有效？

（2）如何分割房屋？

2013 年

一、法条分析题

《合同法》第 119 条。

二、案例分析题

甲花 50 万元买乙公司的汽车，但发现瑕疵无法登记，不可上路行驶。甲向乙主张权利，乙坚持让甲与车管所协调。不久，天降大雨，放在路面上的汽车损坏，价值变为 15 万元。分析本案中的法律关系。

2009 年

一、简答题

1. 委托代理中授权行为与基础关系的关系。

2. 继承开始后，遗产分割前和遗产分割后，继承人放弃权利的，放弃的分别是什么权利？

3. 产品缺陷致人损害侵权行为的构成要件。

4. 一人有限责任公司的法律地位。

二、案例分析题

刘某有白玉石、绿玉石各一颗，价值分别是 10 万元、8 万元。2005 年 8 月两颗玉石不慎丢失，几天后，何某拾到。何某在清洗绿玉石时不慎摔去一角，将白玉石加工成白玉石雕，价值 16 万元。

两个月后，何某死，其子继承。龚某见到绿玉石，以为是何小某之物，遂买之，因绿玉石稍有缺陷，成交价格为 5 万元。

11 月，刘某得知上述事实，但因事耽搁，直至2009年9月方才要求何小某及龚某返还两块玉石。

1. 案例中存在哪几种法律关系？

2. 刘某是否能请求何小某返还白玉石？怎样返还？为什么？

3. 刘某能否请求龚某返还绿玉石？为什么？

4. 刘某若能够或不能够请求龚某返还绿玉石，他可以采取什么样的救济措施？

中国人民大学

2022年

一、案例分析题

甲商业银行借款2亿元给向乙公司，为了担保债权实现，甲银行实施了如下行为：和丙公司（非关联公司，但此前乙公司曾经为丙公司的债务提供过担保）签订了一般保证合同，不存在伪造公章等行为。但丙公司章程规定，提供超过1个亿的担保，必须召开股东大会，但丙公司没有召开股东大会。与丁公司（非关联公司）签订了连带责任保证协议，不存在伪造签名的行为。但其章程规定，未经股东会决议，不得对外提供担保，但丁公司只提供了董事会的决议。和戊公司（上市公司）签订了连带责任保证，戊公司是乙公司控股股东。戊公司召开了临时股东会，作出了决议，但未按照规定披露相关信息。与乙公司法定代表人陈某某签订了抵押合同，抵押物为陈某所有的一栋综合楼，该综合楼的建设用地使用权系陈某以租赁方式取得，因当地有关部门相关规定，存在房地不一致的问题（建筑物所有权和建设用地使用权权利主体不同）的，无法办理不动产登记手续，大楼一直未能办理所有权初始登记，也一直未能办理抵押权登记。

问题：

1. 乙公司到期不偿还债务时，甲商业银行可否向丙公司、丁公司、戊公司主张权利，主张何种权利？理由是什么？

2. 甲商业银行和陈某某签订的《抵押合同》是否有效？甲商业银行是否有权向其提出请求？能提出什么请求？

二、论述题

《民法典》第142条规定的“有相对人的意思表示”和“无相对人的意思表示”在解释规则上有何异同，各举一例说明并解释其法理。

2021年

一、案例分析题

甲是自然人，乙公司是国有企业，甲与乙公司签订《房屋买卖合同》，约定将乙公司的一个小院落（建筑物、构筑物都登记在国有企业名下）转让给甲。乙公司的土地都是当时划拨获得，乙公司股东会和职工代表大会决议通过了该协议，双方约定于2019年3月1日完成相关部门的登记。另外，双方约定，甲分期付款，第一阶段付300万，第二阶段付300万（两个阶段有时间，都是一样的区间），在2019年3月15日支付剩余价款，甲付完第一阶段的300万后，双方口头约定将院落交付甲让其占有和使用。此外，双方针对两个阶段的支付皆设置了违约金。乙公司由于土地使用权转让未获得相关部门批准，过了应该登记的日期，但是乙公司仍不能完成登记。甲提起诉讼某，请求乙公司支付违约金并办理登记。乙公司则以双方《房屋买卖合同》违反强制性规定而无效，另外，乙公司愿意退还甲的购房款及银行利息，但请求甲返还院落。

问题：

1. 法官要在2019年底结案，作为法官助理请至少提出三种处理意见，判断《房屋买卖合同》的效力，并比较优缺点，选出最适合的方案。

2. 假定《房屋买卖合同》是在 2021 年 5 月 8 日签订的，法官要在 2025 年结案，作为法官助理，针对房屋协议的效力，可以为其提出什么意见？

3. 适用《民法典》还是颁布之前的法律还是其他规范认定更好？

二、论述题

债权人可以将合同的权利全部或者部分转让给第三人，但例外情况下不允许转让。举例论述《民法典》中的不得转让。

2020 年

一、材料分析题

材料：聚能公司在网络电商平台售卖“帝豪”牌太阳能热水器，刁某某在 3 月 27 日看到该太阳能热水器标价 1 元/台，遂购买 6 台，付款 6 元。在订购成功后，刁某某又在 4 月 15 日、4 月 27 日分别下单 7 台、8 台“帝豪”牌太阳能热水器，皆按 1 元/台的价格付款。至 5 月 14 日为止，聚能公司一次都未曾发货。刁某某以此到法院起诉，提出两项诉讼请求：1. 要求聚能公司对 21 台“帝豪”牌太阳能热水器发货；2. 要求电商平台连带承担责任。聚能公司称，他们将市场价值 1 万元/台的热水器在平台上定价 1 元/台，是为了令其亲属拍下虚假交易刷好评，没有售卖的意思，合同应不成立。

问题：

1. 如果你是原告的代理律师，将基于什么法律依据提出什么主张？

2. 如果你是案件主审法官的研究助理，针对案件将基于什么法律依据提出什么建议？

二、论述题

合同法定解除权的具体类型和法律效果，针对每一种类型举例说明。

2019 年

一、材料分析题

材料：房子为甲、乙夫妻共同财产，甲与前一个买家丁签订了房屋买卖合同，价款为 1000 万元，但未办理过户登记。由于房价大涨，于是甲以房子为夫妻共同财产为由主张合同无效，再以 1100 万元的高价卖给后一个买家戊，并办理了过户登记。丁对甲提起诉讼，主张解除合同并赔偿损失，案件审理终结时，房价已经回落至 900 万元。

问题：

1. 甲与丁之间的房屋买卖合同的效力？

2. 丁主张解除合同后，其与甲之间的房屋买卖合同的效力？

3. 在房屋中介丙收取了丁 2% 手续费的前提下，现房子贬值，对此丁能否要求丙承担责任？如果能，其请求权基础是什么？且丙具体需承担什么法律责任？

4. 丁能否以戊与甲、乙签订的合同侵犯其合同权利为由，主张甲、乙与戊之间的合同无效？为什么？

5. 丁与甲的合同解除后，其是否可以向甲请求损害赔偿？该损害赔偿的范围是什么？

二、论述题

论述我国法人的类型和特征。

2018 年

一、材料分析题

材料：《民法总则》第 153 条第 1 款、《合同法》第 52 条、《最高人民法院关于适用〈中华人民共和国合同法〉若干问题的解释（二）》第 14 条。

问题：

1. 评析《民法总则》第 153 条第 1 款的规范目的。

2. 《民法总则》第 153 条第 1 款相比《合同法》第 52 条、《最高人民法院关于适用〈中华人民共和国合同法〉若干问题的解释（二）》第 14 条发生了什么主要变化？这一变化对裁判实践有什么影响？

3. 违反管理性强制规范的民事法律行为的法律效力。

二、论述题

结合民法总则的规定试述无权代理行为的法律效果。

2017 年

一、材料分析题

A 公司与 C 公司长期往来。

A 公司向 B 公司借款 100 万元，C 公司担保 A 公司代甲在担保函上加盖公司章。

A 公司到期无法还钱。B 公司找 C 公司要，C 公司拒绝。

B 公司与 C 公司的纠纷如何处理？并请说明理由。

二、论述题

民法上的意思表示。

2016 年

一、比较下列概念

1. 公益法人与私益法人
2. 有因行为与无因行为
3. 地役权与相邻关系

二、法条分析题

试分析《担保法》第 28 条规定：“同一债权既有保证又有物的担保的，保证人对物的担保以外的债权承担保证责任。债权人放弃物的担保的，保证人在债权人放弃权利的范围内免除保证责任。”

2015 年

一、名词解释

1. 恶意串通的民事行为
2. 信赖利益
3. 善意取得
4. 遗赠

二、简答题

简述两合公司和有限合伙的异同。

2014 年

一、名词解释

1. 交易习惯
2. 转委托
3. 遗赠扶养协议
4. 无意思数人共同侵权

二、简答题

简述债务与责任的关系。

2013 年

一、名词解释

1. 租赁合同
2. 抵押权
3. 财团法人
4. 高度危险行为

二、简述题

监护权的特点。

2012 年

一、名词解释

1. 意思表示
2. 共同侵权责任
3. 赠与合同

二、简答题

担保物权的特征。

2010 年

一、名词解释

1. 时效中止
2. 退伙
3. 他物权
4. 赠与合同
5. 遗嘱执行
6. 证券承销协议

二、简答题

1. 简述民事权利的基本分类。
2. 简述格式条款的概念及其规制。
3. 简述夫妻法定财产制的概念及其特征。

三、论述题

论述侵权责任法的责任承担方式。

2009 年

一、名词解释

1. 公序良俗
2. 人身自由权
3. 情势变更
4. 短线交易
5. 票据的文义性
6. 继承权的丧失

二、简答题

1. 诉讼时效的客体。
2. 合同权利转让的效果。
3. 人身损害赔偿中的精神抚慰金的种类及其适用。

三、论述题

物权法中的占有保护请求权。

中国政法大学

2022 年

一、名词解释

1. 民事法律行
2. 物权法定原则
3. 共同危险行为

二、简答题

简述我国《民法典》关于法人体系。

三、论述题

论《民法典》中的违约责任，可以从违约形态、归责原则、免责事由等展开。

2021 年

一、名词解释

1. 他主占有
2. 债权人的代位权
3. 营利法人

二、简答题

共同共有和按份共有区别。

三、论述题

合同解除的法律效果。

2020 年

一、名词解释

1. 抗辩权
2. 最高额抵押权
3. 要约邀请

二、简答题

简述狭义无权代理的法律后果。

三、论述题

论合同解除制度。

2019 年

一、名词解释

1. 表见代理
2. 第三人利益合同
3. 责任竞合

二、简答题

恶意串通与虚假意思表示的差异。

三、论述题

物权法中的公示公信原则。

2018 年

一、名词解释

1. 预约
2. 附随义务
3. 权利质权

二、简答题

简答诉讼时效期间届满的法律后果。

三、论述题

试论我国民法总则中的法人的分类。

2017 年

一、名词解释

1. 形成权
2. 债务承担
3. 善意占有

二、简答题

社团法人和财团法人的区别。

三、论述题

物权变动模式+谈谈对《物权法》上物权变动模式的认识。

2016 年

一、名词解释

1. 形成权
2. 选择之债
3. 地役权

二、简答题

1. 我国民法上紧急避险的规则。
2. 我国《合同法》上合同解除的规则。

三、论述题

占有的意义。

2015 年

一、简答题

1. 物权客体为什么特定？
2. 债权人主张债权会使诉讼时效中断，该行为是不是法律行为？
3. 代理权和基础关系的关系？

二、论述和分析题

从规范的属性分析，侵权责任法应该有什么救济措施？

2014 年

一、简答题

1. 简述抗辩权与形成权的区别。
2. 物权客体为何要特定。
3. 无偿合同的特殊性。
4. 举例说明不真正连带责任。
5. 保险法和企业破产法，各举一个制度分析立法对公平价值与效率价值的平衡。

二、论述题

试论述“过错”在以无过错责任为原则的侵权行为中的作用。

2013 年

一、简答题

1. 论我国物权异议登记制度。
2. 论情势变更。
3. 论我国侵权责任法上的替代制度。

二、论述题

分析我国《侵权责任法》第 15 条责任方式规定的妥当性。

2012 年

一、简答题

1. 共同侵权行为与共同危险行为的区别。
2. 行纪合同与委托合同的区别。
3. 可撤销行为与效力待定行为的区别。

二、论述题

物权法定原则。

华东政法大学

2017 年

一、简答题

简述意思表示发出的功能和意义。

二、辨析题

甲和乙签订买卖合同，甲要求乙支付相应价款，乙主张该买卖合同违反强制性规定所以合同无效。乙的主张是权利障碍的抗辩。辨析以上说法是否正确，并分析原因。

三、案例分析题

2015年11月10日，甲曾向乙发出以500元出售变形金刚模型的邀约，承诺的期限为2015年11月25日。后乙于2015年11月25日晚上11点将书面承诺放在甲的邮箱中。突然，乙看到自己的好友发邮件给自己说愿意出售自己的变形金刚，乙于凌晨1点23分发短信给甲，表示不再购买甲的模型。由于甲没有带手机，又外出在外，于2015年11月27日上午9时回到家看到自己邮箱中乙的承诺，又于2015年11月27日上午9点10分看到短信。

（1）乙向甲发出的承诺何时到达？

（2）乙向甲发出的短信的性质是什么，有没有生效？

（3）甲、乙之间的合同有没有生效，为什么？

2016年

一、简答题

简述民法上的抗辩与抗辩权的区别。

二、辨析题

《合同法》第235条第1款规定“租赁期间届满，承租人应当返还租赁物”，出租人据此对承租人享有返还请求权，是物权请求权。辨析上述表述的正确与否，并说明理由。

三、案例分析题

甲欲收藏吴昌硕书《石鼓文》条幅，降询于好友书画鉴定家乙，乙知其友丙藏有此条幅，因与丙私交甚笃，即嘱咐甲自行前去商洽，说明系乙介绍即可。甲至丙处，误称系受乙之委托而来，商洽求购该条幅，价款1000万元。丙以为系乙愿购买，遂一口答应，后丙请求乙付款，乙拒绝，称条幅系甲购买。问：

（1）丙是否有权请求乙支付1000万元，为什么？

（2）甲是否有权请求丙交付条幅并转移所有权，为什么？

2015年

一、简答题

何谓实质意义上的民法？何谓形式意义上的民法？并举例说明。

二、辨析题

民事法律关系具有三个要素，其中一个要素发生变动，民事法律关系则发生变动。辨析上述表述的正确与否，并说明理由。

三、案例分析题

甲授权乙出卖耕牛一头，丙授权乙买进耕牛一头。乙同时代理甲、丙签署耕牛买卖合同一份。问：

（1）该买卖合同是否有效，为什么？

（2）如果甲对乙的行为表示追认，该买卖合同是否有效，为什么？

西北政法大学

2019年

一、简答题

1. 可撤销的法律行为的概念、特征及类型。

2. 先履行抗辩权的构成要件。

3. 不当得利的构成要件及法律效果。

二、论述题

物权与债权的关系。

2017年

一、简答题

1. 民事责任的概念和特征。

2. 物权的效力。

3. 代位权的构成要件。

二、论述题

可变更、可撤销的民事法律行为。

2016 年

一、简答题

1. 不当得利的构成特点。

2. 合同法定解除的条件。

3. 根据物权法定原则说明物权法关于物权的类型。

二、论述题

民事法律事实的概念分类意义。

2015 年

一、简答题

1. 民事权利能力的含义和特征。

2. 业主的建筑物区分所有权的含义和特征。

3. 缔约过失责任的含义和特征。

二、论述题

结合实际谈谈民法的基本原则的功能。

附录二：民法学习参考书目

一、专著教材类

《民法学》编写组：《民法学》，高等教育出版社 2022 年版。

梁慧星：《民法总则讲义》，法律出版社 2021 年版。

魏振瀛主编：《民法》，北大出版社 2021 年版。

马俊驹、余延满：《民法原论》，法律出版社 2016 年版。

陈华彬：《民法总论》，中国法制出版社 2011 年版。

陈华彬：《民法物权论》，中国法制出版社 2010 年版。

何宝玉：《合同法原理与判例》，中国法制出版社 2013 年版。

龙卫球主编：《中华人民共和国民法典总则编释义》，中国法制出版社 2020 年版。

龙卫球主编：《中华人民共和国民法典合同编释义》（上下册），中国法制出版社 2020 年版。

龙卫球主编、刘智慧著：《中华人民共和国民法典物权编释义》，中国法制出版社 2021 年版。

龙卫球主编：《中华人民共和国民法典婚姻家庭编与继承编释义》，中国法制出版社 2020 年版。

龙卫球主编：《中华人民共和国民法典人格权编与侵权责任编释义》，中国法制出版社 2021 年版。

杨立新编著：《中华人民共和国民法典条文要义（全 2 册）》，中国法制出版社 2023 年版。

杨立新主编：《中华人民共和国民法典释义与案例评注丛书（全 7 册）》，中国法制出版社 2023 年版。

二、教学辅导类

《中国法院 2023 年度案例·婚姻家庭与继承纠纷》，中国法制出版社 2023 年版。

《中国法院 2023 年度案例·物权纠纷》，中国法制出版社 2023 年版。

《中国法院 2023 年度案例·合同纠纷》，中国法制出版社 2023 年版。

《中国法院 2023 年度案例·侵权赔偿纠纷》，中国法制出版社 2023 年版。

《中国法院 2023 年度案例·人格权纠纷》，中国法制出版社 2023 年版。

《学生常用法规掌中宝——民法（一）总则编、物权编》，中国法制出版社 2021 年版。

《学生常用法规掌中宝——民法（二）合同编、人格权编、侵权责任编》，中国法制出版社 2021 年版。

《学生常用法规掌中宝——民法（三）婚姻家庭编、继承编》，中国法制出版社 2021 年版。

《学生常用法规掌中宝——知识产权法》，中国法制出版社 2021 年版。

图书在版编目（CIP）数据

民法配套测试／教学辅导中心组编 . —11 版 . —
北京：中国法制出版社，2023.7
高校法学专业核心课程配套测试
ISBN 978-7-5216-3570-6

Ⅰ.①民… Ⅱ.①教… Ⅲ.①民法-中国-高等学校
-习题集 Ⅳ.①D923.04

中国国家版本馆 CIP 数据核字（2023）第 092645 号

责任编辑：谢　雯　　　　封面设计：杨泽江　周黎明

民法配套测试

MINFA PEITAO CESHI

组编/教学辅导中心
经销/新华书店
印刷/三河市国英印务有限公司
开本/787 毫米×1092 毫米　16 开　　　　印张/33　字数/759 千
版次/2023 年 7 月第 11 版　　　　2023 年 7 月第 1 次印刷

中国法制出版社出版
书号 ISBN 978-7-5216-3570-6　　　　定价：79.00 元

北京市西城区西便门西里甲 16 号西便门办公区
邮政编码：100053　　　　传真：010-63141600
网址：http：//www.zgfzs.com　　　　**编辑部电话：010-63141802**
市场营销部电话：010-63141612　　　　**印务部电话：010-63141606**

（如有印装质量问题，请与本社印务部联系。）

中华人民共和国民法典

（2020年5月28日第十三届全国人民代表大会第三次会议通过　2020年5月28日中华人民共和国主席令第45号公布　自2021年1月1日起施行）

目　　录

第一编　总　则

第一章　基本规定

第一条　为了保护民事主体的合法权益，调整民事关系，维护社会和经济秩序，适应中国特色社会主义发展要求，弘扬社会主义核心价值观，根据宪法，制定本法。

第二条　民法调整平等主体的自然人、法人和非法人组织之间的人身关系和财产关系。

第三条　民事主体的人身权利、财产权利以及其他合法权益受法律保护，任何组织或者个人不得侵犯。

第四条　民事主体在民事活动中的法律地位一律平等。

第五条　民事主体从事民事活动，应当遵循自愿原则，按照自己的意思设立、变更、终止民事法律关系。

第六条　民事主体从事民事活动，应当遵循公平原则，合理确定各方的权利和义务。

第七条　民事主体从事民事活动，应当遵循诚信原则，秉持诚实，恪守承诺。

第八条　民事主体从事民事活动，不得违反法律，不得违背公序良俗。

第九条　民事主体从事民事活动，应当有利于节约资源、保护生态环境。

第十条　处理民事纠纷，应当依照法律；法律没有规定的，可以适用习惯，但是不得违背公序良俗。

第十一条　其他法律对民事关系有特别规定的，依照其规定。

第十二条　中华人民共和国领域内的民事活动，适用中华人民共和国法律。法律另有规定的，依照其规定。

第二章　自　然　人

第一节　民事权利能力和民事行为能力

第十三条　自然人从出生时起到死亡时止，具有民事权利能力，依法享有民事权利，承担民事义务。

第十四条　自然人的民事权利能力一律平等。

第十五条　自然人的出生时间和死亡时间，以出生证明、死亡证明记载的时间为准；没有出生证明、死亡证明的，以户籍登记或者其他有效身份登记记载的时间为准。有其他证据足以推翻以上记载时间的，以该证据证明的时间为准。

第十六条　涉及遗产继承、接受赠与等胎儿利益保护的，胎儿视为具有民事权利能力。但是，胎儿娩出时为死体的，其民事权利能力自始不存在。

第十七条　十八周岁以上的自然人为成年人。不满十八周岁的自然人为未成年人。

第十八条　成年人为完全民事行为能力人，可以独立实施民事法律行为。

十六周岁以上的未成年人，以自己的劳动收入为主要生活来源的，视为完全民事行为能力人。

第十九条　八周岁以上的未成年人为限制民事行为能力人，实施民事法律行为由其法定代理人代理或者经其法定代理人同意、追认；但是，可以独立实施纯获利益的民事法律行为或者与其年龄、智力相适应的民事法律行为。

第二十条　不满八周岁的未成年人为无民事行为能力人，由其法定代理人代理实施民事法律行为。

第二十一条　不能辨认自己行为的成年人为无民事行为能力人，由其法定代理人代理实施民事法律行为。

八周岁以上的未成年人不能辨认自己行为的，适用前款规定。

第二十二条　不能完全辨认自己行为的成年人为限制民事行为能力人，实施民事法律行为由其法定代理人代理或者经其法定代理人同意、追认；但是，可以独立实施纯获利益的民事法律行为或者与其智力、精神健康状况相适应的民事法律行为。

第二十三条　无民事行为能力人、限制民事行为能力人的监护人是其法定代理人。

第二十四条　不能辨认或者不能完全辨认自己行为的成年人，其利害关系人或者有关组织，可以向人民法院申请认定该成年人为无民事行为能力人或者限制民事行为能力人。

被人民法院认定为无民事行为能力人或者限制民事行为能力人的，经本人、利害关系人或者有关组织申请，人民法院可以根据其智力、精神健康恢复的状况，认定该成年人恢复为限制民事行为能力人或者完全民事行为能力人。

本条规定的有关组织包括：居民委员会、村民委员会、学校、医疗机构、妇女联合会、残疾人联合会、依法设立的老年人组织、民政部门等。

第二十五条　自然人以户籍登记或者其他有效身份登记记载的居所为住所；经常居所与住所不一致的，经常居所视为住所。

第二节　监　　护

第二十六条　父母对未成年子女负有抚养、教育和保护的义务。

成年子女对父母负有赡养、扶助和保护的义务。

第二十七条　父母是未成年子女的监护人。

未成年人的父母已经死亡或者没有监护能力的，由下列有监护能力的人按顺序担任监护人：

（一）祖父母、外祖父母；

（二）兄、姐；

（三）其他愿意担任监护人的个人或者组织，但是须经未成年人住所地的居民委员会、村民委员会或者民政部门同意。

第二十八条　无民事行为能力或者限制民事行为能力的成年人，由下列有监护能力的人按顺序担任监护人：

（一）配偶；

（二）父母、子女；

（三）其他近亲属；

（四）其他愿意担任监护人的个人或者组织，但是须经被监护人住所地的居民委员会、村民委员会或者民政部门同意。

第二十九条　被监护人的父母担任监护人的，可以通过遗嘱指定监护人。

第三十条　依法具有监护资格的人之间可以协议确定监护人。协议确定监护人应当尊重被监护人的真实意愿。

第三十一条　对监护人的确定有争议的，由被监护人住所地的居民委员会、村民委员会或者民政部门指定监护人，有关当事人对指定不服的，可以向人民法院申请指定监护人；有关当事人也可以直接向人民法院申请指定监护人。

居民委员会、村民委员会、民政部门或者人民法院应当尊重被监护人的真实意愿，按照最有利于被监护人的原则在依法具有监护资格的人中指定监护人。

依据本条第一款规定指定监护人前，被监护人的人身权利、财产权利以及其他合法权益处于无人保护状态的，由被监护人住所地的居民委员会、村民委员会、法律规定的有关组织或者民政部门担任临时监护人。

监护人被指定后，不得擅自变更；擅自变更的，不免除被指定的监护人的责任。

第三十二条 没有依法具有监护资格的人的，监护人由民政部门担任，也可以由具备履行监护职责条件的被监护人住所地的居民委员会、村民委员会担任。

第三十三条 具有完全民事行为能力的成年人，可以与其近亲属、其他愿意担任监护人的个人或者组织事先协商，以书面形式确定自己的监护人，在自己丧失或者部分丧失民事行为能力时，由该监护人履行监护职责。

第三十四条 监护人的职责是代理被监护人实施民事法律行为，保护被监护人的人身权利、财产权利以及其他合法权益等。

监护人依法履行监护职责产生的权利，受法律保护。

监护人不履行监护职责或者侵害被监护人合法权益的，应当承担法律责任。

因发生突发事件等紧急情况，监护人暂时无法履行监护职责，被监护人的生活处于无人照料状态的，被监护人住所地的居民委员会、村民委员会或者民政部门应当为被监护人安排必要的临时生活照料措施。

第三十五条 监护人应当按照最有利于被监护人的原则履行监护职责。监护人除为维护被监护人利益外，不得处分被监护人的财产。

未成年人的监护人履行监护职责，在作出与被监护人利益有关的决定时，应当根据被监护人的年龄和智力状况，尊重被监护人的真实意愿。

成年人的监护人履行监护职责，应当最大程度地尊重被监护人的真实意愿，保障并协助被监护人实施与其智力、精神健康状况相适应的民事法律行为。对被监护人有能力独立处理的事务，监护人不得干涉。

第三十六条 监护人有下列情形之一的，人民法院根据有关个人或者组织的申请，撤销其监护人资格，安排必要的临时监护措施，并按照最有利于被监护人的原则依法指定监护人：

（一）实施严重损害被监护人身心健康的行为；

（二）怠于履行监护职责，或者无法履行监护职责且拒绝将监护职责部分或者全部委托给他人，导致被监护人处于危困状态；

（三）实施严重侵害被监护人合法权益的其他行为。

本条规定的有关个人、组织包括：其他依法具有监护资格的人，居民委员会、村民委员会、学校、医疗机构、妇女联合会、残疾人联合会、未成年人保护组织、依法设立的老年人组织、民政部门等。

前款规定的个人和民政部门以外的组织未及时向人民法院申请撤销监护人资格的，民政部门应当向人民法院申请。

第三十七条 依法负担被监护人抚养费、赡养费、扶养费的父母、子女、配偶等，被人民法院撤销监护人资格后，应当继续履行负担的义务。

第三十八条 被监护人的父母或者子女被人民法院撤销监护人资格后，除对被监护人实施故意犯罪的外，确有悔改表现的，经其申请，人民法院可以在尊重被监护人真实意愿的前提下，视情况恢复其监护人资格，人民法院指定的监护人与被监护人的监护关系同时终止。

第三十九条 有下列情形之一的，监护关系终止：

（一）被监护人取得或者恢复完全民事行为能力；

（二）监护人丧失监护能力；

（三）被监护人或者监护人死亡；

（四）人民法院认定监护关系终止的其他情形。

监护关系终止后，被监护人仍然需要监护的，应当依法另行确定监护人。

第三节 宣告失踪和宣告死亡

第四十条 自然人下落不明满二年的，利害关系人可以向人民法院申请宣告该自然人为失踪人。

第四十一条 自然人下落不明的时间自其失去音讯之日起计算。战争期间下落不明的，下落不明的时间自战争结束之日或者有关机关确定的下落不明之日起计算。

第四十二条 失踪人的财产由其配偶、成年子女、父母或者其他愿意担任财产代管人的人代管。

代管有争议，没有前款规定的人，或者前款规定的人无代管能力的，由人民法院指定的人代管。

第四十三条 财产代管人应当妥善管理失踪人的财产，维护其财产权益。

失踪人所欠税款、债务和应付的其他费用，由财产代管人从失踪人的财产中支付。

财产代管人因故意或者重大过失造成失踪人财产损失的，应当承担赔偿责任。

第四十四条 财产代管人不履行代管职责、侵害失踪人财产权益或者丧失代管能力的，失踪人的利害关系人可以向人民法院申请变更财产代管人。

财产代管人有正当理由的，可以向人民法院申请变更财产代管人。

人民法院变更财产代管人的，变更后的财产代管人有权请求原财产代管人及时移交有关财产并报告财产代管情况。

第四十五条 失踪人重新出现，经本人或者利害关系人申请，人民法院应当撤销失踪宣告。

失踪人重新出现，有权请求财产代管人及时移交有关财产并报告财产代管情况。

第四十六条 自然人有下列情形之一的，利害关系人可以向人民法院申请宣告该自然人死亡：

（一）下落不明满四年；

（二）因意外事件，下落不明满二年。

因意外事件下落不明，经有关机关证明该自然人不可能生存的，申请宣告死亡不受二年时间的限制。

第四十七条 对同一自然人，有的利害关系人申请宣告死亡，有的利害关系人申请宣告失踪，符合本法规定的宣告死亡条件的，人民法院应当宣告死亡。

第四十八条 被宣告死亡的人，人民法院宣告死亡的判决作出之日视为其死亡的日期；因意外事件下落不明宣告死亡的，意外事件发生之日视为其死亡的日期。

第四十九条 自然人被宣告死亡但是并未死亡的，不影响该自然人在被宣告死亡期间实施的民事法律行为的效力。

第五十条 被宣告死亡的人重新出现，经本人或者利害关系人申请，人民法院应当撤销死亡宣告。

第五十一条 被宣告死亡的人的婚姻关系，自死亡宣告之日起消除。死亡宣告被撤销的，婚姻关系自撤销死亡宣告之日起自行恢复。但是，其配偶再婚或者向婚姻登记机关书面声明不愿意恢复的除外。

第五十二条 被宣告死亡的人在被宣告死亡期间，其子女被他人依法收养的，在死亡宣告被撤销后，不得以未经本人同意为由主张收养行为无效。

第五十三条 被撤销死亡宣告的人有权请求依照本法第六编取得其财产的民事主体返还财产；无法返还的，应当给予适当补偿。

利害关系人隐瞒真实情况，致使他人被宣告死亡而取得其财产的，除应当返还财产外，还应当对由此造成的损失承担赔偿责任。

第四节 个体工商户和农村承包经营户

第五十四条 自然人从事工商业经营，经依法登记，为个体工商户。个体工商户可以起字号。

第五十五条 农村集体经济组织的成员，依法取得农村土地承包经营权，从事家庭承包经营的，为农村承包经营户。

第五十六条 个体工商户的债务，个人经营的，以个人财产承担；家庭经营的，以家庭财产承担；无法区分的，以家庭财产承担。

农村承包经营户的债务，以从事农村土地承包经营的农户财产承担；事实上由农户部分成员经营的，以该部分成员的财产承担。

第三章 法　　人

第一节 一般规定

第五十七条 法人是具有民事权利能力和民事行为能力，依法独立享有民事权利和承担民事义务的组织。

第五十八条 法人应当依法成立。

法人应当有自己的名称、组织机构、住所、财产或者经费。法人成立的具体条件和程序，依照法律、行政法规的规定。

设立法人，法律、行政法规规定须经有关机关批准的，依照其规定。

第五十九条 法人的民事权利能力和民事行为能力，从法人成立时产生，到法人终止时消灭。

第六十条 法人以其全部财产独立承担民事责任。

第六十一条 依照法律或者法人章程的规定，代表法人从事民事活动的负责人，为法人的法定代表人。

法定代表人以法人名义从事的民事活动，其法律后果由法人承受。

法人章程或者法人权力机构对法定代表人代表权的限制，不得对抗善意相对人。

第六十二条 法定代表人因执行职务造成他人损害的，由法人承担民事责任。

法人承担民事责任后，依照法律或者法人章程的规定，可以向有过错的法定代表人追偿。

第六十三条 法人以其主要办事机构所在地为住所。依法需要办理法人登记的，应当将主要办事机构所在地登记为住所。

第六十四条 法人存续期间登记事项发生变化的，应当依法向登记机关申请变更登记。

第六十五条 法人的实际情况与登记的事项不一致的，不得对抗善意相对人。

第六十六条 登记机关应当依法及时公示法人登记的有关信息。

第六十七条 法人合并的，其权利和义务由合并后的法人享有和承担。

法人分立的，其权利和义务由分立后的法人享有连带债权，承担连带债务，但是债权人和债务人另有约定的除外。

第六十八条 有下列原因之一并依法完成清算、注销登记的，法人终止：

（一）法人解散；

（二）法人被宣告破产；

（三）法律规定的其他原因。

法人终止，法律、行政法规规定须经有关机关批准的，依照其规定。

第六十九条 有下列情形之一的，法人解散：

（一）法人章程规定的存续期间届满或者法人章程规定的其他解散事由出现；

（二）法人的权力机构决议解散；

（三）因法人合并或者分立需要解散；

（四）法人依法被吊销营业执照、登记证书，被责令关闭或者被撤销；

（五）法律规定的其他情形。

第七十条 法人解散的，除合并或者分立的情形外，清算义务人应当及时组成清算组进行清算。

法人的董事、理事等执行机构或者决策机构的成员为清算义务人。法律、行政法规另有规定的，依照其规定。

清算义务人未及时履行清算义务，造成损害的，应当承担民事责任；主管机关或者利害关系人可以申请人民法院指定有关人员组成清算组进行清算。

第七十一条 法人的清算程序和清算组职权，依照有关法律的规定；没有规定的，参照适用公司法律的有关规定。

第七十二条 清算期间法人存续，但是不得从事与清算无关的活动。

法人清算后的剩余财产，按照法人章程的规定或者法人权力机构的决议处理。法律另有规定的，依照其规定。

清算结束并完成法人注销登记时，法人终止；依法不需要办理法人登记的，清算结束时，法人终止。

第七十三条 法人被宣告破产的，依法进行破产清算并完成法人注销登记时，法人终止。

第七十四条 法人可以依法设立分支机构。法律、行政法规规定分支机构应当登记的，依照其规定。

分支机构以自己的名义从事民事活动，产生的民事责任由法人承担；也可以先以该分支机构管理的财产承担，不足以承担的，由法人承担。

第七十五条 设立人为设立法人从事的民事活动，其法律后果由法人承受；法人未成立的，其法律后果由设立人承受，设立人为二人以上的，享有连带债权，承担连带债务。

设立人为设立法人以自己的名义从事民事活动产生的民事责任，第三人有权选择请求法人或者设立人承担。

第二节 营利法人

第七十六条 以取得利润并分配给股东等出资人为目的成立的法人，为营利法人。

营利法人包括有限责任公司、股份有限公司和其他企业法人等。

第七十七条 营利法人经依法登记成立。

第七十八条 依法设立的营利法人，由登记机关发给营利法人营业执照。营业执照签发日期为营利法人的成立日期。

第七十九条 设立营利法人应当依法制定法人章程。

第八十条 营利法人应当设权力机构。

权力机构行使修改法人章程，选举或者更换执行机构、监督机构成员，以及法人章程规定的其他职权。

第八十一条 营利法人应当设执行机构。

执行机构行使召集权力机构会议，决定法人的经营计划和投资方案，决定法人内部管理机构的设置，以及法人章程规定的其他职权。

执行机构为董事会或者执行董事的，董事长、执行董事或者经理按照法人章程的规定担任法定代表人；未设董事会或者执行董事的，法人章程规定的主要负责人为其执行机构和法定代表人。

第八十二条 营利法人设监事会或者监事等监督机构的，监督机构依法行使检查法人财务，监督执行机构成员、高级管理人员执行法人职务的行为，以及法人章程规定的其他职权。

第八十三条 营利法人的出资人不得滥用出资人权利损害法人或者其他出资人的利益；滥用出资人权利造成法人或者其他出资人损失的，应当依法承担民事责任。

营利法人的出资人不得滥用法人独立地位和出资人有限责任损害法人债权人的利益；滥用法人独立地位和出资人有限责任，逃避债务，严重损害法人债权人的利益的，应当对法人债务承担连带责任。

第八十四条 营利法人的控股出资人、实际控制人、董事、监事、高级管理人员不得利用其关联关系损害法人的利益；利用关联关系造成法人损失的，应当承担赔偿责任。

第八十五条 营利法人的权力机构、执行机构作出决议的会议召集程序、表决方式违反法律、行政法规、法人章程，或者决议内容违反法人章程的，营利法人的出资人可以请求人民法院撤销该决议。但是，营利法人依据该决议与善意相对人形成的民事法律关系不受影响。

第八十六条 营利法人从事经营活动，应当遵守商业道德，维护交易安全，接受政府和社会的监督，承担社会责任。

第三节 非营利法人

第八十七条 为公益目的或者其他非营利目的成立，不向出资人、设立人或者会员分配所取得利润的法人，为非营利法人。

非营利法人包括事业单位、社会团体、基金会、社会服务机构等。

第八十八条 具备法人条件，为适应经济社会发展需要，提供公益服务设立的事业单位，经依法登记成立，取得事业单位法人资格；依法不需要办理法人登记的，从成立之日起，具有事业单位法人资格。

第八十九条 事业单位法人设理事会的，除法律另有规定外，理事会为其决策机构。事业单位法人的法定代表人依照法律、行政法规或者法人章程的规定产生。

第九十条 具备法人条件，基于会员共同意愿，为公益目的或者会员共同利益等非营利目的设立的社会团体，经依法登记成立，取得社会团体法人资格；依法不需要办理法人登记的，从成立之日起，具有社会团体法人资格。

第九十一条 设立社会团体法人应当依法制定法人章程。

社会团体法人应当设会员大会或者会员代表大会等权力机构。

社会团体法人应当设理事会等执行机构。理事长或者会长等负责人按照法人章程的规定担任法定代表人。

第九十二条 具备法人条件，为公益目的以捐助财产设立的基金会、社会服务机构等，经依法登记成立，取得捐助法人资格。

依法设立的宗教活动场所，具备法人条件的，可以申请法人登记，取得捐助法人资格。法律、行政法规对宗教活动场所有规定的，依照其规定。

第九十三条 设立捐助法人应当依法制定法人章程。

捐助法人应当设理事会、民主管理组织等决策机构，并设执行机构。理事长等负责人按照法人章程的规定担任法定代表人。

捐助法人应当设监事会等监督机构。

第九十四条 捐助人有权向捐助法人查询捐助财产的使用、管理情况，并提出意见和建议，捐助法人应当及时、如实答复。

捐助法人的决策机构、执行机构或者法定代表人作出决定的程序违反法律、行政法规、法人章程，或者决定内容违反法人章程的，捐助人等利害关系人或者主管机关可以请求人民法院撤销该决定。但是，捐助法人依据该决定与善意相对人形成的民事法律关系不受影响。

第九十五条 为公益目的成立的非营利法人终止时，不得向出资人、设立人或者会员分配剩余财产。剩余财产应当按照法人章程的规定或者权力机构的决议用于公益目的；无法按照法人章程的规定或者权力机构的决议处理的，由主管机关主持转给宗旨相同或者相近的法人，并向社会公告。

第四节 特别法人

第九十六条 本节规定的机关法人、农村集体经济组织法人、城镇农村的合作经济组织法人、基层群众性自治组织法人，为特别法人。

第九十七条 有独立经费的机关和承担行政职能的法定机构从成立之日起，具有机关法人资格，可以从事为履行职能所需要的民事活动。

第九十八条 机关法人被撤销的，法人终止，其民事权利和义务由继任的机关法人享有和承担；没有继任的机关法人的，由作出撤销决定的机关法人享有和承担。

第九十九条 农村集体经济组织依法取得法人资格。

法律、行政法规对农村集体经济组织有规定的，依照其规定。

第一百条 城镇农村的合作经济组织依法取得法人资格。

法律、行政法规对城镇农村的合作经济组织有规定的，依照其规定。

第一百零一条 居民委员会、村民委员会具有基层群众性自治组织法人资格，可以从事为履行职能所需要的民事活动。

未设立村集体经济组织的，村民委员会可以依法代行村集体经济组织的职能。

第四章 非法人组织

第一百零二条 非法人组织是不具有法人资格，但是能够依法以自己的名义从事民事活动的组织。

非法人组织包括个人独资企业、合伙企业、不具有法人资格的专业服务机构等。

第一百零三条 非法人组织应当依照法律的规定登记。

设立非法人组织，法律、行政法规规定须经有关机关批准的，依照其规定。

第一百零四条 非法人组织的财产不足以清偿债务的，其出资人或者设立人承担无限责任。法律另有规定的，依照其规定。

第一百零五条 非法人组织可以确定一人或者数人代表该组织从事民事活动。

第一百零六条 有下列情形之一的，非法人组织解散：

（一）章程规定的存续期间届满或者章程规定的其他解散事由出现；

（二）出资人或者设立人决定解散；

（三）法律规定的其他情形。

第一百零七条 非法人组织解散的，应当依法进行清算。

第一百零八条 非法人组织除适用本章规定外，参照适用本编第三章第一节的有关规定。

第五章 民事权利

第一百零九条 自然人的人身自由、人格尊严受法律保护。

第一百一十条 自然人享有生命权、身体权、健康权、姓名权、肖像权、名誉权、荣誉权、隐私权、婚姻自主权等权利。

法人、非法人组织享有名称权、名誉权和荣誉权。

第一百一十一条 自然人的个人信息受法律保护。任何组织或者个人需要获取他人个人信息的，应当依法取得并确保信息安全，不得非法收集、使用、加工、传输他人个人信息，不得非法买卖、提供或者公开他人个人信息。

第一百一十二条 自然人因婚姻家庭关系等产生的人身权利受法律保护。

第一百一十三条 民事主体的财产权利受法律平等保护。

第一百一十四条 民事主体依法享有物权。

物权是权利人依法对特定的物享有直接支配和排他的权利，包括所有权、用益物权和担保物权。

第一百一十五条 物包括不动产和动产。法律规定权利作为物权客体的，依照其规定。

第一百一十六条 物权的种类和内容，

由法律规定。

第一百一十七条　为了公共利益的需要，依照法律规定的权限和程序征收、征用不动产或者动产的，应当给予公平、合理的补偿。

第一百一十八条　民事主体依法享有债权。

债权是因合同、侵权行为、无因管理、不当得利以及法律的其他规定，权利人请求特定义务人为或者不为一定行为的权利。

第一百一十九条　依法成立的合同，对当事人具有法律约束力。

第一百二十条　民事权益受到侵害的，被侵权人有权请求侵权人承担侵权责任。

第一百二十一条　没有法定的或者约定的义务，为避免他人利益受损失而进行管理的人，有权请求受益人偿还由此支出的必要费用。

第一百二十二条　因他人没有法律根据，取得不当利益，受损失的人有权请求其返还不当利益。

第一百二十三条　民事主体依法享有知识产权。

知识产权是权利人依法就下列客体享有的专有的权利：

（一）作品；

（二）发明、实用新型、外观设计；

（三）商标；

（四）地理标志；

（五）商业秘密；

（六）集成电路布图设计；

（七）植物新品种；

（八）法律规定的其他客体。

第一百二十四条　自然人依法享有继承权。

自然人合法的私有财产，可以依法继承。

第一百二十五条　民事主体依法享有股权和其他投资性权利。

第一百二十六条　民事主体享有法律规定的其他民事权利和利益。

第一百二十七条　法律对数据、网络虚拟财产的保护有规定的，依照其规定。

第一百二十八条　法律对未成年人、老年人、残疾人、妇女、消费者等的民事权利保护有特别规定的，依照其规定。

第一百二十九条　民事权利可以依据民事法律行为、事实行为、法律规定的事件或者法律规定的其他方式取得。

第一百三十条　民事主体按照自己的意愿依法行使民事权利，不受干涉。

第一百三十一条　民事主体行使权利时，应当履行法律规定的和当事人约定的义务。

第一百三十二条　民事主体不得滥用民事权利损害国家利益、社会公共利益或者他人合法权益。

第六章　民事法律行为

第一节　一般规定

第一百三十三条　民事法律行为是民事主体通过意思表示设立、变更、终止民事法律关系的行为。

第一百三十四条　民事法律行为可以基于双方或者多方的意思表示一致成立，也可以基于单方的意思表示成立。

法人、非法人组织依照法律或者章程规定的议事方式和表决程序作出决议的，该决议行为成立。

第一百三十五条　民事法律行为可以采用书面形式、口头形式或者其他形式；法律、行政法规规定或者当事人约定采用特定形式的，应当采用特定形式。

第一百三十六条　民事法律行为自成立时生效，但是法律另有规定或者当事人另有约定的除外。

行为人非依法律规定或者未经对方同意，不得擅自变更或者解除民事法律行为。

第二节 意思表示

第一百三十七条 以对话方式作出的意思表示，相对人知道其内容时生效。

以非对话方式作出的意思表示，到达相对人时生效。以非对话方式作出的采用数据电文形式的意思表示，相对人指定特定系统接收数据电文的，该数据电文进入该特定系统时生效；未指定特定系统的，相对人知道或者应当知道该数据电文进入其系统时生效。当事人对采用数据电文形式的意思表示的生效时间另有约定的，按照其约定。

第一百三十八条 无相对人的意思表示，表示完成时生效。法律另有规定的，依照其规定。

第一百三十九条 以公告方式作出的意思表示，公告发布时生效。

第一百四十条 行为人可以明示或者默示作出意思表示。

沉默只有在有法律规定、当事人约定或者符合当事人之间的交易习惯时，才可以视为意思表示。

第一百四十一条 行为人可以撤回意思表示。撤回意思表示的通知应当在意思表示到达相对人前或者与意思表示同时到达相对人。

第一百四十二条 有相对人的意思表示的解释，应当按照所使用的词句，结合相关条款、行为的性质和目的、习惯以及诚信原则，确定意思表示的含义。

无相对人的意思表示的解释，不能完全拘泥于所使用的词句，而应当结合相关条款、行为的性质和目的、习惯以及诚信原则，确定行为人的真实意思。

第三节 民事法律行为的效力

第一百四十三条 具备下列条件的民事法律行为有效：

（一）行为人具有相应的民事行为能力；

（二）意思表示真实；

（三）不违反法律、行政法规的强制性规定，不违背公序良俗。

第一百四十四条 无民事行为能力人实施的民事法律行为无效。

第一百四十五条 限制民事行为能力人实施的纯获利益的民事法律行为或者与其年龄、智力、精神健康状况相适应的民事法律行为有效；实施的其他民事法律行为经法定代理人同意或者追认后有效。

相对人可以催告法定代理人自收到通知之日起三十日内予以追认。法定代理人未作表示的，视为拒绝追认。民事法律行为被追认前，善意相对人有撤销的权利。撤销应当以通知的方式作出。

第一百四十六条 行为人与相对人以虚假的意思表示实施的民事法律行为无效。

以虚假的意思表示隐藏的民事法律行为的效力，依照有关法律规定处理。

第一百四十七条 基于重大误解实施的民事法律行为，行为人有权请求人民法院或者仲裁机构予以撤销。

第一百四十八条 一方以欺诈手段，使对方在违背真实意思的情况下实施的民事法律行为，受欺诈方有权请求人民法院或者仲裁机构予以撤销。

第一百四十九条 第三人实施欺诈行为，使一方在违背真实意思的情况下实施的民事法律行为，对方知道或者应当知道该欺诈行为的，受欺诈方有权请求人民法院或者仲裁机构予以撤销。

第一百五十条 一方或者第三人以胁迫手段，使对方在违背真实意思的情况下实施的民事法律行为，受胁迫方有权请求人民法院或者仲裁机构予以撤销。

第一百五十一条 一方利用对方处于危困状态、缺乏判断能力等情形，致使民事法律行为成立时显失公平的，受损害方有权请求人民法院或者仲裁机构予以撤销。

第一百五十二条 有下列情形之一的，

撤销权消灭：

（一）当事人自知道或者应当知道撤销事由之日起一年内、重大误解的当事人自知道或者应当知道撤销事由之日起九十日内没有行使撤销权；

（二）当事人受胁迫，自胁迫行为终止之日起一年内没有行使撤销权；

（三）当事人知道撤销事由后明确表示或者以自己的行为表明放弃撤销权。

当事人自民事法律行为发生之日起五年内没有行使撤销权的，撤销权消灭。

第一百五十三条 违反法律、行政法规的强制性规定的民事法律行为无效。但是，该强制性规定不导致该民事法律行为无效的除外。

违背公序良俗的民事法律行为无效。

第一百五十四条 行为人与相对人恶意串通，损害他人合法权益的民事法律行为无效。

第一百五十五条 无效的或者被撤销的民事法律行为自始没有法律约束力。

第一百五十六条 民事法律行为部分无效，不影响其他部分效力的，其他部分仍然有效。

第一百五十七条 民事法律行为无效、被撤销或者确定不发生效力后，行为人因该行为取得的财产，应当予以返还；不能返还或者没有必要返还的，应当折价补偿。有过错的一方应当赔偿对方由此所受到的损失；各方都有过错的，应当各自承担相应的责任。法律另有规定的，依照其规定。

第四节 民事法律行为的附条件和附期限

第一百五十八条 民事法律行为可以附条件，但是根据其性质不得附条件的除外。附生效条件的民事法律行为，自条件成就时生效。附解除条件的民事法律行为，自条件成就时失效。

第一百五十九条 附条件的民事法律行为，当事人为自己的利益不正当地阻止条件成就的，视为条件已经成就；不正当地促成条件成就的，视为条件不成就。

第一百六十条 民事法律行为可以附期限，但是根据其性质不得附期限的除外。附生效期限的民事法律行为，自期限届至时生效。附终止期限的民事法律行为，自期限届满时失效。

第七章 代　　理

第一节 一般规定

第一百六十一条 民事主体可以通过代理人实施民事法律行为。

依照法律规定、当事人约定或者民事法律行为的性质，应当由本人亲自实施的民事法律行为，不得代理。

第一百六十二条 代理人在代理权限内，以被代理人名义实施的民事法律行为，对被代理人发生效力。

第一百六十三条 代理包括委托代理和法定代理。

委托代理人按照被代理人的委托行使代理权。法定代理人依照法律的规定行使代理权。

第一百六十四条 代理人不履行或者不完全履行职责，造成被代理人损害的，应当承担民事责任。

代理人和相对人恶意串通，损害被代理人合法权益的，代理人和相对人应当承担连带责任。

第二节 委托代理

第一百六十五条 委托代理授权采用书面形式的，授权委托书应当载明代理人的姓名或者名称、代理事项、权限和期限，并由被代理人签名或者盖章。

第一百六十六条 数人为同一代理事项的代理人的，应当共同行使代理权，但是当事人另有约定的除外。

第一百六十七条 代理人知道或者应当知道代理事项违法仍然实施代理行为，或者被代理人知道或者应当知道代理人的代理行为违法未作反对表示的，被代理人和代理人应当承担连带责任。

第一百六十八条 代理人不得以被代理人的名义与自己实施民事法律行为，但是被代理人同意或者追认的除外。

代理人不得以被代理人的名义与自己同时代理的其他人实施民事法律行为，但是被代理的双方同意或者追认的除外。

第一百六十九条 代理人需要转委托第三人代理的，应当取得被代理人的同意或者追认。

转委托代理经被代理人同意或者追认的，被代理人可以就代理事务直接指示转委托的第三人，代理人仅就第三人的选任以及对第三人的指示承担责任。

转委托代理未经被代理人同意或者追认的，代理人应当对转委托的第三人的行为承担责任；但是，在紧急情况下代理人为了维护被代理人的利益需要转委托第三人代理的除外。

第一百七十条 执行法人或者非法人组织工作任务的人员，就其职权范围内的事项，以法人或者非法人组织的名义实施的民事法律行为，对法人或者非法人组织发生效力。

法人或者非法人组织对执行其工作任务的人员职权范围的限制，不得对抗善意相对人。

第一百七十一条 行为人没有代理权、超越代理权或者代理权终止后，仍然实施代理行为，未经被代理人追认的，对被代理人不发生效力。

相对人可以催告被代理人自收到通知之日起三十日内予以追认。被代理人未作表示的，视为拒绝追认。行为人实施的行为被追认前，善意相对人有撤销的权利。撤销应当以通知的方式作出。

行为人实施的行为未被追认的，善意相对人有权请求行为人履行债务或者就其受到的损害请求行为人赔偿。但是，赔偿的范围不得超过被代理人追认时相对人所能获得的利益。

相对人知道或者应当知道行为人无权代理的，相对人和行为人按照各自的过错承担责任。

第一百七十二条 行为人没有代理权、超越代理权或者代理权终止后，仍然实施代理行为，相对人有理由相信行为人有代理权的，代理行为有效。

第三节 代理终止

第一百七十三条 有下列情形之一的，委托代理终止：

（一）代理期限届满或者代理事务完成；

（二）被代理人取消委托或者代理人辞去委托；

（三）代理人丧失民事行为能力；

（四）代理人或者被代理人死亡；

（五）作为代理人或者被代理人的法人、非法人组织终止。

第一百七十四条 被代理人死亡后，有下列情形之一的，委托代理人实施的代理行为有效：

（一）代理人不知道且不应当知道被代理人死亡；

（二）被代理人的继承人予以承认；

（三）授权中明确代理权在代理事务完成时终止；

（四）被代理人死亡前已经实施，为了被代理人的继承人的利益继续代理。

作为被代理人的法人、非法人组织终止的，参照适用前款规定。

第一百七十五条 有下列情形之一的，法定代理终止：

（一）被代理人取得或者恢复完全民事

行为能力；

（二）代理人丧失民事行为能力；

（三）代理人或者被代理人死亡；

（四）法律规定的其他情形。

第八章 民事责任

第一百七十六条 民事主体依照法律规定或者按照当事人约定，履行民事义务，承担民事责任。

第一百七十七条 二人以上依法承担按份责任，能够确定责任大小的，各自承担相应的责任；难以确定责任大小的，平均承担责任。

第一百七十八条 二人以上依法承担连带责任的，权利人有权请求部分或者全部连带责任人承担责任。

连带责任人的责任份额根据各自责任大小确定；难以确定责任大小的，平均承担责任。实际承担责任超过自己责任份额的连带责任人，有权向其他连带责任人追偿。

连带责任，由法律规定或者当事人约定。

第一百七十九条 承担民事责任的方式主要有：

（一）停止侵害；

（二）排除妨碍；

（三）消除危险；

（四）返还财产；

（五）恢复原状；

（六）修理、重作、更换；

（七）继续履行；

（八）赔偿损失；

（九）支付违约金；

（十）消除影响、恢复名誉；

（十一）赔礼道歉。

法律规定惩罚性赔偿的，依照其规定。

本条规定的承担民事责任的方式，可以单独适用，也可以合并适用。

第一百八十条 因不可抗力不能履行民事义务的，不承担民事责任。法律另有规定的，依照其规定。

不可抗力是不能预见、不能避免且不能克服的客观情况。

第一百八十一条 因正当防卫造成损害的，不承担民事责任。

正当防卫超过必要的限度，造成不应有的损害的，正当防卫人应当承担适当的民事责任。

第一百八十二条 因紧急避险造成损害的，由引起险情发生的人承担民事责任。

危险由自然原因引起的，紧急避险人不承担民事责任，可以给予适当补偿。

紧急避险采取措施不当或者超过必要的限度，造成不应有的损害的，紧急避险人应当承担适当的民事责任。

第一百八十三条 因保护他人民事权益使自己受到损害的，由侵权人承担民事责任，受益人可以给予适当补偿。没有侵权人、侵权人逃逸或者无力承担民事责任，受害人请求补偿的，受益人应当给予适当补偿。

第一百八十四条 因自愿实施紧急救助行为造成受助人损害的，救助人不承担民事责任。

第一百八十五条 侵害英雄烈士等的姓名、肖像、名誉、荣誉，损害社会公共利益的，应当承担民事责任。

第一百八十六条 因当事人一方的违约行为，损害对方人身权益、财产权益的，受损害方有权选择请求其承担违约责任或者侵权责任。

第一百八十七条 民事主体因同一行为应当承担民事责任、行政责任和刑事责任的，承担行政责任或者刑事责任不影响承担民事责任；民事主体的财产不足以支付的，优先用于承担民事责任。

第九章 诉讼时效

第一百八十八条 向人民法院请求保

护民事权利的诉讼时效期间为三年。法律另有规定的，依照其规定。

诉讼时效期间自权利人知道或者应当知道权利受到损害以及义务人之日起计算。法律另有规定的，依照其规定。但是，自权利受到损害之日起超过二十年的，人民法院不予保护，有特殊情况的，人民法院可以根据权利人的申请决定延长。

第一百八十九条 当事人约定同一债务分期履行的，诉讼时效期间自最后一期履行期限届满之日起计算。

第一百九十条 无民事行为能力人或者限制民事行为能力人对其法定代理人的请求权的诉讼时效期间，自该法定代理终止之日起计算。

第一百九十一条 未成年人遭受性侵害的损害赔偿请求权的诉讼时效期间，自受害人年满十八周岁之日起计算。

第一百九十二条 诉讼时效期间届满的，义务人可以提出不履行义务的抗辩。

诉讼时效期间届满后，义务人同意履行的，不得以诉讼时效期间届满为由抗辩；义务人已经自愿履行的，不得请求返还。

第一百九十三条 人民法院不得主动适用诉讼时效的规定。

第一百九十四条 在诉讼时效期间的最后六个月内，因下列障碍，不能行使请求权的，诉讼时效中止：

（一）不可抗力；

（二）无民事行为能力人或者限制民事行为能力人没有法定代理人，或者法定代理人死亡、丧失民事行为能力、丧失代理权；

（三）继承开始后未确定继承人或者遗产管理人；

（四）权利人被义务人或者其他人控制；

（五）其他导致权利人不能行使请求权的障碍。

自中止时效的原因消除之日起满六个月，诉讼时效期间届满。

第一百九十五条 有下列情形之一的，诉讼时效中断，从中断、有关程序终结时起，诉讼时效期间重新计算：

（一）权利人向义务人提出履行请求；

（二）义务人同意履行义务；

（三）权利人提起诉讼或者申请仲裁；

（四）与提起诉讼或者申请仲裁具有同等效力的其他情形。

第一百九十六条 下列请求权不适用诉讼时效的规定：

（一）请求停止侵害、排除妨碍、消除危险；

（二）不动产物权和登记的动产物权的权利人请求返还财产；

（三）请求支付抚养费、赡养费或者扶养费；

（四）依法不适用诉讼时效的其他请求权。

第一百九十七条 诉讼时效的期间、计算方法以及中止、中断的事由由法律规定，当事人约定无效。

当事人对诉讼时效利益的预先放弃无效。

第一百九十八条 法律对仲裁时效有规定的，依照其规定；没有规定的，适用诉讼时效的规定。

第一百九十九条 法律规定或者当事人约定的撤销权、解除权等权利的存续期间，除法律另有规定外，自权利人知道或者应当知道权利产生之日起计算，不适用有关诉讼时效中止、中断和延长的规定。存续期间届满，撤销权、解除权等权利消灭。

第十章 期间计算

第二百条 民法所称的期间按照公历年、月、日、小时计算。

第二百零一条 按照年、月、日计算期间的，开始的当日不计入，自下一日开始计算。

按照小时计算期间的，自法律规定或

者当事人约定的时间开始计算。

第二百零二条 按照年、月计算期间的，到期月的对应日为期间的最后一日；没有对应日的，月末日为期间的最后一日。

第二百零三条 期间的最后一日是法定休假日的，以法定休假日结束的次日为期间的最后一日。

期间的最后一日的截止时间为二十四时；有业务时间的，停止业务活动的时间为截止时间。

第二百零四条 期间的计算方法依照本法的规定，但是法律另有规定或者当事人另有约定的除外。

第二编 物 权

第一分编 通 则

第一章 一般规定

第二百零五条 本编调整因物的归属和利用产生的民事关系。

第二百零六条 国家坚持和完善公有制为主体、多种所有制经济共同发展，按劳分配为主体、多种分配方式并存，社会主义市场经济体制等社会主义基本经济制度。

国家巩固和发展公有制经济，鼓励、支持和引导非公有制经济的发展。

国家实行社会主义市场经济，保障一切市场主体的平等法律地位和发展权利。

第二百零七条 国家、集体、私人的物权和其他权利人的物权受法律平等保护，任何组织或者个人不得侵犯。

第二百零八条 不动产物权的设立、变更、转让和消灭，应当依照法律规定登记。动产物权的设立和转让，应当依照法律规定交付。

第二章 物权的设立、变更、转让和消灭

第一节 不动产登记

第二百零九条 不动产物权的设立、变更、转让和消灭，经依法登记，发生效力；未经登记，不发生效力，但是法律另有规定的除外。

依法属于国家所有的自然资源，所有权可以不登记。

第二百一十条 不动产登记，由不动产所在地的登记机构办理。

国家对不动产实行统一登记制度。统一登记的范围、登记机构和登记办法，由法律、行政法规规定。

第二百一十一条 当事人申请登记，应当根据不同登记事项提供权属证明和不动产界址、面积等必要材料。

第二百一十二条 登记机构应当履行下列职责：

（一）查验申请人提供的权属证明和其他必要材料；

（二）就有关登记事项询问申请人；

（三）如实、及时登记有关事项；

（四）法律、行政法规规定的其他职责。

申请登记的不动产的有关情况需要进一步证明的，登记机构可以要求申请人补充材料，必要时可以实地查看。

第二百一十三条 登记机构不得有下列行为：

（一）要求对不动产进行评估；

（二）以年检等名义进行重复登记；

（三）超出登记职责范围的其他行为。

第二百一十四条 不动产物权的设立、变更、转让和消灭，依照法律规定应当登记的，自记载于不动产登记簿时发生效力。

第二百一十五条 当事人之间订立有

关设立、变更、转让和消灭不动产物权的合同，除法律另有规定或者当事人另有约定外，自合同成立时生效；未办理物权登记的，不影响合同效力。

第二百一十六条 不动产登记簿是物权归属和内容的根据。

不动产登记簿由登记机构管理。

第二百一十七条 不动产权属证书是权利人享有该不动产物权的证明。不动产权属证书记载的事项，应当与不动产登记簿一致；记载不一致的，除有证据证明不动产登记簿确有错误外，以不动产登记簿为准。

第二百一十八条 权利人、利害关系人可以申请查询、复制不动产登记资料，登记机构应当提供。

第二百一十九条 利害关系人不得公开、非法使用权利人的不动产登记资料。

第二百二十条 权利人、利害关系人认为不动产登记簿记载的事项错误的，可以申请更正登记。不动产登记簿记载的权利人书面同意更正或者有证据证明登记确有错误的，登记机构应当予以更正。

不动产登记簿记载的权利人不同意更正的，利害关系人可以申请异议登记。登记机构予以异议登记，申请人自异议登记之日起十五日内不提起诉讼的，异议登记失效。异议登记不当，造成权利人损害的，权利人可以向申请人请求损害赔偿。

第二百二十一条 当事人签订买卖房屋的协议或者签订其他不动产物权的协议，为保障将来实现物权，按照约定可以向登记机构申请预告登记。预告登记后，未经预告登记的权利人同意，处分该不动产的，不发生物权效力。

预告登记后，债权消灭或者自能够进行不动产登记之日起九十日内未申请登记的，预告登记失效。

第二百二十二条 当事人提供虚假材料申请登记，造成他人损害的，应当承担赔偿责任。

因登记错误，造成他人损害的，登记机构应当承担赔偿责任。登记机构赔偿后，可以向造成登记错误的人追偿。

第二百二十三条 不动产登记费按件收取，不得按照不动产的面积、体积或者价款的比例收取。

第二节 动产交付

第二百二十四条 动产物权的设立和转让，自交付时发生效力，但是法律另有规定的除外。

第二百二十五条 船舶、航空器和机动车等的物权的设立、变更、转让和消灭，未经登记，不得对抗善意第三人。

第二百二十六条 动产物权设立和转让前，权利人已经占有该动产的，物权自民事法律行为生效时发生效力。

第二百二十七条 动产物权设立和转让前，第三人占有该动产的，负有交付义务的人可以通过转让请求第三人返还原物的权利代替交付。

第二百二十八条 动产物权转让时，当事人又约定由出让人继续占有该动产的，物权自该约定生效时发生效力。

第三节 其他规定

第二百二十九条 因人民法院、仲裁机构的法律文书或者人民政府的征收决定等，导致物权设立、变更、转让或者消灭的，自法律文书或者征收决定等生效时发生效力。

第二百三十条 因继承取得物权的，自继承开始时发生效力。

第二百三十一条 因合法建造、拆除房屋等事实行为设立或者消灭物权的，自事实行为成就时发生效力。

第二百三十二条 处分依照本节规定享有的不动产物权，依照法律规定需要办理登记的，未经登记，不发生物权效力。

第三章 物权的保护

第二百三十三条 物权受到侵害的，权利人可以通过和解、调解、仲裁、诉讼等途径解决。

第二百三十四条 因物权的归属、内容发生争议的，利害关系人可以请求确认权利。

第二百三十五条 无权占有不动产或者动产的，权利人可以请求返还原物。

第二百三十六条 妨害物权或者可能妨害物权的，权利人可以请求排除妨害或者消除危险。

第二百三十七条 造成不动产或者动产毁损的，权利人可以依法请求修理、重作、更换或者恢复原状。

第二百三十八条 侵害物权，造成权利人损害的，权利人可以依法请求损害赔偿，也可以依法请求承担其他民事责任。

第二百三十九条 本章规定的物权保护方式，可以单独适用，也可以根据权利被侵害的情形合并适用。

第二分编 所 有 权

第四章 一 般 规 定

第二百四十条 所有权人对自己的不动产或者动产，依法享有占有、使用、收益和处分的权利。

第二百四十一条 所有权人有权在自己的不动产或者动产上设立用益物权和担保物权。用益物权人、担保物权人行使权利，不得损害所有权人的权益。

第二百四十二条 法律规定专属于国家所有的不动产和动产，任何组织或者个人不能取得所有权。

第二百四十三条 为了公共利益的需要，依照法律规定的权限和程序可以征收集体所有的土地和组织、个人的房屋以及其他不动产。

征收集体所有的土地，应当依法及时足额支付土地补偿费、安置补助费以及农村村民住宅、其他地上附着物和青苗等的补偿费用，并安排被征地农民的社会保障费用，保障被征地农民的生活，维护被征地农民的合法权益。

征收组织、个人的房屋以及其他不动产，应当依法给予征收补偿，维护被征收人的合法权益；征收个人住宅的，还应当保障被征收人的居住条件。

任何组织或者个人不得贪污、挪用、私分、截留、拖欠征收补偿费等费用。

第二百四十四条 国家对耕地实行特殊保护，严格限制农用地转为建设用地，控制建设用地总量。不得违反法律规定的权限和程序征收集体所有的土地。

第二百四十五条 因抢险救灾、疫情防控等紧急需要，依照法律规定的权限和程序可以征用组织、个人的不动产或者动产。被征用的不动产或者动产使用后，应当返还被征用人。组织、个人的不动产或者动产被征用或者征用后毁损、灭失的，应当给予补偿。

第五章 国家所有权和集体所有权、私人所有权

第二百四十六条 法律规定属于国家所有的财产，属于国家所有即全民所有。

国有财产由国务院代表国家行使所有权。法律另有规定的，依照其规定。

第二百四十七条 矿藏、水流、海域属于国家所有。

第二百四十八条 无居民海岛属于国家所有，国务院代表国家行使无居民海岛所有权。

第二百四十九条 城市的土地，属于

国家所有。法律规定属于国家所有的农村和城市郊区的土地，属于国家所有。

第二百五十条 森林、山岭、草原、荒地、滩涂等自然资源，属于国家所有，但是法律规定属于集体所有的除外。

第二百五十一条 法律规定属于国家所有的野生动植物资源，属于国家所有。

第二百五十二条 无线电频谱资源属于国家所有。

第二百五十三条 法律规定属于国家所有的文物，属于国家所有。

第二百五十四条 国防资产属于国家所有。

铁路、公路、电力设施、电信设施和油气管道等基础设施，依照法律规定为国家所有的，属于国家所有。

第二百五十五条 国家机关对其直接支配的不动产和动产，享有占有、使用以及依照法律和国务院的有关规定处分的权利。

第二百五十六条 国家举办的事业单位对其直接支配的不动产和动产，享有占有、使用以及依照法律和国务院的有关规定收益、处分的权利。

第二百五十七条 国家出资的企业，由国务院、地方人民政府依照法律、行政法规规定分别代表国家履行出资人职责，享有出资人权益。

第二百五十八条 国家所有的财产受法律保护，禁止任何组织或者个人侵占、哄抢、私分、截留、破坏。

第二百五十九条 履行国有财产管理、监督职责的机构及其工作人员，应当依法加强对国有财产的管理、监督，促进国有财产保值增值，防止国有财产损失；滥用职权，玩忽职守，造成国有财产损失的，应当依法承担法律责任。

违反国有财产管理规定，在企业改制、合并分立、关联交易等过程中，低价转让、合谋私分、擅自担保或者以其他方式造成国有财产损失的，应当依法承担法律责任。

第二百六十条 集体所有的不动产和动产包括：

（一）法律规定属于集体所有的土地和森林、山岭、草原、荒地、滩涂；

（二）集体所有的建筑物、生产设施、农田水利设施；

（三）集体所有的教育、科学、文化、卫生、体育等设施；

（四）集体所有的其他不动产和动产。

第二百六十一条 农民集体所有的不动产和动产，属于本集体成员集体所有。

下列事项应当依照法定程序经本集体成员决定：

（一）土地承包方案以及将土地发包给本集体以外的组织或者个人承包；

（二）个别土地承包经营权人之间承包地的调整；

（三）土地补偿费等费用的使用、分配办法；

（四）集体出资的企业的所有权变动等事项；

（五）法律规定的其他事项。

第二百六十二条 对于集体所有的土地和森林、山岭、草原、荒地、滩涂等，依照下列规定行使所有权：

（一）属于村农民集体所有的，由村集体经济组织或者村民委员会依法代表集体行使所有权；

（二）分别属于村内两个以上农民集体所有的，由村内各该集体经济组织或者村民小组依法代表集体行使所有权；

（三）属于乡镇农民集体所有的，由乡镇集体经济组织代表集体行使所有权。

第二百六十三条 城镇集体所有的不动产和动产，依照法律、行政法规的规定由本集体享有占有、使用、收益和处分的权利。

第二百六十四条 农村集体经济组织或者村民委员会、村民小组应当依照法律、行政法规以及章程、村规民约向本集体成员公布集体财产的状况。集体成员有权查阅、复制相关资料。

第二百六十五条 集体所有的财产受法律保护，禁止任何组织或者个人侵占、哄抢、私分、破坏。

农村集体经济组织、村民委员会或者其负责人作出的决定侵害集体成员合法权益的，受侵害的集体成员可以请求人民法院予以撤销。

第二百六十六条 私人对其合法的收入、房屋、生活用品、生产工具、原材料等不动产和动产享有所有权。

第二百六十七条 私人的合法财产受法律保护，禁止任何组织或者个人侵占、哄抢、破坏。

第二百六十八条 国家、集体和私人依法可以出资设立有限责任公司、股份有限公司或者其他企业。国家、集体和私人所有的不动产或者动产投到企业的，由出资人按照约定或者出资比例享有资产收益、重大决策以及选择经营管理者等权利并履行义务。

第二百六十九条 营利法人对其不动产和动产依照法律、行政法规以及章程享有占有、使用、收益和处分的权利。

营利法人以外的法人，对其不动产和动产的权利，适用有关法律、行政法规以及章程的规定。

第二百七十条 社会团体法人、捐助法人依法所有的不动产和动产，受法律保护。

第六章 业主的建筑物区分所有权

第二百七十一条 业主对建筑物内的住宅、经营性用房等专有部分享有所有权，对专有部分以外的共有部分享有共有和共同管理的权利。

第二百七十二条 业主对其建筑物专有部分享有占有、使用、收益和处分的权利。业主行使权利不得危及建筑物的安全，不得损害其他业主的合法权益。

第二百七十三条 业主对建筑物专有部分以外的共有部分，享有权利，承担义务；不得以放弃权利为由不履行义务。

业主转让建筑物内的住宅、经营性用房，其对共有部分享有的共有和共同管理的权利一并转让。

第二百七十四条 建筑区划内的道路，属于业主共有，但是属于城镇公共道路的除外。建筑区划内的绿地，属于业主共有，但是属于城镇公共绿地或者明示属于个人的除外。建筑区划内的其他公共场所、公用设施和物业服务用房，属于业主共有。

第二百七十五条 建筑区划内，规划用于停放汽车的车位、车库的归属，由当事人通过出售、附赠或者出租等方式约定。

占用业主共有的道路或者其他场地用于停放汽车的车位，属于业主共有。

第二百七十六条 建筑区划内，规划用于停放汽车的车位、车库应当首先满足业主的需要。

第二百七十七条 业主可以设立业主大会，选举业主委员会。业主大会、业主委员会成立的具体条件和程序，依照法律、法规的规定。

地方人民政府有关部门、居民委员会应当对设立业主大会和选举业主委员会给予指导和协助。

第二百七十八条 下列事项由业主共同决定：

（一）制定和修改业主大会议事规则；

（二）制定和修改管理规约；

（三）选举业主委员会或者更换业主委员会成员；

（四）选聘和解聘物业服务企业或者其他管理人；

（五）使用建筑物及其附属设施的维修资金；

（六）筹集建筑物及其附属设施的维修资金；

（七）改建、重建建筑物及其附属设施；

（八）改变共有部分的用途或者利用共有部分从事经营活动；

（九）有关共有和共同管理权利的其他重大事项。

业主共同决定事项，应当由专有部分面积占比三分之二以上的业主且人数占比三分之二以上的业主参与表决。决定前款第六项至第八项规定的事项，应当经参与表决专有部分面积四分之三以上的业主且参与表决人数四分之三以上的业主同意。决定前款其他事项，应当经参与表决专有部分面积过半数的业主且参与表决人数过半数的业主同意。

第二百七十九条 业主不得违反法律、法规以及管理规约，将住宅改变为经营性用房。业主将住宅改变为经营性用房的，除遵守法律、法规以及管理规约外，应当经有利害关系的业主一致同意。

第二百八十条 业主大会或者业主委员会的决定，对业主具有法律约束力。

业主大会或者业主委员会作出的决定侵害业主合法权益的，受侵害的业主可以请求人民法院予以撤销。

第二百八十一条 建筑物及其附属设施的维修资金，属于业主共有。经业主共同决定，可以用于电梯、屋顶、外墙、无障碍设施等共有部分的维修、更新和改造。建筑物及其附属设施的维修资金的筹集、使用情况应当定期公布。

紧急情况下需要维修建筑物及其附属设施的，业主大会或者业主委员会可以依法申请使用建筑物及其附属设施的维修资金。

第二百八十二条 建设单位、物业服务企业或者其他管理人等利用业主的共有部分产生的收入，在扣除合理成本之后，属于业主共有。

第二百八十三条 建筑物及其附属设施的费用分摊、收益分配等事项，有约定的，按照约定；没有约定或者约定不明确的，按照业主专有部分面积所占比例确定。

第二百八十四条 业主可以自行管理建筑物及其附属设施，也可以委托物业服务企业或者其他管理人管理。

对建设单位聘请的物业服务企业或者其他管理人，业主有权依法更换。

第二百八十五条 物业服务企业或者其他管理人根据业主的委托，依照本法第三编有关物业服务合同的规定管理建筑区划内的建筑物及其附属设施，接受业主的监督，并及时答复业主对物业服务情况提出的询问。

物业服务企业或者其他管理人应当执行政府依法实施的应急处置措施和其他管理措施，积极配合开展相关工作。

第二百八十六条 业主应当遵守法律、法规以及管理规约，相关行为应当符合节约资源、保护生态环境的要求。对于物业服务企业或者其他管理人执行政府依法实施的应急处置措施和其他管理措施，业主应当依法予以配合。

业主大会或者业主委员会，对任意弃置垃圾、排放污染物或者噪声、违反规定饲养动物、违章搭建、侵占通道、拒付物业费等损害他人合法权益的行为，有权依照法律、法规以及管理规约，请求行为人停止侵害、排除妨碍、消除危险、恢复原状、赔偿损失。

业主或者其他行为人拒不履行相关义务的，有关当事人可以向有关行政主管部门报告或者投诉，有关行政主管部门应当依法处理。

第二百八十七条 业主对建设单位、物业服务企业或者其他管理人以及其他业主侵害自己合法权益的行为，有权请求其承担民事责任。

第七章 相邻关系

第二百八十八条 不动产的相邻权利

人应当按照有利生产、方便生活、团结互助、公平合理的原则，正确处理相邻关系。

第二百八十九条 法律、法规对处理相邻关系有规定的，依照其规定；法律、法规没有规定的，可以按照当地习惯。

第二百九十条 不动产权利人应当为相邻权利人用水、排水提供必要的便利。

对自然流水的利用，应当在不动产的相邻权利人之间合理分配。对自然流水的排放，应当尊重自然流向。

第二百九十一条 不动产权利人对相邻权利人因通行等必须利用其土地的，应当提供必要的便利。

第二百九十二条 不动产权利人因建造、修缮建筑物以及铺设电线、电缆、水管、暖气和燃气管线等必须利用相邻土地、建筑物的，该土地、建筑物的权利人应当提供必要的便利。

第二百九十三条 建造建筑物，不得违反国家有关工程建设标准，不得妨碍相邻建筑物的通风、采光和日照。

第二百九十四条 不动产权利人不得违反国家规定弃置固体废物，排放大气污染物、水污染物、土壤污染物、噪声、光辐射、电磁辐射等有害物质。

第二百九十五条 不动产权利人挖掘土地、建造建筑物、铺设管线以及安装设备等，不得危及相邻不动产的安全。

第二百九十六条 不动产权利人因用水、排水、通行、铺设管线等利用相邻不动产的，应当尽量避免对相邻的不动产权利人造成损害。

第八章 共 有

第二百九十七条 不动产或者动产可以由两个以上组织、个人共有。共有包括按份共有和共同共有。

第二百九十八条 按份共有人对共有的不动产或者动产按照其份额享有所有权。

第二百九十九条 共同共有人对共有的不动产或者动产共同享有所有权。

第三百条 共有人按照约定管理共有的不动产或者动产；没有约定或者约定不明确的，各共有人都有管理的权利和义务。

第三百零一条 处分共有的不动产或者动产以及对共有的不动产或者动产作重大修缮、变更性质或者用途的，应当经占份额三分之二以上的按份共有人或者全体共同共有人同意，但是共有人之间另有约定的除外。

第三百零二条 共有人对共有物的管理费用以及其他负担，有约定的，按照其约定；没有约定或者约定不明确的，按份共有人按照其份额负担，共同共有人共同负担。

第三百零三条 共有人约定不得分割共有的不动产或者动产，以维持共有关系的，应当按照约定，但是共有人有重大理由需要分割的，可以请求分割；没有约定或者约定不明确的，按份共有人可以随时请求分割，共同共有人在共有的基础丧失或者有重大理由需要分割时可以请求分割。因分割造成其他共有人损害的，应当给予赔偿。

第三百零四条 共有人可以协商确定分割方式。达不成协议，共有的不动产或者动产可以分割且不会因分割减损价值的，应当对实物予以分割；难以分割或者因分割会减损价值的，应当对折价或者拍卖、变卖取得的价款予以分割。

共有人分割所得的不动产或者动产有瑕疵的，其他共有人应当分担损失。

第三百零五条 按份共有人可以转让其享有的共有的不动产或者动产份额。其他共有人在同等条件下享有优先购买的权利。

第三百零六条 按份共有人转让其享有的共有的不动产或者动产份额的，应当将转让条件及时通知其他共有人。其他共有人应当在合理期限内行使优先购买权。

两个以上其他共有人主张行使优先购

买权的，协商确定各自的购买比例；协商不成的，按照转让时各自的共有份额比例行使优先购买权。

第三百零七条 因共有的不动产或者动产产生的债权债务，在对外关系上，共有人享有连带债权、承担连带债务，但是法律另有规定或者第三人知道共有人不具有连带债权债务关系的除外；在共有人内部关系上，除共有人另有约定外，按份共有人按照份额享有债权、承担债务，共同共有人共同享有债权、承担债务。偿还债务超过自己应当承担份额的按份共有人，有权向其他共有人追偿。

第三百零八条 共有人对共有的不动产或者动产没有约定为按份共有或者共同共有，或者约定不明确的，除共有人具有家庭关系等外，视为按份共有。

第三百零九条 按份共有人对共有的不动产或者动产享有的份额，没有约定或者约定不明确的，按照出资额确定；不能确定出资额的，视为等额享有。

第三百一十条 两个以上组织、个人共同享有用益物权、担保物权的，参照适用本章的有关规定。

第九章 所有权取得的特别规定

第三百一十一条 无处分权人将不动产或者动产转让给受让人的，所有权人有权追回；除法律另有规定外，符合下列情形的，受让人取得该不动产或者动产的所有权：

（一）受让人受让该不动产或者动产时是善意；

（二）以合理的价格转让；

（三）转让的不动产或者动产依照法律规定应当登记的已经登记，不需要登记的已经交付给受让人。

受让人依据前款规定取得不动产或者动产的所有权的，原所有权人有权向无处分权人请求损害赔偿。

当事人善意取得其他物权的，参照适用前两款规定。

第三百一十二条 所有权人或者其他权利人有权追回遗失物。该遗失物通过转让被他人占有的，权利人有权向无处分权人请求损害赔偿，或者自知道或者应当知道受让人之日起二年内向受让人请求返还原物；但是，受让人通过拍卖或者向具有经营资格的经营者购得该遗失物的，权利人请求返还原物时应当支付受让人所付的费用。权利人向受让人支付所付费用后，有权向无处分权人追偿。

第三百一十三条 善意受让人取得动产后，该动产上的原有权利消灭。但是，善意受让人在受让时知道或者应当知道该权利的除外。

第三百一十四条 拾得遗失物，应当返还权利人。拾得人应当及时通知权利人领取，或者送交公安等有关部门。

第三百一十五条 有关部门收到遗失物，知道权利人的，应当及时通知其领取；不知道的，应当及时发布招领公告。

第三百一十六条 拾得人在遗失物送交有关部门前，有关部门在遗失物被领取前，应当妥善保管遗失物。因故意或者重大过失致使遗失物毁损、灭失的，应当承担民事责任。

第三百一十七条 权利人领取遗失物时，应当向拾得人或者有关部门支付保管遗失物等支出的必要费用。

权利人悬赏寻找遗失物的，领取遗失物时应当按照承诺履行义务。

拾得人侵占遗失物的，无权请求保管遗失物等支出的费用，也无权请求权利人按照承诺履行义务。

第三百一十八条 遗失物自发布招领公告之日起一年内无人认领的，归国家所有。

第三百一十九条 拾得漂流物、发现埋藏物或者隐藏物的，参照适用拾得遗失物的有关规定。法律另有规定的，依照其规定。

第三百二十条 主物转让的，从物随主物转让，但是当事人另有约定的除外。

第三百二十一条 天然孳息，由所有权人取得；既有所有权人又有用益物权人的，由用益物权人取得。当事人另有约定的，按照其约定。

法定孳息，当事人有约定的，按照约定取得；没有约定或者约定不明确的，按照交易习惯取得。

第三百二十二条 因加工、附合、混合而产生的物的归属，有约定的，按照约定；没有约定或者约定不明确的，依照法律规定；法律没有规定的，按照充分发挥物的效用以及保护无过错当事人的原则确定。因一方当事人的过错或者确定物的归属造成另一方当事人损害的，应当给予赔偿或者补偿。

第三分编 用 益 物 权

第十章 一 般 规 定

第三百二十三条 用益物权人对他人所有的不动产或者动产，依法享有占有、使用和收益的权利。

第三百二十四条 国家所有或者国家所有由集体使用以及法律规定属于集体所有的自然资源，组织、个人依法可以占有、使用和收益。

第三百二十五条 国家实行自然资源有偿使用制度，但是法律另有规定的除外。

第三百二十六条 用益物权人行使权利，应当遵守法律有关保护和合理开发利用资源、保护生态环境的规定。所有权人不得干涉用益物权人行使权利。

第三百二十七条 因不动产或者动产被征收、征用致使用益物权消灭或者影响用益物权行使的，用益物权人有权依据本法第二百四十三条、第二百四十五条的规定获得相应补偿。

第三百二十八条 依法取得的海域使用权受法律保护。

第三百二十九条 依法取得的探矿权、采矿权、取水权和使用水域、滩涂从事养殖、捕捞的权利受法律保护。

第十一章 土地承包经营权

第三百三十条 农村集体经济组织实行家庭承包经营为基础、统分结合的双层经营体制。

农民集体所有和国家所有由农民集体使用的耕地、林地、草地以及其他用于农业的土地，依法实行土地承包经营制度。

第三百三十一条 土地承包经营权人依法对其承包经营的耕地、林地、草地等享有占有、使用和收益的权利，有权从事种植业、林业、畜牧业等农业生产。

第三百三十二条 耕地的承包期为三十年。草地的承包期为三十年至五十年。林地的承包期为三十年至七十年。

前款规定的承包期限届满，由土地承包经营权人依照农村土地承包的法律规定继续承包。

第三百三十三条 土地承包经营权自土地承包经营权合同生效时设立。

登记机构应当向土地承包经营权人发放土地承包经营权证、林权证等证书，并登记造册，确认土地承包经营权。

第三百三十四条 土地承包经营权人依照法律规定，有权将土地承包经营权互换、转让。未经依法批准，不得将承包地用于非农建设。

第三百三十五条 土地承包经营权互换、转让的，当事人可以向登记机构申请登记；未经登记，不得对抗善意第三人。

第三百三十六条 承包期内发包人不得调整承包地。

因自然灾害严重毁损承包地等特殊情形，需要适当调整承包的耕地和草地的，应当依照农村土地承包的法律规定办理。

第三百三十七条 承包期内发包人不得收回承包地。法律另有规定的，依照其规定。

第三百三十八条 承包地被征收的，土地承包经营权人有权依据本法第二百四十三条的规定获得相应补偿。

第三百三十九条 土地承包经营权人可以自主决定依法采取出租、入股或者其他方式向他人流转土地经营权。

第三百四十条 土地经营权人有权在合同约定的期限内占有农村土地，自主开展农业生产经营并取得收益。

第三百四十一条 流转期限为五年以上的土地经营权，自流转合同生效时设立。当事人可以向登记机构申请土地经营权登记；未经登记，不得对抗善意第三人。

第三百四十二条 通过招标、拍卖、公开协商等方式承包农村土地，经依法登记取得权属证书的，可以依法采取出租、入股、抵押或者其他方式流转土地经营权。

第三百四十三条 国家所有的农用地实行承包经营的，参照适用本编的有关规定。

第十二章 建设用地使用权

第三百四十四条 建设用地使用权人依法对国家所有的土地享有占有、使用和收益的权利，有权利用该土地建造建筑物、构筑物及其附属设施。

第三百四十五条 建设用地使用权可以在土地的地表、地上或者地下分别设立。

第三百四十六条 设立建设用地使用权，应当符合节约资源、保护生态环境的要求，遵守法律、行政法规关于土地用途的规定，不得损害已经设立的用益物权。

第三百四十七条 设立建设用地使用权，可以采取出让或者划拨等方式。

工业、商业、旅游、娱乐和商品住宅等经营性用地以及同一土地有两个以上意向用地者的，应当采取招标、拍卖等公开竞价的方式出让。

严格限制以划拨方式设立建设用地使用权。

第三百四十八条 通过招标、拍卖、协议等出让方式设立建设用地使用权的，当事人应当采用书面形式订立建设用地使用权出让合同。

建设用地使用权出让合同一般包括下列条款：

（一）当事人的名称和住所；

（二）土地界址、面积等；

（三）建筑物、构筑物及其附属设施占用的空间；

（四）土地用途、规划条件；

（五）建设用地使用权期限；

（六）出让金等费用及其支付方式；

（七）解决争议的方法。

第三百四十九条 设立建设用地使用权的，应当向登记机构申请建设用地使用权登记。建设用地使用权自登记时设立。登记机构应当向建设用地使用权人发放权属证书。

第三百五十条 建设用地使用权人应当合理利用土地，不得改变土地用途；需要改变土地用途的，应当依法经有关行政主管部门批准。

第三百五十一条 建设用地使用权人应当依照法律规定以及合同约定支付出让金等费用。

第三百五十二条 建设用地使用权人建造的建筑物、构筑物及其附属设施的所有权属于建设用地使用权人，但是有相反证据证明的除外。

第三百五十三条 建设用地使用权人有权将建设用地使用权转让、互换、出资、赠与或者抵押，但是法律另有规定的除外。

第三百五十四条 建设用地使用权转让、互换、出资、赠与或者抵押的，当事人应当采用书面形式订立相应的合同。使用期限由当事人约定，但是不得超过建设用地使用权的剩余期限。

第三百五十五条 建设用地使用权转让、互换、出资或者赠与的，应当向登记机构申请变更登记。

第三百五十六条 建设用地使用权转让、互换、出资或者赠与的，附着于该土地上的建筑物、构筑物及其附属设施一并处分。

第三百五十七条 建筑物、构筑物及其附属设施转让、互换、出资或者赠与的，该建筑物、构筑物及其附属设施占用范围内的建设用地使用权一并处分。

第三百五十八条 建设用地使用权期限届满前，因公共利益需要提前收回该土地的，应当依据本法第二百四十三条的规定对该土地上的房屋以及其他不动产给予补偿，并退还相应的出让金。

第三百五十九条 住宅建设用地使用权期限届满的，自动续期。续期费用的缴纳或者减免，依照法律、行政法规的规定办理。

非住宅建设用地使用权期限届满后的续期，依照法律规定办理。该土地上的房屋以及其他不动产的归属，有约定的，按照约定；没有约定或者约定不明确的，依照法律、行政法规的规定办理。

第三百六十条 建设用地使用权消灭的，出让人应当及时办理注销登记。登记机构应当收回权属证书。

第三百六十一条 集体所有的土地作为建设用地的，应当依照土地管理的法律规定办理。

第十三章 宅基地使用权

第三百六十二条 宅基地使用权人依法对集体所有的土地享有占有和使用的权利，有权依法利用该土地建造住宅及其附属设施。

第三百六十三条 宅基地使用权的取得、行使和转让，适用土地管理的法律和国家有关规定。

第三百六十四条 宅基地因自然灾害等原因灭失的，宅基地使用权消灭。对失去宅基地的村民，应当依法重新分配宅基地。

第三百六十五条 已经登记的宅基地使用权转让或者消灭的，应当及时办理变更登记或者注销登记。

第十四章 居 住 权

第三百六十六条 居住权人有权按照合同约定，对他人的住宅享有占有、使用的用益物权，以满足生活居住的需要。

第三百六十七条 设立居住权，当事人应当采用书面形式订立居住权合同。

居住权合同一般包括下列条款：

（一）当事人的姓名或者名称和住所；

（二）住宅的位置；

（三）居住的条件和要求；

（四）居住权期限；

（五）解决争议的方法。

第三百六十八条 居住权无偿设立，但是当事人另有约定的除外。设立居住权的，应当向登记机构申请居住权登记。居住权自登记时设立。

第三百六十九条 居住权不得转让、继承。设立居住权的住宅不得出租，但是当事人另有约定的除外。

第三百七十条 居住权期限届满或者居住权人死亡的，居住权消灭。居住权消灭的，应当及时办理注销登记。

第三百七十一条 以遗嘱方式设立居住权的，参照适用本章的有关规定。

第十五章 地 役 权

第三百七十二条 地役权人有权按照合同约定，利用他人的不动产，以提高自己的不动产的效益。

前款所称他人的不动产为供役地，自己的不动产为需役地。

第三百七十三条 设立地役权，当事人应当采用书面形式订立地役权合同。

地役权合同一般包括下列条款：

（一）当事人的姓名或者名称和住所；

（二）供役地和需役地的位置；

（三）利用目的和方法；

（四）地役权期限；

（五）费用及其支付方式；

（六）解决争议的方法。

第三百七十四条 地役权自地役权合同生效时设立。当事人要求登记的，可以向登记机构申请地役权登记；未经登记，不得对抗善意第三人。

第三百七十五条 供役地权利人应当按照合同约定，允许地役权人利用其不动产，不得妨害地役权人行使权利。

第三百七十六条 地役权人应当按照合同约定的利用目的和方法利用供役地，尽量减少对供役地权利人物权的限制。

第三百七十七条 地役权期限由当事人约定；但是，不得超过土地承包经营权、建设用地使用权等用益物权的剩余期限。

第三百七十八条 土地所有权人享有地役权或者负担地役权的，设立土地承包经营权、宅基地使用权等用益物权时，该用益物权人继续享有或者负担已经设立的地役权。

第三百七十九条 土地上已经设立土地承包经营权、建设用地使用权、宅基地使用权等用益物权的，未经用益物权人同意，土地所有权人不得设立地役权。

第三百八十条 地役权不得单独转让。土地承包经营权、建设用地使用权等转让的，地役权一并转让，但是合同另有约定的除外。

第三百八十一条 地役权不得单独抵押。土地经营权、建设用地使用权等抵押的，在实现抵押权时，地役权一并转让。

第三百八十二条 需役地以及需役地上的土地承包经营权、建设用地使用权等部分转让时，转让部分涉及地役权的，受让人同时享有地役权。

第三百八十三条 供役地以及供役地上的土地承包经营权、建设用地使用权等部分转让时，转让部分涉及地役权的，地役权对受让人具有法律约束力。

第三百八十四条 地役权人有下列情形之一的，供役地权利人有权解除地役权合同，地役权消灭：

（一）违反法律规定或者合同约定，滥用地役权；

（二）有偿利用供役地，约定的付款期限届满后在合理期限内经两次催告未支付费用。

第三百八十五条 已经登记的地役权变更、转让或者消灭的，应当及时办理变更登记或者注销登记。

第四分编 担保物权

第十六章 一般规定

第三百八十六条 担保物权人在债务人不履行到期债务或者发生当事人约定的实现担保物权的情形，依法享有就担保财产优先受偿的权利，但是法律另有规定的除外。

第三百八十七条 债权人在借贷、买卖等民事活动中，为保障实现其债权，需要担保的，可以依照本法和其他法律的规定设立担保物权。

第三人为债务人向债权人提供担保的，可以要求债务人提供反担保。反担保适用本法和其他法律的规定。

第三百八十八条 设立担保物权，应当依照本法和其他法律的规定订立担保合同。担保合同包括抵押合同、质押合同和其他具有担保功能的合同。担保合同是主债权债务合同的从合同。主债权债务合同无效的，担保合同无效，但是法律另有规定的除外。

担保合同被确认无效后，债务人、担保人、债权人有过错的，应当根据其过错各自承担相应的民事责任。

第三百八十九条 担保物权的担保范围包括主债权及其利息、违约金、损害赔偿金、保管担保财产和实现担保物权的费用。当事人另有约定的，按照其约定。

第三百九十条 担保期间，担保财产毁损、灭失或者被征收等，担保物权人可以就获得的保险金、赔偿金或者补偿金等优先受偿。被担保债权的履行期限未届满的，也可以提存该保险金、赔偿金或者补偿金等。

第三百九十一条 第三人提供担保，未经其书面同意，债权人允许债务人转移全部或者部分债务的，担保人不再承担相应的担保责任。

第三百九十二条 被担保的债权既有物的担保又有人的担保的，债务人不履行到期债务或者发生当事人约定的实现担保物权的情形，债权人应当按照约定实现债权；没有约定或者约定不明确，债务人自己提供物的担保的，债权人应当先就该物的担保实现债权；第三人提供物的担保的，债权人可以就物的担保实现债权，也可以请求保证人承担保证责任。提供担保的第三人承担担保责任后，有权向债务人追偿。

第三百九十三条 有下列情形之一的，担保物权消灭：

（一）主债权消灭；

（二）担保物权实现；

（三）债权人放弃担保物权；

（四）法律规定担保物权消灭的其他情形。

第十七章 抵 押 权

第一节 一般抵押权

第三百九十四条 为担保债务的履行，债务人或者第三人不转移财产的占有，将该财产抵押给债权人的，债务人不履行到期债务或者发生当事人约定的实现抵押权的情形，债权人有权就该财产优先受偿。

前款规定的债务人或者第三人为抵押人，债权人为抵押权人，提供担保的财产为抵押财产。

第三百九十五条 债务人或者第三人有权处分的下列财产可以抵押：

（一）建筑物和其他土地附着物；

（二）建设用地使用权；

（三）海域使用权；

（四）生产设备、原材料、半成品、产品；

（五）正在建造的建筑物、船舶、航空器；

（六）交通运输工具；

（七）法律、行政法规未禁止抵押的其他财产。

抵押人可以将前款所列财产一并抵押。

第三百九十六条 企业、个体工商户、农业生产经营者可以将现有的以及将有的生产设备、原材料、半成品、产品抵押，债务人不履行到期债务或者发生当事人约定的实现抵押权的情形，债权人有权就抵押财产确定时的动产优先受偿。

第三百九十七条 以建筑物抵押的，

该建筑物占用范围内的建设用地使用权一并抵押。以建设用地使用权抵押的，该土地上的建筑物一并抵押。

抵押人未依据前款规定一并抵押的，未抵押的财产视为一并抵押。

第三百九十八条 乡镇、村企业的建设用地使用权不得单独抵押。以乡镇、村企业的厂房等建筑物抵押的，其占用范围内的建设用地使用权一并抵押。

第三百九十九条 下列财产不得抵押：

（一）土地所有权；

（二）宅基地、自留地、自留山等集体所有土地的使用权，但是法律规定可以抵押的除外；

（三）学校、幼儿园、医疗机构等为公益目的成立的非营利法人的教育设施、医疗卫生设施和其他公益设施；

（四）所有权、使用权不明或者有争议的财产；

（五）依法被查封、扣押、监管的财产；

（六）法律、行政法规规定不得抵押的其他财产。

第四百条 设立抵押权，当事人应当采用书面形式订立抵押合同。

抵押合同一般包括下列条款：

（一）被担保债权的种类和数额；

（二）债务人履行债务的期限；

（三）抵押财产的名称、数量等情况；

（四）担保的范围。

第四百零一条 抵押权人在债务履行期限届满前，与抵押人约定债务人不履行到期债务时抵押财产归债权人所有的，只能依法就抵押财产优先受偿。

第四百零二条 以本法第三百九十五条第一款第一项至第三项规定的财产或者第五项规定的正在建造的建筑物抵押的，应当办理抵押登记。抵押权自登记时设立。

第四百零三条 以动产抵押的，抵押权自抵押合同生效时设立；未经登记，不得对抗善意第三人。

第四百零四条 以动产抵押的，不得对抗正常经营活动中已经支付合理价款并取得抵押财产的买受人。

第四百零五条 抵押权设立前，抵押财产已经出租并转移占有的，原租赁关系不受该抵押权的影响。

第四百零六条 抵押期间，抵押人可以转让抵押财产。当事人另有约定的，按照其约定。抵押财产转让的，抵押权不受影响。

抵押人转让抵押财产的，应当及时通知抵押权人。抵押权人能够证明抵押财产转让可能损害抵押权的，可以请求抵押人将转让所得的价款向抵押权人提前清偿债务或者提存。转让的价款超过债权数额的部分归抵押人所有，不足部分由债务人清偿。

第四百零七条 抵押权不得与债权分离而单独转让或者作为其他债权的担保。债权转让的，担保该债权的抵押权一并转让，但是法律另有规定或者当事人另有约定的除外。

第四百零八条 抵押人的行为足以使抵押财产价值减少的，抵押权人有权请求抵押人停止其行为；抵押财产价值减少的，抵押权人有权请求恢复抵押财产的价值，或者提供与减少的价值相应的担保。抵押人不恢复抵押财产的价值，也不提供担保的，抵押权人有权请求债务人提前清偿债务。

第四百零九条 抵押权人可以放弃抵押权或者抵押权的顺位。抵押权人与抵押人可以协议变更抵押权顺位以及被担保的债权数额等内容。但是，抵押权的变更未经其他抵押权人书面同意的，不得对其他抵押权人产生不利影响。

债务人以自己的财产设定抵押，抵押权人放弃该抵押权、抵押权顺位或者变更抵押权的，其他担保人在抵押权人丧失优先受偿权益的范围内免除担保责任，但是其他担保人承诺仍然提供担保的除外。

第四百一十条 债务人不履行到期债务或者发生当事人约定的实现抵押权的情形，抵押权人可以与抵押人协议以抵押财产折价或者以拍卖、变卖该抵押财产所得的价款优先受偿。协议损害其他债权人利益的，其他债权人可以请求人民法院撤销该协议。

抵押权人与抵押人未就抵押权实现方式达成协议的，抵押权人可以请求人民法院拍卖、变卖抵押财产。

抵押财产折价或者变卖的，应当参照市场价格。

第四百一十一条 依据本法第三百九十六条规定设定抵押的，抵押财产自下列情形之一发生时确定：

（一）债务履行期限届满，债权未实现；

（二）抵押人被宣告破产或者解散；

（三）当事人约定的实现抵押权的情形；

（四）严重影响债权实现的其他情形。

第四百一十二条 债务人不履行到期债务或者发生当事人约定的实现抵押权的情形，致使抵押财产被人民法院依法扣押的，自扣押之日起，抵押权人有权收取该抵押财产的天然孳息或者法定孳息，但是抵押权人未通知应当清偿法定孳息义务人的除外。

前款规定的孳息应当先充抵收取孳息的费用。

第四百一十三条 抵押财产折价或者拍卖、变卖后，其价款超过债权数额的部分归抵押人所有，不足部分由债务人清偿。

第四百一十四条 同一财产向两个以上债权人抵押的，拍卖、变卖抵押财产所得的价款依照下列规定清偿：

（一）抵押权已经登记的，按照登记的时间先后确定清偿顺序；

（二）抵押权已经登记的先于未登记的受偿；

（三）抵押权未登记的，按照债权比例清偿。

其他可以登记的担保物权，清偿顺序参照适用前款规定。

第四百一十五条 同一财产既设立抵押权又设立质权的，拍卖、变卖该财产所得的价款按照登记、交付的时间先后确定清偿顺序。

第四百一十六条 动产抵押担保的主债权是抵押物的价款，标的物交付后十日内办理抵押登记的，该抵押权人优先于抵押物买受人的其他担保物权人受偿，但是留置权人除外。

第四百一十七条 建设用地使用权抵押后，该土地上新增的建筑物不属于抵押财产。该建设用地使用权实现抵押权时，应当将该土地上新增的建筑物与建设用地使用权一并处分。但是，新增建筑物所得的价款，抵押权人无权优先受偿。

第四百一十八条 以集体所有土地的使用权依法抵押的，实现抵押权后，未经法定程序，不得改变土地所有权的性质和土地用途。

第四百一十九条 抵押权人应当在主债权诉讼时效期间行使抵押权；未行使的，人民法院不予保护。

第二节 最高额抵押权

第四百二十条 为担保债务的履行，债务人或者第三人对一定期间内将要连续发生的债权提供担保财产的，债务人不履行到期债务或者发生当事人约定的实现抵押权的情形，抵押权人有权在最高债权额限度内就该担保财产优先受偿。

最高额抵押权设立前已经存在的债权，经当事人同意，可以转入最高额抵押担保的债权范围。

第四百二十一条 最高额抵押担保的债权确定前，部分债权转让的，最高额抵押权不得转让，但是当事人另有约定的除外。

第四百二十二条 最高额抵押担保的债权确定前，抵押权人与抵押人可以通过协议变更债权确定的期间、债权范围以及最高债权额。但是，变更的内容不得对其他抵押权人产生不利影响。

第四百二十三条 有下列情形之一的，抵押权人的债权确定：

（一）约定的债权确定期间届满；

（二）没有约定债权确定期间或者约定不明确，抵押权人或者抵押人自最高额抵押权设立之日起满二年后请求确定债权；

（三）新的债权不可能发生；

（四）抵押权人知道或者应当知道抵押财产被查封、扣押；

（五）债务人、抵押人被宣告破产或者解散；

（六）法律规定债权确定的其他情形。

第四百二十四条 最高额抵押权除适用本节规定外，适用本章第一节的有关规定。

第十八章 质 权

第一节 动产质权

第四百二十五条 为担保债务的履行，债务人或者第三人将其动产出质给债权人占有的，债务人不履行到期债务或者发生当事人约定的实现质权的情形，债权人有权就该动产优先受偿。

前款规定的债务人或者第三人为出质人，债权人为质权人，交付的动产为质押财产。

第四百二十六条 法律、行政法规禁止转让的动产不得出质。

第四百二十七条 设立质权，当事人应当采用书面形式订立质押合同。

质押合同一般包括下列条款：

（一）被担保债权的种类和数额；

（二）债务人履行债务的期限；

（三）质押财产的名称、数量等情况；

（四）担保的范围；

（五）质押财产交付的时间、方式。

第四百二十八条 质权人在债务履行期限届满前，与出质人约定债务人不履行到期债务时质押财产归债权人所有的，只能依法就质押财产优先受偿。

第四百二十九条 质权自出质人交付质押财产时设立。

第四百三十条 质权人有权收取质押财产的孳息，但是合同另有约定的除外。

前款规定的孳息应当先充抵收取孳息的费用。

第四百三十一条 质权人在质权存续期间，未经出质人同意，擅自使用、处分质押财产，造成出质人损害的，应当承担赔偿责任。

第四百三十二条 质权人负有妥善保管质押财产的义务；因保管不善致使质押财产毁损、灭失的，应当承担赔偿责任。

质权人的行为可能使质押财产毁损、灭失的，出质人可以请求质权人将质押财产提存，或者请求提前清偿债务并返还质押财产。

第四百三十三条 因不可归责于质权人的事由可能使质押财产毁损或者价值明显减少，足以危害质权人权利的，质权人有权请求出质人提供相应的担保；出质人不提供的，质权人可以拍卖、变卖质押财产，并与出质人协议将拍卖、变卖所得的价款提前清偿债务或者提存。

第四百三十四条 质权人在质权存续期间，未经出质人同意转质，造成质押财产毁损、灭失的，应当承担赔偿责任。

第四百三十五条 质权人可以放弃质权。债务人以自己的财产出质，质权人放弃该质权的，其他担保人在质权人丧失优先受偿权益的范围内免除担保责任，但是其他担保人承诺仍然提供担保的除外。

第四百三十六条 债务人履行债务或者出质人提前清偿所担保的债权的，质权人应当返还质押财产。

债务人不履行到期债务或者发生当事人约定的实现质权的情形，质权人可以与出质人协议以质押财产折价，也可以就拍卖、变卖质押财产所得的价款优先受偿。

质押财产折价或者变卖的，应当参照市场价格。

第四百三十七条 出质人可以请求质权人在债务履行期限届满后及时行使质权；质权人不行使的，出质人可以请求人民法院拍卖、变卖质押财产。

出质人请求质权人及时行使质权，因质权人怠于行使权利造成出质人损害的，由质权人承担赔偿责任。

第四百三十八条 质押财产折价或者拍卖、变卖后，其价款超过债权数额的部分归出质人所有，不足部分由债务人清偿。

第四百三十九条 出质人与质权人可以协议设立最高额质权。

最高额质权除适用本节有关规定外，参照适用本编第十七章第二节的有关规定。

第二节 权利质权

第四百四十条 债务人或者第三人有权处分的下列权利可以出质：

（一）汇票、本票、支票；

（二）债券、存款单；

（三）仓单、提单；

（四）可以转让的基金份额、股权；

（五）可以转让的注册商标专用权、专利权、著作权等知识产权中的财产权；

（六）现有的以及将有的应收账款；

（七）法律、行政法规规定可以出质的其他财产权利。

第四百四十一条 以汇票、本票、支票、债券、存款单、仓单、提单出质的，质权自权利凭证交付质权人时设立；没有权利凭证的，质权自办理出质登记时设立。法律另有规定的，依照其规定。

第四百四十二条 汇票、本票、支票、债券、存款单、仓单、提单的兑现日期或者提货日期先于主债权到期的，质权人可以兑现或者提货，并与出质人协议将兑现的价款或者提取的货物提前清偿债务或者提存。

第四百四十三条 以基金份额、股权出质的，质权自办理出质登记时设立。

基金份额、股权出质后，不得转让，但是出质人与质权人协商同意的除外。出质人转让基金份额、股权所得的价款，应当向质权人提前清偿债务或者提存。

第四百四十四条 以注册商标专用权、专利权、著作权等知识产权中的财产权出质的，质权自办理出质登记时设立。

知识产权中的财产权出质后，出质人不得转让或者许可他人使用，但是出质人与质权人协商同意的除外。出质人转让或者许可他人使用出质的知识产权中的财产权所得的价款，应当向质权人提前清偿债务或者提存。

第四百四十五条 以应收账款出质的，质权自办理出质登记时设立。

应收账款出质后，不得转让，但是出质人与质权人协商同意的除外。出质人转让应收账款所得的价款，应当向质权人提前清偿债务或者提存。

第四百四十六条 权利质权除适用本节规定外，适用本章第一节的有关规定。

第十九章 留置权

第四百四十七条 债务人不履行到期债务，债权人可以留置已经合法占有的债务人的动产，并有权就该动产优先受偿。

前款规定的债权人为留置权人，占有的动产为留置财产。

第四百四十八条 债权人留置的动产，应当与债权属于同一法律关系，但是企业之间留置的除外。

第四百四十九条 法律规定或者当事

人约定不得留置的动产，不得留置。

第四百五十条 留置财产为可分物的，留置财产的价值应当相当于债务的金额。

第四百五十一条 留置权人负有妥善保管留置财产的义务；因保管不善致使留置财产毁损、灭失的，应当承担赔偿责任。

第四百五十二条 留置权人有权收取留置财产的孳息。

前款规定的孳息应当先充抵收取孳息的费用。

第四百五十三条 留置权人与债务人应当约定留置财产后的债务履行期限；没有约定或者约定不明确的，留置权人应当给债务人六十日以上履行债务的期限，但是鲜活易腐等不易保管的动产除外。债务人逾期未履行的，留置权人可以与债务人协议以留置财产折价，也可以就拍卖、变卖留置财产所得的价款优先受偿。

留置财产折价或者变卖的，应当参照市场价格。

第四百五十四条 债务人可以请求留置权人在债务履行期限届满后行使留置权；留置权人不行使的，债务人可以请求人民法院拍卖、变卖留置财产。

第四百五十五条 留置财产折价或者拍卖、变卖后，其价款超过债权数额的部分归债务人所有，不足部分由债务人清偿。

第四百五十六条 同一动产上已经设立抵押权或者质权，该动产又被留置的，留置权人优先受偿。

第四百五十七条 留置权人对留置财产丧失占有或者留置权人接受债务人另行提供担保的，留置权消灭。

第五分编 占 有

第二十章 占 有

第四百五十八条 基于合同关系等产生的占有，有关不动产或者动产的使用、收益、违约责任等，按照合同约定；合同没有约定或者约定不明确的，依照有关法律规定。

第四百五十九条 占有人因使用占有的不动产或者动产，致使该不动产或者动产受到损害的，恶意占有人应当承担赔偿责任。

第四百六十条 不动产或者动产被占有人占有的，权利人可以请求返还原物及其孳息；但是，应当支付善意占有人因维护该不动产或者动产支出的必要费用。

第四百六十一条 占有的不动产或者动产毁损、灭失，该不动产或者动产的权利人请求赔偿的，占有人应当将因毁损、灭失取得的保险金、赔偿金或者补偿金等返还给权利人；权利人的损害未得到足够弥补的，恶意占有人还应当赔偿损失。

第四百六十二条 占有的不动产或者动产被侵占的，占有人有权请求返还原物；对妨害占有的行为，占有人有权请求排除妨害或者消除危险；因侵占或者妨害造成损害的，占有人有权依法请求损害赔偿。

占有人返还原物的请求权，自侵占发生之日起一年内未行使的，该请求权消灭。

第三编 合 同

第一分编 通 则

第一章 一般规定

第四百六十三条 本编调整因合同产生的民事关系。

第四百六十四条 合同是民事主体之间设立、变更、终止民事法律关系的协议。

婚姻、收养、监护等有关身份关系的协议，适用有关该身份关系的法律规定；没有规定的，可以根据其性质参照适用本编规定。

第四百六十五条 依法成立的合同，受法律保护。

依法成立的合同，仅对当事人具有法律约束力，但是法律另有规定的除外。

第四百六十六条 当事人对合同条款的理解有争议的，应当依据本法第一百四十二条第一款的规定，确定争议条款的含义。

合同文本采用两种以上文字订立并约定具有同等效力的，对各文本使用的词句推定具有相同含义。各文本使用的词句不一致的，应当根据合同的相关条款、性质、目的以及诚信原则等予以解释。

第四百六十七条 本法或者其他法律没有明文规定的合同，适用本编通则的规定，并可以参照适用本编或者其他法律最相类似合同的规定。

在中华人民共和国境内履行的中外合资经营企业合同、中外合作经营企业合同、中外合作勘探开发自然资源合同，适用中华人民共和国法律。

第四百六十八条 非因合同产生的债权债务关系，适用有关该债权债务关系的法律规定；没有规定的，适用本编通则的有关规定，但是根据其性质不能适用的除外。

第二章 合同的订立

第四百六十九条 当事人订立合同，可以采用书面形式、口头形式或者其他形式。

书面形式是合同书、信件、电报、电传、传真等可以有形地表现所载内容的形式。

以电子数据交换、电子邮件等方式能够有形地表现所载内容，并可以随时调取查用的数据电文，视为书面形式。

第四百七十条 合同的内容由当事人约定，一般包括下列条款：

（一）当事人的姓名或者名称和住所；

（二）标的；

（三）数量；

（四）质量；

（五）价款或者报酬；

（六）履行期限、地点和方式；

（七）违约责任；

（八）解决争议的方法。

当事人可以参照各类合同的示范文本订立合同。

第四百七十一条 当事人订立合同，可以采取要约、承诺方式或者其他方式。

第四百七十二条 要约是希望与他人订立合同的意思表示，该意思表示应当符合下列条件：

（一）内容具体确定；

（二）表明经受要约人承诺，要约人即受该意思表示约束。

第四百七十三条 要约邀请是希望他人向自己发出要约的表示。拍卖公告、招标公告、招股说明书、债券募集办法、基金招募说明书、商业广告和宣传、寄送的价目表等为要约邀请。

商业广告和宣传的内容符合要约条件的，构成要约。

第四百七十四条 要约生效的时间适用本法第一百三十七条的规定。

第四百七十五条 要约可以撤回。要约的撤回适用本法第一百四十一条的规定。

第四百七十六条 要约可以撤销，但是有下列情形之一的除外：

（一）要约人以确定承诺期限或者其他形式明示要约不可撤销；

（二）受要约人有理由认为要约是不可撤销的，并已经为履行合同做了合理准备工作。

第四百七十七条 撤销要约的意思表示以对话方式作出的，该意思表示的内容应当在受要约人作出承诺之前为受要约人所知道；撤销要约的意思表示以非对话方式作出的，应当在受要约人作出承诺之前到达受要约人。

第四百七十八条 有下列情形之一的，要约失效：

（一）要约被拒绝；

（二）要约被依法撤销；

（三）承诺期限届满，受要约人未作出承诺；

（四）受要约人对要约的内容作出实质性变更。

第四百七十九条 承诺是受要约人同意要约的意思表示。

第四百八十条 承诺应当以通知的方式作出；但是，根据交易习惯或者要约表明可以通过行为作出承诺的除外。

第四百八十一条 承诺应当在要约确定的期限内到达要约人。

要约没有确定承诺期限的，承诺应当依照下列规定到达：

（一）要约以对话方式作出的，应当即时作出承诺；

（二）要约以非对话方式作出的，承诺应当在合理期限内到达。

第四百八十二条 要约以信件或者电报作出的，承诺期限自信件载明的日期或者电报交发之日开始计算。信件未载明日期的，自投寄该信件的邮戳日期开始计算。要约以电话、传真、电子邮件等快速通讯方式作出的，承诺期限自要约到达受要约人时开始计算。

第四百八十三条 承诺生效时合同成立，但是法律另有规定或者当事人另有约定的除外。

第四百八十四条 以通知方式作出的承诺，生效的时间适用本法第一百三十七条的规定。

承诺不需要通知的，根据交易习惯或者要约的要求作出承诺的行为时生效。

第四百八十五条 承诺可以撤回。承诺的撤回适用本法第一百四十一条的规定。

第四百八十六条 受要约人超过承诺期限发出承诺，或者在承诺期限内发出承诺，按照通常情形不能及时到达要约人的，为新要约；但是，要约人及时通知受要约人该承诺有效的除外。

第四百八十七条 受要约人在承诺期限内发出承诺，按照通常情形能够及时到达要约人，但是因其他原因致使承诺到达要约人时超过承诺期限的，除要约人及时通知受要约人因承诺超过期限不接受该承诺外，该承诺有效。

第四百八十八条 承诺的内容应当与要约的内容一致。受要约人对要约的内容作出实质性变更的，为新要约。有关合同标的、数量、质量、价款或者报酬、履行期限、履行地点和方式、违约责任和解决争议方法等的变更，是对要约内容的实质性变更。

第四百八十九条 承诺对要约的内容作出非实质性变更的，除要约人及时表示反对或者要约表明承诺不得对要约的内容作出任何变更外，该承诺有效，合同的内容以承诺的内容为准。

第四百九十条 当事人采用合同书形式订立合同的，自当事人均签名、盖章或者按指印时合同成立。在签名、盖章或者按指印之前，当事人一方已经履行主要义务，对方接受时，该合同成立。

法律、行政法规规定或者当事人约定合同应当采用书面形式订立，当事人未采用书面形式但是一方已经履行主要义务，对方接受时，该合同成立。

第四百九十一条 当事人采用信件、数据电文等形式订立合同要求签订确认书的，签订确认书时合同成立。

当事人一方通过互联网等信息网络发布的商品或者服务信息符合要约条件的，对方选择该商品或者服务并提交订单成功时合同成立，但是当事人另有约定的除外。

第四百九十二条 承诺生效的地点为合同成立的地点。

采用数据电文形式订立合同的，收件人的主营业地为合同成立的地点；没有主营业地的，其住所地为合同成立的地点。当事人另有约定的，按照其约定。

第四百九十三条 当事人采用合同书形式订立合同的，最后签名、盖章或者按指印的地点为合同成立的地点，但是当事人另有约定的除外。

第四百九十四条 国家根据抢险救灾、疫情防控或者其他需要下达国家订货任务、指令性任务的，有关民事主体之间应当依照有关法律、行政法规规定的权利和义务订立合同。

依照法律、行政法规的规定负有发出要约义务的当事人，应当及时发出合理的要约。

依照法律、行政法规的规定负有作出承诺义务的当事人，不得拒绝对方合理的订立合同要求。

第四百九十五条 当事人约定在将来一定期限内订立合同的认购书、订购书、预订书等，构成预约合同。

当事人一方不履行预约合同约定的订立合同义务的，对方可以请求其承担预约合同的违约责任。

第四百九十六条 格式条款是当事人为了重复使用而预先拟定，并在订立合同时未与对方协商的条款。

采用格式条款订立合同的，提供格式条款的一方应当遵循公平原则确定当事人之间的权利和义务，并采取合理的方式提示对方注意免除或者减轻其责任等与对方有重大利害关系的条款，按照对方的要求，对该条款予以说明。提供格式条款的一方未履行提示或者说明义务，致使对方没有注意或者理解与其有重大利害关系的条款的，对方可以主张该条款不成为合同的内容。

第四百九十七条 有下列情形之一的，该格式条款无效：

（一）具有本法第一编第六章第三节和本法第五百零六条规定的无效情形；

（二）提供格式条款一方不合理地免除或者减轻其责任、加重对方责任、限制对方主要权利；

（三）提供格式条款一方排除对方主要权利。

第四百九十八条 对格式条款的理解发生争议的，应当按照通常理解予以解释。对格式条款有两种以上解释的，应当作出不利于提供格式条款一方的解释。格式条款和非格式条款不一致的，应当采用非格式条款。

第四百九十九条 悬赏人以公开方式声明对完成特定行为的人支付报酬的，完成该行为的人可以请求其支付。

第五百条 当事人在订立合同过程中有下列情形之一，造成对方损失的，应当承担赔偿责任：

（一）假借订立合同，恶意进行磋商；

（二）故意隐瞒与订立合同有关的重要事实或者提供虚假情况；

（三）有其他违背诚信原则的行为。

第五百零一条 当事人在订立合同过程中知悉的商业秘密或者其他应当保密的信息，无论合同是否成立，不得泄露或者不正当地使用；泄露、不正当地使用该商业秘密或者信息，造成对方损失的，应当承担赔偿责任。

第三章 合同的效力

第五百零二条 依法成立的合同，自成立时生效，但是法律另有规定或者当事人另有约定的除外。

依照法律、行政法规的规定，合同应当办理批准等手续的，依照其规定。未办理批准等手续影响合同生效的，不影响合同中履行报批等义务条款以及相关条款的效力。应当办理申请批准等手续的当事人未履行义务的，对方可以请求其承担违反该义务的责任。

依照法律、行政法规的规定，合同的变更、转让、解除等情形应当办理批准等手续的，适用前款规定。

第五百零三条 无权代理人以被代理人的名义订立合同，被代理人已经开始履行合同义务或者接受相对人履行的，视为对合同的追认。

第五百零四条 法人的法定代表人或者非法人组织的负责人超越权限订立的合同，除相对人知道或者应当知道其超越权限外，该代表行为有效，订立的合同对法人或者非法人组织发生效力。

第五百零五条 当事人超越经营范围订立的合同的效力，应当依照本法第一编第六章第三节和本编的有关规定确定，不得仅以超越经营范围确认合同无效。

第五百零六条 合同中的下列免责条款无效：

（一）造成对方人身损害的；

（二）因故意或者重大过失造成对方财产损失的。

第五百零七条 合同不生效、无效、被撤销或者终止的，不影响合同中有关解决争议方法的条款的效力。

第五百零八条 本编对合同的效力没有规定的，适用本法第一编第六章的有关规定。

第四章 合同的履行

第五百零九条 当事人应当按照约定全面履行自己的义务。

当事人应当遵循诚信原则，根据合同的性质、目的和交易习惯履行通知、协助、保密等义务。

当事人在履行合同过程中，应当避免浪费资源、污染环境和破坏生态。

第五百一十条 合同生效后，当事人就质量、价款或者报酬、履行地点等内容没有约定或者约定不明确的，可以协议补充；不能达成补充协议的，按照合同相关条款或者交易习惯确定。

第五百一十一条 当事人就有关合同内容约定不明确，依据前条规定仍不能确定的，适用下列规定：

（一）质量要求不明确的，按照强制性国家标准履行；没有强制性国家标准的，按照推荐性国家标准履行；没有推荐性国家标准的，按照行业标准履行；没有国家标准、行业标准的，按照通常标准或者符合合同目的的特定标准履行。

（二）价款或者报酬不明确的，按照订立合同时履行地的市场价格履行；依法应当执行政府定价或者政府指导价的，依照规定履行。

（三）履行地点不明确，给付货币的，在接受货币一方所在地履行；交付不动产的，在不动产所在地履行；其他标的，在履行义务一方所在地履行。

（四）履行期限不明确的，债务人可以随时履行，债权人也可以随时请求履行，但是应当给对方必要的准备时间。

（五）履行方式不明确的，按照有利于实现合同目的的方式履行。

（六）履行费用的负担不明确的，由履行义务一方负担；因债权人原因增加的履行费用，由债权人负担。

第五百一十二条 通过互联网等信息网络订立的电子合同的标的为交付商品并采用快递物流方式交付的，收货人的签收时间为交付时间。电子合同的标的为提供服务的，生成的电子凭证或者实物凭证中载明的时间为提供服务时间；前述凭证没有载明时间或者载明时间与实际提供服务时间不一致的，以实际提供服务的时间为准。

电子合同的标的物为采用在线传输方

式交付的，合同标的物进入对方当事人指定的特定系统且能够检索识别的时间为交付时间。

电子合同当事人对交付商品或者提供服务的方式、时间另有约定的，按照其约定。

第五百一十三条 执行政府定价或者政府指导价的，在合同约定的交付期限内政府价格调整时，按照交付时的价格计价。逾期交付标的物的，遇价格上涨时，按照原价格执行；价格下降时，按照新价格执行。逾期提取标的物或者逾期付款的，遇价格上涨时，按照新价格执行；价格下降时，按照原价格执行。

第五百一十四条 以支付金钱为内容的债，除法律另有规定或者当事人另有约定外，债权人可以请求债务人以实际履行地的法定货币履行。

第五百一十五条 标的有多项而债务人只需履行其中一项的，债务人享有选择权；但是，法律另有规定、当事人另有约定或者另有交易习惯的除外。

享有选择权的当事人在约定期限内或者履行期限届满未作选择，经催告后在合理期限内仍未选择的，选择权转移至对方。

第五百一十六条 当事人行使选择权应当及时通知对方，通知到达对方时，标的确定。标的确定后不得变更，但是经对方同意的除外。

可选择的标的发生不能履行情形的，享有选择权的当事人不得选择不能履行的标的，但是该不能履行的情形是由对方造成的除外。

第五百一十七条 债权人为二人以上，标的可分，按照份额各自享有债权的，为按份债权；债务人为二人以上，标的可分，按照份额各自负担债务的，为按份债务。

按份债权人或者按份债务人的份额难以确定的，视为份额相同。

第五百一十八条 债权人为二人以上，部分或者全部债权人均可以请求债务人履行债务的，为连带债权；债务人为二人以上，债权人可以请求部分或者全部债务人履行全部债务的，为连带债务。

连带债权或者连带债务，由法律规定或者当事人约定。

第五百一十九条 连带债务人之间的份额难以确定的，视为份额相同。

实际承担债务超过自己份额的连带债务人，有权就超出部分在其他连带债务人未履行的份额范围内向其追偿，并相应地享有债权人的权利，但是不得损害债权人的利益。其他连带债务人对债权人的抗辩，可以向该债务人主张。

被追偿的连带债务人不能履行其应分担份额的，其他连带债务人应当在相应范围内按比例分担。

第五百二十条 部分连带债务人履行、抵销债务或者提存标的物的，其他债务人对债权人的债务在相应范围内消灭；该债务人可以依据前条规定向其他债务人追偿。

部分连带债务人的债务被债权人免除的，在该连带债务人应当承担的份额范围内，其他债务人对债权人的债务消灭。

部分连带债务人的债务与债权人的债权同归于一人的，在扣除该债务人应当承担的份额后，债权人对其他债务人的债权继续存在。

债权人对部分连带债务人的给付受领迟延的，对其他连带债务人发生效力。

第五百二十一条 连带债权人之间的份额难以确定的，视为份额相同。

实际受领债权的连带债权人，应当按比例向其他连带债权人返还。

连带债权参照适用本章连带债务的有关规定。

第五百二十二条 当事人约定由债务人向第三人履行债务，债务人未向第三人履行债务或者履行债务不符合约定的，应当向债权人承担违约责任。

法律规定或者当事人约定第三人可以直接请求债务人向其履行债务，第三人未在合理期限内明确拒绝，债务人未向第三人履行债务或者履行债务不符合约定的，第三人可以请求债务人承担违约责任；债务人对债权人的抗辩，可以向第三人主张。

第五百二十三条 当事人约定由第三人向债权人履行债务，第三人不履行债务或者履行债务不符合约定的，债务人应当向债权人承担违约责任。

第五百二十四条 债务人不履行债务，第三人对履行该债务具有合法利益的，第三人有权向债权人代为履行；但是，根据债务性质、按照当事人约定或者依照法律规定只能由债务人履行的除外。

债权人接受第三人履行后，其对债务人的债权转让给第三人，但是债务人和第三人另有约定的除外。

第五百二十五条 当事人互负债务，没有先后履行顺序的，应当同时履行。一方在对方履行之前有权拒绝其履行请求。一方在对方履行债务不符合约定时，有权拒绝其相应的履行请求。

第五百二十六条 当事人互负债务，有先后履行顺序，应当先履行债务一方未履行的，后履行一方有权拒绝其履行请求。先履行一方履行债务不符合约定的，后履行一方有权拒绝其相应的履行请求。

第五百二十七条 应当先履行债务的当事人，有确切证据证明对方有下列情形之一的，可以中止履行：

（一）经营状况严重恶化；

（二）转移财产、抽逃资金，以逃避债务；

（三）丧失商业信誉；

（四）有丧失或者可能丧失履行债务能力的其他情形。

当事人没有确切证据中止履行的，应当承担违约责任。

第五百二十八条 当事人依据前条规定中止履行的，应当及时通知对方。对方提供适当担保的，应当恢复履行。中止履行后，对方在合理期限内未恢复履行能力且未提供适当担保的，视为以自己的行为表明不履行主要债务，中止履行的一方可以解除合同并可以请求对方承担违约责任。

第五百二十九条 债权人分立、合并或者变更住所没有通知债务人，致使履行债务发生困难的，债务人可以中止履行或者将标的物提存。

第五百三十条 债权人可以拒绝债务人提前履行债务，但是提前履行不损害债权人利益的除外。

债务人提前履行债务给债权人增加的费用，由债务人负担。

第五百三十一条 债权人可以拒绝债务人部分履行债务，但是部分履行不损害债权人利益的除外。

债务人部分履行债务给债权人增加的费用，由债务人负担。

第五百三十二条 合同生效后，当事人不得因姓名、名称的变更或者法定代表人、负责人、承办人的变动而不履行合同义务。

第五百三十三条 合同成立后，合同的基础条件发生了当事人在订立合同时无法预见的、不属于商业风险的重大变化，继续履行合同对于当事人一方明显不公平的，受不利影响的当事人可以与对方重新协商；在合理期限内协商不成的，当事人可以请求人民法院或者仲裁机构变更或者解除合同。

人民法院或者仲裁机构应当结合案件的实际情况，根据公平原则变更或者解除合同。

第五百三十四条 对当事人利用合同实施危害国家利益、社会公共利益行为的，市场监督管理和其他有关行政主管部门依照法律、行政法规的规定负责监督处理。

第五章　合同的保全

第五百三十五条　因债务人怠于行使其债权或者与该债权有关的从权利，影响债权人的到期债权实现的，债权人可以向人民法院请求以自己的名义代位行使债务人对相对人的权利，但是该权利专属于债务人自身的除外。

代位权的行使范围以债权人的到期债权为限。债权人行使代位权的必要费用，由债务人负担。

相对人对债务人的抗辩，可以向债权人主张。

第五百三十六条　债权人的债权到期前，债务人的债权或者与该债权有关的从权利存在诉讼时效期间即将届满或者未及时申报破产债权等情形，影响债权人的债权实现的，债权人可以代位向债务人的相对人请求其向债务人履行、向破产管理人申报或者作出其他必要的行为。

第五百三十七条　人民法院认定代位权成立的，由债务人的相对人向债权人履行义务，债权人接受履行后，债权人与债务人、债务人与相对人之间相应的权利义务终止。债务人对相对人的债权或者与该债权有关的从权利被采取保全、执行措施，或者债务人破产的，依照相关法律的规定处理。

第五百三十八条　债务人以放弃其债权、放弃债权担保、无偿转让财产等方式无偿处分财产权益，或者恶意延长其到期债权的履行期限，影响债权人的债权实现的，债权人可以请求人民法院撤销债务人的行为。

第五百三十九条　债务人以明显不合理的低价转让财产、以明显不合理的高价受让他人财产或者为他人的债务提供担保，影响债权人的债权实现，债务人的相对人知道或者应当知道该情形的，债权人可以请求人民法院撤销债务人的行为。

第五百四十条　撤销权的行使范围以债权人的债权为限。债权人行使撤销权的必要费用，由债务人负担。

第五百四十一条　撤销权自债权人知道或者应当知道撤销事由之日起一年内行使。自债务人的行为发生之日起五年内没有行使撤销权的，该撤销权消灭。

第五百四十二条　债务人影响债权人的债权实现的行为被撤销的，自始没有法律约束力。

第六章　合同的变更和转让

第五百四十三条　当事人协商一致，可以变更合同。

第五百四十四条　当事人对合同变更的内容约定不明确的，推定为未变更。

第五百四十五条　债权人可以将债权的全部或者部分转让给第三人，但是有下列情形之一的除外：

（一）根据债权性质不得转让；

（二）按照当事人约定不得转让；

（三）依照法律规定不得转让。

当事人约定非金钱债权不得转让的，不得对抗善意第三人。当事人约定金钱债权不得转让的，不得对抗第三人。

第五百四十六条　债权人转让债权，未通知债务人的，该转让对债务人不发生效力。

债权转让的通知不得撤销，但是经受让人同意的除外。

第五百四十七条　债权人转让债权的，受让人取得与债权有关的从权利，但是该从权利专属于债权人自身的除外。

受让人取得从权利不因该从权利未办理转移登记手续或者未转移占有而受到影响。

第五百四十八条　债务人接到债权转让通知后，债务人对让与人的抗辩，可以向受让人主张。

第五百四十九条 有下列情形之一的，债务人可以向受让人主张抵销：

（一）债务人接到债权转让通知时，债务人对让与人享有债权，且债务人的债权先于转让的债权到期或者同时到期；

（二）债务人的债权与转让的债权是基于同一合同产生。

第五百五十条 因债权转让增加的履行费用，由让与人负担。

第五百五十一条 债务人将债务的全部或者部分转移给第三人的，应当经债权人同意。

债务人或者第三人可以催告债权人在合理期限内予以同意，债权人未作表示的，视为不同意。

第五百五十二条 第三人与债务人约定加入债务并通知债权人，或者第三人向债权人表示愿意加入债务，债权人未在合理期限内明确拒绝的，债权人可以请求第三人在其愿意承担的债务范围内和债务人承担连带债务。

第五百五十三条 债务人转移债务的，新债务人可以主张原债务人对债权人的抗辩；原债务人对债权人享有债权的，新债务人不得向债权人主张抵销。

第五百五十四条 债务人转移债务的，新债务人应当承担与主债务有关的从债务，但是该从债务专属于原债务人自身的除外。

第五百五十五条 当事人一方经对方同意，可以将自己在合同中的权利和义务一并转让给第三人。

第五百五十六条 合同的权利和义务一并转让的，适用债权转让、债务转移的有关规定。

第七章　合同的权利义务终止

第五百五十七条 有下列情形之一的，债权债务终止：

（一）债务已经履行；

（二）债务相互抵销；

（三）债务人依法将标的物提存；

（四）债权人免除债务；

（五）债权债务同归于一人；

（六）法律规定或者当事人约定终止的其他情形。

合同解除的，该合同的权利义务关系终止。

第五百五十八条 债权债务终止后，当事人应当遵循诚信等原则，根据交易习惯履行通知、协助、保密、旧物回收等义务。

第五百五十九条 债权债务终止时，债权的从权利同时消灭，但是法律另有规定或者当事人另有约定的除外。

第五百六十条 债务人对同一债权人负担的数项债务种类相同，债务人的给付不足以清偿全部债务的，除当事人另有约定外，由债务人在清偿时指定其履行的债务。

债务人未作指定的，应当优先履行已经到期的债务；数项债务均到期的，优先履行对债权人缺乏担保或者担保最少的债务；均无担保或者担保相等的，优先履行债务人负担较重的债务；负担相同的，按照债务到期的先后顺序履行；到期时间相同的，按照债务比例履行。

第五百六十一条 债务人在履行主债务外还应当支付利息和实现债权的有关费用，其给付不足以清偿全部债务的，除当事人另有约定外，应当按照下列顺序履行：

（一）实现债权的有关费用；

（二）利息；

（三）主债务。

第五百六十二条 当事人协商一致，可以解除合同。

当事人可以约定一方解除合同的事由。解除合同的事由发生时，解除权人可以解除合同。

第五百六十三条 有下列情形之一的，当事人可以解除合同：

（一）因不可抗力致使不能实现合同目的；

（二）在履行期限届满前，当事人一方明确表示或者以自己的行为表明不履行主要债务；

（三）当事人一方迟延履行主要债务，经催告后在合理期限内仍未履行；

（四）当事人一方迟延履行债务或者有其他违约行为致使不能实现合同目的；

（五）法律规定的其他情形。

以持续履行的债务为内容的不定期合同，当事人可以随时解除合同，但是应当在合理期限之前通知对方。

第五百六十四条 法律规定或者当事人约定解除权行使期限，期限届满当事人不行使的，该权利消灭。

法律没有规定或者当事人没有约定解除权行使期限，自解除权人知道或者应当知道解除事由之日起一年内不行使，或者经对方催告后在合理期限内不行使的，该权利消灭。

第五百六十五条 当事人一方依法主张解除合同的，应当通知对方。合同自通知到达对方时解除；通知载明债务人在一定期限内不履行债务则合同自动解除，债务人在该期限内未履行债务的，合同自通知载明的期限届满时解除。对方对解除合同有异议的，任何一方当事人均可以请求人民法院或者仲裁机构确认解除行为的效力。

当事人一方未通知对方，直接以提起诉讼或者申请仲裁的方式依法主张解除合同，人民法院或者仲裁机构确认该主张的，合同自起诉状副本或者仲裁申请书副本送达对方时解除。

第五百六十六条 合同解除后，尚未履行的，终止履行；已经履行的，根据履行情况和合同性质，当事人可以请求恢复原状或者采取其他补救措施，并有权请求赔偿损失。

合同因违约解除的，解除权人可以请求违约方承担违约责任，但是当事人另有约定的除外。

主合同解除后，担保人对债务人应当承担的民事责任仍应当承担担保责任，但是担保合同另有约定的除外。

第五百六十七条 合同的权利义务关系终止，不影响合同中结算和清理条款的效力。

第五百六十八条 当事人互负债务，该债务的标的物种类、品质相同的，任何一方可以将自己的债务与对方的到期债务抵销；但是，根据债务性质、按照当事人约定或者依照法律规定不得抵销的除外。

当事人主张抵销的，应当通知对方。通知自到达对方时生效。抵销不得附条件或者附期限。

第五百六十九条 当事人互负债务，标的物种类、品质不相同的，经协商一致，也可以抵销。

第五百七十条 有下列情形之一，难以履行债务的，债务人可以将标的物提存：

（一）债权人无正当理由拒绝受领；

（二）债权人下落不明；

（三）债权人死亡未确定继承人、遗产管理人，或者丧失民事行为能力未确定监护人；

（四）法律规定的其他情形。

标的物不适于提存或者提存费用过高的，债务人依法可以拍卖或者变卖标的物，提存所得的价款。

第五百七十一条 债务人将标的物或者将标的物依法拍卖、变卖所得价款交付提存部门时，提存成立。

提存成立的，视为债务人在其提存范围内已经交付标的物。

第五百七十二条 标的物提存后，债务人应当及时通知债权人或者债权人的继承人、遗产管理人、监护人、财产代管人。

第五百七十三条 标的物提存后，毁损、灭失的风险由债权人承担。提存期间，标的物的孳息归债权人所有。提存费用由债权人负担。

第五百七十四条 债权人可以随时领取提存物。但是，债权人对债务人负有到期债务的，在债权人未履行债务或者提供担保之前，提存部门根据债务人的要求应当拒绝其领取提存物。

债权人领取提存物的权利，自提存之日起五年内不行使而消灭，提存物扣除提存费用后归国家所有。但是，债权人未履行对债务人的到期债务，或者债权人向提存部门书面表示放弃领取提存物权利的，债务人负担提存费用后有权取回提存物。

第五百七十五条 债权人免除债务人部分或者全部债务的，债权债务部分或者全部终止，但是债务人在合理期限内拒绝的除外。

第五百七十六条 债权和债务同归于一人的，债权债务终止，但是损害第三人利益的除外。

第八章 违约责任

第五百七十七条 当事人一方不履行合同义务或者履行合同义务不符合约定的，应当承担继续履行、采取补救措施或者赔偿损失等违约责任。

第五百七十八条 当事人一方明确表示或者以自己的行为表明不履行合同义务的，对方可以在履行期限届满前请求其承担违约责任。

第五百七十九条 当事人一方未支付价款、报酬、租金、利息，或者不履行其他金钱债务的，对方可以请求其支付。

第五百八十条 当事人一方不履行非金钱债务或者履行非金钱债务不符合约定的，对方可以请求履行，但是有下列情形之一的除外：

（一）法律上或者事实上不能履行；

（二）债务的标的不适于强制履行或者履行费用过高；

（三）债权人在合理期限内未请求履行。

有前款规定的除外情形之一，致使不能实现合同目的的，人民法院或者仲裁机构可以根据当事人的请求终止合同权利义务关系，但是不影响违约责任的承担。

第五百八十一条 当事人一方不履行债务或者履行债务不符合约定，根据债务的性质不得强制履行的，对方可以请求其负担由第三人替代履行的费用。

第五百八十二条 履行不符合约定的，应当按照当事人的约定承担违约责任。对违约责任没有约定或者约定不明确，依据本法第五百一十条的规定仍不能确定的，受损害方根据标的的性质以及损失的大小，可以合理选择请求对方承担修理、重作、更换、退货、减少价款或者报酬等违约责任。

第五百八十三条 当事人一方不履行合同义务或者履行合同义务不符合约定的，在履行义务或者采取补救措施后，对方还有其他损失的，应当赔偿损失。

第五百八十四条 当事人一方不履行合同义务或者履行合同义务不符合约定，造成对方损失的，损失赔偿额应当相当于因违约所造成的损失，包括合同履行后可以获得的利益；但是，不得超过违约一方订立合同时预见到或者应当预见到的因违约可能造成的损失。

第五百八十五条 当事人可以约定一方违约时应当根据违约情况向对方支付一定数额的违约金，也可以约定因违约产生的损失赔偿额的计算方法。

约定的违约金低于造成的损失的，人民法院或者仲裁机构可以根据当事人的请求予以增加；约定的违约金过分高于造成的损失的，人民法院或者仲裁机构可以根据当事人的请求予以适当减少。

当事人就迟延履行约定违约金的，违约方支付违约金后，还应当履行债务。

第五百八十六条 当事人可以约定一方向对方给付定金作为债权的担保。定金合同自实际交付定金时成立。

定金的数额由当事人约定；但是，不得超过主合同标的额的百分之二十，超过部分不产生定金的效力。实际交付的定金数额多于或者少于约定数额的，视为变更约定的定金数额。

第五百八十七条 债务人履行债务的，定金应当抵作价款或者收回。给付定金的一方不履行债务或者履行债务不符合约定，致使不能实现合同目的的，无权请求返还定金；收受定金的一方不履行债务或者履行债务不符合约定，致使不能实现合同目的的，应当双倍返还定金。

第五百八十八条 当事人既约定违约金，又约定定金的，一方违约时，对方可以选择适用违约金或者定金条款。

定金不足以弥补一方违约造成的损失的，对方可以请求赔偿超过定金数额的损失。

第五百八十九条 债务人按照约定履行债务，债权人无正当理由拒绝受领的，债务人可以请求债权人赔偿增加的费用。

在债权人受领迟延期间，债务人无须支付利息。

第五百九十条 当事人一方因不可抗力不能履行合同的，根据不可抗力的影响，部分或者全部免除责任，但是法律另有规定的除外。因不可抗力不能履行合同的，应当及时通知对方，以减轻可能给对方造成的损失，并应当在合理期限内提供证明。

当事人迟延履行后发生不可抗力的，不免除其违约责任。

第五百九十一条 当事人一方违约后，对方应当采取适当措施防止损失的扩大；没有采取适当措施致使损失扩大的，不得就扩大的损失请求赔偿。

当事人因防止损失扩大而支出的合理费用，由违约方负担。

第五百九十二条 当事人都违反合同的，应当各自承担相应的责任。

当事人一方违约造成对方损失，对方对损失的发生有过错的，可以减少相应的损失赔偿额。

第五百九十三条 当事人一方因第三人的原因造成违约的，应当依法向对方承担违约责任。当事人一方和第三人之间的纠纷，依照法律规定或者按照约定处理。

第五百九十四条 因国际货物买卖合同和技术进出口合同争议提起诉讼或者申请仲裁的时效期间为四年。

第二分编 典型合同

第九章 买卖合同

第五百九十五条 买卖合同是出卖人转移标的物的所有权于买受人，买受人支付价款的合同。

第五百九十六条 买卖合同的内容一般包括标的物的名称、数量、质量、价款、履行期限、履行地点和方式、包装方式、检验标准和方法、结算方式、合同使用的文字及其效力等条款。

第五百九十七条 因出卖人未取得处分权致使标的物所有权不能转移的，买受人可以解除合同并请求出卖人承担违约责任。

法律、行政法规禁止或者限制转让的标的物，依照其规定。

第五百九十八条 出卖人应当履行向买受人交付标的物或者交付提取标的物的

单证，并转移标的物所有权的义务。

第五百九十九条 出卖人应当按照约定或者交易习惯向买受人交付提取标的物单证以外的有关单证和资料。

第六百条 出卖具有知识产权的标的物的，除法律另有规定或者当事人另有约定外，该标的物的知识产权不属于买受人。

第六百零一条 出卖人应当按照约定的时间交付标的物。约定交付期限的，出卖人可以在该交付期限内的任何时间交付。

第六百零二条 当事人没有约定标的物的交付期限或者约定不明确的，适用本法第五百一十条、第五百一十一条第四项的规定。

第六百零三条 出卖人应当按照约定的地点交付标的物。

当事人没有约定交付地点或者约定不明确，依据本法第五百一十条的规定仍不能确定的，适用下列规定：

（一）标的物需要运输的，出卖人应当将标的物交付给第一承运人以运交给买受人；

（二）标的物不需要运输，出卖人和买受人订立合同时知道标的物在某一地点的，出卖人应当在该地点交付标的物；不知道标的物在某一地点的，应当在出卖人订立合同时的营业地交付标的物。

第六百零四条 标的物毁损、灭失的风险，在标的物交付之前由出卖人承担，交付之后由买受人承担，但是法律另有规定或者当事人另有约定的除外。

第六百零五条 因买受人的原因致使标的物未按照约定的期限交付的，买受人应当自违反约定时起承担标的物毁损、灭失的风险。

第六百零六条 出卖人出卖交由承运人运输的在途标的物，除当事人另有约定外，毁损、灭失的风险自合同成立时起由买受人承担。

第六百零七条 出卖人按照约定将标的物运送至买受人指定地点并交付给承运人后，标的物毁损、灭失的风险由买受人承担。

当事人没有约定交付地点或者约定不明确，依据本法第六百零三条第二款第一项的规定标的物需要运输的，出卖人将标的物交付给第一承运人后，标的物毁损、灭失的风险由买受人承担。

第六百零八条 出卖人按照约定或者依据本法第六百零三条第二款第二项的规定将标的物置于交付地点，买受人违反约定没有收取的，标的物毁损、灭失的风险自违反约定时起由买受人承担。

第六百零九条 出卖人按照约定未交付有关标的物的单证和资料的，不影响标的物毁损、灭失风险的转移。

第六百一十条 因标的物不符合质量要求，致使不能实现合同目的的，买受人可以拒绝接受标的物或者解除合同。买受人拒绝接受标的物或者解除合同的，标的物毁损、灭失的风险由出卖人承担。

第六百一十一条 标的物毁损、灭失的风险由买受人承担的，不影响因出卖人履行义务不符合约定，买受人请求其承担违约责任的权利。

第六百一十二条 出卖人就交付的标的物，负有保证第三人对该标的物不享有任何权利的义务，但是法律另有规定的除外。

第六百一十三条 买受人订立合同时知道或者应当知道第三人对买卖的标的物享有权利的，出卖人不承担前条规定的义务。

第六百一十四条 买受人有确切证据证明第三人对标的物享有权利的，可以中止支付相应的价款，但是出卖人提供适当担保的除外。

第六百一十五条 出卖人应当按照约定的质量要求交付标的物。出卖人提供有关标的物质量说明的，交付的标的物应当符合该说明的质量要求。

第六百一十六条 当事人对标的物的

质量要求没有约定或者约定不明确，依据本法第五百一十条的规定仍不能确定的，适用本法第五百一十一条第一项的规定。

第六百一十七条　出卖人交付的标的物不符合质量要求的，买受人可以依据本法第五百八十二条至第五百八十四条的规定请求承担违约责任。

第六百一十八条　当事人约定减轻或者免除出卖人对标的物瑕疵承担的责任，因出卖人故意或者重大过失不告知买受人标的物瑕疵的，出卖人无权主张减轻或者免除责任。

第六百一十九条　出卖人应当按照约定的包装方式交付标的物。对包装方式没有约定或者约定不明确，依据本法第五百一十条的规定仍不能确定的，应当按照通用的方式包装；没有通用方式的，应当采取足以保护标的物且有利于节约资源、保护生态环境的包装方式。

第六百二十条　买受人收到标的物时应当在约定的检验期限内检验。没有约定检验期限的，应当及时检验。

第六百二十一条　当事人约定检验期限的，买受人应当在检验期限内将标的物的数量或者质量不符合约定的情形通知出卖人。买受人怠于通知的，视为标的物的数量或者质量符合约定。

当事人没有约定检验期限的，买受人应当在发现或者应当发现标的物的数量或者质量不符合约定的合理期限内通知出卖人。买受人在合理期限内未通知或者自收到标的物之日起二年内未通知出卖人的，视为标的物的数量或者质量符合约定；但是，对标的物有质量保证期的，适用质量保证期，不适用该二年的规定。

出卖人知道或者应当知道提供的标的物不符合约定的，买受人不受前两款规定的通知时间的限制。

第六百二十二条　当事人约定的检验期限过短，根据标的物的性质和交易习惯，买受人在检验期限内难以完成全面检验的，该期限仅视为买受人对标的物的外观瑕疵提出异议的期限。

约定的检验期限或者质量保证期短于法律、行政法规规定期限的，应当以法律、行政法规规定的期限为准。

第六百二十三条　当事人对检验期限未作约定，买受人签收的送货单、确认单等载明标的物数量、型号、规格的，推定买受人已经对数量和外观瑕疵进行检验，但是有相关证据足以推翻的除外。

第六百二十四条　出卖人依照买受人的指示向第三人交付标的物，出卖人和买受人约定的检验标准与买受人和第三人约定的检验标准不一致的，以出卖人和买受人约定的检验标准为准。

第六百二十五条　依照法律、行政法规的规定或者按照当事人的约定，标的物在有效使用年限届满后应予回收的，出卖人负有自行或者委托第三人对标的物予以回收的义务。

第六百二十六条　买受人应当按照约定的数额和支付方式支付价款。对价款的数额和支付方式没有约定或者约定不明确的，适用本法第五百一十条、第五百一十一条第二项和第五项的规定。

第六百二十七条　买受人应当按照约定的地点支付价款。对支付地点没有约定或者约定不明确，依据本法第五百一十条的规定仍不能确定的，买受人应当在出卖人的营业地支付；但是，约定支付价款以交付标的物或者交付提取标的物单证为条件的，在交付标的物或者交付提取标的物单证的所在地支付。

第六百二十八条　买受人应当按照约定的时间支付价款。对支付时间没有约定或者约定不明确，依据本法第五百一十条的规定仍不能确定的，买受人应当在收到标的物或者提取标的物单证的同时支付。

第六百二十九条　出卖人多交标的物

的，买受人可以接收或者拒绝接收多交的部分。买受人接收多交部分的，按照约定的价格支付价款；买受人拒绝接收多交部分的，应当及时通知出卖人。

第六百三十条 标的物在交付之前产生的孳息，归出卖人所有；交付之后产生的孳息，归买受人所有。但是，当事人另有约定的除外。

第六百三十一条 因标的物的主物不符合约定而解除合同的，解除合同的效力及于从物。因标的物的从物不符合约定被解除的，解除的效力不及于主物。

第六百三十二条 标的物为数物，其中一物不符合约定的，买受人可以就该物解除。但是，该物与他物分离使标的物的价值显受损害的，买受人可以就数物解除合同。

第六百三十三条 出卖人分批交付标的物的，出卖人对其中一批标的物不交付或者交付不符合约定，致使该批标的物不能实现合同目的的，买受人可以就该批标的物解除。

出卖人不交付其中一批标的物或者交付不符合约定，致使之后其他各批标的物的交付不能实现合同目的的，买受人可以就该批以及之后其他各批标的物解除。

买受人如果就其中一批标的物解除，该批标的物与其他各批标的物相互依存的，可以就已经交付和未交付的各批标的物解除。

第六百三十四条 分期付款的买受人未支付到期价款的数额达到全部价款的五分之一，经催告后在合理期限内仍未支付到期价款的，出卖人可以请求买受人支付全部价款或者解除合同。

出卖人解除合同的，可以向买受人请求支付该标的物的使用费。

第六百三十五条 凭样品买卖的当事人应当封存样品，并可以对样品质量予以说明。出卖人交付的标的物应当与样品及其说明的质量相同。

第六百三十六条 凭样品买卖的买受人不知道样品有隐蔽瑕疵的，即使交付的标的物与样品相同，出卖人交付的标的物的质量仍然应当符合同种物的通常标准。

第六百三十七条 试用买卖的当事人可以约定标的物的试用期限。对试用期限没有约定或者约定不明确，依据本法第五百一十条的规定仍不能确定的，由出卖人确定。

第六百三十八条 试用买卖的买受人在试用期内可以购买标的物，也可以拒绝购买。试用期限届满，买受人对是否购买标的物未作表示的，视为购买。

试用买卖的买受人在试用期内已经支付部分价款或者对标的物实施出卖、出租、设立担保物权等行为的，视为同意购买。

第六百三十九条 试用买卖的当事人对标的物使用费没有约定或者约定不明确的，出卖人无权请求买受人支付。

第六百四十条 标的物在试用期内毁损、灭失的风险由出卖人承担。

第六百四十一条 当事人可以在买卖合同中约定买受人未履行支付价款或者其他义务的，标的物的所有权属于出卖人。

出卖人对标的物保留的所有权，未经登记，不得对抗善意第三人。

第六百四十二条 当事人约定出卖人保留合同标的物的所有权，在标的物所有权转移前，买受人有下列情形之一，造成出卖人损害的，除当事人另有约定外，出卖人有权取回标的物：

（一）未按照约定支付价款，经催告后在合理期限内仍未支付；

（二）未按照约定完成特定条件；

（三）将标的物出卖、出质或者作出其他不当处分。

出卖人可以与买受人协商取回标的物；协商不成的，可以参照适用担保物权的实现程序。

第六百四十三条 出卖人依据前条第一款的规定取回标的物后，买受人在双方约定或者出卖人指定的合理回赎期限内，消除出卖人取回标的物的事由的，可以请求回赎标的物。

买受人在回赎期限内没有回赎标的物，出卖人可以以合理价格将标的物出卖给第三人，出卖所得价款扣除买受人未支付的价款以及必要费用后仍有剩余的，应当返还买受人；不足部分由买受人清偿。

第六百四十四条 招标投标买卖的当事人的权利和义务以及招标投标程序等，依照有关法律、行政法规的规定。

第六百四十五条 拍卖的当事人的权利和义务以及拍卖程序等，依照有关法律、行政法规的规定。

第六百四十六条 法律对其他有偿合同有规定的，依照其规定；没有规定的，参照适用买卖合同的有关规定。

第六百四十七条 当事人约定易货交易，转移标的物的所有权的，参照适用买卖合同的有关规定。

第十章 供用电、水、气、热力合同

第六百四十八条 供用电合同是供电人向用电人供电，用电人支付电费的合同。

向社会公众供电的供电人，不得拒绝用电人合理的订立合同要求。

第六百四十九条 供用电合同的内容一般包括供电的方式、质量、时间，用电容量、地址、性质，计量方式，电价、电费的结算方式，供用电设施的维护责任等条款。

第六百五十条 供用电合同的履行地点，按照当事人约定；当事人没有约定或者约定不明确的，供电设施的产权分界处为履行地点。

第六百五十一条 供电人应当按照国家规定的供电质量标准和约定安全供电。供电人未按照国家规定的供电质量标准和约定安全供电，造成用电人损失的，应当承担赔偿责任。

第六百五十二条 供电人因供电设施计划检修、临时检修、依法限电或者用电人违法用电等原因，需要中断供电时，应当按照国家有关规定事先通知用电人；未事先通知用电人中断供电，造成用电人损失的，应当承担赔偿责任。

第六百五十三条 因自然灾害等原因断电，供电人应当按照国家有关规定及时抢修；未及时抢修，造成用电人损失的，应当承担赔偿责任。

第六百五十四条 用电人应当按照国家有关规定和当事人的约定及时支付电费。用电人逾期不支付电费的，应当按照约定支付违约金。经催告用电人在合理期限内仍不支付电费和违约金的，供电人可以按照国家规定的程序中止供电。

供电人依据前款规定中止供电的，应当事先通知用电人。

第六百五十五条 用电人应当按照国家有关规定和当事人的约定安全、节约和计划用电。用电人未按照国家有关规定和当事人的约定用电，造成供电人损失的，应当承担赔偿责任。

第六百五十六条 供用水、供用气、供用热力合同，参照适用供用电合同的有关规定。

第十一章 赠与合同

第六百五十七条 赠与合同是赠与人将自己的财产无偿给予受赠人，受赠人表示接受赠与的合同。

第六百五十八条 赠与人在赠与财产的权利转移之前可以撤销赠与。

经过公证的赠与合同或者依法不得撤销的具有救灾、扶贫、助残等公益、道德义务性质的赠与合同，不适用前款规定。

第六百五十九条 赠与的财产依法需要办理登记或者其他手续的，应当办理有关手续。

第六百六十条 经过公证的赠与合同或者依法不得撤销的具有救灾、扶贫、助残等公益、道德义务性质的赠与合同，赠与人不交付赠与财产的，受赠人可以请求交付。

依据前款规定应当交付的赠与财产因赠与人故意或者重大过失致使毁损、灭失的，赠与人应当承担赔偿责任。

第六百六十一条 赠与可以附义务。

赠与附义务的，受赠人应当按照约定履行义务。

第六百六十二条 赠与的财产有瑕疵的，赠与人不承担责任。附义务的赠与，赠与的财产有瑕疵的，赠与人在附义务的限度内承担与出卖人相同的责任。

赠与人故意不告知瑕疵或者保证无瑕疵，造成受赠人损失的，应当承担赔偿责任。

第六百六十三条 受赠人有下列情形之一的，赠与人可以撤销赠与：

（一）严重侵害赠与人或者赠与人近亲属的合法权益；

（二）对赠与人有扶养义务而不履行；

（三）不履行赠与合同约定的义务。

赠与人的撤销权，自知道或者应当知道撤销事由之日起一年内行使。

第六百六十四条 因受赠人的违法行为致使赠与人死亡或者丧失民事行为能力的，赠与人的继承人或者法定代理人可以撤销赠与。

赠与人的继承人或者法定代理人的撤销权，自知道或者应当知道撤销事由之日起六个月内行使。

第六百六十五条 撤销权人撤销赠与的，可以向受赠人请求返还赠与的财产。

第六百六十六条 赠与人的经济状况显著恶化，严重影响其生产经营或者家庭生活的，可以不再履行赠与义务。

第十二章 借款合同

第六百六十七条 借款合同是借款人向贷款人借款，到期返还借款并支付利息的合同。

第六百六十八条 借款合同应当采用书面形式，但是自然人之间借款另有约定的除外。

借款合同的内容一般包括借款种类、币种、用途、数额、利率、期限和还款方式等条款。

第六百六十九条 订立借款合同，借款人应当按照贷款人的要求提供与借款有关的业务活动和财务状况的真实情况。

第六百七十条 借款的利息不得预先在本金中扣除。利息预先在本金中扣除的，应当按照实际借款数额返还借款并计算利息。

第六百七十一条 贷款人未按照约定的日期、数额提供借款，造成借款人损失的，应当赔偿损失。

借款人未按照约定的日期、数额收取借款的，应当按照约定的日期、数额支付利息。

第六百七十二条 贷款人按照约定可以检查、监督借款的使用情况。借款人应当按照约定向贷款人定期提供有关财务会计报表或者其他资料。

第六百七十三条 借款人未按照约定的借款用途使用借款的，贷款人可以停止发放借款、提前收回借款或者解除合同。

第六百七十四条 借款人应当按照约定的期限支付利息。对支付利息的期限没有约定或者约定不明确，依据本法第五百一十条的规定仍不能确定，借款期间不满一年的，应当在返还借款时一并支付；借款期间一年以上的，应当在每届满一年时支付，剩余期间不满一年的，应当在返还借款时一并支付。

第六百七十五条 借款人应当按照约定的期限返还借款。对借款期限没有约定或者约定不明确，依据本法第五百一十条的规定仍不能确定的，借款人可以随时返还；贷款人可以催告借款人在合理期限内返还。

第六百七十六条 借款人未按照约定的期限返还借款的，应当按照约定或者国家有关规定支付逾期利息。

第六百七十七条 借款人提前返还借款的，除当事人另有约定外，应当按照实际借款的期间计算利息。

第六百七十八条 借款人可以在还款期限届满前向贷款人申请展期；贷款人同意的，可以展期。

第六百七十九条 自然人之间的借款合同，自贷款人提供借款时成立。

第六百八十条 禁止高利放贷，借款的利率不得违反国家有关规定。

借款合同对支付利息没有约定的，视为没有利息。

借款合同对支付利息约定不明确，当事人不能达成补充协议的，按照当地或者当事人的交易方式、交易习惯、市场利率等因素确定利息；自然人之间借款的，视为没有利息。

第十三章 保证合同

第一节 一般规定

第六百八十一条 保证合同是为保障债权的实现，保证人和债权人约定，当债务人不履行到期债务或者发生当事人约定的情形时，保证人履行债务或者承担责任的合同。

第六百八十二条 保证合同是主债权债务合同的从合同。主债权债务合同无效的，保证合同无效，但是法律另有规定的除外。

保证合同被确认无效后，债务人、保证人、债权人有过错的，应当根据其过错各自承担相应的民事责任。

第六百八十三条 机关法人不得为保证人，但是经国务院批准为使用外国政府或者国际经济组织贷款进行转贷的除外。

以公益为目的的非营利法人、非法人组织不得为保证人。

第六百八十四条 保证合同的内容一般包括被保证的主债权的种类、数额，债务人履行债务的期限，保证的方式、范围和期间等条款。

第六百八十五条 保证合同可以是单独订立的书面合同，也可以是主债权债务合同中的保证条款。

第三人单方以书面形式向债权人作出保证，债权人接收且未提出异议的，保证合同成立。

第六百八十六条 保证的方式包括一般保证和连带责任保证。

当事人在保证合同中对保证方式没有约定或者约定不明确的，按照一般保证承担保证责任。

第六百八十七条 当事人在保证合同中约定，债务人不能履行债务时，由保证人承担保证责任的，为一般保证。

一般保证的保证人在主合同纠纷未经审判或者仲裁，并就债务人财产依法强制执行仍不能履行债务前，有权拒绝向债权人承担保证责任，但是有下列情形之一的除外：

（一）债务人下落不明，且无财产可供执行；

（二）人民法院已经受理债务人破产案件；

（三）债权人有证据证明债务人的财产不足以履行全部债务或者丧失履行债务能力；

（四）保证人书面表示放弃本款规定的权利。

第六百八十八条 当事人在保证合同中约定保证人和债务人对债务承担连带责任的，为连带责任保证。

连带责任保证的债务人不履行到期债务或者发生当事人约定的情形时，债权人可以请求债务人履行债务，也可以请求保证人在其保证范围内承担保证责任。

第六百八十九条 保证人可以要求债务人提供反担保。

第六百九十条 保证人与债权人可以协商订立最高额保证的合同，约定在最高债权额限度内就一定期间连续发生的债权提供保证。

最高额保证除适用本章规定外，参照适用本法第二编最高额抵押权的有关规定。

第二节 保证责任

第六百九十一条 保证的范围包括主债权及其利息、违约金、损害赔偿金和实现债权的费用。当事人另有约定的，按照其约定。

第六百九十二条 保证期间是确定保证人承担保证责任的期间，不发生中止、中断和延长。

债权人与保证人可以约定保证期间，但是约定的保证期间早于主债务履行期限或者与主债务履行期限同时届满的，视为没有约定；没有约定或者约定不明确的，保证期间为主债务履行期限届满之日起六个月。

债权人与债务人对主债务履行期限没有约定或者约定不明确的，保证期间自债权人请求债务人履行债务的宽限期届满之日起计算。

第六百九十三条 一般保证的债权人未在保证期间对债务人提起诉讼或者申请仲裁的，保证人不再承担保证责任。

连带责任保证的债权人未在保证期间请求保证人承担保证责任的，保证人不再承担保证责任。

第六百九十四条 一般保证的债权人在保证期间届满前对债务人提起诉讼或者申请仲裁的，从保证人拒绝承担保证责任的权利消灭之日起，开始计算保证债务的诉讼时效。

连带责任保证的债权人在保证期间届满前请求保证人承担保证责任的，从债权人请求保证人承担保证责任之日起，开始计算保证债务的诉讼时效。

第六百九十五条 债权人和债务人未经保证人书面同意，协商变更主债权债务合同内容，减轻债务的，保证人仍对变更后的债务承担保证责任；加重债务的，保证人对加重的部分不承担保证责任。

债权人和债务人变更主债权债务合同的履行期限，未经保证人书面同意的，保证期间不受影响。

第六百九十六条 债权人转让全部或者部分债权，未通知保证人的，该转让对保证人不发生效力。

保证人与债权人约定禁止债权转让，债权人未经保证人书面同意转让债权的，保证人对受让人不再承担保证责任。

第六百九十七条 债权人未经保证人书面同意，允许债务人转移全部或者部分债务，保证人对未经其同意转移的债务不再承担保证责任，但是债权人和保证人另有约定的除外。

第三人加入债务的，保证人的保证责任不受影响。

第六百九十八条 一般保证的保证人在主债务履行期限届满后，向债权人提供债务人可供执行财产的真实情况，债权人放弃或者怠于行使权利致使该财产不能被执行的，保证人在其提供可供执行财产的价值范围内不再承担保证责任。

第六百九十九条 同一债务有两个以上保证人的，保证人应当按照保证合同约定的保证份额，承担保证责任；没有约定保证份额的，债权人可以请求任何一个保证人在其保证范围内承担保证责任。

第七百条 保证人承担保证责任后，除当事人另有约定外，有权在其承担保证责任的范围内向债务人追偿，享有债权人对债务人的权利，但是不得损害债权人的利益。

第七百零一条 保证人可以主张债务人对债权人的抗辩。债务人放弃抗辩的，保证人仍有权向债权人主张抗辩。

第七百零二条 债务人对债权人享有抵销权或者撤销权的，保证人可以在相应范围内拒绝承担保证责任。

第十四章 租赁合同

第七百零三条 租赁合同是出租人将租赁物交付承租人使用、收益，承租人支付租金的合同。

第七百零四条 租赁合同的内容一般包括租赁物的名称、数量、用途、租赁期限、租金及其支付期限和方式、租赁物维修等条款。

第七百零五条 租赁期限不得超过二十年。超过二十年的，超过部分无效。

租赁期限届满，当事人可以续订租赁合同；但是，约定的租赁期限自续订之日起不得超过二十年。

第七百零六条 当事人未依照法律、行政法规规定办理租赁合同登记备案手续的，不影响合同的效力。

第七百零七条 租赁期限六个月以上的，应当采用书面形式。当事人未采用书面形式，无法确定租赁期限的，视为不定期租赁。

第七百零八条 出租人应当按照约定将租赁物交付承租人，并在租赁期限内保持租赁物符合约定的用途。

第七百零九条 承租人应当按照约定的方法使用租赁物。对租赁物的使用方法没有约定或者约定不明确，依据本法第五百一十条的规定仍不能确定的，应当根据租赁物的性质使用。

第七百一十条 承租人按照约定的方法或者根据租赁物的性质使用租赁物，致使租赁物受到损耗的，不承担赔偿责任。

第七百一十一条 承租人未按照约定的方法或者未根据租赁物的性质使用租赁物，致使租赁物受到损失的，出租人可以解除合同并请求赔偿损失。

第七百一十二条 出租人应当履行租赁物的维修义务，但是当事人另有约定的除外。

第七百一十三条 承租人在租赁物需要维修时可以请求出租人在合理期限内维修。出租人未履行维修义务的，承租人可以自行维修，维修费用由出租人负担。因维修租赁物影响承租人使用的，应当相应减少租金或者延长租期。

因承租人的过错致使租赁物需要维修的，出租人不承担前款规定的维修义务。

第七百一十四条 承租人应当妥善保管租赁物，因保管不善造成租赁物毁损、灭失的，应当承担赔偿责任。

第七百一十五条 承租人经出租人同意，可以对租赁物进行改善或者增设他物。

承租人未经出租人同意，对租赁物进行改善或者增设他物的，出租人可以请求承租人恢复原状或者赔偿损失。

第七百一十六条 承租人经出租人同意，可以将租赁物转租给第三人。承租人转租的，承租人与出租人之间的租赁合同继续有效；第三人造成租赁物损失的，承租人应当赔偿损失。

承租人未经出租人同意转租的，出租人可以解除合同。

第七百一十七条 承租人经出租人同意将租赁物转租给第三人，转租期限超过承租人剩余租赁期限的，超过部分的约定对出租人不具有法律约束力，但是出租人与承租人另有约定的除外。

第七百一十八条　出租人知道或者应当知道承租人转租，但是在六个月内未提出异议的，视为出租人同意转租。

第七百一十九条　承租人拖欠租金的，次承租人可以代承租人支付其欠付的租金和违约金，但是转租合同对出租人不具有法律约束力的除外。

次承租人代为支付的租金和违约金，可以充抵次承租人应当向承租人支付的租金；超出其应付的租金数额的，可以向承租人追偿。

第七百二十条　在租赁期限内因占有、使用租赁物获得的收益，归承租人所有，但是当事人另有约定的除外。

第七百二十一条　承租人应当按照约定的期限支付租金。对支付租金的期限没有约定或者约定不明确，依据本法第五百一十条的规定仍不能确定，租赁期限不满一年的，应当在租赁期限届满时支付；租赁期限一年以上的，应当在每届满一年时支付，剩余期限不满一年的，应当在租赁期限届满时支付。

第七百二十二条　承租人无正当理由未支付或者迟延支付租金的，出租人可以请求承租人在合理期限内支付；承租人逾期不支付的，出租人可以解除合同。

第七百二十三条　因第三人主张权利，致使承租人不能对租赁物使用、收益的，承租人可以请求减少租金或者不支付租金。

第三人主张权利的，承租人应当及时通知出租人。

第七百二十四条　有下列情形之一，非因承租人原因致使租赁物无法使用的，承租人可以解除合同：

（一）租赁物被司法机关或者行政机关依法查封、扣押；

（二）租赁物权属有争议；

（三）租赁物具有违反法律、行政法规关于使用条件的强制性规定情形。

第七百二十五条　租赁物在承租人按照租赁合同占有期限内发生所有权变动的，不影响租赁合同的效力。

第七百二十六条　出租人出卖租赁房屋的，应当在出卖之前的合理期限内通知承租人，承租人享有以同等条件优先购买的权利；但是，房屋按份共有人行使优先购买权或者出租人将房屋出卖给近亲属的除外。

出租人履行通知义务后，承租人在十五日内未明确表示购买的，视为承租人放弃优先购买权。

第七百二十七条　出租人委托拍卖人拍卖租赁房屋的，应当在拍卖五日前通知承租人。承租人未参加拍卖的，视为放弃优先购买权。

第七百二十八条　出租人未通知承租人或者有其他妨害承租人行使优先购买权情形的，承租人可以请求出租人承担赔偿责任。但是，出租人与第三人订立的房屋买卖合同的效力不受影响。

第七百二十九条　因不可归责于承租人的事由，致使租赁物部分或者全部毁损、灭失的，承租人可以请求减少租金或者不支付租金；因租赁物部分或者全部毁损、灭失，致使不能实现合同目的的，承租人可以解除合同。

第七百三十条　当事人对租赁期限没有约定或者约定不明确，依据本法第五百一十条的规定仍不能确定的，视为不定期租赁；当事人可以随时解除合同，但是应当在合理期限之前通知对方。

第七百三十一条　租赁物危及承租人的安全或者健康的，即使承租人订立合同时明知该租赁物质量不合格，承租人仍然可以随时解除合同。

第七百三十二条　承租人在房屋租赁期限内死亡的，与其生前共同居住的人或者共同经营人可以按照原租赁合同租赁该房屋。

第七百三十三条 租赁期限届满，承租人应当返还租赁物。返还的租赁物应当符合按照约定或者根据租赁物的性质使用后的状态。

第七百三十四条 租赁期限届满，承租人继续使用租赁物，出租人没有提出异议的，原租赁合同继续有效，但是租赁期限为不定期。

租赁期限届满，房屋承租人享有以同等条件优先承租的权利。

第十五章 融资租赁合同

第七百三十五条 融资租赁合同是出租人根据承租人对出卖人、租赁物的选择，向出卖人购买租赁物，提供给承租人使用，承租人支付租金的合同。

第七百三十六条 融资租赁合同的内容一般包括租赁物的名称、数量、规格、技术性能、检验方法，租赁期限，租金构成及其支付期限和方式、币种，租赁期限届满租赁物的归属等条款。

融资租赁合同应当采用书面形式。

第七百三十七条 当事人以虚构租赁物方式订立的融资租赁合同无效。

第七百三十八条 依照法律、行政法规的规定，对于租赁物的经营使用应当取得行政许可的，出租人未取得行政许可不影响融资租赁合同的效力。

第七百三十九条 出租人根据承租人对出卖人、租赁物的选择订立的买卖合同，出卖人应当按照约定向承租人交付标的物，承租人享有与受领标的物有关的买受人的权利。

第七百四十条 出卖人违反向承租人交付标的物的义务，有下列情形之一的，承租人可以拒绝受领出卖人向其交付的标的物：

（一）标的物严重不符合约定；

（二）未按照约定交付标的物，经承租人或者出租人催告后在合理期限内仍未交付。

承租人拒绝受领标的物的，应当及时通知出租人。

第七百四十一条 出租人、出卖人、承租人可以约定，出卖人不履行买卖合同义务的，由承租人行使索赔的权利。承租人行使索赔权利的，出租人应当协助。

第七百四十二条 承租人对出卖人行使索赔权利，不影响其履行支付租金的义务。但是，承租人依赖出租人的技能确定租赁物或者出租人干预选择租赁物的，承租人可以请求减免相应租金。

第七百四十三条 出租人有下列情形之一，致使承租人对出卖人行使索赔权利失败的，承租人有权请求出租人承担相应的责任：

（一）明知租赁物有质量瑕疵而不告知承租人；

（二）承租人行使索赔权利时，未及时提供必要协助。

出租人怠于行使只能由其对出卖人行使的索赔权利，造成承租人损失的，承租人有权请求出租人承担赔偿责任。

第七百四十四条 出租人根据承租人对出卖人、租赁物的选择订立的买卖合同，未经承租人同意，出租人不得变更与承租人有关的合同内容。

第七百四十五条 出租人对租赁物享有的所有权，未经登记，不得对抗善意第三人。

第七百四十六条 融资租赁合同的租金，除当事人另有约定外，应当根据购买租赁物的大部分或者全部成本以及出租人的合理利润确定。

第七百四十七条 租赁物不符合约定或者不符合使用目的的，出租人不承担责任。但是，承租人依赖出租人的技能确定租赁物或者出租人干预选择租赁物的除外。

第七百四十八条 出租人应当保证承

租人对租赁物的占有和使用。

出租人有下列情形之一的，承租人有权请求其赔偿损失：

（一）无正当理由收回租赁物；

（二）无正当理由妨碍、干扰承租人对租赁物的占有和使用；

（三）因出租人的原因致使第三人对租赁物主张权利；

（四）不当影响承租人对租赁物占有和使用的其他情形。

第七百四十九条 承租人占有租赁物期间，租赁物造成第三人人身损害或者财产损失的，出租人不承担责任。

第七百五十条 承租人应当妥善保管、使用租赁物。

承租人应当履行占有租赁物期间的维修义务。

第七百五十一条 承租人占有租赁物期间，租赁物毁损、灭失的，出租人有权请求承租人继续支付租金，但是法律另有规定或者当事人另有约定的除外。

第七百五十二条 承租人应当按照约定支付租金。承租人经催告后在合理期限内仍不支付租金的，出租人可以请求支付全部租金；也可以解除合同，收回租赁物。

第七百五十三条 承租人未经出租人同意，将租赁物转让、抵押、质押、投资入股或者以其他方式处分的，出租人可以解除融资租赁合同。

第七百五十四条 有下列情形之一的，出租人或者承租人可以解除融资租赁合同：

（一）出租人与出卖人订立的买卖合同解除、被确认无效或者被撤销，且未能重新订立买卖合同；

（二）租赁物因不可归责于当事人的原因毁损、灭失，且不能修复或者确定替代物；

（三）因出卖人的原因致使融资租赁合同的目的不能实现。

第七百五十五条 融资租赁合同因买卖合同解除、被确认无效或者被撤销而解除，出卖人、租赁物系由承租人选择的，出租人有权请求承租人赔偿相应损失；但是，因出租人原因致使买卖合同解除、被确认无效或者被撤销的除外。

出租人的损失已经在买卖合同解除、被确认无效或者被撤销时获得赔偿的，承租人不再承担相应的赔偿责任。

第七百五十六条 融资租赁合同因租赁物交付承租人后意外毁损、灭失等不可归责于当事人的原因解除的，出租人可以请求承租人按照租赁物折旧情况给予补偿。

第七百五十七条 出租人和承租人可以约定租赁期限届满租赁物的归属；对租赁物的归属没有约定或者约定不明确，依据本法第五百一十条的规定仍不能确定的，租赁物的所有权归出租人。

第七百五十八条 当事人约定租赁期限届满租赁物归承租人所有，承租人已经支付大部分租金，但是无力支付剩余租金，出租人因此解除合同收回租赁物，收回的租赁物的价值超过承租人欠付的租金以及其他费用的，承租人可以请求相应返还。

当事人约定租赁期限届满租赁物归出租人所有，因租赁物毁损、灭失或者附合、混合于他物致使承租人不能返还的，出租人有权请求承租人给予合理补偿。

第七百五十九条 当事人约定租赁期限届满，承租人仅需向出租人支付象征性价款的，视为约定的租金义务履行完毕后租赁物的所有权归承租人。

第七百六十条 融资租赁合同无效，当事人就该情形下租赁物的归属有约定的，按照其约定；没有约定或者约定不明确的，租赁物应当返还出租人。但是，因承租人原因致使合同无效，出租人不请求返还或者返还后会显著降低租赁物效用的，租赁物的所有权归承租人，由承租人给予出租人合理补偿。

第十六章 保理合同

第七百六十一条 保理合同是应收账款债权人将现有的或者将有的应收账款转让给保理人，保理人提供资金融通、应收账款管理或者催收、应收账款债务人付款担保等服务的合同。

第七百六十二条 保理合同的内容一般包括业务类型、服务范围、服务期限、基础交易合同情况、应收账款信息、保理融资款或者服务报酬及其支付方式等条款。

保理合同应当采用书面形式。

第七百六十三条 应收账款债权人与债务人虚构应收账款作为转让标的，与保理人订立保理合同的，应收账款债务人不得以应收账款不存在为由对抗保理人，但是保理人明知虚构的除外。

第七百六十四条 保理人向应收账款债务人发出应收账款转让通知的，应当表明保理人身份并附有必要凭证。

第七百六十五条 应收账款债务人接到应收账款转让通知后，应收账款债权人与债务人无正当理由协商变更或者终止基础交易合同，对保理人产生不利影响的，对保理人不发生效力。

第七百六十六条 当事人约定有追索权保理的，保理人可以向应收账款债权人主张返还保理融资款本息或者回购应收账款债权，也可以向应收账款债务人主张应收账款债权。保理人向应收账款债务人主张应收账款债权，在扣除保理融资款本息和相关费用后有剩余的，剩余部分应当返还给应收账款债权人。

第七百六十七条 当事人约定无追索权保理的，保理人应当向应收账款债务人主张应收账款债权，保理人取得超过保理融资款本息和相关费用的部分，无需向应收账款债权人返还。

第七百六十八条 应收账款债权人就同一应收账款订立多个保理合同，致使多个保理人主张权利的，已经登记的先于未登记的取得应收账款；均已经登记的，按照登记时间的先后顺序取得应收账款；均未登记的，由最先到达应收账款债务人的转让通知中载明的保理人取得应收账款；既未登记也未通知的，按照保理融资款或者服务报酬的比例取得应收账款。

第七百六十九条 本章没有规定的，适用本编第六章债权转让的有关规定。

第十七章 承揽合同

第七百七十条 承揽合同是承揽人按照定作人的要求完成工作，交付工作成果，定作人支付报酬的合同。

承揽包括加工、定作、修理、复制、测试、检验等工作。

第七百七十一条 承揽合同的内容一般包括承揽的标的、数量、质量、报酬，承揽方式，材料的提供，履行期限，验收标准和方法等条款。

第七百七十二条 承揽人应当以自己的设备、技术和劳力，完成主要工作，但是当事人另有约定的除外。

承揽人将其承揽的主要工作交由第三人完成的，应当就该第三人完成的工作成果向定作人负责；未经定作人同意的，定作人也可以解除合同。

第七百七十三条 承揽人可以将其承揽的辅助工作交由第三人完成。承揽人将其承揽的辅助工作交由第三人完成的，应当就该第三人完成的工作成果向定作人负责。

第七百七十四条 承揽人提供材料的，应当按照约定选用材料，并接受定作人检验。

第七百七十五条 定作人提供材料的，应当按照约定提供材料。承揽人对定作人提供的材料应当及时检验，发现不符合约定时，应当及时通知定作人更换、补齐或者采取其他补救措施。

承揽人不得擅自更换定作人提供的材料，不得更换不需要修理的零部件。

第七百七十六条　承揽人发现定作人提供的图纸或者技术要求不合理的，应当及时通知定作人。因定作人怠于答复等原因造成承揽人损失的，应当赔偿损失。

第七百七十七条　定作人中途变更承揽工作的要求，造成承揽人损失的，应当赔偿损失。

第七百七十八条　承揽工作需要定作人协助的，定作人有协助的义务。定作人不履行协助义务致使承揽工作不能完成的，承揽人可以催告定作人在合理期限内履行义务，并可以顺延履行期限；定作人逾期不履行的，承揽人可以解除合同。

第七百七十九条　承揽人在工作期间，应当接受定作人必要的监督检验。定作人不得因监督检验妨碍承揽人的正常工作。

第七百八十条　承揽人完成工作的，应当向定作人交付工作成果，并提交必要的技术资料和有关质量证明。定作人应当验收该工作成果。

第七百八十一条　承揽人交付的工作成果不符合质量要求的，定作人可以合理选择请求承揽人承担修理、重作、减少报酬、赔偿损失等违约责任。

第七百八十二条　定作人应当按照约定的期限支付报酬。对支付报酬的期限没有约定或者约定不明确，依据本法第五百一十条的规定仍不能确定的，定作人应当在承揽人交付工作成果时支付；工作成果部分交付的，定作人应当相应支付。

第七百八十三条　定作人未向承揽人支付报酬或者材料费等价款的，承揽人对完成的工作成果享有留置权或者有权拒绝交付，但是当事人另有约定的除外。

第七百八十四条　承揽人应当妥善保管定作人提供的材料以及完成的工作成果，因保管不善造成毁损、灭失的，应当承担赔偿责任。

第七百八十五条　承揽人应当按照定作人的要求保守秘密，未经定作人许可，不得留存复制品或者技术资料。

第七百八十六条　共同承揽人对定作人承担连带责任，但是当事人另有约定的除外。

第七百八十七条　定作人在承揽人完成工作前可以随时解除合同，造成承揽人损失的，应当赔偿损失。

第十八章　建设工程合同

第七百八十八条　建设工程合同是承包人进行工程建设，发包人支付价款的合同。

建设工程合同包括工程勘察、设计、施工合同。

第七百八十九条　建设工程合同应当采用书面形式。

第七百九十条　建设工程的招标投标活动，应当依照有关法律的规定公开、公平、公正进行。

第七百九十一条　发包人可以与总承包人订立建设工程合同，也可以分别与勘察人、设计人、施工人订立勘察、设计、施工承包合同。发包人不得将应当由一个承包人完成的建设工程支解成若干部分发包给数个承包人。

总承包人或者勘察、设计、施工承包人经发包人同意，可以将自己承包的部分工作交由第三人完成。第三人就其完成的工作成果与总承包人或者勘察、设计、施工承包人向发包人承担连带责任。承包人不得将其承包的全部建设工程转包给第三人或者将其承包的全部建设工程支解以后以分包的名义分别转包给第三人。

禁止承包人将工程分包给不具备相应资质条件的单位。禁止分包单位将其承包的工程再分包。建设工程主体结构的施工必须由承包人自行完成。

第七百九十二条 国家重大建设工程合同，应当按照国家规定的程序和国家批准的投资计划、可行性研究报告等文件订立。

第七百九十三条 建设工程施工合同无效，但是建设工程经验收合格的，可以参照合同关于工程价款的约定折价补偿承包人。

建设工程施工合同无效，且建设工程经验收不合格的，按照以下情形处理：

（一）修复后的建设工程经验收合格的，发包人可以请求承包人承担修复费用；

（二）修复后的建设工程经验收不合格的，承包人无权请求参照合同关于工程价款的约定折价补偿。

发包人对因建设工程不合格造成的损失有过错的，应当承担相应的责任。

第七百九十四条 勘察、设计合同的内容一般包括提交有关基础资料和概预算等文件的期限、质量要求、费用以及其他协作条件等条款。

第七百九十五条 施工合同的内容一般包括工程范围、建设工期、中间交工工程的开工和竣工时间、工程质量、工程造价、技术资料交付时间、材料和设备供应责任、拨款和结算、竣工验收、质量保修范围和质量保证期、相互协作等条款。

第七百九十六条 建设工程实行监理的，发包人应当与监理人采用书面形式订立委托监理合同。发包人与监理人的权利和义务以及法律责任，应当依照本编委托合同以及其他有关法律、行政法规的规定。

第七百九十七条 发包人在不妨碍承包人正常作业的情况下，可以随时对作业进度、质量进行检查。

第七百九十八条 隐蔽工程在隐蔽以前，承包人应当通知发包人检查。发包人没有及时检查的，承包人可以顺延工程日期，并有权请求赔偿停工、窝工等损失。

第七百九十九条 建设工程竣工后，发包人应当根据施工图纸及说明书、国家颁发的施工验收规范和质量检验标准及时进行验收。验收合格的，发包人应当按照约定支付价款，并接收该建设工程。

建设工程竣工经验收合格后，方可交付使用；未经验收或者验收不合格的，不得交付使用。

第八百条 勘察、设计的质量不符合要求或者未按照期限提交勘察、设计文件拖延工期，造成发包人损失的，勘察人、设计人应当继续完善勘察、设计，减收或者免收勘察、设计费并赔偿损失。

第八百零一条 因施工人的原因致使建设工程质量不符合约定的，发包人有权请求施工人在合理期限内无偿修理或者返工、改建。经过修理或者返工、改建后，造成逾期交付的，施工人应当承担违约责任。

第八百零二条 因承包人的原因致使建设工程在合理使用期限内造成人身损害和财产损失的，承包人应当承担赔偿责任。

第八百零三条 发包人未按照约定的时间和要求提供原材料、设备、场地、资金、技术资料的，承包人可以顺延工程日期，并有权请求赔偿停工、窝工等损失。

第八百零四条 因发包人的原因致使工程中途停建、缓建的，发包人应当采取措施弥补或者减少损失，赔偿承包人因此造成的停工、窝工、倒运、机械设备调迁、材料和构件积压等损失和实际费用。

第八百零五条 因发包人变更计划，提供的资料不准确，或者未按照期限提供必需的勘察、设计工作条件而造成勘察、设计的返工、停工或者修改设计，发包人应当按照勘察人、设计人实际消耗的工作量增付费用。

第八百零六条 承包人将建设工程转包、违法分包的，发包人可以解除合同。

发包人提供的主要建筑材料、建筑构配件和设备不符合强制性标准或者不履行协助义务，致使承包人无法施工，经催告后在合理期限内仍未履行相应义务的，承包人可以解除合同。

合同解除后，已经完成的建设工程质量合格的，发包人应当按照约定支付相应的工程价款；已经完成的建设工程质量不合格的，参照本法第七百九十三条的规定处理。

第八百零七条 发包人未按照约定支付价款的，承包人可以催告发包人在合理期限内支付价款。发包人逾期不支付的，除根据建设工程的性质不宜折价、拍卖外，承包人可以与发包人协议将该工程折价，也可以请求人民法院将该工程依法拍卖。建设工程的价款就该工程折价或者拍卖的价款优先受偿。

第八百零八条 本章没有规定的，适用承揽合同的有关规定。

第十九章 运输合同

第一节 一般规定

第八百零九条 运输合同是承运人将旅客或者货物从起运地点运输到约定地点，旅客、托运人或者收货人支付票款或者运输费用的合同。

第八百一十条 从事公共运输的承运人不得拒绝旅客、托运人通常、合理的运输要求。

第八百一十一条 承运人应当在约定期限或者合理期限内将旅客、货物安全运输到约定地点。

第八百一十二条 承运人应当按照约定的或者通常的运输路线将旅客、货物运输到约定地点。

第八百一十三条 旅客、托运人或者收货人应当支付票款或者运输费用。承运人未按照约定路线或者通常路线运输增加票款或者运输费用的，旅客、托运人或者收货人可以拒绝支付增加部分的票款或者运输费用。

第二节 客运合同

第八百一十四条 客运合同自承运人向旅客出具客票时成立，但是当事人另有约定或者另有交易习惯的除外。

第八百一十五条 旅客应当按照有效客票记载的时间、班次和座位号乘坐。旅客无票乘坐、超程乘坐、越级乘坐或者持不符合减价条件的优惠客票乘坐的，应当补交票款，承运人可以按照规定加收票款；旅客不支付票款的，承运人可以拒绝运输。

实名制客运合同的旅客丢失客票的，可以请求承运人挂失补办，承运人不得再次收取票款和其他不合理费用。

第八百一十六条 旅客因自己的原因不能按照客票记载的时间乘坐的，应当在约定的期限内办理退票或者变更手续；逾期办理的，承运人可以不退票款，并不再承担运输义务。

第八百一十七条 旅客随身携带行李应当符合约定的限量和品类要求；超过限量或者违反品类要求携带行李的，应当办理托运手续。

第八百一十八条 旅客不得随身携带或者在行李中夹带易燃、易爆、有毒、有腐蚀性、有放射性以及可能危及运输工具上人身和财产安全的危险物品或者违禁物品。

旅客违反前款规定的，承运人可以将危险物品或者违禁物品卸下、销毁或者送交有关部门。旅客坚持携带或者夹带危险物品或者违禁物品的，承运人应当拒绝运输。

第八百一十九条 承运人应当严格履行安全运输义务，及时告知旅客安全运输应当注意的事项。旅客对承运人为安全运输所作的合理安排应当积极协助和配合。

第八百二十条 承运人应当按照有效客票记载的时间、班次和座位号运输旅客。承运人迟延运输或者有其他不能正常运输情形的，应当及时告知和提醒旅客，采取必要的安置措施，并根据旅客的要求安排改乘其他班次或者退票；由此造成旅客损失的，承运人应当承担赔偿责任，但是不可归责于承运人的除外。

第八百二十一条 承运人擅自降低服务标准的，应当根据旅客的请求退票或者减收票款；提高服务标准的，不得加收票款。

第八百二十二条 承运人在运输过程中，应当尽力救助患有急病、分娩、遇险的旅客。

第八百二十三条 承运人应当对运输过程中旅客的伤亡承担赔偿责任；但是，伤亡是旅客自身健康原因造成的或者承运人证明伤亡是旅客故意、重大过失造成的除外。

前款规定适用于按照规定免票、持优待票或者经承运人许可搭乘的无票旅客。

第八百二十四条 在运输过程中旅客随身携带物品毁损、灭失，承运人有过错的，应当承担赔偿责任。

旅客托运的行李毁损、灭失的，适用货物运输的有关规定。

第三节 货运合同

第八百二十五条 托运人办理货物运输，应当向承运人准确表明收货人的姓名、名称或者凭指示的收货人，货物的名称、性质、重量、数量，收货地点等有关货物运输的必要情况。

因托运人申报不实或者遗漏重要情况，造成承运人损失的，托运人应当承担赔偿责任。

第八百二十六条 货物运输需要办理审批、检验等手续的，托运人应当将办理完有关手续的文件提交承运人。

第八百二十七条 托运人应当按照约定的方式包装货物。对包装方式没有约定或者约定不明确的，适用本法第六百一十九条的规定。

托运人违反前款规定的，承运人可以拒绝运输。

第八百二十八条 托运人托运易燃、易爆、有毒、有腐蚀性、有放射性等危险物品的，应当按照国家有关危险物品运输的规定对危险物品妥善包装，做出危险物品标志和标签，并将有关危险物品的名称、性质和防范措施的书面材料提交承运人。

托运人违反前款规定的，承运人可以拒绝运输，也可以采取相应措施以避免损失的发生，因此产生的费用由托运人负担。

第八百二十九条 在承运人将货物交付收货人之前，托运人可以要求承运人中止运输、返还货物、变更到达地或者将货物交给其他收货人，但是应当赔偿承运人因此受到的损失。

第八百三十条 货物运输到达后，承运人知道收货人的，应当及时通知收货人，收货人应当及时提货。收货人逾期提货的，应当向承运人支付保管费等费用。

第八百三十一条 收货人提货时应当按照约定的期限检验货物。对检验货物的期限没有约定或者约定不明确，依据本法第五百一十条的规定仍不能确定的，应当在合理期限内检验货物。收货人在约定的期限或者合理期限内对货物的数量、毁损等未提出异议的，视为承运人已经按照运输单证的记载交付的初步证据。

第八百三十二条 承运人对运输过程中货物的毁损、灭失承担赔偿责任。但是，承运人证明货物的毁损、灭失是因不可抗力、货物本身的自然性质或者合理损耗以及托运人、收货人的过错造成的，不承担赔偿责任。

第八百三十三条 货物的毁损、灭失的赔偿额，当事人有约定的，按照其约定；

没有约定或者约定不明确，依据本法第五百一十条的规定仍不能确定的，按照交付或者应当交付时货物到达地的市场价格计算。法律、行政法规对赔偿额的计算方法和赔偿限额另有规定的，依照其规定。

第八百三十四条 两个以上承运人以同一运输方式联运的，与托运人订立合同的承运人应当对全程运输承担责任；损失发生在某一运输区段的，与托运人订立合同的承运人和该区段的承运人承担连带责任。

第八百三十五条 货物在运输过程中因不可抗力灭失，未收取运费的，承运人不得请求支付运费；已经收取运费的，托运人可以请求返还。法律另有规定的，依照其规定。

第八百三十六条 托运人或者收货人不支付运费、保管费或者其他费用的，承运人对相应的运输货物享有留置权，但是当事人另有约定的除外。

第八百三十七条 收货人不明或者收货人无正当理由拒绝受领货物的，承运人依法可以提存货物。

第四节 多式联运合同

第八百三十八条 多式联运经营人负责履行或者组织履行多式联运合同，对全程运输享有承运人的权利，承担承运人的义务。

第八百三十九条 多式联运经营人可以与参加多式联运的各区段承运人就多式联运合同的各区段运输约定相互之间的责任；但是，该约定不影响多式联运经营人对全程运输承担的义务。

第八百四十条 多式联运经营人收到托运人交付的货物时，应当签发多式联运单据。按照托运人的要求，多式联运单据可以是可转让单据，也可以是不可转让单据。

第八百四十一条 因托运人托运货物时的过错造成多式联运经营人损失的，即使托运人已经转让多式联运单据，托运人仍然应当承担赔偿责任。

第八百四十二条 货物的毁损、灭失发生于多式联运的某一运输区段的，多式联运经营人的赔偿责任和责任限额，适用调整该区段运输方式的有关法律规定；货物毁损、灭失发生的运输区段不能确定的，依照本章规定承担赔偿责任。

第二十章 技术合同

第一节 一般规定

第八百四十三条 技术合同是当事人就技术开发、转让、许可、咨询或者服务订立的确立相互之间权利和义务的合同。

第八百四十四条 订立技术合同，应当有利于知识产权的保护和科学技术的进步，促进科学技术成果的研发、转化、应用和推广。

第八百四十五条 技术合同的内容一般包括项目的名称，标的的内容、范围和要求，履行的计划、地点和方式，技术信息和资料的保密，技术成果的归属和收益的分配办法，验收标准和方法，名词和术语的解释等条款。

与履行合同有关的技术背景资料、可行性论证和技术评价报告、项目任务书和计划书、技术标准、技术规范、原始设计和工艺文件，以及其他技术文档，按照当事人的约定可以作为合同的组成部分。

技术合同涉及专利的，应当注明发明创造的名称、专利申请人和专利权人、申请日期、申请号、专利号以及专利权的有效期限。

第八百四十六条 技术合同价款、报酬或者使用费的支付方式由当事人约定，可以采取一次总算、一次总付或者一次总算、分期支付，也可以采取提成支付或者提成支付附加预付入门费的方式。

约定提成支付的，可以按照产品价格、实施专利和使用技术秘密后新增的产值、利润或者产品销售额的一定比例提成，也可以按照约定的其他方式计算。提成支付的比例可以采取固定比例、逐年递增比例或者逐年递减比例。

约定提成支付的，当事人可以约定查阅有关会计账目的办法。

第八百四十七条 职务技术成果的使用权、转让权属于法人或者非法人组织的，法人或者非法人组织可以就该项职务技术成果订立技术合同。法人或者非法人组织订立技术合同转让职务技术成果时，职务技术成果的完成人享有以同等条件优先受让的权利。

职务技术成果是执行法人或者非法人组织的工作任务，或者主要是利用法人或者非法人组织的物质技术条件所完成的技术成果。

第八百四十八条 非职务技术成果的使用权、转让权属于完成技术成果的个人，完成技术成果的个人可以就该项非职务技术成果订立技术合同。

第八百四十九条 完成技术成果的个人享有在有关技术成果文件上写明自己是技术成果完成者的权利和取得荣誉证书、奖励的权利。

第八百五十条 非法垄断技术或者侵害他人技术成果的技术合同无效。

第二节 技术开发合同

第八百五十一条 技术开发合同是当事人之间就新技术、新产品、新工艺、新品种或者新材料及其系统的研究开发所订立的合同。

技术开发合同包括委托开发合同和合作开发合同。

技术开发合同应当采用书面形式。

当事人之间就具有实用价值的科技成果实施转化订立的合同，参照适用技术开发合同的有关规定。

第八百五十二条 委托开发合同的委托人应当按照约定支付研究开发经费和报酬，提供技术资料，提出研究开发要求，完成协作事项，接受研究开发成果。

第八百五十三条 委托开发合同的研究开发人应当按照约定制定和实施研究开发计划，合理使用研究开发经费，按期完成研究开发工作，交付研究开发成果，提供有关的技术资料和必要的技术指导，帮助委托人掌握研究开发成果。

第八百五十四条 委托开发合同的当事人违反约定造成研究开发工作停滞、延误或者失败的，应当承担违约责任。

第八百五十五条 合作开发合同的当事人应当按照约定进行投资，包括以技术进行投资，分工参与研究开发工作，协作配合研究开发工作。

第八百五十六条 合作开发合同的当事人违反约定造成研究开发工作停滞、延误或者失败的，应当承担违约责任。

第八百五十七条 作为技术开发合同标的的技术已经由他人公开，致使技术开发合同的履行没有意义的，当事人可以解除合同。

第八百五十八条 技术开发合同履行过程中，因出现无法克服的技术困难，致使研究开发失败或者部分失败的，该风险由当事人约定；没有约定或者约定不明确，依据本法第五百一十条的规定仍不能确定的，风险由当事人合理分担。

当事人一方发现前款规定的可能致使研究开发失败或者部分失败的情形时，应当及时通知另一方并采取适当措施减少损失；没有及时通知并采取适当措施，致使损失扩大的，应当就扩大的损失承担责任。

第八百五十九条 委托开发完成的发明创造，除法律另有规定或者当事人另有约定外，申请专利的权利属于研究开发人。研究开发人取得专利权的，委托人可以依法实施该专利。

研究开发人转让专利申请权的，委托人享有以同等条件优先受让的权利。

第八百六十条 合作开发完成的发明创造，申请专利的权利属于合作开发的当事人共有；当事人一方转让其共有的专利申请权的，其他各方享有以同等条件优先受让的权利。但是，当事人另有约定的除外。

合作开发的当事人一方声明放弃其共有的专利申请权的，除当事人另有约定外，可以由另一方单独申请或者由其他各方共同申请。申请人取得专利权的，放弃专利申请权的一方可以免费实施该专利。

合作开发的当事人一方不同意申请专利的，另一方或者其他各方不得申请专利。

第八百六十一条 委托开发或者合作开发完成的技术秘密成果的使用权、转让权以及收益的分配办法，由当事人约定；没有约定或者约定不明确，依据本法第五百一十条的规定仍不能确定的，在没有相同技术方案被授予专利权前，当事人均有使用和转让的权利。但是，委托开发的研究开发人不得在向委托人交付研究开发成果之前，将研究开发成果转让给第三人。

第三节 技术转让合同和技术许可合同

第八百六十二条 技术转让合同是合法拥有技术的权利人，将现有特定的专利、专利申请、技术秘密的相关权利让与他人所订立的合同。

技术许可合同是合法拥有技术的权利人，将现有特定的专利、技术秘密的相关权利许可他人实施、使用所订立的合同。

技术转让合同和技术许可合同中关于提供实施技术的专用设备、原材料或者提供有关的技术咨询、技术服务的约定，属于合同的组成部分。

第八百六十三条 技术转让合同包括专利权转让、专利申请权转让、技术秘密转让等合同。

技术许可合同包括专利实施许可、技术秘密使用许可等合同。

技术转让合同和技术许可合同应当采用书面形式。

第八百六十四条 技术转让合同和技术许可合同可以约定实施专利或者使用技术秘密的范围，但是不得限制技术竞争和技术发展。

第八百六十五条 专利实施许可合同仅在该专利权的存续期限内有效。专利权有效期限届满或者专利权被宣告无效的，专利权人不得就该专利与他人订立专利实施许可合同。

第八百六十六条 专利实施许可合同的许可人应当按照约定许可被许可人实施专利，交付实施专利有关的技术资料，提供必要的技术指导。

第八百六十七条 专利实施许可合同的被许可人应当按照约定实施专利，不得许可约定以外的第三人实施该专利，并按照约定支付使用费。

第八百六十八条 技术秘密转让合同的让与人和技术秘密使用许可合同的许可人应当按照约定提供技术资料，进行技术指导，保证技术的实用性、可靠性，承担保密义务。

前款规定的保密义务，不限制许可人申请专利，但是当事人另有约定的除外。

第八百六十九条 技术秘密转让合同的受让人和技术秘密使用许可合同的被许可人应当按照约定使用技术，支付转让费、使用费，承担保密义务。

第八百七十条 技术转让合同的让与人和技术许可合同的许可人应当保证自己是所提供的技术的合法拥有者，并保证所提供的技术完整、无误、有效，能够达到约定的目标。

第八百七十一条 技术转让合同的受让人和技术许可合同的被许可人应当按照约定的范围和期限，对让与人、许可人提供的技术中尚未公开的秘密部分，承担保密义务。

第八百七十二条 许可人未按照约定许可技术的，应当返还部分或者全部使用费，并应当承担违约责任；实施专利或者使用技术秘密超越约定的范围的，违反约定擅自许可第三人实施该项专利或者使用该项技术秘密的，应当停止违约行为，承担违约责任；违反约定的保密义务的，应当承担违约责任。

让与人承担违约责任，参照适用前款规定。

第八百七十三条 被许可人未按照约定支付使用费的，应当补交使用费并按照约定支付违约金；不补交使用费或者支付违约金的，应当停止实施专利或者使用技术秘密，交还技术资料，承担违约责任；实施专利或者使用技术秘密超越约定的范围的，未经许可人同意擅自许可第三人实施该专利或者使用该技术秘密的，应当停止违约行为，承担违约责任；违反约定的保密义务的，应当承担违约责任。

受让人承担违约责任，参照适用前款规定。

第八百七十四条 受让人或者被许可人按照约定实施专利、使用技术秘密侵害他人合法权益的，由让与人或者许可人承担责任，但是当事人另有约定的除外。

第八百七十五条 当事人可以按照互利的原则，在合同中约定实施专利、使用技术秘密后续改进的技术成果的分享办法；没有约定或者约定不明确，依据本法第五百一十条的规定仍不能确定的，一方后续改进的技术成果，其他各方无权分享。

第八百七十六条 集成电路布图设计专有权、植物新品种权、计算机软件著作权等其他知识产权的转让和许可，参照适用本节的有关规定。

第八百七十七条 法律、行政法规对技术进出口合同或者专利、专利申请合同另有规定的，依照其规定。

第四节　技术咨询合同和技术服务合同

第八百七十八条 技术咨询合同是当事人一方以技术知识为对方就特定技术项目提供可行性论证、技术预测、专题技术调查、分析评价报告等所订立的合同。

技术服务合同是当事人一方以技术知识为对方解决特定技术问题所订立的合同，不包括承揽合同和建设工程合同。

第八百七十九条 技术咨询合同的委托人应当按照约定阐明咨询的问题，提供技术背景材料及有关技术资料，接受受托人的工作成果，支付报酬。

第八百八十条 技术咨询合同的受托人应当按照约定的期限完成咨询报告或者解答问题，提出的咨询报告应当达到约定的要求。

第八百八十一条 技术咨询合同的委托人未按照约定提供必要的资料，影响工作进度和质量，不接受或者逾期接受工作成果的，支付的报酬不得追回，未支付的报酬应当支付。

技术咨询合同的受托人未按期提出咨询报告或者提出的咨询报告不符合约定的，应当承担减收或者免收报酬等违约责任。

技术咨询合同的委托人按照受托人符合约定要求的咨询报告和意见作出决策所造成的损失，由委托人承担，但是当事人另有约定的除外。

第八百八十二条 技术服务合同的委托人应当按照约定提供工作条件，完成配合事项，接受工作成果并支付报酬。

第八百八十三条 技术服务合同的受托人应当按照约定完成服务项目，解决技术问题，保证工作质量，并传授解决技术问题的知识。

第八百八十四条 技术服务合同的委托人不履行合同义务或者履行合同义务不符合约定，影响工作进度和质量，不接受或者逾期接受工作成果的，支付的报酬不得追回，未支付的报酬应当支付。

技术服务合同的受托人未按照约定完成服务工作的，应当承担免收报酬等违约责任。

第八百八十五条 技术咨询合同、技术服务合同履行过程中，受托人利用委托人提供的技术资料和工作条件完成的新的技术成果，属于受托人。委托人利用受托人的工作成果完成的新的技术成果，属于委托人。当事人另有约定的，按照其约定。

第八百八十六条 技术咨询合同和技术服务合同对受托人正常开展工作所需费用的负担没有约定或者约定不明确的，由受托人负担。

第八百八十七条 法律、行政法规对技术中介合同、技术培训合同另有规定的，依照其规定。

第二十一章　保管合同

第八百八十八条 保管合同是保管人保管寄存人交付的保管物，并返还该物的合同。

寄存人到保管人处从事购物、就餐、住宿等活动，将物品存放在指定场所的，视为保管，但是当事人另有约定或者另有交易习惯的除外。

第八百八十九条 寄存人应当按照约定向保管人支付保管费。

当事人对保管费没有约定或者约定不明确，依据本法第五百一十条的规定仍不能确定的，视为无偿保管。

第八百九十条 保管合同自保管物交付时成立，但是当事人另有约定的除外。

第八百九十一条 寄存人向保管人交付保管物的，保管人应当出具保管凭证，但是另有交易习惯的除外。

第八百九十二条 保管人应当妥善保管保管物。

当事人可以约定保管场所或者方法。除紧急情况或者为维护寄存人利益外，不得擅自改变保管场所或者方法。

第八百九十三条 寄存人交付的保管物有瑕疵或者根据保管物的性质需要采取特殊保管措施的，寄存人应当将有关情况告知保管人。寄存人未告知，致使保管物受损失的，保管人不承担赔偿责任；保管人因此受损失的，除保管人知道或者应当知道且未采取补救措施外，寄存人应当承担赔偿责任。

第八百九十四条 保管人不得将保管物转交第三人保管，但是当事人另有约定的除外。

保管人违反前款规定，将保管物转交第三人保管，造成保管物损失的，应当承担赔偿责任。

第八百九十五条 保管人不得使用或者许可第三人使用保管物，但是当事人另有约定的除外。

第八百九十六条 第三人对保管物主张权利的，除依法对保管物采取保全或者执行措施外，保管人应当履行向寄存人返还保管物的义务。

第三人对保管人提起诉讼或者对保管物申请扣押的，保管人应当及时通知寄存人。

第八百九十七条 保管期内，因保管人保管不善造成保管物毁损、灭失的，保管人应当承担赔偿责任。但是，无偿保管人证明自己没有故意或者重大过失的，不承担赔偿责任。

第八百九十八条 寄存人寄存货币、有价证券或者其他贵重物品的，应当向保管人声明，由保管人验收或者封存；寄存人未声明的，该物品毁损、灭失后，保管人可以按照一般物品予以赔偿。

第八百九十九条 寄存人可以随时领取保管物。

当事人对保管期限没有约定或者约定不明确的，保管人可以随时请求寄存人领取保管物；约定保管期限的，保管人无特别事由，不得请求寄存人提前领取保管物。

第九百条 保管期限届满或者寄存人提前领取保管物的，保管人应当将原物及其孳息归还寄存人。

第九百零一条 保管人保管货币的，可以返还相同种类、数量的货币；保管其他可替代物的，可以按照约定返还相同种类、品质、数量的物品。

第九百零二条 有偿的保管合同，寄存人应当按照约定的期限向保管人支付保管费。

当事人对支付期限没有约定或者约定不明确，依据本法第五百一十条的规定仍不能确定的，应当在领取保管物的同时支付。

第九百零三条 寄存人未按照约定支付保管费或者其他费用的，保管人对保管物享有留置权，但是当事人另有约定的除外。

第二十二章 仓储合同

第九百零四条 仓储合同是保管人储存存货人交付的仓储物，存货人支付仓储费的合同。

第九百零五条 仓储合同自保管人和存货人意思表示一致时成立。

第九百零六条 储存易燃、易爆、有毒、有腐蚀性、有放射性等危险物品或者易变质物品的，存货人应当说明该物品的性质，提供有关资料。

存货人违反前款规定的，保管人可以拒收仓储物，也可以采取相应措施以避免损失的发生，因此产生的费用由存货人负担。

保管人储存易燃、易爆、有毒、有腐蚀性、有放射性等危险物品的，应当具备相应的保管条件。

第九百零七条 保管人应当按照约定对入库仓储物进行验收。保管人验收时发现入库仓储物与约定不符合的，应当及时通知存货人。保管人验收后，发生仓储物的品种、数量、质量不符合约定的，保管人应当承担赔偿责任。

第九百零八条 存货人交付仓储物的，保管人应当出具仓单、入库单等凭证。

第九百零九条 保管人应当在仓单上签名或者盖章。仓单包括下列事项：

（一）存货人的姓名或者名称和住所；

（二）仓储物的品种、数量、质量、包装及其件数和标记；

（三）仓储物的损耗标准；

（四）储存场所；

（五）储存期限；

（六）仓储费；

（七）仓储物已经办理保险的，其保险金额、期间以及保险人的名称；

（八）填发人、填发地和填发日期。

第九百一十条 仓单是提取仓储物的凭证。存货人或者仓单持有人在仓单上背书并经保管人签名或者盖章的，可以转让提取仓储物的权利。

第九百一十一条 保管人根据存货人或者仓单持有人的要求，应当同意其检查仓储物或者提取样品。

第九百一十二条 保管人发现入库仓储物有变质或者其他损坏的，应当及时通知存货人或者仓单持有人。

第九百一十三条 保管人发现入库仓储物有变质或者其他损坏，危及其他仓储物的安全和正常保管的，应当催告存货人或者仓单持有人作出必要的处置。因情况紧急，保管人可以作出必要的处置；但是，事后应当将该情况及时通知存货人或者仓单持有人。

第九百一十四条 当事人对储存期限没有约定或者约定不明确的，存货人或者仓单持有人可以随时提取仓储物，保管人也可以随时请求存货人或者仓单持有人提取仓储物，但是应当给予必要的准备时间。

第九百一十五条 储存期限届满，存货人或者仓单持有人应当凭仓单、入库单等提取仓储物。存货人或者仓单持有人逾期提取的，应当加收仓储费；提前提取的，不减收仓储费。

第九百一十六条 储存期限届满，存货人或者仓单持有人不提取仓储物的，保管人可以催告其在合理期限内提取；逾期不提取的，保管人可以提存仓储物。

第九百一十七条 储存期内，因保管不善造成仓储物毁损、灭失的，保管人应当承担赔偿责任。因仓储物本身的自然性质、包装不符合约定或者超过有效储存期造成仓储物变质、损坏的，保管人不承担赔偿责任。

第九百一十八条 本章没有规定的，适用保管合同的有关规定。

第二十三章 委托合同

第九百一十九条 委托合同是委托人和受托人约定，由受托人处理委托人事务的合同。

第九百二十条 委托人可以特别委托受托人处理一项或者数项事务，也可以概括委托受托人处理一切事务。

第九百二十一条 委托人应当预付处理委托事务的费用。受托人为处理委托事务垫付的必要费用，委托人应当偿还该费用并支付利息。

第九百二十二条 受托人应当按照委托人的指示处理委托事务。需要变更委托人指示的，应当经委托人同意；因情况紧急，难以和委托人取得联系的，受托人应当妥善处理委托事务，但是事后应当将该情况及时报告委托人。

第九百二十三条 受托人应当亲自处理委托事务。经委托人同意，受托人可以转委托。转委托经同意或者追认的，委托人可以就委托事务直接指示转委托的第三人，受托人仅就第三人的选任及其对第三人的指示承担责任。转委托未经同意或者追认的，受托人应当对转委托的第三人的行为承担责任；但是，在紧急情况下受托人为了维护委托人的利益需要转委托第三人的除外。

第九百二十四条 受托人应当按照委托人的要求，报告委托事务的处理情况。委托合同终止时，受托人应当报告委托事务的结果。

第九百二十五条 受托人以自己的名义，在委托人的授权范围内与第三人订立的合同，第三人在订立合同时知道受托人与委托人之间的代理关系的，该合同直接约束委托人和第三人；但是，有确切证据证明该合同只约束受托人和第三人的除外。

第九百二十六条 受托人以自己的名义与第三人订立合同时，第三人不知道受托人与委托人之间的代理关系的，受托人因第三人的原因对委托人不履行义务，受托人应当向委托人披露第三人，委托人因此可以行使受托人对第三人的权利。但是，第三人与受托人订立合同时如果知道该委托人就不会订立合同的除外。

受托人因委托人的原因对第三人不履行义务，受托人应当向第三人披露委托人，第三人因此可以选择受托人或者委托人作为相对人主张其权利，但是第三人不得变更选定的相对人。

委托人行使受托人对第三人的权利的，第三人可以向委托人主张其对受托人的抗辩。第三人选定委托人作为其相对人的，委托人可以向第三人主张其对受托人的抗辩以及受托人对第三人的抗辩。

第九百二十七条 受托人处理委托事务取得的财产，应当转交给委托人。

第九百二十八条 受托人完成委托事务的，委托人应当按照约定向其支付报酬。

因不可归责于受托人的事由，委托合同解除或者委托事务不能完成的，委托人应当向受托人支付相应的报酬。当事人另有约定的，按照其约定。

第九百二十九条 有偿的委托合同，因受托人的过错造成委托人损失的，委托人可以请求赔偿损失。无偿的委托合同，因受托人的故意或者重大过失造成委托人损失的，委托人可以请求赔偿损失。

受托人超越权限造成委托人损失的，应当赔偿损失。

第九百三十条 受托人处理委托事务时，因不可归责于自己的事由受到损失的，可以向委托人请求赔偿损失。

第九百三十一条 委托人经受托人同意，可以在受托人之外委托第三人处理委托事务。因此造成受托人损失的，受托人可以向委托人请求赔偿损失。

第九百三十二条 两个以上的受托人共同处理委托事务的，对委托人承担连带责任。

第九百三十三条 委托人或者受托人可以随时解除委托合同。因解除合同造成对方损失的，除不可归责于该当事人的事由外，无偿委托合同的解除方应当赔偿因解除时间不当造成的直接损失，有偿委托合同的解除方应当赔偿对方的直接损失和合同履行后可以获得的利益。

第九百三十四条 委托人死亡、终止或者受托人死亡、丧失民事行为能力、终止的，委托合同终止；但是，当事人另有约定或者根据委托事务的性质不宜终止的除外。

第九百三十五条 因委托人死亡或者被宣告破产、解散，致使委托合同终止将损害委托人利益的，在委托人的继承人、遗产管理人或者清算人承受委托事务之前，受托人应当继续处理委托事务。

第九百三十六条 因受托人死亡、丧失民事行为能力或者被宣告破产、解散，致使委托合同终止的，受托人的继承人、遗产管理人、法定代理人或者清算人应当及时通知委托人。因委托合同终止将损害委托人利益的，在委托人作出善后处理之前，受托人的继承人、遗产管理人、法定代理人或者清算人应当采取必要措施。

第二十四章　物业服务合同

第九百三十七条 物业服务合同是物业服务人在物业服务区域内，为业主提供建筑物及其附属设施的维修养护、环境卫生和相关秩序的管理维护等物业服务，业主支付物业费的合同。

物业服务人包括物业服务企业和其他管理人。

第九百三十八条 物业服务合同的内容一般包括服务事项、服务质量、服务费用的标准和收取办法、维修资金的使用、服务用房的管理和使用、服务期限、服务交接等条款。

物业服务人公开作出的有利于业主的服务承诺，为物业服务合同的组成部分。

物业服务合同应当采用书面形式。

第九百三十九条 建设单位依法与物业服务人订立的前期物业服务合同，以及业主委员会与业主大会依法选聘的物业服务人订立的物业服务合同，对业主具有法律约束力。

第九百四十条 建设单位依法与物业服务人订立的前期物业服务合同约定的服务期限届满前，业主委员会或者业主与新物业服务人订立的物业服务合同生效的，前期物业服务合同终止。

第九百四十一条 物业服务人将物业服务区域内的部分专项服务事项委托给专业性服务组织或者其他第三人的，应当就该部分专项服务事项向业主负责。

物业服务人不得将其应当提供的全部物业服务转委托给第三人，或者将全部物业服务支解后分别转委托给第三人。

第九百四十二条 物业服务人应当按照约定和物业的使用性质，妥善维修、养护、清洁、绿化和经营管理物业服务区域内的业主共有部分，维护物业服务区域内的基本秩序，采取合理措施保护业主的人身、财产安全。

对物业服务区域内违反有关治安、环保、消防等法律法规的行为，物业服务人应当及时采取合理措施制止、向有关行政主管部门报告并协助处理。

第九百四十三条 物业服务人应当定期将服务的事项、负责人员、质量要求、收费项目、收费标准、履行情况，以及维修资金使用情况、业主共有部分的经营与收益情况等以合理方式向业主公开并向业主大会、业主委员会报告。

第九百四十四条 业主应当按照约定向物业服务人支付物业费。物业服务人已经按照约定和有关规定提供服务的，业主不得以未接受或者无需接受相关物业服务为由拒绝支付物业费。

业主违反约定逾期不支付物业费的，物业服务人可以催告其在合理期限内支付；合理期限届满仍不支付的，物业服务人可以提起诉讼或者申请仲裁。

物业服务人不得采取停止供电、供水、供热、供燃气等方式催交物业费。

第九百四十五条 业主装饰装修房屋的，应当事先告知物业服务人，遵守物业服务人提示的合理注意事项，并配合其进行必要的现场检查。

业主转让、出租物业专有部分、设立居住权或者依法改变共有部分用途的，应当及时将相关情况告知物业服务人。

第九百四十六条 业主依照法定程序共同决定解聘物业服务人的，可以解除物业服务合同。决定解聘的，应当提前六十日书面通知物业服务人，但是合同对通知期限另有约定的除外。

依据前款规定解除合同造成物业服务人损失的，除不可归责于业主的事由外，业主应当赔偿损失。

第九百四十七条 物业服务期限届满前，业主依法共同决定续聘的，应当与原物业服务人在合同期限届满前续订物业服务合同。

物业服务期限届满前，物业服务人不同意续聘的，应当在合同期限届满前九十日书面通知业主或者业主委员会，但是合同对通知期限另有约定的除外。

第九百四十八条 物业服务期限届满后，业主没有依法作出续聘或者另聘物业服务人的决定，物业服务人继续提供物业服务的，原物业服务合同继续有效，但是服务期限为不定期。

当事人可以随时解除不定期物业服务合同，但是应当提前六十日书面通知对方。

第九百四十九条 物业服务合同终止的，原物业服务人应当在约定期限或者合理期限内退出物业服务区域，将物业服务用房、相关设施、物业服务所必需的相关资料等交还给业主委员会、决定自行管理的业主或者其指定的人，配合新物业服务人做好交接工作，并如实告知物业的使用和管理状况。

原物业服务人违反前款规定的，不得请求业主支付物业服务合同终止后的物业费；造成业主损失的，应当赔偿损失。

第九百五十条 物业服务合同终止后，在业主或者业主大会选聘的新物业服务人或者决定自行管理的业主接管之前，原物业服务人应当继续处理物业服务事项，并可以请求业主支付该期间的物业费。

第二十五章 行纪合同

第九百五十一条 行纪合同是行纪人以自己的名义为委托人从事贸易活动，委托人支付报酬的合同。

第九百五十二条 行纪人处理委托事务支出的费用，由行纪人负担，但是当事人另有约定的除外。

第九百五十三条 行纪人占有委托物的，应当妥善保管委托物。

第九百五十四条 委托物交付给行纪人时有瑕疵或者容易腐烂、变质的，经委托人同意，行纪人可以处分该物；不能与委托人及时取得联系的，行纪人可以合理处分。

第九百五十五条 行纪人低于委托人指定的价格卖出或者高于委托人指定的价格买入的，应当经委托人同意；未经委托人同意，行纪人补偿其差额的，该买卖对委托人发生效力。

行纪人高于委托人指定的价格卖出或者低于委托人指定的价格买入的，可以按照约定增加报酬；没有约定或者约定不明确，依据本法第五百一十条的规定仍不能确定的，该利益属于委托人。

委托人对价格有特别指示的，行纪人不得违背该指示卖出或者买入。

第九百五十六条 行纪人卖出或者买入具有市场定价的商品，除委托人有相反的意思表示外，行纪人自己可以作为买受人或者出卖人。

行纪人有前款规定情形的，仍然可以请求委托人支付报酬。

第九百五十七条 行纪人按照约定买入委托物，委托人应当及时受领。经行纪人催告，委托人无正当理由拒绝受领的，行纪人依法可以提存委托物。

委托物不能卖出或者委托人撤回出卖，经行纪人催告，委托人不取回或者不处分该物的，行纪人依法可以提存委托物。

第九百五十八条 行纪人与第三人订立合同的，行纪人对该合同直接享有权利、承担义务。

第三人不履行义务致使委托人受到损害的，行纪人应当承担赔偿责任，但是行纪人与委托人另有约定的除外。

第九百五十九条 行纪人完成或者部分完成委托事务的，委托人应当向其支付相应的报酬。委托人逾期不支付报酬的，行纪人对委托物享有留置权，但是当事人另有约定的除外。

第九百六十条 本章没有规定的，参照适用委托合同的有关规定。

第二十六章　中介合同

第九百六十一条 中介合同是中介人向委托人报告订立合同的机会或者提供订立合同的媒介服务，委托人支付报酬的合同。

第九百六十二条 中介人应当就有关订立合同的事项向委托人如实报告。

中介人故意隐瞒与订立合同有关的重要事实或者提供虚假情况，损害委托人利益的，不得请求支付报酬并应当承担赔偿责任。

第九百六十三条 中介人促成合同成立的，委托人应当按照约定支付报酬。对中介人的报酬没有约定或者约定不明确，依据本法第五百一十条的规定仍不能确定的，根据中介人的劳务合理确定。因中介人提供订立合同的媒介服务而促成合同成立的，由该合同的当事人平均负担中介人的报酬。

中介人促成合同成立的，中介活动的费用，由中介人负担。

第九百六十四条 中介人未促成合同成立的，不得请求支付报酬；但是，可以按照约定请求委托人支付从事中介活动支出的必要费用。

第九百六十五条 委托人在接受中介人的服务后，利用中介人提供的交易机会或者媒介服务，绕开中介人直接订立合同的，应当向中介人支付报酬。

第九百六十六条 本章没有规定的，参照适用委托合同的有关规定。

第二十七章 合伙合同

第九百六十七条 合伙合同是两个以上合伙人为了共同的事业目的，订立的共享利益、共担风险的协议。

第九百六十八条 合伙人应当按照约定的出资方式、数额和缴付期限，履行出资义务。

第九百六十九条 合伙人的出资、因合伙事务依法取得的收益和其他财产，属于合伙财产。

合伙合同终止前，合伙人不得请求分割合伙财产。

第九百七十条 合伙人就合伙事务作出决定的，除合伙合同另有约定外，应当经全体合伙人一致同意。

合伙事务由全体合伙人共同执行。按照合伙合同的约定或者全体合伙人的决定，可以委托一个或者数个合伙人执行合伙事务；其他合伙人不再执行合伙事务，但是有权监督执行情况。

合伙人分别执行合伙事务的，执行事务合伙人可以对其他合伙人执行的事务提出异议；提出异议后，其他合伙人应当暂停该项事务的执行。

第九百七十一条 合伙人不得因执行合伙事务而请求支付报酬，但是合伙合同另有约定的除外。

第九百七十二条 合伙的利润分配和亏损分担，按照合伙合同的约定办理；合伙合同没有约定或者约定不明确的，由合伙人协商决定；协商不成的，由合伙人按照实缴出资比例分配、分担；无法确定出资比例的，由合伙人平均分配、分担。

第九百七十三条 合伙人对合伙债务承担连带责任。清偿合伙债务超过自己应当承担份额的合伙人，有权向其他合伙人追偿。

第九百七十四条 除合伙合同另有约定外，合伙人向合伙人以外的人转让其全部或者部分财产份额的，须经其他合伙人一致同意。

第九百七十五条 合伙人的债权人不得代位行使合伙人依照本章规定和合伙合同享有的权利，但是合伙人享有的利益分配请求权除外。

第九百七十六条 合伙人对合伙期限没有约定或者约定不明确，依据本法第五百一十条的规定仍不能确定的，视为不定期合伙。

合伙期限届满，合伙人继续执行合伙事务，其他合伙人没有提出异议的，原合伙合同继续有效，但是合伙期限为不定期。

合伙人可以随时解除不定期合伙合同，但是应当在合理期限之前通知其他合伙人。

第九百七十七条 合伙人死亡、丧失民事行为能力或者终止的，合伙合同终止；但是，合伙合同另有约定或者根据合伙事务的性质不宜终止的除外。

第九百七十八条 合伙合同终止后，合伙财产在支付因终止而产生的费用以及清偿合伙债务后有剩余的，依据本法第九百七十二条的规定进行分配。

第三分编 准 合 同

第二十八章 无因管理

第九百七十九条 管理人没有法定的或者约定的义务，为避免他人利益受损失而管理他人事务的，可以请求受益人偿还因管理事务而支出的必要费用；管理人因管理事务受到损失的，可以请求受益人给予适当补偿。

管理事务不符合受益人真实意思的，管理人不享有前款规定的权利；但是，受益人的真实意思违反法律或者违背公序良俗的除外。

第九百八十条 管理人管理事务不属

于前条规定的情形，但是受益人享有管理利益的，受益人应当在其获得的利益范围内向管理人承担前条第一款规定的义务。

第九百八十一条 管理人管理他人事务，应当采取有利于受益人的方法。中断管理对受益人不利的，无正当理由不得中断。

第九百八十二条 管理人管理他人事务，能够通知受益人的，应当及时通知受益人。管理的事务不需要紧急处理的，应当等待受益人的指示。

第九百八十三条 管理结束后，管理人应当向受益人报告管理事务的情况。管理人管理事务取得的财产，应当及时转交给受益人。

第九百八十四条 管理人管理事务经受益人事后追认的，从管理事务开始时起，适用委托合同的有关规定，但是管理人另有意思表示的除外。

第二十九章 不当得利

第九百八十五条 得利人没有法律根据取得不当利益的，受损失的人可以请求得利人返还取得的利益，但是有下列情形之一的除外：

（一）为履行道德义务进行的给付；

（二）债务到期之前的清偿；

（三）明知无给付义务而进行的债务清偿。

第九百八十六条 得利人不知道且不应当知道取得的利益没有法律根据，取得的利益已经不存在的，不承担返还该利益的义务。

第九百八十七条 得利人知道或者应当知道取得的利益没有法律根据的，受损失的人可以请求得利人返还其取得的利益并依法赔偿损失。

第九百八十八条 得利人已经将取得的利益无偿转让给第三人的，受损失的人可以请求第三人在相应范围内承担返还义务。

第四编 人 格 权

第一章 一般规定

第九百八十九条 本编调整因人格权的享有和保护产生的民事关系。

第九百九十条 人格权是民事主体享有的生命权、身体权、健康权、姓名权、名称权、肖像权、名誉权、荣誉权、隐私权等权利。

除前款规定的人格权外，自然人享有基于人身自由、人格尊严产生的其他人格权益。

第九百九十一条 民事主体的人格权受法律保护，任何组织或者个人不得侵害。

第九百九十二条 人格权不得放弃、转让或者继承。

第九百九十三条 民事主体可以将自己的姓名、名称、肖像等许可他人使用，但是依照法律规定或者根据其性质不得许可的除外。

第九百九十四条 死者的姓名、肖像、名誉、荣誉、隐私、遗体等受到侵害的，其配偶、子女、父母有权依法请求行为人承担民事责任；死者没有配偶、子女且父母已经死亡的，其他近亲属有权依法请求行为人承担民事责任。

第九百九十五条 人格权受到侵害的，受害人有权依照本法和其他法律的规定请求行为人承担民事责任。受害人的停止侵害、排除妨碍、消除危险、消除影响、恢复名誉、赔礼道歉请求权，不适用诉讼时效的规定。

第九百九十六条 因当事人一方的违约行为，损害对方人格权并造成严重精神损害，受损害方选择请求其承担违约责任的，不影响受损害方请求精神损害赔偿。

第九百九十七条 民事主体有证据证明行为人正在实施或者即将实施侵害其人格权的违法行为，不及时制止将使其合法权益受到难以弥补的损害的，有权依法向人民法院申请采取责令行为人停止有关行为的措施。

第九百九十八条 认定行为人承担侵害除生命权、身体权和健康权外的人格权的民事责任，应当考虑行为人和受害人的职业、影响范围、过错程度，以及行为的目的、方式、后果等因素。

第九百九十九条 为公共利益实施新闻报道、舆论监督等行为的，可以合理使用民事主体的姓名、名称、肖像、个人信息等；使用不合理侵害民事主体人格权的，应当依法承担民事责任。

第一千条 行为人因侵害人格权承担消除影响、恢复名誉、赔礼道歉等民事责任的，应当与行为的具体方式和造成的影响范围相当。

行为人拒不承担前款规定的民事责任的，人民法院可以采取在报刊、网络等媒体上发布公告或者公布生效裁判文书等方式执行，产生的费用由行为人负担。

第一千零一条 对自然人因婚姻家庭关系等产生的身份权利的保护，适用本法第一编、第五编和其他法律的相关规定；没有规定的，可以根据其性质参照适用本编人格权保护的有关规定。

第二章 生命权、身体权和健康权

第一千零二条 自然人享有生命权。自然人的生命安全和生命尊严受法律保护。任何组织或者个人不得侵害他人的生命权。

第一千零三条 自然人享有身体权。自然人的身体完整和行动自由受法律保护。任何组织或者个人不得侵害他人的身体权。

第一千零四条 自然人享有健康权。自然人的身心健康受法律保护。任何组织或者个人不得侵害他人的健康权。

第一千零五条 自然人的生命权、身体权、健康权受到侵害或者处于其他危难情形的，负有法定救助义务的组织或者个人应当及时施救。

第一千零六条 完全民事行为能力人有权依法自主决定无偿捐献其人体细胞、人体组织、人体器官、遗体。任何组织或者个人不得强迫、欺骗、利诱其捐献。

完全民事行为能力人依据前款规定同意捐献的，应当采用书面形式，也可以订立遗嘱。

自然人生前未表示不同意捐献的，该自然人死亡后，其配偶、成年子女、父母可以共同决定捐献，决定捐献应当采用书面形式。

第一千零七条 禁止以任何形式买卖人体细胞、人体组织、人体器官、遗体。

违反前款规定的买卖行为无效。

第一千零八条 为研制新药、医疗器械或者发展新的预防和治疗方法，需要进行临床试验的，应当依法经相关主管部门批准并经伦理委员会审查同意，向受试者或者受试者的监护人告知试验目的、用途和可能产生的风险等详细情况，并经其书面同意。

进行临床试验的，不得向受试者收取试验费用。

第一千零九条 从事与人体基因、人体胚胎等有关的医学和科研活动，应当遵守法律、行政法规和国家有关规定，不得危害人体健康，不得违背伦理道德，不得损害公共利益。

第一千零一十条 违背他人意愿，以言语、文字、图像、肢体行为等方式对他人实施性骚扰的，受害人有权依法请求行为人承担民事责任。

机关、企业、学校等单位应当采取合理的预防、受理投诉、调查处置等措施，防止和制止利用职权、从属关系等实施性骚扰。

第一千零一十一条 以非法拘禁等方式剥夺、限制他人的行动自由，或者非法搜查他人身体的，受害人有权依法请求行为人承担民事责任。

第三章 姓名权和名称权

第一千零一十二条 自然人享有姓名权，有权依法决定、使用、变更或者许可他人使用自己的姓名，但是不得违背公序良俗。

第一千零一十三条 法人、非法人组织享有名称权，有权依法决定、使用、变更、转让或者许可他人使用自己的名称。

第一千零一十四条 任何组织或者个人不得以干涉、盗用、假冒等方式侵害他人的姓名权或者名称权。

第一千零一十五条 自然人应当随父姓或者母姓，但是有下列情形之一的，可以在父姓和母姓之外选取姓氏：

（一）选取其他直系长辈血亲的姓氏；

（二）因由法定扶养人以外的人扶养而选取扶养人姓氏；

（三）有不违背公序良俗的其他正当理由。

少数民族自然人的姓氏可以遵从本民族的文化传统和风俗习惯。

第一千零一十六条 自然人决定、变更姓名，或者法人、非法人组织决定、变更、转让名称的，应当依法向有关机关办理登记手续，但是法律另有规定的除外。

民事主体变更姓名、名称的，变更前实施的民事法律行为对其具有法律约束力。

第一千零一十七条 具有一定社会知名度，被他人使用足以造成公众混淆的笔名、艺名、网名、译名、字号、姓名和名称的简称等，参照适用姓名权和名称权保护的有关规定。

第四章 肖 像 权

第一千零一十八条 自然人享有肖像权，有权依法制作、使用、公开或者许可他人使用自己的肖像。

肖像是通过影像、雕塑、绘画等方式在一定载体上所反映的特定自然人可以被识别的外部形象。

第一千零一十九条 任何组织或者个人不得以丑化、污损，或者利用信息技术手段伪造等方式侵害他人的肖像权。未经肖像权人同意，不得制作、使用、公开肖像权人的肖像，但是法律另有规定的除外。

未经肖像权人同意，肖像作品权利人不得以发表、复制、发行、出租、展览等方式使用或者公开肖像权人的肖像。

第一千零二十条 合理实施下列行为的，可以不经肖像权人同意：

（一）为个人学习、艺术欣赏、课堂教学或者科学研究，在必要范围内使用肖像权人已经公开的肖像；

（二）为实施新闻报道，不可避免地制作、使用、公开肖像权人的肖像；

（三）为依法履行职责，国家机关在必要范围内制作、使用、公开肖像权人的肖像；

（四）为展示特定公共环境，不可避免地制作、使用、公开肖像权人的肖像；

（五）为维护公共利益或者肖像权人合法权益，制作、使用、公开肖像权人的肖像的其他行为。

第一千零二十一条 当事人对肖像许可使用合同中关于肖像使用条款的理解有争议的，应当作出有利于肖像权人的解释。

第一千零二十二条 当事人对肖像许可使用期限没有约定或者约定不明确的，任何一方当事人可以随时解除肖像许可使用合同，但是应当在合理期限之前通知对方。

当事人对肖像许可使用期限有明确约定，肖像权人有正当理由的，可以解除肖像许可使用合同，但是应当在合理期限之前通知对方。因解除合同造成对方损失的，除不可归责于肖像权人的事由外，应当赔偿损失。

第一千零二十三条 对姓名等的许可使用，参照适用肖像许可使用的有关规定。

对自然人声音的保护，参照适用肖像权保护的有关规定。

第五章 名誉权和荣誉权

第一千零二十四条 民事主体享有名誉权。任何组织或者个人不得以侮辱、诽谤等方式侵害他人的名誉权。

名誉是对民事主体的品德、声望、才能、信用等的社会评价。

第一千零二十五条 行为人为公共利益实施新闻报道、舆论监督等行为，影响他人名誉的，不承担民事责任，但是有下列情形之一的除外：

（一）捏造、歪曲事实；

（二）对他人提供的严重失实内容未尽到合理核实义务；

（三）使用侮辱性言辞等贬损他人名誉。

第一千零二十六条 认定行为人是否尽到前条第二项规定的合理核实义务，应当考虑下列因素：

（一）内容来源的可信度；

（二）对明显可能引发争议的内容是否进行了必要的调查；

（三）内容的时限性；

（四）内容与公序良俗的关联性；

（五）受害人名誉受贬损的可能性；

（六）核实能力和核实成本。

第一千零二十七条 行为人发表的文学、艺术作品以真人真事或者特定人为描述对象，含有侮辱、诽谤内容，侵害他人名誉权的，受害人有权依法请求该行为人承担民事责任。

行为人发表的文学、艺术作品不以特定人为描述对象，仅其中的情节与该特定人的情况相似的，不承担民事责任。

第一千零二十八条 民事主体有证据证明报刊、网络等媒体报道的内容失实，侵害其名誉权的，有权请求该媒体及时采取更正或者删除等必要措施。

第一千零二十九条 民事主体可以依法查询自己的信用评价；发现信用评价不当的，有权提出异议并请求采取更正、删除等必要措施。信用评价人应当及时核查，经核查属实的，应当及时采取必要措施。

第一千零三十条 民事主体与征信机构等信用信息处理者之间的关系，适用本编有关个人信息保护的规定和其他法律、行政法规的有关规定。

第一千零三十一条 民事主体享有荣誉权。任何组织或者个人不得非法剥夺他人的荣誉称号，不得诋毁、贬损他人的荣誉。

获得的荣誉称号应当记载而没有记载的，民事主体可以请求记载；获得的荣誉称号记载错误的，民事主体可以请求更正。

第六章 隐私权和个人信息保护

第一千零三十二条 自然人享有隐私权。任何组织或者个人不得以刺探、侵扰、泄露、公开等方式侵害他人的隐私权。

隐私是自然人的私人生活安宁和不愿为他人知晓的私密空间、私密活动、私密信息。

第一千零三十三条 除法律另有规定或者权利人明确同意外，任何组织或者个人不得实施下列行为：

（一）以电话、短信、即时通讯工具、电子邮件、传单等方式侵扰他人的私人生活安宁；

（二）进入、拍摄、窥视他人的住宅、

宾馆房间等私密空间；

（三）拍摄、窥视、窃听、公开他人的私密活动；

（四）拍摄、窥视他人身体的私密部位；

（五）处理他人的私密信息；

（六）以其他方式侵害他人的隐私权。

第一千零三十四条 自然人的个人信息受法律保护。

个人信息是以电子或者其他方式记录的能够单独或者与其他信息结合识别特定自然人的各种信息，包括自然人的姓名、出生日期、身份证件号码、生物识别信息、住址、电话号码、电子邮箱、健康信息、行踪信息等。

个人信息中的私密信息，适用有关隐私权的规定；没有规定的，适用有关个人信息保护的规定。

第一千零三十五条 处理个人信息的，应当遵循合法、正当、必要原则，不得过度处理，并符合下列条件：

（一）征得该自然人或者其监护人同意，但是法律、行政法规另有规定的除外；

（二）公开处理信息的规则；

（三）明示处理信息的目的、方式和范围；

（四）不违反法律、行政法规的规定和双方的约定。

个人信息的处理包括个人信息的收集、存储、使用、加工、传输、提供、公开等。

第一千零三十六条 处理个人信息，有下列情形之一的，行为人不承担民事责任：

（一）在该自然人或者其监护人同意的范围内合理实施的行为；

（二）合理处理该自然人自行公开的或者其他已经合法公开的信息，但是该自然人明确拒绝或者处理该信息侵害其重大利益的除外；

（三）为维护公共利益或者该自然人合法权益，合理实施的其他行为。

第一千零三十七条 自然人可以依法向信息处理者查阅或者复制其个人信息；发现信息有错误的，有权提出异议并请求及时采取更正等必要措施。

自然人发现信息处理者违反法律、行政法规的规定或者双方的约定处理其个人信息的，有权请求信息处理者及时删除。

第一千零三十八条 信息处理者不得泄露或者篡改其收集、存储的个人信息；未经自然人同意，不得向他人非法提供其个人信息，但是经过加工无法识别特定个人且不能复原的除外。

信息处理者应当采取技术措施和其他必要措施，确保其收集、存储的个人信息安全，防止信息泄露、篡改、丢失；发生或者可能发生个人信息泄露、篡改、丢失的，应当及时采取补救措施，按照规定告知自然人并向有关主管部门报告。

第一千零三十九条 国家机关、承担行政职能的法定机构及其工作人员对于履行职责过程中知悉的自然人的隐私和个人信息，应当予以保密，不得泄露或者向他人非法提供。

第五编 婚姻家庭

第一章 一般规定

第一千零四十条 本编调整因婚姻家庭产生的民事关系。

第一千零四十一条 婚姻家庭受国家保护。

实行婚姻自由、一夫一妻、男女平等的婚姻制度。

保护妇女、未成年人、老年人、残疾人的合法权益。

第一千零四十二条 禁止包办、买卖婚姻和其他干涉婚姻自由的行为。禁止借婚姻索取财物。

禁止重婚。禁止有配偶者与他人同居。

禁止家庭暴力。禁止家庭成员间的虐待和遗弃。

第一千零四十三条 家庭应当树立优良家风，弘扬家庭美德，重视家庭文明建设。

夫妻应当互相忠实，互相尊重，互相关爱；家庭成员应当敬老爱幼，互相帮助，维护平等、和睦、文明的婚姻家庭关系。

第一千零四十四条 收养应当遵循最有利于被收养人的原则，保障被收养人和收养人的合法权益。

禁止借收养名义买卖未成年人。

第一千零四十五条 亲属包括配偶、血亲和姻亲。

配偶、父母、子女、兄弟姐妹、祖父母、外祖父母、孙子女、外孙子女为近亲属。

配偶、父母、子女和其他共同生活的近亲属为家庭成员。

第二章 结 婚

第一千零四十六条 结婚应当男女双方完全自愿，禁止任何一方对另一方加以强迫，禁止任何组织或者个人加以干涉。

第一千零四十七条 结婚年龄，男不得早于二十二周岁，女不得早于二十周岁。

第一千零四十八条 直系血亲或者三代以内的旁系血亲禁止结婚。

第一千零四十九条 要求结婚的男女双方应当亲自到婚姻登记机关申请结婚登记。符合本法规定的，予以登记，发给结婚证。完成结婚登记，即确立婚姻关系。未办理结婚登记的，应当补办登记。

第一千零五十条 登记结婚后，按照男女双方约定，女方可以成为男方家庭的成员，男方可以成为女方家庭的成员。

第一千零五十一条 有下列情形之一的，婚姻无效：

（一）重婚；

（二）有禁止结婚的亲属关系；

（三）未到法定婚龄。

第一千零五十二条 因胁迫结婚的，受胁迫的一方可以向人民法院请求撤销婚姻。

请求撤销婚姻的，应当自胁迫行为终止之日起一年内提出。

被非法限制人身自由的当事人请求撤销婚姻的，应当自恢复人身自由之日起一年内提出。

第一千零五十三条 一方患有重大疾病的，应当在结婚登记前如实告知另一方；不如实告知的，另一方可以向人民法院请求撤销婚姻。

请求撤销婚姻的，应当自知道或者应当知道撤销事由之日起一年内提出。

第一千零五十四条 无效的或者被撤销的婚姻自始没有法律约束力，当事人不具有夫妻的权利和义务。同居期间所得的财产，由当事人协议处理；协议不成的，由人民法院根据照顾无过错方的原则判决。对重婚导致的无效婚姻的财产处理，不得侵害合法婚姻当事人的财产权益。当事人所生的子女，适用本法关于父母子女的规定。

婚姻无效或者被撤销的，无过错方有权请求损害赔偿。

第三章 家庭关系

第一节 夫妻关系

第一千零五十五条 夫妻在婚姻家庭中地位平等。

第一千零五十六条 夫妻双方都有各自使用自己姓名的权利。

第一千零五十七条 夫妻双方都有参加生产、工作、学习和社会活动的自由，一方不得对另一方加以限制或者干涉。

第一千零五十八条 夫妻双方平等享有对未成年子女抚养、教育和保护的权利，共同承担对未成年子女抚养、教育和保护的义务。

第一千零五十九条 夫妻有相互扶养的义务。

需要扶养的一方，在另一方不履行扶养义务时，有要求其给付扶养费的权利。

第一千零六十条 夫妻一方因家庭日常生活需要而实施的民事法律行为，对夫妻双方发生效力，但是夫妻一方与相对人另有约定的除外。

夫妻之间对一方可以实施的民事法律行为范围的限制，不得对抗善意相对人。

第一千零六十一条 夫妻有相互继承遗产的权利。

第一千零六十二条 夫妻在婚姻关系存续期间所得的下列财产，为夫妻的共同财产，归夫妻共同所有：

（一）工资、奖金、劳务报酬；

（二）生产、经营、投资的收益；

（三）知识产权的收益；

（四）继承或者受赠的财产，但是本法第一千零六十三条第三项规定的除外；

（五）其他应当归共同所有的财产。

夫妻对共同财产，有平等的处理权。

第一千零六十三条 下列财产为夫妻一方的个人财产：

（一）一方的婚前财产；

（二）一方因受到人身损害获得的赔偿或者补偿；

（三）遗嘱或者赠与合同中确定只归一方的财产；

（四）一方专用的生活用品；

（五）其他应当归一方的财产。

第一千零六十四条 夫妻双方共同签名或者夫妻一方事后追认等共同意思表示所负的债务，以及夫妻一方在婚姻关系存续期间以个人名义为家庭日常生活需要所负的债务，属于夫妻共同债务。

夫妻一方在婚姻关系存续期间以个人名义超出家庭日常生活需要所负的债务，不属于夫妻共同债务；但是，债权人能够证明该债务用于夫妻共同生活、共同生产经营或者基于夫妻双方共同意思表示的除外。

第一千零六十五条 男女双方可以约定婚姻关系存续期间所得的财产以及婚前财产归各自所有、共同所有或者部分各自所有、部分共同所有。约定应当采用书面形式。没有约定或者约定不明确的，适用本法第一千零六十二条、第一千零六十三条的规定。

夫妻对婚姻关系存续期间所得的财产以及婚前财产的约定，对双方具有法律约束力。

夫妻对婚姻关系存续期间所得的财产约定归各自所有，夫或者妻一方对外所负的债务，相对人知道该约定的，以夫或者妻一方的个人财产清偿。

第一千零六十六条 婚姻关系存续期间，有下列情形之一的，夫妻一方可以向人民法院请求分割共同财产：

（一）一方有隐藏、转移、变卖、毁损、挥霍夫妻共同财产或者伪造夫妻共同债务等严重损害夫妻共同财产利益的行为；

（二）一方负有法定扶养义务的人患重大疾病需要医治，另一方不同意支付相关医疗费用。

第二节 父母子女关系和其他近亲属关系

第一千零六十七条 父母不履行抚养义务的，未成年子女或者不能独立生活的成年子女，有要求父母给付抚养费的权利。

成年子女不履行赡养义务的，缺乏劳动能力或者生活困难的父母，有要求成年子女给付赡养费的权利。

第一千零六十八条 父母有教育、保护未成年子女的权利和义务。未成年子女造成他人损害的，父母应当依法承担民事责任。

第一千零六十九条 子女应当尊重父母的婚姻权利，不得干涉父母离婚、再婚以及婚后的生活。子女对父母的赡养义务，不因父母的婚姻关系变化而终止。

第一千零七十条 父母和子女有相互继承遗产的权利。

第一千零七十一条 非婚生子女享有与婚生子女同等的权利，任何组织或者个人不得加以危害和歧视。

不直接抚养非婚生子女的生父或者生母，应当负担未成年子女或者不能独立生活的成年子女的抚养费。

第一千零七十二条 继父母与继子女间，不得虐待或者歧视。

继父或者继母和受其抚养教育的继子女间的权利义务关系，适用本法关于父母子女关系的规定。

第一千零七十三条 对亲子关系有异议且有正当理由的，父或者母可以向人民法院提起诉讼，请求确认或者否认亲子关系。

对亲子关系有异议且有正当理由的，成年子女可以向人民法院提起诉讼，请求确认亲子关系。

第一千零七十四条 有负担能力的祖父母、外祖父母，对于父母已经死亡或者父母无力抚养的未成年孙子女、外孙子女，有抚养的义务。

有负担能力的孙子女、外孙子女，对于子女已经死亡或者子女无力赡养的祖父母、外祖父母，有赡养的义务。

第一千零七十五条 有负担能力的兄、姐，对于父母已经死亡或者父母无力抚养的未成年弟、妹，有扶养的义务。

由兄、姐扶养长大的有负担能力的弟、妹，对于缺乏劳动能力又缺乏生活来源的兄、姐，有扶养的义务。

第四章　离　　婚

第一千零七十六条 夫妻双方自愿离婚的，应当签订书面离婚协议，并亲自到婚姻登记机关申请离婚登记。

离婚协议应当载明双方自愿离婚的意思表示和对子女抚养、财产以及债务处理等事项协商一致的意见。

第一千零七十七条 自婚姻登记机关收到离婚登记申请之日起三十日内，任何一方不愿意离婚的，可以向婚姻登记机关撤回离婚登记申请。

前款规定期限届满后三十日内，双方应当亲自到婚姻登记机关申请发给离婚证；未申请的，视为撤回离婚登记申请。

第一千零七十八条 婚姻登记机关查明双方确实是自愿离婚，并已经对子女抚养、财产以及债务处理等事项协商一致的，予以登记，发给离婚证。

第一千零七十九条 夫妻一方要求离婚的，可以由有关组织进行调解或者直接向人民法院提起离婚诉讼。

人民法院审理离婚案件，应当进行调解；如果感情确已破裂，调解无效的，应当准予离婚。

有下列情形之一，调解无效的，应当准予离婚：

（一）重婚或者与他人同居；

（二）实施家庭暴力或者虐待、遗弃家庭成员；

（三）有赌博、吸毒等恶习屡教不改；

（四）因感情不和分居满二年；

（五）其他导致夫妻感情破裂的情形。

一方被宣告失踪，另一方提起离婚诉讼的，应当准予离婚。

经人民法院判决不准离婚后，双方又分居满一年，一方再次提起离婚诉讼的，应当准予离婚。

第一千零八十条 完成离婚登记，或者离婚判决书、调解书生效，即解除婚姻关系。

第一千零八十一条 现役军人的配偶要求离婚，应当征得军人同意，但是军人一方有重大过错的除外。

第一千零八十二条 女方在怀孕期间、分娩后一年内或者终止妊娠后六个月内，男方不得提出离婚；但是，女方提出离婚或者人民法院认为确有必要受理男方离婚请求的除外。

第一千零八十三条 离婚后，男女双方自愿恢复婚姻关系的，应当到婚姻登记机关重新进行结婚登记。

第一千零八十四条 父母与子女间的关系，不因父母离婚而消除。离婚后，子女无论由父或者母直接抚养，仍是父母双方的子女。

离婚后，父母对于子女仍有抚养、教育、保护的权利和义务。

离婚后，不满两周岁的子女，以由母亲直接抚养为原则。已满两周岁的子女，父母双方对抚养问题协议不成的，由人民法院根据双方的具体情况，按照最有利于未成年子女的原则判决。子女已满八周岁的，应当尊重其真实意愿。

第一千零八十五条 离婚后，子女由一方直接抚养的，另一方应当负担部分或者全部抚养费。负担费用的多少和期限的长短，由双方协议；协议不成的，由人民法院判决。

前款规定的协议或者判决，不妨碍子女在必要时向父母任何一方提出超过协议或者判决原定数额的合理要求。

第一千零八十六条 离婚后，不直接抚养子女的父或者母，有探望子女的权利，另一方有协助的义务。

行使探望权利的方式、时间由当事人协议；协议不成的，由人民法院判决。

父或者母探望子女，不利于子女身心健康的，由人民法院依法中止探望；中止的事由消失后，应当恢复探望。

第一千零八十七条 离婚时，夫妻的共同财产由双方协议处理；协议不成的，由人民法院根据财产的具体情况，按照照顾子女、女方和无过错方权益的原则判决。

对夫或者妻在家庭土地承包经营中享有的权益等，应当依法予以保护。

第一千零八十八条 夫妻一方因抚育子女、照料老年人、协助另一方工作等负担较多义务的，离婚时有权向另一方请求补偿，另一方应当给予补偿。具体办法由双方协议；协议不成的，由人民法院判决。

第一千零八十九条 离婚时，夫妻共同债务应当共同偿还。共同财产不足清偿或者财产归各自所有的，由双方协议清偿；协议不成的，由人民法院判决。

第一千零九十条 离婚时，如果一方生活困难，有负担能力的另一方应当给予适当帮助。具体办法由双方协议；协议不成的，由人民法院判决。

第一千零九十一条 有下列情形之一，导致离婚的，无过错方有权请求损害赔偿：

（一）重婚；

（二）与他人同居；

（三）实施家庭暴力；

（四）虐待、遗弃家庭成员；

（五）有其他重大过错。

第一千零九十二条 夫妻一方隐藏、转移、变卖、毁损、挥霍夫妻共同财产，或者伪造夫妻共同债务企图侵占另一方财产的，在离婚分割夫妻共同财产时，对该方可以少分或者不分。离婚后，另一方发现有上述行为的，可以向人民法院提起诉讼，请求再次分割夫妻共同财产。

第五章 收　　养

第一节 收养关系的成立

第一千零九十三条 下列未成年人，

可以被收养：

（一）丧失父母的孤儿；

（二）查找不到生父母的未成年人；

（三）生父母有特殊困难无力抚养的子女。

第一千零九十四条 下列个人、组织可以作送养人：

（一）孤儿的监护人；

（二）儿童福利机构；

（三）有特殊困难无力抚养子女的生父母。

第一千零九十五条 未成年人的父母均不具备完全民事行为能力且可能严重危害该未成年人的，该未成年人的监护人可以将其送养。

第一千零九十六条 监护人送养孤儿的，应当征得有抚养义务的人同意。有抚养义务的人不同意送养、监护人不愿意继续履行监护职责的，应当依照本法第一编的规定另行确定监护人。

第一千零九十七条 生父母送养子女，应当双方共同送养。生父母一方不明或者查找不到的，可以单方送养。

第一千零九十八条 收养人应当同时具备下列条件：

（一）无子女或者只有一名子女；

（二）有抚养、教育和保护被收养人的能力；

（三）未患有在医学上认为不应当收养子女的疾病；

（四）无不利于被收养人健康成长的违法犯罪记录；

（五）年满三十周岁。

第一千零九十九条 收养三代以内旁系同辈血亲的子女，可以不受本法第一千零九十三条第三项、第一千零九十四条第三项和第一千一百零二条规定的限制。

华侨收养三代以内旁系同辈血亲的子女，还可以不受本法第一千零九十八条第一项规定的限制。

第一千一百条 无子女的收养人可以收养两名子女；有子女的收养人只能收养一名子女。

收养孤儿、残疾未成年人或者儿童福利机构抚养的查找不到生父母的未成年人，可以不受前款和本法第一千零九十八条第一项规定的限制。

第一千一百零一条 有配偶者收养子女，应当夫妻共同收养。

第一千一百零二条 无配偶者收养异性子女的，收养人与被收养人的年龄应当相差四十周岁以上。

第一千一百零三条 继父或者继母经继子女的生父母同意，可以收养继子女，并可以不受本法第一千零九十三条第三项、第一千零九十四条第三项、第一千零九十八条和第一千一百条第一款规定的限制。

第一千一百零四条 收养人收养与送养人送养，应当双方自愿。收养八周岁以上未成年人的，应当征得被收养人的同意。

第一千一百零五条 收养应当向县级以上人民政府民政部门登记。收养关系自登记之日起成立。

收养查找不到生父母的未成年人的，办理登记的民政部门应当在登记前予以公告。

收养关系当事人愿意签订收养协议的，可以签订收养协议。

收养关系当事人各方或者一方要求办理收养公证的，应当办理收养公证。

县级以上人民政府民政部门应当依法进行收养评估。

第一千一百零六条 收养关系成立后，公安机关应当按照国家有关规定为被收养人办理户口登记。

第一千一百零七条 孤儿或者生父母无力抚养的子女，可以由生父母的亲属、朋友抚养；抚养人与被抚养人的关系不适用本章规定。

第一千一百零八条 配偶一方死亡，

另一方送养未成年子女的，死亡一方的父母有优先抚养的权利。

第一千一百零九条 外国人依法可以在中华人民共和国收养子女。

外国人在中华人民共和国收养子女，应当经其所在国主管机关依照该国法律审查同意。收养人应当提供由其所在国有权机构出具的有关其年龄、婚姻、职业、财产、健康、有无受过刑事处罚等状况的证明材料，并与送养人签订书面协议，亲自向省、自治区、直辖市人民政府民政部门登记。

前款规定的证明材料应当经收养人所在国外交机关或者外交机关授权的机构认证，并经中华人民共和国驻该国使领馆认证，但是国家另有规定的除外。

第一千一百一十条 收养人、送养人要求保守收养秘密的，其他人应当尊重其意愿，不得泄露。

第二节 收养的效力

第一千一百一十一条 自收养关系成立之日起，养父母与养子女间的权利义务关系，适用本法关于父母子女关系的规定；养子女与养父母的近亲属间的权利义务关系，适用本法关于子女与父母的近亲属关系的规定。

养子女与生父母以及其他近亲属间的权利义务关系，因收养关系的成立而消除。

第一千一百一十二条 养子女可以随养父或者养母的姓氏，经当事人协商一致，也可以保留原姓氏。

第一千一百一十三条 有本法第一编关于民事法律行为无效规定情形或者违反本编规定的收养行为无效。

无效的收养行为自始没有法律约束力。

第三节 收养关系的解除

第一千一百一十四条 收养人在被收养人成年以前，不得解除收养关系，但是收养人、送养人双方协议解除的除外。养子女八周岁以上的，应当征得本人同意。

收养人不履行抚养义务，有虐待、遗弃等侵害未成年养子女合法权益行为的，送养人有权要求解除养父母与养子女间的收养关系。送养人、收养人不能达成解除收养关系协议的，可以向人民法院提起诉讼。

第一千一百一十五条 养父母与成年养子女关系恶化、无法共同生活的，可以协议解除收养关系。不能达成协议的，可以向人民法院提起诉讼。

第一千一百一十六条 当事人协议解除收养关系的，应当到民政部门办理解除收养关系登记。

第一千一百一十七条 收养关系解除后，养子女与养父母以及其他近亲属间的权利义务关系即行消除，与生父母以及其他近亲属间的权利义务关系自行恢复。但是，成年养子女与生父母以及其他近亲属间的权利义务关系是否恢复，可以协商确定。

第一千一百一十八条 收养关系解除后，经养父母抚养的成年养子女，对缺乏劳动能力又缺乏生活来源的养父母，应当给付生活费。因养子女成年后虐待、遗弃养父母而解除收养关系的，养父母可以要求养子女补偿收养期间支出的抚养费。

生父母要求解除收养关系的，养父母可以要求生父母适当补偿收养期间支出的抚养费；但是，因养父母虐待、遗弃养子女而解除收养关系的除外。

第六编 继 承

第一章 一般规定

第一千一百一十九条 本编调整因继承产生的民事关系。

第一千一百二十条 国家保护自然人

的继承权。

第一千一百二十一条 继承从被继承人死亡时开始。

相互有继承关系的数人在同一事件中死亡，难以确定死亡时间的，推定没有其他继承人的人先死亡。都有其他继承人，辈份不同的，推定长辈先死亡；辈份相同的，推定同时死亡，相互不发生继承。

第一千一百二十二条 遗产是自然人死亡时遗留的个人合法财产。

依照法律规定或者根据其性质不得继承的遗产，不得继承。

第一千一百二十三条 继承开始后，按照法定继承办理；有遗嘱的，按照遗嘱继承或者遗赠办理；有遗赠扶养协议的，按照协议办理。

第一千一百二十四条 继承开始后，继承人放弃继承的，应当在遗产处理前，以书面形式作出放弃继承的表示；没有表示的，视为接受继承。

受遗赠人应当在知道受遗赠后六十日内，作出接受或者放弃受遗赠的表示；到期没有表示的，视为放弃受遗赠。

第一千一百二十五条 继承人有下列行为之一的，丧失继承权：

（一）故意杀害被继承人；

（二）为争夺遗产而杀害其他继承人；

（三）遗弃被继承人，或者虐待被继承人情节严重；

（四）伪造、篡改、隐匿或者销毁遗嘱，情节严重；

（五）以欺诈、胁迫手段迫使或者妨碍被继承人设立、变更或者撤回遗嘱，情节严重。

继承人有前款第三项至第五项行为，确有悔改表现，被继承人表示宽恕或者事后在遗嘱中将其列为继承人的，该继承人不丧失继承权。

受遗赠人有本条第一款规定行为的，丧失受遗赠权。

第二章 法定继承

第一千一百二十六条 继承权男女平等。

第一千一百二十七条 遗产按照下列顺序继承：

（一）第一顺序：配偶、子女、父母；

（二）第二顺序：兄弟姐妹、祖父母、外祖父母。

继承开始后，由第一顺序继承人继承，第二顺序继承人不继承；没有第一顺序继承人继承的，由第二顺序继承人继承。

本编所称子女，包括婚生子女、非婚生子女、养子女和有扶养关系的继子女。

本编所称父母，包括生父母、养父母和有扶养关系的继父母。

本编所称兄弟姐妹，包括同父母的兄弟姐妹、同父异母或者同母异父的兄弟姐妹、养兄弟姐妹、有扶养关系的继兄弟姐妹。

第一千一百二十八条 被继承人的子女先于被继承人死亡的，由被继承人的子女的直系晚辈血亲代位继承。

被继承人的兄弟姐妹先于被继承人死亡的，由被继承人的兄弟姐妹的子女代位继承。

代位继承人一般只能继承被代位继承人有权继承的遗产份额。

第一千一百二十九条 丧偶儿媳对公婆，丧偶女婿对岳父母，尽了主要赡养义务的，作为第一顺序继承人。

第一千一百三十条 同一顺序继承人继承遗产的份额，一般应当均等。

对生活有特殊困难又缺乏劳动能力的继承人，分配遗产时，应当予以照顾。

对被继承人尽了主要扶养义务或者与被继承人共同生活的继承人，分配遗产时，可以多分。

有扶养能力和有扶养条件的继承人，

不尽扶养义务的，分配遗产时，应当不分或者少分。

继承人协商同意的，也可以不均等。

第一千一百三十一条 对继承人以外的依靠被继承人扶养的人，或者继承人以外的对被继承人扶养较多的人，可以分给适当的遗产。

第一千一百三十二条 继承人应当本着互谅互让、和睦团结的精神，协商处理继承问题。遗产分割的时间、办法和份额，由继承人协商确定；协商不成的，可以由人民调解委员会调解或者向人民法院提起诉讼。

第三章 遗嘱继承和遗赠

第一千一百三十三条 自然人可以依照本法规定立遗嘱处分个人财产，并可以指定遗嘱执行人。

自然人可以立遗嘱将个人财产指定由法定继承人中的一人或者数人继承。

自然人可以立遗嘱将个人财产赠与国家、集体或者法定继承人以外的组织、个人。

自然人可以依法设立遗嘱信托。

第一千一百三十四条 自书遗嘱由遗嘱人亲笔书写，签名，注明年、月、日。

第一千一百三十五条 代书遗嘱应当有两个以上见证人在场见证，由其中一人代书，并由遗嘱人、代书人和其他见证人签名，注明年、月、日。

第一千一百三十六条 打印遗嘱应当有两个以上见证人在场见证。遗嘱人和见证人应当在遗嘱每一页签名，注明年、月、日。

第一千一百三十七条 以录音录像形式立的遗嘱，应当有两个以上见证人在场见证。遗嘱人和见证人应当在录音录像中记录其姓名或者肖像，以及年、月、日。

第一千一百三十八条 遗嘱人在危急情况下，可以立口头遗嘱。口头遗嘱应当有两个以上见证人在场见证。危急情况消除后，遗嘱人能够以书面或者录音录像形式立遗嘱的，所立的口头遗嘱无效。

第一千一百三十九条 公证遗嘱由遗嘱人经公证机构办理。

第一千一百四十条 下列人员不能作为遗嘱见证人：

（一）无民事行为能力人、限制民事行为能力人以及其他不具有见证能力的人；

（二）继承人、受遗赠人；

（三）与继承人、受遗赠人有利害关系的人。

第一千一百四十一条 遗嘱应当为缺乏劳动能力又没有生活来源的继承人保留必要的遗产份额。

第一千一百四十二条 遗嘱人可以撤回、变更自己所立的遗嘱。

立遗嘱后，遗嘱人实施与遗嘱内容相反的民事法律行为的，视为对遗嘱相关内容的撤回。

立有数份遗嘱，内容相抵触的，以最后的遗嘱为准。

第一千一百四十三条 无民事行为能力人或者限制民事行为能力人所立的遗嘱无效。

遗嘱必须表示遗嘱人的真实意思，受欺诈、胁迫所立的遗嘱无效。

伪造的遗嘱无效。

遗嘱被篡改的，篡改的内容无效。

第一千一百四十四条 遗嘱继承或者遗赠附有义务的，继承人或者受遗赠人应当履行义务。没有正当理由不履行义务的，经利害关系人或者有关组织请求，人民法院可以取消其接受附义务部分遗产的权利。

第四章 遗产的处理

第一千一百四十五条 继承开始后，遗嘱执行人为遗产管理人；没有遗嘱执行人的，继承人应当及时推选遗产管理人；继承人未推选的，由继承人共同担任遗产管理人；没有继承人或者继承人均放弃继承的，由被继承人生前住所地的民政部门或者村民委员会担任遗产管理人。

第一千一百四十六条 对遗产管理人的确定有争议的，利害关系人可以向人民法院申请指定遗产管理人。

第一千一百四十七条 遗产管理人应当履行下列职责：

（一）清理遗产并制作遗产清单；

（二）向继承人报告遗产情况；

（三）采取必要措施防止遗产毁损、灭失；

（四）处理被继承人的债权债务；

（五）按照遗嘱或者依照法律规定分割遗产；

（六）实施与管理遗产有关的其他必要行为。

第一千一百四十八条 遗产管理人应当依法履行职责，因故意或者重大过失造成继承人、受遗赠人、债权人损害的，应当承担民事责任。

第一千一百四十九条 遗产管理人可以依照法律规定或者按照约定获得报酬。

第一千一百五十条 继承开始后，知道被继承人死亡的继承人应当及时通知其他继承人和遗嘱执行人。继承人中无人知道被继承人死亡或者知道被继承人死亡而不能通知的，由被继承人生前所在单位或者住所地的居民委员会、村民委员会负责通知。

第一千一百五十一条 存有遗产的人，应当妥善保管遗产，任何组织或者个人不得侵吞或者争抢。

第一千一百五十二条 继承开始后，继承人于遗产分割前死亡，并没有放弃继承的，该继承人应当继承的遗产转给其继承人，但是遗嘱另有安排的除外。

第一千一百五十三条 夫妻共同所有的财产，除有约定的外，遗产分割时，应当先将共同所有的财产的一半分出为配偶所有，其余的为被继承人的遗产。

遗产在家庭共有财产之中的，遗产分割时，应当先分出他人的财产。

第一千一百五十四条 有下列情形之一的，遗产中的有关部分按照法定继承办理：

（一）遗嘱继承人放弃继承或者受遗赠人放弃受遗赠；

（二）遗嘱继承人丧失继承权或者受遗赠人丧失受遗赠权；

（三）遗嘱继承人、受遗赠人先于遗嘱人死亡或者终止；

（四）遗嘱无效部分所涉及的遗产；

（五）遗嘱未处分的遗产。

第一千一百五十五条 遗产分割时，应当保留胎儿的继承份额。胎儿娩出时是死体的，保留的份额按照法定继承办理。

第一千一百五十六条 遗产分割应当有利于生产和生活需要，不损害遗产的效用。

不宜分割的遗产，可以采取折价、适当补偿或者共有等方法处理。

第一千一百五十七条 夫妻一方死亡后另一方再婚的，有权处分所继承的财产，任何组织或者个人不得干涉。

第一千一百五十八条 自然人可以与继承人以外的组织或者个人签订遗赠扶养协议。按照协议，该组织或者个人承担该自然人生养死葬的义务，享有受遗赠的权利。

第一千一百五十九条 分割遗产，应当清偿被继承人依法应当缴纳的税款和债务；但是，应当为缺乏劳动能力又没有生活来源的继承人保留必要的遗产。

第一千一百六十条 无人继承又无人受遗赠的遗产，归国家所有，用于公益事业；死者生前是集体所有制组织成员的，归所在集体所有制组织所有。

第一千一百六十一条 继承人以所得

遗产实际价值为限清偿被继承人依法应当缴纳的税款和债务。超过遗产实际价值部分，继承人自愿偿还的不在此限。

继承人放弃继承的，对被继承人依法应当缴纳的税款和债务可以不负清偿责任。

第一千一百六十二条 执行遗赠不得妨碍清偿遗赠人依法应当缴纳的税款和债务。

第一千一百六十三条 既有法定继承又有遗嘱继承、遗赠的，由法定继承人清偿被继承人依法应当缴纳的税款和债务；超过法定继承遗产实际价值部分，由遗嘱继承人和受遗赠人按比例以所得遗产清偿。

第七编 侵权责任

第一章 一般规定

第一千一百六十四条 本编调整因侵害民事权益产生的民事关系。

第一千一百六十五条 行为人因过错侵害他人民事权益造成损害的，应当承担侵权责任。

依照法律规定推定行为人有过错，其不能证明自己没有过错的，应当承担侵权责任。

第一千一百六十六条 行为人造成他人民事权益损害，不论行为人有无过错，法律规定应当承担侵权责任的，依照其规定。

第一千一百六十七条 侵权行为危及他人人身、财产安全的，被侵权人有权请求侵权人承担停止侵害、排除妨碍、消除危险等侵权责任。

第一千一百六十八条 二人以上共同实施侵权行为，造成他人损害的，应当承担连带责任。

第一千一百六十九条 教唆、帮助他人实施侵权行为的，应当与行为人承担连带责任。

教唆、帮助无民事行为能力人、限制民事行为能力人实施侵权行为的，应当承担侵权责任；该无民事行为能力人、限制民事行为能力人的监护人未尽到监护职责的，应当承担相应的责任。

第一千一百七十条 二人以上实施危及他人人身、财产安全的行为，其中一人或者数人的行为造成他人损害，能够确定具体侵权人的，由侵权人承担责任；不能确定具体侵权人的，行为人承担连带责任。

第一千一百七十一条 二人以上分别实施侵权行为造成同一损害，每个人的侵权行为都足以造成全部损害的，行为人承担连带责任。

第一千一百七十二条 二人以上分别实施侵权行为造成同一损害，能够确定责任大小的，各自承担相应的责任；难以确定责任大小的，平均承担责任。

第一千一百七十三条 被侵权人对同一损害的发生或者扩大有过错的，可以减轻侵权人的责任。

第一千一百七十四条 损害是因受害人故意造成的，行为人不承担责任。

第一千一百七十五条 损害是因第三人造成的，第三人应当承担侵权责任。

第一千一百七十六条 自愿参加具有一定风险的文体活动，因其他参加者的行为受到损害的，受害人不得请求其他参加者承担侵权责任；但是，其他参加者对损害的发生有故意或者重大过失的除外。

活动组织者的责任适用本法第一千一百九十八条至第一千二百零一条的规定。

第一千一百七十七条 合法权益受到侵害，情况紧迫且不能及时获得国家机关保护，不立即采取措施将使其合法权益受到难以弥补的损害的，受害人可以在保护自己合法权益的必要范围内采取扣留侵权人的财物等合理措施；但是，应当立即请求有关国家机关处理。

受害人采取的措施不当造成他人损害

的，应当承担侵权责任。

第一千一百七十八条 本法和其他法律对不承担责任或者减轻责任的情形另有规定的，依照其规定。

第二章 损害赔偿

第一千一百七十九条 侵害他人造成人身损害的，应当赔偿医疗费、护理费、交通费、营养费、住院伙食补助费等为治疗和康复支出的合理费用，以及因误工减少的收入。造成残疾的，还应当赔偿辅助器具费和残疾赔偿金；造成死亡的，还应当赔偿丧葬费和死亡赔偿金。

第一千一百八十条 因同一侵权行为造成多人死亡的，可以以相同数额确定死亡赔偿金。

第一千一百八十一条 被侵权人死亡的，其近亲属有权请求侵权人承担侵权责任。被侵权人为组织，该组织分立、合并的，承继权利的组织有权请求侵权人承担侵权责任。

被侵权人死亡的，支付被侵权人医疗费、丧葬费等合理费用的人有权请求侵权人赔偿费用，但是侵权人已经支付该费用的除外。

第一千一百八十二条 侵害他人人身权益造成财产损失的，按照被侵权人因此受到的损失或者侵权人因此获得的利益赔偿；被侵权人因此受到的损失以及侵权人因此获得的利益难以确定，被侵权人和侵权人就赔偿数额协商不一致，向人民法院提起诉讼的，由人民法院根据实际情况确定赔偿数额。

第一千一百八十三条 侵害自然人人身权益造成严重精神损害的，被侵权人有权请求精神损害赔偿。

因故意或者重大过失侵害自然人具有人身意义的特定物造成严重精神损害的，被侵权人有权请求精神损害赔偿。

第一千一百八十四条 侵害他人财产的，财产损失按照损失发生时的市场价格或者其他合理方式计算。

第一千一百八十五条 故意侵害他人知识产权，情节严重的，被侵权人有权请求相应的惩罚性赔偿。

第一千一百八十六条 受害人和行为人对损害的发生都没有过错的，依照法律的规定由双方分担损失。

第一千一百八十七条 损害发生后，当事人可以协商赔偿费用的支付方式。协商不一致的，赔偿费用应当一次性支付；一次性支付确有困难的，可以分期支付，但是被侵权人有权请求提供相应的担保。

第三章 责任主体的特殊规定

第一千一百八十八条 无民事行为能力人、限制民事行为能力人造成他人损害的，由监护人承担侵权责任。监护人尽到监护职责的，可以减轻其侵权责任。

有财产的无民事行为能力人、限制民事行为能力人造成他人损害的，从本人财产中支付赔偿费用；不足部分，由监护人赔偿。

第一千一百八十九条 无民事行为能力人、限制民事行为能力人造成他人损害，监护人将监护职责委托给他人的，监护人应当承担侵权责任；受托人有过错的，承担相应的责任。

第一千一百九十条 完全民事行为能力人对自己的行为暂时没有意识或者失去控制造成他人损害有过错的，应当承担侵权责任；没有过错的，根据行为人的经济状况对受害人适当补偿。

完全民事行为能力人因醉酒、滥用麻醉药品或者精神药品对自己的行为暂时没有意识或者失去控制造成他人损害的，应当承担侵权责任。

第一千一百九十一条 用人单位的工

作人员因执行工作任务造成他人损害的，由用人单位承担侵权责任。用人单位承担侵权责任后，可以向有故意或者重大过失的工作人员追偿。

劳务派遣期间，被派遣的工作人员因执行工作任务造成他人损害的，由接受劳务派遣的用工单位承担侵权责任；劳务派遣单位有过错的，承担相应的责任。

第一千一百九十二条 个人之间形成劳务关系，提供劳务一方因劳务造成他人损害的，由接受劳务一方承担侵权责任。接受劳务一方承担侵权责任后，可以向有故意或者重大过失的提供劳务一方追偿。提供劳务一方因劳务受到损害的，根据双方各自的过错承担相应的责任。

提供劳务期间，因第三人的行为造成提供劳务一方损害的，提供劳务一方有权请求第三人承担侵权责任，也有权请求接受劳务一方给予补偿。接受劳务一方补偿后，可以向第三人追偿。

第一千一百九十三条 承揽人在完成工作过程中造成第三人损害或者自己损害的，定作人不承担侵权责任。但是，定作人对定作、指示或者选任有过错的，应当承担相应的责任。

第一千一百九十四条 网络用户、网络服务提供者利用网络侵害他人民事权益的，应当承担侵权责任。法律另有规定的，依照其规定。

第一千一百九十五条 网络用户利用网络服务实施侵权行为的，权利人有权通知网络服务提供者采取删除、屏蔽、断开链接等必要措施。通知应当包括构成侵权的初步证据及权利人的真实身份信息。

网络服务提供者接到通知后，应当及时将该通知转送相关网络用户，并根据构成侵权的初步证据和服务类型采取必要措施；未及时采取必要措施的，对损害的扩大部分与该网络用户承担连带责任。

权利人因错误通知造成网络用户或者网络服务提供者损害的，应当承担侵权责任。法律另有规定的，依照其规定。

第一千一百九十六条 网络用户接到转送的通知后，可以向网络服务提供者提交不存在侵权行为的声明。声明应当包括不存在侵权行为的初步证据及网络用户的真实身份信息。

网络服务提供者接到声明后，应当将该声明转送发出通知的权利人，并告知其可以向有关部门投诉或者向人民法院提起诉讼。网络服务提供者在转送声明到达权利人后的合理期限内，未收到权利人已经投诉或者提起诉讼通知的，应当及时终止所采取的措施。

第一千一百九十七条 网络服务提供者知道或者应当知道网络用户利用其网络服务侵害他人民事权益，未采取必要措施的，与该网络用户承担连带责任。

第一千一百九十八条 宾馆、商场、银行、车站、机场、体育场馆、娱乐场所等经营场所、公共场所的经营者、管理者或者群众性活动的组织者，未尽到安全保障义务，造成他人损害的，应当承担侵权责任。

因第三人的行为造成他人损害的，由第三人承担侵权责任；经营者、管理者或者组织者未尽到安全保障义务的，承担相应的补充责任。经营者、管理者或者组织者承担补充责任后，可以向第三人追偿。

第一千一百九十九条 无民事行为能力人在幼儿园、学校或者其他教育机构学习、生活期间受到人身损害的，幼儿园、学校或者其他教育机构应当承担侵权责任；但是，能够证明尽到教育、管理职责的，不承担侵权责任。

第一千二百条 限制民事行为能力人在学校或者其他教育机构学习、生活期间受到人身损害，学校或者其他教育机构未尽到教育、管理职责的，应当承担侵权责任。

第一千二百零一条 无民事行为能力人或者限制民事行为能力人在幼儿园、学校或者其他教育机构学习、生活期间，受到幼儿园、学校或者其他教育机构以外的第三人人身损害的，由第三人承担侵权责任；幼儿园、学校或者其他教育机构未尽到管理职责的，承担相应的补充责任。幼儿园、学校或者其他教育机构承担补充责任后，可以向第三人追偿。

第四章 产品责任

第一千二百零二条 因产品存在缺陷造成他人损害的，生产者应当承担侵权责任。

第一千二百零三条 因产品存在缺陷造成他人损害的，被侵权人可以向产品的生产者请求赔偿，也可以向产品的销售者请求赔偿。

产品缺陷由生产者造成的，销售者赔偿后，有权向生产者追偿。因销售者的过错使产品存在缺陷的，生产者赔偿后，有权向销售者追偿。

第一千二百零四条 因运输者、仓储者等第三人的过错使产品存在缺陷，造成他人损害的，产品的生产者、销售者赔偿后，有权向第三人追偿。

第一千二百零五条 因产品缺陷危及他人人身、财产安全的，被侵权人有权请求生产者、销售者承担停止侵害、排除妨碍、消除危险等侵权责任。

第一千二百零六条 产品投入流通后发现存在缺陷的，生产者、销售者应当及时采取停止销售、警示、召回等补救措施；未及时采取补救措施或者补救措施不力造成损害扩大的，对扩大的损害也应当承担侵权责任。

依据前款规定采取召回措施的，生产者、销售者应当负担被侵权人因此支出的必要费用。

第一千二百零七条 明知产品存在缺陷仍然生产、销售，或者没有依据前条规定采取有效补救措施，造成他人死亡或者健康严重损害的，被侵权人有权请求相应的惩罚性赔偿。

第五章 机动车交通事故责任

第一千二百零八条 机动车发生交通事故造成损害的，依照道路交通安全法律和本法的有关规定承担赔偿责任。

第一千二百零九条 因租赁、借用等情形机动车所有人、管理人与使用人不是同一人时，发生交通事故造成损害，属于该机动车一方责任的，由机动车使用人承担赔偿责任；机动车所有人、管理人对损害的发生有过错的，承担相应的赔偿责任。

第一千二百一十条 当事人之间已经以买卖或者其他方式转让并交付机动车但是未办理登记，发生交通事故造成损害，属于该机动车一方责任的，由受让人承担赔偿责任。

第一千二百一十一条 以挂靠形式从事道路运输经营活动的机动车，发生交通事故造成损害，属于该机动车一方责任的，由挂靠人和被挂靠人承担连带责任。

第一千二百一十二条 未经允许驾驶他人机动车，发生交通事故造成损害，属于该机动车一方责任的，由机动车使用人承担赔偿责任；机动车所有人、管理人对损害的发生有过错的，承担相应的赔偿责任，但是本章另有规定的除外。

第一千二百一十三条 机动车发生交通事故造成损害，属于该机动车一方责任的，先由承保机动车强制保险的保险人在强制保险责任限额范围内予以赔偿；不足部分，由承保机动车商业保险的保险人按照保险合同的约定予以赔偿；仍然不足或者没有投保机动车商业保险的，由侵权人赔偿。

第一千二百一十四条 以买卖或者其他方式转让拼装或者已经达到报废标准的机动车，发生交通事故造成损害的，由转让人和受让人承担连带责任。

第一千二百一十五条 盗窃、抢劫或者抢夺的机动车发生交通事故造成损害的，由盗窃人、抢劫人或者抢夺人承担赔偿责任。盗窃人、抢劫人或者抢夺人与机动车使用人不是同一人，发生交通事故造成损害，属于该机动车一方责任的，由盗窃人、抢劫人或者抢夺人与机动车使用人承担连带责任。

保险人在机动车强制保险责任限额范围内垫付抢救费用的，有权向交通事故责任人追偿。

第一千二百一十六条 机动车驾驶人发生交通事故后逃逸，该机动车参加强制保险的，由保险人在机动车强制保险责任限额范围内予以赔偿；机动车不明、该机动车未参加强制保险或者抢救费用超过机动车强制保险责任限额，需要支付被侵权人人身伤亡的抢救、丧葬等费用的，由道路交通事故社会救助基金垫付。道路交通事故社会救助基金垫付后，其管理机构有权向交通事故责任人追偿。

第一千二百一十七条 非营运机动车发生交通事故造成无偿搭乘人损害，属于该机动车一方责任的，应当减轻其赔偿责任，但是机动车使用人有故意或者重大过失的除外。

第六章　医疗损害责任

第一千二百一十八条 患者在诊疗活动中受到损害，医疗机构或者其医务人员有过错的，由医疗机构承担赔偿责任。

第一千二百一十九条 医务人员在诊疗活动中应当向患者说明病情和医疗措施。需要实施手术、特殊检查、特殊治疗的，医务人员应当及时向患者具体说明医疗风险、替代医疗方案等情况，并取得其明确同意；不能或者不宜向患者说明的，应当向患者的近亲属说明，并取得其明确同意。

医务人员未尽到前款义务，造成患者损害的，医疗机构应当承担赔偿责任。

第一千二百二十条 因抢救生命垂危的患者等紧急情况，不能取得患者或者其近亲属意见的，经医疗机构负责人或者授权的负责人批准，可以立即实施相应的医疗措施。

第一千二百二十一条 医务人员在诊疗活动中未尽到与当时的医疗水平相应的诊疗义务，造成患者损害的，医疗机构应当承担赔偿责任。

第一千二百二十二条 患者在诊疗活动中受到损害，有下列情形之一的，推定医疗机构有过错：

（一）违反法律、行政法规、规章以及其他有关诊疗规范的规定；

（二）隐匿或者拒绝提供与纠纷有关的病历资料；

（三）遗失、伪造、篡改或者违法销毁病历资料。

第一千二百二十三条 因药品、消毒产品、医疗器械的缺陷，或者输入不合格的血液造成患者损害的，患者可以向药品上市许可持有人、生产者、血液提供机构请求赔偿，也可以向医疗机构请求赔偿。患者向医疗机构请求赔偿的，医疗机构赔偿后，有权向负有责任的药品上市许可持有人、生产者、血液提供机构追偿。

第一千二百二十四条 患者在诊疗活动中受到损害，有下列情形之一的，医疗机构不承担赔偿责任：

（一）患者或者其近亲属不配合医疗机构进行符合诊疗规范的诊疗；

（二）医务人员在抢救生命垂危的患者等紧急情况下已经尽到合理诊疗义务；

（三）限于当时的医疗水平难以诊疗。

前款第一项情形中，医疗机构或者其

医务人员也有过错的，应当承担相应的赔偿责任。

第一千二百二十五条 医疗机构及其医务人员应当按照规定填写并妥善保管住院志、医嘱单、检验报告、手术及麻醉记录、病理资料、护理记录等病历资料。

患者要求查阅、复制前款规定的病历资料的，医疗机构应当及时提供。

第一千二百二十六条 医疗机构及其医务人员应当对患者的隐私和个人信息保密。泄露患者的隐私和个人信息，或者未经患者同意公开其病历资料的，应当承担侵权责任。

第一千二百二十七条 医疗机构及其医务人员不得违反诊疗规范实施不必要的检查。

第一千二百二十八条 医疗机构及其医务人员的合法权益受法律保护。

干扰医疗秩序，妨碍医务人员工作、生活，侵害医务人员合法权益的，应当依法承担法律责任。

第七章　环境污染和生态破坏责任

第一千二百二十九条 因污染环境、破坏生态造成他人损害的，侵权人应当承担侵权责任。

第一千二百三十条 因污染环境、破坏生态发生纠纷，行为人应当就法律规定的不承担责任或者减轻责任的情形及其行为与损害之间不存在因果关系承担举证责任。

第一千二百三十一条 两个以上侵权人污染环境、破坏生态的，承担责任的大小，根据污染物的种类、浓度、排放量，破坏生态的方式、范围、程度，以及行为对损害后果所起的作用等因素确定。

第一千二百三十二条 侵权人违反法律规定故意污染环境、破坏生态造成严重后果的，被侵权人有权请求相应的惩罚性赔偿。

第一千二百三十三条 因第三人的过错污染环境、破坏生态的，被侵权人可以向侵权人请求赔偿，也可以向第三人请求赔偿。侵权人赔偿后，有权向第三人追偿。

第一千二百三十四条 违反国家规定造成生态环境损害，生态环境能够修复的，国家规定的机关或者法律规定的组织有权请求侵权人在合理期限内承担修复责任。侵权人在期限内未修复的，国家规定的机关或者法律规定的组织可以自行或者委托他人进行修复，所需费用由侵权人负担。

第一千二百三十五条 违反国家规定造成生态环境损害的，国家规定的机关或者法律规定的组织有权请求侵权人赔偿下列损失和费用：

（一）生态环境受到损害至修复完成期间服务功能丧失导致的损失；

（二）生态环境功能永久性损害造成的损失；

（三）生态环境损害调查、鉴定评估等费用；

（四）清除污染、修复生态环境费用；

（五）防止损害的发生和扩大所支出的合理费用。

第八章　高度危险责任

第一千二百三十六条 从事高度危险作业造成他人损害的，应当承担侵权责任。

第一千二百三十七条 民用核设施或者运入运出核设施的核材料发生核事故造成他人损害的，民用核设施的营运单位应当承担侵权责任；但是，能够证明损害是因战争、武装冲突、暴乱等情形或者受害人故意造成的，不承担责任。

第一千二百三十八条 民用航空器造成他人损害的，民用航空器的经营者应当承担侵权责任；但是，能够证明损害是因受害人故意造成的，不承担责任。

第一千二百三十九条 占有或者使用易燃、易爆、剧毒、高放射性、强腐蚀性、高致病性等高度危险物造成他人损害的，占有人或者使用人应当承担侵权责任；但是，能够证明损害是因受害人故意或者不可抗力造成的，不承担责任。被侵权人对损害的发生有重大过失的，可以减轻占有人或者使用人的责任。

第一千二百四十条 从事高空、高压、地下挖掘活动或者使用高速轨道运输工具造成他人损害的，经营者应当承担侵权责任；但是，能够证明损害是因受害人故意或者不可抗力造成的，不承担责任。被侵权人对损害的发生有重大过失的，可以减轻经营者的责任。

第一千二百四十一条 遗失、抛弃高度危险物造成他人损害的，由所有人承担侵权责任。所有人将高度危险物交由他人管理的，由管理人承担侵权责任；所有人有过错的，与管理人承担连带责任。

第一千二百四十二条 非法占有高度危险物造成他人损害的，由非法占有人承担侵权责任。所有人、管理人不能证明对防止非法占有尽到高度注意义务的，与非法占有人承担连带责任。

第一千二百四十三条 未经许可进入高度危险活动区域或者高度危险物存放区域受到损害，管理人能够证明已经采取足够安全措施并尽到充分警示义务的，可以减轻或者不承担责任。

第一千二百四十四条 承担高度危险责任，法律规定赔偿限额的，依照其规定，但是行为人有故意或者重大过失的除外。

第九章 饲养动物损害责任

第一千二百四十五条 饲养的动物造成他人损害的，动物饲养人或者管理人应当承担侵权责任；但是，能够证明损害是因被侵权人故意或者重大过失造成的，可以不承担或者减轻责任。

第一千二百四十六条 违反管理规定，未对动物采取安全措施造成他人损害的，动物饲养人或者管理人应当承担侵权责任；但是，能够证明损害是因被侵权人故意造成的，可以减轻责任。

第一千二百四十七条 禁止饲养的烈性犬等危险动物造成他人损害的，动物饲养人或者管理人应当承担侵权责任。

第一千二百四十八条 动物园的动物造成他人损害的，动物园应当承担侵权责任；但是，能够证明尽到管理职责的，不承担侵权责任。

第一千二百四十九条 遗弃、逃逸的动物在遗弃、逃逸期间造成他人损害的，由动物原饲养人或者管理人承担侵权责任。

第一千二百五十条 因第三人的过错致使动物造成他人损害的，被侵权人可以向动物饲养人或者管理人请求赔偿，也可以向第三人请求赔偿。动物饲养人或者管理人赔偿后，有权向第三人追偿。

第一千二百五十一条 饲养动物应当遵守法律法规，尊重社会公德，不得妨碍他人生活。

第十章 建筑物和物件损害责任

第一千二百五十二条 建筑物、构筑物或者其他设施倒塌、塌陷造成他人损害的，由建设单位与施工单位承担连带责任，但是建设单位与施工单位能够证明不存在质量缺陷的除外。建设单位、施工单位赔偿后，有其他责任人的，有权向其他责任人追偿。

因所有人、管理人、使用人或者第三人的原因，建筑物、构筑物或者其他设施倒塌、塌陷造成他人损害的，由所有人、管理人、使用人或者第三人承担侵权责任。

第一千二百五十三条 建筑物、构筑物或者其他设施及其搁置物、悬挂物发生脱落、坠落造成他人损害，所有人、管理人或者使用人不能证明自己没有过错的，应当承担侵权责任。所有人、管理人或者使用人赔偿后，有其他责任人的，有权向其他责任人追偿。

第一千二百五十四条 禁止从建筑物中抛掷物品。从建筑物中抛掷物品或者从建筑物上坠落的物品造成他人损害的，由侵权人依法承担侵权责任；经调查难以确定具体侵权人的，除能够证明自己不是侵权人的外，由可能加害的建筑物使用人给予补偿。可能加害的建筑物使用人补偿后，有权向侵权人追偿。

物业服务企业等建筑物管理人应当采取必要的安全保障措施防止前款规定情形的发生；未采取必要的安全保障措施的，应当依法承担未履行安全保障义务的侵权责任。

发生本条第一款规定的情形的，公安等机关应当依法及时调查，查清责任人。

第一千二百五十五条 堆放物倒塌、滚落或者滑落造成他人损害，堆放人不能证明自己没有过错的，应当承担侵权责任。

第一千二百五十六条 在公共道路上堆放、倾倒、遗撒妨碍通行的物品造成他人损害的，由行为人承担侵权责任。公共道路管理人不能证明已经尽到清理、防护、警示等义务的，应当承担相应的责任。

第一千二百五十七条 因林木折断、倾倒或者果实坠落等造成他人损害，林木的所有人或者管理人不能证明自己没有过错的，应当承担侵权责任。

第一千二百五十八条 在公共场所或者道路上挖掘、修缮安装地下设施等造成他人损害，施工人不能证明已经设置明显标志和采取安全措施的，应当承担侵权责任。

窨井等地下设施造成他人损害，管理人不能证明尽到管理职责的，应当承担侵权责任。

附　　则

第一千二百五十九条 民法所称的“以上”、“以下”、“以内”、“届满”，包括本数；所称的“不满”、“超过”、“以外”，不包括本数。

第一千二百六十条 本法自2021年1月1日起施行。《中华人民共和国婚姻法》、《中华人民共和国继承法》、《中华人民共和国民法通则》、《中华人民共和国收养法》、《中华人民共和国担保法》、《中华人民共和国合同法》、《中华人民共和国物权法》、《中华人民共和国侵权责任法》、《中华人民共和国民法总则》同时废止。